CRIC 克而瑞

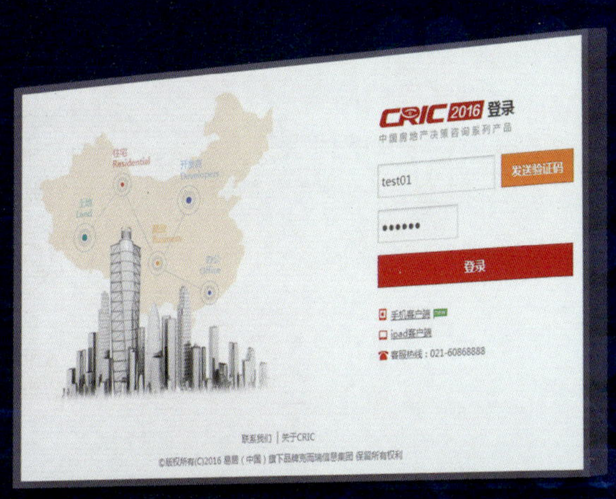
CRIC 2016 登录
test01
发送验证码
登录

CRIC 2016
市场顾问
项目顾问
CRIC Plus
土地顾问
商业顾问
企业顾问
丁祖昱评楼市
楼市动态
CRIC研究

上海
项目名称/开发商等
住宅搜索
土地搜索
商业搜索
办公搜索
热门项目(近30天成交项目TOP30)

企业形象展示名录

（详见彩页）

1. 克而瑞信息集团
2. 北京住总房地产开发有限责任公司
3. 复地（集团）股份有限公司
4. 阳光城集团股份有限公司
5. 新城控股集团股份有限公司
6. 融侨集团股份有限公司
7. 旭辉控股（集团）有限公司
8. 江苏中南建设集团股份有限公司
9. 泰禾集团股份有限公司
10. 正荣集团有限公司
11. 建业住宅集团（中国）有限公司
12. 融信中国控股有限公司
13. 海亮地产控股集团有限公司
14. 宝龙地产控股有限公司
15. 建发房地产集团有限公司
16. 禹洲集团
17. 上海升龙投资集团有限公司
18. 上海中建东孚投资发展有限公司
19. 上海实业城市开发集团有限公司
20. 浙江佳源房地产集团有限公司
21. 中骏置业控股有限公司
22. 光明房地产集团股份有限公司
23. 景瑞地产（集团）有限公司
24. 国购投资有限公司
25. 浙江祥生房地产开发有限公司
26. 联发集团有限公司
27. 三盛地产集团
28. 朗诗绿色地产有限公司
29. 雨润地产集团
30. 福晟集团
31. 上海证大房地产有限公司
32. 苏宁置业集团有限公司
33. 上海爱家集团
34. 上海城建置业发展有限公司
35. 上海建工房产有限公司
36. 南京栖霞建设股份有限公司
37. 保集控股集团有限公司
38. 中锐地产集团
39. 和昌集团
40. 国贸地产集团有限公司
41. 象屿地产集团有限公司
42. 厦门海投房地产有限公司
43. 福建中联房地产开发集团有限公司
44. 郭氏投资集团有限公司
45. 广西云星集团有限公司
46. 上海绿洲投资控股集团有限公司
47. 福建永鸿投资发展集团
48. 钜洲资产
49. 易居资本
50. 钜派投资
51. 广州富力地产股份有限公司
52. 金科地产集团股份有限公司
53. 四川蓝光发展股份有限公司
54. 龙光地产控股有限公司
55. 卓越置业集团有限公司
56. 重庆华宇集团有限公司
57. 重庆隆鑫地产（集团）有限公司
58. 方圆地产控股有限公司
59. 重庆泽京房地产开发有限公司
60. 四川蓝润实业集团有限公司
61. 中迪禾邦集团有限公司
62. 重庆融汇地产（集团）有限公司
63. 新鸥鹏集团
64. 中山市大信控股有限公司
65. 天朗控股集团
66. 日照安泰房地产开发有限公司
67. 山西恒实房地产开发有限责任公司
68. 西蒙电气（中国）有限公司
69. 广东新中源陶瓷有限公司
70. 江苏久诺建材科技有限公司
71. 科顺防水科技股份有限公司
72. 江苏卧牛山保温防水技术有限公司
73. 东南电梯股份有限公司
74. 威可楷（中国）投资有限公司
75. 潍坊市宏源防水材料有限公司
76. 山东巴德士化工有限公司
77. 杭州老板电器股份有限公司
78. 上海全筑建筑装饰集团股份有限公司
79. 浙江建业幕墙装饰有限公司
80. 常熟市优德爱涂料有限公司

CHINA REAL ESTATE YEARBOOK

2016
中国房地产年鉴

中国房地产业协会
克而瑞信息集团
北京中房研协技术服务有限公司
——编著——

图书在版编目（CIP）数据

2016 中国房地产年鉴 / 中国房地产业协会等编著. —北京：企业管理出版社，2016.5

ISBN 978 - 7 - 5164 - 1258 - 9

Ⅰ.①2… Ⅱ.①中… Ⅲ.①房地产业—中国—2016—年鉴 Ⅳ.①F299.233 - 54

中国版本图书馆 CIP 数据核字（2016）第 078964 号

书　　名：2016 中国房地产年鉴

作　　者：中国房地产业协会　克而瑞信息集团　北京中房研协技术服务有限公司

责任编辑：刘一玲　崔立凯

书　　号：ISBN 978 - 7 - 5164 - 1258 - 9

出版发行：企业管理出版社

地　　址：北京市海淀区紫竹院南路 17 号　　邮编：100048

网　　址：http：//www.emph.cn

电　　话：总编室 010 - 68701719　发行部 010 - 68414644　编辑部 010 - 68701322

电子信箱：80147@sina.com　zbs@emph.cn

印　　刷：北京市媛明印刷厂

经　　销：新华书店

规　　格：889 毫米 × 1194 毫米　16 开本　53 印张　1500 千字　彩插 5.5 印张

版　　次：2016 年 5 月第 1 版　　2016 年 5 月第 1 次印刷

定　　价：598.00 元

编辑说明

2015年我国发展面临多重困难和严峻挑战，国内深层矛盾凸显，经济下行压力加大。但是，在中国共产党的领导下，我国人民攻坚克难，开拓进取，经济社会发展稳中有进，改革开放和社会主义现代化建设取得新的重大成就。

2015年房地产业投资降速，市场分化，库存增大。面对困难，政府采取了多种措施，特别是“3·30新政”，稳定了住房消费，促进房地产市场销售回暖，市场集中度进一步提高，产业水平再创历史新高。

为客观如实地反映2015年中国房地产的年度发展，更好地为政府决策服务，为行业平稳健康发展服务，为会员单位提供市场信息服务，中国房地产业协会、克而瑞信息集团和北京中房研协技术服务有限公司在连续五年编撰房地产年鉴的基础上，编撰了《2016中国房地产年鉴》。

《年鉴》包括政策、数据、市场、企业、城市、保障、发展和大事记等八个篇章。从不同层面详尽记录全国各省（直辖市、自治区）、40重点城市和全国地级以上286城市的房地产投资、建设和市场销售情况；全国综合实力五百强企业、上市公司百强企业的最新情况；各地保障房建设完成情况。

《年鉴》内容涉及面广、专业性强，加上成书时间短和编者水平有限，难免还存在一定的局限和不足。我们愿意听取广大读者的意见，继续对《年鉴》进行改进和完善。

《年鉴》在编写过程中，得到住房和城乡建设部住房保障司、中国物业管理协会、北京市住建委、上海市住建委、上海市统计局、广东省房协、重庆市开协等政府部门及中原地产、信义房屋等的大力协助，在此一并表示感谢！

《2016中国房地产年鉴》编委会

2016年5月

《2016 中国房地产年鉴》编辑委员会

目　录

Ⅰ. 政策篇

Ⅱ. 数据篇

Ⅲ. 市场篇

Ⅳ. 城市篇

V. 企业篇

Ⅵ. 保障篇

Ⅶ. 发展篇

Ⅷ. 大事记

Ⅰ.政 策 篇

导读

2015年以来，宏观经济增幅放缓，房地产市场各项数据指标增速回落，区域分化加剧，去库存任务加大。从中央到地方政府贯彻“因城施策”“分类调控”的方针，加大市场调控力度，促进房地产市场健康稳定发展。

为综合反映房地产调控政策脉络，本篇选取2015年国家主要领导人与房地产相关讲话；与房地产相关的重要会议公报；与房地产相关的重要政策文件，主要源自国务院和国务院办公厅、国家发展和改革委员会、住房和城乡建设部、国土资源部、财政部、国家税务总局、中国人民银行等相关部委；中国房地产业协会的两篇会议报告也编入其中。

一、领导人讲话、国家重要会议公报

习近平：推进经济结构性改革

2015 年 11 月 10 日

习近平总书记主持召开中央财经领导小组第十一次会议，研究经济结构性改革和城市工作，并发表重要讲话。

推进经济结构性改革，是贯彻落实党的十八届五中全会精神的一个重要举措。要牢固树立和贯彻落实创新、协调、绿色、开放、共享的发展理念，适应经济发展新常态，坚持稳中求进，坚持改革开放，实行宏观经济要稳、产业政策要准、微观政策要活、改革政策要实、社会政策要托底的政策，战略上坚持持久战，战术上打好歼灭战，在适度扩大总需求的同时，着力加强供给侧结构性改革，着力提高供给体系质量和效率，增强经济持续增长动力，推动我国社会生产力水平实现整体跃升。

宏观政策要稳，就是要坚持积极的财政政策和稳健的货币政策，为经济结构性改革营造稳定的宏观经济环境。产业政策要准，就是要准确定位经济结构性改革方向，发展实体经济，坚持创新驱动发展，激活存量增长动力，着力补齐短板，加快绿色发展，积极利用外资，积极稳妥扩大对外投资。微观政策要活，就是要坚持和完善基本经济制度，完善市场环境、激发企业活力和消费潜能，在制度上政策上营造宽松的市场经营和投资环境，营造商品自由流动、平等交换的市场环境。改革政策要实，就是要加大力度推动重点领域改革落地，加快推进对经济增长有重大牵引作用的国有企业、财税体制、金融体制等改革。社会政策要托底，就是要守住民生底线，做好就业和社会保障工作，切实保障群众基本生活。

推进经济结构性改革，要针对突出问题、抓住关键点。要促进过剩产能有效化解，促进产业优化重组。要降低成本，帮助企业保持竞争优势。要化解房地产库存，促进房地产业持续发展。要防范化解金融风险，加快形成融资功能完备、基础制度扎实、市场监管有效、投资者权益得到充分保护的股票市场。

推进经济结构性改革，要坚持解放和发展社会生产力，坚持以经济建设为中心不动摇，坚持五位一体总体布局。要坚持社会主义市场经济改革方向，使市场在资源配置中起决定性作用，调动各方面积极性，发挥企业家在推动经济发展中的重要作用，充分发挥创新人才和各级干部的积极性、主动性、创造性。

做好城市工作，首先要认识、尊重、顺应城市发展规律，端正城市发展指导思想。要推进农民工市民化，加快提高户籍人口城镇化率。要增强城市宜居性，引导调控城市规模，优化城市空间布局，加强市政基础设施建设，保护历史文化遗产。要改革完善城市规划，改革规划管理体制。要改革城市管理体制，理顺各部门职责分工，提高城市管理水平，落实责任主体。要加强城市安全监管，建立专业化、职业化的救灾救援队伍。

李克强：保持房地产长期平稳健康发展

2015 年 3 月 15 日

十二届全国人大三次会议闭幕后，李克强总理会见中外记者并回答记者提出的问题。

李克强总理表示，中国还是一个发展中国家，住房既是经济问题，更是民生问题。中国政府要做的就是要为低收入住房困难群体提供住房保障。今年，我们在改造棚户区、城市和农村危房方面还要加大力度，各增加 100 万套。中国政府有保障群众基本居住条件的责任。

房地产市场有其自身的规律，中国国土面积辽阔，有特大城市和中小城市、小城镇，情况各异，所以我们要求强化地方政府合理调控房地产市场的责任，因地制宜，分城施策。

中国城镇化进程还在加快，中国房地产市场的需求是刚性的，我们鼓励居民自住性住房和改善性住房需求，保持房地产长期平稳健康发展。

李克强：把棚改放在民生工作突出位置

2015 年 10 月 10 日

李克强总理对全国棚户区改造工作电视电话会议作出重要批示。

棚改寄托着千万住房困难家庭改善居住条件的希望，是推进以人为核心的新型城镇化的重要内容和抓手。近年来在各方共同努力下，棚改取得重大进展。但行百里者半九十，在现有基础上继续推动棚改并带动新型城镇化、包括有关配套和地下基础设施建设等，面临的挑战更多，任务更艰巨。各级政府要按照党中央、国务院统一部署，以对人民群众高度负责的态度，把棚改放在民生工作的突出位置，进一步围绕重点难点、抓住“硬骨头”矢力攻坚，进一步加大财税金融支持力度、创新机制吸引社会资本参与，进一步严格资金和项目监管，确保工程质量，不折不扣地按期完成既定任务，让更多的住房困难群众受益，带动扩大有效投资，不断提升新型城镇化水平，为保障和改善民生、促进经济社会发展作出更大贡献。

2015 年政府工作报告（节选）

2015 年 3 月 5 日

国务院总理李克强在第十二届全国人民代表大会第三次会议作《政府工作报告》：

一、2014 年工作回顾（略）

二、2015 年工作总体部署

我国是世界上最大的发展中国家，仍处于并将长期处于社会主义初级阶段，发展是硬道理，是解决一切问题的基础和关键。化解各种矛盾和风险，跨越“中等收入陷阱”，实现现代化，根本要靠发展，发展必须有合理的增长速度。同时，我国经济发展进入新常态，正处在爬坡过坎的关口，体制机制弊端和结构性矛盾是“拦路虎”，不深化改革和调整经济结构，就难以实现平稳健康发展。我们必须毫不动摇坚持以经济建设为中心，切实抓好发展这个执政兴国第一要务。必须坚持不懈依靠改革推动科学发展，加快转变经济发展方式，实现有质量有效益可持续的发展。

当前，世界经济正处于深度调整之中，复苏动力不足，地缘政治影响加重，不确定因素增多，推动增长、增加就业、调整结构成为国际社会共识。我国经济下行压力还在加大，发展中深层次矛盾凸显，今年面临的困难可能比去年还要大。同时，我国发展仍处于可以大有作为的重要战略机遇期，有巨大的潜力、韧性和回旋余地。新型工业化、信息化、城镇化、农业现代化持续推进，发展基础日益雄厚，改革红利正在释放，宏观调控积累了丰富经验。我们必须增强忧患意识，坚定必胜信念，牢牢把握发展的主动权。

新的一年是全面深化改革的关键之年，是全面推进依法治国的开局之年，也是稳增长调结构的紧要之年。政府工作的总体要求是：高举中国特色社会主义伟大旗帜，以邓小平理论、“三个代表”重要思想、科学发展观为指导，全面贯彻党的十八大和十八届三中、四中全会精神，贯彻落实习近平总书记系列重要讲话精神，主动适应和引领经济发展新常态，坚持稳中求进工作总基调，保持经济运行在合理区间，着力提高经济发展质量和效益，把转方式调结构放到更加重要位置，狠抓改革攻坚，突出创新驱动，强化风险防控，加强民生保障，处理好改革发展稳定关系，全面推进社会主义经济建设、政治建设、文化建设、社会建设、生态文明建设，促进经济平稳健康发展和社会和谐稳定。

我们要把握好总体要求，着眼于保持中高速增长和迈向中高端水平“双目标”，坚持稳政策稳预期和促改革调结构“双结合”，打造大众创业、万众创新和增加公共产品、公共服务“双引擎”，推动发展调速不减势、量增质更优，实现中国经济提质增效升级。

今年经济社会发展的主要预期目标是：国内生产总值增长 7% 左右，居民消费价格涨幅 3% 左右，城镇新增就业 1000 万人以上，城镇登记失业率 4.5% 以内，进出口增长 6% 左右，国际收支基本平衡，居民收入增长与经济发展同步。能耗强度下降 3.1% 以上，主要污染物排放继续减少。

经济增长预期 7% 左右，考虑了需要和可能，与全面建成小康社会目标相衔接，与经济总量扩大和结构升级的要求相适应，符合发展规律，符合客观实际。以这样的速度保持较长时期发展，实现现代化的物质基础就会更加雄厚。稳增长也是为了保就业，随着服务业比重上升、小微企业增多和经济体量增大，7% 左右的速度可以实现比较充分的就业。各地要从实际出发，积极进取、挖掘潜力，努力争取更好结果。

做好今年政府工作，要把握好以下三点。

第一，稳定和完善宏观经济政策。继续实施积极的财政政策和稳健的货币政策，更加注重预调微调，更加注重定向调控，用好增量，盘活存量，重点支持薄弱环节。以微观活力支撑宏观稳定，以供给创新带动需求扩大，以结构调整促进总量平衡，确保经济运行在合理区间。

积极的财政政策要加力增效。今年拟安排财政赤字 1.62 万亿元，比上年增加 2700 亿元，赤字率从上年的

2.1%提高到2.3%。其中，中央财政赤字1.12万亿元，增加1700亿元；地方财政赤字5000亿元，增加1000亿元。处理好债务管理与稳增长的关系，创新和完善地方政府举债融资机制。适当发行专项债券。保障符合条件的在建项目后续融资，防范和化解风险隐患。优化财政支出结构，大力盘活存量资金，提高使用效率。继续实行结构性减税和普遍性降费，进一步减轻企业特别是小微企业负担。

稳健的货币政策要松紧适度。广义货币M2预期增长12%左右，在实际执行中，根据经济发展需要，也可以略高些。加强和改善宏观审慎管理，灵活运用公开市场操作、利率、存款准备金率、再贷款等货币政策工具，保持货币信贷和社会融资规模平稳增长。加快资金周转，优化信贷结构，提高直接融资比重，降低社会融资成本，让更多的金融活水流向实体经济。

第二，保持稳增长与调结构的平衡。我国发展面临“三期叠加”矛盾，资源环境约束加大，劳动力等要素成本上升，高投入、高消耗、偏重数量扩张的发展方式已经难以为继，必须推动经济在稳定增长中优化结构。既要稳住速度，确保经济平稳运行，确保居民就业和收入持续增加，为调结构转方式创造有利条件；又要调整结构，夯实稳增长的基础。要增加研发投入，提高全要素生产率，加强质量、标准和品牌建设，促进服务业和战略性新兴产业比重提高、水平提升，优化经济发展空间格局，加快培育新的增长点和增长极，实现在发展中升级、在升级中发展。

第三，培育和催生经济社会发展新动力。当前经济增长的传统动力减弱，必须加大结构性改革力度，加快实施创新驱动发展战略，改造传统引擎，打造新引擎。一方面，增加公共产品和服务供给，加大政府对教育、卫生等的投入，鼓励社会参与，提高供给效率。这既能补短板、惠民生，也有利于扩需求、促发展。

另一方面，推动大众创业、万众创新。这既可以扩大就业、增加居民收入，又有利于促进社会纵向流动和公平正义。我国有13亿人口、9亿劳动力资源，人民勤劳而智慧，蕴藏着无穷的创造力，千千万万个市场细胞活跃起来，必将汇聚成发展的巨大动能，一定能够顶住经济下行压力，让中国经济始终充满勃勃生机。政府要勇于自我革命，给市场和社会留足空间，为公平竞争搭好舞台。个人和企业要勇于创业创新，全社会要厚植创业创新文化，让人们在创造财富的过程中，更好地实现精神追求和自身价值。

今年是“十二五”收官之年，我们要在完成“十二五”经济社会发展主要目标任务的同时，以改革的精神、创新的理念和科学的方法，做好“十三五”规划纲要编制工作，谋划好未来五年的发展蓝图。

三、把改革开放扎实推向纵深

改革开放是推动发展的制胜法宝。必须以经济体制改革为重点全面深化改革，统筹兼顾，真抓实干，在牵动全局的改革上取得新突破，增强发展新动能。

加大简政放权、放管结合改革力度。今年再取消和下放一批行政审批事项，全部取消非行政许可审批，建立规范行政审批的管理制度。深化商事制度改革，进一步简化注册资本登记，逐步实现“三证合一”，清理规范中介服务。制定市场准入负面清单，公布省级政府权力清单、责任清单，切实做到法无授权不可为、法定职责必须为。

地方政府对应当放给市场和社会的权力，要彻底放、不截留，对上级下放的审批事项，要接得住、管得好。加强事中事后监管，健全为企业和社会服务一张网，推进社会信用体系建设，建立全国统一的社会信用代码制度和信用信息共享交换平台，依法保护企业和个人信息安全。大道至简，有权不可任性。各级政府都要建立简政放权、转变职能的有力推进机制，给企业松绑，为创业提供便利，营造公平竞争环境。所有行政审批事项都要简化程序，明确时限，用政府权力的“减法”，换取市场活力的“乘法”。

多管齐下改革投融资体制。大幅缩减政府核准投资项目范围，下放核准权限。大幅减少投资项目前置审批，实行项目核准网上并联办理。大幅放宽民间投资市场准入，鼓励社会资本发起设立股权投资基金。政府采取投资补助、资本金注入、设立基金等办法，引导社会资本投入重点项目。以用好铁路发展基金为抓手，深化铁路投融资改革。在基础设施、公用事业等领域，积极推广政府和社会资本合作模式。

不失时机加快价格改革。改革方向是发挥市场在资源配置中的决定性作用，大幅缩减政府定价种类和项目，具备竞争条件的商品和服务价格原则上都要放开。取消绝大部分药品政府定价，下放一批基本公共服务收费定价权。扩大输配电价改革试点，推进农业水价改革，健全节能环保价格政策。完善资源性产品价格，全面实行居民阶梯价格制度。同时必须加强价格监管，规范市场秩序，确保低收入群众基本生活。

推动财税体制改革取得新进展。实行全面规范、公开透明的预算管理制度，除法定涉密信息外，中央和地方所有部门预决算都要公开，全面接受社会监督。提高国有资本经营预算调入一般公共预算的比例。推行中期财政规划管理。制定盘活财政存量资金的有效办法。力争全面完成“营改增”，调整完善消费税政策，扩大资源税从价计征范围。提请修订税收征管法。改革转移支付制度，完善中央和地方的事权与支出责任，合理调整中央和地方收入划分。

围绕服务实体经济推进金融改革。推动具备条件的民间资本依法发起设立中小型银行等金融机构，成熟一家，批准一家，不设限额。深化农村信用社改革，稳定其县域法人地位。发挥好开发性金融、政策性金融在增加公共产品供给中的作用。推出存款保险制度。推进利率市场化改革，健全中央银行利率调控框架。保持人民币汇率处于合理均衡水平，增强人民币汇率双向浮动弹性。稳步实现人民币资本项目可兑换，扩大人民币国际使用，加快建设人民币跨境支付系统，完善人民币全球清算服务体系，开展个人投资者境外投资试点，适时启动“深港通”试点。

加强多层次资本市场体系建设，实施股票发行注册制改革，发展服务中小企业的区域性股权市场，推进信贷资产证券化，扩大企业债券发行规模，发展金融衍生品市场。推出巨灾保险、个人税收递延型商业养老保险。创新金融监管，防范和化解金融风险。大力发展普惠金融，让所有市场主体都能分享金融服务的雨露甘霖。

深化国企国资改革。准确界定不同国有企业功能，分类推进改革。加快国有资本投资公司、运营公司试点，打造市场化运作平台，提高国有资本运营效率。有序实施国有企业混合所有制改革，鼓励和规范投资项目引入非国有资本参股。加快电力、油气等体制改革。多渠道解决企业办社会负担和历史遗留问题，保障职工合法权益。完善现代企业制度，改革和健全企业经营者激励约束机制。要加强国有资产监管，防止国有资产流失，切实提高国有企业的经营效益。

非公有制经济是我国经济的重要组成部分。必须毫不动摇鼓励、支持、引导非公有制经济发展，注重发挥企业家才能，全面落实促进民营经济发展的政策措施，增强各类所有制经济活力，让各类企业法人财产权依法得到保护。

继续推进科技、教育、文化、医药卫生、养老保险、事业单位、住房公积金等领域改革。发展需要改革添动力，群众期盼改革出实效，我们要努力交出一份为发展加力、让人民受益的改革答卷。

开放也是改革。必须实施新一轮高水平对外开放，加快构建开放型经济新体制，以开放的主动赢得发展的主动、国际竞争的主动。

推动外贸转型升级。完善出口退税负担机制，增量部分由中央财政全额负担，让地方和企业吃上“定心丸”。清理规范进出口环节收费，建立并公开收费项目清单。实施培育外贸竞争新优势的政策措施，促进加工贸易转型，发展外贸综合服务平台和市场采购贸易，扩大跨境电子商务综合试点，增加服务外包示范城市数量，提高服务贸易比重。实施更加积极的进口政策，扩大先进技术、关键设备、重要零部件等进口。

更加积极有效利用外资。修订外商投资产业指导目录，重点扩大服务业和一般制造业开放，把外商投资限制类条目缩减一半。全面推行普遍备案、有限核准的管理制度，大幅下放鼓励类项目核准权，积极探索准入前国民待遇加负面清单管理模式。修订外商投资相关法律，健全外商投资监管体系，打造稳定公平透明可预期的营商环境。

加快实施走出去战略。鼓励企业参与境外基础设施建设和产能合作，推动铁路、电力、通信、工程机械以及汽车、飞机、电子等中国装备走向世界，促进冶金、建材等产业对外投资。实行以备案制为主的对外投资管理方式。扩大出口信用保险规模，对大型成套设备出口融资应保尽保。拓宽外汇储备运用渠道，健全金融、信息、法律、领事保护服务。注重风险防范，提高海外权益保障能力。让中国企业走得出、走得稳，在国际竞争中强筋健骨、发展壮大。

构建全方位对外开放新格局。推进丝绸之路经济带和21世纪海上丝绸之路合作建设。加快互联互通、大通关和国际物流大通道建设。构建中巴、孟中印缅等经济走廊。扩大内陆和沿边开放，促进经济技术开发区创新发展，提高边境经济合作区、跨境经济合作区发展水平。积极推动上海、广东、天津、福建自贸试验区建设，在全国推广成熟经验，形成各具特色的改革开放高地。

统筹多双边和区域开放合作。维护多边贸易体制，推动信息技术协定扩围，积极参与环境产品、政府采购等国际谈判。加快实施自贸区战略，尽早签署中韩、中澳自贸协定，加快中日韩自贸区谈判，推动与海合会、以色列等自贸区谈判，力争完成中国—东盟自贸区升级谈判和区域全面经济伙伴关系协定谈判，建设亚太自贸区。推进中美、中欧投资协定谈判。中国是负责任、敢担当的国家，我们愿做互利共赢发展理念的践行者、全球经济体系的建设者、经济全球化的推动者。

四、协调推动经济稳定增长和结构优化

稳增长和调结构相辅相成。我们既要全力保持经济在合理区间运行，又要积极促进经济转型升级、行稳致远。

加快培育消费增长点。鼓励大众消费，控制“三公”消费。促进养老家政健康消费，壮大信息消费，提升旅游休闲消费，推动绿色消费，稳定住房消费，扩大教育文化体育消费。全面推进“三网”融合，加快建设光纤网络，大幅提升宽带网络速率，发展物流快递，把以互联网为载体、线上线下互动的新兴消费搞得红红火火。建立健全消费品质量安全监管、追溯、召回制度，严肃查处制售假冒伪劣行为，保护消费者合法权益。扩大消费要汇小溪成大河，让亿万群众的消费潜力成为拉动经济增长的强劲动力。

增加公共产品有效投资。确保完成“十二五”规划重点建设任务，启动实施一批新的重大工程项目。主要是：棚户区和危房改造、城市地下管网等民生项目，中西部铁路和公路、内河航道等重大交通项目，水利、高标准农田等农业项目，信息、电力、油气等重大网络项目，清洁能源及油气矿产资源保障项目，传统产业技术改造等项目，节能环保和生态建设项目。

今年中央预算内投资增加到4776亿元，但政府不唱“独角戏”，要更大激发民间投资活力，引导社会资本投向更多领域。铁路投资要保持在8000亿元以上，新投产里程8000公里以上，在全国基本实现高速公路电子不停车收费联网，使交通真正成为发展的先行官。重大水利工程已开工的57个项目要加快建设，今年再开工27个项目，在建重大水利工程投资规模超过8000亿元。棚改、铁路、水利等投资多箭齐发，重点向中西部地

区倾斜，使巨大的内需得到更多释放。

加快推进农业现代化。坚持“三农”重中之重地位不动摇，加快转变农业发展方式，让农业更强、农民更富、农村更美。

今年粮食产量要稳定在1.1万亿斤以上，保障粮食安全和主要农产品供给。坚守耕地红线，全面开展永久基本农田划定工作，实施耕地质量保护与提升行动，推进土地整治，增加深松土地2亿亩。加强农田水利基本建设，大力发展节水农业。加快新技术、新品种、新农机研发推广应用。引导农民瞄准市场调整种养结构，支持农产品加工特别是主产区粮食就地转化，开展粮食作物改为饲料作物试点。综合治理农药兽药残留问题，全面提高农产品质量和食品安全水平。

新农村建设要惠及广大农民。突出加强水和路的建设，今年再解决6000万农村人口饮水安全问题，新建改建农村公路20万公里，全面完成西部边远山区溜索改桥任务。力争让最后20多万无电人口都能用上电。以垃圾、污水为重点加强环境治理，建设美丽宜居乡村。多渠道促进农民增收，保持城乡居民收入差距缩小势头。持续打好扶贫攻坚战，深入推进集中连片特困地区扶贫开发，实施精准扶贫、精准脱贫。难度再大，今年也要再减少农村贫困人口1000万人以上。

推进农业现代化，改革是关键。要在稳定家庭经营的基础上，支持种养大户、家庭农牧场、农民合作社、产业化龙头企业等新型经营主体发展，培养新型职业农民，推进多种形式适度规模经营。做好土地确权登记颁证工作，审慎开展农村土地征收、集体经营性建设用地入市、宅基地制度、集体产权制度等改革试点。在改革中，要确保耕地数量不减少、质量不下降、农民利益有保障。深化供销社、农垦、种业、国有林场林区等改革，办好农村改革试验区和现代农业示范区。完善粮食最低收购价和临时收储政策，改进农产品目标价格补贴办法。加强涉农资金统筹整合和管理。无论财政多困难，惠农政策只能加强不能削弱，支农资金只能增加不能减少。

推进新型城镇化取得新突破。城镇化是解决城乡差距的根本途径，也是最大的内需所在。要坚持以人为核心，以解决三个1亿人问题为着力点，发挥好城镇化对现代化的支撑作用。

加大城镇棚户区和城乡危房改造力度。今年保障性安居工程新安排740万套，其中棚户区改造580万套，增加110万套，把城市危房改造纳入棚改政策范围。农村危房改造366万户，增加100万户，统筹推进农房抗震改造。住房保障逐步实行实物保障与货币补贴并举，把一些存量房转为公租房和安置房。对居住特别困难的低保家庭，给予住房救助。坚持分类指导，因地施策，落实地方政府主体责任，支持居民自住和改善性住房需求，促进房地产市场平稳健康发展。

用改革的办法解决城镇化难点问题。抓紧实施户籍制度改革，落实放宽户口迁移政策。对已在城镇就业和居住但尚未落户的外来人口，以居住证为载体提供相应基本公共服务，取消居住证收费。建立财政转移支付与市民化挂钩机制，合理分担农民工市民化成本。建立规范多元可持续的城市建设投融资机制。坚持节约集约用地，稳妥建立城乡统一的建设用地市场，完善和拓展城乡建设用地增减挂钩试点。加强资金和政策支持，扩大新型城镇化综合试点。

提升城镇规划建设水平。制定实施城市群规划，有序推进基础设施和基本公共服务同城化。完善设市标准，实行特大镇扩权增能试点，控制超大城市人口规模，提升地级市、县城和中心镇产业和人口承载能力，方便农民就近城镇化。发展智慧城市，保护和传承历史、地域文化。加强城市供水供气供电、公交和防洪防涝设施等建设。坚决治理污染、拥堵等城市病，让出行更方便、环境更宜居。

拓展区域发展新空间。统筹实施“四大板块”和“三个支撑带”战略组合。在西部地区开工建设一批综合交通、能源、水利、生态、民生等重大项目，落实好全面振兴东北地区等老工业基地政策措施，加快中部地区综合交通枢纽和网络等建设，支持东部地区率先发展，加大对老少边穷地区支持力度，完善差别化的区域发展政策。

把“一带一路”建设与区域开发开放结合起来，加强新亚欧大陆桥、陆海口岸支点建设。推进京津冀协同发展，在交通一体化、生态环保、产业升级转移等方面率先取得实质性突破。推进长江经济带建设，有序开工黄金水道治理、沿江码头口岸等重大项目，构筑综合立体大通道，建设产业转移示范区，引导产业由东向西梯度转移。加强中西部重点开发区建设，深化泛珠等区域合作。

我国是海洋大国，要编制实施海洋战略规划，发展海洋经济，保护海洋生态环境，提高海洋科技水平，加强海洋综合管理，坚决维护国家海洋权益，妥善处理海上纠纷，积极拓展双边和多边海洋合作，向海洋强国的目标迈进。

推动产业结构迈向中高端。制造业是我们的优势产业。要实施“中国制造 2025”，坚持创新驱动、智能转型、强化基础、绿色发展，加快从制造大国转向制造强国。采取财政贴息、加速折旧等措施，推动传统产业技术改造。坚持有保有压，化解过剩产能，支持企业兼并重组，在市场竞争中优胜劣汰。促进工业化和信息化深度融合，开发利用网络化、数字化、智能化等技术，着力在一些关键领域抢占先机、取得突破。

新兴产业和新兴业态是竞争高地。要实施高端装备、信息网络、集成电路、新能源、新材料、生物医药、航空发动机、燃气轮机等重大项目，把一批新兴产业培育成主导产业。制定“互联网 +”行动计划，推动移动互联网、云计算、大数据、物联网等与现代制造业结合，促进电子商务、工业互联网和互联网金融健康发展，引导互联网企业拓展国际市场。国家已设立 400 亿元新兴产业创业投资引导基金，要整合筹措更多资金，为产业创新加油助力。

服务业就业容量大，发展前景广。要深化服务业改革开放，落实财税、土地、价格等支持政策以及带薪休假等制度，大力发展旅游、健康、养老、创意设计等生活和生产服务业。深化流通体制改革，加强大型农产品批发、仓储和冷链等现代物流设施建设，努力大幅降低流通成本。

以体制创新推动科技创新。创新创造关键在人。要加快科技成果使用处置和收益管理改革，扩大股权和分红激励政策实施范围，完善科技成果转化、职务发明法律制度，使创新人才分享成果收益。制定促进科研人员流动政策，改革科技评价、职称评定和国家奖励制度，推进科研院所分类改革。引进国外高质量人才和智力。深入实施知识产权战略行动计划，坚决打击侵权行为，切实保护发明创造，让创新之树枝繁叶茂。

企业是技术创新的主体。要落实和完善企业研发费用加计扣除、高新技术企业扶持等普惠性政策，鼓励企业增加创新投入。支持企业更多参与重大科技项目实施、科研平台建设，推进企业主导的产学研协同创新。大力发展众创空间，增设国家自主创新示范区，办好国家高新区，发挥集聚创新要素的领头羊作用。中小微企业大有可为，要扶上马、送一程，使“草根”创新蔚然成风、遍地开花。

提高创新效率重在优化科技资源配置。要改革中央财政科技计划管理方式，建立公开统一的国家科技管理平台。政府重点支持基础研究、前沿技术和重大关键共性技术研究，鼓励原始创新，加快实施国家科技重大项目，向社会全面开放重大科研基础设施和大型科研仪器。把亿万人民的聪明才智调动起来，就一定能够迎来万众创新的浪潮。

五、持续推进民生改善和社会建设

立国之道，唯在富民。要以增进民生福祉为目的，加快发展社会事业，改革完善收入分配制度，千方百计增加居民收入，促进社会公平正义与和谐进步。

着力促进创业就业。坚持就业优先，以创业带动就业。今年高校毕业生 749 万人，为历史最高。要加强就业指导和创业教育，落实高校毕业生就业促进计划，鼓励到基层就业。实施好大学生创业引领计划，支持到新兴产业创业。做好结构调整、过剩产能化解中失业人员的再就业工作。统筹农村转移劳动力、城镇困难人员、退役军人就业，实施农民工职业技能提升计划，落实和完善失业保险支持企业稳定就业岗位政策。全面治理拖欠农民工工资问题，健全劳动监察和争议处理机制，让法律成为劳动者权益的守护神。

加强社会保障和增加居民收入。企业退休人员基本养老金标准提高 10%。城乡居民基础养老金标准统一由 55 元提高到 70 元。推进城镇职工基础养老金全国统筹。降低失业保险、工伤保险等缴费率。完善最低工资标准调整机制。落实机关事业单位养老保险制度改革措施，同步完善工资制度，对基层工作人员给予政策倾斜。在县以下机关建立公务员职务和职级并行制度。加强重特大疾病医疗救助，全面实施临时救助制度，让遇到急难特困的群众求助有门、受助及时。

对困境儿童、高龄和失能老人、重度和贫困残疾人等特困群体，健全福利保障制度和服务体系。继续提高城乡低保水平，提升优抚对象抚恤和生活补助标准。提高工资和保障标准等政策受益面广，各级政府一定要落实到位。民之疾苦，国之要事，我们要竭尽全力，坚决把民生底线兜住兜牢。

促进教育公平发展和质量提升。教育是今天的事业、明天的希望。要坚持立德树人，增强学生的社会责任感、创新精神、实践能力，培养中国特色社会主义建设者和接班人。深化省级政府教育统筹改革、高等院校综合改革和考试招生制度改革。加快义务教育学校标准化建设，改善薄弱学校和寄宿制学校基本办学条件。落实农民工随迁子女在流入地接受义务教育政策，完善后续升学政策。

全面推进现代职业教育体系建设。引导部分地方本科高校向应用型转变，通过对口支援等方式支持中西部高等教育发展，继续提高中西部地区和人口大省高考录取率。建设世界一流大学和一流学科。加强特殊教育、学前教育、继续教育和民族地区各类教育。促进民办教育健康发展。为切实把教育事业办好，我们要保证投入，花好每一分钱，畅通农村和贫困地区学子纵向流动的渠道，让每个人都有机会通过教育改变自身命运。

加快健全基本医疗卫生制度。完善城乡居民基本医保，财政补助标准由每人每年 320 元提高到 380 元，基本实现居民医疗费用省内直接结算，稳步推行退休人员医疗费用跨省直接结算。全面实施城乡居民大病保险制度。深化基层医疗卫生机构综合改革，加强全科医生制度建设，完善分级诊疗体系。全面推开县级公立医院综合改革，在 100 个地级以上城市进行公立医院改革试点，破除以药补医，降低虚高药价，合理调整医疗服务价格，通过医保支付等方式平衡费用，努力减轻群众负担。

鼓励医生到基层多点执业，发展社会办医。开展省级深化医改综合试点。加快建立医疗纠纷预防调解机制。人均基本公共卫生服务经费补助标准由 35 元提高到 40 元，增量全部用于支付村医的基本公共卫生服务，方便几亿农民就地就近看病就医。加强重大疾病防控。积极发展中医药和民族医药事业。推进计划生育服务管理改革。健康是群众的基本需求，我们要不断提高医疗卫生水平，打造健康中国。

让人民群众享有更多文化发展成果。文化是民族的精神命脉和创造源泉。要践行社会主义核心价值观，弘扬中华优秀传统文化。繁荣发展哲学社会科学，发展文学艺术、新闻出版、广播影视、档案等事业，重视文物、非物质文化遗产保护。提供更多优秀文艺作品，倡导全民阅读，建设书香社会。逐步推进基本公共文化服务标准化均等化，扩大公共文化设施免费开放范围，发挥基层综合性文化服务中心作用。深化文化体制改革，促进传统媒体与新兴媒体融合发展。拓展中外人文交流，加强国际传播能力建设。发展全民健身、竞技体育和体育产业，做好 2022 年冬奥会申办工作。

加强和创新社会治理。深化社会组织管理制度改革，加快行业协会商会与行政机关脱钩。支持群团组织依法参与社会治理，发展专业社会工作、志愿服务和慈善事业。鼓励社会力量兴办养老设施，发展社区和居家养老。为农村留守儿童、妇女、老人提供关爱服务，建立未成年人社会保护制度。提高公共突发事件防范处置和防灾救灾减灾能力。做好地震、气象、测绘、地质等工作。

深入开展法治宣传教育，加强人民调解工作，完善法律援助制度，落实重大决策社会稳定风险评估机制，有效预防和化解社会矛盾。把信访纳入法治轨道，及时就地解决群众合理诉求。深化平安中国建设，健全立体化社会治安防控体系，依法惩治暴恐、黄赌毒、邪教、走私等犯罪行为，发展和规范网络空间，确保国家安全和公共安全。人的生命最为宝贵，要采取更坚决措施，全方位强化安全生产，全过程保障食品药品安全。

打好节能减排和环境治理攻坚战。环境污染是民生之患、民心之痛，要铁腕治理。今年，二氧化碳排放强度要降低 3.1% 以上，化学需氧量、氨氮排放都要减少 2% 左右，二氧化硫、氮氧化物排放要分别减少 3% 左右和 5% 左右。深入实施大气污染防治行动计划，实行区域联防联控，推动燃煤电厂超低排放改造，促进重点区域煤炭消费零增长。推广新能源汽车，治理机动车尾气，提高油品标准和质量，在重点区域内重点城市全面供应国五标准车用汽柴油。2005 年年底前注册营运的黄标车要全部淘汰。积极应对气候变化，扩大碳排放权交易试点。实施水污染防治行动计划，加强江河湖海水污染、水污染源和农业面源污染治理，实行从水源地到水龙头全过程监管。推行环境污染第三方治理。做好环保税立法工作。我们一定要严格环境执法，对偷排偷放者出重拳，让其付出沉重的代价；对姑息纵容者严问责，使其受到应有的处罚。

能源生产和消费革命，关乎发展与民生。要大力发展风电、光伏发电、生物质能，积极发展水电，安全发展核电，开发利用页岩气、煤层气。控制能源消费总量，加强工业、交通、建筑等重点领域节能。积极发展循环经济，大力推进工业废物和生活垃圾资源化利用。我国节能环保市场潜力巨大，要把节能环保产业打造成新兴的支柱产业。

森林草原、江河湿地是大自然赐予人类的绿色财富，必须倍加珍惜。要推进重大生态工程建设，拓展重点生态功能区，办好生态文明先行示范区，开展国土江河综合整治试点，扩大流域上下游横向补偿机制试点，保护好三江源。扩大天然林保护范围，有序停止天然林商业性采伐。今年新增退耕还林还草 1000 万亩，造林 9000 万亩。生态环保贵在行动、成在坚持，我们必须紧抓不松劲，一定要实现蓝天常在、绿水长流、永续发展。

六、切实加强政府自身建设

我们要全面推进依法治国，加快建设法治政府、创新政府、廉洁政府和服务型政府，增强政府执行力和公信力，促进国家治理体系和治理能力现代化。

坚持依宪施政，依法行政，把政府工作全面纳入法治轨道。宪法是我们根本的活动准则，各级政府及其工作人员都必须严格遵守。要尊法学法守法用法，依法全面履行职责，所有行政行为都要于法有据，任何政府部门都不得法外设权。深化行政执法体制改革，严格规范公正文明执法，加快推进综合执法，全面落实行政执法责任制。一切违法违规的行为都要追究，一切执法不严不公的现象都必须纠正。

坚持创新管理，强化服务，着力提高政府效能。提供基本公共服务尽量采用购买服务方式，第三方可提供的事务性管理服务交给市场或社会去办。积极推进决策科学化民主化，重视发挥智库作用。全面实行政务公开，推广电子政务和网上办事。各级政府要自觉接受同级人大及其常委会的监督，接受人民政协的民主监督，认真听取人大代表、民主党派、工商联、无党派人士和各人民团体的意见。我们的所有工作都要全面接受人民的监督，充分体现人民的意愿。

坚持依法用权，倡俭治奢，深入推进党风廉政建设和反腐败工作。认真落实党中央八项规定精神，坚持不懈纠正“四风”，继续严格执行国务院“约法三章”。腐败现象的一个共同特征就是权力寻租，要以权力瘦身为廉政强身，紧紧扎住制度围栏，坚决打掉寻租空间，努力铲除腐败土壤。加强行政监察，发挥审计监督作用，对公共资金、公共资源、国有资产严加监管。始终保持反腐高压态势，对腐败分子零容忍、严查处。对腐败行为，无论出现在领导机关，还是发生在群众身边，都必须严加惩治。

坚持主动作为，狠抓落实，切实做到勤政为民。经济发展进入新常态，精神面貌要有新状态。广大公务员特别是领导干部要始终把为人民谋发展增福祉作为最大责任，始终把现代化建设使命扛在肩上，始终把群众冷暖忧乐放在心头。各级政府要切实履行职责，狠抓贯彻落实，创造性开展工作。完善政绩考核评价机制，对实绩突出的，要大力褒奖；对工作不力的，要约谈诫勉；对为官不为、懒政怠政的，要公开曝光、坚决追究责任。

2016年政府工作报告（节选）

2016年3月5日

国务院总理李克强在第十二届全国人民代表大会第四次会议作《政府工作报告》：

一、2015年工作回顾

过去一年，我国发展面临多重困难和严峻挑战。在以习近平同志为总书记的党中央坚强领导下，全国各族人民以坚定的信心和非凡的勇气，攻坚克难，开拓进取，经济社会发展稳中有进、稳中有好，完成了全年主要目标任务，改革开放和社会主义现代化建设取得新的重大成就。

——经济运行保持在合理区间。国内生产总值达到67.7万亿元，增长6.9%，在世界主要经济体中位居前列。粮食产量实现“十二连增”，居民消费价格涨幅保持较低水平。特别是就业形势总体稳定，城镇新增就业1312万人，超过全年预期目标，成为经济运行的一大亮点。

——结构调整取得积极进展。服务业在国内生产总值中的比重上升到50.5%，首次占据“半壁江山”。消费对经济增长的贡献率达到66.4%。高技术产业和装备制造业增速快于一般工业。单位国内生产总值能耗下降5.6%。

——发展新动能加快成长。创新驱动发展战略持续推进，互联网与各行业加速融合，新兴产业快速增长。大众创业、万众创新蓬勃发展，全年新登记注册企业增长21.6%，平均每天新增1.2万户。新动能对稳就业、促升级发挥了突出作用，正在推动经济社会发生深刻变革。

——人民生活进一步改善。全国居民人均可支配收入实际增长7.4%，快于经济增速。去年末居民储蓄存款余额增长8.5%，新增4万多亿元。又解决6434万农村人口饮水安全问题。扶贫攻坚力度加大，农村贫困人口减少1442万人。

科技领域一批创新成果达到国际先进水平，第三代核电技术取得重大进展，国产C919大型客机总装下线，屠呦呦获得诺贝尔生理学或医学奖。对我国发展取得的成就，全国各族人民倍感振奋和自豪！

回顾过去一年，成绩来之不易。这些成绩，是在极为复杂严峻的国际环境中取得的。去年世界经济增速为

6 年来最低，国际贸易增速更低，大宗商品价格深度下跌，国际金融市场震荡加剧，对我国经济造成直接冲击和影响。这些成绩，是在国内深层次矛盾凸显、经济下行压力加大的情况下取得的。面对“三期叠加”的局面，经济工作遇到不少两难甚至多难问题，需要远近结合，趋利避害，有效应对。这些成绩，是在我国经济总量超过 60 万亿元的高基数上取得的。现在国内生产总值每增长 1 个百分点的增量，相当于 5 年前 1.5 个百分点、10 年前 2.5 个百分点的增量。经济规模越大，增长难度随之增加。在困难和压力面前，全国各族人民付出了极大辛劳，一步一步走了过来。这再次表明，任何艰难险阻都挡不住中国发展前行的步伐！

一年来，我们主要做了以下工作：

一是着力稳增长调结构防风险，创新宏观调控方式。为应对持续加大的经济下行压力，我们在区间调控基础上，实施定向调控和相机调控。积极的财政政策注重加力增效，扩大结构性减税范围，实行普遍性降费，盘活财政存量资金。发行地方政府债券置换存量债务 3.2 万亿元，降低利息负担约 2000 亿元，减轻了地方政府偿债压力。稳健的货币政策注重松紧适度，多次降息降准，改革存贷比管理，创新货币政策工具，加大对实体经济支持力度。扩大有效投资，设立专项基金，加强水利、城镇棚户区和农村危房改造、中西部铁路和公路等薄弱环节建设。实施重点领域消费促进工程，城乡居民旅游、网购、信息消费等快速增长。去年还积极应对股市、汇市异常波动等金融领域的多种风险挑战，守住了不发生系统性区域性风险的底线，维护了国家经济金融安全。

二是围绕激发市场活力，加大改革开放力度。我们不搞“大水漫灌”式的强刺激，而是持续推动结构性改革。深入推进简政放权、放管结合、优化服务改革。取消和下放 311 项行政审批事项，取消 123 项职业资格许可和认定事项，彻底终结了非行政许可审批。工商登记前置审批精简 85%，全面实施三证合一、一照一码。加强事中事后监管，优化公共服务流程。群众和企业办事更加方便，全社会创业创新热情日益高涨。

财税金融等重点改革深入推进。中央对地方专项转移支付项目减少三分之一，一般性转移支付规模增加。营改增稳步实施，资源税从价计征范围扩大。取消存款利率浮动上限，推出存款保险制度，建立人民币跨境支付系统。价格改革力度加大，中央政府定价项目减少 80%，地方政府定价项目减少一半以上。国有企业、农村、投融资、生态文明等领域改革有序推进，全面深化改革的成效正在显现。

坚持以开放促改革促发展。努力稳定对外贸易，调整出口退税负担机制，清理规范进出口环节收费，提高贸易便利化水平，出口结构发生积极变化。外商投资限制性条目减少一半，95% 以上实行备案管理，实际使用外资 1263 亿美元，增长 5.6%。非金融类对外直接投资 1180 亿美元，增长 14.7%。推广上海自贸试验区经验，新设广东、天津、福建自贸试验区。人民币加入国际货币基金组织特别提款权货币篮子。亚洲基础设施投资银行正式成立，丝路基金投入运营。签署中韩、中澳自贸协定和中国－东盟自贸区升级议定书。“一带一路”建设成效显现，国际产能合作步伐加快，高铁、核电等中国装备走出去取得突破性进展。

三是聚焦提质增效，推动产业创新升级。制定实施创新驱动发展战略纲要和意见，出台推动大众创业、万众创新政策举措，落实“互联网 +”行动计划，增强经济发展新动力。一大批创客走上创业创新之路。完善农业支持政策，促进农业发展方式加快转变。针对工业增速下降、企业效益下滑，我们一手抓新兴产业培育，一手抓传统产业改造提升。启动实施《中国制造 2025》，设立国家新兴产业创业投资引导基金、中小企业发展基金，扩大国家自主创新示范区。积极化解过剩产能，推进企业兼并重组。近三年淘汰落后炼钢炼铁产能 9000 多万吨、水泥 2.3 亿吨、平板玻璃 7600 多万重量箱、电解铝 100 多万吨。促进生产性、生活性服务业加快发展。狠抓节能减排和环境保护，各项约束性指标超额完成。公布自主减排行动目标，推动国际气候变化谈判取得积极成果。

四是着眼开拓发展空间，促进区域协调发展和新型城镇化。继续推动东、中、西、东北地区“四大板块”协调发展，重点推进“一带一路”建设、京津冀协同发展、长江经济带发展“三大战略”，在基础设施、产业布局、生态环保等方面实施一批重大工程。制定实施促进西藏和四省藏区、新疆发展的政策措施。推进户籍制度改革，出台居住证制度，加强城镇基础设施建设，新型城镇化取得新成效。

五是紧扣增进民生福祉，推动社会事业改革发展。在财力紧张情况下，保障民生力度继续加大。推出新的政策，重点解决高校毕业生和就业困难群体的就业创业问题。城镇保障性安居工程住房基本建成772万套，棚户区住房改造开工601万套，农村危房改造432万户，一大批住房困难家庭圆了安居梦。加快改善贫困地区义务教育薄弱学校办学条件，深化中小学教师职称制度改革，重点高校招收贫困地区农村学生人数又增长10.5%。全面推开县级公立医院综合改革，拓展居民大病保险，建立重特大疾病医疗救助制度、困难残疾人生活补贴和重度残疾人护理补贴制度。提高低保、优抚、企业退休人员基本养老金等标准，推行机关事业单位养老保险制度改革并完善工资制度。加强基本公共文化服务建设。广大人民群众有了更多获得感。

六是促进社会和谐稳定，推动依法行政和治理方式创新。国务院提请全国人大常委会审议法律议案11件，制定修订行政法规8部。政务公开加快推进，推广电子政务和网上办事。建立重大政策落实督查问责机制，开展第三方评估。有效应对自然灾害和突发事件。加强安全生产监管，事故总量和重特大事故、重点行业事故数量继续下降。推进食品安全创建示范行动。强化社会治安综合治理，依法打击各类违法犯罪活动，有力维护了公共安全。

我们深入开展“三严三实”专题教育，锲而不舍落实党中央八项规定精神，坚决纠正“四风”，严格执行国务院“约法三章”。加强行政监察和审计监督。大力推进党风廉政建设和反腐败斗争，一批腐败分子受到惩处。

我们隆重纪念中国人民抗日战争暨世界反法西斯战争胜利70周年，集中宣示了我国作为世界反法西斯战争东方主战场的历史地位和重大贡献，彰显了中国人民同各国人民共护和平、共守正义的坚定信念！

一年来，全方位外交成果丰硕。习近平主席等国家领导人出访多国，出席联合国系列峰会、二十国集团领导人峰会、亚太经合组织领导人非正式会议、气候变化大会、东亚合作领导人系列会议、世界经济论坛等重大活动。成功举行中非合作论坛峰会、中欧领导人会晤，启动中拉论坛。同主要大国关系取得新进展，同周边国家务实合作深入推进，同发展中国家友好合作不断拓展，同联合国等国际组织和国际机制的关系全面加强，经济外交、人文交流卓有成效。中国作为负责任大国，在国际和地区事务中发挥了重要的建设性作用。

过去一年取得的成绩，是以习近平同志为总书记的党中央统揽全局、科学决策的结果，是全党全军全国各族人民齐心协力、顽强拼搏的结果。我代表国务院，向全国各族人民，向各民主党派、各人民团体和各界人士，表示诚挚感谢！向香港特别行政区同胞、澳门特别行政区同胞、台湾同胞和海外侨胞，表示诚挚感谢！向关心和支持中国现代化建设事业的各国政府、国际组织和各国朋友，表示诚挚感谢！

在充分肯定去年成绩的同时，我们也清醒看到，我国发展中还存在不少困难和问题。受全球贸易萎缩等因素影响，去年我国进出口总额出现下降，预期增长目标未能实现。投资增长乏力，一些行业产能过剩严重，部分企业生产经营困难，地区和行业走势分化，财政收支矛盾突出，资本市场基础性制度还不完善，金融等领域存在风险隐患。人民群众关心的医疗、教育、养老、食品药品安全、收入分配、城市管理等方面问题较多，环境污染形势仍很严峻，严重雾霾天气在一些地区时有发生。特别令人痛心的是，去年发生了“东方之星”号客轮翻沉事件和天津港特别重大火灾爆炸等事故，人员伤亡和财产损失惨重，教训极其深刻，必须认真汲取。政府工作还存在不足，有些改革和政策措施落实不到位，少数干部不作为、不会为、乱作为，一些领域的不正之风和腐败问题不容忽视。我们要进一步增强忧患意识和担当意识，下更大力气解决这些问题，始终以民之所望为施政所向，尽心竭力做好政府工作，决不辜负人民重托。

2015 年是“十二五”收官之年。过去五年，我国发展成就举世瞩目。党的十八大以来，在以习近平同志为总书记的党中央坚强领导下，面对错综复杂的国际环境和艰巨繁重的国内改革发展稳定任务，我们继续坚持稳中求进工作总基调，深化改革开放，实施一系列利当前、惠长远的重大举措，“十二五”规划确定的主要目标任务全面完成。一是经济持续较快发展。国内生产总值年均增长 7.8%，经济总量稳居世界第二位，成为全球第一货物贸易大国和主要对外投资大国。二是结构调整取得标志性进展。服务业成为第一大产业，工业化与信息化融合加深，农业综合生产能力明显增强。消费成为支撑经济增长的主要力量。超过一半人口居住在城镇。单位国内生产总值能耗下降 18.2%，主要污染物排放量减少 12% 以上。三是基础设施水平全面跃升。铁路营业里程达到 12.1 万公里，其中高速铁路超过 1.9 万公里，占世界 60% 以上。高速公路通车里程超过 12 万公里。南水北调东、中线工程通水。建成全球最大的第四代移动通信网络。四是科技创新实现重大突破。量子通信、中微子振荡、高温铁基超导等基础研究取得一批原创性成果，载人航天、探月工程、深海探测等项目达到世界先进水平。五是人民生活水平显著提高。居民收入增长快于经济增长，城乡收入差距持续缩小。城镇新增就业人数超过 6400 万人。城镇保障性安居工程住房建设 4013 万套，上亿群众喜迁新居。农村贫困人口减少 1 亿多，解决 3 亿多农村人口饮水安全问题。六是社会发展成就斐然。教育公平和质量明显提升。基本医疗保险实现全覆盖，基本养老保险参保率超过 80%。文化软实力持续提升。依法治国全面推进。中国特色军事变革成就显著。经过五年努力，我国经济实力、科技实力、国防实力、国际影响力又上了一个大台阶。

“十二五”时期的辉煌成就，充分显示了中国特色社会主义的巨大优越性，集中展现了中国人民的无穷创造力，极大增强了中华民族的自信心和凝聚力，必将激励全国各族人民在实现“两个一百年”奋斗目标的新征程上奋力前行！

二、“十三五”时期主要目标任务和重大举措

根据《中共中央关于制定国民经济和社会发展第十三个五年规划的建议》，国务院编制了《国民经济和社会发展第十三个五年规划纲要（草案）》，提交大会审查。

《纲要草案》紧紧围绕全面建成小康社会奋斗目标，针对发展不平衡、不协调、不可持续等突出问题，强调要牢固树立和贯彻落实创新、协调、绿色、开放、共享的发展理念，明确了今后五年经济社会发展的主要目标任务，提出了一系列支撑发展的重大政策、重大工程和重大项目，突出了以下六个方面。

——保持经济中高速增长，推动产业迈向中高端水平。实现全面建成小康社会目标，到 2020 年国内生产总值和城乡居民人均收入比 2010 年翻一番，“十三五”时期经济年均增长保持在 6.5% 以上。加快推进产业结构优化升级，实施一批技术水平高、带动能力强的重大工程。到 2020 年，先进制造业、现代服务业、战略性新兴产业比重大幅提升，全员劳动生产率从人均 8.7 万元提高到 12 万元以上。届时，我国经济总量超过 90 万亿元，发展的质量和效益明显提高。在我们这样一个人口众多的发展中国家，这将是非常了不起的成就。

——强化创新引领作用，为发展注入强大动力。创新是引领发展的第一动力，必须摆在国家发展全局的核心位置，深入实施创新驱动发展战略。启动一批新的国家重大科技项目，建设一批高水平的国家科学中心和技术创新中心，培育壮大一批有国际竞争力的创新型领军企业，建设一批全面创新改革试验区。持续推动大众创业、万众创新。促进大数据、云计算、物联网广泛应用。加快建设质量强国、制造强国、知识产权强国。到 2020 年，力争在基础研究、应用研究和战略前沿领域取得重大突破，全社会研发经费投入强度达到 2.5%，科

技进步对经济增长的贡献率达到60%，迈进创新型国家和人才强国行列。

——推进新型城镇化和农业现代化，促进城乡区域协调发展。缩小城乡区域差距，既是调整经济结构的重点，也是释放发展潜力的关键。要深入推进以人为核心的新型城镇化，实现1亿左右农业转移人口和其他常住人口在城镇落户，完成约1亿人居住的棚户区和城中村改造，引导约1亿人在中西部地区就近城镇化。到2020年，常住人口城镇化率达到60%、户籍人口城镇化率达到45%。实施一批水利、农机、现代种业等工程，推动农业适度规模经营和区域化布局、标准化生产、社会化服务。到2020年，粮食等主要农产品供给和质量安全得到更好保障，农业现代化水平明显提高，新农村建设取得新成效。以区域发展总体战略为基础，以“三大战略”为引领，形成沿海沿江沿线经济带为主的纵向横向经济轴带，培育一批辐射带动力强的城市群和增长极。加强重大基础设施建设，高铁营业里程达到3万公里、覆盖80%以上的大城市，新建改建高速公路通车里程约3万公里，实现城乡宽带网络全覆盖。

——推动形成绿色生产生活方式，加快改善生态环境。坚持在发展中保护、在保护中发展，持续推进生态文明建设。深入实施大气、水、土壤污染防治行动计划，划定生态空间保护红线，推进山水林田湖生态工程，加强生态保护和修复。今后五年，单位国内生产总值用水量、能耗、二氧化碳排放量分别下降23%、15%、18%，森林覆盖率达到23.04%，能源资源开发利用效率大幅提高，生态环境质量总体改善。特别是治理大气雾霾取得明显进展，地级及以上城市空气质量优良天数比率超过80%。我们要持之以恒，建设天蓝、地绿、水清的美丽中国。

——深化改革开放，构建发展新体制。发展根本上要靠改革开放。必须全面深化改革，坚持和完善基本经济制度，建立现代产权制度，基本建成法治政府，使市场在资源配置中起决定性作用和更好发挥政府作用，加快形成引领经济发展新常态的体制机制和发展方式。“一带一路”建设取得重大进展，国际产能合作实现新的突破。对外贸易向优进优出转变，服务贸易比重显著提升，从贸易大国迈向贸易强国。全面实行准入前国民待遇加负面清单管理制度，逐步构建高标准自由贸易区网络，基本形成开放型经济新体制新格局。

——持续增进民生福祉，使全体人民共享发展成果。坚持以人民为中心的发展思想，努力补齐基本民生保障的短板，朝着共同富裕方向稳步前进。坚决打赢脱贫攻坚战，我国现行标准下的农村贫困人口实现脱贫，贫困县全部摘帽，解决区域性整体贫困。建立国家基本公共服务项目清单。建立健全更加公平更可持续的社会保障制度。实施义务教育学校标准化、普及高中阶段教育、建设世界一流大学和一流学科等工程，劳动年龄人口平均受教育年限从10.23年提高到10.8年。实现城镇新增就业5000万人以上。完善收入分配制度，缩小收入差距，提高中等收入人口比重。完善住房保障体系，城镇棚户区住房改造2000万套。推进健康中国建设，人均预期寿命提高1岁。积极应对人口老龄化。构建现代公共文化服务体系，实施公民道德建设、中华文化传承等工程。我们既要让人民的物质生活更殷实，又要让人民的精神生活更丰富。

做好“十三五”时期经济社会发展工作，实现全面建成小康社会目标，必须着力把握好三点。一是牢牢抓住发展第一要务不放松。发展是硬道理，是解决我国所有问题的关键。今后五年是跨越“中等收入陷阱”的重要阶段，各种矛盾和风险明显增多。发展如逆水行舟，不进则退。必须毫不动摇坚持以经济建设为中心，推动科学发展，妥善应对风险挑战，使中国经济这艘巨轮破浪远航。二是大力推进结构性改革。当前发展中总量问题与结构性问题并存，结构性问题更加突出，要用改革的办法推进结构调整。在适度扩大总需求的同时，突出抓好供给侧结构性改革，既做减法，又做加法，减少无效和低端供给，扩大有效和中高端供给，增加公共产品和公共服务供给，使供给和需求协同促进经济发展，提高全要素生产率，不断解放和发展社会生产力。三是加快新旧发展动能接续转换。经济发展必然会有新旧动能迭代更替的过程，当传统动能由强变弱时，需要新动能异军突起和传统动能转型，形成新的“双引擎”，才能推动经济持续增长、跃上新台阶。当前我国发展正处于这样一个关键时期，必须培育壮大新动能，加快发展新经济。要推动新技术、新产业、新业态加快成长，以体制机制创新促进分享经济发展，建设共享平台，做大高技术产业、现代服务业等新兴产业集群，打造动力强劲的新引擎。运用信息网络等现代技术，推动生产、管理和营销模式变革，重塑产业链、供应链、价值链，改造提升传统动能，使之焕发新的生机与活力。

从根本上说，发展的不竭力量蕴藏在人民群众之中。9 亿多劳动力、1 亿多受过高等教育和有专业技能的人才，是我们最大的资源和优势。实现新旧动能转换，推动发展转向更多依靠人力人才资源和创新，既是一个伴随阵痛的调整过程，也是一个充满希望的升级过程。只要闯过这个关口，中国经济就一定能够浴火重生、再创辉煌。

展望今后五年，我们充满必胜信心。如期实现全面建成小康社会目标，人民生活将会更加美好，中国特色社会主义事业前景一定会更加光明！

三、2016 年工作总体部署（略）

中国共产党第十八届中央委员会第五次全体会议公报

2015 年 10 月 29 日

全会由中央政治局主持。中央委员会总书记习近平作了重要讲话。

全会听取和讨论了习近平受中央政治局委托作的工作报告，审议通过了《中共中央关于制定国民经济和社会发展第十三个五年规划的建议》。习近平就《建议（讨论稿）》向全会作了说明。

全会充分肯定党的十八届四中全会以来中央政治局的工作。一致认为，面对国内外形势的深刻复杂变化特别是经济下行压力加大的挑战，中央政治局高举中国特色社会主义伟大旗帜，全面贯彻党的十八大和十八届三中、四中全会精神，以马克思列宁主义、毛泽东思想、邓小平理论、“三个代表”重要思想、科学发展观为指导，深入贯彻习近平总书记系列重要讲话精神，团结带领全党全军全国各族人民，坚持“四个全面”战略布局，坚持统筹国内国际两个大局，坚持稳中求进工作总基调，积极引领经济发展新常态，着力推进改革开放，加强和创新宏观调控，有效化解各种风险和挑战，保持经济平稳较快发展和社会和谐稳定，开展“三严三实”专题教育，隆重纪念中国人民抗日战争暨世界反法西斯战争胜利 70 周年，党和国家各项事业取得了新的重大成就。

全会认为，到二〇二〇年全面建成小康社会，是我们党确定的“两个一百年”奋斗目标的第一个百年奋斗目标。“十三五”时期是全面建成小康社会决胜阶段，“十三五”规划必须紧紧围绕实现这个奋斗目标来制定。

全会高度评价“十二五”时期我国发展取得的重大成就，认为面对错综复杂的国际环境和艰巨繁重的国内改革发展稳定任务，我们党团结带领全国各族人民顽强拼搏、开拓创新，奋力开创了党和国家事业发展新局面，我国经济实力、科技实力、国防实力、国际影响力又上了一个大台阶。尤为重要的是，党的十八大以来，以习近平同志为总书记的党中央毫不动摇坚持和发展中国特色社会主义，勇于实践、善于创新，深化对共产党执政规律、社会主义建设规律、人类社会发展规律的认识，形成一系列治国理政新理念新思想新战略，为在新的历史条件下深化改革开放、加快推进社会主义现代化提供了科学理论指导和行动指南。

全会深入分析了“十三五”时期我国发展环境的基本特征，认为我国发展仍处于可以大有作为的重要战略机遇期，也面临诸多矛盾叠加、风险隐患增多的严峻挑战。我们要准确把握战略机遇期内涵的深刻变化，更加有效地应对各种风险和挑战，继续集中力量把自己的事情办好，不断开拓发展新境界。

全会提出了“十三五”时期我国发展的指导思想：高举中国特色社会主义伟大旗帜，全面贯彻党的十八大和十八届三中、四中全会精神，以马克思列宁主义、毛泽东思想、邓小平理论、“三个代表”重要思想、科学发展观为指导，深入贯彻习近平总书记系列重要讲话精神，坚持全面建成小康社会、全面深化改革、全面依法治国、全面从严治党的战略布局，坚持发展是第一要务，以提高发展质量和效益为中心，加快形成引领经济发展新常态的体制机制和发展方式，保持战略定力，坚持稳中求进，统筹推进经济建设、政治建设、文化建设、社会建设、生态文明建设和党的建设，确保如期全面建成小康社会，为实现第二个百年奋斗目标、实现中华民族伟大复兴的中国梦奠定更加坚实的基础。

全会强调，如期实现全面建成小康社会奋斗目标，推动经济社会持续健康发展，必须遵循以下原则：坚持人民主体地位，坚持科学发展，坚持深化改革，坚持依法治国，坚持统筹国内国际两个大局，坚持党的领导。

全会提出了全面建成小康社会新的目标要求：经济保持中高速增长，在提高发展平衡性、包容性、可持续性的基础上，到二〇二〇年国内生产总值和城乡居民人均收入比二〇一〇年翻一番，产业迈向中高端水平，消费对经济增长贡献明显加大，户籍人口城镇化率加快提高。农业现代化取得明显进展，人民生活水平和质量普遍提高，我国现行标准下农村贫困人口实现脱贫，贫困县全部摘帽，解决区域性整体贫困。国民素质和社会文明程度显著提高。生态环境质量总体改善。各方面制度更加成熟更加定型，国家治理体系和治理能力现代化取得重大进展。

全会强调，实现“十三五”时期发展目标，破解发展难题，厚植发展优势，必须牢固树立并切实贯彻创新、协调、绿色、开放、共享的发展理念。这是关系我国发展全局的一场深刻变革。全党同志要充分认识这场变革的重大现实意义和深远历史意义。

全会提出，坚持创新发展，必须把创新摆在国家发展全局的核心位置，不断推进理论创新、制度创新、科技创新、文化创新等各方面创新，让创新贯穿党和国家一切工作，让创新在全社会蔚然成风。必须把发展基点放在创新上，形成促进创新的体制架构，塑造更多依靠创新驱动、更多发挥先发优势的引领型发展。培育发展新动力，优化劳动力、资本、土地、技术、管理等要素配置，激发创新创业活力，推动大众创业、万众创新，释放新需求，创造新供给，推动新技术、新产业、新业态蓬勃发展。拓展发展新空间，形成沿海沿江沿线经济带为主的纵向横向经济轴带，培育壮大若干重点经济区，实施网络强国战略，实施“互联网+”行动计划，发展分享经济，实施国家大数据战略。深入实施创新驱动发展战略，发挥科技创新在全面创新中的引领作用，实施一批国家重大科技项目，在重大创新领域组建一批国家实验室，积极提出并牵头组织国际大科学计划和大科学工程。大力推进农业现代化，加快转变农业发展方式，走产出高效、产品安全、资源节约、环境友好的农业现代化道路。构建产业新体系，加快建设制造强国，实施《中国制造二〇二五》，实施工业强基工程，培育一批战略性产业，开展加快发展现代服务业行动。构建发展新体制，加快形成有利于创新发展的市场环境、产权制度、投融资体制、分配制度、人才培养引进使用机制，深化行政管理体制改革，进一步转变政府职能，持续推进简政放权、放管结合、优化服务，提高政府效能，激发市场活力和社会创造力，完善各类国有资产管理体制，建立健全现代财政制度、税收制度，改革并完善适应现代金融市场发展的金融监管框架。创新和完善宏观调控方式，在区间调控基础上加大定向调控力度，减少政府对价格形成的干预，全面放开竞争性领域商品和服务价格。

全会提出，坚持协调发展，必须牢牢把握中国特色社会主义事业总体布局，正确处理发展中的重大关系，重点促进城乡区域协调发展，促进经济社会协调发展，促进新型工业化、信息化、城镇化、农业现代化同步发展，在增强国家硬实力的同时注重提升国家软实力，不断增强发展整体性。增强发展协调性，必须在协调发展中拓宽发展空间，在加强薄弱领域中增强发展后劲。推动区域协调发展，塑造要素有序自由流动、主体功能约束有效、基本公共服务均等、资源环境可承载的区域协调发展新格局。推动城乡协调发展，健全城乡发展一体化体制机制，健全农村基础设施投入长效机制，推动城镇公共服务向农村延伸，提高社会主义新农村建设水平。推动物质文明和精神文明协调发展，加快文化改革发展，加强社会主义精神文明建设，建设社会主义文化强国，加强思想道德建设和社会诚信建设，增强国家意识、法治意识、社会责任意识，倡导科学精神，弘扬中华传统美德。推动经济建设和国防建设融合发展，坚持发展和安全兼顾、富国和强军统一，实施军民融合发展战略，形成全要素、多领域、高效益的军民深度融合发展格局。

全会提出，坚持绿色发展，必须坚持节约资源和保护环境的基本国策，坚持可持续发展，坚定走生产发展、生活富裕、生态良好的文明发展道路，加快建设资源节约型、环境友好型社会，形成人与自然和谐发展现代化建设新格局，推进美丽中国建设，为全球生态安全作出新贡献。促进人与自然和谐共生，构建科学合理的城市化格局、农业发展格局、生态安全格局、自然岸线格局，推动建立绿色低碳循环发展产业体系。加快建设主体功能区，发挥主体功能区作为国土空间开发保护基础制度的作用。推动低碳循环发展，建设清洁低碳、安全高效的现代能源体系，实施近零碳排放区示范工程。全面节约和高效利用资源，树立节约集约循环利用的资源观，建立健全用能权、用水权、排污权、碳排放权初始分配制度，推动形成勤俭节约的社会风尚。加大环境治理力度，以提高环境质量为核心，实行最严格的环境保护制度，深入实施大气、水、土壤污染防治行动计划，实行省以下环保机构监测监察执法垂直管理制度。筑牢生态安全屏障，坚持保护优先、自然恢复为主，实施山水林田湖生态保护和修复工程，开展大规模国土绿化行动，完善天然林保护制度，开展蓝色海湾整治行动。

全会提出，坚持开放发展，必须顺应我国经济深度融入世界经济的趋势，奉行互利共赢的开放战略，发展更高层次的开放型经济，积极参与全球经济治理和公共产品供给，提高我国在全球经济治理中的制度性话语权，构建广泛的利益共同体。开创对外开放新局面，必须丰富对外开放内涵，提高对外开放水平，协同推进战略互信、经贸合作、人文交流，努力形成深度融合的互利合作格局。完善对外开放战略布局，推进双向开放，支持沿海地区全面参与全球经济合作和竞争，培育有全球影响力的先进制造基地和经济区，提高边境经济合作区、跨境经济合作区发展水平。形成对外开放新体制，完善法治化、国际化、便利化的营商环境，健全服务贸易促进体系，全面实行准入前国民待遇加负面清单管理制度，有序扩大服务业对外开放。推进“一带一路”建设，推进同有关国家和地区多领域互利共赢的务实合作，推进国际产能和装备制造合作，打造陆海内外联动、东西双向开放的全面开放新格局。深化内地和港澳、大陆和台湾地区合作发展，提升港澳在国家经济发展和对外开放中的地位和功能，支持港澳发展经济、改善民生、推进民主、促进和谐，以互利共赢方式深化两岸经济合作，让更多台湾普通民众、青少年和中小企业受益。积极参与全球经济治理，促进国际经济秩序朝着平等公正、合作共赢的方向发展，加快实施自由贸易区战略。积极承担国际责任和义务，积极参与应对全球气候变化谈判，主动参与二〇三〇年可持续发展议程。

全会提出，坚持共享发展，必须坚持发展为了人民、发展依靠人民、发展成果由人民共享，作出更有效的制度安排，使全体人民在共建共享发展中有更多获得感，增强发展动力，增进人民团结，朝着共同富裕方向稳步前进。按照人人参与、人人尽力、人人享有的要求，坚守底线、突出重点、完善制度、引导预期，注重机会公平，保障基本民生，实现全体人民共同迈入全面小康社会。增加公共服务供给，从解决人民最关心最直接最现实的利益问题入手，提高公共服务共建能力和共享水平，加大对革命老区、民族地区、边疆地区、贫困地区的转移支付。实施脱贫攻坚工程，实施精准扶贫、精准脱贫，分类扶持贫困家庭，探索对贫困人口实行资产收益扶持制度，建立健全农村留守儿童和妇女、老人关爱服务体系。提高教育质量，推动义务教育均衡发展，普及高中阶段教育，逐步分类推进中等职业教育免除学杂费，率先从建档立卡的家庭经济困难学生实施普通高中免除学杂费，实现家庭经济困难学生资助全覆盖。促进就业创业，坚持就业优先战略，实施更加积极的就业政策，完善创业扶持政策，加强对灵活就业、新就业形态的支持，提高技术工人待遇。缩小收入差距，坚持居民收入增长和经济增长同步、劳动报酬提高和劳动生产率提高同步，健全科学的工资水平决定机制、正常增长机制、支付保障机制，完善最低工资增长机制，完善市场评价要素贡献并按贡献分配的机制。建立更加公平更可持续的社会保障制度，实施全民参保计划，实现职工基础养老金全国统筹，划转部分国有资本充实社保基金，全面实施城乡居民大病保险制度。推进健康中国建设，深化医药卫生体制改革，理顺药品价格，实行医疗、医保、医药联动，建立覆盖城乡的基本医疗卫生制度和现代医院管理制度，实施食品安全战略。促进人口均衡发展，坚持计划生育的基本国策，完善人口发展战略，全面实施一对夫妇可生育两个孩子政策，积极开展应对人口老龄化行动。

全会强调，发展是党执政兴国的第一要务，各级党委必须深化对发展规律的认识，完善党领导经济社会发展工作体制机制，加强党的各级组织建设，强化基层党组织整体功能。动员人民群众团结奋斗，贯彻党的群众路线，提高宣传和组织群众能力，加强经济社会发展重大问题和涉及群众切身利益问题的协商，依法保障人民各项权益，激发各族人民建设祖国的主人翁意识。加强思想政治工作，创新群众工作体制机制和方式方法，最大限度凝聚全社会推进改革发展、维护社会和谐稳定的共识和力量。加快建设人才强国，深入实施人才优先发展战略，推进人才发展体制改革和政策创新，形成具有国际竞争力的人才制度优势。运用法治思维和法治方式推动发展，全面提高党依据宪法法律治国理政、依据党内法规管党治党的能力和水平。加强和创新社会治理，推进社会治理精细化，构建全民共建共享的社会治理格局。牢固树立安全发展观念，坚持人民利益至上，健全公共安全体系，完善和落实安全生产责任和管理制度，切实维护人民生命财产安全。实施国家安全战略，坚决维护国家政治、经济、文化、社会、信息、国防等安全。

全会分析了当前形势和任务，强调当前和今后一个时期，全党全国的一项重要政治任务，就是深入贯彻落实全会精神，把《建议》确定的各项决策部署和工作要求落到实处。全党要把思想统一到全会精神上来，认清形势，坚定信心，继续顽强奋斗，团结带领全国各族人民协调推进“四个全面”战略布局，如期完成全面建成小康社会的战略任务。要坚持全面从严治党、依规治党，深入推进党风廉政建设和反腐败斗争，巩固反腐败斗争成果，健全改进作风长效机制，着力构建不敢腐、不能腐、不想腐的体制机制，着力解决一些干部不作为、乱作为等问题，积极营造风清气正的政治生态，形成敢于担当、奋发有为的精神状态，努力实现干部清正、政府清廉、政治清明，为经济社会发展提供坚强政治保证。

全会按照党章规定，决定递补中央委员会候补委员刘晓凯、陈志荣、金振吉为中央委员会委员。

全会审议并通过了中共中央纪律检查委员会关于令计划、周本顺、杨栋梁、朱明国、王敏、陈川平、仇和、杨卫泽、潘逸阳、余远辉严重违纪问题的审查报告，确认中央政治局之前作出的给予令计划、周本顺、杨栋梁、朱明国、王敏、陈川平、仇和、杨卫泽、潘逸阳、余远辉开除党籍的处分。

全会号召，全党全国各族人民要更加紧密地团结在以习近平同志为总书记的党中央周围，万众一心，艰苦奋斗，共同夺取全面建成小康社会决胜阶段的伟大胜利！

中央经济工作会议公报

2015 年 12 月 21 日

中共中央总书记习近平在会上发表重要讲话，总结 2015 年经济工作，分析当前国内国际经济形势，部署 2016 年经济工作，重点是落实“十三五”规划建议要求，推进结构性改革，推动经济持续健康发展。李克强在讲话中阐述了明年宏观经济政策取向，具体部署了明年经济社会发展重点工作，并作总结讲话。

会议指出，今年以来，面对错综复杂的国际形势和艰巨繁重的国内改革发展稳定任务，我们按照协调推进“四个全面”战略布局的要求，贯彻落实去年中央经济工作会议决策部署，加强和改善党对经济工作的领导，坚持稳中求进工作总基调，牢牢把握经济社会发展主动权，主动适应经济发展新常态，妥善应对重大风险挑战，推动经济建设、政治建设、文化建设、社会建设、生态文明建设和党的建设取得重大进展。经济运行总体平稳，稳中有进，稳中有好，经济保持中高速增长，经济结构优化，改革开放向纵深迈进，民生持续改善，社会大局总体稳定。今年主要目标任务的完成，标志着“十二五”规划可以胜利收官，使我国站在更高的发展水平上。同时，由于多方面因素影响和国内外条件变化，经济发展仍然面临一些突出矛盾和问题，必须高度重视，采取有力措施加以化解。

会议认为，认识新常态、适应新常态、引领新常态，是当前和今后一个时期我国经济发展的大逻辑，这是我们综合分析世界经济长周期和我国发展阶段性特征及其相互作用作出的重大判断。必须统一思想、深化认识，切实把思想和行动统一到党中央重大判断和决策部署上来。必须克服困难、闯过关口，坚持辩证法，一方面我国经济发展基本面是好的，潜力大，韧性强，回旋余地大，另一方面也面临着很多困难和挑战，特别是结构性产能过剩比较严重。这是绕不过去的历史关口，加快改革创新，抓紧做好工作，就能顺利过关。必须锐意改革、大胆创新，必须解放思想、实事求是、与时俱进，按照创新、协调、绿色、开放、共享的发展理念，在理论上作出创新性概括，在政策上作出前瞻性安排，加大结构性改革力度，矫正要素配置扭曲，扩大有效供给，提高供给结构适应性和灵活性，提高全要素生产率。

会议指出，引领经济发展新常态，要努力实现多方面工作重点转变。推动经济发展，要更加注重提高发展质量和效益。稳定经济增长，要更加注重供给侧结构性改革。实施宏观调控，要更加注重引导市场行为和社会心理预期。调整产业结构，要更加注重加减乘除并举。推进城镇化，要更加注重以人为核心。促进区域发展，要更加注重人口经济和资源环境空间均衡。保护生态环境，要更加注重促进形成绿色生产方式和消费方式。保障改善民生，要更加注重对特定人群特殊困难的精准帮扶。进行资源配置，要更加注重使市场在资源配置中起决定性作用。扩大对外开放，要更加注重推进高水平双向开放。

会议强调，推进供给侧结构性改革，是适应和引领经济发展新常态的重大创新，是适应国际金融危机发生后综合国力竞争新形势的主动选择，是适应我国经济发展新常态的必然要求。

会议指出，明年是全面建成小康社会决胜阶段的开局之年，也是推进结构性改革的攻坚之年。做好经济工作要全面贯彻党的十八大和十八届三中、四中、五中全会精神，以邓小平理论、“三个代表”重要思想、科学发展观为指导，加强和改善党对经济工作的领导，统筹国内国际两个大局，按照“五位一体”总体布局和“四个全面”战略布局，牢固树立和贯彻落实创新、协调、绿色、开放、共享的发展理念，适应经济发展新常态，坚持改革开放，坚持稳中求进工作总基调，坚持稳增长、调结构、惠民生、防风险，实行宏观政策要稳、产业政策要准、微观政策要活、改革政策要实、社会政策要托底的总体思路，保持经济运行在合理区间，战略上坚持持久战，战术上打好歼灭战，着力加强结构性改革，在适度扩大总需求的同时，去产能、去库存、去杠杆、降成本、补短板，提高供给体系质量和效率，提高投资有效性，加快培育新的发展动能，改造提升传统比较优势，增强持续增长动力，推动我国社会生产力水平整体改善，努力实现"十三五"时期经济社会发展的良好开局。

会议强调，明年及今后一个时期，要在适度扩大总需求的同时，着力加强供给侧结构性改革，实施相互配合的五大政策支柱。第一，宏观政策要稳，就是要为结构性改革营造稳定的宏观经济环境。积极的财政政策要加大力度，实行减税政策，阶段性提高财政赤字率，在适当增加必要的财政支出和政府投资的同时，主要用于弥补降税带来的财政减收，保障政府应该承担的支出责任。稳健的货币政策要灵活适度，为结构性改革营造适宜的货币金融环境，降低融资成本，保持流动性合理充裕和社会融资总量适度增长，扩大直接融资比重，优化信贷结构，完善汇率形成机制。第二，产业政策要准，就是要准确定位结构性改革方向。要推进农业现代化、加快制造强国建设、加快服务业发展、提高基础设施网络化水平等，推动形成新的增长点。要坚持创新驱动，注重激活存量，着力补齐短板，加快绿色发展，发展实体经济。第三，微观政策要活，就是要完善市场环境、激发企业活力和消费者潜力。要做好为企业服务工作，在制度上、政策上营造宽松的市场经营和投资环境，鼓励和支持各种所有制企业创新发展，保护各种所有制企业产权和合法利益，提高企业投资信心，改善企业市场预期。要营造商品自由流动、平等交换的市场环境，破除市场壁垒和地方保护。要提高有效供给能力，通过创造新供给、提高供给质量，扩大消费需求。第四，改革政策要实，就是要加大力度推动改革落地。要完善落实机制，把握好改革试点，加强统筹协调，调动地方积极性，允许地方进行差别化探索，发挥基层首创精神。要敢于啃硬骨头、敢于涉险滩，抓好改革举措落地工作，使改革不断见到实效，使群众有更多获得感。第五，社会政策要托底，就是要守住民生底线。要更好发挥社会保障的社会稳定器作用，把重点放在兜底上，保障群众基本生活，保障基本公共服务。

会议认为，明年经济社会发展特别是结构性改革任务十分繁重，战略上要坚持稳中求进、把握好节奏和力度，战术上要抓住关键点，主要是抓好去产能、去库存、去杠杆、降成本、补短板五大任务。

第一，积极稳妥化解产能过剩。要按照企业主体、政府推动、市场引导、依法处置的办法，研究制定全面配套的政策体系，因地制宜、分类有序处置，妥善处理保持社会稳定和推进结构性改革的关系。要依法为实施市场化破产程序创造条件，加快破产清算案件审理。要提出和落实财税支持、不良资产处置、失业人员再就业和生活保障以及专项奖补等政策，资本市场要配合企业兼并重组。要尽可能多兼并重组、少破产清算，做好职工安置工作。要严格控制增量，防止新的产能过剩。

第二，帮助企业降低成本。要开展降低实体经济企业成本行动，打出"组合拳"。要降低制度性交易成本，转变政府职能、简政放权，进一步清理规范中介服务。要降低企业税费负担，进一步正税清费，清理各种不合理收费，营造公平的税负环境，研究降低制造业增值税税率。要降低社会保险费，研究精简归并"五险一金"。要降低企业财务成本，金融部门要创造利率正常化的政策环境，为实体经济让利。要降低电力价格，推进电价市场化改革，完善煤电价格联动机制。要降低物流成本，推进流通体制改革。

第三，化解房地产库存。要按照加快提高户籍人口城镇化率和深化住房制度改革的要求，通过加快农民工市民化，扩大有效需求，打通供需通道，消化库存，稳定房地产市场。要落实户籍制度改革方案，允许农业转移人口等非户籍人口在就业地落户，使他们形成在就业地买房或长期租房的预期和需求。要明确深化住房制度改革方向，以满足新市民住房需求为主要出发点，以建立购租并举的住房制度为主要方向，把公租房扩大到非户籍人口。要发展住房租赁市场，鼓励自然人和各类机构投资者购买库存商品房，成为租赁市场的房源提供者，鼓励发展以住房租赁为主营业务的专业化企业。要鼓励房地产开发企业顺应市场规律调整营销策略，适当降低商品住房价格，促进房地产业兼并重组，提高产业集中度。要取消过时的限制性措施。

第四，扩大有效供给。要打好脱贫攻坚战，坚持精准扶贫、精准脱贫，瞄准建档立卡贫困人口，加大资金、政策、工作等投入力度，真抓实干，提高扶贫质量。要支持企业技术改造和设备更新，降低企业债务负担，创新金融支持方式，提高企业技术改造投资能力。培育发展新产业，加快技术、产品、业态等创新。要补齐软硬基础设施短板，提高投资有效性和精准性，推动形成市场化、可持续的投入机制和运营机制。要加大投资于人的力度，使劳动者更好适应变化了的市场环境。要继续抓好农业生产，保障农产品有效供给，保障口粮安全，保障农民收入稳定增长，加强农业现代化基础建设，落实藏粮于地、藏粮于技战略，把资金和政策重点用在保护和提高农业综合生产能力以及农产品质量、效益上。

第五，防范化解金融风险。对信用违约要依法处置。要有效化解地方政府债务风险，做好地方政府存量债务置换工作，完善全口径政府债务管理，改进地方政府债券发行办法。要加强全方位监管，规范各类融资行为，抓紧开展金融风险专项整治，坚决遏制非法集资蔓延势头，加强风险监测预警，妥善处理风险案件，坚决守住不发生系统性和区域性风险的底线。

会议强调，推进结构性改革，必须依靠全面深化改革。要加大重要领域和关键环节改革力度，推出一批具有重大牵引作用的改革举措。要大力推进国有企业改革，加快改组组建国有资本投资、运营公司，加快推进垄断行业改革。要加快财税体制改革，抓住划分中央和地方事权和支出责任、完善地方税体系、增强地方发展能力、减轻企业负担等关键性问题加快推进。要加快金融体制改革，尽快形成融资功能完备、基础制度扎实、市场监管有效、投资者合法权益得到充分保护的股票市场，抓紧研究提出金融监管体制改革方案；加快推进银行体系改革，深化国有商业银行改革，加快发展绿色金融。要加快养老保险制度改革，完善个人账户，坚持精算平衡，提高统筹层次。要加快医药卫生体制改革，在保基本、强基层的基础上，着力建立新的体制机制，解决好群众看病难看病贵问题。

会议指出，要继续抓好优化对外开放区域布局、推进外贸优进优出、积极利用外资、加强国际产能和装备制造合作、加快自贸区及投资协定谈判、积极参与全球经济治理等工作。要改善利用外资环境，高度重视保护外资企业合法权益，高度重视保护知识产权，对内外资企业要一视同仁、公平对待。要抓好“一带一路”建设落实，发挥好亚投行、丝路基金等机构的融资支撑作用，抓好重大标志性工程落地。

会议强调，要坚持瞄准全面建成小康社会目标，牢牢抓住发展这个第一要务不放松，科学确定经济社会发展主要预期目标，把握好稳增长和调结构的平衡，稳定和完善宏观经济政策，加大对实体经济支持力度。坚持大力推进结构性改革，着力解决制约发展的深层次问题。坚持深入实施创新驱动发展战略，推进大众创业、万众创新，依靠改革创新加快新动能成长和传统动能改造提升。要用新思路新举措深挖内需潜力，持续扩大消费需求，发挥好有效投资对稳增长调结构的关键作用，深入推进新型城镇化。要大力优化产业结构，加快推进现代农业建设，着力抓好工业稳增长调结构增效益。要加快形成对外开放新格局，培育国际竞争新优势。要推动绿色发展取得新突破。要保住基本民生、兜住底线。要健全督查激励问责机制，促进各方面奋发有为、干事创业。

会议强调，要坚持中国特色社会主义政治经济学的重大原则，坚持解放和发展社会生产力，坚持社会主义市场经济改革方向，使市场在资源配置中起决定性作用，是深化经济体制改革的主线。要坚持调动各方面积极性，充分调动人的积极性，充分调动中央和地方两个积极性，注重调动企业家、创新人才、各级干部的积极性、主动性、创造性。要提高舆论引导能力，善于把握本质、主流和趋势，善于把握社会心理，善于把握时、度、效，深度分析，主动发声，澄清是非，更有针对性做好舆论引导工作。

会议号召，这次中央经济工作会议，既是对明年经济工作的全面部署，也是对推进结构性改革的重点部署。各级领导干部务必把思想统一到党中央决策部署上来，把握正确方向，脚踏实地推进，推动改革发展稳定各项工作不断取得实实在在的成效，推动实现更高质量、更有效率、更加公平、更可持续发展。

中央城市工作会议公报

2015 年 12 月 21 日

中共中央总书记习近平在会上发表重要讲话，分析城市发展面临的形势，明确做好城市工作的指导思想、总体思路、重点任务。李克强在讲话中论述了当前城市工作的重点，提出了做好城市工作的具体部署，并作总结讲话。

召开背景

会议指出，我国城市发展已经进入新的发展时期。改革开放以来，我国经历了世界历史上规模最大、速度最快的城镇化进程，城市发展波澜壮阔，取得了举世瞩目的成就。城市发展带动了整个经济社会发展，城市建设成为现代化建设的重要引擎。城市是我国经济、政治、文化、社会等方面活动的中心，在党和国家工作全局中具有举足轻重的地位。我们要深刻认识城市在我国经济社会发展、民生改善中的重要作用。

指导思想

会议强调，当前和今后一个时期，我国城市工作的指导思想是：全面贯彻党的十八大和十八届三中、四中、五中全会精神，以邓小平理论、“三个代表”重要思想、科学发展观为指导，贯彻创新、协调、绿色、开放、共享的发展理念，坚持以人为本、科学发展、改革创新、依法治市，转变城市发展方式，完善城市治理体系，提高城市治理能力，着力解决城市病等突出问题，不断提升城市环境质量、人民生活质量、城市竞争力，建设和谐宜居、富有活力、各具特色的现代化城市，提高新型城镇化水平，走出一条中国特色城市发展道路。

出发点与落脚点

会议指出，城市工作是一个系统工程。做好城市工作，要顺应城市工作新形势、改革发展新要求、人民群众新期待，坚持以人民为中心的发展思想，坚持人民城市为人民。这是我们做好城市工作的出发点和落脚点。同时，要坚持集约发展，框定总量、限定容量、盘活存量、做优增量、提高质量，立足国情，尊重自然、顺应自然、保护自然，改善城市生态环境，在统筹上下功夫，在重点上求突破，着力提高城市发展持续性、宜居性。

工作部署

第一，尊重城市发展规律。城市发展是一个自然历史过程，有其自身规律。城市和经济发展两者相辅相成、相互促进。城市发展是农村人口向城市集聚、农业用地按相应规模转化为城市建设用地的过程，人口和用地要匹配，城市规模要同资源环境承载能力相适应。必须认识、尊重、顺应城市发展规律，端正城市发展指导思想，切实做好城市工作。

第二，统筹空间、规模、产业三大结构，提高城市工作全局性。要在《全国主体功能区规划》《国家新型城镇化规划（2014—2020 年）》的基础上，结合实施“一带一路”建设、京津冀协同发展、长江经济带建设等战略，明确我国城市发展空间布局、功能定位。要以城市群为主体形态，科学规划城市空间布局，实现紧凑集约、高效绿色发展。要优化提升东部城市群，在中西部地区培育发展一批城市群、区域性中心城市，促进边疆中心城市、口岸城市联动发展，让中西部地区广大群众在家门口也能分享城镇化成果。各城市要结合资源禀赋和区位优势，明确主导产业和特色产业，强化大中小城市和小城镇产业协作协同，逐步形成横向错位发展、纵向分工协作的发展格局。要加强创新合作机制建设，构建开放高效的创新资源共享网络，以协同创新牵引城市协同发展。我国城镇化必须同农业现代化同步发展，城市工作必须同“三农”工作一起推动，形成城乡发展一体化的新格局。

第二，统筹规划、建设、管理三大环节，提高城市工作的系统性。城市工作要树立系统思维，从构成城市诸多要素、结构、功能等方面入手，对事关城市发展的重大问题进行深入研究和周密部署，系统推进各方面工作。要综合考虑城市功能定位、文化特色、建设管理等多种因素来制定规划。规划编制要接地气，可邀请被规划企事业单位、建设方、管理方参与其中，还应该邀请市民共同参与。要在规划理念和方法上不断创新，增强规划科学性、指导性。要加强城市设计，提倡城市修补，加强控制性详细规划的公开性和强制性。要加强对城市的空间立体性、平面协调性、风貌整体性、文脉延续性等方面的规划和管控，留住城市特有的地域环境、文化特色、建筑风格等“基因”。规划经过批准后要严格执行，一茬接一茬干下去，防止出现换一届领导、改一次规划的现象。抓城市工作，一定要抓住城市管理和服务这个重点，不断完善城市管理和服务，彻底改变粗放型管理方式，让人民群众在城市生活得更方便、更舒心、更美好。要把安全放在第一位，把住安全关、质量关，并把安全工作落实到城市工作和城市发展各个环节各个领域。

第四，统筹改革、科技、文化三大动力，提高城市发展持续性。城市发展需要依靠改革、科技、文化三轮驱动，增强城市持续发展能力。要推进规划、建设、管理、户籍等方面的改革，以主体功能区规划为基础统筹各类空间性规划，推进“多规合一”。要深化城市管理体制改革，确定管理范围、权力清单、责任主体。推进城镇化要把促进有能力在城镇稳定就业和生活的常住人口有序实现市民化作为首要任务。要加强对农业转移人口市民化的战略研究，统筹推进土地、财政、教育、就业、医疗、养老、住房保障等领域配套改革。要推进城市科技、文化等诸多领域改革，优化创新创业生态链，让创新成为城市发展的主动力，释放城市发展新动能。要加强城市管理数字化平台建设和功能整合，建设综合性城市管理数据库，发展民生服务智慧应用。要保护弘扬中华优秀传统文化，延续城市历史文脉，保护好前人留下的文化遗产。要结合自己的历史传承、区域文化、时代要求，打造自己的城市精神，对外树立形象，对内凝聚人心。

第五，统筹生产、生活、生态三大布局，提高城市发展的宜居性。城市发展要把握好生产空间、生活空间、生态空间的内在联系，实现生产空间集约高效、生活空间宜居适度、生态空间山清水秀。城市工作要把创造优良人居环境作为中心目标，努力把城市建设成为人与人、人与自然和谐共处的美丽家园。要增强城市内部布局的合理性，提升城市的通透性和微循环能力。要深化城镇住房制度改革，继续完善住房保障体系，加快城镇棚户区和危房改造，加快老旧小区改造。要强化尊重自然、传承历史、绿色低碳等理念，将环境容量和城市综合承载能力作为确定城市定位和规模的基本依据。城市建设要以自然为美，把好山好水好风光融入城市。要大力开展生态修复，让城市再现绿水青山。要控制城市开发强度，划定水体保护线、绿地系统线、基础设施建设控制线、历史文化保护线、永久基本农田和生态保护红线，防止“摊大饼”式扩张，推动形成绿色低碳的生产生活方式和城市建设运营模式。要坚持集约发展，树立“精明增长”“紧凑城市”理念，科学划定城市开发边界，推动城市发展由外延扩张式向内涵提升式转变。城市交通、能源、供排水、供热、污水、垃圾处理等基础设施，要按照绿色循环低碳的理念进行规划建设。

第六，统筹政府、社会、市民三大主体，提高各方推动城市发展的积极性。城市发展要善于调动各方面的积极性、主动性、创造性，集聚促进城市发展正能量。要坚持协调协同，尽最大可能推动政府、社会、市民同心同向行动，使政府有形之手、市场无形之手、市民勤劳之手同向发力。政府要创新城市治理方式，特别是要注意加强城市精细化管理。要提高市民文明素质，尊重市民对城市发展决策的知情权、参与权、监督权，鼓励企业和市民通过各种方式参与城市建设、管理，真正实现城市共治共管、共建共享。

会议强调，做好城市工作，必须加强和改善党的领导。各级党委要充分认识城市工作的重要地位和作用，主要领导要亲自抓，建立健全党委统一领导、党政齐抓共管的城市工作格局。要推进城市管理机构改革，创新城市工作体制机制。要加快培养一批懂城市、会管理的干部，用科学态度、先进理念、专业知识去规划、建设、管理城市。要全面贯彻依法治国方针，依法规划、建设、治理城市，促进城市治理体系和治理能力现代化。要健全依法决策的体制机制，把公众参与、专家论证、风险评估等确定为城市重大决策的法定程序。要深入推进城市管理和执法体制改革，确保严格规范公正文明执法。

会议指出，城市是我国各类要素资源和经济社会活动最集中的地方，全面建成小康社会、加快实现现代化，必须抓好城市这个“火车头”，把握发展规律，推动以人为核心的新型城镇化，发挥这一扩大内需的最大潜力，有效化解各种“城市病”。要提升规划水平，增强城市规划的科学性和权威性，促进“多规合一”，全面开展城市设计，完善新时期建筑方针，科学谋划城市“成长坐标”。要提升建设水平，加强城市地下和地上基础设施建设，建设海绵城市，加快棚户区和危房改造，有序推进老旧住宅小区综合整治，力争到2020年基本完成现有城镇棚户区、城中村和危房改造，推进城市绿色发展，提高建筑标准和工程质量，高度重视做好建筑节能。要提升管理水平，着力打造智慧城市，以实施居住证制度为抓手推动城镇常住人口基本公共服务均等化，加强城市公共管理，全面提升市民素质。推进改革创新，为城市发展提供有力的体制机制保障。

会议号召，城市工作任务艰巨、前景光明，我们要开拓创新、扎实工作，不断开创城市发展新局面，为实现全面建成小康社会奋斗目标、实现中华民族伟大复兴的中国梦作出新的更大贡献。

中共中央政治局会议：分析研究当前经济形势和经济工作

2015 年 4 月 30 日

中共中央政治局召开会议，分析研究当前经济形势和经济工作，审议通过《中国共产党统一战线工作条例（试行）》《京津冀协同发展规划纲要》。中共中央总书记习近平主持会议。

会议认为，今年以来，在复杂的国际国内环境下，各地区各部门认真贯彻党中央决策部署，创新宏观调控方式，以全面深化改革促进经济发展、结构调整、民生改善，保持经济运行处在合理区间。一季度经济增长与预期目标相符，就业形势稳定，城乡居民收入平稳增长，全面深化改革扎实推进，经济结构战略性调整逐步深化，需求结构、生产结构、企业组织结构、产品结构、商业模式发生幅度较大的调整，一些新的增长点破茧而出。同时，新的增长动力正在形成之中，外部需求收缩，内部多种矛盾聚合，经济运行走势分化，下行压力仍然较大。

会议指出，做好当前经济工作，要全面贯彻党的十八大和十八届三中、四中全会精神，按照中央经济工作会议部署，坚持稳中求进工作总基调，主动适应经济发展新常态，保持经济运行在合理区间。坚持以提高经济发展质量和效益为中心，坚持宏观政策要稳、微观政策要活、社会政策要托底的总体思路，保持宏观政策连续性和稳定性，加大定向调控力度，及时进行预调微调，高度重视应对经济下行压力，加快改革开放步伐，保持稳增长、促改革、调结构、惠民生、防风险综合平衡，调动各方积极性，狠抓工作落实，促进经济持续健康发展和社会大局稳定。

会议认为，积极的财政政策要增加公共支出，加大降税清费力度。稳健的货币政策要把握好度，注意疏通货币政策向实体经济的传导渠道。要注重发挥投资的关键作用，认真选择好投资项目，做到有市场，有长期回报。要整体推进财税、金融、投融资体制改革，解决好重大基础设施项目、市政项目、实体产业部分资金循环不畅问题。要注重扩大消费需求，有针对性地挖掘消费潜力，努力提高消费品质量和服务水平，培育新的消费增长点。要完善市场环境，盘活存量资产，建立房地产健康发展的长效机制。要把创新驱动发展作为我国经济实现动力转换的关键，推进企业技术改造，稳步有序推进化解过剩产能工作。要注意防范和化解各类风险。中央坚持国有企业改革方向没有变，依法保护民营企业产权方针没有变，坚持对外开放和利用外资政策也没有变。

会议指出，发展是党执政兴国的第一要务，要把有质量、有效益的发展作为发展是硬道理战略思想的内在要求。在新常态下，各级领导干部领导经济工作要摆脱旧的路径依赖，掌握认识发展趋势和准确分析经济形势、营造良好市场环境、发现和使用经济人才、保护产权和知识产权、维护社会公平正义等新的本领。要保持良好精神状态，加强调查研究和工作指导。要鼓励和支持各级干部勇于开拓、有所作为。订措施、作决策、抓工作，一定要吃透情况，把握实质，针对矛盾和问题来推动工作，抓好落实，树立守土有责、守土负责、守土尽责的正确导向。

会议提出，统一战线作为党的总路线总政策的重要组成部分，是党凝心聚力、攻坚克难、夺取胜利的重要法宝。制定《中国共产党统一战线工作条例》，明确统一战线服务“四个全面”战略布局的方向原则，规定各领域统战工作的方针政策，既是贯彻落实党的十八届四中全会精神的重要举措，也是提高党的统战工作科学化水平的必然要求。条例立足党的工作全局，全面贯彻党的十八大以来以习近平同志为总书记的党中央关于统一战线的新思想新要求，吸收统战工作新经验新成果，注重研究解决新形势下统战工作面临的新情况新问题，坚持大团结大联合的主题，对巩固壮大爱国统一战线具有重要意义。

会议强调，条例是中国共产党关于统一战线工作的第一部党内法规，各级党委要切实担负起学习、宣传、贯彻条例精神第一责任人的职责，精心组织，周密部署，把条例各项规定落到实处，巩固发展全党重视统战工作良好局面。

会议指出，推动京津冀协同发展是一个重大国家战略。战略的核心是有序疏解北京非首都功能，调整经济结构和空间结构，走出一条内涵集约发展的新路子，探索出一种人口经济密集地区优化开发的模式，促进区域协调发展，形成新增长极。

会议强调，要坚持协同发展、重点突破、深化改革、有序推进。要严控增量、疏解存量、疏堵结合调控北京市人口规模。要在京津冀交通一体化、生态环境保护、产业升级转移等重点领域率先取得突破。要大力促进创新驱动发展，增强资源能源保障能力，统筹社会事业发展，扩大对内对外开放。要加快破除体制机制障碍，推动要素市场一体化，构建京津冀协同发展的体制机制，加快公共服务一体化改革。要抓紧开展试点示范，打造若干先行先试平台。

会议还研究了其他事项。

中共中央 国务院关于构建开放型经济新体制的若干意见

2015年5月5日

对外开放是我国的基本国策。当前，世界多极化、经济全球化进一步发展，国际政治经济环境深刻变化，创新引领发展的趋势更加明显。我国改革开放正站在新的起点上，经济结构深度调整，各项改革全面推进，经济发展进入新常态。面对新形势新挑战新任务，要统筹开放型经济顶层设计，加快构建开放型经济新体制，进一步破除体制机制障碍，使对内对外开放相互促进，引进来与走出去更好结合，以对外开放的主动赢得经济发展和国际竞争的主动，以开放促改革、促发展、促创新，建设开放型经济强国，为实现“两个一百年”奋斗目标和中华民族伟大复兴的中国梦打下坚实基础。

一、构建开放型经济新体制的总体要求

全面贯彻落实党的十八大和十八届二中、三中、四中全会精神，坚持使市场在资源配置中起决定性作用和更好发挥政府作用，坚持改革开放和法治保障并重，坚持引进来和走出去相结合，坚持与世界融合和保持中国特色相统一，坚持统筹国内发展和参与全球治理相互促进，坚持把握开放主动权和维护国家安全。主动适应经济发展新常态，并与实施“一带一路”战略和国家外交战略紧密衔接，科学布局，选准突破口和切入点，发挥社会主义制度优势，把握好开放节奏和秩序，扬长避短、因势利导、有所作为、防范风险、维护安全，积极探索对外经济合作新模式、新路径、新体制。总体目标是，加快培育国际合作和竞争新优势，更加积极地促进内需和外需平衡、进口和出口平衡、引进外资和对外投资平衡，逐步实现国际收支基本平衡，形成全方位开放新格局，实现开放型经济治理体系和治理能力现代化，在扩大开放中树立正确义利观，切实维护国家利益，保障国家安全，推动我国与世界各国共同发展，构建互利共赢、多元平衡、安全高效的开放型经济新体制。

（一）建立市场配置资源新机制。促进国际国内要素有序自由流动、资源全球高效配置、国际国内市场深度融合，加快推进与开放型经济相关的体制机制改革，建立公平开放、竞争有序的现代市场体系。

（二）形成经济运行管理新模式。按照国际化、法治化的要求，营造良好法治环境，依法管理开放，建立与国际高标准投资和贸易规则相适应的管理方式，形成参与国际宏观经济政策协调的机制，推动国际经济治理结构不断完善。推进政府行为法治化、经济行为市场化，建立健全企业履行主体责任、政府依法监管和社会广泛参与的管理机制，健全对外开放中有效维护国家利益和安全的体制机制。

（三）形成全方位开放新格局。坚持自主开放与对等开放，加强走出去战略谋划，实施更加主动的自由贸易区战略，拓展开放型经济发展新空间。继续实施西部开发、东北振兴、中部崛起、东部率先的区域发展总体战略，重点实施“一带一路”战略、京津冀协同发展战略和长江经济带战略，推动东西双向开放，促进基础设施互联互通，扩大沿边开发开放，形成全方位开放新格局。

（四）形成国际合作竞争新优势。巩固和拓展传统优势，加快培育竞争新优势。以创新驱动为导向，以质

量效益为核心，大力营造竞争有序的市场环境、透明高效的政务环境、公平正义的法治环境和合作共赢的人文环境，加速培育产业、区位、营商环境和规则标准等综合竞争优势，不断增强创新能力，全面提升在全球价值链中的地位，促进产业转型升级。

二、创新外商投资管理体制

改善投资环境，扩大服务业市场准入，进一步开放制造业，稳定外商投资规模和速度，提高引进外资质量。改革外商投资审批和产业指导的管理方式，向准入前国民待遇加负面清单的管理模式转变，促进开发区体制机制创新和转型升级发展。

（五）统一内外资法律法规。修订中外合资经营企业法、中外合作经营企业法和外资企业法，制定新的外资基础性法律，将规范和引导境外投资者及其投资行为的内容纳入外资基础性法律。对于外资企业组织形式、经营活动等一般内容，可由统一适用于各类市场主体法律法规加以规范的，按照内外资一致的原则，适用统一的法律法规。保持外资政策稳定、透明、可预期，营造规范的制度环境和稳定的市场环境。

（六）推进准入前国民待遇加负面清单的管理模式。完善外商投资市场准入制度，探索对外商投资实行准入前国民待遇加负面清单的管理模式。在做好风险评估的基础上，分层次、有重点放开服务业领域外资准入限制，推进金融、教育、文化、医疗等服务业领域有序开放，放开育幼养老、建筑设计、会计审计、商贸物流、电子商务等服务业领域外资准入限制，进一步放开一般制造业。在维护国家安全的前提下，对于交通、电信等基础设施以及矿业等相关领域逐步减少对外资的限制。

（七）完善外商投资监管体系。按照扩大开放与加强监管同步的要求，加强事中事后监管，建立外商投资信息报告制度和外商投资信息公示平台，充分发挥企业信用信息公示系统的平台作用，形成各政府部门信息共享、协同监管、社会公众参与监督的外商投资全程监管体系，提升外商投资监管的科学性、规范性和透明度，防止一放就乱。

（八）推动开发区转型升级和创新发展。加强国家级经济技术开发区、高新技术产业开发区、海关特殊监管区域以及省级开发区等各类开发区规划指导、创新发展。发挥开发区的引领和带动作用，大力发展先进制造业、生产性服务业和科技服务业，推动区内产业升级，建设协同创新平台，实现产业结构、产品附加值、质量、品牌、技术水平、创新能力的全面提升。推动开发区绿色、低碳、循环发展，继续深化节能环保国际合作。不断改善投资环境，进一步规范行政管理制度，完善决策、执行、监督和考核评价体系，避免同质竞争，努力把开发区建设成为带动地区经济发展和实施区域发展战略的重要载体、构建开放型经济新体制和培育吸引外资新优势的排头兵、科技创新驱动和绿色集约发展的示范区。

三、建立促进走出去战略的新体制

实施走出去国家战略，加强统筹谋划和指导。确立企业和个人对外投资主体地位，努力提高对外投资质量和效率，促进基础设施互联互通，推动优势产业走出去，开展先进技术合作，增强我国企业国际化经营能力，避免恶性竞争，维护境外投资权益。

（九）确立并实施新时期走出去国家战略。根据国民经济和社会发展总体规划以及对外开放总体战略，完善境外投资中长期发展规划，加强对走出去的统筹谋划和指导，提供政策支持和投资促进。鼓励企业制定中长期国际化发展战略，兼顾当前和长远利益，在境外依法经营。督促企业履行社会责任，树立良好形象。

（十）推进境外投资便利化。研究制定境外投资法规。贯彻企业投资自主决策、自负盈亏原则，放宽境外投资限制，简化境外投资管理，除少数有特殊规定外，境外投资项目一律实行备案制。加快建立合格境内个人投资者制度。加强境外投资合作信息平台建设。

（十一）创新对外投资合作方式。允许企业和个人发挥自身优势到境外开展投资合作，允许自担风险到各国各地区承揽工程和劳务合作项目，允许创新方式走出去开展绿地投资、并购投资、证券投资、联合投资等。鼓励有实力的企业采取多种方式开展境外基础设施投资和能源资源合作。促进高铁、核电、航空、机械、电力、电信、冶金、建材、轻工、纺织等优势行业走出去，提升互联网信息服务等现代服务业国际化水平，推动电子商务走出去。积极稳妥推进境外农业投资合作。支持我国重大技术标准走出去。创新境外经贸合作区发展模式，支持国内投资主体自主建设和管理。

（十二）健全走出去服务保障体系。加快同有关国家和地区商签投资协定，完善领事保护制度，提供权益保障、投资促进、风险预警等更多服务，推进对外投资合作便利化。保障我国境外人员人身和财产安全。发挥中介机构作用，培育一批国际化的设计咨询、资产评估、信用评级、法律服务等中介机构。

（十三）引进来和走出去有机结合。推进引进外资与对外投资有机结合、相互配合，推动与各国各地区互利共赢的产业投资合作。发挥我国优势和条件促进其他国家和地区共同发展。鼓励企业开展科技创新、项目对接、信息交流、人力资源开发等多方面国际合作。支持地方和企业做好引资、引智、引技等工作，并积极开拓国际市场。通过各类投资合作机制，分享我国引进来的成功经验，推动有关国家营造良好投资环境。

四、构建外贸可持续发展新机制

保持外贸传统优势，加快培育外贸竞争新优势，着力破解制约外贸持续发展和转型升级的突出问题。全面提升外贸竞争力，提高贸易便利化水平，完善进出口促进体系，健全贸易摩擦应对机制，大力发展服务贸易，促进外贸提质增效升级。

（十四）提高贸易便利化水平。强化大通关协作机制，实现口岸管理相关部门信息互换、监管互认、执法互助。加快国际贸易“单一窗口”建设，全面推行口岸管理相关部门“联合查验、一次放行”等通关新模式。依托电子口岸平台，推动口岸管理相关部门各作业系统横向互联，建立信息共享共用机制。探索开展口岸查验机制创新和口岸管理相关部门综合执法试点。加快海关特殊监管区域整合优化。加快一体化通关改革，推进通关作业无纸化。与主要贸易伙伴开展检验检疫、认证认可和技术标准等方面的交流合作与互认。加强口岸检验检疫综合能力建设，完善产品质量安全风险预警和快速反应体系。整合和规范进出口环节经营性服务和收费。

（十五）培育外贸竞争新优势。优化市场布局和贸易结构。稳定传统优势产品出口，进一步推进以质取胜战略，提升出口产品质量、档次和创新要素比重，扩大大型成套设备和技术出口。加强外贸诚信体系建设，规范进出口秩序。鼓励企业开展科技创新和商业模式创新，加快培育以技术、品牌、质量、服务为核心的外贸竞争新优势。鼓励发展跨境电子商务、市场采购贸易等新型贸易方式。积极解决电子商务在境内外发展的技术、政策问题，在标准、支付、物流、通关、检验检疫、税收等方面加强国际协调，参与相关规则制定，创新跨境电子商务合作方式，融入国外零售体系，化解相关贸易摩擦。优化进口商品结构，鼓励先进技术、关键设备和零部件进口，稳定资源性产品进口，合理增加一般消费品进口。培育国际大宗商品交易平台。提高一般贸易和服务贸易比重，推动加工贸易转型升级，提升产业层次，提高加工贸易的质量和附加值，延长加工贸易产业链，提高加工贸易增值率。

（十六）建立健全服务贸易促进体系。提升服务贸易战略地位，着力扩大服务贸易规模，推进服务贸易便利化和自由化。鼓励发展生产性服务贸易。依托大数据、云计算、物联网、移动互联网等新技术，推动服务业转型，培育服务新业态。创新服务贸易金融服务体系，建立与服务贸易相适应的口岸管理和通关协作模式。提高货物贸易中的服务附加值，促进制造业与服务业、货物贸易与服务贸易协调发展。推进国内服务市场健全制度、标准、规范和监管体系，为专业人才和专业服务跨境流动提供便利。制定与国际接轨的服务业标准化体系，加强与服务贸易相关的人才培养、资格互认、标准制定等方面的国际合作。促进服务外包升级，提升服务跨境交付能力，建设好服务外包示范城市。

（十七）实施质量效益导向型的外贸政策。支持技术含量高、附加值大、资源和能源消耗低、环境污染小、产业关联度强的对外贸易活动，实现外贸绿色低碳可持续发展。进一步完善出口退税制度，优化出口退税流程。健全出口信用保险体系。加强贸易风险、汇率风险监测分析，适时公布有关风险提示，引导企业有效规避出口风险。

（十八）健全贸易摩擦应对机制。强化中央、地方、行业协会商会、企业四体联动的综合应对机制，指导企业做好贸易摩擦预警、咨询、对话、磋商、诉讼等工作。有理有节、化解分歧、争取双赢，以协商方式妥善解决贸易争端，对滥用贸易保护措施和歧视性做法，善于运用规则进行交涉和制衡。依法开展贸易救济调查，维护国内产业企业合法权益。

五、优化对外开放区域布局

建设自由贸易园区，立足东中西协调、陆海统筹，扩大对港澳台开放合作，推动形成全方位的区域开放新格局，以区域开放的提质增效带动经济的协调发展。

（十九）建设若干自由贸易试验园区。深化上海自由贸易试验区改革开放，扩大服务业和先进制造业对外开放，形成促进投资和创新的政策支持体系，并将部分开放措施辐射到浦东新区，及时总结改革试点经验，在全国复制推广。依托现有新区、园区，推动广东、天津、福建自由贸易试验区总体方案全面实施，以上海自由贸易试验区试点内容为主体，结合地方特点，充实新的试点内容，未来结合国家发展战略需要逐步向其他地方扩展，推动实施新一轮高水平对外开放。

（二十）完善内陆开放新机制。抓住全球产业重新布局机遇，以内陆中心城市和城市群为依托，以开发区和产业聚集区为平台，积极探索承接产业转移新路径，创新加工贸易模式，以加工贸易梯度转移重点承接地为依托，稳妥推进有条件的企业将整机生产、零部件、原材料配套和研发、结算等向内陆地区转移，形成产业集群，支持在内陆中心城市建立先进制造业中心。鼓励区域合作共建产业园区，促进内陆贸易、投资、技术创新协调发展。支持内陆城市增开国际客货运航线，发展江海联运，以及铁水、陆航等多式联运，形成横贯东中西、联结南北方的对外经济走廊。

（二十一）培育沿边开放新支点。将沿边重点开发开放试验区、边境经济合作区建成我国与周边国家合作的重要平台，加快沿边开放步伐。允许沿边重点口岸、边境城市、边境经济合作区在人员往来、加工物流、旅游等方面实行特殊方式和政策。按有关规定有序进行边境经济合作区新设、调区和扩区工作。稳步发展跨境经济合作区，有条件的可结合规划先行启动中方区域基础设施建设。建设能源资源进口加工基地，开展面向周边市场的产业合作。鼓励边境地区与毗邻国地方政府加强务实合作。

（二十二）打造沿海开放新高地。发挥长三角、珠三角、环渤海地区对外开放门户的作用，建设若干服务全国、面向世界的国际化大都市和城市群，建成具有更强国际影响力的沿海经济带。推动京津冀协同发展。支持沿海地区发展高端产业、加强科技研发，加快从全球加工装配基地向研发、先进制造基地转变，推进服务业开放先行先试。依托长江黄金水道，推动长江经济带发展，打造中国经济新支撑带，建设陆海双向对外开放新走廊。

（二十三）扩大对香港、澳门和台湾地区开放。发挥港澳地区的开放平台与示范作用，深化内地与港澳更紧密经贸关系安排，加快实现与港澳服务贸易自由化。建设好深圳前海现代服务业示范区、珠海横琴新区、广州南沙新区。鼓励内地企业与港澳企业联合走出去。支持内地企业赴港融资，将境外产业投资与香港金融资本有机结合。鼓励内地企业与港澳企业联合成立投资基金，通过多种方式开展投资合作。促进澳门经济适度多元。促进海峡两岸经济关系正常化、制度化、自由化，逐步健全两岸经济合作机制。加强两岸产业合作、双向贸易投资及便利化方面的合作。充分发挥海峡西岸经济区、平潭综合实验区、昆山深化两岸产业合作试验区等的先行先试作用。深化和拓展与港澳台地区高校、科研院所、企业间科技研发和创新创业方面的合作。

六、加快实施"一带一路"战略

实施"一带一路"战略，以政策沟通、设施联通、贸易畅通、资金融通、民心相通为主要内容，全方位推进与沿线国家合作，构建利益共同体、命运共同体和责任共同体，深化与沿线国家多层次经贸合作，带动我国沿边、内陆地区发展。

（二十四）推进基础设施互联互通。加快形成国际大通道，构建联通内外、安全通畅的综合交通运输网络，完善交通合作平台与机制。巩固和扩大电力输送、光缆通信等合作。深化能源资源开发与通道建设合作。

（二十五）深化与沿线国家经贸合作。相互扩大市场开放，深化海关、检验检疫、标准、认证、过境运输等全方位合作，培育壮大特色优势产业，推动我国大型成套设备、技术、标准与沿线国家合作。加大非资源类产品进口力度，促进贸易平衡。推动企业在沿线国家设立仓储物流基地和分拨中心，完善区域营销网络。加强与沿线国家的产业投资合作，共建一批经贸合作园区，带动沿线国家增加就业、改善民生。鼓励发展面向沿线国家的电子商务，倡导电子商务多边合作。

（二十六）密切科技人文交流。扩大与沿线国家互派留学规模，鼓励有实力的高校走出去办学，开展境外教育合作。推进国际卫生合作。加强与沿线国家科技合作，采取多种方式联合开展重大科研攻关。推动产学研协同配合，把重点经贸项目合作与科技人文交流紧密结合起来。推进对外文化合作与交流，与沿线国家互办文化年、艺术节等活动，支持沿线国家申办国际重大赛事，加强与沿线国家旅游投资合作，联合打造具有丝绸之路特色的国际精品旅游线路和旅游产品。

（二十七）积极推进海洋经济合作。大力发展海洋经济，制定促进海洋经济发展的政策法规。妥善处理争议和分歧，建立海上经济合作和共同开发机制。加强国际远洋渔业合作。

（二十八）扎实推动中巴、孟中印缅经济走廊建设。中巴、孟中印缅两个经济走廊与推进"一带一路"建设关联紧密，要进一步深化研究、推动合作。积极探索孟中印缅经济走廊框架下四方合作模式，制定经济走廊务实合作计划，推出一批易操作、见效快的早期收获项目。共同推进编制中巴经济走廊建设远景规划，指导我国企业有序参与建设活动。

七、拓展国际经济合作新空间

巩固和加强多边贸易体制，加快实施自由贸易区战略，积极参与全球经济治理，做国际经贸规则的参与者、引领者，扩大国际合作与交流，努力形成深度交融的互利合作网络。

（二十九）坚持世界贸易体制规则。维护多边贸易体制在全球贸易投资自由化中的主渠道地位，坚持均衡、普惠、共赢原则，反对贸易投资保护主义。积极落实"巴厘一揽子"协议，推动后巴厘工作计划制定，争取尽早完成多哈回合谈判。推进《信息技术协定》扩围和《环境产品协定》谈判，推动我国加入《政府采购协定》

谈判。支持世贸组织继续加强贸易政策监督机制、完善争端解决机制。进一步加强贸易政策合规工作。

（三十）建立高标准自由贸易区网络。加快实施自由贸易区战略，坚持分类施策、精耕细作，逐步构筑起立足周边、辐射“一带一路”、面向全球的高标准自由贸易区网络，积极扩大服务业开放，加快推进环境保护、投资保护、政府采购、电子商务等新议题谈判，积极推进国际创新合作。积极落实中韩、中澳自由贸易区谈判成果，打造中国—东盟自由贸易区升级版，推进中国与有关国家自由贸易协定谈判和建设进程，稳步推进中欧自由贸易区和亚太自由贸易区建设，适时启动与其他经贸伙伴的自由贸易协定谈判。

（三十一）积极参与全球经济治理。推进全球经济治理体系改革，支持联合国、二十国集团等发挥全球经济治理主要平台作用，推动金砖国家合作机制发挥作用，共同提高新兴市场和发展中国家在全球经济治理领域的发言权和代表性。全面参与国际经济体系变革和规则制定，在全球性议题上，主动提出新主张、新倡议和新行动方案，增强我国在国际经贸规则和标准制定中的话语权。

（三十二）构建多双边、全方位经贸合作新格局。坚持正确的义利观，弘义融利，因地制宜，务实合作。丰富中美新型大国关系的经贸内涵，深化中欧多领域合作，协同推进中美、中欧投资协定谈判，统筹国内改革与对外开放进程。促进中俄经贸关系跨越式发展。深化同发展中国家合作。加强与“一带一路”沿线国家的宏观政策沟通与协调。完善区域次区域合作机制，发挥亚太经合组织、亚欧会议、上海合作组织作用，强化中非、中阿、中拉等合作机制。推进大湄公河、中亚、图们江、泛北部湾等次区域合作。多双边合作机制要加强统筹、提高效率、讲求实效。

（三十三）建立国际经贸谈判新机制。抓紧建立依法有序、科学高效、协调有力、执行有效的谈判机制。统筹谈判资源和筹码，科学决策谈判方案，优化谈判进程。加强谈判方案执行、监督和谈判绩效评价，提高对外谈判力度和有效性。充分发挥有关议事协调机制的积极作用，完善国际经贸谈判授权和批准制度。

八、构建开放安全的金融体系

提升金融业开放水平，稳步推进人民币国际化，扩大人民币跨境使用范围、方式和规模，加快实现人民币资本项目可兑换。

（三十四）扩大金融业开放。在持续评估、完善审慎监管和有效管控风险的基础上，有序放宽证券业股比限制，有序推进银行业对外开放，形成公平、有序、良性的金融生态环境。提升金融机构国际化经营水平，鼓励金融机构审慎开展跨境并购，完善境外分支机构网络，提升金融服务水平，加强在支付与市场基础设施领域的国际合作。建立健全支持科技创新发展的国际金融合作机制。

（三十五）推动资本市场双向有序开放。积极稳妥推进人民币资本项目可兑换。便利境内外主体跨境投融资。扩大期货市场对外开放，允许符合规定条件的境外机构从事特定品种的期货交易。研究境内银行、证券公司等金融机构和企业在有真实贸易和投资背景的前提下，参与境外金融衍生品市场。在风险可控的前提下，研究逐步开放金融衍生品市场。

（三十六）建立走出去金融支持体系。构建政策性金融和商业性金融相结合的境外投资金融支持体系，推动金融资本和产业资本联合走出去。完善境外投融资机制，探索建立境外股权资产的境内交易融资平台，为企业提供“外保内贷”的融资方式。发展多种形式的境外投资基金，推进丝路基金、亚洲基础设施投资银行、金砖国家新开发银行设立和有效运作，构建上海合作组织融资机构。用好投融资国际合作机制，选准重点，积极推进与“一带一路”沿线国家合作。

（三十七）扩大人民币跨境使用。推进亚洲货币稳定体系、投融资体系和信用体系建设。推进本币互换合作，进一步扩大经常项目人民币结算规模，支持跨国企业集团开展人民币资金集中运营业务。在涉外经济管理、核算和统计中使用人民币作为主要计价货币。加快人民币跨境支付系统建设，进一步完善人民币全球清算体系。进一步拓宽人民币输出渠道，鼓励使用人民币向境外进行贷款和投资。建设区域性人民币债券市场，进一步便利境外机构投资境内债券市场，支持境外机构在境内发行人民币债务融资工具，稳妥推进境内金融机构和企业赴境外发行人民币债券。支持离岸市场人民币计价金融产品的创新，加快人民币离岸市场建设，扩大人民币的境外循环。

（三十八）完善汇率形成机制和外汇管理制度。有序扩大人民币汇率浮动区间，增强人民币汇率双向浮动弹性。深化外汇管理体制改革，进一步便利市场主体用汇，按照负面清单原则推进外商投资企业外汇资本金结汇管理改革。创新国家外汇储备使用方式，拓宽多元化运用渠道。

九、建设稳定、公平、透明、可预期的营商环境

加强对外开放的法治建设，坚持依法开放，大力培育开放主体，充分发挥行业协会商会作用，着力构建稳定、公平、透明、可预期的营商环境。

（三十九）加强开放型经济法治建设。适应对外开放不断深化形势，完善涉外法律法规体系，重大开放举措要于法有据，营造规范的法治环境。发挥法治的引领和推动作用，加快形成高标准的贸易投资规则体系。以保护产权、维护契约、统一市场、平等交换、公平竞争、有效监管为基本导向，推进对内对外开放的立法、执法与司法建设。积极参与国际经贸法律交流。强化涉外法律服务，维护我国公民、法人在海外及外国公民、法人在我国的正当经济权益。

（四十）大力培育开放主体。完善国有资本对外开放的监管体系，积极发展混合所有制经济，鼓励各类所有制企业发挥自身优势，深度参与国际产业分工协作。支持国内企业吸纳先进生产要素，培育国际知名品牌，增强参与全球价值链的广度和深度，形成一批具有国际知名度和影响力的跨国公司。鼓励国内优势企业建立海外生产加工和综合服务体系，在全球范围内配置资源、开拓市场，拓展企业发展新空间。

（四十一）优化市场竞争环境。建立统一开放、竞争有序的市场体系和监管规则。加快转变政府职能，完善经济管理体制和运行机制，逐步建立权力清单制度，加强知识产权保护和反垄断制度建设，健全全社会诚信体系，清理妨碍全国统一市场和公平竞争的各种规定和做法，保证各类所有制企业依法平等使用生产要素、公开公平公正参与市场竞争、同等受到法律保护。

（四十二）改善科技创新环境。加快实施创新驱动发展战略，积极融入全球创新网络，全面提高我国科技创新的国际合作水平，更多更好利用全球创新资源。着力构建以企业为主体、市场为导向、产学研相结合的技术创新体系，健全技术创新激励机制，支持企业参与全球创新资源配置，在开放合作中提高自主创新能力。完善引进消化吸收再创新的机制，鼓励企业加强技术研发国际合作，加快新技术新产品新工艺研发应用。积极参与国际大科学计划和工程，开展多层次、多领域、多形式的国际科技合作。

（四十三）发挥行业协会商会作用。充分发挥行业协会商会在制定技术标准、规范行业秩序、开拓国际市场、应对贸易摩擦等方面的积极作用，提高协会商会组织协调、行业自律管理能力。坚持行业协会商会社会化、市场化改革方向，推进行业协会商会工作重心转向为企业、行业、市场服务。支持协会商会加强与国际行业组织的交流合作，建设国际化服务平台，改革内部管理体制和激励机制，增强可持续发展能力。加强境外中资企业协会商会建设。

十、加强支持保障机制建设

培养适应开放型经济新体制要求的人才队伍，健全对外交流渠道，做好人文交流和对外宣传，进一步完善支持保障措施。

（四十四）实施开放的人才政策。加强人才培养，构建科学有效的选人用人机制，充分集聚国际化的人才资源。健全引进人才制度，完善外国人永久居留制度，营造吸引海外高层次人才的良好工作、生活环境。支持和推荐优秀人才到国际组织任职工作。积极探索职业资格国际、地区间互认。鼓励并支持从事国际合作的社会化专业队伍加快发展，更好利用社会资源开展国际合作。

（四十五）打造对外开放战略智库。加强中国特色新型智库建设，发挥智库作用，增进国际间智库研究交流，打造拥有国际视野和战略意识的智库力量，提高对外开放战略谋划水平和国际经贸合作服务能力。加强对有关国家、区域、重点合作领域的前瞻性研究，为我国政府和企业提供政策建议和智力支持。

（四十六）做好人文交流和对外宣传。坚持与时俱进，强化国际传播能力建设，推动中国文化走出去，在对外开放中切实保障文化安全和教育安全。综合运用国际国内两种资源，培养造就更多优秀国际化人才。办好博鳌亚洲论坛，深化与世界经济论坛的合作，利用国际平台发出中国声音，深化世界各国与我国的相互了解和信任。与世界各国政党、政府、企业、民间组织、学术界和媒体广交朋友。鼓励走出去企业以多种方式培养本土技术人才，增信释疑，推动民心相通，凝聚共识和力量，营造于我有利的国际舆论和外部发展环境。

十一、建立健全开放型经济安全保障体系

要大力加强对外开放的安全工作，在扩大开放的同时，坚持维护我国核心利益，建立系统完备、科学高效的开放型经济安全保障体系，健全体制机制，有效管控风险，切实提升维护国家安全的能力。

（四十七）完善外商投资国家安全审查机制。完善外商投资国家安全审查的法律制度，制定外商投资国家安全审查条例。建立与负面清单管理模式相适应的外商投资国家安全审查制度。完善国家安全审查范围，加强事中事后监管，充分发挥社会监督作用，确保安全审查措施落到实处。

（四十八）建立走出去风险防控体系。综合运用经济、外交、法律等多种方式，规范走出去秩序，防止一哄而上、恶性竞争，维护国家形象，推动我走出去企业成为正确义利观的自觉践行者。加强境外风险防控体系建设，提升对外投资合作质量和水平。强化对国有和国有控股企业走出去经营活动的监督与管理，加强审计，完善国有企业境外经营业绩考核和责任追究制度，确保国有资本的安全与效益，防止国有资产流失，防范假借走出去侵吞国有资产的行为。

（四十九）构建经贸安全保障制度。加快出口管制立法，加快构建和实施设计科学、运转有序、执行有力的出口管制体系，完善出口管制许可和调查执法体制机制，积极参与出口管制多边规则制定。进一步加强和完善产业安全预警机制。

（五十）健全金融风险防控体系。坚持便利化与防风险并重，形成适应开放需要的跨境金融监管制度，健全宏观审慎管理框架下的外债和资本流动管理体系，完善系统性风险监测预警、评估处置以及市场稳定机制，加强对短期投机性资本流动和跨境金融衍生品交易的监测，防范和化解金融风险。创新国际优惠贷款使用模式，用好国际商业贷款，推动外债形式多元化。健全走出去金融监管体系。加强金融监管的国际交流与合作机制建设，预防危机，维护区域金融稳定。

各地区各部门要从全局和战略高度，深刻认识构建开放型经济新体制的重大意义，将思想和行动统一到党

中央、国务院的决策部署上来，适应构建开放型经济新体制的要求，加强党的领导，落实工作责任，完善工作机制，精心组织实施。要加强对开放战略问题的研究，创新工作方法，及时总结经验，认真研究解决构建开放型经济新体制中遇到的新情况新问题，不断开创高水平对外开放新局面。

国务院常务会议：部署以消费升级促进产业升级

2015 年 11 月 11 日

会议认为，围绕消费新需求，创新消费品等相关产业和服务业供给，能够丰富群众生活、释放内需潜力、弥补民生短板、推动工业升级和产品质量提升。会议确定，一是以改革创新破除制约消费扩大的体制机制障碍。加快教育、卫生、文化等事业单位分类改革，该转企的尽快转企，全面放宽民间资本的市场准入，分领域逐步减少、放宽、放开对外资的限制，支持新技术新工艺新材料应用，增加优质新型产品和生活服务等有效供给。以加快户籍制度改革带动住房、家电等消费。二是优化消费环境。全面提高标准化水平，以更严的标准和监管强化企业主体责任，促进消费品质量的提升，建立全国统一的信用信息共享平台，推进跨地区、跨部门信用奖惩联动，营造公平竞争环境，保护知识产权，严惩假冒伪劣、价质不符等行为，维护消费者权益，使消费者放心消费，从而更好拉动内需。三是加大财税、金融等政策支持，发展消费信贷，将消费金融公司试点推广至全国。四是畅通商品进口渠道，扩大群众欢迎的日用消费品等进口，增设口岸进境免税店，落实和完善境外旅客购物离境退税政策。

会议指出，推进医疗卫生与养老服务相结合，是深化医改、应对老龄化、增进亿万家庭福祉的惠民举措，也能带动大量就业。会议确定，一是促进医养融合对接。医疗机构为养老机构开通预约就诊绿色通道，养老机构内设的医疗机构可作为医院康复护理场所。支持养老机构按规定开办老年病、康复、中医医院和临终关怀机构等。推进基层医疗机构与社区、居家养老结合，为老年人家庭提供签约医疗服务。二是鼓励社会力量兴办医养结合机构，支持医疗资源丰富地区将公立医院转为康复、老年护理等机构。三是强化投融资、用地等支持，扩大政府购买基本健康养老服务，创新长期护理保险等产品。会议决定，在全国每个省份至少选择一个地区开展医养结合试点示范。

二、中华人民共和国国务院

关于引导农村产权流转交易市场健康发展的意见

国办发〔2014〕71 号　2015 年 1 月 22 日

各省、自治区、直辖市人民政府，国务院各部委、各直属机构：

近年来，随着农村劳动力持续转移和农村改革不断深化，农户承包土地经营权、林权等各类农村产权流转交易需求明显增长，许多地方建立了多种形式的农村产权流转交易市场和服务平台，为农村产权流转交易提供了有效服务。但是，各地农村产权流转交易市场发展不平衡，其设立、运行、监管有待规范。引导农村产权流转交易市场健康发展，事关农村改革发展稳定大局，有利于保障农民和农村集体经济组织的财产权益，有利于提高农村要素资源配置和利用效率，有利于加快推进农业现代化。为此，经国务院同意，现提出以下意见。

一、总体要求

（一）指导思想。以邓小平理论、“三个代表”重要思想、科学发展观为指导，深入贯彻习近平总书记系列重要讲话精神，全面落实党的十八大和十八届三中、四中全会精神，按照党中央、国务院决策部署，以坚持和完善农村基本经营制度为前提，以保障农民和农村集体经济组织的财产权益为根本，以规范流转交易行为和完善服务功能为重点，扎实做好农村产权流转交易市场建设工作。

（二）基本原则。——坚持公益性为主。必须坚持为农服务宗旨，突出公益性，不以盈利为目的，引导、规范和扶持农村产权流转交易市场发展，充分发挥其服务农村改革发展的重要作用。

——坚持公开公正规范。必须坚持公开透明、自主交易、公平竞争、规范有序，逐步探索形成符合农村实际和农村产权流转交易特点的市场形式、交易规则、服务方式和监管办法。

——坚持因地制宜。是否设立市场、设立什么样的市场、覆盖多大范围等，都要从各地实际出发，统筹规划、合理布局，不能搞强迫命令，不能搞行政瞎指挥。

——坚持稳步推进。充分利用和完善现有农村产权流转交易市场，在有需求、有条件的地方积极探索新的市场形式，稳妥慎重、循序渐进，不急于求成，不片面追求速度和规模。

二、定位和形式

（三）性质。农村产权流转交易市场是为各类农村产权依法流转交易提供服务的平台，包括现有的农村土地承包经营权流转服务中心、农村集体资产管理交易中心、林权管理服务中心和林业产权交易所，以及各地探索建立的其他形式农村产权流转交易市场。现阶段通过市场流转交易的农村产权包括承包到户的和农村集体统一经营管理的资源性资产、经营性资产等，以农户承包土地经营权、集体林地经营权为主，不涉及农村集体土地所有权和依法以家庭承包方式承包的集体土地承包权，具有明显的资产使用权租赁市场的特征。流转交易以服务农户、农民合作社、农村集体经济组织为主，流转交易目的以从事农业生产经营为主，具有显著的农业农村特色。流转交易行为主要发生在县、乡范围内，区域差异较大，具有鲜明的地域特点。

（四）功能。农村产权流转交易市场既要发挥信息传递、价格发现、交易中介的基本功能，又要注意发挥贴近“三农”，为农户、农民合作社、农村集体经济组织等主体流转交易产权提供便利和制度保障的特殊功能。适应交易主体、目的和方式多样化的需求，不断拓展服务功能，逐步发展成集信息发布、产权交易、法律咨询、资产评估、抵押融资等为一体的为农服务综合平台。

（五）设立。农村产权流转交易市场是政府主导、服务“三农”的非营利性机构，可以是事业法人，也可以是企业法人。设立农村产权流转交易市场，要经过科学论证，由当地政府审批。当地政府要成立由相关部门组成的农村产权流转交易监督管理委员会，承担组织协调、政策制定等方面职责，负责对市场运行进行指导和监管。

（六）构成。县、乡农村土地承包经营权和林权等流转服务平台，是现阶段农村产权流转交易市场的主要形式和重要组成部分。利用好现有的各类农村产权流转服务平台，充分发挥其植根农村、贴近农户、熟悉农情的优势，做好县、乡范围内的农村产权流转交易服务工作。现阶段市场建设应以县域为主。确有需要的地方，可以设立覆盖地（市）乃至省（区、市）地域范围的市场，承担更大范围的信息整合发布和大额流转交易。各地要加强统筹协调，理顺县、乡农村产权流转服务平台与更高层级农村产权流转交易市场的关系，可以采取多种形式合作共建，也可以实行一体化运营，推动实现资源共享、优势互补、协同发展。

（七）形式。鼓励各地探索符合农村产权流转交易实际需要的多种市场形式，既要搞好交易所式的市场建设，也要有效利用电子交易网络平台。鼓励有条件的地方整合各类流转服务平台，建立提供综合服务的市场。农村产权流转交易市场可以是独立的交易场所，也可以利用政务服务大厅等场所，形成“一个屋顶之下、多个服务窗口、多品种产权交易”的综合平台。

三、运行和监管

（八）交易品种。农村产权类别较多，权属关系复杂，承载功能多样，适用规则不同，应实行分类指导。法律没有限制的品种均可以入市流转交易，流转交易的方式、期限和流转交易后的开发利用要遵循相关法律、法规和政策。现阶段的交易品种主要包括：

1. 农户承包土地经营权。是指以家庭承包方式承包的耕地、草地、养殖水面等经营权，可以采取出租、入股等方式流转交易，流转期限由流转双方在法律规定范围内协商确定。

2. 林权。是指集体林地经营权和林木所有权、使用权，可以采取出租、转让、入股、作价出资或合作等方式流转交易，流转期限不能超过法定期限。

3. “四荒”使用权。是指农村集体所有的荒山、荒沟、荒丘、荒滩使用权。采取家庭承包方式取得的，按照农户承包土地经营权有关规定进行流转交易。以其他方式承包的，其承包经营权可以采取转让、出租、入股、抵押等方式进行流转交易。

4. 农村集体经营性资产。是指由农村集体统一经营管理的经营性资产（不含土地）的所有权或使用权，可以采取承包、租赁、出让、入股、合资、合作等方式流转交易。

5. 农业生产设施设备。是指农户、农民合作组织、农村集体和涉农企业等拥有的农业生产设施设备，可以采取转让、租赁、拍卖等方式流转交易。

6. 小型水利设施使用权。是指农户、农民合作组织、农村集体和涉农企业等拥有的小型水利设施使用权，可以采取承包、租赁、转让、抵押、股份合作等方式流转交易。

7. 农业类知识产权。是指涉农专利、商标、版权、新品种、新技术等，可以采取转让、出租、股份合作等方式流转交易。

8. 其他。农村建设项目招标、产业项目招商和转让等。

（九）交易主体。凡是法律、法规和政策没有限制的法人和自然人均可以进入市场参与流转交易，具体准入条件按照相关法律、法规和政策执行。现阶段市场流转交易主体主要有农户、农民合作社、农村集体经济组织、涉农企业和其他投资者。农户拥有的产权是否入市流转交易由农户自主决定。任何组织和个人不得强迫或妨碍自主交易。一定标的额以上的农村集体资产流转必须进入市场公开交易，防止暗箱操作。农村产权流转交易市场要依法对各类市场主体的资格进行审查核实、登记备案。产权流转交易的出让方必须是产权权利人，或者受产权权利人委托的受托人。除农户宅基地使用权、农民住房财产权、农户持有的集体资产股权之外，流转交易的受让方原则上没有资格限制（外资企业和境外投资者按照有关法律、法规执行）。对工商企业进入市场流转交易，要依据相关法律、法规和政策，加强准入监管和风险防范。

（十）服务内容。农村产权流转交易市场都应提供发布交易信息、受理交易咨询和申请、协助产权查询、组织交易、出具产权流转交易鉴证书，协助办理产权变更登记和资金结算手续等基本服务；可以根据自身条件，开展资产评估、法律服务、产权经纪、项目推介、抵押融资等配套服务，还可以引入财会、法律、资产评估等中介服务组织以及银行、保险等金融机构和担保公司，为农村产权流转交易提供专业化服务。

（十一）管理制度。农村产权流转交易市场要建立健全规范的市场管理制度和交易规则，对市场运行、服务规范、中介行为、纠纷调处、收费标准等作出具体规定。实行统一规范的业务受理、信息发布、交易签约、交易中（终）止、交易（合同）鉴证、档案管理等制度，流转交易的产权应无争议，发布信息应真实、准确、完整，交易品种和方式应符合相应法律、法规和政策，交易过程应公开公正，交易服务应方便农民群众。

（十二）监督管理。农村产权流转交易监督管理委员会和市场主管部门要强化监督管理，加强定期检查和动态监测，促进交易公平，防范交易风险，确保市场规范运行。及时查处各类违法违规交易行为，严禁隐瞒信息、暗箱操作、操纵交易。耕地、林地、草地、水利设施等产权流转交易后的开发利用，不能改变用途，不能破坏农业综合生产能力，不能破坏生态功能，有关部门要加强监管。

（十三）行业自律。探索建立农村产权流转交易市场行业协会，充分发挥其推动行业发展和行业自律的积极作用。协会要推进行业规范、交易制度和服务标准建设，加强经验交流、政策咨询、人员培训等服务；增强行业自律意识，自觉维护行业形象，提升市场公信力。

四、保障措施

（十四）扶持政策。各地要稳步推进农村集体产权制度改革，扎实做好土地承包经营权、集体建设用地使用权、农户宅基地使用权、林权等确权登记颁证工作。实行市场建设和运营财政补贴等优惠政策，通过采取购买社会化服务或公益性岗位等措施，支持充分利用现代信息技术建立农村产权流转交易和管理信息网络平台，完善服务功能和手段。组织从业人员开展业务培训，积极培育市场中介服务组织，逐步提高专业化水平。

（十五）组织领导。各地要加强领导，健全工作机制，严格执行相关法律、法规和政策；从本地实际出发，根据农村产权流转交易需要，制定管理办法和实施方案。农村工作综合部门和科技、财政、国土资源、住房和城乡建设、农业、水利、林业、金融等部门要密切配合，加强指导，及时研究解决工作中的困难和问题。

关于落实《政府工作报告》重点工作部门分工的意见

国发〔2015〕14 号　2015 年 3 月 25 日

国务院各部委、各直属机构：

根据党的十八大和十八届二中、三中、四中全会精神，中央经济工作会议精神和十二届全国人大三次会议通过的《政府工作报告》，为做好今年政府工作，实现经济社会发展目标任务，现就《政府工作报告》确定的重点工作提出部门分工意见如下：

一、促进经济平稳健康发展

（一）稳定和完善宏观经济政策。坚持稳中求进工作总基调，保持中高速增长和迈向中高端水平“双目标”，坚持稳政策稳预期和促改革调结构“双结合”，推动发展调速不减势、量增质更优，实现经济提质增效升级。国际收支基本平衡，居民收入增长与经济发展同步。继续实施积极的财政政策和稳健的货币政策，更加注重预调微调，更加注重定向调控，用好增量，盘活存量，重点支持薄弱环节。以微观活力支撑宏观稳定，以供给创新带动需求扩大，以结构调整促进总量平衡，确保经济运行在合理区间。国内生产总值增长7%左右，居民消费价格涨幅3%左右。（发展改革委、财政部、人民银行等负责。列第一位者为牵头部门，下同）

（二）继续实施积极的财政政策。积极的财政政策要加力增效，今年安排财政赤字1.62万亿元，比去年增加2700亿元，赤字率从去年的2.1%提高到2.3%。其中，中央财政赤字1.12万亿元，增加1700亿元；地方财政赤字5000亿元，增加1000亿元。处理好债务管理与稳增长的关系，创新和完善地方政府举债融资机制。适当发行专项债券。保障符合条件的在建项目后续融资，防范和化解风险隐患。优化财政支出结构，大力盘活存量资金，提高使用效率。继续实行结构性减税和普遍性降费，进一步减轻企业特别是小微企业负担。（财政部、发展改革委牵头。只明确一个或两个部门的，其他有关部门配合，不一一列出，下同）

（三）继续实施稳健的货币政策。稳健的货币政策要松紧适度，广义货币M2预期增长12%左右，在实际执行中，根据经济发展需要，也可以略高些。加强和改善宏观审慎管理，灵活运用公开市场操作、利率、存款准备金率、再贷款等货币政策工具，保持货币信贷和社会融资规模平稳增长。加快资金周转，优化信贷结构，提高直接融资比重，降低社会融资成本，让更多的金融活水流向实体经济。（人民银行、金融监管机构、发展改革委、财政部等负责）

（四）保持稳增长与调结构的平衡。既要稳住速度，确保经济平稳运行，确保居民就业和收入持续增加，为调结构转方式创造有利条件；又要调整结构，夯实稳增长的基础。要增加研发投入，提高全要素生产率，加强质量、标准和品牌建设，促进服务业和战略性新兴产业比重提高、水平提升，优化经济发展空间格局，加快培育新的增长点和增长极，实现在发展中升级、在升级中发展。（发展改革委、财政部、科技部、工业和信息化部、民政部、人力资源和社会保障部、环境保护部、国土资源部、工商总局、质检总局等负责）

（五）培育和催生经济社会发展新动力。加大结构性改革力度，加快实施创新驱动发展战略，改造传统引擎，打造新引擎。增加公共产品和服务供给，加大政府对教育、卫生等的投入，鼓励社会参与，提高供给效率。推动大众创业、万众创新。政府要勇于自我革命，给市场和社会留足空间，为公平竞争搭好舞台。鼓励支持个人和企业创业创新，厚植创业创新文化。（发展改革委、科技部、财政部、人力资源和社会保障部、工商总局、中央编办等负责）

（六）加快培育消费增长点。1. 鼓励大众消费，控制“三公”消费。促进养老家政健康消费，壮大信息消费，提升旅游休闲消费，推动绿色消费，稳定住房消费，扩大教育文化体育消费。（发展改革委、教育部、民政部、工业和信息化部、财政部、人力资源和社会保障部、住房和城乡建设部、商务部、文化部、卫生计生委、体育总局、林业局、旅游局、国管局、保监会、全国老龄办等负责）2. 全面推进“三网”融合，加快建设光纤网络，大幅提升宽带网络速率，发展物流快递，充分释放以互联网为载体、线上线下互动的新兴消费巨大潜力。（工业和信息化部、发展改革委、公安部、财政部、商务部、新闻出版广电总局、网信办、邮政局等负责）3. 建立健全消费品质量安全监管、追溯、召回制度，严肃查处制售假冒伪劣行为，保护消费者合法权益。（工商总局、质检总局、食品药品监管总局、全国打击侵犯知识产权和制售假冒伪劣商品工作领导小组办公室等按职责分工负责）

（七）增加公共产品有效投资。1. 确保完成“十二五”规划重点建设任务，启动实施一批新的重大工程项目。主要是：棚户区和危房改造、城市地下管网等民生项目，中西部铁路和公路、内河航道等重大交通项目，水利、高标准农田等农业项目，信息、电力、油气等重大网络项目，清洁能源及油气矿产资源保障项目，传统产业技术改造等项目，节能环保和生态建设项目。今年中央预算内投资增加到4776亿元，更大激发民间投资活力，引导社会资本投向更多领域。（发展改革委、科技部、工业和信息化部、财政部、国土资源部、环境保护部、住房和城乡建设部、交通运输部、水利部、农业部、质检总局、林业局、能源局、铁路局、中国铁路总公司等负责）2. 铁路投资要保持在8000亿元以上，新投产里程8000公里以上，在全国基本实现高速公路电子不停车收费联网，使交通真正成为发展的先行官。（发展改革委、交通运输部、铁路局、中国铁路总公司等负责）3. 重大水利工程已开工的57个项目要加快建设，今年再开工27个项目，在建重大水利工程投资规模超过8000亿元。（水利部、发展改革委牵头）

（八）支持非公有制经济发展。必须毫不动摇鼓励、支持、引导非公有制经济发展，注重发挥企业家才能，全面落实促进民营经济发展的政策措施，增强各类所有制经济活力，让各类企业法人财产权依法得到保护。（发展改革委、工业和信息化部、司法部、财政部、商务部、人民银行、税务总局、工商总局、金融监管机构等负责）

（九）做好"十三五"规划纲要编制工作。在完成"十二五"经济社会发展目标任务的同时，以改革的精神、创新的理念和科学的方法，做好"十三五"规划纲要编制工作，谋划好未来五年的发展蓝图。（发展改革委牵头）

二、深入推进重点领域改革

（十）深化行政审批制度改革。1. 加大简政放权、放管结合改革力度。再取消和下放一批行政审批事项，全部取消非行政许可审批，建立规范行政审批的管理制度。（国务院审改办牵头）2. 深化商事制度改革，进一步简化注册资本登记，逐步实现"三证合一"。（工商总局牵头）3. 清理规范中介服务。制定市场准入负面清单，公布省级政府权力清单、责任清单，切实做到法无授权不可为、法定职责必须为。地方政府对应当放给市场和社会的权力，要彻底放、不截留，对上级下放的审批事项，要接得住、管得好。加强事中事后监管，健全为企业和社会服务一张网。（中央编办、发展改革委、民政部、商务部、工商总局、法制办等按职责分工负责）4. 推进社会信用体系建设，建立全国统一的社会信用代码制度和信用信息共享交换平台，依法保护企业和个人信息安全。各级政府都要建立简政放权、转变职能的有力推进机制，给企业松绑，为创业提供便利，营造公平竞争环境。（发展改革委、商务部、民政部、人民银行、工商总局、质检总局、网信办等负责）5. 所有行政审批事项都要简化程序，明确时限，用政府权力的"减法"，换取市场活力的"乘法"。（国务院审改办牵头）

（十一）深化投融资体制改革。大幅缩减政府核准投资项目范围，下放核准权限。大幅减少投资项目前置审批，实行项目核准网上并联办理。大幅放宽民间投资市场准入，鼓励社会资本发起设立股权投资基金。政府采取投资补助、资本金注入、设立基金等办法，引导社会资本投入重点项目。以用好铁路发展基金为抓手，深化铁路投融资改革。在基础设施、公用事业等领域，积极推广政府和社会资本合作模式。（发展改革委、中央编办、财政部、工业和信息化部、交通运输部、住房和城乡建设部、水利部、商务部、人民银行、证监会、林业局、铁路局、中国铁路总公司等负责）

（十二）深化价格改革。大幅缩减政府定价种类和项目，具备竞争条件的商品和服务价格原则上都要放开。取消绝大部分药品政府定价，下放一批基本公共服务收费定价权。扩大输配电价改革试点，推进农业水价改革，健全节能环保价格政策。完善资源性产品价格，全面实行居民阶梯价格制度。同时必须加强价格监管，规范市场秩序，确保低收入群众基本生活。（发展改革委、财政部、环境保护部、水利部、农业部、民政部、卫

生计生委、能源局等负责）

（十三）深化财税体制改革。实行全面规范、公开透明的预算管理制度，除法定涉密信息外，中央和地方所有部门预决算都要公开，全面接受社会监督。提高国有资本经营预算调入一般公共预算的比例。推行中期财政规划管理。制定盘活财政存量资金的有效办法。力争全面完成“营改增”，调整完善消费税政策，扩大资源税从价计征范围。提请修订税收征管法。改革转移支付制度，完善中央和地方的事权与支出责任，合理调整中央和地方收入划分。（财政部、发展改革委、国土资源部、环境保护部、审计署、国资委、税务总局、法制办等负责）

（十四）深化金融体制改革。1. 围绕服务实体经济推进金融改革。推动具备条件的民间资本依法发起设立中小型银行等金融机构，成熟一家，批准一家，不设限额。（银监会、财政部、发展改革委、人民银行等负责）2. 深化农村信用社改革，稳定其县域法人地位。发挥好开发性金融、政策性金融在增加公共产品供给中的作用。推出存款保险制度。推进利率市场化改革，健全中央银行利率调控框架。保持人民币汇率处于合理均衡水平，增强人民币汇率双向浮动弹性。稳步实现人民币资本项目可兑换，扩大人民币国际使用，加快建设人民币跨境支付系统，完善人民币全球清算服务体系，开展个人投资者境外投资试点，适时启动“深港通”试点。（人民银行、发展改革委、财政部、税务总局、银监会、证监会等负责）3. 加强多层次资本市场体系建设，实施股票发行注册制改革，发展服务中小企业的区域性股权市场，开展股权众筹融资试点，推进信贷资产证券化，扩大企业债券发行规模，发展金融衍生品市场。推出巨灾保险、个人税收递延型商业养老保险。创新金融监管，防范和化解金融风险。大力发展普惠金融，让所有市场主体都能分享金融服务的雨露甘霖。（人民银行、金融监管机构、外汇局、发展改革委、财政部、税务总局、工业和信息化部、民政部、扶贫办等按职责分工负责）

（十五）深化国企国资改革。准确界定不同国有企业功能，分类推进改革。加快国有资本投资公司、运营公司试点，打造市场化运作平台，提高国有资本运营效率。有序实施国有企业混合所有制改革，鼓励和规范投资项目引入非国有资本参股。加快电力、油气等体制改革。多渠道解决企业办社会负担和历史遗留问题，保障职工合法权益。完善现代企业制度，改革和健全企业经营者激励约束机制。加强国有资产监管，防止国有资产流失，切实提高国有企业的经营效益。（国资委、发展改革委、财政部、工业和信息化部、人力资源和社会保障部、人民银行、国土资源部、审计署、法制办、银监会、证监会、能源局等负责）

（十六）深化服务业改革开放。1. 落实财税、土地、价格等支持政策以及带薪休假等制度，大力发展旅游、健康、养老、创意设计等生活和生产服务业。（发展改革委、工业和信息化部、财政部、国土资源部、卫生计生委、林业局、旅游局、人力资源和社会保障部、质检总局、保监会、全国老龄办等负责）2. 深化流通体制改革，加强大型农产品批发、仓储和冷链等现代物流设施建设，努力大幅降低流通成本。（发展改革委、商务部、财政部等按职责分工负责）

（十七）深化科教文卫等领域改革。继续推进科技、教育、文化、医药卫生、养老保险、事业单位、住房公积金等领域改革。（科技部、教育部、文化部、卫生计生委、人力资源和社会保障部、住房和城乡建设部、中央编办、财政部、中科院、保监会等按职责分工负责）

三、进一步扩大对外开放

（十八）推动外贸转型升级。完善出口退税负担机制，自 2015 年起增量部分由中央财政全额负担，让地方和企业吃上“定心丸”。清理规范进出口环节收费，建立并公开收费项目清单。实施培育外贸竞争新优势的政策措施，促进加工贸易转型，发展外贸综合服务平台和市场采购贸易，扩大跨境电子商务综合试点，增加服务外包示范城市数量，提高服务贸易比重。实施更加积极的进口政策，扩大先进技术、关键设备、重要零部件等进口。进出口增长6%左右。（商务部、发展改革委、工业和信息化部、财政部、农业部、外交部、人民银行、国资委、海关总署、税务总局、质检总局、能源局等负责）

（十九）更加积极有效利用外资。修订外商投资产业指导目录，重点扩大服务业和一般制造业开放，把外商投资限制类条目缩减一半。全面推行普遍备案、有限核准的管理制度，大幅下放鼓励类项目核准权，积极探索准入前国民待遇加负面清单管理模式。推动修订外商投资相关法律，健全外商投资监管体系，打造稳定公平透明可预期的营商环境。（发展改革委、商务部、人民银行、海关总署、法制办等按职责分工负责）

（二十）加快实施走出去战略。鼓励企业参与境外基础设施建设和产能合作，推动铁路、电力、通信、工程机械以及汽车、飞机、电子等中国装备走向世界，促进冶金、建材等产业对外投资。实行以备案制为主的对外投资管理方式。扩大出口信用保险规模，对大型成套设备出口融资应保尽保。拓宽外汇储备运用渠道，健全金融、信息、法律、领事保护服务。注重风险防范，提高海外权益保障能力。（发展改革委、商务部、外交部、财政部、工业和信息化部、交通运输部、农业部、公安部、人民银行、国资委、海关总署、税务总局、质检总局、金融监管机构、能源局、国防科工局、外汇局、铁路局、民航局、中国铁路总公司等负责）

（二十一）构建全方位对外开放新格局。1. 推进丝绸之路经济带和21世纪海上丝绸之路合作建设。加快互联互通、大通关和国际物流大通道建设。构建中巴、孟中印缅等经济走廊。扩大内陆和沿边开放，促进经济技术开发区创新发展，提高边境经济合作区、跨境经济合作区发展水平。（发展改革委、商务部、外交部、财政部、公安部等按职责分工负责）2. 积极推动上海和广东、天津、福建自贸试验区建设，在全国推广成熟经验，形成各具特色的改革开放高地。（商务部、发展改革委、财政部、人力资源和社会保障部、交通运输部、工业和信息化部、人民银行、海关总署、税务总局、工商总局、质检总局、银监会、证监会、保监会、旅游局等负责）

（二十二）统筹多双边和区域开放合作。维护多边贸易体制，推动信息技术协定扩围，积极参与环境产品、政府采购等国际谈判。加快实施自贸区战略，尽早签署中韩、中澳自贸协定，加快中日韩自贸区谈判，推动与海合会、以色列等自贸区谈判，力争完成中国—东盟自贸区升级谈判和区域全面经济伙伴关系协定谈判，建设亚太自贸区。推进中美、中欧投资协定谈判。（商务部、外交部、发展改革委、工业和信息化部、财政部、交通运输部、农业部、环境保护部、人民银行、质检总局、海关总署、国防科工局、民航局等负责）

四、推动农业稳定发展和新农村建设

（二十三）加快推进农业现代化。坚持“三农”重中之重地位不动摇，加快转变农业发展方式。今年粮食产量要稳定在5.5亿吨以上，保障粮食安全和主要农产品供给。坚守耕地红线，全面开展永久基本农田划定工作，实施耕地质量保护与提升行动，推进土地整治，增加深松土地1333万公顷。加强农田水利基本建设，大力发展节水农业。加快新技术、新品种、新农机研发推广应用。引导农民瞄准市场调整种养结构，支持农产品加工特别是主产区粮食就地转化，开展粮食作物改为饲料作物试点。综合治理农药兽药残留等问题，全面提高农产品质量和食品安全水平。（农业部、发展改革委、财政部、国土资源部、水利部、科技部、统计局、粮食局、质检总局、食品药品监管总局、人民银行、银监会、林业局、开发银行、农业发展银行等负责）

（二十四）进一步加强新农村建设。突出加强农村道路建设，新建改建农村公路20万公里，全面完成西部边远山区溜索改桥任务。力争让最后20多万无电人口都能用上电。以垃圾、污水为重点加强环境治理，建设美丽宜居乡村。多渠道促进农民增收，保持城乡居民收入差距缩小势头。（发展改革委、农业部、水利部、扶贫办、交通运输部、住房和城乡建设部、财政部、环境保护部、国土资源部、能源局、卫生计生委、质检总局、林业局、海洋局等负责）

（二十五）积极推进农村改革发展。1. 在稳定家庭经营的基础上，支持种养大户、家庭农牧场、农民合作社、产业化龙头企业等新型经营主体发展，培养新型职业农民，推进多种形式适度规模经营。（农业部、发展改革委、财政部、质检总局、人民银行、林业局、供销合作总社等负责）2. 做好土地确权登记颁证工作，审慎开展农村土地征收、集体经营性建设用地入市、宅基地制度、集体产权制度等改革试点。在改革中，要确保耕地数量不减少、质量不下降、农民利益有保障。（国土资源部、财政部、农业部、住房和城乡建设部、人力资源和社会保障部、林业局等负责）3. 深化供销社、农垦、种业、国有林场林区等改革，办好农村改革试验区和现代农业示范区。（发展改革委、财政部、农业部、国土资源部、林业局、科技部、质检总局、水利部、粮食局、供销合作总社等负责）4. 完善粮食最低收购价和临时收储政策，改进农产品目标价格补贴办法。加强涉农资金统筹整合和管理。强化惠农政策，增加支农资金。（发展改革委、财政部、农业部、国土资源部、人民银行、银监会、保监会、审计署、扶贫办、统计局、林业局、粮食局等负责）

（二十六）继续解决农村饮水安全问题。今年再解决6000万农村人口饮水安全问题，让农村居民喝上干净水。（水利部、发展改革委、环境保护部、财政部、卫生计生委、住房和城乡建设部、林业局等负责）

（二十七）继续做好扶贫开发工作。深入推进集中连片特困地区扶贫开发，实施精准扶贫、精准脱贫。今年再减少农村贫困人口1000万人以上。（扶贫办、发展改革委、财政部、人民银行、国土资源部、环境保护部、住房和城乡建设部、交通运输部、水利部、农业部、教育部、科技部、卫生计生委、文化部、工业和信息化部、民政部、统计局、林业局、旅游局、能源局、中国残联等负责）

五、加强环境治理和生态保护

（二十八）继续抓好节能减排和环境治理。1. 今年能耗强度下降3.1%以上，二氧化碳排放强度降低3.1%以上，化学需氧量、氨氮排放均减少2%左右，二氧化硫、氮氧化物排放分别减少3%左右和5%左右。深入实施大气污染防治行动计划，实行区域联防联控，加强煤炭清洁高效利用，推动燃煤电厂超低排放改造，促进重点区域煤炭消费零增长。推广新能源汽车，治理机动车尾气，提高油品标准和质量，在重点区域内重点城市全面供应国五标准车用汽柴油。2005年年底前注册营运的黄标车今年要全部淘汰。实施水污染防治行动计划，加强江河湖海水污染、水污染源和农业面源污染治理，实行从水源地到水龙头全过程监管。加强土壤污染防治。推行环境污染第三方治理。做好环保税立法工作。严格环境执法，对偷排偷放者出重拳，让其付出沉重的代价；对姑息纵容者严问责，使其受到应有的处罚。（环境保护部、发展改革委、科技部、工业和信息化部、财政部、商务部、公安部、国土资源部、住房和城乡建设部、交通运输部、农业部、水利部、卫生计生委、海关总署、税务总局、质检总局、林业局、国管局、法制办、气象局、证监会、能源局、海洋局等负责）2. 积极应对气候变化，扩大碳排放权交易试点。（发展改革委牵头）

（二十九）推动能源生产和消费方式变革。大力发展风电、光伏发电、生物质能，积极发展水电，安全发展核电，开发利用页岩气、煤层气。控制能源消费总量，加强工业、交通、建筑等重点领域节能。积极发展循环经济，大力推进工业废物和生活垃圾资源化利用。把节能环保产业打造成新兴的支柱产业。（发展改革委、工业和信息化部、财政部、国土资源部、环境保护部、住房和城乡建设部、交通运输部、水利部、科技部、海关总署、质检总局、统计局、林业局、能源局等负责）

（三十）推进生态保护与建设。推进重大生态工程建设，拓展重点生态功能区，办好生态文明先行示范区，开展国土江河综合整治试点，扩大流域上下游横向补偿机制试点，保护好三江源。扩大天然林保护范围，有序停止天然林商业性采伐。今年新增退耕还林还草66.7万公顷，造林600万公顷。（发展改革委、环境保护部、科技部、财政部、国土资源部、农业部、水利部、质检总局、审计署、林业局、气象局、能源局、海洋局等负责）

六、促进新型城镇化和区域协调发展

（三十一）推进新型城镇化取得新突破。坚持以人为核心，以解决三个1亿人问题为着力点，发挥好城镇化对现代化的支撑作用。（发展改革委、公安部、民政部、住房和城乡建设部、财政部等负责）

（三十二）加大城镇棚户区和城乡危房改造力度。今年保障性安居工程新安排740万套，其中棚户区改造580万套，增加110万套，把城市危房改造纳入棚改政策范围。农村危房改造366万户，增加100万户，统筹推进农房抗震改造。住房保障逐步实行实物保障与货币补贴并举，把一些存量房转为公租房和安置房。对居住特别困难的低保家庭，给予住房救助。坚持分类指导，因地施策，落实地方政府主体责任，支持居民自住和改善性住房需求，促进房地产市场平稳健康发展。（住房和城乡建设部、发展改革委、财政部、国土资源部、农业部、民政部、人民银行、国资委、审计署、税务总局、林业局、地震局、银监会、证监会、开发银行等负责）

（三十三）用改革的办法解决城镇化难点问题。1. 抓紧实施户籍制度改革，落实放宽户口迁移政策。对已在城镇就业和居住但尚未落户的外来人口，以居住证为载体提供相应基本公共服务，取消居住证收费。建立财政转移支付与市民化挂钩机制，合理分担农民工市民化成本。（发展改革委、人力资源和社会保障部、教育部、科技部、公安部、民政部、财政部、国土资源部、住房和城乡建设部、农业部、文化部、卫生计生委、统计局、法制办、扶贫办等负责）2. 建立规范多元可持续的城市建设投融资机制。（人民银行、住房和城乡建设部、财政部牵头）3. 坚持节约集约用地，稳妥建立城乡统一的建设用地市场，完善和拓展城乡建设用地增减挂钩试点。（国土资源部、发展改革委、住房和城乡建设部、农业部等负责）4. 加强资金和政策支持，扩大新型城镇化综合试点。（发展改革委、财政部、公安部、住房和城乡建设部、质检总局、开发银行等负责）

（三十四）提升城镇规划建设管理水平。1. 制定实施城市群规划，有序推进基础设施和基本公共服务同城化。（发展改革委、住房和城乡建设部、环境保护部、财政部、国土资源部等负责）2. 完善设市标准，实行特大镇扩权增能试点，控制超大城市人口规模，提升地级市、县城和中心镇产业和人口承载能力，方便农民就近城镇化。（民政部、中央编办、发展改革委、公安部、财政部等负责）3. 发展智慧城市，保护和传承历史、地域文化。加强城市供水供气供电、公交和防洪防涝设施等建设。坚决治理污染、拥堵等城市病，让出行更方便、环境更宜居。（住房和城乡建设部、发展改革委、科技部、工业和信息化部、财政部、环境保护部、交通运输部、水利部、能源局、网信办、文物局、全国老龄办等负责）

（三十五）拓展区域发展新空间。1. 统筹实施“四大板块”和“三个支撑带”战略组合。在西部地区开工建设一批综合交通、能源、水利、生态、民生等重大项目，落实好全面振兴东北地区等老工业基地政策措施，加快中部地区综合交通枢纽和网络等建设，支持东部地区率先发展，加大对革命老区、民族地区、边疆地区、贫困地区支持力度，完善差别化的区域发展政策。（发展改革委、工业和信息化部、财政部、环境保护部、交通运输部、水利部、商务部、国家民委、林业局、能源局、民航局、铁路局、扶贫办等负责）2. 把“一带一路”建设与区域开发开放结合起来，加强新亚欧大陆桥、陆海口岸支点建设。（发展改革委、商务部、财政部等按职责分工负责）3. 推进京津冀协同发展，在交通一体化、生态环保、产业升级转移等方面率先取得实质性突破。（发展改革委、工业和信息化部、科技部、民政部、财政部、环境保护部、住房和城乡建设部、交通运输部、农业部、水利部、卫生计生委、商务部、林业局、能源局、铁路局、民航局、海洋局、网信办、扶贫办等负责）4. 推进长江经济带建设，有序开工黄金水道治理、沿江码头口岸等重大项目，构筑综合立体大通道，建设产业转移示范区，引导产业由东向西梯度转移。加速资源枯竭型城市转型升级。加强中西部重点开发区建设，深化泛珠三角等区域合作。（发展改革委、交通运输部、工业和信息化部、财政部、科技部、国土资源部、环境保护部、住房和城乡建设部、水利部、商务部、人民银行等负责）

（三十六）全面实施海洋战略。编制实施海洋战略规划，发展海洋经济，保护海洋生态环境，提高海洋科技水平，强化海洋综合管理，加强海上力量建设，坚决维护国家海洋权益，妥善处理海上纠纷，积极拓展双边和多边海洋合作。（发展改革委、外交部、科技部、工业和信息化部、财政部、国土资源部、环境保护部、交通运输部、农业部、商务部、林业局、气象局、自然科学基金会、海洋局等负责）

七、促进产业结构调整和科技创新

（三十七）推动产业结构迈向中高端。实施“中国制造 2025”，坚持创新驱动、智能转型、强化基础、绿色发展，加快从制造大国转向制造强国。采取财政贴息、加速折旧等措施，推动传统产业技术改造。坚持有保有压，化解过剩产能，支持企业兼并重组，在市场竞争中优胜劣汰。促进工业化和信息化深度融合，开发利用网络化、数字化、智能化等技术，着力在一些关键领域抢占先机、取得突破。（工业和信息化部、发展改革委、教育部、科技部、财政部、人力资源和社会保障部、国土资源部、环境保护部、商务部、交通运输部、文化部、卫生计生委、税务总局、质检总局、银监会、自然科学基金会、证监会、保监会、国防科工局、铁路局、人民银行、国资委、网信办等负责）

（三十八）培育新兴产业和新兴业态。1. 实施高端装备、信息网络、集成电路、新能源、新材料、生物医药、航空发动机、燃气轮机等重大项目，把一批新兴产业培育成主导产业。（发展改革委、科技部、工业和信息化部、财政部、卫生计生委、质检总局、国防科工局、民航局、能源局、网信办等负责）2. 制定“互联网 +”行动计划，推动移动互联网、云计算、大数据、物联网等与现代制造业结合，促进电子商务、工业互联网和互联网金融健康发展，引导互联网企业拓展国际市场。（发展改革委、工业和信息化部、财政部、商务部、公安部、人民银行、银监会、证监会、保监会、网信办等负责）3. 国家已设立 400 亿元新兴产业创业投资引导基金，要整合筹措更多资金，为产业创新加油助力。（发展改革委、财政部、科技部等负责）

（三十九）以体制创新推动科技创新。1. 加快科技成果使用处置和收益管理改革，扩大股权和分红激励政策实施范围，完善科技成果转化、职务发明法律制度，使创新人才分享成果收益。制定促进科研人员流动政策，改革科技评价、职称评定和国家奖励制度，推进科研院所分类改革。引进国外高质量人才和智力。（科技部、发展改革委、财政部、人力资源和社会保障部、农业部、知识产权局、中科院、证监会、自然科学基金会、国防科工局、外专局等负责）2. 深入实施知识产权战略行动计划，依法打击侵权行为，切实保护发明创造。（知识产权局、工商总局、新闻出版广电总局、农业部、全国打击侵犯知识产权和制售假冒伪劣商品工作领导小组办公室等负责）

（四十）发挥企业技术创新主体作用。1. 落实和完善企业研发费用加计扣除、高新技术企业扶持等普惠性政策，鼓励企业增加创新投入。支持企业更多参与重大科技项目实施、科研平台建设，推进企业主导的产学研协同创新。大力发展众创空间，增设国家自主创新示范区，办好国家高新区，发挥集聚创新要素的领头羊作用。（科技部、发展改革委、教育部、工业和信息化部、财政部、人力资源和社会保障部、国土资源部、住房和城乡建设部、农业部、国资委、税务总局、网信办等负责）2. 中小微企业大有可为，要扶上马、送一程，使“草根”创新蔚然成风，遍地开花。（工业和信息化部、发展改革委、财政部、人力资源和社会保障部、税务总局等负责）

（四十一）优化科技资源配置。改革中央财政科技计划管理方式，建立公开统一的国家科技管理平台。政府重点支持基础研究、前沿技术和重大关键共性技术研究，鼓励原始创新，加快实施国家科技重大项目，向社会全面开放重大科研基础设施和大型科研仪器。（科技部、财政部、发展改革委、工业和信息化部、农业部、卫生计生委、自然科学基金会、中科院、工程院、国防科工局、网信办等负责）

八、切实保障和改善民生

（四十二）着力促进创业就业。坚持就业优先，以创业带动就业。城镇新增就业1000万人以上，城镇登记失业率4.5%以内。今年高校毕业生749万人，要加强就业指导和创业教育，落实高校毕业生就业促进计划，鼓励到基层就业。实施好大学生创业引领计划，支持到新兴产业创业。做好结构调整、过剩产能化解中失业人员的再就业工作。统筹农村转移劳动力、城镇困难人员、退役军人就业，实施农民工职业技能提升计划，落实和完善失业保险支持企业稳定就业岗位政策。全面治理拖欠农民工工资问题，健全劳动监察和争议处理机制，依法保护劳动者权益。（人力资源和社会保障部、发展改革委、教育部、科技部、工业和信息化部、民政部、财政部、住房和城乡建设部、农业部、商务部、林业局、人民银行、国资委、税务总局、工商总局、安全监管总局、统计局、法制办、中国残联等负责）

（四十三）加强社会保障和增加居民收入。企业退休人员基本养老金标准提高10%。城乡居民基础养老金标准统一由55元提高到70元。推进城镇职工基础养老金全国统筹。降低失业保险、工伤保险等缴费率。完善最低工资标准调整机制。落实机关事业单位养老保险制度改革措施，同步完善工资制度，对基层工作人员给予政策倾斜。在县以下机关建立公务员职务和职级并行制度。（人力资源和社会保障部、财政部、发展改革委、民政部、国资委、统计局、中央编办等负责）

（四十四）切实保障困难群众基本生活。加强重特大疾病医疗救助，全面实施临时救助制度，让遇到急难特困的群众求助有门、受助及时。对困境儿童、高龄和失能老人、重度和贫困残疾人等特困群体，健全福利保障制度和服务体系。继续提高城乡低保水平，提升优抚对象抚恤和生活补助标准。（民政部、发展改革委、财政部、教育部、人力资源和社会保障部、卫生计生委、农业部、住房和城乡建设部、国土资源部、国务院妇儿工委、全国老龄办、中国残联、扶贫办等负责）

（四十五）促进教育公平发展和质量提升。1. 坚持立德树人，增强学生的社会责任感、创新精神、实践能力，培养中国特色社会主义建设者和接班人。（教育部负责）2. 深化省级政府教育统筹改革、高等院校综合改革和考试招生制度改革。加快义务教育学校标准化建设，改善薄弱学校和寄宿制学校基本办学条件。落实农民工随迁子女在流入地接受义务教育政策，完善后续升学政策。全面推进现代职业教育体系建设。引导部分地方本科高校向应用型转变，通过对口支援等方式支持中西部高等教育发展，继续提高中西部地区和人口大省高考录取率。建设世界一流大学和一流学科。（教育部、发展改革委、财政部、人力资源和社会保障部等负责）3. 加强特殊教育、学前教育、继续教育和民族地区各类教育。促进民办教育健康发展。加强教师队伍建设。保证教育投入，用好教育经费，畅通农村和贫困地区学子纵向流动的渠道，让每个人都有机会通过教育改变自身命运。（教育部、发展改革委、国家民委、财政部、人力资源和社会保障部、卫

生计生委、扶贫办、中国残联等负责）

（四十六）加快健全基本医疗卫生制度。1. 完善城乡居民基本医保，财政补助标准由每人每年 320 元提高到 380 元，基本实现居民医疗费用省内直接结算，稳步推行退休人员医疗费用跨省直接结算。（卫生计生委、人力资源和社会保障部、财政部、发展改革委等按职责分工负责）2. 全面实施城乡居民大病保险制度。深化基层医疗卫生机构综合改革，加强全科医生制度建设，完善分级诊疗体系。全面推开县级公立医院综合改革，在 100 个地级以上城市进行公立医院改革试点，破除以药补医，降低虚高药价，合理调整医疗服务价格，通过医保支付等方式平衡费用，努力减轻群众负担。鼓励医生到基层多点执业，发展社会办医。开展省级深化医改综合试点。加快建立医疗纠纷预防调解机制。人均基本公共卫生服务经费补助标准由 35 元提高到 40 元，增量全部用于支付村医的基本公共卫生服务，方便几亿农民就地就近看病就医。加强重大疾病防控。积极发展中医药和民族医药事业。推进计划生育服务管理改革。（卫生计生委、发展改革委、财政部、人力资源和社会保障部、教育部、科技部、司法部、商务部、国资委、食品药品监管总局、质检总局、保监会、中医药局、中央编办等负责）

九、促进文化繁荣发展

（四十七）让人民群众享有更多更好文化发展成果。1. 践行社会主义核心价值观，弘扬中华优秀传统文化。繁荣发展哲学社会科学，发展文学艺术、新闻出版、广播影视、档案等事业，重视文物、非物质文化遗产保护。提供更多优秀文艺作品，倡导全民阅读，建设学习型社会，提高国民素质。深化文化体制改革，逐步推进基本公共文化服务标准化均等化，扩大公共文化设施免费开放范围，发挥基层综合性文化服务中心作用，促进传统媒体与新兴媒体融合发展。拓展中外人文交流，加强国际传播能力建设。（文化部、发展改革委、财政部、教育部、商务部、国土资源部、外交部、工业和信息化部、海关总署、税务总局、新闻出版广电总局、社科院、新闻办、网信办、档案局、文物局、知识产权局、侨办等负责）2. 发展全民健身、竞技体育和体育产业，做好 2022 年冬奥会申办工作。（体育总局牵头）

十、依法加强社会治理

（四十八）加强和创新社会治理。1. 深化社会组织管理制度改革，加快行业协会商会与行政机关脱钩。支持群团组织依法参与社会治理，发展专业社会工作、志愿服务和慈善事业。鼓励社会力量兴办养老设施，发展社区和居家养老。（民政部、发展改革委、人力资源和社会保障部、人民银行、工商总局、税务总局、全国老龄办等负责）2. 为农村留守儿童、妇女、老人提供关爱服务，建立未成年人社会保护制度，切实保障妇女儿童权益。（民政部、国务院妇儿工委、教育部、财政部、全国老龄办等负责）3. 提高防灾救灾减灾能力。做好地震、气象、测绘、地质等工作。（民政部、地震局、气象局、国土资源部、水利部、海洋局、测绘地信局等负责）4. 深入开展法治宣传教育，加强人民调解工作，完善法律援助制度，有效预防和化解社会矛盾。（司法部、法制办等负责）5. 落实重大决策社会稳定风险评估机制。深化平安中国建设，健全立体化社会治安防控体系，依法惩治暴恐、黄赌毒、邪教、走私等违法犯罪行为，发展和规范网络空间，确保国家安全和公共安全。（公安部、司法部、安全部、外交部、国家民委、宗教局、工业和信息化部、海关总署、质检总局、法制办、网信办等负责）6. 采取更坚决措施，全过程保障食品药品安全。（食品药品监管总局、质检总局、农业部等负责）

（四十九）提高公共突发事件防范处置能力。组织编制国家突发事件应急体系建设“十三五”规划，推进国家应急平台体系和专业应急队伍建设，有效防范和妥善处置重特大突发事件。健全应急预案体系，完善预警信息发布机制，指导推进跨区域应急管理合作。加快应急产业发展，加强应急管理培训和科普宣教，强化社会协同应对能力建设，提高全社会防范处置突发事件水平。（国务院办公厅牵头）

（五十）把信访纳入法治轨道。1. 继续抓好《信访条例》的贯彻落实，推进国家信访信息系统的应用和完善，加强初信初访办理，规范联合接访工作，深入推进实施网上信访、诉访分离和依法逐级走访，健全完善复查复核机制，加大督查督办力度，推动及时就地解决群众合理诉求。（信访局牵头）2. 推进通过法定途径分类处理信访投诉请求。（信访局、法制办、公安部、民政部、人力资源和社会保障部、国土资源部、住房和城乡建设部、卫生计生委等负责）

（五十一）全面扎实推进安全生产工作。大力实施安全发展战略，加强安全生产法治建设，健全完善安全生产责任体系，强化安全生产行政执法监督，深化隐患排查治理和安全专项整治，大力提升安全保障能力，积极推进安全生产领域改革创新，依法依规抓好事故调查处理，不断完善安全监管体制机制和应急救援体系，加快建立完善重预防、抓治本的长效机制。（安全监管总局牵头）

十一、切实加强政府自身建设

（五十二）坚持依宪施政，依法行政，把政府工作全面纳入法治轨道。各级政府及其工作人员都必须以宪法为根本活动准则，尊法学法守法用法，依法全面履行职责，所有行政行为都要于法有据，任何政府部门都不得法外设权。深化行政执法体制改革，严格规范公正文明执法，加快推进综合执法，全面落实行政执法责任制。一切违法违规的行为都要追究，一切执法不公正不文明的现象都必须纠正。（法制办、监察部、中央编办、审计署等负责）

（五十三）坚持创新管理，强化服务，着力提高政府效能。1. 提供基本公共服务尽可能采用购买服务方式，第三方可提供的事务性管理服务交给市场或社会去办。扎实开展政府协商，积极推进决策科学化民主化，重视发挥智库作用。（财政部、发展改革委、中央编办、国管局等负责）2. 全面实行政务公开，推广电子政务和网上办事。各级政府要自觉接受同级人大及其常委会的监督，接受人民政协的民主监督，认真听取人大代表、政协委员、民主党派、工商联、无党派人士和各人民团体的意见。（国务院办公厅、中央编办、发展改革委、民政部、财政部、网信办、法制办等按职责分工负责）

（五十四）坚持依法用权，倡俭治奢，深入推进党风廉政建设和反腐败工作。认真落实党中央八项规定精神，坚持不懈纠正“四风”，继续严格执行国务院“约法三章”。以权力瘦身为廉政强身，紧紧扎住制度围栏，坚决打掉寻租空间，努力铲除腐败土壤。加强行政监察，发挥审计监督作用，对公共资金、公共资源、国有资产严加监管。始终保持反腐高压态势，对腐败分子零容忍、严查处。（监察部、发展改革委、财政部、中央编办、外交部、人力资源和社会保障部、审计署、国资委、国管局等负责）

（五十五）坚持主动作为，狠抓落实，切实做到勤政为民。广大公务员特别是领导干部要始终把为人民谋发展增福祉作为最大责任，各级政府要切实履行职责，狠抓贯彻落实，创造性开展工作。完善政绩考核评价机制，对实绩突出的要大力褒奖，对工作不力的要约谈诫勉，对为官不为、懒政怠政的要公开曝光、坚决追究责任。（监察部、审计署、人力资源和社会保障部、质检总局、公务员局等按职责分工负责）

十二、加强民族、宗教、侨务、国防、港澳台、外交工作

（五十六）继续支持少数民族和民族地区发展。坚持和完善民族区域自治制度，加大对欠发达的民族地区

支持力度，扶持人口较少民族发展，推进兴边富民行动，保护和发展少数民族优秀传统文化及特色村镇，促进各民族交往交流交融。组织好西藏自治区成立50周年和新疆维吾尔自治区成立60周年庆祝活动。（国家民委牵头）

（五十七）进一步做好宗教工作。全面贯彻党的宗教工作基本方针，促进宗教关系和谐，维护宗教界合法权益，发挥宗教界人士和信教群众在促进经济社会发展中的积极作用。（宗教局牵头）

（五十八）继续加强侨务工作。更好发挥海外侨胞和归侨侨眷参与祖国现代化建设、促进祖国和平统一、推进中外交流合作的独特作用，使海内外中华儿女的向心力不断增强。（侨办、外交部等负责）

（五十九）积极支持国防和军队建设。全面加强现代后勤建设，加大国防科研和高新技术武器装备建设力度，发展国防科技工业。加强现代化武装警察力量建设。增强全民国防意识，推进国防动员和后备力量建设。坚持国防建设和经济建设协调发展，促进军民融合深度发展。各级政府要始终如一地关心和支持国防和军队建设，坚定不移地巩固和促进军政军民团结。（工业和信息化部、外交部、发展改革委、教育部、科技部、公安部、民政部、财政部、交通运输部、水利部、海关总署、质检总局、海洋局、全国拥军优属拥政爱民工作领导小组等负责）

（六十）支持香港、澳门繁荣、稳定和发展。坚定不移地贯彻“一国两制”“港人治港”“澳人治澳”、高度自治方针，严格依照宪法和基本法办事。全力支持香港、澳门特别行政区行政长官和政府依法施政，发展经济，改善民生，推进民主，促进和谐。加强内地与港澳各领域交流合作，继续发挥香港、澳门在国家改革开放和现代化建设中的特殊作用。（港澳办牵头）

（六十一）拓展两岸关系和平发展新局面。坚持对台工作大政方针，巩固两岸坚持“九二共识”、反对“台独”的政治基础，保持两岸关系和平发展正确方向。努力推进两岸协商对话，推动经济互利融合，加强基层和青少年交流。依法保护台湾同胞权益，让更多民众分享两岸关系和平发展成果。两岸同胞不断增进了解互信，密切骨肉亲情，拉近心理距离，为实现祖国和平统一贡献力量。（台办牵头）

（六十二）务实、开放做好外交工作。继续高举和平发展合作共赢旗帜，统筹国内国际两个大局，始终不渝走和平发展道路，始终不渝奉行互利共赢开放战略，坚决维护国家主权安全发展利益，维护我国公民和法人海外合法权益，推动建立以合作共赢为核心的新型国际关系。深化与各大国战略对话和务实合作，构建健康稳定的大国关系框架。全面推进周边外交，打造周边命运共同体。加强同发展中国家团结合作，维护共同利益。积极参与国际多边事务，推动国际体系和秩序朝着更加公正合理方向发展。办好纪念中国人民抗日战争暨世界反法西斯战争胜利70周年相关活动，同国际社会共同维护二战胜利成果和国际公平正义。（外交部牵头）

批转发展改革委关于2015年深化经济体制改革重点工作意见的通知

国发〔2015〕26号　2015年5月8日

各省、自治区、直辖市人民政府，国务院各部委、各直属机构：

国务院同意发展改革委《关于2015年深化经济体制改革重点工作的意见》，现转发给你们，请认真贯彻执行。

关于 2015 年深化经济体制改革重点工作的意见

2015 年是全面深化改革的关键之年，是全面推进依法治国的开局之年，是全面完成“十二五”规划的收官之年，也是稳增长、调结构的紧要之年，经济体制改革任务更加艰巨。根据《中央全面深化改革领导小组 2015 年工作要点》和《政府工作报告》的部署，现就 2015 年深化经济体制改革重点工作提出以下意见。

一、总体要求

全面贯彻落实党的十八大和十八届二中、三中、四中全会精神，按照党中央、国务院决策部署，主动适应和引领经济发展新常态，进一步解放思想，大胆探索，加快推出既具有年度特点、又有利于长远制度安排的改革，进一步解放和发展社会生产力。以处理好政府和市场关系为核心，以政府自身革命带动重要领域改革，着力抓好已出台改革方案的落地实施，抓紧推出一批激活市场、释放活力、有利于稳增长保就业增效益的改革新举措，使改革新红利转化为发展新动力。

牢牢把握问题导向，使改革更好服务于稳增长、调结构、惠民生、防风险。把有效解决经济社会发展面临的突出问题作为经济体制改革成效的重要标准。针对经济下行压力加大、发展中深层次矛盾凸显、新老问题叠加、风险隐患增多等困难和问题，推动有利于稳增长保就业增效益的改革措施及早出台、加快落地，通过改革激发市场活力、释放发展潜力、化解潜在风险，促进经济稳中有进和提质增效升级。

坚持顶层设计与基层创新相结合，充分激发社会活力和创造力。既高度重视改革的顶层设计，又坚持眼睛向下、脚步向下，充分尊重和发挥地方、基层、群众实践和首创精神，善于从群众关注的焦点、百姓生活的难点寻找改革的切入点，使改革的思路、决策、措施更加符合群众需要和发展实际，从实践中寻找最佳方案，推动顶层设计与基层探索良性互动、有机结合。

自觉运用法治思维和法治方式推进改革，实现深化改革与法治保障的有机统一。研究改革方案和改革措施要同步考虑改革涉及的立法问题，做到重大改革于法有据。将实践证明行之有效的改革举措及时推动上升为法律法规。需要突破现有法律规定先行先试的改革，要依照法定程序经授权后开展试点。通过法治凝聚改革共识、防范化解风险、巩固改革成果。

处理好整体推进和重点突破的关系，推动改革尽早有收获、尽快见成效。既系统全面推进各领域改革，又根据改革举措的轻重缓急、难易程度、推进条件，统筹改革推进的步骤和次序，突出阶段性工作重点，把握改革关键环节，合理选择时间窗口，推出一批能叫得响、立得住、群众认可的硬招实招，让人民群众有更多获得感。

持续提高改革方案质量，更加注重改革实效。把质量放到重要位置，提高总体性改革方案和具体改革举措的质量。建立改革的前期调研制度，在做实做细调查研究的基础上搞好方案设计，多深入基层听取各方意见，严格方案制定程序，确保改革方案接地气、有针对性、能解决问题。

二、持续简政放权，加快推进政府自身改革

以深化行政审批制度改革为突破口，把简政放权、放管结合改革向纵深推进，逐步形成权力清单、责任清单、负面清单管理新模式，实现政府法无授权不可为、法定职责必须为，市场主体法无禁止即可为，从根本上转变政府职能，努力建设法治政府和服务型政府。

（一）继续深入推进行政审批制度改革，做好已取消和下放管理层级行政审批项目的落实和衔接，加强事

中事后监管。再取消和下放一批行政审批事项，全部取消非行政许可审批，规范行政审批行为，推广网上并联审批等新模式。大幅缩减政府核准投资项目范围，精简前置审批，规范中介服务，实施企业投资项目网上并联核准制度，加快建立健全投资项目纵横联动协同监管机制。推进药品医疗器械审评审批制度改革，进一步完善新药注册特殊审批机制。完善认证机构行政审批程序。

（二）多管齐下改革投融资体制，研究制定深化投融资体制改革的决定。调整财政性资金投资方式，对竞争性领域产业存在市场失灵的特定环节，研究由直接支持项目改为更多采取股权投资等市场化方式予以支持。积极推广政府和社会资本合作（PPP）模式，出台基础设施和公用事业特许经营办法，充分激发社会投资活力。以用好铁路发展基金为抓手，深化铁路投融资改革。深化公路投融资体制改革，修订收费公路管理条例。出台政府投资条例，研究制定政府核准和备案投资项目管理条例，逐步将投资管理纳入法治化轨道。

（三）不失时机加快价格改革，制定加快完善市场决定价格机制的若干意见。修订中央和地方政府定价目录，大幅缩减政府定价种类和项目。稳步分批放开竞争性商品和服务价格，取消绝大部分药品政府定价，建立健全药品市场价格监管规则，放开烟叶收购价格和部分铁路运价，下放一批基本公共服务收费定价权。实现存量气与增量气价格并轨，理顺非居民用天然气价格，试点放开部分直供大用户供气价格。扩大输配电价改革试点，完善煤电价格联动机制。总结新疆棉花、东北和内蒙古大豆目标价格改革试点经验，改进补贴办法，降低操作成本。推进农业水价综合改革，合理调整农业水价，建立精准补贴机制。督促各地完善污水处理和排污收费政策并提高收费标准。全面实行保基本、促节约的居民用水、用气阶梯价格制度。

（四）加快形成商事制度新机制，深化落实注册资本登记制度改革方案，深入推进工商登记前置审批事项改为后置审批相关改革，推行全程电子化登记管理和电子营业执照，加快实现“三证合一、一照一码”，清理规范中介服务。简化和完善企业注销流程，对个体工商户、未开业企业以及无债权债务企业试行简易注销程序，构建和完善全国统一的企业信用信息公示系统，建立严重违法和失信企业名单制度，实施企业年度报告、即时信息公示、公示信息抽查和经营异常名录制度。

（五）制定清理、废除妨碍全国统一市场和公平竞争的各种规定、做法的意见。制定实行市场准入负面清单制度的指导意见和负面清单草案，出台负面清单制度改革试点办法并开展试点。促进产业政策和竞争政策有效协调，建立和规范产业政策的公平性、竞争性审查机制。修改反不正当竞争法。改革市场监管执法体制，推进重点领域综合执法。落实社会信用体系建设规划纲要，出台以组织机构代码为基础的法人和其他组织统一社会信用代码制度建设总体方案，推动信用记录共建共享。制定深化标准化工作改革方案。组织开展国内贸易流通管理体制改革发展综合试点。

（六）全面实施中央和国家机关公务用车制度改革，做好车辆处置、司勤人员安置等后续工作。本着从实际出发、有利于工作、有利于节约开支、有利于机制转换的原则，因地制宜推进地方党政机关和驻地方中央垂直管理单位公务用车制度改革，启动国有企事业单位公务用车制度改革。出台深化出租汽车行业改革指导意见。

（七）推进地区生产总值统一核算改革，完善发展成果考核评价体系。加快建立和实施不动产统一登记制度。出台行业协会商会与行政机关脱钩改革方案并开展试点。出台改革社会组织管理制度促进社会组织健康有序发展的意见。

三、深化企业改革，进一步增强市场主体活力

以解放和发展社会生产力为标准，毫不动摇巩固和发展公有制经济，提高国有企业核心竞争力和国有资本

效率，不断增强国有经济活力、控制力、影响力、抗风险能力。毫不动摇鼓励、支持、引导非公有制经济发展，激发非公有制经济活力和创造力。

（八）推进国企国资改革，出台深化国有企业改革指导意见，制定改革和完善国有资产管理体制、国有企业发展混合所有制经济等系列配套文件。制定中央企业结构调整与重组方案，加快推进国有资本运营公司和投资公司试点，形成国有资本流动重组、布局调整的有效平台。

（九）制定进一步完善国有企业法人治理结构方案，修改完善中央企业董事会董事评价办法，推动国有企业完善现代企业制度。完善中央企业分类考核实施细则，健全经营业绩考核与薪酬分配有效衔接的激励约束机制。推进剥离国有企业办社会职能和解决历史遗留问题。

（十）出台加强和改进企业国有资产监督防范国有资产流失的意见。出台进一步加强和改进外派监事会工作的意见。加快建立健全国有企业国有资本审计监督体系和制度。加强对国有企业境外资产的审计监督。完善国有企业内部监督机制。健全国有企业违法违规经营责任追究体系，制定国有企业经营投资责任追究制度的指导意见。

（十一）落实进一步深化电力体制改革的若干意见，制定相关配套政策，开展售电侧改革等试点。研究提出石油天然气体制改革总体方案，在全产业链各环节放宽准入。推进盐业体制改革。

（十二）支持非公有制经济健康发展，全面落实促进民营经济发展的政策措施。鼓励非公有制企业参与国有企业改制，鼓励发展非公有资本控股的混合所有制企业。出台实施鼓励和规范国有企业投资项目引入非国有资本的指导意见。

（十三）完善产权保护制度，健全归属清晰、权责明确、保护严格、流转顺畅的现代产权制度，让各类企业法人财产权依法得到保护。修改国有产权交易流转监管办法和实施细则，提高国有资产交易流转的规范性和透明度。查处侵犯市场主体产权的典型案例，引导和改善保护产权的舆论环境和社会氛围。

四、落实财税改革总体方案，推动财税体制改革取得新进展

立足当前，着眼长远，积极稳妥深化财税体制改革，进一步完善公共财政体系，为科学发展奠定坚实的财税体制基础，更有效地发挥财政政策对稳增长、调结构的积极作用。

（十四）实行全面规范、公开透明的预算管理制度。完善政府预算体系，将 11 项政府性基金转列一般公共预算，出台中央国有资本经营预算管理办法及配套政策，进一步提高中央国有资本经营预算调入一般公共预算的比例。制定出台全面推进预算公开的意见，实现中央和地方政府预决算以及所有使用财政资金的部门预决算除法定涉密信息外全部公开。制定加强地方政府性债务管理意见的配套办法，做好过渡政策安排，加快建立规范的地方政府举债融资机制，对地方政府债务实行限额管理，建立地方政府债务风险评估和预警机制。推进权责发生制政府综合财务报告制度建设，制定发布政府会计基本准则，发布政府财务报告编制办法及操作指南。加快建立财政库底目标余额管理制度。制定盘活财政存量资金的有效办法。落实政府购买服务管理办法，提高政府购买服务资金占公共服务项目资金的比例。出台在公共服务领域大力推广政府和社会资本合作模式的指导意见，不断提高公共服务供给效率和质量。

（十五）力争全面完成营改增，将营改增范围扩大到建筑业、房地产业、金融业和生活服务业等领域。进一步调整消费税征收范围、环节、税率。组织实施煤炭资源税费改革，制定原油、天然气、煤炭外其他品目资源税费改革方案，研究扩大资源税征收范围。研究提出综合与分类相结合个人所得税改革方案。推进环境保护税立法。推动修订税收征收管理法。

（十六）研究提出合理划分中央与地方事权和支出责任的指导意见，研究制定中央和地方收入划分调整方案，改革和完善中央对地方转移支付制度，推动建立事权和支出责任相适应的制度。

五、推进金融改革，健全金融服务实体经济的体制机制

围绕服务实体经济推进金融体制改革，进一步扩大金融业对内对外开放，健全多层次资本市场，促进资源优化配置，推动解决融资难、融资贵问题。

（十七）制定完善金融市场体系实施方案。在加强监管前提下，加快发展民营银行等中小金融机构。推进开发性政策性金融机构改革。深化农村信用社改革。推出存款保险制度。制定健全银行业监管体制机制改革方案。出台促进互联网金融健康发展的指导意见。制定推进普惠金融发展规划。探索构建金融业综合统计制度框架。

（十八）推动利率市场化改革，适时推出面向机构及个人发行的大额存单，扩大金融机构负债产品市场化定价范围，有序放松存款利率管制。加强金融市场基准利率体系建设，完善利率传导机制，健全中央银行利率调控框架，不断增强中央银行利率调控能力。完善人民币汇率市场化形成机制，增强汇率双向浮动弹性，推动汇率风险管理工具创新。稳步推进人民币资本项目可兑换，扩大人民币跨境使用，择机推出合格境内个人投资者境外投资试点，进一步完善“沪港通”试点，适时启动“深港通”试点。建立健全宏观审慎管理框架下的外债和资本流动管理体系，提高可兑换条件下的风险管理水平。修订外汇管理条例。

（十九）实施股票发行注册制改革，探索建立多层次资本市场转板机制，发展服务中小企业的区域性股权市场，开展股权众筹融资试点。推进信贷资产证券化，发展债券市场，提高直接融资比重。制定出台私募投资基金管理暂行条例。修改上市公司股权激励管理办法。开展商品期货期权和股指期权试点，推动场外衍生品市场发展。推动证券法修订和期货法制定工作。

（二十）推出巨灾保险，推动信用保证保险领域产品创新，出台食品安全责任保险试点指导意见。研究启动个人税收递延型商业养老保险试点。制定完善保险稽查体制改革方案。

六、加快推进城镇化、农业农村和科技体制等改革，推动经济结构不断优化

经济结构不合理严重制约经济持续健康发展，优化经济结构必须加快推进结构性改革，充分发挥市场在资源配置中的决定性作用，着力消除导致经济结构失衡的体制机制弊端，加快调整产业、城乡、区域经济结构，促进经济行稳致远。

（二十一）推进城镇化体制创新，统筹推进国家新型城镇化综合试点、中小城市综合改革试点和建制镇示范试点，以点带面，点面结合，推进新型城镇化实现新突破。完善设市标准，制定市辖区设置标准，开展特大镇扩权增能试点。

（二十二）抓紧实施户籍制度改革，落实放宽户口迁移政策，完善配套措施，建立城乡统一的户口登记制度。出台实施居住证管理办法，以居住证为载体提供相应基本公共服务。制定实施城镇建设用地增加规模与吸纳农业转移人口落户数量挂钩政策。研究提出中央对地方转移支付同农业转移人口市民化挂钩机制的指导意见。

（二十三）建立规范多元可持续的城市建设投融资机制，允许地方政府通过发债等多种方式拓宽城市建设融资渠道，制定项目收益债券试点管理办法。开展城市地下综合管廊和“海绵城市”建设试点，鼓励社会资本参与城市公用设施建设和运营，拓宽多元投资渠道。

（二十四）制定深化农村改革实施方案。推进农村土地承包经营权确权登记颁证，新增9个省份开展整省试点，其他省份扩大开展以县为单位的整体试点。研究提出落实土地承包关系长久不变的意见。分类开展农村土地征收、集体经营性建设用地入市、宅基地制度改革试点。开展工业用地市场化配置改革试点。开展积极发展农民股份合作赋予农民对集体资产股份权能改革试点，探索赋予农民更多财产权利。制定推进农村集体产权制度改革指导意见。开展农村承包土地经营权和农民住房财产权抵押担保贷款试点。稳妥开展农民合作社内部资金互助试点。出台农垦改革发展意见。全面深化供销合作社综合改革。探索建立农业补贴评估机制。改革涉农转移支付制度，有效整合财政农业农村投入。开展水权确权登记试点，探索多种形式的水权流转方式。开展鼓励和引导社会资本参与水利工程建设运营试点。深入推进黑龙江“两大平原”现代农业综合配套改革试验。

（二十五）以体制创新促进科技创新，出台深化体制机制改革加快实施创新驱动发展战略的若干意见和实施创新驱动发展战略顶层设计文件，在一些省份系统推进全面创新改革试验，增设国家自主创新示范区。研究制定支持东北老工业基地创新创业发展的实施意见。改革中央财政科技计划管理方式，建立公开统一的国家科技管理平台，制定科研项目和资金管理配套制度。深入推进中央级事业单位科技成果使用、处置和收益管理改革试点，适时总结推广试点政策，修订促进科技成果转化法。健全企业主导的产学研协同创新机制，制定科技型中小企业标准并开展培育工程试点。完善人才评价制度，研究修订国家科学技术奖励条例，制定更加开放的人才引进政策。

七、构建开放型经济新体制，实施新一轮高水平对外开放

适应经济全球化新形势，把深化改革和扩大开放紧密结合起来，更加积极地促进内需和外需平衡、进口和出口平衡、引进外资和对外投资平衡，加快构建开放型经济新体制，以开放的主动赢得发展的主动、国际竞争的主动。

（二十六）健全促进外贸转型升级的体制和政策，完善出口退税负担机制，调整规范进出口环节收费，提高贸易便利化水平。制定创新加工贸易模式指导意见，修订加工贸易限制类商品目录。扩大跨境电子商务综合试点，增加服务外包示范城市数量。出台实施加快海关特殊监管区域整合优化改革方案，在符合条件的海关特殊监管区域开展高技术高附加值项目境内外检测维修、融资租赁和期货保税交割海关监管制度等改革试点。总结苏州、重庆贸易多元化试点经验，适时研究扩大试点。继续引导加工贸易向中西部地区转移，促进区域产业升级。

（二十七）实施新的外商投资产业指导目录，重点扩大服务业和一般制造业开放，缩减外商投资限制类条目。全面推行外商投资普遍备案、有限核准的管理制度，大幅下放鼓励类项目核准权，积极探索准入前国民待遇加负面清单管理模式。继续在自由贸易试验区和CEPA（内地与香港、澳门关于建立更紧密经贸关系的安排）框架下开展将外商投资企业设立、变更及合同章程审批改为备案管理。推动修订外商投资相关法律，制定外资国家安全审查条例，健全外商投资监管体系，打造稳定公平透明可预期的营商环境。

（二十八）加快完善互利共赢的国际产能合作体制机制。制定关于推进国际产能和装备制造合作的指导意见。充分发挥“走出去”工作部际联席会议制度作用，加强统筹指导。发挥现有多双边合作机制作用，加快与有关重点国家建立互利共赢的产能合作机制，推动装备“走出去”和国际产能合作重点项目实施。改革对外合作管理体制，深化境外投资管理制度改革。综合利用债权、股权、基金等方式，更好发挥政策性金融机构作用，为装备和产能“走出去”提供支持。

（二十九）总结推广中国（上海）自由贸易试验区经验，积极推进内销货物选择性征收关税政策先行先

试，统筹研究推进货物状态分类监管试点，将试验区有关投资管理、贸易便利化、金融、服务业开放、事中事后监管等举措适时向全国推广，将试验区部分海关监管制度、检验检疫制度创新措施向全国其他海关特殊监管区域推广。稳步推进广东、天津、福建自由贸易试验区建设，逐步向其他地方扩展。

（三十）实施“一带一路”战略规划，启动实施一批重点合作项目。制定沿边重点地区在人员往来、加工物流、旅游等方面的政策，扶持沿边地区开发开放。加快实施自由贸易区战略。完成亚洲基础设施投资银行和金砖国家新开发银行筹建工作。

（三十一）实施落实“三互”推进大通关建设改革，加快口岸管理条例立法进程，推进地方电子口岸平台和“单一窗口”建设，建立信息全面交换和数据使用管理办法。加快推进京津冀、长江经济带、广东地区区域通关和检验检疫一体化改革，逐步覆盖到全国。开展口岸查验机制创新试点，探索口岸综合执法试点。

八、深化民生保障相关改革，健全保基本、兜底线的体制机制

把改善民生与增强经济动力、社会活力结合起来，围绕解决基本公共服务公平、效率、供给等方面的问题，着力深化教育、医药卫生、文化、收入分配、社会保障、住房等领域改革，促进社会公平，更好兜住民生底线。

（三十二）落实考试招生制度改革，改进招生计划分配方式，提高中西部地区和人口大省高考录取率，增加农村学生上重点高校人数，完善中小学招生办法破解择校难题，开展高考综合改革试点。深化省级政府教育统筹改革和高等院校综合改革。落实农民工随迁子女在流入地接受义务教育政策，完善后续升学政策。出台深化高校创新创业教育改革实施意见。制定职业教育校企合作办学促进办法。出台进一步鼓励社会力量兴办教育若干意见。

（三十三）推动医改向纵深发展，全面推开县级公立医院综合改革，在100个地级以上城市进行公立医院改革试点，破除以药补医机制。开展省级深化医改综合试点。全面实施城乡居民大病保险制度，完善疾病应急救助机制，加快推进重特大疾病医疗救助。推动出台整合城乡居民基本医疗保险管理体制改革方案。推进医保支付方式改革，健全进城落户农民参加基本医疗保险和关系转续政策。加快发展商业健康保险。出台进一步鼓励社会资本举办医疗机构的意见。

（三十四）逐步推进基本公共文化服务标准化均等化，推动政府向社会力量购买公共文化服务。制定制作和出版分开实施办法。开展非公有制文化企业参与对外专项出版业务试点。完善国有文化资产管理体制。

（三十五）完善机关事业单位工作人员工资制度，制定完善艰苦边远地区津贴增长机制的意见和地区附加津贴制度实施方案，在县以下机关建立公务员职务与职级并行制度。制定地市以上机关建立公务员职务与职级并行制度的试点意见。制定关于完善最低工资标准调整机制的意见。制定养老保险顶层设计方案和职工基础养老金全国统筹方案。实施机关事业单位养老保险制度改革。出台企业年金管理办法、职业年金办法。制定基本养老保险基金投资管理办法。全面实施临时救助制度。研究提出深化住房制度改革实施方案，修订住房公积金管理条例。

九、加快生态文明制度建设，促进节能减排和保护生态环境

要加强生态文明制度顶层设计，完善国土空间开发、资源节约利用、环境治理和生态修复相关制度，加快建立源头严防、过程严管、后果严惩的制度体系，用制度保障生态文明。

（三十六）出台加快推进生态文明建设的意见，制订生态文明体制改革总体方案。出台生态文明建设目标

体系，建立生态文明建设评价指标体系。深入推进生态文明先行示范区和生态文明建设示范区建设。加快划定生态保护红线。加强主体功能区建设，完善土地、农业等相关配套制度，建立国土空间开发保护制度。启动生态保护与建设示范区创建。建立资源环境承载能力监测预警机制，完善监测预警方法并开展试点。开展市县"多规合一"试点。在9个省份开展国家公园体制试点。研究建立矿产资源国家权益金制度。加快推进自然生态空间统一确权登记，逐步健全自然资源资产产权制度。

（三十七）强化节能节地节水、环境、技术、安全等市场准入标准，制定或修改50项左右节能标准。修订固定资产投资项目节能评估和审查暂行办法。调整全国工业用地出让最低价标准。实施能效领跑者制度，发布领跑者名单。修订重点行业清洁生产评价指标体系。

（三十八）扎实推进以环境质量改善为核心的环境保护管理制度改革。编制实施土壤污染防治行动计划。实施大气污染防治行动计划和水污染防治行动计划。建立重点地区重污染天气预警预报机制。研究提出"十三五"污染物排放总量控制方案思路。研究制定排污许可证管理办法，推行排污许可制度。完善主要污染物排污权核定办法，推进排污权有偿使用和交易试点。开展国土江河综合整治试点，扩大流域上下游横向补偿机制试点。修订建设项目环境保护管理条例。推行环境污染第三方治理。扩大碳排放权交易试点。

（三十九）推进国有林场和国有林区改革，总结国有林场改革试点经验，抓紧制定林场林区基础设施、化解金融债务、深山职工搬迁、富余职工安置等配套支持政策，研究制定五大林区改革实施方案。出台深化集体林权制度改革意见。

十、完善工作机制，确保改革措施落地生效

各地区、各部门要进一步强化责任意识、问题意识、攻坚意识，加强组织领导，完善工作机制，以钉钉子精神抓好工作落实，确保完成各项改革任务。

完善务实高效的改革推进机制。各项改革的牵头部门要会同参与部门制订工作方案，明确时限、责任和目标，主动搞好沟通协调，发挥好参与部门的优势，充分调动和运用各方力量。对一些关系全局、综合性强的改革，建立跨部门和上下联动的工作机制联合攻关，加强系统研究和整体设计。进一步发挥好经济体制改革协调工作机制的作用，加强部门间沟通衔接和协作互动，确保重点改革任务得到有效落实。

狠抓已出台改革方案落地实施。要建立改革落实责任制，原则上改革方案的制定部门主要负责人为改革落实第一责任人。对已出台的具有重大结构支撑作用的改革，要抓紧出台细化实施方案，着重抓好起标志性、关联性作用的改革举措。加强对改革方案实施过程的跟踪监测，对推进实施中可能出现的新情况新问题要充分预研预判，制定周密的应对预案，及时发现和协调解决问题。要强化督促评估，落实督办责任制和评估机制，发挥社会舆论和第三方评估机制作用，对已经出台的重大改革方案及时跟踪、及时检查、及时评估，确保政令畅通、政策落地，改有所进、改有所成。

充分发挥试点的先行先试作用。充分考虑我国地区发展不平衡、条件差异大的特点，鼓励不同区域进行差别化的试点探索。及时跟踪改革试点的进展，总结地方试点中形成的可复制、可推广的经验。完善国家综合配套改革试点部际协调工作机制，研究出台规范开展国家综合配套改革试点的意见，总结推广改革试验区试点经验。妥善处理试点突破与依法行政的关系，坚持局部试点，明确试点期限，确保风险可控。

加强重大改革问题研究和调研。对一些具有全局意义和重要影响的重大改革事项，要组织专门力量进行深入的理论研究和探讨，进一步明晰改革的方向、思路、路径、重要举措及相互关系，发挥理论研究对改革方案制定的支撑作用。制订改革方案要理论联系实际，开展深入的调查研究，广泛听取基层意见和群众诉求，确保

改革方案具有针对性和可操作性。

做好改革宣传和舆论引导工作。通过召开重点改革新闻发布会和媒体通气会、组织专家解读等多种方式，加强对改革的主动宣传、正面解读，正确引导社会预期，及时回应社会关切，推动形成深化改革的社会共识。加强对改革舆情的监测，准确把握舆情动向，及时发现苗头性、倾向性问题，对不实报道及时澄清，有效引导舆论导向，努力营造全社会关心改革、支持改革、参与改革的良好氛围。

关于进一步做好城镇棚户区和城乡危房改造及配套基础设施建设有关工作的意见

国发〔2015〕37 号　2015 年 6 月 30 日

各省、自治区、直辖市人民政府，国务院各部委、各直属机构：

近年来，各地区、各有关部门认真贯彻落实党中央、国务院决策部署，持续加大城镇棚户区和城乡危房改造力度，有关工作取得显著进展。截至 2014 年底，全国共改造各类棚户区住房 2080 万套、农村危房 1565 万户，其中 2013—2014 年改造各类棚户区住房 820 万套、农村危房 532 万户，有效改善了困难群众的住房条件，发挥了带动消费、扩大投资的积极作用，促进了社会和谐稳定。但也要看到，与党中央、国务院确定的改造约 1 亿人居住的城镇棚户区和城中村的目标相比，任务仍然十分艰巨，特别是待改造的棚户区多为基础差、改造难度大的地块，在创新融资机制、完善配套基础设施等方面还存在不少困难和问题。同时，农村困难群众对改善居住条件、住上安全住房的诉求比较强烈，加快农村危房改造的要求十分迫切。为进一步做好城镇棚户区和城乡危房改造及配套基础设施建设工作，切实解决群众住房困难，有效促进经济增长，现提出以下意见：

一、总体要求

（一）指导思想。深入贯彻党的十八大、十八届二中、三中、四中全会和中央城镇化工作会议精神，全面落实国务院决策部署，坚持走以人为核心的新型城镇化道路，以改善群众住房条件为出发点和落脚点，突出稳增长、惠民生，明确工作责任，创新体制机制，强化政策落实，加大城镇棚户区和城乡危房改造力度，加快配套基础设施建设，扩大有效投资，推动经济社会和谐发展。

（二）工作目标。制定城镇棚户区和城乡危房改造及配套基础设施建设三年计划（2015—2017 年，以下简称三年计划）。2015—2017 年，改造包括城市危房、城中村在内的各类棚户区住房 1800 万套（其中 2015 年 580 万套），农村危房 1060 万户（其中 2015 年 432 万户），加大棚改配套基础设施建设力度，使城市基础设施更加完备，布局合理、运行安全、服务便捷。

二、加大改造建设力度

（一）加快城镇棚户区改造。各地区要抓紧编制 2015—2017 年城镇棚户区改造实施方案并抓好组织落实。一要加快棚改项目建设。依法合规推进棚改，切实做好土地征收、补偿安置等前期工作。建立行政审批快速通道，简化程序，提高效率，对符合相关规定的项目，限期完成立项、规划许可、土地使用、施工许可等审批手续。加强工程质量安全监管，保证工程质量和进度，确保完成三年计划确定的目标任务。把城市危房改造纳入棚改政策范围。二要积极推进棚改货币化安置。缩短安置周期，节省过渡费用，让群众尽快住上新房，享有更好的居住环境和物业服务，满足群众多样化居住需求。各省（区、市）要因地制宜，抓紧摸清存量商品住房底数，制定推进棚改货币化安置的指导意见和具体安置目标，完善相关政策措施，督促市、县抓好落实，加快安置棚户区居民。

（二）完善配套基础设施。各地区要尽快编制 2015—2017 年棚改配套基础设施建设计划（以下简称配套建设计划），确定棚改安置住房小区配套基础设施项目，以及与棚改项目直接相关的城市道路和公共交通、通信、供电、供水、供气、供热、停车库（场）、污水与垃圾处理等城市基础设施项目，努力做到配套设施与棚户区改造安置住房同步规划、同步报批、同步建设、同步交付使用。各地区要对 2014 年年底前已开工的棚改安置房等保障房小区配套基础设施情况进行排查，对配套基础设施不完备的项目要列出清单，并纳入本地区配套建设计划。

（三）推进农村危房改造。各地区要抓紧编制 2015—2017 年农村危房改造实施方案，明确目标任务、资金安排和政策措施，确保年度任务按时完成。落实省级补助资金，将农村危房改造补助资金纳入财政预算，由县级财政直接发放到危房改造农户。严格执行一户一档的要求，做好农村危房改造信息系统录入和管理工作。统筹推进农房抗震改造，加大对 8 度及以上地震高烈度设防地区的改造力度，认真贯彻执行《农村危房改造最低建设要求（试行）》和《农村危房改造抗震安全基本要求（试行）》，确保改造后的住房符合建设及安全标准。加强农房风貌管理和引导，县级住房和城乡建设部门应制定符合当地实际的农房设计图和风貌管理要求，指导到户。

三、创新融资体制机制

（一）推动政府购买棚改服务。各省（区、市）应根据棚改目标任务，统筹考虑财政承受能力等因素，制定本地区政府购买棚改服务的管理办法。市、县人民政府要公开择优选择棚改实施主体，并与实施主体签订购买棚改服务协议。市、县人民政府将购买棚改服务资金逐年列入财政预算，并按协议要求向提供棚改服务的实施主体支付。年初预算安排有缺口确需举借政府债务弥补的市、县，可通过省（区、市）人民政府代发地方政府债券予以支持，并优先用于棚改。政府购买棚改服务的范围，限定在政府应当承担的棚改征地拆迁服务以及安置住房筹集、公益性基础设施建设等方面，不包括棚改项目中配套建设的商品房以及经营性基础设施。

（二）推广政府与社会资本合作模式。在城市基础设施建设运营中积极推广特许经营等各种政府与社会资本合作（PPP）模式。各地应建立健全城市基础设施建设财政投入与价格补偿统筹协调机制，合理确定服务价格，深化政府与社会资本合作，推动可持续发展。

（三）构建多元化棚改实施主体。鼓励多种所有制企业作为实施主体承接棚改任务。各地原融资平台公司可通过市场化改制，建立现代企业制度，实现市场化运营，在明确公告今后不再承担政府融资职能的前提下，作为实施主体承接棚改任务。原融资平台公司转型改造后举借的债务实行市场化运作，不纳入政府债务。政府在出资范围内依法履行出资人职责，不对原融资平台公司提供担保。

（四）发挥开发性金融支持作用。承接棚改任务及纳入各地区配套建设计划的项目实施主体，可依据政府购买棚改服务协议、特许经营协议等政府与社会资本合作合同进行市场化融资，开发银行等银行业金融机构据此对符合条件的实施主体发放贷款。在依法合规、风险可控的前提下，开发银行可以通过专项过桥贷款对符合条件的实施主体提供过渡性资金安排。鼓励农业发展银行在其业务范围内对符合条件的实施主体，加大城中村改造、农村危房改造及配套基础设施建设的贷款支持。鼓励商业银行对符合条件的实施主体提供棚改及配套基础设施建设贷款。

四、加强组织领导

（一）落实地方责任。各省（区、市）人民政府对本地区城镇棚户区和城乡危房改造及配套基础设施建设工作负总责，要抓紧组织落实三年计划及相关实施方案，完善工作机制，强化目标责任考核，加大资金投入，落实好税费减免政策。

（二）明确部门职责。住房和城乡建设部要会同有关部门督促各地尽快编制和落实三年计划及相关实施方案。发展改革委、财政部要会同有关部门进一步加大中央预算内投资和中央财政支持力度。财政部要会同有关部门安排中央国有资本经营预算资金，对困难中央企业特别是独立工矿区、三线地区和资源枯竭型城市中央企业棚改配套设施建设予以支持。人民银行、财政部、银监会要完善政策措施，支持开发银行、农业发展银行等金融机构加大信贷支持力度。

（三）强化监督检查。住房和城乡建设部要会同有关部门建立有效的督查制度，对各地区城镇棚户区和城乡危房改造及配套基础设施建设三年计划实施情况进行督促检查。各地区要加强监督检查，全面落实各项工作任务和政策措施。加强对农村危房改造补助资金使用的监管，严禁截留、挤占、挪用或变相使用。加大考核和问责力度，对态度不积极、工作不主动、进度缓慢、弄虚作假的单位和责任人员予以通报批评，并明确整改期限和要求。

关于积极推进“互联网 +”行动的指导意见

国发〔2015〕40 号　2015 年 7 月 4 日

各省、自治区、直辖市人民政府，国务院各部委、各直属机构：

“互联网 +”是把互联网的创新成果与经济社会各领域深度融合，推动技术进步、效率提升和组织变革，提升实体经济创新力和生产力，形成更广泛的以互联网为基础设施和创新要素的经济社会发展新形态。在全球新一轮科技革命和产业变革中，互联网与各领域的融合发展具有广阔前景和无限潜力，已成为不可阻挡的时代潮流，正对各国经济社会发展产生着战略性和全局性的影响。积极发挥我国互联网已经形成的比较优势，把握机遇，增强信心，加快推进“互联网 +”发展，有利于重塑创新体系、激发创新活力、培育新兴业态和创新公共服务模式，对打造大众创业、万众创新和增加公共产品、公共服务“双引擎”，主动适应和引领经济发展新常态，形成经济发展新动能，实现中国经济提质增效升级具有重要意义。

近年来，我国在互联网技术、产业、应用以及跨界融合等方面取得了积极进展，已具备加快推进“互联网 +”发展的坚实基础，但也存在传统企业运用互联网的意识和能力不足、互联网企业对传统产业理解不够深入、新业态发展面临体制机制障碍、跨界融合型人才严重匮乏等问题，亟待加以解决。为加快推动互联网与各领域深入融合和创新发展，充分发挥“互联网 +”对稳增长、促改革、调结构、惠民生、防风险的重要作用，现就积极推进“互联网 +”行动提出以下意见。

一、行动要求

（一）总体思路。

顺应世界“互联网 +”发展趋势，充分发挥我国互联网的规模优势和应用优势，推动互联网由消费领域向生产领域拓展，加速提升产业发展水平，增强各行业创新能力，构筑经济社会发展新优势和新动能。坚持改革创新和市场需求导向，突出企业的主体作用，大力拓展互联网与经济社会各领域融合的广度和深度。着力深化体制机制改革，释放发展潜力和活力；着力做优存量，推动经济提质增效和转型升级；着力做大增量，培育新兴业态，打造新的增长点；着力创新政府服务模式，夯实网络发展基础，营造安全网络环境，提升公共服务水平。

（二）基本原则。

坚持开放共享。营造开放包容的发展环境，将互联网作为生产生活要素共享的重要平台，最大限度优化资源配置，加快形成以开放、共享为特征的经济社会运行新模式。

坚持融合创新。鼓励传统产业树立互联网思维，积极与“互联网＋”相结合。推动互联网向经济社会各领域加速渗透，以融合促创新，最大程度汇聚各类市场要素的创新力量，推动融合性新兴产业成为经济发展新动力和新支柱。

坚持变革转型。充分发挥互联网在促进产业升级以及信息化和工业化深度融合中的平台作用，引导要素资源向实体经济集聚，推动生产方式和发展模式变革。创新网络化公共服务模式，大幅提升公共服务能力。

坚持引领跨越。巩固提升我国互联网发展优势，加强重点领域前瞻性布局，以互联网融合创新为突破口，培育壮大新兴产业，引领新一轮科技革命和产业变革，实现跨越式发展。

坚持安全有序。完善互联网融合标准规范和法律法规，增强安全意识，强化安全管理和防护，保障网络安全。建立科学有效的市场监管方式，促进市场有序发展，保护公平竞争，防止形成行业垄断和市场壁垒。

（三）发展目标。

到 2018 年，互联网与经济社会各领域的融合发展进一步深化，基于互联网的新业态成为新的经济增长动力，互联网支撑大众创业、万众创新的作用进一步增强，互联网成为提供公共服务的重要手段，网络经济与实体经济协同互动的发展格局基本形成。

——经济发展进一步提质增效。互联网在促进制造业、农业、能源、环保等产业转型升级方面取得积极成效，劳动生产率进一步提高。基于互联网的新兴业态不断涌现，电子商务、互联网金融快速发展，对经济提质增效的促进作用更加凸显。

——社会服务进一步便捷普惠。健康医疗、教育、交通等民生领域互联网应用更加丰富，公共服务更加多元，线上线下结合更加紧密。社会服务资源配置不断优化，公众享受到更加公平、高效、优质、便捷的服务。

——基础支撑进一步夯实提升。网络设施和产业基础得到有效巩固加强，应用支撑和安全保障能力明显增强。固定宽带网络、新一代移动通信网和下一代互联网加快发展，物联网、云计算等新型基础设施更加完备。人工智能等技术及其产业化能力显著增强。

——发展环境进一步开放包容。全社会对互联网融合创新的认识不断深入，互联网融合发展面临的体制机制障碍有效破除，公共数据资源开放取得实质性进展，相关标准规范、信用体系和法律法规逐步完善。

到 2025 年，网络化、智能化、服务化、协同化的“互联网＋”产业生态体系基本完善，“互联网＋”新经济形态初步形成，“互联网＋”成为经济社会创新发展的重要驱动力量。

二、重点行动

（一）“互联网＋”创业创新。

充分发挥互联网的创新驱动作用，以促进创业创新为重点，推动各类要素资源聚集、开放和共享，大力发展众创空间、开放式创新等，引导和推动全社会形成大众创业、万众创新的浓厚氛围，打造经济发展

新引擎。（发展改革委、科技部、工业和信息化部、人力资源和社会保障部、商务部等负责，列第一位者为牵头部门，下同）

1. 强化创业创新支撑。鼓励大型互联网企业和基础电信企业利用技术优势和产业整合能力，向小微企业和创业团队开放平台入口、数据信息、计算能力等资源，提供研发工具、经营管理和市场营销等方面的支持和服务，提高小微企业信息化应用水平，培育和孵化具有良好商业模式的创业企业。充分利用互联网基础条件，完善小微企业公共服务平台网络，集聚创业创新资源，为小微企业提供找得着、用得起、有保障的服务。

2. 积极发展众创空间。充分发挥互联网开放创新优势，调动全社会力量，支持创新工场、创客空间、社会实验室、智慧小企业创业基地等新型众创空间发展。充分利用国家自主创新示范区、科技企业孵化器、大学科技园、商贸企业集聚区、小微企业创业示范基地等现有条件，通过市场化方式构建一批创新与创业相结合、线上与线下相结合、孵化与投资相结合的众创空间，为创业者提供低成本、便利化、全要素的工作空间、网络空间、社交空间和资源共享空间。实施新兴产业“双创”行动，建立一批新兴产业“双创”示范基地，加快发展“互联网+”创业网络体系。

3. 发展开放式创新。鼓励各类创新主体充分利用互联网，把握市场需求导向，加强创新资源共享与合作，促进前沿技术和创新成果及时转化，构建开放式创新体系。推动各类创业创新扶持政策与互联网开放平台联动协作，为创业团队和个人开发者提供绿色通道服务。加快发展创业服务业，积极推广众包、用户参与设计、云设计等新型研发组织模式，引导建立社会各界交流合作的平台，推动跨区域、跨领域的技术成果转移和协同创新。

（二）“互联网+”协同制造。

推动互联网与制造业融合，提升制造业数字化、网络化、智能化水平，加强产业链协作，发展基于互联网的协同制造新模式。在重点领域推进智能制造、大规模个性化定制、网络化协同制造和服务型制造，打造一批网络化协同制造公共服务平台，加快形成制造业网络化产业生态体系。（工业和信息化部、发展改革委、科技部共同牵头）

1. 大力发展智能制造。以智能工厂为发展方向，开展智能制造试点示范，加快推动云计算、物联网、智能工业机器人、增材制造等技术在生产过程中的应用，推进生产装备智能化升级、工艺流程改造和基础数据共享。着力在工控系统、智能感知元器件、工业云平台、操作系统和工业软件等核心环节取得突破，加强工业大数据的开发与利用，有效支撑制造业智能化转型，构建开放、共享、协作的智能制造产业生态。

2. 发展大规模个性化定制。支持企业利用互联网采集并对接用户个性化需求，推进设计研发、生产制造和供应链管理等关键环节的柔性化改造，开展基于个性化产品的服务模式和商业模式创新。鼓励互联网企业整合市场信息，挖掘细分市场需求与发展趋势，为制造企业开展个性化定制提供决策支撑。

3. 提升网络化协同制造水平。鼓励制造业骨干企业通过互联网与产业链各环节紧密协同，促进生产、质量控制和运营管理系统全面互联，推行众包设计研发和网络化制造等新模式。鼓励有实力的互联网企业构建网络化协同制造公共服务平台，面向细分行业提供云制造服务，促进创新资源、生产能力、市场需求的集聚与对接，提升服务中小微企业能力，加快全社会多元化制造资源的有效协同，提高产业链资源整合能力。

4. 加速制造业服务化转型。鼓励制造企业利用物联网、云计算、大数据等技术，整合产品全生命周期数据，形成面向生产组织全过程的决策服务信息，为产品优化升级提供数据支撑。鼓励企业基于互联网开展故障预警、远程维护、质量诊断、远程过程优化等在线增值服务，拓展产品价值空间，实现从制造向“制造+服务”的转型升级。

（三）“互联网 +”现代农业。

利用互联网提升农业生产、经营、管理和服务水平，培育一批网络化、智能化、精细化的现代“种养加”生态农业新模式，形成示范带动效应，加快完善新型农业生产经营体系，培育多样化农业互联网管理服务模式，逐步建立农副产品、农资质量安全追溯体系，促进农业现代化水平明显提升。（农业部、发展改革委、科技部、商务部、质检总局、食品药品监管总局、林业局等负责）

1. 构建新型农业生产经营体系。鼓励互联网企业建立农业服务平台，支撑专业大户、家庭农场、农民合作社、农业产业化龙头企业等新型农业生产经营主体，加强产销衔接，实现农业生产由生产导向向消费导向转变。提高农业生产经营的科技化、组织化和精细化水平，推进农业生产流通销售方式变革和农业发展方式转变，提升农业生产效率和增值空间。规范用好农村土地流转公共服务平台，提升土地流转透明度，保障农民权益。

2. 发展精准化生产方式。推广成熟可复制的农业物联网应用模式。在基础较好的领域和地区，普及基于环境感知、实时监测、自动控制的网络化农业环境监测系统。在大宗农产品规模生产区域，构建天地一体的农业物联网测控体系，实施智能节水灌溉、测土配方施肥、农机定位耕种等精准化作业。在畜禽标准化规模养殖基地和水产健康养殖示范基地，推动饲料精准投放、疾病自动诊断、废弃物自动回收等智能设备的应用普及和互联互通。

3. 提升网络化服务水平。深入推进信息进村入户试点，鼓励通过移动互联网为农民提供政策、市场、科技、保险等生产生活信息服务。支持互联网企业与农业生产经营主体合作，综合利用大数据、云计算等技术，建立农业信息监测体系，为灾害预警、耕地质量监测、重大动植物疫情防控、市场波动预测、经营科学决策等提供服务。

4. 完善农副产品质量安全追溯体系。充分利用现有互联网资源，构建农副产品质量安全追溯公共服务平台，推进制度标准建设，建立产地准出与市场准入衔接机制。支持新型农业生产经营主体利用互联网技术，对生产经营过程进行精细化信息化管理，加快推动移动互联网、物联网、二维码、无线射频识别等信息技术在生产加工和流通销售各环节的推广应用，强化上下游追溯体系对接和信息互通共享，不断扩大追溯体系覆盖面，实现农副产品“从农田到餐桌”全过程可追溯，保障“舌尖上的安全”。

（四）“互联网 +”智慧能源。

通过互联网促进能源系统扁平化，推进能源生产与消费模式革命，提高能源利用效率，推动节能减排。加强分布式能源网络建设，提高可再生能源占比，促进能源利用结构优化。加快发电设施、用电设施和电网智能化改造，提高电力系统的安全性、稳定性和可靠性。（能源局、发展改革委、工业和信息化部等负责）

1. 推进能源生产智能化。建立能源生产运行的监测、管理和调度信息公共服务网络，加强能源产业链上下游企业的信息对接和生产消费智能化，支撑电厂和电网协调运行，促进非化石能源与化石能源协同发电。鼓励能源企业运用大数据技术对设备状态、电能负载等数据进行分析挖掘与预测，开展精准调度、故障判断和预测性维护，提高能源利用效率和安全稳定运行水平。

2. 建设分布式能源网络。建设以太阳能、风能等可再生能源为主体的多能源协调互补的能源互联网。突破分布式发电、储能、智能微网、主动配电网等关键技术，构建智能化电力运行监测、管理技术平台，使电力设备和用电终端基于互联网进行双向通信和智能调控，实现分布式电源的及时有效接入，逐步建成开放共享的能源网络。

3. 探索能源消费新模式。开展绿色电力交易服务区域试点，推进以智能电网为配送平台，以电子商务为交易平台，融合储能设施、物联网、智能用电设施等硬件以及碳交易、互联网金融等衍生服务于一体的绿色能源网络发展，实现绿色电力的点到点交易及实时配送和补贴结算。进一步加强能源生产和消费协调匹配，推进电动汽车、港口岸电等电能替代技术的应用，推广电力需求侧管理，提高能源利用效率。基于分布式能源网络，发展用户端智能化用能、能源共享经济和能源自由交易，促进能源消费生态体系建设。

4. 发展基于电网的通信设施和新型业务。推进电力光纤到户工程，完善能源互联网信息通信系统。统筹部署电网和通信网深度融合的网络基础设施，实现同缆传输、共建共享，避免重复建设。鼓励依托智能电网发展家庭能效管理等新型业务。

（五）“互联网＋”普惠金融。

促进互联网金融健康发展，全面提升互联网金融服务能力和普惠水平，鼓励互联网与银行、证券、保险、基金的融合创新，为大众提供丰富、安全、便捷的金融产品和服务，更好满足不同层次实体经济的投融资需求，培育一批具有行业影响力的互联网金融创新型企业。（人民银行、银监会、证监会、保监会、发展改革委、工业和信息化部、网信办等负责）

1. 探索推进互联网金融云服务平台建设。探索互联网企业构建互联网金融云服务平台。在保证技术成熟和业务安全的基础上，支持金融企业与云计算技术提供商合作开展金融公共云服务，提供多样化、个性化、精准化的金融产品。支持银行、证券、保险企业稳妥实施系统架构转型，鼓励探索利用云服务平台开展金融核心业务，提供基于金融云服务平台的信用、认证、接口等公共服务。

2. 鼓励金融机构利用互联网拓宽服务覆盖面。鼓励各金融机构利用云计算、移动互联网、大数据等技术手段，加快金融产品和服务创新，在更广泛地区提供便利的存贷款、支付结算、信用中介平台等金融服务，拓宽普惠金融服务范围，为实体经济发展提供有效支撑。支持金融机构和互联网企业依法合规开展网络借贷、网络证券、网络保险、互联网基金销售等业务。扩大专业互联网保险公司试点，充分发挥保险业在防范互联网金融风险中的作用。推动金融集成电路卡（IC 卡）全面应用，提升电子现金的使用率和便捷性。发挥移动金融安全可信公共服务平台（MTPS）的作用，积极推动商业银行开展移动金融创新应用，促进移动金融在电子商务、公共服务等领域的规模应用。支持银行业金融机构借助互联网技术发展消费信贷业务，支持金融租赁公司利用互联网技术开展金融租赁业务。

3. 积极拓展互联网金融服务创新的深度和广度。鼓励互联网企业依法合规提供创新金融产品和服务，更好满足中小微企业、创新型企业和个人的投融资需求。规范发展网络借贷和互联网消费信贷业务，探索互联网金融服务创新。积极引导风险投资基金、私募股权投资基金和产业投资基金投资于互联网金融企业。利用大数据发展市场化个人征信业务，加快网络征信和信用评价体系建设。加强互联网金融消费权益保护和投资者保护，建立多元化金融消费纠纷解决机制。改进和完善互联网金融监管，提高金融服务安全性，有效防范互联网金融风险及其外溢效应。

（六）“互联网＋”益民服务。

充分发挥互联网的高效、便捷优势，提高资源利用效率，降低服务消费成本。大力发展以互联网为载体、线上线下互动的新兴消费，加快发展基于互联网的医疗、健康、养老、教育、旅游、社会保障等新兴服务，创新政府服务模式，提升政府科学决策能力和管理水平。（发展改革委、教育部、工业和信息化部、民政部、人力资源和社会保障部、商务部、卫生计生委、质检总局、食品药品监管总局、林业局、旅游局、网信办、信访局等负责）

1. 创新政府网络化管理和服务。加快互联网与政府公共服务体系的深度融合，推动公共数据资源开放，促进公共服务创新供给和服务资源整合，构建面向公众的一体化在线公共服务体系。积极探索公众参与的网络化社会管理服务新模式，充分利用互联网、移动互联网应用平台等，加快推进政务新媒体发展建设，加强政府与公众的沟通交流，提高政府公共管理、公共服务和公共政策制定的响应速度，提升政府科学决策能力和社会治理水平，促进政府职能转变和简政放权。深入推进网上信访，提高信访工作质量、效率和公信力。鼓励政府和互联网企业合作建立信用信息共享平台，探索开展一批社会治理互联网应用试点，打通政府部门、企事业单位之间的数据壁垒，利用大数据分析手段，提升各级政府的社会治理能力。加强对“互联网+”行动的宣传，提高公众参与度。

2. 发展便民服务新业态。发展体验经济，支持实体零售商综合利用网上商店、移动支付、智能试衣等新技术，打造体验式购物模式。发展社区经济，在餐饮、娱乐、家政等领域培育线上线下结合的社区服务新模式。发展共享经济，规范发展网络约租车，积极推广在线租房等新业态，着力破除准入门槛高、服务规范难、个人征信缺失等瓶颈制约。发展基于互联网的文化、媒体和旅游等服务，培育形式多样的新型业态。积极推广基于移动互联网入口的城市服务，开展网上社保办理、个人社保权益查询、跨地区医保结算等互联网应用，让老百姓足不出户享受便捷高效的服务。

3. 推广在线医疗卫生新模式。发展基于互联网的医疗卫生服务，支持第三方机构构建医学影像、健康档案、检验报告、电子病历等医疗信息共享服务平台，逐步建立跨医院的医疗数据共享交换标准体系。积极利用移动互联网提供在线预约诊疗、候诊提醒、划价缴费、诊疗报告查询、药品配送等便捷服务。引导医疗机构面向中小城市和农村地区开展基层检查、上级诊断等远程医疗服务。鼓励互联网企业与医疗机构合作建立医疗网络信息平台，加强区域医疗卫生服务资源整合，充分利用互联网、大数据等手段，提高重大疾病和突发公共卫生事件防控能力。积极探索互联网延伸医嘱、电子处方等网络医疗健康服务应用。鼓励有资质的医学检验机构、医疗服务机构联合互联网企业，发展基因检测、疾病预防等健康服务模式。

4. 促进智慧健康养老产业发展。支持智能健康产品创新和应用，推广全面量化健康生活新方式。鼓励健康服务机构利用云计算、大数据等技术搭建公共信息平台，提供长期跟踪、预测预警的个性化健康管理服务。发展第三方在线健康市场调查、咨询评价、预防管理等应用服务，提升规范化和专业化运营水平。依托现有互联网资源和社会力量，以社区为基础，搭建养老信息服务网络平台，提供护理看护、健康管理、康复照料等居家养老服务。鼓励养老服务机构应用基于移动互联网的便携式体检、紧急呼叫监控等设备，提高养老服务水平。

5. 探索新型教育服务供给方式。鼓励互联网企业与社会教育机构根据市场需求开发数字教育资源，提供网络化教育服务。鼓励学校利用数字教育资源及教育服务平台，逐步探索网络化教育新模式，扩大优质教育资源覆盖面，促进教育公平。鼓励学校通过与互联网企业合作等方式，对接线上线下教育资源，探索基础教育、职业教育等教育公共服务提供新方式。推动开展学历教育在线课程资源共享，推广大规模在线开放课程等网络学习模式，探索建立网络学习学分认定与学分转换等制度，加快推动高等教育服务模式变革。

（七）“互联网+”高效物流。

加快建设跨行业、跨区域的物流信息服务平台，提高物流供需信息对接和使用效率。鼓励大数据、云计算在物流领域的应用，建设智能仓储体系，优化物流运作流程，提升物流仓储的自动化、智能化水平和运转效率，降低物流成本。（发展改革委、商务部、交通运输部、网信办等负责）

1. 构建物流信息共享互通体系。发挥互联网信息集聚优势，聚合各类物流信息资源，鼓励骨干物流企业和第三方机构搭建面向社会的物流信息服务平台，整合仓储、运输和配送信息，开展物流全程监测、预警，提高物流安全、环保和诚信水平，统筹优化社会物流资源配置。构建互通省际、下达市县、兼顾乡村的物流信息互联网络，建立各类可开放数据的对接机制，加快完善物流信息交换开放标准体系，在更广范围促进物流信息充分共享与互联互通。

2. 建设深度感知智能仓储系统。在各级仓储单元积极推广应用二维码、无线射频识别等物联网感知技术和大数据技术，实现仓储设施与货物的实时跟踪、网络化管理以及库存信息的高度共享，提高货物调度效率。鼓励应用智能化物流装备提升仓储、运输、分拣、包装等作业效率，提高各类复杂订单的出货处理能力，缓解货物囤积停滞瓶颈制约，提升仓储运管水平和效率。

3. 完善智能物流配送调配体系。加快推进货运车联网与物流园区、仓储设施、配送网点等信息互联，促进人员、货源、车源等信息高效匹配，有效降低货车空驶率，提高配送效率。鼓励发展社区自提柜、冷链储藏柜、代收服务点等新型社区化配送模式，结合构建物流信息互联网络，加快推进县到村的物流配送网络和村级配送网点建设，解决物流配送“最后一公里”问题。

（八）“互联网＋”电子商务。

巩固和增强我国电子商务发展领先优势，大力发展农村电商、行业电商和跨境电商，进一步扩大电子商务发展空间。电子商务与其他产业的融合不断深化，网络化生产、流通、消费更加普及，标准规范、公共服务等支撑环境基本完善。（发展改革委、商务部、工业和信息化部、交通运输部、农业部、海关总署、税务总局、质检总局、网信办等负责）

1. 积极发展农村电子商务。开展电子商务进农村综合示范，支持新型农业经营主体和农产品、农资批发市场对接电商平台，积极发展以销定产模式。完善农村电子商务配送及综合服务网络，着力解决农副产品标准化、物流标准化、冷链仓储建设等关键问题，发展农产品个性化定制服务。开展生鲜农产品和农业生产资料电子商务试点，促进农业大宗商品电子商务发展。

2. 大力发展行业电子商务。鼓励能源、化工、钢铁、电子、轻纺、医药等行业企业，积极利用电子商务平台优化采购、分销体系，提升企业经营效率。推动各类专业市场线上转型，引导传统商贸流通企业与电子商务企业整合资源，积极向供应链协同平台转型。鼓励生产制造企业面向个性化、定制化消费需求深化电子商务应用，支持设备制造企业利用电子商务平台开展融资租赁服务，鼓励中小微企业扩大电子商务应用。按照市场化、专业化方向，大力推广电子招标投标。

3. 推动电子商务应用创新。鼓励企业利用电子商务平台的大数据资源，提升企业精准营销能力，激发市场消费需求。建立电子商务产品质量追溯机制，建设电子商务售后服务质量检测云平台，完善互联网质量信息公共服务体系，解决消费者维权难、退货难、产品责任追溯难等问题。加强互联网食品药品市场监测监管体系建设，积极探索处方药电子商务销售和监管模式创新。鼓励企业利用移动社交、新媒体等新渠道，发展社交电商、“粉丝”经济等网络营销新模式。

4. 加强电子商务国际合作。鼓励各类跨境电子商务服务商发展，完善跨境物流体系，拓展全球经贸合作。推进跨境电子商务通关、检验检疫、结汇等关键环节单一窗口综合服务体系建设。创新跨境权益保障机制，利用合格评定手段，推进国际互认。创新跨境电子商务管理，促进信息网络畅通、跨境物流便捷、支付及结汇无障碍、税收规范便利、市场及贸易规则互认互通。

（九）“互联网＋”便捷交通。

加快互联网与交通运输领域的深度融合，通过基础设施、运输工具、运行信息等互联网化，推进基于互联网平台的便捷化交通运输服务发展，显著提高交通运输资源利用效率和管理精细化水平，全面提升交通运输行业服务品质和科学治理能力。（发展改革委、交通运输部共同牵头）

1. 提升交通运输服务品质。推动交通运输主管部门和企业将服务性数据资源向社会开放，鼓励互联网平台为社会公众提供实时交通运行状态查询、出行路线规划、网上购票、智能停车等服务，推进基于互联网平台的多种出行方式信息服务对接和一站式服务。加快完善汽车健康档案、维修诊断和服务质量信息服务平台建设。

2. 推进交通运输资源在线集成。利用物联网、移动互联网等技术，进一步加强对公路、铁路、民航、港口等交通运输网络关键设施运行状态与通行信息的采集。推动跨地域、跨类型交通运输信息互联互通，推广船联网、车联网等智能化技术应用，形成更加完善的交通运输感知体系，提高基础设施、运输工具、运行信息等要素资源的在线化水平，全面支撑故障预警、运行维护以及调度智能化。

3. 增强交通运输科学治理能力。强化交通运输信息共享，利用大数据平台挖掘分析人口迁徙规律、公众出行需求、枢纽客流规模、车辆船舶行驶特征等，为优化交通运输设施规划与建设、安全运行控制、交通运输管理决策提供支撑。利用互联网加强对交通运输违章违规行为的智能化监管，不断提高交通运输治理能力。

（十）“互联网+”绿色生态。

推动互联网与生态文明建设深度融合，完善污染物监测及信息发布系统，形成覆盖主要生态要素的资源环境承载能力动态监测网络，实现生态环境数据互联互通和开放共享。充分发挥互联网在逆向物流回收体系中的平台作用，促进再生资源交易利用便捷化、互动化、透明化，促进生产生活方式绿色化（发展改革委、环境保护部、商务部、林业局等负责）

1. 加强资源环境动态监测。针对能源、矿产资源、水、大气、森林、草原、湿地、海洋等各类生态要素，充分利用多维地理信息系统、智慧地图等技术，结合互联网大数据分析，优化监测站点布局，扩大动态监控范围，构建资源环境承载能力立体监控系统。依托现有互联网、云计算平台，逐步实现各级政府资源环境动态监测信息互联共享。加强重点用能单位能耗在线监测和大数据分析。

2. 大力发展智慧环保。利用智能监测设备和移动互联网，完善污染物排放在线监测系统，增加监测污染物种类，扩大监测范围，形成全天候、多层次的智能多源感知体系。建立环境信息数据共享机制，统一数据交换标准，推进区域污染物排放、空气环境质量、水环境质量等信息公开，通过互联网实现面向公众的在线查询和定制推送。加强对企业环保信用数据的采集整理，将企业环保信用记录纳入全国统一的信用信息共享交换平台。完善环境预警和风险监测信息网络，提升重金属、危险废物、危险化学品等重点风险防范水平和应急处理能力。

3. 完善废旧资源回收利用体系。利用物联网、大数据开展信息采集、数据分析、流向监测，优化逆向物流网点布局。支持利用电子标签、二维码等物联网技术跟踪电子废物流向，鼓励互联网企业参与搭建城市废弃物回收平台，创新再生资源回收模式。加快推进汽车保险信息系统、“以旧换再”管理系统和报废车管理系统的标准化、规范化和互联互通，加强废旧汽车及零部件的回收利用信息管理，为互联网企业开展业务创新和便民服务提供数据支撑。

4. 建立废弃物在线交易系统。鼓励互联网企业积极参与各类产业园区废弃物信息平台建设，推动现有骨干再生资源交易市场向线上线下结合转型升级，逐步形成行业性、区域性、全国性的产业废弃物和再生资源在线交易系统，完善线上信用评价和供应链融资体系，开展在线竞价，发布价格交易指数，提高稳定供给能力，增强主要再生资源品种的定价权。

（十一）“互联网+”人工智能。

依托互联网平台提供人工智能公共创新服务，加快人工智能核心技术突破，促进人工智能在智能家居、智能终端、智能汽车、机器人等领域的推广应用，培育若干引领全球人工智能发展的骨干企业和创新团队，形成

创新活跃、开放合作、协同发展的产业生态。(发展改革委、科技部、工业和信息化部、网信办等负责)

1. 培育发展人工智能新兴产业。建设支撑超大规模深度学习的新型计算集群，构建包括语音、图像、视频、地图等数据的海量训练资源库，加强人工智能基础资源和公共服务等创新平台建设。进一步推进计算机视觉、智能语音处理、生物特征识别、自然语言理解、智能决策控制以及新型人机交互等关键技术的研发和产业化，推动人工智能在智能产品、工业制造等领域规模商用，为产业智能化升级夯实基础。

2. 推进重点领域智能产品创新。鼓励传统家居企业与互联网企业开展集成创新，不断提升家居产品的智能化水平和服务能力，创造新的消费市场空间。推动汽车企业与互联网企业设立跨界交叉的创新平台，加快智能辅助驾驶、复杂环境感知、车载智能设备等技术产品的研发与应用。支持安防企业与互联网企业开展合作，发展和推广图像精准识别等大数据分析技术，提升安防产品的智能化服务水平。

3. 提升终端产品智能化水平。着力做大高端移动智能终端产品和服务的市场规模，提高移动智能终端核心技术研发及产业化能力。鼓励企业积极开展差异化细分市场需求分析，大力丰富可穿戴设备的应用服务，提升用户体验。推动互联网技术以及智能感知、模式识别、智能分析、智能控制等智能技术在机器人领域的深入应用，大力提升机器人产品在传感、交互、控制等方面的性能和智能化水平，提高核心竞争力。

三、保障支撑

(一) 夯实发展基础。

1. 巩固网络基础。加快实施“宽带中国”战略，组织实施国家新一代信息基础设施建设工程，推进宽带网络光纤化改造，加快提升移动通信网络服务能力，促进网间互联互通，大幅提高网络访问速率，有效降低网络资费，完善电信普遍服务补偿机制，支持农村及偏远地区宽带建设和运行维护，使互联网下沉为各行业、各领域、各区域都能使用，人、机、物泛在互联的基础设施。增强北斗卫星全球服务能力，构建天地一体化互联网络。加快下一代互联网商用部署，加强互联网协议第6版(IPv6)地址管理、标识管理与解析，构建未来网络创新试验平台。研究工业互联网网络架构体系，构建开放式国家创新试验验证平台。(发展改革委、工业和信息化部、财政部、国资委、网信办等负责)

2. 强化应用基础。适应重点行业融合创新发展需求，完善无线传感网、行业云及大数据平台等新型应用基础设施。实施云计算工程，大力提升公共云服务能力，引导行业信息化应用向云计算平台迁移，加快内容分发网络建设，优化数据中心布局。加强物联网网络架构研究，组织开展国家物联网重大应用示范，鼓励具备条件的企业建设跨行业物联网运营和支撑平台。(发展改革委、工业和信息化部等负责)

3. 做实产业基础。着力突破核心芯片、高端服务器、高端存储设备、数据库和中间件等产业薄弱环节的技术瓶颈，加快推进云操作系统、工业控制实时操作系统、智能终端操作系统的研发和应用。大力发展云计算、大数据等解决方案以及高端传感器、工控系统、人机交互等软硬件基础产品。运用互联网理念，构建以骨干企业为核心、产学研用高效整合的技术产业集群，打造国际先进、自主可控的产业体系。(工业和信息化部、发展改革委、科技部、网信办等负责)

4. 保障安全基础。制定国家信息领域核心技术设备发展时间表和路线图，提升互联网安全管理、态势感知和风险防范能力，加强信息网络基础设施安全防护和用户个人信息保护。实施国家信息安全专项，开展网络安全应用示范，提高“互联网+”安全核心技术和产品水平。按照信息安全等级保护等制度和网络安全国家标准的要求，加强“互联网+”关键领域重要信息系统的安全保障。建设完善网络安全监测评估、监督管理、标准认证和创新能力体系。重视融合带来的安全风险，完善网络数据共享、利用等的安全管理和技术措施，探索建立以行政评议和第三方评估为基础的数据安全流动认证体系，完善数据跨境流动管理制度，确保数据安全。（网信办、发展改革委、科技部、工业和信息化部、公安部、安全部、质检总局等负责）

（二）强化创新驱动。

1. 加强创新能力建设。鼓励构建以企业为主导，产学研用合作的“互联网＋”产业创新网络或产业技术创新联盟。支持以龙头企业为主体，建设跨界交叉领域的创新平台，并逐步形成创新网络。鼓励国家创新平台向企业特别是中小企业在线开放，加大国家重大科研基础设施和大型科研仪器等网络化开放力度。（发展改革委、科技部、工业和信息化部、网信办等负责）

2. 加快制定融合标准。按照共性先立、急用先行的原则，引导工业互联网、智能电网、智慧城市等领域基础共性标准、关键技术标准的研制及推广。加快与互联网融合应用的工控系统、智能专用装备、智能仪表、智能家居、车联网等细分领域的标准化工作。不断完善“互联网＋”融合标准体系，同步推进国际国内标准化工作，增强在国际标准化组织（ISO）、国际电工委员会（IEC）和国际电信联盟（ITU）等国际组织中的话语权。（质检总局、工业和信息化部、网信办、能源局等负责）

3. 强化知识产权战略。加强融合领域关键环节专利导航，引导企业加强知识产权战略储备与布局。加快推进专利基础信息资源开放共享，支持在线知识产权服务平台建设，鼓励服务模式创新，提升知识产权服务附加值，支持中小微企业知识产权创造和运用。加强网络知识产权和专利执法维权工作，严厉打击各种网络侵权假冒行为。增强全社会对网络知识产权的保护意识，推动建立“互联网＋”知识产权保护联盟，加大对新业态、新模式等创新成果的保护力度。（知识产权局牵头）

4. 大力发展开源社区。鼓励企业自主研发和国家科技计划（专项、基金等）支持形成的软件成果通过互联网向社会开源。引导教育机构、社会团体、企业或个人发起开源项目，积极参加国际开源项目，支持组建开源社区和开源基金会。鼓励企业依托互联网开源模式构建新型生态，促进互联网开源社区与标准规范、知识产权等机构的对接与合作。（科技部、工业和信息化部、质检总局、知识产权局等负责）

（三）营造宽松环境。

1. 构建开放包容环境。贯彻落实《中共中央国务院关于深化体制机制改革加快实施创新驱动发展战略的若干意见》，放宽融合性产品和服务的市场准入限制，制定实施各行业互联网准入负面清单，允许各类主体依法平等进入未纳入负面清单管理的领域。破除行业壁垒，推动各行业、各领域在技术、标准、监管等方面充分对接，最大限度减少事前准入限制，加强事中事后监管。继续深化电信体制改革，有序开放电信市场，加快民营资本进入基础电信业务。加快深化商事制度改革，推进投资贸易便利化。（发展改革委、网信办、教育部、科技部、工业和信息化部、民政部、商务部、卫生计生委、工商总局、质检总局等负责）

2. 完善信用支撑体系。加快社会征信体系建设，推进各类信用信息平台无缝对接，打破信息孤岛。加强信用记录、风险预警、违法失信行为等信息资源在线披露和共享，为经营者提供信用信息查询、企业网上身份认证等服务。充分利用互联网积累的信用数据，对现有征信体系和评测体系进行补充和完善，为经济调节、市场监管、社会管理和公共服务提供有力支撑。（发展改革委、人民银行、工商总局、质检总局、网信办等负责）

3. 推动数据资源开放。研究出台国家大数据战略，显著提升国家大数据掌控能力。建立国家政府信息开放统一平台和基础数据资源库，开展公共数据开放利用改革试点，出台政府机构数据开放管理规定。按照重要性和敏感程度分级分类，推进政府和公共信息资源开放共享，支持公众和小微企业充分挖掘信息资源的商业价值，促进互联网应用创新。（发展改革委、工业和信息化部、国务院办公厅、网信办等负责）

4. 加强法律法规建设。针对互联网与各行业融合发展的新特点，加快“互联网＋”相关立法工作，研究调整完善不适应“互联网＋”发展和管理的现行法规及政策规定。落实加强网络信息保护和信息公开有关规定，加快推动制定网络安全、电子商务、个人信息保护、互联网信息服务管理等法律法规。完善反垄断法配套规则，进一步加大反垄断法执行力度，严格查处信息领域企业垄断行为，营造互联网公平竞争环境。（法制办、网信办、发展改革委、工业和信息化部、公安部、安全部、商务部、工商总局等负责）

（四）拓展海外合作。

1. 鼓励企业抱团出海。结合“一带一路”等国家重大战略，支持和鼓励具有竞争优势的互联网企业联合制造、金融、信息通信等领域企业率先走出去，通过海外并购、联合经营、设立分支机构等方式，相互借力，共同开拓国际市场，推进国际产能合作，构建跨境产业链体系，增强全球竞争力。（发展改革委、外交部、工业和信息化部、商务部、网信办等负责）

2. 发展全球市场应用。鼓励“互联网＋”企业整合国内外资源，面向全球提供工业云、供应链管理、大数据分析等网络服务，培育具有全球影响力的“互联网＋”应用平台。鼓励互联网企业积极拓展海外用户，推出适合不同市场文化的产品和服务。（商务部、发展改革委、工业和信息化部、网信办等负责）

3. 增强走出去服务能力。充分发挥政府、产业联盟、行业协会及相关中介机构作用，形成支持“互联网＋”企业走出去的合力。鼓励中介机构为企业拓展海外市场提供信息咨询、法律援助、税务中介等服务。支持行业协会、产业联盟与企业共同推广中国技术和中国标准，以技术标准走出去带动产品和服务在海外推广应用。（商务部、外交部、发展改革委、工业和信息化部、税务总局、质检总局、网信办等负责）

（五）加强智力建设。

1. 加强应用能力培训。鼓励地方各级政府采用购买服务的方式，向社会提供互联网知识技能培训，支持相关研究机构和专家开展“互联网＋”基础知识和应用培训。鼓励传统企业与互联网企业建立信息咨询、人才交流等合作机制，促进双方深入交流合作。加强制造业、农业等领域人才特别是企业高层管理人员的互联网技能培训，鼓励互联网人才与传统行业人才双向流动。（科技部、工业和信息化部、人力资源和社会保障部、网信办等负责）

2. 加快复合型人才培养。面向“互联网＋”融合发展需求，鼓励高校根据发展需要和学校办学能力设置相关专业，注重将国内外前沿研究成果尽快引入相关专业教学中。鼓励各类学校聘请互联网领域高级人才作为兼职教师，加强“互联网＋”领域实验教学。（教育部、发展改革委、科技部、工业和信息化部、人力资源和社会保障部、网信办等负责）

3. 鼓励联合培养培训。实施产学合作专业综合改革项目，鼓励校企、院企合作办学，推进“互联网＋”专业技术人才培训。深化互联网领域产教融合，依托高校、科研机构、企业的智力资源和研究平台，建立一批联合实训基地。建立企业技术中心和院校对接机制，鼓励企业在院校建立“互联网＋”研发机构和实验中心。（教育部、发展改革委、科技部、工业和信息化部、人力资源和社会保障部、网信办等负责）

4. 利用全球智力资源。充分利用现有人才引进计划和鼓励企业设立海外研发中心等多种方式，引进和培养一批“互联网＋”领域高端人才。完善移民、签证等制度，形成有利于吸引人才的分配、激励和保障机制，为引进海外人才提供有利条件。支持通过任务外包、产业合作、学术交流等方式，充分利用全球互联网人才资源。吸引互联网领域领军人才、特殊人才、紧缺人才在我国创业创新和从事教学科研等活动。（人力资源和社会保障部、发展改革委、教育部、科技部、网信办等负责）

（六）加强引导支持。

1. 实施重大工程包。选择重点领域，加大中央预算内资金投入力度，引导更多社会资本进入，分步骤组织实施“互联网+”重大工程，重点促进以移动互联网、云计算、大数据、物联网为代表的新一代信息技术与制造、能源、服务、农业等领域的融合创新，发展壮大新兴业态，打造新的产业增长点。（发展改革委牵头）

2. 加大财税支持。充分发挥国家科技计划作用，积极投向符合条件的“互联网+”融合创新关键技术研发及应用示范。统筹利用现有财政专项资金，支持“互联网+”相关平台建设和应用示范等。加大政府部门采购云计算服务的力度，探索基于云计算的政务信息化建设运营新机制。鼓励地方政府创新风险补偿机制，探索“互联网+”发展的新模式。（财政部、税务总局、发展改革委、科技部、网信办等负责）

3. 完善融资服务。积极发挥天使投资、风险投资基金等对“互联网+”的投资引领作用。开展股权众筹等互联网金融创新试点，支持小微企业发展。支持国家出资设立的有关基金投向“互联网+”，鼓励社会资本加大对相关创新型企业的投资。积极发展知识产权质押融资、信用保险保单融资增信等服务，鼓励通过债券融资方式支持“互联网+”发展，支持符合条件的“互联网+”企业发行公司债券。开展产融结合创新试点，探索股权和债权相结合的融资服务。降低创新型、成长型互联网企业的上市准入门槛，结合证券法修订和股票发行注册制改革，支持处于特定成长阶段、发展前景好但尚未盈利的互联网企业在创业板上市。推动银行业金融机构创新信贷产品与金融服务，加大贷款投放力度。鼓励开发性金融机构为“互联网+”重点项目建设提供有效融资支持。（人民银行、发展改革委、银监会、证监会、保监会、网信办、开发银行等负责）

（七）做好组织实施。

1. 加强组织领导。建立“互联网+”行动实施部际联席会议制度，统筹协调解决重大问题，切实推动行动的贯彻落实。联席会议设办公室，负责具体工作的组织推进。建立跨领域、跨行业的“互联网+”行动专家咨询委员会，为政府决策提供重要支撑。（发展改革委牵头）

2. 开展试点示范。鼓励开展“互联网+”试点示范，推进“互联网+”区域化、链条化发展。支持全面创新改革试验区、中关村等国家自主创新示范区、国家现代农业示范区先行先试，积极开展“互联网+”创新政策试点，破除新兴产业行业准入、数据开放、市场监管等方面政策障碍，研究适应新兴业态特点的税收、保险政策，打造“互联网+”生态体系。（各部门、各地方政府负责）

3. 有序推进实施。各地区、各部门要主动作为，完善服务，加强引导，以动态发展的眼光看待“互联网+”，在实践中大胆探索拓展，相互借鉴“互联网+”融合应用成功经验，促进“互联网+”新业态、新经济发展。有关部门要加强统筹规划，提高服务和管理能力。各地区要结合实际，研究制定适合本地的“互联网+”行动落实方案，因地制宜，合理定位，科学组织实施，杜绝盲目建设和重复投资，务实有序推进“互联网+”行动。（各部门、各地方政府负责）

关于进一步促进旅游投资和消费的若干意见

国办发〔2015〕62号　2015年8月4日

各省、自治区、直辖市人民政府，国务院各部委、各直属机构：

旅游业是我国经济社会发展的综合性产业，是国民经济和现代服务业的重要组成部分。通过改革创新促进旅游投资和消费，对于推动现代服务业发展，增加就业和居民收入，提升人民生活品质，具有重要意义。为进一步促进旅游投资和消费，经国务院同意，现提出以下意见：

一、实施旅游基础设施提升计划，改善旅游消费环境

（一）着力改善旅游消费软环境。建立健全旅游产品和服务质量标准，规范旅游经营服务行为，提升宾馆饭店、景点景区、旅行社等管理服务水平。大力整治旅游市场秩序，严厉打击虚假广告、价格欺诈、欺客宰客、超低价格恶性竞争、非法“一日游”等旅游市场顽疾，进一步落实游客不文明行为记录制度。健全旅游投诉处理和服务质量监督机制，完善旅游市场主体退出机制。深化景区门票价格改革，调整完善价格机制，规范价格行为。大力弘扬文明旅游风尚，积极开展旅游志愿者公益服务，提升游客文明旅游素质。

（二）完善城市旅游咨询中心和集散中心。各地要根据实际需要，在3A级以上景区、重点乡村旅游区以及机场、车站、码头等建设旅游咨询中心。鼓励依托城市综合客运枢纽和道路客运站点建设布局合理、功能完善的游客集散中心。2020年前，实现重点旅游景区、旅游城市、旅游线路旅游咨询服务全覆盖。

（三）加强连通景区道路和停车场建设。加大投入，加快推进城市及国道、省道至A级景区连接道路建设。加强城市与景区之间交通设施建设和运输组织，加快实现从机场、车站、码头到主要景区公路交通无缝对接。加大景区和乡村旅游点停车位建设力度。

（四）加强中西部地区旅游支线机场建设。围绕国家重点旅游线路和集中连片特困地区，支持有条件的地方按实际需求新建或改扩建一批支线机场，增加至主要客源城市航线。充分发挥市场力量，鼓励企业发展低成本航空和国内旅游包机业务。

（五）大力推进旅游厕所建设。鼓励以商建厕、以商养厕、以商管厕，用三年时间全国新建、改建5.7万座旅游厕所，完善上下水设施，实行粪便无害化处理。到2017年实现全国旅游景区、旅游交通沿线、旅游集散地的旅游厕所全部达到数量充足、干净无味、实用免费、管理有效的要求。

二、实施旅游投资促进计划，新辟旅游消费市场

（六）加快自驾车房车营地建设。制定全国自驾车房车营地建设规划和自驾车房车营地建设标准，明确营地住宿登记、安全救援等政策，支持少数民族地区和丝绸之路沿线、长江经济带等重点旅游地区建设自驾车房车营地。到2020年，鼓励引导社会资本建设自驾车房车营地1000个左右。

（七）推进邮轮旅游产业发展。支持建立国内大型邮轮研发、设计、建造和自主配套体系，鼓励有条件的国内造船企业研发制造大中型邮轮。按照《全国沿海邮轮港口布局规划方案》，进一步优化邮轮港口布局，形成由邮轮母港、始发港、访问港组成的布局合理的邮轮港口体系，有序推进邮轮码头建设。支持符合条件的企业按程序设立保税仓库。到2020年，全国建成10个邮轮始发港。

（八）培育发展游艇旅游大众消费市场。制定游艇旅游发展指导意见，有规划地逐步开放岸线和水域。推动游艇码头泊位等基础设施建设，清理简化游艇审批手续，降低准入门槛和游艇登记、航行旅游、停泊、维护的总体成本，吸引社会资本进入；鼓励发展适合大众消费水平的中小型游艇；鼓励拥有海域、水域资源的地区根据实际情况制定游艇码头建设规划。到2017年，全国建成一批游艇码头和游艇泊位，初步形成互联互通的游艇休闲旅游线路网络，培育形成游艇大众消费市场。

（九）大力发展特色旅游城镇。推动新型城镇化建设与现代旅游产业发展有机结合，到2020年建设一批集观光、休闲、度假、养生、购物等功能于一体的全国特色旅游城镇和特色景观旅游名镇。

（十）大力开发休闲度假旅游产品。鼓励社会资本大力开发温泉、滑雪、滨海、海岛、山地、养生等休闲度假旅游产品。重点依托现有旅游设施和旅游资源，建设一批高水平旅游度假产品和满足多层次多样化休闲度

假需求的国民度假地。加快推动环城市休闲度假带建设，鼓励城市发展休闲街区、城市绿道、骑行公园、慢行系统，拓展城市休闲空间。支持重点景区和旅游城市积极发展旅游演艺节目，促进主题公园规范发展。依托铁路网，开发建设铁路沿线旅游产品。

（十一）大力发展旅游装备制造业。把旅游装备纳入相关行业发展规划，制定完善安全性技术标准体系。鼓励发展邮轮游艇、大型游船、旅游房车、旅游小飞机、景区索道、大型游乐设施等旅游装备制造业。大力培育具有自主品牌的休闲、登山、滑雪、潜水、露营、探险等各类户外用品。支持国内有条件的企业兼并收购国外先进旅游装备制造企业或开展合资合作。鼓励企业开展旅游装备自主创新研发，按规定享受国家鼓励科技创新政策。

（十二）积极发展“互联网＋旅游”。积极推动在线旅游平台企业发展壮大，整合上下游及平行企业的资源、要素和技术，形成旅游业新生态圈，推动“互联网＋旅游”跨产业融合。支持有条件的旅游企业进行互联网金融探索，打造在线旅游企业第三方支付平台，拓宽移动支付在旅游业的普及应用，推动境外消费退税便捷化。加强与互联网公司、金融企业合作，发行实名制国民旅游卡，落实法定优惠政策，实行特惠商户折扣。放宽在线度假租赁、旅游网络购物、在线旅游租车平台等新业态的准入许可和经营许可制度。到 2020 年，全国 4A 级以上景区和智慧乡村旅游试点单位实现免费 Wi－Fi（无线局域网）、智能导游、电子讲解、在线预订、信息推送等功能全覆盖，在全国打造 1 万家智慧景区和智慧旅游乡村。

三、实施旅游消费促进计划，培育新的消费热点

（十三）丰富提升特色旅游商品。扎实推进旅游商品的大众创业、万众创新，鼓励市场主体开发富有特色的旅游纪念品，丰富旅游商品类型，增强对游客的吸引力。培育一批旅游商品研发、生产、销售龙头企业，加大对老字号商品、民族旅游商品的宣传推广力度。加快实施中国旅游商品品牌提升工程，推出中国特色旅游商品系列。鼓励优质特色旅游商品进驻主要口岸、机场、码头等旅游购物区和城市大型商场超市，支持在线旅游商品销售。适度增设口岸进境免税店。

（十四）积极发展老年旅游。加快制定实施全国老年旅游发展纲要，规范老年旅游服务，鼓励开发多层次、多样化老年旅游产品。各地要加大对乡村养老旅游项目的支持，大力推动乡村养老旅游发展，鼓励民间资本依法使用农民集体所有的土地举办非营利性乡村养老机构。做好基本医疗保险异地就医医疗费用结算工作。鼓励进一步开发完善适合老年旅游需求的商业保险产品。

（十五）支持研学旅行发展。把研学旅行纳入学生综合素质教育范畴。支持建设一批研学旅行基地，鼓励各地依托自然和文化遗产资源、红色旅游景点景区、大型公共设施、知名院校、科研机构、工矿企业、大型农场开展研学旅行活动。建立健全研学旅行安全保障机制。旅行社和研学旅行场所应在内容设计、导游配备、安全设施与防护等方面结合青少年学生特点，寓教于游。加强国际研学旅行交流，规范和引导中小学生赴境外开展研学旅行活动。

（十六）积极发展中医药健康旅游。推出一批以中医药文化传播为主题，集中医药康复理疗、养生保健、文化体验于一体的中医药健康旅游示范产品。在有条件的地方建设中医药健康旅游产业示范园区，推动中医药产业与旅游市场深度结合，在业态创新、机制改革、集群发展方面先行先试。规范中医药健康旅游市场，加强行业标准制定和质量监督管理。扩大中医药健康旅游海外宣传，推动中医药健康旅游国际交流合作，使传统中医药文化通过旅游走向世界。

四、实施乡村旅游提升计划，开拓旅游消费空间

（十七）坚持乡村旅游个性化、特色化发展方向。立足当地资源特色和生态环境优势，突出乡村生活生产生态特点，深入挖掘乡村文化内涵，开发建设形式多样、特色鲜明、个性突出的乡村旅游产品，举办具有地方特色的节庆活动。注重保护民族村落、古村古镇，建设一批具有历史、地域、民族特点的特色景观旅游村镇，让游客看得见山水、记得住乡愁、留得住乡情。

（十八）完善休闲农业和乡村旅游配套设施。重点加强休闲农业和乡村旅游特色村的道路、电力、饮水、厕所、停车场、垃圾污水处理设施、信息网络等基础设施和公共服务设施建设，加强相关旅游休闲配套设施建设。到2020年，全国建成6000个以上乡村旅游模范村，形成10万个以上休闲农业和乡村旅游特色村、300万家农家乐，乡村旅游年接待游客超过20亿人次，受益农民5000万人。

（十九）开展百万乡村旅游创客行动。通过加强政策引导和专业培训，三年内引导和支持百万名返乡农民工、大学毕业生、专业技术人员等通过开展乡村旅游实现自主创业。鼓励文化界、艺术界、科技界专业人员发挥专业优势和行业影响力，在有条件的乡村进行创作创业。到2017年，全国建设一批乡村旅游创客示范基地，形成一批高水准文化艺术旅游创业就业乡村。

（二十）大力推进乡村旅游扶贫。加大对乡村旅游扶贫重点村的规划指导、专业培训、宣传推广力度，组织开展乡村旅游规划扶贫公益活动，对建档立卡贫困村实施整村扶持，2015年抓好560个建档立卡贫困村乡村旅游扶贫试点工作。到2020年，全国每年通过乡村旅游带动200万农村贫困人口脱贫致富；扶持6000个旅游扶贫重点村开展乡村旅游，实现每个重点村乡村旅游年经营收入达到100万元。

五、优化休假安排，激发旅游消费需求

（二十一）落实职工带薪休假制度。各级人民政府要把落实职工带薪休假制度纳入议事日程，制定带薪休假制度实施细则或实施计划，并抓好落实。

（二十二）鼓励错峰休假。在稳定全国统一的既有节假日前提下，各单位和企业可根据自身实际情况，将带薪休假与本地传统节日、地方特色活动相结合，安排错峰休假。

（二十三）鼓励弹性作息。有条件的地方和单位可根据实际情况，依法优化调整夏季作息安排，为职工周五下午与周末结合外出休闲度假创造有利条件。

六、加大改革创新力度，促进旅游投资消费持续增长

（二十四）加大政府支持力度。符合条件的地区要加快实施境外旅客购物离境退税政策。设立中国旅游产业促进基金，鼓励有条件的地方政府设立旅游产业促进基金。支持企业通过政府和社会资本合作（PPP）模式投资、建设、运营旅游项目。各级人民政府要加大对国家重点旅游景区、“一带一路”及长江经济带等重点旅游线路、集中连片特困地区生态旅游开发和乡村旅游扶贫村等旅游基础设施和公共服务设施的支持力度。让多彩的旅游丰富群众生活，助力经济发展。

（二十五）落实差别化旅游业用地用海用岛政策。对投资大、发展前景好的旅游重点项目，要优先安排、优先落实土地和围填海计划指标。新增建设用地指标优先安排给中西部地区，支持中西部地区利用荒山、荒坡、荒滩、垃圾场、废弃矿山、石漠化土地开发旅游项目。对近海旅游娱乐、浴场等亲水空间开发予以优先保障。

（二十六）拓展旅游企业融资渠道。支持符合条件的旅游企业上市，鼓励金融机构按照风险可控、商业可持续原则加大对旅游企业的信贷支持。积极发展旅游投资项目资产证券化产品，推进旅游项目产权与经营权交易平台建设。积极引导预期收益好、品牌认可度高的旅游企业探索通过相关收费权、经营权抵（质）押等方式融资筹资。鼓励旅游装备出口，加大对大型旅游装备出口的信贷支持。

关于开展农村承包土地的经营权和农民住房财产权抵押贷款试点的指导意见

国发〔2015〕45 号　2015 年 8 月 10 日

各省、自治区、直辖市人民政府，国务院各部委、各直属机构：

为进一步深化农村金融改革创新，加大对“三农”的金融支持力度，引导农村土地经营权有序流转，慎重稳妥推进农民住房财产权抵押、担保、转让试点，做好农村承包土地（指耕地）的经营权和农民住房财产权（以下统称“两权”）抵押贷款试点工作，现提出以下意见。

一、总体要求

（一）指导思想。

全面贯彻党的十八大和十八届三中、四中全会精神，深入落实党中央、国务院决策部署，按照所有权、承包权、经营权三权分置和经营权流转有关要求，以落实农村土地的用益物权、赋予农民更多财产权利为出发点，深化农村金融改革创新，稳妥有序开展“两权”抵押贷款业务，有效盘活农村资源、资金、资产，增加农业生产中长期和规模化经营的资金投入，为稳步推进农村土地制度改革提供经验和模式，促进农民增收致富和农业现代化加快发展。

（二）基本原则。

一是依法有序。“两权”抵押贷款试点要坚持于法有据，遵守土地管理法、城市房地产管理法等有关法律法规和政策要求，先在批准范围内开展，待试点积累经验后再稳步推广。涉及被突破的相关法律条款，应提请全国人大常委会授权在试点地区暂停执行。

二是自主自愿。切实尊重农民意愿，“两权”抵押贷款由农户等农业经营主体自愿申请，确保农民群众成为真正的知情者、参与者和受益者。流转土地的经营权抵押需经承包农户同意，抵押仅限于流转期内的收益。金融机构要在财务可持续基础上，按照有关规定自主开展“两权”抵押贷款业务。

三是稳妥推进。在维护农民合法权益前提下，妥善处理好农民、农村集体经济组织、金融机构、政府之间的关系，慎重稳妥推进农村承包土地的经营权抵押贷款试点和农民住房财产权抵押、担保、转让试点工作。

四是风险可控。坚守土地公有制性质不改变、耕地红线不突破、农民利益不受损的底线。完善试点地区确权登记颁证、流转平台搭建、风险补偿和抵押物处置机制等配套政策，防范、控制和化解风险，确保试点工作顺利平稳实施。

二、试点任务

（一）赋予“两权”抵押融资功能，维护农民土地权益。在防范风险、遵守有关法律法规和农村土地制度改革等政策基础上，稳妥有序开展“两权”抵押贷款试点。加强制度建设，引导和督促金融机构始终把维护好、实现好、发展好农民土地权益作为改革试点的出发点和落脚点，落实“两权”抵押融资功能，明确贷款对象、贷款用途、产品设计、抵押价值评估、抵押物处置等业务要点，盘活农民土地用益物权的财产属性，加大金融对“三农”的支持力度。

（二）推进农村金融产品和服务方式创新，加强农村金融服务。金融机构要结合“两权”的权能属性，在贷款利率、期限、额度、担保、风险控制等方面加大创新支持力度，简化贷款管理流程，扎实推进“两权”抵押贷款业务，切实满足农户等农业经营主体对金融服务的有效需求。鼓励金融机构在农村承包土地的经营权剩余使用期限内发放中长期贷款，有效增加农业生产的中长期信贷投入。鼓励对经营规模适度的农业经营主体发放贷款。

（三）建立抵押物处置机制，做好风险保障。因借款人不履行到期债务或者发生当事人约定的情形需要实现抵押权时，允许金融机构在保证农户承包权和基本住房权利前提下，依法采取多种方式处置抵押物。完善抵押物处置措施，确保当借款人不履行到期债务或者发生当事人约定的情形时，承贷银行能顺利实现抵押权。农民住房财产权（含宅基地使用权）抵押贷款的抵押物处置应与商品住房制定差别化规定。探索农民住房财产权抵押担保中宅基地权益的实现方式和途径，保障抵押权人合法权益。对农民住房财产权抵押贷款的抵押物处置，受让人原则上应限制在相关法律法规和国务院规定的范围内。

（四）完善配套措施，提供基础支撑。试点地区要加快推进农村土地承包经营权、宅基地使用权和农民住房所有权确权登记颁证，探索对通过流转取得的农村承包土地的经营权进行确权登记颁证。农民住房财产权设立抵押的，需将宅基地使用权与住房所有权一并抵押。按照党中央、国务院确定的宅基地制度改革试点工作部署，探索建立宅基地使用权有偿转让机制。依托相关主管部门建立完善多级联网的农村土地产权交易平台，建立“两权”抵押、流转、评估的专业化服务机制，支持以各种合法方式流转的农村承包土地的经营权用于抵押。建立健全农村信用体系，有效调动和增强金融机构支农的积极性。

（五）加大扶持和协调配合力度，增强试点效果。人民银行要支持金融机构积极稳妥参与试点，对符合条件的农村金融机构加大支农再贷款支持力度。银行业监督管理机构要研究差异化监管政策，合理确定资本充足率、贷款分类等方面的计算规则和激励政策，支持金融机构开展“两权”抵押贷款业务。试点地区要结合实际，采取利息补贴、发展政府支持的担保公司、利用农村土地产权交易平台提供担保、设立风险补偿基金等方式，建立“两权”抵押贷款风险缓释及补偿机制。保险监督管理机构要进一步完善农业保险制度，大力推进农业保险和农民住房保险工作，扩大保险覆盖范围，充分发挥保险的风险保障作用。

三、组织实施

（一）加强组织领导。人民银行会同中央农办、发展改革委、财政部、国土资源部、住房和城乡建设部、农业部、税务总局、林业局、法制办、银监会、保监会等单位，按职责分工成立农村承包土地的经营权抵押贷款试点工作指导小组和农民住房财产权抵押贷款试点工作指导小组（以下统称指导小组），切实落实党中央、国务院对“两权”抵押贷款试点工作的各项要求，按照本意见指导地方人民政府开展试点，并做好专项统计、跟踪指导、评估总结等相关工作。指导小组办公室设在人民银行。

（二）选择试点地区。“两权”抵押贷款试点以县（市、区）行政区域为单位。农村承包土地的经营权抵押贷款试点主要在农村改革试验区、现代农业示范区等农村土地经营权流转较好的地区开展；农民住房财产权抵押贷款试点原则上选择国土资源部牵头确定的宅基地制度改革试点地区开展。省级人民政府按照封闭运行、风险可控原则向指导小组办公室推荐试点县（市、区），经指导小组审定后开展试点。各省（区、市）可根据当地实际，分别或同时申请开展农村承包土地的经营权抵押贷款试点和农民住房财产权抵押贷款试点。

（三）严格试点条件。“两权”抵押贷款试点地区应满足以下条件：一是农村土地承包经营权、宅基地使用权和农民住房所有权确权登记颁证率高，农村产权流转交易市场健全，交易行为公开规范，具备较好基础和支撑条件；二是农户土地流转意愿较强，农业适度规模经营势头良好，具备规模经济效益；三是农村信用环境较好，配套政策较为健全。

（四）规范试点运行。人民银行、银监会会同相关单位，根据本意见出台农村承包土地的经营权抵押贷款试点管理办法和农民住房财产权抵押贷款试点管理办法。银行业金融机构根据本意见和金融管理部门制定的“两权”抵押贷款试点管理办法，建立相应的信贷管理制度并制定实施细则。试点地区成立试点工作小组，严格落实试点条件，制定具体实施意见、支持政策，经省级人民政府审核后，送指导小组备案。集体林地经营权抵押贷款和草地经营权抵押贷款业务可参照本意见执行。

（五）做好评估总结。认真总结试点经验，及时提出制定修改相关法律法规、政策的建议，加快推动修改完善相关法律法规。人民银行牵头负责对试点工作进行跟踪、监督和指导，开展年度评估。试点县（市、区）应提交总结报告和政策建议，由省级人民政府送指导小组。指导小组形成全国试点工作报告，提出相关政策建议。全部试点工作于 2017 年年底前完成。

（六）取得法律授权。试点涉及突破《中华人民共和国物权法》第一百八十四条、《中华人民共和国担保法》第三十七条等相关法律条款，由国务院按程序提请全国人大常委会授权，允许试点地区在试点期间暂停执行相关法律条款。

关于调整和完善固定资产投资项目资本金制度的通知

国发〔2015〕51 号　2015 年 9 月 9 日

各省、自治区、直辖市人民政府，国务院各部委、各直属机构：

为进一步解决当前重大民生和公共领域投资项目融资难、融资贵问题，增加公共产品和公共服务供给，补短板、增后劲，扩大有效投资需求，促进投资结构调整，保持经济平稳健康发展，国务院决定对固定资产投资项目资本金制度进行调整和完善。现就有关事项通知如下：

一、各行业固定资产投资项目的最低资本金比例按以下规定执行。

城市和交通基础设施项目：城市轨道交通项目由 25% 调整为 20%，港口、沿海及内河航运、机场项目由 30% 调整为 25%，铁路、公路项目由 25% 调整为 20%。

房地产开发项目：保障性住房和普通商品住房项目维持 20% 不变，其他项目由 30% 调整为 25%。

产能过剩行业项目：钢铁、电解铝项目维持 40% 不变，水泥项目维持 35% 不变，煤炭、电石、铁合金、烧碱、焦炭、黄磷、多晶硅项目维持 30% 不变。

其他工业项目：玉米深加工项目由 30% 调整为 20%，化肥（钾肥除外）项目维持 25% 不变。

电力等其他项目维持 20% 不变。

二、城市地下综合管廊、城市停车场项目，以及经国务院批准的核电站等重大建设项目，可以在规定最低资本金比例基础上适当降低。

三、金融机构在提供信贷支持和服务时，要坚持独立审贷，切实防范金融风险。要根据借款主体和项目实际情况，按照国家规定的资本金制度要求，对资本金的真实性、投资收益和贷款风险进行全面审查和评估，坚持风险可控、商业可持续原则，自主决定是否发放贷款以及具体的贷款数量和比例。对于产能严重过剩行业，金融机构要严格执行《国务院关于化解产能严重过剩矛盾的指导意见》（国发〔2013〕41 号）有关规定。

四、自本通知印发之日起，凡尚未审批可行性研究报告、核准项目申请报告、办理备案手续的固定资产投资项目，以及金融机构尚未贷款的固定资产投资项目，均按照本通知执行。已经办理相关手续但尚未开工建设的固定资产投资项目，参照本通知执行。已与金融机构签订相关合同的固定资产投资项目，按照原合同执行。

五、国家将根据经济形势发展和宏观调控需要，适时调整固定资产投资项目最低资本金比例。

六、本通知自印发之日起执行。

关于推进海绵城市建设的指导意见

国办发〔2015〕75 号　2015 年 10 月 11 日

各省、自治区、直辖市人民政府，国务院各部委、各直属机构：

海绵城市是指通过加强城市规划建设管理，充分发挥建筑、道路和绿地、水系等生态系统对雨水的吸纳、蓄渗和缓释作用，有效控制雨水径流，实现自然积存、自然渗透、自然净化的城市发展方式。《国务院关于加强城市基础设施建设的意见》（国发〔2013〕36 号）和《国务院办公厅关于做好城市排水防涝设施建设工作的通知》（国办发〔2013〕23 号）印发以来，各有关方面积极贯彻新型城镇化和水安全战略有关要求，有序推进海绵城市建设试点，在有效防治城市内涝、保障城市生态安全等方面取得了积极成效。为加快推进海绵城市建设，修复城市水生态、涵养水资源，增强城市防涝能力，扩大公共产品有效投资，提高新型城镇化质量，促进人与自然和谐发展，经国务院同意，现提出以下意见：

一、总体要求

（一）工作目标。通过海绵城市建设，综合采取“渗、滞、蓄、净、用、排”等措施，最大限度地减少城市开发建设对生态环境的影响，将 70% 的降雨就地消纳和利用。到 2020 年，城市建成区 20% 以上的面积达到目标要求；到 2030 年，城市建成区 80% 以上的面积达到目标要求。

（二）基本原则。

坚持生态为本、自然循环。充分发挥山水林田湖等原始地形地貌对降雨的积存作用，充分发挥植被、土壤等自然下垫面对雨水的渗透作用，充分发挥湿地、水体等对水质的自然净化作用，努力实现城市水体的自然循环。

坚持规划引领、统筹推进。因地制宜确定海绵城市建设目标和具体指标，科学编制和严格实施相关规划，完善技术标准规范。统筹发挥自然生态功能和人工干预功能，实施源头减排、过程控制、系统治理，切实提高城市排水、防涝、防洪和防灾减灾能力。

坚持政府引导、社会参与。发挥市场配置资源的决定性作用和政府的调控引导作用，加大政策支持力度，营造良好发展环境。积极推广政府和社会资本合作（PPP）、特许经营等模式，吸引社会资本广泛参与海绵城市建设。

二、加强规划引领

（三）科学编制规划。编制城市总体规划、控制性详细规划以及道路、绿地、水等相关专项规划时，要将雨水年径流总量控制率作为其刚性控制指标。划定城市蓝线时，要充分考虑自然生态空间格局。建立区域雨水排放管理制度，明确区域排放总量，不得违规超排。

（四）严格实施规划。将建筑与小区雨水收集利用、可渗透面积、蓝线划定与保护等海绵城市建设要求作为城市规划许可和项目建设的前置条件，保持雨水径流特征在城市开发建设前后大体一致。在建设工程施工图审查、施工许可等环节，要将海绵城市相关工程措施作为重点审查内容；工程竣工验收报告中，应当写明海绵城市相关工程措施的落实情况，提交备案机关。

（五）完善标准规范。抓紧修订完善与海绵城市建设相关的标准规范，突出海绵城市建设的关键性内容和技术性要求。要结合海绵城市建设的目标和要求编制相关工程建设标准图集和技术导则，指导海绵城市建设。

三、统筹有序建设

（六）统筹推进新老城区海绵城市建设。从 2015 年起，全国各城市新区、各类园区、成片开发区要全面落实海绵城市建设要求。老城区要结合城镇棚户区和城乡危房改造、老旧小区有机更新等，以解决城市内涝、雨水收集利用、黑臭水体治理为突破口，推进区域整体治理，逐步实现小雨不积水、大雨不内涝、水体不黑臭、热岛有缓解。各地要建立海绵城市建设工程项目储备制度，编制项目滚动规划和年度建设计划，避免大拆大建。

（七）推进海绵型建筑和相关基础设施建设。推广海绵型建筑与小区，因地制宜采取屋顶绿化、雨水调蓄与收集利用、微地形等措施，提高建筑与小区的雨水积存和蓄滞能力。推进海绵型道路与广场建设，改变雨水快排、直排的传统做法，增强道路绿化带对雨水的消纳功能，在非机动车道、人行道、停车场、广场等扩大使用透水铺装，推行道路与广场雨水的收集、净化和利用，减轻对市政排水系统的压力。大力推进城市排水防涝设施的达标建设，加快改造和消除城市易涝点；实施雨污分流，控制初期雨水污染，排入自然水体的雨水须经过岸线净化；加快建设和改造沿岸截流干管，控制渗漏和合流制污水溢流污染。结合雨水利用、排水防涝等要求，科学布局建设雨水调蓄设施。

（八）推进公园绿地建设和自然生态修复。推广海绵型公园和绿地，通过建设雨水花园、下凹式绿地、人工湿地等措施，增强公园和绿地系统的城市海绵体功能，消纳自身雨水，并为蓄滞周边区域雨水提供空间。加强对城市坑塘、河湖、湿地等水体自然形态的保护和恢复，禁止填湖造地、截弯取直、河道硬化等破坏水生态环境的建设行为。恢复和保持河湖水系的自然连通，构建城市良性水循环系统，逐步改善水环境质量。加强河道系统整治，因势利导改造渠化河道，重塑健康自然的弯曲河岸线，恢复自然深潭浅滩和泛洪漫滩，实施生态修复，营造多样性生物生存环境。

四、完善支持政策

（九）创新建设运营机制。区别海绵城市建设项目的经营性与非经营性属性，建立政府与社会资本风险分担、收益共享的合作机制，采取明晰经营性收益权、政府购买服务、财政补贴等多种形式，鼓励社会资本参与海绵城市投资建设和运营管理。强化合同管理，严格绩效考核并按效付费。鼓励有实力的科研设计单位、施工企业、制造企业与金融资本相结合，组建具备综合业务能力的企业集团或联合体，采用总承包等方式统筹组织实施海绵城市建设相关项目，发挥整体效益。

（十）加大政府投入。中央财政要发挥“四两拨千斤”的作用，通过现有渠道统筹安排资金予以支持，积极引导海绵城市建设。地方各级人民政府要进一步加大海绵城市建设资金投入，省级人民政府要加强海绵城市建设资金的统筹，城市人民政府要在中期财政规划和年度建设计划中优先安排海绵城市建设项目，并纳入地方政府采购范围。

（十一）完善融资支持。各有关方面要将海绵城市建设作为重点支持的民生工程，充分发挥开发性、政策性金融作用，鼓励相关金融机构积极加大对海绵城市建设的信贷支持力度。鼓励银行业金融机构在风险可控、商业可持续的前提下，对海绵城市建设提供中长期信贷支持，积极开展购买服务协议预期收益等担保创新类贷款业务，加大对海绵城市建设项目的资金支持力度。将海绵城市建设中符合条件的项目列入专项建设基金支持范围。支持符合条件的企业通过发行企业债券、公司债券、资产支持证券和项目收益票据等募集资金，用于海绵城市建设项目。

五、抓好组织落实

城市人民政府是海绵城市建设的责任主体，要把海绵城市建设提上重要日程，完善工作机制，统筹规划建设，抓紧启动实施，增强海绵城市建设的整体性和系统性，做到“规划一张图、建设一盘棋、管理一张网”。住房和城乡建设部要会同有关部门督促指导各地做好海绵城市建设工作，继续抓好海绵城市建设试点，尽快形成一批可推广、可复制的示范项目，经验成熟后及时总结宣传、有效推开；发展改革委要加大专项建设基金对海绵城市建设的支持力度；财政部要积极推进 PPP 模式，并对海绵城市建设给予必要资金支持；水利部要加强对海绵城市建设中水利工作的指导和监督。各有关部门要按照职责分工，各司其职，密切配合，共同做好海绵城市建设相关工作。

转发卫生计生委等部门关于推进医疗卫生与养老服务相结合指导意见的通知

国办发〔2015〕84 号　2015 年 11 月 18 日

各省、自治区、直辖市人民政府，国务院各部委、各直属机构：

卫生计生委、民政部、发展改革委、财政部、人力资源和社会保障部、国土资源部、住房和城乡建设部、全国老龄办、中医药局《关于推进医疗卫生与养老服务相结合的指导意见》已经国务院同意，现转发给你们，请认真贯彻执行。

国务院办公厅

关于推进医疗卫生与养老服务相结合的指导意见

卫生计生委　民政部　发展改革委　财政部　人力资源和社会保障部
国土资源部　住房和城乡建设部　全国老龄办　中医药局

为贯彻落实《国务院关于加快发展养老服务业的若干意见》（国发〔2013〕35 号）和《国务院关于促进健康服务业发展的若干意见》（国发〔2013〕40 号）等文件要求，进一步推进医疗卫生与养老服务相结合，现提出以下意见。

一、充分认识推进医疗卫生与养老服务相结合的重要性

我国是世界上老年人口最多的国家，老龄化速度较快。失能、部分失能老年人口大幅增加，老年人的医疗卫生服务需求和生活照料需求叠加的趋势越来越显著，健康养老服务需求日益强劲，目前有限的医疗卫生和养老服务资源以及彼此相对独立的服务体系远远不能满足老年人的需要，迫切需要为老年人提供医疗卫生与养老相结合的服务。医疗卫生与养老服务相结合，是社会各界普遍关注的重大民生问题，是积极应对人口老龄化的长久之计，是我国经济发展新常态下重要的经济增长点。加快推进医疗卫生与养老服务相结合，有利于满足人民群众日益增长的多层次、多样化健康养老服务需求，有利于扩大内需、拉动消费、增加就业，有利于推动经济持续健康发展和社会和谐稳定，对稳增长、促改革、调结构、惠民生和全面建成小康社会具有重要意义。

二、基本原则和发展目标

（一）基本原则。

保障基本，统筹发展。把保障老年人基本健康养老需求放在首位，对有需求的失能、部分失能老年人，以机构为依托，做好康复护理服务，着力保障特殊困难老年人的健康养老服务需求；对多数老年人，以社区和居家养老为主，通过医养有机融合，确保人人享有基本健康养老服务。推动普遍性服务和个性化服务协同发展，满足多层次、多样化的健康养老需求。

政府引导，市场驱动。发挥政府在制定规划、出台政策、引导投入、规范市场、营造环境等方面的引导作用，统筹各方资源，推动形成互利共赢的发展格局。充分发挥市场在资源配置中的决定性作用，营造平等参与、公平竞争的市场环境，充分调动社会力量的积极性和创造性。

深化改革，创新机制。加快政府职能转变，创新服务供给和资金保障方式，积极推进政府购买服务，激发各类服务主体潜力和活力，提高医养结合服务水平和效率。加强部门协作，提升政策引导、服务监管等工作的系统性和协同性，促进行业融合发展。

（二）发展目标。

到 2017 年，医养结合政策体系、标准规范和管理制度初步建立，符合需求的专业化医养结合人才培养制度基本形成，建成一批兼具医疗卫生和养老服务资质和能力的医疗卫生机构或养老机构（以下统称医养结合机构），逐步提升基层医疗卫生机构为居家老年人提供上门服务的能力，80% 以上的医疗机构开设为老年人提供挂号、就医等便利服务的绿色通道，50% 以上的养老机构能够以不同形式为入住老年人提供医疗卫生服务，老年人健康养老服务可及性明显提升。

到 2020 年，符合国情的医养结合体制机制和政策法规体系基本建立，医疗卫生和养老服务资源实现有序共享，覆盖城乡、规模适宜、功能合理、综合连续的医养结合服务网络基本形成，基层医疗卫生机构为居家老年人提供上门服务的能力明显提升。所有医疗机构开设为老年人提供挂号、就医等便利服务的绿色通道，所有养老机构能够以不同形式为入住老年人提供医疗卫生服务，基本适应老年人健康养老服务需求。

三、重点任务

（三）建立健全医疗卫生机构与养老机构合作机制。鼓励养老机构与周边的医疗卫生机构开展多种形式的

协议合作，建立健全协作机制，本着互利互惠原则，明确双方责任。医疗卫生机构为养老机构开通预约就诊绿色通道，为入住老年人提供医疗巡诊、健康管理、保健咨询、预约就诊、急诊急救、中医养生保健等服务，确保入住老年人能够得到及时有效的医疗救治。养老机构内设的具备条件的医疗机构可作为医院（含中医医院）收治老年人的后期康复护理场所。鼓励二级以上综合医院（含中医医院，下同）与养老机构开展对口支援、合作共建。通过建设医疗养老联合体等多种方式，整合医疗、康复、养老和护理资源，为老年人提供治疗期住院、康复期护理、稳定期生活照料以及临终关怀一体化的健康和养老服务。

（四）支持养老机构开展医疗服务。养老机构可根据服务需求和自身能力，按相关规定申请开办老年病医院、康复医院、护理院、中医医院、临终关怀机构等，也可内设医务室或护理站，提高养老机构提供基本医疗服务的能力。养老机构设置的医疗机构要符合国家法律法规和卫生计生行政部门、中医药管理部门的有关规定，符合医疗机构基本标准，并按规定由相关部门实施准入和管理，依法依规开展医疗卫生服务。卫生计生行政部门和中医药管理部门要加大政策规划支持和技术指导力度。养老机构设置的医疗机构，符合条件的可按规定纳入城乡基本医疗保险定点范围。鼓励执业医师到养老机构设置的医疗机构多点执业，支持有相关专业特长的医师及专业人员在养老机构规范开展疾病预防、营养、中医调理养生等非诊疗行为的健康服务。

（五）推动医疗卫生服务延伸至社区、家庭。充分依托社区各类服务和信息网络平台，实现基层医疗卫生机构与社区养老服务机构的无缝对接。发挥卫生计生系统服务网络优势，结合基本公共卫生服务的开展为老年人建立健康档案，并为65岁以上老年人提供健康管理服务，到2020年65岁以上老年人健康管理率达到70%以上。鼓励为社区高龄、重病、失能、部分失能以及计划生育特殊家庭等行动不便或确有困难的老年人，提供定期体检、上门巡诊、家庭病床、社区护理、健康管理等基本服务。推进基层医疗卫生机构和医务人员与社区、居家养老结合，与老年人家庭建立签约服务关系，为老年人提供连续性的健康管理服务和医疗服务。提高基层医疗卫生机构为居家老年人提供上门服务的能力，规范为居家老年人提供的医疗和护理服务项目，将符合规定的医疗费用纳入医保支付范围。

（六）鼓励社会力量兴办医养结合机构。鼓励社会力量针对老年人健康养老需求，通过市场化运作方式，举办医养结合机构以及老年康复、老年护理等专业医疗机构。在制定医疗卫生和养老相关规划时，要给社会力量举办医养结合机构留出空间。按照“非禁即入”原则，凡符合规划条件和准入资质的，不得以任何理由加以限制。整合审批环节，明确并缩短审批时限，鼓励有条件的地方提供一站式便捷服务。通过特许经营、公建民营、民办公助等模式，支持社会力量举办非营利性医养结合机构。支持企业围绕老年人的预防保健、医疗卫生、康复护理、生活照料、精神慰藉等方面需求，积极开发安全有效的食品药品、康复辅具、日常照护、文化娱乐等老年人用品用具和服务产品。

（七）鼓励医疗卫生机构与养老服务融合发展。鼓励地方因地制宜，采取多种形式实现医疗卫生和养老服务融合发展。统筹医疗卫生与养老服务资源布局，重点加强老年病医院、康复医院、护理院、临终关怀机构建设，公立医院资源丰富的地区可积极稳妥地将部分公立医院转为康复、老年护理等接续性医疗机构。提高综合医院为老年患者服务的能力，有条件的二级以上综合医院要开设老年病科，做好老年慢性病防治和康复护理相关工作。提高基层医疗卫生机构康复、护理床位占比，鼓励其根据服务需求增设老年养护、临终关怀病床。全面落实老年医疗服务优待政策，医疗卫生机构要为老年人特别是高龄、重病、失能及部分失能老年人提供挂号、就诊、转诊、取药、收费、综合诊疗等就医便利服务。有条件的医疗卫生机构可以通过多种形式、依法依规开展养老服务。鼓励各级医疗卫生机构和医务工作志愿者定期为老年人开展义诊。充分发挥中医药（含民族医药，下同）的预防保健特色优势，大力开发中医药与养老服务相结合的系列服务产品。

四、保障措施

（八）完善投融资和财税价格政策。对符合条件的医养结合机构，按规定落实好相关支持政策。拓宽市场化融资渠道，探索政府和社会资本合作（PPP）的投融资模式。鼓励和引导各类金融机构创新金融产品和服务方式，加大金融对医养结合领域的支持力度。有条件的地方可通过由金融和产业资本共同筹资的健康产业投资基金支持医养结合发展。用于社会福利事业的彩票公益金要适当支持开展医养结合服务。积极推进政府购买基本健康养老服务，逐步扩大购买服务范围，完善购买服务内容，各类经营主体平等参与。

（九）加强规划布局和用地保障。各级政府要在土地利用总体规划和城乡规划中统筹考虑医养结合机构发展需要，做好用地规划布局。对非营利性医养结合机构，可采取划拨方式，优先保障用地；对营利性医养结合机构，应当以租赁、出让等有偿方式保障用地，养老机构设置医疗机构，可将在项目中配套建设医疗服务设施相关要求作为土地出让条件，并明确不得分割转让。依法需招标拍卖挂牌出让土地的，应当采取招标拍卖挂牌出让方式。

（十）探索建立多层次长期照护保障体系。继续做好老年人照护服务工作。进一步开发包括长期商业护理保险在内的多种老年护理保险产品，鼓励有条件的地方探索建立长期护理保险制度，积极探索多元化的保险筹资模式，保障老年人长期护理服务需求。鼓励老年人投保长期护理保险产品。建立健全长期照护项目内涵、服务标准以及质量评价等行业规范和体制机制，探索建立从居家、社区到专业机构等比较健全的专业照护服务提供体系。

落实好将偏瘫肢体综合训练、认知知觉功能康复训练、日常生活能力评定等医疗康复项目纳入基本医疗保障范围的政策，为失能、部分失能老年人治疗性康复提供相应保障。

（十一）加强人才队伍建设。做好职称评定、专业技术培训和继续医学教育等方面的制度衔接，对养老机构和医疗卫生机构中的医务人员同等对待。完善薪酬、职称评定等激励机制，鼓励医护人员到医养结合机构执业。建立医疗卫生机构与医养结合机构人员进修轮训机制，促进人才有序流动。将老年医学、康复、护理人才作为急需紧缺人才纳入卫生计生人员培训规划。加强专业技能培训，大力推进养老护理员等职业技能鉴定工作。支持高等院校和中等职业学校增设相关专业课程，加快培养老年医学、康复、护理、营养、心理和社会工作等方面专业人才。

（十二）强化信息支撑。积极开展养老服务和社区服务信息惠民试点，利用老年人基本信息档案、电子健康档案、电子病历等，推动社区养老服务信息平台与区域人口健康信息平台对接，整合信息资源，实现信息共享，为开展医养结合服务提供信息和技术支撑。组织医疗机构开展面向养老机构的远程医疗服务。鼓励各地探索基于互联网的医养结合服务新模式，提高服务的便捷性和针对性。

五、组织实施

（十三）加强组织领导和部门协同。各地区、各有关部门要高度重视，把推进医养结合工作摆在重要位置，纳入深化医药卫生体制改革和促进养老、健康服务业发展的总体部署，各地要及时制定出台推进医养结合的政策措施、规划制度和具体方案。各相关部门要加强协同配合，落实和完善相关优惠扶持政策，共同支持医养结合发展。发展改革部门要将推动医疗卫生与养老服务相结合纳入国民经济和社会发展规划。卫生计生、民政和发展改革部门要做好养老机构和医疗卫生机构建设的规划衔接，加强在规划和审批等环节的合作，制定完善医养结合机构及为居家老年人提供医疗卫生和养老服务的标准规范并加强监管。财政部门要落实相关投入政策，积极支持医养结合发展。人力资源社会保障、卫生计生部门要将符合条件的医养结合机构纳入城乡基本医疗保险定点范围。国土资源部门要切实保障医养结合机构的土地供应。城乡规划主管部门要统筹规划医养结合机构的用地布局。老龄工作部门要做好入住医养结合机构和接受居家医养服务老年人的合法权益保障工作。中医药管理部门要研究制定中医药相关服务标准规范并加强监管，加强中医药适宜技术和服务产品推广，加强中医药健康养老人才培养，做好中医药健康养老工作。

（十四）抓好试点示范。国家选择有条件、有代表性的地区组织开展医养结合试点，规划建设一批特色鲜明、示范性强的医养结合试点项目。各地要结合实际积极探索促进医养结合的有效形式，每个省（区、市）至少设1个省级试点地区，积累经验、逐步推开。卫生计生、民政部门要会同相关部门密切跟踪各地进展，帮助解决试点中的重大问题，及时总结推广好的经验和做法，完善相关政策措施。

（十五）加强考核督查。各地区、各有关部门要建立以落实医养结合政策情况、医养结合服务覆盖率、医疗卫生机构和养老机构无缝对接程度、老年人护理服务质量、老年人满意度等为主要指标的考核评估体系，加强绩效考核。卫生计生、民政部门要会同相关部门加强对医养结合工作的督查，定期通报地方工作进展情况，确保各项政策措施落到实处。

三、中华人民共和国国家发展和改革委员会

关于规范养老机构服务收费管理促进养老服务业健康发展的指导意见

发改价格〔2015〕129号　2015年1月19日

各省、自治区、直辖市发展改革委、物价局、民政厅（局）：

为建立科学合理的养老机构（指依照《养老机构设立许可办法》设立并依法办理登记的为老年人提供集中居住和照料服务的机构）服务收费管理体制，充分调动社会资本进入养老服务领域积极性，改善养老服务供求关系，促进养老服务业健康发展，根据《中华人民共和国老年人权益保障法》《国务院关于加快发展养老服务业的若干意见》（国发〔2013〕35号）、《国务院关于创新重点领域投融资机制鼓励社会投资的指导意见》（国发〔2014〕60号）等有关规定，现就养老机构服务收费管理等问题，提出如下指导意见：

一、建立市场形成价格为主的养老机构服务收费管理机制

（一）民办养老机构服务收费标准由市场形成。民办营利性养老机构服务收费项目和标准均由经营者自主确定，政府有关部门不得进行不当干预；民办非营利性养老机构服务收费标准由经营者合理确定，政府有关部门可结合对非营利机构监管需要，对财务收支状况、收费项目和调价频次进行必要监督。

（二）政府投资兴办养老机构区分服务对象实行不同收费政策。政府投资兴办的养老机构主要发挥保障基本作用，着力保障特殊困难老年人的养老服务需求。其中，“三无”（无劳动能力、无生活来源、无赡养人和扶养人，或者其赡养人和扶养人确无赡养和扶养能力）老年人入住政府投资兴办的养老机构，根据《中华人民共和国

老年人权益保障法》规定实行免费政策；对其他经济困难的孤寡、失独、高龄老年人及失能、半失能老年人等提供养老服务，其床位费、护理费实行政府定价或政府指导价，伙食费等服务收费项目按照非营利原则据实收取。

（三）积极探索公建民营等方式运营的养老机构收费管理模式。以公建民营方式运行的养老机构，应采用招投标、委托运营等竞争性方式确定运营方，具体服务收费标准由运营方依据委托协议等合理确定。鼓励政府通过向民办养老机构购买服务的方式承担保障对象养老服务，相关收费政策由各地根据本地实际情况确定。

二、科学合理制定政府投资兴办养老机构服务收费标准

（四）划清管理权限。制定、调整政府投资兴办的养老机构服务收费标准的权限，由各省、自治区、直辖市价格、民政部门按照事权、财权对等和属地化管理原则确定。各省、自治区、直辖市价格、民政部门要加强本地区养老机构服务收费管理工作的统筹协调和指导。

（五）明确定价原则。制定、调整政府投资兴办的养老机构服务收费标准，应以扣除政府投入、社会捐赠后的实际服务成本为依据，按照非营利原则，并考虑群众承受能力、市场供求状况等因素核定。在推进建立健全养老服务评估制度基础上，逐步实现按照护理服务等级分级定价。

各地价格、民政部门要按照以上要求，对本地区政府投资兴办的养老机构服务收费项目、标准进行统一梳理审核，并向社会公布。

三、进一步规范养老机构服务收费行为

（六）加强收费公示工作。养老机构应将收费项目、收费标准等内容在收费场所显著位置进行公示，建有门户网站的同时在网站进行公示，接受社会监督。公示内容包括养老机构基本设施与条件、服务内容与等级、收费项目与标准等事项。

（七）建立年度财务报表公开制度。政府投资兴办的养老机构和民办非营利养老机构要于每年 3 月底前，向实施许可的民政部门以及同级价格部门报送本单位上一年度财务收支情况，以及当地民政、价格部门要求的相关报表，由民政部门通过适当形式向社会公布，接受社会监督。各地省级人民政府民政部门要加强本地区财务报表公开工作的督导。

（八）规范养老机构服务收费行为。养老机构床位费、护理费、伙食费原则上按月度收取，伙食费等项目根据服务对象的实际消费情况，据实结算。实行市场定价的收费标准应保证相对稳定，并提前告知服务对象。养老机构事前应与接受服务的老年人或者其代理人签订书面服务合同，确保老年人知情权和选择权，并定期提供费用清单和相关费用结算账目。对合同期内退养的老年人，收费结算按照合同约定执行。养老机构不得违反老年人意愿强制服务，强制收费。

四、切实落实相关收费和价格减免政策

（九）认真落实国家规定的价格和收费优惠政策。所有养老机构用电、用水、用气、用热按居民生活类价格执行。政府及相关部门要严格按照国家统一规定，对非营利性养老机构建设免征有关行政事业性收费，对营利性养老机构建设要减半征收有关行政事业性收费，对养老机构提供养老服务也要适当减免行政事业性收费。鼓励各地根据本地区情况，减免本地区设立的相关行政事业性收费项目，降低养老机构有线电视收视维护费等相关服务收费标准。

五、加快推进完善相关配套政策措施

（十）强化行业规范化管理。各地民政部门要抓紧制定养老服务行业管理和服务规范，规范护理服务内容和服务等级标准。各地民政部门要利用国家养老服务信息系统，对养老机构数量、收住老年人数量、收费标准等信息实行信息化管理。推动将养老机构服务质量、信誉状况等情况纳入信用体系建设。

国家发展改革委

民政部

关于印发国家新型城镇化综合试点方案的通知

发改规划〔2014〕2960 号　2015 年 2 月 4 日

各省、自治区、直辖市及计划单列市人民政府，新疆生产建设兵团：

为贯彻落实《国家新型城镇化规划（2014—2020 年）》（中发〔2014〕4 号）、《关于落实中央经济工作会议和中央城镇化工作会议主要任务的分工方案》（中办发〔2014〕7 号），按照国家发展改革委等 11 部门《关于开展国家新型城镇化综合试点工作的通知》（发改规划〔2014〕1229 号）的有关要求，经部门联审和专家评审，同意将江苏、安徽两省和宁波等 62 个城市（镇）列为国家新型城镇化综合试点地区。现将《国家新型城镇化综合试点方案》印发你们，请据此组织开展试点工作。

国家发展改革委　中央编办　公安部　民政部

财政部　人力资源和社会保障部　住房和城乡建设部

农业部　人民银行　银监会　国家标准委

附件：

国家新型城镇化综合试点总体实施方案

根据《国家新型城镇化规划（2014—2020 年）》（中发〔2014〕4 号）、《关于落实中央经济工作会议和中央城镇化工作会议主要任务的分工方案》（中办发〔2014〕7 号）的要求，国家发展改革委、中央编办、公安部、民政部、财政部、人力资源和社会保障部、国土资源部、住房和城乡建设部、农业部、人民银行、银监会等 11 个部门联合印发了《关于开展国家新型城镇化综合试点工作的通知》（发改规划〔2014〕1229 号），各省（区、市）、计划单列市人民政府组织开展了试点申报工作。发展改革委会同上述部门和有关专家对申报地区的试点工作方案进行了综合评审，将江苏、安徽两省和宁波等 62 个城市（镇）列为国家新型城镇化综合试点地区，原则同意各试点地区报送的试点工作方案。为扎实有效推进试点工作，制订本实施方案。

一、指导思想和基本原则

（一）指导思想

全面贯彻落实党的十八大，十八届三中、四中全会和中央城镇化工作会议精神，以人的城镇化为核心，以提升质量为关键，紧紧围绕需要深入研究解决的重点难点问题，充分发挥改革试点的先遣队作用，大胆探索、试点先行，寻找规律、凝聚共识，为全国提供可复制、可推广的经验和模式。

（二）基本原则

坚持制度创新、试点先行。着力破除现行体制机制的束缚阻碍，探索形成推进新型城镇化的新体制新机制，使市场在资源配置中起决定性作用和更好发挥政府作用。

坚持中央统筹、地方为主。中央政府统筹试点内容，赋予试点地区先行先试政策，试点地区按照试点要求，充分发挥主动性和创造性，探索出体制改革和机制创新的路径。

坚持综合推进、重点突破。试点地区既要统筹兼顾重点试点任务，又要从本地实际出发，选择本地区亟须突破的发展和改革瓶颈，通过综合和分类改革的结合，率先试验，强力推进，务求实效。

坚持定期评估、总结推广。实行改革试点进展情况年度评估报告制度，总结试点经验，完善试点内容，以点带面，梯次推进，逐步扩大试点范围，及时推广试点成功经验。

二、试点范围和时间

（一）试点地区。综合考虑申报地区的工作基础和试点工作方案，兼顾不同区域、不同类型和不同层级城市（镇），确定在江苏、安徽两省和宁波等62个城市（镇）开展试点。

（二）试点时间。2014年年底前开始试点，并根据情况不断完善方案，到2017年各试点任务取得阶段性成果，形成可复制、可推广的经验；2018—2020年，逐步在全国范围内推广试点地区的成功经验。

三、试点主要任务

（一）建立农业转移人口市民化成本分担机制。按照户籍制度改革要求调整户口迁移政策，出台具体可操作的农业转移人口和其他常住人口落户标准，并向社会公布。建立居住证制度，以居住证为载体建立健全与居住年限等条件相挂钩的基本公共服务提供机制。建立健全由政府、企业、个人共同参与的农业转移人口市民化成本分担机制，根据农业转移人口市民化成本分类，明确成本承担主体和支出责任。按照事权与支出责任相适应的原则，合理确定各级政府在教育、基本医疗、社会保障等公共服务方面的事权，建立健全城镇基本公共服务支出分担机制。

（二）建立多元化可持续的城镇化投融资机制。把地方政府债务纳入全口径预算管理，编制公开透明的城市政府资产负债表，建立健全地方政府债券发行管理制度，允许地方政府通过发债等多种方式拓宽城市建设融资渠道。依据城市规划编制城市基础设施建设规划和融资规划，针对不同项目性质设计差别化融资模式与偿债机制。理顺市政公用产品和服务价格形成机制，放宽准入，完善监管，制定企业通过政府和社会资本合作（PPP）等模式进入特许经营领域的办法，鼓励社会资本参与城市公用设施投资运营。

（三）改革完善农村宅基地制度。具体试点工作按中央批准的农村宅基地制度改革试点方案实施。

（四）探索建立行政管理创新和行政成本降低的新型管理模式。按照城市设置与简化行政机构联动原则，在符合行政区划合理调整的前提下，选择部分有条件的地方进行撤镇设市设区试点，优化行政层级和行政区划设置，积极借鉴经济发达镇行政体制改革试点的经验，探索更加精干、高效的组织构架和行政体制。推进扩权强镇改革，促进这些镇更好地吸纳人口、增强经济实力，实现经济社会更好更快发展，充分发挥其在新型城镇化建设中的示范带动作用。

（五）综合推进体制机制改革创新。鼓励试点地区从推进新型城镇化实际出发，在城乡发展一体化体制机制、城乡规划编制和管理体制机制、农业现代化体制机制、城市“多规融合”制度、城市生态文明制度、城市社会治理体系，以及新型城镇化标准体系建设和创新城市、智慧城市、低碳城市、人文城市建设等方面开展形式多样、富有特色的改革探索。

四、配套政策

加强部门间政策协同配合，推动新型城镇化相关政策和改革举措率先在试点地区落地。

完善转移支付办法，建立财政转移支付同农业转移人口市民化挂钩机制，中央和省级财政安排转移支付时要考虑常住人口因素。

省级政府举债使用方向要向试点地区倾斜。国家开发银行发挥金融支持作用，运用信贷等多种手段积极支持城市基础设施、棚户区改造等工程建设。鼓励公共基金、保险资金等参与自身具有稳定收益的城市基础设施项目建设和运营。

农民工职业技能培训、城镇保障性住房建设、市政基础设施改造、产业发展和承接产业转移等相关政策，适度向试点地区倾斜。对具备条件的行政区划调整事项，按法定程序报国务院审批。

五、组织实施

（一）组织保障。国家发展改革委依托推进新型城镇化工作部际联席会议制度，会同中央编办、公安部、民政部、财政部、人力资源和社会保障部、住房和城乡建设部、农业部、人民银行、银监会、标准委等共同推进试点工作，统筹研究重大问题，协调重大政策，指导各地试点实践。

各试点地区党政主要领导要高度重视，依据批复的试点工作方案要点完善试点方案，健全试点工作机制，成立由主要领导任组长的试点工作领导小组，统一领导、统筹推进试点工作。

（二）监测评估。国家发展改革委要加强对试点工作的跟踪监督，开展年度评估考核，建立试点动态淘汰机制。各试点地区要及时总结试点经验，确保完成国家新型城镇化综合试点的任务和目标。

国家新型城镇化综合试点地区名单

省：江苏省、安徽省

计划单列市：宁波市、大连市、青岛市

省会城市：河北省石家庄市、吉林省长春市、黑龙江省哈尔滨市、湖北省武汉市、湖南省长沙市、广东省广州市、重庆市主城九区

地级市（区、县）：北京市通州区、天津市蓟县、吉林省吉林市、黑龙江省齐齐哈尔市、黑龙江省牡丹江市、上海市金山区、浙江省嘉兴市、福建省莆田市、江西省鹰潭市、山东省威海市、山东省德州市、河南省洛阳市、湖北省孝感市、湖南省株洲市、广东省东莞市、广东省惠州市、深圳市（光明新区）、广西壮族自治区柳州市、广西壮族自治区来宾市、四川省泸州市、贵州省安顺市、云南省曲靖市、甘肃省金昌市、青海省海东市、宁夏回族自治区固原市

县级市（区、县）：河北省定州市、河北省张北县、山西省介休市、内蒙古自治区扎兰屯市、辽宁省海城市、吉林省延吉市、浙江省义乌市、福建省晋江市、江西省樟树市、山东省郓城县、河南省禹州市、河南省新郑市、河南省兰考县、湖北省仙桃市、湖北省宜城市、湖南省资兴市、海南省儋州市、四川省阆中市、贵州省都匀市、云南省大理市、西藏自治区日喀则市桑珠孜区、陕西省高陵县、青海省格尔木市、新疆维吾尔自治区

伊宁市、新疆维吾尔自治区阿拉尔市

建制镇：浙江省苍南县龙港镇、吉林省安图县二道白河镇

关于进一步做好养老服务业发展有关工作的通知

发改办社会〔2015〕992 号　2015 年 4 月 22 日

《国务院关于加快发展养老服务业的若干意见》（国发〔2013〕35 号，以下简称《意见》）实施以来，养老服务业发展态势良好，发展环境得到明显改善，社会资本投入积极性显著提高，政策效果逐步显现。为进一步加快发展养老服务业，抓好近期重点工作，现就有关事项通知如下：

一、督促落实养老服务业发展政策

各地要进一步落实好《意见》要求和中央部门出台的配套政策，并加强对实施情况的监督检查。要认真跟踪和分析养老服务业发展形势，及时总结重要政策创新、产业发展模式创新、规模以上企业发展、养老与相关产业融合等方面的进展和经验，分析存在问题，并提出下一步工作建议和计划，请于 4 月 30 日前向国家发展改革委、民政部和全国老龄办报送养老服务业政策落实和发展形势报告。有关情况与数据统计截止到 2015 年 3 月底。

二、切实加大养老服务体系投入力度

各地要优化投资结构，进一步加大政府投入支持养老服务体系建设。要确保将政府用于社会福利事业的彩票公益金 50% 以上用于养老服务业。同时发挥好政府投资引导作用，积极支持社会资本进入。发展改革部门要会同民政部门做好 2015 年度中央预算内投资计划有关工作，以老年养护院等专业养老服务设施和社区老年人日间照料中心等社区养老设施为建设重点，加强组织协调，确保项目建设进度和质量，并做好养老服务项目储备。

三、积极谋划“十三五”养老服务体系建设

各地要适时开展“十二五”养老服务体系建设规划实施情况评估，针对养老服务体系存在的困难和问题，研究提出“十三五”养老服务体系建设思路，根据人口变化趋势和当地实际，科学分析发展需求，合理确定发展目标，确保建设思路的可操作性、针对性和创新性，进一步健全完善以居家为基础、社区为依托、机构为支撑的养老服务体系。

四、统筹推进养老服务业综合改革试点

各地要深入贯彻落实《意见》政策措施，养老服务业综合改革试点地区要率先按照深化体制改革、坚持保障基本、注重统筹发展和完善市场机制的思路，以综合改革试点为抓手，在已确定的八项试点任务基础上，大胆创新，不断深化综合改革试点方案。要对照试点主要目标、具体任务、重大项目、保障措施、时间安排等落实进度，总结形成一批可持续、可复制的示范经验和创新政策，及时上报，三部门将适时在全国范围宣传

推广。

五、扎实推进健康与养老服务重大工程

省级发展改革部门要会同民政、卫计、国土、住建、银监、老龄等部门，推动社区老年人日间照料中心、老年养护院等专业养老服务设施、养老院和医养结合设施，以及农村养老服务设施等建设，加强重大工程建设工作的统筹协调，健全工作联动机制，按时调度上报项目数据，及时协调解决重大问题。要进一步落实工作责任，安排专人负责项目统计和上报工作，建立健全重大建设项目综合统计制度。

六、积极推动养老服务业创新发展

各地要结合养老服务业综合改革试点和“健康与养老服务”重大工程，培育一批产业链长、覆盖领域广、经济社会效益显著的养老示范企业。要在养老领域推进“互联网＋”行动，将信息技术、人工智能和互联网思维与居家养老服务机制建设相融合，对传统业态养老服务进行改造升级，通过搭建信息开放平台、开发适宜老年人的可穿戴设备等，不断发现和满足老年人需求，强化供需衔接，扩大服务范围，提供个性、高效的智能养老服务。要以长效合作机制建设为重点，建立医疗机构与养老机构之间的医疗服务绿色通道，积极推动医养融合发展。要在居家社区服务方面推动养老企业连锁化经营，实施品牌战略，大力加强社区养老服务设施建设，开展社区无障碍设施改造等工作，并要鼓励养老领域的大众创业，培育小微型家庭式养老服务机构，对普通住宅用于开设社区养老服务机构在变更设施用途、消防审批等方面提供便利条件。

七、探索建立多元化投融资模式

积极开展养老产业专项债券品种创新，对于具有稳定偿债资金来源的养老产业项目，按照融资—投资建设—回收资金封闭运行的模式，将企业项目收益债券推广到养老服务领域。各地在实施“健康与养老服务”重大工程中，要积极利用新政策工具，鼓励政府和社会资本合作等方式发展多层次、多样化的养老服务。要切实推广政府购买养老服务，逐步扩大购买范围，充分考虑小微企业发展现状，为其参与购买服务创造条件。鼓励各地结合实际，按照政府引导、市场化运作的原则，探索以基金管理方式运用政府投资，采取创业投资引导基金、产业投资基金等模式，逐步与金融资本相结合，发挥撬动社会资本的杠杆作用。

八、有力维护养老服务业发展环境

各地要依法履行职责，坚持放管结合，切实加强对养老服务业发展的事前调研、事中督查和事后监管，形成整体监管合力。要完善守信激励、失信惩戒机制，依法纠正和查处违法违规特别是对侵犯老年人合法权益的行为。要切实营造公平竞争环境，坚持依法行政、简政放权，最大限度支持养老服务市场主体创新发展，有效激发市场活力。发展改革部门、民政部门、老龄工作部门将适时组织专项督查，促进养老服务业健康发展。

国家发展改革委办公厅
民政部办公厅
老龄委办公室综合部

关于降低住房转让手续费受理商标注册费等部分行政事业性收费标准的通知

发改价格〔2015〕2136 号　2015 年 9 月 1 日

住房和城乡建设部、国家工商总局、农业部、中国民用航空局、国家新闻出版广电总局、国家林业局、国家知识产权局，各省、自治区、直辖市发展改革委、物价局、财政厅（局）：

为推进普遍性降费，切实减轻企业和居民负担，激发市场活力，促进经济稳定增长，按照国务院关于推进收费清理改革的要求，决定降低部分行政事业性收费标准。现将有关问题通知如下：

一、2015 年 10 月 15 日起，降低住房和城乡建设部门住房转让手续费、工商部门受理商标注册费等 6 部门 12 项行政事业性收费标准（见附件）。

二、2016 年 1 月 1 日起，延长国家知识产权部门专利年费减缴时限，对符合《专利费用减缓办法》规定、经专利局批准减缓专利费的，专利年费减缴时限由现行授予专利权前三年，延长为前六年。

三、各地区和有关部门要严格执行本通知规定，对公布降低的行政事业性收费标准，不得以任何理由拖延或者拒绝执行。

四、各级价格、财政部门要加强对本通知落实情况的监督检查，对不按规定降低收费标准的，按有关规定给予处罚。

附件：

降低的行政事业性收费标准

一、住房和城乡建设部门

住房转让手续费。新建商品住房，由现行每平方米 3 元降为每平方米 2 元，存量住房由现行每平方米 6 元降为每平方米 4 元。各省级价格、财政部门可根据当地住房转让服务成本、房地产市场供求状况、房价水平、居民承受能力等因素，进一步适当降低中小城市住房转让手续费标准，减轻居民购房费用负担。

降低住房以外的其他房屋转让手续费标准，具体政策由各省级价格、财政部门制定。

（其他部门内容省略）

国家发展改革委

财政部

四、中华人民共和国住房和城乡建设部

关于加快培育和发展住房租赁市场的指导意见

建房〔2015〕4号　2015年1月6日

各省、自治区住房和城乡建设厅，直辖市建委（房地局）：

近年来，我国住房租赁市场快速发展，住房租赁规模逐步扩大，为解决居民居住问题、推动经济社会发展作出了重要贡献。据统计，城市居民家庭通过租赁解决住房问题比例逐年上升，进城务工人员主要通过租赁方式解决住房问题。与此同时，住房租赁市场发展还不能完全适应经济社会发展的需要，存在供应总量不平衡、供应结构不合理、制度措施不完善，特别是供应主体较为单一等问题。为加快培育和发展住房租赁市场，现提出以下意见：

一、统一认识，明确要求

（一）充分认识培育和发展住房租赁市场的重要意义。住房租赁市场是我国住房供应体系的重要组成部分，在经济社会发展中起到十分重要的作用。没有发育完善的租赁市场，住房供应体系就不完整、居民对住房的合理消费就得不到满足、住有所居的目标就难以实现、人口有序流动就会受到制约、承租人的合法权益就难以得到保障、大量的存量房源就得不到充分利用。

培育和发展住房租赁市场，有利于完善住房供应体系，解决不同需求居民住房问题；有利于拓宽公共租赁住房房源渠道，完善住房保障体系；有利于盘活存量房源，提高资源利用效率；有利于新型城镇化建设，促进人口有序流动；有利于加强和改进社会管理和服务，提高社会治理能力。各级住房和城乡建设主管部门要切实把握当前有利机遇，加快推进住房租赁市场发展。

（二）总体要求。发挥市场在资源配置中的决定性作用和更好发挥政府作用，积极推进租赁服务平台建设，大力发展住房租赁经营机构，完善公共租赁住房制度，拓宽融资渠道，推动房地产开发企业转型升级，用三年时间，基本形成渠道多元、总量平衡、结构合理、服务规范、制度健全的住房租赁市场。

二、建立多种渠道，发展租赁市场

（三）建立住房租赁信息政府服务平台。搭建住房租赁信息政府服务平台，是各市县房地产管理部门职能所在，是政府引导市场的重要手段。建立政府服务平台，为租赁市场供需双方提供高效、准确、便捷的信息服务，出租人可随时发布出租房屋的区位、面积、户型、价格等信息，承租人可发布租赁房屋的需求信息，逐步实现在平台上进行对接；提供房屋租赁合同示范文本，明确提示双方的权利义务；为房地产中介机构备案提供方便，公布经备案的房地产中介机构名单，房地产中介机构和从业人员信用档案等信息。有条件的城市，要逐步实现房屋租赁合同网上登记备案，方便群众办事。

（四）积极培育经营住房租赁的机构。推进住房租赁规模化经营，能够提升租赁服务水平，稳定租赁关系，规范租赁行为，促进住房租赁市场发展。鼓励成立经营住房租赁的机构，通过长期租赁或购买社会房源，可直接向社会出租；也可以根据市场需求进行装修改造后，向社会出租。经营住房租赁的机构，要提供专业化的租赁服务。积极引导经营住房租赁的机构，从事中小户型、中低价位的住房租赁经营服务。探索建立支持经营住房租赁机构发展的融资渠道。

（五）支持房地产开发企业将其持有房源向社会出租。支持房地产开发企业改变经营方式，从单一的开发销售向租售并举模式转变。鼓励有条件的房地产开发企业，在新建商品房项目中长期持有部分房源，用于向市场租赁；也可以与经营住房租赁的企业合作，建立开发与租赁一体化、专业化的运作模式。支持房地产开发企业将其持有的存量房源投放到租赁市场，也可以转成租赁型的养老地产、旅游地产等。

（六）积极推进房地产投资信托基金（REITs）试点。REITs 是一种金融投资产品，推进 REITs 试点，有利于促进住房租赁市场发展，有利于解决企业的融资渠道，有利于增加中小投资者的投资渠道。通过发行 REITs，可充分利用社会资金，进入租赁市场，多渠道增加住房租赁房源供应。积极鼓励投资 REITs 产品。各城市要积极开展 REITs 试点，并逐步推开。

（七）支持从租赁市场筹集公共租赁房房源。从租赁市场筹集公共租赁房房源，有利于提高安置工作效率，有利于盘活存量住房，有利于解决公共租赁住房管理难等问题。各地可以通过购买方式，把适合作为公租房或者经过改造符合公租房条件的存量商品房，转为公共租赁住房，保障性住房要逐步从实物保障为主转向建设和租赁补贴并重，“补砖头”与“补人头”相结合。鼓励和支持符合公共租赁住房保障条件的家庭，通过租赁市场解决住房问题，政府按规定提供货币化租赁补贴。

三、加强领导，狠抓落实

（八）加强组织领导。培育和发展住房租赁市场工作是各级住房和城乡建设部门的重要职责。各地要高度重视，狠抓落实。各省级住房和城乡建设部门要切实加强指导和监督，积极与有关部门沟通，研究制定本地区支持政策，形成政策合力。各市县房地产管理部门要切实负起责任，积极与有关部门配合，切实抓好落实工作。

（九）加强统筹谋划。各市县要结合本地实际，科学规划本地区住房租赁市场发展，制定具体的工作方案。工作方案要明确目标、主要任务、具体工作安排和政策措施。要建立健全工作机构，明确工作机构，充实人员力量，保证工作有序推进。

（十）加强政策支持。培育住房租赁市场是一个系统工程，涉及多个方面，各地要在金融、税收和经营管理等给予政策支持。积极鼓励和引导国内外资金进入住房租赁市场。对于机构、房地产开发企业，经营租赁住房需要办理规划变更、装修改造等相关手续的，积极给予支持。对租房居民需要出具稳定居所证明的，应简化流程，积极办理。同时，各地要加强宣传，正确引导居民住房消费，营造良好的社会氛围。

关于放宽提取住房公积金支付房租条件的通知

建金〔2015〕19 号　2015 年 1 月 20 日

各省、自治区、直辖市住房和城乡建设厅（建委）、财政厅（局），新疆生产建设兵团建设局、财务局，中国人民银行上海总部、各分行、营业管理部、省会（首府）城市中心支行，直辖市、新疆生产建设兵团住房公积金管理委员会、住房公积金管理中心：

为保障住房公积金缴存职工合法权益，改进住房公积金提取机制，提高制度有效性和公平性，促进住房租赁市场发展，现就有关问题通知如下：

一、明确租房提取条件。职工连续足额缴存住房公积金满三个月，本人及配偶在缴存城市无自有住房且租赁住房的，可提取夫妻双方住房公积金支付房租。

二、规范租房提取额度。职工租住公共租赁住房的，按照实际房租支出全额提取；租住商品住房的，各地住房公积金管理委员会根据当地市场租金水平和租住住房面积，确定租房提取额度。

三、简化租房提取要件。职工租房提取应向住房公积金管理中心提出申请，并提供以下材料：租住公共租赁住房，提供房屋租赁合同和租金缴纳证明；租住商品住房，提供本人及配偶名下无房产的证明。因租房提取住房公积金需出具房产信息查询结果证明的，房地产管理部门不收取费用。

四、提高提取审核效率。各设区城市要加强住房公积金服务网点建设，方便职工办理提取业务，要积极创造条件，抓紧开展网上提取咨询和业务办理。缴存职工提取申请资料齐全，审核无误后应即时办理。需对申请资料进一步核查时，应在受理提取申请之日起3个工作日内办结。提取支付住房租金，住房公积金管理中心可受缴存职工委托，定期将提取资金划转至缴存职工指定账户。

五、防范骗提套取行为。各设区城市要抓紧建立住房公积金、房屋交易和产权管理、公共租赁住房信息共享机制，核查职工租赁行为。对伪造合同、出具虚假证明、编造虚假租赁等骗提套取行为，住房公积金管理中心向职工工作单位通报，追回骗提套取资金，取消职工一定时限内提取住房公积金和申请住房公积金个人住房贷款资格。住房公积金管理中心将相关信息依法向社会公开并纳入征信系统；对协助造假的机构和人员，要严肃处理；构成犯罪的，依法追究刑事责任。

各设区城市要按照本通知要求，结合当地实际情况，抓紧制定实施细则，并报省、自治区住房和城乡建设厅、财政厅和人民银行分支机构备案。

中华人民共和国住房和城乡建设部
中华人民共和国财政部
中国人民银行

关于修改《房地产开发企业资质管理规定》等部门规章的决定

中华人民共和国住房和城乡建设部令第24号　2015年5月4日

《住房和城乡建设部关于修改〈房地产开发企业资质管理规定〉等部门规章的决定》已经审定，现予发布，自发布之日起施行。

住房和城乡建设部部长　陈政高

关于修改《房地产开发企业资质管理规定》等部门规章的决定

根据《公司法》，住房和城乡建设部决定对以下规章进行修改：

一、删除《房地产开发企业资质管理规定》（建设部令第77号）第五条第二款第一项中的“1. 注册资本不低于 5000 万元”。删除第二项中的“1. 注册资本不低于 2000 万元”。删除第三项中的“1. 注册资本不低于 800 万元”。删除第四项中的“1. 注册资本不低于 100 万元”。

删除第六条第三项。

删除第十条第三项中的“和验资报告”。

二、将《市政公用事业特许经营管理办法》（建设部令第 126 号）第七条第二项修改为：“（二）有相应的设施、设备”。

三、删除《城市房屋白蚁防治管理规定》（建设部令第 130 号）第六条第三项。

四、删除《建设工程质量检测管理办法》（建设部令第 141 号）附件二“检测机构资质标准”的第一条第一项。

五、将《工程造价咨询企业管理办法》（建设部令第 149 号）第九条第二项中的“注册资本总额”修改为“认缴出资总额”。删除第七项。

将第十条第一项中的“注册资本总额”修改为“认缴出资总额”。删除第六项。

删除第十三条第四项中的“并附工商部门出具的股东出资情况证明”。

六、删除《工程建设项目招标代理机构资格认定办法》（建设部令第 154 号）第九条第五项。

删除第十条第五项。

将第十一条修改为：“新设立的工程招标代理机构具备第八条和第十条第（三）、（四）项条件的，可以申请暂定级工程招标代理资格。”

将第十二条第八项修改为“（八）上一年度经审计的企业财务报告（含报表及说明，下同）”。

七、删除《城市生活垃圾管理办法》（建设部令第 157 号）第十九条第一项。

删除第二十七条第一项。

八、将《工程监理企业资质管理规定》（建设部令第 158 号）第七条第一项中的“1. 具有独立法人资格且注册资本不少于 600 万元”修改为：“1. 具有独立法人资格且具有符合国家有关规定的资产。”

将第七条第二项甲级资质标准中的“（1）具有独立法人资格且注册资本不少于 300 万元”、乙级资质标准中的“（1）具有独立法人资格且注册资本不少于 100 万元”以及丙级资质标准中的“（1）具有独立法人资格且注册资本不少于 50 万元”的修改为：“（1）具有独立法人资格且具有符合国家有关规定的资产。”

九、将《建设工程勘察设计资质管理规定》（建设部令第 160 号）第三条中的“注册资本”修改为“资产”。

十、删除《物业服务企业资质管理办法》（建设部令第 164 号）第五条第一项中的“1. 注册资本人民币 500 万元以上”。删除第二项中的“1. 注册资本人民币 300 万元以上”。删除第三项中的“1. 注册资本人民币 50 万元以上”。

删除第六条第三项。

十一、删除《城乡规划编制单位资质管理规定》（住房和城乡建设部令第 12 号）第七条第二项。

删除第八条第二项。

删除第九条第二项。

删除第二十一条中的“注册资本”。

十二、删除《房屋建筑和市政基础设施工程施工图设计文件审查管理办法》（住房和城乡建设部令第 13 号）第七条第五项。

删除第八条第五项。

十三、删除《房地产估价机构管理办法》（住房和城乡建设部令第14号）第十条第一项中的“3. 有限责任公司的注册资本人民币200万元以上，合伙企业的出资额人民币120万元以上”。删除第二项中的“3. 有限责任公司的注册资本人民币100万元以上，合伙企业的出资额人民币60万元以上”。删除第三项中的“2. 有限责任公司的注册资本人民币50万元以上，合伙企业的出资额人民币30万元以上”。

删除第十一条第四项。

删除第十七条中的“注册资本或者出资额”。

本决定自发布之日起施行。以上部门规章根据本决定作相应的修改，重新发布。

关于按照中国人民银行规定实施住房公积金存贷款利率调整的通知

建金〔2015〕94号　2015年6月29日

各省、自治区住房和城乡建设厅，直辖市、新疆生产建设兵团住房公积金管理委员会、住房公积金管理中心：

根据《中国人民银行关于下调金融机构人民币贷款和存款基准利率的通知》（银发〔2015〕196号），现就住房公积金存贷款利率调整有关事项通知如下：

一、从2015年6月28日起，下调个人住房公积金存款利率。其中，当年归集的个人住房公积金存款利率维持0.35%不变；上年结转的个人住房公积金存款利率下调0.25个百分点，由1.85%下调至1.6%。

二、从2015年6月28日起，下调个人住房公积金贷款利率。五年期以上个人住房公积金贷款利率下调0.25个百分点，由3.75%下调至3.5%。五年期以下（含五年）个人住房公积金贷款利率下调0.25个百分点，由3.25%下调至3%。

三、从2015年6月28日起，利用住房公积金贷款支持保障性住房建设试点贷款利率，按照调整后的五年期以上个人住房公积金贷款利率上浮10%执行。

请各省、自治区住房和城乡建设厅立即将本通知转发相关住房公积金管理委员会、住房公积金管理中心执行。对利率调整后出现的新情况、新问题要及时处理并报我部。

附表　　住房公积金存贷款利率调整表

（单位：年利率%）

项　目	调整前利率	调整后利率
一、个人住房公积金存款		
当年缴存	0.35	0.35
上年结转	1.85	1.60
二、个人住房公积金贷款		
五年以下（含五年）	3.25	3.00
五年以上	3.75	3.50
三、试点项目贷款	按五年以上个人住房公积金贷款利率上浮10%	按五年以上个人住房公积金贷款利率上浮10%

中华人民共和国住房和城乡建设部

关于做好2015年农村危房改造工作的通知

建村〔2015〕40号　2015年3月11日

各省、自治区住房和城乡建设厅、发展改革委、财政厅，直辖市建委（农委）、发展改革委、财政局：

为贯彻落实党中央、国务院关于加大农村危房改造力度、统筹搞好农房抗震改造的要求，切实做好2015年农村危房改造工作，现就有关事项通知如下：

一、中央支持范围

2015年中央支持全国农村地区贫困农户改造危房，在地震设防地区结合危房改造实施农房抗震改造，在“三北”地区（东北、西北、华北）和西藏自治区结合危房改造开展建筑节能示范。在任务安排上，对国家确定的集中连片特殊困难地区和国家扶贫开发工作重点县等贫困地区、抗震设防烈度8度及以上的地震高烈度设防地区予以倾斜，单列任务。

二、补助对象与补助标准

农村危房改造补助对象重点是居住在危房中的农村分散供养五保户、低保户、贫困残疾人家庭和其他贫困户。补助对象的确定要坚持公开、公平、公正原则，优先帮助住房最危险、经济最贫困农户解决最基本安全住房。

2015年农村危房改造中央补助标准为每户平均7500元，在此基础上对贫困地区每户增加1000元补助，对建筑节能示范户每户增加2500元补助。各省（区、市）要依据改造方式、建设标准、成本需求和补助对象自筹资金能力等不同情况，合理确定不同地区、不同类型、不同档次的省级分类补助标准。要充分考虑地震高烈度设防地区农房抗震改造可能增加的成本，切实落实对地震高烈度设防地区特困农户在补助标准上的倾斜照顾。

三、强化农房抗震要求，加快地震高烈度设防地区农房抗震改造

地震设防地区实施农房抗震改造要严格执行《农村危房改造抗震安全基本要求（试行）》（建村〔2011〕115号）。通过对危房维修加固实施抗震改造的，应组织技术力量对原有房屋进行抗震性能鉴定，判定主要结构安全隐患，提出有针对性的加固方案并指导实施。地震高烈度设防地区的县级住房和城乡建设部门要加大宣传力度，向广大农民宣传和普及农房抗震加固常识，编印和发放农房抗震鉴定及加固技术操作手册，引导和指导符合条件的贫困农户科学实施农房抗震改造。

各地要发挥农村危房改造有效提升农房抗震防灾能力的作用，优先支持地震高烈度设防地区农村危房实施抗震改造，安排到该类地区的任务总量不得低于中央下达的农房抗震改造任务量。要集中力量加快解决地震高烈度设防地区的农房抗震安全问题，尽快扭转该地区农房抗震性能差、在地震中易造成农民生命财产严重损失的局面。

四、加强资金筹措

各地在分配危房改造任务时要向贫困地区倾斜，安排到贫困地区县的任务总量不得低于中央下达的贫困地

区任务量。地方各级财政要将农村危房改造地方补助资金和项目管理等工作经费纳入财政预算，省级财政要切实加大资金投入力度，帮助自筹资金确有困难的特困农户解决危房改造资金问题。有条件的地区要创新补助方式，研究制定贷款贴息等支持政策，提高补助资金使用效益，中央将支持具备条件的地区开展银行信贷贴息的试点。各地要采用多种方式帮助农民自筹资金，充分发挥农民的主体作用，通过投工投劳和互助等降低改造成本，同时要积极发动社会力量捐赠和资助，逐步构建农民自筹为主、政府补助引导、银行信贷和社会捐助支持的多渠道农村危房改造资金投入机制。各地要采取积极措施，整合相关项目和资金，将游牧民定居、自然灾害倒损农房恢复重建、贫困残疾人危房改造、扶贫安居等资金与农村危房改造资金有机衔接。要利用好中央财政提前下达资金，支持贫困农户提前备工备料。

五、加强资金和计划管理

农村危房改造补助资金实行专项管理、专账核算、专款专用。各地要按照《中央农村危房改造补助资金管理暂行办法》（财社〔2011〕88 号）规定，加强农村危房改造补助资金的使用管理，健全内控制度，执行规定标准，直接将补助资金发放给补助对象，严禁截留、挤占、挪用或变相使用。各级发展改革部门要按照中央预算内投资管理的有关要求以及改造任务和补助资金分配方案，及时做好中央预算内投资计划的分解下达工作。各级财政部门要牵头加强资金使用的监督管理，及时下达资金，加快预算执行进度，并积极配合有关部门做好审计、稽查等工作。开展银行信贷贴息试点地区要研究完善贴息资金的使用管理办法，将贴息贷款的使用纳入农村危房改造资金监管体系。

六、科学制订实施方案

各省级住房和城乡建设、发展改革、财政等部门要认真组织编制 2015 年农村危房改造实施方案，明确政策措施、任务分配、工程进度计划、资金安排和监管要求，并于 2015 年 7 月底前联合上报住房和城乡建设部、发展改革委、财政部（以下简称 3 部委）。各省（区、市）要综合考虑各县的实际需求、建设管理能力、地方财力、工作绩效等因素，合理分配危房改造任务，指导各县细化落实措施，确保中央安排的危房改造任务于 2015 年年底前全部完工。

七、合理选择改造建设方式

各地要因地制宜，积极探索符合当地实际的农村危房改造方式，努力提高补助资金使用效益。拟改造农村危房属整体危险（D 级）的，原则上应拆除重建，属局部危险（C 级）的应修缮加固。危房改造以农户自建为主，农户自建确有困难且有统建意愿的，各地要发挥组织、协调作用，帮助农户选择有资质的施工队伍统建。对于农村分散供养五保户等特殊困难群众，各地要创新工作方法，通过政府统一建设、空置房置换或对现有旧校舍、旧厂（场）房等闲置房屋修缮加固等方式，帮助其解决最基本的安全住房。要积极编制村庄规划，统筹协调道路、供水、沼气、环保等设施建设，整体改善村庄人居环境，不得借危房改造名义实施村庄整体迁并。

八、严格执行申请审核程序和建设标准

农村危房改造补助对象审核要严格执行农户自愿申请、村民会议或村民代表会议民主评议、乡（镇）审核、县级审批等程序。乡镇联系单位的驻村工作队要积极参与民主评议与入户审核等过程，充分发挥监督和指导作用。同时，建立健全公示制度，补助对象的基本信息和各审查环节的结果要及时在村务公开栏公示。县级住

房和城乡建设部门要组织做好与经批准的危房改造农户签订合同或协议工作，并征得农户同意公开其有关信息。

农村危房改造要符合基本建设要求，改造后的农房须建筑面积适当、主要部件合格、房屋结构安全和基本功能齐全。地震高烈度设防地区的农房改造后应达到当地抗震设防标准。原则上，改造后的农房人均建筑面积不低于 13 平方米；房屋建筑面积宜控制在 60 平方米以内，可根据家庭人数适当调整，但 3 人以上农户的人均建筑面积不得超过 18 平方米。各地要按照基本建设要求加强引导和规范，积极组织制定农房设计方案，为有扩建需求的危房改造户预留好接口，防止群众盲目攀比、超标准建房。县级住房和城乡建设部门要按照基本建设要求及时组织验收，逐户逐项检查和填写验收表。需检查项目全部合格的视为验收合格。凡验收不合格的，须整改合格方能全额拨付补助款项。

九、强化质量安全管理

各地要建立健全农村危房改造质量安全管理制度。农房设计要符合抗震要求，符合农民生产生活习惯，可以选用县级以上住房和城乡建设部门推荐使用的通用图、有资格的个人或有资质的单位的设计方案，或由承担危房改造工程的农村建筑工匠设计。农村危房改造必须由经培训合格的农村建筑工匠或有资质的施工队伍承担。承揽农村危房改造项目的农村建筑工匠或者单位要对质量安全负责，并按合同约定对所改造房屋承担保修和返修责任。乡镇建设管理员要加强对农房设计的指导和审查，在农村危房改造地基基础、抗震措施和关键主体结构施工过程中，要及时到现场逐户技术指导和检查，发现不符合基本建设要求的当即告知建房户，并提出处理建议和做好记录。

地方各级尤其是县级住房和城乡建设部门要加强危房改造施工现场质量安全巡查与指导监督。开设危房改造咨询窗口，面向农民提供危房改造技术和工程纠纷调解服务。结合建材下乡，组织协调主要建筑材料的生产、采购与运输，并免费为农民提供主要建筑材料质量检测服务。各地要健全和加强乡镇建设管理机构，加强乡镇建设管理员和农村建筑工匠培训与管理，提高服务和管理农村危房改造的能力。

十、加强传统村落和传统民居保护

各地在安排危房改造任务、制定分类补助标准时要充分考虑传统村落和民居保护的需要，加大支持力度。传统村落范围内的农村危房改造要符合所在村落保护发展规划要求，坚持分散分户改造为主，在同等条件下符合保护发展规划、传承传统建造技术的优先安排，已有搬迁计划的村庄不予安排。地方各级住房和城乡建设部门要加强当地传统建筑材料利用研究，传承和改进传统建造工法，探索符合标准的就地取材建房技术方案。在编制农村危房改造图集及设计方案时，要总结吸纳当地传统民居的建筑文化和建造技术，提供相应技术指导。完善抗震加固方法，对传统民居进行抗震改造不得破坏其传统风貌。农村危房改造工作中，如涉及县级以上文物保护单位的搬迁和改扩建项目，应依法履行相关报批手续。

十一、全面加强农村危房改造风貌管理

农村危房改造应实施风貌管理。改造后农房要体现地域特征、民族特色和时代风貌，注重保持田园和传统特色。开展农村危房改造的县都应制定或具备符合当地实际的农房设计图及风貌管理要求。风貌管理要求应包括选址、建筑体量、外观等方面内容，并纳入村庄规划。县级住房和城乡建设部门应在开工前将农房设计图及风貌管理要求送达危房改造农户，加强现场指导，并将建筑风貌作为竣工验收的内容。省级住房和城乡建设部门应对县级农村危房改造风貌管理工作予以指导和支持，汇总各县农房设计图及风貌管理要求、实施风貌管理的

危房改造农户比例等情况，并于2015年年底前报住房和城乡建设部。各地农村危房改造风貌管理的情况将列为农村危房改造年度绩效评价的内容。对农村危房改造风貌管理工作先进的地区，住房和城乡建设部将予以表扬。

十二、完善农户档案管理

农村危房改造实行一户一档的农户档案管理制度，批准一户、建档一户。每户农户的纸质档案必须包括档案表、农户申请、审核审批、公示、协议等材料，其中档案表要按照全国农村危房改造农户档案管理信息系统（以下简称信息系统）公布的最新样表制作。在完善和规范农户纸质档案管理与保存的基础上，严格执行农户纸质档案表信息化录入制度，将农户档案表及时、全面、真实、完整、准确地录入信息系统。各地要按照农村危房改造绩效评价和试行农户档案信息公开的要求，加快农户档案录入进度，提高录入数据质量，加强对已录入农户档案信息的审核与抽验，合理处置系统中重复的农户档案。改造后农户住房产权归农户所有，并根据实际做好产权登记。

各地要加强农村住房信息系统的动态管理，按照住房和城乡建设部关于开展农村危房现状调查的有关要求，补充完善调查信息，并对已录入信息实行年度更新。未录入农村住房信息系统中的危房，不能列为农村危房改造的补助对象。对于已改造危房，农村住房信息系统将按照危房改造农户档案管理信息系统中数据自动更新相应的信息。

十三、推进建筑节能示范

建筑节能示范地区各县要安排不少于5个相对集中的示范点（村），有条件的县每个乡镇安排一个示范点（村）。每户建筑节能示范户要采用2项以上的房屋围护结构建筑节能技术措施。省级住房和城乡建设部门要及时总结近年建筑节能示范经验与做法，制定和完善技术方案与措施；充实省级技术指导组力量，加强技术指导与巡查；及时组织中期检查和竣工检查，开展典型建筑节能示范房节能技术检测。县级住房和城乡建设部门要按照建筑节能示范监督检查要求，实行逐户施工过程检查和竣工验收检查，并做好检查情况记录。建筑节能示范户录入信息系统的“改造中照片”必须反映主要建筑节能措施施工现场。加强农房建筑节能宣传推广，开展农村建筑工匠建筑节能技术培训，不断向农民普及建筑节能常识。

十四、健全信息报告制度

省级住房和城乡建设部门要严格执行工程进度月报制度，于每月5日前将上月危房改造进度情况报住房和城乡建设部。省级发展改革、财政部门要按照有关要求，及时汇总并上报有关农村危房改造计划落实、资金筹集、监督管理等情况。各地要组织编印农村危房改造工作信息，将建设成效、经验做法、存在问题和工作建议等以简报、通报等形式，定期或不定期上报3部委。省级住房和城乡建设部门要会同发展改革、财政部门于2016年1月底前将2015年度农村危房改造总结报告报3部委。

十五、完善监督检查制度

各地要认真贯彻落实本通知要求和其他有关规定，主动接受纪检监察、审计和社会监督。各级住房和城乡建设、发展改革、财政等部门要定期对资金的管理和使用情况进行监督检查，发现问题，及时纠正，严肃处理。问题严重的要公开曝光，并追究有关人员责任，涉嫌犯罪的，移交司法机关处理。加强农户补助资金兑现情况检查，坚决查处冒领、克扣、拖欠补助资金和向享受补助农户索要“回扣”“手续费”等行为。财政部驻各地财政监察专员办事处和发改稽查机构要加强对各地农村危房改造资金使用情况的日常监管，根据《财政违法行为处罚处分条例》（国务院令第 427 号）和《中央预算内投资补助和贴息项目管理办法》（国家发展改革委第 3 号令）等相关规定，加大对挤占、挪用、骗取、套取农村危房改造资金行为的监督检查和惩处力度。

农村危房改造实施全程监管和绩效评价。各地要进一步完善公示制度，必须将当年农村危房改造政策、补助对象基本信息和各审查环节的结果在村务公开栏公示，加大对公示环节落实情况的检查。要加强农房质量安全管理和风貌管控，做好危房改造实施全过程的现场技术指导和检查。要继续完善农村危房改造农户档案管理信息系统，进一步推进农户档案信息公开，鼓励社会各界利用信息系统公开查询与监督。要广泛收集并及时调查和处理群众举报的信息，建立信息定期反馈机制。要建立健全农村危房改造绩效评价制度，完善激励约束并重、奖惩结合的任务资金分配与管理机制，逐级开展年度绩效评价。各地住房和城乡建设部门要会同发展改革、财政部门参照《农村危房改造绩效评价办法（试行）》（建村〔2013〕196 号）实施年度绩效评价，全面监督检查当地农村危房改造任务落实、政策执行、资金使用情况。地震高烈度设防地区农房抗震改造的任务落实、补助标准倾斜、实施效果也要纳入绩效评价范围。

十六、加强组织领导与部门协作

各地要加强对农村危房改造工作的领导，建立健全协调机制，明确部门分工，密切配合。各地住房和城乡建设部门、发展改革和财政部门要在当地政府领导下，会同民政、地震、民族事务、国土资源、扶贫、残联、环保、交通运输、水利、农业、卫生、文物等有关部门，共同推进农村危房改造工作。地方各级住房和城乡建设部门要通过多种方式，积极宣传农村危房改造政策，认真听取群众意见建议，及时研究和解决群众反映的困难和问题。

中华人民共和国住房和城乡建设部
中华人民共和国国家发展和改革委员会
中华人民共和国财政部

关于调整房地产市场外资准入和管理有关政策的通知

建房〔2015〕122 号　2015 年 8 月 19 日

各省、自治区、直辖市人民政府，国务院各部委、各直属机构：

为促进房地产市场平稳健康发展，经国务院同意，决定对《关于规范房地产市场外资准入和管理的意见》（住建房〔2006〕171 号）中有关外商投资房地产企业和境外机构、个人购房的部分政策进行调整，现就有关事项通知如下：

一、外商投资房地产企业注册资本与投资总额比例，按照《国家工商行政管理局关于中外合资经营企业注册资本与投资总额比例的暂行规定》（工商企字〔1987〕第 38 号）执行。

二、取消外商投资房地产企业办理境内贷款、境外贷款、外汇借款结汇必须全部缴付注册资本金的要求。

三、境外机构在境内设立的分支、代表机构（经批准从事经营房地产的企业除外）和在境内工作、学习的境外个人可以购买符合实际需要的自用、自住商品房。对于实施住房限购政策的城市，境外个人购房应当符合当地政策规定。

四、住房和城乡建设部、商务部、发展改革委、人民银行、工商总局、外汇局等有关部门进一步简化程序，提高办事效率，优化和改进外商投资房地产管理。自本通知印发之日起，外商投资房地产企业可按照相关外汇管理规定直接到银行办理外商直接投资项下相关外汇登记。

除上述政策调整以外，《关于规范房地产市场外资准入和管理的意见》（建住房〔2006〕171 号）继续有效。

住房和城乡建设部　商务部
国家发展改革委
人民银行　工商总局　外汇局

关于调整住房公积金个人住房贷款购房最低首付款比例的通知

建金〔2015〕128 号　2015 年 8 月 27 日

各省、自治区、直辖市住房和城乡建设厅（建委）、财政厅（局），新疆生产建设兵团建设局、财务局，中国人民银行各分行、营业管理部、各省会（首府）城市中心支行、副省级城市中心支行，直辖市、新疆生产建设兵团住房公积金管理委员会、住房公积金管理中心：

为进一步完善住房公积金个人住房贷款政策，支持缴存职工合理住房需求，对拥有 1 套住房并已结清相应购房贷款的居民家庭，为改善居住条件再次申请住房公积金委托贷款购买住房的，最低首付款比例由 30% 降低至 20%。北京、上海、广州、深圳可在国家统一政策基础上，结合本地实际，自主决定申请住房公积金委托贷款购买第二套住房的最低首付款比例。

本通知自 2015 年 9 月 1 日起执行。

中华人民共和国住房和城乡建设部
中华人民共和国财政部
中国人民银行

关于住房公积金异地个人住房贷款有关操作问题的通知

建金〔2015〕135 号　2015 年 9 月 15 日

各省、自治区住房和城乡建设厅，直辖市、新疆生产建设兵团住房公积金管理委员会、住房公积金管理中心：

为落实《关于发展住房公积金个人住房贷款业务的通知》（建金〔2014〕148 号）要求，推进住房公积金异地贷款业务，支持缴存职工异地购房需求，保障缴存职工权益，现就有关问题通知如下：

一、职责分工

（一）缴存城市公积金中心（含分中心，下同）负责审核职工缴存和已贷款情况，向贷款城市公积金中心出具书面证明，并配合贷款城市公积金中心核实相关信息。

（二）贷款城市公积金中心及受委托银行负责异地贷款的业务咨询、受理、审核、发放、回收、变更及贷后管理工作，并承担贷款风险。

（三）贷款城市公积金中心与缴存城市公积金中心要定期对异地贷款情况进行核对，掌握提取、还款、变更和逾期情况。

二、办理流程

（一）贷款城市公积金中心接受职工的异地贷款业务咨询，并一次性告知贷款所需审核材料。

（二）职工本人或其委托人向缴存城市公积金中心提出申请，缴存城市公积金中心根据职工申请，核实职工缴存贷款情况，对未使用过住房公积金个人住房贷款或首次住房公积金个人住房贷款已经结清的缴存职工，出具《异地贷款职工住房公积金缴存使用证明》。

（三）贷款城市公积金中心受理职工异地贷款申请后，向缴存城市公积金中心核实《异地贷款职工住房公积金缴存使用证明》信息真实性和完整性。核实无误的，应按规定时限履行贷款审核审批手续，并将结果反馈缴存城市公积金中心。缴存城市公积金中心对职工异地贷款情况进行标识，并建立职工异地贷款情况明细台账。

（四）缴存职工在异地贷款还贷期间，如住房公积金个人账户转移，原缴存城市公积金中心应及时告知贷款城市公积金中心和转入城市公积金中心。转入城市公积金中心应在接收职工住房公积金账户后，及时对异地贷款情况重新标识和记录。

（五）异地贷款出现逾期时，缴存城市公积金中心应配合贷款城市公积金中心开展贷款催收等工作，根据贷款合同可扣划贷款职工公积金账户余额用于归还贷款。

三、相关要求

（一）各省、自治区住房和城乡建设厅要加强对住房公积金异地贷款业务的指导监督。各城市和新疆生产建设兵团住房公积金管理委员会要抓紧出台异地贷款业务细则，确保异地贷款业务有序开展。

（二）异地贷款业务缴存信息核实联系人要尽职尽责。缴存城市公积金中心和贷款城市公积金中心要相互配合，认真核实相关信息。如信息核实联系人、联系方式有变动，请以书面形式，及时报我部住房公积金监管司予以更新。

（三）我部将建设全国住房公积金异地贷款业务信息交换系统。各城市和新疆生产建设兵团公积金中心要按照异地贷款政策要求，抓紧开展信息系统升级改造，优化个人住房贷款业务流程，适应全国异地贷款业务信息化要求。

关于切实提高住房公积金使用效率的通知

建金〔2015〕150 号　2015 年 9 月 29 日

各省、自治区、直辖市住房和城乡建设厅（建委）、财政厅（局），新疆生产建设兵团建设局、财务局，中国人民银行各分行、营业管理部、各省会（首府）城市中心支行、副省级城市中心支行，直辖市、新疆生产建设兵团住房公积金管理委员会、住房公积金管理中心：

今年以来，各地贯彻落实全国加强住房公积金管理工作电视电话会议精神，按照《关于发展住房公积金个人住房贷款业务的通知》（建金〔2014〕148号）、《关于放宽提取住房公积金支付房租条件的通知》（建金〔2015〕19号）和《关于个人住房贷款政策有关问题的通知》（银发〔2015〕98号）要求，调整住房公积金使用政策，简化业务办理流程，资金使用效率有所提高。但部分地区住房公积金使用条件仍然偏紧，办理手续复杂，结余资金规模较大，制约了住房公积金作用的发挥。为切实提高住房公积金使用效率，按照国务院关于加快落实住房公积金使用政策的督查要求，现就有关事项通知如下：

一、提高实际贷款额度。2015年8月末住房公积金资金运用率低于85%的设区城市，要综合考虑当地房价水平、贷款需求和借款人还款能力，提高住房公积金个人住房贷款实际额度。在保证借款人基本生活费用的前提下，月还款额与月收入比上限控制在50%～60%。贷款偿还期限可延至借款人法定退休年龄后5年，最长贷款期限为30年。推行按月划转住房公积金冲还贷款本息业务。

二、设区城市统筹使用资金。同一设区城市住房公积金管理中心和分中心应当统一住房公积金提取和贷款政策，统筹使用贷款资金。住房公积金管理中心或分中心贷款资金不足时，应允许缴存职工向同城住房公积金管理机构申请贷款。

三、拓宽贷款资金筹集渠道。有条件的城市要积极推行住房公积金个人住房贷款资产证券化业务，盘活住房公积金贷款资产。

四、全面推行异地贷款业务。缴存职工在缴存地以外地区购房，可按购房地住房公积金个人住房贷款政策向购房地住房公积金管理中心申请个人住房贷款。缴存地和购房地住房公积金管理中心应相互配合，及时出具、确认缴存证明等材料，办理贷款手续。具体办法由住房和城乡建设部另行制定。

五、简化业务审批要件。缴存职工申请住房公积金个人住房贷款、同意根据本人住房公积金月缴存额推算其月收入的，无需单位出具职工收入证明。缴存职工租住商品住房申请提取住房公积金，除身份证明、本人及配偶无房证明外，不需提供其他证明材料。

六、提高管理效率和服务水平。各地住房公积金管理中心要优化内部人员配置，增加网点工作人员，工资待遇向网点工作人员倾斜。要充分利用受托银行业务网点优势，方便缴存职工就近办理住房公积金提取和贷款手续。

七、加快改造升级信息系统。各地住房公积金管理中心要根据政策调整和流程优化的需要，加快改造升级住房公积金管理信息系统，建立集12329服务热线、短信、微信、手机APP、网上业务大厅等功能于一体的综合服务平台，推进办理网上业务，为缴存职工提供高效便捷的服务。

八、建立考核问责制度。各级住房公积金监管部门要加强对城市住房公积金管理中心业务考核，将住房公积金资金运用率或住房公积金个人住房贷款市场占有率作为重要考核指标，考核结果要通报设区城市人民政府，并作为考核住房公积金管理中心负责人的重要参考。住房公积金资金运用率或住房公积金个人住房贷款市场占有率低的城市，要对住房公积金管理中心主要负责人进行约谈和问责。

本通知自2015年10月8日起执行。

中华人民共和国住房和城乡建设部
中华人民共和国财政部
中国人民银行

关于推进政策性金融支持海绵城市建设的通知

建城〔2015〕240 号　2015 年 12 月 30 日

各省、自治区住房和城乡建设厅，直辖市建委（市政管委、水务局）、规委（规划局），新疆生产建设兵团建设局，中国农业发展银行各省、自治区、直辖市分行，总行营业部：

为贯彻落实《国务院办公厅关于推进海绵城市建设的指导意见》（国办发〔2015〕75 号），加大政策性金融机构对海绵城市建设的支持力度，现就有关工作通知如下：

一、地方各级住房和城乡建设部门要高度重视推进政策性金融支持海绵城市建设工作，把中国农业发展银行（以下简称农发行）作为重点合作银行，加强合作。积极与农发行各分行对接，沟通协商好政策性金融贷款的申请和使用，最大限度地发挥政策性金融的支持作用，切实增强信贷资金对海绵城市建设的支撑保障能力。

二、地方各级住房和城乡建设部门要尽快建立健全海绵城市建设项目储备制度，以城市黑臭水体整治、城市排水防涝、雨水资源化利用为突破口，以城市供排水设施、再生水与污泥资源化利用、绿色蓄排与净化利用设施、水体治理与生态修复、海绵型建筑与小区、海绵型道路与广场、海绵型公园与绿地等为建设重点，统筹规划、系统实施，合理确定建设项目，落实承贷主体，并组织承贷主体积极向农发行各分行提供项目情况及资金需求情况。住房和城乡建设部海绵城市建设技术指导专家委员会对各地上报的海绵城市建设项目进行评估，并把评估结果好且采用“技术 + 资本”整体运作模式的海绵城市建设项目作为优先推荐项目。

三、农发行各分行要把海绵城市建设作为信贷支持的重点领域，积极统筹调配信贷规模，在符合贷款条件的情况下，优先对海绵城市建设项目给予贷款支持，贷款期限最长可达 30 年，贷款利率可适当优惠。符合使用抵押补充贷款资金条件的贷款项目可执行人民银行确定的优惠利率。在风险可控、商业可持续的前提下，海绵城市建设项目的购买服务协议预期收益等可作为农发行贷款的质押担保。

四、农发行各分行要积极创新运用政府购买服务、政府与社会资本合作（PPP）等融资模式，为海绵城市建设提供综合性金融服务，并联合其他银行、保险公司等金融机构以银团贷款、委托贷款等方式，努力拓宽海绵城市建设的融资渠道。农发行系统要积极支持具备“技术 + 资本”综合业务能力的企业参与海绵城市建设，打造大型专业化海绵城市建设运营企业。对符合条件的海绵城市建设项目实施主体提供专项建设基金，用于补充项目资本金不足部分。

五、地方各级住房和城乡建设部门、农发行各分行要建立协调工作机制，及时共享海绵城市建设项目信息及调度情况，协调解决项目融资、建设中存在的问题和困难。各省级住房和城乡建设部门和农发行各省级分行要及时将各地海绵城市建设项目进展情况、存在问题及有关建议分别报送至住房和城乡建设部和农发行总行。

中华人民共和国住房和城乡建设部

中国农业发展银行

五、中华人民共和国国土资源部

关于优化2015年住房及用地供应结构促进房地产市场平稳健康发展的通知

国土资发〔2015〕37号　2015年3月27日

各省、自治区、直辖市国土资源主管部门、住房和城乡建设厅（建委、房地局、规划局）：

为切实贯彻国务院关于房地产市场分类调控、因地施策的总要求，进一步加强住房及用地供应分类管理，合理优化住房及用地供应规模、结构，支持居民自住和改善性住房需求，促进房地产市场平稳健康发展，现就有关问题通知如下：

一、合理安排住房及其用地供应规模

（一）科学编制住房建设规划及年度实施计划。省级住房和城乡建设主管部门要根据城镇住房发展规划，指导和监督市、县住房和城乡建设主管部门依据住房现状调查、需求预测以及在建、在售住房规模等，立足当地经济社会发展和资源、环境、人口等约束条件，加快编制本地区的住房建设规划及年度实施计划，对住房的建设总量、供应结构、空间布局和开发进度等作出统筹安排，因地制宜确定保障性住房和商品住房的供应比例。各类棚户区改造应纳入住房建设规划及年度实施计划，加强实物分类管理。住房供过于求的，要适当控制2015年住房开发建设规模与进度。

（二）加强住房用地年度供应计划编制。省级国土资源主管部门要加强对市、县住房用地年度供应计划编制工作的指导，按照稳定市场的原则，要求和督促各市、县根据住房建设规划及年度实施计划，结合商品住房累积可售面积总量、未开工住宅用地总量等指标，合理确定住宅用地年度供应规模。市、县国土资源主管部门在编制2015年住房用地年度供应计划时，应按市场供求情况，合理确定商品住房用地供应规模，并对保障性安居工程和棚户区改造年度任务所需用地应保尽保。住房供应明显偏多的市、县，或在建住宅用地规模过大的市、县，应明显减少住宅用地供应量直至暂停计划供应；住房供求矛盾比较突出的热点城市，应根据市场实际情况有效增加住宅用地供应规模。

（三）强化住宅用地供应管理。各地国土资源主管部门要根据市场实际情况，控制好住宅用地供应的规模、布局和节奏，将住房用地年度供应计划落实到具体地块，明确上市时间，定期分批推出，稳定、均衡供应住宅用地。要进一步采取措施，灵活确定地块面积、组合不同用途和面积地块搭配供应。综合运用多种供地方式，完善招拍挂手段，减少流标流拍，避免异常高价地，稳定市场预期。

二、优化住房及用地供应结构

（四）优化住房供应套型结构。各地要立足市场实际需求，科学把握住房供应套型结构。对于在建商品住房项目，各地国土资源、城乡规划主管部门在不改变用地性质和容积率等必要规划条件的前提下，允许房地产开发企业适当调整套型结构，对不适应市场需求的住房户型做出调整，满足合理的自住和改善性住房需求。

（五）促进房地产用地结构调整。房地产供应明显偏多或在建房地产用地规模过大的市、县，国土资源主管部门、住房和城乡建设、城乡规划主管部门可以根据市场状况，研究制订未开发房地产用地的用途转换方案，通过调整土地用途、规划条件，引导未开发房地产用地转型利用，用于国家支持的新兴产业、养老产业、文化产业、体育产业等项目用途的开发建设，促进其他产业投资。对按照新用途或者新规划条件开发建设的项目，应重新办理相关用地手续，重新核定相应的土地价款。

三、统筹保障性安居工程建设

（六）多渠道筹措房源。省级住房和城乡建设主管部门要及时总结地方经验，进一步加大住房保障货币化工作力度，将符合条件的商品住房作为棚改安置房和公共租赁住房房源。整体购买在建房地产项目用于棚改安置房和公共租赁住房，或将尚未开工建设的房地产用地转为棚改安置房和公共租赁住房用地的，允许其适当调整规划建设条件，优化户型结构。

（七）完善配套土地政策和用地手续。将尚未开工房地产项目用地转变用途、调整规划建设条件用于棚改安置房和公共租赁住房建设的，市、县国土资源主管部门应重新核定相应的土地价款，更改土地出让合同。对购买在建、已建成商品住房用于棚改安置房和公共租赁住房的，要签订土地出让补充合同，明确土地分摊、地价款核算等事项。改变尚未开工房地产项目的宗地用途，或整体购买在建、已建成商品住房项目用于公共租赁住房，符合划拨用地条件的，应重新办理划拨用地手续，核发划拨用地决定书。

四、加大市场秩序和供应实施监督力度

（八）加强联动监管。各地住房和城乡建设、国土资源主管部门要依法依规，强化房地产开发全过程的联动监管，进一步规范市场秩序。对在房地产开发和交易环节中有严重违法违规行为的房地产开发企业，以及违反有关资质管理规定的房地产开发企业，国土资源主管部门可以根据住房和城乡建设主管部门提供的处罚信息，限制或禁止其参与新出让房地产用地的竞买。国土资源主管部门要及时将在土地市场中有违法违规行为的房地产开发企业信息告知住房和城乡建设主管部门，住房和城乡建设主管部门要依据房地产开发企业资质管理规定，予以相应处罚；情节严重的，依法注销其资质证书。

（九）加强监督检查。省级住房和城乡建设、国土资源主管部门要按照省级人民政府负总责，市县人民政府抓落实以及落实地方政府主体责任的有关要求，认真履职，进一步加大对市、县主管部门工作的指导、监督和检查力度，既要防止不作为，又要防止乱作为。住房建设规划、年度实施计划和住房用地供应年度计划要经过专家咨询、科学论证后形成，报同级人民政府审批后实施，同时分别报省级住房和城乡建设部门和国土资源主管部门备案，并向社会公开。市、县住房建设规划、年度实施计划和住房用地供应年度计划的完成情况，调整房地产项目的土地用途、改变套型结构等规划建设条件的情况，以及住房开发建设和销售情况，要主动向社会公开，接受社会监督。对措施不落实、工作不到位的，省级住房和城乡建设、国土资源主管部门要责成整改，并依法追究有关单位和个人的责任。

国土资源部

住房和城乡建设部

关于做好不动产统一登记与房屋交易管理衔接的指导意见

国土资发〔2015〕90 号　2015 年 7 月 10 日

各省、自治区、直辖市国土资源主管部门、住房和城乡建设厅（建委、房地局）：

为贯彻落实《国务院机构改革和职能转变方案》、《中央编办关于整合不动产登记职责的通知》（中央编办发〔2013〕134 号，以下简称《通知》）和《国土资源部　中央编办关于地方不动产登记职责整合的指导意见》（国土资发〔2015〕50 号），促进房地产市场平稳健康发展，确保不动产统一登记工作平稳推进，现就做好不动产统一登记与房屋交易管理有序衔接，提出以下指导意见：

一、充分认识不动产统一登记与房屋交易管理有序衔接的重要意义

整合不动产登记职责机构是建立和实施不动产统一登记制度的组织保障，是确保《不动产登记暂行条例》（以下简称《条例》）顺利实施的前提。根据中央要求，房屋登记等不动产登记职责将统一整合到不动产登记机构，房屋交易管理职责继续由房产管理部门承担。不动产统一登记与房屋交易管理关联性强，做好相关工作衔接，有利于保障房屋交易安全，维护房地产权利人合法权益；有利于稳定住房消费，促进房地产市场平稳健康发展；有利于方便群众办事，提升政府治理效率和水平。

各级不动产登记机构、房产管理部门要高度重视，在工作中要加强配合，相互兼顾，统筹协调，按照方便群众办事、保障交易安全、提升管理效率的原则，确保房地产交易市场规范有序，不动产统一登记平稳推进，年底前完成不动产登记职责机构整合。

二、加强房屋交易管理与不动产统一登记

（一）加强房屋交易管理。房屋交易管理是房地产市场监管的基础和核心。各级房产管理部门要强化房屋转让、抵押、租赁、面积管理、房屋交易档案、房屋中介、个人住房信息系统建设等工作，特别是要做好商品房预售许可、房屋买卖合同网签备案、房屋交易资金监管、楼盘表的建立、购房资格审核、房源验核、存量房与政策性住房上市交易管理，以及房屋抵押政策制定及监督执行等交易监管具体工作，实现关联业务有序衔接。

（二）加快不动产统一登记。各省级国土资源主管部门、住房和城乡建设主管部门要认真贯彻落实《条例》和《通知》，指导各地充分利用现有资源，将房屋登记的申请、受理、审核、登簿、发证等房屋登记职责统一到不动产登记机构，不得随意拆分房屋登记职责。不动产登记机构要切实做好涉及房屋的所有权、用益物权、担保物权的首次登记、变更登记、转移登记、注销登记、更正登记、异议登记、预告登记、查封登记等工作。

三、做好不动产统一登记与房屋交易管理有序衔接

各地在加强房屋交易管理、推进不动产统一登记工作中，既要梳理再造登记流程，保证不动产统一登记有序推进，又要加强房屋交易管理，保证交易与登记安全便民。对于房屋交易管理部门与不动产登记机构分设的，要切实做好交易与登记有关工作衔接。

（一）确保业务衔接顺畅。房产管理部门要对新建商品房、二手房，以及保障性等政策性住房的交易活动进行监管，实时将依法办理的房屋转让、抵押等相关交易信息提供给不动产登记机构，不动产登记机构应当依据相关交易信息进行登记。在完成房屋登记后，不动产登记机构也要实时将各类登记信息提供给房产管理部门，有效防范一房多卖、已抵押房屋违规出售等行为的发生，确保交易安全。

（二）实现信息互通共享。不动产登记信息管理基础平台与房屋交易管理信息平台要相互对接，通过交换接口、数据抄送等形式，实现实时互通共享，消除“信息孤岛”，确保相关业务办理的连续、安全、便捷。现阶段尚未建成不动产登记信息管理基础平台的，应当按照职责分工，加快推进不动产登记信息整理、入库和不动产登记信息系统建设。

（三）做好资料移交与共用。不动产登记机构与房屋交易管理部门应当建立房屋登记档案和房屋交易档案查询互用制度，保证房屋登记和交易管理的正常运行。按照《物权法》《条例》和《通知》的有关规定，房屋登记簿等房屋登记资料由不动产登记机构管理。房产交易资料由房屋交易管理部门管理。

（四）加强服务窗口建设。各地要按照便民利民的原则，切实做好房屋交易、不动产登记窗口服务。房屋交易和登记业务办理尽量在一个服务大厅，进一步优化服务流程，提升服务水平，实现一个窗口受理，“一站式”、规范化服务。对于房屋交易与不动产登记服务大厅分设的，不动产登记机构和房产管理部门要加强沟通协调，可以互设服务窗口，受理相关业务。为方便群众办事，对于能够通过实时互通共享取得的信息，不得要求群众重复提交。

各地要按照本指导意见要求，认真抓好落实。在执行中遇到的有关情况可向国土资源部、住房和城乡建设部反映。

中华人民共和国国土资源部
中华人民共和国住房和城乡建设部

关于做好不动产登记信息管理基础平台建设工作的通知

国土资发〔2015〕103 号　2015 年 8 月 6 日

各省、自治区、直辖市国土资源主管部门，新疆生产建设兵团国土资源局，解放军土地管理局：

不动产登记信息管理基础平台（以下简称信息平台）是不动产登记制度建设的重要内容，建设难度大，社会需求强。为深入贯彻落实不动产登记“四统一”要求，统筹做好信息平台建设，保障不动产登记工作顺利推进，现将有关事项通知如下：

一、高度重视信息平台建设

建立统一的信息平台是《不动产登记暂行条例》的明确要求，是落实不动产登记制度的重要技术支撑，是保障交易安全和实现信息共享的重要手段，对于规范开展不动产登记业务，促进职责机构整合和工作流程再造，提升管理能力和治理水平，强化产权保护和便民利民具有重要意义。各地要高度重视信息平台建设，统一思想，提高认识，增强责任感和紧迫感，按照信息平台建设“反弹琵琶”的总体要求，超前谋划，统筹部署，将信息平台建设作为推进不动产登记制度建设的重要抓手，贯穿不动产登记制度建设全过程。各地要按照《不动产登记信息管理基础平台建设总体方案》（附后，以下简称《总体方案》）的统一部署，全面落实各项工作要求，确保信息平台建设有序推进。

二、准确把握目标任务

各地要紧紧围绕《不动产登记暂行条例》关于信息平台建设的要求，依据《总体方案》，对各级各类不动产登记数据、信息平台、软件系统及网络资源进行整合集成，确保国家、省、市、县四级登记信息的实时共享，实现与相关部门审批、交易信息的实时互通共享，加强与公安、民政、财政、税务等部门间不动产登记有关信息的互通共享，提供不动产登记资料的依法查询。各地要按照2015年下半年信息平台上线试运行，2016年基本完成各级不动产登记数据整合建库，2017年基本建成覆盖全国的不动产登记信息平台的总体部署，上下联动，协调配合，加快推进信息平台建设。要充分运用云计算技术，把信息平台搭建在国土资源部统一建设的“国土资源云”上。

在信息平台建设上，国土资源部负责信息平台顶层设计，统一组织信息平台开发、集成和部署，统筹国土资源主干网建设，制定相关标准；省级重点负责组织督导省内各级数据整合建库和不动产登记信息系统建设，统筹推进省、市、县三级网络建设并纳入国土资源主干网；市县级负责对各类不动产登记信息进行整合建库，对各类不动产登记信息系统进行融合、对接，实现登记业务、数据库本地运行，保证登记业务的顺利开展，做好与相应审批、交易部门间信息实时互通共享，对外提供信息查询服务。省、市、县三级已有的国土资源信息化平台，通过升级改造并与国家级信息平台对接，保护已有的信息化建设投入。

三、加快推进重点工作

（一）编制省级信息平台建设实施方案。省级应按照《总体方案》要求，因地制宜编制全国信息平台的本省（区、市）建设实施方案，确定建设的总体思路和实现路径，包括已有平台的升级改造、部署模式、运行环境建设、信息安全解决方案等，制定省市县三级网络建设方案或改造方案，编制本省（区、市）信息平台建设的路线图、时间表，对市县级信息平台建设工作提出要求，各省级国土资源主管部门应于2015年10月31日前将省级信息平台建设实施方案报部。

（二）做好平台、系统改造开发。各地在开展不动产登记业务梳理、流程再造的同时，要立足已有基础，升级改造已有信息平台及不动产登记信息系统，扩展功能，保障不动产登记业务的顺利实施。要明确与同级不动产审批、交易部门之间的共享数据内容和共享方式，实现同级部门间登记信息的实时互通共享。各地要按照信息平台2015年下半年上线试运行的总体要求，做好不动产登记信息接入全国信息平台的相关工作，各省（区、市）应选择基础条件较好的市县开展信息平台示范建设，确保2015年年底前各省（区、市）均有不少于2个市县登记信息接入国家级信息平台，有条件的省（区、市）要力争全覆盖。

（三）开展不动产登记数据整合建库。数据整合是信息平台建设的基础。各地要按照《总体方案》和相关技术标准，坚持“完整、一致、规范”的原则，以不动产登记簿为核心，以宗地（宗海）为基础，以不动产单元为基本单位，开展数据整合及数据库建设，最终形成空间参考一致、数据关联关系正确、历史信息完整的不动产登记数据库，力争2016年年底前基本完成存量不动产登记数据的整合建库工作。

（四）健全网络系统环境。省级要统筹推进本省（区、市）国土资源主干网建设，按照部制定的网络建设方案，做好国土资源主干网建设或升级改造，确保省、市、县三级网络互联互通。同时，各级国土资源主管部门要借助各级政府专网等网络资源，开展与同级不动产审批、交易等部门之间的网络建设，满足信息共享的需要。各地网络系统环境建设要符合网络安全保密技术的相关规定，满足不动产登记对网络安全保密的要求。

2016 年年底前，要基本完成各级国土资源主干网改造及与同级部门间的网络改造建设。

四、切实落实有关要求

（一）加强组织领导。各地要充分借助和依托已建立的不动产登记工作领导小组和联席会议制度，加强与相关部门的沟通协调，共同研究落实平台建设的任务和要求，合理确定时间安排，切实落实建设责任，加快推进信息平台建设。各级不动产登记业务部门要加强和信息化建设业务部门之间的工作对接，立足已有基础，共同组织实施。省级要将信息平台建设进展情况作为不动产登记信息动态联系机制的重要内容定期报部，同时确定一名信息平台建设工作的联系人报部。部将进一步加强业务指导，推动信息平台建设有序开展。

（二）统一建设标准。统一建设标准是建成全国统一信息平台的前提和关键。在《总体方案》所附技术标准基础上，将逐步制定发布一系列相关技术标准，各地要严格执行，统一、规范地开展数据库建设和信息系统升级改造，保证全国各级不动产登记机构顺利接入平台，实现登记信息实时共享。

（三）统筹同步推进。信息平台建设不是一项单纯的技术工作，各地要把信息平台作为不动产登记制度建设的一项重要内容，统筹谋划，同步推进。通过信息平台建设，推动促进职责机构整合，促进资料业务划转与工作流程再造，保障登记业务的有效衔接和平稳过渡。

（四）落实资金保障。信息平台建设，资金是保障。各地要提前谋划、积极协调，多渠道筹集资金，争取多方支持，全力保障数据整合、系统开发、平台升级改造、系统维护、软硬件配备、人员培训等信息平台建设的各项经费需求。

（五）确保信息安全。各地要高度重视信息安全，把信息安全纳入信息平台建设的全周期。要按照国家和地方信息系统安全要求，经相关部门测评认定。要建立安全保障制度，明确岗位、落实责任，在授权审批、审核审查、数据编辑等环节严格规范；在数据存储、备份、移交、整合等方面要加强信息保密防范；在信息共享、系统对接、上线运行等关键环节严防数据流失、外泄。

关于支持新产业新业态发展促进大众创业万众创新用地的意见

国土资规〔2015〕5 号　2015 年 9 月 18 日

各省、自治区、直辖市和新疆生产建设兵团国土资源、发展改革、科技、工业和信息化（通信管理）、住房和城乡建设、商务主管部门：

为贯彻落实党中央、国务院关于加快实施创新驱动发展战略、大力推进大众创业万众创新重大决策部署，增强战略性新兴产业支撑作用，推进“互联网＋”行动，发展电子商务，构建众创空间等创业服务平台，支持培育发展新产业、新业态，依据国家相关法律法规政策，提出以下用地意见：

一、加大新供用地保障力度

（一）优先安排新产业发展用地。依据国家《战略性新兴产业重点产品和相关服务指导目录》《中国制造2025》、“互联网＋”等国家鼓励发展的新产业、新业态政策要求，各地可结合地方实际，确定当地重点发展的新产业，以“先存量、后增量”的原则，优先安排用地供应。对新产业发展快、用地集约且需求大的地区，可适度增加年度新增建设用地指标。

（二）明确新产业、新业态用地类型。国家支持发展的新产业、新业态建设项目，属于产品加工制造、高端装备修理的项目，可按工业用途落实用地；属于研发设计、勘察、检验检测、技术推广、环境评估与监测的项目，可按科教用途落实用地；属于水资源循环利用与节水、新能源发电运营维护、环境保护及污染治理中的排水、供电及污水、废物收集、贮存、利用、处理以及通信设施的项目，可按公用设施用途落实用地；属于下一代信息网络产业（通信设施除外）、新型信息技术服务、电子商务服务等经营服务项目，可按商服用途落实用地。新业态项目土地用途不明确的，可经县级以上城乡规划部门会同国土资源等相关部门论证，在现有国家城市用地分类的基础上制定地方标准予以明确，向社会公开后实施。

（三）运用多种方式供应新产业用地。新产业项目用地符合《划拨用地目录》的，可以划拨供应。鼓励以租赁等多种方式向中小企业供应土地。积极推行先租后让、租让结合供应方式。出让土地依法需以招标拍卖挂牌方式供应的，在公平、公正、不排除多个市场主体竞争的前提下，可将投资和产业主管部门提出的产业类型、生产技术、产业标准、产品品质要求作为土地供应前置条件；以先租后让等方式供应土地涉及招标拍卖挂牌的，招标拍卖挂牌程序也可在租赁供应时实施，租赁期满符合条件的可转为出让土地。

（四）采取差别化用地政策支持新业态发展。光伏、风力发电等项目使用戈壁、荒漠、荒草地等未利用土地的，对不占压土地、不改变地表形态的用地部分，可按原地类认定，不改变土地用途，在年度土地变更调查时作出标注，用地允许以租赁等方式取得，双方签订好补偿协议，用地报当地县级国土资源部门备案；对项目永久性建筑用地部分，应依法按建设用地办理手续。对建设占用农用地的，所有用地部分均应按建设用地管理。新能源汽车充电设施、移动通信基站等用地面积小、需多点分布的新产业配套基础设施，可采取配建方式供地。在供应其他相关建设项目用地时，将配建要求纳入土地使用条件，土地供应后，由相关权利人依法明确配套设施用地产权关系；鼓励新产业小型配套设施依法取得地役权进行建设。

二、鼓励盘活利用现有用地

（五）促进制造业迈向中高端。传统工业企业转为先进制造业企业，以及利用存量房产进行制造业与文化创意、科技服务业融合发展的，可实行继续按原用途和土地权利类型使用土地的过渡期政策。在符合控制性详细规划的前提下，现有制造业企业通过提高工业用地容积率、调整用地结构增加服务型制造业务设施和经营场所，其建筑面积比例不超过原总建筑面积15%的，可继续按原用途使用土地，但不得分割转让。

（六）支持生产性、科技及高技术服务业发展。原制造业企业和科研机构整体或部分转型、转制成立独立法人实体，从事研发设计、勘察、科技成果转化转移、信息技术服务和软件研发及知识产权、综合科技、节能环保等经营服务的，可实行继续按原用途和土地权利类型使用土地的过渡期政策。

（七）鼓励建设创业创新平台。依托国家实验室、重点实验室、工程实验室、工程（技术）研究中心构建的开放共享互动创新网络平台，利用现有建设用地建设的产学研结合中试基地、共性技术研发平台、产业创新中心，可继续保持土地原用途和权利类型不变。按照国家加快构建众创空间的要求，对国家自主创新示范区、开发区、新型工业化产业示范基地、科技企业孵化器、国家大学科技园、小企业创业基地、高校、科技院所等机构，利用存量房产兴办创客空间、创业咖啡、创新工场等众创空间的，可实行继续按原用途和土地权利类型使用土地的过渡期政策。

（八）支持“互联网+”行动计划实施。在不改变用地主体、规划条件的前提下，开发互联网信息资源，利用存量房产、土地资源发展新业态、创新商业模式、开展线上线下融合业务的，可实行继续按原用途和土地权利类型使用土地的过渡期政策。过渡期满，可根据企业发展业态和控制性详细规划，确定是否另行办理用地手续事宜。

（九）促进科研院所企业化转制改革。科研机构转制为产业技术研发企业，其使用的原划拨科研用地、生产性建设用地，可按国有企业改制政策进行土地资产处置，对省级以上人民政府批准改制为国有独资公司、国有资本控股公司的，可采取作价出资（入股）、授权经营方式配置土地。

三、引导新产业集聚发展

（十）促进产业集聚集群发展。着力推进战略性新兴产业等新产业在现有开发区、产业集聚区集中布局，高新区、经开区、新型工业化产业示范基地要发挥新产业集聚集群发展的引领作用。支持以产业链为纽带，集中布局相关产业生产、研发、供应、上下游产品服务项目及公共服务项目。引导生产性服务业在中心城市、制造业集中区域集聚发展。国家在重大产业关键共性技术、装备和标准研发攻关及技术改造基建专项、工业转型升级等资金安排上，对各类开发区、产业集聚区中的重点企业予以支持。

（十一）有效保障中小企业发展空间。鼓励开发区、产业集聚区规划建设多层工业厂房、国家大学科技园、科技企业孵化器，供中小企业进行生产、研发、设计、经营多功能复合利用。标准厂房用地按工业用途管理，国家大学科技园、科技企业孵化器实行只租不售、租金管制、租户审核、转让限制的，其用地可按科教用途管理。创办三年内租用经营场所的小型微型企业，投资项目属于新产业、新业态的，可给予一定比例的租金补贴。鼓励地方出台支持政策，在规划许可的前提下，积极盘活商业用房、工业厂房、企业库房、物流设施和家庭住所、租赁房等资源，为创业者提供低成本办公场所和居住条件。

（十二）引导土地用途兼容复合利用。城乡规划主管部门在符合控制性详细规划的前提下，按照用途相近、功能兼容、互无干扰、基础设施共享的原则，会同发展改革、国土资源主管部门，根据当地实际，研究制定有助于新产业、新业态发展的兼容性地类和相关控制指标。经市、县国土资源会同城乡规划等部门充分论证，新产业工业项目用地，生产服务、行政办公、生活服务设施建筑面积占项目总建筑面积比例不超过15%的，可仍按工业用途管理。科教用地可兼容研发与中试、科技服务设施与项目及生活性服务设施，兼容设施建筑面积比例不得超过项目总建筑面积的15%，兼容用途的土地、房产不得分割转让。出让兼容用途的土地，按主用途确定供应方式，在现有建设用地上增加兼容的，可以协议方式办理用地手续。

（十三）推动功能混合和产城融合。单一生产功能的开发区、产业集聚区，可按照统一配套、依法供应、统筹管理的原则，在符合城乡规划的前提下，适当安排建设用地用于商品零售、住宿餐饮、商务金融、城镇住宅等建设，推动相关区域从单一生产功能向城市综合功能转型。

四、完善新产业用地监管制度

（十四）建立政策实施部门联动机制。市、县国土资源主管部门编制国有建设用地供应计划前，应征询相关部门意见。发展改革应会同工业和信息化、科技、商务等部门及开发区管理机构，研究提出新产业和新业态项目的用地需求；城乡规划主管部门会同国土部门提出用地布局、协调土地供应和建设时序意见。国有建设用地供应计划报市、县人民政府批准后组织实施。现有建设用地过渡期支持政策以5年为限，5年期满及涉及转让需办理相关用地手续的，可按新用途、新权利类型、市场价，以协议方式办理。对需享受政策的市场主体，投资或相关行业主管部门应向国土资源主管部门提供项目符合条件证明文件，国土资源主管部门登记备案后执行。加强过渡期满政策执行监管，防止以任何名目改变政策适用期。

（十五）建立共同监管机制。对于投资和产业主管等部门提出产业类型、生产技术、产业标准、产品品质要求作为土地供应条件的，在土地供应成交后，提出关联条件部门应当要求土地使用权取得人提交项目用地产业发展承诺书，作为国土资源主管部门签订土地供应合同的前提条件。提出关联条件部门应对承诺书的履行进行监督，并适时通报国土资源主管部门。项目竣工投产达不到约定要求的，各相关部门应按职能分工依法依约进行处置。对利用现有建设用地兴办的新产业、新业态项目提出证明文件部门，应对项目经营方向进行监管。在工业、科教用地上建设或兼容的研发场所，允许转让、出租的，受让方、承租方投资项目所属产业应符合研发场所允许布局产业要求，不符合的，应按商服用途办理补缴土地出让价款手续及相关变更手续。

（十六）建立定期核验评估制度。签订、接收项目用地产业发展承诺书、土地供应合同、划拨决定书及提供项目符合用地支持政策要求证明文件的政府相关责任部门，应按法律文书约定、规定的事项，定期进行核验评估。对不符合用地支持扶持政策的，应及时终止政策执行；对需承担违约责任的，应依法依约追究责任。对符合相关规定、约定且需办理后续用地手续的，应及时办理。

本文件自下发之日起执行，有效期八年。

关于支持旅游业发展用地政策的意见

国土资规〔2015〕10号　2015年11月25日

各省、自治区、直辖市和新疆生产建设兵团国土资源、住房和城乡建设、旅游主管部门：

为贯彻党的十八届五中全会精神，落实《国务院关于促进旅游业改革发展的若干意见》（国发〔2014〕31号）、《国务院办公厅关于进一步促进旅游投资和消费的若干意见》（国办发〔2015〕62号）相关部署，促进稳增长、调结构、扩就业，提高旅游业用地市场化配置和节约集约利用水平，现就相关用地问题提出以下意见：

一、积极保障旅游业发展用地供应

（一）有效落实旅游重点项目新增建设用地。按照资源和生态保护、文物安全、节约集约用地原则，在与土地利用总体规划、城乡规划、风景名胜区规划、环境保护规划等相关规划衔接的基础上，加快编制旅游发展规划。对符合相关规划的旅游项目，各地应按照项目建设时序，及时安排新增建设用地计划指标，依法办理土地转用、征收或收回手续，积极组织实施土地供应。加大旅游扶贫用地保障。

（二）支持使用未利用地、废弃地、边远海岛等土地建设旅游项目。在符合生态环境保护要求和相关规划的前提下，对使用荒山、荒地、荒滩及石漠化、边远海岛土地建设的旅游项目，优先安排新增建设用地计划指标，出让底价可按不低于土地取得成本、土地前期开发成本和按规定应收取相关费用之和的原则确定。对复垦利用垃圾场、废弃矿山等历史遗留损毁土地建设的旅游项目，各地可按照“谁投资、谁受益”的原则，制定支持政策，吸引社会投资，鼓励土地权利人自行复垦。政府收回和征收的历史遗留损毁土地用于旅游项目建设的，可合并开展确定复垦投资主体和土地供应工作，但应通过招标拍卖挂牌方式进行。

（三）依法实行用地分类管理制度。旅游项目中，属于永久性设施建设用地的，依法按建设用地管理；属于自然景观用地及农牧渔业种植、养殖用地的，不征收（收回）、不转用，按现用途管理，由景区管理机构和经营主体与土地权利人依法协调种植、养殖、管护与旅游经营关系。

（四）多方式供应建设用地。旅游相关建设项目用地中，用途单一且符合法定划拨范围的，可以划拨方式供应；用途混合且包括经营性用途的，应当采取招标拍卖挂牌方式供应，其中影视城、仿古城等人造景观用地按《城市用地分类与规划建设用地标准》的“娱乐康体用地”办理规划手续，土地供应方式、价格、使用年限依法按旅游用地确定。景区内建设亭、台、栈道、厕所、步道、索道缆车等设施用地，可按《城市用地分类与规划建设用地标准》“其他建设用地”办理规划手续，参照公园用途办理土地供应手续。风景名胜区的规划、建设和管理，应当遵守有关法律、行政法规和国务院规定。鼓励以长期租赁、先租后让、租让结合方式供应旅游项目建设用地。

（五）加大旅游厕所用地保障力度。要高度重视旅游厕所在旅游业发展中的文明窗口地位和基本公共服务作用。新建、改建旅游厕所及相关粪便无害化处理设施需使用新增建设用地的，可在2018年前由旅游厕所建设单位集中申请，按照法定报批程序集中统一办理用地手续，各地专项安排新增建设用地计划指标。符合《划拨用地目录》的粪便处理设施，可以划拨方式供应。支持在其他项目中配套建设旅游厕所，可在供应其他项目建设用地时，将配建要求纳入土地使用条件，土地供应后，由相关权利人依法明确旅游厕所产权关系。

二、明确旅游新业态用地政策

（六）引导乡村旅游规范发展。在符合土地利用总体规划、县域乡村建设规划、乡和村庄规划、风景名胜区规划等相关规划的前提下，农村集体经济组织可以依法使用建设用地自办或以土地使用权入股、联营等方式与其他单位和个人共同举办住宿、餐饮、停车场等旅游接待服务企业。依据各省、自治区、直辖市制定的管理办法，城镇和乡村居民可以利用自有住宅或者其他条件依法从事旅游经营。农村集体经济组织以外的单位和个人，可依法通过承包经营流转的方式，使用农民集体所有的农用地、未利用地，从事与旅游相关的种植业、林业、畜牧业和渔业生产。支持通过开展城乡建设用地增减挂钩试点，优化农村建设用地布局，建设旅游设施。

（七）促进自驾车、房车营地旅游有序发展。按照“市场导向、科学布局、合理开发、绿色运营”原则，加快制定自驾车房车营地建设规划和建设标准。新建自驾车房车营地项目用地，应当满足符合相关规划、垃圾污水处理设施完备、建筑材料环保、建筑风格色彩与当地自然人文环境协调等条件。自驾车房车营地项目土地用途按旅馆用地管理，按旅游用地确定供应底价、供应方式和使用年限。

（八）支持邮轮、游艇旅游优化发展。新建邮轮、游艇码头用地实行有偿使用。有偿使用的邮轮、游艇码头用地可采取协议方式供应。现有码头增设邮轮、游艇停泊功能的，可保持现有土地权利类型不变；利用现有码头设施用地、房产增设住宿、餐饮、娱乐等商业服务设施的，经批准可以协议方式办理用地手续。

（九）促进文化、研学旅游发展。利用现有文化遗产、大型公共设施、知名院校、科研机构、工矿企业、大型农场开展文化、研学旅游活动，在符合规划、不改变土地用途的前提下，上述机构土地权利人利用现有房产兴办住宿、餐饮等旅游接待设施的，可保持原土地用途、权利类型不变；土地权利人申请办理用地手续的，经批准可以协议方式办理。历史文化街区建设控制地带内的新建建筑物、构筑物，应当符合保护规划确定的建设控制要求。

三、加强旅游业用地服务监管

（十）做好确权登记服务。各地要依据《不动产登记暂行条例》等法律法规规定，按照不动产统一登记制度体系要求，不断增强服务意识，坚持方便企业、方便群众，减少办证环节，提高办事效率，改进服务质量，积极做好旅游业发展用地等不动产登记发证工作，依法明晰产权、保护权益，为旅游业发展提供必要的产权保障和融资条件。

（十一）建立部门共同监管机制。风景名胜区、自然保护区、国家公园等旅游资源开发，建设项目用地供应和使用管理应同时符合土地利用总体规划、城乡规划、风景名胜区规划及其他相关区域保护发展建设等规划，不符合的，不得批准用地和供地。新供旅游项目用地，将环保设施建设、建筑材料使用、建筑风格协调等要求纳入土地供应前置条件的，提出条件的政府部门应与土地使用权取得者签订相关建设活动协议书，并依法履行监管职责。要及时总结旅游产业用地利用实践情况，积极开展旅游产业用地重大问题研究和探索创新。

（十二）严格旅游业用地供应和利用监管。严格旅游相关农用地、未利用地用途管制，未经依法批准，擅自改为建设用地的，依法追究责任。严禁以任何名义和方式出让或变相出让风景名胜区资源及其景区土地。规范土地供应行为，以协议方式供应土地的，出让金不得低于按国家规定所确定的最低价。严格旅游项目配套商品住宅管理，因旅游项目配套安排商品住宅要求修改土地利用总体规划、城乡规划的，不得批准。严格相关旅游设施用地改变用途管理，土地供应合同中应明确约定，整宗或部分改变用途，用于商品住宅等其他经营项目的，应由政府收回，重新依法供应。

本文件自下发之日起执行，有效期五年。

国土资源部
住房和城乡建设部
国家旅游局

六、中华人民共和国财政部、国家税务总局

关于企业改制重组有关土地增值税政策的通知

财税〔2015〕5号　2015年2月2日

各省、自治区、直辖市、计划单列市财政厅（局）、地方税务局，西藏、宁夏、青海省（自治区）国家税务局，新疆生产建设兵团财务局：

为贯彻落实《国务院关于进一步优化企业兼并重组市场环境的意见》（国发〔2014〕14号），现将企业在改制重组过程中涉及的土地增值税政策通知如下：

一、按照《中华人民共和国公司法》的规定，非公司制企业整体改建为有限责任公司或者股份有限公司，有限责任公司（股份有限公司）整体改建为股份有限公司（有限责任公司）。对改建前的企业将国有土地、房屋权属转移、变更到改建后的企业，暂不征土地增值税。

本通知所称整体改建是指不改变原企业的投资主体，并承继原企业权利、义务的行为。

二、按照法律规定或者合同约定，两个或两个以上企业合并为一个企业，且原企业投资主体存续的，对原企业将国有土地、房屋权属转移、变更到合并后的企业，暂不征土地增值税。

三、按照法律规定或者合同约定，企业分设为两个或两个以上与原企业投资主体相同的企业，对原企业将

国有土地、房屋权属转移、变更到分立后的企业，暂不征土地增值税。

四、单位、个人在改制重组时以国有土地、房屋进行投资，对其将国有土地、房屋权属转移、变更到被投资的企业，暂不征土地增值税。

五、上述改制重组有关土地增值税政策不适用于房地产开发企业。

六、企业改制重组后再转让国有土地使用权并申报缴纳土地增值税时，应以改制前取得该宗国有土地使用权所支付的地价款和按国家统一规定缴纳的有关费用，作为该企业“取得土地使用权所支付的金额”扣除。企业在重组改制过程中经省级以上（含省级）国土管理部门批准，国家以国有土地使用权作价出资入股的，再转让该宗国有土地使用权并申报缴纳土地增值税时，应以该宗土地作价入股时省级以上（含省级）国土管理部门批准的评估价格，作为该企业“取得土地使用权所支付的金额”扣除。办理纳税申报时，企业应提供该宗土地作价入股时省级以上（含省级）国土管理部门的批准文件和批准的评估价格，不能提供批准文件和批准的评估价格的，不得扣除。

七、企业按本通知有关规定享受相关土地增值税优惠政策的，应及时向主管税务机关提交相关房产、国有土地权证、价值证明等书面材料。

八、本通知执行期限为 2015 年 1 月 1 日至 2017 年 12 月 31 日。《财政部国家税务总局关于土地增值税一些具体问题规定的通知》（财税字〔1995〕48 号）第一条、第三条，《财政部国家税务总局关于土地增值税若干问题的通知》（财税〔2006〕21 号）第五条同时废止。

财政部　国家税务总局

关于调整个人住房转让营业税政策的通知

财税〔2015〕39 号　2015 年 3 月 30 日

各省、自治区、直辖市、计划单列市财政厅（局）、地方税务局，西藏、宁夏、青海省（自治区）国家税务局，新疆生产建设兵团财务局：

为促进房地产市场健康发展，经国务院批准，现将个人住房转让营业税政策通知如下：

一、个人将购买不足 2 年的住房对外销售的，全额征收营业税；个人将购买 2 年以上（含 2 年）的非普通住房对外销售的，按照其销售收入减去购买房屋的价款后的差额征收营业税；个人将购买 2 年以上（含 2 年）的普通住房对外销售的，免征营业税。

二、上述普通住房和非普通住房的标准、办理免税的具体程序、购买房屋的时间、开具发票、差额征税扣除凭证、非购买形式取得住房行为及其他相关税收管理规定，按照《国务院办公厅转发建设部等部门关于做好稳定住房价格工作意见的通知》（国办发〔2005〕26 号）、《国家税务总局财政部建设部关于加强房地产税收管理的通知》（国税发〔2005〕89 号）和《国家税务总局关于房地产税收政策执行中几个具体问题的通知》（国税发〔2005〕172 号）的有关规定执行。

三、本通知自 2015 年 3 月 31 日起执行，《财政部国家税务总局关于调整个人住房转让营业税政策的通知》（财税〔2011〕12 号）同时废止。

财政部　国家税务总局

关于运用政府和社会资本合作模式推进公共租赁住房投资建设和运营管理的通知

财综〔2015〕15号　2015年4月21日

各省、自治区、直辖市、计划单列市财政厅（局）、国土资源厅（局）、住房和城乡建设厅（委、局），中国人民银行上海总部、各分行、营业管理部、省会（首府）城市中心支行、副省级城市中心支行，各省、自治区、直辖市、计划单列市国家税务局、地方税务局、银监局，新疆生产建设兵团财务局、国土资源局、建设局：

为贯彻落实党的十八届三中全会精神，提高公共租赁住房供给效率，按照《财政部关于推广运用政府和社会资本合作模式有关问题的通知》（财金〔2014〕76号）和《财政部关于印发政府和社会资本合作模式操作指南（试行）的通知》（财金〔2014〕113号）有关要求，现就运用政府和社会资本合作模式（Public－PrivateP-artnership）推进公共租赁住房投资建设和运营管理的有关事宜通知如下：

一、充分认识运用政府和社会资本合作模式推进公共租赁住房投资建设和运营管理的重要意义

政府和社会资本合作模式是政府与社会资本在公共服务领域建立的一种长期合作关系，通过这种合作和管理过程，可以更有效率地为社会提供公共服务。运用这种模式推进公共租赁住房投资建设和运营管理，有利于转变政府职能，提升保障性住房资源配置效率；有利于消化库存商品住房，促进房地产市场平稳健康发展；有利于提升政府治理能力，改善住房保障服务。运用政府和社会资本合作模式推进公共租赁住房投资建设和运营管理，作为一项政策创新和制度创新，对于稳增长、调结构、惠民生具有十分重要意义，各地要充分认识这项工作的重要性，积极有序开展试点工作。

二、运用政府和社会资本合作模式推进公共租赁住房投资建设和运营管理的基本目标和原则

（一）基本目标。通过运用政府和社会资本合作模式，发挥政府与社会资本各自优势，把政府的政策意图、住房保障目标和社会资本的运营效率结合起来，逐步建立“企业建房、居民租房、政府补贴、社会管理”的新型公共租赁住房投资建设和运营管理模式，有效提高公共租赁住房服务质量和管理效率。

（二）基本原则。

1. 政府组织，社会参与。政府根据本地区公共租赁住房需求状况，制定公共租赁住房发展规划和年度计划，组织合适的公共租赁住房项目开展政府和社会资本合作试点，选择社会资本参与投资建设和运营管理公共租赁住房。

2. 权责清晰，各司其职。在公共租赁住房项目合同中，明确政府与社会资本的各自责任，按照合同约定承担相应的权利、义务、责任和风险。

3. 激励相容，提高效率。通过综合运用多种政策手段，建立动态调整的租金价格机制，确保社会资本具有稳定合理的投资回报；建立严格的绩效评价机制，对项目运作、住房保障服务质量和资金使用效率等进行综合考核评价，确保公共租赁住房项目建设运营达到预期效果。

三、公共租赁住房项目政府和社会资本合作模式和条件

（一）公共租赁住房政府和社会资本合作项目的基本模式。运用政府和社会资本合作模式推进公共租赁住房投资建设和运营管理，主要是政府选择社会资本组建公共租赁住房项目公司，项目公司与政府签订合同，负责承担设计、投资建设、运营、维护管理任务，在合同期内通过“承租人支付租金”及必要的“政府政策支持”获得合理投资回报，依法承担相应的风险；政府负责提供政策支持，定期调整公共租赁住房租金价格，加强公共租赁住房工程建设及运营维护质量监管。合同期满后，项目公司终结，并按合同约定作善后处理。政府对项目公司承担有限责任，不提供担保或承诺。

（二）公共租赁住房政府和社会资本合作项目的基本条件。适合运用政府和社会资本合作模式的公共租赁住房项目应当同时具备以下条件：1. 已纳入住房保障规划和年度计划。2. 项目规划所在区域交通便利，学校、医院等公共基础设施配套齐全。3. 户型建筑面积符合公共租赁住房条件。户型建筑面积以 40 平方米左右的小户型为主，单套建筑面积控制在 60 平方米以内。4. 承租公共租赁住房的保障对象数量稳定。5. 保障对象按市场租金水平向项目公司缴纳住房租金。6. 政府按保障对象支付能力给予分档补贴及其他政策支持。7. 公共租赁住房运营期限不少于 15 年。

四、公共租赁住房政府和社会资本合作项目的适用范围

适用政府和社会资本合作模式的公共租赁住房项目主要包括：（一）政府自建自管项目；（二）政府收购的符合公共租赁住房条件的存量商品住房项目；（三）符合公共租赁住房条件且手续完备、债务清晰的停工未完工程项目；（四）以企业为主建设管理的公共租赁住房项目。

对于存量和在建的项目，特别是债务规模比较大的政府融资平台公司持有的公共租赁住房，应当在科学评估的基础上，采取招投标、拍卖、挂牌等法律法规规定的方式将公共租赁住房资产整体转让给项目公司，实行规范的政府和社会资本合作模式运作，转让收入优先用于偿还对应的存量政府债务；对于拟新建和收购的项目，从规划、设计、投资建设、运营、管理全过程均可按政府和社会资本合作模式运作。

五、规范运用政府和社会资本合作模式推进公共租赁住房投资建设和运营管理

（一）建立公共租赁住房政府和社会资本合作项目库。各地应认真梳理、科学甄别适合政府和社会资本合作模式的公共租赁住房项目，建立项目储备库。政府和社会资本合作的公共租赁住房项目由市县财政部门会同同级住房保障部门从存量和新增项目中筛选。

（二）做好项目前期论证和准备工作。市县财政部门会同同级住房保障部门引入第三方中介机构和专家，对拟实施政府和社会资本合作的公共租赁住房项目进行必要性、可行性、经济性、合规性评估和物有所值评价，论证项目是否满足政府和社会资本合作项目的必要条件。在此基础上，财政部门应组织开展政府和社会资本合作项目财政承受能力论证工作，通过识别、测算项目的各项财政支出责任，科学评估项目实施对当前及今后年度财政支出的影响，为项目财政预算管理提供依据，以保障政府切实履行合同义务，有效防范和控制财政风险，促进项目可持续发展。

（三）选择合作伙伴。按照《中华人民共和国政府采购法》、《财政部关于印发〈政府和社会资本合作项目政府采购管理办法〉的通知》（财库〔2014〕215 号）等有关法律法规规定，综合考虑企业资质、经营业绩、技术和管理能力、资金实力、服务质量、信誉等因素，择优选择公共租赁住房项目合作伙伴。

（四）筹组项目公司。按照“政府引导、企业主导、市场运作、利益分享、风险分担”的原则，由合作企业组建项目公司，具体负责公共租赁住房项目的设计、投资、建设、运营、维护和管理。

（五）签订合作合同。合同的主要内容应当包括：公共租赁住房项目名称、建设规模、投资规模、资金筹集、合作期限、户型结构、运营期限、维修维护责任；住房保障服务的数量、质量和标准；公共租赁住房租金价格及调整机制；合同期满后项目移交的内容、方式、程序及验收标准，涉及资产处置的，应当事先约定政府与社会资本收益分享比例；建设和运营管理的风险分担机制；项目终止的条件、流程和终止补偿；违约责任；争议解决方式等内容。

（六）建立监管和绩效评价机制。政府对公共租赁住房政府和社会资本合作项目运作、服务质量和资金使用效率等进行全过程监管和综合考核评价，认真把握和确定服务价格和项目收益指标，加强成本监审、考核评估、价格调整审核，引入第三方进行社会评价，评价结果向社会公示，并作为项目价格、政府补贴、合作期限等调整的依据。

六、构建政府支持政府和社会资本合作模式公共租赁住房的政策体系

（一）财政政策。市县财政部门统筹运用各级政府安排用于公共租赁住房的资金，通过贷款贴息方式支持公共租赁住房政府和社会资本合作项目购建和运营管理，具体贴息办法按照财政部印发的《城镇保障性安居工程贷款贴息办法》（财综〔2014〕76号）规定执行。同时，根据公共租赁住房保障对象的支付能力给予分档补贴，重点对城镇低收入住房困难家庭发放租赁补贴，配合同级住房保障部门督促保障对象按照合同约定的市场租金水平向项目公司缴纳住房租金。对于试行公共租赁住房政府和社会资本合作项目试点的地区，中央财政不改变城镇保障性安居工程资金分配方式。

（二）税费政策。对公共租赁住房建设按照国家现行有关规定免收各项行政事业性收费和政府性基金；落实现行有关公共租赁住房购建和运营管理税收优惠政策。

（三）土地政策。一是新建公共租赁住房建设用地可以租赁方式取得，租金收入作为土地出让收入纳入政府性基金预算管理。二是对于新建公共租赁住房项目，以及使用划拨建设用地的存量公共租赁住房项目，经市县人民政府批准，政府可以土地作价入股方式注入项目公司，支持公共租赁住房政府和社会资本合作项目，不参与公共租赁住房经营期间收益分享，但拥有对资产的处置收益权。三是在新建公共租赁住房政府和社会资本合作项目中，可以规划建设一定比例建筑面积的配套商业服务设施用于出租和经营，以实现资金平衡并有合理盈利，但不得用于销售和转让。

（四）收购政策。对于收购符合公共租赁住房条件的存量商品住房项目，按照政府搭桥、公司主导、双方自愿、保本不亏的原则确定收购价格；也可以按当地公共租赁住房建设成本及合理收益率确定收购价格。

（五）融资政策。一是银行业金融机构要在房地产开发贷款大项下建立公共租赁住房开发贷款的明细核算，对公共租赁住房贷款单独核算、单独管理、单独考核，根据自身实际，在依法合规、风险可控的前提下，加大对政府和社会资本合作模式公共租赁住房试点项目的信贷支持力度。二是鼓励社保基金、保险资金等公共基金通过债权、股权等多种方式支持项目公司融资。三是支持项目公司发行企业债券，适当降低中长期企业债券的发行门槛。四是支持以未来收益覆盖融资本息的公共租赁住房资产发行房地产投资信托基金（REITs），探索建立以市场机制为基础、可持续的公共租赁住房投融资模式。

七、扎实做好政府和社会资本合作模式公共租赁住房项目实施工作

（一）落实工作责任。财政部会同住房和城乡建设部、国家税务总局等相关部门完善落实财税支持政策；国土资源部会同财政部完善落实土地供应支持政策；人民银行、银监会指导督促金融机构做好金融服务工作。

地方各级财政、住房保障、国土、人民银行、银监会等部门，按照职责分工落实工作责任。同时，地方各级财政部门要会同住房保障部门结合本地区实际情况，制定政府和社会资本合作模式公共租赁住房项目试点方案，指导项目具体实施工作。

（二）建立工作机制。各级财政、住房保障、国土、人民银行、银监会等部门，要建立政府和社会资本合作模式公共租赁住房部门联席会议，专门研究解决运用政府和社会资本合作模式推进公共租赁住房投资建设和运营管理过程中出现的问题，联席会议各部门要加强协作，密切配合，确保各项政策措施落到实处，规范开展政府和社会资本合作模式公共租赁住房项目试点。

（三）开展项目试点。2015 年，各地区应当抓紧组织开展政府和社会资本合作模式公共租赁住房项目试点工作，政府和社会资本合作模式公共租赁住房试点项目由市县财政部门会同同级住房保障部门筛选，报省级财政部门会同住房保障部门共同审核确认后实施。对于市县筛选的公共租赁住房项目，每省可选择一定数量的项目开展试点。对于拟实施的试点项目，省级财政部门应当会同住房保障部门将项目区位、投资规模、建筑面积和套数、合作方式、合作期限、资金来源等情况报财政部、住房和城乡建设部备案。

财政部　国土资源部　住房和城乡建设部
中国人民银行　国家税务总局　银监会

关于简化个人无偿赠与不动产　土地使用权免征营业税手续的公告

公告 2015 年第 50 号　2015 年 6 月 29 日

为切实减轻纳税人负担，现将简化个人无偿赠与不动产、土地使用权免征营业税手续的有关事项公告如下：

个人以离婚财产分割、赠与特定亲属、赠与抚养人或赡养人方式无偿赠与不动产、土地使用权，符合《财政部　国家税务总局关于个人金融商品买卖等营业税若干免税政策的通知》（财税〔2009〕111 号）第二条免征营业税规定的，在办理营业税免税手续时，无须提供房产所有人“赠与公证书”、受赠人“接受赠与公证书”，或双方“赠与合同公证书”。

本公告自 2015 年 7 月 1 日起实施。此前尚未进行税务处理的，按照本公告规定执行。《国家税务总局关于加强房地产交易个人无偿赠与不动产税收管理有关问题的通知》（国税发〔2006〕144 号）第一条中“属于其他情况无偿赠与不动产的，受赠人应当提交房产所有人‘赠与公证书’和受赠人‘接受赠与公证书’，或持双方共同办理的‘赠与合同公证书’”同时废止。

国家税务总局

关于做好城市棚户区改造相关工作的通知

财综〔2015〕57 号　2015 年 8 月 26 日

各省、自治区、直辖市、计划单列市财政厅（局）、国土资源厅（各省、自治区、直辖市，计划单列市财政厅（局），新疆生产建设兵团财务局：

近期，国务院印发了《关于进一步做好城镇棚户区和城乡危房改造及配套基础设施建设有关工作的意见》（国发〔2015〕37号）。为认真贯彻落实国发〔2015〕37号文件精神，现就做好城市棚户区改造相关工作有关事宜通知如下：

一、大力推进2015年城市棚户区改造项目实施

2015年全国城市棚户区改造目标任务已确定为540万套，各级财政部门要积极配合住房和城乡建设等部门做好相关工作，确保完成2015年城市棚户区改造目标任务。对于已经签订合同并实施的城市棚户区改造项目，市县财政部门要按照合同和项目实施进度及时拨付财政资金，确保项目资金需要；对于尚未签订合同或已签订合同但尚未实施的城市棚户区改造项目，市县财政部门要积极配合相关部门做好房屋征收、拆迁以及补偿安置等工作。

二、科学编制2016—2017年城市棚户区改造计划

地方各级财政部门在做好2015年城市棚户区改造工作的同时，要积极配合相关部门对当地城市棚户区居民住房状况和需求情况进行摸底统计，根据当地经济社会发展水平和财政承受能力，科学制定2016年、2017年城市棚户区改造年度计划，包括实物安置和货币安置计划。在此基础上，各级财政部门要提前做好2016年城市棚户区改造财政资金预算编制工作，按规定渠道筹集和安排资金。

三、主动参与研究制定城市棚户区改造实施方案

市县财政部门要积极配合有关部门摸清本地区存量商品住房底数，根据本地区房地产市场状况，主动参与研究制定本地区城市棚户区改造实施方案，因地制宜确定城市棚户区改造安置方式。对于人口较少、住房供需矛盾不突出、房价不高、市场房源较多的城市，应当积极推行货币化安置方式，将货币安置补偿款发放给被拆迁居民，由被拆迁居民自主到市场购买安置住房；或通过政府部门搭桥组织房源，严格审核商品住房价格，由被拆迁居民与开发企业按核定的价格签订购买安置住房合同或协议，政府部门根据合同或协议将货币安置补偿款支付给开发企业。对于人口较多、住房供需矛盾突出、房价较高、市场房源短缺的城市，确需新建安置住房的，要督促相关部门抓紧做好项目选址等各项前期准备工作。

四、积极稳妥做好城市棚户区改造政府购买服务工作

（一）*多渠道筹集城市棚户区改造资金。*按照“省级负总责，市县抓落实、中央适当补助”的原则，中央和省级财政根据各地区财政困难状况、城市棚户区改造任务完成情况给予适当补助，市县财政部门要按照国家规定筹集城市棚户区改造资金。目前，市县可用于城市棚户区改造的财政资金来源包括城市维护建设税、城镇公用事业附加、城市基础设施配套费以及土地出让收入等。具体如何安排、安排多少，应当根据当地年度城市棚户区改造资金总体需要、相关资金来源状况、政府资金需求、上级补助等因素，按照统筹兼顾的原则，通过市县一般公共预算和政府性基金预算统筹安排。市县预算安排有缺口，确需举借地方政府债务弥补的，可通过省级人民政府代发地方政府债券予以支持。

（二）*尽快制定政府购买城市棚户区改造服务办法。*按照国发〔2015〕37号文件规定，政府购买城市棚户区改造服务的范围，严格限定在政府应当承担的城市棚户区改造征地拆迁服务以及安置住房筹集、公益性基础设施建设等方面，不包括城市棚户区改造项目中配套建设的商品房以及经营性基础设施。市县财政部门应当尽快制定政府购买城市棚户区改造服务办法，对政府购买城市棚户区改造服务的具体范围、购买主体、承接主

体、购买方式、购买程序、购买服务资金来源、购买服务资金预算管理、绩效评价等作出规定。市县政府有关主管部门应当根据本地区政府购买城市棚户区改造服务办法，公开择优选择政府购买城市棚户区改造服务的承接主体，并与承接主体签订购买城市棚户区改造服务协议。

（三）政府购买城市棚户区改造服务资金纳入年度财政预算管理。市县政府购买城市棚户区改造服务资金纳入年度财政预算。市县财政部门要及时跟踪和掌握城市棚户区改造工作进程，包括城市棚户区改造拆迁安置方案具体实施和进展情况，城市棚户区改造安置住房筹集进展情况等，按照政府购买城市棚户区改造服务协议要求和城市棚户区改造项目进度，在编制年度预算时做好购买服务资金安排，向提供城市棚户区改造服务的承接主体及时拨付资金，确保城市棚户区改造项目资金需要。同时，要按照财政部规定，做好政府购买城市棚户区改造服务信息公开工作。

五、落实城市棚户区改造涉及的税费优惠政策

（一）落实免收各项收费基金优惠政策。对城市棚户区改造项目，按照财政部规定免收防空地下室易地建设费、白蚁防治费、城市基础设施配套费、散装水泥专项资金、新型墙体材料专项基金、教育费附加、地方教育附加、城镇公用事业附加等各项行政事业性收费和政府性基金。同时，按规定免收省级出台的各项行政事业性收费。

（二）落实免收土地出让收入政策。对城市棚户区改造中的安置住房建设用地实行划拨方式供应，除依法支付土地补偿费、拆迁补偿费外，一律免缴土地出让收入。

（三）落实税收减免政策。对城市棚户区改造项目涉及的城镇土地使用税、印花税、土地增值税、契税、个人所得税等，按照《财政部　国家税务总局关于棚户区改造有关税收政策的通知》（财税〔2013〕101 号）规定执行。

六、推广实施城市棚户区改造项目贷款贴息

为引导和鼓励社会资本参与城市棚户区改造工作，各地区要认真落实财政部印发的《城镇保障性安居工程贷款贴息办法》（财综〔2014〕76 号），对符合条件的城市棚户区改造项目贷款予以一定比例和一定期限的利息补贴。贴息资金来源为各级财政预算安排用于城市棚户区改造的资金。贴息利率以中国人民银行公布的同期贷款基准利率为准，原则上不超过 2 个百分点。贴息期限按项目建设、收购周期内实际贷款期限确定。

七、管好用好城市棚户区改造专项资金

为使城市棚户区改造这一重大民生工程真正惠及广大人民群众，各地区要管好用好城市棚户区改造专项资金，确保资金专款专用。严禁各地区通过虚报城市棚户区改造任务或将城市道路拓展、重大工程建设等涉及的房屋拆迁纳入城市棚户区改造范围等方式，骗取套取中央和省级财政城市棚户区改造专项资金。各地区不得违规拨付或滞留城市棚户区改造专项资金，不得拖欠城市棚户区改造工程款；不得将应当用于城市棚户区改造的财政资金、银行贷款、企业债券收入等资金，挪用于园区开发、对外借款、投资经营、弥补工作经费等支出。对于违反规定的，将严格按照《财政违法行为处罚处分条例》等规定处理。

八、加强城市棚户区改造贷款管理

各地区应按照《国务院关于加强地方政府性债务管理的意见》（国发〔2014〕43 号）、《国务院办公厅转

发财政部　人民银行银监会关于解决地方政府融资平台公司在建项目后续融资问题意见的通知》（国办发〔2015〕40号）等规定，将符合条件的城市棚户区改造贷款纳入政府债务限额和预算管理，并加强对贷款用途的跟踪管理，不得挪用，切实防范地方政府债务风险。

九、开展城市棚户区改造财政资金绩效评价

各地区要按照财政部、住房和城乡建设部联合印发的《城镇保障性安居工程财政资金绩效评价暂行办法》（财综〔2015〕6号），将2015年城市棚户区改造纳入城镇保障性安居工程财政资金绩效评价范围，加强评价结果的应用。财政部将会同住房和城乡建设部以适当形式向各地区反馈绩效评价结果，地方各级财政部门应当会同同级住房和城乡建设部门向同级人民政府报告并以适当形式向社会公开本地区的绩效评价结果。绩效评价结果将作为分配以后年度城镇保障性安居工程资金、制定调整相关政策以及加强保障性安居工程建设和运营管理的重要参考依据。对于得分60分以下的地区，财政部将相应扣减分配该地区的中央财政城镇保障性安居工程专项资金数额，省级财政也要相应扣减分配该地区的省级补助资金数额。

财政部

关于进一步简化和规范个人无偿赠与或受赠不动产免征营业税、个人所得税所需证明资料的公告

公告2015年第75号　2015年11月10日

为落实国务院关于简政放权、方便群众办事的有关要求，进一步减轻纳税人负担，现就简化和规范个人无偿赠与或受赠不动产免征营业税、个人所得税所需的证明资料公告如下：

一、纳税人在办理个人无偿赠与或受赠不动产免征营业税、个人所得税手续时，应报送《个人无偿赠与不动产登记表》、双方当事人的身份证明原件及复印件（继承或接受遗赠的，只需提供继承人或接受遗赠人的身份证明原件及复印件）、房屋所有权证原件及复印件。属于以下四类情形之一的，还应分别提交相应证明资料：

（一）离婚分割财产的，应当提交：

1. 离婚协议或者人民法院判决书或者人民法院调解书的原件及复印件；

2. 离婚证原件及复印件。

（二）亲属之间无偿赠与的，应当提交：

1. 无偿赠与配偶的，提交结婚证原件及复印件；

2. 无偿赠与父母、子女、祖父母、外祖父母、孙子女、外孙子女、兄弟姐妹的，提交户口簿或者出生证明或者人民法院判决书或者人民法院调解书或者其他部门（有资质的机构）出具的能够证明双方亲属关系的证明资料原件及复印件。

（三）无偿赠与非亲属抚养或赡养关系人的，应当提交：

人民法院判决书或者人民法院调解书或者乡镇政府或街道办事处出具的抚养（赡养）关系证明或者其他部门（有资质的机构）出具的能够证明双方抚养（赡养）关系的证明资料原件及复印件。

（四）继承或接受遗赠的，应当提交：

1. 房屋产权所有人死亡证明原件及复印件；

2. 经公证的能够证明有权继承或接受遗赠的证明资料原件及复印件。

二、税务机关应当认真核对上述资料，资料齐全并且填写正确的，在《个人无偿赠与不动产登记表》上签字盖章，留存《个人无偿赠与不动产登记表》复印件和有关证明资料复印件，原件退还纳税人，同时办理免税手续。

三、各地税务机关要不折不扣地落实税收优惠政策，维护纳税人的合法权益。要通过办税服务厅、税务网站、12366 纳税服务热线、纳税人学堂等多种渠道，积极宣传税收优惠政策规定和办理程序，及时回应、准确答复纳税人咨询，做好培训辅导工作，避免纳税人多头找、多头跑，切实方便纳税人办理涉税事宜。有条件的地区可探索通过政府部门间信息交换共享，查询证明信息，减少纳税人报送资料。

四、本公告自公布之日起施行。《国家税务总局关于加强房地产交易个人无偿赠与不动产税收管理有关问题的通知》（国税发〔2006〕144 号）第一条第一款“关于加强个人无偿赠与不动产营业税税收管理问题”的规定同时废止。

国家税务总局

关于规范政府和社会资本合作（PPP）综合信息平台运行的通知

财金〔2015〕166 号　2015 年 12 月 28 日

各省、自治区、直辖市、计划单列市财政厅（局），新疆生产建设兵团财务局：

为贯彻落实《国务院办公厅转发财政部　发展改革委　人民银行关于在公共服务领域推广政府和社会资本合作模式指导意见的通知》（国办发〔2015〕42 号）精神，财政部开发建设了政府和社会资本合作（Public－Private Partnership，PPP）综合信息平台。现将有关事宜通知如下：

一、充分认识综合信息平台建设的重要意义

（一）综合信息平台是全国 PPP 项目信息的管理和发布平台。各级财政部门可依托互联网通过分级授权，在信息管理平台上实现项目信息的填报、审核、查询、统计和分析等功能；在信息发布平台上发布 PPP 项目相关信息，分享 PPP 有关政策规定、动态信息和项目案例。综合信息平台按照项目库、机构库和资料库实行分类管理，项目库用于收集和管理全国各级 PPP 储备项目、执行项目和示范项目信息，包括项目全生命周期各环节的关键信息；机构库用于收集和管理咨询服务机构与专家、社会资本、金融机构等参与方信息；资料库用于收集和管理 PPP 相关政策法规、工作动态、指南手册、培训材料和经典案例等信息。

（二）开发建设综合信息平台旨在促进 PPP 市场科学、规范和可持续发展。通过综合信息平台，高效利用现代信息技术、社会数据资源和社会化的信息服务，可以降低行政监管成本和市场交易成本，提高经济社会运行效率；政府可以充分获取和运用信息，加强服务质量、成本和价格监管，提升国家治理能力；可以保障公众知情权，加强社会监督，对 PPP 项目参与各方形成有效监督和约束，确保实现公共利益最大化。

二、认真做好综合信息平台运行各项工作

（三）统一授权分级录入项目库信息。地方各级财政部门要按照 PPP 项目操作流程，做好本地区 PPP 项目

各阶段信息填报、资料上传与管理工作。原则上，经地方各级财政部门会同相关部门评估、筛选的潜在 PPP 项目基本信息，均应录入综合信息平台。中央部门拟作为实施机构的 PPP 项目，由财政部统一评审录入项目信息。经省级财政部门审核满足上报要求的，由省级财政部门提交，列为储备项目；编制项目实施方案，通过物有所值评价、财政承受能力论证，并经本级政府审核同意的，列为执行项目；通过中央或省级财政部门评审并列为中央或省级示范的项目，列为示范项目。在项目开发和实施过程中，有咨询服务机构、社会资本方等采购需求的，可填写项目招商信息，经省级财政部门审核后上报。2016 年 1 月 15 日前，地方各级财政部门要会同相关部门完成现有 PPP 项目信息的录入、上报工作。

（四）统筹集中录入机构库和资料库信息。PPP 项目库中各项目所包含的咨询服务机构、社会资本、金融机构等信息，直接进入机构库，财政部 PPP 中心与地方各级财政部门可根据需要补充录入各类机构信息。财政部 PPP 中心负责资料库的管理和维护工作，收集、录入和管理 PPP 相关政策法规、工作动态、指南手册、培训材料、经典案例等信息。

（五）规范发布和使用综合信息。财政部 PPP 中心按照财政部 PPP 工作领导小组工作部署和信息披露相关要求，做好 PPP 项目库、机构库和资料库信息发布工作。对于 PPP 项目基础信息，以及 PPP 项目政府采购资格预审公告、采购文件、确认谈判备忘录、预中标或成交结果、项目合同文本、中标或成交结果等采购信息，综合信息平台与中国政府采购网实现信息共享。各省、市、县级财政部门、行业主管部门、实施机构、社会资本、咨询服务机构、金融机构、专家、公众等用户，可通过互联网在线访问、查询 PPP 相关信息。

三、构建激励相容的工作保障机制

（六）加强组织领导。地方各级财政部门要高度重视综合信息平台建设工作，广泛动员和联合相关部门做好本级 PPP 项目的筛选识别，信息收集、录入和审核工作，加强统筹协调，积极创造条件，确保综合信息平台顺利运行。省级财政部门要做好本级 PPP 项目信息录入、上报工作，并负责所辖市县项目信息的审核与上报工作。财政部 PPP 中心统筹负责项目库、机构库和资料库的建设与管理，并做好信息发布工作。财政部信息网络中心和地方各级财政信息技术部门负责技术保障。

（七）建立对口联系人和季报制度。地方各级财政部门要建立对口联系人制度，指定专人负责综合信息平台建设，及时收集、汇总、录入 PPP 项目信息。建立 PPP 项目信息季报制度，省级财政部门要在每季度第一个月 10 日前，向财政部 PPP 工作领导小组办公室（金融司）报送上一季度 PPP 项目进展情况，并抄送财政部 PPP 中心。

（八）建立综合信息平台建设奖惩挂钩机制。原则上，国家级和省级示范项目、各地 PPP 年度规划和中期规划项目均需从综合信息平台的项目库中筛选和识别。未纳入综合信息平台项目库的项目，不得列入各地 PPP 项目目录，原则上不得通过财政预算安排支出责任。

为规范综合信息平台运行，财政部制定了《政府和社会资本合作综合信息平台运行规程》（见附件），请严格执行。地方各级财政部门要对 PPP 项目信息严把入口关，确保项目信息真实、及时、规范；省级财政部门要严把审查关，履行好监督管理职责，确保上报项目信息真实、合规；财政部 PPP 中心要严把统筹关，全面审查各项目信息，保证对外发布信息真实、有效。

财政部

附件：

政府和社会资本合作（PPP）综合信息平台运行规程

第一章 总 则

第一条 为贯彻落实《国务院办公厅转发财政部 发展改革委 人民银行关于在公共服务领域推广政府和社会资本合作模式指导意见的通知》（国办发〔2015〕42号）和《国务院办公厅关于运用大数据加强对市场主体服务和监管的若干意见》（国办发〔2015〕51号）精神，提升全国政府和社会资本合作（Public－Private Partnership，PPP）工作管理信息化水平，财政部建立PPP综合信息发布平台，制定本规程。

第二条 PPP综合信息平台用于收集、管理和发布国家PPP政策、工作动态、项目信息等内容，推动项目实施的公开透明、有序竞争，提高政府运用PPP大数据，增强政府服务和监管PPP工作的水平与效率。

第三条 中央、省、市、县级财政部门参与PPP综合信息平台进行的系统运行、维护和管理，适用本规程。

第二章 PPP综合信息平台内容

第四条 PPP综合信息平台应遵照《国务院办公厅转发财政部 发展改革委 人民银行关于在公共服务领域推广政府和社会资本合作模式指导意见的通知》（国办发〔2015〕42号）、《财政部关于印发政府和社会资本合作模式操作指南（试行）的通知》（财金〔2014〕113号）、《财政部关于印发政府和社会资本合作项目政府采购管理办法的通知》（财库〔2014〕215号）、《财政部关于印发政府采购竞争性磋商采购方式管理暂行办法的通知》（财库〔2014〕214号）、《财政部关于印发政府和社会资本合作项目财政承受能力论证指引的通知》（财金〔2015〕21号）等政策要求，收集、管理和发布PPP项目信息，保证项目实施公开透明。

第五条 PPP综合信息平台由财政部PPP工作领导小组办公室委托财政部PPP中心组织开发，由财政部PPP中心和信息网络中心共同承担运行和管理工作，共包括PPP信息发布平台和PPP信息管理平台两大部分。

PPP信息发布平台以外网形式对社会发布PPP政策法规、工作动态、PPP项目库、PPP项目招商与采购公告以及知识分享等信息。网址为http：//www. cpppc. org。

PPP信息管理平台为内部管理平台，用于对全国PPP项目进行跟踪、监督，为开展PPP工作或开发实施PPP项目提供技术支持，具体包括PPP项目库、机构库和资料库，具有录入、查询、统计和用户管理等功能。

第六条 财政部PPP中心负责PPP信息发布平台和PPP信息管理平台下的机构库（咨询服务机构与专家、金融机构等）和资料库的运行、维护和管理。

第七条 省、市、县级财政PPP业务部门和信息技术部门需配合财政部PPP中心维护和管理PPP信息管理平台下的项目库。项目库是PPP综合信息平台的核心组成部分，包含储备库、执行库和示范库三个子库。由各级财政部门会同相关部门评估、筛选的PPP项目，基本信息均应录入PPP综合信息平台。经省级财政部门审核满足上报要求的，列为储备项目。编制项目实施方案，通过物有所值评价、财政承受能力论证，并经本级政府审核同意的，列为执行项目。通过中央或省级财政部门评审并列为中央或省级示范项目的，列为示范项目。在项目开发实施过程中，有咨询服务机构、社会资本方采购需求的，可填写项目招商信息，经省级财政部门审核后上报。

所有PPP项目必须列入项目库。省、市、县级财政部门应与相关部门密切沟通，保证符合条件的项目及时、准确、规范、完整列入项目库。

第八条 省、市、县级财政部门要按照财政部 PPP 中心统一制定的数据规范与要求，录入本级 PPP 项目的基本信息、以及项目识别、准备、采购、执行和移交阶段的信息。中央部门拟作为实施机构的 PPP 项目，由财政部统一评审录入项目信息。

第九条 财政部 PPP 中心和信息网络中心应保障 PPP 综合信息平台的运行、推广和升级完善。省、市、县级财政部门可根据需要开发符合自身需求的个性化功能模块，建立地方 PPP 信息平台，但应当与 PPP 综合信息平台进行实时数据对接，保证数据规范一致。

PPP 综合信息平台应与预算管理、政府采购、政府债务管理等信息系统开放共享。

第十条 中央和省、市、县级财政 PPP 业务部门和信息技术部门应为 PPP 综合信息平台的应用、运行、维护和管理提供保障，建立健全内部管理制度，落实岗位责任制和领导负责制，合理安排岗位人员，加强管理和风险防范。

第三章　用户管理

第十一条 中央、省、市、县级财政部门、行业主管部门、实施机构、社会资本、咨询服务机构、金融机构、专家、公众等用户，可通过互联网在线访问、查询公开信息。

第十二条 在 PPP 综合信息平台初始阶段，财政部 PPP 中心为省、市、县级财政部门用户生成一个管理员账户。省、市、县级财政部门如需新增账户，可根据内部管理制度，给新增账户开设与其权限匹配的账户，以方便数据和资料上传。

第十三条 为增强 PPP 综合信息平台的系统安全性，系统将按照财政部统一安全防护体系进行升级。

第四章　信息管理与应用

第十四条 各级财政部门通过 PPP 信息管理平台，可以管理本级及下级财政部门的 PPP 项目信息，即中央级可以管理全国各省、市、县 PPP 项目信息，各省级财政部门可以管理本省（区、市）各市、县 PPP 项目信息，各市、县级财政部门可以管理本市县 PPP 项目信息。

中央和省、市、县级财政部门要通过 PPP 综合信息平台，及时了解国家 PPP 工作政策、发展动态，特别是跟踪、监督所辖行政区域内 PPP 项目开发、执行情况，进行全生命周期管理。

第十五条 省级财政部门应对所辖市、县财政部门上报的项目信息和拟在 PPP 综合信息平台上发布的 PPP 项目招商信息进行合规性审核。

第十六条 中央和省、市、县级财政部门应积极实现数据共享，除共享 PPP 项目库信息外，要逐步实现机构库中咨询服务机构与专家、社会资本、金融机构等信息资源的共享，实现对机构库信息的全系统可识别、可跟踪，为将来利用大数据评价服务质量、建立信用体系夯实基础。对有需求的行业主管部门和实施机构，逐步实现数据共享。

第五章　监督检查

第十七条 财政部 PPP 中心和信息网络中心要保障 PPP 综合信息平台的安全运行，不断完善系统功能。

第十八条 上级财政部门应每季度对行政区域内 PPP 综合信息平台建设情况进行检查和考核。对系统应用情况较好、数据填报及时、数据质量高的地区，在制定、执行相关奖励政策时应予以优先考虑。

第十九条 省、市、县级财政部门在项目库中上传的 PPP 项目信息不真实、不准确、不规范、不完整的，将不予采用。原则上，国家级和省级示范项目、各地 PPP 年度规划和中期规划项目均需从 PPP 综合信息平台的项目库中筛选和识别。未纳入 PPP 综合信息平台项目库的项目，不得列入各地 PPP 项目目录，原则上不得通过预算安排支出责任。

第六章　附　则

第二十条　本规程由财政部 PPP 工作领导小组办公室负责解释和修订。

本规程自 2016 年 1 月 1 日起实施。

七、中国人民银行

关于个人住房贷款政策有关问题的通知

银发〔2015〕98 号　2015 年 3 月 30 日

为进一步完善个人住房信贷政策，支持居民自住和改善性住房需求，促进房地产市场平稳健康发展，经国务院批准，现就有关事项通知如下：

一、继续做好住房金融服务工作，满足居民家庭改善性住房需求。鼓励银行业金融机构继续发放商业性个人住房贷款与住房公积金委托贷款的组合贷款，支持居民家庭购买普通自住房。对拥有 1 套住房且相应购房贷款未结清的居民家庭，为改善居住条件再次申请商业性个人住房贷款购买普通自住房，最低首付款比例调整为不低于 40%，具体首付款比例和利率水平由银行业金融机构根据借款人的信用状况和还款能力等合理确定。

二、进一步发挥住房公积金对合理住房消费的支持作用。缴存职工家庭使用住房公积金委托贷款购买首套普通自住房，最低首付款比例为 20%；对拥有 1 套住房并已结清相应购房贷款的缴存职工家庭，为改善居住条件再次申请住房公积金委托贷款购买普通自住房，最低首付款比例为 30%。

三、加强政策指导，做好贯彻落实、监督和政策评估工作。人民银行、银监会各级派出机构要按照“因地施策，分类指导”的原则，做好与地方政府的沟通工作，加强对银行业金融机构执行差别化住房信贷政策情况的监督；在国家统一信贷政策基础上，指导银行业金融机构合理确定辖内商业性个人住房贷款最低首付款比例和利率水平；密切跟踪和评估住房信贷政策的执行情况和实施效果，有效防范风险，促进当地房地产市场平稳健康发展。

请人民银行各分行、营业管理部、省会（首府）城市中心支行、副省级城市中心支行，各省（自治区、直辖市）银监局将本通知转发至辖区内城市商业银行、农村商业银行、农村合作银行、城乡信用社、外资银行、村镇银行。

中国人民银行
住房和城乡建设部
中国银行业监督管理委员会

关于进一步完善差别化住房信贷政策有关问题的通知

2015 年 9 月 24 日

为进一步改进住房金融服务，支持合理住房消费，经国务院同意，现就个人住房贷款政策有关事项通知如下：

一、在不实施“限购”措施的城市，对居民家庭首次购买普通住房的商业性个人住房贷款，最低首付款比例调整为不低于 25%。

二、人民银行、银监会各派出机构应按照“分类指导，因地施策”的原则，加强与地方政府的沟通，根据辖内不同城市情况，在国家统一信贷政策的基础上，指导各省级市场利率定价自律机制结合当地实际情况自主确定辖内商业性个人住房贷款的最低首付款比例。

请人民银行各分行、营业管理部、省会（首府）城市中心支行、副省级城市中心支行，各省（自治区、直辖市）银监局将本通知转发至辖区内城市商业银行、农村商业银行、农村合作银行、城乡信用社、外资银行、村镇银行。

中国人民银行

中国银监会

八、中华人民共和国工业和信息化部

关于印发《促进绿色建材生产和应用行动方案》的通知

工信部联原〔2015〕309 号　2015 年 8 月 31 日

各省、自治区、直辖市及计划单列市、新疆生产建设兵团工业和信息化主管部门、住房和城乡建设主管部门：

为贯彻落实《中国制造 2025》《国务院关于化解产能严重过剩矛盾的指导意见》和《绿色建筑行动方案》，促进绿色建材生产和应用，推动建材工业稳增长、调结构、转方式、惠民生，更好地服务于新型城镇化和绿色建筑发展，我们制订了《促进绿色建材生产和应用行动方案》。现印发给你们，请结合实际，认真贯彻落实。

工业和信息化部　住房和城乡建设部

促进绿色建材生产和应用行动方案

绿色建材是指在全生命期内减少对自然资源消耗和生态环境影响，具有“节能、减排、安全、便利和可循环”特征的建材产品。我国建材工业资源能源消耗高、污染物排放总量大、产能严重过剩、经济效益下滑，绿色建材发展滞后、生产占比低、应用范围小。促进绿色建材生产和应用，是拉动绿色消费、引导绿色发展、促进结构优化、加快转型升级的必由之路，是绿色建材和绿色建筑产业融合发展的迫切需要，是改善人居环境、建设生态文明、全面建成小康社会的重要内容。为加快绿色建材生产和应用，制定本行动方案。

总体要求：以党的十八大和十八届三中、四中全会精神为指导，贯彻落实《中国制造2025》《国务院关于化解产能严重过剩矛盾的指导意见》和《绿色建筑行动方案》等要求，以新型工业化、城镇化等需求为牵引，以促进绿色生产和绿色消费为主要目的，以绿色建材生产和应用突出问题为导向，明确重点任务，开展专项行动，实现建材工业和建筑业稳增长、调结构、转方式和可持续发展，大力推动绿色建筑发展、绿色城市建设。

行动目标：到2018年，绿色建材生产比重明显提升，发展质量明显改善。绿色建材在行业主营业务收入中占比提高到20%，品种质量较好满足绿色建筑需要，与2015年相比，建材工业单位增加值能耗下降8%，氮氧化物和粉尘排放总量削减8%；绿色建材应用占比稳步提高。新建建筑中绿色建材应用比例达到30%，绿色建筑应用比例达到50%，试点示范工程应用比例达到70%，既有建筑改造应用比例提高到80%。

一、建材工业绿色制造行动

（一）全面推行清洁生产。支持现有企业实施技术改造，提高绿色制造水平。推广应用建材窑炉烟气脱硫脱硝除尘、煤洁净气化以及建材智能制造、资源综合利用等共性技术，优先支持建筑卫生陶瓷行业清洁生产技术改造。平板玻璃行业限制高硫石油焦燃料。引导北方采暖区水泥企业在冬季供暖期开展错峰生产，节能减排，减少雾霾。

推广新型耐火材料。全面推广无铬耐火材料，从源头消减重金属污染。开发推广结构功能一体化、长寿命及施工便利的新型耐火材料和微孔结构高效隔热材料。

（二）强化综合利用，发展循环经济。支持利用城市周边现有水泥窑协同处置生活垃圾、污泥、危险废物等。支持利用尾矿、产业固体废弃物，生产新型墙体材料、机制砂石等。以建筑垃圾处理和再利用为重点，加强再生建材生产技术和工艺研发，提高固体废弃物消纳量和产品质量。

（三）推进两化融合，发展智能制造。引导建材生产企业提高信息化、自动化水平，重点在水泥、建筑卫生陶瓷等行业推进智能制造并提升水平。深化电子商务应用，利用二维码、云计算等技术建立绿色建材可追溯信息系统，提高绿色建材物流信息化和供应链协同水平。开发推广工业机器人，在建筑陶瓷、玻璃、玻纤等行业开展“机器代人”试点。

二、绿色建材评价标识行动

（四）开展绿色建材评价。按照《绿色建材评价标识管理办法》，建立绿色建材评价标识制度。抓紧出台实施细则和各类建材产品的绿色评价技术要求。开展绿色建材星级评价，发布绿色建材产品目录。指导建筑业和消费者选材，促进建设全国统一、开放有序的绿色建材市场。

（五）构建绿色建材信息系统。建立绿色建材数据库和信息采集、共享制度。利用“互联网+”等信息技术构建绿色建材公共服务系统，发布绿色建材评价标识、试点示范等信息，普及绿色建材知识。构建绿色建材选用机制，疏通建筑工程绿色建材选用通道，实现产品质量可追溯。研究建立绿色建材第三方信息发布平台。

（六）扩大绿色建材的应用范围。围绕绿色建筑需求和建材工业发展方向，重点开展通用建筑材料、节能节地节水节材与建筑室内外环境保护等方面材料和产品的绿色评价工作。在推进绿色建筑发展和开展绿色建筑评价工作中强化对绿色建材应用的相关要求。在工业和信息化部、住房和城乡建设部各类试点示范工程和推广项目中，进一步明确对绿色建材使用的规定。

三、水泥与制品性能提升行动

（七）发展高品质和专用水泥。制修订水泥产品标准，完善产品质量标准体系，鼓励生产和使用高标号水泥、纯熟料水泥。优先发展并规范使用海工、核电、道路等工程专用水泥。支持延伸产业链，完善混凝土掺和料标准，加快机制砂石工业化、标准化和绿色化。

（八）推广应用高性能混凝土。鼓励使用C35及以上强度等级预拌混凝土，推广大掺量掺和料及再生骨料应用技术，提升高性能混凝土应用技术水平。研究开发高性能混凝土耐久性设计和评价技术，延长工程寿命。

（九）大力发展装配式混凝土建筑及构配件。积极推广成熟的预制装配式混凝土结构体系，优化完善现有预制框架、剪力墙、框架－剪力墙结构等装配式混凝土结构体系。完善混凝土预制构配件的通用体系，推进叠合楼板、内外墙板、楼梯阳台、厨卫装饰等工厂化生产，引导构配件产业系列化开发、规模化生产、配套化供应。

四、钢结构和木结构建筑推广行动

（十）发展钢结构建筑和金属建材。在文化体育、教育医疗、交通枢纽、商业仓储等公共建筑中积极采用钢结构，发展钢结构住宅。工业建筑和基础设施大量采用钢结构。在大跨度工业厂房中全面采用钢结构。推进轻钢结构农房建设。鼓励生产和使用轻型铝合金模板和彩铝板。

（十一）发展木结构建筑。促进城镇木结构建筑应用，推动木结构建筑在政府投资的学校、幼托、敬老院、园林景观等低层新建公共建筑，以及城镇平改坡中使用。推进多层木－钢、木－混凝土混合结构建筑，在以木结构建筑为特色的地区、旅游度假区重点推广木结构建筑。在经济发达地区的农村自建住宅、新农村居民点建设中重点推进木结构农房建设。

（十二）大力发展生物质建材。促进木材加工和保护产业发展，支持利用农作物秸秆、竹纤维、木屑等发展生物质建材，优先发展和使用生物质纤维增强的木塑、新型镁质建材等围护用和装饰装修用产品。鼓励在竹资源丰富地区，发展竹制建材和竹结构建筑。

五、平板玻璃和节能门窗推广行动

（十三）大力推广节能门窗。实施建筑能效提升工程，建设高星级绿色建筑，发展超低能耗、近零能耗建筑。新建公共建筑、绿色建筑和既有建筑节能改造应使用低辐射镀膜玻璃、真（中）空玻璃、断桥铝合金等节能门窗，带动平板玻璃和铝型材生产线升级改造。

（十四）严格使用安全玻璃。加强安全玻璃生产和使用监督检查，适时修订《建筑安全玻璃管理规定》，切实规范建筑安全玻璃生产、流通、设计、使用和安装管理，防止以次充好，消除玻璃门窗和幕墙安全隐患。

（十五）发展新型和深加工玻璃产品。鼓励太阳能光热、光伏与建筑装配一体化，带动光热光伏玻璃产业发展。支持发展电子信息用屏显玻璃基板、防火玻璃、汽车和高铁等用风挡玻璃基板等新产品，提高深加工水平和产品附加值。

六、新型墙体和节能保温材料革新行动

（十六）新型墙体材料革新。重点发展本质安全和节能环保、轻质高强的墙体和屋面材料，引导利用可再生资源制备新型墙体材料。推广预拌砂浆，研发推广钢结构等装配式建筑应用的配套墙体材料。

（十七）发展高效节能保温材料。鼓励发展保温、隔热及防火性能良好、施工便利、使用寿命长的外墙保温材料，开发推广结构与保温装饰一体化外墙板。

七、陶瓷和化学建材消费升级行动

（十八）推广陶瓷薄砖和节水洁具。推广使用大型化、薄型化的陶瓷砖，节水、轻量的坐便器（小便器）。开发新型水龙头、马桶盖等智能卫浴用品，促进卫生陶瓷人性化、智能化生产，更好满足个性化消费。发展透水砖等城镇道路建设材料及集水系统，支撑海绵城市建设。

（十九）提升管材和型材品质。大力推广应用耐腐蚀、密封性好、保温节能的新型管材和型材，提高使用寿命和耐久性。支持生产和推广使用大口径、耐腐蚀、长寿命、低渗漏、免维护的高分子材料或复合材料管材、管件，支撑地下管廊建设。

（二十）推广环境友好型涂料、防水和密封材料。支持发展低挥发性有机化合物（VOCs）的水性建筑涂料、建筑胶黏剂，推广应用耐腐蚀、耐老化、使用寿命长、施工方便快捷的高分子防水材料、密封材料和热反射膜。

八、绿色建材下乡行动

（二十一）支持绿色农房建设。结合新农村建设、绿色农房建设需要，落实《关于开展绿色农房建设的通知》，引导各地因地制宜生产和使用绿色建材，编制绿色农房用绿色建材产品目录，重点推广应用节能门窗、轻型保温砌块、预制部品部件等绿色建材产品，提高绿色农房防灾减灾能力。

（二十二）支持现代设施农业发展。围绕现代设施农业，积极发展和推广安全性好、性价比高、使用便利的玻璃、岩棉等产品。

九、试点示范引领行动

（二十三）工程应用示范。制定绿色建材应用试点示范申报、评审和验收等办法。结合绿色建筑、保障房建设、绿色生态城区、既有建筑节能改造、绿色农房、建筑产业现代化等工作，明确绿色建材应用的相关要求。选择典型城市和工程项目，开展钢结构、木结构、装配式混凝土结构等建筑应用绿色建材试点示范。

（二十四）产业园区示范。在绿色建材发展基础好的地区，依托优势企业，整合要素资源，完善研发设计、检测验证、现代物流、电子商务等公共服务体系，支持建设以绿色建材为特色的产业园区。

（二十五）协同处置示范。按照《关于促进生产过程协同资源化处理城市和产业废弃物工作的意见》，持续开展好水泥窑协同处置城市生活垃圾等废弃物的试点示范。开展固体废弃物再生建材综合利用示范，建立再生建材工程应用长期监测机制，积累再生建材应用安全性技术资料。

十、强化组织实施行动

（二十六）加强组织领导。建立由工业和信息化部、住房和城乡建设部牵头，相关部门参加的绿色建材生产和应用协调机制。加强绿色建材生产应用与绿色建筑发展、绿色城市建设的内在联系，统筹绿色建材生产、使用、标准、评价等环节，加强政策衔接，强化部门联动，组织实施相关行动，督促落实重点任务，协调完善推进措施。

（二十七）研究制定配套政策。利用现有渠道，引导社会资本，加大对共性关键技术研发投入，支持企业开展绿色建材生产和应用技术改造。研究制定财税、价格等相关政策，激励水泥窑协同处置、节能玻璃门窗、节水洁具、陶瓷薄砖、新型墙材等绿色建材生产和消费。支持有条件的地区设立绿色建材发展专项资金，对绿色建材生产和应用企业给予贷款贴息。将绿色建材评价标识信息纳入政府采购、招投标、融资授信等环节的采信系统。研究制定建材下乡专项财政补贴和钢结构部品生产企业增值税优惠政策。

（二十八）完善标准规范。进一步修改完善行业规范和准入标准，公告符合规范条件的企业和生产线名单。强化环保、能耗、质量和安全标准约束，构建强制性标准和自愿采用性标准相结合的标准体系。加强建筑工程设计规范与绿色建材产品标准的联动。取消复合水泥32.5等级标准，大力推进特种和专用水泥应用。

（二十九）搭建创新平台。依托大型企业集团、科研院所、大专院校等单位，构建完善产学研用相结合的产业发展创新体系。创建一批以绿色建材为特色的技术中心、工程中心或重点实验室，完善产业发展所需公共研发、技术转化、检验认证等平台。加强建材生产与建筑设计、工程建造等上下游企业互动，组建绿色建材产业发展联盟。依托尾矿、建筑废弃物等资源建设新型墙体材料、机制砂石生产基地。

（三十）开展宣传教育和检查。加大培训力度，开展绿色建材生产和应用的培训。开展形式多样的绿色建材宣传活动，强化公众绿色生产和消费理念，提高对绿色建材政策的理解与参与，使绿色建材的生产与应用成为全行业和社会各界的自觉行动。开展绿色建材行动检查，对不执行绿色建材生产和使用有关规定的，要加强舆论监督和通报批评。

各地要结合本地建材工业和建筑业发展实际，尽快制订本地区绿色建材发展实施方案，明确主体责任，扎实推进本地区绿色建材生产和应用各项工作。

九、中国房地产业协会

住房和城乡建设部副部长王宁在中国房地产业协会第七届第三次会员代表大会上的讲话

2015年9月20日

中国房地产业协会和中国房地产研究会分别成立于20世纪80年代，在改革开放中走过了30年的历程。两会成立以来，坚持以服务为宗旨，在加强行业自律、引导企业发展、提供政府咨询、履行社会责任等方面做了大量卓有成效的工作，充分发挥了协会的桥梁纽带作用。

特别是2010年两会秘书处合署办公以来，在刘志峰会长的统一领导下，两会工作统筹安排、互补共进，行业和社会影响力不断扩大，为推动行业进步做出了重要贡献。部党组对协会和研究会的工作是肯定的。

为了适应新形势和工作的需要，今天，两会正式合并了。在此，我想对协会工作提出三点希望：

1. 加强调查研究，积极建言献策。当前，房地产市场进入到一个新的发展阶段，不论是在市场供给、市场需求，还是在消费者对住房质量的要求上，都发生了许多新的变化。

协会要围绕着这些变化，充分发挥贴近行业的自身优势，广泛听取房地产行业的呼吁和诉求，总结推广优秀企业的经验和做法，深入分析市场形势和规律。通过开展多种形式的调研，形成一批高质量、高水平的行业研究报告，及时与企业共享，积极为政府献计，主动向社会发声。

2. 加强交流合作，推动创新转型。新形势下，房地产业的发展理念和运营模式必须与时俱进。房地产企业不仅仅是提供住房，而且要提供高品质的生活方式，创造舒适宜居、健康愉悦的生活环境。在这方面，一些龙头企业已经作了有益的探索。如万达与互联网公司合作，向社区居民提供医疗、教育等管家式服务；万科提出城市运营配套商概念等。

行业要实现转型升级，必须依靠创新。现代社会的创新，是通过行业间、企业间、专业人员间的不断交流与深入合作完成的。房协要准确把握房地产业发展方向，搭建行业交流合作平台，创造沟通机会，丰富交流内容，拓展合作渠道，推动行业创新与转型。

3. 加强自身建设，适应改革需要。今年 7 月，中办、国办印发了《行业协会商会与行政机关脱钩总体方案》，这是中央全面深化改革的重要举措。按照统一部署，部里正在研究制定脱钩试点方案。对于传统的行业协会来说，与行政机关脱钩，既是重大挑战，更是难得机遇。

房协要抓住两会整合的契机，坚持社会化、市场化的改革方向，改变传统的行政化管理方式，大力建设现代社会组织。要按照“权职明确、依法自治”的要求，厘清职能边界，积极建立新型管理体制和运行机制；要坚持服务为本，推动服务重心从政府转向企业、行业和市场；要提升规范化、科学化、专业化能力，激发内在活力和发展动力，不断提高为行业服务的水平。

总之，我相信，在刘志峰会长的带领下，协会一定能再接再厉、乘势而上，继续为行业的健康稳定发展发挥更好的作用。

今天参会的大多是来自全国的房地产骨干企业，大家对当前房地产市场的形势和发展都非常关心。借此机会，我向大家通报一下有关情况。

一、房地产市场运行情况

大家知道，从去年年初开始，房地产市场出现下行调整，市场低迷态势一直延续到今年 3 月。3 月份以后，按照党中央、国务院的决策部署，我部先后会同有关部门出台了住房信贷、税收、用地供应以及住房公积金、棚改货币化等一系列政策措施，支持住房消费，积极消化库存，促进市场平稳运行。

在各方共同努力下，房地产市场今年 4 月开始企稳，5 月、6 月明显回升，7 月、8 月继续保持向好势头，对稳定经济增长和财政收入发挥了关键作用。1—8 月房地产市场主要呈现以下五个特点：

1. **商品房销售持续回暖，向好趋势越来越明显。**从新建商品房情况看，1—8 月销售 6.97 亿平方米，同比增长 7.2%，增幅比 1—7 月提高了 1.1 个百分点。其中，6、7、8 月当月同比分别增长 16.0%、18.9% 和 14.7%。

从 9 月上旬情况看，据我部房地产交易日报系统数据，全国新建商品房、二手房成交量比 8 月上旬分别增长 5.8%、7.1%。房地产市场进入了业内所称“金九银十”的销售旺季。

从个人住房贷款情况看，1—8 月全国新建商品房个人按揭贷款 1 万亿元，同比增长 16.3%，增幅比 1—7 月扩大了 3.8 个百分点。

从住房公积金贷款情况看，1—8 月，全国发放公积金个人住房贷款 6380 亿元，同比增长 47.5%。8 月末，全国住房公积金个贷率为 74.3%，比上年末增加 5.5 个百分点。

2. **商品房库存增长势头初步得到遏制，部分城市库存由升转降。**8 月末，全国已竣工商品房待售面积约 6.6 亿平方米，自今年 4 月以来基本稳定在这一水平，不再像去年那样大幅增长。

据我部对90个重点城市的监测，8月末，商品住宅累计可售面积6.4亿平方米，比7月末减少360万平方米；消化周期为15.5个月，比7月末减少0.6个月，比去年末减少3个月。

为了切实摸清当前全国的库存量，我们正在与有关部门研究，准备从已建待售、在建、拿地未建三个方面，作一个全面的统计和调查，真正摸清底数，为决策提供依据。

3. **房地产企业销售收入增长较快，资金压力逐步缓解。**交易量的回升加快了企业资金回笼。1—8月全国新建商品房销售额4.8万亿元，同比增长15.3%，增幅比1—7月扩大1.9个百分点。

全国房地产开发企业到位资金同比增幅自6月由负转正，1—7月、1—8月同比分别增长0.5%、0.9%，增幅持续扩大。

4. **不同类型城市分化明显，并且趋于常态化。**一线城市成交量快速增加，库存明显减少，但价格上涨压力较大；二线城市交易量稳步增长，价格基本保持稳定；三四线城市成交量小幅增长，但各城市间不均衡，有些城市还是量价齐降，市场仍处低迷。房地产市场这种分化的态势，将成为当前和今后一段时期的常态，而且这种分化还可能加剧。对此，我们要正确认识并积极应对。

5. **房地产开发投资、土地购置、房屋新开工等指标在回落。**1—8月全国房地产开发投资6.1万亿元，同比增长3.5%，增速比1—7月回落0.8个百分点；土地购置、房屋新开工面积同比分别下降32.1%和16.8%。

对于这些指标的回落，我们要有一个客观正确的认识。这是房地产企业应对高库存的自我调整，也是3月以来实施土地分类供应的结果，有利于稳定市场、消化库存、化解风险。

二、市场运行存在的问题

在房地产市场总体向好的同时，也要看到影响市场稳定健康发展的问题仍然存在。

一是，一线城市房价上涨仍有较大压力，调控市场的任务仍然艰巨。据国家统计数据，8月份，一线城市新建商品住宅价格同比上涨11%，涨幅明显高于其他城市。

二是，三四线城市库存仍处高位，消化库存的压力仍然很大。据我部对90个重点城市的监测，8月末，三、四线城市商品住宅库存消化周期达到19个月，比一二线城市高出5个月，这些城市去库存的压力依然较大。

三是，中小房地产企业融资难，局部存在资金链断裂的风险。据近期调研了解，目前中小房地产企业很难从银行拿到开发贷款，一些企业被迫借入高利贷，融资成本较高，如果经营不善，容易出现资金链断裂等局部风险。

四是，部分商品房的品质和功能亟须提升。近年来，尽管我们的行业有了长足的进步，但是商品房的质量和功能水平还不够高，甚至引发了不少住户的投诉。

另外，从发展的角度看，我们应该用更高的标准，为消费者提供舒适宜居、绿色低碳、节能环保的高品质住宅。过去我们住房相对短缺，以增加数量为主。但通过二三十年的发展，我们要在保障供给的同时，更应该在品质、绿色、环保上下功夫。这些问题事关群众的切身利益，必须引起我们的高度重视。

三、下一阶段房地产市场的走势

综合分析今年1—8月市场走势，特别是国家出台的一系列政策效果逐步显现，以及地方政府主动施策等多种因素，我们判断：今年后几个月，房地产市场将继续保持向好的态势，商品房交易量会稳步增长，库存会进一步得到消化；特别是在各种利好因素的作用下，消费者的信心逐渐增强，住房需求将得到进一步释放；房地产企业预期趋于好转，拿地、投资意愿将会逐步恢复。

另外，从中长期看，我国房地产市场的发展仍有巨大的潜力和空间，这主要源于以下两个方面：

一方面，我国宏观经济基本面依然向好。近日，李克强总理在达沃斯论坛指出，我国经济是“形有波动，势仍向好”。去年，我国 GDP 增长 7.3%，今年前两个季度是 7%。放眼世界主要经济体来看，这样的经济增速是名列前茅的。

另一方面，我国城镇化发展进程还在加快。我国新型城镇化着重要解决“三个 1 亿人”问题，主要包括：促进约 1 亿农业转移人口落户城镇，改造约 1 亿人居住的城镇棚户区和城中村，引导约 1 亿人在中西部地区就近城镇化。这三类人群的城镇化，为房地产市场创造了巨大的、持久的需求空间。最近，我们召开了 40 个中小城市的座谈会，从座谈会了解的情况看，现在许多城市的商品房销售中，进城农民购房的比例占到了 50% 以上。随着城镇化的进一步推进，这一比例还将继续扩大。

因此，大家一定要对房地产市场和房地产业的发展坚定信念、充满信心。

四、下一步工作

最后，我介绍一下部里在房地产方面的重点工作，供大家参考。

第一，坚持分类指导、因地施策，落实好促进市场健康发展的各项政策。

一是，保持调控政策的连续性和稳定性，确保已出台的信贷、税收、土地等政策落到实处、见到实效。

二是，除了近期已经出台的降低房地产交易税费、取消外资购房限制、降低公积金贷款首付比例等政策外，我们还在研究储备进一步鼓励住房消费的措施，将适时出台。

三是强化地方政府主体责任，探索适度扩大地方政府实施相关政策的自主权。根据不同城市间市场分化的现状，制定和实施差异化的调控政策，促进市场平稳运行。

第二，利用存量商品住房安置棚户区改造居民。大家知道，中央近几年逐步加大了棚户区改造的力度。今年 6 月，国务院下发了 37 号文件，启动了三年棚改 1800 万套的工作计划，并提出要积极推进棚改货币化安置。货币化安置可以起到“一箭双雕”的作用，不仅改善了棚户区居民的住房条件，而且创造了市场需求。

在 40 个中小城市房地产座谈会上，我们发现：凡是棚改货币化安置比例高的城市，库存去化就快，市场回升明显；反之，凡是棚改货币化安置比例低的城市，库存去化就慢，市场回升乏力。

下一步，我们将要求各地把棚改货币化安置的最低比例提高到 50%，力争多做一些。

第三，释放住房公积金支持住房消费。用足用好住房公积金，对于拉动居民住房消费的作用十分明显。目前，全国公积金结余虽然已经降到了 1 万亿以下，但还有很大的空间。下一步，公积金重点是抓好四件事：

一是改变过去“重管理、轻使用”的观念。既要管住公积金，确保资金安全完整，又要用足用好公积金，充分发挥制度作用。

二是加快释放结余资金。我们要求，个贷率在 85% 以下的城市，要放宽购房提取条件，提高个人住房贷款实际额度。同时，简化资金使用审核环节，全面推行异地贷款。

三是拓宽资金来源。个贷率在 85% 以上的城市中心和分中心，要统一提取和贷款政策，统筹使用资金。同时，我们要求各地还要积极推行“公转商”贷款，对贷款职工给予利差补贴。

四是加强对城市住房公积金管理工作的考核，对那些使用率低的公积金中心主要负责人，我们要约谈，切实把公积金的作用发挥出来。

第四，大力发展新建住房租赁市场，健全住房供应体系。发展租赁市场是完善住房供应体系的重要方面。

目前，我国新建住房租赁市场还处在准备阶段，明显滞后于销售市场。与国外发达国家相比，无论是市场体系建设，还是法律制度建设，都还有较大差距。目前，部里正加快这方面的研究和探索，总的思路：

一是加强与有关部门的沟通协调，积极研究土地、规划、融资等支持政策，鼓励企业和机构开发建设租赁住房，形成一手房租赁市场。据我了解，万科等大型房地产企业已开展了这方面的实践，希望更多的房地产企业能够参与进来，部里将予以支持。

二是鼓励社会租赁机构或房地产企业，将持有的存量房向社会出租，发展规模化的租赁经营。这样，企业有效消化了库存，群众有了更多的居住选择，社会租赁房源得到了扩充，一举三得。

三是利用社会资金，积极推进房地产投资信托基金（REITs）试点。这在国外已是很成熟的经验，我们应学习借鉴。部里正与人民银行、财政部、税务总局等部门沟通，推动银行间债券市场REITs试点，并争取相关政策的支持。部里择机将选择一些城市开展试点工作，我希望今天参会的骨干企业敢为天下先，踊跃参与试点。

第五，引导房地产企业加快转型升级，促进行业健康发展。

一是鼓励企业兼并重组、做大做强，努力形成一批开发理念先进、引领行业发展、社会责任感强的优质品牌企业。在调研的过程中，很多同志跟我讲：只有良好的经营，才能有良好的品质；要有做百年企业的目标，才能做出百年工程的质量。总体看，现在企业的数量还是太多，企业过小、过散，管理上、技术上、资金上都没有保证，质量和品质就无从谈起。我认为，房地产企业必须要走兼并重组、转型升级的路子，目前正是一个大好的时机。

二是积极推进住宅产业化，鼓励企业应用新技术、新材料。第十四届住博会刚刚结束，在这次的展览会上，各企业展示了许多的先进成果，令人鼓舞。我认为住宅产业化一定是今后发展的方向，谁见势早、启动快，谁就会抢占先机、赢得主动。

三是加强风险防控。我们都知道，现在中小企业的融资很困难，银行贷不了钱，大多靠民间借贷，存在一定的风险。我希望企业本身要有这种风险意识，科学判断、量力而行，通过寻求与大企业的合作等方式，及时降低或者化解潜在的风险。主管部门要加大对房地产企业，特别是中小企业资金情况的监控和监管，做好应对预案，防范和化解风险。

当前我国的经济形势依然严峻，房地产业在国民经济发展中，地位作用越来越明显。我们这个行业稳定了、发展了，对国家稳增长、调结构的贡献就会增大。因此，我们肩上的责任很重、担子也很重。真心的希望中房协，以及在座的各企业，让我们统一思想、坚定信心，拧成一股劲儿，把党中央、国务院和部党组的各项政策措施落实下去，通过我们共同的努力，促进房地产市场稳定、健康、持续地发展！

中国房地产业协会会长刘志峰在第七届中国房地产科学发展论坛上的讲话

2015 年 10 月 31 日

本届论坛的主题是互联网+房地产。选择这个主题，是互联网的兴起，给房地产业的研发设计、投融资、施工建造、材料供应、市场销售、后期服务等整个产业链带来了新的变化。大家在这个开放平台上整合资源、跨界合作，推动了房地产业创新发展。应该说，在房地产领域，互联网+发展很快，大家也在思考。互联网“+”什么，“+”在哪儿，“+”完后等于什么？今天，我们请了对互联网和信息经济有着深刻见解的《第三次工业革命》的作者里夫金先生，还有其他嘉宾和企业家进行探讨，明天还有四场分论坛。下面，我以“用互联网思维和手段创新房地产业发展”为题，谈几点意见，供大家参考。

第一，要从房地产业所处的新阶段，认识互联网、拥抱互联网。

当前，以信息技术为核心的新一轮科技革命正在我国兴起。互联网作为创新驱动的先导力量和新的经济动能，有力地推动着经济社会发展。利用互联网+为所在产业和领域服务，成为各行各业的基本共识。今年两会，李克强总理在政府工作报告中提出，要制定互联网+行动计划。互联网的创新成果正在与经济社会的方方面面融合，在推动传统产业提高效率，加快组织变革，促进技术进步，提升生产力、创新力方面发挥了重要的作用。我认为，现阶段的互联网+形成了三方面趋势：一是互联网+在第一、第二产业对传统工业、农业生产和流通方式进行了变革。原来认为离互联网最远的农业领域，恰恰成为互联网+最大的受益者之一。农业的特点，是季节性强，终端消费分散，受气候影响大，存储和需求预测都较为困难，市场经常陷入波动，但通过农产品众筹，牢牢掌握了供求关系。我在辽宁盘锦大洼县听当地领导介绍，他们与阿里巴巴联盟，利用网上订制和农业认养，将当地的稻米、河蟹、蒲笋打入全国市场，让很多消费者知道了原来默默无闻的大洼县。二是互联网+对第三产业产生了广泛影响：传统商业+互联网变成“淘宝”，传统银行加+互联网变成“支付宝”，传统出租车行业+互联网变成“滴滴打车”。互联网+医疗、互联网+教育、互联网+政务，无处不在地改变着我们的生产生活方式、消费方式和政府治理方式。三是互联网+向智能家装、智能家居、物业管理、社区服务延伸拓展，对以家庭生活为主的住宅产业产生了深刻影响。在互联网连接下，人与人交流、人与人感知最深的住宅产业和相关服务业，内容更丰富、交际更顺畅、服务更细腻。现在不是传统的房地产业需不需要互联网，而是离不开互联网，这是基于以下几方面原因：

1. **房地产业适应市场变化需要互联网。**我国房地产业出现三个变化，即住房需求和供给关系变化、住房需求层次和居住观念变化、房地产业发展内涵变化。但核心是需求变化，而且这种变化正在由传统的“衣食住行”需求，变为新兴的“文教卫体”需求。刚才我提到了农业，实际上房地产业与农业有很多相似之处：居住人群分散，需求多样性、个性化，城市层级千差万别，信息掌握和市场预测较为困难，供求关系十分复杂，消费者在购房前，必然会按照年龄、职业、家庭情况，了解住房周边的交通、文化、教育等信息。满足这种不同的信息需求，恰恰是大数据、互联网所擅长的。互联网的作用：一是聚集和整合有效的需求信息，二是改变信息的获取和沟通方式，三是将分散的需求信息整合后有针对性地提供给老百姓。数据在未来有可能成为像水、电、石油那样的资源。例如腾讯街景系统，使购房者实时了解周边学校、商店、银行、医疗、教育机构的情况，配套设施一目了然。再如花样年的“彩生活”系统可以帮助住户理财、管家，这是传统的房地产业不太可能做到的。因此，“彩生活”成为全国物业管理“第一股”。

2. **房地产业促进转型升级需要互联网。**互联网是一个产业，同时也是一个工具，利用互联网+促进房地产业转型升级作用很大，通过互联网把资源聚集起来，是促进产业升级的关键举措，也是技术和机制创新。传统房地产业在投资开发中，管理相对落后，手段比较粗放，能源资源消耗严重，上下游和相关产业拓展不充分。接入互联网后，不但可通过资源整合、兼并重组、跨界合作、人才流动，改变房地产业的生产、组织方式，还能利用互联网技术支持房地产业创新产品与服务，优化流程和管理，增强智能服务。中国建设科技集团就利用互联网技术，帮助企业在投资决策、规划设计、施工建造、运维管理等方面有效对接，提高效率效能。

3. **房地产创新业态和模式需要互联网。**我国经济正处在新旧动能的转换。经济发展过度依赖房地产，房地产过度依赖开发，开发过度依靠住宅建设的情况正在改变，住房消费已经向个性化、多样化发展，同时，产业的界别界线更模糊，产业的交叉发展、融合发展比比皆是，以复合地产、跨界地产为主的体验式商业地产、乡村旅游地产、休闲观光地产、生态宜居住区、老年健康住区，逐渐被市场所看好。由于复合地产、跨界地产涉及面广，为互联网的接入提供了多种可能。一方面，互联网通过跨界合作创新商业模式，实现差异化发展，例如万达按苏宁的需求，在万达广场定制实体店，实现线上线下的强强联合。再如江苏盐城的城南新区引进大数据产业，推动智慧新城、生态新城、人居新城的融合发展。另一方面，利用互联网金融解决开发企业所需的资金。国家开发银行最近成立了中国城镇众筹网，目标是为全国2800个市县提供融资、融商、融券及风险评估和信用服务。这些互联网＋的服务，无疑对促进房地产的业态和模式创新，产生了积极的作用。

4. **激发企业和企业家活力需要互联网。**互联网的一个重要方面就是创新。前几年，由于房子不愁卖，多数房地产企业和企业家的创新动力不足，而互联网＋所提供的跨界融合，无疑激发了企业家二次创业的热情。像万科的毛大庆创业去做创新工场，任志强用互联网为阿拉善牧民公益卖小米。有了互联网，企业和企业家对市场的把握更准确、决策更垂直、管理更智慧，人的能动性、创造性也更好地发挥。最近很红火的“猪八戒网”，将有设计需求的人与设计师连接在一起，实现不同的价值，带动了大众创业、万众创新。因此，要从房地产业所处在的新阶段，认识互联网、把握互联网。

第二，要从房地产业所现的新特征，连接互联网、融入互联网。

光有对互联网的正确认识和准确把握不够，还要用好互联网。当前，房地产领域哪些地方最需要互联网，互联网＋要“＋”到什么地方最合适、最能发挥作用？我认为，最需要和最能发挥作用的，是推动互联网与房地产业的全面融合；利用互联网＋帮助房地产行业找市场、找定位、找资金、找客户、找人才、找合作。看房地产业的未来市场究竟在哪里，产品怎么能满足老百姓的需求。其中，有五个方面应该优先考虑。

1. **互联网＋产业融合。**互联网虽然千变万化，但其本质就是连接。无论连接人与人的关系，还是连接产业与产业的关系，互联网的奇妙之处，就是实现更大的拓展和延伸。网络越大，拓展力越强。房地产产业链长，各个环节环环相扣，近年来，房地产业的服务功能虽有所加强、服务水平也有所提高，但利用互联网技术挖掘房地产的附加值、增加值，还有很大空间。房地产业作为不动产是无法移动的，但通过接入互联网后，就可以将商业、金融、教育、文化、医疗等资源融入房地产，将“不动”的房地产，变成“能动”的房地产，从而实现房地产在居住生命周期中价值的最大限度发挥，并以此改变人们的生活方式，提高人们的生活质量。有了这种连接，还可促使房地产业在设计、研发、生产、融资和流通等环节与其他相关产业互通有无，找到更多合作伙伴。这里面，既可以是互联网＋房地产，也可以是房地产＋互联网。如绿地用互联网＋大金融，投资建设地铁等公共产业；碧桂园利用互联网＋酒店管理，将专业化的服务引入社区；华夏幸福基业利用互联网＋PPP模式，建设产城融合的新城、新区。这些例子在房地产行业有很多。

2. **互联网＋众筹。**众筹是利用互联网发起公众力量募集项目资金、定制产品的方式，也是大众资产管理创新的途径。为什么我要提众筹？首先它能寻找市场、以需定产、精准服务，为消费者降低购房成本。房地产成本除了土地、建造成本和税费外，主要是融资成本和营销费用。这些成本大部分由消费者承担。但众筹后，可将市场上零散的资金归集起来，减少项目前期发生的费用，有效降低开发成本。其次是帮助开发企业尽快回笼资金，实现快速周转，这对稳定供需市场、保证企业收益、减少库存都有好处。最后是消费者可在线上选择设计、考虑地段，自己提出面积、户型和配套设施等需求，跟踪施工建造和质量监管，将所需的商业、文化、教育、健康等资源引入未来社区。如山西中正集团通过众筹，解决了小区停车问题，有利业主也有利房地产开发企业，而且整合了社会闲置资源。我认为，众筹探索好了，有可能成为最受市场和消费者欢迎的互联网 + 。但一定要制定好相应规则。

3. **互联网 + 营销**。我国经济发展正在以消费升级为新的特征，住房消费在消费市场占据很大比例。而利用互联网营销的目的，就是为了扩大消费和消费升级。互联网 + 营销化繁为简，让买卖双方都受益。它的好处是：一是信息便捷，随时查阅，有利于新房交易也有利于发展租赁市场。消费者可利用移动互联网了解项目和租房信息。二是房源直观、让利公开，供消费者透明选择，形成点对点的互动或议价。目前看，互联网 + 营销在城市消费群体和年轻购房者中接受程度较高。

4. **互联网 + 家装**。互联网 + 家装解决了装修个性化与批量化生产、土建非标化与生产精细化、工厂生产与异地组装容易脱节等矛盾，将传统家装的研发、设计、硬装、软装、家具、家电等连在一起。设计师利用互联网或 3D 打印技术，只需要将毛坯房的照片输进电脑，30 分钟左右就可以打出效果图，不但缩短了设计周期，也降低了成本，装修总造价可控在正负 10% 范围。我到浙江亚厦装饰股份有限公司调研，他们用互联网技术，实现了室内设计和装修图的“一键生成”，成本和工程量的“一表核算”，施工效果图的“一目了然”。使购房者既省时、省力，也省心、省钱。我还了解到，土巴兔在互联网装修平台聚集了 800 万业主，提供了装修资金的监管和保险服务。以后，老百姓的“家”，完全可以做到所见即所得、所得即所住。

5. **互联网 + 社区服务**。当前，各类社会服务正在向社区延伸拓展，是房地产行业不可小看的发展领域。利用互联网发展社区服务，内容丰富，空间巨大，房地产企业完全可以抓住机遇，利用社区 APP 等手段，将健康医疗、幼儿教育、生活服务引入家庭；提供购物、餐饮、维修、中介、配送、缴费等网上服务；做好护理看护、健康管理、康复照料等居家养老服务；利用智能安保技术提高社区安全。例如万科用人脸识别技术进行小区安保。最近，恒大与腾讯合作，为社区居民提供理财、保险等服务。只要我们发挥好互联网 + 的作用，房地产业在社区服务的前景会越来越好，经济社会效益也会不断产生。

房地产与互联网的融合不仅仅是以上五个方面，还可以把互联网的“ + ”与房地产的设计、生产、绿色环保、节能减排，以及休闲地产、旅游地产、养老社区、医疗健康等相 + ，给传统的房地产业插上新的翅膀。

第三，房地产业要在与互联网的融合中发挥优势、创新拓展。

上面提到，互联网正在改变着房地产业的发展方式，推动房地产业向高层次、高质量发展。但在用好和发展互联网优势的同时，也不能丢掉房地产业长期形成的优势和特点，这个优势之一，就是住宅产业化和百年住宅的创新技术和先进手段。住宅产业化与互联网有着天然的共存共生的关系，其本身就是新技术、新工艺的代表，符合先进产业的发展方向。要使互联网 + 在房地产业发挥更大的作用，关键要让互联网和信息化与住宅产业化互相促进，共同发展。我认为这里面有两项工作非常重要。

1. **通过互联网 + 住宅产业化提高群众居住质量**。国务院出台的互联网 + 行动计划特别提到，互联网的优势就是协同制造，住宅产业化最典型的特征就是协同制造。不仅工业领域需要用信息化的协同提高“中国制造”的水平，房地产业同样需要通过信息化的协同提高“中国建造”的水平。怎么提高协同能力？就要依靠住宅产业化。未来推进住宅产业化，主要体现在五个方面：①建筑设计标准化；②部品生产工厂化；③现场施工装配化；④结构装修一体化；⑤信息管理智能化。其中关键的：

一是通过互联网和信息化技术，促进互联网与建造业的跨界融合；推动建筑信息模型（BIM）等新技术在工程中应用，建立多方参与、高效协同的云服务平台，解决住宅建设中相互不匹配、实时控制差等难题。我去济南参观产业化项目，利用 BIM 技术，装配式建筑在工厂阶段，不管是预制的墙还是柱，都能通过芯片连接起来，如钢材、沙子、石子是哪里生产的，整个生产过程由谁经手、谁检验、谁安装、谁监理，全都清清楚楚，让每个部件构件的标号、质量都能跟踪，向实现房地产业的“中国制造 2025”，迈出一大步。

二是通过互联网和信息技术，改进住宅的建造方式。现在，我们将现代工业与信息化加以融合，在住宅的建造体系方面进行了不少探索，在混凝土结构预制装配化和完善钢结构住宅体系方面，已经初见成效。例如远大住工充分吸收美国、日本、德国、新加坡等国家的先进理念与技术，结合中国市场的实际，建立起完善的住宅产业化研发体系、制造体系、施工体系、材料体系与产品体系，解决了渗漏开裂、保温隔音效果差、防火抗震性能不符合要求等质量通病，使污染、能耗降到最低，有利于住宅建造早日达到工业化的标准、工业化的精度、工业化的效率、工业化的质量。

三是通过互联网和信息技术，改进和提高住房的性能，特别是部品部件的质量和使用寿命。许多住宅品质上不去，与部品性能差、质量低、使用寿命短有很大关系。以往我们的采购环节成本高、效率低、信息不对称，在建材和部品部件的优采方面做得不够好，有了电子商务在线上线下的互动，优采平台不但能结合产业化选择更多好产品，还可以淘汰那些能耗高、有污染的建材，应用更多绿色建材、环保建材和新型建材。这对提高老百姓的居住质量作用很大。

2. **通过百年住宅的建造塑造房地产的品牌形象**。如果说住宅产业化是促进房地产业转型升级的手段，那么百年住宅就是提高房地产品质的目标和方向。百年住宅是我国吸收国外经验，加入中国原创技术的高品质住宅产品，对实现建筑长寿化、建造产业化、绿色低碳化、品质优良化有很大促进作用。以中国建设科技集团提供技术，绿地建造的上海南翔威廉公馆项目为例，通过空间可变、SI 体系、工业化集成部品等创新技术，使房子实现在不同家庭人口模式下，空间可根据需要进行自由分割，满足不同人生阶段的家庭生活功能需求。SI 体系可以通过支撑体和填充体的分离，如主体结构与管线分离、采用轻钢龙骨隔墙等，方便建筑全寿命周期中设备与管线的维护和更换，这样，业主改修内装时就不必再去破坏承重墙、重新铺设管线，即使最容易发生质量问题的厨房和卫生间也让人放心。百年住宅还能让人的居住环境更健康，这包括人们的生理健康和心理健康。人的一生，有近 2/3 的时间是在住房或者与住房相关联的环境中度过的，如果百年住宅这项工作抓好了，住房品质就有保障，房地产行业的品牌形象也会提高。社会口碑会随之更好。

当然，互联网在 + 房地产过程中，也面临着标准化的问题，法律环境、诚信建设和质量可追溯等问题，房地产业与互联网的融合，是一个相互学习、相互借鉴的过程。这个过程是开放的、合作的，让我们主动拥抱互联网，接入新一代信息技术，推动房地产业在新的时期有新的更大发展。

Ⅱ.数据篇

导 读

房地产市场基础数据是国家制定房地产调控政策的基本依据，也是房地产企业经营决策的重要参考。

本篇中宏观经济数据，全国各省、直辖市、自治区的行业指标数据主要来源于国家统计局以及各省市统计局公报；全国286个城市土地、人口和人民生活、城市基础设施等统计数据主要来源于国土资源部、住房和城乡建设部、国家统计局；港、澳、台房地产行业的相关数据，主要来源于当地房屋管理部门和市场服务部门。其他数据根据公开信息整理。除2015年度数据外，一些栏目还收录了“十二五”期间数据。

一、全国宏观经济数据

表 2－1　　2015 年全国宏观经济月度数据

	1月	2月	3月	4月	5月	6月	7月	8月	9月	10月	11月	12月
工业增加值同比增幅（%）	—	6.8	5.6	5.9	6.1	6.8	6.0	6.1	5.7	5.6	6.2	5.9
固定资产投资额（亿元）	—	34477	43034	42467	51267	65886	51337	50509	55554	52894	49757	54408
同比增幅（%）	—	13.9	13.1	9.6	9.9	11.6	9.9	9.1	6.8	9.3	10.8	6.8
进口总额（亿美元）	1402	1086	1415	1422	1312	1454	1521	1366	1452	1308	1427	1643
同比增幅（%）	-19.9	-20.5	-12.7	-16.2	-17.6	-6.1	-8.1	-13.8	-20.4	-18.8	-8.7	-7.6
出口总额（亿美元）	2003	1692	1446	1763	1901	1920	1951	1969	2056	1924	1965	2237
同比增幅（%）	-3.3	48.3	-15.0	-6.4	-2.5	2.8	-8.3	-5.5	-3.7	-6.9	-6.8	-1.4
社会消费品零售总额（亿元）	—	47993	22723	22387	24195	24280	24339	24893	25271	28279	27937	28635
同比增幅（%）	—	10.7	10.2	10.0	10.1	10.6	10.5	10.8	10.9	11.0	11.2	11.1
新增贷款总额（亿）	14700	10200	11800	7079	9008	12713	14800	8096	10500	5136	7089	5978
同比增幅（%）	11.4	58.3	12.4	-8.6	3.5	17.7	284.2	15.3	22.5	-6.3	-16.9	-14.3
PPI 同比增幅（%）	-4.3	-4.8	-4.6	-4.6	-4.6	-4.8	-5.4	-5.9	-6.0	-5.9	-5.9	-5.9
CPI 同比增幅（%）	0.8	1.4	1.4	1.5	1.2	1.4	1.6	2.0	1.6	1.3	1.5	1.6
PMI（%）	49.8	49.9	50.1	50.1	50.2	50.2	50.0	49.7	49.8	49.8	49.6	49.7

注：固定资产投资总额、社会消费品零售总额为 1－2 月份累计值。
数据来源：国家统计局。

表 2－2　　2015 年全国宏观经济月度累计数据

	1－2月	1－3月	1－4月	1－5月	1－6月	1－7月	1－8月	1－9月	1－10月	1－11月	1－12月
工业增加值累计增幅（%）	6.8	6.4	6.2	6.2	6.3	6.3	6.3	6.2	6.1	6.1	6.1
固定资产投资额（亿元）	34477	77511	119979	171245	237132	288469	338977	394531	447425	497182	551590
同比增幅（%）	13.9	13.5	12.0	11.4	11.4	11.2	10.9	10.3	10.2	10.2	10.0
进口总额累计（亿美元）	2488	3902	5324	6635	8086	9596	10956	12400	13702	15127	16820
同比增幅（%）	-20.2	-17.6	-17.3	-17.4	-15.6	-14.6	-14.5	-15.3	-15.7	-15.1	-14.2
出口总额累计（亿美元）	3694	5139	6902	8801	10719	12648	14605	16641	18551	20514	22749
同比增幅（%）	15.0	4.7	1.6	0.6	0.9	-0.8	-1.5	-1.9	-2.5	-3.0	-2.9
社会消费品零售总额（亿元）	47993	70715	93102	117297	141577	165916	190809	216080	244359	272296	300931
同比增幅（%）	10.7	10.6	10.4	10.4	10.4	10.4	10.5	10.5	10.6	10.6	10.7
新增贷款总额累计（亿）	26145	36800	44845	53355	65600	81395	89491	99000	104136	111225	117200
同比增幅（%）	33.1	22.3	18.5	14.6	14.3	32.9	31.1	28.9	26.5	22.5	19.8

数据来源：国家统计局。

表 2－3　　2015 年国内生产总值各季度情况

	1 季度	2 季度	3 季度	4 季度
国内生产总值（亿元）	140667	156201	173595	189372
增长幅度（%）	7.0	7.0	6.9	6.8

数据来源：国家统计局。

表 2－4　　2015 年国内生产总值季度累计情况

	1 季度	1－2 季度	1－3 季度	1－4 季度
国内生产总值（亿元）	140667	296868	487774	676708
增长幅度（%）	7.0	7.0	6.9	6.9

数据来源：国家统计局。

表 2－5　　2011—2015 年全国各地区生产总值

单位：亿元

地　区	2011 年	2012 年	2013 年	2014 年	2015 年
全　国	484124.00	534123.00	588019.00	635910.00	676708.00
北　京	16251.93	17879.40	19500.56	21330.80	22968.60
天　津	11307.28	12893.88	14370.16	15722.47	16538.19
河　北	24515.76	26575.01	28301.41	29421.20	29806.10
辽　宁	22226.70	24846.43	27077.65	28626.58	28700.00
上　海	19195.69	20181.72	21602.12	23560.94	24964.99
江　苏	49110.27	54058.22	59161.75	65088.32	70116.40
浙　江	32318.85	34665.33	37568.49	40153.50	42886.00
福　建	17560.18	19701.78	21759.64	24055.76	25979.82
山　东	45361.85	50013.24	54684.33	59426.60	63002.30
广　东	53210.28	57067.92	62163.97	67792.24	72812.55
海　南	2522.66	2855.54	3146.46	3500.72	3702.80
山　西	11237.55	12112.83	12602.24	12759.44	12802.58
吉　林	10568.83	11939.24	12981.46	13803.81	14274.11
黑龙江	12582.00	13691.58	14382.93	15039.40	15083.70
安　徽	15300.65	17212.05	19038.87	20848.80	22005.60
江　西	11702.82	12948.88	14338.50	15708.60	16723.80
河　南	26931.03	29599.31	32155.86	34939.38	37010.25
湖　北	19632.26	22250.45	24668.49	27367.04	29550.19
湖　南	19669.56	22154.23	24501.67	27048.50	29047.20
内蒙古	14359.88	15880.58	16832.38	17769.50	18032.79
广　西	11720.87	13035.10	14378.00	15672.97	16803.12

续表

地　区	2011 年	2012 年	2013 年	2014 年	2015 年
重　庆	10011.37	11409.60	12656.69	14265.40	15719.72
四　川	21026.68	23872.80	26260.77	28536.70	30103.10
贵　州	5701.84	6852.20	8006.79	9251.01	10502.56
云　南	8893.12	10309.47	11720.91	12814.59	13717.88
西　藏	605.83	701.03	807.67	920.80	1026.39
陕　西	12512.30	14453.68	16045.21	17689.94	18171.86
甘　肃	5020.37	5650.20	6268.01	6835.27	6790.32
青　海	1670.44	1893.54	2101.05	2301.12	2417.05
宁　夏	2102.21	2341.29	2565.06	2752.10	2911.77
新　疆	6610.05	7505.31	8360.24	9264.10	9324.80

数据来源：国家及各地统计局。

表 2－6　　2011—2015 年全国及各地区城镇居民家庭人均可支配收入

单位：元

	2011 年	2012 年	2013 年	2014 年	2015 年
全　国	21810	24565	26955	28844	31195
北　京	32903	36469	40321	43910	52859
天　津	26921	29626	32658	31506	34101
河　北	18292	20543	22580	24141	26152
辽　宁	20467	23223	25578	29082	31126
上　海	36230	40188	43851	47710	52962
江　苏	26341	29677	32538	34346	37173
浙　江	30971	34550	37851	40393	43714
福　建	24907	28055	30816	30722	33275
山　东	22792	25755	28264	29222	31545
广　东	26897	30227	33090	32148	34757
海　南	18369	20918	22929	24487	26356
山　西	18124	20412	22456	24069	25828
吉　林	17797	20208	22275	23218	24900
黑龙江	15696	17760	19597	22609	24203
安　徽	18606	21024	23114	24839	26936
江　西	17495	19860	21873	24309	26500
河　南	18195	20443	22398	24391	25576
湖　北	18374	20840	22906	24852	27051
湖　南	18844	21319	23414	26570	28838

续表

	2011 年	2012 年	2013 年	2014 年	2015 年
内蒙古	20408	23150	25497	28350	30594
广　西	18854	21243	23300	24669	26416
重　庆	20250	22968	25216	25147	27239
四　川	17899	20307	22368	24381	26205
贵　州	16495	18700	20667	22548	24580
云　南	18576	21075	23236	24299	26373
西　藏	16196	18056	20023	22026	25457
陕　西	18245	20734	22858	24366	26420
甘　肃	14989	17237	18965	20804	23767
青　海	15603	17566	19499	22307	24542
宁　夏	17579	19831	22013	23285	25148
新　疆	15514	17921	19874	22160	26275

数据来源：国家及各地统计局。

表 2 –7　　“十一五”与“十二五”期间全国宏观经济数据对比

	“十一五”期间	“十二五”期间	变　化（%）
国内生产总值（亿元）	1556960	2918883	87.5
城镇固定资产投资（亿元）	797290	2155853	170.4
进出口总额（人民币）（亿元）	840129	1248714	48.6
社会消费品零售总额（亿元）	577224	1209896	109.6
财政收入（亿元）	303032	642925	112.2

数据来源：根据国家统计局数据计算。

二、全国房地产数据

表 2 –8　　2011—2015 年全国房地产数据

单位：亿元，万平方米，%

	2011 年		2012 年		2013 年		2014 年		2015 年	
	数值	同比	数值	同比	数值	同比	数值	同比	数值	同比
开发投资	**61740**	**27.9**	**71804**	**16.2**	**86013**	**19.8**	**95036**	**10.5**	**95979**	**1.0**
住宅投资	44308	30.2	49374	11.4	58951	19.4	64352	9.2	64595	0.4
办公楼	2544	40.7	3367	31.6	4652	38.2	5641	21.3	6210	10.1
商业投资	7370	30.5	9312	25.4	11945	28.3	14346	20.1	14607	1.8
土地购置费	11413	14.1	12100	5.0	13502	11.6	17459	29.3	17675	1.2

续表

	2011 年		2012 年		2013 年		2014 年		2015 年	
	数值	同比	数值	同比	数值	同比	数值	同比	数值	同比
施工面积	**507959**	**25.3**	**573418**	**13.2**	**665572**	**16.1**	**726482**	**9.2**	**735693**	**1.3**
住　宅	388439	23.4	428964	10.6	486347	13.4	515096	5.9	511570	-0.7
办公楼	15950	31.3	19434	21.5	24577	26.5	29928	21.8	33044	10.4
商业营业用房	56278	26.1	65814	17.6	80627	22.5	94320	17.0	100111	6.1
新开工面积	**190083**	**16.2**	**177334**	**-7.3**	**201208**	**13.5**	**179592**	**-10.7**	**154454**	**-14.0**
住　宅	146035	12.9	130695	-11.2	145845	11.6	124877	-14.4	106651	-14.6
办公楼	5361	46.2	5986	10.9	6887	15.0	7349	6.7	6569	-10.6
商业营业用房	20671	18.3	22077	6.2	25902	17.7	25048	-3.3	22530	-10.1
竣工面积	**89244**	**13.3**	**99425**	**7.3**	**101435**	**2.0**	**107459**	**5.9**	**100039**	**-6.9**
住　宅	71692	13.0	79043	6.4	78741	-0.4	80868	2.7	73777	-8.8
办公楼	2179	20.0	2315	2.1	2789	20.5	3144	12.7	3419	8.8
商业营业用房	9045	9.2	10226	8.0	10852	6.1	12084	11.3	12027	-0.5
商品房销售面积	**109946**	**4.9**	**111304**	**1.8**	**130551**	**17.3**	**120649**	**-7.6**	**128495**	**6.5**
住　宅	97030	3.9	98468	2.0	115723	17.5	105182	-9.1	112406	6.9
办公楼	2008	6.2	2254	12.4	2883	27.9	2498	-13.4	2912	16.2
商业营业用房	7878	12.6	7759	-1.4	8469	9.1	9075	7.2	9252	1.9
商品房销售额	**59119**	**12.1**	**64456**	**10.0**	**81428**	**26.3**	**76292**	**-6.3**	**87281**	**14.4**
住　宅	48619	10.2	53467	10.9	67695	26.6	62396	-7.8	72753	16.6
办公楼	2502	16.1	2773	12.2	3747	35.1	2944	-21.4	3761	26.9
商业营业用房	6702	23.7	7000	4.8	8280	18.3	8906	7.6	8846	-0.7
资金来源	**83246**	**14.1**	**96538**	**12.7**	**122122**	**26.5**	**121991**	**-0.1**	**125203**	**2.6**
国内贷款	12564	0.0	14778	13.2	19673	33.1	21243	8.0	20214	-4.8
利用外资	814	2.9	402	-48.8	534	32.8	639	19.7	297	-53.6
自筹资金	34093	28.0	39083	11.7	47425	21.3	50420	6.3	49038	-2.7
其他资金	35775	8.6	42275	14.7	54491	28.9	49690	-8.8	55655	12.0

数据来源：国家统计局。

表 2-9　　2015 年全国房地产月度数据

	1-2 月	3 月	4 月	5 月	6 月	7 月	8 月	9 月	10 月	11 月	12 月
房地产开发投资额（亿元）	8786	7865	7018	8623	11663	8607	8501	9472	8266	8901	8277
住宅开发投资额（亿元）	5922	5234	4714	5775	7861	5874	5718	6407	5645	5919	5526
房屋新开工面积（亿平方米）	1.37	1.00	1.20	1.45	1.72	1.43	1.35	1.96	1.23	1.35	1.39
住宅新开工面积（亿平方米）	0.99	0.69	0.83	1.00	1.18	0.98	0.91	1.35	0.84	0.93	0.96

续表

	1－2月	3月	4月	5月	6月	7月	8月	9月	10月	11月	12月
房屋竣工面积（亿平方米）	1.08	0.62	0.42	0.54	0.63	0.49	0.46	0.85	1.02	1.12	2.76
住宅竣工面积（亿平方米）	0.78	0.46	0.31	0.41	0.48	0.37	0.34	0.63	0.74	0.83	2.02
全国商品房销售面积（万平方米）	8764	9490	8131	9611	14268	9650	9761	13233	11990	14355	19242
住宅销售面积（万平方米）	7709	8370	7205	8651	12454	8620	8674	11506	10524	12298	16395
全国商品房销售额（亿元）	5972	6051	5716	6670	9850	6912	6871	8703	8045	9732	12759
住宅销售额（亿元）	4983	5079	4854	5816	8209	5943	5840	7174	6805	7829	10221
国房景气指数（当月）	93.77	93.11	92.56	92.43	92.63	93.03	93.46	93.40	93.34	93.35	93.34

数据来源：根据国家统计局整理。

表 2－10　　2015 年全国房地产月度累计数据

	1－2月	1－3月	1－4月	1－5月	1－6月	1－7月	1－8月	1－9月	1－10月	1－11月	1－12月
房地产开发投资额（亿元）	8786	16651	23669	32292	43955	52562	61063	70535	78801	87702	95979
同比增幅（%）	10.4	8.5	6.0	5.1	4.6	4.3	3.5	2.6	2.0	1.3	1.0
住宅开发投资额（亿元）	5922	11156	15870	21645	29506	35380	41098	47505	53150	59069	64595
同比增幅（%）	9.1	5.9	3.7	2.9	2.8	3.0	2.3	1.7	1.3	0.7	0.4
房屋新开工面积（亿平方米）	1.37	2.37	3.58	5.03	6.75	8.17	9.52	11.48	12.71	14.06	15.45
同比增幅（%）	－17.7	－18.4	－17.3	－16.0	－15.8	－16.8	－16.8	－12.6	－13.9	－14.7	－14.0
住宅新开工面积（亿平方米）	0.99	1.68	2.51	3.51	4.69	5.67	6.58	7.93	8.78	9.71	10.67
同比增幅（%）	－19.8	－20.9	－19.6	－17.6	－17.3	－17.9	－17.9	－13.5	－14.7	－15.3	－14.6
房屋施工面积（亿平方米）	57.01	58.40	59.96	61.69	63.76	65.42	66.94	69.37	70.78	72.40	73.57
同比增幅（%）	7.6	6.8	6.2	5.3	4.3	3.4	2.5	3.0	2.3	1.8	1.3
住宅施工面积（亿平方米）	39.79	40.77	41.85	43.04	44.44	45.60	46.63	48.29	49.26	50.33	51.16
同比增幅（%）	4.4	3.7	3.2	2.5	1.7	1.0	0.2	0.8	0.2	－0.3	－0.7
房屋竣工面积（亿平方米）	1.08	1.70	2.12	2.66	3.29	3.78	4.25	5.10	6.12	7.24	10.00
同比增幅（%）	－12.9	－8.2	－10.5	－13.3	－13.8	－13.1	－14.6	－9.8	－4.2	－3.5	－6.9
住宅竣工面积（亿平方米）	0.78	1.24	1.55	1.96	2.44	2.81	3.15	3.78	4.52	5.36	7.38
同比增幅（%）	－15.8	－10.9	－13.2	－16.2	－16.5	－15.6	－17.2	－12.7	－7.2	－6.4	－8.8
全国商品房销售面积（万平方米）	8764	18254	26385	35996	50264	59914	69675	82908	94898	109253	128495

续表

	1-2月	1-3月	1-4月	1-5月	1-6月	1-7月	1-8月	1-9月	1-10月	1-11月	1-12月
同比增幅（%）	-16.3	-9.2	-4.8	-0.2	3.9	6.1	7.2	7.5	7.2	7.4	6.5
住宅销售面积（万平方米）	7709	16079	23284	31935	44389	53009	61683	73189	83713	96011	112406
同比增幅（%）	-17.8	-9.8	-5.0	0.0	4.5	6.9	8.0	8.2	7.9	7.9	6.9
全国商品房销售额（亿元）	5972	12023	17739	24409	34259	41171	48042	56745	64790	74522	87281
同比增幅（%）	-15.8	-9.3	-3.1	3.1	10.0	13.4	15.3	15.3	14.9	15.6	14.4
住宅销售额（亿元）	4983	10062	14916	20732	28941	34884	40724	47898	54703	62532	72753
同比增幅（%）	-16.7	-9.1	-2.2	5.1	12.9	16.8	18.7	18.2	18.0	18.0	16.6

数据来源：国家统计局。

表 2-11　　“十一五”与“十二五”期间全国房地产数据对比

	“十一五”期间	“十二五”期间	变 化（%）
房地产开发投资额（亿元）	160416	410572	155.9
房屋施工面积（万平方米）	405356	735693	81.5
房屋新开工面积（万平方米）	557277	902671	62.0
房屋竣工面积（万平方米）	334404	497602	48.8
商品房销售面积（万平方米）	404701	600945	48.5
商品房销售额（亿元）	172860	368576	113.2

注：房屋施工面积均为当期末累计值。
数据来源：根据国家统计局数据计算。

三、全国各地区房地产开发投资数据

表 2-12　　2011—2015 年全国各地区房地产开发投资

单位：亿元

	2011 年	2012 年	2013 年	2014 年	2015 年
总　计	**61739.78**	**71803.79**	**86013.38**	**95035.61**	**95978.85**
东部地区	**35606.66**	**40541.36**	**47971.53**	**52940.55**	**53231.29**
北　京	3036.33	3153.44	3483.40	3715.33	4177.05
天　津	1080.04	1260.00	1480.82	1699.65	1871.55
河　北	3069.55	3086.52	3445.42	4059.72	4285.27
辽　宁	4487.56	5455.82	6450.75	5301.31	3558.64
上　海	2170.31	2381.36	2819.59	3206.48	3468.94
江　苏	5552.69	6206.10	7241.45	8240.22	8153.68

续表

	2011 年	2012 年	2013 年	2014 年	2015 年
浙　江	4137.25	5226.27	6216.25	7262.38	7111.93
福　建	2402.61	2824.12	3702.97	4567.40	4469.61
山　东	4108.08	4708.31	5444.53	5817.95	5892.16
广　东	4899.19	5352.79	6489.59	7638.45	8538.47
海　南	663.05	886.64	1196.76	1431.65	1704.00
中部地区	**13197.33**	**15762.82**	**19044.80**	**20662.29**	**21038.12**
山　西	789.92	1010.45	1308.63	1403.55	1494.87
吉　林	1165.39	1310.03	1252.43	1030.13	924.24
黑龙江	1219.37	1535.84	1604.83	1324.09	992.15
安　徽	2590.07	3151.61	3946.23	4338.96	4424.86
江　西	852.69	969.62	1174.58	1322.49	1520.10
河　南	2620.01	3035.29	3843.76	4375.71	4818.93
湖　北	2063.21	2539.46	3286.02	3983.79	4249.23
湖　南	1896.66	2210.52	2628.32	2883.57	2613.75
西部地区	**12935.79**	**15499.61**	**18997.05**	**21432.78**	**21709.43**
内蒙古	1650.02	1291.44	1479.01	1370.88	1081.05
广　西	1500.46	1554.94	1614.63	1838.49	1909.09
重　庆	2015.09	2508.35	3012.78	3630.23	3751.28
四　川	2836.71	3266.40	3853.00	4380.09	4813.03
贵　州	878.67	1467.60	1942.54	2187.67	2205.09
云　南	1272.72	1782.14	2488.33	2846.65	2669.01
西　藏	5.13	6.87	9.68	52.91	50.02
陕　西	1420.53	1835.93	2240.17	2426.49	2494.29
甘　肃	362.88	561.02	724.65	721.47	768.06
青　海	144.77	189.68	247.61	308.27	336.00
宁　夏	330.55	429.15	558.97	654.80	633.64
新　疆	518.26	606.09	825.69	1014.81	998.88

数据来源：国家统计局。

表 2 – 13　　2015 年全国各地区月度累计房地产开发投资

单位：亿元

	1 – 2 月	1 – 3 月	1 – 4 月	1 – 5 月	1 – 6 月	1 – 7 月	1 – 8 月	1 – 9 月	1 – 10 月	1 – 11 月	1 – 12 月
总　计	**8786. 36**	**16650. 64**	**23669. 04**	**32291. 84**	**43954. 95**	**52562. 22**	**61062. 54**	**70535. 07**	**78800. 74**	**87702. 38**	**95978. 85**
东部地区	**5337. 92**	**10003. 47**	**14108. 96**	**18983. 69**	**25421. 33**	**30185. 55**	**34754. 49**	**39865. 06**	**44192. 56**	**48788. 70**	**53231. 29**
北　京	264. 30	667. 73	949. 58	1223. 49	1688. 07	2093. 03	2449. 31	2847. 01	3265. 81	3681. 27	4177. 05
天　津	119. 24	344. 58	540. 10	753. 12	1039. 73	1187. 32	1335. 99	1508. 49	1623. 91	1730. 55	1871. 55
河　北	187. 46	619. 90	958. 49	1376. 09	1891. 54	2265. 16	2677. 18	3150. 67	3569. 46	3987. 97	4285. 27
辽　宁	161. 07	476. 01	840. 85	1377. 82	2101. 66	2579. 40	2975. 13	3284. 43	3469. 91	3532. 10	3558. 64
上　海	453. 08	713. 02	950. 41	1220. 14	1550. 02	1835. 45	2085. 67	2375. 06	2721. 04	3126. 34	3468. 94
江　苏	1115. 44	1846. 58	2497. 85	3240. 39	4161. 83	4843. 78	5493. 04	6251. 52	6900. 07	7543. 89	8153. 68
浙　江	845. 89	1481. 83	2024. 58	2679. 03	3530. 71	4133. 42	4703. 49	5399. 61	5969. 06	6538. 63	7111. 93
福　建	596. 69	1044. 23	1361. 33	1761. 71	2331. 99	2652. 93	2996. 55	3452. 32	3774. 85	4156. 52	4469. 61
山　东	498. 41	990. 26	1461. 41	2004. 04	2654. 11	3194. 53	3715. 75	4246. 66	4737. 18	5300. 84	5892. 16
广　东	934. 66	1548. 59	2129. 18	2802. 69	3736. 66	4502. 13	5280. 35	6122. 16	6805. 48	7651. 44	8538. 47
海　南	161. 68	270. 74	395. 19	545. 16	735. 02	898. 39	1042. 04	1227. 13	1355. 80	1539. 16	1704. 00
中部地区	**1608. 63**	**3115. 99**	**4517. 12**	**6308. 81**	**8863. 59**	**10781. 11**	**12716. 69**	**14871. 01**	**16851. 50**	**18987. 63**	**21038. 12**
山　西	33. 90	115. 10	196. 78	338. 91	523. 63	682. 92	856. 10	1034. 18	1187. 38	1356. 95	1494. 87
吉　林	9. 74	25. 37	67. 39	143. 10	243. 43	409. 06	545. 97	654. 49	760. 96	875. 72	924. 24
黑龙江	5. 42	16. 92	58. 50	157. 43	332. 86	438. 24	547. 47	678. 53	800. 00	917. 00	992. 15
安　徽	477. 95	842. 44	1166. 34	1560. 55	2016. 99	2411. 68	2821. 36	3272. 44	3647. 77	4005. 21	4424. 86
江　西	166. 46	273. 11	377. 44	486. 41	641. 06	768. 78	920. 63	1089. 79	1228. 10	1380. 53	1520. 10
河　南	323. 69	697. 18	1053. 29	1479. 89	2040. 54	2465. 56	2876. 66	3329. 71	3777. 19	4294. 53	4818. 93
湖　北	316. 05	656. 95	928. 61	1259. 77	1879. 47	2210. 95	2548. 77	2950. 50	3361. 37	3816. 03	4249. 23
湖　南	275. 42	488. 91	668. 78	882. 75	1185. 60	1393. 92	1599. 74	1861. 38	2088. 72	2341. 66	2613. 75
西部地区	**1839. 81**	**3531. 17**	**5042. 96**	**6999. 34**	**9670. 04**	**11595. 57**	**13591. 37**	**15799. 01**	**17756. 68**	**19926. 05**	**21709. 43**
内蒙古	9. 66	38. 29	88. 07	195. 61	401. 62	555. 84	690. 58	865. 76	996. 52	1066. 45	1081. 05
广　西	162. 41	307. 26	425. 00	564. 02	800. 81	940. 11	1070. 72	1226. 55	1384. 09	1634. 70	1909. 09
重　庆	435. 14	761. 92	1006. 77	1344. 25	1715. 82	2012. 17	2340. 13	2713. 24	2989. 39	3358. 13	3751. 28
四　川	535. 15	1021. 57	1384. 59	1838. 64	2370. 08	2770. 46	3218. 71	3665. 95	4058. 56	4481. 22	4813. 03
贵　州	247. 87	462. 64	613. 80	806. 55	1072. 43	1248. 74	1427. 52	1621. 42	1804. 96	2033. 65	2205. 09
云　南	239. 49	478. 03	666. 83	867. 98	1227. 48	1420. 23	1641. 52	1889. 97	2105. 72	2428. 57	2669. 01
西　藏	0. 01	0. 76	4. 84	8. 11	14. 46	20. 33	28. 82	39. 10	43. 58	49. 30	50. 02
陕　西	180. 55	328. 57	523. 36	763. 64	1093. 67	1311. 65	1537. 03	1785. 42	2029. 74	2272. 67	2494. 29
甘　肃	15. 55	52. 87	103. 96	187. 63	296. 15	378. 33	462. 90	563. 76	654. 48	721. 09	768. 06
青　海	2. 30	12. 67	45. 26	82. 63	130. 56	174. 56	211. 98	248. 15	296. 77	335. 39	336. 00
宁　夏	3. 61	38. 99	87. 45	141. 81	211. 33	288. 72	360. 33	423. 07	493. 72	574. 50	633. 64
新　疆	8. 08	27. 60	93. 03	198. 46	335. 62	474. 42	601. 14	756. 60	899. 13	970. 37	998. 88

数据来源：国家统计局。

表 2-14　　2011—2015 年全国各地区住宅开发投资

单位：亿元

	2011 年	2012 年	2013 年	2014 年	2015 年
总　计	**44308.43**	**49374.21**	**58950.76**	**64352.15**	**64595.24**
东部地区	**25214.76**	**27648.93**	**32696.81**	**35477.24**	**35652.86**
北　京	1778.31	1627.99	1724.56	1846.08	1889.54
天　津	678.98	843.05	986.28	1122.26	1251.53
河　北	2296.31	2317.13	2539.29	3010.35	3162.55
辽　宁	3413.44	3961.95	4666.03	3844.26	2603.32
上　海	1398.75	1451.94	1615.51	1724.65	1813.32
江　苏	4085.85	4354.63	5171.50	5924.51	6080.21
浙　江	2699.82	3436.74	4089.22	4594.17	4450.73
福　建	1591.56	1751.98	2402.08	2917.17	2864.95
山　东	3202.04	3473.23	3976.63	4184.33	4399.44
广　东	3495.43	3704.98	4530.63	5187.32	5890.51
海　南	574.27	725.32	995.09	1122.14	1246.78
中部地区	**9831.79**	**11063.5**	**13264.72**	**14551.87**	**14743.20**
山　西	615.03	735.61	958.85	1010.69	1098.32
吉　林	903.60	987.74	911.45	732.47	648.81
黑龙江	938.82	1122.52	1124.72	946.03	681.15
安　徽	1884.16	2059.29	2549.88	2847.63	2849.19
江　西	656.91	684.21	795.38	971.92	1113.09
河　南	2022.06	2203.06	2827.09	3289.20	3529.15
湖　北	1327.21	1698.38	2251.56	2755.42	3020.54
湖　南	1484.01	1572.67	1845.81	1998.51	1802.94
西部地区	**9261.88**	**10661.79**	**12989.23**	**14323.04**	**14199.19**
内蒙古	1112.02	845.63	1003.57	936.76	758.51
广　西	1073.59	1069.64	1166.61	1292.63	1407.75
重　庆	1438.45	1706.77	2044.24	2451.37	2390.49
四　川	1998.11	2197.75	2537.89	2847.82	3048.72
贵　州	579.97	930.31	1224.23	1350.34	1327.77
云　南	873.90	1152.50	1642.40	1830.07	1670.27
西　藏	3.74	4.25	5.87	29.44	39.60
陕　西	1180.11	1477.57	1768.95	1869.69	1827.80
甘　肃	258.06	412.51	539.85	496.37	526.56
青　海	90.20	141.10	159.72	190.67	201.38
宁　夏	235.80	279.49	340.27	411.58	396.68
新　疆	417.93	444.27	555.62	616.30	603.66

数据来源：国家统计局。

表 2－15　　2015 年全国各地区月度累计住宅开发投资

单位：亿元

	1－2 月	1－3 月	1－4 月	1－5 月	1－6 月	1－7 月	1－8 月	1－9 月	1－10 月	1－11 月	1－12 月
总　计	**5921.94**	**11156.22**	**15870.14**	**21644.55**	**29505.67**	**35380.18**	**41097.94**	**47505.17**	**53149.70**	**59069.18**	**64595.24**
东部地区	**3569.39**	**6648.18**	**9387.63**	**12670.63**	**17010.35**	**20253.55**	**23287.16**	**26745.40**	**29705.00**	**32727.79**	**35652.86**
北　京	124.30	303.07	437.07	603.67	832.92	1033.59	1143.20	1311.47	1529.90	1661.97	1889.54
天　津	81.02	226.93	349.64	488.59	660.29	778.64	882.14	1002.28	1082.57	1153.47	1251.53
河　北	134.64	425.21	668.91	964.18	1330.21	1626.18	1948.54	2306.93	2629.54	2945.62	3162.55
辽　宁	120.10	352.07	620.27	1005.12	1556.99	1907.43	2187.72	2401.04	2544.37	2586.99	2603.32
上　海	239.63	380.39	523.03	655.43	812.61	931.98	1059.20	1222.43	1433.64	1655.44	1813.32
江　苏	811.90	1362.81	1841.16	2383.55	3070.62	3589.37	4082.32	4652.68	5151.14	5628.18	6080.21
浙　江	540.74	935.33	1260.07	1651.10	2204.62	2579.82	2936.76	3377.19	3736.10	4089.20	4450.73
福　建	373.69	644.69	838.28	1086.33	1450.61	1664.89	1890.05	2189.67	2404.53	2658.62	2864.95
山　东	362.40	726.66	1063.36	1469.23	1958.00	2356.36	2755.14	3161.12	3515.90	3941.13	4399.44
广　东	651.89	1075.13	1476.59	1953.34	2586.24	3112.55	3635.57	4210.08	4683.79	5289.35	5890.51
海　南	129.09	215.90	309.25	410.08	547.25	672.74	766.52	910.51	993.52	1117.85	1246.78
中部地区	**1129.63**	**2164.93**	**3152.08**	**4386.14**	**6155.15**	**7506.04**	**8864.98**	**10389.74**	**11781.26**	**13296.77**	**14743.20**
山　西	25.28	80.73	141.02	247.93	383.53	501.54	627.05	760.67	872.49	994.85	1098.32
吉　林	6.67	16.40	44.46	94.86	163.29	284.80	379.81	453.06	527.32	606.41	648.81
黑龙江	3.27	11.40	41.96	108.32	235.35	310.01	385.49	473.84	558.67	630.55	681.15
安　徽	312.84	538.60	748.38	998.38	1287.54	1541.79	1820.82	2124.11	2373.20	2588.78	2849.19
江　西	119.47	201.62	276.93	360.65	469.08	561.99	669.86	796.21	894.20	1008.79	1113.09
河　南	240.86	511.04	774.04	1077.13	1486.78	1801.62	2105.63	2442.10	2767.19	3151.88	3529.15
湖　北	231.77	472.57	662.97	887.39	1312.30	1542.81	1774.78	2061.96	2352.71	2699.71	3020.54
湖　南	189.48	332.58	462.34	611.48	817.27	961.47	1101.54	1277.79	1435.49	1615.80	1802.94
西部地区	**1222.92**	**2343.11**	**3330.42**	**4587.79**	**6340.17**	**7620.59**	**8945.80**	**10370.03**	**11663.44**	**13044.62**	**14199.19**
内蒙古	6.28	26.70	59.69	130.07	278.55	393.09	490.93	609.66	700.38	748.02	758.51
广　西	116.42	222.97	310.71	407.93	586.34	698.10	796.10	918.71	1036.70	1205.15	1407.75
重　庆	280.17	486.56	638.53	834.52	1075.83	1280.93	1498.23	1732.93	1911.40	2142.85	2390.49
四　川	354.71	672.67	902.35	1192.78	1527.82	1782.37	2064.95	2343.03	2584.90	2838.65	3048.72
贵　州	146.85	286.51	382.81	500.99	665.99	770.51	881.92	988.31	1095.30	1228.01	1327.77
云　南	158.77	310.69	426.56	548.29	764.30	883.00	1031.96	1181.01	1322.76	1529.80	1670.27
西　藏	—	0.54	3.48	6.02	11.17	15.62	21.91	30.55	34.52	39.14	39.60
陕　西	140.27	252.94	399.77	580.58	818.34	978.65	1139.69	1320.65	1499.52	1671.94	1827.80
甘　肃	10.55	37.14	72.58	130.71	205.06	260.81	319.44	387.29	449.72	495.41	526.56
青　海	1.67	7.36	28.89	53.51	79.56	104.83	125.67	146.45	179.95	201.06	201.38
宁　夏	2.43	23.27	52.70	86.18	129.10	175.31	220.48	261.62	307.12	357.28	396.68
新　疆	4.79	15.75	52.36	116.21	198.12	277.38	354.52	449.83	541.15	587.30	603.66

数据来源：国家统计局。

表 2－16　　2011—2015 年全国各地区土地购置费

单位：亿元

	2011 年	2012 年	2013 年	2014 年	2015 年
总　计	**11412.82**	**12100.15**	**13501.73**	**17458.53**	**17675.44**
东部地区	**7704.59**	**8198.60**	**8829.05**	**11844.02**	**12271.72**
北　京	1301.23	1102.69	1159.47	1378.94	2052.92
天　津	85.15	138.39	107.25	281.37	319.02
河　北	410.14	332.60	297.68	511.39	405.93
辽　宁	523.13	740.56	569.55	535.15	308.16
上　海	418.10	390.53	588.84	873.61	1004.41
江　苏	1259.43	1140.46	1262.70	1745.93	1505.17
浙　江	1338.62	1948.75	2121.73	2680.59	2510.48
福　建	793.95	688.16	856.91	1170.49	1072.93
山　东	690.24	852.28	757.97	889.55	1035.67
广　东	817.50	787.27	981.77	1591.35	1711.53
海　南	67.11	76.91	125.19	185.63	345.50
中部地区	**2059.46**	**2032.66**	**2318.75**	**2695.96**	**2537.05**
山　西	91.95	117.61	107.99	160.50	163.27
吉　林	182.10	225.59	173.57	155.20	150.29
黑龙江	152.60	150.95	125.33	167.14	99.50
安　徽	521.67	525.27	651.48	832.88	641.99
江　西	155.65	107.59	147.61	179.64	210.54
河　南	300.21	307.36	391.70	352.80	362.68
湖　北	375.71	348.49	441.01	509.28	665.36
湖　南	279.57	249.80	280.07	338.51	243.42
西部地区	**1648.77**	**1868.89**	**2353.92**	**2918.55**	**2866.67**
内蒙古	196.52	135.32	177.27	154.48	87.62
广　西	232.55	191.74	189.01	255.37	282.07
重　庆	374.76	384.16	519.65	649.64	733.81
四　川	420.84	474.23	609.05	823.54	846.96
贵　州	66.28	119.50	177.10	140.33	118.20
云　南	129.87	251.08	374.73	508.46	323.51
西　藏	0.48	0.07	—	7.96	0.36
陕　西	98.61	140.27	116.97	185.31	226.76
甘　肃	39.63	52.38	63.07	39.63	53.95
青　海	18.85	38.81	20.85	27.02	50.64
宁　夏	28.08	43.03	46.70	39.88	54.58
新　疆	42.30	38.29	59.53	86.93	88.21

数据来源：国家统计局。

表 2 – 17

2015 年全国各地区月度累计土地购置费

单位：亿元

	1–2 月	1–3 月	1–4 月	1–5 月	1–6 月	1–7 月	1–8 月	1–9 月	1–10 月	1–11 月	1–12 月
总　计	**1136. 90**	**2640. 66**	**3964. 53**	**5681. 62**	**8008. 07**	**9845. 54**	**11501. 65**	**13236. 68**	**14767. 45**	**16470. 74**	**17675. 44**
东部地区	**850. 66**	**1955. 14**	**2943. 98**	**4130. 35**	**5677. 70**	**6967. 30**	**8102. 05**	**9307. 43**	**10401. 86**	**11522. 77**	**12271. 72**
北　京	66. 33	320. 95	477. 90	610. 47	800. 72	1032. 43	1213. 59	1422. 14	1643. 05	1898. 03	2052. 92
天　津	6. 18	33. 89	77. 94	124. 20	174. 06	215. 42	251. 06	280. 48	290. 93	307. 11	319. 02
河　北	17. 54	59. 28	95. 65	134. 52	189. 16	219. 75	256. 74	304. 37	345. 08	380. 73	405. 93
辽　宁	9. 27	27. 43	55. 09	97. 52	155. 32	203. 20	244. 73	270. 48	293. 25	303. 15	308. 16
上　海	53. 52	125. 91	188. 04	288. 96	407. 29	520. 78	612. 75	677. 59	833. 39	968. 06	1004. 41
江　苏	132. 64	275. 33	434. 89	588. 87	782. 30	917. 52	1045. 95	1232. 35	1342. 91	1442. 31	1505. 17
浙　江	244. 74	504. 63	732. 31	1003. 27	1342. 39	1586. 63	1812. 38	2034. 48	2217. 29	2366. 20	2510. 48
福　建	157. 75	246. 13	317. 35	430. 86	606. 11	709. 00	777. 93	866. 40	949. 38	1028. 19	1072. 93
山　东	46. 13	124. 27	191. 61	317. 98	441. 73	577. 27	690. 59	787. 56	868. 25	976. 25	1035. 67
广　东	94. 44	205. 81	318. 20	450. 55	663. 68	820. 52	996. 94	1185. 29	1336. 11	1526. 73	1711. 53
海　南	22. 12	31. 51	55. 01	83. 17	114. 95	164. 78	199. 38	246. 28	282. 22	326. 01	345. 50
中部地区	**122. 87**	**299. 69**	**438. 34**	**673. 10**	**1066. 33**	**1345. 74**	**1585. 03**	**1855. 39**	**2056. 89**	**2338. 65**	**2537. 05**
山　西	0. 42	7. 01	15. 45	31. 26	55. 33	79. 34	99. 66	122. 78	136. 95	156. 75	163. 27
吉　林	0. 05	0. 79	4. 07	15. 24	22. 00	47. 61	72. 63	94. 09	105. 62	136. 62	150. 29
黑龙江	0. 67	1. 63	7. 61	19. 85	40. 67	52. 25	61. 90	72. 53	84. 12	96. 71	99. 50
安　徽	54. 17	129. 63	162. 74	237. 34	318. 82	399. 99	464. 43	528. 62	560. 13	601. 19	641. 99
江　西	15. 30	23. 80	36. 14	48. 78	71. 60	90. 23	113. 69	142. 34	166. 95	193. 26	210. 54
河　南	5. 81	37. 59	55. 60	84. 92	138. 89	179. 50	209. 46	239. 66	273. 61	320. 82	362. 68
湖　北	27. 61	72. 26	110. 15	164. 01	304. 72	366. 35	411. 99	478. 92	533. 28	612. 41	665. 36
湖　南	18. 85	26. 97	46. 58	71. 70	114. 30	130. 46	151. 28	176. 45	196. 24	220. 89	243. 42
西部地区	**163. 36**	**385. 83**	**582. 21**	**878. 17**	**1264. 04**	**1532. 49**	**1814. 57**	**2073. 85**	**2308. 70**	**2609. 32**	**2866. 67**
内蒙古	0. 25	3. 86	5. 79	12. 41	32. 19	46. 42	62. 87	77. 24	84. 80	86. 85	87. 62
广　西	16. 90	33. 94	45. 07	63. 63	105. 72	124. 79	137. 61	150. 71	172. 13	231. 30	282. 07
重　庆	41. 41	100. 11	142. 68	219. 14	296. 61	368. 06	455. 44	510. 42	570. 08	644. 45	733. 81
四　川	56. 73	150. 77	224. 46	320. 64	431. 25	499. 77	590. 80	678. 72	734. 24	803. 40	846. 96
贵　州	13. 33	22. 94	26. 79	40. 20	52. 61	66. 48	77. 70	87. 86	98. 04	110. 26	118. 20
云　南	26. 92	50. 48	76. 47	111. 31	160. 71	189. 61	209. 58	230. 57	258. 74	297. 15	323. 51
西　藏	—	—	—	—	—	0. 36	0. 36	0. 36	0. 36	0. 36	0. 36
陕　西	6. 16	13. 11	26. 30	51. 14	94. 58	111. 21	127. 86	154. 98	178. 35	200. 04	226. 76
甘　肃	1. 06	2. 19	6. 00	11. 34	23. 03	29. 37	34. 44	41. 52	47. 21	51. 69	53. 95
青　海	0. 20	0. 96	8. 49	16. 21	23. 58	28. 84	34. 33	38. 30	42. 96	49. 58	50. 64
宁　夏	0. 29	5. 75	13. 76	17. 38	21. 15	29. 28	39. 04	43. 54	45. 42	51. 07	54. 58
新　疆	0. 12	1. 72	6. 39	14. 79	22. 61	38. 29	44. 54	59. 65	76. 36	83. 17	88. 21

数据来源：国家统计局。

四、全国各地区房地产开发企业到位资金数据

表 2－18　　2011—2015 年全国各地区房地产开发企业到位资金

单位：亿元

	2011 年	2012 年	2013 年	2014 年	2015 年
总　计	**83245.94**	**96537.67**	**122122.47**	**121991.48**	**125203.06**
东部地区	**49945.10**	**57763.36**	**73755.00**	**72076.11**	**74922.71**
北　京	5358.09	6084.55	7300.18	6622.01	7282.11
天　津	1997.82	2146.28	2761.47	2823.48	3208.66
河　北	3437.76	3712.99	4123.54	4438.48	4666.67
辽　宁	5607.39	6328.76	7448.99	5890.97	4231.78
上　海	3206.93	3968.51	5092.67	5269.90	5531.86
江　苏	7912.88	9856.89	12682.03	12100.16	12039.99
浙　江	6029.57	6530.86	8858.25	8956.31	8675.58
福　建	3326.51	4120.73	5767.04	5726.13	5639.33
山　东	5253.75	5755.09	7371.32	6991.18	7342.90
广　东	6889.45	7918.27	10472.94	11326.60	14164.30
海　南	924.95	1340.42	1876.56	1930.87	2139.51
中部地区	**15985.91**	**19210.49**	**23930.84**	**23785.53**	**24511.31**
山　西	840.49	1033.69	1377.16	1393.49	1442.67
吉　林	1190.35	1431.68	1516.78	1229.42	1211.74
黑龙江	1536.48	1711.04	1833.64	1408.40	1220.96
安　徽	3149.47	3835.34	5077.16	5231.17	4990.78
江　西	1118.26	1477.22	1906.64	1945.85	2101.33
河　南	2845.25	3455.04	4402.70	4688.97	5076.92
湖　北	2801.02	3363.83	4224.48	4322.24	4880.42
湖　南	2504.59	2902.66	3592.27	3565.99	3586.49
西部地区	**17314.93**	**19563.82**	**24436.63**	**26129.84**	**25769.04**
内蒙古	1794.69	1409.08	1638.04	1439.17	1196.07
广　西	1691.20	2007.36	2155.24	2410.75	2339.29
重　庆	3295.69	3869.54	4614.06	5344.98	5024.58
四　川	4029.00	4222.67	5324.53	5863.11	6079.00
贵　州	1271.26	1418.17	2145.72	2336.62	2248.27
云　南	1648.09	2134.02	2924.36	2917.43	2850.09
西　藏	9.66	8.13	12.56	47.90	43.93
陕　西	1929.28	2317.40	2592.39	2684.78	2815.01
甘　肃	390.65	651.24	963.35	854.65	939.65
青　海	148.67	228.45	259.09	351.07	361.04
宁　夏	433.18	499.80	694.15	742.91	737.39
新　疆	673.57	797.95	1113.15	1136.48	1134.72

数据来源：国家统计局。

表表 2－19　　2015 年全国各地区月度累计房地产开发企业到位资金

单位：亿元

	1－2 月	1－3 月	1－4 月	1－5 月	1－6 月	1－7 月	1－8 月	1－9 月	1－10 月	1－11 月	1－12 月
总　计	**21613.35**	**27892.32**	**36278.81**	**45966.41**	**58947.98**	**69301.31**	**79742.39**	**90652.53**	**101566.20**	**112562.51**	**125203.06**
东部地区	**12840.24**	**16854.21**	**21999.11**	**27831.69**	**35465.01**	**41712.23**	**47825.92**	**54158.17**	**60645.88**	**67034.51**	**74922.71**
北　京	825.88	1252.10	1702.22	2135.18	3045.69	3561.43	4059.80	4687.69	5520.08	6105.04	7282.11
天　津	609.33	639.84	895.74	1120.42	1369.80	1638.02	1856.55	2077.39	2375.91	2777.52	3208.66
河　北	519.04	969.04	1252.97	1683.94	2153.81	2539.09	3002.01	3485.03	3849.02	4260.96	4666.67
辽　宁	650.02	914.14	1325.75	1836.99	2482.02	2947.01	3355.20	3703.69	3965.31	4078.51	4231.78
上　海	1199.80	1324.23	1698.47	2063.19	2570.71	2902.73	3337.17	3824.65	4373.19	4907.29	5531.86
江　苏	2613.19	3136.50	4065.78	4995.93	6114.45	7149.34	8110.73	9081.93	9929.10	10894.99	12039.99
浙　江	1536.36	1928.87	2532.52	3286.77	4092.39	4821.39	5519.06	6342.90	7064.95	7891.96	8675.58
福　建	1007.68	1385.24	1754.40	2211.88	2843.49	3244.46	3675.80	4172.47	4663.32	5133.97	5639.33
山　东	1272.50	1661.97	2200.98	2771.76	3560.87	4141.95	4723.16	5368.49	6025.54	6590.01	7342.90
广　东	2166.92	2996.10	3815.95	4785.44	6090.24	7405.08	8726.75	9921.59	11091.99	12419.52	14164.30
海　南	439.51	646.18	754.34	940.20	1141.55	1361.73	1459.70	1492.35	1787.47	1974.72	2139.51
中部地区	**3985.79**	**5078.24**	**6624.19**	**8527.52**	**11153.06**	**13198.70**	**15368.53**	**17502.91**	**19780.24**	**22032.25**	**24511.31**
山　西	96.71	167.29	255.02	378.62	535.58	670.10	825.21	981.89	1166.70	1314.36	1442.67
吉　林	85.84	125.00	201.61	317.60	428.69	636.90	766.16	880.67	994.86	1132.09	1211.74
黑龙江	36.96	102.41	171.84	269.53	457.38	557.49	665.17	820.50	951.06	1092.86	1220.96
安　徽	1099.53	1231.48	1590.08	2001.72	2490.04	2883.31	3316.82	3754.44	4147.32	4502.19	4990.78
江　西	430.06	498.60	631.89	782.63	1003.71	1168.71	1354.91	1538.26	1716.76	1900.23	2101.33
河　南	585.24	904.81	1212.54	1647.17	2179.42	2623.24	3065.62	3531.01	3973.22	4517.55	5076.92
湖　北	819.04	1016.19	1373.27	1666.05	2280.57	2622.58	3080.43	3412.43	3883.94	4359.10	4880.42
湖　南	832.41	1032.46	1187.94	1464.18	1777.67	2036.37	2294.21	2583.72	2946.39	3213.87	3586.49
西部地区	**4787.32**	**5959.87**	**7655.51**	**9607.20**	**12329.91**	**14390.38**	**16547.95**	**18991.44**	**21140.09**	**23495.75**	**25769.04**
内蒙古	88.32	125.48	178.89	307.66	512.29	648.81	778.46	969.35	1082.60	1159.16	1196.07
广　西	432.67	570.56	730.57	887.01	1113.27	1311.97	1434.96	1610.49	1776.63	2028.75	2339.29
重　庆	993.75	1319.70	1707.92	2083.37	2552.62	2904.42	3256.64	3686.21	4053.34	4497.36	5024.58
四　川	1393.20	1651.49	1973.29	2443.64	3067.80	3499.96	4013.32	4511.53	5017.02	5541.17	6079.00
贵　州	462.76	578.99	730.71	873.59	1123.20	1282.25	1471.52	1672.12	1866.83	2067.10	2248.27
云　南	610.04	652.22	857.46	1039.68	1307.30	1529.60	1765.73	2113.97	2336.42	2651.79	2850.09
西　藏	0.01	1.74	7.33	11.09	15.82	21.36	26.69	33.04	36.48	43.43	43.93
陕　西	431.43	561.49	773.36	1008.98	1316.62	1535.35	1832.32	2078.54	2329.69	2571.23	2815.01
甘　肃	133.02	177.55	217.35	302.29	416.61	514.47	604.83	711.91	791.27	879.36	939.65
青　海	58.16	68.12	90.09	121.57	161.90	193.11	234.51	267.33	311.37	349.17	361.04
宁　夏	79.42	117.89	185.56	236.12	299.09	369.53	429.80	490.91	552.97	629.39	737.39
新　疆	104.55	134.62	202.98	292.21	443.40	579.56	699.17	846.05	985.46	1077.84	1134.72

数据来源：国家统计局。

表 2－20　　2011—2015 年房地产开发企业到位资金中国内贷款

单位：亿元

	2011 年	2012 年	2013 年	2014 年	2015 年
总　计	**12563.79**	**14778.39**	**19672.66**	**21242.61**	**20214.38**
东部地区	**8655.23**	**10174.09**	**13257.14**	**14281.63**	**13319.28**
北　京	1167.95	1484.74	1836.95	2158.03	1970.97
天　津	521.53	570.37	765.22	817.16	954.00
河　北	277.64	295.57	336.40	312.47	456.70
辽　宁	762.26	850.76	847.64	720.70	551.43
上　海	741.18	975.78	1292.36	1638.84	1516.59
江　苏	1543.22	1890.71	2373.97	2249.68	1877.93
浙　江	1085.61	1125.48	1590.65	1817.77	1274.79
福　建	399.36	523.63	747.66	752.62	846.73
山　东	794.70	677.51	995.41	995.83	952.50
广　东	1218.65	1507.53	2143.59	2432.61	2577.81
海　南	143.12	272.02	327.30	385.91	339.83
中部地区	**1711.02**	**2037.00**	**2742.90**	**3020.39**	**2946.55**
山　西	68.76	60.87	65.79	123.63	108.82
吉　林	53.60	109.70	126.57	126.19	180.82
黑龙江	59.53	87.64	130.19	97.82	126.46
安　徽	339.38	406.23	466.87	567.93	564.23
江　西	135.20	164.90	236.63	255.97	230.82
河　南	271.30	321.09	387.13	527.01	475.69
湖　北	453.49	512.05	796.57	737.54	777.89
湖　南	329.76	374.52	533.15	584.28	481.83
西部地区	**2197.54**	**2567.30**	**3672.62**	**3940.59**	**3948.55**
内蒙古	65.16	79.60	113.27	145.62	97.51
广　西	241.59	263.84	324.35	340.03	332.04
重　庆	695.08	720.80	1112.29	1190.77	1033.07
四　川	449.20	459.24	725.45	817.88	916.21
贵　州	175.95	230.61	226.82	242.62	220.30
云　南	129.50	216.12	418.80	414.90	528.40
西　藏	2.40	—	—	0.80	1.20
陕　西	231.17	280.36	326.10	391.28	372.82
甘　肃	67.02	129.08	168.75	120.51	153.02
青　海	17.13	37.39	44.43	51.56	72.94
宁　夏	50.87	59.40	105.74	120.04	96.59
新　疆	72.45	90.87	106.60	104.58	124.46

数据来源：国家统计局。

表 2－21　　2015 年全国各地区月度累计房地产开发企业国内贷款

单位：亿元

	1－2 月	1－3 月	1－4 月	1－5 月	1－6 月	1－7 月	1－8 月	1－9 月	1－10 月	1－11 月	1－12 月
总　计	**4941.54**	**5845.39**	**7340.57**	**8740.10**	**10830.67**	**12515.06**	**13956.09**	**15701.08**	**17096.98**	**18627.93**	**20214.38**
东部地区	**3112.99**	**3795.14**	**4797.61**	**5745.05**	**7177.00**	**8270.67**	**9213.63**	**10355.51**	**11260.66**	**12313.52**	**13319.28**
北　京	225.25	387.03	503.79	616.78	1023.67	1148.55	1251.90	1426.45	1608.31	1748.40	1970.97
天　津	212.98	202.37	321.31	385.63	448.53	557.47	604.76	672.49	744.63	862.62	954.00
河　北	63.16	104.15	127.80	154.84	191.66	219.22	265.04	330.97	366.09	396.82	456.70
辽　宁	122.66	160.81	213.07	270.71	364.48	418.33	458.52	473.48	503.57	513.12	551.43
上　海	419.55	469.10	561.84	652.25	780.96	856.98	1002.24	1125.64	1242.93	1377.16	1516.59
江　苏	613.31	669.88	837.95	950.50	1095.96	1286.34	1437.90	1582.49	1632.15	1780.78	1877.93
浙　江	345.93	375.81	509.57	642.17	735.04	834.79	909.39	1043.22	1134.85	1247.82	1274.79
福　建	208.19	261.72	302.00	387.39	473.36	529.11	576.19	643.11	745.41	785.57	846.73
山　东	245.73	295.99	359.67	401.39	484.88	532.50	585.57	706.28	783.69	881.36	952.50
广　东	586.87	754.41	915.68	1106.47	1374.91	1651.96	1863.37	2069.93	2194.88	2392.38	2577.81
海　南	69.35	113.89	144.92	176.94	203.55	235.42	258.75	281.44	304.13	327.48	339.83
中部地区	**825.13**	**913.76**	**1105.89**	**1286.89**	**1572.66**	**1875.07**	**2035.96**	**2262.72**	**2470.09**	**2673.72**	**2946.55**
山　西	13.62	11.70	15.28	21.36	29.32	32.44	40.12	56.59	72.69	91.78	108.82
吉　林	40.10	43.34	50.74	58.99	67.52	127.11	138.87	141.68	147.66	160.69	180.82
黑龙江	2.74	29.92	46.90	51.95	65.75	68.23	74.98	92.47	107.12	115.87	126.46
安　徽	172.52	185.18	217.45	259.14	295.81	377.77	407.08	458.86	501.70	522.84	564.23
江　西	70.37	70.84	82.20	100.50	135.78	157.31	170.96	187.08	202.05	215.72	230.82
河　南	78.11	107.84	136.42	171.21	217.96	262.44	290.31	332.48	364.49	408.24	475.69
湖　北	245.70	240.29	329.70	365.54	472.00	526.96	567.64	616.22	647.39	705.81	777.89
湖　南	201.98	224.65	227.20	258.20	288.52	322.81	346.01	377.34	426.99	452.77	481.83
西部地区	**1003.42**	**1136.49**	**1437.07**	**1708.16**	**2081.01**	**2369.31**	**2706.50**	**3082.85**	**3366.24**	**3640.70**	**3948.55**
内蒙古	11.62	15.01	18.50	43.09	65.61	67.80	77.75	85.22	88.15	93.88	97.51
广　西	74.09	85.97	111.59	128.20	150.00	168.51	189.95	226.10	249.56	280.36	332.04
重　庆	241.62	317.02	390.77	460.88	541.68	650.73	742.69	808.56	879.01	951.34	1033.07
四　川	316.03	326.02	377.53	434.66	531.26	591.36	644.77	726.99	810.16	859.79	916.21
贵　州	55.93	65.86	88.21	101.05	132.04	145.72	171.87	181.24	196.29	212.90	220.30
云　南	144.26	137.27	201.20	224.83	255.20	269.69	322.63	426.12	446.24	476.75	528.40
西　藏	—	—	0.90	0.90	0.90	0.90	0.90	0.90	0.90	1.20	1.20
陕　西	82.38	92.17	120.92	151.34	188.05	219.84	256.00	289.78	328.16	350.70	372.82
甘　肃	31.35	43.93	45.63	61.29	89.60	105.53	118.50	122.72	129.67	136.98	153.02
青　海	12.16	16.85	24.29	28.83	31.43	33.59	48.52	55.19	64.30	69.20	72.94
宁　夏	21.23	24.02	38.64	45.63	53.64	58.64	64.40	74.31	78.11	89.09	96.59
新　疆	12.76	12.37	18.88	27.46	41.59	57.01	68.51	85.72	95.70	118.52	124.46

数据来源：国家统计局。

表 2 -22　　2011—2015 年房地产开发企业到位资金中利用外资

单位：亿元

	2011 年	2012 年	2013 年	2014 年	2015 年
总　计	**813.63**	**402.09**	**534.17**	**639.26**	**296.53**
东部地区	**534.38**	**300.38**	**385.79**	**435.72**	**197.91**
北　京	2.60	4.22	11.60	7.78	5.75
天　津	12.48	3.47	16.22	7.19	6.54
河　北	14.52	10.93	9.98	26.34	2.31
辽　宁	199.02	117.88	61.92	70.63	37.61
上　海	43.55	26.12	38.14	69.61	33.92
江　苏	85.65	61.57	109.41	80.79	44.91
浙　江	43.86	16.00	47.03	71.68	15.65
福　建	17.66	7.84	21.58	23.32	7.98
山　东	27.37	15.91	33.51	14.13	15.25
广　东	81.41	29.06	36.29	63.65	26.65
海　南	6.25	7.37	0.10	0.62	1.35
中部地区	**138.23**	**57.63**	**51.53**	**31.45**	**13.34**
山　西	—	0.03	—	—	—
吉　林	5.03	1.89	5.15	0.50	0.02
黑龙江	3.35	0.02	—	2.70	1.32
安　徽	7.34	1.39	1.00	2.78	1.02
江　西	6.08	0.79	0.82	0.39	6.14
河　南	6.69	1.13	5.40	0.67	3.22
湖　北	43.90	1.27	—	19.63	0.90
湖　南	65.84	51.12	39.15	4.78	0.71
西部地区	**141.02**	**44.08**	**96.85**	**172.09**	**85.29**
内蒙古	—	—	—	—	—
广　西	7.11	0.33	0.62	0.21	1.57
重　庆	59.92	20.13	44.18	113.13	65.90
四　川	66.64	16.93	32.33	39.34	0.97
贵　州	4.47	4.29	—	3.41	0.85
云　南	0.90	—	12.29	16.00	9.67
西　藏	—	—	—	—	—
陕　西	0.24	2.40	7.44	—	6.32
甘　肃	—	—	—	—	—
青　海	1.53	—	—	—	—
宁　夏	—	—	—	—	—
新　疆	0.22	—	—	—	—

数据来源：国家统计局。

表 2－23　　2015 年全国各地区月度累计房地产开发企业利用外资

单位：亿元

	1－2 月	1－3 月	1－4 月	1－5 月	1－6 月	1－7 月	1－8 月	1－9 月	1－10 月	1－11 月	1－12 月
总　计	**85.85**	**93.43**	**108.28**	**149.93**	**178.50**	**184.70**	**204.24**	**228.84**	**241.52**	**258.05**	**296.53**
东部地区	**54.55**	**58.54**	**71.58**	**106.44**	**126.00**	**131.94**	**137.01**	**160.05**	**168.32**	**181.93**	**197.91**
北　京	0.82	0.82	0.82	0.82	0.82	1.52	1.52	4.07	4.07	5.75	5.75
天　津	4.38	4.77	4.07	5.33	5.84	5.90	5.90	6.45	6.49	6.54	6.54
河　北	1.27	1.47	1.47	1.27	1.27	2.27	2.12	2.12	2.25	2.27	2.31
辽　宁	9.77	7.40	10.67	14.45	17.24	17.24	18.96	33.36	33.40	35.51	37.61
上　海	1.33	1.24	4.88	31.39	31.70	31.86	32.47	32.47	33.21	33.71	33.92
江　苏	20.22	26.30	30.26	30.46	32.34	33.87	34.62	35.22	37.69	37.74	44.91
浙　江	8.58	7.78	9.53	9.54	9.84	11.07	11.65	12.89	13.10	13.33	15.65
福　建	1.10	1.13	1.17	1.20	2.28	2.31	2.34	2.37	6.44	7.95	7.98
山　东	2.12	2.13	2.17	5.17	11.87	11.93	11.97	12.23	12.25	15.25	15.25
广　东	4.40	4.95	5.99	6.26	11.55	12.72	14.21	17.62	18.15	22.63	26.65
海　南	0.57	0.56	0.56	0.56	1.26	1.26	1.26	1.26	1.26	1.26	1.35
中部地区	**2.05**	**3.68**	**4.71**	**10.85**	**11.15**	**11.40**	**11.60**	**11.84**	**13.22**	**13.13**	**13.34**
山　西	—	—	—	—	—	0.10	—	—	—	—	—
吉　林	—	—	—	—	—	0.02	0.02	0.02	0.02	0.02	0.02
黑龙江	—	—	—	—	—	—	—	—	1.30	1.32	1.32
安　徽	0.88	1.01	1.01	1.01	1.01	1.11	1.11	1.36	1.40	1.27	1.02
江　西	0.05	0.10	0.10	6.24	6.34	6.14	6.14	6.14	6.14	6.14	6.14
河　南	0.02	1.46	2.46	2.46	2.46	2.86	3.16	3.16	3.19	3.21	3.22
湖　北	0.50	0.50	0.50	0.50	0.70	0.50	0.50	0.50	0.50	0.50	0.90
湖　南	0.60	0.60	0.63	0.63	0.63	0.66	0.66	0.66	0.66	0.66	0.71
西部地区	**29.25**	**31.21**	**31.99**	**32.65**	**41.35**	**41.36**	**55.64**	**56.95**	**59.98**	**62.99**	**85.29**
内蒙古	—	—	—	—	—	—	—	—	—	—	—
广　西	—	0.50	0.52	0.52	0.52	0.52	0.52	0.52	2.17	2.17	1.57
重　庆	26.51	27.15	28.01	28.76	37.47	37.47	43.06	44.37	45.16	46.91	65.90
四　川	1.08	1.07	1.07	0.97	0.97	0.97	0.97	0.97	0.97	0.97	0.97
贵　州	0.05	0.94	0.85	0.85	0.85	0.85	0.85	0.85	0.85	0.85	0.85
云　南	1.61	1.54	1.54	1.54	1.54	1.54	3.91	3.91	4.51	5.77	9.67
西　藏	—	—	—	—	—	—	—	—	—	—	—
陕　西	—	—	—	—	—	—	6.32	6.32	6.32	6.32	6.32
甘　肃	—	—	—	—	—	—	—	—	—	—	—
青　海	—	—	—	—	—	—	—	—	—	—	—
宁　夏	—	—	—	—	—	—	—	—	—	—	—
新　疆	—	—	—	—	—	—	—	—	—	—	—

数据来源：国家统计局。

表 2－24　　2011—2015 年房地产开发企业到位资金中自筹资金

单位：亿元

	2011 年	2012 年	2013 年	2014 年	2015 年
总　计	**34093.4**	**39082.68**	**47424.95**	**50419.80**	**49037.56**
东部地区	**18917.03**	**21716.75**	**26485.44**	**27973.09**	**26745.17**
北　京	1746.18	1611.91	2138.23	1815.41	2277.20
天　津	645.44	831.71	892.08	875.23	932.39
河　北	2001.75	2195.48	2394.67	2819.53	3099.11
辽　宁	2820.67	3310.51	4090.17	3368.50	2269.32
上　海	1192.87	1385.96	1569.91	1560.83	1519.99
江　苏	2432.98	3087.53	3932.97	4154.86	3416.80
浙　江	1838.29	2178.56	2765.07	3202.31	2659.44
福　建	1401.77	1426.79	2016.51	2479.19	2300.58
山　东	2351.55	2675.86	3149.08	3105.00	3328.96
广　东	2162.76	2414.64	2798.34	3705.57	3933.40
海　南	322.68	597.81	738.42	886.66	1007.98
中部地区	**7851.56**	**9107.01**	**10815.07**	**11046.13**	**11248.52**
山　西	377.14	550.70	758.31	743.32	809.31
吉　林	709.92	878.38	804.59	658.92	557.72
黑龙江	1045.6	1104.07	1102.62	909.94	730.67
安　徽	1497.06	1686.80	2143.66	2203.85	1860.13
江　西	464.12	504.79	582.49	606.50	730.78
河　南	1654.38	1920.72	2472.67	2601.55	2956.20
湖　北	1198.02	1425.31	1735.33	1971.63	2357.67
湖　南	905.32	1036.23	1215.39	1350.42	1246.05
西部地区	**7324.81**	**8258.92**	**10124.44**	**11400.58**	**11043.87**
内蒙古	1502.18	1031.07	1118.00	1022.39	838.47
广　西	679.96	788.45	815.69	901.60	823.72
重　庆	853.72	1182.06	1263.70	1824.41	1666.53
四　川	1639.08	1728.97	2150.87	2513.68	2645.83
贵　州	544.92	518.44	877.20	964.86	898.35
云　南	773.24	975.03	1541.76	1549.46	1337.54
西　藏	2.61	2.13	5.10	35.03	28.70
陕　西	701.5	1120.44	1143.18	1274.57	1405.06
甘　肃	169.81	304.97	431.08	411.45	429.93
青　海	79.36	113.35	117.97	139.36	153.80
宁　夏	147.39	196.32	247.69	275.47	323.68
新　疆	231.03	297.69	412.18	488.30	492.26

数据来源：国家统计局。

表 2－25　　2015 年全国各地区月度累计房地产开发企业自筹资金

单位：亿元

	1－2月	1－3月	1－4月	1－5月	1－6月	1－7月	1－8月	1－9月	1－10月	1－11月	1－12月
总　计	**9022.65**	**11214.07**	**14386.41**	**18388.68**	**23843.62**	**27761.17**	**31796.97**	**36285.27**	**40537.55**	**44647.77**	**49037.56**
东部地区	**5010.56**	**6397.42**	**8268.02**	**10524.11**	**13419.65**	**15551.65**	**17627.40**	**19934.54**	**22289.27**	**24241.36**	**26745.17**
北　京	244.75	352.71	479.49	626.72	885.82	1041.31	1205.12	1358.73	1711.07	1833.38	2277.20
天　津	217.48	245.14	310.58	372.77	456.59	504.81	558.99	582.30	694.22	824.59	932.39
河　北	341.95	639.66	832.31	1143.07	1463.45	1731.05	2043.06	2357.28	2588.16	2868.44	3099.11
辽　宁	340.82	429.73	672.65	979.15	1334.35	1613.53	1868.43	2067.75	2206.04	2233.11	2269.32
上　海	438.65	418.73	505.74	607.62	778.60	861.01	905.49	1055.79	1203.72	1351.06	1519.99
江　苏	957.02	1037.60	1357.33	1682.87	2011.97	2242.64	2456.09	2750.62	3006.46	3178.12	3416.80
浙　江	548.18	664.29	817.73	1058.05	1309.17	1504.37	1712.02	1965.26	2213.95	2452.19	2659.44
福　建	435.33	581.29	734.17	888.94	1196.02	1327.77	1505.77	1733.08	1909.27	2111.55	2300.58
山　东	598.40	777.93	1047.09	1300.04	1681.71	1959.93	2224.61	2503.23	2837.15	3025.67	3328.96
广　东	650.90	907.88	1149.46	1437.21	1787.08	2143.28	2483.69	2819.94	3105.39	3458.11	3933.40
海　南	237.09	342.48	361.47	427.65	514.91	621.95	664.14	740.57	813.84	905.13	1007.98
中部地区	**1727.22**	**2184.83**	**2837.04**	**3727.02**	**5048.60**	**5946.88**	**6991.47**	**8064.75**	**9114.43**	**10227.44**	**11248.52**
山　西	49.72	89.94	131.54	205.01	293.27	377.72	470.89	561.55	664.30	752.06	809.31
吉　林	32.73	49.47	80.15	142.16	185.64	270.94	335.98	408.40	470.68	541.62	557.72
黑龙江	18.73	41.58	71.58	133.71	252.63	323.83	395.50	496.96	567.53	657.46	730.67
安　徽	490.89	490.03	617.49	779.00	1002.62	1098.87	1283.05	1452.65	1595.76	1721.60	1860.13
江　西	166.23	184.71	229.33	274.58	345.40	393.33	467.76	539.39	602.68	680.37	730.78
河　南	339.20	525.32	710.22	955.21	1276.30	1535.04	1797.50	2070.77	2350.37	2665.09	2956.20
湖　北	333.16	436.71	594.32	736.03	1074.75	1239.30	1443.67	1627.07	1866.20	2110.19	2357.67
湖　南	296.57	367.06	402.41	501.33	617.99	707.86	797.12	907.96	996.92	1099.05	1246.05
西部地区	**2284.87**	**2631.82**	**3281.35**	**4137.55**	**5375.38**	**6262.64**	**7178.11**	**8285.98**	**9133.85**	**10178.98**	**11043.87**
内蒙古	55.97	78.67	114.18	195.89	341.95	448.23	544.96	684.01	768.31	819.83	838.47
广　西	193.06	201.19	271.27	324.71	415.19	463.69	505.35	562.04	616.97	712.21	823.72
重　庆	407.40	498.40	622.48	735.06	882.96	956.42	1044.32	1229.79	1331.88	1492.63	1666.53
四　川	704.08	777.05	888.15	1097.31	1383.35	1564.54	1808.68	2002.35	2191.59	2412.21	2645.83
贵　州	233.46	271.89	319.79	385.11	487.43	559.12	623.89	701.88	766.65	832.69	898.35
云　南	306.68	310.61	379.65	466.28	596.71	723.20	823.13	978.11	1074.46	1268.89	1337.54
西　藏	0.01	0.65	3.65	6.31	7.65	10.54	15.64	20.07	22.77	28.25	28.70
陕　西	224.68	287.57	396.92	524.39	684.86	789.62	921.65	1054.81	1166.76	1298.44	1405.06
甘　肃	65.32	78.53	94.71	140.15	188.10	233.46	279.74	340.06	377.00	419.24	429.93
青　海	17.68	24.90	30.48	42.39	58.91	77.54	93.83	106.67	133.94	152.84	153.80
宁　夏	31.61	49.57	78.82	98.12	121.48	157.04	178.92	202.59	226.04	258.23	323.68
新　疆	44.92	52.78	81.23	121.82	206.79	279.23	338.01	403.59	457.48	483.51	492.26

数据来源：国家统计局。

表 2 - 26　　2011—2015 年房地产开发企业到位资金中其他资金

单位：亿元

	2011 年	2012 年	2013 年	2014 年	2015 年
总　计	**35775.12**	**42274.52**	**54490.70**	**49689.81**	**55654.60**
东部地区	**21838.46**	**25572.14**	**33626.62**	**29385.67**	**34660.35**
北　京	2441.36	2983.68	3313.40	2640.80	3028.19
天　津	818.37	740.73	1087.95	1123.91	1315.72
河　北	1143.85	1211.02	1382.50	1280.14	1108.55
辽　宁	1825.44	2049.61	2449.26	1731.14	1373.42
上　海	1229.32	1580.66	2192.26	2000.62	2461.37
江　苏	3851.04	4817.07	6265.69	5614.83	6700.36
浙　江	3061.81	3210.82	4455.49	3864.55	4725.70
福　建	1507.61	2162.47	2981.29	2471.00	2484.05
山　东	2080.14	2385.81	3193.32	2876.22	3046.20
广　东	3426.63	3967.04	5494.72	5124.77	7626.44
海　南	452.90	463.22	810.73	657.69	790.36
中部地区	**6285.10**	**8008.86**	**10321.35**	**9687.56**	**10302.90**
山　西	394.59	422.09	553.06	526.54	524.53
吉　林	421.80	441.71	580.47	443.81	473.19
黑龙江	428.00	519.32	600.83	397.94	362.51
安　徽	1305.70	1740.92	2465.62	2456.60	2565.40
江　西	512.86	806.74	1086.70	1082.99	1133.59
河　南	912.89	1212.10	1537.51	1559.74	1641.82
湖　北	1105.61	1425.21	1692.58	1593.44	1743.96
湖　南	1203.66	1440.78	1804.57	1626.51	1857.90
西部地区	**7651.56**	**8693.51**	**10542.73**	**10616.58**	**10691.34**
内蒙古	227.35	298.41	406.76	271.16	260.09
广　西	762.54	954.75	1014.58	1168.91	1181.96
重　庆	1686.98	1946.55	2193.89	2216.67	2259.07
四　川	1874.08	2017.53	2415.89	2492.22	2515.99
贵　州	545.92	664.82	1041.70	1125.72	1128.77
云　南	744.45	942.87	951.51	937.07	974.48
西　藏	4.64	6.00	7.45	12.07	14.03
陕　西	996.36	914.21	1115.67	1018.94	1030.81
甘　肃	153.82	217.19	363.52	322.68	356.70
青　海	50.65	77.70	96.68	160.15	134.30
宁　夏	234.92	244.09	340.72	347.39	317.12
新　疆	369.86	409.38	594.36	543.60	518.00

数据来源：国家统计局。

表 2－27 　2015 年全国各地区月度累计房地产开发企业其他资金

单位：亿元

	1－2 月	1－3 月	1－4 月	1－5 月	1－6 月	1－7 月	1－8 月	1－9 月	1－10 月	1－11 月	1－12 月
总　计	**7563.30**	**10739.42**	**14443.55**	**18687.70**	**24095.20**	**28840.39**	**33785.08**	**38437.34**	**43690.15**	**49028.76**	**55654.60**
东部地区	**4662.14**	**6603.09**	**8861.90**	**11456.09**	**14742.36**	**17757.96**	**20847.88**	**23708.07**	**26927.63**	**30297.70**	**34660.35**
北　京	355.07	511.54	718.11	890.87	1135.38	1370.05	1601.26	1898.44	2196.63	2517.51	3028.19
天　津	174.49	187.56	259.78	356.69	458.84	569.85	686.89	816.15	930.57	1083.77	1315.72
河　北	112.66	223.76	291.39	384.76	497.43	586.55	691.79	794.67	892.52	993.44	1108.55
辽　宁	176.77	316.20	429.36	572.68	765.94	897.90	1009.29	1129.10	1222.30	1296.77	1373.42
上　海	340.27	435.17	626.00	771.92	979.45	1152.88	1396.98	1610.76	1893.32	2145.35	2461.37
江　苏	1022.63	1402.73	1840.23	2332.10	2974.18	3586.48	4182.11	4713.60	5252.80	5898.35	6700.36
浙　江	633.67	880.99	1195.69	1577.01	2038.35	2471.17	2886.00	3321.53	3703.05	4178.63	4725.70
福　建	363.06	541.10	717.06	934.35	1171.84	1385.27	1591.50	1793.91	2002.20	2228.91	2484.05
山　东	426.25	585.92	792.06	1065.16	1382.40	1637.60	1901.01	2146.75	2392.45	2667.73	3046.20
广　东	924.75	1328.86	1744.81	2235.51	2916.71	3597.12	4365.48	5014.09	5773.57	6546.40	7626.44
海　南	132.51	189.25	247.40	335.05	421.84	503.10	535.56	469.08	668.24	740.85	790.36
中部地区	**1431.39**	**1975.98**	**2676.55**	**3502.76**	**4520.66**	**5365.35**	**6329.50**	**7163.60**	**8182.50**	**9117.97**	**10302.90**
山　西	33.37	65.65	108.21	152.25	212.99	259.85	314.19	363.74	429.71	470.52	524.53
吉　林	13.01	32.18	70.72	116.45	175.53	238.83	291.30	330.58	376.51	429.76	473.19
黑龙江	15.49	30.90	53.36	83.87	138.99	165.43	194.69	231.06	275.11	318.20	362.51
安　徽	435.24	555.25	754.13	962.57	1190.60	1405.56	1625.59	1841.57	2048.47	2256.48	2565.40
江　西	193.42	242.95	320.25	401.31	516.19	611.93	710.05	805.64	905.88	998.00	1133.59
河　南	167.90	270.19	363.44	518.28	682.70	822.89	974.65	1124.59	1255.17	1441.01	1641.82
湖　北	239.68	338.69	448.75	563.98	733.12	855.82	1068.61	1168.65	1369.85	1542.61	1743.96
湖　南	333.26	440.16	557.70	704.03	870.53	1005.04	1150.42	1297.76	1521.81	1661.40	1857.90
西部地区	**1469.78**	**2160.35**	**2905.10**	**3728.85**	**4832.17**	**5717.08**	**6607.70**	**7565.67**	**8580.02**	**9613.08**	**10691.34**
内蒙古	20.73	31.80	46.22	68.68	104.73	132.78	155.75	200.12	226.15	245.46	260.09
广　西	165.53	282.90	347.19	433.58	547.55	679.25	739.14	821.84	907.93	1034.02	1181.96
重　庆	318.22	477.13	666.67	858.67	1090.51	1259.79	1426.58	1603.49	1797.29	2006.48	2259.07
四　川	372.02	547.35	706.54	910.69	1152.22	1343.08	1558.90	1781.21	2014.30	2268.19	2515.99
贵　州	173.32	240.30	321.86	386.58	502.89	576.56	674.91	788.15	903.03	1020.66	1128.77
云　南	157.48	202.79	275.06	347.02	453.85	535.17	616.05	705.82	811.21	900.38	974.48
西　藏	—	1.09	2.77	3.87	7.27	9.92	10.15	12.07	12.81	13.98	14.03
陕　西	124.37	181.75	255.52	333.26	443.70	525.89	648.35	727.63	828.44	915.77	1030.81
甘　肃	36.35	55.10	77.01	100.85	138.91	175.48	206.59	249.13	284.61	323.15	356.70
青　海	28.32	26.37	35.32	50.35	71.56	81.98	92.15	105.46	113.13	127.13	134.30
宁　夏	26.58	44.30	68.09	92.37	123.97	153.85	186.48	214.00	248.82	282.07	317.12
新　疆	46.87	69.48	102.86	142.93	195.02	243.33	292.65	356.74	432.29	475.81	518.00

数据来源：国家统计局。

五、全国各地区土地成交数据

表 2－28　　2011—2015 年全国各地区土地购置面积

单位：万平方米

	2011 年	2012 年	2013 年	2014 年	2015 年
总　计	**40972.95**	**35666.80**	**38814.38**	**33383.03**	**22810.79**
东部地区	**19728.54**	**15868.71**	**17900.66**	**14876.56**	**9824.33**
北　京	507.04	305.99	906.17	580.76	390.96
天　津	596.59	299.75	210.64	122.74	173.98
河　北	2737.89	1760.99	1127.34	1081.72	756.86
辽　宁	3307.12	3199.52	2502.27	1670.85	957.02
上　海	562.76	300.62	421.74	313.18	263.39
江　苏	2409.68	3071.00	4207.74	3454.27	1693.35
浙　江	1987.59	1256.11	1760.73	1887.92	1012.58
福　建	1288.38	925.64	1591.13	1294.16	1056.72
山　东	3641.96	2610.03	2615.07	2225.50	1787.97
广　东	2289.69	1805.44	2250.96	1956.99	1478.80
海　南	399.83	333.62	306.85	288.47	252.70
中部地区	**11257.12**	**10691.35**	**11001.40**	**9197.60**	**6386.35**
山　西	654.85	718.36	875.90	431.71	431.66
吉　林	1280.25	1539.01	1143.95	928.40	793.19
黑龙江	1703.71	929.91	655.67	416.58	270.40
安　徽	2601.91	2618.78	2760.18	3029.58	1805.94
江　西	1002.29	733.17	841.82	918.20	542.89
河　南	1534.8	1742.63	1501.56	1116.16	951.41
湖　北	1414.23	1303.19	1894.68	1244.99	729.91
湖　南	1065.08	1106.29	1327.64	1111.98	860.96
西部地区	**9987.29**	**9106.74**	**9912.32**	**9308.87**	**6600.11**
内蒙古	1692.7	902.76	837.63	534.48	316.27
广　西	907.43	541.71	431.96	610.01	415.94
重　庆	1676.12	2183.07	1896.65	1864.59	1626.77
四　川	961.51	892.22	1142.76	1535.43	1061.98
贵　州	911.07	707.51	1209.52	936.36	601.20
云　南	1425.38	1602.39	1974.01	1218.23	826.89
西　藏	5.77	1.34	—	58.10	30.82
陕　西	488.71	473.03	503.45	487.52	447.59
甘　肃	287.52	419.33	421.71	567.49	239.72
青　海	140.31	197.03	80.13	99.87	48.35
宁　夏	520.54	425.69	438.26	332.77	230.51
新　疆	970.24	760.67	976.24	1064.02	754.07

数据来源：国家统计局。

表 2－29　　2015 年全国各地区月度累计土地购置面积

单位：万平方米

	1－2 月	1－3 月	1－4 月	1－5 月	1－6 月	1－7 月	1－8 月	1－9 月	1－10 月	1－11 月	1－12 月
总　计	**2772.76**	**4051.42**	**5469.47**	**7650.48**	**9799.74**	**12113.37**	**14116.01**	**15890.22**	**17847.41**	**19893.72**	**22810.79**
东部地区	**1157.17**	**1778.18**	**2477.88**	**3315.94**	**4186.63**	**5261.52**	**6189.60**	**6837.13**	**7612.34**	**8522.12**	**9824.33**
北　京	4.58	61.86	75.14	80.06	127.50	169.14	176.83	183.27	196.22	218.20	390.96
天　津	3.02	2.74	6.20	2.12	5.66	39.98	50.80	83.03	92.17	120.87	173.98
河　北	75.06	170.59	266.19	323.36	373.23	449.23	545.32	602.61	675.84	727.98	756.86
辽　宁	179.56	267.01	336.60	453.25	587.41	714.87	801.56	875.30	886.91	913.64	957.02
上　海	19.94	31.61	40.13	74.01	88.74	154.69	160.35	143.01	219.53	225.54	263.39
江　苏	379.65	456.79	616.42	770.88	886.32	1083.60	1214.91	1327.57	1343.73	1485.78	1693.35
浙　江	73.84	118.45	177.65	330.57	438.26	508.26	572.22	662.57	799.62	870.00	1012.58
福　建	149.58	199.21	266.96	354.33	420.63	478.46	561.44	620.86	780.78	948.92	1056.72
山　东	110.12	246.71	345.10	452.87	651.07	903.14	1089.23	1221.41	1361.40	1577.00	1787.97
广　东	148.63	203.47	315.07	425.90	543.80	668.54	876.48	955.70	1095.63	1245.28	1478.80
海　南	13.17	19.76	32.43	48.58	64.00	91.60	140.46	161.79	160.52	188.91	252.70
中部地区	**690.89**	**1074.24**	**1441.81**	**2070.47**	**2665.87**	**3325.72**	**3826.84**	**4335.33**	**4884.45**	**5549.61**	**6386.35**
山　西	0.29	13.24	21.17	41.02	90.52	123.36	172.97	191.03	200.89	247.98	431.66
吉　林	23.87	32.17	70.69	145.67	183.67	323.19	407.62	462.54	561.51	726.80	793.19
黑龙江	2.57	2.57	2.57	9.37	53.80	90.54	107.63	126.67	186.97	247.10	270.40
安　徽	166.74	363.37	535.68	818.05	1013.12	1229.31	1336.89	1503.35	1585.23	1691.58	1805.94
江　西	76.78	100.82	148.50	217.52	238.25	287.21	344.80	420.78	484.85	506.38	542.89
河　南	119.36	196.24	264.27	309.63	399.49	492.28	591.39	652.98	721.11	843.52	951.41
湖　北	138.13	177.42	178.39	228.15	317.24	341.34	395.90	440.14	524.73	574.28	729.91
湖　南	163.15	188.42	220.54	301.06	369.78	438.50	469.62	537.85	619.15	711.98	860.96
西部地区	**924.71**	**1199.00**	**1549.78**	**2264.07**	**2947.24**	**3526.13**	**4099.57**	**4717.76**	**5350.62**	**5821.99**	**6600.11**
内蒙古	10.09	46.88	41.55	84.17	159.26	237.03	255.25	307.34	314.12	316.26	316.27
广　西	47.80	56.57	78.39	107.29	193.42	205.50	234.19	277.41	321.28	352.58	415.94
重　庆	290.34	339.36	471.74	577.59	739.68	790.79	947.36	1042.16	1222.24	1297.37	1626.77
四　川	168.74	243.54	272.54	338.20	444.57	520.41	628.12	717.02	793.32	988.54	1061.98
贵　州	85.43	111.89	106.19	223.72	290.22	340.33	352.36	430.54	466.11	497.08	601.20
云　南	199.14	233.86	234.14	353.23	406.00	539.78	599.44	694.39	747.68	779.22	826.89
西　藏	—	10.82	10.82	10.82	10.82	10.82	10.82	10.82	10.82	10.82	30.82
陕　西	11.48	25.34	59.21	131.25	169.80	196.70	214.54	276.74	357.67	385.77	447.59
甘　肃	24.11	26.39	35.46	91.82	97.07	120.99	157.55	179.26	210.94	232.68	239.72
青　海	1.54	1.54	2.92	6.53	8.30	13.85	22.84	25.31	44.92	47.86	48.35
宁　夏	9.65	34.77	73.60	89.15	99.23	113.67	163.04	176.80	183.77	217.63	230.51
新　疆	76.39	68.06	163.22	250.30	328.88	436.26	514.06	579.98	677.77	696.19	754.07

数据来源：国家统计局。

表 2－30　　2011—2015 年全国各地区土地成交价款

单位：亿元

	2011 年	2012 年	2013 年	2014 年	2015 年
总　计	**—**	**7409.64**	**9918.29**	**10019.88**	**7621.61**
东部地区	**—**	**4047.23**	**5860.25**	**5898.69**	**4515.04**
北　京	—	224.65	784.04	763.67	811.13
天　津	—	56.41	82.16	121.09	74.20
河　北	—	306.01	251.95	232.92	168.45
辽　宁	—	491.81	566.83	411.23	246.07
上　海	—	135.09	279.12	395.63	179.98
江　苏	—	776.89	1084.21	1094.55	530.42
浙　江	—	650.29	1006.73	964.49	574.93
福　建	—	320.32	532.16	476.05	490.12
山　东	—	448.17	552.85	524.73	473.45
广　东	—	591.85	681.50	856.58	890.97
海　南	—	45.74	38.71	57.75	75.32
中部地区	**—**	**1810.76**	**2207.47**	**2023.22**	**1571.07**
山　西	—	97.39	144.41	65.46	84.84
吉　林	—	277.68	205.72	188.75	191.72
黑龙江	—	127.60	88.23	68.89	54.11
安　徽	—	473.96	641.63	711.02	479.32
江　西	—	136.81	227.37	208.87	147.48
河　南	—	216.73	262.44	233.94	198.21
湖　北	—	297.26	391.80	334.87	238.74
湖　南	—	183.34	245.87	211.43	176.66
西部地区	**—**	**1551.65**	**1850.56**	**2097.96**	**1535.51**
内蒙古	—	107.62	129.22	87.19	52.62
广　西	—	100.90	113.78	160.94	108.45
重　庆	—	550.71	448.79	679.99	539.12
四　川	—	157.99	337.25	475.97	332.42
贵　州	—	107.29	160.58	111.05	83.75
云　南	—	272.11	356.16	214.58	146.38
西　藏	—	0.07	—	6.98	0.95
陕　西	—	98.14	110.09	157.31	134.79
甘　肃	—	47.05	67.22	58.48	28.71
青　海	—	25.90	10.23	13.38	11.14
宁　夏	—	31.77	31.41	35.00	25.70
新　疆	—	52.10	85.83	97.11	71.49

数据来源：国家统计局。

表 2－31　　2015 年全国各地区月度累计土地成交价款

单位：亿元

	1－2 月	1－3 月	1－4 月	1－5 月	1－6 月	1－7 月	1－8 月	1－9 月	1－10 月	1－11 月	1－12 月
总　计	**698.57**	**1123.16**	**1570.71**	**2191.77**	**2866.40**	**3593.13**	**4293.88**	**4916.13**	**5794.12**	**6408.53**	**7621.61**
东部地区	**403.22**	**682.88**	**1001.98**	**1303.97**	**1624.46**	**2079.44**	**2423.12**	**2777.42**	**3394.03**	**3724.53**	**4515.04**
北　京	6.50	114.70	168.89	194.61	230.84	291.62	296.04	301.90	480.81	513.52	811.13
天　津	1.25	2.07	4.34	0.71	1.01	21.38	26.72	36.70	44.44	51.49	74.20
河　北	22.44	36.81	53.81	66.73	82.27	108.86	126.12	135.36	151.87	158.75	168.45
辽　宁	54.55	82.02	108.13	132.66	153.00	184.48	211.81	227.67	234.66	237.72	246.07
上　海	6.81	11.21	18.90	25.01	35.07	53.12	61.69	83.72	145.46	142.06	179.98
江　苏	94.24	119.19	162.41	233.10	262.08	345.04	381.13	418.54	503.62	488.79	530.42
浙　江	48.61	60.66	86.38	119.93	167.80	197.14	228.63	318.97	440.87	491.64	574.93
福　建	51.85	69.70	91.13	133.79	200.51	247.20	292.22	355.57	397.41	446.30	490.12
山　东	28.19	78.06	100.12	116.74	154.36	233.29	288.44	323.39	359.22	408.96	473.45
广　东	86.87	106.11	199.02	267.72	319.73	372.56	472.49	524.02	583.31	726.55	890.97
海　南	1.91	2.35	8.86	12.96	17.81	24.76	37.84	51.58	52.36	58.74	75.32
中部地区	**108.08**	**201.54**	**274.55**	**457.61**	**654.65**	**804.09**	**989.86**	**1112.38**	**1232.25**	**1374.96**	**1571.07**
山　西	0.03	1.21	1.92	4.22	13.60	20.77	42.83	48.84	49.46	67.54	84.84
吉　林	2.48	4.37	8.04	24.18	29.97	74.90	105.87	123.35	143.24	167.78	191.72
黑龙江	0.06	0.06	0.06	1.11	14.90	19.32	20.59	25.71	38.09	50.50	54.11
安　徽	23.30	62.30	88.66	173.22	235.82	297.64	356.87	396.50	414.80	438.58	479.32
江　西	23.65	28.57	40.48	64.40	71.62	88.05	108.45	120.81	131.31	138.75	147.48
河　南	18.14	33.53	51.30	66.10	90.00	106.45	122.44	136.85	150.47	172.32	198.21
湖　北	15.07	40.25	44.00	67.86	116.42	102.82	127.44	147.33	170.51	192.38	238.74
湖　南	25.35	31.23	40.09	56.50	82.32	94.14	105.38	112.97	134.37	147.12	176.66
西部地区	**187.27**	**238.75**	**294.18**	**430.19**	**587.29**	**709.61**	**880.90**	**1026.34**	**1167.84**	**1309.04**	**1535.51**
内蒙古	1.06	4.78	5.82	13.50	28.28	37.80	43.49	49.99	52.20	52.39	52.62
广　西	8.52	10.27	14.24	23.59	43.69	47.93	54.85	66.25	73.75	83.94	108.45
重　庆	69.57	86.44	103.13	148.98	190.36	209.58	300.99	344.69	390.49	421.19	539.12
四　川	45.78	54.95	67.46	87.22	130.15	161.89	193.77	216.20	244.55	300.14	332.42
贵　州	13.28	16.90	16.15	25.28	35.24	43.52	50.03	60.07	67.51	71.36	83.75
云　南	34.64	40.47	42.04	52.31	64.11	87.18	93.10	109.65	123.14	133.18	146.38
西　藏	—	0.57	0.57	0.57	0.57	0.57	0.57	0.57	0.57	0.57	0.95
陕　西	1.28	6.82	19.84	39.15	45.01	52.75	59.67	78.25	95.67	119.93	134.79
甘　肃	3.03	3.18	4.01	9.86	12.50	15.25	16.26	19.39	24.45	26.38	28.71
青　海	0.64	0.64	0.86	1.16	1.24	3.62	6.62	7.21	10.95	11.14	11.14
宁　夏	0.88	5.05	8.21	9.49	11.43	12.78	18.22	20.03	20.76	24.20	25.70
新　疆	8.58	8.67	11.86	19.09	24.71	36.73	43.33	54.04	63.80	64.61	71.49

数据来源：国家统计局。

六、全国各地区房地产建设数据

表 2－32　　2011—2015 年全国各地区房屋施工面积

单位：万平方米

	2011 年	2012 年	2013 年	2014 年	2015 年
总　计	**507959.39**	**573417.52**	**665571.89**	**726482.34**	**735693.37**
东部地区	**262005.40**	**289323.21**	**329581.67**	**355052.79**	**352198.76**
北　京	12065.38	13122.49	13886.87	13588.08	12993.08
天　津	9075.39	9864.22	10892.17	10652.37	10230.22
河　北	26835.37	27577.83	29949.12	31628.39	30434.76
辽　宁	34511.89	38502.02	41625.60	38616.88	29283.18
上　海	12983.32	13249.97	13516.58	14690.18	15095.33
江　苏	40738.08	45097.54	52574.17	57637.72	58118.44
浙　江	30318.08	33422.97	37647.24	42144.35	41687.33
福　建	19212.77	21121.50	26287.28	30051.77	30891.14
山　东	36293.30	42958.91	50549.17	54508.45	57206.44
广　东	36311.94	39296.27	46480.47	53977.47	57941.86
海　南	3659.88	5109.49	6173.00	7557.15	8316.98
中部地区	**119260.50**	**138172.71**	**165264.80**	**181702.50**	**186862.40**
山　西	9325.63	11714.28	14040.05	15476.89	15734.48
吉　林	8963.42	10935.80	12181.28	12268.44	11566.47
黑龙江	12065.32	13484.97	13567.37	14218.09	12410.35
安　徽	20744.07	24836.06	30235.20	33479.11	34244.67
江　西	8210.88	9465.63	11995.67	13332.64	15293.60
河　南	25280.95	29559.36	35979.33	38857.60	40994.40
湖　北	13923.90	16819.71	21865.81	26321.99	28296.28
湖　南	20746.32	21356.89	25400.09	27747.75	28322.13
西部地区	**126693.49**	**145921.60**	**170725.42**	**189727.04**	**196632.21**
内蒙古	16378.10	16507.40	18624.32	18474.17	17641.28
广　西	14448.23	15018.46	16040.17	17472.15	18608.36
重　庆	20397.24	22009.03	26251.89	28623.93	28985.67
四　川	27315.44	29865.50	32164.98	36499.35	38981.36
贵　州	10395.27	13245.31	17356.96	20369.36	20877.67
云　南	10597.88	14362.00	18260.72	20034.58	20722.20
西　藏	48.73	47.33	57.70	273.17	380.62
陕　西	12179.97	15410.57	17240.86	19466.10	20752.16
甘　肃	3810.00	5634.95	6848.40	7660.30	8586.18
青　海	1659.03	1891.23	2376.64	2545.90	2585.59
宁　夏	4040.83	5033.26	6043.23	7019.37	7045.68
新　疆	5422.77	6896.55	9459.55	11288.65	11465.44

数据来源：国家统计局。

表 2 – 33　　**2015 年全国各地区月度累计施工面积**

单位：万平方米

西部地区	1 – 2 月	1 – 3 月	1 – 4 月	1 – 5 月	1 – 6 月	1 – 7 月	1 – 8 月	1 – 9 月	1 – 10 月	1 – 11 月	1 – 12 月
总　计	**570096.78**	**584018.38**	**599580.42**	**616903.06**	**637563.00**	**654172.48**	**669359.69**	**693652.06**	**707805.06**	**723989.92**	**735693.37**
东部地区	**279352.20**	**285975.74**	**293209.06**	**301011.87**	**309692.11**	**316701.22**	**322908.29**	**334626.57**	**340493.20**	**346994.84**	**352198.76**
北　京	10124.18	10646.69	10880.18	11097.48	11425.99	11754.98	11818.12	12037.79	12214.14	12589.86	12993.08
天　津	7978.95	8224.73	8325.14	8580.40	8794.63	8972.11	9197.11	9397.66	9674.08	9839.02	10230.22
河　北	21909.60	22884.49	23503.84	24152.38	24945.16	25671.42	26449.27	28135.11	28919.34	29800.86	30434.76
辽　宁	24587.45	24780.15	25408.76	25943.02	26923.76	27674.00	28318.85	29116.92	29342.44	29474.50	29283.18
上　海	11538.60	12041.47	12431.24	12720.89	13233.87	13359.42	13730.61	14094.02	14296.24	14738.89	15095.33
江　苏	46564.10	47268.54	48707.95	50083.76	51419.29	52377.74	53515.70	55463.48	56540.47	57467.83	58118.44
浙　江	34898.32	35348.00	35979.03	36864.77	37481.82	38165.85	38586.28	39814.24	40472.53	41273.60	41687.33
福　建	25609.33	26119.00	26600.01	27213.32	27634.51	28114.90	28637.10	29773.88	30249.77	30761.97	30891.14
山　东	44107.17	45739.25	46919.02	48515.47	50437.97	51939.58	53011.95	54537.24	55311.25	56175.16	57206.44
广　东	45649.70	46450.58	47807.70	48976.73	50356.00	51402.87	52315.64	54370.44	55461.12	56674.87	57941.86
海　南	6384.79	6472.85	6646.18	6863.65	7039.10	7268.35	7327.65	7885.78	8011.82	8198.27	8316.98
中部地区	**139458.36**	**143035.85**	**146414.51**	**150813.53**	**156556.29**	**161488.08**	**166391.72**	**172975.48**	**177417.87**	**182481.76**	**186862.40**
山　西	11480.64	11769.13	11960.19	12408.73	13088.70	13501.29	13938.63	14647.12	14945.31	15405.44	15734.48
吉　林	9547.45	9514.45	9700.48	9881.96	9890.51	10323.51	10562.31	10842.90	11011.96	11415.17	11566.47
黑龙江	10063.08	10141.88	10256.00	10533.70	10953.72	11199.14	11405.56	11751.24	11977.50	12256.36	12410.35
安　徽	26484.22	27302.19	27928.52	28777.78	29620.30	30376.20	31144.01	32379.77	32977.96	33610.80	34244.67
江　西	11107.08	11353.99	11772.01	12177.24	12822.85	13135.24	13645.22	14352.66	14683.35	15024.92	15293.60
河　南	28391.55	29502.10	30367.70	31481.96	32928.40	34341.39	35792.07	36846.95	38025.79	39545.33	40994.40
湖　北	20228.66	20862.55	21265.73	21903.75	22883.02	23672.43	24434.13	25694.01	26551.40	27281.22	28296.28
湖　南	22155.66	22589.56	23163.88	23648.40	24368.80	24938.88	25469.79	26460.82	27244.61	27942.52	28322.13
西部地区	**151286.22**	**155006.79**	**159956.85**	**165077.66**	**171314.61**	**175983.19**	**180059.69**	**186050.01**	**189893.99**	**194513.31**	**196632.21**
内蒙古	14352.61	14474.87	14807.62	15071.39	15978.16	16392.73	16613.27	17053.45	17384.18	17611.94	17641.28
广　西	14564.46	15028.20	15416.88	15811.95	16243.20	16566.59	16926.99	17553.17	17872.89	18278.32	18608.36
重　庆	22665.26	23037.11	23698.37	24413.03	25125.16	25796.63	26332.85	27182.11	27599.48	28388.85	28985.67
四　川	29359.13	30222.79	31127.48	32303.94	33532.66	34408.84	35682.21	36524.03	37472.57	38561.19	38981.36
贵　州	17279.31	17749.64	18107.12	18628.87	19177.72	19318.94	19530.12	19986.58	20385.29	20798.00	20877.67
云　南	16175.88	16595.90	17256.00	17669.52	18462.08	18958.65	19293.73	19912.25	20121.36	20542.03	20722.20
西　藏	195.92	205.76	233.41	266.51	272.04	315.59	330.22	360.72	363.12	380.19	380.62
陕　西	15842.07	15999.93	16668.00	17178.35	17790.91	18192.55	18504.46	19262.73	19703.60	20293.01	20752.16
甘　肃	5465.95	5977.54	6243.09	6703.67	6989.54	7424.16	7686.35	8115.47	8298.20	8532.19	8586.18
青　海	1723.96	1769.36	1950.70	2005.58	2170.36	2238.76	2306.04	2405.29	2501.36	2586.28	2585.59
宁　夏	5555.98	5725.80	5896.63	6126.22	6270.22	6500.12	6700.83	6784.43	6941.96	7060.86	7045.68
新　疆	8105.70	8219.89	8551.56	8898.61	9302.56	9869.63	10152.61	10909.78	11249.98	11480.45	11465.44

数据来源：国家统计局。

表 2－34　　2011—2015 年全国各地区房屋新开工面积

单位：万平方米

	2011 年	2012 年	2013 年	2014 年	2015 年
总　计	**190082.70**	**177333.62**	**201207.84**	**179592.49**	**154453.68**
东部地区	**94717.56**	**83232.11**	**93591.45**	**83424.48**	**69734.44**
北　京	4246.05	3224.21	3577.52	2449.39	2706.91
天　津	3484.21	2565.19	2672.93	2815.27	2817.19
河　北	11298.70	7641.80	6932.65	8239.03	7219.81
辽　宁	12425.86	13828.92	13444.45	8192.17	4699.42
上　海	3644.06	2724.05	2705.95	2782.02	2605.08
江　苏	14721.11	13908.44	16358.18	14220.35	11542.56
浙　江	10216.94	7816.80	9313.10	9676.14	6533.77
福　建	7033.35	5342.97	7193.01	6754.06	5244.85
山　东	14029.44	13902.72	15390.76	13328.07	12043.38
广　东	11968.66	10615.73	14265.48	13384.34	12676.74
海　南	1649.19	1661.29	1735.42	1583.64	1644.72
中部地区	**49007.73**	**48325.48**	**55227.62**	**48763.96**	**43513.68**
山　西	2838.30	4166.34	3673.34	3887.51	3700.64
吉　林	4749.81	4826.76	3746.24	3257.60	2063.66
黑龙江	7195.27	5074.35	4030.44	3281.38	2181.79
安　徽	8308.17	7874.22	10077.71	8736.77	7759.35
江　西	3308.49	3261.03	4138.96	3348.42	3704.87
河　南	9823.23	10515.11	12465.09	10586.54	10974.12
湖　北	5605.60	5976.06	8226.71	7598.69	6734.67
湖　南	7178.86	6631.62	8869.13	8067.05	6394.58
西部地区	**46357.41**	**45776.03**	**52388.77**	**47404.06**	**41205.56**
内蒙古	8537.91	5423.42	5042.81	3114.00	2341.67
广　西	3760.22	3741.88	3715.67	4138.43	3850.07
重　庆	6824.36	5813.48	7641.63	6254.04	5810.85
四　川	8473.27	8367.21	10163.57	11328.04	9587.21
贵　州	2912.81	3787.67	5628.24	4616.49	4206.12
云　南	4984.70	6037.53	6481.80	5458.43	3841.29
西　藏	4.53	22.68	27.76	191.49	119.87
陕　西	3843.17	4738.32	4483.35	3943.16	3964.44
甘　肃	1546.59	2404.51	2451.19	2050.36	2312.66
青　海	532.33	772.90	859.76	694.77	785.52
宁　夏	1954.46	1842.78	2163.12	2053.77	1391.12
新　疆	2983.06	2823.65	3729.87	3561.09	2994.75

数据来源：国家统计局。

表 2－35　　2015 年全国各地区月度累计新开工面积

单位：万平方米

	1－2 月	1－3 月	1－4 月	1－5 月	1－6 月	1－7 月	1－8 月	1－9 月	1－10 月	1－11 月	1－12 月
总　计	**13743. 52**	**23723. 62**	**35756. 09**	**50304. 75**	**67478. 78**	**81730. 66**	**95181. 85**	**114814. 31**	**127085. 85**	**140568. 66**	**154453. 68**
东部地区	**6776. 29**	**11487. 81**	**17313. 10**	**23897. 57**	**31096. 79**	**37089. 18**	**42601. 09**	**51961. 81**	**57127. 53**	**62778. 78**	**69734. 44**
北　京	194. 23	478. 23	657. 23	849. 81	1105. 73	1429. 20	1499. 08	1739. 32	1945. 82	2220. 68	2706. 91
天　津	162. 24	304. 79	459. 33	621. 71	803. 40	949. 96	1177. 92	1317. 80	1541. 53	1679. 20	2817. 19
河　北	278. 56	983. 43	1581. 22	2215. 43	3012. 21	3589. 57	4337. 81	5488. 37	6047. 61	6733. 00	7219. 81
辽　宁	219. 08	634. 49	1087. 20	1535. 27	2404. 00	3112. 39	3716. 15	4346. 14	4540. 47	4659. 46	4699. 42
上　海	246. 72	343. 17	612. 95	792. 40	1008. 74	1198. 63	1496. 22	1785. 74	1962. 03	2306. 21	2605. 08
江　苏	1626. 67	2219. 08	3371. 27	4473. 76	5426. 52	6230. 38	7143. 89	8874. 79	9742. 93	10572. 54	11542. 56
浙　江	662. 66	906. 93	1440. 96	2274. 80	2809. 03	3359. 58	3735. 61	4694. 91	5304. 26	5962. 51	6533. 77
福　建	609. 98	966. 48	1347. 55	1885. 35	2284. 53	2736. 64	3090. 41	3995. 58	4423. 99	4930. 27	5244. 85
山　东	1013. 84	2018. 86	2958. 37	4120. 47	5751. 81	6885. 45	7731. 85	9028. 24	9852. 75	10707. 89	12043. 38
广　东	1631. 59	2422. 91	3436. 80	4577. 88	5805. 42	6699. 91	7723. 48	9477. 87	10432. 20	11492. 56	12676. 74
海　南	130. 70	209. 43	360. 23	550. 70	685. 40	897. 47	948. 68	1213. 06	1333. 93	1514. 45	1644. 72
中部地区	**3605. 27**	**6324. 60**	**8894. 21**	**12759. 03**	**17625. 65**	**21735. 12**	**25921. 25**	**31136. 73**	**34824. 53**	**39190. 68**	**43513. 68**
山　西	84. 57	240. 19	472. 71	857. 69	1352. 79	1693. 01	2180. 10	2691. 09	2951. 15	3447. 17	3700. 64
吉　林	7. 28	29. 91	111. 37	358. 57	470. 40	881. 72	1101. 80	1334. 66	1468. 79	1828. 37	2063. 66
黑龙江	1. 20	67. 81	167. 95	398. 63	840. 19	1075. 10	1288. 35	1610. 20	1809. 95	2050. 03	2181. 79
安　徽	945. 02	1607. 51	2054. 10	2859. 92	3578. 12	4285. 03	4990. 82	6081. 15	6549. 79	7102. 57	7759. 35
江　西	491. 32	669. 19	1010. 18	1314. 01	1743. 72	1979. 62	2408. 88	2950. 07	3226. 69	3424. 37	3704. 87
河　南	833. 21	1596. 80	2086. 18	2899. 06	4220. 95	5291. 86	6384. 81	7360. 56	8413. 39	9647. 29	10974. 12
湖　北	521. 22	982. 18	1396. 19	1910. 26	2655. 11	3250. 84	3868. 40	4665. 91	5341. 27	5956. 96	6734. 67
湖　南	721. 44	1131. 01	1595. 52	2160. 89	2764. 37	3277. 94	3698. 08	4443. 10	5063. 50	5733. 92	6394. 58
西部地区	**3361. 97**	**5911. 21**	**9548. 78**	**13648. 15**	**18756. 34**	**22906. 35**	**26659. 51**	**31715. 77**	**35133. 79**	**38599. 20**	**41205. 56**
内蒙古	9. 25	159. 93	386. 04	482. 73	1099. 89	1473. 79	1709. 86	2053. 43	2262. 17	2313. 68	2341. 67
广　西	464. 01	662. 15	870. 39	1189. 87	1489. 36	1841. 01	2145. 60	2725. 83	3093. 40	3448. 30	3850. 07
重　庆	440. 80	737. 70	1299. 87	1912. 37	2557. 55	3026. 95	3477. 21	4235. 23	4601. 84	5164. 88	5810. 85
四　川	1009. 99	1730. 00	2442. 14	3450. 59	4558. 40	5333. 38	6488. 67	7300. 30	8172. 91	9080. 38	9587. 21
贵　州	607. 03	1103. 54	1385. 24	1819. 14	2313. 82	2634. 45	2853. 17	3323. 26	3685. 27	4058. 80	4206. 12
云　南	333. 21	390. 16	880. 34	1212. 24	1883. 78	2209. 44	2532. 55	3073. 15	3246. 97	3517. 69	3841. 29
西　藏	—	10. 86	19. 13	31. 00	36. 53	54. 65	68. 61	99. 97	102. 37	119. 44	119. 87
陕　西	372. 99	601. 50	1057. 21	1434. 01	1821. 69	2125. 15	2398. 82	2912. 28	3236. 88	3579. 34	3964. 44
甘　肃	58. 86	180. 35	388. 50	724. 00	959. 61	1354. 64	1584. 27	1836. 83	2007. 94	2248. 79	2312. 66
青　海	—	68. 49	195. 09	261. 81	401. 21	462. 85	530. 14	624. 43	724. 04	785. 52	785. 52
宁　夏	46. 28	184. 47	282. 16	467. 79	574. 17	800. 85	998. 49	1080. 81	1209. 33	1339. 00	1391. 12
新　疆	19. 55	82. 05	342. 67	662. 61	1060. 32	1589. 19	1872. 14	2450. 27	2790. 68	2943. 36	2994. 75

数据来源：国家统计局。

表 2－36　　2011—2015 年全国各地区房屋竣工面积

单位：万平方米

	2011 年	2012 年	2013 年	2014 年	2015 年
总　计	**89244.25**	**99424.96**	**101434.99**	**107459.05**	**100039.10**
东部地区	**45578.01**	**49483.00**	**50480.07**	**54390.16**	**50476.19**
北　京	2245.24	2390.86	2666.35	3054.12	2631.45
天　津	2105.32	2542.75	2805.37	2924.82	2903.57
河　北	5145.32	4894.56	4437.02	4037.56	4039.31
辽　宁	6359.15	6438.15	6151.97	6146.96	3237.53
上　海	2240.62	2305.06	2254.44	2313.29	2647.18
江　苏	8040.88	9848.40	9711.60	9620.47	10296.96
浙　江	4423.32	4292.94	4692.34	6390.17	5892.86
福　建	2614.88	2232.78	3369.76	3583.57	3436.56
山　东	6226.85	7324.97	7508.52	7787.31	8277.76
广　东	5800.52	6356.12	6273.30	7327.99	6044.43
海　南	375.91	856.41	609.40	1203.90	1068.59
中部地区	**23898.91**	**26221.68**	**28042.25**	**28603.80**	**25917.17**
山　西	2084.20	1732.99	2284.82	2182.48	2114.49
吉　林	1656.17	1927.87	2253.65	1573.86	1287.40
黑龙江	2992.61	3245.73	2932.70	3000.90	2924.21
安　徽	3063.87	3965.39	5180.35	5196.37	5537.74
江　西	1777.42	1747.48	1790.26	1871.79	1907.89
河　南	5307.13	5870.54	5965.87	7324.34	5390.32
湖　北	3083.54	3273.71	3040.84	3431.18	2785.17
湖　南	3933.97	4457.97	4593.76	4022.89	3969.96
西部地区	**19767.33**	**23720.28**	**22912.67**	**24465.08**	**23645.74**
内蒙古	2453.11	2449.13	2638.24	2012.08	1697.16
广　西	2183.90	2333.58	1712.68	1865.98	1675.18
重　庆	3424.33	3990.63	3804.36	3717.78	4630.29
四　川	4308.71	5866.58	5108.86	5334.45	4545.71
贵　州	1462.44	1416.77	1764.78	2842.32	2582.68
云　南	1450.76	1851.57	2019.20	1788.62	2546.74
西　藏	21.69	9.23	18.09	52.47	92.27
陕　西	1104.45	1653.94	1511.67	2188.91	1681.50
甘　肃	655.99	844.50	915.56	813.22	962.24
青　海	505.91	416.20	592.62	559.49	454.41
宁　夏	942.77	1151.97	1104.45	1203.68	1168.98
新　疆	1253.27	1736.17	1722.16	2086.08	1608.58

数据来源：国家统计局。

表 2－37　　**2015 年全国各地区月度累计竣工面积**

单位：万平方米

	1－2 月	1－3 月	1－4 月	1－5 月	1－6 月	1－7 月	1－8 月	1－9 月	1－10 月	1－11 月	1－12 月
总　计	**10814. 54**	**16993. 65**	**21209. 94**	**26611. 42**	**32941. 25**	**37833. 37**	**42475. 17**	**50967. 04**	**61200. 64**	**72412. 89**	**100039. 10**
东部地区	**5904. 14**	**9270. 73**	**11246. 80**	**13859. 50**	**16742. 55**	**19082. 68**	**21177. 44**	**24625. 63**	**29421. 06**	**34790. 46**	**50476. 19**
北　京	189. 77	404. 98	462. 58	630. 36	727. 21	771. 86	872. 80	1062. 04	1427. 77	1719. 59	2631. 45
天　津	143. 10	206. 32	289. 04	373. 86	526. 38	602. 02	676. 34	722. 49	805. 91	890. 90	2903. 57
河　北	388. 92	638. 94	718. 03	842. 82	1073. 63	1337. 27	1522. 16	1757. 12	2084. 33	2822. 49	4039. 31
辽　宁	89. 57	275. 67	459. 98	653. 80	974. 49	1242. 05	1467. 17	1898. 49	2252. 97	2892. 74	3237. 53
上　海	600. 52	832. 21	951. 37	1025. 86	1233. 78	1334. 99	1490. 56	1586. 39	1899. 92	2080. 31	2647. 18
江　苏	1625. 59	2287. 59	2604. 84	3231. 92	3838. 16	4412. 97	4710. 22	5374. 45	6527. 61	7412. 91	10296. 96
浙　江	904. 79	1302. 22	1552. 26	1777. 86	2061. 89	2312. 15	2528. 62	2991. 09	3463. 15	3929. 06	5892. 86
福　建	407. 62	590. 68	796. 56	958. 45	1185. 99	1373. 71	1571. 18	1798. 76	2232. 17	2589. 70	3436. 56
山　东	632. 12	1240. 96	1680. 26	2423. 30	2882. 37	3164. 07	3522. 56	4047. 54	4629. 71	5604. 31	8277. 76
广　东	724. 70	1255. 32	1455. 40	1658. 76	1922. 39	2198. 36	2440. 27	2930. 92	3531. 92	4080. 33	6044. 43
海　南	197. 43	235. 84	276. 49	282. 52	316. 25	333. 22	375. 56	456. 34	565. 59	768. 13	1068. 59
中部地区	**2363. 95**	**4017. 67**	**5157. 43**	**6535. 44**	**8267. 85**	**9615. 17**	**10945. 41**	**13135. 73**	**15877. 41**	**19169. 02**	**25917. 17**
山　西	51. 25	192. 12	276. 98	373. 22	506. 11	586. 10	645. 50	805. 22	1066. 32	1332. 18	2114. 49
吉　林	51. 31	93. 85	191. 79	288. 54	565. 69	624. 02	699. 54	840. 78	987. 62	1174. 98	1287. 40
黑龙江	101. 71	172. 09	215. 89	304. 79	399. 42	483. 97	610. 01	722. 15	1269. 17	1880. 03	2924. 21
安　徽	761. 43	1016. 08	1268. 11	1619. 16	1932. 61	2145. 07	2425. 50	2907. 13	3425. 34	3944. 24	5537. 74
江　西	283. 82	422. 39	511. 02	601. 76	697. 77	768. 39	867. 90	1011. 57	1218. 56	1454. 89	1907. 89
河　南	442. 11	798. 12	1067. 18	1351. 24	1739. 39	2121. 94	2489. 26	2909. 26	3421. 79	4056. 01	5390. 32
湖　北	228. 41	533. 36	638. 56	777. 82	977. 77	1211. 56	1377. 17	1708. 19	1936. 82	2154. 36	2785. 17
湖　南	443. 93	789. 66	987. 91	1218. 91	1449. 10	1674. 12	1830. 53	2231. 44	2551. 80	3172. 34	3969. 96
西部地区	**2546. 44**	**3705. 24**	**4805. 71**	**6216. 47**	**7930. 86**	**9135. 51**	**10352. 32**	**13205. 68**	**15902. 17**	**18453. 41**	**23645. 74**
内蒙古	52. 04	99. 49	133. 98	303. 20	457. 27	532. 68	627. 34	882. 71	1171. 34	1426. 79	1697. 16
广　西	303. 51	407. 72	456. 80	521. 51	660. 60	805. 26	862. 30	913. 60	988. 02	1126. 92	1675. 18
重　庆	467. 29	642. 54	827. 84	1056. 11	1620. 77	1828. 00	2080. 07	2502. 41	2944. 05	3649. 42	4630. 29
四　川	742. 92	1023. 84	1364. 72	1599. 42	1855. 51	2087. 32	2291. 53	2682. 94	3082. 92	3443. 27	4545. 71
贵　州	254. 13	401. 10	452. 10	536. 56	657. 12	717. 71	792. 38	1559. 64	1727. 40	1827. 12	2582. 68
云　南	370. 82	493. 26	584. 19	703. 91	878. 53	1034. 45	1227. 76	1614. 11	2019. 85	2310. 29	2546. 74
西　藏	—	—	8. 13	8. 13	11. 80	42. 07	81. 07	92. 27	92. 27	92. 27	92. 27
陕　西	176. 05	237. 96	293. 99	396. 76	452. 41	540. 71	587. 06	754. 15	1062. 88	1149. 70	1681. 50
甘　肃	79. 18	137. 58	186. 93	287. 01	345. 00	397. 24	469. 84	614. 01	672. 73	772. 98	962. 24
青　海	—	22. 50	61. 58	84. 90	110. 50	123. 12	132. 87	160. 38	214. 97	364. 24	454. 41
宁　夏	48. 91	130. 60	238. 36	282. 11	353. 08	385. 52	451. 92	513. 99	726. 75	873. 24	1168. 98
新　疆	51. 61	108. 65	197. 07	436. 85	528. 27	641. 45	748. 19	915. 49	1198. 99	1417. 17	1608. 58

数据来源：国家统计局。

表 2 - 38　　2011—2015 年全国各地区住宅施工面积

单位：万平方米

	2011 年	2012 年	2013 年	2014 年	2015 年
总　计	**388438. 59**	**428964. 05**	**486347. 33**	**515096. 45**	**511569. 52**
东部地区	**194081. 66**	**211109. 99**	**235926. 39**	**247809. 50**	**242803. 68**
北　京	7168. 12	7510. 36	7406. 88	6977. 99	6261. 21
天　津	6435. 79	6923. 52	7562. 48	7204. 46	6968. 75
河　北	21483. 03	21895. 95	23558. 26	24456. 15	23674. 38
辽　宁	26742. 21	29284. 88	31416. 51	28524. 54	21406. 76
上　海	8386. 26	8315. 68	8125. 74	8525. 85	8372. 12
江　苏	30469. 01	33412. 17	38756. 78	41579. 79	42315. 98
浙　江	20023. 78	21656. 38	23828. 31	25874. 49	25117. 15
福　建	13719. 68	14731. 19	17835. 42	19718. 43	19558. 92
山　东	29014. 62	33715. 25	38571. 84	40648. 82	42276. 51
广　东	27452. 39	29253. 24	33690. 67	38290. 06	40388. 82
海　南	3186. 79	4411. 38	5173. 49	6008. 91	6463. 07
中部地区	**95665. 44**	**107040. 28**	**125212. 26**	**134141. 70**	**135833. 84**
山　西	7727. 98	9299. 62	10754. 95	11471. 77	11449. 97
吉　林	7144. 34	8512. 60	9317. 77	9067. 10	8282. 66
黑龙江	9593. 72	10471. 96	10241. 40	10424. 11	8784. 98
安　徽	16058. 40	18182. 58	21531. 23	23193. 68	23233. 38
江　西	6781. 84	7319. 85	9018. 79	9975. 73	11157. 74
河　南	20576. 45	23466. 99	28113. 59	29831. 26	31210. 56
湖　北	11058. 67	13013. 01	16640. 27	19610. 09	20906. 65
湖　南	16724. 04	16773. 68	19594. 27	20567. 96	20807. 90
西部地区	**98691. 48**	**110813. 77**	**125208. 68**	**133145. 24**	**132932. 00**
内蒙古	11298. 24	11181. 66	12634. 11	12386. 94	11554. 23
广　西	11497. 68	11846. 86	12419. 68	13065. 65	13750. 52
重　庆	15923. 84	16997. 85	19248. 95	20294. 49	19390. 32
四　川	21596. 31	22590. 16	23208. 91	24732. 35	25300. 45
贵　州	7780. 42	9654. 03	12316. 36	13792. 94	13592. 65
云　南	7973. 23	10432. 11	12969. 39	13607. 78	13867. 01
西　藏	36. 28	31. 01	39. 15	177. 79	259. 94
陕　西	10488. 13	13030. 16	14225. 86	15475. 10	15558. 06
甘　肃	3141. 26	4431. 21	5324. 49	5644. 35	6087. 70
青　海	1359. 46	1513. 51	1748. 26	1711. 99	1650. 31
宁　夏	3059. 76	3622. 63	4090. 83	4622. 94	4550. 38
新　疆	4536. 88	5482. 59	6982. 70	7632. 93	7370. 42

数据来源：国家统计局。

表 2－39　　2015 年全国各地区月度累计住宅施工面积

单位：万平方米

	1－2 月	1－3 月	1－4 月	1－5 月	1－6 月	1－7 月	1－8 月	1－9 月	1－10 月	1－11 月	1－12 月
总　计	**397877.02**	**407713.71**	**418478.99**	**430355.95**	**444447.32**	**456007.70**	**466294.52**	**482919.31**	**492633.15**	**503346.95**	**511569.52**
东部地区	**192345.86**	**196912.51**	**202037.68**	**207411.82**	**213480.79**	**218269.72**	**222515.45**	**230816.39**	**234875.07**	**239160.78**	**242803.68**
北　京	4944.58	5214.34	5313.45	5469.02	5632.63	5799.65	5820.15	5859.15	5956.40	6119.37	6261.21
天　津	5315.45	5512.22	5611.25	5791.17	5935.37	6033.13	6221.95	6377.97	6602.19	6688.35	6968.75
河　北	17053.63	17781.22	18196.78	18708.24	19339.35	19881.96	20514.34	21922.54	22510.92	23175.84	23674.38
辽　宁	17791.73	17985.94	18433.39	18841.71	19606.61	20184.29	20682.97	21329.35	21465.83	21544.59	21406.76
上　海	6506.79	6744.99	6991.02	7050.61	7320.73	7398.09	7582.33	7807.38	7948.51	8177.49	8372.12
江　苏	33513.47	34109.18	35154.90	36189.76	37239.40	37983.56	38777.50	40288.05	41092.02	41786.87	42315.98
浙　江	21227.05	21521.36	21910.46	22358.31	22700.18	23060.57	23298.57	23975.96	24334.24	24780.74	25117.15
福　建	16395.60	16706.55	17056.20	17402.99	17635.78	17942.33	18199.02	18856.88	19132.20	19445.82	19558.92
山　东	32520.40	33759.17	34687.86	35893.31	37362.04	38361.03	39154.32	40311.43	40880.32	41543.71	42276.51
广　东	32099.08	32552.84	33551.03	34427.15	35286.00	36014.41	36603.17	37955.11	38713.97	39546.89	40388.82
海　南	4978.07	5024.71	5131.35	5279.56	5422.70	5610.71	5661.15	6132.57	6238.48	6351.11	6463.07
中部地区	**101313.53**	**104048.93**	**106485.75**	**109635.60**	**113623.97**	**117285.96**	**120805.72**	**125653.83**	**128890.63**	**132556.79**	**135833.84**
山　西	8416.97	8597.68	8761.54	9096.32	9568.57	9901.70	10215.63	10695.63	10901.68	11224.66	11449.97
吉　林	6799.38	6787.80	6934.45	7075.74	7090.68	7425.83	7566.26	7737.41	7875.90	8168.31	8282.66
黑龙江	7153.43	7209.69	7288.68	7472.19	7704.14	7877.74	8043.10	8272.12	8447.79	8663.51	8784.98
安　徽	18155.75	18633.34	19010.61	19591.62	20126.82	20649.02	21213.25	22054.31	22407.55	22789.85	23233.38
江　西	8202.07	8398.93	8671.85	8959.57	9374.50	9574.39	9910.97	10447.33	10697.98	10955.40	11157.74
河　南	21575.49	22431.35	23088.96	23893.70	25009.04	26125.96	27217.96	28104.42	28983.62	30131.52	31210.56
湖　北	14709.30	15348.18	15652.40	16101.85	16788.22	17341.42	17909.97	18906.81	19571.08	20084.90	20906.65
湖　南	16301.13	16641.96	17077.25	17444.60	17962.00	18389.89	18728.60	19435.80	20005.03	20538.64	20807.90
西部地区	**104217.63**	**106752.27**	**109955.56**	**113308.52**	**117342.55**	**120452.02**	**122973.35**	**126449.09**	**128867.45**	**131629.37**	**132932.00**
内蒙古	9316.81	9370.57	9604.42	9826.09	10507.07	10827.97	10964.92	11276.37	11455.35	11527.46	11554.23
广　西	10876.70	11297.44	11556.27	11845.07	12127.94	12394.23	12666.70	13019.63	13237.03	13533.68	13750.52
重　庆	15637.85	15900.44	16241.03	16699.70	17116.40	17528.62	17886.40	18275.63	18553.91	18987.11	19390.32
四　川	19455.05	20035.51	20611.50	21352.13	22099.95	22594.86	23307.52	23866.70	24479.00	25089.46	25300.45
贵　州	11508.36	11757.42	11981.42	12270.01	12612.00	12724.84	12874.70	13148.90	13307.90	13552.69	13592.65
云　南	11015.40	11272.55	11716.72	11982.97	12503.81	12834.12	13060.31	13407.20	13497.10	13783.20	13867.01
西　藏	132.38	141.37	157.22	174.62	179.25	213.28	224.24	245.95	248.25	259.59	259.94
陕　西	12363.90	12439.69	12902.85	13253.99	13720.43	13997.06	14129.73	14572.11	14907.77	15311.17	15558.06
甘　肃	4011.20	4406.37	4604.47	4917.37	5099.71	5412.18	5596.57	5795.28	5918.49	6052.17	6087.70
青　海	1087.17	1115.81	1258.42	1295.19	1389.73	1437.84	1466.65	1530.78	1595.21	1650.99	1650.31
宁　夏	3577.63	3697.48	3818.33	3967.81	4029.65	4174.35	4285.63	4325.58	4452.74	4504.70	4550.38
新　疆	5235.20	5317.63	5502.91	5723.57	5956.62	6312.66	6509.97	6984.95	7214.72	7377.15	7370.42

数据来源：国家统计局。

表 2 -40　　　　2011—2015 年全国各地区住宅新开工面积

单位：万平方米

	2011 年	2012 年	2013 年	2014 年	2015 年
总　计	**146034. 57**	**130695. 42**	**145844. 80**	**124877. 00**	**106651. 30**
东部地区	**71003. 05**	**60461. 97**	**66591. 24**	**57685. 92**	**48532. 38**
北　京	2596. 45	1627. 50	1736. 54	1282. 28	1158. 17
天　津	2374. 29	1764. 76	1744. 85	1986. 56	1966. 85
河　北	9017. 52	5983. 78	5445. 77	6361. 42	5542. 98
辽　宁	9896. 26	10644. 03	10141. 66	6137. 69	3604. 71
上　海	2473. 60	1563. 39	1643. 09	1547. 29	1560. 28
江　苏	11158. 20	10285. 49	12211. 81	10377. 91	8819. 98
浙　江	6674. 46	4946. 83	5787. 98	5602. 77	3746. 31
福　建	4828. 29	3565. 11	4795. 83	4193. 81	3185. 57
山　东	11305. 66	10837. 97	11497. 27	9821. 37	8984. 21
广　东	9242. 84	7840. 26	10114. 75	9174. 08	8681. 76
海　南	1435. 49	1402. 85	1471. 69	1200. 74	1281. 55
中部地区	**39438. 37**	**36737. 28**	**41856. 38**	**35473. 16**	**31659. 30**
山　西	2418. 95	3271. 11	2723. 39	2739. 99	2624. 64
吉　林	3780. 22	3683. 39	2858. 01	2283. 82	1457. 98
黑龙江	5734. 93	3785. 55	2920. 48	2327. 27	1475. 92
安　徽	6428. 52	5468. 39	7143. 99	5929. 47	5254. 68
江　西	2684. 43	2400. 09	3050. 83	2559. 77	2603. 26
河　南	8158. 35	8424. 45	10055. 31	8079. 35	8375. 26
湖　北	4480. 39	4650. 79	6250. 23	5817. 89	5120. 37
湖　南	5752. 59	5053. 52	6854. 15	5735. 60	4747. 20
西部地区	**35593. 14**	**33496. 17**	**37397. 18**	**31717. 93**	**26459. 61**
内蒙古	5988. 45	3670. 18	3633. 33	2151. 45	1683. 29
广　西	2951. 41	2910. 11	2901. 93	2958. 26	2793. 57
重　庆	5214. 42	4345. 14	5387. 60	4275. 96	3668. 92
四　川	6562. 20	5962. 51	7008. 71	7335. 98	6026. 32
贵　州	2179. 78	2578. 41	3974. 16	2829. 30	2381. 20
云　南	3618. 18	4166. 88	4529. 09	3654. 29	2517. 28
西　藏	0. 04	17. 07	22. 37	118. 43	80. 88
陕　西	3364. 05	3928. 91	3488. 16	2933. 94	2526. 73
甘　肃	1289. 98	1933. 52	1917. 05	1486. 88	1547. 13
青　海	447. 77	605. 33	599. 85	406. 66	493. 51
宁　夏	1457. 54	1228. 74	1435. 77	1396. 24	863. 70
新　疆	2519. 31	2149. 36	2499. 16	2170. 53	1877. 08

数据来源：国家统计局。

表 2－41　　2015 年全国各地区月度累计住宅新开工面积

单位：万平方米

	1－2 月	1－3 月	1－4 月	1－5 月	1－6 月	1－7 月	1－8 月	1－9 月	1－10 月	1－11 月	1－12 月
总　计	**9851.53**	**16791.32**	**25081.11**	**35090.60**	**46890.84**	**56684.05**	**65829.51**	**79345.00**	**87752.70**	**97076.57**	**106651.30**
东部地区	**4920.16**	**8182.59**	**12254.54**	**16784.76**	**21845.66**	**25937.57**	**29777.79**	**36391.94**	**39896.91**	**43836.61**	**48532.38**
北　京	77.18	190.60	249.96	383.80	495.69	655.76	685.98	738.05	825.97	933.13	1158.17
天　津	126.91	203.41	309.70	441.36	573.12	669.84	850.03	958.71	1145.58	1222.08	1966.85
河　北	222.42	771.04	1224.78	1722.46	2345.59	2773.61	3374.22	4278.90	4681.40	5195.69	5542.98
辽　宁	159.68	506.85	856.87	1197.92	1882.44	2424.47	2900.55	3401.82	3513.74	3586.96	3604.71
上　海	164.21	212.20	382.90	453.20	578.33	701.07	874.44	1048.56	1175.78	1369.61	1560.28
江　苏	1320.58	1816.36	2619.32	3401.89	4124.46	4755.25	5404.95	6771.30	7417.23	8057.18	8819.98
浙　江	381.62	543.60	848.16	1265.77	1581.46	1863.18	2077.33	2610.62	2957.13	3399.98	3746.31
福　建	387.52	612.95	866.99	1164.99	1384.87	1690.76	1882.96	2437.94	2673.29	2980.42	3185.57
山　东	772.05	1498.70	2234.95	3104.48	4352.34	5097.73	5726.97	6745.44	7364.80	8041.98	8984.21
广　东	1188.63	1653.11	2376.96	3225.49	3995.43	4601.23	5253.47	6437.11	7084.33	7885.25	8681.76
海　南	119.35	173.77	283.96	423.41	531.92	704.66	746.89	963.49	1057.67	1164.35	1281.55
中部地区	**2724.38**	**4699.63**	**6584.99**	**9332.08**	**12763.20**	**15760.87**	**18809.05**	**22649.28**	**25381.49**	**28493.77**	**31659.30**
山　西	69.54	175.32	347.33	628.73	971.88	1240.04	1599.14	1972.50	2153.16	2453.67	2624.64
吉　林	3.94	15.15	72.71	254.47	351.02	671.81	799.17	931.90	1037.40	1303.10	1457.98
黑龙江	1.15	46.49	113.66	255.60	495.52	659.68	830.15	1030.11	1184.14	1369.74	1475.92
安　徽	667.56	1073.62	1364.35	1919.37	2391.67	2884.86	3398.32	4131.13	4439.19	4785.79	5254.68
江　西	347.56	495.59	709.51	908.69	1217.75	1367.79	1659.27	2059.76	2275.86	2396.10	2603.26
河　南	681.47	1289.36	1648.76	2250.43	3243.08	4059.91	4879.08	5691.05	6476.65	7388.76	8375.26
湖　北	396.47	748.30	1106.71	1472.65	1997.99	2400.52	2862.03	3523.08	4047.96	4518.61	5120.37
湖　南	556.70	855.80	1221.95	1642.15	2094.29	2476.25	2781.89	3309.73	3767.14	4278.01	4747.20
西部地区	**2206.99**	**3909.10**	**6241.59**	**8973.77**	**12281.98**	**14985.61**	**17242.67**	**20303.78**	**22474.29**	**24746.19**	**26459.61**
内蒙古	7.11	125.02	292.60	366.31	811.91	1105.24	1256.46	1482.65	1622.74	1661.51	1683.29
广　西	353.79	515.55	652.09	888.84	1081.69	1348.67	1579.24	1975.47	2232.94	2515.90	2793.57
重　庆	286.53	485.86	813.13	1213.90	1618.55	1962.71	2254.12	2589.00	2832.88	3247.87	3668.92
四　川	677.31	1193.19	1675.00	2345.79	3042.96	3469.14	4103.39	4629.19	5196.71	5732.47	6026.32
贵　州	340.72	603.97	767.81	1009.35	1320.99	1514.64	1653.07	1934.43	2089.51	2298.60	2381.20
云　南	219.49	253.76	570.78	800.04	1270.07	1456.08	1656.74	1987.82	2068.39	2268.85	2517.28
西　藏	—	6.20	8.78	12.44	17.69	33.21	44.32	66.89	69.19	80.53	80.88
陕　西	237.75	389.38	683.75	932.10	1191.53	1372.49	1482.12	1849.39	2071.85	2289.31	2526.73
甘　肃	45.74	133.12	281.03	534.21	695.90	977.47	1135.02	1253.89	1363.08	1502.29	1547.13
青　海	—	40.60	135.57	180.56	253.99	297.16	325.97	390.81	453.84	493.51	493.51
宁　夏	32.04	108.31	172.90	297.01	359.96	504.66	610.79	659.10	753.45	817.53	863.70
新　疆	6.53	54.13	188.13	393.22	616.73	944.15	1141.43	1485.15	1719.70	1837.81	1877.08

数据来源：国家统计局。

表 2-42　**2011—2015 年全国各地区住宅竣工面积**

单位：万平方米

	2011 年	2012 年	2013 年	2014 年	2015 年
总　计	**71692.33**	**79043.2**	**78740.62**	**80868.26**	**73777.36**
东部地区	**35299.17**	**38065.07**	**38209.67**	**40176.30**	**36713.42**
北　京	1316.13	1522.72	1692.04	1804.34	1378.22
天　津	1641.68	1913.97	2117.66	2130.25	2182.99
河　北	4250.37	3978.1	3517.80	3195.11	3226.91
辽　宁	5259.86	5132.29	5025.69	4940.48	2529.29
上　海	1549.66	1609.13	1417.41	1535.55	1588.95
江　苏	6147.76	7687.13	7584.17	7259.11	7930.21
浙　江	2986.62	2917.26	3187.62	4158.30	3938.03
福　建	1993.32	1564.62	2338.06	2568.02	2398.99
山　东	5197.97	6086.71	6063.35	6090.74	6185.56
广　东	4611.54	4918.16	4748.25	5442.49	4435.40
海　南	344.26	734.99	517.62	1051.90	918.87
中部地区	**20142.46**	**21631.05**	**22537.29**	**22403.87**	**19851.60**
山　西	1867.13	1435.69	1847.99	1701.64	1574.68
吉　林	1371.31	1613.59	1769.95	1309.26	1000.75
黑龙江	2396.04	2646.21	2344.41	2295.70	2126.82
安　徽	2422.58	3123.15	3919.00	3829.60	4099.21
江　西	1513.22	1440.48	1427.53	1511.27	1531.36
河　南	4646.63	4888.17	4916.31	5767.18	4237.92
湖　北	2647.5	2795.21	2547.39	2812.35	2193.44
湖　南	3278.05	3688.55	3764.71	3176.87	3087.42
西部地区	**16250.71**	**19347.08**	**17993.66**	**18288.10**	**17212.34**
内蒙古	1939.2	1816.1	2001.21	1496.66	1281.45
广　西	1836.76	1956.57	1385.37	1441.84	1310.52
重　庆	2826.78	3386.35	2867.45	2771.55	3185.90
四　川	3520.09	4713.61	4028.88	3871.28	3149.25
贵　州	1106.85	1120.17	1352.29	2046.43	1927.37
云　南	1182.14	1492.28	1576.13	1255.20	1896.56
西　藏	19.28	6.46	10.65	29.45	70.54
陕　西	972.79	1413.75	1272.77	1863.01	1351.57
甘　肃	554.15	710.03	769.07	652.04	765.12
青　海	435.22	371.06	474.39	447.50	320.84
宁　夏	762.2	922.26	861.37	818.86	746.78
新　疆	1095.24	1438.43	1394.08	1594.27	1206.44

数据来源：国家统计局。

表 2－43　　2015 年全国各地区月度累计住宅竣工面积

单位：万平方米

	1－2 月	1－3 月	1－4 月	1－5 月	1－6 月	1－7 月	1－8 月	1－9 月	1－10 月	1－11 月	1－12 月
总　计	**7804.44**	**12392.49**	**15526.96**	**19598.76**	**24354.42**	**28077.44**	**31494.47**	**37791.74**	**45235.05**	**53553.47**	**73777.36**
东部地区	**4062.00**	**6524.05**	**8069.69**	**9952.36**	**12077.40**	**13828.75**	**15331.24**	**17830.64**	**21218.16**	**25287.19**	**36713.42**
北　京	71.79	224.53	254.21	360.79	398.15	416.91	469.75	575.11	759.02	920.35	1378.22
天　津	109.22	161.30	235.41	300.62	413.20	474.51	530.81	574.49	649.90	723.05	2182.99
河　北	326.92	527.98	592.57	692.16	889.19	1076.05	1236.99	1436.06	1708.80	2320.11	3226.91
辽　宁	61.77	217.07	363.32	525.22	793.04	1012.03	1181.53	1488.35	1746.89	2241.87	2529.29
上　海	308.91	482.10	549.84	593.42	691.98	767.19	860.59	925.50	1131.74	1235.57	1588.95
江　苏	1218.52	1700.85	1936.41	2440.67	2885.73	3343.11	3553.17	4045.93	4919.99	5636.65	7930.21
浙　江	538.75	812.53	1002.72	1129.41	1329.84	1492.92	1631.67	1967.00	2295.76	2579.14	3938.03
福　建	258.12	392.32	542.44	652.35	843.20	962.29	1101.86	1251.69	1542.63	1794.38	2398.99
山　东	445.55	902.87	1274.98	1785.57	2129.08	2346.04	2623.49	2983.57	3403.59	4163.19	6185.56
广　东	552.04	900.56	1076.37	1225.81	1425.00	1642.24	1804.48	2180.55	2575.45	3007.15	4435.40
海　南	170.41	201.94	241.42	246.34	279.00	295.46	336.89	402.41	484.37	665.74	918.87
中部地区	**1829.04**	**3113.95**	**3966.34**	**5074.09**	**6413.46**	**7453.30**	**8476.55**	**10165.82**	**12316.82**	**14710.65**	**19851.60**
山　西	46.04	146.06	212.04	284.66	366.20	429.77	468.94	575.58	796.44	1008.77	1574.68
吉　林	42.49	84.55	157.92	235.83	437.49	480.47	518.07	623.23	738.43	887.42	1000.75
黑龙江	79.72	141.99	181.94	236.18	319.39	366.29	461.97	541.13	976.61	1332.73	2126.82
安　徽	540.57	709.58	853.00	1137.59	1393.37	1534.63	1744.21	2106.07	2489.75	2915.40	4099.21
江　西	231.08	339.71	399.57	477.12	548.94	608.47	689.80	809.44	966.06	1177.80	1531.36
河　南	358.13	665.02	879.10	1137.00	1442.40	1751.36	2041.20	2396.86	2830.82	3275.01	4237.92
湖　北	170.15	421.15	510.90	618.29	769.00	961.72	1102.21	1371.53	1540.92	1680.80	2193.44
湖　南	360.87	605.90	771.86	947.41	1136.67	1320.60	1450.15	1741.98	1977.79	2432.71	3087.42
西部地区	**1913.40**	**2754.49**	**3490.93**	**4572.32**	**5863.57**	**6795.39**	**7686.68**	**9795.27**	**11700.07**	**13555.64**	**17212.34**
内蒙古	46.01	84.02	109.66	226.22	337.55	397.69	473.89	679.78	877.22	1060.11	1281.45
广　西	225.86	318.34	356.08	405.86	517.03	621.68	667.67	705.39	768.63	881.49	1310.52
重　庆	323.69	452.80	554.79	740.03	1192.93	1356.58	1537.81	1823.08	2064.06	2576.71	3185.90
四　川	554.25	699.66	945.59	1103.80	1272.13	1454.75	1601.20	1872.75	2149.48	2391.89	3149.25
贵　州	195.59	306.87	338.02	406.48	476.43	523.46	577.69	1196.05	1316.97	1388.99	1927.37
云　南	295.62	390.49	456.68	536.83	670.74	779.89	925.93	1200.23	1503.33	1733.80	1896.56
西　藏	—	—	7.17	7.17	10.84	26.57	59.34	70.54	70.54	70.54	70.54
陕　西	140.74	187.61	232.57	322.41	369.84	448.83	487.07	630.98	873.50	952.51	1351.57
甘　肃	64.26	112.77	157.12	248.00	299.80	343.03	396.84	509.75	558.75	620.93	765.12
青　海	—	19.55	54.13	75.58	87.97	97.15	105.78	122.55	156.45	261.36	320.84
宁　夏	30.14	106.85	141.57	176.02	235.08	257.34	282.04	323.10	477.47	545.30	746.78
新　疆	37.23	75.54	137.56	323.92	393.24	488.42	571.42	661.08	883.67	1072.01	1206.44

数据来源：国家统计局。

表 2－44　　2011—2015 年全国各地区办公楼施工面积

单位：万平方米

	2011 年	2012 年	2013 年	2014 年	2015 年
总　计	**15949.87**	**19434.17**	**24577.41**	**29927.54**	**33044.37**
东部地区	**10572.70**	**12058.63**	**14954.89**	**17684.98**	**19141.34**
北　京	1422.66	1711.86	2114.13	2253.98	2409.63
天　津	687.88	792.40	841.00	864.64	872.41
河　北	572.14	598.79	659.34	676.79	641.45
辽　宁	611.63	778.99	796.46	816.08	648.78
上　海	1158.34	1284.68	1431.73	1779.04	1978.49
江　苏	1362.12	1539.84	1989.66	2310.53	2342.87
浙　江	1967.10	2099.17	2477.02	2925.46	2963.96
福　建	769.11	987.37	1363.45	1810.02	2150.88
山　东	759.82	1051.82	1553.26	1978.01	2364.71
广　东	1218.97	1176.38	1675.71	2137.02	2607.81
海　南	42.92	37.34	53.11	133.40	160.35
中部地区	**2436.28**	**3665.46**	**4760.97**	**5598.09**	**6128.36**
山　西	172.92	216.67	327.11	462.29	502.20
吉　林	161.50	207.22	302.72	349.78	423.26
黑龙江	122.68	177.66	199.33	250.54	249.14
安　徽	498.18	789.46	1034.03	1084.97	1184.59
江　西	130.64	280.19	423.91	471.78	533.71
河　南	755.96	976.49	1297.06	1489.02	1568.02
湖　北	317.47	576.52	596.11	786.87	921.05
湖　南	276.91	441.25	580.70	702.83	746.39
西部地区	**2940.90**	**3710.08**	**4861.54**	**6644.47**	**7774.68**
内蒙古	675.56	643.10	692.90	641.90	624.55
广　西	246.72	279.76	321.91	445.65	536.45
重　庆	386.84	499.85	781.98	1072.22	1145.29
四　川	598.48	834.65	922.54	1300.71	1489.51
贵　州	171.87	300.50	502.13	722.15	850.35
云　南	319.66	427.16	557.95	735.83	770.80
西　藏	0.76	1.68	1.56	17.51	20.81
陕　西	248.77	338.57	501.13	705.15	1033.44
甘　肃	60.68	99.85	107.80	178.95	241.60
青　海	26.29	29.23	75.14	122.47	151.72
宁　夏	102.33	119.14	171.20	248.16	333.83
新　疆	102.94	136.61	225.32	453.78	576.32

数据来源：国家统计局。

表 2－45　　2015 年全国各地区月度累计办公楼施工面积

单位：万平方米

	1－2 月	1－3 月	1－4 月	1－5 月	1－6 月	1－7 月	1－8 月	1－9 月	1－10 月	1－11 月	1－12 月
总　计	**25406.78**	**26104.15**	**26647.89**	**27498.65**	**28362.66**	**29116.15**	**29941.52**	**31054.69**	**31671.91**	**32450.60**	**33044.37**
东部地区	**15032.53**	**15552.77**	**15760.39**	**16225.08**	**16711.56**	**17079.28**	**17541.50**	**18120.34**	**18394.99**	**18823.15**	**19141.34**
北　京	1834.83	1933.67	1970.92	1975.73	2054.02	2097.73	2114.73	2208.81	2266.66	2336.58	2409.63
天　津	733.93	727.80	729.84	740.12	751.24	796.72	813.49	819.75	821.21	838.10	872.41
河　北	444.35	485.64	492.75	496.00	494.94	515.85	531.42	546.27	588.92	611.52	641.45
辽　宁	591.13	595.77	603.78	620.97	627.11	642.92	646.35	645.04	649.54	650.72	648.78
上　海	1347.37	1466.72	1484.84	1594.55	1687.59	1725.66	1795.42	1850.29	1876.54	1936.61	1978.49
江　苏	1958.50	1978.80	2023.96	2069.23	2110.41	2137.44	2234.41	2279.03	2300.87	2339.58	2342.87
浙　江	2476.04	2512.91	2526.91	2606.70	2652.11	2714.46	2767.32	2859.46	2894.40	2981.44	2963.96
福　建	1697.82	1743.16	1775.64	1821.46	1847.73	1869.98	1977.34	2076.98	2107.81	2135.38	2150.88
山　东	1839.38	1941.23	1955.84	2035.90	2102.41	2153.56	2177.28	2212.15	2228.73	2256.33	2364.71
广　东	1982.52	2039.85	2065.94	2117.24	2236.22	2273.83	2332.62	2464.27	2501.87	2576.77	2607.81
海　南	126.65	127.21	129.97	147.17	147.76	151.13	151.13	158.28	158.44	160.12	160.35
中部地区	**4663.35**	**4720.90**	**4846.34**	**4999.50**	**5118.84**	**5286.81**	**5422.46**	**5634.75**	**5775.23**	**5952.38**	**6128.36**
山　西	390.03	398.44	414.29	422.06	433.66	432.87	447.57	472.72	495.77	498.34	502.20
吉　林	336.27	339.22	341.51	343.94	347.30	367.30	389.22	391.48	397.75	418.29	423.26
黑龙江	194.41	195.93	199.55	213.04	212.90	226.46	226.95	246.44	247.44	248.00	249.14
安　徽	873.88	912.82	949.96	990.58	1015.87	1053.99	1074.58	1102.88	1118.26	1156.48	1184.59
江　西	417.02	425.53	430.94	434.40	464.26	484.71	500.23	507.31	509.36	528.86	533.71
河　南	1206.27	1224.71	1273.94	1330.93	1344.29	1386.67	1429.14	1441.97	1474.03	1532.75	1568.02
湖　北	713.99	682.64	690.69	707.57	724.06	745.08	755.94	806.56	827.20	852.15	921.05
湖　南	531.49	541.62	545.46	556.98	576.51	589.74	598.82	665.39	705.43	717.51	746.39
西部地区	**5710.90**	**5830.48**	**6041.16**	**6274.07**	**6532.27**	**6750.06**	**6977.57**	**7299.60**	**7501.69**	**7675.06**	**7774.68**
内蒙古	549.95	561.20	578.36	590.47	594.63	600.32	600.54	614.93	616.83	619.96	624.55
广　西	373.65	380.00	419.22	430.52	447.84	449.85	453.75	506.18	504.70	520.83	536.45
重　庆	891.24	898.91	960.79	989.56	1041.19	1076.39	1085.26	1127.46	1145.20	1143.56	1145.29
四　川	1123.03	1117.82	1123.90	1181.80	1205.37	1232.60	1316.54	1342.24	1400.82	1473.89	1489.51
贵　州	662.07	692.03	699.44	716.35	731.16	727.45	733.26	764.86	834.88	847.81	850.35
云　南	609.03	607.96	615.16	633.84	667.13	669.94	661.42	698.14	722.87	743.49	770.80
西　藏	10.11	11.67	18.30	18.30	18.30	18.30	18.47	18.47	18.47	20.81	20.81
陕　西	658.88	690.01	732.66	771.29	804.59	846.14	944.39	975.62	985.01	997.87	1033.44
甘　肃	128.72	129.77	139.91	166.68	167.39	175.42	180.02	225.81	232.98	233.19	241.60
青　海	94.95	96.72	106.06	109.67	126.69	134.69	145.48	150.58	151.19	151.72	151.72
宁　夏	228.67	261.84	265.63	270.92	288.95	299.50	307.58	307.58	311.34	343.73	333.83
新　疆	380.61	382.57	381.72	394.66	439.02	519.46	530.87	567.73	577.40	578.20	576.32

数据来源：国家统计局。

表 2－46　　2011—2015 年全国各地区办公楼新开工面积

单位：万平方米

	2011 年	2012 年	2013 年	2014 年	2015 年
总　计	**5360.94**	**5986.46**	**6887.24**	**7349.10**	**6569.12**
东部地区	**3471.29**	**3247.75**	**4129.36**	**4110.01**	**3611.90**
北　京	489.40	536.82	671.40	421.37	585.56
天　津	278.26	231.02	173.84	132.38	210.63
河　北	253.58	187.61	172.02	160.41	186.40
辽　宁	116.18	234.61	196.80	154.16	55.03
上　海	225.72	303.91	264.06	365.25	304.87
江　苏	507.13	402.53	547.94	502.95	398.71
浙　江	593.55	413.88	576.71	776.59	449.02
福　建	300.38	252.38	381.57	495.20	345.68
山　东	373.36	378.27	567.24	456.55	496.60
广　东	311.83	288.94	563.20	636.11	566.83
海　南	21.89	17.78	14.59	9.02	12.58
中部地区	**835.98**	**1381.59**	**1301.55**	**1308.36**	**1272.07**
山　西	29.50	66.62	76.47	169.59	94.04
吉　林	69.08	88.50	96.21	79.06	81.40
黑龙江	74.93	92.79	34.72	70.04	64.00
安　徽	148.53	233.75	246.09	198.49	285.39
江　西	60.50	137.02	167.13	76.83	98.89
河　南	252.65	360.08	329.90	342.33	329.73
湖　北	101.20	218.38	201.33	178.85	178.93
湖　南	99.57	184.44	149.71	193.17	139.70
西部地区	**1053.68**	**1357.11**	**1456.33**	**1930.73**	**1685.15**
内蒙古	266.26	160.55	99.50	72.47	29.85
广　西	101.07	103.03	72.74	151.06	141.37
重　庆	154.44	160.64	241.15	264.17	157.43
四　川	140.72	314.46	264.42	452.51	337.88
贵　州	20.08	176.24	171.33	187.80	206.77
云　南	173.42	222.37	171.33	183.86	86.45
西　藏	—	1.57	—	10.09	4.81
陕　西	76.91	99.03	179.21	208.88	375.61
甘　肃	23.03	23.22	30.13	51.86	88.76
青　海	6.51	7.79	43.75	53.11	47.29
宁　夏	50.67	38.60	59.86	78.37	84.24
新　疆	40.55	49.63	122.90	216.54	124.69

数据来源：国家统计局。

表 2 – 47　　2015 年全国各地区月度累计办公楼新开工面积

单位：万平方米

	1 – 2 月	1 – 3 月	1 – 4 月	1 – 5 月	1 – 6 月	1 – 7 月	1 – 8 月	1 – 9 月	1 – 10 月	1 – 11 月	1 – 12 月
总　计	**495.58**	**939.12**	**1376.35**	**2016.38**	**2688.80**	**3295.59**	**3943.17**	**4759.40**	**5296.87**	**5859.76**	**6569.12**
东部地区	**280.35**	**524.91**	**738.10**	**1086.39**	**1480.54**	**1791.54**	**2106.41**	**2562.60**	**2812.47**	**3115.59**	**3611.90**
北　京	33.31	91.57	128.84	143.72	217.65	258.56	283.23	380.10	449.44	508.77	585.56
天　津	9.44	9.44	11.48	18.62	29.73	43.35	61.97	64.34	62.64	74.92	210.63
河　北	2.63	11.81	18.84	21.42	38.98	60.90	75.67	91.63	134.75	157.52	186.40
辽　宁	4.78	6.47	8.54	19.31	25.26	46.33	43.68	46.56	47.56	48.49	55.03
上　海	16.61	19.62	39.40	76.21	101.30	124.36	166.26	217.03	233.67	279.58	304.87
江　苏	37.26	44.82	100.59	173.26	214.67	236.91	299.12	332.80	349.30	386.69	398.71
浙　江	40.46	41.78	62.04	135.59	178.14	236.41	278.36	351.45	373.42	405.10	449.02
福　建	38.11	54.80	86.07	127.79	157.63	170.76	224.03	266.36	301.77	326.20	345.68
山　东	47.84	139.34	137.68	196.75	250.80	299.73	314.76	349.48	361.85	388.16	496.60
广　东	49.90	104.84	141.47	168.87	260.84	305.35	350.45	451.76	486.99	527.81	566.83
海　南	—	0.40	3.16	4.86	5.53	8.89	8.89	11.09	11.09	12.35	12.58
中部地区	**93.08**	**187.42**	**261.82**	**388.42**	**481.69**	**644.70**	**752.39**	**882.30**	**982.86**	**1129.85**	**1272.07**
山　西	1.64	7.40	27.19	34.66	40.53	40.71	53.14	74.29	89.63	90.18	94.04
吉　林	—	4.37	7.36	9.07	11.54	32.52	54.44	55.96	56.75	76.31	81.40
黑龙江	—	1.47	5.12	18.61	19.56	33.12	33.42	61.22	62.22	62.92	64.00
安　徽	46.19	93.25	103.69	133.66	159.49	190.69	210.24	237.73	241.37	268.23	285.39
江　西	10.32	13.06	18.41	20.70	34.80	53.72	62.83	73.95	76.20	92.71	98.89
河　南	9.84	25.13	52.61	104.23	125.98	168.16	194.87	207.70	239.65	294.47	329.73
湖　北	9.51	18.30	20.24	33.43	49.76	69.46	78.16	84.71	104.83	121.80	178.93
湖　南	15.58	24.45	27.20	34.05	40.04	56.32	65.30	86.75	112.23	123.24	139.70
西部地区	**122.14**	**226.80**	**376.43**	**541.57**	**726.58**	**859.35**	**1084.36**	**1314.50**	**1501.54**	**1614.32**	**1685.15**
内蒙古	0.51	0.25	2.90	8.71	13.28	17.92	18.14	29.06	29.85	29.85	29.85
广　西	5.39	7.23	36.42	47.52	62.70	65.64	68.51	99.62	114.42	124.16	141.37
重　庆	5.47	10.45	56.37	75.32	100.99	106.04	114.51	140.82	146.46	149.35	157.43
四　川	26.66	27.99	31.26	68.93	92.97	119.13	198.71	227.51	278.92	326.62	337.88
贵　州	24.57	52.91	60.32	71.75	77.73	84.81	86.46	121.87	192.07	204.99	206.77
云　南	10.09	12.28	23.02	32.47	41.27	42.68	43.52	60.23	70.03	81.58	86.45
西　藏	—	1.57	2.30	2.30	2.30	2.30	2.47	2.47	2.47	4.81	4.81
陕　西	45.37	70.98	104.97	143.53	176.84	225.89	321.49	326.66	344.97	356.38	375.61
甘　肃	3.11	3.28	13.36	27.30	28.12	34.94	39.51	76.65	80.13	80.34	88.76
青　海	—	3.02	3.14	6.76	22.53	30.26	41.05	44.75	46.76	47.29	47.29
宁　夏	—	35.21	38.56	39.78	46.01	56.56	65.61	65.61	70.87	84.24	84.24
新　疆	0.97	1.62	3.81	17.21	61.84	73.17	84.39	119.25	124.58	124.71	124.69

数据来源：国家统计局。

表 2－48　　2011—2015 年全国各地区办公楼竣工面积

单位：万平方米

	2011 年	2012 年	2013 年	2014 年	2015 年
总　计	**2179.42**	**2315.36**	**2789.40**	**3144.18**	**3419.49**
东部地区	**1620.55**	**1663.38**	**1932.41**	**1993.36**	**2255.84**
北　京	245.17	226.79	273.05	387.45	385.38
天　津	146.72	166.80	188.59	117.15	171.18
河　北	111.16	94.53	158.24	63.13	90.00
辽　宁	73.16	99.74	66.24	74.11	22.44
上　海	174.33	206.87	176.01	165.03	219.23
江　苏	239.26	237.18	332.43	269.53	324.46
浙　江	290.53	218.35	246.44	370.71	295.95
福　建	56.70	119.20	98.33	145.51	142.78
山　东	113.51	130.29	127.17	182.93	355.49
广　东	169.15	159.63	264.58	211.26	237.18
海　南	0.88	3.99	1.31	6.54	11.74
中部地区	**273.84**	**290.49**	**459.23**	**577.22**	**539.21**
山　西	23.66	14.90	30.75	29.97	52.16
吉　林	16.08	16.43	25.61	11.27	34.57
黑龙江	20.62	28.52	32.07	53.49	26.21
安　徽	58.06	49.98	131.92	120.97	155.24
江　西	6.79	31.89	24.55	25.45	28.39
河　南	66.72	82.01	121.80	228.49	143.35
湖　北	45.46	27.37	43.07	36.12	27.16
湖　南	36.44	39.39	49.47	71.48	72.14
西部地区	**285.02**	**361.49**	**397.76**	**573.60**	**624.44**
内蒙古	31.91	67.23	41.66	34.02	33.44
广　西	19.12	25.33	18.13	40.78	32.61
重　庆	44.77	30.37	75.76	115.03	195.72
四　川	61.78	119.35	101.33	144.31	109.05
贵　州	31.77	16.16	30.00	73.69	81.86
云　南	26.94	26.54	41.24	37.30	47.71
西　藏	0.20	0.11	—	6.78	4.06
陕　西	14.57	19.48	42.68	22.95	35.98
甘　肃	7.91	8.56	3.34	11.50	14.49
青　海	4.59	3.41	8.74	14.10	21.56
宁　夏	23.35	9.85	9.86	28.35	26.53
新　疆	18.12	35.10	25.03	44.79	21.45

数据来源：国家统计局。

表 2 -49　　2015 年全国各地区月度累计办公楼竣工面积

单位：万平方米

	1-2月	1-3月	1-4月	1-5月	1-6月	1-7月	1-8月	1-9月	1-10月	1-11月	1-12月
总　计	**502.31**	**688.67**	**789.35**	**894.49**	**1125.27**	**1293.40**	**1431.18**	**1662.14**	**2041.19**	**2377.15**	**3419.49**
东部地区	**375.38**	**513.49**	**563.93**	**625.82**	**766.32**	**893.91**	**983.20**	**1095.25**	**1338.98**	**1530.73**	**2255.84**
北　京	61.40	67.80	77.04	80.12	102.42	115.34	134.10	139.88	210.57	226.70	385.38
天　津	6.09	8.90	9.02	9.02	13.15	15.21	15.21	15.21	20.50	20.50	171.18
河　北	0.47	10.58	10.58	13.78	18.51	49.81	50.71	51.59	51.59	68.67	90.00
辽　宁	—	0.07	0.55	1.79	7.12	7.74	8.07	10.96	19.28	21.19	22.44
上　海	68.46	79.90	97.66	83.48	120.93	128.42	147.86	163.59	171.15	195.94	219.23
江　苏	72.86	95.55	97.75	107.90	133.61	143.06	157.08	176.62	217.46	224.44	324.46
浙　江	71.22	101.70	102.91	124.06	132.80	152.57	166.95	184.34	197.65	246.76	295.95
福　建	50.88	51.20	58.69	63.98	66.72	86.80	86.80	98.20	115.29	128.29	142.78
山　东	27.23	54.62	64.04	81.09	103.95	124.01	134.29	160.57	188.59	238.74	355.49
广　东	16.32	37.71	40.20	55.13	61.63	65.49	76.65	88.82	138.16	147.77	237.18
海　南	0.46	5.47	5.47	5.47	5.47	5.47	5.47	5.47	8.75	11.74	11.74
中部地区	**68.94**	**80.17**	**92.82**	**96.52**	**142.10**	**162.84**	**187.46**	**227.88**	**274.73**	**374.33**	**539.21**
山　西	2.26	8.84	13.14	13.20	23.03	24.96	26.99	28.46	29.51	37.97	52.16
吉　林	—	—	0.20	0.51	27.67	27.67	27.73	29.03	29.49	34.24	34.57
黑龙江	—	—	—	0.06	0.06	0.06	0.26	2.53	9.75	13.62	26.21
安　徽	39.02	35.49	42.51	42.56	44.51	50.38	56.14	79.05	98.36	101.96	155.24
江　西	8.73	8.73	8.73	9.07	10.08	10.08	10.12	10.45	16.22	19.81	28.39
河　南	16.26	16.86	16.93	17.39	22.32	26.39	40.20	40.75	47.24	89.69	143.35
湖　北	1.90	1.93	2.81	3.13	3.23	4.72	4.56	8.19	10.18	10.69	27.16
湖　南	0.78	8.32	8.49	10.60	11.20	18.58	21.46	29.42	33.98	66.35	72.14
西部地区	**57.98**	**95.00**	**132.60**	**172.15**	**216.84**	**236.65**	**260.52**	**339.00**	**427.49**	**472.09**	**624.44**
内蒙古	—	0.89	0.89	6.90	9.22	9.22	9.48	9.48	26.71	32.00	33.44
广　西	9.33	9.33	11.81	13.49	23.83	28.53	28.56	28.60	28.60	28.73	32.61
重　庆	16.49	20.88	45.88	45.89	53.35	57.02	74.83	95.55	122.68	136.40	195.72
四　川	13.57	25.75	29.63	47.88	48.83	52.52	57.22	70.81	72.05	75.42	109.05
贵　州	2.73	3.83	3.94	3.99	11.33	11.33	11.39	49.38	56.70	62.00	81.86
云　南	7.21	19.14	19.72	24.53	29.55	29.95	30.19	34.39	46.50	46.89	47.71
西　藏	—	—	—	—	—	4.06	4.06	4.06	4.06	4.06	4.06
陕　西	1.32	7.89	8.39	14.07	14.07	14.07	14.07	14.12	15.85	15.87	35.98
甘　肃	3.42	2.88	3.78	6.32	9.08	9.16	9.74	10.21	12.17	12.68	14.49
青　海	—	—	0.39	0.39	2.31	2.58	2.58	3.89	12.69	16.87	21.56
宁　夏	3.25	3.71	5.75	5.75	5.80	6.09	6.09	6.09	12.60	21.90	26.53
新　疆	0.65	0.70	2.41	2.95	9.46	12.12	12.32	12.43	16.90	19.29	21.45

数据来源：国家统计局。

表 2－50　　2011—2015 年全国各地区商业营业用房施工面积

单位：万平方米

	2011 年	2012 年	2013 年	2014 年	2015 年
总　计	**56278.18**	**65813.91**	**80626.76**	**94320.05**	**100111.38**
东部地区	**29494.29**	**32753.02**	**38272.75**	**43315.01**	**43140.20**
北　京	1187.48	1236.89	1233.37	1278.52	1326.24
天　津	1031.65	1045.23	1158.61	1217.15	1163.11
河　北	2885.03	2798.25	3091.02	3422.20	3183.02
辽　宁	5028.99	5698.58	6230.28	6095.79	4767.07
上　海	1365.89	1449.91	1500.72	1751.99	1944.02
江　苏	5503.92	6071.07	6904.71	7929.02	7569.39
浙　江	3197.38	3642.28	4226.99	5073.43	5198.93
福　建	1956.68	2246.11	3002.82	3622.17	3875.01
山　东	4074.98	4887.12	6160.95	6810.56	7121.65
广　东	3062.86	3355.53	4323.84	5441.59	6208.54
海　南	199.42	322.06	439.44	672.58	783.22
中部地区	**12958.07**	**16105.04**	**20327.73**	**24208.75**	**26420.13**
山　西	831.91	1253.00	1647.81	1871.53	1915.07
吉　林	1110.16	1470.87	1627.53	1759.35	1754.17
黑龙江	1378.01	1569.99	1877.86	2086.29	2113.14
安　徽	2790.02	3840.09	4787.71	5963.25	6364.11
江　西	869.58	1188.94	1515.36	1707.34	2193.82
河　南	2413.57	2941.81	3709.10	4220.45	4831.74
湖　北	1609.56	1760.44	2584.29	3347.13	3747.75
湖　南	1955.26	2079.91	2578.07	3253.43	3500.32
西部地区	**13825.82**	**16955.84**	**22026.27**	**26796.29**	**30551.05**
内蒙古	3062.00	3083.05	3496.14	3478.37	3522.03
广　西	1342.48	1406.52	1534.40	1913.63	2112.66
重　庆	1956.25	2028.90	2965.72	3316.67	4111.50
四　川	2393.79	3136.25	3784.84	4880.91	5664.03
贵　州	1293.82	1729.94	2419.76	3123.45	3644.04
云　南	1272.57	1869.51	2546.09	3006.23	3208.14
西　藏	11.69	14.65	13.19	44.35	58.15
陕　西	889.59	1186.64	1447.76	1935.20	2556.18
甘　肃	391.25	632.82	819.59	1114.76	1395.17
青　海	164.48	207.67	311.75	434.78	472.65
宁　夏	507.76	818.67	1141.59	1344.36	1289.90
新　疆	540.14	841.22	1545.45	2203.59	2516.62

数据来源：国家统计局。

表 2－51　2015 年全国各地区月度累计商业营业用房施工面积

单位：万平方米

	1－2 月	1－3 月	1－4 月	1－5 月	1－6 月	1－7 月	1－8 月	1－9 月	1－10 月	1－11 月	1－12 月
总　计	**76121.13**	**77893.07**	**80257.71**	**82766.70**	**85952.31**	**88273.46**	**90445.35**	**94164.83**	**96300.70**	**98783.29**	**100111.38**
东部地区	**34634.98**	**35404.98**	**36365.11**	**37300.92**	**38311.11**	**39121.56**	**39892.22**	**41304.50**	**42004.14**	**42759.33**	**43140.20**
北　京	1016.66	1081.77	1117.99	1115.74	1144.88	1195.39	1208.95	1235.17	1235.84	1270.48	1326.24
天　津	929.97	972.43	982.59	994.91	1033.81	1041.72	1051.68	1083.01	1101.18	1140.39	1163.11
河　北	2307.87	2430.94	2564.02	2617.23	2701.08	2758.55	2849.62	2963.13	3061.02	3130.79	3183.02
辽　宁	4141.00	4112.28	4219.16	4280.85	4420.00	4535.71	4619.87	4714.08	4763.07	4806.71	4767.07
上　海	1527.03	1622.03	1651.08	1718.26	1769.62	1760.70	1803.92	1817.13	1825.03	1888.67	1944.02
江　苏	6336.94	6377.31	6569.96	6738.06	6852.83	6943.44	7056.38	7293.11	7397.65	7519.81	7569.39
浙　江	4278.12	4324.13	4404.34	4562.59	4636.99	4744.18	4803.18	4978.06	5102.21	5208.12	5198.93
福　建	3224.40	3290.03	3320.03	3432.42	3495.12	3560.49	3614.23	3798.29	3852.77	3895.35	3875.01
山　东	5591.87	5775.32	5907.52	6078.70	6271.14	6472.30	6612.81	6836.26	6951.76	7064.37	7121.65
广　东	4668.03	4803.95	4976.64	5083.31	5282.54	5394.96	5552.02	5831.93	5941.57	6048.64	6208.54
海　南	613.09	614.79	651.78	678.86	703.11	714.12	719.57	754.32	772.05	786.02	783.22
中部地区	**19270.50**	**19675.83**	**20193.83**	**20833.09**	**21953.91**	**22681.58**	**23424.36**	**24379.20**	**25095.87**	**25844.03**	**26420.13**
山　西	1383.78	1435.80	1430.85	1478.26	1580.43	1611.56	1672.16	1755.74	1785.62	1883.32	1915.07
吉　林	1457.86	1443.88	1472.69	1496.51	1509.32	1560.55	1593.26	1677.78	1682.27	1740.11	1754.17
黑龙江	1644.47	1655.70	1673.60	1721.62	1889.73	1927.12	1962.83	2026.41	2057.23	2093.08	2113.14
安　徽	4786.10	4943.86	5104.05	5234.31	5414.54	5549.61	5662.26	5919.06	6138.41	6253.34	6364.11
江　西	1439.42	1461.04	1561.15	1645.10	1787.13	1840.48	1928.09	2043.41	2097.65	2146.86	2193.82
河　南	3227.25	3331.91	3433.50	3582.87	3789.98	3964.44	4187.42	4284.56	4441.25	4631.26	4831.74
湖　北	2652.56	2683.78	2738.18	2855.39	3054.19	3223.24	3305.05	3440.13	3559.37	3654.13	3747.75
湖　南	2679.06	2719.86	2779.81	2819.05	2928.59	3004.58	3113.29	3232.11	3334.09	3441.93	3500.32
西部地区	22215.65	22812.26	23698.77	24632.68	25687.29	26470.31	27128.77	28481.13	29200.69	30179.93	30551.05
内蒙古	2884.67	2921.02	2967.03	2992.21	3083.73	3124.96	3181.34	3249.61	3373.39	3517.09	3522.03
广　西	1586.90	1607.28	1659.77	1694.20	1770.85	1797.04	1831.03	1939.20	2004.38	2049.57	2112.66
重　庆	2860.95	2913.35	3053.29	3187.48	3289.26	3380.09	3443.90	3717.25	3773.86	4012.25	4111.50
四　川	4097.92	4246.82	4378.77	4571.78	4797.63	4978.44	5191.51	5322.46	5416.76	5563.17	5664.03
贵　州	2777.93	2909.26	3010.18	3140.70	3266.62	3285.43	3305.79	3410.17	3527.29	3633.27	3644.04
云　南	2357.77	2404.52	2515.91	2610.15	2766.37	2862.21	2938.65	3064.56	3123.10	3178.14	3208.14
西　藏	34.68	38.37	43.27	46.01	46.01	49.51	49.50	56.70	56.80	58.07	58.15
陕　西	1691.16	1726.74	1821.64	1908.15	1976.38	2027.36	2061.89	2270.28	2342.64	2453.09	2556.18
甘　肃	773.36	853.25	892.27	966.44	1036.14	1114.21	1172.71	1291.58	1330.91	1388.78	1395.17
青　海	334.68	346.62	362.58	371.96	398.52	405.99	424.08	449.03	460.11	472.34	472.65
宁　夏	1097.85	1106.59	1124.59	1164.86	1174.48	1227.46	1262.22	1297.57	1320.40	1331.43	1289.90
新　疆	1717.77	1738.45	1869.47	1978.74	2081.30	2217.60	2266.16	2412.73	2471.07	2522.74	2516.62

数据来源：国家统计局。

表 2－52　　2011—2015 年全国各地区商业营业用房新开工面积

单位：万平方米

	2011 年	2012 年	2013 年	2014 年	2015 年
总　计	**20670.72**	**22006.85**	**25902.00**	**25047.73**	**22530.29**
东部地区	**9822.62**	**9854.12**	**11320.28**	**10490.54**	**8455.35**
北　京	306.43	325.61	351.01	208.17	343.62
天　津	436.57	202.16	370.11	275.08	292.38
河　北	1199.31	831.34	704.82	959.84	764.65
辽　宁	1577.01	1922.63	1965.50	1267.55	693.15
上　海	240.00	365.17	274.96	388.03	307.57
江　苏	1836.81	1928.27	2047.90	1873.32	1278.80
浙　江	1041.92	911.76	1123.97	1359.26	1004.46
福　建	824.57	640.96	888.85	863.93	684.68
山　东	1349.82	1590.80	1976.83	1661.38	1357.86
广　东	917.97	998.18	1481.58	1400.00	1573.31
海　南	92.20	137.25	134.74	233.98	154.87
中部地区	**5399.20**	**6104.55**	**6994.89**	**7110.63**	**6653.64**
山　西	199.31	442.44	472.80	483.97	484.91
吉　林	615.94	699.35	505.73	533.80	349.38
黑龙江	830.38	728.46	733.93	523.78	461.97
安　徽	1125.75	1440.55	1624.77	1738.20	1457.58
江　西	365.43	480.42	529.57	438.48	663.27
河　南	866.24	985.31	1185.51	1291.23	1452.39
湖　北	693.53	615.35	1022.16	958.80	892.37
湖　南	702.61	712.68	920.42	1142.37	891.77
西部地区	**5448.90**	**6048.17**	**7586.83**	**7446.56**	**7421.30**
内蒙古	1573.30	977.63	879.30	483.48	359.09
广　西	309.84	376.32	331.09	580.15	455.30
重　庆	708.12	539.04	1001.32	774.73	1037.72
四　川	833.06	1089.37	1402.18	1743.46	1537.60
贵　州	413.58	567.91	806.39	849.88	1020.76
云　南	611.10	882.77	1003.08	826.61	758.45
西　藏	4.50	4.04	1.59	35.51	16.18
陕　西	239.77	419.70	474.83	482.79	685.97
甘　肃	157.51	251.68	300.68	362.70	443.25
青　海	43.73	97.38	123.41	149.39	130.33
宁　夏	250.01	421.02	424.44	315.77	254.25
新　疆	304.38	421.32	838.51	842.10	722.41

数据来源：国家统计局。

表 2－53　　2015 年全国各地区月度累计商业营业用房新开工面积

单位：万平方米

	1－2 月	1－3 月	1－4 月	1－5 月	1－6 月	1－7 月	1－8 月	1－9 月	1－10 月	1－11 月	1－12 月
总　计	**1868.86**	**3327.04**	**5144.57**	**7299.72**	**9967.04**	**12075.68**	**14101.88**	**17061.46**	**18832.35**	**20700.15**	**22530.29**
东部地区	**761.49**	**1422.79**	**2201.11**	**3060.19**	**3925.05**	**4663.64**	**5399.71**	**6501.59**	**7158.49**	**7736.55**	**8455.35**
北　京	39.57	90.65	121.76	125.97	156.10	198.34	210.00	238.51	252.54	288.98	343.62
天　津	1.71	50.84	67.48	72.52	98.84	108.09	122.74	145.67	160.20	187.45	292.38
河　北	32.38	114.06	205.94	263.09	342.76	384.16	476.41	578.71	649.20	701.00	764.65
辽　宁	51.64	93.79	166.29	222.39	337.37	441.39	515.54	596.44	644.92	686.24	693.15
上　海	38.82	63.96	86.91	128.95	158.23	172.62	202.42	217.66	232.19	272.56	307.57
江　苏	172.45	216.37	358.79	515.11	604.27	680.06	775.48	966.30	1070.92	1166.68	1278.80
浙　江	112.14	145.69	240.63	395.96	476.05	583.60	647.88	782.68	890.37	944.23	1004.46
福　建	58.70	116.26	154.32	257.67	311.42	383.87	430.75	565.10	602.06	648.02	684.68
山　东	114.58	224.01	344.58	473.98	624.43	789.49	918.34	1069.45	1195.69	1272.48	1357.86
广　东	134.57	300.40	426.24	548.67	740.52	836.87	1008.89	1227.34	1328.12	1418.32	1573.31
海　南	4.93	6.75	28.17	55.88	75.05	85.15	91.25	113.73	132.28	150.59	154.87
中部地区	**525.34**	**876.61**	**1283.92**	**1888.77**	**2770.79**	**3368.15**	**4004.18**	**4779.02**	**5313.62**	**6016.60**	**6653.64**
山　西	5.29	33.19	52.88	90.59	152.57	180.60	247.75	297.56	324.25	454.49	484.91
吉　林	3.23	8.96	25.70	63.27	68.60	114.71	142.58	223.70	238.11	289.97	349.38
黑龙江	—	16.39	34.75	78.10	253.03	287.17	322.71	383.54	410.47	446.43	461.97
安　徽	146.81	262.26	359.67	497.79	657.79	779.34	890.78	1106.16	1228.97	1337.33	1457.58
江　西	94.06	107.69	201.03	280.18	341.25	377.21	445.05	518.41	563.50	610.01	663.27
河　南	100.21	152.89	225.32	342.71	539.75	681.70	860.12	953.50	1087.07	1262.81	1452.39
湖　北	88.81	157.64	191.05	275.01	417.11	540.66	609.15	682.15	774.37	825.56	892.37
湖　南	86.93	137.59	193.54	261.12	340.69	406.76	486.04	614.01	686.87	790.00	891.77
西部地区	**582.03**	**1027.65**	**1659.54**	**2350.77**	**3271.20**	**4043.88**	**4698.00**	**5780.85**	**6360.24**	**6947.00**	**7421.30**
内蒙古	1.16	20.15	53.77	66.00	151.39	191.66	247.08	304.94	347.42	353.06	359.09
广　西	45.22	62.21	88.45	112.82	166.67	190.56	218.98	302.57	354.92	389.70	455.30
重　庆	71.10	119.37	212.40	331.93	427.46	493.11	545.63	802.43	849.61	928.07	1037.72
四　川	168.31	266.08	358.14	512.14	706.50	871.07	1070.76	1202.13	1296.82	1429.26	1537.60
贵　州	144.65	282.11	347.74	447.74	570.35	637.36	692.67	791.92	878.91	985.59	1020.76
云　南	72.10	91.38	189.93	246.82	345.86	440.27	509.99	613.66	674.38	710.37	758.45
西　藏	—	2.50	4.34	4.54	4.54	5.08	7.53	14.73	14.83	16.10	16.18
陕　西	64.54	103.04	163.59	226.82	289.04	336.13	369.35	472.04	531.17	606.09	685.97
甘　肃	5.69	23.05	51.88	92.03	142.99	215.86	269.11	336.62	379.04	437.13	443.25
青　海	—	19.32	30.19	41.56	65.60	72.07	90.16	111.39	125.43	130.33	130.33
宁　夏	2.99	20.63	33.11	62.52	86.37	137.60	174.13	200.14	222.47	249.04	254.25
新　疆	6.28	17.82	125.99	205.84	314.42	453.11	502.61	628.28	685.25	712.25	722.41

数据来源：国家统计局。

表 2－54　　2011—2015 年全国各地区商业营业用房竣工面积

单位：万平方米

	2011 年	2012 年	2013 年	2014 年	2015 年
总　计	**9045.27**	**10226.45**	**10852.42**	**12084.08**	**12026.67**
东部地区	**4622.79**	**5061.98**	**5038.37**	**5688.79**	**5263.55**
北　京	232.43	240.06	178.36	216.24	259.92
天　津	154.27	301.42	187.80	267.75	247.78
河　北	468.85	503.8	501.77	439.14	360.64
辽　宁	720.10	762.07	716.08	741.14	483.39
上　海	231.80	177.65	253.45	208.36	306.45
江　苏	1063.34	1168.74	995.59	1213.10	1141.39
浙　江	466.82	453.11	471.99	708.44	566.27
福　建	266.03	238.83	404.85	308.55	341.16
山　东	595.27	682.6	816.47	837.67	981.21
广　东	403.03	473.58	469.15	684.38	504.54
海　南	20.83	60.15	42.87	64.02	70.79
中部地区	**2404.39**	**2834.71**	**3242.12**	**3353.05**	**3509.39**
山　西	104.79	182.54	272.98	257.71	242.30
吉　林	172.98	223.07	307.50	172.54	153.09
黑龙江	424.25	340.25	339.84	360.79	532.74
安　徽	464.22	577.19	698.82	834.63	856.80
江　西	200.04	205.59	260.16	249.47	239.70
河　南	418.18	562	620.81	652.77	688.87
湖　北	263.74	300.19	328.68	389.91	387.07
湖　南	356.18	443.88	413.33	435.23	408.82
西部地区	**2018.09**	**2329.76**	**2571.93**	**3042.23**	**3253.73**
内蒙古	371.26	403.68	391.43	311.13	254.27
广　西	188.58	205.02	175.44	204.63	145.16
重　庆	298.79	282.23	456.08	340.59	606.07
四　川	378.9	518.93	482.70	653.93	646.92
贵　州	195.66	162.36	218.58	364.03	409.69
云　南	150.77	183.06	220.86	283.25	317.64
西　藏	2.21	2.66	7.44	5.83	10.94
陕　西	88.79	145.59	114.92	183.55	158.91
甘　肃	82.03	93.85	97.62	100.23	131.51
青　海	41.41	23.88	52.78	66.17	70.10
宁　夏	113.77	131.04	133.69	214.56	230.67
新　疆	105.92	177.45	220.39	314.32	271.86

数据来源：国家统计局。

表 2－55　　2015 年全国各地区月度累计商业营业用房竣工面积

单位：万平方米

	1－2 月	1－3 月	1－4 月	1－5 月	1－6 月	1－7 月	1－8 月	1－9 月	1－10 月	1－11 月	1－12 月
总　计	**1305.40**	**2048.32**	**2576.20**	**3216.80**	**3967.32**	**4525.94**	**5088.03**	**6228.75**	**7499.23**	**8945.62**	**12026.67**
东部地区	**696.95**	**1043.15**	**1210.25**	**1523.03**	**1796.37**	**1997.77**	**2213.82**	**2685.58**	**3164.16**	**3716.47**	**5263.55**
北　京	19.64	24.84	30.90	33.20	47.72	53.62	55.97	98.74	125.73	175.16	259.92
天　津	2.85	3.68	4.47	10.64	25.82	35.82	46.56	48.35	49.83	52.83	247.78
河　北	38.48	59.00	66.56	70.19	79.80	99.08	102.78	122.69	137.97	185.51	360.64
辽　宁	23.67	42.15	69.06	94.70	127.26	153.22	192.68	293.46	354.05	451.72	483.39
上　海	89.17	99.86	106.22	138.26	143.86	152.54	165.74	170.06	205.59	225.30	306.45
江　苏	212.23	299.67	351.19	409.11	489.19	536.66	568.10	662.93	792.52	876.84	1141.39
浙　江	123.90	160.29	180.22	199.56	223.29	244.29	254.60	285.41	345.74	405.79	566.27
福　建	42.45	60.38	68.99	91.18	90.92	103.69	131.15	174.31	207.65	248.98	341.16
山　东	92.18	162.49	202.46	332.90	403.46	436.23	495.86	582.64	637.63	748.81	981.21
广　东	48.32	125.68	124.95	137.15	158.75	175.82	192.93	232.03	279.06	312.32	504.54
海　南	4.06	5.10	5.22	6.13	6.30	6.81	7.45	14.96	28.39	33.22	70.79
中部地区	**283.31**	**508.45**	**700.08**	**877.93**	**1118.73**	**1320.71**	**1499.09**	**1788.67**	**2138.72**	**2715.95**	**3509.39**
山　西	1.87	22.19	27.45	40.78	69.51	80.80	93.35	116.08	139.63	161.56	242.30
吉　林	5.66	5.99	15.62	27.77	46.05	55.93	90.61	112.03	135.59	160.30	153.09
黑龙江	10.05	15.52	17.02	48.00	55.35	87.80	103.21	116.81	172.70	396.45	532.74
安　徽	126.73	194.92	282.12	320.15	355.21	410.64	446.25	517.48	595.28	665.72	856.80
江　西	22.62	42.42	70.25	82.30	103.65	109.84	121.56	141.45	172.15	181.18	239.70
河　南	33.88	64.15	104.93	125.70	190.63	238.21	283.73	329.81	375.91	479.78	688.87
湖　北	45.20	76.34	83.38	108.05	148.55	174.88	189.89	230.90	278.41	333.82	387.07
湖　南	37.29	86.91	99.31	125.18	149.80	162.62	170.49	224.11	269.06	337.14	408.82
西部地区	**325.14**	**496.72**	**665.87**	**815.84**	**1052.21**	**1207.45**	**1375.12**	**1754.50**	**2196.34**	**2513.19**	**3253.73**
内蒙古	6.03	11.45	20.11	50.57	75.84	88.05	100.48	130.29	182.52	221.37	254.27
广　西	37.43	42.31	46.23	49.07	60.19	75.59	77.63	81.26	85.09	94.13	145.16
重　庆	83.61	102.92	125.64	143.79	187.05	205.52	234.62	267.72	417.05	480.72	606.07
四　川	84.28	160.37	194.36	222.28	275.14	301.66	318.37	375.77	440.99	497.29	646.92
贵　州	23.46	44.94	60.08	73.21	108.82	118.66	135.03	233.34	266.26	277.62	409.69
云　南	41.25	52.78	66.11	77.85	105.08	135.21	154.82	200.09	234.07	261.31	317.64
西　藏	—	—	0.96	0.96	0.96	8.12	10.94	10.94	10.94	10.94	10.94
陕　西	18.25	24.19	30.59	35.19	43.04	47.98	52.28	63.24	85.73	92.80	158.91
甘　肃	8.56	15.85	19.19	23.96	27.18	34.71	48.02	70.88	75.34	108.13	131.51
青　海	—	2.11	5.72	6.73	17.64	20.34	21.46	27.52	34.91	58.15	70.10
宁　夏	14.48	15.00	54.63	56.49	63.31	71.52	103.50	118.56	148.33	178.74	230.67
新　疆	7.79	24.80	42.25	75.73	87.96	100.11	117.97	174.88	215.12	231.99	271.86

数据来源：国家统计局。

七、全国各地区房地产销售数据

表 2－56　　2011—2015 年全国各地区各地区商品房销售面积

单位：万平方米

	2011 年	2012 年	2013 年	2014 年	2015 年
总　计	**109945.56**	**111303.65**	**130550.59**	**120648.54**	**128494.97**
东部地区	**51052.25**	**53223.76**	**63476.04**	**54755.84**	**59424.97**
北　京	1440.04	1943.74	1903.11	1454.19	1554.25
天　津	1643.11	1661.69	1847.11	1612.98	1771.07
河　北	5901.36	5144.92	5675.95	5706.19	5854.65
辽　宁	7561.39	8827.95	9292.33	5754.81	3916.19
上　海	1771.30	1898.46	2382.20	2084.66	2431.36
江　苏	7982.67	9019.18	11454.77	9846.84	11414.05
浙　江	3827.08	4005.29	4886.99	4676.83	5985.30
福　建	2696.16	3258.94	4676.16	4119.48	4037.76
山　东	9579.60	8632.76	10329.80	9180.12	9727.04
广　东	7761.34	7898.99	9836.39	9315.76	11681.01
海　南	888.19	931.84	1191.23	1003.97	1052.28
中部地区	**29311.92**	**30139.86**	**35191.28**	**33824.25**	**35897.24**
山　西	1263.19	1497.88	1642.82	1576.27	1592.55
吉　林	2364.25	2452.42	2214.96	1581.72	1491.85
黑龙江	3395.42	3806.82	3339.95	2475.74	1996.61
安　徽	4581.55	4828.81	6265.35	6202.18	6174.09
江　西	2335.36	2397.10	3167.06	3067.16	3478.23
河　南	6304.41	5968.49	7310.21	7879.67	8556.34
湖　北	4190.09	4037.85	5298.54	5601.98	6244.55
湖　南	4877.65	5150.48	5952.38	5439.53	6363.01
西部地区	**29581.39**	**27940.03**	**31883.27**	**32068.46**	**33172.76**
内蒙古	3620.12	2523.52	2737.70	2457.18	2369.37
广　西	2934.05	2759.26	2995.58	3156.55	3523.41
重　庆	4533.50	4522.40	4817.56	5100.39	5381.37
四　川	6664.70	6455.93	7312.78	7142.44	7671.20
贵　州	1889.95	2186.95	2972.32	3178.12	3559.81
云　南	3107.12	3237.75	3309.30	3194.19	3145.13
西　藏	19.36	22.50	25.40	59.33	51.27
陕　西	3068.63	2755.59	3045.70	3093.64	2978.94
甘　肃	815.89	978.44	1220.02	1325.51	1434.96
青　海	348.20	262.96	381.56	415.77	392.96
宁　夏	842.89	804.43	1048.31	1129.46	839.16
新　疆	1736.98	1430.31	2017.03	1815.88	1825.18

数据来源：国家统计局。

表 2－57　　2015 年全国各地区月度累计商品房销售面积

单位：万平方米

	1－2 月	1－3 月	1－4 月	1－5 月	1－6 月	1－7 月	1－8 月	1－9 月	1－10 月	1－11 月	1－12 月
总　计	**8763.89**	**18254.44**	**26384.57**	**35996.38**	**50263.64**	**59914.42**	**69674.96**	**82908.25**	**94898.12**	**109252.74**	**128494.97**
东部地区	**4200.13**	**8542.43**	**12513.04**	**17215.71**	**23964.61**	**28710.02**	**33559.81**	**39462.04**	**44714.68**	**50977.57**	**59424.97**
北　京	106.23	203.81	297.35	428.05	574.14	718.92	847.89	972.50	1104.28	1340.66	1554.25
天　津	173.13	349.40	443.45	594.75	704.46	792.91	924.46	1117.04	1272.36	1395.93	1771.07
河　北	190.64	605.49	882.64	1207.01	2016.43	2478.99	2898.67	3652.57	4151.95	4807.72	5854.65
辽　宁	165.59	432.02	722.77	1082.23	1744.67	2234.73	2598.27	3017.71	3384.57	3694.91	3916.19
上　海	223.60	394.21	580.35	749.95	1014.74	1257.66	1456.75	1683.55	1905.56	2159.42	2431.36
江　苏	980.28	1831.03	2577.32	3497.98	4634.38	5455.90	6362.09	7472.70	8505.84	9721.80	11414.05
浙　江	501.54	902.67	1367.99	1886.55	2565.95	3040.47	3532.82	4099.67	4583.64	5178.38	5985.30
福　建	376.29	706.22	981.24	1297.91	1755.08	2069.63	2350.53	2716.44	3083.65	3516.34	4037.76
山　东	502.80	1206.05	1846.56	2612.56	3665.41	4336.27	5228.33	6204.74	7046.70	8158.62	9727.04
广　东	869.69	1720.69	2551.88	3505.57	4827.42	5787.79	6743.60	7817.94	8899.47	10098.22	11681.01
海　南	110.35	190.84	261.49	353.15	461.95	536.73	616.40	707.18	776.67	905.57	1052.28
中部地区	**2182.10**	**4741.95**	**6828.41**	**9271.20**	**13157.06**	**15698.00**	**18140.35**	**21995.73**	**25393.94**	**29435.82**	**35897.24**
山　西	45.92	137.56	211.44	311.73	464.81	589.45	728.93	906.46	1105.65	1348.55	1592.55
吉　林	25.27	76.77	161.83	269.80	478.79	673.23	780.27	951.05	1097.16	1298.70	1491.85
黑龙江	49.36	156.21	267.21	385.09	597.03	749.48	897.68	1125.04	1416.03	1650.84	1996.61
安　徽	608.15	1175.16	1572.48	2011.89	2637.53	3057.08	3485.58	4079.69	4631.94	5247.63	6174.09
江　西	228.63	477.53	679.07	902.65	1260.02	1490.14	1717.81	2102.91	2423.11	2780.74	3478.23
河　南	468.02	1010.24	1535.61	2082.89	2949.04	3566.24	4131.58	5006.64	5803.61	6796.84	8556.34
湖　北	362.12	851.03	1147.47	1600.09	2351.63	2726.64	3147.88	3880.12	4404.89	5006.64	6244.55
湖　南	394.63	857.44	1253.31	1707.06	2418.22	2845.74	3250.64	3943.83	4511.55	5305.89	6363.01
西部地区	**2381.67**	**4970.06**	**7043.12**	**9509.47**	**13141.96**	**15506.41**	**17974.79**	**21450.47**	**24789.50**	**28839.34**	**33172.76**
内蒙古	14.06	100.99	171.86	329.12	571.56	695.36	866.31	1273.09	1689.76	2014.47	2369.37
广　西	238.90	498.98	696.82	954.52	1377.87	1603.33	1841.23	2140.80	2447.22	2839.88	3523.41
重　庆	496.70	1019.51	1392.61	1825.57	2326.01	2651.95	3019.22	3487.16	3953.17	4600.85	5381.37
四　川	700.62	1353.31	1858.17	2468.43	3349.06	3921.96	4526.70	5178.76	5851.55	6699.07	7671.20
贵　州	298.45	617.89	798.87	1037.81	1493.70	1713.04	1952.50	2413.47	2756.35	3332.13	3559.81
云　南	261.50	529.58	734.67	950.65	1292.09	1503.20	1746.49	2088.36	2353.91	2793.97	3145.13
西　藏	0.50	1.03	2.48	9.56	16.66	18.36	29.25	35.85	43.60	50.82	51.27
陕　西	159.41	357.96	567.17	766.71	1108.16	1414.54	1638.27	1944.82	2206.96	2518.06	2978.94
甘　肃	68.60	166.92	261.39	359.97	522.04	643.11	765.93	976.48	1119.93	1279.74	1434.96
青　海	7.97	24.25	53.79	96.33	138.97	172.46	205.31	263.19	330.84	366.77	392.96
宁　夏	53.13	115.98	184.50	248.96	311.28	391.03	473.94	553.72	634.45	723.30	839.16
新　疆	81.83	183.66	320.78	461.83	634.55	778.06	909.64	1094.75	1401.76	1620.30	1825.18

数据来源：国家统计局。

表 2－58　　2011—2015 年全国各地区各地区商品房销售金额

单位：亿元

	2011 年	2012 年	2013 年	2014 年	2015 年
总　计	**59119.09**	**64455.79**	**81428.28**	**76292.41**	**87280.84**
东部地区	**34628.05**	**38412.81**	**49327.40**	**43606.95**	**52142.80**
北　京	2425.80	3308.56	3530.82	2738.74	3517.65
天　津	1473.11	1365.53	1615.47	1486.94	1790.01
河　北	2350.04	2303.90	2779.69	2928.00	3371.59
辽　宁	3576.31	4362.78	4759.21	3092.10	2254.97
上　海	2568.88	2669.49	3911.57	3499.53	5093.55
江　苏	5186.00	6067.01	7913.70	6898.42	8396.20
浙　江	3728.16	4262.66	5396.03	4923.00	6299.46
福　建	2070.94	2817.70	4232.08	3763.52	3585.81
山　东	4259.17	4111.80	5215.12	4879.66	5408.01
广　东	6199.18	6407.81	8941.05	8461.84	11442.80
海　南	790.44	735.57	1032.65	935.21	982.75
中部地区	**11895.36**	**13020.46**	**16524.49**	**16558.22**	**18198.58**
山　西	434.67	579.89	728.26	746.14	775.64
吉　林	1040.08	1016.95	993.04	808.58	816.87
黑龙江	1357.51	1548.30	1582.34	1208.54	1027.14
安　徽	2183.10	2329.88	3182.87	3345.19	3369.42
江　西	953.57	1137.35	1647.90	1621.76	1863.67
河　南	2201.22	2286.67	3074.14	3440.58	3945.55
湖　北	1872.99	2036.20	2790.32	3088.31	3661.37
湖　南	1852.22	2085.23	2525.64	2299.11	2738.92
西部地区	**12595.68**	**13022.51**	**15576.39**	**16127.24**	**16939.46**
内蒙古	1360.82	1022.80	1177.36	1064.82	1052.18
广　西	1111.68	1159.83	1375.79	1532.05	1747.77
重　庆	2146.09	2297.35	2682.76	2814.99	2952.21
四　川	3270.85	3517.72	4020.27	3997.37	4199.84
贵　州	734.70	900.08	1276.69	1370.31	1571.68
云　南	1133.61	1362.83	1487.24	1596.37	1666.85
西　藏	6.69	7.35	10.60	34.25	21.08
陕　西	1517.23	1420.75	1608.11	1598.04	1597.44
甘　肃	276.95	349.32	474.07	602.34	704.93
青　海	114.16	106.46	158.84	211.27	206.00
宁　夏	314.53	317.58	443.70	464.96	370.30
新　疆	608.38	560.45	860.95	840.47	849.18

数据来源：国家统计局。

表 2 -59　　2015 年全国各地区月度累计商品房销售金额

单位：亿元

	1 -2 月	1 -3 月	1 -4 月	1 -5 月	1 -6 月	1 -7 月	1 -8 月	1 -9 月	1 -10 月	1 -11 月	1 -12 月
总　计	**5972. 29**	**12023. 08**	**17738. 72**	**24408. 62**	**34259. 21**	**41170. 76**	**48041. 56**	**56744. 81**	**64789. 77**	**74522. 19**	**87280. 84**
东部地区	**3641. 71**	**7120. 33**	**10657. 78**	**14780. 36**	**20809. 01**	**25145. 71**	**29487. 04**	**34586. 24**	**39203. 91**	**44823. 83**	**52142. 80**
北　京	222. 26	402. 17	624. 60	909. 13	1228. 56	1565. 88	1898. 36	2217. 64	2488. 49	2990. 09	3517. 65
天　津	159. 18	303. 93	381. 14	533. 59	687. 36	799. 65	947. 80	1111. 16	1280. 96	1421. 55	1790. 01
河　北	95. 38	326. 64	473. 01	657. 74	1049. 83	1344. 75	1589. 60	2019. 81	2305. 57	2652. 58	3371. 59
辽　宁	97. 90	256. 52	419. 59	631. 70	1032. 59	1291. 91	1496. 24	1741. 86	1938. 14	2106. 62	2254. 97
上　海	363. 26	620. 53	1047. 03	1432. 23	2043. 42	2562. 51	3010. 60	3474. 75	4016. 76	4529. 47	5093. 55
江　苏	667. 27	1255. 45	1812. 40	2492. 69	3366. 26	3965. 80	4648. 46	5460. 92	6259. 82	7229. 72	8396. 20
浙　江	522. 91	907. 71	1409. 14	1937. 59	2688. 66	3228. 00	3734. 15	4305. 95	4820. 49	5453. 64	6299. 46
福　建	325. 92	611. 58	847. 87	1139. 72	1579. 06	1862. 15	2111. 25	2427. 67	2753. 87	3131. 92	3585. 81
山　东	278. 61	661. 51	1016. 61	1443. 97	2032. 82	2400. 83	2918. 34	3483. 04	3934. 25	4560. 68	5408. 01
广　东	783. 52	1571. 43	2352. 78	3218. 29	4622. 67	5581. 31	6516. 56	7654. 83	8658. 08	9893. 99	11442. 80
海　南	125. 51	202. 87	273. 61	383. 70	477. 78	542. 92	615. 68	688. 63	747. 48	853. 58	982. 75
中部地区	**1102. 80**	**2376. 60**	**3469. 33**	**4731. 65**	**6714. 99**	**8056. 63**	**9352. 72**	**11233. 09**	**12946. 42**	**14978. 80**	**18198. 58**
山　西	24. 72	63. 99	97. 00	145. 49	218. 66	280. 06	356. 47	434. 48	533. 14	666. 14	775. 64
吉　林	13. 25	40. 72	89. 13	142. 69	266. 36	372. 94	433. 18	521. 72	597. 71	709. 57	816. 87
黑龙江	27. 92	93. 53	153. 02	209. 15	323. 49	403. 03	491. 28	605. 50	751. 92	866. 35	1027. 14
安　徽	324. 00	608. 01	831. 09	1079. 76	1412. 58	1661. 47	1905. 66	2230. 62	2553. 94	2878. 92	3369. 42
江　西	130. 85	250. 54	364. 06	481. 97	674. 63	802. 11	921. 05	1118. 07	1285. 22	1474. 90	1863. 67
河　南	218. 57	459. 72	712. 28	966. 22	1379. 66	1676. 44	1947. 26	2357. 84	2720. 55	3170. 80	3945. 55
湖　北	190. 42	486. 32	666. 22	938. 62	1368. 08	1585. 22	1836. 52	2221. 93	2521. 42	2899. 12	3661. 37
湖　南	173. 08	373. 77	556. 53	767. 76	1071. 53	1275. 37	1461. 31	1742. 95	1982. 53	2313. 00	2738. 92
西部地区	**1227. 78**	**2526. 14**	**3611. 61**	**4896. 61**	**6735. 21**	**7968. 42**	**9201. 81**	**10925. 47**	**12639. 44**	**14719. 56**	**16939. 46**
内蒙古	5. 88	48. 69	82. 83	146. 44	258. 29	316. 65	401. 28	580. 65	762. 76	907. 28	1052. 18
广　西	118. 04	242. 66	346. 83	481. 07	692. 21	795. 66	910. 38	1049. 22	1204. 89	1413. 09	1747. 77
重　庆	271. 26	522. 68	742. 46	980. 43	1259. 44	1450. 48	1652. 33	1910. 78	2160. 62	2526. 96	2952. 21
四　川	381. 20	714. 29	993. 52	1340. 69	1822. 05	2142. 20	2475. 56	2839. 82	3223. 79	3694. 71	4199. 84
贵　州	140. 99	278. 34	365. 35	473. 19	669. 64	767. 64	868. 27	1063. 53	1209. 02	1455. 12	1571. 68
云　南	123. 77	295. 70	395. 74	520. 28	684. 10	781. 92	887. 22	1061. 59	1186. 05	1439. 10	1666. 85
西　藏	0. 13	0. 35	1. 06	3. 38	4. 75	6. 25	11. 10	14. 06	17. 34	20. 85	21. 08
陕　西	86. 74	185. 48	294. 19	398. 98	589. 04	766. 49	891. 67	1054. 11	1194. 13	1360. 86	1597. 44
甘　肃	36. 35	90. 54	134. 88	181. 52	261. 28	328. 67	383. 98	485. 70	558. 10	629. 53	704. 93
青　海	4. 42	12. 72	27. 67	51. 97	71. 35	85. 67	99. 42	125. 11	181. 50	193. 93	206. 00
宁　夏	24. 30	50. 12	80. 36	110. 17	137. 17	173. 20	210. 67	248. 74	285. 86	323. 34	370. 30
新　疆	34. 72	84. 56	146. 72	208. 48	285. 90	353. 59	409. 91	492. 15	655. 39	754. 79	849. 18

数据来源：国家统计局。

表 2－60　　2011—2015 年全国各地区住宅销售面积

单位：万平方米

	2011 年	2012 年	2013 年	2014 年	2015 年
总　计	**97030. 26**	**98467. 51**	**115722. 69**	**105181. 79**	**112405. 68**
东部地区	**44466. 13**	**46648. 67**	**55667. 45**	**47487. 61**	**52175. 87**
北　京	1034. 96	1483. 37	1363. 67	1136. 53	1126. 84
天　津	1454. 84	1511. 40	1720. 34	1477. 63	1668. 18
河　北	5311. 77	4622. 46	5020. 13	5015. 06	5161. 65
辽　宁	6631. 84	7655. 40	8014. 80	4932. 08	3477. 26
上　海	1473. 72	1592. 63	2015. 81	1780. 91	2009. 17
江　苏	6789. 64	7923. 37	10191. 52	8800. 93	10275. 95
浙　江	3006. 06	3316. 23	4097. 63	3941. 49	5131. 88
福　建	2207. 49	2741. 96	3957. 46	3324. 10	3315. 69
山　东	8745. 79	7745. 87	9300. 29	7972. 49	8526. 85
广　东	6969. 10	7157. 63	8830. 95	8163. 56	10497. 62
海　南	840. 92	898. 35	1154. 86	942. 84	984. 79
中部地区	**26157. 72**	**26917. 09**	**31572. 70**	**29957. 40**	**31963. 96**
山　西	1150. 62	1390. 44	1484. 37	1433. 91	1481. 14
吉　林	2060. 73	2159. 43	1985. 95	1387. 87	1304. 82
黑龙江	2914. 45	3226. 22	2944. 23	2131. 46	1710. 60
安　徽	3970. 33	4275. 43	5573. 53	5364. 94	5356. 81
江　西	2084. 95	2125. 90	2846. 04	2775. 22	3145. 83
河　南	5747. 77	5455. 50	6561. 41	7009. 09	7645. 84
湖　北	3784. 68	3620. 10	4765. 68	5002. 60	5647. 72
湖　南	4444. 17	4664. 08	5411. 48	4852. 32	5671. 19
西部地区	**26406. 42**	**24901. 75**	**28482. 54**	**27736. 77**	**28265. 85**
内蒙古	3000. 38	2104. 22	2263. 65	1995. 68	1944. 92
广　西	2724. 00	2546. 96	2765. 15	2869. 32	3181. 51
重　庆	4063. 42	4105. 11	4359. 19	4423. 68	4477. 71
四　川	5944. 35	5679. 33	6505. 32	6176. 51	6495. 43
贵　州	1705. 92	2002. 40	2646. 98	2707. 09	2943. 37
云　南	2716. 42	2789. 68	2855. 52	2618. 02	2576. 80
西　藏	18. 40	20. 65	22. 78	53. 64	46. 32
陕　西	2885. 85	2530. 84	2831. 22	2836. 69	2717. 98
甘　肃	734. 38	893. 36	1134. 81	1212. 60	1307. 48
青　海	332. 11	246. 85	369. 70	362. 92	329. 71
宁　夏	701. 86	707. 57	928. 26	939. 37	708. 12
新　疆	1579. 33	1274. 80	1799. 95	1541. 25	1536. 49

数据来源：国家统计局。

表 2 - 61　　2015 年全国各地区月度累计住宅销售面积

单位：万平方米

	1-2月	1-3月	1-4月	1-5月	1-6月	1-7月	1-8月	1-9月	1-10月	1-11月	1-12月
总　计	**7709.08**	**16078.80**	**23283.80**	**31934.98**	**44389.38**	**53009.44**	**61683.09**	**73189.16**	**83713.35**	**96010.73**	**112405.68**
东部地区	**3688.08**	**7496.89**	**11019.80**	**15266.87**	**21143.85**	**25385.35**	**29689.29**	**34857.97**	**39554.26**	**44916.51**	**52175.87**
北　京	88.21	172.91	250.10	358.22	481.12	607.72	700.26	781.66	884.60	1004.48	1126.84
天　津	166.33	338.28	427.62	568.27	660.33	743.45	861.97	1046.27	1195.51	1302.71	1668.18
河　北	170.28	532.33	773.90	1068.47	1772.04	2178.79	2573.43	3233.70	3702.90	4294.74	5161.65
辽　宁	148.69	386.60	645.64	975.62	1550.23	1983.87	2307.81	2672.77	3005.66	3278.48	3477.26
上　海	200.04	351.01	489.15	637.01	843.09	1038.54	1200.45	1401.76	1597.13	1801.39	2009.17
江　苏	879.59	1641.21	2322.44	3182.15	4203.58	4957.75	5775.62	6769.38	7709.58	8780.44	10275.95
浙　江	408.84	740.00	1155.11	1617.16	2218.84	2637.98	3061.54	3538.48	3959.61	4470.72	5131.88
福　建	303.74	549.46	781.01	1044.43	1397.85	1664.21	1899.59	2213.62	2520.98	2879.24	3315.69
山　东	434.63	1050.19	1619.33	2298.13	3207.81	3812.90	4603.50	5449.55	6193.59	7137.82	8526.85
广　东	782.33	1552.25	2307.60	3186.31	4376.46	5258.07	6130.90	7090.78	8059.82	9124.63	10497.62
海　南	105.42	182.62	247.91	331.10	432.51	502.07	574.22	660.01	724.88	841.87	984.79
中部地区	**1943.72**	**4265.11**	**6137.12**	**8382.22**	**11811.16**	**14133.05**	**16350.05**	**19761.39**	**22793.63**	**26374.95**	**31963.96**
山　西	42.15	128.19	198.44	294.00	438.47	556.43	685.72	851.21	1041.32	1265.53	1481.14
吉　林	21.30	60.95	135.65	229.33	415.16	593.01	689.23	836.01	965.82	1145.49	1304.82
黑龙江	44.07	131.85	230.28	334.76	523.20	656.34	788.41	977.83	1229.74	1424.41	1710.60
安　徽	523.66	1036.29	1370.22	1770.87	2293.65	2677.92	3061.01	3559.26	4027.03	4579.74	5356.81
江　西	208.59	437.34	623.43	833.26	1146.60	1354.52	1563.95	1909.53	2207.77	2537.39	3145.83
河　南	425.19	925.42	1402.84	1909.80	2672.72	3240.09	3756.35	4536.00	5255.03	6122.50	7645.84
湖　北	325.87	771.09	1044.64	1469.39	2148.71	2491.48	2882.00	3551.99	4020.50	4560.14	5647.72
湖　南	352.89	773.98	1131.62	1540.81	2172.64	2563.25	2923.37	3539.55	4046.43	4739.76	5671.19
西部地区	**2077.28**	**4316.81**	**6126.87**	**8285.88**	**11434.37**	**13491.04**	**15643.75**	**18569.80**	**21365.46**	**24719.28**	**28265.85**
内蒙古	12.92	83.46	139.10	274.22	478.58	583.82	722.44	1061.53	1387.69	1649.98	1944.92
广　西	217.56	451.62	627.72	861.68	1240.67	1453.98	1677.91	1962.69	2245.83	2597.84	3181.51
重　庆	438.34	900.11	1222.55	1590.19	2034.19	2319.66	2625.98	2990.63	3353.72	3861.10	4477.71
四　川	608.67	1173.22	1616.31	2154.66	2890.74	3380.53	3897.20	4461.70	5031.49	5734.91	6495.43
贵　州	238.74	504.61	658.19	857.71	1252.67	1434.99	1642.97	2019.80	2312.71	2777.97	2943.37
云　南	224.56	444.50	613.71	799.59	1084.23	1257.08	1470.02	1741.43	1950.19	2294.28	2576.80
西　藏	0.50	0.99	2.27	9.27	16.31	17.49	27.74	34.23	39.25	45.87	46.32
陕　西	142.16	320.95	514.82	700.98	1020.26	1292.20	1500.93	1761.63	2004.80	2296.37	2717.98
甘　肃	65.28	155.21	245.77	337.12	482.84	592.98	708.31	901.48	1031.82	1168.38	1307.48
青　海	7.53	23.26	49.88	84.34	117.74	149.93	181.79	234.11	282.29	312.54	329.71
宁　夏	46.75	101.63	161.30	217.82	272.74	342.49	407.83	468.47	534.32	608.24	708.12
新　疆	74.26	157.25	275.25	398.32	543.41	665.89	780.63	932.10	1191.35	1371.79	1536.49

数据来源：国家统计局。

表 2－62　　2011—2015 年全国各地区住宅销售金额

单位：亿元

	2011 年	2012 年	2013 年	2014 年	2015 年
总　计	**48619.39**	**53467.18**	**67694.94**	**62395.58**	**72753.00**
东部地区	**28362.59**	**32045.05**	**41049.38**	**36265.45**	**44361.66**
北　京	1606.04	2455.50	2434.71	2102.46	2512.89
天　津	1242.27	1210.57	1443.34	1294.33	1646.43
河　北	1998.08	1914.61	2329.12	2501.62	2854.21
辽　宁	3010.84	3611.21	3941.86	2518.87	1907.63
上　海	1981.91	2208.96	3264.03	2923.44	4319.93
江　苏	4125.75	5089.06	6777.70	5969.60	7374.87
浙　江	2924.97	3541.63	4513.88	4172.58	5519.27
福　建	1627.14	2293.90	3410.57	2939.58	2839.76
山　东	3760.14	3529.51	4461.07	4009.48	4510.76
广　东	5326.19	5488.39	7476.10	6960.26	9967.32
海　南	759.27	701.72	997.00	873.22	908.60
中部地区	**9767.16**	**10722.15**	**13770.16**	**13483.47**	**15280.46**
山　西	372.32	513.20	625.14	639.83	702.29
吉　林	863.62	836.80	839.73	667.62	680.26
黑龙江	1080.22	1201.93	1305.90	962.69	824.21
安　徽	1736.81	1921.86	2662.04	2691.80	2714.33
江　西	789.96	931.39	1396.06	1379.50	1606.67
河　南	1790.97	1915.57	2516.26	2739.71	3300.33
湖　北	1566.32	1689.86	2310.04	2543.76	3198.53
湖　南	1566.93	1711.55	2114.97	1858.58	2253.85
西部地区	**10489.64**	**10699.98**	**12875.40**	**12646.66**	**13110.88**
内蒙古	997.57	769.39	874.45	765.04	766.06
广　西	973.48	995.82	1166.72	1274.57	1459.43
重　庆	1825.41	1972.42	2283.57	2253.28	2244.43
四　川	2727.35	2816.49	3308.58	3145.02	3269.52
贵　州	595.27	739.96	988.77	1000.01	1068.14
云　南	921.80	1077.10	1192.55	1165.39	1236.81
西　藏	6.07	6.16	8.85	28.55	16.70
陕　西	1353.91	1215.57	1413.20	1368.12	1381.27
甘　肃	235.55	301.60	418.08	513.47	603.08
青　海	103.28	91.14	146.29	155.83	139.83
宁　夏	237.74	256.19	363.60	352.03	283.98
新　疆	512.20	458.14	710.74	625.35	641.62

数据来源：国家统计局。

表 2 - 63　2015 年全国各地区月度累计住宅销售金额

单位：亿元

	1-2月	1-3月	1-4月	1-5月	1-6月	1-7月	1-8月	1-9月	1-10月	1-11月	1-12月
总　计	**4982.92**	**10062.17**	**14915.75**	**20731.52**	**28941.12**	**34884.45**	**40724.07**	**47898.09**	**54702.71**	**62532.34**	**72753.00**
东部地区	**3106.62**	**6067.30**	**9129.71**	**12788.38**	**17884.75**	**21681.27**	**25418.62**	**29732.48**	**33798.21**	**38385.31**	**44361.66**
北　京	189.72	343.64	516.50	751.12	1018.61	1317.70	1567.18	1771.24	1984.97	2237.27	2512.89
天　津	148.55	285.66	358.16	493.31	617.08	722.40	852.88	1010.14	1173.16	1297.63	1646.43
河　北	84.60	274.23	405.35	560.80	898.11	1139.09	1367.23	1731.59	1997.68	2306.56	2854.21
辽　宁	83.11	223.56	365.39	555.97	880.50	1100.47	1271.97	1464.08	1640.30	1782.14	1907.63
上　海	329.82	552.55	895.40	1249.82	1751.65	2171.25	2547.82	2963.76	3468.95	3890.54	4319.93
江　苏	577.78	1086.39	1590.63	2216.46	2974.07	3519.73	4122.67	4826.17	5544.71	6388.95	7374.87
浙　江	440.39	771.95	1223.00	1705.19	2381.03	2862.88	3306.59	3797.48	4250.47	4807.95	5519.27
福　建	245.45	444.87	636.14	873.98	1184.63	1424.08	1627.84	1907.08	2169.72	2477.50	2839.76
山　东	223.07	540.80	844.21	1211.93	1685.06	2005.08	2440.61	2907.14	3290.26	3780.70	4510.76
广　东	665.43	1350.83	2036.43	2809.33	4047.84	4912.45	5743.02	6715.15	7585.93	8632.16	9967.32
海　南	118.70	192.82	258.50	360.46	446.17	506.14	570.80	638.64	692.07	783.90	908.60
中部地区	**917.30**	**2005.16**	**2932.47**	**4047.59**	**5706.08**	**6863.99**	**7977.33**	**9526.15**	**10964.47**	**12679.10**	**15280.46**
山　西	22.41	57.64	88.34	134.32	200.89	257.17	327.89	398.85	490.56	609.72	702.29
吉　林	10.72	30.20	70.22	114.15	218.28	308.79	361.84	435.81	498.56	594.49	680.26
黑龙江	22.71	69.62	119.00	167.01	266.09	331.51	407.44	493.74	614.20	698.60	824.21
安　徽	260.71	505.54	678.07	893.00	1150.75	1364.21	1563.74	1812.55	2066.26	2344.83	2714.33
江　西	112.87	218.82	318.61	424.85	587.30	695.59	801.31	966.54	1116.66	1286.42	1606.67
河　南	179.53	391.29	608.49	834.10	1179.24	1441.07	1675.54	2011.19	2315.88	2679.65	3300.33
湖　北	165.82	420.23	583.63	835.42	1214.29	1404.37	1630.16	1967.19	2218.93	2548.74	3198.53
湖　南	142.53	311.82	466.10	644.73	889.23	1061.29	1209.42	1440.28	1643.43	1916.66	2253.85
西部地区	**959.00**	**1989.71**	**2853.58**	**3895.56**	**5350.30**	**6339.19**	**7328.12**	**8639.46**	**9940.03**	**11467.93**	**13110.88**
内蒙古	5.17	38.11	62.21	112.92	197.90	241.09	303.05	441.19	557.12	660.62	766.06
广　西	100.69	206.00	286.03	397.75	574.55	671.60	773.78	900.10	1036.14	1199.00	1459.43
重　庆	215.69	429.18	599.76	790.98	1023.16	1177.25	1331.47	1506.94	1684.99	1944.38	2244.43
四　川	298.85	559.67	788.93	1080.81	1446.51	1706.03	1973.30	2268.04	2566.33	2910.00	3269.52
贵　州	85.33	180.56	240.86	312.65	458.54	524.89	600.68	736.89	841.53	1001.67	1068.14
云　南	96.25	231.63	308.95	409.29	525.56	596.69	674.62	787.53	887.53	1067.15	1236.81
西　藏	0.13	0.32	0.93	3.16	4.48	5.01	9.26	12.14	13.66	16.47	16.70
陕　西	71.41	151.54	246.67	340.22	511.01	661.89	773.69	899.91	1022.18	1172.62	1381.27
甘　肃	32.78	77.37	120.28	161.94	231.08	286.45	336.34	424.98	486.80	542.50	603.08
青　海	3.72	11.36	22.84	38.40	51.01	63.88	76.68	96.94	124.00	131.45	139.83
宁　夏	20.10	39.92	64.58	88.16	109.91	139.53	166.03	192.63	219.13	246.67	283.98
新　疆	28.88	64.03	111.52	159.28	216.59	264.88	309.22	372.19	500.61	575.40	641.62

数据来源：国家统计局。

表 2 -64　　2011—2015 年全国各地区办公楼销售面积

单位：万平方米

	2011 年	2012 年	2013 年	2014 年	2015 年
总　计	**2007. 90**	**2253. 65**	**2883. 35**	**2497. 87**	**2912. 26**
东部地区	**1299. 61**	**1368. 62**	**1798. 99**	**1415. 71**	**1802. 92**
北　京	211. 42	253. 50	317. 93	136. 80	243. 02
天　津	42. 80	28. 17	23. 49	13. 53	15. 93
河　北	60. 70	74. 78	78. 00	75. 54	90. 10
辽　宁	54. 08	79. 15	53. 61	71. 20	37. 48
上　海	147. 40	111. 73	161. 22	120. 28	197. 41
江　苏	217. 12	200. 83	286. 81	210. 69	238. 30
浙　江	226. 18	188. 75	218. 29	185. 22	205. 05
福　建	110. 02	150. 83	211. 42	181. 01	155. 42
山　东	69. 36	135. 38	189. 29	185. 53	300. 04
广　东	154. 40	141. 47	256. 86	230. 45	311. 12
海　南	6. 10	4. 04	2. 08	5. 48	9. 05
中部地区	**375. 87**	**418. 59**	**589. 76**	**501. 96**	**488. 91**
山　西	14. 28	9. 54	15. 30	23. 89	21. 49
吉　林	8. 94	14. 75	21. 25	11. 83	17. 87
黑龙江	8. 05	24. 26	24. 84	15. 34	18. 20
安　徽	88. 31	62. 00	94. 98	111. 10	109. 40
江　西	20. 76	47. 56	56. 46	42. 75	50. 61
河　南	150. 93	126. 49	205. 44	181. 67	149. 50
湖　北	34. 57	69. 75	92. 76	65. 91	61. 42
湖　南	50. 05	64. 25	78. 72	49. 47	60. 41
西部地区	**332. 41**	**466. 44**	**494. 59**	**580. 20**	**620. 44**
内蒙古	45. 12	36. 56	53. 31	42. 50	43. 25
广　西	16. 68	9. 60	32. 06	29. 91	38. 83
重　庆	43. 88	62. 30	68. 67	98. 15	115. 84
四　川	85. 44	157. 37	114. 22	141. 03	123. 72
贵　州	27. 03	14. 88	100. 02	84. 08	78. 42
云　南	41. 68	90. 87	51. 33	66. 50	59. 32
西　藏	—	0. 43	0. 77	1. 59	2. 79
陕　西	38. 77	65. 97	44. 83	47. 48	60. 50
甘　肃	8. 20	2. 97	5. 90	13. 00	13. 24
青　海	0. 57	0. 21	0. 69	8. 10	23. 74
宁　夏	9. 27	6. 82	5. 74	8. 83	13. 05
新　疆	15. 79	18. 47	17. 04	39. 01	47. 74

数据来源：国家统计局。

表 2－65　　2015 年全国各地区月度累计办公楼销售面积

单位：万平方米

	1－2 月	1－3 月	1－4 月	1－5 月	1－6 月	1－7 月	1－8 月	1－9 月	1－10 月	1－11 月	1－12 月
总　计	**220.49**	**377.69**	**563.86**	**741.68**	**1064.33**	**1270.04**	**1520.66**	**1835.18**	**2084.37**	**2434.41**	**2912.26**
东部地区	**126.95**	**234.04**	**349.06**	**455.06**	**656.49**	**791.64**	**958.29**	**1155.68**	**1282.23**	**1511.84**	**1802.92**
北　京	8.67	15.23	24.93	36.28	47.69	58.76	83.54	109.80	127.58	182.81	243.02
天　津	1.50	2.04	2.71	4.63	8.47	9.40	9.98	11.41	12.20	14.17	15.93
河　北	0.44	4.05	4.50	5.13	6.08	28.36	28.77	43.13	43.47	51.14	90.10
辽　宁	2.94	5.02	7.13	8.15	19.02	21.75	24.96	29.00	32.41	35.20	37.48
上　海	10.83	14.85	37.60	44.14	74.70	98.57	119.69	134.02	143.06	164.60	197.41
江　苏	15.65	34.78	50.41	60.94	89.66	104.14	129.65	154.21	168.37	192.49	238.30
浙　江	24.90	36.83	47.93	60.67	78.26	91.80	106.03	128.84	147.71	170.58	205.05
福　建	18.21	39.87	45.91	57.97	83.12	92.63	100.14	113.64	130.35	144.03	155.42
山　东	21.94	47.39	68.35	92.33	127.62	142.41	180.65	212.73	232.60	271.27	300.04
广　东	20.57	32.68	58.29	81.79	118.71	140.43	166.17	210.20	235.70	276.51	311.12
海　南	1.31	1.31	1.31	3.05	3.17	3.39	8.71	8.71	8.79	9.05	9.05
中部地区	**35.39**	**57.82**	**88.63**	**114.10**	**186.42**	**209.62**	**248.03**	**290.30**	**333.75**	**392.87**	**488.91**
山　西	0.33	1.44	2.17	2.93	4.73	5.56	7.62	8.46	9.84	15.85	21.49
吉　林	0.15	3.87	4.40	6.72	11.96	12.19	12.55	12.74	14.33	16.67	17.87
黑龙江	0.76	1.22	1.71	2.10	3.41	4.15	4.22	10.32	12.66	17.88	18.20
安　徽	8.11	15.19	25.76	31.17	49.92	52.64	60.48	70.32	84.51	93.82	109.40
江　西	0.91	2.01	5.08	7.07	16.24	19.91	24.09	31.33	34.91	38.67	50.61
河　南	15.08	20.44	32.45	39.92	61.33	70.94	83.03	93.73	102.79	115.58	149.50
湖　北	2.55	4.61	5.69	6.72	16.94	19.18	22.89	27.59	33.59	45.48	61.42
湖　南	7.50	9.03	11.38	17.47	21.89	25.05	33.15	35.80	41.12	48.91	60.41
西部地区	**58.16**	**85.84**	**126.17**	**172.52**	**221.42**	**268.78**	**314.35**	**389.19**	**468.39**	**529.70**	**620.44**
内蒙古	0.40	1.87	4.03	5.75	9.37	11.43	14.94	23.87	35.36	40.54	43.25
广　西	3.88	4.28	15.49	18.41	22.17	23.51	26.11	27.18	27.93	32.08	38.83
重　庆	15.18	18.93	24.39	38.47	42.11	46.20	54.58	76.22	90.59	105.70	115.84
四　川	10.05	21.19	27.10	34.96	50.49	59.28	72.98	80.00	91.01	103.80	123.72
贵　州	13.33	15.47	18.52	23.49	28.84	32.54	36.39	44.97	50.88	56.75	78.42
云　南	8.15	10.51	14.24	17.23	22.14	27.20	32.08	43.44	46.53	54.49	59.32
西　藏	—	0.05	0.18	0.22	0.25	0.28	0.32	0.38	2.79	2.79	2.79
陕　西	5.18	8.12	12.96	16.48	22.64	36.99	41.13	44.46	47.64	51.56	60.50
甘　肃	0.05	0.25	0.48	1.11	1.86	6.08	6.20	8.33	10.58	10.76	13.24
青　海	0.13	0.13	1.01	4.55	5.57	5.89	5.89	9.15	19.95	20.09	23.74
宁　夏	0.02	0.38	0.79	1.63	2.74	3.77	6.00	7.50	9.62	11.12	13.05
新　疆	1.79	4.65	6.99	10.23	13.22	15.62	17.73	23.71	35.50	40.03	47.74

数据来源：国家统计局。

表 2-66　　2011—2015 年全国各地区办公楼销售金额

单位：亿元

	2011 年	2012 年	2013 年	2014 年	2015 年
总　计	**2501.74**	**2773.43**	**3747.35**	**2944.22**	**3760.92**
东部地区	**1919.66**	**1974.25**	**2777.04**	**1980.97**	**2842.66**
北　京	500.96	560.59	744.78	359.32	702.74
天　津	53.55	37.61	26.88	17.11	24.71
河　北	41.90	50.34	60.72	48.78	84.33
辽　宁	32.37	76.35	36.34	41.45	33.48
上　海	371.81	234.62	380.85	300.43	488.68
江　苏	211.48	181.73	218.46	185.36	222.47
浙　江	265.33	240.53	303.78	205.92	216.35
福　建	115.57	182.77	290.14	201.48	195.07
山　东	54.23	117.73	176.13	179.69	278.74
广　东	266.61	289.98	534.06	428.75	583.87
海　南	5.85	2.01	4.88	12.66	12.23
中部地区	**309.52**	**389.24**	**518.09**	**448.82**	**381.61**
山　西	10.13	7.47	14.64	31.58	19.42
吉　林	8.11	11.79	13.78	8.30	12.83
黑龙江	3.92	13.82	17.61	11.96	13.49
安　徽	58.83	46.01	69.11	75.84	80.29
江　西	18.95	50.62	51.28	38.84	34.33
河　南	138.59	111.57	187.16	164.40	123.18
湖　北	27.94	85.67	77.77	69.01	48.32
湖　南	43.06	62.30	86.74	48.88	49.74
西部地区	**272.55**	**409.95**	**452.23**	**514.43**	**536.66**
内蒙古	27.46	22.07	40.42	27.16	26.74
广　西	13.84	15.02	43.23	29.48	40.56
重　庆	51.28	71.61	78.08	109.41	118.02
四　川	83.07	140.93	111.75	109.51	88.73
贵　州	16.33	12.14	73.15	57.02	51.92
云　南	22.07	71.57	46.62	78.99	67.34
西　藏	—	0.23	0.40	2.18	1.48
陕　西	33.52	53.38	33.22	43.74	53.77
甘　肃	6.36	2.06	5.03	11.13	14.86
青　海	0.18	0.14	0.41	6.64	22.84
宁　夏	6.73	3.45	4.57	6.41	10.18
新　疆	11.73	17.33	15.35	32.77	40.23

数据来源：国家统计局。

表 2－67　　**2015 年全国各地区月度累计办公楼销售金额**

单位：亿元

	1－2 月	1－3 月	1－4 月	1－5 月	1－6 月	1－7 月	1－8 月	1－9 月	1－10 月	1－11 月	1－12 月
总　计	**250.59**	**422.73**	**686.43**	**892.62**	**1307.02**	**1585.65**	**1911.72**	**2356.36**	**2637.70**	**3135.79**	**3760.92**
东部地区	**168.88**	**299.68**	**489.31**	**643.15**	**960.02**	**1176.05**	**1433.76**	**1778.70**	**1956.84**	**2356.90**	**2842.66**
北　京	19.43	34.79	72.08	105.52	139.05	166.59	228.88	314.05	353.87	516.25	702.74
天　津	1.58	2.23	3.36	6.68	15.19	16.84	17.48	19.55	20.64	22.76	24.71
河　北	0.26	2.47	2.60	3.08	4.00	25.32	25.63	37.48	37.69	43.50	84.33
辽　宁	3.95	6.16	8.36	9.49	16.85	19.41	22.97	25.91	28.74	30.57	33.48
上　海	16.22	27.10	78.69	95.59	176.92	246.98	301.58	333.45	344.51	399.76	488.68
江　苏	10.85	25.34	39.63	49.29	83.18	95.71	116.75	151.02	168.98	187.88	222.47
浙　江	25.49	36.45	50.64	62.38	78.65	95.99	109.68	137.55	159.12	181.52	216.35
福　建	20.76	49.32	56.37	68.03	103.33	113.88	122.15	143.03	160.26	181.04	195.07
山　东	19.96	41.20	58.54	79.58	114.86	131.23	170.42	198.31	214.87	248.95	278.74
广　东	47.58	71.83	116.24	158.15	222.46	258.20	306.58	406.69	456.29	532.43	583.87
海　南	2.79	2.79	2.79	5.35	5.53	5.92	11.65	11.65	11.87	12.23	12.23
中部地区	**31.54**	**47.86**	**75.64**	**94.87**	**146.54**	**168.19**	**200.65**	**233.62**	**267.07**	**309.38**	**381.61**
山　西	0.26	0.76	1.29	1.93	5.48	6.53	7.40	8.11	9.40	14.85	19.42
吉　林	0.09	2.23	2.71	3.93	9.10	9.27	9.62	9.75	10.78	12.06	12.83
黑龙江	0.45	0.86	1.21	1.55	2.34	2.94	3.04	7.10	8.33	13.19	13.49
安　徽	6.00	10.37	21.06	24.75	34.81	36.62	43.24	51.32	61.70	69.81	80.29
江　西	0.76	1.62	3.80	5.38	11.31	13.91	15.68	22.15	24.79	27.40	34.33
河　南	15.90	20.35	30.99	37.04	52.85	61.46	71.03	78.52	86.02	94.90	123.18
湖　北	2.25	4.36	5.12	5.86	12.89	16.45	20.99	24.95	31.32	36.65	48.32
湖　南	5.83	7.33	9.46	14.42	17.75	21.02	29.66	31.72	34.73	40.52	49.74
西部地区	**50.17**	**75.19**	**121.49**	**154.61**	**200.46**	**241.41**	**277.31**	**344.05**	**413.79**	**469.51**	**536.66**
内蒙古	0.35	1.15	2.60	4.08	6.58	9.99	12.00	17.14	23.71	25.69	26.74
广　西	2.51	3.68	17.67	18.76	23.88	24.73	27.77	28.47	29.35	34.38	40.56
重　庆	16.14	20.92	32.93	40.76	44.70	48.42	55.93	80.10	93.65	108.93	118.02
四　川	7.83	16.65	21.46	27.80	38.62	45.09	53.92	59.28	66.60	75.57	88.73
贵　州	8.95	10.54	12.85	15.84	18.61	20.95	23.00	29.01	32.55	36.06	51.92
云　南	7.09	9.99	13.92	17.32	26.76	28.23	32.39	45.26	48.22	61.87	67.34
西　藏	—	0.02	0.10	0.12	0.13	0.15	0.17	0.20	1.48	1.48	1.48
陕　西	6.02	8.61	13.15	16.10	22.60	35.28	39.32	41.87	45.74	47.60	53.77
甘　肃	0.05	0.25	0.57	1.24	2.04	8.92	9.07	11.22	12.45	12.69	14.86
青　海	0.11	0.11	1.07	3.97	4.37	4.58	4.58	6.78	21.42	21.58	22.84
宁　夏	0.02	0.29	0.62	1.28	2.03	2.69	4.94	5.92	7.53	8.71	10.18
新　疆	1.11	2.98	4.54	7.34	10.13	12.37	14.22	18.80	31.07	34.95	40.23

数据来源：国家统计局。

表 2 -68　　2011—2015 年全国各地区商业营业用房销售面积

单位：万平方米

	2011 年	2012 年	2013 年	2014 年	2015 年
总　计	**7878.19**	**7759.28**	**8469.22**	**9074.88**	**9251.94**
东部地区	**3626.16**	**3639.79**	**3997.75**	**3737.41**	**3514.02**
北　京	108.69	113.97	102.52	79.50	84.81
天　津	104.50	72.17	51.60	65.56	56.34
河　北	368.05	316.70	404.93	444.33	385.34
辽　宁	592.27	775.93	859.00	522.80	311.61
上　海	95.57	120.01	116.47	102.86	113.70
江　苏	842.59	763.95	817.48	688.25	728.02
浙　江	375.48	332.64	344.41	333.88	384.57
福　建	180.18	209.88	242.53	286.94	296.25
山　东	604.25	553.75	600.12	674.69	635.92
广　东	328.29	360.57	433.61	491.06	479.21
海　南	26.30	20.23	25.08	47.53	38.24
中部地区	**2262.02**	**2212.53**	**2396.84**	**2703.90**	**2751.37**
山　西	81.26	79.50	116.00	81.11	59.85
吉　林	237.90	219.49	157.31	138.04	129.23
黑龙江	362.84	410.87	256.21	239.56	198.28
安　徽	482.31	428.42	506.29	647.96	627.40
江　西	183.26	189.46	214.03	196.09	220.43
河　南	332.08	297.96	444.99	554.60	639.18
湖　北	287.75	256.87	358.38	423.25	408.07
湖　南	294.64	329.97	343.63	423.29	468.94
西部地区	**1990.00**	**1906.96**	**2074.64**	**2633.58**	**2986.56**
内蒙古	394.41	270.17	272.07	270.24	258.33
广　西	120.78	149.83	135.09	181.23	197.72
重　庆	266.32	221.89	244.04	348.49	463.05
四　川	403.85	438.53	468.64	561.42	672.00
贵　州	125.27	144.56	198.99	337.76	452.43
云　南	250.94	277.54	285.65	328.99	354.33
西　藏	0.95	1.42	1.85	4.09	2.15
陕　西	112.65	124.34	119.22	137.43	149.02
甘　肃	62.08	63.99	63.72	80.93	96.95
青　海	14.81	15.48	10.27	40.18	32.27
宁　夏	114.53	82.92	102.66	132.44	102.20
新　疆	123.42	116.31	172.44	210.38	206.10

数据来源：国家统计局。

表 2-69　　2015 年全国各地区月度累计商业营业用房销售面积

单位：万平方米

	1-2月	1-3月	1-4月	1-5月	1-6月	1-7月	1-8月	1-9月	1-10月	1-11月	1-12月
总　计	**586.83**	**1254.39**	**1782.32**	**2334.60**	**3417.17**	**3993.81**	**4575.53**	**5566.15**	**6424.69**	**7612.17**	**9251.94**
东部地区	**249.39**	**536.15**	**759.14**	**979.05**	**1429.93**	**1662.96**	**1904.77**	**2239.69**	**2510.52**	**2952.61**	**3514.02**
北　京	3.65	6.62	10.42	15.51	21.30	24.13	29.39	37.31	42.33	73.07	84.81
天　津	2.79	4.78	8.20	12.59	20.43	23.15	31.74	35.55	39.62	50.98	56.34
河　北	4.44	37.94	66.85	85.90	151.42	173.22	190.29	239.94	258.85	292.61	385.34
辽　宁	12.04	29.19	51.09	73.88	133.68	177.61	206.67	248.47	271.98	298.12	311.61
上　海	6.28	18.55	28.89	32.68	44.86	56.77	62.75	70.09	79.45	98.75	113.70
江　苏	70.77	128.17	166.85	207.77	278.13	321.35	375.57	441.56	505.56	603.08	728.02
浙　江	43.79	89.09	111.85	132.49	169.46	193.83	225.26	260.51	286.18	320.71	384.57
福　建	28.96	59.70	85.75	112.07	161.35	176.93	192.64	203.17	224.68	257.31	296.25
山　东	31.11	79.30	112.11	157.93	239.11	271.01	315.95	384.50	435.69	532.53	635.92
广　东	43.19	77.48	107.05	134.42	190.62	221.31	249.71	291.20	335.13	388.04	479.21
海　南	2.38	5.32	10.11	13.82	19.58	23.65	24.82	27.38	31.07	37.41	38.24
中部地区	**168.30**	**340.99**	**490.72**	**630.33**	**945.30**	**1101.67**	**1260.10**	**1579.46**	**1838.26**	**2137.75**	**2751.37**
山　西	1.81	5.94	8.62	10.76	15.17	18.64	24.19	31.52	37.27	42.57	59.85
吉　林	3.00	9.61	17.41	27.08	41.01	53.43	61.86	82.63	93.95	105.74	129.23
黑龙江	4.19	20.46	29.61	39.15	53.45	66.14	79.23	100.84	127.24	152.87	198.28
安　徽	67.39	111.08	158.22	187.33	265.05	295.15	329.27	403.43	468.65	515.61	627.40
江　西	16.65	29.93	39.91	47.03	76.52	90.19	102.62	129.91	144.34	165.31	220.43
河　南	23.04	53.61	83.92	112.71	178.47	213.99	246.66	314.41	373.62	469.31	639.18
湖　北	29.32	56.72	73.58	94.92	141.16	163.58	186.21	232.80	274.53	313.45	408.07
湖　南	22.90	53.65	79.44	111.35	174.47	200.56	230.06	283.94	318.65	372.90	468.94
西部地区	**169.14**	**377.25**	**532.46**	**725.23**	**1041.94**	**1229.17**	**1410.66**	**1746.99**	**2075.91**	**2521.80**	**2986.56**
内蒙古	0.49	12.92	23.86	41.25	67.18	77.69	95.52	134.81	179.67	216.71	258.33
广　西	8.92	27.83	35.01	48.63	79.48	85.92	93.12	101.88	111.81	132.52	197.72
重　庆	25.33	46.07	69.78	104.60	131.82	155.84	183.73	230.73	286.05	365.70	463.05
四　川	54.43	101.14	138.81	182.73	270.10	319.06	365.71	421.40	478.66	563.00	672.00
贵　州	42.33	86.62	107.29	136.92	183.11	209.78	232.90	291.56	331.22	417.11	452.43
云　南	17.40	41.15	61.10	78.35	119.20	144.26	162.50	199.92	251.77	311.05	354.33
西　藏	—	—	0.03	0.08	0.10	0.59	1.19	1.23	1.55	2.15	2.15
陕　西	6.69	20.20	27.32	35.22	47.40	61.17	68.34	105.36	117.04	129.40	149.02
甘　肃	3.10	10.44	13.81	19.76	31.94	37.47	43.27	56.32	65.71	85.40	96.95
青　海	0.30	0.85	2.88	6.83	14.95	15.91	16.75	19.02	25.73	29.13	32.27
宁　夏	5.79	12.98	19.36	25.85	30.97	38.34	51.76	68.32	78.71	90.92	102.20
新　疆	4.36	17.07	33.21	45.01	65.69	83.14	95.86	116.45	147.98	178.71	206.10

数据来源：国家统计局。

表 2 -70　　2011—2015 年全国各地区商业营业用房销售金额

单位：亿元

	2011 年	2012 年	2013 年	2014 年	2015 年
总　计	**6702.46**	**6999.57**	**8280.48**	**8905.90**	**8845.57**
东部地区	**3561.57**	**3666.25**	**4422.33**	**4117.47**	**3843.13**
北　京	270.85	233.36	270.71	202.03	231.62
天　津	138.58	93.87	85.40	101.23	73.91
河　北	259.93	297.49	311.39	319.13	324.03
辽　宁	411.08	546.40	636.55	417.32	265.64
上　海	181.66	194.62	224.71	226.44	227.89
江　苏	794.57	746.69	851.47	683.39	726.30
浙　江	443.77	405.36	481.18	449.59	447.12
福　建	253.57	262.01	373.78	373.51	374.86
山　东	387.78	392.20	482.11	554.88	507.17
广　东	400.78	468.51	679.81	745.57	624.73
海　南	19.00	25.74	25.21	44.36	39.86
中部地区	**1625.89**	**1672.97**	**1954.88**	**2290.19**	**2224.42**
山　西	47.25	54.58	80.91	61.23	45.75
吉　林	145.34	141.31	111.18	108.31	104.84
黑龙江	225.65	264.54	196.89	191.97	153.00
安　徽	374.28	336.48	420.27	551.63	539.29
江　西	130.13	140.23	174.90	176.43	191.39
河　南	247.51	228.15	334.53	437.64	457.80
湖　北	241.76	224.62	354.73	419.71	353.65
湖　南	213.99	283.08	281.48	343.28	378.70
西部地区	**1515.00**	**1660.35**	**1903.27**	**2498.24**	**2778.01**
内蒙古	262.98	187.60	196.30	195.50	194.74
广　西	100.78	129.07	139.47	183.47	184.59
重　庆	216.58	212.47	263.08	373.75	483.48
四　川	366.12	488.40	514.30	637.65	711.92
贵　州	108.03	139.21	204.10	292.25	422.90
云　南	159.91	182.26	207.45	291.02	297.13
西　藏	0.61	0.97	1.36	3.52	2.89
陕　西	114.23	132.38	125.10	147.77	137.23
甘　肃	32.51	41.57	46.49	68.17	77.90
青　海	10.42	15.02	11.83	47.02	41.35
宁　夏	64.75	55.44	70.62	88.99	70.17
新　疆	78.09	75.98	123.17	169.12	153.70

数据来源：国家统计局。

表 2－71　2015 年全国各地区月度累计商业营业用房销售金额

单位：亿元

	1－2月	1－3月	1－4月	1－5月	1－6月	1－7月	1－8月	1－9月	1－10月	1－11月	1－12月
总　计	**621.62**	**1266.49**	**1767.89**	**2304.25**	**3333.07**	**3895.18**	**4475.30**	**5376.44**	**6168.68**	**7310.36**	**8845.57**
东部地区	**295.65**	**596.87**	**826.08**	**1064.36**	**1561.51**	**1804.47**	**2071.67**	**2411.89**	**2701.17**	**3200.04**	**3843.13**
北　京	10.06	18.70	28.88	41.63	56.00	63.31	79.15	101.23	115.84	181.32	231.62
天　津	4.59	7.57	10.68	16.37	29.19	32.54	45.93	44.70	48.71	59.84	73.91
河　北	3.56	36.24	48.69	72.38	114.17	139.26	151.81	193.39	207.73	232.49	324.03
辽　宁	9.49	20.85	37.26	55.35	114.30	146.19	172.10	218.50	233.62	253.59	265.64
上　海	14.77	36.37	59.18	67.40	91.20	113.89	128.14	142.61	164.59	196.17	227.89
江　苏	73.56	134.41	169.61	209.82	285.69	322.12	376.13	440.70	497.08	592.30	726.30
浙　江	47.81	84.09	113.62	139.38	187.87	218.24	256.02	297.74	329.90	369.85	447.12
福　建	42.69	78.56	106.95	140.31	213.59	231.52	251.85	251.67	285.08	317.77	374.86
山　东	29.27	67.69	94.76	126.94	196.69	220.55	255.82	313.40	354.11	437.60	507.17
广　东	57.00	106.58	146.07	181.21	253.73	294.68	331.23	380.73	433.07	520.00	624.73
海　南	2.85	5.82	10.39	13.58	19.08	22.18	23.49	27.22	31.44	39.10	39.86
中部地区	**139.51**	**289.56**	**412.28**	**525.28**	**767.32**	**910.02**	**1048.16**	**1311.19**	**1527.98**	**1760.12**	**2224.42**
山　西	1.81	5.27	6.90	8.43	11.11	14.23	18.40	23.74	28.65	35.08	45.75
吉　林	1.95	6.79	13.57	20.90	33.24	46.92	52.89	65.53	76.03	86.21	104.84
黑龙江	4.54	21.84	30.10	36.31	46.55	56.30	67.44	84.94	104.15	123.85	153.00
安　徽	53.79	87.14	124.86	152.93	214.71	247.01	283.98	348.05	404.96	439.93	539.29
江　西	15.85	26.36	36.69	44.37	66.90	80.63	91.06	114.41	126.78	142.45	191.39
河　南	20.22	42.42	63.31	83.13	127.58	151.48	175.39	231.06	277.29	346.46	457.80
湖　北	20.43	54.71	68.94	86.17	122.46	142.74	161.90	203.31	241.96	275.70	353.65
湖　南	20.91	45.02	67.92	93.04	144.77	170.71	197.10	240.14	268.17	310.44	378.70
西部地区	**186.45**	**380.06**	**529.52**	**714.60**	**1004.24**	**1180.70**	**1355.47**	**1653.36**	**1939.52**	**2350.20**	**2778.01**
内蒙古	0.31	8.36	15.96	26.03	46.09	54.43	68.46	94.31	132.75	162.53	194.74
广　西	10.73	24.63	33.12	51.59	76.13	79.46	87.39	97.06	108.63	128.00	184.59
重　庆	33.16	54.93	84.78	118.66	151.93	181.11	213.14	260.88	309.88	385.12	483.48
四　川	62.30	114.50	152.69	196.08	286.25	332.84	380.91	437.67	505.76	606.65	711.92
贵　州	45.22	83.45	107.01	138.36	182.22	209.57	230.85	277.92	313.65	390.15	422.90
云　南	16.18	34.80	48.25	64.21	97.96	120.45	141.05	184.05	204.13	252.27	297.13
西　藏	—	—	0.04	0.11	0.13	1.09	1.67	1.72	2.19	2.89	2.89
陕　西	6.27	20.77	28.35	35.55	46.48	57.26	64.69	95.96	107.74	120.64	137.23
甘　肃	3.49	11.97	12.97	16.81	23.64	28.13	32.66	42.63	51.37	65.95	77.90
青　海	0.59	1.23	3.74	8.91	15.21	16.44	17.38	20.61	34.48	39.01	41.35
宁　夏	3.87	9.43	13.83	19.18	23.13	28.32	36.25	46.15	54.36	62.67	70.17
新　疆	4.33	15.98	28.79	39.13	55.06	71.59	81.03	94.38	114.57	134.32	153.70

数据来源：国家统计局。

八、2015 年全国七十大中城市价格指数

表 2－72　　　　2015 年 70 个大中城市新建住宅价格定基指数

城　市	1 月	2 月	3 月	4 月	5 月	6 月	7 月	8 月	9 月	10 月	11 月	12 月
北　京	117.6	117.4	117.7	118.5	119.8	121.3	122.6	123.9	125.1	125.9	126.9	127.4
天　津	108.3	108.3	108.4	108.5	108.8	109.2	109.4	109.6	110.2	110.5	111.0	111.9
石家庄	115.7	115.3	115.7	116.1	116.2	116.4	116.8	117.4	117.7	117.5	117.8	117.9
太　原	110.2	109.9	110.1	110.3	110.5	110.6	110.9	111.0	111.4	111.6	111.9	112.0
呼和浩特	108.5	107.6	107.4	106.9	106.6	106.7	106.6	106.6	106.6	105.9	106.0	106.2
沈　阳	110.1	109.6	109.4	109.4	109.2	109.8	110.0	110.3	110.1	109.6	109.6	109.5
大　连	109.5	109.0	108.7	108.8	108.8	109.3	109.5	109.5	109.2	108.4	108.3	108.2
长　春	108.7	108.4	108.3	107.7	107.3	107.2	107.4	107.7	107.6	107.4	107.2	107.1
哈尔滨	109.1	108.7	108.3	108.5	108.5	108.6	109.0	108.6	108.8	109.2	109.1	109.2
上　海	115.8	115.6	115.6	116.3	118.9	121.3	123.3	124.9	126.9	129.2	131.3	133.8
南　京	110.5	110.3	110.5	110.8	111.1	111.5	112.3	113.4	114.0	115.1	116.4	117.5
杭　州	92.1	91.7	91.3	91.7	92.2	93.3	94.1	94.7	95.2	95.7	96.3	97.4
宁　波	94.4	94.1	94.0	94.2	94.7	95.3	95.9	96.4	96.8	97.1	97.6	97.9
合　肥	110.7	110.4	110.1	110.1	110.3	110.4	110.8	110.8	110.8	111.2	111.8	112.3
福　州	112.2	111.4	111.4	111.2	111.2	111.7	111.9	112.0	112.3	112.7	113.7	114.8
厦　门	126.2	126.1	126.4	126.7	126.8	127.1	127.6	128.3	129.6	131.2	132.7	134.5
南　昌	111.9	111.2	111.0	111.0	111.2	111.4	111.4	111.6	112.1	112.6	113.0	113.7
济　南	108.2	108.0	107.8	107.8	108.1	108.2	108.0	108.3	108.5	108.9	109.1	109.4
青　岛	102.3	101.6	101.0	100.7	100.5	100.6	100.8	100.8	100.7	100.6	100.4	100.7
郑　州	119.9	119.6	119.8	119.6	119.7	120.2	120.8	121.5	122.0	122.7	122.9	123.4
武　汉	111.1	111.1	111.3	111.6	111.7	112.1	112.5	113.3	114.0	114.4	115.1	116.0
长　沙	113.3	112.9	112.8	112.8	112.5	112.6	112.6	112.5	112.7	112.7	112.7	113.2
广　州	122.0	121.8	121.6	122.2	123.9	125.8	127.3	128.5	130.4	131.4	132.1	133.0
深　圳	123.9	124.2	125.0	127.3	135.6	145.3	154.4	162.2	168.7	170.7	175.6	181.2
南　宁	106.8	106.4	106.6	106.9	106.9	107.3	107.3	107.7	107.8	108.3	108.7	109.0
海　口	98.3	97.7	97.8	97.3	97.1	97.1	97.1	97.5	97.7	97.7	97.5	97.7
重　庆	107.5	106.9	106.5	106.3	106.2	106.2	106.5	106.6	106.7	106.6	106.5	107.0
成　都	107.7	107.3	106.7	106.6	106.7	106.9	107.5	107.8	107.9	108.0	108.5	108.7
贵　阳	110.1	109.7	109.8	109.6	109.4	109.5	109.7	110.1	110.2	109.9	109.7	109.5
昆　明	109.1	108.7	108.6	108.3	108.1	108.0	107.7	107.3	107.0	107.1	106.9	107.0
西　安	111.1	110.6	110.5	110.2	110.1	110.1	110.3	110.6	110.8	111.3	111.5	111.7
兰　州	112.0	111.6	111.4	110.8	110.5	110.0	109.8	109.9	110.4	110.4	110.5	110.7
西　宁	116.7	116.2	116.0	115.8	115.3	114.8	114.0	113.7	113.7	113.3	113.4	112.9
银　川	110.5	109.9	109.3	108.8	108.4	108.1	107.6	107.4	107.5	107.2	107.4	107.0
乌鲁木齐	118.6	118.3	117.9	117.5	117.3	117.1	117.1	116.8	116.8	116.6	116.9	116.7

续表

城　市	1月	2月	3月	4月	5月	6月	7月	8月	9月	10月	11月	12月
唐　山	99.4	99.1	98.8	98.6	98.0	98.1	98.1	97.9	97.9	97.8	97.7	97.5
秦皇岛	108.9	108.4	108.0	107.3	107.0	106.9	106.6	106.6	106.3	106.3	106.5	106.5
包　头	105.7	104.7	104.8	104.6	104.4	104.2	103.8	103.9	103.7	103.5	103.4	103.4
丹　东	108.7	107.9	107.6	107.2	106.9	106.6	106.6	106.0	106.0	105.6	105.6	104.7
锦　州	108.5	107.3	107.4	106.8	106.4	106.2	105.5	105.2	105.0	104.8	104.3	104.0
吉　林	109.8	109.1	109.0	108.7	108.4	108.3	108.5	108.4	108.1	108.0	107.8	107.4
牡丹江	109.8	109.6	109.4	109.2	109.1	109.2	109.0	108.5	108.5	108.2	108.2	107.9
无　锡	102.1	101.8	101.6	101.5	101.6	101.6	101.4	101.4	101.5	101.4	101.6	101.3
扬　州	105.3	104.9	104.8	104.7	104.5	104.4	104.3	104.4	104.4	104.6	104.5	104.9
徐　州	108.2	107.8	107.9	108.1	108.0	107.8	107.8	108.0	108.3	108.3	108.3	108.2
温　州	77.0	76.6	76.5	76.9	77.1	77.4	77.6	77.7	78.0	78.1	78.4	78.8
金　华	98.5	97.9	97.7	98.1	98.4	98.5	98.6	99.0	99.2	99.7	99.9	100.3
蚌　埠	101.8	101.0	100.2	99.9	99.7	99.4	98.9	98.6	98.2	98.5	98.3	98.0
安　庆	103.0	102.6	102.6	102.5	102.5	102.4	102.9	102.6	102.5	102.4	102.3	102.2
泉　州	100.3	99.7	99.6	99.5	99.4	99.2	99.1	99.1	99.1	99.4	99.4	99.5
九　江	104.0	103.5	103.4	103.1	103.4	103.2	103.2	103.1	102.6	102.3	102.1	102.4
赣　州	108.2	108.3	108.0	107.9	107.5	107.3	107.6	108.3	107.5	107.1	106.9	107.3
烟　台	105.9	105.4	105.2	105.0	104.8	104.6	104.5	104.2	104.3	104.1	104.4	104.6
济　宁	109.5	109.1	108.7	108.3	107.9	107.8	107.2	106.7	106.8	106.5	106.2	106.0
洛　阳	110.6	109.9	109.7	109.2	109.1	109.1	109.0	109.0	108.9	108.8	108.6	108.4
平顶山	109.4	109.1	108.8	108.6	108.3	108.2	108.2	108.3	108.8	108.8	108.7	108.9
宜　昌	109.2	109.1	108.7	108.2	108.0	107.6	107.3	107.4	107.8	107.7	108.1	107.7
襄　阳	109.1	108.2	108.0	107.4	107.3	106.9	106.6	106.1	105.9	105.2	105.0	105.1
岳　阳	111.3	110.9	110.9	110.7	110.5	110.2	110.0	109.8	109.6	108.9	109.0	108.9
常　德	107.8	107.0	107.0	106.4	106.1	105.8	105.6	105.4	105.6	105.5	105.7	105.1
惠　州	107.8	106.9	106.0	105.2	104.8	104.4	104.3	104.6	105.3	105.5	105.7	105.6
湛　江	111.2	109.7	109.0	108.5	108.0	107.7	107.0	106.5	106.6	106.3	106.3	106.0
韶　关	104.6	104.0	103.6	103.1	102.7	102.6	102.2	101.9	101.5	101.4	102.0	102.1
桂　林	109.6	108.7	108.3	108.1	107.9	107.9	107.8	107.8	107.4	107.4	107.3	107.0
北　海	106.3	106.0	105.7	105.3	105.1	104.9	104.9	105.4	105.9	105.4	105.3	105.5
三　亚	101.5	101.3	101.2	100.9	100.7	100.7	100.8	101.1	101.1	101.1	100.8	101.2
泸　州	105.0	105.0	104.8	104.2	103.8	103.5	103.4	103.2	104.1	104.3	104.0	104.1
南　充	105.9	105.6	105.0	104.7	104.2	103.9	103.5	103.3	102.9	102.8	102.7	102.5
遵　义	108.9	108.4	108.0	107.6	107.5	107.2	107.1	107.3	107.1	107.0	106.8	106.7
大　理	103.3	102.8	102.6	102.1	101.9	101.9	101.8	101.5	101.6	101.3	101.3	101.2

数据来源：国家统计局。
注：定基指数以2010年为100。

表 2－73　　2015 年 70 个大中城市新建商品住宅价格定基指数

城　市	1 月	2 月	3 月	4 月	5 月	6 月	7 月	8 月	9 月	10 月	11 月	12 月
北　京	122.6	122.3	122.7	123.7	125.4	127.4	129.2	130.9	132.4	133.4	134.8	135.5
天　津	109.3	109.3	109.4	109.6	109.8	110.3	110.5	110.8	111.4	111.8	112.3	113.3
石家庄	116.1	115.7	116.1	116.5	116.6	116.7	117.2	117.8	118.1	117.9	118.2	118.3
太　原	110.6	110.3	110.5	110.7	110.9	111.0	111.3	111.4	111.8	112.1	112.4	112.5
呼和浩特	108.8	107.8	107.7	107.1	106.8	106.9	106.8	106.8	106.8	106.1	106.2	106.3
沈　阳	110.6	110.1	109.9	109.9	109.7	110.3	110.5	110.8	110.6	110.1	110.1	110.0
大　连	109.5	109.1	108.8	108.8	108.9	109.4	109.6	109.5	109.2	108.5	108.3	108.2
长　春	109.0	108.7	108.5	108.0	107.6	107.5	107.6	107.9	107.8	107.6	107.4	107.3
哈尔滨	109.6	109.0	108.7	108.8	108.8	109.0	109.3	109.0	109.2	109.6	109.5	109.7
上　海	118.8	118.6	118.6	119.5	122.5	125.4	127.8	129.8	132.3	135.0	137.6	140.5
南　京	113.8	113.5	113.7	114.0	114.4	115.0	116.1	117.5	118.3	119.8	121.4	122.8
杭　州	91.7	91.4	90.9	91.3	91.8	93.0	93.8	94.4	95.0	95.5	96.1	97.3
宁　波	94.1	93.8	93.7	93.8	94.4	95.0	95.6	96.2	96.6	96.9	97.4	97.7
合　肥	111.5	111.1	110.9	110.9	111.0	111.2	111.6	111.6	111.6	112.0	112.7	113.3
福　州	112.4	111.6	111.6	111.4	111.4	111.8	112.1	112.2	112.5	112.9	113.9	115.0
厦　门	126.9	126.8	127.1	127.4	127.5	127.9	128.4	129.1	130.3	132.0	133.6	135.4
南　昌	112.3	111.6	111.4	111.3	111.5	111.8	111.8	112.0	112.5	113.0	113.5	114.2
济　南	108.2	108.0	107.8	107.8	108.1	108.2	108.0	108.3	108.5	108.9	109.1	109.4
青　岛	102.4	101.6	101.0	100.7	100.5	100.6	100.8	100.8	100.7	100.6	100.4	100.7
郑　州	120.4	120.1	120.3	120.1	120.2	120.8	121.3	122.0	122.5	123.3	123.5	124.0
武　汉	111.6	111.7	111.9	112.2	112.3	112.7	113.1	114.0	114.7	115.1	115.9	116.8
长　沙	113.5	113.0	112.9	112.9	112.7	112.7	112.8	112.6	112.8	112.8	112.8	113.3
广　州	122.2	122.0	121.9	122.4	124.2	126.1	127.7	128.9	130.7	131.8	132.5	133.4
深　圳	124.4	124.7	125.5	127.8	136.3	146.2	155.5	163.5	170.1	172.1	177.2	182.9
南　宁	107.0	106.5	106.8	107.1	107.1	107.5	107.5	107.9	107.9	108.5	108.9	109.2
海　口	98.2	97.6	97.7	97.2	97.0	96.9	97.0	97.4	97.6	97.6	97.4	97.6
重　庆	107.7	107.0	106.6	106.4	106.3	106.4	106.7	106.7	106.8	106.7	106.6	107.1
成　都	107.7	107.3	106.7	106.6	106.8	107.0	107.5	107.8	107.9	108.0	108.5	108.7
贵　阳	110.8	110.3	110.5	110.3	110.0	110.2	110.4	110.8	110.9	110.6	110.4	110.1
昆　明	110.1	109.7	109.5	109.1	108.8	108.8	108.4	107.9	107.6	107.6	107.4	107.5
西　安	112.1	111.6	111.4	111.1	111.0	111.0	111.2	111.5	111.8	112.3	112.5	112.7
兰　州	112.2	111.8	111.6	111.0	110.7	110.2	110.0	110.1	110.6	110.6	110.7	110.9
西　宁	116.7	116.2	116.0	115.8	115.3	114.8	114.0	113.7	113.7	113.3	113.4	112.9
银　川	111.2	110.6	109.9	109.4	108.9	108.6	108.1	107.9	108.0	107.7	107.8	107.4
乌鲁木齐	118.8	118.4	118.0	117.6	117.4	117.3	117.3	117.0	116.9	116.7	117.0	116.8

备注：本表所列北京市“新建商品住宅价格指数”与北京市有关部门发布的“新建普通住房价格”在统计口径、统计标准等方面均有不同。

续表

城 市	1月	2月	3月	4月	5月	6月	7月	8月	9月	10月	11月	12月
唐 山	99.3	99.0	98.6	98.4	97.8	97.9	97.9	97.7	97.6	97.6	97.5	97.2
秦皇岛	109.9	109.3	108.9	108.1	107.8	107.6	107.4	107.3	107.0	107.0	107.2	107.2
包 头	106.0	104.9	105.0	104.7	104.4	104.2	103.8	103.9	103.7	103.5	103.4	103.4
丹 东	108.7	107.9	107.6	107.2	107.0	106.6	106.6	106.0	106.0	105.6	105.6	104.7
锦 州	108.5	107.3	107.4	106.8	106.4	106.2	105.5	105.2	105.0	104.8	104.3	104.0
吉 林	110.2	109.5	109.3	109.1	108.8	108.7	108.8	108.7	108.4	108.3	108.1	107.6
牡丹江	109.9	109.6	109.5	109.3	109.2	109.2	109.0	108.5	108.5	108.3	108.2	108.0
无 锡	102.1	101.8	101.6	101.5	101.6	101.6	101.4	101.4	101.5	101.4	101.6	101.3
扬 州	105.5	105.0	104.9	104.9	104.5	104.4	104.4	104.5	104.5	104.7	104.6	105.0
徐 州	108.7	108.2	108.3	108.5	108.4	108.2	108.2	108.4	108.7	108.7	108.7	108.6
温 州	75.6	75.2	75.1	75.6	75.7	76.0	76.2	76.4	76.7	76.8	77.1	77.6
金 华	98.5	97.9	97.7	98.1	98.4	98.5	98.6	99.0	99.2	99.7	99.9	100.3
蚌 埠	101.8	101.1	100.2	99.9	99.7	99.4	98.8	98.5	98.2	98.5	98.3	98.0
安 庆	103.0	102.6	102.6	102.5	102.5	102.4	102.9	102.6	102.5	102.4	102.3	102.2
泉 州	100.3	99.7	99.6	99.4	99.3	99.2	99.0	99.1	99.1	99.4	99.3	99.5
九 江	104.1	103.7	103.5	103.3	103.6	103.3	103.3	103.2	102.7	102.4	102.2	102.5
赣 州	108.2	108.4	108.0	108.0	107.6	107.4	107.6	108.4	107.6	107.2	107.0	107.4
烟 台	106.0	105.5	105.3	105.1	104.9	104.7	104.5	104.3	104.4	104.1	104.4	104.7
济 宁	109.8	109.4	108.9	108.6	108.1	108.0	107.4	106.9	107.0	106.7	106.4	106.2
洛 阳	110.8	110.1	109.9	109.4	109.2	109.2	109.1	109.1	109.0	108.9	108.7	108.5
平顶山	109.5	109.2	109.0	108.7	108.4	108.3	108.3	108.4	108.9	108.9	108.9	109.0
宜 昌	109.4	109.2	108.9	108.3	108.1	107.7	107.4	107.5	107.9	107.8	108.2	107.8
襄 阳	109.2	108.2	108.0	107.5	107.3	106.9	106.6	106.1	105.9	105.2	105.0	105.1
岳 阳	114.6	113.8	113.8	113.5	113.1	112.6	112.1	111.7	111.4	110.3	110.3	110.2
常 德	107.9	107.1	107.1	106.5	106.2	105.9	105.6	105.5	105.7	105.6	105.7	105.1
惠 州	107.8	106.9	106.0	105.2	104.8	104.4	104.3	104.6	105.3	105.5	105.7	105.6
湛 江	111.2	109.7	109.0	108.5	108.0	107.7	107.0	106.5	106.6	106.3	106.3	106.0
韶 关	104.7	104.1	103.7	103.1	102.8	102.6	102.2	101.9	101.5	101.5	102.0	102.2
桂 林	109.8	108.9	108.5	108.3	108.0	108.1	108.0	108.0	107.5	107.5	107.4	107.1
北 海	106.3	106.0	105.8	105.3	105.1	104.9	104.9	105.4	105.9	105.4	105.3	105.5
三 亚	101.5	101.3	101.2	100.9	100.7	100.7	100.8	101.1	101.1	101.1	100.8	101.2
泸 州	105.1	105.1	104.9	104.3	103.9	103.5	103.4	103.2	104.2	104.3	104.1	104.1
南 充	106.0	105.7	105.1	104.8	104.3	103.9	103.5	103.3	103.0	102.9	102.8	102.5
遵 义	109.9	109.4	109.0	108.4	108.4	108.0	107.9	108.1	107.9	107.8	107.5	107.4
大 理	103.4	102.9	102.7	102.1	101.9	101.9	101.8	101.5	101.6	101.3	101.3	101.2

数据来源：国家统计局。
注：定基指数以 2010 年为 100。

表 2－74　　2015 年 70 个大中城市二手住宅价格定基指数

城　市	1 月	2 月	3 月	4 月	5 月	6 月	7 月	8 月	9 月	10 月	11 月	12 月
北　京	115.3	115.2	115.8	118.2	123.3	126.1	129.4	131.9	133.7	135.2	137.1	139.4
天　津	104.2	103.9	104.0	104.4	104.9	105.5	106.0	106.6	107.1	107.3	108.0	108.5
石家庄	99.1	99.1	99.2	99.3	99.5	99.7	100.0	100.0	99.8	99.9	100.2	100.3
太　原	111.3	110.8	110.8	110.8	111.0	111.5	111.8	112.1	112.2	112.3	112.6	112.9
呼和浩特	102.8	102.6	102.6	102.5	102.5	102.6	102.6	102.8	102.7	102.7	102.8	102.8
沈　阳	106.8	106.5	106.4	106.6	107.0	107.4	107.6	107.6	107.6	107.5	107.7	108.1
大　连	102.6	102.4	102.4	102.7	102.9	103.5	103.4	103.3	103.1	103.0	102.8	102.4
长　春	100.8	100.4	100.1	99.8	100.1	100.7	101.3	101.5	101.6	101.6	101.5	101.4
哈尔滨	99.4	98.9	98.3	98.0	98.2	99.0	100.0	100.3	100.1	100.3	100.5	100.6
上　海	114.9	115.0	115.0	115.7	118.2	119.6	121.5	122.8	124.1	125.1	126.3	127.9
南　京	103.5	103.6	104.0	104.6	104.8	105.5	106.2	106.7	107.8	108.1	109.0	110.0
杭　州	92.5	92.3	92.2	92.4	92.6	93.2	93.7	94.2	94.5	94.7	95.3	96.2
宁　波	90.1	89.8	89.7	89.7	89.9	90.2	90.8	91.2	91.5	91.8	92.4	93.0
合　肥	103.9	103.5	103.6	104.9	105.0	105.7	105.8	106.1	106.9	107.3	107.7	108.4
福　州	99.4	98.8	98.8	99.1	99.6	100.0	100.4	100.4	100.6	100.9	101.5	102.0
厦　门	111.2	110.4	110.0	110.2	110.5	110.7	111.2	112.0	112.9	113.7	114.8	116.1
南　昌	102.5	101.6	102.0	102.5	103.0	103.4	104.0	104.4	104.7	104.6	105.1	105.4
济　南	100.9	100.5	100.3	100.3	100.4	100.6	101.1	101.4	101.5	101.7	102.0	102.4
青　岛	97.7	97.2	96.9	96.9	97.0	97.2	97.6	97.7	97.8	97.9	97.9	97.9
郑　州	111.8	111.8	111.9	112.1	112.2	112.4	112.8	112.7	112.9	113.5	114.1	114.9
武　汉	106.5	106.5	106.3	106.4	106.6	107.2	107.8	108.4	108.8	109.2	109.7	110.5
长　沙	104.8	104.5	104.3	104.2	104.5	104.5	104.8	105.0	105.0	105.1	105.4	105.6
广　州	116.8	116.5	116.5	117.8	120.5	122.7	124.3	125.6	127.0	128.4	129.3	130.7
深　圳	123.2	123.6	124.2	127.2	135.3	144.6	152.3	158.9	164.1	165.7	168.9	174.5
南　宁	101.7	101.4	102.3	102.5	103.7	104.4	105.0	105.2	105.2	105.6	106.1	106.2
海　口	89.9	89.1	88.9	88.4	87.8	87.6	87.3	87.1	87.0	86.9	87.1	87.1
重　庆	100.2	99.9	99.9	100.0	100.3	100.6	101.0	101.2	101.4	101.1	101.2	101.2
成　都	99.5	99.1	99.0	98.8	98.3	98.7	99.0	99.1	99.3	99.3	99.5	99.3
贵　阳	116.1	115.9	116.0	116.0	116.0	116.1	116.2	116.4	116.4	116.5	116.7	116.8
昆　明	108.5	107.5	107.4	106.9	107.2	108.3	107.7	107.4	107.5	107.5	108.0	108.2
西　安	99.4	98.6	98.0	97.5	97.3	97.0	96.7	96.6	96.3	96.1	95.7	95.2
兰　州	97.4	97.3	97.2	97.0	97.0	96.8	96.8	96.7	96.8	96.8	97.0	96.8
西　宁	109.7	109.6	109.8	109.7	109.6	109.8	110.0	110.2	110.3	110.4	110.4	110.3
银　川	107.1	106.8	106.4	106.2	106.1	106.0	105.8	105.8	105.7	105.7	105.4	105.3
乌鲁木齐	110.9	110.5	110.4	110.7	111.6	112.5	113.2	113.3	113.5	113.9	114.2	114.3

续表

城　市	1月	2月	3月	4月	5月	6月	7月	8月	9月	10月	11月	12月
唐　山	101.3	100.9	100.4	100.2	100.1	100.1	100.1	100.2	100.2	100.2	100.2	100.1
秦皇岛	97.0	96.7	96.4	96.3	96.0	95.6	95.5	95.4	95.3	95.1	95.0	94.7
包　头	97.5	96.7	96.2	96.2	96.4	96.6	96.5	96.5	96.4	96.3	95.7	95.5
丹　东	99.0	98.5	98.3	98.1	98.0	97.8	97.8	97.7	97.5	97.4	97.3	97.3
锦　州	95.3	94.2	93.6	93.3	92.5	91.8	90.8	89.8	89.2	88.8	88.3	87.9
吉　林	99.5	99.0	98.9	98.8	98.9	99.0	99.0	99.2	99.3	99.5	99.4	99.2
牡丹江	88.4	87.9	87.7	88.9	88.1	88.1	87.7	88.0	88.4	88.5	88.7	88.7
无　锡	103.1	103.1	102.4	102.3	102.6	102.5	102.6	102.6	102.7	102.8	102.8	102.7
扬　州	99.5	99.1	99.0	99.1	99.0	99.2	99.2	99.5	99.5	99.7	99.7	99.7
徐　州	95.9	95.4	95.3	95.2	95.0	95.0	95.0	94.8	94.9	94.9	95.1	95.1
温　州	74.5	73.9	73.5	73.8	74.2	74.6	74.9	75.3	75.6	75.8	76.0	76.2
金　华	92.0	91.6	91.6	91.5	91.6	91.8	92.1	92.2	92.4	92.5	92.7	92.6
蚌　埠	102.4	101.8	101.3	100.9	100.7	100.5	100.4	100.3	100.1	99.9	99.8	99.2
安　庆	96.4	96.4	96.1	95.9	95.1	94.8	94.9	94.9	94.9	94.9	95.1	94.9
泉　州	94.6	94.5	94.3	94.3	94.1	94.1	94.1	94.1	94.2	94.3	94.3	94.2
九　江	100.1	100.1	100.1	100.4	100.8	101.1	101.1	101.4	101.7	101.8	102.0	102.2
赣　州	94.9	95.1	94.9	94.8	94.7	94.7	94.9	95.4	95.4	95.3	95.1	95.5
烟　台	98.1	97.7	97.3	97.0	97.0	96.9	96.9	96.8	96.9	96.9	96.8	96.7
济　宁	103.5	102.8	102.4	102.3	102.1	101.9	101.8	102.1	102.1	101.9	101.9	102.0
洛　阳	108.3	108.0	107.6	107.3	107.1	106.9	107.0	107.0	107.1	107.1	107.0	106.8
平顶山	106.8	106.3	106.1	105.9	105.8	105.6	105.6	105.7	105.5	105.5	105.3	105.2
宜　昌	103.6	103.3	103.1	103.1	103.2	103.3	103.5	103.7	104.0	104.1	104.2	104.4
襄　阳	109.7	108.9	109.2	109.1	109.6	109.8	109.5	109.3	109.5	109.3	109.1	109.2
岳　阳	110.4	109.9	109.7	109.7	109.6	109.6	109.5	109.5	109.4	109.3	109.4	109.3
常　德	110.6	110.2	110.1	110.0	110.1	110.1	110.0	110.1	110.1	110.2	110.2	110.5
惠　州	106.1	105.4	105.0	104.6	104.3	104.2	104.4	104.4	104.7	104.9	105.2	105.7
湛　江	106.4	105.6	104.9	104.4	104.1	103.6	103.1	102.7	102.5	102.4	102.4	102.3
韶　关	102.2	101.9	101.7	102.6	102.4	102.9	103.2	103.6	103.5	103.3	103.3	102.9
桂　林	100.2	99.4	98.7	98.3	98.0	98.0	98.0	97.8	97.7	97.5	97.5	97.4
北　海	101.0	100.6	100.6	101.0	101.4	101.7	102.1	102.4	103.0	103.4	103.7	103.9
三　亚	93.7	93.6	93.4	93.3	93.1	93.0	93.1	93.6	93.8	94.4	94.5	94.5
泸　州	101.5	101.6	101.8	102.1	102.4	102.6	103.1	103.4	103.6	103.9	104.2	104.3
南　充	101.3	101.3	101.2	101.3	101.4	101.3	101.2	101.2	101.2	101.5	101.5	101.6
遵　义	109.8	109.4	109.1	109.2	109.1	109.2	109.6	109.3	108.6	107.6	107.2	107.0
大　理	99.2	98.7	98.1	97.2	96.9	96.7	96.5	96.4	95.9	95.9	95.7	95.7

数据来源：国家统计局。
注：定基指数以2010 年为100。

表 2 –75　　2015 年 70 个大中城市新建住宅价格环比指数

城　市	1月	2月	3月	4月	5月	6月	7月	8月	9月	10月	11月	12月
北　京	99.9	99.8	100.3	100.7	101.1	101.3	101.1	101.1	100.9	100.6	100.8	100.4
天　津	99.8	99.9	100.1	100.1	100.2	100.4	100.2	100.2	100.5	100.3	100.4	100.8
石家庄	99.9	99.6	100.3	100.3	100.1	100.1	100.4	100.5	100.3	99.8	100.2	100.1
太　原	99.7	99.7	100.2	100.1	100.2	100.1	100.3	100.1	100.4	100.2	100.3	100.1
呼和浩特	99.6	99.2	99.8	99.5	99.7	100.0	99.9	100.0	100.0	99.3	100.1	100.1
沈　阳	99.6	99.6	99.8	100.0	99.8	100.5	100.2	100.3	99.8	99.6	100.0	99.9
大　连	99.4	99.6	99.7	100.1	100.0	100.4	100.2	100.0	99.7	99.3	99.9	99.9
长　春	99.8	99.7	99.9	99.5	99.7	99.9	100.1	100.2	99.9	99.8	99.8	99.9
哈尔滨	99.4	99.6	99.7	100.1	100.0	100.1	100.3	99.7	100.2	100.3	99.9	100.2
上　海	100.0	99.9	100.0	100.6	102.2	102.0	101.6	101.3	101.6	101.8	101.6	101.9
南　京	100.0	99.8	100.2	100.2	100.3	100.4	100.8	100.9	100.5	101.0	101.1	100.9
杭　州	99.7	99.7	99.6	100.4	100.5	101.3	100.8	100.6	100.6	100.6	100.6	101.1
宁　波	99.8	99.7	99.9	100.2	100.6	100.5	100.7	100.5	100.4	100.3	100.5	100.3
合　肥	99.8	99.7	99.8	100.0	100.1	100.1	100.4	100.0	100.0	100.4	100.5	100.5
福　州	99.5	99.3	100.0	99.9	100.0	100.4	100.2	100.1	100.3	100.3	100.9	101.0
厦　门	99.9	99.9	100.2	100.2	100.1	100.3	100.4	100.6	100.9	101.3	101.2	101.3
南　昌	100.0	99.4	99.8	100.0	100.2	100.2	100.0	100.2	100.4	100.4	100.4	100.6
济　南	99.7	99.8	99.8	100.0	100.3	100.1	99.8	100.2	100.2	100.4	100.2	100.3
青　岛	99.4	99.3	99.4	99.7	99.9	100.1	100.2	100.0	99.9	99.9	99.8	100.3
郑　州	99.7	99.8	100.2	99.8	100.0	100.5	100.4	100.6	100.4	100.6	100.2	100.4
武　汉	99.9	100.0	100.2	100.3	100.1	100.3	100.4	100.7	100.6	100.3	100.6	100.7
长　沙	99.7	99.6	100.0	100.0	99.8	100.0	100.1	99.9	100.2	100.0	100.0	100.5
广　州	100.0	99.8	99.9	100.4	101.4	101.5	101.2	100.9	101.4	100.8	100.6	100.7
深　圳	100.3	100.2	100.7	101.8	106.6	107.1	106.2	105.1	104.0	101.2	102.9	103.2
南　宁	99.7	99.5	100.2	100.3	100.0	100.4	100.0	100.4	100.1	100.5	100.4	100.3
海　口	99.5	99.4	100.0	99.6	99.8	99.9	100.0	100.4	100.2	100.0	99.8	100.2
重　庆	99.6	99.4	99.7	99.8	99.9	100.1	100.3	100.1	100.1	100.0	99.9	100.4
成　都	99.7	99.6	99.4	99.9	100.1	100.2	100.5	100.3	100.1	100.1	100.5	100.2
贵　阳	99.7	99.6	100.2	99.8	99.8	100.1	100.2	100.3	100.1	99.7	99.9	99.8
昆　明	99.8	99.7	99.9	99.7	99.8	100.0	99.7	99.6	99.8	100.0	99.9	100.1
西　安	99.5	99.6	99.9	99.7	100.0	100.0	100.2	100.2	100.2	100.4	100.2	100.2
兰　州	99.6	99.6	99.9	99.4	99.8	99.6	99.8	100.0	100.5	100.0	100.0	100.2
西　宁	99.2	99.5	99.9	99.8	99.6	99.5	99.3	99.8	100.0	99.7	100.1	99.6
银　川	99.7	99.5	99.5	99.5	99.6	99.8	99.5	99.8	100.1	99.7	100.1	99.7
乌鲁木齐	99.6	99.7	99.6	99.7	99.8	99.9	100.0	99.7	100.0	99.8	100.2	99.8

续表

城　市	1月	2月	3月	4月	5月	6月	7月	8月	9月	10月	11月	12月
唐　山	99.3	99.7	99.6	99.8	99.4	100.0	100.0	99.8	100.0	99.9	99.9	99.8
秦皇岛	99.3	99.5	99.6	99.3	99.8	99.8	99.8	99.9	99.8	99.9	100.2	100.0
包　头	98.9	99.1	100.0	99.8	99.8	99.8	99.7	100.0	99.8	99.8	99.9	100.0
丹　东	98.4	99.3	99.7	99.6	99.8	99.7	99.9	99.5	99.9	99.7	100.0	99.1
锦　州	99.1	98.9	100.0	99.5	99.6	99.8	99.4	99.7	99.8	99.8	99.6	99.7
吉　林	99.6	99.4	99.9	99.8	99.7	99.9	100.1	99.9	99.7	99.9	99.8	99.6
牡丹江	99.6	99.8	99.8	99.8	100.0	100.0	99.8	99.5	100.0	99.8	99.9	99.8
无　锡	99.4	99.7	99.8	99.9	100.1	100.0	99.8	100.0	100.1	99.9	100.2	99.7
扬　州	99.4	99.6	99.9	99.9	99.7	99.9	100.0	100.1	100.0	100.2	100.0	100.4
徐　州	99.6	99.6	100.1	100.2	100.0	99.8	100.0	100.1	100.2	100.0	100.0	99.9
温　州	99.4	99.4	99.8	100.6	100.2	100.4	100.2	100.2	100.3	100.2	100.4	100.5
金　华	99.6	99.4	99.7	100.4	100.3	100.2	100.1	100.4	100.3	100.4	100.3	100.4
蚌　埠	99.5	99.3	99.2	99.7	99.8	99.7	99.4	99.7	99.6	100.3	99.8	99.7
安　庆	99.8	99.6	100.0	99.9	100.0	99.9	100.5	99.7	99.9	99.9	99.9	99.9
泉　州	98.4	99.4	99.9	99.8	99.9	99.8	99.9	100.0	100.0	100.3	100.0	100.2
九　江	99.0	99.6	99.8	99.8	100.3	99.7	100.0	99.9	99.6	99.7	99.9	100.3
赣　州	100.2	100.1	99.7	99.9	99.6	99.8	100.2	100.7	99.3	99.6	99.8	100.4
烟　台	99.4	99.5	99.8	99.9	99.8	99.8	99.9	99.8	100.1	99.7	100.3	100.2
济　宁	99.8	99.7	99.6	99.7	99.6	99.9	99.4	99.5	100.1	99.7	99.8	99.8
洛　阳	99.4	99.4	99.8	99.6	99.9	100.0	99.9	100.0	99.9	99.9	99.8	99.8
平顶山	99.4	99.7	99.8	99.8	99.7	99.9	100.0	100.1	100.4	100.0	99.9	100.2
宜　昌	99.8	99.9	99.7	99.5	99.8	99.6	99.7	100.1	100.3	99.9	100.4	99.6
襄　阳	99.7	99.1	99.8	99.5	99.9	99.6	99.7	99.5	99.8	99.4	99.8	100.0
岳　阳	99.8	99.6	100.0	99.8	99.8	99.7	99.8	99.8	99.8	99.4	100.0	100.0
常　德	99.2	99.3	100.0	99.4	99.7	99.7	99.8	99.9	100.1	99.9	100.2	99.4
惠　州	99.7	99.2	99.1	99.3	99.6	99.6	99.8	100.4	100.6	100.2	100.2	99.9
湛　江	99.6	98.7	99.4	99.5	99.6	99.7	99.4	99.6	100.0	99.8	100.0	99.7
韶　关	99.3	99.4	99.6	99.5	99.7	99.8	99.6	99.7	99.6	100.0	100.5	100.2
桂　林	99.6	99.2	99.6	99.8	99.8	100.0	99.9	100.0	99.6	100.0	99.9	99.7
北　海	99.2	99.7	99.8	99.6	99.8	99.9	100.0	100.5	100.4	99.5	99.9	100.3
三　亚	99.5	99.8	99.9	99.8	99.8	99.9	100.2	100.3	100.0	100.0	99.7	100.5
泸　州	99.4	100.0	99.8	99.4	99.7	99.7	99.9	99.8	100.9	100.2	99.8	100.0
南　充	99.6	99.7	99.4	99.7	99.5	99.7	99.6	99.8	99.7	99.9	99.9	99.7
遵　义	99.2	99.6	99.6	99.6	99.9	99.7	99.9	100.2	99.8	99.9	99.8	99.9
大　理	99.6	99.5	99.8	99.5	99.8	100.0	99.9	99.7	100.1	99.7	100.0	99.9

数据来源：国家统计局。

注：环比以上月价格为100。

表 2 –76　　2015 年 70 个大中城市新建商品住宅价格环比指数

城　市	1 月	2 月	3 月	4 月	5 月	6 月	7 月	8 月	9 月	10 月	11 月	12 月
北　京	99.9	99.7	100.3	100.8	101.4	101.6	101.4	101.3	101.1	100.8	101.0	100.5
天　津	99.7	99.9	100.2	100.1	100.2	100.4	100.2	100.3	100.5	100.3	100.5	100.9
石家庄	99.9	99.6	100.4	100.3	100.1	100.2	100.4	100.5	100.3	99.8	100.2	100.1
太　原	99.7	99.7	100.2	100.1	100.2	100.1	100.3	100.1	100.4	100.2	100.3	100.1
呼和浩特	99.6	99.1	99.8	99.5	99.7	100.0	99.9	100.0	100.0	99.3	100.1	100.1
沈　阳	99.6	99.5	99.8	100.0	99.8	100.5	100.2	100.3	99.8	99.6	100.0	99.9
大　连	99.4	99.6	99.7	100.1	100.0	100.4	100.2	100.0	99.7	99.3	99.9	99.9
长　春	99.8	99.7	99.8	99.5	99.6	99.9	100.2	100.3	99.9	99.8	99.8	99.9
哈尔滨	99.3	99.5	99.7	100.2	100.0	100.1	100.3	99.7	100.2	100.3	99.9	100.2
上　海	100.0	99.9	100.0	100.7	102.6	102.4	101.9	101.6	101.9	102.1	101.9	102.1
南　京	100.0	99.7	100.2	100.3	100.4	100.5	101.0	101.2	100.7	101.3	101.4	101.2
杭　州	99.7	99.6	99.5	100.4	100.6	101.3	100.9	100.7	100.6	100.6	100.7	101.2
宁　波	99.8	99.7	99.9	100.2	100.7	100.6	100.7	100.6	100.4	100.3	100.6	100.3
合　肥	99.8	99.7	99.7	100.0	100.1	100.1	100.4	99.9	100.0	100.4	100.6	100.5
福　州	99.5	99.3	100.0	99.9	100.0	100.4	100.2	100.1	100.3	100.3	100.9	101.0
厦　门	99.9	99.9	100.3	100.2	100.1	100.3	100.4	100.6	101.0	101.3	101.2	101.3
南　昌	100.0	99.3	99.8	99.9	100.2	100.2	100.0	100.2	100.4	100.4	100.4	100.7
济　南	99.7	99.8	99.8	100.0	100.3	100.1	99.8	100.2	100.2	100.4	100.2	100.3
青　岛	99.3	99.2	99.4	99.7	99.8	100.1	100.2	100.0	99.9	99.9	99.8	100.3
郑　州	99.7	99.8	100.2	99.8	100.0	100.5	100.4	100.6	100.4	100.6	100.2	100.4
武　汉	99.9	100.0	100.2	100.3	100.1	100.3	100.4	100.8	100.7	100.3	100.7	100.8
长　沙	99.7	99.6	99.9	100.0	99.8	100.0	100.1	99.9	100.2	100.0	100.0	100.5
广　州	100.0	99.8	99.9	100.4	101.4	101.6	101.2	100.9	101.4	100.8	100.6	100.7
深　圳	100.3	100.2	100.7	101.8	106.7	107.2	106.3	105.2	104.0	101.2	102.9	103.2
南　宁	99.6	99.5	100.2	100.3	100.0	100.4	100.0	100.4	100.1	100.5	100.4	100.3
海　口	99.5	99.4	100.0	99.5	99.8	99.9	100.0	100.4	100.2	100.0	99.8	100.2
重　庆	99.6	99.4	99.7	99.8	99.9	100.1	100.3	100.1	100.1	100.0	99.9	100.4
成　都	99.7	99.6	99.4	99.9	100.1	100.2	100.5	100.3	100.1	100.1	100.5	100.2
贵　阳	99.7	99.6	100.2	99.8	99.8	100.1	100.2	100.4	100.1	99.7	99.8	99.8
昆　明	99.7	99.6	99.8	99.7	99.8	99.9	99.7	99.5	99.7	100.0	99.8	100.1
西　安	99.4	99.5	99.9	99.7	99.9	100.0	100.2	100.3	100.2	100.4	100.2	100.2
兰　州	99.5	99.6	99.9	99.4	99.8	99.5	99.8	100.0	100.5	100.0	100.0	100.2
西　宁	99.2	99.5	99.9	99.8	99.6	99.5	99.3	99.8	100.0	99.7	100.1	99.6
银　川	99.7	99.4	99.4	99.5	99.6	99.7	99.5	99.8	100.1	99.7	100.2	99.6
乌鲁木齐	99.6	99.7	99.6	99.7	99.8	99.9	100.0	99.7	100.0	99.8	100.2	99.8

备注：本表所列北京市“新建商品住宅价格指数”与北京市有关部门发布的“新建普通住房价格”在统计口径、统计标准等方面均有不同。

续表

城 市	1月	2月	3月	4月	5月	6月	7月	8月	9月	10月	11月	12月
唐 山	99.3	99.7	99.6	99.8	99.4	100.0	100.0	99.8	100.0	99.9	99.9	99.7
秦皇岛	99.2	99.5	99.6	99.3	99.7	99.8	99.7	99.9	99.8	99.9	100.2	100.0
包 头	98.7	99.0	100.0	99.7	99.8	99.7	99.6	100.0	99.8	99.8	99.9	100.0
丹 东	98.4	99.3	99.7	99.6	99.8	99.7	99.9	99.5	99.9	99.7	100.0	99.1
锦 州	99.1	98.9	100.0	99.5	99.6	99.8	99.4	99.7	99.8	99.8	99.6	99.7
吉 林	99.6	99.3	99.9	99.8	99.7	99.9	100.1	99.9	99.7	99.9	99.8	99.6
牡丹江	99.6	99.7	99.8	99.8	100.0	100.0	99.8	99.5	100.0	99.8	99.9	99.8
无 锡	99.3	99.7	99.8	99.9	100.1	100.0	99.8	100.0	100.1	99.9	100.2	99.7
扬 州	99.4	99.6	99.9	99.9	99.7	99.9	100.0	100.1	100.0	100.2	100.0	100.4
徐 州	99.6	99.5	100.1	100.2	99.9	99.8	100.0	100.2	100.3	100.0	100.0	99.9
温 州	99.3	99.4	99.8	100.7	100.2	100.4	100.3	100.2	100.4	100.2	100.4	100.5
金 华	99.6	99.4	99.7	100.4	100.3	100.2	100.1	100.4	100.3	100.4	100.3	100.4
蚌 埠	99.5	99.2	99.2	99.7	99.8	99.7	99.4	99.7	99.6	100.3	99.8	99.7
安 庆	99.8	99.6	100.0	99.9	100.0	99.9	100.5	99.7	99.9	99.9	99.9	99.9
泉 州	98.3	99.4	99.9	99.8	99.9	99.8	99.9	100.0	100.0	100.3	100.0	100.2
九 江	98.9	99.6	99.8	99.7	100.3	99.7	100.0	99.9	99.5	99.7	99.9	100.3
赣 州	100.2	100.1	99.7	99.9	99.6	99.8	100.2	100.7	99.3	99.6	99.8	100.4
烟 台	99.4	99.5	99.8	99.9	99.8	99.8	99.9	99.8	100.1	99.7	100.3	100.2
济 宁	99.8	99.6	99.6	99.7	99.6	99.9	99.4	99.5	100.1	99.7	99.8	99.8
洛 阳	99.4	99.4	99.8	99.6	99.9	100.0	99.9	100.0	99.9	99.9	99.8	99.8
平顶山	99.4	99.7	99.7	99.8	99.7	99.9	100.0	100.1	100.4	100.0	99.9	100.2
宜 昌	99.8	99.9	99.7	99.5	99.8	99.6	99.7	100.1	100.3	99.9	100.4	99.6
襄 阳	99.7	99.1	99.8	99.5	99.9	99.6	99.7	99.5	99.8	99.3	99.8	100.0
岳 阳	99.6	99.3	100.0	99.7	99.6	99.5	99.6	99.7	99.7	99.0	100.0	99.9
常 德	99.2	99.3	100.0	99.4	99.7	99.7	99.8	99.9	100.1	99.9	100.2	99.4
惠 州	99.7	99.2	99.1	99.3	99.6	99.6	99.8	100.4	100.6	100.2	100.2	99.9
湛 江	99.6	98.7	99.4	99.5	99.6	99.7	99.4	99.6	100.0	99.8	100.0	99.7
韶 关	99.3	99.4	99.6	99.5	99.7	99.8	99.6	99.7	99.6	100.0	100.5	100.2
桂 林	99.6	99.2	99.6	99.8	99.8	100.0	99.9	100.0	99.5	100.0	99.9	99.7
北 海	99.2	99.7	99.8	99.6	99.8	99.9	100.0	100.5	100.4	99.5	99.9	100.3
三 亚	99.5	99.8	99.9	99.8	99.8	99.9	100.2	100.3	100.0	100.0	99.7	100.5
泸 州	99.3	100.0	99.8	99.4	99.7	99.6	99.9	99.8	100.9	100.2	99.8	100.0
南 充	99.6	99.7	99.4	99.7	99.5	99.7	99.6	99.8	99.7	99.9	99.9	99.7
遵 义	99.1	99.5	99.6	99.5	99.9	99.7	99.8	100.2	99.8	99.9	99.8	99.9
大 理	99.5	99.5	99.8	99.5	99.8	100.0	99.9	99.6	100.2	99.7	100.0	99.9

数据来源：国家统计局。
注：环比以上月价格为100。

表 2－77　　2015 年 70 个大中城市二手住宅价格环比指数

城　市	1 月	2 月	3 月	4 月	5 月	6 月	7 月	8 月	9 月	10 月	11 月	12 月
北　京	100.0	99.9	100.5	102.1	104.3	102.3	102.6	102.0	101.4	101.1	101.4	101.7
天　津	99.7	99.7	100.1	100.3	100.6	100.6	100.5	100.6	100.5	100.2	100.6	100.4
石家庄	100.2	100.0	100.1	100.1	100.2	100.3	100.3	99.9	99.8	100.1	100.2	100.1
太　原	99.7	99.6	100.0	100.0	100.2	100.5	100.3	100.3	100.0	100.1	100.3	100.3
呼和浩特	99.8	99.8	100.0	99.8	100.0	100.1	100.0	100.2	99.9	100.0	100.1	100.0
沈　阳	99.8	99.7	99.9	100.1	100.4	100.4	100.2	100.0	100.0	99.9	100.2	100.4
大　连	99.8	99.7	100.0	100.3	100.3	100.6	99.9	99.9	99.8	99.9	99.8	99.5
长　春	99.7	99.6	99.7	99.8	100.2	100.7	100.6	100.2	100.1	100.0	99.9	99.9
哈尔滨	99.8	99.4	99.4	99.7	100.2	100.9	101.0	100.3	99.8	100.2	100.2	100.1
上　海	100.3	100.1	100.0	100.6	102.2	101.2	101.6	101.1	101.0	100.8	101.0	101.2
南　京	100.1	100.0	100.5	100.6	100.2	100.7	100.7	100.5	101.0	100.3	100.8	100.9
杭　州	99.7	99.8	99.9	100.2	100.3	100.7	100.6	100.5	100.4	100.2	100.7	101.0
宁　波	99.7	99.6	99.9	100.0	100.2	100.4	100.6	100.4	100.4	100.2	100.7	100.7
合　肥	99.3	99.5	100.1	101.3	100.1	100.6	100.1	100.4	100.7	100.4	100.4	100.6
福　州	99.6	99.4	99.9	100.3	100.5	100.4	100.4	100.1	100.2	100.3	100.6	100.5
厦　门	99.4	99.3	99.6	100.2	100.3	100.2	100.5	100.8	100.7	100.7	100.9	101.1
南　昌	99.7	99.1	100.3	100.6	100.4	100.5	100.5	100.4	100.3	99.9	100.5	100.3
济　南	99.8	99.6	99.8	100.0	100.0	100.3	100.5	100.3	100.0	100.2	100.4	100.3
青　岛	99.5	99.4	99.7	100.0	100.1	100.3	100.4	100.2	100.1	100.1	100.0	100.1
郑　州	100.0	100.0	100.0	100.2	100.1	100.2	100.3	100.0	100.2	100.5	100.5	100.7
武　汉	100.1	99.9	99.8	100.1	100.2	100.5	100.6	100.6	100.4	100.3	100.5	100.7
长　沙	99.9	99.7	99.8	99.9	100.2	100.0	100.3	100.2	100.0	100.1	100.3	100.2
广　州	99.8	99.7	100.0	101.1	102.3	101.8	101.3	101.0	101.2	101.1	100.7	101.0
深　圳	100.6	100.3	100.5	102.4	106.3	106.9	105.3	104.4	103.3	101.0	101.9	103.3
南　宁	99.8	99.6	100.9	100.2	101.1	100.7	100.5	100.2	100.1	100.4	100.5	100.1
海　口	99.2	99.1	99.8	99.4	99.4	99.7	99.6	99.8	99.9	99.9	100.2	100.0
重　庆	99.6	99.7	100.0	100.1	100.3	100.4	100.3	100.2	100.2	99.8	100.0	100.1
成　都	99.5	99.6	99.9	99.8	99.5	100.4	100.3	100.2	100.2	99.9	100.3	99.7
贵　阳	99.7	99.8	100.0	100.1	99.9	100.1	100.2	100.1	100.0	100.1	100.2	100.1
昆　明	99.2	99.0	99.9	99.5	100.3	101.0	99.5	99.7	100.1	100.0	100.5	100.2
西　安	99.0	99.2	99.4	99.5	99.8	99.8	99.7	99.9	99.6	99.8	99.6	99.5
兰　州	99.7	99.9	99.9	99.8	100.0	99.8	99.9	99.9	100.2	99.9	100.2	99.9
西　宁	100.0	99.9	100.1	99.9	99.9	100.2	100.2	100.2	100.1	100.1	100.0	99.9
银　川	99.6	99.7	99.7	99.8	99.9	99.9	99.8	99.9	100.0	99.9	99.7	99.9
乌鲁木齐	99.8	99.6	99.9	100.3	100.8	100.9	100.6	100.2	100.2	100.3	100.3	100.1

续表

城市	1月	2月	3月	4月	5月	6月	7月	8月	9月	10月	11月	12月
唐山	99.6	99.6	99.5	99.7	99.9	100.0	100.0	100.1	99.9	100.0	100.0	99.9
秦皇岛	99.6	99.7	99.7	99.8	99.7	99.6	99.9	100.0	99.9	99.8	99.8	99.7
包头	99.3	99.2	99.5	100.0	100.2	100.1	100.0	100.0	99.9	99.9	99.3	99.8
丹东	99.4	99.5	99.7	99.8	99.9	99.9	100.0	99.9	99.8	99.9	100.0	100.0
锦州	99.1	98.8	99.4	99.6	99.2	99.2	99.0	98.8	99.4	99.5	99.5	99.6
吉林	99.6	99.4	99.9	99.9	100.1	100.1	100.0	100.2	100.1	100.1	99.9	99.8
牡丹江	98.1	99.5	99.7	101.4	99.1	100.0	99.6	100.3	100.4	100.1	100.2	100.0
无锡	99.6	99.9	99.4	99.9	100.3	99.9	100.2	100.0	100.0	100.1	100.0	99.8
扬州	99.7	99.6	99.9	100.0	99.9	100.2	100.0	100.3	100.0	100.2	100.1	100.0
徐州	99.5	99.4	99.9	99.9	99.8	100.0	100.0	99.7	100.1	100.0	100.2	100.1
温州	99.3	99.2	99.5	100.4	100.4	100.6	100.4	100.6	100.4	100.2	100.4	100.2
金华	99.9	99.6	99.9	99.9	100.1	100.2	100.3	100.1	100.2	100.2	100.2	99.9
蚌埠	99.6	99.4	99.5	99.6	99.8	99.8	99.9	99.9	99.8	99.8	99.9	99.5
安庆	99.7	99.9	99.8	99.8	99.1	99.6	100.1	100.1	100.0	99.9	100.2	99.8
泉州	99.6	99.8	99.9	99.9	99.8	100.0	100.0	100.0	100.1	100.1	100.0	99.9
九江	99.6	100.0	100.1	100.3	100.4	100.3	99.9	100.3	100.3	100.1	100.2	100.2
赣州	99.7	100.2	99.8	100.0	99.9	100.0	100.2	100.6	100.1	99.8	99.8	100.4
烟台	99.5	99.6	99.5	99.8	99.9	99.9	100.0	100.0	100.1	100.0	100.0	99.9
济宁	99.5	99.4	99.6	99.8	99.8	99.9	99.9	100.2	100.0	99.9	99.9	100.1
洛阳	99.5	99.7	99.6	99.8	99.8	99.9	100.0	100.0	100.1	100.0	99.9	99.9
平顶山	99.6	99.5	99.8	99.9	99.9	99.8	100.0	100.1	99.9	100.0	99.8	99.9
宜昌	99.6	99.7	99.8	100.0	100.0	100.1	100.2	100.2	100.4	100.1	100.1	100.2
襄阳	99.7	99.3	100.2	99.9	100.4	100.2	99.7	99.8	100.3	99.7	99.9	100.0
岳阳	99.6	99.5	99.9	99.9	100.0	99.9	99.9	100.0	100.0	99.9	100.0	100.0
常德	99.5	99.6	100.0	99.9	100.1	100.1	99.9	100.1	100.0	100.1	100.0	100.3
惠州	99.4	99.3	99.6	99.6	99.7	99.9	100.1	100.0	100.3	100.3	100.3	100.4
湛江	99.6	99.2	99.4	99.5	99.7	99.5	99.5	99.7	99.8	99.9	100.0	99.9
韶关	99.6	99.7	99.9	100.8	99.9	100.5	100.3	100.3	99.9	99.9	100.0	99.6
桂林	99.3	99.1	99.3	99.6	99.7	100.0	100.0	99.9	99.9	99.8	100.0	99.8
北海	99.3	99.5	100.0	100.4	100.4	100.3	100.5	100.3	100.5	100.4	100.3	100.2
三亚	99.7	99.9	99.9	99.8	99.8	99.9	100.0	100.5	100.3	100.7	100.1	100.0
泸州	100.1	100.1	100.2	100.3	100.3	100.2	100.5	100.3	100.2	100.2	100.3	100.1
南充	99.7	100.1	99.8	100.1	100.1	99.9	99.9	100.0	100.0	100.3	100.0	100.1
遵义	99.7	99.6	99.7	100.1	99.9	100.0	100.4	99.7	99.4	99.1	99.6	99.9
大理	99.6	99.5	99.4	99.0	99.7	99.8	99.8	99.9	99.5	100.0	99.8	100.0

数据来源：国家统计局。
注：环比以上月价格为100。

表 2－78　　2015 年 70 个大中城市新建住宅价格同比指数

城　市	1 月	2 月	3 月	4 月	5 月	6 月	7 月	8 月	9 月	10 月	11 月	12 月
北　京	96.8	96.4	96.3	96.8	97.7	98.9	101.0	103.0	104.7	106.5	107.7	108.3
天　津	96.4	96.0	95.9	95.9	96.1	96.9	97.8	99.0	100.3	101.3	102.1	103.1
石家庄	96.1	95.3	95.3	95.5	96.3	96.4	97.6	99.2	100.5	101.0	101.5	101.7
太　原	95.3	94.7	94.7	94.7	94.8	95.2	96.9	98.1	99.5	100.2	100.9	101.4
呼和浩特	94.1	92.8	92.7	92.2	91.9	91.8	92.6	94.1	95.3	95.5	96.5	97.5
沈　阳	91.6	90.8	90.3	90.2	90.4	91.6	93.5	95.3	96.2	97.1	98.2	99.1
大　连	92.8	92.1	91.5	91.5	91.5	91.9	93.3	94.8	95.5	96.1	97.3	98.2
长　春	95.6	95.0	94.5	93.8	93.4	93.9	94.8	95.8	96.9	97.4	97.8	98.3
哈尔滨	95.3	94.9	94.4	94.5	94.5	94.5	95.5	96.0	97.1	98.6	98.9	99.5
上　海	95.8	95.3	95.0	95.3	97.7	100.3	103.1	105.6	108.3	110.9	113.1	115.5
南　京	97.6	97.2	97.0	96.8	97.0	97.8	99.3	101.3	102.6	104.0	105.2	106.3
杭　州	89.9	89.6	89.2	90.1	91.8	94.6	97.7	100.3	102.0	103.0	104.1	105.6
宁　波	94.1	93.6	93.5	93.7	94.9	96.9	98.9	100.1	100.9	101.7	102.7	103.4
合　肥	97.6	96.9	96.5	96.3	96.5	97.0	98.0	98.6	99.7	100.2	100.7	101.3
福　州	93.5	92.5	92.1	92.0	92.0	93.0	94.7	95.9	97.9	99.2	100.6	101.8
厦　门	100.8	100.0	99.6	99.4	99.4	99.5	99.8	100.1	101.1	102.9	104.5	106.4
南　昌	94.6	93.8	93.5	93.5	93.9	94.5	95.4	96.9	98.3	99.9	100.7	101.6
济　南	95.3	94.7	94.1	94.0	94.7	95.4	96.4	97.9	98.8	99.6	100.2	100.8
青　岛	92.7	91.7	91.1	90.7	90.6	91.2	92.5	93.4	94.7	95.9	96.7	97.8
郑　州	99.3	98.7	98.5	98.2	97.9	98.4	98.9	99.9	101.2	101.9	102.2	102.7
武　汉	95.5	95.2	95.0	95.1	95.3	96.0	98.0	100.3	101.8	102.5	103.5	104.3
长　沙	92.4	91.6	91.4	91.2	91.4	92.2	93.6	95.0	96.2	97.5	98.4	99.5
广　州	94.6	94.0	93.6	93.9	95.2	97.3	99.7	102.0	104.9	107.0	108.1	109.1
深　圳	98.7	98.6	99.1	100.7	107.5	115.7	123.6	131.3	137.6	139.9	143.9	146.8
南　宁	94.9	94.1	94.1	94.3	94.2	95.2	96.3	97.8	99.2	100.1	100.8	101.7
海　口	94.4	93.8	94.0	93.6	93.7	94.2	95.0	95.9	97.0	97.9	98.0	98.9
重　庆	94.0	93.2	92.6	92.3	92.3	93.1	94.2	95.5	97.2	97.9	98.3	99.0
成　都	94.5	93.7	92.9	92.7	93.1	93.8	95.3	96.7	97.9	99.1	100.2	100.6
贵　阳	96.8	96.2	96.3	95.8	95.5	95.4	96.0	97.6	98.3	98.8	99.0	99.2
昆　明	95.4	94.9	94.7	94.3	94.1	94.5	95.0	95.6	96.3	96.8	97.3	97.9
西　安	95.7	95.0	94.6	94.0	94.2	94.2	95.0	96.4	97.5	98.4	99.3	100.0
兰　州	96.5	95.9	95.7	95.0	95.0	95.4	95.8	96.1	97.0	97.7	98.1	98.4
西　宁	96.2	95.5	95.1	94.7	94.3	93.7	93.0	94.0	95.0	95.7	96.1	96.0
银　川	96.3	95.5	94.7	94.0	93.7	93.3	93.6	94.9	95.4	95.6	96.7	96.6
乌鲁木齐	95.5	94.8	94.0	93.7	93.6	93.9	94.5	95.6	96.3	96.7	97.6	98.0

续表

城　市	1月	2月	3月	4月	5月	6月	7月	8月	9月	10月	11月	12月
唐　山	95.9	95.7	95.3	95.0	95.0	95.0	95.2	95.9	96.5	97.6	97.6	97.4
秦皇岛	94.4	93.7	93.4	92.6	92.6	92.8	93.3	94.1	94.8	96.2	96.8	97.0
包　头	93.5	92.7	92.6	92.3	92.4	92.7	93.4	94.8	95.4	95.8	96.4	96.9
丹　东	92.1	91.4	91.0	90.6	90.4	90.7	91.2	91.4	92.9	93.8	95.1	94.7
锦　州	93.0	91.6	91.4	90.9	91.1	91.6	91.2	92.0	93.1	94.2	94.7	95.0
吉　林	95.2	94.6	94.4	94.1	94.3	94.7	95.3	95.9	97.1	97.5	97.6	97.4
牡丹江	96.9	96.7	96.5	96.2	96.2	96.3	96.1	96.6	97.0	97.4	97.5	97.9
无　锡	95.1	94.7	94.5	94.5	95.3	96.1	96.4	97.1	97.7	98.0	98.8	98.7
扬　州	94.1	93.5	93.0	92.9	92.8	93.0	94.6	96.1	96.8	98.1	98.4	99.0
徐　州	95.4	94.8	94.7	94.9	95.5	95.7	95.8	97.3	98.3	98.8	99.5	99.6
温　州	96.4	96.0	96.0	96.7	96.9	97.6	97.8	98.0	98.9	99.9	100.8	101.7
金　华	94.4	93.5	93.1	93.9	94.7	95.4	96.3	98.3	99.2	100.1	100.6	101.4
蚌　埠	93.6	92.7	91.8	91.5	91.6	91.8	91.8	92.3	93.8	95.3	95.8	95.9
安　庆	93.9	93.6	93.6	93.7	93.9	94.1	95.3	96.0	97.2	97.9	98.7	99.0
泉　州	92.3	91.2	91.1	90.9	90.9	91.6	92.7	93.6	94.9	95.9	97.0	97.6
九　江	94.5	94.1	93.7	93.4	93.9	94.3	95.0	95.7	96.5	96.7	96.9	97.5
赣　州	94.1	94.0	93.6	93.8	93.6	94.2	95.4	97.3	98.2	98.6	99.0	99.4
烟　台	94.2	93.4	93.0	92.6	92.5	92.7	93.3	94.6	95.6	96.1	97.2	98.2
济　宁	96.4	96.1	95.7	95.4	94.8	95.1	94.9	95.3	96.2	96.4	96.6	96.7
洛　阳	94.8	93.8	93.4	93.0	92.8	93.9	94.6	95.6	96.3	96.7	97.0	97.4
平顶山	95.1	94.6	94.2	93.8	93.6	94.0	95.2	96.0	97.1	97.7	98.4	99.0
宜　昌	94.7	94.4	94.2	93.7	93.6	94.0	94.7	95.6	96.6	97.0	98.2	98.4
襄　阳	94.5	93.4	92.9	92.3	92.6	93.0	93.9	94.5	95.1	95.0	95.5	96.0
岳　阳	97.3	96.8	96.5	96.3	96.0	95.7	96.0	96.6	96.9	96.7	97.3	97.6
常　德	95.5	94.4	94.2	93.4	93.5	93.7	94.4	95.3	96.1	96.5	97.0	96.7
惠　州	94.0	92.8	91.7	91.5	91.2	91.2	91.8	93.7	95.4	96.6	97.2	97.7
湛　江	94.2	92.6	91.6	91.1	90.6	90.2	90.3	91.4	92.6	93.5	94.4	95.0
韶　关	92.0	91.4	91.1	90.6	90.8	91.2	92.4	93.3	94.0	95.1	96.3	97.0
桂　林	92.0	91.1	90.6	90.3	90.1	90.9	92.0	93.2	94.6	95.5	96.7	97.3
北　海	94.6	94.1	93.6	93.1	92.9	93.3	93.7	95.5	97.0	97.4	98.2	98.6
三　亚	95.1	94.7	94.2	93.8	93.6	93.6	96.0	96.8	97.2	97.8	98.1	99.2
泸　州	92.3	92.1	91.6	90.9	90.5	90.9	92.4	93.6	96.2	97.0	97.2	98.5
南　充	94.1	93.4	92.5	92.2	91.7	91.8	92.4	93.4	94.2	95.5	96.1	96.3
遵　义	95.9	95.2	94.7	94.2	94.2	94.2	94.8	96.0	96.4	96.8	97.1	97.1
大　理	96.3	95.8	95.7	95.1	94.8	94.7	94.6	95.4	96.0	96.6	97.2	97.6

数据来源：国家统计局。
注：环比以上年同月价格为100。

表 2-79　　2015 年 70 个大中城市新建商品住宅价格同比指数

城　市	1 月	2 月	3 月	4 月	5 月	6 月	7 月	8 月	9 月	10 月	11 月	12 月
北　京	96.0	95.5	95.3	96.0	97.1	98.6	101.2	103.7	105.9	108.1	109.6	110.4
天　津	95.9	95.4	95.3	95.3	95.5	96.5	97.5	98.8	100.3	101.4	102.2	103.4
石家庄	96.0	95.2	95.2	95.5	96.2	96.3	97.5	99.2	100.6	101.0	101.5	101.7
太　原	95.2	94.6	94.5	94.6	94.6	95.1	96.8	98.0	99.5	100.2	100.9	101.5
呼和浩特	93.9	92.6	92.5	92.0	91.7	91.5	92.4	94.0	95.1	95.3	96.4	97.4
沈　阳	91.6	90.8	90.2	90.1	90.3	91.6	93.4	95.2	96.2	97.1	98.2	99.1
大　连	92.7	92.1	91.4	91.4	91.4	91.8	93.3	94.7	95.4	96.0	97.2	98.2
长　春	95.5	94.9	94.3	93.6	93.3	93.8	94.6	95.7	96.9	97.4	97.8	98.2
哈尔滨	95.1	94.6	94.1	94.3	94.3	94.3	95.3	95.8	96.9	98.5	98.8	99.4
上　海	95.1	94.5	94.1	94.5	97.2	100.2	103.6	106.5	109.7	112.7	115.4	118.2
南　京	96.9	96.4	96.0	95.9	96.0	97.0	99.0	101.5	103.2	105.1	106.5	107.9
杭　州	89.5	89.2	88.8	89.7	91.5	94.4	97.6	100.3	102.1	103.2	104.3	105.8
宁　波	93.8	93.2	93.1	93.4	94.6	96.7	98.8	100.1	101.0	101.8	102.9	103.6
合　肥	97.4	96.6	96.2	96.0	96.2	96.7	97.8	98.5	99.6	100.2	100.7	101.4
福　州	93.4	92.4	92.0	91.9	91.9	92.9	94.6	95.8	97.9	99.2	100.6	101.8
厦　门	100.8	100.0	99.6	99.4	99.3	99.5	99.7	100.1	101.1	102.9	104.6	106.5
南　昌	94.4	93.5	93.2	93.2	93.6	94.3	95.1	96.7	98.2	99.9	100.7	101.7
济　南	95.3	94.7	94.1	94.0	94.7	95.4	96.4	97.9	98.8	99.6	100.2	100.8
青　岛	92.3	91.3	90.7	90.3	90.2	90.8	92.1	93.1	94.4	95.7	96.5	97.6
郑　州	99.3	98.7	98.4	98.2	97.9	98.4	98.8	99.9	101.3	101.9	102.3	102.7
武　汉	95.3	95.0	94.7	94.9	95.0	95.8	97.9	100.3	101.8	102.6	103.7	104.5
长　沙	92.3	91.5	91.3	91.1	91.3	92.1	93.6	94.9	96.1	97.5	98.4	99.5
广　州	94.6	93.9	93.5	93.8	95.2	97.2	99.7	102.0	104.9	107.1	108.2	109.2
深　圳	98.6	98.6	99.1	100.7	107.7	115.9	124.0	131.8	138.3	140.5	144.6	147.5
南　宁	94.8	94.0	93.9	94.2	94.0	95.1	96.2	97.7	99.2	100.1	100.8	101.7
海　口	94.3	93.7	93.9	93.5	93.5	94.0	94.9	95.8	96.9	97.8	98.0	98.8
重　庆	93.9	93.1	92.5	92.2	92.2	93.0	94.1	95.4	97.2	97.9	98.3	99.0
成　都	94.5	93.6	92.9	92.6	93.1	93.8	95.2	96.7	97.9	99.1	100.2	100.6
贵　阳	96.5	95.8	95.9	95.4	95.0	94.9	95.6	97.3	98.1	98.6	98.9	99.1
昆　明	94.6	94.0	93.7	93.2	92.9	93.4	94.0	94.7	95.5	96.1	96.6	97.4
西　安	95.2	94.4	94.0	93.4	93.6	93.6	94.4	96.0	97.1	98.2	99.2	99.9
兰　州	96.5	95.8	95.6	94.9	95.0	95.3	95.7	96.0	97.0	97.7	98.0	98.4
西　宁	96.2	95.5	95.1	94.7	94.3	93.7	93.0	94.0	95.0	95.7	96.1	96.0
银　川	96.0	95.2	94.3	93.6	93.2	92.8	93.2	94.5	95.1	95.3	96.4	96.3
乌鲁木齐	95.5	94.8	93.9	93.6	93.6	93.9	94.5	95.6	96.3	96.7	97.6	98.0

备注：本表所列北京市“新建商品住宅价格指数”与北京市有关部门发布的“新建普通住房价格”在统计口径、统计标准等方面均有不同。

续表

城 市	1月	2月	3月	4月	5月	6月	7月	8月	9月	10月	11月	12月
唐 山	95.6	95.3	94.9	94.6	94.5	94.6	94.8	95.6	96.2	97.4	97.4	97.2
秦皇岛	93.8	93.1	92.7	91.9	91.9	92.1	92.6	93.5	94.3	95.8	96.5	96.7
包 头	92.5	91.5	91.3	91.0	91.1	91.4	92.3	93.9	94.5	95.0	95.8	96.3
丹 东	92.0	91.3	90.9	90.5	90.3	90.6	91.1	91.3	92.8	93.8	95.0	94.7
锦 州	93.0	91.6	91.4	90.9	91.1	91.6	91.2	92.0	93.1	94.2	94.7	95.0
吉 林	95.0	94.4	94.1	93.8	94.0	94.5	95.1	95.7	96.9	97.4	97.5	97.3
牡丹江	96.8	96.7	96.5	96.2	96.2	96.2	96.0	96.6	97.0	97.4	97.5	97.8
无 锡	94.3	93.7	93.5	93.6	94.5	95.4	95.8	96.6	97.3	97.7	98.6	98.5
扬 州	93.9	93.2	92.8	92.6	92.5	92.7	94.4	96.0	96.7	98.0	98.3	99.0
徐 州	95.2	94.5	94.5	94.6	95.3	95.5	95.6	97.2	98.2	98.7	99.4	99.5
温 州	96.1	95.7	95.7	96.4	96.6	97.4	97.7	97.9	98.8	99.9	100.8	101.8
金 华	94.4	93.4	93.1	93.8	94.6	95.4	96.3	98.3	99.2	100.1	100.6	101.4
蚌 埠	93.4	92.5	91.6	91.3	91.4	91.6	91.6	92.2	93.6	95.2	95.7	95.8
安 庆	93.5	93.3	93.3	93.3	93.6	93.8	95.0	95.8	97.1	97.7	98.6	99.0
泉 州	92.0	90.8	90.6	90.4	90.4	91.2	92.3	93.3	94.7	95.7	96.9	97.5
九 江	94.2	93.8	93.4	93.1	93.6	94.0	94.8	95.5	96.3	96.6	96.7	97.4
赣 州	94.1	93.9	93.6	93.8	93.6	94.2	95.4	97.3	98.2	98.6	99.0	99.4
烟 台	94.1	93.3	92.9	92.5	92.3	92.6	93.2	94.5	95.5	96.0	97.2	98.1
济 宁	96.3	96.0	95.6	95.2	94.7	94.9	94.8	95.2	96.1	96.3	96.5	96.6
洛 阳	94.8	93.7	93.3	92.9	92.7	93.8	94.5	95.5	96.2	96.7	96.9	97.4
平顶山	95.0	94.5	94.1	93.7	93.5	94.0	95.1	96.0	97.0	97.7	98.3	99.0
宜 昌	94.6	94.3	94.1	93.6	93.5	93.9	94.6	95.5	96.5	97.0	98.2	98.4
襄 阳	94.4	93.3	92.9	92.2	92.5	92.9	93.8	94.4	95.0	94.9	95.5	95.9
岳 阳	95.6	94.6	94.2	93.8	93.4	92.9	93.3	94.2	94.7	94.4	95.3	95.8
常 德	95.4	94.3	94.1	93.3	93.4	93.6	94.4	95.2	96.0	96.5	97.0	96.6
惠 州	94.0	92.8	91.6	91.4	91.2	91.2	91.8	93.7	95.4	96.6	97.2	97.7
湛 江	94.2	92.6	91.6	91.1	90.6	90.2	90.3	91.4	92.6	93.5	94.4	95.0
韶 关	91.8	91.2	90.9	90.4	90.5	91.0	92.2	93.2	93.8	95.0	96.2	96.9
桂 林	91.9	90.9	90.4	90.2	89.9	90.7	91.8	93.1	94.5	95.4	96.7	97.2
北 海	94.5	94.0	93.6	93.1	92.9	93.2	93.7	95.5	97.0	97.4	98.2	98.5
三 亚	95.1	94.6	94.1	93.8	93.5	93.6	96.0	96.8	97.2	97.8	98.1	99.2
泸 州	92.1	91.8	91.3	90.6	90.2	90.6	92.2	93.3	96.0	96.9	97.1	98.5
南 充	94.1	93.3	92.5	92.1	91.6	91.7	92.3	93.3	94.1	95.4	96.1	96.3
遵 义	95.4	94.7	94.1	93.6	93.5	93.5	94.1	95.5	95.9	96.4	96.7	96.7
大 理	95.9	95.4	95.2	94.5	94.3	94.2	94.1	94.9	95.6	96.2	96.9	97.4

数据来源：国家统计局。
注：环比以上年同月价格为100。

表 2 -80　　2015 年 70 个大中城市二手住宅价格同比指数

城　市	1 月	2 月	3 月	4 月	5 月	6 月	7 月	8 月	9 月	10 月	11 月	12 月
北　京	96.0	95.9	96.2	98.4	103.5	107.2	110.9	114.1	117.3	118.4	119.1	120.8
天　津	97.2	96.7	96.4	96.2	96.5	97.0	98.4	100.0	101.5	101.9	103.1	103.8
石家庄	98.1	97.8	97.8	97.7	97.9	98.1	98.6	99.0	99.9	100.7	101.1	101.4
太　原	96.2	95.5	95.4	95.1	95.2	95.6	97.0	97.9	99.0	100.1	100.7	101.2
呼和浩特	95.2	95.0	95.2	95.2	95.3	95.7	96.4	97.3	98.0	98.9	99.5	99.8
沈　阳	97.1	96.5	96.2	96.2	96.5	97.1	98.8	99.4	100.3	100.2	100.6	101.1
大　连	95.1	94.6	94.4	94.7	95.2	96.1	97.2	97.9	98.6	99.4	99.7	99.5
长　春	95.5	94.9	94.2	94.0	94.4	95.2	96.1	97.2	98.5	99.4	99.8	100.2
哈尔滨	95.9	95.0	94.4	93.9	94.0	94.9	95.8	96.8	97.5	98.6	100.6	101.0
上　海	98.4	97.9	97.6	98.2	100.6	102.5	105.0	106.9	108.8	109.7	110.8	111.7
南　京	98.1	98.0	98.0	98.1	98.0	98.9	100.5	101.6	103.7	104.6	105.3	106.3
杭　州	94.6	94.8	94.8	95.7	96.4	97.9	99.5	100.6	101.7	101.6	102.4	103.7
宁　波	93.5	93.1	93.1	93.3	93.8	94.8	96.3	97.6	98.9	100.2	101.5	102.8
合　肥	97.4	96.6	96.0	96.5	96.6	97.7	98.7	99.0	100.5	102.0	102.7	103.6
福　州	94.8	93.8	93.8	94.2	95.2	96.2	97.6	98.3	99.5	100.6	101.5	102.3
厦　门	100.2	98.4	97.5	97.3	97.1	97.5	98.0	98.7	99.9	101.4	102.3	103.8
南　昌	96.1	95.2	95.3	95.5	95.9	96.8	98.1	99.4	100.9	101.7	102.5	102.5
济　南	94.9	94.3	94.1	94.2	94.4	95.0	96.4	97.2	98.2	99.2	100.2	101.3
青　岛	94.2	93.5	93.2	93.4	93.7	94.3	95.5	96.4	97.5	98.6	99.3	99.7
郑　州	100.2	99.5	98.7	98.5	98.3	98.5	98.9	99.5	100.6	101.8	102.3	102.7
武　汉	95.8	95.5	95.1	95.2	95.6	96.4	98.1	99.4	100.8	101.9	102.9	103.8
长　沙	96.8	96.2	95.8	95.4	95.4	95.4	96.9	97.7	98.8	99.6	100.2	100.7
广　州	97.2	96.6	96.5	96.9	99.1	101.2	103.6	106.1	108.7	109.9	110.7	111.7
深　圳	101.5	101.0	100.4	102.8	109.1	117.3	124.3	130.3	135.5	136.8	138.9	142.6
南　宁	95.3	95.1	95.6	95.4	97.3	98.0	99.5	100.8	103.0	104.0	103.2	104.2
海　口	94.2	93.5	93.4	92.9	92.4	92.6	92.8	93.5	94.3	95.0	95.4	96.2
重　庆	95.1	94.6	94.6	94.6	95.1	95.9	97.0	98.1	99.4	100.1	100.5	100.6
成　都	95.1	94.7	94.3	94.3	93.8	94.6	96.1	97.1	98.4	99.0	99.4	99.3
贵　阳	97.6	97.2	97.1	97.1	96.8	96.8	97.4	97.8	98.7	99.6	100.2	100.3
昆　明	94.2	93.8	93.2	92.2	92.4	93.4	94.1	94.8	95.9	96.9	98.0	98.9
西　安	93.5	93.0	92.4	92.0	91.9	92.0	92.5	93.5	94.1	94.6	94.8	94.8
兰　州	96.2	96.2	96.1	95.7	95.8	95.7	96.0	96.7	98.0	98.5	99.1	99.2
西　宁	97.5	97.2	97.3	97.2	97.2	97.3	97.4	98.1	99.1	99.9	99.8	100.5
银　川	96.2	95.5	94.9	94.4	94.1	93.9	94.2	95.1	96.3	97.1	97.2	97.9
乌鲁木齐	98.4	97.7	97.2	97.2	97.6	98.4	99.4	99.6	100.8	102.3	102.8	102.9

续表

城　市	1 月	2 月	3 月	4 月	5 月	6 月	7 月	8 月	9 月	10 月	11 月	12 月
唐　山	96.8	96.5	96.1	95.9	95.9	96.3	96.3	96.5	97.1	97.9	98.4	98.4
秦皇岛	93.8	93.3	93.2	93.0	93.4	93.8	94.8	95.8	96.5	97.3	97.5	97.3
包　头	94.3	93.5	93.0	92.9	93.3	94.0	95.2	95.7	96.6	97.6	97.4	97.4
丹　东	93.1	92.6	92.4	92.2	92.3	92.6	93.2	94.0	94.7	95.9	96.7	97.7
锦　州	93.3	92.1	91.5	91.1	90.6	90.2	90.0	89.8	89.8	90.5	90.6	91.4
吉　林	94.4	93.9	94.0	94.0	94.4	95.0	95.7	96.6	97.2	98.5	99.2	99.2
牡丹江	86.1	85.8	86.5	87.6	87.2	88.6	89.0	90.6	92.8	94.6	96.7	98.5
无　锡	95.8	95.6	95.1	95.1	95.6	95.9	96.7	97.5	98.2	99.0	99.2	99.2
扬　州	97.3	96.9	96.8	97.0	97.0	97.0	97.1	98.1	98.7	99.5	99.8	99.9
徐　州	95.9	95.4	95.3	95.1	95.0	95.3	95.5	96.2	97.0	98.1	98.6	98.7
温　州	91.6	91.7	91.8	92.8	93.9	95.6	97.1	98.2	99.0	99.8	100.9	101.6
金　华	93.2	92.9	93.6	93.7	94.0	94.8	95.9	97.0	98.4	99.6	100.3	100.5
蚌　埠	94.7	93.5	92.5	91.8	91.5	91.7	92.3	93.4	94.2	95.5	96.3	96.5
安　庆	95.3	95.2	95.1	95.0	94.4	94.4	94.9	96.0	96.8	97.6	98.2	98.1
泉　州	94.5	94.2	94.1	94.0	93.7	94.2	95.3	96.4	97.4	98.5	99.0	99.1
九　江	95.5	95.7	95.9	96.1	96.7	97.3	97.9	99.0	100.0	101.1	101.7	101.7
赣　州	93.9	94.2	94.5	94.6	94.7	95.1	96.4	98.2	99.3	100.3	100.1	100.3
烟　台	93.9	93.5	93.0	92.6	92.5	92.7	93.6	94.7	95.7	96.8	97.6	98.1
济　宁	95.2	94.6	94.2	94.1	93.9	94.1	94.8	96.0	96.7	97.4	97.7	98.1
洛　阳	96.8	96.0	95.0	94.3	93.8	93.5	94.4	95.4	96.4	97.3	97.9	98.1
平顶山	95.9	95.1	94.5	94.2	94.0	93.8	94.9	96.0	96.7	97.4	97.7	98.2
宜　昌	95.3	94.8	94.4	94.5	94.6	94.9	96.0	97.0	98.0	99.3	100.0	100.4
襄　阳	94.9	94.1	94.1	94.1	94.7	95.2	95.7	96.6	98.0	98.5	98.7	99.2
岳　阳	96.2	95.5	95.2	95.0	94.8	94.8	95.4	96.4	97.3	98.0	98.5	98.6
常　德	96.7	96.1	96.1	95.9	96.0	96.1	96.5	97.3	98.1	98.8	99.1	99.5
惠　州	95.2	94.4	93.7	93.1	92.5	92.8	94.2	95.1	96.3	97.5	98.1	99.1
湛　江	95.5	94.6	94.0	93.5	93.2	92.9	93.1	93.4	94.0	94.8	95.4	95.7
韶　关	93.2	92.8	92.7	93.5	93.2	94.3	95.7	96.6	98.2	99.6	100.1	100.3
桂　林	94.2	93.5	92.7	92.6	92.4	92.3	93.0	93.6	94.5	95.6	95.9	96.4
北　海	93.2	92.7	92.7	93.0	93.6	94.2	95.4	96.9	98.5	100.0	101.0	102.2
三　亚	97.2	97.0	96.8	96.6	96.6	96.5	97.2	98.1	98.9	100.4	100.4	100.7
泸　州	96.4	96.1	95.9	95.9	96.1	96.7	98.1	99.1	100.3	102.1	102.6	102.8
南　充	95.1	95.0	94.8	94.8	95.0	95.1	95.7	96.6	97.8	99.3	99.8	100.0
遵　义	98.1	97.5	97.1	97.1	97.0	97.0	98.0	97.7	97.9	97.7	97.2	97.2
大　理	94.1	94.1	93.6	92.9	93.3	93.3	93.6	93.7	93.9	94.4	94.6	96.1

数据来源：国家统计局。
注：环比以上年同月价格为100。

九、2015 年中国城市住房价格指数

表 2－81　　2015 年中国城市住房（一手房）价格 288 指数

城　市	1 月	2 月	3 月	4 月	5 月	6 月	7 月	8 月	9 月	10 月	11 月	12 月
全　国	1080.5	1079.9	1079.7	1079.6	1080.3	1083.3	1088.7	1093.7	1098.6	1102.0	1105.4	1109.7
北　京	1220.2	1220.5	1220.1	1222.8	1223.4	1235.6	1269.7	1283.4	1318.0	1326.0	1338.2	1362.3
上　海	1260.9	1268.9	1269.0	1273.5	1284.5	1312.8	1341.2	1364.9	1381.6	1410.3	1457.4	1485.7
重　庆	1091.1	1091.4	1094.9	1096.5	1096.7	1103.2	1109.6	1110.0	1110.2	1106.9	1097.5	1106.3
天　津	1135.6	1136.4	1144.1	1146.5	1157.0	1167.1	1177.6	1181.4	1206.0	1225.5	1228.7	1247.6
石家庄	968.8	983.3	990.3	990.6	990.0	991.4	991.8	963.5	963.8	960.1	958.6	953.0
张家口	1453.5	1434.9	1452.3	1458.5	1471.9	1495.4	1540.4	1560.7	1595.1	1610.7	1637.3	1690.2
承　德	1040.7	1039.8	1037.1	1035.7	1030.3	1026.4	1007.1	1005.4	1006.8	1013.6	1029.8	1032.8
唐　山	983.4	990.6	991.8	991.0	977.8	978.6	969.8	969.0	975.7	976.2	973.7	966.6
秦皇岛	948.7	962.2	965.3	965.0	981.1	981.0	979.2	976.4	980.9	981.1	980.4	980.8
廊　坊	1085.7	1082.7	1083.8	1088.4	1088.2	1091.2	1079.4	1075.0	1074.5	1079.8	1096.8	1112.9
保　定	1059.8	1051.6	1051.5	1049.9	1047.9	1047.2	1041.8	1039.9	1035.8	1035.5	1043.8	1035.1
沧　州	1378.6	1355.6	1384.0	1411.8	1418.8	1437.2	1461.5	1485.0	1536.0	1548.4	1571.0	1592.7
衡　水	1345.5	1337.3	1331.0	1329.9	1335.9	1351.0	1330.4	1337.7	1364.5	1353.1	1396.7	1423.3
邢　台	1051.7	1046.1	1042.1	1039.6	1035.5	1032.3	1029.9	1028.0	1027.2	1025.5	1016.0	1009.8
邯　郸	1101.5	1100.7	1140.0	1117.5	1105.5	1101.8	1077.5	1048.1	1038.4	1052.3	1018.9	1034.6
泰　州	998.4	1005.2	997.9	999.3	1006.7	1001.1	1006.8	1007.2	1007.2	1002.6	999.7	1001.8
扬　州	981.3	984.6	978.6	979.2	978.8	979.6	984.8	986.2	988.8	992.9	993.3	994.9
镇　江	965.0	975.9	981.6	991.2	990.0	1001.6	988.2	942.9	897.7	883.5	905.6	911.5
南　通	840.5	840.5	828.7	812.8	818.6	830.1	835.8	828.7	818.2	817.0	815.6	819.2
常　州	877.4	877.9	877.3	884.2	895.1	896.1	903.3	915.4	919.9	925.0	925.1	931.7
无　锡	963.8	967.3	974.6	973.2	972.9	977.5	985.1	987.9	996.6	1000.4	1001.0	1007.7
苏　州	1087.6	1088.6	1093.2	1095.8	1098.5	1099.6	1109.1	1138.2	1162.8	1185.0	1209.8	1262.8
南　京	1170.9	1174.3	1184.0	1186.0	1192.9	1198.9	1205.9	1230.2	1240.5	1252.1	1270.4	1303.7
连云港	1176.3	1172.3	1161.8	1164.3	1163.6	1159.0	1157.4	1158.9	1159.8	1160.7	1159.9	1159.0
徐　州	1007.6	1003.4	997.4	999.7	1004.8	997.8	1004.0	996.2	1008.1	1012.0	1012.6	1006.9
宿　迁	938.7	946.6	950.0	950.5	951.0	951.5	952.9	950.5	951.0	952.4	954.7	954.9
淮　安	1045.5	1042.7	1042.6	1039.9	1035.8	1037.7	1050.3	1051.2	1061.2	1046.4	1045.8	1045.5
盐　城	998.9	1009.9	1015.5	1014.8	1005.0	1025.3	1017.7	990.9	983.0	986.9	989.1	985.6
合　肥	1219.5	1223.5	1232.6	1238.7	1238.9	1251.4	1269.8	1293.4	1313.6	1318.0	1332.9	1356.5
淮　北	877.3	882.4	900.0	875.0	887.2	899.0	917.1	935.5	936.8	937.6	916.7	891.6
亳　州	688.6	706.1	698.6	682.0	692.8	697.0	705.5	735.3	764.3	786.9	766.2	741.5
宿　州	664.2	677.1	652.7	658.6	644.4	639.0	627.7	613.3	623.3	635.5	624.5	601.0
蚌　埠	993.7	1013.6	1037.5	1062.1	1078.4	1088.9	1075.2	1087.3	1090.0	1072.0	1057.6	1036.4

续表

城　市	1月	2月	3月	4月	5月	6月	7月	8月	9月	10月	11月	12月
阜　阳	932.2	951.7	976.3	1022.2	1037.9	1059.6	1105.8	1131.9	1135.6	1138.2	1164.8	1180.9
淮　南	785.8	802.5	789.7	771.8	780.6	789.2	810.7	789.4	802.7	814.9	829.7	806.8
滁　州	926.2	938.4	957.3	926.1	911.8	912.1	910.2	908.3	918.1	926.1	931.8	932.0
六　安	699.3	713.5	703.1	685.0	667.3	672.4	667.0	641.9	651.8	663.4	649.7	628.6
马鞍山	869.5	868.5	857.6	874.9	883.7	890.9	906.6	910.1	942.0	939.2	959.2	962.7
芜　湖	1023.2	1034.2	1014.8	1013.7	1013.6	1006.5	1009.1	1010.8	1012.5	1013.2	1025.7	1030.7
宣　城	1178.5	1162.3	1179.0	1148.9	1163.6	1159.1	1141.9	1125.0	1153.7	1168.4	1192.3	1150.8
铜　陵	866.2	881.5	875.5	854.3	854.6	847.9	838.3	819.3	833.6	845.9	844.9	835.3
池　州	829.1	842.7	818.5	806.0	816.8	819.1	806.8	779.0	787.3	799.8	782.6	747.4
安　庆	867.9	883.3	903.4	916.4	928.4	920.2	940.1	925.8	939.4	951.0	964.5	943.3
黄　山	917.1	932.8	908.9	887.8	896.5	896.7	890.9	885.1	895.3	904.9	905.1	900.6
南　昌	1161.9	1160.6	1159.5	1159.7	1167.9	1166.4	1175.3	1185.4	1196.0	1196.6	1207.2	1233.9
九　江	989.5	990.5	981.2	975.5	973.5	963.9	965.5	959.6	966.8	962.3	962.0	956.5
景德镇	940.9	960.5	968.1	976.3	976.6	976.7	977.3	977.7	978.4	979.0	979.6	980.2
上　饶	1223.5	1214.4	1210.8	1207.6	1206.8	1205.0	1202.0	1199.8	1199.7	1198.4	1197.2	1194.0
鹰　潭	1132.1	1129.2	1149.7	1144.9	1151.8	1147.6	1154.6	1133.6	1132.9	1132.9	1132.8	1131.0
抚　州	1133.2	1128.5	1125.2	1123.1	1120.7	1119.4	1117.7	1116.0	1114.2	1112.5	1110.8	1109.9
新　余	987.0	1007.3	1013.4	1021.2	1021.1	1020.3	1022.2	1022.9	1022.8	1023.4	1022.9	1020.0
宜　春	1268.5	1253.5	1253.4	1249.8	1248.8	1246.7	1244.4	1242.4	1239.4	1236.8	1234.3	1232.7
萍　乡	1177.3	1174.2	1173.1	1172.4	1172.2	1171.4	1170.7	1170.1	1169.3	1168.6	1167.9	1158.7
吉　安	1318.9	1291.6	1279.0	1268.0	1267.4	1265.9	1261.8	1259.2	1257.7	1255.3	1253.1	1250.0
赣　州	1071.4	1067.4	1071.6	1069.9	1069.3	1069.0	1070.0	1070.3	1069.8	1069.9	1062.5	1065.2
郑　州	1206.7	1221.8	1222.0	1222.5	1221.6	1214.6	1200.0	1205.5	1218.6	1231.3	1241.2	1251.5
安　阳	1036.6	1033.7	1032.3	1029.9	1027.3	1025.4	1022.0	1029.4	1030.2	1033.7	1037.5	1029.7
鹤　壁	1372.7	1350.8	1340.3	1344.0	1351.4	1351.1	1309.1	1357.2	1347.3	1357.8	1358.8	1371.0
濮　阳	1376.6	1356.2	1363.3	1364.3	1337.7	1357.4	1354.9	1357.9	1360.6	1364.5	1367.2	1370.1
新　乡	987.2	996.0	995.9	959.8	959.8	959.9	964.7	969.2	970.4	970.7	969.1	967.3
焦　作	1263.6	1238.3	1222.8	1244.6	1266.3	1280.4	1303.9	1308.2	1313.4	1315.1	1312.1	1316.7
三门峡	1433.6	1443.8	1479.1	1481.6	1487.9	1489.5	1494.5	1493.0	1503.6	1455.1	1431.0	1443.7
开　封	1152.4	1126.8	1138.2	1138.8	1119.5	1128.2	1131.1	1132.0	1134.3	1134.9	1138.1	1142.5
洛　阳	1060.7	1070.0	1074.4	1079.8	1066.9	1049.2	1050.0	1054.5	1061.8	1062.1	1067.7	1060.6
商　丘	1023.2	1014.2	1017.5	995.2	1011.7	1022.3	1040.9	1042.1	1045.6	1047.7	1048.6	1050.0
许　昌	1077.9	1070.6	1073.4	1045.3	1047.9	1049.6	1052.4	1054.4	1056.1	1057.2	1057.8	1059.8
平顶山	1129.9	1115.6	1119.7	1120.2	1122.9	1126.4	1128.3	1131.4	1134.4	1136.8	1135.3	1138.5
周　口	1233.0	1225.7	1232.6	1243.5	1248.4	1232.4	1215.8	1218.3	1220.0	1215.4	1218.3	1215.8
漯　河	1090.9	1098.4	1104.8	1105.2	1109.7	1117.1	1119.0	1120.7	1121.2	1121.7	1124.2	1126.6
南　阳	1053.5	1065.2	1070.6	1070.4	1070.0	1069.8	1068.9	1069.4	1064.9	1069.8	1068.3	1059.4

续表

城　市	1月	2月	3月	4月	5月	6月	7月	8月	9月	10月	11月	12月
驻马店	1068.1	1046.2	1013.2	1014.8	1015.6	1022.9	1027.9	1027.1	1030.5	1032.3	1029.4	1032.3
信　阳	1320.4	1312.0	1313.8	1317.0	1323.1	1327.3	1332.5	1335.2	1338.6	1340.1	1342.8	1347.7
沈　阳	1002.2	995.7	998.4	1005.8	1006.6	1006.9	1010.4	1023.5	1025.7	1026.8	1034.0	1038.5
铁　岭	1019.4	1014.6	1020.9	1033.2	1040.2	1052.6	1061.4	1068.1	1087.5	1097.9	1088.1	1067.9
阜　新	1019.2	1013.9	992.6	1001.4	1013.8	1028.6	1053.2	1076.3	1095.0	1118.1	1139.2	1142.0
抚　顺	1074.6	1073.8	1076.1	1076.6	1077.2	1077.0	1078.8	1080.6	1069.5	1075.8	1076.3	1074.9
朝　阳	1015.5	1004.2	1025.3	1055.0	1064.0	1085.1	1066.9	1035.3	1061.4	1099.4	1121.6	1139.8
本　溪	983.2	981.3	983.2	983.3	986.5	987.0	987.7	988.4	990.8	991.6	993.2	993.4
辽　阳	840.2	863.2	869.6	882.6	890.7	869.4	846.4	817.2	798.5	786.0	754.0	721.7
鞍　山	923.9	937.5	941.5	946.3	949.7	950.4	942.6	942.8	945.1	946.5	942.1	937.8
盘　锦	913.5	930.2	897.0	875.5	859.2	839.2	828.8	791.8	769.6	758.1	743.7	727.0
锦　州	1055.7	1078.1	1101.8	1105.1	1117.1	1129.8	1141.0	1168.3	1130.3	1098.0	1080.2	1053.8
葫芦岛	932.0	948.6	956.2	967.7	960.0	978.4	997.2	1039.2	1065.5	1078.4	1088.0	1074.1
营　口	706.1	722.2	721.7	721.0	718.7	705.0	700.9	678.6	664.5	655.5	644.3	628.1
丹　东	998.4	986.0	980.9	981.8	981.7	983.4	979.3	975.2	980.8	981.7	983.4	985.1
大　连	984.4	981.0	983.5	976.6	973.4	973.3	977.5	966.5	968.9	970.6	963.9	963.8
杭　州	1005.3	1005.5	1008.8	1009.0	1017.4	1017.8	1031.8	1036.0	1037.7	1044.7	1045.4	1054.1
湖　州	1015.5	1012.6	1012.8	1012.9	1011.7	1010.0	1010.3	1011.3	1011.1	1012.2	1013.4	1007.7
嘉　兴	1021.5	1019.2	1000.4	994.1	990.5	986.9	1007.7	990.6	1013.8	988.5	967.6	978.6
绍　兴	1011.2	1005.8	1005.8	1006.5	1005.2	1002.3	1002.6	1005.6	1005.3	1007.1	1007.9	1007.0
舟　山	1082.3	1100.7	1103.5	1114.3	1112.3	1131.1	1120.4	1120.2	1097.9	1109.3	1119.2	1118.6
宁　波	1014.1	1019.6	1020.2	1024.5	1026.4	1027.8	1044.4	1054.0	1073.7	1073.9	1090.9	1092.9
金　华	967.6	966.8	967.3	967.6	968.0	968.8	976.6	977.2	979.8	980.0	980.8	984.9
衢　州	993.3	987.9	989.6	989.5	990.0	990.9	991.0	992.9	993.6	993.9	995.8	995.5
台　州	907.2	918.6	904.6	897.7	904.7	921.8	923.3	925.2	951.2	932.2	935.0	948.5
丽　水	1036.2	1034.5	1052.0	1042.7	1047.0	1056.9	1044.5	1069.8	1053.3	1056.8	1019.8	1053.5
温　州	839.8	852.8	855.4	861.1	856.7	865.0	859.4	845.5	861.2	877.3	877.8	854.2
福　州	1218.5	1217.7	1229.7	1242.3	1242.4	1242.5	1252.5	1257.9	1265.1	1274.1	1279.3	1298.1
宁　德	997.8	1005.1	1006.9	1006.0	1005.4	1005.0	1017.3	1018.0	1019.8	1017.9	1016.0	1014.4
南　平	878.8	877.1	901.5	897.2	904.4	920.0	918.9	907.5	893.2	908.0	893.3	894.3
三　明	916.2	907.8	904.3	900.7	900.8	901.5	900.1	898.7	906.5	909.4	909.0	908.9
莆　田	835.1	858.9	842.2	856.7	826.6	830.7	848.3	811.5	783.7	814.1	782.6	772.1
龙　岩	1057.7	1087.7	1105.8	1118.1	1091.5	1052.5	1027.4	1027.0	1026.9	1027.0	1027.3	1025.9
泉　州	1083.9	1086.2	1078.6	1079.4	1085.0	1094.6	1089.7	1084.7	1087.8	1082.2	1081.3	1075.0
漳　州	1260.2	1251.9	1234.4	1245.9	1255.4	1274.9	1286.7	1289.4	1308.0	1340.0	1342.1	1346.7
厦　门	1397.1	1398.5	1404.0	1406.6	1406.7	1427.8	1428.1	1440.5	1482.2	1500.2	1525.5	1532.2
西　安	940.4	939.4	940.2	941.3	946.4	954.1	967.4	969.1	968.9	969.8	967.2	966.9

续表

城 市	1月	2月	3月	4月	5月	6月	7月	8月	9月	10月	11月	12月
榆 林	988.9	997.7	996.0	994.4	993.0	991.5	990.4	989.3	988.3	987.3	987.2	986.2
延 安	969.4	979.5	979.2	978.9	978.5	978.3	978.2	978.1	979.0	979.1	979.0	975.1
铜 川	1076.1	1060.8	1060.6	1060.4	1059.8	1059.6	1059.4	1059.2	1059.0	1058.8	1058.7	1058.6
渭 南	1053.9	1052.5	1052.7	1049.9	1050.0	1049.9	1049.8	1049.7	1026.1	1026.2	1026.1	1025.9
宝 鸡	1020.3	1018.4	1018.1	1017.9	1018.2	1018.1	1017.9	1017.7	1017.6	1017.7	1017.9	1018.1
咸 阳	1013.9	1020.7	1024.0	1025.0	1024.5	1022.0	1021.8	1021.6	1021.8	1022.0	1022.2	1022.3
商 洛	1019.0	1015.7	1015.6	1015.1	1015.2	1015.1	1015.0	1014.9	1010.1	1010.2	1010.3	1010.4
汉 中	1056.4	1042.2	1041.9	1041.7	1041.5	1041.7	1041.9	1042.1	1041.9	1042.1	1042.3	1042.4
安 康	1025.9	1015.6	1015.5	1015.6	1015.9	1016.0	1016.1	1016.0	1015.9	1016.0	1016.1	1016.3
广 州	1171.3	1173.9	1175.8	1179.5	1186.4	1195.0	1221.4	1233.9	1255.6	1265.5	1273.8	1289.3
韶 关	1058.1	1068.9	1112.1	1073.1	1089.4	1067.9	1045.4	1029.1	1049.4	1052.7	1046.9	1031.2
梅 州	1179.8	1195.7	1236.6	1206.7	1220.2	1218.7	1211.3	1226.8	1192.0	1195.2	1170.2	1202.1
河 源	1037.3	1062.2	1039.3	1054.2	1031.9	1052.6	1027.9	1065.5	1037.1	1029.4	1039.2	1024.4
清 远	1143.6	1147.7	1150.9	1153.8	1154.2	1158.1	1158.6	1169.9	1170.1	1168.8	1166.4	1162.2
潮 州	1012.3	1033.1	1023.9	986.1	1004.4	1025.7	1058.6	1003.0	1013.5	988.8	1005.8	1036.7
揭 阳	1154.1	1167.8	1190.9	1213.4	1214.4	1229.0	1195.3	1220.2	1266.1	1302.7	1299.5	1316.4
汕 头	896.1	911.3	946.1	940.9	974.5	969.8	991.6	967.8	971.0	954.6	960.9	951.3
肇 庆	995.4	995.8	995.6	988.9	994.0	991.0	998.4	1013.9	1048.3	1057.9	1032.0	1029.6
惠 州	1128.6	1128.4	1128.4	1129.6	1129.7	1129.1	1127.6	1127.7	1125.4	1125.4	1125.6	1125.7
佛 山	1061.8	1064.9	1071.7	1069.2	1063.2	1071.4	1085.2	1106.4	1114.6	1141.7	1158.1	1173.0
东 莞	1183.8	1204.1	1198.9	1198.8	1217.2	1222.1	1250.3	1301.7	1292.0	1292.7	1307.5	1297.4
云 浮	1213.5	1234.8	1196.0	1217.8	1211.0	1224.2	1218.4	1247.8	1243.8	1263.0	1249.9	1234.6
汕 尾	826.5	837.9	856.4	858.2	860.0	829.6	839.4	879.9	893.6	875.9	892.4	884.5
江 门	1089.3	1119.0	1144.8	1169.2	1214.1	1189.2	1172.5	1120.0	1057.1	1095.2	1082.2	1057.5
中 山	1135.8	1131.6	1138.4	1136.6	1137.8	1135.8	1135.6	1136.5	1137.9	1147.2	1138.5	1143.2
深 圳	1126.3	1126.8	1129.6	1147.1	1172.4	1234.9	1331.7	1399.2	1457.7	1457.3	1496.3	1494.4
珠 海	850.2	844.6	837.0	836.7	842.3	832.4	856.5	835.1	822.4	843.5	828.2	813.4
阳 江	1161.8	1169.1	1166.1	1151.4	1132.2	1145.4	1165.7	1133.4	1094.6	1102.3	1096.2	1111.4
茂 名	1295.6	1291.1	1242.0	1273.4	1300.2	1317.3	1256.5	1210.4	1253.1	1252.2	1276.6	1269.7
湛 江	1173.1	1157.4	1144.4	1156.5	1144.9	1156.5	1158.3	1114.5	1062.7	1062.1	1082.5	1090.1
昆 明	907.1	912.1	930.6	931.1	937.0	943.3	946.6	948.0	954.2	965.5	977.2	990.9
昭 通	1235.7	1218.2	1239.5	1258.1	1274.9	1287.6	1290.2	1288.9	1291.5	1298.0	1291.5	1317.3
丽 江	1031.7	1050.8	1054.6	1060.6	1058.9	1057.9	1058.6	1069.3	1069.6	1070.2	1073.3	1076.8
曲 靖	1023.9	1035.1	1006.1	1016.2	1005.2	994.3	1006.2	998.2	1008.0	987.8	988.8	990.8
保 山	1257.1	1251.8	1280.6	1305.1	1287.7	1312.6	1349.4	1364.2	1385.6	1427.2	1412.9	1455.3
玉 溪	1117.2	1109.4	1095.5	1067.0	1076.6	1048.6	1068.5	1085.6	1104.8	1128.0	1135.9	1147.3
临 沧	1256.1	1253.6	1290.0	1326.6	1292.3	1310.5	1360.3	1386.1	1415.2	1441.4	1457.3	1464.6

续表

城　市	1月	2月	3月	4月	5月	6月	7月	8月	9月	10月	11月	12月
普　洱	1305.5	1301.2	1330.5	1359.3	1370.0	1320.7	1353.7	1369.9	1393.1	1414.0	1423.9	1435.3
呼和浩特	900.3	893.8	867.2	850.2	861.9	880.2	869.6	871.5	889.1	902.4	912.0	931.5
呼伦贝尔	1010.4	1017.0	1019.2	1013.7	1013.0	1012.9	1010.0	1008.4	1008.0	1006.7	1006.0	1002.8
通　辽	1070.9	1069.0	1042.3	1020.1	1020.0	1035.9	1011.2	1011.1	1035.8	1009.2	1009.1	1021.9
赤　峰	981.2	977.0	979.4	973.9	974.2	974.4	974.2	974.2	974.1	974.0	973.9	973.8
巴彦淖尔	988.8	1007.5	1017.2	1015.5	1015.0	1014.5	1014.1	1013.7	1011.9	1010.8	1010.3	1009.7
乌兰察布	1025.6	1024.3	1029.7	1026.9	1025.7	1025.0	1024.5	1023.8	1023.4	1022.9	1041.5	1038.0
包　头	1058.3	1056.6	1058.5	1057.7	1058.4	1058.2	1057.8	1055.9	1055.8	1055.2	1057.8	1060.8
鄂尔多斯	1019.7	1034.2	1039.1	1035.0	1034.1	1032.9	1029.9	1027.9	1027.2	1025.6	1025.0	1022.1
乌　海	1009.6	1009.4	1010.2	1009.0	1008.3	1008.1	1007.7	1007.3	1005.7	1004.7	1004.9	1003.8
长　沙	1087.4	1086.5	1079.6	1077.5	1079.1	1075.1	1085.8	1100.7	1101.5	1110.0	1119.8	1125.1
岳　阳	1158.5	1186.1	1156.4	1145.8	1139.4	1134.8	1129.0	1134.5	1151.5	1171.5	1181.2	1175.2
张家界	1044.0	1039.8	1050.2	1018.6	990.3	979.3	959.7	950.1	949.5	957.6	957.1	957.1
常　德	1037.6	1030.2	1050.8	1018.5	1007.2	1001.6	992.8	1002.6	1022.5	1032.5	1037.9	1043.1
益　阳	1132.8	1143.9	1121.0	1111.7	1099.3	1105.4	1116.7	1126.5	1096.2	1116.0	1122.8	1117.1
湘　潭	1100.4	1114.7	1103.6	1070.2	1064.3	1064.2	1064.4	1074.8	1059.1	1079.8	1104.3	1109.8
株　洲	1229.9	1225.2	1242.3	1184.4	1180.8	1190.5	1218.8	1236.0	1242.5	1233.0	1272.1	1284.7
娄　底	970.4	982.3	982.2	954.3	959.6	943.6	926.0	918.8	905.2	897.4	888.3	897.2
怀　化	1030.1	1042.3	1031.9	1054.3	1060.2	1054.3	1045.0	1035.8	1029.8	1029.9	1039.4	1029.0
邵　阳	1078.5	1091.2	1080.3	1059.9	1048.1	1030.6	1001.8	983.1	980.1	999.4	1008.8	1003.6
衡　阳	984.7	994.4	964.6	966.7	966.7	972.1	980.0	991.6	1008.1	998.2	985.4	980.5
永　州	1098.9	1091.2	1102.1	1061.7	1049.9	1038.2	1017.5	1017.4	1006.2	1006.4	1012.8	1017.8
郴　州	1307.0	1284.6	1297.4	1364.6	1334.3	1289.8	1238.2	1238.1	1228.1	1238.9	1262.3	1255.9
乌鲁木齐	1153.5	1164.9	1138.6	1119.8	1104.6	1102.9	1096.3	1095.6	1081.9	1116.8	1066.7	1010.0
克拉玛依	1353.6	1334.8	1324.8	1308.1	1298.6	1287.0	1295.4	1306.4	1271.8	1289.0	1256.9	1243.7
太　原	1133.2	1137.1	1146.9	1127.5	1110.3	1107.4	1111.2	1109.1	1105.1	1105.0	1099.3	1098.4
大　同	1129.3	1126.6	1126.8	1096.1	1100.6	1139.6	1132.8	1134.6	1165.7	1169.5	1180.0	1176.7
朔　州	1078.0	1070.7	1067.9	1065.8	1063.1	1061.7	1059.9	1058.0	1057.3	1057.0	1051.1	1046.6
忻　州	956.7	972.7	976.5	966.9	967.0	967.1	967.0	967.0	969.5	969.6	970.2	970.7
阳　泉	1017.6	1015.3	1013.1	1014.6	1014.2	1012.1	1011.8	1010.9	1010.6	1010.5	1010.0	1009.6
晋　中	1057.4	1057.4	1057.9	1047.1	1047.4	1046.7	1046.3	1046.0	1045.6	1045.1	1043.5	1042.2
吕　梁	932.6	943.1	946.2	950.4	950.6	950.7	950.8	950.7	953.1	953.4	951.4	950.0
长　治	1017.2	1033.1	1026.8	1047.3	1045.5	1042.9	1042.8	1041.6	1041.0	1039.5	1060.3	1075.8
临　汾	1020.2	1039.8	1039.7	1016.8	1028.9	1051.7	1054.8	1054.1	1030.7	1052.2	1029.8	1030.0
晋　城	1014.6	1014.1	1013.7	1013.4	1014.3	1014.0	1013.8	1013.8	1015.1	1014.9	1013.5	1012.4
运　城	1100.2	1115.5	1115.4	1150.0	1149.9	1174.5	1171.7	1167.4	1164.4	1160.1	1159.9	1154.1
哈尔滨	993.3	993.1	986.6	993.3	987.8	992.7	997.5	984.8	987.4	986.8	984.0	979.3

续表

城　市	1月	2月	3月	4月	5月	6月	7月	8月	9月	10月	11月	12月
黑　河	1138.7	1134.3	1128.6	1130.9	1135.4	1139.4	1142.9	1145.2	1146.9	1149.2	1147.0	1145.9
伊　春	1175.1	1159.2	1155.7	1156.9	1159.2	1162.1	1165.2	1167.9	1169.0	1171.0	1169.0	1163.7
齐齐哈尔	1122.3	1131.7	1140.8	1144.2	1143.1	1144.2	1145.9	1144.6	1156.0	1161.9	1167.4	1170.3
鹤　岗	1064.2	1059.9	1062.0	1059.3	1067.6	1075.9	1074.7	1076.2	1077.3	1077.9	1078.9	1077.9
佳木斯	1021.9	1042.8	1050.5	1057.9	1056.1	1055.9	1055.4	1054.9	1054.8	1054.5	1054.2	1051.7
双鸭山	993.8	1003.9	1013.9	1010.4	1019.4	1028.5	1029.5	1031.0	1032.6	1034.0	1032.5	1031.7
绥　化	1218.5	1201.7	1192.1	1204.0	1207.6	1210.0	1212.4	1215.1	1217.5	1220.0	1222.5	1219.4
大　庆	995.7	1002.3	1005.7	1006.4	1005.8	1005.3	1005.0	1004.7	1005.0	1007.3	1006.1	1007.7
七台河	1026.2	1018.8	1008.6	1012.1	1014.1	1015.1	1013.6	1015.6	1017.4	1018.4	1016.9	1005.8
鸡　西	998.6	1010.7	1007.7	1001.5	1009.5	1014.5	1019.6	1021.0	1022.2	1024.4	1022.6	1021.8
牡丹江	1082.9	1099.6	1093.5	1093.4	1104.2	1114.0	1129.4	1117.4	1132.3	1128.8	1165.4	1184.9
淄　博	990.4	990.0	990.7	990.9	991.3	990.1	1008.8	1000.7	1016.7	1024.8	1010.7	980.0
潍　坊	1016.3	1008.7	1009.2	1009.0	1008.9	1008.1	1007.3	1006.6	1006.5	1006.1	1005.7	1005.0
聊　城	1114.0	1110.6	1112.9	1112.6	1113.9	1111.8	1108.7	1106.8	1106.4	1105.0	1103.7	1099.6
泰　安	1043.2	1057.7	1059.5	1057.3	1061.4	1061.0	1059.3	1053.1	1047.5	1042.8	1037.5	1041.3
莱　芜	1093.9	1082.8	1081.4	1083.7	1084.1	1082.6	1080.6	1068.9	1063.8	1057.9	1050.8	1056.9
青　岛	1015.9	1021.3	1028.4	1028.9	1032.9	1040.5	1048.4	1054.6	1069.4	1077.2	1074.4	1069.9
日　照	1078.2	1065.6	1066.1	1066.2	1066.4	1066.0	1079.0	1090.0	1080.8	1066.7	1060.2	1063.0
济　宁	1159.4	1173.6	1173.1	1174.6	1169.8	1168.9	1172.1	1175.3	1174.9	1176.3	1174.9	1176.0
菏　泽	1220.4	1217.8	1215.2	1212.6	1210.1	1207.6	1203.1	1199.6	1198.2	1195.5	1192.9	1189.4
临　沂	1315.0	1304.9	1301.9	1310.9	1306.8	1304.8	1300.2	1307.6	1297.7	1293.5	1290.8	1275.1
枣　庄	1251.2	1266.9	1272.5	1277.6	1274.2	1272.7	1269.9	1267.4	1261.6	1257.4	1253.2	1250.3
济　南	1137.4	1132.6	1130.8	1138.6	1156.7	1158.4	1169.6	1173.6	1175.0	1169.5	1167.8	1177.8
德　州	1107.2	1100.8	1100.6	1099.9	1097.3	1093.9	1080.3	1089.3	1091.9	1092.1	1095.1	1089.5
滨　州	1135.0	1130.7	1128.0	1124.8	1119.4	1119.0	1118.6	1118.5	1113.5	1110.9	1108.3	1112.5
东　营	979.1	978.5	978.4	978.0	978.2	978.4	959.6	965.5	967.8	965.8	963.7	987.0
烟　台	1042.7	1052.3	1046.4	1037.8	1041.7	1045.0	1045.8	1058.6	1068.1	1078.6	1089.2	1092.5
威　海	1011.9	1006.7	1000.4	1000.2	1000.6	1000.2	1000.1	999.4	999.8	1000.0	997.9	990.0
武　汉	1193.9	1189.0	1216.3	1233.8	1205.5	1238.8	1290.8	1267.2	1278.1	1295.2	1310.3	1320.5
十　堰	952.7	972.8	1004.9	1052.4	1042.8	1033.3	1009.0	1019.4	1050.4	1024.7	1032.5	1040.9
襄　阳	1163.3	1179.5	1209.5	1236.0	1214.0	1203.3	1215.9	1177.1	1213.0	1174.5	1210.4	1165.1
随　州	1175.0	1173.8	1219.6	1245.0	1227.9	1194.7	1147.2	1101.5	1129.8	1117.6	1120.1	1106.5
荆　门	1376.8	1359.9	1304.6	1257.4	1282.0	1313.8	1314.9	1257.2	1282.7	1232.0	1237.3	1256.0
孝　感	1133.5	1126.5	1105.1	1130.0	1148.0	1165.2	1178.3	1170.6	1186.3	1145.2	1179.2	1166.1
宜　昌	1108.0	1111.9	1127.7	1124.5	1116.8	1126.1	1128.6	1131.8	1145.7	1162.0	1164.5	1164.8

续表

城　市	1月	2月	3月	4月	5月	6月	7月	8月	9月	10月	11月	12月
黄　冈	1002. 4	1017. 4	1027. 9	1015. 2	1026. 0	1033. 8	1032. 5	989. 9	1010. 8	983. 0	988. 4	999. 8
鄂　州	1084. 5	1107. 9	1063. 8	1054. 3	1075. 3	1089. 4	1117. 4	1130. 6	1172. 3	1184. 6	1212. 0	1231. 5
荆　州	1018. 9	1013. 5	989. 1	1013. 6	1011. 3	1004. 8	997. 5	958. 9	985. 1	963. 5	965. 9	976. 0
黄　石	1192. 8	1185. 8	1176. 4	1167. 2	1156. 8	1151. 1	1142. 1	1115. 4	1083. 7	1055. 0	1090. 1	1063. 2
咸　宁	983. 9	983. 0	963. 2	986. 9	976. 0	955. 1	955. 5	944. 5	954. 3	944. 6	952. 7	962. 8
长　春	1044. 6	1042. 6	1048. 1	1041. 9	1036. 4	1041. 6	1047. 6	1056. 1	1062. 4	1064. 7	1070. 6	1076. 9
白　城	1128. 0	1134. 8	1132. 3	1124. 6	1125. 2	1125. 0	1125. 6	1127. 3	1130. 6	1132. 7	1133. 3	1133. 0
松　原	998. 5	996. 4	995. 9	997. 7	997. 8	998. 0	997. 8	997. 6	1008. 5	1028. 8	1028. 6	1028. 7
吉　林	1073. 9	1070. 9	1072. 9	1073. 2	1069. 8	1069. 6	1069. 0	1068. 4	1068. 8	1069. 4	1069. 0	1064. 5
四　平	1240. 5	1236. 9	1185. 1	1190. 2	1195. 4	1201. 9	1207. 2	1211. 3	1217. 8	1235. 3	1195. 9	1238. 1
辽　源	948. 4	954. 9	955. 7	956. 0	957. 0	957. 3	957. 6	958. 1	959. 3	965. 3	966. 6	925. 3
白　山	1278. 0	1254. 0	1248. 9	1246. 9	1240. 5	1209. 7	1207. 1	1260. 6	1240. 1	1205. 7	1207. 1	1208. 4
通　化	1083. 7	1071. 0	1070. 6	1070. 3	1069. 9	1068. 7	1068. 6	1080. 1	1091. 3	1113. 2	1112. 9	1110. 8
西　宁	1169. 9	1167. 7	1169. 0	1168. 8	1168. 6	1169. 9	1174. 9	1191. 8	1192. 4	1191. 5	1187. 0	1173. 7
拉　萨	1258. 0	1245. 0	1234. 5	1215. 5	1207. 4	1192. 3	1187. 8	1194. 1	1174. 4	1202. 0	1214. 7	1226. 2
海　口	1144. 4	1149. 7	1151. 5	1157. 6	1163. 0	1167. 5	1163. 5	1159. 8	1158. 4	1153. 6	1148. 0	1135. 2
三　亚	1064. 5	1070. 5	1077. 5	1068. 1	1067. 3	1065. 4	1058. 4	1049. 8	1047. 3	1039. 7	1033. 1	1033. 3
银　川	980. 4	977. 8	975. 2	979. 8	980. 0	980. 2	981. 7	982. 6	985. 0	986. 8	985. 1	978. 0
石嘴山	1104. 6	1095. 9	1095. 8	1093. 5	1091. 9	1091. 8	1090. 7	1089. 8	1089. 1	1088. 3	1087. 5	1086. 7
吴　忠	1068. 0	1046. 5	1046. 4	1062. 8	1062. 6	1062. 5	1062. 5	1062. 7	1083. 5	1083. 5	1083. 4	1082. 8
中　卫	1015. 2	1010. 3	1008. 1	1005. 8	1005. 2	1005. 1	1004. 2	1003. 6	1002. 9	1002. 2	1001. 5	1000. 8
固　原	1018. 4	1013. 0	1010. 1	1006. 9	1006. 8	1006. 6	1005. 5	1004. 9	1004. 5	1003. 9	1003. 4	1002. 9
兰　州	961. 0	963. 5	964. 0	959. 3	959. 1	960. 7	953. 9	953. 3	958. 1	964. 4	966. 3	972. 8
嘉峪关	1006. 7	1004. 4	1003. 2	1002. 1	1000. 9	1000. 7	1000. 0	999. 9	999. 7	999. 4	999. 2	999. 1
酒　泉	987. 6	983. 8	985. 6	985. 8	985. 7	985. 8	985. 9	986. 0	985. 8	985. 7	985. 6	985. 5
张　掖	1027. 4	1026. 7	1027. 2	1024. 4	1023. 9	1023. 4	1022. 2	1021. 0	1019. 8	1018. 6	1017. 4	1017. 1
金　昌	996. 4	991. 3	988. 7	986. 4	986. 3	986. 4	985. 8	986. 0	986. 3	986. 4	986. 6	986. 5
武　威	1009. 2	1008. 3	1009. 0	1007. 1	1006. 9	1006. 7	1006. 0	1005. 7	1004. 5	1003. 7	1002. 9	1000. 5
白　银	1008. 9	1008. 6	1008. 2	1007. 9	1007. 6	1007. 4	1007. 2	1006. 7	1006. 1	1005. 6	1005. 1	1004. 0
庆　阳	1000. 0	997. 8	996. 8	995. 9	996. 0	996. 1	995. 9	996. 0	995. 9	995. 8	995. 8	995. 7
平　凉	999. 9	998. 4	999. 2	999. 3	999. 2	999. 1	999. 1	999. 2	999. 1	999. 0	999. 0	998. 9
定　西	1013. 7	1011. 5	1010. 4	1009. 4	1009. 0	1008. 6	1008. 0	1007. 8	1008. 6	1008. 8	1008. 5	1007. 4
天　水	1000. 0	997. 1	998. 5	998. 6	998. 5	998. 6	998. 7	998. 8	998. 6	998. 5	998. 4	998. 3
陇　南	1005. 7	1005. 5	1005. 6	1005. 1	1004. 6	1004. 4	1004. 0	1003. 7	1003. 4	1003. 1	1002. 8	1001. 7
贵　阳	985. 2	993. 4	997. 1	1000. 6	1012. 3	1018. 0	1016. 9	1016. 1	1017. 5	1022. 4	1017. 3	1033. 2

续表

城 市	1 月	2 月	3 月	4 月	5 月	6 月	7 月	8 月	9 月	10 月	11 月	12 月
遵 义	1026. 2	1041. 2	1013. 9	1002. 7	1003. 2	994. 4	1008. 6	1020. 2	1011. 6	1003. 1	1001. 8	1003. 1
六盘水	1095. 3	1112. 0	1082. 8	1078. 5	1079. 0	1080. 3	1096. 7	1098. 0	1099. 3	1096. 7	1095. 7	1099. 3
安 顺	1029. 0	1024. 9	994. 3	1014. 8	995. 4	1007. 2	1011. 4	1018. 0	988. 9	989. 7	991. 3	977. 1
毕 节	906. 3	892. 5	893. 9	914. 5	892. 3	902. 6	898. 4	910. 2	906. 1	907. 6	909. 1	916. 9
铜 仁	1048. 4	1070. 3	1021. 7	1053. 4	1017. 8	1037. 6	1036. 4	1038. 2	1037. 6	1038. 5	1034. 9	1037. 6
成 都	1067. 1	1060. 0	1069. 3	1088. 8	1110. 0	1113. 9	1114. 0	1119. 0	1119. 9	1123. 9	1113. 9	1114. 7
广 元	1003. 8	1002. 5	1002. 7	1002. 5	1002. 7	1002. 5	1002. 8	1005. 5	1005. 0	1004. 6	1004. 2	1004. 0
巴 中	1050. 2	1069. 3	1063. 5	1063. 0	1057. 2	1051. 7	1046. 3	1040. 8	1035. 1	1029. 4	1024. 0	1018. 9
绵 阳	1050. 9	1049. 4	1046. 9	1042. 1	1041. 7	1041. 5	1041. 4	1039. 9	1039. 5	1038. 8	1038. 7	1038. 6
德 阳	969. 0	946. 7	946. 6	953. 4	953. 7	954. 0	931. 3	931. 9	976. 3	942. 0	936. 8	933. 4
达 州	1040. 6	1035. 3	1034. 1	1032. 7	1031. 5	1031. 2	1030. 0	1033. 1	1031. 8	1028. 6	1027. 5	1024. 7
南 充	1092. 6	1103. 2	1114. 5	1137. 1	1137. 0	1136. 9	1109. 8	1111. 2	1112. 9	1114. 7	1116. 7	1118. 8
遂 宁	999. 8	995. 3	994. 2	992. 9	991. 4	990. 1	988. 6	986. 9	985. 6	984. 0	982. 5	981. 2
广 安	1226. 8	1222. 6	1223. 5	1224. 2	1225. 2	1226. 3	1227. 2	1228. 3	1229. 7	1231. 3	1233. 4	1235. 7
资 阳	1249. 4	1235. 7	1237. 7	1239. 8	1242. 2	1244. 7	1247. 3	1249. 8	1252. 0	1253. 8	1255. 8	1258. 1
眉 山	952. 2	949. 3	948. 7	947. 4	947. 8	948. 0	948. 4	953. 0	956. 3	956. 6	958. 7	958. 6
雅 安	993. 3	991. 9	1014. 6	1017. 0	1018. 2	1026. 9	1029. 3	1032. 0	1043. 8	1055. 6	1056. 9	1058. 1
内 江	970. 5	982. 3	983. 6	961. 2	962. 4	962. 5	962. 8	972. 1	973. 3	973. 5	976. 3	976. 6
乐 山	1072. 3	1067. 1	1067. 0	1114. 0	1086. 2	1069. 2	1042. 5	1045. 1	1043. 6	1041. 7	1041. 0	1040. 6
自 贡	1024. 1	1019. 5	1021. 0	1023. 1	1024. 2	1017. 4	1012. 9	1017. 9	1018. 6	1017. 9	1016. 8	1015. 2
泸 州	1061. 6	1059. 2	1058. 5	1052. 4	1049. 9	1036. 8	1033. 2	1019. 5	1018. 0	1017. 9	1014. 1	1004. 1
宜 宾	981. 4	991. 5	1027. 9	1030. 7	1031. 4	1031. 3	1030. 0	1038. 0	1037. 2	1036. 9	1035. 2	1032. 6
攀枝花	1266. 3	1243. 0	1248. 7	1254. 3	1259. 9	1265. 7	1271. 6	1278. 0	1284. 3	1290. 7	1298. 4	1306. 3
南 宁	1115. 1	1113. 3	1111. 7	1116. 3	1118. 5	1121. 6	1128. 7	1132. 8	1142. 4	1138. 7	1142. 0	1149. 0
桂 林	1030. 9	1030. 6	993. 8	964. 7	944. 8	924. 8	898. 7	866. 5	834. 0	811. 9	806. 7	822. 8
河 池	1010. 8	1021. 1	985. 4	955. 8	934. 3	913. 3	880. 0	855. 5	825. 1	803. 1	775. 9	772. 5
贺 州	1069. 9	1051. 1	1017. 3	980. 1	945. 7	907. 5	869. 2	843. 8	814. 1	787. 2	760. 8	779. 9
柳 州	1090. 6	1083. 0	1114. 9	1129. 2	1122. 7	1118. 6	1112. 1	1110. 8	1090. 0	1080. 2	1110. 2	1125. 2
百 色	1086. 4	1080. 5	1038. 5	1004. 9	984. 2	962. 8	932. 6	906. 2	858. 1	825. 7	801. 8	811. 9
来 宾	1077. 4	1071. 0	1039. 0	1008. 3	984. 3	963. 3	936. 5	895. 5	860. 4	836. 4	824. 4	816. 4
梧 州	966. 2	980. 2	1000. 0	976. 0	983. 6	995. 3	999. 2	999. 1	991. 3	960. 9	978. 2	991. 5
贵 港	1058. 4	1055. 6	1018. 7	967. 2	937. 3	914. 7	882. 6	864. 2	832. 0	800. 6	798. 6	821. 1
玉 林	1090. 8	1082. 3	1032. 4	984. 1	954. 1	927. 6	892. 2	869. 3	837. 1	831. 1	788. 9	763. 9
崇 左	1096. 8	1095. 4	1095. 3	1063. 0	1056. 3	1052. 5	1025. 7	1023. 1	1023. 1	1025. 5	1042. 6	1024. 6
钦 州	1051. 9	1049. 0	1000. 5	966. 2	927. 1	895. 6	849. 9	811. 0	781. 2	760. 3	749. 4	762. 8
防城港	851. 3	859. 5	830. 4	807. 2	789. 1	770. 4	743. 7	722. 2	697. 3	673. 2	656. 2	668. 1
北 海	1084. 5	1095. 6	1106. 4	1116. 4	1079. 4	1081. 9	1064. 7	1055. 2	1052. 6	1030. 1	1027. 0	1026. 4

数据来源：中国房地产测评中心。
注：指数基期，2013 年 1 月 =1000。

表 2－82　　2015 年中国城市住房（二手房）价格 60 指数

城 市	1 月	2 月	3 月	4 月	5 月	6 月	7 月	8 月	9 月	10 月	11 月	12 月
全 国	1080.5	1079.9	1079.7	1079.6	1080.3	1083.3	1088.7	1093.7	1098.6	1102.0	1105.4	1109.7
北 京	1190.4	1191.9	1194.6	1198.0	1201.7	1205.6	1212.9	1219.5	1227.2	1245.1	1264.4	1287.9
上 海	1169.0	1170.7	1171.4	1174.5	1178.6	1193.8	1203.7	1209.6	1220.1	1236.2	1256.4	1281.1
重 庆	1117.3	1117.1	1117.7	1118.6	1120.9	1124.7	1128.4	1131.5	1134.8	1131.5	1128.4	1125.6
天 津	1085.7	1083.3	1082.4	1082.2	1084.2	1086.0	1087.8	1090.2	1091.6	1097.5	1102.9	1110.8
石家庄	1215.5	1215.9	1217.9	1219.4	1222.0	1222.5	1223.1	1225.1	1228.4	1231.1	1234.4	1237.0
唐 山	1039.2	1038.4	1038.1	1036.0	1034.1	1032.6	1030.1	1028.6	1028.0	1025.0	1021.6	1006.7
南 京	1184.4	1185.0	1186.7	1189.2	1192.1	1195.3	1199.4	1202.4	1206.3	1211.4	1216.0	1221.7
扬 州	1136.0	1137.0	1137.4	1138.1	1138.9	1139.0	1143.3	1147.4	1146.2	1141.7	1136.8	1135.9
常 州	1068.2	1067.1	1067.2	1067.4	1067.9	1066.7	1066.9	1067.6	1066.6	1068.0	1071.6	1071.8
无 锡	1059.1	1058.0	1056.0	1056.7	1057.9	1057.2	1056.3	1056.5	1054.8	1053.9	1052.5	1049.0
苏 州	1208.1	1208.3	1212.3	1212.9	1214.6	1216.7	1219.1	1223.2	1227.6	1235.4	1252.5	1276.8
徐 州	1073.0	1072.4	1071.7	1072.2	1072.4	1073.3	1073.5	1073.9	1072.0	1073.0	1067.8	1060.0
泰 州	1100.6	1100.0	1099.2	1099.0	1099.1	1097.9	1097.5	1097.8	1096.0	1092.2	1091.2	1089.5
杭 州	1029.7	1030.0	1030.5	1032.2	1031.0	1032.6	1033.3	1036.5	1039.0	1036.8	1034.1	1037.2
宁 波	1031.9	1026.8	1025.7	1023.7	1022.7	1019.4	1016.5	1014.0	1011.7	1013.5	1019.0	1026.2
广 州	1184.4	1185.3	1188.6	1192.5	1195.4	1196.9	1203.7	1207.1	1211.5	1221.5	1239.0	1255.0
佛 山	1084.6	1083.4	1081.7	1082.1	1083.0	1084.4	1084.7	1086.0	1087.4	1086.2	1088.8	1095.2
东 莞	1188.8	1185.5	1185.0	1185.2	1185.8	1186.8	1187.5	1188.5	1190.6	1188.7	1191.9	1197.4
深 圳	1155.6	1156.6	1160.2	1165.4	1171.6	1231.8	1305.4	1374.8	1431.4	1427.6	1437.4	1455.4
珠 海	1178.7	1180.5	1183.1	1184.3	1185.9	1188.8	1193.6	1198.6	1204.7	1211.2	1222.9	1242.6
合 肥	1098.5	1098.9	1101.3	1101.6	1103.4	1105.6	1107.5	1108.8	1110.8	1112.3	1118.7	1127.6
芜 湖	993.9	993.7	994.0	994.1	994.4	994.6	994.9	994.5	994.3	992.9	991.3	985.0
南 昌	1137.5	1135.7	1136.7	1137.8	1138.7	1140.1	1141.6	1144.8	1148.7	1146.4	1143.3	1147.3
赣 州	1008.4	1006.2	1005.7	1005.8	1005.6	1005.9	1006.4	1007.0	1005.9	1002.8	1000.2	998.7
郑 州	1089.7	1088.9	1090.9	1094.6	1096.1	1099.6	1102.6	1106.3	1107.9	1110.8	1113.9	1116.0
洛 阳	1057.2	1055.2	1055.5	1054.2	1052.8	1051.4	1050.6	1050.0	1049.7	1048.0	1047.7	1044.0
沈 阳	1041.1	1035.4	1032.9	1032.3	1031.5	1031.2	1029.6	1028.4	1026.6	1028.2	1025.7	1017.2
大 连	1013.5	1010.4	1008.9	1009.8	1010.9	1010.7	1010.0	1011.5	1012.7	1011.2	1010.0	1005.9
福 州	1154.6	1154.8	1155.6	1157.4	1159.0	1160.8	1162.9	1164.4	1165.6	1167.6	1172.8	1178.5

续表

城　市	1 月	2 月	3 月	4 月	5 月	6 月	7 月	8 月	9 月	10 月	11 月	12 月
厦　门	1204. 1	1205. 1	1206. 3	1206. 0	1205. 1	1206. 7	1209. 2	1213. 8	1218. 9	1220. 7	1224. 9	1231. 4
呼和浩特	1021. 9	1018. 1	1015. 4	1013. 5	1012. 5	1012. 1	1012. 6	1013. 4	1012. 8	1009. 4	1005. 8	1004. 5
包　头	902. 1	896. 4	891. 3	888. 5	886. 2	885. 2	884. 1	883. 9	883. 5	884. 1	882. 7	881. 6
长　沙	1005. 2	1003. 7	1003. 0	1001. 0	1000. 4	1000. 2	1000. 6	1001. 4	1002. 7	1000. 9	1002. 4	1006. 1
衡　阳	882. 7	880. 6	878. 9	877. 6	876. 1	874. 8	874. 3	874. 6	873. 9	873. 7	873. 3	875. 1
太　原	1077. 8	1077. 0	1076. 9	1076. 3	1076. 5	1077. 7	1079. 5	1081. 2	1083. 2	1082. 6	1081. 5	1085. 2
大　同	917. 7	912. 1	907. 6	903. 6	900. 8	898. 3	896. 3	894. 5	893. 0	894. 0	894. 5	895. 4
西　安	1065. 5	1065. 2	1064. 5	1062. 4	1061. 6	1061. 0	1057. 9	1054. 6	1053. 1	1052. 2	1046. 8	1039. 1
咸　阳	1004. 4	1004. 3	1005. 1	1005. 0	1004. 8	1004. 5	1004. 9	1005. 0	1003. 8	1001. 3	995. 6	991. 8
哈尔滨	1064. 0	1062. 3	1060. 2	1059. 5	1059. 4	1059. 6	1058. 7	1058. 3	1059. 1	1058. 0	1056. 3	1051. 4
齐齐哈尔	939. 9	937. 8	936. 5	935. 9	934. 7	934. 1	934. 4	933. 4	932. 7	932. 3	929. 1	926. 5
济　南	1115. 7	1116. 1	1116. 5	1119. 5	1122. 1	1123. 8	1124. 5	1122. 3	1123. 5	1125. 8	1127. 7	1125. 9
青　岛	1096. 8	1095. 3	1097. 5	1099. 5	1101. 4	1102. 9	1104. 8	1106. 2	1108. 0	1107. 6	1103. 0	1097. 1
武　汉	1139. 9	1139. 7	1141. 3	1144. 1	1146. 3	1149. 3	1154. 9	1159. 9	1164. 2	1171. 5	1177. 5	1182. 8
宜　昌	1150. 5	1148. 2	1147. 4	1145. 9	1144. 3	1143. 3	1142. 1	1140. 1	1142. 6	1144. 7	1146. 1	1143. 5
长　春	1160. 7	1158. 3	1154. 8	1152. 2	1150. 3	1148. 8	1147. 6	1146. 6	1147. 2	1146. 0	1144. 1	1141. 6
海　口	986. 8	984. 4	982. 7	982. 9	983. 4	983. 0	983. 5	983. 8	984. 5	982. 7	981. 3	980. 5
三　亚	1095. 3	1092. 8	1091. 7	1091. 0	1090. 0	1089. 1	1087. 7	1084. 8	1085. 5	1084. 0	1085. 8	1077. 6
银　川	1058. 8	1056. 9	1056. 6	1056. 0	1055. 7	1056. 1	1055. 0	1055. 1	1053. 9	1055. 2	1054. 4	1049. 9
兰　州	1134. 2	1132. 8	1132. 1	1131. 7	1130. 9	1130. 0	1129. 0	1127. 4	1126. 8	1126. 0	1123. 9	1119. 0
天　水	931. 0	928. 7	926. 7	924. 7	923. 3	921. 8	921. 0	920. 0	918. 8	916. 7	913. 8	911. 5
贵　阳	1033. 8	1030. 0	1031. 3	1030. 4	1030. 6	1030. 4	1029. 8	1028. 4	1028. 1	1028. 3	1029. 4	1028. 8
成　都	1129. 4	1128. 4	1127. 1	1126. 2	1126. 0	1126. 7	1128. 5	1131. 4	1135. 0	1136. 7	1135. 3	1133. 4
绵　阳	963. 3	961. 7	961. 2	961. 0	960. 4	960. 9	961. 6	961. 3	959. 5	956. 0	953. 6	952. 3
南　宁	1111. 2	1108. 9	1109. 4	1110. 2	1112. 1	1111. 2	1112. 5	1113. 4	1114. 1	1113. 3	1117. 6	1124. 2
柳　州	1069. 2	1067. 7	1068. 5	1068. 4	1067. 8	1068. 0	1068. 4	1069. 0	1068. 2	1065. 2	1062. 5	1059. 9
北　海	940. 9	938. 0	935. 0	931. 7	929. 0	927. 0	926. 2	925. 9	925. 1	925. 3	926. 9	932. 6
昆　明	1030. 1	1028. 8	1027. 8	1028. 5	1030. 1	1028. 6	1029. 8	1031. 5	1031. 8	1030. 1	1028. 0	1024. 6
乌鲁木齐	1440. 3	1434. 2	1428. 9	1424. 8	1422. 8	1421. 1	1419. 6	1418. 6	1417. 9	1419. 6	1420. 8	1424. 6
西　宁	1037. 8	1037. 3	1037. 1	1037. 2	1037. 5	1038. 0	1038. 8	1039. 5	1039. 0	1037. 7	1036. 5	1032. 8
拉　萨	1182. 6	1178. 9	1174. 7	1170. 9	1168. 1	1166. 9	1166. 2	1165. 7	1165. 4	1164. 7	1165. 7	1160. 6

数据来源：中国房地产测评中心。
注：指数基期：2013 年 1 月 =1000。

十、全国财政收入情况

表 2－83　　2011—2015 年全国财政收入情况

单位：亿元

	2011 年	2012 年	2013 年	2014 年	2015 年
全国一般公共财政收入	103740	117254	129210	140370	152217
中央一般公共财政收入	51306	56175	60198	64493	69234
地方一般公共财政收入（本级）	52547	61078	69011	75877	82983
税收收入	89720	100614	110531	119175	124892
#房地产营业税	—	4051	5411	5627	6104
#房地产企业所得税	—	—	2850	2961	2871
#房产税	1102	1372	1582	1852	—
#契税	2764	2874	3844	4001	3899
#土地增值税	2063	2719	3294	3915	3832
#耕地占用税	1075	1621	1808	2059	2097
#城镇土地使用税	1222	1542	1719	1993	2142
全国政府性基金收入	41363	37535	52269	54114	42330
中央政府性基金收入	3131	3318	4238	4169	4112
地方政府性基金收入（本级）	38232	34217	48030	50006	38218
国有土地使用权出让收入	33173	28518	41266	42606	33658

数据来源：财政部。

表 2－84　　2011—2015 年全国各地区公共财政收入情况

单位：亿元

	2011 年	2012 年	2013 年	2014 年	2015 年
地方合计	**52547.11**	**61078.29**	**69011.16**	**75876.58**	**82976.18**
北　京	3006.28	3314.93	3661.11	4027.16	4723.90
天　津	1455.13	1760.02	2079.07	2390.35	2666.99
河　北	1737.77	2084.28	2295.62	2446.62	2648.50
辽　宁	2643.15	3105.38	3343.81	3192.78	2125.60
上　海	3429.83	3743.71	4109.51	4585.55	5519.50
江　苏	5148.91	5860.69	6568.46	7233.14	8028.59
浙　江	3150.80	3441.23	3796.92	4122.02	4809.53
福　建	1501.51	1776.17	2119.45	2362.21	2544.08
山　东	3455.93	4059.43	4559.95	5026.83	5529.26
广　东	5514.84	6229.18	7081.47	8065.08	9364.76
海　南	340.12	409.44	481.01	555.31	627.70

续表

	2011 年	2012 年	2013 年	2014 年	2015 年
山 西	1213. 43	1516. 38	1701. 62	1820. 64	1642. 21
吉 林	850. 10	1041. 25	1156. 96	1203. 38	1229. 30
黑龙江	997. 55	1163. 17	1277. 40	1301. 31	1165. 20
安 徽	1463. 56	1792. 72	2075. 08	2218. 44	2454. 20
江 西	1053. 43	1371. 99	1621. 24	1881. 83	2165. 50
河 南	1721. 76	2040. 33	2415. 45	2739. 26	3009. 60
湖 北	1526. 91	1823. 05	2191. 22	2566. 90	3021. 70
湖 南	1517. 07	1782. 16	2030. 88	2262. 79	2513. 10
内蒙古	1356. 67	1552. 75	1720. 98	1843. 67	1963. 50
广 西	947. 72	1166. 06	1317. 60	1422. 28	1515. 08
重 庆	1488. 33	1703. 49	1693. 24	1922. 02	2155. 10
四 川	2044. 79	2421. 27	2784. 10	3061. 07	3329. 10
贵 州	773. 08	1014. 05	1206. 41	1366. 67	1503. 35
云 南	1111. 16	1338. 15	1611. 30	1698. 06	1808. 10
西 藏	54. 76	86. 58	95. 02	124. 27	137. 13
陕 西	1500. 18	1600. 69	1748. 33	1890. 40	2059. 90
甘 肃	450. 12	520. 40	607. 27	672. 67	743. 90
青 海	151. 81	186. 42	223. 86	251. 68	267. 10
宁 夏	219. 98	263. 96	308. 34	339. 86	373. 70
新 疆	720. 43	908. 97	1128. 49	1282. 34	1331. 00

数据来源：财政部及地方财政厅/局。

表 2 -85　　2010—2014 年全国各地区房产税收入情况

单位：亿元

	2010 年	2011 年	2012 年	2013 年	2014 年
地方合计	**894. 07**	**1102. 39**	**1372. 49**	**1581. 50**	**1851. 64**
北 京	83. 83	99. 40	110. 72	122. 54	140. 22
天 津	25. 28	30. 61	40. 02	48. 53	65. 86
河 北	21. 27	28. 23	35. 67	41. 32	47. 18
辽 宁	45. 91	55. 87	64. 17	72. 35	82. 20
上 海	62. 30	73. 66	92. 56	93. 05	99. 95
江 苏	92. 11	121. 39	160. 88	192. 84	228. 73
浙 江	71. 97	99. 19	126. 94	134. 11	158. 43
福 建	31. 74	40. 67	38. 83	65. 65	61. 91
山 东	64. 65	74. 02	100. 83	111. 75	122. 49

续表

	2010 年	2011 年	2012 年	2013 年	2014 年
广　东	122. 44	145. 40	175. 42	198. 63	233. 89
海　南	5. 39	7. 06	8. 90	10. 34	12. 52
山　西	13. 50	15. 53	19. 98	25. 86	34. 29
吉　林	13. 60	16. 26	19. 97	22. 89	23. 96
黑龙江	18. 03	20. 74	21. 50	24. 07	27. 62
安　徽	17. 62	23. 09	29. 85	31. 54	38. 64
江　西	9. 13	11. 35	15. 86	21. 49	27. 71
河　南	22. 77	26. 13	33. 96	38. 78	45. 91
湖　北	18. 83	22. 37	29. 28	34. 70	43. 83
湖　南	17. 92	22. 46	29. 85	33. 34	40. 08
内蒙古	18. 47	23. 35	26. 61	31. 87	38. 39
广　西	11. 65	14. 26	17. 35	21. 18	23. 56
重　庆	14. 02	20. 89	27. 43	31. 40	40. 37
四　川	26. 05	33. 91	45. 28	52. 95	65. 80
贵　州	8. 41	9. 73	11. 60	17. 13	23. 43
云　南	17. 18	18. 08	24. 66	28. 86	34. 53
西　藏	—	—	—	—	—
陕　西	15. 35	20. 04	27. 00	30. 34	37. 61
甘　肃	8. 36	8. 96	11. 17	13. 00	14. 28
青　海	1. 58	1. 99	3. 20	3. 79	5. 37
宁　夏	2. 35	3. 07	4. 19	6. 64	8. 30
新　疆	12. 35	14. 67	18. 82	20. 56	24. 57

数据来源：财政部。

表 2－86　　2010—2014 年全国各地区契税收入情况

单位：亿元

	2010 年	2011 年	2012 年	2013 年	2014 年
地方合计	**2464. 85**	**2765. 73**	**2874. 01**	**3844. 02**	**4000. 70**
北　京	134. 27	136. 17	126. 58	177. 49	192. 52
天　津	70. 87	80. 05	79. 54	100. 21	96. 40
河　北	79. 65	84. 78	88. 11	111. 92	114. 84
辽　宁	152. 94	209. 84	217. 47	235. 55	163. 84
上　海	173. 58	180. 67	145. 96	215. 07	214. 33
江　苏	324. 72	319. 78	332. 84	383. 75	401. 69
浙　江	227. 94	234. 17	192. 72	254. 20	267. 09

续表

	2010 年	2011 年	2012 年	2013 年	2014 年
福　建	77.09	93.66	77.58	118.19	126.66
山　东	193.51	202.48	191.37	265.60	273.67
广　东	235.51	238.44	271.83	372.50	419.91
海　南	16.78	18.18	41.45	33.95	37.42
山　西	10.50	18.49	18.58	39.55	46.82
吉　林	31.53	49.98	62.59	80.81	78.00
黑龙江	34.46	52.77	42.42	55.17	55.05
安　徽	95.91	100.27	117.09	187.89	195.66
江　西	70.59	78.04	95.07	124.56	130.62
河　南	88.98	98.06	120.21	185.29	142.01
湖　北	54.61	72.74	85.00	125.70	145.89
湖　南	67.47	78.07	89.34	119.61	148.46
内蒙古	27.91	36.93	34.98	50.55	45.85
广　西	41.18	45.35	54.07	73.12	75.24
重　庆	54.65	76.32	84.95	112.40	128.96
四　川	97.94	109.46	118.04	174.97	211.83
贵　州	13.98	23.91	33.00	41.42	66.93
云　南	32.53	54.90	59.19	69.16	60.96
西　藏	—	—	—	—	—
陕　西	24.13	29.17	42.43	62.71	80.27
甘　肃	5.98	8.82	9.76	14.62	19.06
青　海	1.44	2.32	3.10	4.26	7.66
宁　夏	8.94	10.03	12.51	15.88	16.03
新　疆	15.26	21.86	26.22	37.91	37.04

数据来源：财政部。

表 2-87　　2010—2014 年全国各地区土地增值税收入情况

单位：亿元

	2010 年	2011 年	2012 年	2013 年	2014 年
地方合计	**1278.29**	**2062.61**	**2719.06**	**3293.91**	**3914.68**
北　京	85.86	121.29	132.07	187.24	214.33
天　津	24.39	47.44	58.79	81.89	117.04

续表

	2010 年	2011 年	2012 年	2013 年	2014 年
河　北	32.47	53.27	69.72	100.38	116.09
辽　宁	77.59	128.80	190.38	190.21	177.57
上　海	96.96	168.22	233.10	197.37	266.18
江　苏	170.36	256.97	317.17	405.79	444.89
浙　江	106.70	148.05	149.73	186.53	205.72
福　建	62.81	99.92	136.00	182.28	213.37
山　东	66.19	105.67	145.21	205.91	257.74
广　东	189.79	295.21	408.01	417.51	505.90
海　南	21.23	37.83	41.84	56.01	75.22
山　西	4.65	9.71	15.33	24.74	30.92
吉　林	11.25	25.21	35.88	40.41	48.47
黑龙江	8.64	22.59	41.53	49.37	65.40
安　徽	30.22	51.98	70.06	91.15	96.67
江　西	25.72	37.33	52.28	80.25	113.84
河　南	37.96	58.44	70.35	97.03	132.51
湖　北	30.54	62.85	92.66	137.39	174.07
湖　南	19.54	40.61	58.71	74.39	76.75
内蒙古	20.56	30.57	35.00	49.04	51.29
广　西	22.27	33.99	59.30	65.16	68.30
重　庆	29.80	61.47	79.06	80.73	96.22
四　川	47.78	76.55	96.78	127.40	150.53
贵　州	11.98	13.76	19.07	29.41	64.64
云　南	14.36	30.09	43.80	46.10	43.86
西　藏	0.13	0.36	0.34	0.64	1.06
陕　西	15.43	22.19	37.03	46.01	50.07
甘　肃	3.02	5.46	6.76	10.16	14.35
青　海	0.45	0.68	1.43	1.72	3.14
宁　夏	1.67	3.05	5.91	5.85	6.15
新　疆	7.99	13.05	15.77	25.86	32.40

数据来源：财政部。

表 2 – 88　　2010—2014 年全国各地区耕地占用税收入情况

单位：亿元

	2010 年	2011 年	2012 年	2013 年	2014 年
地方合计	**888.64**	**1075.46**	**1620.71**	**1808.23**	**2059.05**
北　京	10.19	11.57	10.27	9.00	4.69
天　津	12.33	11.98	15.55	16.20	11.51
河　北	21.44	25.57	48.25	42.03	49.12
辽　宁	96.43	140.40	225.20	239.92	203.89
上　海	12.14	15.10	12.04	12.13	14.48
江　苏	58.98	54.33	57.96	42.91	34.74
浙　江	44.05	51.38	64.73	58.70	63.24
福　建	18.11	24.62	30.90	28.57	33.67
山　东	81.31	97.37	153.59	205.07	255.42
广　东	56.03	50.84	69.67	80.43	86.35
海　南	4.25	7.04	14.55	14.59	13.68
山　西	3.87	6.19	8.95	13.82	20.30
吉　林	11.58	39.69	59.63	66.13	56.98
黑龙江	15.76	17.80	17.91	20.64	22.74
安　徽	45.57	41.99	50.61	38.98	35.76
江　西	35.74	47.20	71.76	69.82	76.83
河　南	48.96	61.18	78.15	102.62	125.31
湖　北	56.25	50.63	69.29	80.39	107.32
湖　南	53.21	48.06	64.72	78.19	75.72
内蒙古	31.53	30.65	65.83	89.48	201.21
广　西	30.95	33.90	90.68	91.79	104.18
重　庆	30.31	44.36	52.86	36.93	38.26
四　川	36.17	48.79	80.84	87.42	107.95
贵　州	10.72	27.58	71.38	97.94	122.03
云　南	33.73	46.82	67.01	76.03	55.35
西　藏	0.12	0.28	0.15	0.29	0.34
陕　西	22.32	28.99	44.25	63.58	78.72
甘　肃	1.95	3.17	2.33	4.11	4.88
青　海	0.48	0.84	0.93	3.54	4.52
宁　夏	0.24	0.67	3.13	3.39	3.71
新　疆	3.93	6.49	17.58	33.61	46.16

数据来源：财政部。

表 2－89　　2010—2014 年全国各地区城镇土地使用税收入情况

单位：亿元

	2010 年	2011 年	2012 年	2013 年	2014 年
地方合计	**1004.01**	**1222.26**	**1541.71**	**1718.77**	**1992.62**
北　京	16.13	16.07	16.26	16.34	17.76
天　津	11.71	12.70	17.21	22.75	25.19
河　北	34.49	45.55	58.12	62.42	104.04
辽　宁	108.05	145.75	221.92	246.28	248.05
上　海	27.28	29.10	31.81	30.77	34.69
江　苏	104.57	125.73	149.25	163.44	176.06
浙　江	67.54	85.50	105.40	102.45	121.04
福　建	26.33	29.64	21.69	45.01	38.34
山　东	137.69	158.46	211.69	229.16	264.69
广　东	87.78	104.11	110.07	129.30	151.00
海　南	7.95	9.01	12.94	11.81	20.71
山　西	21.97	25.05	27.47	33.84	40.40
吉　林	19.45	22.76	31.61	27.64	33.07
黑龙江	28.91	43.97	47.42	47.65	49.65
安　徽	32.52	42.85	66.75	71.22	100.38
江　西	15.67	18.28	25.17	31.95	40.62
河　南	49.80	57.72	75.61	80.25	95.90
湖　北	21.38	24.12	30.65	36.25	44.92
湖　南	17.14	19.70	26.39	31.99	35.17
内蒙古	44.58	52.14	67.47	85.52	86.74
广　西	9.57	11.86	12.89	16.00	23.45
重　庆	18.50	25.21	30.77	44.21	63.36
四　川	34.08	41.60	50.75	54.05	61.11
贵　州	10.83	12.61	14.38	16.18	18.44
云　南	13.99	15.33	19.28	21.28	23.98
西　藏	—	0.56	0.58	0.25	0.16
陕　西	15.73	19.21	22.66	22.55	28.07
甘　肃	4.42	10.01	13.68	14.46	16.06
青　海	1.83	1.76	2.41	2.89	3.75
宁　夏	4.40	5.87	7.70	8.62	10.00
新　疆	9.73	10.01	11.73	12.25	15.83

数据来源：财政部。

表 2－90　　2011—2015 年中国地方财政收入和土地出让金比较

单位：亿元，%

	地方财政收入	增幅	土地出让金	增幅	出让金收入占地方财政收入比重
2011 年	52434	29.4	33173	10.2	63.3
2012 年	61078	16.2	28518	－14.0	46.7
2013 年	69011	12.9	41266	44.7	59.8
2014 年	75860	9.9	42606	3.2	56.2
2015 年	82983	9.4	33658	－21.6	40.6

数据来源：财政部。

表 2－91　　2015 年中国土地出让金收支情况

单位：亿元，%

	金额	同比		金额	同比
土地出让总收入	33657.73	－21.6	土地出让前期开发	6533.90	－29.0
#招拍挂和协议	29820.20	－22.4	其他成本性支出	2374.87	－32.7
#补缴	1455.18	－23.0	#非成本性支出	6883.19	－8.6
#划拨	1103.57	17.8	城市建设	3531.53	－13.1
#出租土地等其他	1278.78	－24.4	保障性安居工程	823.49	8.3
土地出让支出	33727.78	－18.5	其中：棚户区改造	308.54	66.5
#成本性支出	26844.59	－20.7	农业农村	2528.17	3.8
征地拆迁补偿	17935.82	－15.5	其中：教育	436.69	16.2

资料来源：国土资源部。

十一、全国住房公积金情况

表 2－92　　2014 年末全国公积金机构情况

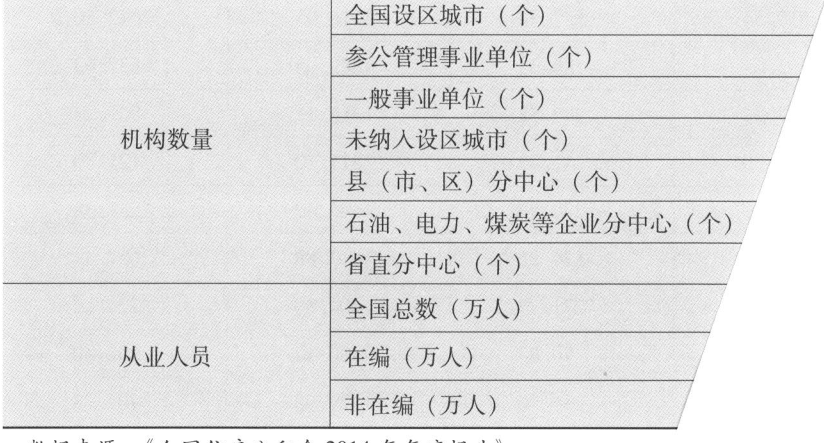

机构数量	全国设区城市（个）	342
	参公管理事业单位（个）	[illegible]
	一般事业单位（个）	[illegible]
	未纳入设区城市（个）	[illegible]
	县（市、区）分中心（个）	[illegible]
	石油、电力、煤炭等企业分中心（个）	[illegible]
	省直分中心（个）	[illegible]
从业人员	全国总数（万人）	[illegible]
	在编（万人）	[illegible]
	非在编（万人）	[illegible]

数据来源：《全国住房公积金 2014 年年度报告》。

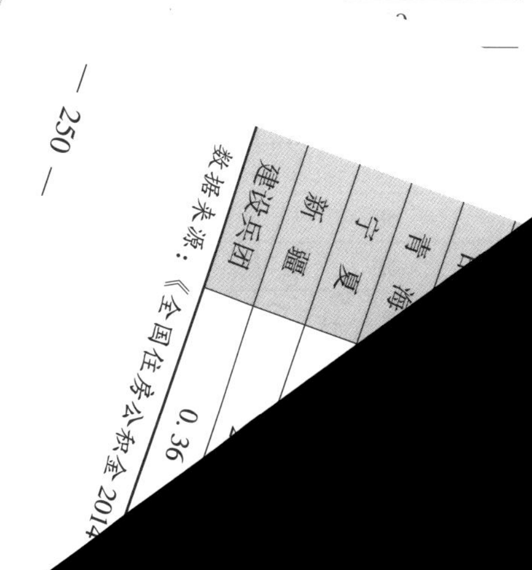

表 2－93　　**2014 年住房公积金缴存情况**

	实缴单位数（万个）	实缴职工数（万人）	全年缴存额（亿元）	缴存总额（亿元）	缴存余额（亿元）
全　国	**206.50**	**11877.39**	**12956.87**	**74852.68**	**37046.83**
北　京	10.03	571.39	1140.33	6605.12	2522.98
天　津	4.14	226.02	343.59	2189.81	954.35
河　北	5.83	494.81	393.98	2370.20	1324.47
辽　宁	7.61	463.03	574.66	3683.33	1846.27
上　海	21.01	662.84	786.87	5215.59	2452.08
江　苏	26.96	957.00	1039.87	5874.41	2675.52
浙　江	13.63	500.60	783.20	4874.66	2100.03
福　建	7.71	313.03	359.34	2136.36	970.92
山　东	10.81	777.88	706.60	4086.26	2198.50
广　东	20.88	1410.72	1440.72	7549.56	3179.06
海　南	1.73	86.28	79.55	396.68	229.74
山　西	4.16	400.40	263.92	1492.58	1025.36
吉　林	3.41	206.75	218.43	1355.10	749.58
黑龙江	3.18	289.91	279.19	1805.84	966.82
安　徽	4.90	342.40	457.49	2579.01	1156.93
江　西	3.93	221.15	216.76	1073.10	685.82
河　南	6.17	618.52	413.97	2300.51	1397.79
湖　北	5.73	425.75	407.65	2326.54	1383.06
湖　南	5.90	433.18	334.64	1826.45	1061.95
内蒙古	3.52	186.94	260.59	1380.27	901.48
广　西	4.56	241.45	244.49	1500.39	699.68
重　庆	2.64	223.91	231.60	1188.56	573.99
四　川	8.33	510.54	587.73	3116.05	1642.60
贵　州	3.12	201.68	186.33	889.05	537.63
云　南	3.99	247.51	286.82	1786.11	909.24
西　藏	0.35	21.00	41.77	211.10	121.89
陕　西	4.32	370.33	278.97	1645.47	937.38
[illegible]　肃	2.91	180.67	174.25	1013.88	637.44
[illegible]	0.89	42.84	71.77	404.80	224.22
[illegible]	0.85	52.85	70.87	430.17	202.40
[illegible]	[illegible].94	169.15	256.70	1427.98	707.73
[illegible]	[illegible]	26.86	24.22	117.74	69.92

[illegible]年年度报告》。

表 2 - 94　　2014 年住房公积金个人住房贷款情况

	全年发放笔数（万笔）	全年发放金额（亿元）	累计发放笔数（万笔）	累计发放额（亿元）	贷款余额（亿元）	个贷率（%）
全　国	**222. 51**	**6593. 02**	**2185. 85**	**42245. 30**	**25521. 94**	**68. 89**
北　京	4. 93	307. 97	75. 41	3069. 27	1871. 81	74. 19
天　津	5. 72	220. 59	69. 27	1664. 37	787. 37	82. 5
河　北	7. 45	178. 33	64. 28	1169. 72	791. 48	59. 76
辽　宁	11. 86	317. 75	116. 08	2082. 38	1263. 93	68. 46
上　海	12. 15	472. 20	195. 55	4095. 36	2012. 00	82. 05
江　苏	20. 63	621. 78	202. 18	4233. 57	2443. 67	91. 33
浙　江	10. 15	428. 08	122. 08	3082. 63	1779. 79	84. 75
福　建	5. 89	208. 55	69. 16	1375. 07	855. 96	88. 16
山　东	14. 16	370. 13	125. 61	2318. 36	1467. 51	66. 75
广　东	15. 70	607. 94	107. 52	2987. 74	2049. 83	64. 48
海　南	1. 72	47. 25	9. 37	190. 69	154. 06	67. 06
山　西	3. 99	92. 36	30. 22	391. 26	245. 02	23. 9
吉　林	4. 69	115. 46	44. 07	728. 72	475. 41	63. 42
黑龙江	4. 94	121. 21	58. 60	941. 77	513. 22	53. 08
安　徽	9. 47	241. 85	79. 78	1383. 48	916. 54	79. 22
江　西	4. 63	134. 73	44. 47	700. 93	423. 59	61. 76
河　南	10. 03	231. 37	68. 42	1176. 30	805. 64	57. 64
湖　北	9. 38	273. 80	77. 27	1459. 34	940. 36	67. 99
湖　南	7. 41	181. 95	80. 18	1171. 46	740. 58	69. 74
内蒙古	5. 79	147. 20	71. 55	911. 91	490. 90	54. 45
广　西	4. 84	114. 99	41. 88	677. 95	460. 85	65. 87
重　庆	3. 88	129. 21	33. 00	706. 32	536. 33	93. 44
四　川	10. 82	272. 64	86. 78	1542. 86	1061. 59	64. 63
贵　州	5. 31	124. 36	37. 64	614. 75	430. 50	80. 07
云　南	6. 29	163. 27	83. 51	1108. 34	593. 18	65. 24
西　藏	0. 56	20. 94	4. 14	85. 54	41. 80	34. 29
陕　西	4. 67	111. 33	40. 53	602. 87	409. 28	43. 66
甘　肃	5. 02	109. 21	47. 05	490. 48	281. 52	44. 16
青　海	1. 65	33. 22	18. 03	210. 43	84. 53	37. 7
宁　夏	1. 90	50. 04	18. 63	264. 16	121. 31	59. 94
新　疆	6. 54	136. 53	60. 22	768. 59	452. 50	63. 94
建设兵团	0. 34	6. 78	3. 37	38. 68	19. 88	28. 43

数据来源：《全国住房公积金 2014 年年度报告》。

表 2－95　　2014 年住房公积金试点项目贷款情况

	试点项目数（个）	全年发放额（亿元）	全年收回额（亿元）	累计发放额（亿元）	累计收回额（亿元）	贷款余额（亿元）
全　国	**439.00**	**143.21**	**172.76**	**775.80**	**324.94**	**450.86**
北　京	37.00	44.81	24.35	167.37	33.46	133.91
天　津	10.00	7.09	5.50	24.19	12.17	12.02
河　北	23.00	1.70	4.40	28.70	13.10	15.6
辽　宁	9.00	1.57	5.71	30.78	13.71	17.07
上　海	15.00	8.94	24.78	88.54	32.86	55.68
江　苏	6.00	2.36	0.24	9.92	3.24	6.68
浙　江	13.00	0.30	4.06	14.92	12.58	2.34
福　建	10.00	0.00	0.00	8.75	4.15	4.6
山　东	28.00	2.13	13.08	22.61	17.77	4.84
广　东	5.00	1.67	0.04	3.55	0.05	3.5
海　南	5.00	0.55	0.66	3.74	3.05	0.69
山　西	9.00	4.03	2.25	8.33	4.33	4
吉　林	12.00	0.80	1.34	14.60	11.34	3.26
黑龙江	5.00	1.64	13.50	46.14	33.00	13.14
安　徽	23.00	5.46	13.36	34.91	15.79	19.12
江　西	6.00	1.97	0.33	4.76	0.33	4.43
河　南	17.00	1.63	3.09	8.53	6.59	1.94
湖　北	6.00	0.00	1.78	5.20	2.88	2.32
湖　南	15.00	8.61	2.39	21.39	2.64	18.75
内蒙古	14.00	4.20	2.15	13.12	5.17	7.95
广　西	5.00	1.05	0.00	2.06	0.00	2.06
重　庆	12.00	0.00	15.50	30.00	19.00	11
四　川	38.00	5.28	7.30	31.49	14.27	17.22
贵　州	14.00	6.37	1.10	14.32	1.10	13.22
云　南	3.00	0.00	0.19	7.46	4.51	2.95
西　藏	—	—	—	—	—	—
陕　西	29.00	20.30	5.65	61.20	22.25	38.95
甘　肃	21.00	1.38	0.42	12.88	5.92	6.96
青　海	9.00	0.73	0.39	2.07	0.51	1.56
宁　夏	7.00	2.50	1.52	8.74	4.44	4.3
新　疆	32.00	5.20	17.68	41.59	24.73	16.86
建设兵团	1.00	0.94	0.00	3.94	0.00	3.94

数据来源：《全国住房公积金 2014 年年度报告》。

十二、2015 年房地产上市公司股票价格涨跌幅排名

表 2 – 96 沪市房地产企业股价涨跌幅排行榜

单位：元，%

排名	证券代码	证券简称	2014 年收盘价	2015 年收盘价	涨跌幅	最高价	最低价
1	600053	九鼎投资	8.50	58.71	590.71	77.58	8.33
2	600734	实达集团	5.05	24.32	381.58	25.05	4.90
3	600136	道博股份	14.17	62.36	340.08	75.00	14.15
4	600247	*ST 成城	5.57	16.17	190.31	38.45	5.29
5	600753	东方银星	13.32	34.20	156.76	42.10	12.86
6	600641	万业企业	6.20	15.79	154.68	19.58	5.23
7	600696	匹凸匹	8.16	20.04	145.59	25.51	7.45
8	600503	华丽家族	5.68	13.70	141.20	30.97	5.72
9	600385	山东金泰	11.95	27.42	129.46	38.07	11.06
10	600620	天宸股份	9.34	20.74	122.06	25.60	9.19
11	600193	创新资源	6.70	14.75	120.15	33.10	6.25
12	600647	同达创业	14.75	32.15	117.97	52.98	13.52
13	600895	张江高科	13.32	28.83	116.44	41.97	12.56
14	600240	华业资本	7.19	15.05	109.32	24.48	7.91
15	600515	海航基础	8.10	16.72	106.42	20.58	7.53
16	600622	嘉宝集团	8.28	16.99	105.19	19.95	7.36
17	600807	天业股份	8.89	17.31	94.71	33.55	7.70
18	600615	丰华股份	11.75	22.54	91.83	35.95	10.99
19	600736	苏州高新	5.77	11.00	90.64	17.47	5.15
20	600634	中技控股	12.01	21.57	79.60	39.00	11.20
21	600393	东华实业	7.09	12.53	76.73	17.85	6.79
22	600704	物产中大	10.38	17.62	69.75	43.01	11.42
23	600679	金山开发	11.66	18.61	59.61	28.50	10.25
24	600246	万通地产	4.84	7.60	57.02	7.99	4.13
25	600051	宁波联合	8.50	13.24	55.76	18.79	7.70
26	600158	中体产业	17.71	26.08	47.26	40.16	13.95
27	600743	华远地产	4.62	6.78	46.75	10.61	3.84
28	600133	东湖高新	8.35	12.10	44.91	17.47	5.76
29	600777	新潮实业	11.92	17.03	42.87	21.12	11.80
30	600683	京投银泰	7.59	10.84	42.82	15.00	6.00

续表

排名	证券代码	证券简称	2014 年收盘价	2015 年收盘价	涨跌幅	最高价	最低价
31	600173	卧龙地产	7. 03	10. 00	42. 25	13. 97	4. 57
32	600162	香江控股	6. 46	9. 11	41. 02	13. 75	5. 29
33	600175	美都能源	5. 15	7. 23	40. 39	12. 31	4. 14
34	600791	京能置业	6. 71	9. 38	39. 79	17. 78	5. 37
35	600684	珠江实业	7. 30	10. 14	38. 90	20. 96	6. 08
36	600846	同济科技	8. 65	11. 96	38. 27	18. 96	6. 68
37	600052	浙江广厦	6. 40	8. 83	37. 97	14. 98	5. 30
38	600533	栖霞建设	5. 00	6. 77	35. 40	10. 73	3. 95
39	600663	陆家嘴	37. 50	50. 14	33. 71	76. 45	31. 00
40	600159	大龙地产	4. 65	6. 17	32. 69	11. 19	3. 94
41	600325	华发股份	12. 34	16. 30	32. 09	24. 38	10. 43
42	600555	九龙山	6. 85	9. 02	31. 68	15. 20	6. 47
43	600665	天地源	5. 91	7. 69	30. 12	12. 80	4. 19
44	600724	宁波富达	5. 97	7. 57	26. 80	14. 83	4. 90
45	600606	绿地控股	12. 94	16. 33	26. 20	42. 98	11. 69
46	600376	首开股份	10. 08	12. 50	24. 01	21. 22	8. 56
47	600007	中国国贸	15. 29	18. 78	22. 83	21. 21	10. 67
48	600383	金地集团	11. 41	13. 80	20. 95	16. 68	8. 18
49	600113	浙江东日	12. 84	14. 82	15. 42	20. 83	7. 21
50	600225	天津松江	7. 31	8. 39	14. 77	16. 00	4. 62
51	600322	天房发展	4. 70	5. 36	14. 04	10. 08	3. 98
52	600675	中华企业	6. 86	7. 79	13. 56	15. 79	5. 73
53	601588	北辰实业	4. 73	5. 36	13. 32	9. 70	4. 01
54	600067	冠城大通	8. 10	8. 74	7. 90	15. 17	6. 42
55	600748	上实发展	12. 71	13. 42	5. 59	22. 89	9. 21
56	600064	南京高科	17. 99	18. 95	5. 34	35. 58	15. 21
57	600082	海泰发展	6. 87	7. 13	3. 78	12. 80	4. 44
58	600648	外高桥	32. 37	32. 15	-0. 68	52. 98	13. 52
59	600048	保利地产	10. 82	10. 64	-1. 66	15. 36	6. 95
60	600639	浦东金桥	23. 79	22. 39	-5. 88	36. 45	13. 69
61	600614	鼎立股份	13. 30	11. 63	-12. 56	35. 30	7. 15
62	600638	新黄浦	16. 27	14. 21	-12. 66	23. 98	9. 08
63	600657	信达地产	8. 16	6. 95	-14. 83	12. 10	5. 21
64	600823	世茂股份	14. 71	12. 23	-16. 86	27. 17	9. 10

续表

排名	证券代码	证券简称	2014 年收盘价	2015 年收盘价	涨跌幅	最高价	最低价
65	600415	小商品城	12.69	9.19	-27.58	30.48	7.09
66	600208	新湖中宝	7.32	4.77	-34.84	10.65	4.23
67	600266	北京城建	23.66	14.64	-38.12	27.78	10.70
68	600617	国新能源	24.95	15.33	-38.56	39.86	13.51
69	600252	中恒集团	16.36	7.34	-55.13	32.00	4.93

数据来源：上海证券交易所。

注：2015 年 12 月 3 日起中江地产变更为九鼎投资；2015 年 7 月 16 日多伦股份变更为匹凸匹；华业资本 2014 年 10 月 15 日起停牌，2015 年 1 月 22 日复牌；2015 年 6 月 1 日起海岛建设变更为海航基础；物产中大 2014 年 10 月 13 日起停牌，2015 年 2 月 13 日复牌；东湖高新 2015 年 12 月 28 日起停牌；新潮实业 2014 年 11 月 25 日起停牌，2015 年 6 月 12 日复牌。

表 2-97　　深市房地产企业股价涨跌幅排行榜

单位：元,%

排名	证券代码	证券简称	2014 年收盘价	2015 年收盘价	涨跌幅	最高价	最低价
1	000638	万方发展	6.42	30.55	375.86	36.88	5.86
2	000558	莱茵体育	5.97	27.70	363.99	38.88	4.83
3	000838	财信发展	8.89	40.23	352.53	47.99	8.51
4	000526	银润投资	19.14	66.69	248.43	90.00	19.11
5	000502	绿景控股	9.44	31.70	235.81	39.98	9.21
6	002208	合肥城建	8.26	24.50	196.61	30.38	7.48
7	000567	海德股份	11.20	29.00	158.93	39.00	11.01
8	000667	荣丰控股	11.44	29.35	156.56	34.79	11.68
9	000005	世纪星源	4.10	10.04	144.88	17.06	4.51
10	000150	宜华健康	17.42	38.10	118.71	54.34	14.81
11	002077	大港股份	9.20	19.95	116.85	27.90	7.90
12	000797	中国武夷	10.80	22.34	106.85	47.08	10.40
13	000628	高新发展	8.68	17.38	100.23	24.20	8.43
14	002133	广宇集团	4.88	9.65	97.75	16.88	4.45
15	000036	华联控股	4.54	8.97	97.58	11.92	3.67
16	000718	苏宁环球	6.73	13.19	95.99	23.90	5.81
17	000736	中房地产	9.62	18.59	93.24	22.66	7.43
18	000029	深深房 A	6.87	12.92	88.06	19.10	5.76
19	000632	三木集团	5.45	10.19	86.97	18.00	5.30
20	000002	万科 A	13.90	24.43	75.76	24.43	11.53
21	000546	金圆股份	7.63	13.32	74.57	20.63	6.76
22	000573	粤宏远 A	4.93	8.41	70.59	12.31	3.85
23	000031	中粮地产	8.46	14.05	66.08	24.50	8.09

续表

排名	证券代码	证券简称	2014 年收盘价	2015 年收盘价	涨跌幅	最高价	最低价
24	000014	沙河股份	13.80	22.81	65.29	38.77	11.47
25	000616	海航投资	4.77	7.86	64.78	17.31	5.25
26	000006	深振业 A	7.05	11.51	63.26	19.84	5.85
27	000514	渝开发	7.08	11.51	62.57	17.20	5.60
28	000631	顺发恒业	6.29	9.92	57.71	12.80	5.34
29	000926	福星股份	10.76	16.84	56.51	19.70	8.16
30	000667	美好集团	3.17	4.96	56.47	9.88	2.73
31	002016	世荣兆业	8.75	13.53	54.63	22.95	6.08
32	000918	嘉凯城	4.34	6.40	47.47	11.03	3.77
33	000011	深物业 A	9.98	14.52	45.49	21.93	7.12
34	000505	珠江控股	7.50	10.60	41.33	23.20	6.48
35	000043	中航地产	8.94	12.48	39.60	19.75	6.95
36	000009	中国宝安	12.95	17.96	38.69	24.94	8.98
37	000506	中润资源	6.97	9.58	37.45	19.46	5.67
38	000042	中洲控股	15.33	20.91	36.40	30.90	12.46
39	000537	广宇发展	8.65	11.70	35.26	17.48	5.73
40	000046	泛海控股	9.89	12.55	26.90	21.88	9.20
41	000608	阳光股份	5.06	6.20	22.53	8.25	3.78
42	000961	中南建设	13.70	15.46	12.85	29.12	9.44
43	000609	绵世股份	13.87	15.21	9.66	25.11	7.13
44	002285	世联行	15.04	16.23	7.91	41.82	10.01
45	002244	滨江集团	8.04	7.96	-1.00	25.00	5.83
46	000652	泰达股份	7.30	7.13	-2.33	14.86	4.85
47	000402	金融街	12.33	11.53	-6.49	15.55	7.65
48	000517	荣安地产	7.58	6.79	-10.42	29.00	3.80
49	000507	珠海港	8.94	7.41	-17.11	14.99	5.19
50	000965	天保基建	8.72	6.88	-21.10	15.30	4.59
51	000540	中天城投	11.78	9.12	-22.58	36.53	6.53
52	000897	津滨发展	7.55	5.70	-24.50	12.29	3.93
53	000671	阳光城	13.87	9.03	-34.90	28.52	5.25
54	002146	荣盛发展	15.87	9.53	-39.95	28.60	6.92
55	000656	金科股份	15.50	5.28	-65.94	34.70	4.45

数据来源：深圳证券交易所。

注：莱茵体育（莱茵置业）2014 年 11 月 17 日起停牌，2015 年 1 月 14 日复牌；2015 年 11 月 18 日起国兴地产变更为财信发展；荣丰控股 2014 年 12 月 23 日起停牌，2015 年 1 月 23 日复牌；世纪星源 2014 年 12 月 29 日起停牌，2015 年 5 月 11 日复牌；万科 A2015 年 12 月 18 日下午 1 时起停牌；亿城投资 2014 年 12 月 1 日停牌，2015 年 2 月 6 日变更为海航投资，4 月 17 日复牌；渝开发 2014 年 11 月 27 日起停牌，2015 年 3 月 25 日复牌；中润资源 2014 年 11 月 4 日起停牌，2015 年 2 月 16 日复牌；绵世股份 2014 年 12 月 2 日起停牌，2015 年 1 月 29 日复牌；津滨发展 2014 年 12 月 26 日起停牌，2015 年 1 月 21 日复牌。

表 2－98　　港市内地房地产企业股价涨跌幅排行榜

单位：港元,%

排名	证券代码	证券简称	2014 年收盘价	2015 年收盘价	涨跌幅	最高价	最低价
1	01663	汉港控股	0.77	1.91	148.05	2.11	0.65
2	03333	恒大地产	3.14	6.82	117.20	8.40	3.04
3	00755	上海证大	0.12	0.24	100.83	0.38	0.12
4	01224	中渝置地	1.30	2.42	86.15	2.48	1.25
5	00283	高银地产	5.03	8.94	77.73	29.50	4.08
6	01207	上置集团	0.21	0.37	73.81	0.97	0.19
7	01168	百仕达控股	0.60	1.01	68.33	1.71	0.57
8	00917	新世界中国	4.57	7.51	64.33	6.28	3.57
9	00604	深圳控股	2.23	3.63	62.78	4.65	2.18
10	01238	宝龙地产	1.01	1.64	62.06	2.01	0.97
11	03883	中国奥园	1.10	1.63	48.18	2.43	1.08
12	02868	首创置业	2.63	3.55	34.98	7.39	2.63
13	00127	华人置业	17.79	24.00	34.91	24.30	13.44
14	01838	中国地产	1.20	1.61	34.17	2.85	1.13
15	02329	国瑞置业	2.48	3.15	27.07	4.43	2.44
16	00884	旭辉集团	1.40	1.73	23.57	2.64	1.29
17	00817	中国金茂	2.22	2.66	19.82	3.34	1.73
18	00563	上实城市开发	1.28	1.53	19.62	2.82	1.16
19	01777	花样年	0.78	0.92	18.56	1.69	0.67
20	00688	中国海外发展	23.05	27.20	18.00	34.05	20.70
21	01628	禹洲地产	1.79	2.10	17.32	2.68	1.45
22	00272	瑞安房地产	1.83	2.13	16.39	2.75	1.43
23	00960	龙湖地产	9.99	11.56	15.72	15.00	8.38
24	01098	路劲基建	5.97	6.75	13.07	7.78	5.88
25	03377	远洋地产	4.41	4.97	12.70	6.76	3.73
26	01966	中骏置业	1.57	1.75	11.46	1.82	1.25
27	01109	华润置地	20.45	22.60	10.51	29.10	17.40
28	03380	龙光地产	2.41	2.63	9.13	3.70	2.30
29	00754	合生创展集团	7.10	7.72	8.73	10.88	5.06
30	01813	合景泰富	5.31	5.75	8.29	8.70	4.25
31	00535	金地商置	0.50	0.52	4.00	0.69	0.30
32	00588	北京北辰实业股份	2.47	2.56	3.64	4.09	1.92
33	02007	碧桂园	3.10	3.18	2.58	4.55	2.38

续表

排名	证券代码	证券简称	2014 年收盘价	2015 年收盘价	涨跌幅	最高价	最低价
34	02777	富力地产	9.49	9.55	0.63	10.90	6.35
35	00832	建业地产	1.61	1.62	0.37	2.73	1.45
36	03900	绿城中国	7.70	7.71	0.13	11.58	5.16
37	00258	汤臣集团	1.84	1.84	0.00	2.30	1.54
38	00337	绿地香港	3.08	3.02	-1.95	8.60	2.83
39	03383	雅居乐地产	4.41	4.32	-2.04	7.14	3.33
40	01972	太古地产	22.90	22.40	-2.18	27.75	21.20
41	00014	希慎兴业	34.65	31.75	-8.37	38.85	29.90
42	00083	信和置业	12.52	11.36	-9.27	14.20	10.42
43	01036	万科置业海外	6.99	6.29	-10.05	9.26	5.01
44	00123	越秀地产	1.49	1.34	-10.07	2.10	1.11
45	00028	天安中国	4.90	4.38	-10.61	6.85	3.72
46	00059	天誉置业	0.74	0.65	-12.16	1.43	0.61
47	00363	上海实业控股	23.25	20.35	-12.47	32.80	16.92
48	00012	恒基地产	54.30	47.50	-12.52	65.40	44.80
49	00017	新世界发展	8.92	7.66	-14.13	11.00	7.30
50	00846	明发集团	2.37	1.99	-16.03	3.05	1.45
51	00207	大悦城地产	1.44	1.18	-18.06	2.66	1.01
52	00173	嘉华国际	4.11	3.36	-18.25	5.12	3.01
53	02009	金隅股份	6.49	5.27	-18.80	10.78	4.26
54	00101	恒隆地产	21.75	17.64	-18.90	26.45	16.96
55	00813	世茂房地产	17.34	13.78	-20.53	20.35	9.23
56	00119	保利置业集团	3.19	2.53	-20.69	5.29	1.90
57	00016	新鸿基地产	118.30	93.60	-20.88	137.60	92.00
58	01124	沿海家园	0.25	0.19	-22.49	0.45	0.17
59	00004	九龙仓集团	56.00	43.00	-23.21	63.90	40.10
60	01918	融创中国	7.89	6.00	-23.95	10.78	3.83
61	00683	嘉里建设	28.15	21.15	-24.87	34.40	20.50
62	00845	恒盛地产	1.20	0.90	-25.00	1.32	0.60
63	00672	众安房产	1.14	0.81	-28.95	1.28	0.62
64	00410	SOHO 中国	5.48	3.76	-31.39	6.15	2.93
65	01383	太阳世纪集团	0.42	0.26	-37.35	1.15	0.25
66	01113	长实地产		50.40		77.55	50.05

数据来源：香港证券交易所。

注：2015 年 6 月 3 日长实地产上市，开盘价 70.0 港元；2015 年 7 月 28 日，方兴地产更名为中国金茂。

表 2－99　　海外上市内地房地产企业股价涨跌幅排行榜

单位：美元，%

排名	证券代码	证券简称	2014 年收盘价	2015 年收盘价	涨跌幅	最高价	最低价
1	NASDAQ：CHLN	中华地产	0.51	2.96	480.39	5.70	0.31
2	NYSE：XIN	鑫苑置业	2.38	3.68	54.62	3.74	2.00
3	NYSE：EJ	易居中国	7.49	6.27	－16.29	8.48	4.86
4	NYSE：LEJU	乐居	10.88	5.65	－48.07	13.30	4.38
5	NASDAQ：HGSF	汉广厦房地产	4.41	1.60	－63.72	4.63	1.42

数据来源：新浪财经网。

十三、中国房地产企业情况

表 2－100　　2010—2014 年房地产开发企业个数

单位：个

年份	企业个数	内资企业	国有	集体	港、澳、台投资企业	外商投资企业
2010	85218	79489	3685	1220	3677	2052
2011	88419	83011	3427	1023	3565	1843
2012	89859	84695	3354	904	3451	1713
2013	91444	86379	1739	570	3391	1674
2014	94197	89218	1476	457	3414	1565

数据来源：国家统计局。

表 2－101　　2010—2014 年房地产开发企业从业人员数

单位：人

年份	平均从业	内资企业	国有	集体	港、澳、台投资企业	外商投资企业
2010	2091147	1908969	155156	25428	105846	76332
2011	2256964	2075474	135420	21237	112990	68500
2012	2386772	2199815	123593	20398	116849	70108
2013	2591814	2397762	66072	12976	121807	72245
2014	2760070	2561817	61512	11414	129287	68966

数据来源：国家统计局。

表 2－102　　2010—2014 年房地产开发企业经营状况

单位：亿元

年　份	主营业务收入	土地转让收入	商品房销售收入	房屋出租收入	其他收入	主营业务税金及附加	营业利润
2010	42996.48	519.19	40585.33	742.92	1149.04	3464.66	6111.48
2011	44491.28	664.66	41697.91	904.28	1224.43	3832.98	5798.58
2012	51028.41	819.39	47463.49	1151.55	1593.98	4610.87	6001.33
2013	70706.67	671.42	66697.99	1364.01	1973.25	6204.18	9562.67
2014	66463.80	571.95	62535.06	1464.10	1892.69	5968.43	6143.13

数据来源：国家统计局。

表 2－103　　2010—2014 年房地产开发企业资产负债

单位：亿元

年　份	实收资本合计	资产总计	累计折旧	#本年折旧	负债合计	所有者权益	资产负债率（%）
2010	36767.41	224467.14	1758.34	379.81	167297.41	57170.12	74.5
2011	46430.63	284359.44	2113.63	427.26	214469.96	69889.73	75.4
2012	54735.36	351858.65	2360.92	525.35	264597.55	87261.10	75.2
2013	59984.76	425218.78	2871.35	626.73	323204.96	102013.83	76.0
2014	76566.04	498749.92	3099.89	616.67	384095.53	114654.40	77.0

数据来源：国家统计局。

表 2－104　　2015 年度中国房地产开发企业销售面积 TOP100

单位：万平方米

排名	企业名称	销售面积	排名	企业名称	销售面积
1	恒大地产	2628.6	13	金科集团	455.8
2	碧桂园	2182.8	14	金地集团	455.1
3	万科地产	2094.9	15	龙湖地产	431.0
4	绿地集团	1820.0	16	富力地产	410.0
5	万达集团	1574.8	17	绿城中国	394.5
6	中海地产	1285.9	18	中国铁建	383.4
7	保利地产	1160.5	19	融创中国	357.8
8	华润置地	668.9	20	中国中铁	356.6
9	华夏幸福	665.0	21	招商蛇口	356.3
9	荣盛发展	577.9	22	新城控股	351.0
11	世茂房地产	554.8	23	远洋地产	340.0
12	雅居乐	493.7	24	建业地产	296.8

续表

排名	企业名称	销售面积	排名	企业名称	销售面积
25	中南集团	279. 1	63	雨润地产	141. 2
26	龙光集团	271. 6	64	鑫苑中国	140. 3
27	首创置业	261. 3	65	五矿地产	136. 8
28	保利置业	260. 2	66	东原地产	135. 3
29	正荣集团	235. 0	67	中交地产	135. 0
30	中天城投	231. 5	68	深业集团	134. 3
30	阳光城	228. 8	69	花样年	134. 0
32	越秀地产	227. 4	70	中骏置业	131. 9
33	蓝光实业	227. 2	71	新世界中国	129. 5
34	时代地产	223. 8	72	朗诗集团	128. 5
35	旭辉集团	223. 2	73	当代置业	126. 8
36	鲁能置业	219. 0	74	俊发地产	123. 8
37	中信地产	216. 2	75	中粮集团	123. 0
38	世纪金源	215. 4	76	中国金茂	120. 1
39	金辉地产	208. 3	77	融科智地	120. 0
40	海亮地产	207. 5	78	光明地产	114. 3
41	升龙集团	195. 6	79	信达地产	112. 9
42	电建地产	188. 9	80	金融街	112. 0
43	首开股份	187. 9	81	北大资源	110. 1
44	中国奥园	187. 0	82	邦泰集团	109. 3
45	美的地产	183. 2	83	海尔地产	109. 0
46	泰禾集团	181. 0	84	协信集团	108. 3
47	融侨集团	180. 6	85	海伦堡地产	107. 6
48	复地集团	180. 3	86	广电地产	103. 1
49	路劲基建	165. 8	87	华发股份	103. 0
50	融信集团	162. 9	88	深圳华强	101. 9
51	正商地产	161. 2	89	和昌地产	101. 5
52	九龙仓	159. 8	90	仁恒置地	101. 3
53	禹洲集团	158. 4	91	和记黄埔	99. 1
54	宝龙地产	152. 8	92	合生创展	98. 1
55	建发房产	150. 8	93	阳光 100	97. 7
56	红星地产	145. 8	94	滨江集团	97. 5
57	宏立城	145. 7	95	卓越集团	95. 2
58	文一地产	145. 6	96	五洲集团	94. 4
59	合景泰富	145. 2	97	新湖中宝	93. 7
60	敏捷地产	143. 1	98	联发集团	92. 6
61	蓝润地产	142. 5	99	佳兆业	90. 0
62	绿都地产	141. 8	100	星河房地产	89. 7

数据来源：中国房地产决策咨询系统（CRIC）。

表 2－105　　2015 年度中国房地产开发企业销售金额 TOP100

单位：亿元

排名	企业名称	销售金额	排名	企业名称	销售金额
1	万科地产	2627.0	40	卓越集团	233.1
2	恒大地产	2050.4	41	中信地产	231.3
3	绿地集团	2015.1	42	中南集团	229.0
4	万达集团	1512.6	43	升龙集团	223.1
5	中海地产	1492.3	44	深业集团	220.8
6	保利地产	1471.1	45	鲁能置业	220.7
7	碧桂园	1401.8	46	金辉地产	220.6
8	华润置地	851.1	47	中粮集团	215.0
9	融创中国	731.2	48	融侨集团	206.0
10	华夏幸福	725.1	49	电建地产	202.1
11	绿城中国	723.8	50	时代地产	196.3
12	世茂房地产	670.5	51	中天城投	193.1
13	金地集团	621.2	52	合景泰富	191.5
14	招商蛇口	570.1	53	蓝光实业	183.7
14	龙湖地产	542.8	54	朗诗集团	180.0
16	富力地产	535.7	55	五矿地产	178.1
17	雅居乐	429.3	56	中骏置业	175.3
18	远洋地产	421.2	57	华侨城	175.0
19	中国铁建	372.5	58	路劲基建	174.1
20	荣盛发展	358.0	59	瑞安房地产	173.8
21	新城控股	323.8	60	和记黄埔	173.7
22	泰禾集团	323.3	61	海亮地产	171.1
23	首创置业	323.2	62	禹洲集团	170.2
24	保利置业	313.1	63	建业地产	165.7
25	旭辉集团	312.5	64	世纪金源	164.6
26	正荣集团	306.3	65	金融街	160.5
27	阳光城	303.0	66	新世界中国	158.3
28	中国金茂	300.1	67	北京城建	158.1
29	融信集团	295.3	68	中国奥园	151.0
30	首开股份	295.1	69	红星地产	145.1
30	金科集团	293.0	70	陆家嘴	144.2
32	仁恒置地	291.0	71	鸿荣源地产	142.4
33	中国中铁	290.9	72	宝龙地产	140.3
34	九龙仓	280.0	73	鑫苑中国	135.6
35	复地集团	260.4	74	敏捷地产	135.3
36	越秀地产	248.0	75	金隅股份	134.2
37	建发房产	239.1	76	正商地产	130.3
38	龙光集团	235.3	77	协信集团	129.4
39	滨江集团	234.9	78	光明地产	129.1

续表

排名	企业名称	销售金额	排名	企业名称	销售金额
79	东原地产	128.0	90	合生创展	112.1
80	星河房地产	126.2	91	当代置业	112.0
81	融科智地	125.0	92	新湖中宝	110.8
82	凯德置地	121.8	93	中交地产	110.0
83	海尔地产	120.6	94	俊发地产	107.7
84	华发股份	118.0	95	京投银泰	107.0
85	泛海建设	117.2	96	绿都地产	106.2
86	大华集团	116.1	97	信达地产	105.8
87	美的地产	115.4	98	蓝润地产	105.7
88	花样年	115.0	99	宏立城	104.2
89	文一地产	113.2	100	厦门国贸	103.8

数据来源：中国房地产决策咨询系统（CRIC）。

十四、房地产贷款

表 2－106　　2011—2015 年各季度房地产贷款情况

单位：亿元，%

	房地产开发贷款余额		地产开发贷款余额		房产开发贷款余额		购房贷款余额	
	绝对值	同比	绝对值	同比	绝对值	同比	绝对值	同比
2015Q4	65600	16.5	15200	12.8	50400	17.9	141800	23.2
2015Q3	65400	21.3	15500	28.2	49900	19.5	134500	20.9
2015Q2	64200	23.5	15400	32.8	48800	20.9	126400	17.8
2015Q1	60800	24.1	14600	30.6	46200	22.2	121000	17.6
2014Q4	56300	18.9	13500	25.7	42800	21.7	115200	17.5
2014Q3	53900	19.5	12100	12.7	41800	22.0	111200	17.5
2014Q2	52000	20.4	11600	9.7	40400	23.7	107400	18.4
2014Q1	49000	26.8	11200	7.6	37800	18.3	102900	20.1
2013Q4	45900	18.8	10700	9.8	35200	16.3	98000	21.0
2013Q3	45100	18.5	10800	13.1	34300	14.9	94700	21.2
2013Q2	43200	16.0	10600	17.2	32600	11.0	90700	21.1
2013Q1	38630	7.3	10400	21.4	32000	12.3	85700	17.4
2012Q4	38630	10.8	8630	12.4	30000	10.7	81000	13.5
2012Q3	38061	12.3	8461	7.3	29600	12.1	78000	12.6
2012Q2	37237	9.0	8037	0.8	29200	11.3	74900	11.0
2012Q1	36010	8.2	7710	－8.0	28300	11.0	73000	12.1
2011Q4	34880	11.3	7680	24.7	27200	17.1	71400	15.5
2011Q3	33887	8.3	7887	－4.8	26000	14.9	64000	16.2
2011Q2	34168	15.0	7968	0.5	26200	18.4	62600	17.5
2011Q1	33268	16.9	8368	12.5	24900	18.6	64800	22.8

数据来源：中国人民银行。

十五、城市土地及建设用地情况

表 2－107　　2014 年 286 城市土地面积

单位：平方公里

地区	全市	市区	城区	市区建成区	地区	全市	市区	城区	市区建成区
北　京	16411	12187	12187	1386	大　连	12574	2567	1170	396
天　津	11917	7399	2363	797	鞍　山	9255	792	624	170
河　北					抚　顺	11272	1416	628	136
石家庄	13109	2243	519	264	本　溪	8411	1518	1518	109
唐　山	13472	3874	1230	249	丹　东	15290	941	226	53
秦皇岛	7802	513	363	103	锦　州	10047	825	436	77
邯　郸	12065	463	350	124	营　口	5242	702	184	110
邢　台	12433	425	115	90	阜　新	10355	490	448	77
保　定	22185	327	278	146	辽　阳	4736	1081	728	104
张家口	36873	376	376	86	盘　锦	4065	251	266	73
承　德	39490	1253	718	115	铁　岭	12985	659	204	57
沧　州	14035	183	183	68	朝　阳	19698	1137	570	50
廊　坊	6382	292	292	66	葫芦岛	10414	2347	575	85
衡　水	8815	603	273	46	**吉　林**				
山　西					长　春	20594	4789	487	470
太　原	6988	1500	1000	330	吉　林	27711	3774	499	172
大　同	14176	2080	130	125	四　平	14080	1085	87	54
阳　泉	4570	652	55	55	辽　源	5140	432	46	46
长　治	13896	334	76	59	通　化	15612	746	65	51
晋　城	9425	143	152	52	白　山	17505	2736	384	47
朔　州	10674	4107	159	42	松　原	21089	1250	80	49
晋　中	16392	1318	70	70	白　城	25832	2569	68	49
运　城	14181	1215	56	46	**黑龙江**				
忻　州	25152	1987	183	36	哈尔滨	53068	7086	401	401
临　汾	20275	1316	60	54	齐齐哈尔	42469	4365	140	140
吕　梁	21239	1339	25	24	鸡　西	22531	2300	79	79
内蒙古					鹤　岗	14657	4551	85	53
呼和浩特	17186	2065	265	230	双鸭山	22619	1760	118	58
包　头	27768	2965	885	190	大　庆	21219	5107	319	245
乌　海	1754	1754	282	63	伊　春	32800	19608	175	167
赤　峰	90021	7077	560	105	佳木斯	32704	1875	97	97
通　辽	69625	3640	76	61	七台河	6221	3646	311	72
鄂尔多斯	86752	2530	196	113	牡丹江	38827	2360	93	81
呼伦贝尔	252777	1620	265	59	黑　河	68240	14444	28	20
巴彦淖尔	65140	2354	698	51	绥　化	34873	2756	93	37
乌兰察布	54500	527	60	60	**上　海**	6341	5155	6341	999
辽　宁					**江　苏**				
沈　阳	12860	3471	3243	465	南　京	6587	6587	4226	734

续表

地区	全市	市区	城区	市区建成区	地区	全市	市区	城区	市区建成区
无　锡	4627	1644	1165	328	宣　城	12313	2585	132	50
徐　州	11765	3063	430	255	**福　建**				
常　州	4372	1862	508	204	福　州	13066	1786	1043	254
苏　州	8657	4653	1524	447	厦　门	1573	1573	301	301
南　通	10549	2140	398	190	莆　田	4131	2290	244	58
连云港	7615	3012	674	160	三　明	22965	1151	220	36
淮　安	10030	3203	227	150	泉　州	11015	855	529	198
盐　城	16931	2123	438	111	漳　州	12880	401	95	62
扬　州	6591	2306	415	136	南　平	26280	2653	166	30
镇　江	3840	1088	555	134	龙　岩	19063	2678	185	50
泰　州	5787	1567	409	99	宁　德	13452	1537	108	27
宿　迁	8524	2153	346	79	**江　西**				
浙　江					南　昌	7402	820	330	262
杭　州	16596	4876	1022	470	景德镇	5261	430	199	79
宁　波	9816	2462	778	309	萍　乡	3831	1070	86	51
温　州	12065	1138	730	215	九　江	19078	599	105	103
嘉　兴	3915	968	223	112	新　余	3178	1789	230	74
湖　州	5820	1565	641	99	鹰　潭	3560	136	63	34
绍　兴	8279	2965	497	192	赣　州	39446	2373	162	137
金　华	10942	2049	380	78	吉　安	25283	1340	230	53
衢　州	8845	2354	200	69	宜　春	18668	2532	88	68
舟　山	1455	1034	580	61	抚　州	18799	2125	85	58
台　州	9411	1536	750	128	上　饶	22791	370	62	50
丽　水	17298	1502	266	34	**山　东**				
安　徽					济　南	7998	3303	1210	383
合　肥	11445	1127	777	402	青　岛	11282	3293	1963	491
芜　湖	6026	1491	722	160	淄　博	5965	2989	679	262
蚌　埠	5951	611	365	127	枣　庄	4564	3069	349	148
淮　南	2584	1736	487	106	东　营	8243	3445	1099	115
马鞍山	4049	733	176	92	烟　台	13852	2738	912	316
淮　北	2741	760	210	80	潍　坊	16143	2638	1187	176
铜　陵	1201	355	181	69	济　宁	11311	1644	880	186
安　庆	15402	810	311	85	泰　安	7762	2087	406	127
黄　山	9807	2342	446	63	威　海	5797	2606	631	190
滁　州	13516	1406	283	83	日　照	5359	2043	404	100
阜　阳	9776	1924	339	112	莱　芜	2246	2246	614	120
宿　州	9939	2907	165	72	临　沂	17191	2294	1278	210
六　安	18399	3577	166	72	德　州	10358	1751	602	145
亳　州	8521	2263	87	54	聊　城	8984	1710	413	91
池　州	8272	2432	253	37	滨　州	9660	3258	559	114

续表

地区	全市	市区	城区	市区建成区	地区	全市	市区	城区	市区建成区
菏　泽	12155	1415	390	95	张家界	9516	2735	54	33
河　南					益　阳	12320	1851	109	71
郑　州	7446	1010	439	413	郴　州	19342	2248	580	77
开　封	6253	565	121	109	永　州	22260	3181	100	60
洛　阳	15236	879	331	194	怀　化	27753	666	64	62
平顶山	7882	443	260	73	娄　底	8109	429	62	47
安　阳	7352	534	153	80	**广　东**				
鹤　壁	2182	679	130	64	广　州	7434	3843	1396	1035
新　乡	8666	431	140	113	韶　关	18412	2871	1393	96
焦　作	4071	546	107	106	深　圳	1997	1997	1997	890
濮　阳	4188	263	154	54	珠　海	1724	1724	745	124
许　昌	4979	97	97	88	汕　头	2064	1956	608	250
漯　河	2692	1116	107	61	佛　山	3798	3798	763	158
三门峡	10496	185	30	30	江　门	9505	1786	566	159
南　阳	26509	2135	641	148	湛　江	13261	1703	110	108
商　丘	10704	1697	103	63	茂　名	11427	2715	157	120
信　阳	18757	3604	260	89	肇　庆	14891	706	394	95
周　口	11961	333	100	66	惠　州	11346	2697	1179	244
驻马店	15083	1365	185	71	梅　州	15865	3047	168	53
湖　北					汕　尾	4865	421	283	16
武　汉	8569	1738	1453	553	河　源	15654	362	34	34
黄　石	4583	237	230	73	阳　江	7956	780	357	47
十　堰	23680	5056	319	79	清　远	19036	3650	363	61
宜　昌	21084	4248	541	162	东　莞	2460	2460	2465	922
襄　阳	19727	3671	338	134	中　山	1784	1784	262	107
鄂　州	1594	1594	244	64	潮　州	3146	1414	241	73
荆　门	12404	2391	249	55	揭　阳	5240	1031	1031	120
孝　感	8910	1020	90	42	云　浮	7785	763	104	28
荆　州	14099	1689	74	74	**广　西**				
黄　冈	17457	362	52	52	南　宁	22244	6569	841	285
咸　宁	9751	1503	165	73	柳　州	18597	1017	464	180
随　州	9636	1322	266	45	桂　林	27851	565	565	71
湖　南					梧　州	12588	1793	485	54
长　沙	11816	1910	1008	294	北　海	3337	957	957	73
株　洲	11272	863	837	135	防城港	6238	2836	233	35
湘　潭	5008	658	168	80	钦　州	12154	4852	354	89
衡　阳	15303	697	124	124	贵　港	10602	3548	302	69
邵　阳	20830	436	67	58	玉　林	12824	1265	302	67
岳　阳	14858	1413	155	93	百　色	36202	3718	363	41
常　德	18910	2510	339	87	贺　州	11753	5517	72	31

续表

地区	全市	市区	城区	市区建成区	地区	全市	市区	城区	市区建成区
河　池	33476	2346	80	22	临　沧	23620	2557	35	19
来　宾	13411	4363	92	39	**西　藏**				
崇　左	17331	2917	50	28	拉　萨	29518	—	301	91
海　南					**陕　西**				
海　口	2284	2284	562	152	西　安	10097	3581	450	440
三　亚	1919	1919	188	38	铜　川	3937	2406	55	44
重　庆	82374	29590	6643	1231	宝　鸡	18117	3625	156	87
四　川					咸　阳	10189	528	78	72
成　都	12121	2172	809	604	渭　南	13134	1264	202	48
自　贡	4381	1434	778	109	延　安	37037	3556	43	36
攀枝花	7401	2017	327	72	汉　中	27285	556	86	34
泸　州	12236	2133	411	113	榆　林	43578	7053	119	63
德　阳	5911	648	74	72	安　康	23536	3646	160	40
绵　阳	20248	1570	465	118	商　洛	19292	2672	40	26
广　元	16311	4580	217	54	**甘　肃**				
遂　宁	5325	1876	303	76	兰　州	13086	1632	327	269
内　江	5385	1566	279	66	嘉峪关	2935	2935	120	70
乐　山	12723	2506	167	73	金　昌	8896	3019	42	40
南　充	12477	2526	420	113	白　银	21158	3478	99	61
眉　山	7140	1330	72	61	天　水	14277	5858	60	46
宜　宾	13271	1835	112	80	武　威	33238	5081	31	31
广　安	6341	1534	142	48	张　掖	41924	4240	200	64
达　州	16588	3134	159	72	平　凉	11170	1936	255	36
雅　安	15046	1681	197	31	酒　泉	193974	3386	235	49
巴　中	12293	2560	160	34	庆　阳	27119	996	25	24
资　阳	7960	1633	187	45	定　西	19609	3646	36	23
贵　州					陇　南	27839	4683	40	10
贵　阳	8043	2525	1230	299	**青　海**				
六盘水	9914	467	129	43	西　宁	7649	510	380	90
遵　义	30762	1316	220	66	**宁　夏**				
安　顺	9267	1704	109	45	银　川	9025	2311	1774	161
云　南					石嘴山	5310	2262	118	103
昆　明	21012	4615	1749	419	吴　忠	16757	1107	60	50
曲　靖	28905	1553	57	57	固　原	13047	4489	44	44
玉　溪	15285	1004	88	29	中　卫	17448	6877	65	39
保　山	19637	5011	68	29	**新　疆**				
昭　通	22440	2163	61	40	乌鲁木齐	13788	9576	412	412
丽　江	21219	1255	26	23	克拉玛依	7735	7735	70	69
普　洱	45385	4093	50	25					

数据来源：全市、市区数据来自于国家统计局，城区、市区建成区数据来自于住房和城乡建设部。

表 2－108　　2014 年 286 城市市区建设用地及居住用地面积

单位：平方公里，平方米

地区	建设用地面积	人均建设用地面积	居住用地面积	人均居住用地面积	地区	建设用地面积	人均建设用地面积	居住用地面积	人均居住用地面积
北　京	1596.39	85.87	408.52	21.98	大　连	378.00	115.50	105.00	32.08
天　津	786.80	100.04	199.93	25.42	鞍　山	169.64	105.27	58.07	36.03
河　北					抚　顺	136.19	102.54	34.22	25.76
石家庄	263.24	93.42	95.45	33.88	本　溪	92.40	97.26	27.96	29.43
唐　山	210.00	106.33	71.17	36.04	丹　东	53.40	82.55	20.22	31.26
秦皇岛	102.65	103.83	25.92	26.22	锦　州	77.10	80.06	34.64	35.97
邯　郸	123.73	78.72	46.50	29.58	营　口	110.00	109.67	33.45	33.35
邢　台	89.58	95.54	34.46	36.75	阜　新	160.16	204.65	43.40	55.46
保　定	139.28	110.37	43.60	34.55	辽　阳	104.35	130.45	36.97	46.22
张家口	85.19	96.81	20.58	23.39	盘　锦	73.00	103.27	26.19	37.05
承　德	65.33	118.01	20.13	36.36	铁　岭	50.00	110.82	20.23	44.84
沧　州	68.12	120.99	25.07	44.53	朝　阳	48.90	77.07	14.60	23.01
廊　坊	65.61	123.33	22.35	42.01	葫芦岛	77.30	153.77	22.40	44.56
衡　水	42.58	115.55	9.90	26.87	**吉　林**				
山　西					长　春	440.10	118.72	130.55	35.22
太　原	309.00	88.29	65.00	18.57	吉　林	167.81	131.47	51.76	40.55
大　同	125.10	99.94	43.00	34.35	四　平	54.00	87.10	23.09	37.24
阳　泉	43.65	73.15	15.71	26.33	辽　源	46.30	96.76	27.60	57.68
长　治	58.53	78.21	16.40	21.91	通　化	51.27	107.35	18.86	39.49
晋　城	51.90	110.43	31.00	65.96	白　山	39.78	100.86	17.67	44.80
朔　州	40.24	101.59	12.07	30.47	松　原	48.59	99.77	15.00	30.80
晋　中	53.46	109.33	18.40	37.63	白　城	42.19	148.92	11.73	41.40
运　城	41.40	96.28	19.15	44.53	**黑龙江**				
忻　州	34.38	118.10	14.27	49.02	哈尔滨	391.48	93.81	122.69	29.40
临　汾	52.19	89.98	22.31	38.47	齐齐哈尔	139.63	128.22	44.32	40.70
吕　梁	23.45	86.85	8.02	29.70	鸡　西	78.85	108.92	47.80	66.03
内蒙古					鹤　岗	53.21	96.22	19.28	34.86
呼和浩特	264.93	140.49	73.60	39.03	双鸭山	57.21	121.98	30.00	63.97
包　头	190.46	103.51	58.60	31.85	大　庆	318.50	210.04	81.86	53.98
乌　海	56.86	100.92	17.85	31.68	伊　春	156.96	204.80	63.08	82.31
赤　峰	82.05	81.96	36.63	36.59	佳木斯	83.40	138.08	27.40	45.36
通　辽	61.20	135.52	14.39	31.86	七台河	71.72	175.78	27.60	67.65
鄂尔多斯	113.23	233.37	33.52	69.08	牡丹江	81.40	113.07	32.19	44.71
呼伦贝尔	59.46	185.81	17.69	55.28	黑　河	20.00	138.50	5.50	38.09
巴彦淖尔	114.60	269.01	44.75	105.05	绥　化	34.40	98.01	10.56	30.09
乌兰察布	52.18	153.02	17.80	52.20	**上　海**	2915.56	120.20	1058.89	43.65
辽　宁					**江　苏**				
沈　阳	465.00	90.02	156.40	30.28	南　京	726.40	119.35	203.46	33.43

续表

地区	建设用地面积	人均建设用地面积	居住用地面积	人均居住用地面积
无 锡	285.69	116.01	88.82	36.07
徐 州	233.81	137.31	56.52	33.19
常 州	203.60	132.08	53.02	34.40
苏 州	443.70	151.17	126.46	43.08
南 通	222.00	143.50	69.94	45.21
连云港	187.95	226.58	80.86	97.48
淮 安	225.00	161.63	78.00	56.03
盐 城	105.71	90.86	36.21	31.12
扬 州	134.57	123.29	43.95	40.27
镇 江	134.00	150.93	38.00	42.80
泰 州	143.52	156.49	45.45	49.56
宿 迁	81.30	123.00	21.00	31.77
浙 江				
杭 州	421.60	109.32	112.19	29.09
宁 波	366.29	196.59	80.97	43.46
温 州	167.89	91.12	40.65	22.06
嘉 兴	111.79	128.21	32.18	36.91
湖 州	112.70	127.34	33.32	37.65
绍 兴	216.16	148.97	63.35	43.66
金 华	78.48	124.81	20.98	33.37
衢 州	67.68	190.59	14.77	41.59
舟 山	57.17	96.36	20.05	33.79
台 州	170.37	166.52	47.49	46.42
丽 水	36.69	106.66	11.22	32.62
安 徽				
合 肥	372.37	104.36	111.16	31.15
芜 湖	155.00	120.49	34.50	26.82
蚌 埠	127.00	136.62	42.57	45.79
淮 南	105.26	99.01	44.77	42.11
马鞍山	92.34	130.72	21.49	30.42
淮 北	88.34	107.04	32.06	38.85
铜 陵	67.51	155.52	18.24	42.02
安 庆	92.76	141.49	31.88	48.63
黄 山	48.35	136.62	16.49	46.60
滁 州	113.10	280.16	34.26	84.86
阜 阳	107.24	141.07	54.03	71.07
宿 州	71.54	134.90	25.47	48.03
六 安	72.30	121.92	23.73	40.02
亳 州	60.63	167.90	17.48	48.41
池 州	37.06	122.23	13.98	46.11
宣 城	48.28	136.42	12.75	36.03
福 建				
福 州	232.60	98.52	97.60	41.34
厦 门	296.73	101.26	67.00	22.86
莆 田	50.43	90.38	15.99	28.66
三 明	33.80	150.49	9.90	44.08
泉 州	146.30	117.13	45.00	36.03
漳 州	62.00	129.44	17.95	37.47
南 平	28.18	133.55	7.15	33.89
龙 岩	45.79	140.46	12.26	37.61
宁 德	25.18	99.53	10.03	39.64
江 西				
南 昌	229.81	92.07	75.83	30.38
景德镇	74.36	149.20	19.67	39.47
萍 乡	50.55	112.73	15.60	34.79
九 江	101.82	154.48	33.30	50.52
新 余	68.58	148.44	25.14	54.42
鹰 潭	27.70	118.78	6.53	28.00
赣 州	125.29	99.52	36.81	29.24
吉 安	49.01	114.16	10.37	24.16
宜 春	68.00	120.67	15.65	27.77
抚 州	58.40	107.10	18.48	33.89
上 饶	49.24	111.20	27.00	60.98
山 东				
济 南	383.25	127.33	100.88	33.51
青 岛	469.44	144.28	146.17	44.93
淄 博	257.13	159.62	88.65	55.03
枣 庄	133.59	141.35	52.16	55.19
东 营	112.10	167.56	37.55	56.13
烟 台	317.71	182.32	87.81	50.39
潍 坊	172.69	135.44	61.32	48.09
济 宁	176.66	129.75	47.53	34.91
泰 安	126.71	191.12	43.50	65.61
威 海	186.32	197.67	47.70	50.60
日 照	99.60	150.05	30.01	45.21
莱 芜	104.07	171.79	27.72	45.76
临 沂	199.41	99.71	55.40	27.70
德 州	144.29	165.89	38.90	44.72
聊 城	85.01	117.11	26.84	36.97
滨 州	109.88	147.23	32.05	42.95

续表

地区	建设用地面积	人均建设用地面积	居住用地面积	人均居住用地面积
菏　泽	94.41	139.45	32.03	47.31
河　南				
郑　州	370.88	58.14	94.96	14.89
开　封	107.27	115.77	33.40	36.05
洛　阳	192.09	79.02	65.23	26.83
平顶山	73.40	78.23	28.50	30.38
安　阳	79.59	110.76	25.36	35.29
鹤　壁	64.06	138.24	15.09	32.56
新　乡	105.40	138.50	30.45	40.01
焦　作	105.56	136.38	39.52	51.06
濮　阳	53.70	104.76	18.20	35.51
许　昌	74.00	149.49	20.00	40.40
漯　河	59.98	107.49	16.01	28.69
三门峡	30.00	88.00	9.30	27.28
南　阳	121.85	78.36	35.21	22.64
商　丘	61.73	64.02	11.02	11.43
信　阳	75.62	143.22	23.61	44.72
周　口	48.40	137.07	13.25	37.52
驻马店	69.86	149.72	17.04	36.52
湖　北				
武　汉	989.23	155.87	248.21	39.11
黄　石	71.61	83.67	15.00	17.53
十　堰	79.16	136.25	22.61	38.92
宜　昌	148.42	168.70	38.91	44.23
襄　阳	125.40	132.17	34.57	36.44
鄂　州	63.99	151.13	17.84	42.14
荆　门	55.03	109.19	16.65	33.04
孝　感	41.93	102.27	8.20	20.00
荆　州	73.70	108.45	19.62	28.87
黄　冈	52.22	166.84	15.73	50.26
咸　宁	44.08	107.43	23.75	57.88
随　州	38.97	79.53	13.87	28.31
湖　南				
长　沙	294.39	92.13	109.46	34.25
株　洲	111.65	104.39	45.44	42.49
湘　潭	79.75	97.78	27.11	33.24
衡　阳	123.50	111.11	41.24	37.10
邵　阳	53.20	69.74	19.50	25.56
岳　阳	89.05	130.00	24.90	36.35
常　德	87.10	124.34	23.20	33.12
张家界	32.27	144.13	9.52	42.52
益　阳	69.40	110.69	28.00	44.66
郴　州	70.50	113.95	25.30	40.89
永　州	59.78	112.98	15.08	28.50
怀　化	62.00	111.03	18.11	32.43
娄　底	47.15	98.23	16.20	33.75
广　东				
广　州	—	—	—	—
韶　关	96.37	170.93	31.36	55.62
深　圳	888.89	82.47	240.47	22.31
珠　海	123.64	69.01	44.35	24.76
汕　头	245.25	97.32	96.64	38.35
佛　山	162.36	80.38	55.71	27.58
江　门	184.77	138.14	53.29	39.84
湛　江	99.86	112.16	33.64	37.79
茂　名	120.12	186.75	57.09	88.76
肇　庆	87.14	154.50	25.95	46.01
惠　州	229.47	148.79	68.83	44.63
梅　州	49.51	126.43	14.05	35.88
汕　尾	16.37	67.31	6.80	27.96
河　源	31.84	104.98	9.33	30.76
阳　江	43.26	104.52	11.54	27.88
清　远	55.68	120.75	15.77	34.20
东　莞	1033.90	170.53	278.81	45.99
中　山	110.49	153.69	38.04	52.91
潮　州	70.97	84.55	25.56	30.45
揭　阳	95.79	44.72	29.40	13.73
云　浮	24.08	84.31	4.00	14.01
广　西				
南　宁	280.05	102.70	85.24	31.26
柳　州	180.09	111.88	47.08	29.25
桂　林	71.18	86.46	19.05	23.14
梧　州	51.82	89.31	18.43	31.76
北　海	70.21	170.58	25.60	62.20
防城港	21.64	121.64	4.87	27.37
钦　州	87.87	265.31	22.50	67.93
贵　港	64.52	149.91	21.77	50.58
玉　林	66.51	100.32	26.17	39.47
百　色	38.00	151.39	14.54	57.93
贺　州	27.56	97.28	8.19	28.91

续表

地区	建设用地面积	人均建设用地面积	居住用地面积	人均居住用地面积
河　池	21.66	96.91	6.53	29.22
来　宾	39.00	136.41	10.92	38.20
崇　左	17.21	102.26	5.95	35.35
海　南				
海　口	121.99	88.77	49.80	36.24
三　亚	33.55	88.64	8.65	22.85
重　庆	1028.82	82.74	326.81	26.28
四　川				
成　都	550.38	109.87	189.79	37.89
自　贡	109.38	93.42	34.86	29.77
攀枝花	71.81	107.84	20.10	30.18
泸　州	108.34	92.87	30.13	25.83
德　阳	72.13	134.90	21.10	39.46
绵　阳	109.84	92.40	30.15	25.36
广　元	50.86	126.93	13.09	32.67
遂　宁	72.39	101.64	23.29	32.70
内　江	66.14	102.96	25.15	39.15
乐　山	67.48	111.50	22.10	36.52
南　充	113.00	104.63	42.17	39.05
眉　山	58.12	115.68	23.20	46.18
宜　宾	98.21	117.79	27.40	32.86
广　安	46.30	157.11	14.60	49.54
达　州	78.00	113.59	22.49	32.75
雅　安	24.50	93.01	7.64	29.01
巴　中	30.70	82.82	9.00	24.28
资　阳	42.88	128.96	10.53	31.67
贵　州				
贵　阳	258.69	97.49	68.78	25.92
六盘水	41.13	124.60	12.70	38.47
遵　义	62.71	80.14	19.71	25.19
安　顺	39.58	76.29	12.85	24.77
云　南				
昆　明	406.89	109.91	173.14	46.77
曲　靖	57.12	96.60	17.60	29.76
玉　溪	25.12	98.09	4.65	18.16
保　山	22.43	80.68	7.20	25.90
昭　通	27.85	93.80	8.13	27.38
丽　江	20.88	143.21	4.25	29.15
普　洱	23.52	105.38	5.01	22.45
临　沧	18.53	103.35	7.56	42.16
西　藏				
拉　萨	91.34	201.15	28.00	61.66
陕　西				
西　安	434.00	108.95	101.00	25.35
铜　川	44.10	109.29	9.26	22.95
宝　鸡	86.36	105.34	10.21	12.45
咸　阳	72.05	76.67	16.17	17.21
渭　南	47.43	105.40	19.20	42.67
延　安	35.99	110.33	13.10	40.16
汉　中	33.05	83.63	5.70	14.42
榆　林	61.30	149.88	15.00	36.67
安　康	39.49	122.41	13.20	40.92
商　洛	16.20	98.18	3.00	18.18
甘　肃				
兰　州	280.65	143.10	65.93	33.62
嘉峪关	67.75	294.69	13.35	58.07
金　昌	40.21	212.19	7.01	36.99
白　银	60.19	144.06	17.40	41.65
天　水	45.80	67.00	9.36	13.69
武　威	30.85	94.78	20.00	61.44
张　掖	35.16	189.44	16.10	86.75
平　凉	35.56	108.75	13.33	40.76
酒　泉	41.35	114.54	10.25	28.39
庆　阳	25.41	133.74	7.69	40.47
定　西	32.80	163.84	9.83	49.10
陇　南	9.20	58.15	6.42	40.58
青　海				
西　宁	83.85	66.50	43.32	34.36
宁　夏				
银　川	160.79	119.97	49.37	36.84
石嘴山	51.27	100.93	21.85	43.01
吴　忠	46.56	228.01	15.76	77.18
固　原	38.37	130.69	13.25	45.13
中　卫	37.94	192.39	11.13	56.44
新　疆				
乌鲁木齐	412.26	133.93	141.59	46.00
克拉玛依	68.17	186.92	23.92	65.59

数据来源：住房和城乡建设部。

表 2－109　2014 年 286 城市市区公共设施及市政公用设施用地面积

单位：平方公里，平方米

地区	公共设施用地	人均公共设施用地	市政公用设施用地	人均市政公用设施用地	地区	公共设施用地	人均公共设施用地	市政公用设施用地	人均市政公用设施用地
北　京	193.46	10.41	29.11	1.57	大　连	41.20	12.59	11.00	3.36
天　津	79.95	10.17	22.00	2.80	鞍　山	10.91	6.77	3.44	2.13
河　北					抚　顺	14.90	11.22	5.58	4.20
石家庄	41.40	14.69	14.68	5.21	本　溪	8.68	9.14	1.88	1.98
唐　山	53.87	27.28	26.88	13.61	丹　东	4.52	6.99	0.84	1.30
秦皇岛	13.19	13.34	5.47	5.53	锦　州	11.11	11.54	2.74	2.85
邯　郸	21.15	13.46	3.96	2.52	营　口	13.17	13.13	4.32	4.31
邢　台	8.51	9.08	2.06	2.20	阜　新	9.60	12.27	1.44	1.84
保　定	16.57	13.13	4.63	3.67	辽　阳	5.87	7.34	2.52	3.15
张家口	8.81	10.01	1.98	2.25	盘　锦	7.18	10.16	1.16	1.64
承　德	8.99	16.24	1.37	2.47	铁　岭	7.62	16.89	5.92	13.12
沧　州	6.77	12.02	1.80	3.20	朝　阳	6.60	10.40	1.80	2.84
廊　坊	6.28	11.80	2.80	5.26	葫芦岛	6.25	12.43	3.15	6.27
衡　水	5.06	13.73	1.19	3.23	**吉　林**				
山　西					长　春	69.49	18.75	25.77	6.95
太　原	81.00	23.14	41.00	11.71	吉　林	27.18	21.29	13.63	10.68
大　同	14.70	11.74	1.50	1.20	四　平	7.55	12.18	3.20	5.16
阳　泉	3.04	5.09	1.22	2.04	辽　源	3.26	6.81	1.40	2.93
长　治	16.03	21.42	3.04	4.06	通　化	5.94	12.44	1.67	3.50
晋　城	13.00	27.66	1.00	2.13	白　山	3.19	8.09	1.00	2.54
朔　州	5.65	14.26	2.14	5.40	松　原	4.77	9.79	1.17	2.40
晋　中	16.01	32.74	11.37	23.25	白　城	3.83	13.52	0.71	2.51
运　城	6.32	14.70	4.80	11.16	**黑龙江**				
忻　州	3.70	12.71	0.21	0.72	哈尔滨	61.08	14.64	10.65	2.55
临　汾	7.36	12.69	2.73	4.71	齐齐哈尔	25.50	23.42	14.07	12.92
吕　梁	5.10	18.89	1.60	5.93	鸡　西	3.51	4.85	1.44	1.99
内蒙古					鹤　岗	3.30	5.97	1.37	2.48
呼和浩特	63.91	33.89	41.60	22.06	双鸭山	5.39	11.49	1.19	2.54
包　头	18.98	10.32	3.16	1.72	大　庆	54.99	36.26	11.66	7.69
乌　海	7.23	12.83	0.91	1.62	伊　春	17.40	22.70	6.23	8.13
赤　峰	14.70	14.68	6.86	6.85	佳木斯	17.32	28.68	2.28	3.77
通　辽	10.69	23.67	3.35	7.42	七台河	15.18	37.21	8.95	21.94
鄂尔多斯	8.45	17.42	0.93	1.92	牡丹江	8.73	12.13	1.70	2.36
呼伦贝尔	7.04	22.00	3.13	9.78	黑　河	4.83	33.45	0.89	6.16
巴彦淖尔	9.29	21.81	2.52	5.92	绥　化	3.38	9.63	0.45	1.28
乌兰察布	5.81	17.04	1.70	4.99	**上　海**	292.01	12.04	130.28	5.37
辽　宁					**江　苏**				
沈　阳	55.19	10.68	11.45	2.22	南　京	102.11	16.78	18.11	2.98

续表

地区	公共设施用地	人均公共设施用地	市政公用设施用地	人均市政公用设施用地
无　锡	23.80	9.66	4.26	1.73
徐　州	50.93	29.91	21.59	12.68
常　州	18.15	11.77	6.53	4.24
苏　州	36.83	12.55	8.63	2.94
南　通	29.42	19.02	4.45	2.88
连云港	14.27	17.20	3.08	3.71
淮　安	33.00	23.71	27.50	19.75
盐　城	14.13	12.15	1.61	1.38
扬　州	13.11	12.01	2.46	2.25
镇　江	14.00	15.77	5.10	5.74
泰　州	19.69	21.47	5.15	5.62
宿　迁	9.71	14.69	1.09	1.65
浙　江				
杭　州	73.11	18.96	10.67	2.77
宁　波	32.94	17.68	13.87	7.44
温　州	22.03	11.96	9.04	4.91
嘉　兴	23.15	26.55	17.03	19.53
湖　州	10.18	11.50	2.08	2.35
绍　兴	21.11	14.55	9.06	6.24
金　华	8.24	13.10	1.92	3.05
衢　州	6.49	18.28	1.86	5.24
舟　山	8.87	14.95	1.64	2.76
台　州	34.41	33.63	16.88	16.50
丽　水	11.09	32.24	5.02	14.59
安　徽				
合　肥	67.97	19.05	7.22	2.02
芜　湖	16.00	12.44	11.00	8.55
蚌　埠	18.62	20.03	10.37	11.16
淮　南	11.27	10.60	3.48	3.27
马鞍山	6.86	9.71	1.28	1.81
淮　北	8.03	9.73	1.52	1.84
铜　陵	8.58	19.77	3.46	7.97
安　庆	11.42	17.42	2.59	3.95
黄　山	5.46	15.43	0.81	2.29
滁　州	12.52	31.01	4.57	11.32
阜　阳	6.48	8.52	1.76	2.32
宿　州	3.51	6.62	1.86	3.51
六　安	7.02	11.84	2.23	3.76
亳　州	5.24	14.51	1.25	3.46
池　州	4.09	13.49	0.79	2.61
宣　城	4.38	12.38	0.78	2.20
福　建				
福　州	33.88	14.35	4.38	1.86
厦　门	55.26	18.86	9.72	3.32
莆　田	13.47	24.14	2.47	4.43
三　明	3.47	15.45	1.18	5.25
泉　州	30.00	24.02	12.00	9.61
漳　州	11.97	24.99	3.64	7.60
南　平	3.70	17.54	0.14	0.66
龙　岩	6.87	21.07	1.02	3.13
宁　德	2.99	11.82	0.27	1.07
江　西				
南　昌	19.08	7.64	5.29	2.12
景德镇	6.53	13.10	1.02	2.05
萍　乡	9.84	21.94	5.32	11.86
九　江	9.56	14.50	2.87	4.35
新　余	17.88	38.70	9.40	20.35
鹰　潭	3.35	14.37	2.69	11.54
赣　州	20.67	16.42	3.76	2.99
吉　安	10.24	23.85	2.78	6.48
宜　春	8.62	15.30	3.48	6.18
抚　州	6.59	12.09	1.06	1.94
上　饶	5.03	11.36	2.03	4.58
山　东				
济　南	72.62	24.13	13.76	4.57
青　岛	44.47	13.67	9.56	2.94
淄　博	24.44	15.17	5.88	3.65
枣　庄	17.32	18.33	5.72	6.05
东　营	23.10	34.53	8.27	12.36
烟　台	36.44	20.91	13.10	7.52
潍　坊	18.91	14.83	6.00	4.71
济　宁	12.95	9.51	3.66	2.69
泰　安	16.23	24.48	1.52	2.29
威　海	18.55	19.68	5.19	5.51
日　照	9.26	13.95	4.30	6.48
莱　芜	17.58	29.02	0.66	1.09
临　沂	35.49	17.75	11.87	5.94
德　州	26.84	30.86	2.12	2.44
聊　城	8.17	11.25	0.43	0.59
滨　州	16.98	22.75	2.76	3.70

续表

地区	公共设施用地	人均公共设施用地	市政公用设施用地	人均市政公用设施用地	地区	公共设施用地	人均公共设施用地	市政公用设施用地	人均市政公用设施用地
菏　泽	10.95	16.17	1.35	1.99	张家界	11.59	51.76	4.96	22.15
河　南					益　阳	26.00	41.47	16.00	25.52
郑　州	69.07	10.83	14.90	2.34	郴　州	7.45	12.04	1.25	2.02
开　封	16.43	17.73	2.62	2.83	永　州	13.09	24.74	8.02	15.16
洛　阳	27.57	11.34	3.98	1.64	怀　化	23.01	41.21	10.01	17.93
平顶山	6.24	6.65	1.35	1.44	娄　底	13.24	27.58	5.44	11.33
安　阳	12.96	18.04	2.96	4.12	**广　东**				
鹤　壁	8.13	17.54	1.96	4.23	广　州	—	—	—	—
新　乡	18.05	23.72	2.69	3.53	韶　关	15.00	26.61	4.43	7.86
焦　作	16.14	20.85	1.59	2.05	深　圳	79.58	7.38	20.22	1.88
濮　阳	5.50	10.73	2.20	4.29	珠　海	22.34	12.47	7.97	4.45
许　昌	13.00	26.26	7.00	14.14	汕　头	31.79	12.62	7.41	2.94
漯　河	11.83	21.20	7.43	13.32	佛　山	15.69	7.77	2.65	1.31
三门峡	4.67	13.70	0.90	2.64	江　门	17.15	12.82	5.37	4.01
南　阳	23.27	14.96	5.15	3.31	湛　江	23.46	26.35	11.49	12.91
商　丘	9.22	9.56	3.02	3.13	茂　名	18.72	29.10	5.34	8.30
信　阳	11.90	22.54	0.88	1.67	肇　庆	8.82	15.64	0.83	1.47
周　口	8.75	24.78	3.35	9.49	惠　州	33.44	21.68	8.08	5.24
驻马店	15.63	33.50	5.61	12.02	梅　州	8.39	21.42	0.49	1.25
湖　北					汕　尾	2.12	8.72	0.64	2.63
武　汉	122.22	19.26	27.21	4.29	河　源	5.36	17.67	3.27	10.78
黄　石	11.70	13.67	3.46	4.04	阳　江	3.36	8.12	0.96	2.32
十　堰	12.14	20.90	2.71	4.66	清　远	9.25	20.06	1.44	3.12
宜　昌	31.15	35.41	6.85	7.79	东　莞	74.76	12.33	29.16	4.81
襄　阳	15.52	16.36	3.51	3.70	中　山	10.07	14.01	0.97	1.35
鄂　州	8.21	19.39	3.17	7.49	潮　州	5.02	5.98	1.01	1.20
荆　门	9.12	18.10	4.02	7.98	揭　阳	11.59	5.41	1.50	0.70
孝　感	10.03	24.46	5.50	13.41	云　浮	5.89	20.62	2.34	8.19
荆　州	10.24	15.07	1.54	2.27	**广　西**				
黄　冈	5.94	18.98	0.56	1.79	南　宁	48.29	17.71	9.03	3.31
咸　宁	2.43	5.92	0.15	0.37	柳　州	21.20	13.17	3.77	2.34
随　州	5.73	11.69	1.23	2.51	桂　林	12.75	15.49	5.51	6.69
湖　南					梧　州	8.32	14.34	2.97	5.12
长　沙	51.78	16.20	5.00	1.56	北　海	11.90	28.91	2.50	6.07
株　洲	12.91	12.07	2.14	2.00	防城港	3.07	17.26	1.02	5.73
湘　潭	12.77	15.66	4.33	5.31	钦　州	9.22	27.84	1.77	5.34
衡　阳	15.19	13.67	2.19	1.97	贵　港	7.96	18.49	2.37	5.51
邵　阳	10.10	13.24	3.30	4.33	玉　林	11.80	17.80	2.30	3.47
岳　阳	21.00	30.66	11.40	16.64	百　色	4.38	17.45	0.97	3.86
常　德	15.93	22.74	3.57	5.10	贺　州	10.14	35.79	3.76	13.27

续表

地区	公共设施用地	人均公共设施用地	市政公用设施用地	人均市政公用设施用地	地区	公共设施用地	人均公共设施用地	市政公用设施用地	人均市政公用设施用地
河　池	5.03	22.51	2.37	10.60	临　沧	1.52	8.48	0.60	3.35
来　宾	7.05	24.66	5.58	19.52	**西　藏**				
崇　左	3.40	20.20	1.50	8.91	拉　萨	22.81	50.23	5.18	11.41
海　南					**陕　西**				
海　口	25.47	18.53	2.47	1.80	西　安	69.00	17.32	12.00	3.01
三　亚	1.26	3.33	0.06	0.16	铜　川	4.52	11.20	1.82	4.51
重　庆	121.90	9.80	30.39	2.44	宝　鸡	11.60	14.15	3.92	4.78
四　川					咸　阳	12.34	13.13	3.16	3.36
成　都	163.47	32.63	84.70	16.91	渭　南	5.12	11.38	0.90	2.00
自　贡	8.58	7.33	2.31	1.97	延　安	3.62	11.10	0.91	2.79
攀枝花	7.49	11.25	3.57	5.36	汉　中	4.60	11.64	2.00	5.06
泸　州	9.32	7.99	2.19	1.88	榆　林	5.64	13.79	0.84	2.05
德　阳	7.03	13.15	1.04	1.95	安　康	4.39	13.61	2.56	7.94
绵　阳	19.47	16.38	2.52	2.12	商　洛	2.50	15.15	0.50	3.03
广　元	8.90	22.21	2.77	6.91	**甘　肃**				
遂　宁	4.95	6.95	1.41	1.98	兰　州	42.39	21.61	9.63	4.91
内　江	6.66	10.37	1.53	2.38	嘉峪关	7.20	31.32	0.80	3.48
乐　山	9.88	16.33	1.52	2.51	金　昌	4.11	21.69	1.44	7.60
南　充	16.07	14.88	4.53	4.19	白　银	8.25	19.75	2.65	6.34
眉　山	8.35	16.62	3.55	7.07	天　水	7.41	10.84	4.17	6.10
宜　宾	11.53	13.83	2.29	2.75	武　威	2.50	7.68	0.50	1.54
广　安	9.55	32.41	2.85	9.67	张　掖	6.03	32.49	3.52	18.97
达　州	9.22	13.43	2.66	3.87	平　凉	5.93	18.13	1.03	3.15
雅　安	3.93	14.92	0.86	3.26	酒　泉	4.75	13.16	1.05	2.91
巴　中	8.20	22.12	4.00	10.79	庆　阳	10.45	55.00	5.29	27.84
资　阳	4.41	13.26	1.19	3.58	定　西	10.04	50.15	5.21	26.02
贵　州					陇　南	1.36	8.60	0.50	3.16
贵　阳	32.83	12.37	7.71	2.91	**青　海**				
六盘水	8.38	25.39	3.30	10.00	西　宁	8.68	6.88	3.45	2.74
遵　义	13.85	17.70	7.68	9.81	**宁　夏**				
安　顺	4.46	8.60	1.87	3.60	银　川	36.27	27.06	8.77	6.54
云　南					石嘴山	3.07	6.04	0.91	1.79
昆　明	51.01	13.78	8.05	2.17	吴　忠	8.15	39.91	1.85	9.06
曲　靖	11.92	20.16	3.60	6.09	固　原	6.90	23.50	2.00	6.81
玉　溪	1.91	7.46	1.43	5.58	中　卫	6.97	35.34	2.05	10.40
保　山	1.50	5.40	0.50	1.80	**新　疆**				
昭　通	3.53	11.89	0.63	2.12	乌鲁木齐	48.67	15.81	20.79	6.75
丽　江	3.91	26.82	1.58	10.84	克拉玛依	13.65	37.43	3.01	8.25
普　洱	8.43	37.77	0.50	2.24					

数据来源：住房和城乡建设部。

表 2－110　2014 年 286 城市市区工业、仓储物流、公共管理及商业服务设施用地面积

单位：平方公里

地区	工业用地	仓储物流用地	公共管理用地	商业服务设施用地
北　京	240.03	49.46	164.35	125.55
天　津	185.93	57.52	57.95	45.81
河　北				
石家庄	17.58	5.81	26.72	17.77
唐　山	31.31	4.36	26.99	10.00
秦皇岛	4.79	17.82	7.72	13.49
邯　郸	15.34	11.33	17.19	10.01
邢　台	16.37	2.01	6.45	6.12
保　定	40.42	3.38	11.94	5.73
张家口	18.05	6.05	6.83	6.05
承　德	12.25	1.67	7.62	4.21
沧　州	11.58	2.56	4.97	3.64
廊　坊	7.17	2.87	3.48	2.86
衡　水	2.14	1.44	3.87	4.86
山　西				
太　原	77.00	9.00	40.00	25.00
大　同	14.20	7.00	13.20	10.10
阳　泉	10.55	1.31	1.82	0.82
长　治	12.95	2.59	12.99	0.50
晋　城	3.60	—	12.00	3.20
朔　州	0.98	1.85	3.51	4.90
晋　中	8.16	2.74	4.64	5.45
运　城	5.89	2.00	1.52	1.34
忻　州	4.80	0.30	3.49	1.44
临　汾	1.33	1.54	4.63	4.21
吕　梁	5.81	0.75	3.50	1.04
内蒙古				
呼和浩特	18.40	8.28	22.31	25.30
包　头	52.50	7.50	15.82	9.83
乌　海	7.20	1.12	6.32	6.61
赤　峰	15.10	1.64	7.84	0.91
通　辽	8.16	5.29	7.34	3.64
鄂尔多斯	3.57	0.05	7.52	15.38
呼伦贝尔	8.42	5.01	3.91	4.17
巴彦淖尔	9.62	4.07	6.77	13.54
乌兰察布	6.10	1.10	4.11	2.56
辽　宁				
沈　阳	100.60	10.07	43.74	21.24

地区	工业用地	仓储物流用地	公共管理用地	商业服务设施用地
大　连	100.20	10.00	30.20	21.00
鞍　山	52.81	3.92	7.47	8.53
抚　顺	46.06	4.91	9.32	6.50
本　溪	21.90	0.93	6.80	12.72
丹　东	13.18	1.29	3.68	2.68
锦　州	12.85	1.71	8.37	2.65
营　口	6.30	6.40	8.85	30.42
阜　新	39.71	6.72	8.16	13.45
辽　阳	27.01	7.05	3.35	8.01
盘　锦	19.95	1.97	6.02	4.15
铁　岭	9.40	0.10	1.70	3.60
朝　阳	9.00	1.00	4.80	3.00
葫芦岛	19.98	2.52	3.10	6.65
吉　林				
长　春	102.12	15.42	43.72	22.53
吉　林	63.88	1.87	13.55	7.42
四　平	8.45	—	4.35	7.29
辽　源	8.81	0.84	1.86	0.79
通　化	3.27	1.90	4.27	10.53
白　山	5.73	0.83	2.19	1.45
松　原	6.80	1.10	3.60	1.50
白　城	11.57	3.51	3.12	2.67
黑龙江				
哈尔滨	85.67	8.82	50.43	22.71
齐齐哈尔	29.72	7.71	11.43	6.46
鸡　西	9.94	1.93	2.07	2.61
鹤　岗	11.27	1.02	1.93	3.76
双鸭山	1.62	3.60	4.20	10.30
大　庆	74.28	20.92	43.33	12.15
伊　春	18.23	5.22	11.17	5.64
佳木斯	17.67	3.48	15.04	4.88
七台河	16.28	6.09	6.23	0.01
牡丹江	17.20	3.24	7.03	1.14
黑　河	2.13	1.15	3.94	1.36
绥　化	10.22	1.37	2.93	1.16
上　海	733.11	85.54	161.73	137.54
江　苏				
南　京	168.78	17.19	84.00	45.63

续表

地区	工业用地	仓储物流用地	公共管理用地	商业服务设施用地
无　锡	69.68	6.30	19.54	25.32
徐　州	26.94	21.19	29.34	6.54
常　州	56.38	4.39	11.62	9.48
苏　州	132.07	6.68	28.20	27.49
南　通	14.28	3.72	24.97	58.22
连云港	47.27	10.54	11.19	9.83
淮　安	41.00	12.00	5.50	20.50
盐　城	28.46	2.03	12.52	6.34
扬　州	37.92	1.77	10.65	10.97
镇　江	36.40	5.20	8.90	6.70
泰　州	38.34	3.52	14.54	11.39
宿　迁	22.11	1.26	8.62	4.90
浙　江				
杭　州	68.97	9.01	62.44	41.83
宁　波	137.05	12.20	19.07	21.56
温　州	4.75	7.41	12.99	36.13
嘉　兴	19.02	1.84	6.12	18.22
湖　州	37.34	1.26	8.10	8.66
绍　兴	63.67	3.64	12.05	13.43
金　华	18.36	3.80	6.32	6.20
衢　州	23.12	1.89	4.63	2.73
舟　山	7.63	0.56	7.23	2.71
台　州	55.48	2.92	17.53	0.66
丽　水	4.36	0.35	6.07	2.36
安　徽				
合　肥	73.92	4.42	60.75	12.52
芜　湖	13.00	4.00	5.00	14.00
蚌　埠	21.55	9.52	8.25	5.56
淮　南	14.88	1.99	7.79	6.19
马鞍山	35.63	1.14	5.58	5.85
淮　北	21.52	2.10	6.51	8.66
铜　陵	13.18	4.84	5.12	5.80
安　庆	5.70	3.91	8.83	25.99
黄　山	8.66	0.73	4.65	2.93
滁　州	30.08	2.25	7.95	4.89
阜　阳	16.45	3.97	4.72	5.65
宿　州	14.64	2.75	1.65	9.80
六　安	13.18	1.43	4.79	4.51
亳　州	12.26	2.44	3.99	6.53
池　州	4.46	1.35	3.30	2.17
宣　城	15.14	0.51	3.60	2.56
福　建				
福　州	37.80	2.42	29.50	10.30
厦　门	97.13	8.48	45.54	13.58
莆　田	11.00	0.01	11.00	1.00
三　明	12.60	2.00	2.29	1.05
泉　州	6.00	5.30	18.00	25.50
漳　州	14.80	0.83	8.33	0.74
南　平	6.30	1.09	3.56	0.83
龙　岩	7.03	0.97	5.85	3.03
宁　德	2.47	0.09	2.72	2.07
江　西				
南　昌	37.46	4.37	13.79	31.02
景德镇	20.46	1.58	5.51	6.87
萍　乡	8.68	1.18	4.52	0.57
九　江	23.48	1.92	6.69	6.54
新　余	13.75	2.19	8.48	1.39
鹰　潭	3.04	1.15	0.66	1.22
赣　州	24.39	2.45	16.91	8.19
吉　安	4.29	1.61	7.46	11.03
宜　春	9.07	3.87	5.14	6.78
抚　州	11.39	1.22	5.53	3.53
上　饶	2.19	0.20	3.00	1.98
山　东				
济　南	73.26	8.21	58.86	22.73
青　岛	113.83	23.26	34.91	23.60
淄　博	73.44	6.60	18.56	14.68
枣　庄	22.44	4.41	11.60	11.13
东　营	20.92	2.11	14.83	13.69
烟　台	73.50	7.04	23.34	30.53
潍　坊	33.10	5.67	12.91	12.02
济　宁	45.32	3.53	9.29	12.64
泰　安	30.20	0.84	14.71	9.10
威　海	54.98	3.39	13.36	19.92
日　照	22.72	4.10	4.96	6.56
莱　芜	22.00	3.81	16.92	5.14
临　沂	35.96	7.54	23.62	10.83
德　州	37.92	2.89	24.72	0.87
聊　城	17.48	2.29	7.74	6.33
滨　州	23.42	2.32	14.22	2.16

续表

地区	工业用地	仓储物流用地	公共管理用地	商业服务设施用地
菏泽	25.58	1.99	9.60	3.62
河南				
郑州	33.16	14.88	54.17	13.69
开封	23.83	2.34	13.81	7.49
洛阳	33.33	10.55	23.59	8.39
平顶山	15.54	3.27	4.89	4.00
安阳	13.88	3.20	10.00	2.66
鹤壁	16.41	1.03	6.17	4.16
新乡	25.81	3.07	15.36	5.66
焦作	20.77	1.48	14.55	4.97
濮阳	5.70	1.60	3.30	5.30
许昌	10.00	4.00	6.00	4.00
漯河	5.59	2.11	4.40	2.00
三门峡	2.53	0.25	3.77	1.60
南阳	25.12	3.83	18.12	5.40
商丘	1.39	0.60	6.20	1.82
信阳	14.40	2.65	11.02	2.65
周口	4.30	2.30	5.40	4.35
驻马店	14.73	1.19	10.02	6.63
湖北				
武汉	199.90	21.12	95.01	40.23
黄石	23.00	2.09	8.24	0.72
十堰	29.95	2.92	9.43	2.07
宜昌	39.49	5.39	24.30	7.43
襄阳	47.29	1.27	12.01	5.32
鄂州	15.35	2.27	5.04	3.07
荆门	12.24	1.43	5.10	3.84
孝感	9.20	2.00	4.53	4.10
荆州	20.34	1.75	8.70	2.30
黄冈	12.28	1.08	5.38	4.87
咸宁	10.77	0.23	2.28	1.59
随州	9.20	1.63	4.50	4.33
湖南				
长沙	25.12	7.72	46.78	18.39
株洲	26.67	2.66	10.77	4.45
湘潭	12.81	4.22	8.44	5.22
衡阳	23.06	2.79	13.00	8.52
邵阳	3.33	2.02	6.80	3.95
岳阳	17.80	3.50	9.60	5.55
常德	20.67	3.17	12.36	4.65
张家界	1.51	—	6.63	1.42
益阳	5.00	—	10.00	3.00
郴州	6.20	2.00	6.20	4.80
永州	6.22	2.49	5.07	7.30
怀化	2.88	7.26	13.00	7.13
娄底	2.23	1.36	7.80	8.10
广东				
广州	—	—	—	—
韶关	17.70	3.39	10.57	9.38
深圳	313.84	18.07	59.36	50.33
珠海	15.11	5.85	14.37	13.83
汕头	26.27	13.76	24.38	33.27
佛山	38.78	9.46	13.04	10.81
江门	52.29	2.66	11.78	8.21
湛江	17.97	3.31	11.97	12.30
茂名	13.89	2.67	13.38	7.43
肇庆	25.88	1.19	7.99	4.69
惠州	49.90	9.68	25.36	14.41
梅州	5.01	2.02	7.90	3.45
汕尾	2.28	0.25	1.48	1.15
河源	6.30	0.98	2.09	0.99
阳江	6.45	1.59	2.40	3.01
清远	7.02	0.30	7.81	6.87
东莞	345.56	14.38	45.60	57.07
中山	30.57	1.31	9.10	5.33
潮州	14.82	0.59	4.01	3.01
揭阳	30.90	1.40	10.09	9.90
云浮	5.10	1.28	3.55	3.61
广西				
南宁	29.32	6.94	39.26	15.47
柳州	41.24	7.41	17.43	11.62
桂林	13.84	2.64	7.24	1.03
梧州	8.17	2.24	5.35	2.70
北海	4.00	1.71	9.40	4.00
防城港	2.22	1.93	2.05	0.54
钦州	20.85	8.32	7.45	5.77
贵港	14.22	2.79	5.59	3.07
玉林	2.18	2.19	9.50	9.51
百色	6.93	1.88	3.41	0.94
贺州	3.73	0.36	6.38	1.85

续表

地区	工业用地	仓储物流用地	公共管理用地	商业服务设施用地
河　池	4.62	0.52	2.66	0.61
来　宾	5.85	1.51	1.47	1.28
崇　左	2.43	0.50	1.90	0.43
海　南				
海　口	12.31	2.32	23.00	3.00
三　亚	0.65	0.15	1.20	0.50
重　庆	218.58	22.24	91.51	63.04
四　川				
成　都	99.67	8.75	78.77	16.70
自　贡	27.82	1.49	6.27	5.50
攀枝花	21.62	3.19	3.92	6.30
泸　州	18.08	1.52	7.13	5.28
德　阳	20.42	0.78	5.99	2.89
绵　阳	29.80	1.81	16.95	6.21
广　元	10.45	1.34	6.13	2.42
遂　宁	13.66	2.53	3.54	5.46
内　江	16.97	1.83	5.13	1.79
乐　山	9.51	1.37	8.36	7.83
南　充	16.89	5.90	11.54	7.58
眉　山	6.14	1.37	4.80	8.32
宜　宾	25.06	2.91	9.24	6.31
广　安	4.63	1.65	6.70	2.85
达　州	14.95	3.34	6.56	5.86
雅　安	4.08	0.38	3.07	2.15
巴　中	1.00	0.25	4.20	2.00
资　阳	11.58	0.53	3.22	1.90
贵　州				
贵　阳	51.49	8.57	25.12	11.52
六盘水	9.80	1.10	5.08	1.24
遵　义	9.02	1.05	6.17	3.10
安　顺	7.31	0.96	2.59	2.55
云　南				
昆　明	51.90	11.70	42.96	33.84
曲　靖	6.37	2.89	8.32	0.13
玉　溪	1.58	—	0.48	0.39
保　山	1.00	0.80	1.00	0.60
昭　通	4.94	1.00	2.90	2.10
丽　江	2.00	2.08	2.33	2.10
普　洱	0.40	2.29	7.93	2.43
临　沧	1.60	0.34	0.92	2.65
西　藏				
拉　萨	10.41	2.60	17.63	10.14
陕　西				
西　安	50.00	8.00	57.00	36.00
铜　川	8.53	0.33	2.70	0.72
宝　鸡	15.54	2.78	7.68	10.30
咸　阳	13.06	2.41	9.18	0.42
渭　南	3.66	0.63	4.22	2.38
延　安	2.43	0.27	2.71	2.54
汉　中	4.40	1.35	2.60	5.10
榆　林	8.48	0.60	4.80	12.00
安　康	1.31	0.25	1.83	1.17
商　洛	0.50	2.00	2.00	2.00
甘　肃				
兰　州	52.59	9.71	32.76	17.50
嘉峪关	7.10	2.84	6.40	7.45
金　昌	16.67	1.46	2.67	1.19
白　银	21.48	1.26	5.60	2.88
天　水	10.33	5.79	3.24	1.22
武　威	1.15	—	2.00	3.00
张　掖	1.62	2.13	2.51	2.47
平　凉	3.18	1.87	4.90	3.32
酒　泉	2.65	0.85	3.70	4.95
庆　阳	3.80	0.60	5.16	0.02
定　西	6.75	1.49	4.83	0.01
陇　南	0.16	0.02	0.86	0.40
青　海				
西　宁	4.20	13.87	5.23	2.17
宁　夏				
银　川	15.68	7.12	27.50	2.64
石嘴山	8.53	0.20	2.16	3.51
吴　忠	4.90	0.24	6.30	2.92
固　原	0.65	1.65	4.90	1.80
中　卫	3.10	0.92	4.92	3.85
新　疆				
乌鲁木齐	75.51	16.69	27.88	25.32
克拉玛依	3.43	2.40	10.64	5.38

数据来源：住房和城乡建设部。

十六、105 城市土地平均价格

表 2－111　　2015 年各季度 105 个城市综合（住、商、工）及住宅用地平均价格

单位：元/平方米

城　市	综合用地				住宅用地			
	1 季度	2 季度	3 季度	4 季度	1 季度	2 季度	3 季度	4 季度
全　国	3541	3574	3606	3633	5305	5359	5421	5484
北　京	28172	28390	28859	29330	46649	47020	47904	48751
天　津	5680	5740	5795	5843	6129	6199	6250	6291
石家庄	3372	3403	3438	3479	3882	3927	3969	3976
保　定	2738	2783	2845	2897	4747	4835	4930	5027
邯　郸	2403	2386	2388	2334	2813	2746	2757	2686
廊　坊	2052	2061	2082	2099	3119	3135	3162	3180
秦皇岛	1852	1875	1901	1909	2626	2663	2706	2719
唐　山	1507	1508	1510	1513	1837	1838	1841	1845
张家口	1089	1093	1144	1211	1047	1051	1105	1175
太　原	2273	2323	2356	2380	2833	2896	2945	2976
大　同	1940	1940	1940	1940	2841	2841	2841	2841
呼和浩特	3165	3182	3195	3196	3494	3511	3519	3521
包　头	1658	1659	1659	1660	2187	2189	2190	2191
沈　阳	2377	2395	2410	2439	2729	2749	2766	2803
大　连	2444	2474	2500	2524	3005	3051	3088	3121
鞍　山	774	775	775	778	944	945	946	951
本　溪	798	796	796	795	1058	1057	1055	1053
丹　东	906	911	919	926	1670	1676	1701	1718
抚　顺	622	618	616	613	1213	1203	1201	1195
阜　新	873	839	815	804	1118	1063	1027	1011
锦　州	831	867	900	904	965	1012	1054	1060
辽　阳	799	795	787	779	1030	1028	1023	1018
长　春	2277	2281	2289	2292	2751	2754	2763	2767
吉　林	834	835	837	838	1203	1205	1207	1210
哈尔滨	2333	2336	2339	2343	2521	2523	2525	2528
大　庆	891	891	892	892	1033	1033	1034	1034
佳木斯	521	521	545	545	534	535	564	564
鸡　西	589	588	588	586	688	688	688	684
牡丹江	678	679	679	679	669	670	670	670
齐齐哈尔	587	578	570	566	716	702	690	685
鹤　岗	503	502	500	503	429	428	426	429

续表

城市	综合用地				住宅用地			
	1 季度	2 季度	3 季度	4 季度	1 季度	2 季度	3 季度	4 季度
伊春	288	288	289	289	241	242	242	242
上海	18063	18428	19264	20044	31585	32306	34082	35767
南京	7270	7342	7433	7377	9263	9365	9478	9764
常州	1324	1324	1323	1324	3079	3075	3071	3069
南通	1710	1696	1687	1680	3005	2971	2948	2930
苏州	3025	3041	3070	3095	2901	2929	2995	3055
无锡	3137	3125	3123	3109	4770	4749	4744	4726
徐州	2220	2218	2223	2224	3251	3246	3243	3242
扬州	1210	1209	1208	1208	1783	1781	1779	1778
杭州	11546	11566	11586	11838	16649	16654	16660	17061
宁波	7813	7840	7956	8032	12284	12342	12532	12669
嘉兴	1317	1328	1337	1324	1519	1530	1545	1529
温州	4867	4874	4915	4961	9095	9179	9345	9526
湖州	1973	1976	1977	1978	2442	2442	2443	2443
合肥	2788	2842	2886	2922	3975	4062	4133	4192
蚌埠	967	968	968	969	1362	1364	1364	1365
淮北	1495	1523	1534	1545	1996	2023	2037	2052
淮南	947	947	947	947	1269	1269	1269	1269
芜湖	1630	1635	1638	1632	2631	2642	2645	2639
福州	10010	10007	10035	10595	10917	10886	10913	11102
厦门	18720	19142	19491	19808	20464	20991	21435	21836
泉州	3509	3510	3520	3512	5917	5928	5948	5939
南昌	4641	4631	4671	4699	5094	5083	5125	5156
九江	1493	1498	1504	1512	2727	2737	2746	2759
济南	2353	2362	2385	2402	3786	3800	3840	3871
青岛	3490	3587	3680	3832	5460	5686	5855	6152
济宁	883	891	890	890	1304	1325	1322	1326
临沂	920	928	932	917	1164	1174	1175	1152
泰安	1648	1668	1690	1699	2633	2671	2712	2726
潍坊	1608	1621	1634	1642	1723	1743	1761	1772
烟台	1754	1760	1713	1717	4349	4366	4225	4240
枣庄	948	953	959	964	1298	1307	1316	1324
淄博	1090	1092	1102	1111	1442	1446	1460	1475
郑州	2785	2838	2914	2982	3759	3840	3958	4056
安阳	1090	1095	1098	1101	1137	1143	1147	1148
焦作	704	716	724	726	911	938	943	946
开封	1355	1372	1386	1404	1668	1689	1706	1728
洛阳	1429	1442	1923	1942	1934	1953	2417	2445

续表

城市	综合用地				住宅用地			
	1季度	2季度	3季度	4季度	1季度	2季度	3季度	4季度
平顶山	1418	1418	1418	1437	1780	1780	1780	1774
新乡	1502	1555	1575	1577	1932	1897	1927	1932
武汉	4405	4454	4551	4590	6071	6157	6323	6392
黄石	2003	2028	2056	2059	2332	2368	2405	2409
荆州	1320	1321	1322	1329	1739	1737	1734	1747
襄阳	2738	2739	2769	2773	3457	3458	3499	3504
宜昌	1350	1392	1416	1451	1393	1430	1442	1499
长沙	3984	4017	4039	4058	4510	4554	4585	4614
衡阳	921	939	953	973	979	1001	1019	1045
湘潭	1780	1798	1818	1820	1797	1802	1813	1819
岳阳	1607	1631	1664	1677	1601	1621	1659	1677
株洲	1423	2319	2338	2347	1469	2450	2471	2480
广州	19681	19971	20415	20962	26086	26459	27193	28196
深圳	22927	24305	24998	26038	35953	38915	40230	42251
东莞	5110	5158	5218	5275	5552	5607	5680	5748
佛山顺德	3784	3848	3891	3917	5134	5226	5289	5342
汕头	2007	2011	1995	2048	3351	3364	3344	3535
湛江	1131	1147	1160	1173	1723	1752	1776	1802
中山	1963	1995	2020	2050	1660	1688	1709	1735
珠海	4614	4681	4794	4888	6943	7072	7288	7479
南宁	2589	2611	2634	2641	2015	2033	2059	2079
北海	1273	1274	1274	1273	2019	2020	2021	2020
柳州	2401	2413	2425	2435	2821	2836	2849	2861
海口	3512	3496	3481	3478	4124	4101	4087	4086
重庆	4149	4182	4212	4238	4059	4098	4135	4165
成都	7058	7028	7057	7072	7588	7542	7581	7609
宜宾	1834	1830	1850	1841	2307	2304	2332	2323
南充	2021	2042	2036	2043	2309	2328	2320	2329
贵阳	3379	3384	3395	3393	3734	3733	3749	3742
昆明	6410	6448	6400	6350	7168	7188	7127	7047
拉萨	1833	1908	1910	1912	2159	2252	2255	2257
西安	4424	4452	4477	4484	5431	5456	5478	5476
兰州	2136	2138	2142	2121	2848	2853	2861	2820
西宁	1371	1376	1386	1388	1436	1440	1449	1451
银川	1264	1267	1272	1283	1745	1748	1754	1768
乌鲁木齐	1920	1941	1955	1979	3257	3286	3311	3331

数据来源：国土资源部。

表 2－112　　2015 年各季度 105 个城市商服及工业用地平均价格

单位：元/平方米

城　市	商服用地				工业用地			
	1 季度	2 季度	3 季度	4 季度	1 季度	2 季度	3 季度	4 季度
全　国	6593	6655	6701	6729	746	752	757	760
北　京	45188	45499	45916	46425	2277	2297	2326	2370
天　津	8934	9022	9131	9233	828	831	834	838
石家庄	5070	5131	5185	5191	690	690	690	690
保　定	4651	4719	4768	4819	586	588	625	642
邯　郸	4199	4199	4180	4069	562	597	603	615
廊　坊	3852	3853	3855	3857	433	435	454	472
秦皇岛	2660	2684	2698	2708	371	372	372	372
唐　山	2331	2330	2328	2327	535	535	537	539
张家口	1998	2008	2076	2176	414	414	433	452
太　原	3725	3824	3875	3923	890	898	905	909
大　同	3831	3831	3831	3831	517	517	517	517
呼和浩特	4548	4595	4676	4674	540	541	544	544
包　头	4407	4409	4409	4410	347	347	347	347
沈　阳	3143	3169	3187	3222	673	678	684	684
大　连	5057	5102	5148	5185	767	768	770	774
鞍　山	1269	1270	1271	1278	405	405	405	405
本　溪	1161	1159	1157	1156	430	429	430	429
丹　东	3118	3141	3174	3202	370	371	372	373
抚　顺	1392	1369	1361	1349	377	376	375	374
阜　新	1863	1801	1747	1716	338	337	335	334
锦　州	1537	1604	1671	1675	286	287	289	290
辽　阳	1519	1517	1513	1508	443	438	427	415
长　春	4392	4402	4419	4428	387	387	387	387
吉　林	1354	1357	1361	1366	371	371	371	371
哈尔滨	6351	6356	6363	6379	437	439	441	441
大　庆	1398	1398	1400	1401	254	254	256	256
佳木斯	1140	1142	1223	1224	286	286	286	286
鸡　西	2135	2133	2134	2132	252	251	251	251
牡丹江	2472	2473	2473	2473	352	352	351	351
齐齐哈尔	1810	1813	1822	1825	371	365	358	354
鹤　岗	1008	1005	1003	1005	244	243	242	251
伊　春	498	499	500	500	199	199	199	199
上　海	38855	39172	39664	40018	2000	2053	2103	2145
南　京	18714	18910	19263	19699	1782	1783	1784	1084

续表

城　市	商服用地				工业用地			
	1 季度	2 季度	3 季度	4 季度	1 季度	2 季度	3 季度	4 季度
常　州	4854	4863	4868	4877	378	378	378	379
南　通	3669	3644	3628	3618	584	584	584	584
苏　州	5548	5569	5589	5602	625	626	627	628
无　锡	10498	10464	10471	10428	722	722	722	716
徐　州	3835	3839	3461	3468	273	273	274	275
扬　州	2666	2665	2665	2666	348	348	348	348
杭　州	16498	16492	16513	16546	721	776	822	825
宁　波	10183	10134	10277	10337	1403	1425	1440	1448
嘉　兴	3045	3073	3089	3036	520	524	525	526
温　州	11003	10897	10841	10794	1638	1620	1608	1595
湖　州	4310	4311	4312	4313	441	450	451	452
合　肥	5761	5824	5883	5932	408	408	408	408
蚌　埠	1692	1694	1694	1695	312	312	312	312
淮　北	3820	3883	3929	3951	302	325	326	328
淮　南	1731	1731	1731	1731	303	303	303	303
芜　湖	5368	5375	5384	5337	376	376	379	379
福　州	17245	17358	17418	17267	608	611	613	622
厦　门	29865	30023	30093	30163	915	920	923	926
泉　州	6873	6807	6793	6738	603	605	606	607
南　昌	7585	7565	7638	7679	468	470	473	480
九　江	3091	3106	3130	3148	302	302	302	303
济　南	4534	4542	4563	4587	708	712	719	721
青　岛	10085	10225	10523	10926	783	783	783	783
济　宁	1592	1608	1605	1604	478	477	476	475
临　沂	1707	1735	1756	1721	383	385	388	389
泰　安	2703	2730	2761	2779	313	314	315	316
潍　坊	2630	2648	2665	2680	452	453	454	455
烟　台	4953	4974	4903	4894	380	380	378	377
枣　庄	1780	1786	1803	1817	361	362	361	360
淄　博	2032	2037	2060	2082	429	429	429	429
郑　州	3314	3372	3450	3532	692	697	702	707
安　阳	2383	2396	2398	2402	654	656	657	661
焦　作	1710	1722	1776	1782	327	328	329	329
开　封	2625	2670	2717	2776	433	435	437	438
洛　阳	2963	3020	3293	3321	550	550	512	512
平顶山	2889	2889	2889	2932	572	572	572	614

续表

城市	商服用地				工业用地			
	1季度	2季度	3季度	4季度	1季度	2季度	3季度	4季度
新乡	2640	2842	2874	2877	419	431	434	434
武汉	9468	9496	9583	9603	831	841	854	863
黄石	3707	3740	3776	3782	292	292	293	293
荆州	2545	2538	2549	2551	554	562	564	568
襄阳	4011	4014	4047	4051	381	381	382	382
宜昌	2190	2275	2342	2372	380	385	385	385
长沙	6814	6862	6895	6918	866	869	868	869
衡阳	2018	2067	2102	2154	516	521	527	532
湘潭	2516	2571	2621	2617	510	509	510	509
岳阳	3148	3218	3257	3252	371	375	377	387
株洲	3189	3802	3830	3844	445	446	447	452
广州	31094	31558	32019	32411	764	786	796	811
深圳	37285	38433	39247	40450	3205	3318	3391	3475
东莞	7492	7549	7596	7644	733	737	741	745
佛山顺德	7800	7902	7942	7902	731	745	762	774
汕头	5416	5412	5212	5228	838	838	851	837
湛江	4208	4293	4337	4380	450	451	453	454
中山	6522	6636	6730	6838	678	683	686	690
珠海	10205	10281	10431	10517	610	613	617	619
南宁	6464	6523	6571	6560	519	521	523	527
北海	2984	2987	2976	2975	339	339	341	340
柳州	7203	7234	7269	7294	430	434	437	439
海口	4174	4163	4136	4124	659	658	656	656
重庆	8614	8657	8687	8720	571	572	573	574
成都	10858	10847	10871	10857	723	725	726	726
宜宾	2561	2545	2570	2543	212	212	212	212
南充	2891	2928	2916	2928	522	528	531	530
贵阳	8997	9031	9052	9059	463	465	466	467
昆明	15699	15921	15826	15836	669	674	675	675
拉萨	3246	3336	3338	3340	815	849	850	851
西安	6933	6998	7057	7084	700	708	717	730
兰州	3094	3098	3101	3080	756	756	756	754
西宁	2615	2627	2662	2670	486	492	493	489
银川	2625	2640	2654	2691	274	274	274	274
乌鲁木齐	3654	3727	3789	3923	627	632	628	634

数据来源：国土资源部。

十七、城市土地供应及出让情况

表 2 - 113　　2011—2015 年中国建设用地供应情况

单位：万公顷，万亿

	2011 年	2012 年	2013 年	2014 年	2015 年
批准建设用地面积	61.2	61.5	53.4	40.4	39.5
国务院批准	27.6	24.2	32.1	15.4	15.3
省级政府批准	33.6	37.3	21.3	25.0	24.2
国有建设用地供应面积	59.3	71.1	73.1	61.0	53.4
住宅用地	12.7	11.5	13.8	10.2	8.3
商服用地	4.3	5.1	6.5	4.9	3.7
工矿仓储用地	19.1	20.7	21.0	14.7	12.5
其他用地	23.3	33.9	31.7	31.1	28.9
国有建设用地出让面积	33.4	32.3	36.7	27.2	22.1
招拍挂	30.5	29.3	33.9	25.2	20.4
国有建设用地合同价款	3.2	2.7	4.2	3.3	3.0
招拍挂	3.0	2.6	4.0	3.2	2.9
保障性安居工程用地面积	4.8	3.8	3.4	—	—
占住宅用地比例（%）	38.02	33.13	24.91	—	—

数据来源：国土资源部。

表 2 - 114　　2010—2014 年 286 城市土地供应宗数及面积

单位：宗，万平方米

地　区	2010 年		2011 年		2012 年		2013 年		2014 年	
	宗数	总面积	宗数	总面积	宗数	总面积	宗数	总面积	宗数	总面积
北　京	664	2412.63	762	2877.60	616	1636.03	700	2287.49	618	2074.80
天　津	1817	6655.00	2674	18058.65	1973	8936.12	1590	6165.25	2089	5675.89
河　北										
石家庄	458	1522.90	645	1968.17	572	2467.70	697	1894.91	982	4546.31
唐　山	646	2819.40	867	4126.13	927	5356.02	1635	8904.11	1140	4041.78
秦皇岛	346	935.75	350	972.96	377	1129.03	606	3626.52	323	571.37
邯　郸	472	1679.46	368	1748.11	515	1434.61	745	1914.20	849	3634.50
邢　台	402	1115.23	459	1393.48	472	1306.31	721	3901.90	581	1377.99
保　定	713	1596.54	618	1524.58	603	1727.90	888	3176.64	688	1597.08
张家口	509	1392.55	668	2196.76	502	1726.87	707	3820.29	499	1030.39
承　德	489	896.89	493	914.95	499	1067.10	791	5826.43	363	2176.65

续表

地区	2010年		2011年		2012年		2013年		2014年	
	宗数	总面积	宗数	总面积	宗数	总面积	宗数	总面积	宗数	总面积
沧　州	535	3488.43	1020	2123.88	596	1975.85	987	2541.52	954	3604.27
廊　坊	495	1778.33	700	2745.79	634	1813.69	1102	3879.33	695	1682.28
衡　水	365	901.38	394	862.71	468	1011.19	728	1253.52	808	1154.99
山　西										
太　原	186	977.32	274	1497.61	358	1662.70	343	1458.09	235	1366.12
大　同	178	989.73	283	1919.74	215	1178.07	323	1896.59	383	1788.21
阳　泉	108	299.55	127	505.40	192	998.92	145	558.87	90	572.16
长　治	195	431.49	380	1338.23	291	889.00	372	895.94	332	892.35
晋　城	185	609.38	164	787.94	281	1287.98	269	743.22	240	722.09
朔　州	206	706.39	233	1050.58	223	1394.33	280	1404.67	122	323.32
晋　中	369	605.94	319	1409.42	412	1948.80	573	3303.35	487	915.87
运　城	224	755.50	325	8767.41	433	3070.76	521	1108.68	501	1071.77
忻　州	252	368.84	325	1166.84	258	862.79	434	2129.96	280	913.27
临　汾	294	689.37	356	1110.51	529	2320.00	629	2343.34	346	1412.36
吕　梁	214	681.23	256	997.93	338	1165.76	350	1567.69	251	698.40
内蒙古										
呼和浩特	210	981.62	246	970.70	392	1435.13	427	1570.36	166	903.07
包　头	333	1450.38	255	1119.06	291	1296.26	389	1749.96	216	1161.90
乌　海	139	1014.02	159	721.92	139	848.86	82	336.27	80	394.08
赤　峰	497	1131.64	590	2819.02	688	4257.64	673	2928.77	644	1898.53
通　辽	584	2338.89	639	2295.63	550	2108.02	558	3144.44	509	2387.92
鄂尔多斯	1599	7210.73	1661	7061.94	888	4872.90	639	6186.37	710	3073.98
呼伦贝尔	863	1978.07	1025	2911.29	845	4106.86	925	3261.61	873	4577.36
巴彦淖尔	516	1650.94	398	1426.12	419	3945.26	362	2405.05	336	925.37
乌兰察布	230	798.64	539	1707.03	549	2221.89	594	2695.95	414	2216.46
辽　宁										
沈　阳	891	3970.80	1878	15156.22	949	5989.72	868	7186.48	689	4382.63
大　连	1057	5316.07	1663	10153.12	795	5585.98	1023	6311.69	508	2266.08
鞍　山	586	2405.09	735	3390.58	511	1710.84	763	2364.32	366	891.88
抚　顺	270	1216.29	359	1804.94	303	1659.14	506	1477.88	169	332.23
本　溪	288	1809.18	294	1252.59	195	755.27	391	1344.71	210	627.56
丹　东	505	1383.20	450	3095.95	461	909.84	507	1467.74	389	718.79
锦　州	366	1319.57	443	6895.38	291	981.17	464	2484.49	268	894.66
营　口	620	4361.96	892	4736.66	569	4294.14	534	1741.17	381	835.45
阜　新	223	886.84	451	2090.79	205	705.73	420	924.50	206	540.14
辽　阳	258	1067.55	408	2091.83	244	1605.44	304	1166.04	176	569.74
盘　锦	241	1051.22	382	3156.19	375	3853.02	334	2154.39	144	968.23
铁　岭	708	2379.43	567	2681.43	385	683.55	516	2245.71	301	715.54

续表

地区	2010 年		2011 年		2012 年		2013 年		2014 年	
	宗数	总面积	宗数	总面积	宗数	总面积	宗数	总面积	宗数	总面积
朝　阳	365	1031.27	601	6195.71	405	1460.92	624	2382.68	430	982.52
葫芦岛	274	1070.21	561	2237.40	224	774.68	500	2317.11	274	4099.92
吉　林										
长　春	1485	3853.09	1548	7828.91	1167	4640.10	975	3450.41	765	2378.48
吉　林	498	1094.60	531	2095.36	694	1630.13	554	1416.35	621	2225.77
四　平	720	701.38	1041	1022.82	458	711.46	583	771.58	906	1076.64
辽　源	221	395.21	169	470.04	224	648.63	174	255.52	143	452.54
通　化	245	484.28	402	658.81	326	563.67	327	680.78	444	1084.67
白　山	583	1377.07	609	519.03	566	621.85	696	590.60	506	1008.09
松　原	180	195.47	147	223.28	178	364.49	244	742.09	374	3443.57
白　城	342	688.73	357	509.34	268	404.89	629	489.94	383	3706.31
黑龙江										
哈尔滨	1177	3514.86	1282	5382.54	805	2550.87	1028	4162.60	662	1913.74
齐齐哈尔	322	778.47	367	1346.13	334	1207.81	422	1030.59	363	1281.23
鸡　西	196	234.43	159	406.71	186	468.50	343	1749.41	128	412.17
鹤　岗	94	215.21	119	439.49	111	231.14	83	367.70	138	623.07
双鸭山	136	384.48	175	711.54	105	465.07	170	440.08	99	234.50
大　庆	389	3358.86	434	3694.57	403	1225.97	483	2302.65	345	738.68
伊　春	118	233.40	122	174.20	166	785.93	274	2533.55	225	621.72
佳木斯	319	905.92	340	1208.83	201	1339.65	229	1243.61	167	680.25
七台河	48	102.14	87	446.37	68	1190.33	44	254.09	56	307.91
牡丹江	371	1014.15	321	2346.94	303	1191.09	362	2931.17	225	699.32
黑　河	347	685.46	265	1275.90	223	783.59	252	321.21	219	247.54
绥　化	535	1232.53	420	1490.06	497	2347.85	628	1843.21	441	1114.06
上　海	838	2926.14	1148	4238.85	825	2343.20	874	2265.59	997	3655.75
江　苏										
南　京	738	2979.20	852	4125.44	993	4372.49	777	4324.54	795	2989.12
无　锡	1273	5253.22	1262	4347.59	1170	4668.44	1149	5208.29	845	2671.30
徐　州	773	2793.73	938	3005.25	1051	4825.81	932	3187.12	982	4933.68
常　州	1210	3647.00	915	2815.30	1160	3439.54	1151	3290.68	1009	2663.38
苏　州	1434	4827.76	1379	5178.91	1598	6167.11	1771	6376.54	1323	3969.19
南　通	1275	3926.48	1300	4320.46	1491	5105.46	1994	5417.73	1613	4045.37
连云港	412	1978.24	450	3061.02	515	2693.06	1348	5200.29	464	4023.00
淮　安	763	2015.36	785	2505.15	1119	2068.15	1218	3036.76	1446	2489.18
盐　城	1250	4289.60	1240	5180.27	1765	5486.88	1480	6061.99	1017	3453.48
扬　州	808	2218.83	878	2167.76	926	2234.48	1134	2340.67	772	3052.09
镇　江	130	542.06	355	1366.02	840	2363.37	856	2700.69	587	1545.90
泰　州	647	1596.82	766	1763.33	964	2572.99	1068	2478.39	746	2327.85

续表

地区	2010 年		2011 年		2012 年		2013 年		2014 年	
	宗数	总面积	宗数	总面积	宗数	总面积	宗数	总面积	宗数	总面积
宿　迁	638	1805.55	559	1918.88	1005	2394.53	1148	2859.68	1560	3645.06
浙　江										
杭　州	2450	6216.95	2335	5275.10	2113	5667.54	2064	5761.38	1464	3985.06
宁　波	1844	5603.70	1758	5945.51	2125	6186.12	1765	4941.54	1248	3239.00
温　州	841	1112.55	1699	3148.21	1548	2422.09	1689	3000.88	1831	4305.25
嘉　兴	1415	3251.48	1038	2213.19	948	5244.05	1306	2200.88	1042	1936.22
湖　州	617	1451.78	585	1530.42	642	1429.72	821	1723.38	801	1643.57
绍　兴	1083	2076.69	912	2084.53	1131	2496.62	1112	2563.95	865	2774.45
金　华	1606	1875.53	1096	1813.16	974	1396.48	1614	2475.10	1230	3237.52
衢　州	741	1487.54	625	1168.29	542	1151.10	538	1070.64	462	2095.26
舟　山	330	1459.51	302	853.33	332	1427.67	324	991.79	219	918.36
台　州	1183	2194.95	942	1826.79	905	1804.32	1285	2948.07	1009	2068.93
丽　水	846	1201.88	739	1450.83	812	2092.52	1052	1966.14	779	1112.10
安　徽										
合　肥	638	2553.61	557	2365.96	872	4947.63	722	3816.93	1364	5743.89
芜　湖	450	2417.63	415	1554.75	610	2200.64	859	4801.60	669	2798.00
蚌　埠	216	690.12	287	988.41	305	1501.41	402	1504.20	374	2033.07
淮　南	208	845.59	138	657.11	182	835.90	218	1581.01	151	1040.89
马鞍山	202	927.90	251	1212.73	495	2186.21	555	1229.55	363	845.76
淮　北	223	913.68	357	1281.27	259	1805.74	209	804.26	130	637.60
铜　陵	112	703.41	153	780.80	132	719.24	139	1009.24	78	369.89
安　庆	577	896.48	901	1430.95	880	2192.37	1015	1913.15	769	1787.62
黄　山	290	676.03	395	1600.16	291	700.30	477	1766.83	321	617.51
滁　州	465	1178.04	615	1730.12	1165	2472.89	1123	4284.42	805	3280.58
阜　阳	208	668.29	299	705.96	437	2345.23	440	2562.30	343	1893.14
宿　州	214	879.46	294	1404.38	375	1657.25	420	1494.98	406	1417.25
六　安	427	804.23	616	2047.57	1086	3808.44	1038	2521.62	719	4148.83
亳　州	226	752.73	250	805.11	405	1352.59	540	1904.78	525	3293.97
池　州	645	1179.16	230	1115.79	331	1563.65	567	1523.65	310	961.29
宣　城	159	640.51	715	1607.93	887	2910.76	1039	2797.79	871	2935.41
福　建										
福　州	473	2162.00	575	3552.82	648	2670.75	698	3691.56	463	2931.71
厦　门	391	1967.97	390	1769.46	285	967.67	263	1077.21	198	858.10
莆　田	147	498.17	244	952.90	178	690.22	186	743.15	227	1241.26
三　明	500	1464.99	602	2570.02	496	2002.46	546	1671.30	378	1488.38
泉　州	638	1736.36	797	2996.18	746	2238.58	819	4228.65	1096	4965.41
漳　州	487	1737.54	666	2868.04	651	2273.51	773	3564.44	651	2822.36
南　平	278	1024.59	371	1608.89	360	1008.27	428	1608.16	353	1672.51

续表

地　区	2010 年		2011 年		2012 年		2013 年		2014 年	
	宗数	总面积	宗数	总面积	宗数	总面积	宗数	总面积	宗数	总面积
龙　岩	326	1084. 69	470	1868. 34	421	1445. 60	474	2723. 54	315	943. 00
宁　德	217	715. 53	403	896. 11	427	824. 66	555	1712. 86	398	2182. 59
江　西										
南　昌	621	3576. 07	537	2536. 50	564	2668. 87	823	5128. 17	532	2337. 84
景德镇	157	504. 20	169	1219. 40	154	485. 91	212	726. 24	160	569. 87
萍　乡	115	476. 45	321	1324. 01	171	573. 05	335	1193. 34	157	319. 00
九　江	400	1504. 40	582	2512. 33	794	2871. 54	1143	4421. 98	687	2358. 51
新　余	102	354. 90	355	1857. 39	139	649. 08	252	1201. 10	213	608. 21
鹰　潭	150	602. 77	265	991. 03	245	941. 72	357	1261. 51	196	614. 78
赣　州	723	2909. 30	1112	3770. 61	822	2504. 08	1471	7263. 76	866	1963. 94
吉　安	591	2315. 58	718	2266. 08	770	2523. 87	907	2975. 00	754	1468. 04
宜　春	469	1754. 10	759	3459. 99	817	4372. 60	901	3626. 96	701	3647. 36
抚　州	648	2005. 33	531	1764. 35	546	2892. 10	798	2773. 28	469	1804. 22
上　饶	563	1905. 20	780	4181. 64	860	2955. 39	1114	3248. 40	684	1707. 56
山　东										
济　南	523	2568. 33	718	2576. 77	483	2107. 43	1153	3748. 20	646	3171. 44
青　岛	1603	5682. 46	1763	5664. 93	1587	5816. 70	2325	7473. 02	1452	5222. 97
淄　博	673	2267. 17	668	1452. 19	672	1545. 62	989	3164. 70	598	1114. 88
枣　庄	324	1166. 67	323	1327. 64	247	982. 00	655	1636. 84	456	1134. 36
东　营	655	2264. 51	555	3163. 98	632	2432. 57	1072	4039. 83	560	2194. 06
烟　台	1163	5141. 95	1244	4514. 49	836	2754. 25	1388	5030. 04	824	2575. 55
潍　坊	1764	7512. 94	1809	7691. 12	1907	8120. 36	2606	9166. 20	1420	5550. 47
济　宁	766	2411. 58	657	2504. 13	680	2074. 36	967	2788. 62	966	2875. 72
泰　安	550	1622. 13	449	1385. 80	478	1536. 71	659	2189. 94	451	1607. 10
威　海	856	2945. 89	779	2627. 00	1178	3864. 04	1251	3558. 98	699	2055. 80
日　照	345	1187. 84	320	1066. 79	363	1300. 81	627	1348. 82	1007	1054. 05
莱　芜	299	754. 23	249	356. 07	342	537. 12	646	1288. 47	332	358. 88
临　沂	1077	3106. 67	1448	3088. 13	1024	3265. 86	2773	5709. 88	1355	3601. 34
德　州	374	1379. 74	715	1923. 78	564	2130. 41	691	3349. 19	406	2171. 44
聊　城	400	1763. 47	556	1479. 72	553	1495. 53	854	3287. 33	583	1808. 82
滨　州	438	1805. 18	501	1522. 34	489	1575. 84	574	2037. 73	586	1412. 18
菏　泽	334	1791. 37	279	1467. 70	423	2057. 27	717	2241. 24	497	1622. 63
河　南										
郑　州	517	2920. 13	812	4861. 59	1569	6203. 23	1570	4784. 34	2111	7244. 05
开　封	207	980. 55	273	1262. 34	327	1159. 43	477	1632. 12	292	1237. 80
洛　阳	271	1763. 85	662	3419. 85	647	14176. 91	654	2316. 71	457	1718. 94
平顶山	269	1588. 16	247	1380. 65	421	1497. 42	449	1303. 78	537	1838. 32
安　阳	234	1076. 78	221	1096. 65	301	1324. 17	487	2256. 08	580	2071. 63

续表

地 区	2010 年		2011 年		2012 年		2013 年		2014 年	
	宗数	总面积	宗数	总面积	宗数	总面积	宗数	总面积	宗数	总面积
鹤 壁	403	519.25	154	513.63	256	853.87	224	947.36	220	739.11
新 乡	324	917.40	402	1606.40	644	2860.24	674	3529.47	482	1847.03
焦 作	211	891.31	298	1343.73	756	2948.29	693	9576.05	402	1825.10
濮 阳	187	373.88	210	943.05	380	1133.42	804	2753.21	199	586.64
许 昌	247	1060.91	215	753.30	343	1322.11	354	1477.07	245	732.64
漯 河	135	452.94	229	496.65	414	1114.99	389	759.06	302	711.86
三门峡	199	710.80	160	482.23	414	4880.14	307	1842.61	218	586.69
南 阳	375	1752.47	387	1052.33	515	2025.97	483	1398.84	726	1661.89
商 丘	294	775.70	475	1303.45	639	2131.70	686	2754.72	356	1541.24
信 阳	247	474.15	254	593.73	490	1593.57	374	1308.32	296	801.57
周 口	217	458.70	229	594.66	439	1601.90	311	1187.02	366	1100.63
驻马店	358	829.78	517	1320.03	589	1267.78	846	2066.94	596	1616.27
湖 北										
武 汉	699	4707.93	825	4630.61	868	4020.28	1468	9453.20	911	6720.61
黄 石	349	629.38	491	1309.35	459	965.80	643	2052.69	264	974.87
十 堰	186	681.35	200	994.83	230	1409.05	359	2200.69	314	7233.03
宜 昌	617	2120.13	696	2033.47	681	1979.61	858	3037.73	767	2356.14
襄 阳	1295	1418.78	1466	2390.02	1290	2897.57	1697	3043.50	1380	2708.11
鄂 州	236	710.66	132	299.86	208	917.27	169	832.64	100	417.83
荆 门	361	910.72	617	1165.05	794	2299.95	655	1307.40	607	1459.81
孝 感	1050	1059.99	1206	1534.39	1059	1878.46	920	1189.10	684	1442.86
荆 州	2211	1374.60	2533	1291.63	1776	2798.00	2306	1760.96	1632	1808.26
黄 冈	556	1030.31	481	1251.02	659	2341.59	826	3008.11	523	2286.77
咸 宁	709	882.67	1037	1504.98	883	1483.44	1332	1621.33	665	2428.90
随 州	183	329.68	292	618.05	308	624.51	375	1220.08	314	1401.28
湖 南										
长 沙	752	3771.49	996	4384.21	911	4786.64	1032	4992.80	1239	6229.81
株 洲	370	761.74	325	1958.88	315	1336.89	389	1720.63	469	2170.31
湘 潭	435	609.16	485	1675.61	337	966.20	500	1226.48	565	1621.15
衡 阳	513	829.09	875	3290.48	719	1601.89	760	1662.63	575	4872.19
邵 阳	968	504.15	1324	907.49	1421	1501.02	1453	850.23	1040	1583.32
岳 阳	674	747.87	519	1314.25	466	1449.62	608	1498.08	566	1401.66
常 德	1699	1130.99	1023	1480.75	1039	980.46	1150	1521.13	1053	1730.11
张家界	666	351.67	598	1557.26	297	189.69	431	389.01	376	724.94
益 阳	1782	1165.55	1989	1108.93	1986	983.89	2388	1067.35	1961	1458.89
郴 州	1141	918.42	1162	3966.16	1031	1467.36	1242	1730.24	1158	1330.43
永 州	1259	591.19	922	2179.49	1062	1731.05	1046	1386.78	1232	1299.95
怀 化	977	1556.79	1075	4648.43	1230	5662.10	1226	2318.32	1211	1249.50

续表

地　区	2010 年		2011 年		2012 年		2013 年		2014 年	
	宗数	总面积	宗数	总面积	宗数	总面积	宗数	总面积	宗数	总面积
娄　底	702	309.95	956	822.04	1174	922.83	1650	1552.44	864	1023.72
广　东										
广　州	397	3146.23	443	1880.91	472	4225.64	497	2808.79	428	3395.53
韶　关	533	511.81	656	588.89	608	4052.60	695	1220.00	484	870.92
深　圳	168	428.11	85	237.55	171	494.88	230	667.38	225	568.93
珠　海	111	1031.14	145	1779.63	90	1109.25	133	775.90	189	864.66
汕　头	83	247.59	100	447.79	69	180.45	78	269.58	89	569.40
佛　山	3368	1430.69	2483	1066.27	2038	3306.72	2243	2863.51	2188	2364.85
江　门	480	1299.25	457	1022.07	415	2479.63	431	1114.99	348	1338.51
湛　江	471	737.17	761	814.55	579	2713.14	673	1912.25	602	737.75
茂　名	386	328.94	226	465.99	155	1082.32	395	721.56	382	1587.03
肇　庆	574	660.04	964	757.67	900	2153.32	1010	1493.25	799	980.21
惠　州	1378	1345.23	1418	1597.90	1258	1987.25	1558	2118.13	1257	3077.87
梅　州	2373	398.93	1933	491.89	1762	1836.79	2566	2038.53	1807	562.80
汕　尾	14	65.42	34	118.85	26	101.23	39	225.38	70	956.85
河　源	91	376.46	118	281.66	87	524.12	159	649.73	179	1765.72
阳　江	203	1003.15	167	785.05	222	1406.79	172	475.54	279	1569.99
清　远	793	1129.67	589	1558.15	668	1969.84	833	2186.26	809	1034.20
东　莞	231	793.38	194	797.33	201	1143.98	261	1867.69	172	1096.59
中　山	313	974.54	293	801.54	184	634.62	123	416.11	98	703.95
潮　州	144	38.70	118	82.47	159	666.34	177	320.80	168	363.31
揭　阳	95	223.03	134	267.40	170	834.23	236	455.45	184	2095.99
云　浮	445	226.07	408	434.19	409	1560.29	167	714.35	139	1176.30
广　西										
南　宁	1356	2090.24	1290	3142.58	1238	4209.61	1048	3014.50	820	4689.79
柳　州	3422	1496.90	2569	1007.46	1619	3698.98	1339	2932.29	843	1492.30
桂　林	1422	1174.44	1386	3286.00	1336	2197.66	1568	3878.67	1453	2402.37
梧　州	409	589.56	424	706.69	438	4798.74	400	831.90	336	1349.11
北　海	781	324.09	730	542.37	553	1071.43	653	612.70	536	524.17
防城港	281	554.18	249	713.08	586	1256.88	255	1522.55	210	1548.88
钦　州	289	996.40	453	528.00	429	1959.00	321	631.33	413	1026.70
贵　港	192	332.76	182	1259.79	151	1161.24	178	1743.86	139	981.54
玉　林	352	626.72	336	944.85	256	718.09	292	3052.59	227	860.62
百　色	559	630.99	683	2485.25	859	2976.35	1098	1560.20	1119	2298.72
贺　州	205	886.30	241	877.84	358	793.74	412	829.93	367	682.79
河　池	470	284.30	546	1464.24	585	1555.66	533	1007.05	369	463.44
来　宾	325	113.13	513	419.06	340	1002.49	421	1329.11	664	920.41
崇　左	195	299.86	349	838.75	408	2612.21	475	417.95	424	1056.01

续表

地　区	2010 年		2011 年		2012 年		2013 年		2014 年	
	宗数	总面积	宗数	总面积	宗数	总面积	宗数	总面积	宗数	总面积
海　南										
海　口	95	439.53	74	131.68	123	896.09	96	216.18	50	122.34
三　亚	23	169.34	37	647.86	50	292.43	69	440.21	36	175.44
重　庆	2718	11240.07	2871	17833.58	2755	12704.78	4272	14515.06	2935	18228.84
四　川										
成　都	1086	5114.18	1035	5163.93	1155	7751.82	1221	5179.85	1374	9151.28
自　贡	175	338.73	144	738.68	142	655.24	173	1124.38	101	730.79
攀枝花	355	300.68	310	447.43	296	889.84	262	449.59	231	1068.93
泸　州	641	1232.23	652	3905.37	416	1356.38	490	897.70	460	2123.34
德　阳	489	995.81	896	1838.25	840	2629.02	1010	1980.07	715	2073.24
绵　阳	3028	953.74	3798	1282.42	2169	3491.19	2268	1729.68	1917	1978.52
广　元	2022	441.29	1940	1190.91	1767	1878.63	1919	1030.94	1608	996.18
遂　宁	294	592.84	305	610.90	351	686.03	465	1778.84	269	1011.47
内　江	192	388.87	257	1030.38	160	1604.51	189	712.35	197	1446.36
乐　山	360	770.23	399	932.54	398	1016.71	355	2942.49	317	1312.48
南　充	262	562.72	332	732.80	286	1866.15	416	1581.00	320	2300.07
眉　山	116	460.94	250	1749.75	356	1392.05	383	1948.23	334	1836.82
宜　宾	433	599.57	518	1091.71	487	1484.01	477	1168.87	483	5696.14
广　安	195	406.53	247	935.87	212	1417.07	287	1661.44	251	996.79
达　州	399	368.67	210	821.86	209	833.35	363	2074.16	394	1944.40
雅　安	147	376.84	216	1472.96	185	1285.35	101	390.67	149	1891.76
巴　中	452	91.47	805	1311.08	879	785.41	1340	633.58	940	1168.13
资　阳	79	223.17	239	2822.96	235	1351.36	305	1562.54	180	850.81
贵　州										
贵　阳	348	2407.94	379	2374.59	597	5169.01	614	3619.77	428	2598.49
六盘水	126	495.44	246	772.69	352	4346.94	255	913.90	402	748.32
遵　义	530	2607.17	652	1756.55	956	5502.09	1252	4144.14	1441	3890.04
安　顺	120	338.24	371	542.98	350	4335.05	454	4187.23	262	935.79
云　南										
昆　明	3561	1346.02	4265	5159.98	2481	2696.45	3923	2729.44	2000	3195.80
曲　靖	797	1293.87	797	1282.83	501	1023.53	495	816.37	382	1370.61
玉　溪	416	662.77	442	859.20	432	588.53	204	717.97	219	540.49
保　山	442	614.17	511	888.43	498	557.39	567	782.10	557	1712.94
昭　通	915	283.00	736	301.09	918	291.18	949	252.30	1024	1216.44
丽　江	88	194.51	206	259.13	147	2715.96	172	2708.21	145	1019.84
普　洱	319	218.81	523	448.03	657	390.62	583	906.78	575	30253.15
临　沧	174	197.64	195	286.46	199	513.53	301	617.68	146	4199.02
西　藏										

续表

地区	2010 年		2011 年		2012 年		2013 年		2014 年	
	宗数	总面积	宗数	总面积	宗数	总面积	宗数	总面积	宗数	总面积
拉　萨	117	319.77	117	319.77	143	274.60	126	351.02	103	326.33
陕　西										
西　安	371	1803.40	249	1054.62	595	3256.87	716	4174.03	703	2895.28
铜　川	123	363.55	90	249.95	56	276.37	58	292.73	71	820.75
宝　鸡	164	417.24	182	619.04	307	2163.14	332	1206.26	247	834.52
咸　阳	202	903.71	233	1444.09	366	1684.58	418	2615.83	467	1877.58
渭　南	121	470.61	161	563.70	199	1094.87	368	2174.12	260	1350.21
延　安	152	292.34	188	506.23	147	1445.08	227	3787.72	212	728.19
汉　中	282	242.31	292	586.46	379	574.39	429	1128.84	613	1416.27
榆　林	217	2215.38	414	2703.31	586	3602.72	468	7099.48	294	2009.66
安　康	500	649.53	423	387.82	503	566.82	546	1757.81	411	774.57
商　洛	112	186.41	177	425.28	165	904.66	322	945.84	228	686.95
甘　肃										
兰　州	245	793.72	149	646.97	200	1038.64	322	1477.34	324	1731.72
嘉峪关	117	711.51	161	585.82	150	1577.76	176	1779.21	117	1413.88
金　昌	90	420.80	109	585.13	81	486.52	122	1288.41	74	493.99
白　银	236	363.11	362	749.17	351	1002.13	362	1960.99	313	1202.17
天　水	108	222.61	157	724.01	129	648.91	149	390.00	129	859.82
武　威	232	460.73	254	1513.17	208	1950.88	420	2741.39	300	3394.92
张　掖	172	288.30	280	743.59	285	1148.73	582	2186.67	464	1767.06
平　凉	113	187.75	76	181.03	71	383.51	165	639.16	187	666.44
酒　泉	347	1233.28	496	2173.89	437	6140.61	405	4080.18	330	3079.67
庆　阳	128	340.34	446	700.57	1994	2085.76	425	1827.70	1558	1626.01
定　西	177	709.89	194	715.28	242	1219.10	253	1079.10	152	877.23
陇　南	82	42.15	118	66.27	229	502.01	217	437.50	98	313.31
青　海										
西　宁	171	420.06	238	1144.11	224	1101.44	293	1033.39	243	1205.97
宁　夏										
银　川	324	2682.19	529	3469.87	437	2851.58	644	4074.88	573	3615.47
石嘴山	218	1461.50	188	936.40	240	1240.83	179	1077.46	145	536.50
吴　忠	189	889.27	276	1345.37	374	1541.51	519	2052.77	393	1855.65
固　原	145	713.58	122	408.25	129	716.59	232	1068.40	163	833.11
中　卫	110	577.63	148	769.58	178	1514.25	304	1460.51	207	1346.81
新　疆										
乌鲁木齐	1174	1844.59	1174	1844.59	399	945.49	446	1584.23	377	2001.68
克拉玛依	186	265.02	186	265.02	160	1403.46	308	1140.69	227	770.80

数据来源：国土资源部。

表 2－115　　**2010—2014 年 286 城市住宅用地供应面积**

单位：万平方米

地　区	2010 年	2011 年	2012 年	2013 年	2014 年
北　京	786.19	917.80	613.60	961.00	622.27
天　津	2571.90	2035.02	1580.03	1331.72	1029.16
河　北					
石家庄	491.72	568.37	495.39	642.42	450.94
唐　山	648.85	988.08	690.49	1149.02	407.15
秦皇岛	430.84	321.70	387.77	720.32	141.53
邯　郸	655.03	471.29	275.53	638.91	873.08
邢　台	357.54	307.04	389.96	460.78	325.07
保　定	556.56	417.94	397.31	764.47	442.48
张家口	586.48	602.94	349.71	540.84	345.45
承　德	268.89	233.01	227.92	392.73	171.98
沧　州	326.32	645.81	373.13	462.60	366.78
廊　坊	824.70	954.11	644.62	1255.87	564.53
衡　水	266.47	277.51	360.07	368.58	267.78
山　西					
太　原	300.52	383.25	200.96	277.82	177.83
大　同	480.45	668.54	485.59	495.93	293.64
阳　泉	132.98	145.40	125.34	72.67	48.75
长　治	56.76	194.49	168.29	231.00	125.29
晋　城	100.23	55.45	121.62	169.28	113.23
朔　州	105.68	290.12	240.55	315.76	114.16
晋　中	123.78	145.86	220.24	252.76	171.55
运　城	153.23	246.34	220.08	246.98	318.30
忻　州	93.28	123.80	148.92	208.59	91.61
临　汾	133.24	180.50	179.04	319.03	137.65
吕　梁	136.23	158.81	160.56	181.13	128.54
内蒙古					
呼和浩特	420.02	417.61	480.13	393.20	167.68
包　头	362.41	362.35	295.05	312.45	259.05
乌　海	253.87	128.61	51.37	43.86	23.97
赤　峰	246.12	422.44	316.23	310.77	347.98
通　辽	299.15	276.96	230.66	184.52	185.71
鄂尔多斯	1828.43	1834.66	785.31	227.40	175.77
呼伦贝尔	365.30	574.08	484.79	452.07	388.37
巴彦淖尔	297.11	283.55	243.04	217.19	105.45
乌兰察布	160.83	445.61	401.03	447.34	276.28
辽　宁					
沈　阳	1108.99	2818.85	1253.47	1103.20	663.59

续表

地　区	2010 年	2011 年	2012 年	2013 年	2014 年
大　连	2209.18	2210.75	848.23	1002.36	372.78
鞍　山	1221.14	985.43	691.33	783.25	310.39
抚　顺	310.22	440.50	274.75	253.63	78.32
本　溪	186.13	376.70	122.12	269.13	80.75
丹　东	257.93	220.78	251.48	207.59	140.36
锦　州	369.73	319.41	178.61	295.05	208.45
营　口	1671.89	1880.64	824.36	560.18	292.83
阜　新	168.36	432.88	135.64	275.37	204.29
辽　阳	191.74	234.42	169.07	236.40	84.47
盘　锦	385.73	648.26	828.66	571.35	331.69
铁　岭	643.95	495.49	283.51	453.11	335.21
朝　阳	117.23	416.32	333.09	598.28	234.13
葫芦岛	262.98	821.12	197.90	761.73	431.08
吉　林					
长　春	1015.63	1446.70	986.15	851.23	497.69
吉　林	424.48	363.98	475.29	333.41	234.37
四　平	231.50	342.59	240.84	194.83	145.84
辽　源	134.43	55.57	154.19	32.47	39.31
通　化	165.34	193.44	184.94	160.26	177.85
白　山	543.79	127.00	97.94	238.48	130.41
松　原	80.90	38.89	119.83	142.00	90.13
白　城	81.00	98.64	107.94	113.17	175.09
黑龙江					
哈尔滨	1322.05	1776.57	606.83	723.46	516.85
齐齐哈尔	279.24	316.08	256.66	220.59	226.86
鸡　西	97.31	65.56	124.54	198.61	35.03
鹤　岗	53.16	138.97	39.32	87.08	281.67
双鸭山	154.88	265.97	173.36	139.90	53.17
大　庆	362.03	472.20	442.26	194.49	249.39
伊　春	93.88	64.15	100.86	195.78	150.25
佳木斯	376.74	263.34	97.28	98.83	89.01
七台河	18.18	186.05	35.12	121.80	128.92
牡丹江	438.03	243.77	287.77	254.96	102.51
黑　河	239.28	82.59	61.49	40.61	62.52
绥　化	531.72	307.09	222.35	273.76	273.36
上　海	704.13	1140.89	487.13	525.58	520.97
江　苏					
南　京	709.54	1457.73	703.37	900.02	836.05
无　锡	1539.11	1273.95	1012.43	841.11	665.39
徐　州	843.72	906.91	1438.71	1156.25	1269.86

续表

地 区	2010 年	2011 年	2012 年	2013 年	2014 年
常 州	793. 48	803. 31	791. 56	961. 47	667. 82
苏 州	1336. 19	1334. 85	1051. 57	1834. 60	1215. 96
南 通	1058. 31	1464. 44	1318. 19	1885. 62	1366. 58
连云港	560. 01	585. 90	392. 25	443. 57	423. 73
淮 安	764. 91	1059. 71	690. 79	472. 80	514. 70
盐 城	1307. 89	1305. 29	1075. 32	1577. 15	700. 18
扬 州	614. 82	692. 32	690. 12	607. 53	672. 56
镇 江	159. 79	425. 67	582. 15	711. 78	445. 42
泰 州	474. 54	546. 73	659. 17	826. 55	820. 19
宿 迁	711. 98	691. 00	510. 82	1069. 72	1244. 32
浙 江					
杭 州	1475. 00	1165. 30	880. 00	1285. 29	674. 40
宁 波	2081. 83	1592. 77	1540. 04	1457. 81	710. 20
温 州	267. 38	693. 90	641. 74	1031. 16	888. 72
嘉 兴	773. 47	610. 53	570. 78	634. 63	417. 39
湖 州	395. 03	454. 03	322. 97	409. 40	385. 25
绍 兴	656. 96	602. 84	537. 52	839. 37	576. 29
金 华	418. 29	368. 84	229. 54	622. 17	402. 37
衢 州	278. 56	188. 60	234. 08	153. 85	85. 31
舟 山	328. 26	201. 17	95. 62	89. 80	63. 27
台 州	456. 62	439. 33	371. 66	780. 10	411. 86
丽 水	334. 96	239. 39	531. 72	469. 76	251. 15
安 徽					
合 肥	132. 17	643. 06	563. 42	711. 89	1030. 12
芜 湖	120. 95	587. 66	574. 94	880. 27	914. 07
蚌 埠	66. 56	240. 66	336. 18	485. 33	534. 33
淮 南	15. 76	221. 57	270. 24	647. 62	372. 16
马鞍山	31. 04	224. 40	259. 26	416. 89	134. 85
淮 北	52. 37	216. 58	839. 93	388. 39	187. 88
铜 陵	113. 44	264. 97	272. 60	254. 47	137. 87
安 庆	86. 51	364. 44	300. 38	353. 40	306. 56
黄 山	121. 56	223. 33	140. 51	141. 45	131. 70
滁 州	389. 66	662. 13	504. 44	1450. 89	1044. 80
阜 阳	146. 73	114. 31	265. 44	602. 77	523. 70
宿 州	219. 84	250. 08	471. 74	387. 53	430. 32
六 安	195. 90	518. 80	713. 87	527. 40	902. 21
亳 州	117. 21	257. 54	395. 02	685. 55	619. 56
池 州	189. 80	139. 90	196. 69	305. 22	156. 99
宣 城	117. 59	229. 13	281. 03	399. 45	265. 01

续表

地　区	2010 年	2011 年	2012 年	2013 年	2014 年
福　建					
福　州	655.81	788.07	602.68	638.71	332.73
厦　门	348.12	199.91	121.57	93.70	63.28
莆　田	120.54	176.38	203.57	203.60	282.60
三　明	92.51	294.86	192.63	303.08	128.00
泉　州	328.04	639.04	461.70	474.79	582.91
漳　州	299.43	271.22	286.71	492.51	386.25
南　平	104.88	140.32	115.31	180.56	114.86
龙　岩	81.77	138.71	205.01	257.77	124.26
宁　德	81.83	106.62	83.86	206.98	109.88
江　西					
南　昌	554.67	579.62	481.86	1055.92	695.90
景德镇	181.64	123.84	67.88	116.14	150.74
萍　乡	57.48	198.81	205.61	254.54	130.38
九　江	396.17	478.02	630.60	996.60	769.81
新　余	116.14	168.90	73.20	121.57	219.20
鹰　潭	199.90	219.56	210.38	204.91	173.49
赣　州	375.48	541.90	547.61	1234.75	424.51
吉　安	136.12	275.35	238.32	371.77	296.56
宜　春	310.92	460.30	443.75	475.64	430.85
抚　州	234.10	265.40	231.67	347.55	129.22
上　饶	328.61	295.57	345.47	473.53	267.30
山　东					
济　南	785.10	708.96	551.32	780.20	721.89
青　岛	1881.40	1704.95	1243.88	1664.64	1365.39
淄　博	398.82	381.08	264.98	611.21	323.16
枣　庄	239.06	368.06	225.11	438.71	502.54
东　营	308.12	535.20	572.59	558.29	366.00
烟　台	1813.34	1600.77	643.70	2110.75	947.84
潍　坊	1686.46	1507.10	1208.77	1631.70	1106.25
济　宁	704.86	683.66	443.29	739.58	606.39
泰　安	398.14	385.63	391.89	738.57	462.53
威　海	1379.72	1022.83	1786.02	1480.53	715.51
日　照	184.60	201.44	442.81	388.15	220.89
莱　芜	128.80	131.24	88.80	121.69	93.65
临　沂	996.66	771.66	513.10	1276.69	1371.94
德　州	484.52	618.03	328.91	589.39	405.50
聊　城	397.22	286.87	331.27	458.31	441.69
滨　州	371.13	365.71	293.42	286.02	274.42

续表

地 区	2010 年	2011 年	2012 年	2013 年	2014 年
菏 泽	699.18	462.45	317.45	532.54	381.71
河 南					
郑 州	1070.61	1000.22	1095.61	1625.67	1424.34
开 封	347.36	242.07	306.21	636.19	344.40
洛 阳	249.76	1193.90	579.02	776.57	433.05
平顶山	400.61	155.97	438.93	402.31	794.83
安 阳	311.66	361.41	314.87	360.46	517.63
鹤 壁	154.55	140.62	232.46	198.35	268.13
新 乡	390.73	674.41	665.23	529.97	367.24
焦 作	193.26	288.86	419.72	360.98	187.95
濮 阳	162.35	113.04	245.72	396.23	199.70
许 昌	345.65	217.73	208.28	344.89	236.63
漯 河	72.33	169.27	178.82	222.01	102.35
三门峡	139.90	72.80	127.72	129.52	94.45
南 阳	324.65	241.89	361.24	306.55	329.71
商 丘	239.11	400.45	433.74	542.42	208.49
信 阳	279.15	241.59	195.61	241.35	252.58
周 口	146.58	148.19	357.09	234.20	225.47
驻马店	346.56	437.05	365.98	383.65	259.22
湖 北					
武 汉	1575.88	1296.39	804.35	1834.70	901.32
黄 石	114.89	206.68	121.18	283.16	162.83
十 堰	191.09	93.94	183.06	198.02	301.64
宜 昌	284.18	208.21	317.49	471.10	267.43
襄 阳	187.35	275.25	356.82	631.94	649.34
鄂 州	405.60	136.01	254.10	165.68	117.49
荆 门	274.49	276.79	293.17	226.58	292.03
孝 感	177.62	257.37	377.01	395.52	526.79
荆 州	172.36	261.99	200.67	411.64	287.57
黄 冈	83.01	151.58	543.68	874.08	593.49
咸 宁	491.07	423.18	474.91	484.20	364.30
随 州	131.17	143.02	149.66	239.98	190.83
湖 南					
长 沙	1221.31	1237.77	1226.24	1183.49	776.44
株 洲	257.74	341.75	146.91	295.64	321.14
湘 潭	179.03	308.52	228.84	262.72	103.39
衡 阳	302.00	557.24	456.89	433.70	384.34
邵 阳	245.97	221.05	284.59	230.53	186.67
岳 阳	200.03	168.18	215.57	291.99	237.26

续表

地　区	2010 年	2011 年	2012 年	2013 年	2014 年
常　德	195. 82	348. 83	235. 03	384. 94	287. 10
张家界	151. 31	113. 69	98. 82	93. 86	43. 68
益　阳	147. 90	140. 81	152. 11	201. 92	211. 17
郴　州	275. 17	315. 21	394. 04	344. 52	342. 39
永　州	230. 58	358. 72	140. 71	191. 26	293. 67
怀　化	354. 74	472. 91	349. 31	398. 56	366. 81
娄　底	81. 01	140. 98	164. 35	395. 50	353. 27
广　东					
广　州	448. 39	343. 63	375. 87	622. 63	327. 89
韶　关	102. 23	128. 74	107. 64	299. 40	152. 22
深　圳	78. 31	79. 03	129. 50	179. 15	171. 15
珠　海	299. 25	90. 72	79. 25	148. 54	100. 67
汕　头	26. 15	35. 49	11. 41	40. 19	72. 41
佛　山	542. 06	264. 99	359. 33	556. 51	419. 65
江　门	220. 16	202. 74	200. 37	216. 52	115. 75
湛　江	117. 71	105. 86	159. 86	257. 50	252. 89
茂　名	63. 11	217. 57	32. 48	231. 66	258. 18
肇　庆	166. 80	167. 74	169. 83	178. 52	129. 50
惠　州	824. 72	736. 52	399. 67	400. 32	335. 44
梅　州	193. 82	122. 04	121. 52	282. 37	219. 18
汕　尾	0. 90	45. 78	33. 06	32. 84	95. 74
河　源	151. 72	147. 13	155. 35	183. 79	168. 92
阳　江	286. 34	234. 42	219. 98	144. 23	262. 90
清　远	613. 99	465. 94	206. 78	585. 59	369. 80
东　莞	221. 08	307. 45	103. 61	339. 28	139. 54
中　山	334. 66	292. 88	144. 64	99. 02	45. 62
潮　州	14. 18	10. 71	84. 25	68. 31	85. 57
揭　阳	80. 95	104. 18	125. 79	192. 00	68. 88
云　浮	31. 94	55. 75	175. 65	218. 92	163. 66
广　西					
南　宁	517. 25	272. 14	206. 10	208. 28	389. 77
柳　州	235. 11	230. 90	373. 97	313. 30	235. 84
桂　林	173. 49	339. 91	248. 82	446. 42	214. 40
梧　州	171. 76	174. 72	159. 06	172. 55	136. 78
北　海	106. 08	150. 90	110. 64	106. 70	84. 27
防城港	185. 87	216. 95	69. 00	83. 11	339. 96
钦　州	633. 30	199. 94	199. 62	195. 12	122. 43
贵　港	210. 68	140. 43	120. 01	214. 45	276. 74
玉　林	181. 66	219. 65	150. 88	238. 10	131. 04

续表

地　区	2010 年	2011 年	2012 年	2013 年	2014 年
百　色	150.94	135.88	125.68	184.71	176.31
贺　州	94.59	58.73	86.91	106.76	68.80
河　池	44.91	81.18	107.06	119.72	81.85
来　宾	62.79	127.29	241.52	150.50	85.94
崇　左	107.90	169.33	56.23	101.00	107.71
海　南					
海　口	78.90	28.07	77.71	54.33	29.45
三　亚	54.96	52.99	40.30	56.60	63.88
重　庆	2958.44	3371.13	3619.58	4836.59	3452.33
四　川					
成　都	1530.44	1278.57	807.94	1121.75	850.89
自　贡	137.17	96.13	82.33	256.89	106.62
攀枝花	95.47	130.97	103.39	81.54	49.19
泸　州	332.61	525.77	254.21	307.63	256.15
德　阳	337.53	229.03	431.04	384.99	247.31
绵　阳	397.94	417.00	402.15	306.23	333.51
广　元	90.65	179.56	134.94	109.56	194.96
遂　宁	151.31	194.36	121.92	678.87	146.44
内　江	154.32	146.82	159.93	256.66	142.24
乐　山	284.70	185.74	187.40	180.43	206.34
南　充	197.71	181.16	184.20	431.19	352.65
眉　山	210.09	549.45	442.72	285.12	339.48
宜　宾	200.74	258.40	329.06	255.89	310.57
广　安	130.46	114.61	118.19	214.15	273.29
达　州	204.24	113.34	91.22	219.89	92.85
雅　安	54.66	94.43	46.75	36.10	30.06
巴　中	57.85	72.45	283.36	273.06	323.62
资　阳	71.56	377.49	428.22	307.01	343.04
贵　州					
贵　阳	802.77	694.53	599.62	650.60	348.37
六盘水	16.64	30.55	156.76	154.21	206.07
遵　义	216.13	489.65	575.78	1140.25	840.87
安　顺	70.68	138.91	161.66	232.32	244.79
云　南					
昆　明	341.83	1629.96	868.42	1090.76	721.52
曲　靖	332.04	256.54	370.89	249.42	219.87
玉　溪	157.88	331.33	177.87	87.41	102.43
保　山	160.96	234.05	305.05	233.81	221.67
昭　通	103.16	113.84	102.67	57.67	117.88

续表

地　区	2010 年	2011 年	2012 年	2013 年	2014 年
丽　江	115. 34	112. 34	103. 50	95. 02	90. 23
普　洱	72. 30	60. 55	82. 93	132. 91	136. 20
临　沧	42. 47	97. 21	137. 49	68. 69	47. 60
西　藏					
拉　萨	84. 47	84. 47	110. 73	62. 92	44. 08
陕　西					
西　安	422. 37	374. 00	764. 17	871. 49	691. 76
铜　川	135. 19	66. 62	78. 84	37. 30	14. 36
宝　鸡	96. 94	167. 49	272. 48	469. 42	235. 77
咸　阳	236. 42	242. 53	335. 12	440. 95	476. 94
渭　南	150. 15	132. 04	222. 60	356. 49	313. 69
延　安	84. 20	177. 77	71. 07	107. 76	278. 22
汉　中	133. 17	204. 18	217. 19	454. 18	331. 95
榆　林	208. 26	283. 20	451. 28	461. 03	149. 92
安　康	60. 88	65. 32	103. 09	244. 05	183. 00
商　洛	55. 47	97. 44	89. 38	98. 65	93. 19
甘　肃					
兰　州	361. 21	170. 25	237. 69	489. 29	620. 29
嘉峪关	52. 51	36. 14	39. 97	4. 71	44. 82
金　昌	45. 46	87. 62	33. 42	81. 47	35. 99
白　银	78. 21	132. 23	128. 85	132. 93	135. 81
天　水	61. 72	134. 40	74. 59	104. 67	211. 14
武　威	74. 34	86. 52	202. 43	278. 37	257. 91
张　掖	153. 09	190. 42	129. 44	462. 66	160. 16
平　凉	59. 23	59. 17	18. 58	96. 30	126. 31
酒　泉	89. 91	95. 09	152. 80	167. 34	138. 32
庆　阳	70. 99	87. 36	106. 67	97. 54	42. 71
定　西	154. 64	119. 10	208. 14	249. 58	49. 89
陇　南	6. 30	25. 15	27. 55	17. 09	7. 46
青　海					
西　宁	147. 31	270. 92	217. 74	181. 40	158. 26
宁　夏					
银　川	426. 63	507. 30	559. 04	886. 73	641. 27
石嘴山	412. 42	319. 14	84. 92	135. 69	64. 94
吴　忠	219. 53	397. 43	311. 32	246. 76	120. 26
固　原	188. 23	194. 70	63. 09	173. 55	52. 97
中　卫	232. 52	248. 02	111. 24	110. 32	195. 53
新　疆					
乌鲁木齐	652. 35	652. 35	302. 55	385. 86	367. 55
克拉玛依	42. 43	42. 43	152. 94	193. 98	87. 46

数据来源：国土资源部。

表 2-116　　2010—2014 年 286 城市普通商品住房用地供应面积

单位：万平方米

地　区	2010 年	2011 年	2012 年	2013 年	2014 年
北　京	684.65	821.02	409.03	779.14	484.53
天　津	2010.94	1337.91	776.03	1054.71	636.71
河　北					
石家庄	446.83	485.28	428.56	554.18	429.04
唐　山	565.78	942.65	674.45	1128.13	390.13
秦皇岛	406.30	168.29	344.27	325.71	113.66
邯　郸	558.24	367.23	258.85	488.49	654.08
邢　台	341.32	264.01	330.62	363.16	306.72
保　定	551.28	381.40	382.23	745.40	432.13
张家口	545.57	547.93	290.96	471.46	325.19
承　德	252.56	214.53	209.43	373.85	168.86
沧　州	312.10	541.39	337.66	424.32	325.54
廊　坊	811.80	907.55	596.83	1244.31	555.32
衡　水	254.10	257.01	345.62	353.38	253.20
山　西					
太　原	188.49	275.68	111.25	243.56	174.26
大　同	206.20	189.96	310.40	382.85	208.83
阳　泉	116.00	95.51	71.37	42.97	47.06
长　治	47.30	191.04	159.18	175.61	118.22
晋　城	77.31	41.78	60.00	116.95	108.39
朔　州	88.25	210.60	173.04	268.20	102.21
晋　中	91.05	94.02	161.93	194.77	159.80
运　城	142.74	184.13	185.55	231.26	278.51
忻　州	74.21	101.82	87.38	130.17	55.69
临　汾	120.10	139.41	161.89	308.61	108.03
吕　梁	65.48	128.70	79.65	127.29	89.47
内蒙古					
呼和浩特	385.96	386.16	475.68	352.91	166.58
包　头	282.31	262.21	197.27	236.05	127.55
乌　海	100.66	103.19	22.48	32.93	2.56
赤　峰	241.89	369.40	272.97	303.67	333.31
通　辽	274.84	241.10	223.59	180.93	177.01
鄂尔多斯	1657.44	1697.06	562.03	202.41	152.61
呼伦贝尔	248.04	382.62	409.65	351.15	295.07
巴彦淖尔	290.06	265.68	224.56	181.13	78.63
乌兰察布	140.45	335.90	329.78	409.10	184.94
辽　宁					
沈　阳	1079.67	2773.47	1234.97	1065.77	647.47

续表

地 区	2010 年	2011 年	2012 年	2013 年	2014 年
大 连	2143. 11	1872. 85	788. 28	898. 43	372. 78
鞍 山	1220. 58	915. 27	644. 06	782. 09	308. 84
抚 顺	264. 94	424. 79	213. 43	234. 20	73. 82
本 溪	32. 24	283. 96	95. 80	204. 31	57. 05
丹 东	251. 78	164. 62	234. 35	182. 76	130. 91
锦 州	331. 85	286. 26	157. 00	254. 43	172. 84
营 口	1363. 29	1741. 03	756. 31	550. 59	272. 35
阜 新	144. 76	346. 54	99. 84	213. 35	137. 40
辽 阳	173. 53	179. 19	120. 31	208. 16	73. 88
盘 锦	384. 81	648. 26	828. 66	569. 33	331. 69
铁 岭	627. 91	486. 71	277. 61	453. 11	335. 21
朝 阳	115. 40	323. 05	322. 13	593. 32	213. 44
葫芦岛	219. 52	683. 31	174. 36	273. 01	209. 12
吉 林					
长 春	801. 51	1296. 59	720. 43	807. 68	394. 97
吉 林	367. 43	344. 57	381. 24	300. 16	216. 67
四 平	229. 63	321. 31	228. 18	188. 46	133. 10
辽 源	61. 50	35. 57	118. 81	25. 18	19. 32
通 化	124. 67	165. 59	156. 89	133. 51	148. 89
白 山	535. 70	103. 34	67. 24	157. 31	64. 61
松 原	80. 90	30. 54	105. 34	99. 75	86. 45
白 城	64. 80	86. 47	78. 62	89. 80	138. 15
黑龙江					
哈尔滨	1098. 35	1593. 40	526. 68	688. 18	460. 10
齐齐哈尔	210. 19	262. 38	221. 64	160. 87	179. 76
鸡 西	93. 33	50. 82	111. 92	148. 60	28. 04
鹤 岗	45. 93	79. 11	22. 45	22. 30	8. 32
双鸭山	140. 91	108. 74	93. 48	98. 99	46. 14
大 庆	361. 13	469. 68	429. 18	194. 20	241. 85
伊 春	23. 92	21. 70	30. 58	10. 07	28. 34
佳木斯	313. 60	242. 56	73. 24	88. 45	88. 53
七台河	14. 73	53. 22	20. 30	100. 22	11. 31
牡丹江	412. 31	231. 83	261. 97	218. 73	87. 08
黑 河	186. 51	72. 09	48. 29	33. 27	58. 70
绥 化	430. 71	259. 16	205. 34	248. 24	254. 65
上 海	669. 40	888. 43	393. 69	511. 61	467. 70
江 苏					
南 京	411. 45	461. 71	333. 89	486. 87	482. 90
无 锡	886. 23	625. 03	467. 59	579. 25	367. 24
徐 州	658. 26	815. 89	753. 04	1029. 35	933. 15

续表

地 区	2010 年	2011 年	2012 年	2013 年	2014 年
常 州	646. 14	642. 44	612. 67	664. 70	537. 90
苏 州	991. 02	1241. 87	935. 35	1683. 19	946. 73
南 通	1004. 10	1359. 48	1295. 06	1651. 15	1200. 28
连云港	534. 56	545. 58	359. 12	423. 54	381. 32
淮 安	725. 24	1002. 85	638. 91	459. 59	507. 24
盐 城	1268. 58	1277. 73	893. 09	1505. 73	651. 01
扬 州	582. 69	516. 33	586. 25	530. 77	637. 93
镇 江	159. 79	407. 62	564. 66	593. 66	368. 64
泰 州	466. 21	518. 76	512. 44	756. 33	785. 87
宿 迁	573. 88	648. 64	462. 19	964. 00	738. 55
浙 江					
杭 州	1294. 68	1038. 57	322. 17	726. 07	421. 36
宁 波	1179. 08	1476. 97	540. 13	702. 40	394. 86
温 州	228. 40	637. 02	189. 93	475. 18	263. 18
嘉 兴	694. 92	563. 58	275. 45	379. 45	279. 51
湖 州	383. 49	431. 08	204. 20	335. 70	310. 80
绍 兴	631. 99	579. 89	306. 12	620. 55	509. 00
金 华	353. 39	352. 79	110. 35	321. 35	188. 43
衢 州	257. 05	179. 95	53. 24	70. 89	53. 84
舟 山	315. 09	192. 89	73. 20	70. 41	23. 02
台 州	437. 99	416. 60	143. 26	340. 68	96. 75
丽 水	324. 20	207. 46	48. 31	153. 86	116. 65
安 徽					
合 肥	229. 97	406. 00	264. 87	385. 91	615. 87
芜 湖	372. 13	270. 42	195. 30	319. 51	428. 60
蚌 埠	279. 34	183. 83	276. 03	432. 34	355. 21
淮 南	123. 65	159. 89	138. 78	205. 02	115. 66
马鞍山	181. 01	214. 34	198. 30	315. 23	125. 41
淮 北	259. 86	151. 64	339. 31	284. 05	64. 63
铜 陵	169. 65	233. 22	222. 24	228. 73	137. 87
安 庆	309. 63	215. 84	234. 62	212. 31	188. 12
黄 山	152. 08	83. 83	85. 97	76. 06	102. 34
滁 州	363. 97	370. 26	249. 15	1143. 26	845. 40
阜 阳	117. 71	71. 37	128. 85	456. 64	392. 42
宿 州	157. 85	215. 95	316. 57	354. 94	372. 88
六 安	189. 22	421. 25	340. 64	359. 56	585. 39
亳 州	90. 53	186. 74	257. 54	561. 75	282. 41
池 州	177. 82	112. 93	97. 42	214. 81	71. 25
宣 城	117. 59	174. 61	109. 27	290. 80	177. 89

续表

地　区	2010 年	2011 年	2012 年	2013 年	2014 年
福　建					
福　州	625.85	768.84	586.09	633.27	328.64
厦　门	331.23	184.26	120.71	86.95	59.58
莆　田	105.63	168.88	199.13	200.91	282.06
三　明	80.89	283.40	188.43	286.04	124.12
泉　州	295.26	598.63	437.04	473.99	575.59
漳　州	291.41	262.38	271.04	489.55	385.00
南　平	95.89	137.24	112.54	169.94	114.45
龙　岩	76.93	128.34	179.62	231.46	122.67
宁　德	57.72	91.10	75.23	200.23	106.05
江　西					
南　昌	487.48	518.05	408.92	536.61	636.98
景德镇	146.68	73.00	37.23	79.67	111.76
萍　乡	47.62	129.99	129.25	219.34	129.75
九　江	386.19	367.38	437.37	757.39	575.86
新　余	103.14	159.68	72.21	113.25	201.41
鹰　潭	126.75	155.87	176.04	157.98	165.52
赣　州	231.75	225.74	370.44	462.62	283.66
吉　安	123.84	159.98	174.27	282.47	226.32
宜　春	277.58	390.73	341.59	395.34	384.38
抚　州	211.78	230.06	167.49	197.34	110.08
上　饶	278.99	238.29	293.10	352.00	229.42
山　东					
济　南	599.04	619.06	505.90	676.12	658.26
青　岛	1733.28	1327.26	1004.61	1366.09	1234.67
淄　博	373.46	332.19	222.87	559.37	310.47
枣　庄	225.55	274.33	213.33	410.44	459.35
东　营	301.65	524.85	535.27	540.09	358.42
烟　台	1764.86	1570.91	611.04	2074.25	940.92
潍　坊	1683.69	1444.38	1195.69	1616.87	1086.48
济　宁	689.18	613.58	414.28	712.15	569.53
泰　安	302.31	292.66	306.64	388.27	400.76
威　海	1379.72	1021.70	1742.12	1448.92	674.65
日　照	139.12	151.71	353.01	307.47	177.14
莱　芜	110.08	120.92	67.35	102.45	69.76
临　沂	833.66	693.34	437.65	872.76	932.13
德　州	470.29	543.76	288.43	424.81	389.67
聊　城	383.45	253.06	325.40	446.95	432.98
滨　州	354.34	308.14	248.48	234.29	223.25

续表

地　区	2010 年	2011 年	2012 年	2013 年	2014 年
菏　泽	643.10	418.42	297.27	521.22	372.61
河　南					
郑　州	566.17	692.64	1023.95	1442.68	1233.22
开　封	324.17	223.98	255.56	373.26	280.60
洛　阳	197.95	960.88	516.31	717.97	395.65
平顶山	231.33	114.46	265.02	358.71	707.28
安　阳	266.15	308.16	295.66	336.89	513.61
鹤　壁	123.37	106.59	177.16	166.14	187.92
新　乡	385.54	630.14	612.13	497.04	347.47
焦　作	164.32	221.91	325.60	269.14	178.65
濮　阳	112.09	102.32	213.74	320.61	139.42
许　昌	326.01	200.43	154.96	330.36	218.50
漯　河	57.26	155.18	175.49	195.43	92.98
三门峡	117.78	64.25	109.00	72.73	87.81
南　阳	249.82	211.66	330.96	262.05	271.08
商　丘	216.61	358.95	378.54	474.26	191.29
信　阳	263.46	188.00	156.42	219.82	209.05
周　口	126.35	123.51	317.91	201.23	161.23
驻马店	333.68	393.95	300.36	335.92	203.65
湖　北					
武　汉	1449.79	1029.81	546.21	1139.42	684.44
黄　石	106.24	192.01	112.51	274.56	128.66
十　堰	190.68	85.50	172.77	183.03	293.64
宜　昌	227.65	137.73	247.41	319.78	187.11
襄　阳	174.68	252.91	335.98	533.61	423.61
鄂　州	405.60	136.01	254.10	165.68	117.49
荆　门	256.57	245.70	248.93	201.26	268.31
孝　感	168.71	220.27	307.57	378.21	422.60
荆　州	140.06	235.12	179.73	378.29	277.52
黄　冈	63.90	102.89	512.28	601.10	418.47
咸　宁	484.80	412.10	437.25	464.28	359.77
随　州	126.60	118.06	141.62	211.95	175.09
湖　南					
长　沙	1003.79	1055.29	799.98	913.52	496.01
株　洲	241.59	308.49	120.69	260.97	215.65
湘　潭	170.83	269.45	191.09	134.62	72.73
衡　阳	259.11	521.86	364.35	367.91	375.03
邵　阳	238.45	177.05	209.93	192.68	168.45
岳　阳	141.02	109.08	150.83	233.08	168.61

续表

地　区	2010 年	2011 年	2012 年	2013 年	2014 年
常　德	189. 56	201. 78	188. 36	312. 59	220. 21
张家界	144. 76	81. 36	86. 79	67. 43	22. 87
益　阳	121. 97	108. 06	119. 10	175. 39	136. 30
郴　州	254. 24	272. 33	257. 89	286. 85	202. 99
永　州	225. 60	201. 80	104. 76	176. 47	203. 17
怀　化	332. 95	440. 26	289. 12	357. 64	323. 67
娄　底	76. 08	79. 90	128. 59	254. 07	176. 54
广　东					
广　州	325. 98	268. 28	318. 08	500. 80	249. 21
韶　关	102. 11	118. 67	102. 24	297. 42	142. 25
深　圳	59. 48	78. 48	128. 23	176. 80	168. 95
珠　海	297. 92	82. 47	79. 15	144. 10	73. 62
汕　头	23. 32	35. 49	11. 41	39. 79	72. 41
佛　山	541. 70	259. 90	358. 52	554. 62	417. 39
江　门	215. 18	194. 47	194. 71	212. 80	113. 57
湛　江	113. 48	102. 11	159. 71	255. 41	229. 49
茂　名	63. 11	212. 68	30. 42	231. 66	257. 15
肇　庆	166. 66	148. 41	163. 00	173. 53	125. 78
惠　州	821. 03	728. 09	394. 54	397. 14	332. 20
梅　州	190. 80	98. 59	121. 07	281. 69	219. 18
汕　尾	0. 90	45. 78	32. 47	30. 82	94. 83
河　源	71. 28	131. 45	136. 69	172. 25	165. 39
阳　江	284. 64	232. 85	214. 94	142. 39	262. 00
清　远	611. 71	460. 66	205. 93	585. 11	369. 70
东　莞	221. 08	285. 10	94. 13	331. 65	137. 97
中　山	334. 66	292. 88	141. 59	99. 02	45. 62
潮　州	14. 18	3. 38	83. 62	68. 31	80. 80
揭　阳	80. 67	92. 68	125. 49	184. 73	68. 88
云　浮	31. 91	55. 75	172. 99	216. 92	163. 56
广　西					
南　宁	395. 06	172. 43	194. 71	198. 39	363. 48
柳　州	169. 86	181. 35	288. 19	278. 68	217. 22
桂　林	148. 64	298. 93	222. 96	343. 38	209. 10
梧　州	165. 81	167. 50	146. 51	122. 73	130. 76
北　海	106. 08	100. 48	49. 37	95. 90	32. 51
防城港	166. 83	149. 37	53. 92	68. 82	155. 66
钦　州	622. 72	177. 72	190. 74	189. 80	92. 80
贵　港	136. 32	124. 31	110. 47	211. 16	267. 13
玉　林	174. 81	196. 39	137. 52	228. 79	108. 09

续表

地　区	2010 年	2011 年	2012 年	2013 年	2014 年
百　色	135.57	100.92	103.70	173.71	170.37
贺　州	87.42	35.73	75.09	98.68	63.01
河　池	43.50	20.23	54.03	92.57	65.85
来　宾	62.78	108.79	217.94	140.68	82.13
崇　左	105.42	137.21	41.92	86.37	92.38
海　南					
海　口	60.02	26.16	51.85	52.63	23.93
三　亚	1.88	52.74	34.08	18.68	43.97
重　庆	2148.40	2218.69	2656.97	4211.63	2953.24
四　川					
成　都	1373.76	570.44	583.64	683.44	343.55
自　贡	130.28	54.91	68.55	217.38	86.96
攀枝花	89.66	114.19	96.23	70.25	43.52
泸　州	319.58	502.63	215.13	204.55	144.78
德　阳	264.52	208.65	190.83	275.21	231.01
绵　阳	384.84	368.27	330.62	289.57	304.18
广　元	83.72	87.91	111.34	109.18	130.85
遂　宁	139.74	147.15	82.59	648.46	121.21
内　江	127.21	136.07	144.13	240.82	114.09
乐　山	282.67	168.58	118.05	165.57	184.09
南　充	195.52	179.59	174.95	418.15	341.66
眉　山	210.09	524.60	439.98	261.53	311.70
宜　宾	178.36	199.31	187.80	234.39	181.06
广　安	124.87	91.88	100.31	168.58	254.67
达　州	195.22	96.86	77.18	180.34	74.95
雅　安	45.40	73.59	7.73	26.23	26.01
巴　中	57.85	58.57	250.36	246.42	285.08
资　阳	71.15	210.90	287.65	271.76	325.46
贵　州					
贵　阳	529.96	506.80	462.71	490.92	308.29
六盘水	12.22	11.22	124.58	145.41	180.23
遵　义	145.42	446.70	511.79	1013.88	766.90
安　顺	46.48	73.46	117.64	201.91	237.75
云　南					
昆　明	323.97	1608.31	694.81	1036.08	690.13
曲　靖	318.51	246.46	224.19	233.39	157.95
玉　溪	156.76	316.52	111.48	74.79	92.53
保　山	160.41	228.37	247.79	226.80	146.87
昭　通	99.19	78.79	95.52	46.79	81.45

续表

地　区	2010 年	2011 年	2012 年	2013 年	2014 年
丽　江	115. 34	104. 66	87. 98	77. 22	86. 57
普　洱	71. 70	51. 41	67. 82	91. 02	87. 51
临　沧	30. 92	14. 53	48. 19	45. 96	18. 82
西　藏					
拉　萨	80. 34	80. 34	94. 69	62. 92	44. 08
陕　西					
西　安	319. 15	251. 22	594. 29	504. 70	473. 61
铜　川	46. 69	46. 68	28. 53	33. 56	4. 44
宝　鸡	85. 65	91. 53	193. 00	407. 84	213. 12
咸　阳	226. 85	198. 69	283. 25	390. 01	229. 41
渭　南	96. 49	115. 98	166. 59	243. 90	190. 71
延　安	9. 99	94. 47	51. 62	71. 29	110. 68
汉　中	110. 54	156. 19	172. 09	379. 55	265. 42
榆　林	134. 62	242. 47	382. 67	343. 55	111. 01
安　康	27. 81	58. 56	65. 76	186. 63	97. 78
商　洛	42. 13	58. 75	61. 76	69. 29	75. 82
甘　肃					
兰　州	275. 03	95. 56	119. 64	420. 94	568. 42
嘉峪关	33. 09	16. 06	33. 18	3. 31	43. 51
金　昌	23. 06	45. 49	30. 27	56. 56	10. 25
白　银	50. 50	68. 01	49. 28	81. 06	87. 02
天　水	43. 46	65. 31	60. 37	69. 10	176. 12
武　威	45. 74	39. 06	29. 43	111. 72	82. 32
张　掖	147. 60	157. 75	105. 28	413. 70	129. 22
平　凉	43. 27	52. 65	15. 13	46. 43	106. 90
酒　泉	61. 15	71. 14	83. 64	146. 16	116. 93
庆　阳	59. 83	64. 12	92. 28	84. 11	29. 08
定　西	112. 02	75. 21	109. 67	167. 64	47. 11
陇　南	3. 98	22. 88	14. 20	16. 56	5. 41
青　海					
西　宁	137. 68	203. 88	152. 73	137. 57	138. 67
宁　夏					
银　川	276. 81	258. 46	254. 52	656. 71	348. 34
石嘴山	281. 90	215. 85	25. 53	51. 76	33. 30
吴　忠	198. 29	301. 97	182. 93	193. 97	49. 72
固　原	154. 72	126. 10	48. 39	89. 23	32. 20
中　卫	228. 52	179. 76	42. 35	42. 36	152. 37
新　疆					
乌鲁木齐	549. 93	549. 93	248. 73	366. 69	199. 56
克拉玛依	19. 41	19. 41	9. 29	152. 93	17. 86

数据来源：国土资源部。

表 2－117　　2010—2014 年 286 城市中低价、中小套商品住房用地供应面积

单位：万平方米

地　区	2010 年	2011 年	2012 年	2013 年	2014 年
北　京	8.46	48.23	174.88	257.72	87.94
天　津	118.55	164.30	8.59	22.91	33.94
河　北					
石家庄	4.66	9.02	11.94	138.89	137.72
唐　山	105.63	173.57	131.34	129.59	40.05
秦皇岛	—	0.37	24.18	11.29	8.31
邯　郸	47.96	70.62	35.99	48.57	101.07
邢　台	19.73	12.26	41.34	36.26	29.86
保　定	45.25	55.85	26.66	60.56	24.79
张家口	44.11	164.08	144.94	217.07	99.70
承　德	57.75	47.60	51.99	49.38	0.76
沧　州	33.46	62.11	45.92	42.65	15.82
廊　坊	294.11	339.19	185.31	462.99	306.97
衡　水	28.19	41.33	230.84	221.85	138.79
山　西					
太　原	68.02	61.01	50.27	91.03	44.09
大　同	6.67	3.14	16.63	12.22	27.09
阳　泉	0.72	13.92	59.56	40.61	29.79
长　治	7.59	40.11	26.32	22.18	11.12
晋　城	37.16	6.69	21.34	39.02	21.30
朔　州	2.37	—	11.55	67.79	21.30
晋　中	6.16	2.30	35.72	50.58	26.30
运　城	15.21	9.48	12.54	14.69	21.75
忻　州	3.86	12.05	21.89	43.14	7.11
临　汾	4.56	37.31	44.35	126.28	19.00
吕　梁	10.47	88.89	23.95	28.66	20.31
内蒙古					
呼和浩特	0.46	118.88	84.02	127.48	75.63
包　头	137.13	156.83	162.89	211.11	110.19
乌　海	1.00	30.08	0.86	18.92	2.43
赤　峰	16.88	67.51	44.87	125.94	57.17
通　辽	120.14	142.94	86.98	75.67	129.22
鄂尔多斯	1086.60	1101.36	372.18	172.61	33.85
呼伦贝尔	71.83	139.18	198.72	185.58	145.76
巴彦淖尔	40.76	62.17	121.03	104.99	18.67
乌兰察布	20.56	187.49	133.11	133.85	72.82
辽　宁					
沈　阳	118.89	357.77	177.71	100.76	70.63

续表

地 区	2010 年	2011 年	2012 年	2013 年	2014 年
大 连	471. 92	877. 21	404. 42	324. 99	278. 15
鞍 山	480. 13	386. 38	362. 13	467. 39	150. 08
抚 顺	188. 02	234. 09	162. 43	166. 92	62. 88
本 溪	—	0. 43	—	0. 80	5. 65
丹 东	—	14. 80	—	—	—
锦 州	54. 29	239. 83	132. 26	119. 58	139. 78
营 口	10. 55	332. 97	114. 55	198. 40	49. 81
阜 新	0. 02	—	—	66. 50	76. 28
辽 阳	13. 38	97. 34	55. 15	71. 42	26. 18
盘 锦	67. 44	168. 53	578. 19	186. 48	71. 50
铁 岭	319. 49	249. 73	212. 50	412. 78	284. 05
朝 阳	—	—	—	—	—
葫芦岛	33. 13	310. 12	85. 78	209. 07	74. 90
吉 林					
长 春	8. 65	63. 08	47. 68	74. 80	21. 55
吉 林	17. 58	45. 42	36. 95	26. 79	35. 67
四 平	70. 05	143. 00	128. 44	72. 43	41. 57
辽 源	39. 63	17. 60	0. 55	—	—
通 化	11. 24	53. 59	73. 76	69. 10	54. 38
白 山	—	43. 95	—	3. 14	0. 53
松 原	16. 33	24. 50	6. 44	40. 04	37. 03
白 城	34. 32	82. 74	56. 94	61. 24	95. 41
黑龙江					
哈尔滨	142. 13	118. 28	22. 56	49. 68	35. 99
齐齐哈尔	—	4. 89	—	0. 54	9. 70
鸡 西	54. 99	14. 91	15. 73	52. 06	7. 05
鹤 岗	11. 81	54. 52	—	—	—
双鸭山	18. 02	48. 89	7. 08	46. 03	31. 07
大 庆	35. 37	67. 59	38. 05	13. 14	23. 96
伊 春	3. 61	3. 10	22. 05	4. 67	—
佳木斯	185. 53	152. 47	66. 25	60. 02	68. 75
七台河	8. 39	53. 22	19. 72	100. 22	10. 06
牡丹江	12. 73	4. 45	11. 09	22. 30	3. 62
黑 河	7. 83	10. 75	17. 70	13. 04	15. 15
绥 化	148. 31	104. 54	71. 23	95. 63	121. 44
上 海	181. 89	352. 48	255. 65	255. 01	150. 32
江 苏					
南 京	88. 13	89. 05	96. 46	81. 38	131. 88
无 锡	287. 31	191. 64	290. 71	127. 94	7. 29
徐 州	52. 31	382. 19	527. 91	659. 83	696. 40

续表

地　区	2010 年	2011 年	2012 年	2013 年	2014 年
常　州	—	336.54	368.83	225.22	132.31
苏　州	112.22	619.61	581.97	943.53	576.59
南　通	128.49	387.74	565.82	319.85	353.58
连云港	7.60	29.03	103.96	9.82	27.56
淮　安	39.34	167.01	450.14	381.77	473.20
盐　城	174.77	560.21	608.47	1228.44	489.99
扬　州	152.78	263.37	305.92	232.64	460.52
镇　江	4.83	95.15	406.90	302.96	281.24
泰　州	29.71	78.03	172.65	283.14	177.96
宿　迁	59.33	252.77	41.65	10.17	2.78
浙　江					
杭　州	301.85	522.10	322.15	726.07	421.36
宁　波	52.50	761.98	525.64	702.40	394.86
温　州	29.07	186.73	186.00	475.18	263.18
嘉　兴	25.45	304.61	269.42	379.45	279.51
湖　州	21.12	264.96	203.54	335.70	310.80
绍　兴	112.29	351.73	306.12	620.55	509.00
金　华	42.80	172.14	110.08	321.35	188.43
衢　州	33.61	76.77	53.24	70.89	53.84
舟　山	28.13	115.68	69.20	70.41	23.02
台　州	60.31	166.05	138.53	340.68	96.75
丽　水	3.48	86.86	48.15	153.86	116.65
安　徽					
合　肥	44.00	26.94	9.22	1.79	111.06
芜　湖	5.76	16.43	128.17	143.86	278.61
蚌　埠	55.60	26.56	84.77	153.61	89.56
淮　南	0.43	32.56	—	—	2.28
马鞍山	180.51	214.34	98.46	149.72	69.31
淮　北	57.35	90.43	56.35	27.62	45.68
铜　陵	100.16	152.85	165.16	167.13	23.88
安　庆	111.42	34.21	29.53	19.48	43.78
黄　山	6.44	28.76	26.48	37.97	3.01
滁　州	2.84	0.84	22.50	105.88	99.89
阜　阳	16.26	39.93	8.04	38.20	43.08
宿　州	110.73	151.32	217.13	145.44	248.69
六　安	65.40	248.79	106.24	170.80	30.37
亳　州	0.56	1.53	1.53	—	10.01
池　州	20.87	36.79	58.00	107.45	59.44
宣　城	17.33	69.82	65.42	131.92	64.03

续表

地 区	2010 年	2011 年	2012 年	2013 年	2014 年
福 建					
福 州	89.85	363.08	204.19	257.76	117.12
厦 门	—	52.63	13.07	17.49	3.18
莆 田	—	49.95	60.73	55.59	112.23
三 明	19.76	151.73	114.28	188.62	76.77
泉 州	60.06	187.93	198.45	190.84	252.27
漳 州	28.56	97.48	66.02	105.83	84.88
南 平	12.76	28.67	10.94	33.60	30.05
龙 岩	10.01	78.94	114.14	135.58	64.29
宁 德	10.42	48.65	18.93	81.05	50.70
江 西					
南 昌	116.56	149.72	160.66	75.14	304.23
景德镇	2.68	—	—	5.96	—
萍 乡	—	—	9.53	—	3.77
九 江	93.21	27.82	49.61	112.70	51.11
新 余	—	101.65	38.79	90.83	108.04
鹰 潭	8.28	—	—	—	—
赣 州	13.83	61.26	60.41	127.81	66.08
吉 安	1.61	3.93	23.33	32.65	54.33
宜 春	18.18	41.56	110.75	83.54	72.65
抚 州	34.08	8.03	14.77	9.59	7.55
上 饶	27.85	51.37	84.16	65.23	89.46
山 东					
济 南	62.86	5.39	26.29	29.97	16.15
青 岛	551.31	732.50	855.59	1003.05	982.07
淄 博	57.15	39.56	17.85	59.38	37.70
枣 庄	77.02	112.55	82.76	91.10	27.37
东 营	51.16	69.80	18.81	152.93	50.49
烟 台	1082.88	920.04	450.39	1145.27	823.56
潍 坊	459.73	339.83	404.22	615.50	464.24
济 宁	98.31	123.64	113.53	241.59	172.08
泰 安	84.74	79.43	87.28	60.12	101.52
威 海	1073.60	729.41	1628.70	1177.84	618.44
日 照	28.76	20.27	25.58	49.21	27.72
莱 芜	—	—	—	—	—
临 沂	753.46	658.09	428.75	837.10	930.76
德 州	436.45	478.33	271.11	319.82	337.25
聊 城	243.94	162.98	252.70	410.34	314.57
滨 州	168.23	144.54	98.79	138.38	122.46

续表

地 区	2010 年	2011 年	2012 年	2013 年	2014 年
菏 泽	448. 30	351. 83	197. 73	416. 86	258. 83
河 南					
郑 州	14. 19	38. 04	0. 60	20. 97	—
开 封	242. 80	116. 37	116. 96	155. 23	150. 65
洛 阳	57. 28	465. 43	308. 78	371. 10	124. 01
平顶山	—	2. 51	52. 14	58. 83	39. 71
安 阳	9. 72	35. 33	61. 93	52. 14	151. 11
鹤 壁	2. 54	28. 80	54. 88	19. 28	46. 14
新 乡	136. 43	404. 34	358. 19	230. 71	61. 85
焦 作	66. 98	91. 53	183. 85	190. 08	81. 67
濮 阳	—	8. 33	0. 35	22. 09	1. 41
许 昌	115. 28	95. 37	45. 58	110. 65	78. 21
漯 河	—	—	—	—	—
三门峡	23. 49	36. 55	77. 52	59. 17	69. 16
南 阳	37. 26	55. 07	31. 79	34. 83	46. 58
商 丘	113. 80	191. 35	175. 20	250. 52	71. 74
信 阳	131. 72	81. 95	71. 12	58. 54	71. 13
周 口	53. 87	64. 25	129. 42	132. 77	93. 54
驻马店	2. 95	6. 21	4. 24	36. 39	27. 87
湖 北					
武 汉	237. 98	148. 10	73. 55	34. 66	54. 30
黄 石	17. 12	68. 71	44. 45	98. 89	24. 07
十 堰	79. 49	45. 14	50. 53	96. 24	154. 37
宜 昌	23. 77	32. 44	89. 06	87. 78	49. 26
襄 阳	66. 85	53. 43	74. 14	143. 56	175. 99
鄂 州	—	—	—	—	—
荆 门	47. 55	104. 11	76. 06	75. 42	57. 40
孝 感	13. 25	16. 36	44. 49	73. 51	80. 14
荆 州	33. 71	119. 42	119. 69	195. 44	95. 97
黄 冈	12. 36	58. 18	10. 44	115. 05	189. 45
咸 宁	265. 00	347. 83	402. 09	399. 36	350. 57
随 州	9. 31	1. 86	4. 29	—	14. 81
湖 南					
长 沙	2. 57	151. 33	51. 85	245. 98	100. 71
株 洲	57. 11	0. 04	—	—	—
湘 潭	16. 39	30. 88	25. 02	26. 80	2. 89
衡 阳	3. 39	2. 16	8. 22	7. 37	18. 29
邵 阳	5. 43	1. 34	3. 85	14. 49	15. 30
岳 阳	34. 09	42. 17	27. 94	25. 03	63. 69

续表

地　区	2010 年	2011 年	2012 年	2013 年	2014 年
常　德	6. 11	6. 67	17. 36	1. 17	6. 38
张家界	—	0. 16	—	—	—
益　阳	32. 43	31. 16	10. 73	21. 60	39. 80
郴　州	11. 28	24. 31	18. 94	0. 36	1. 03
永　州	14. 95	25. 66	5. 18	6. 88	13. 85
怀　化	8. 76	44. 82	17. 15	26. 26	20. 84
娄　底	7. 86	0. 88	—	12. 30	37. 19
广　东					
广　州	107. 11	38. 55	58. 60	217. 67	52. 37
韶　关	2. 94	41. 27	18. 62	30. 24	29. 87
深　圳	33. 14	30. 54	54. 10	86. 98	63. 68
珠　海	238. 62	53. 94	50. 80	105. 83	31. 33
汕　头	3. 90	3. 24	0. 23	12. 71	3. 69
佛　山	59. 65	83. 69	79. 46	103. 10	92. 07
江　门	113. 39	91. 85	97. 44	138. 93	105. 58
湛　江	—	9. 15	43. 54	14. 44	10. 82
茂　名	—	2. 01	—	6. 70	46. 23
肇　庆	23. 96	36. 10	86. 55	75. 31	37. 29
惠　州	15. 66	23. 75	27. 83	22. 40	16. 13
梅　州	4. 97	30. 39	51. 05	58. 90	27. 75
汕　尾	—	3. 00	0. 39	5. 85	11. 01
河　源	30. 44	1. 44	33. 25	3. 45	—
阳　江	13. 42	117. 74	126. 10	33. 99	45. 88
清　远	63. 16	197. 73	71. 78	179. 65	125. 08
东　莞	—	—	—	46. 42	18. 70
中　山	—	—	—	—	—
潮　州	5. 29	2. 56	8. 05	17. 59	—
揭　阳	—	11. 44	3. 60	23. 82	2. 52
云　浮	6. 67	0. 71	—	6. 11	29. 57
广　西					
南　宁	93. 43	57. 45	13. 96	21. 46	29. 91
柳　州	30. 01	88. 11	152. 52	202. 20	161. 34
桂　林	7. 31	19. 74	23. 29	29. 62	142. 34
梧　州	41. 19	9. 88	0. 60	5. 58	—
北　海	—	10. 07	—	29. 72	6. 19
防城港	15. 53	2. 16	—	3. 18	2. 37
钦　州	2. 76	19. 10	30. 41	142. 93	38. 43
贵　港	49. 59	0. 86	29. 37	70. 58	224. 78
玉　林	87. 80	92. 63	63. 18	128. 39	45. 56

续表

地　区	2010 年	2011 年	2012 年	2013 年	2014 年
百　色	24.46	28.05	29.15	43.16	39.32
贺　州	—	22.53	48.49	86.08	56.35
河　池	0.61	2.76	8.52	4.24	1.82
来　宾	9.86	104.40	186.17	84.64	56.72
崇　左	52.49	32.51	7.64	8.90	7.08
海　南					
海　口	21.76	4.27	4.48	—	—
三　亚	—	—	—	—	—
重　庆	123.34	506.55	661.96	1137.92	925.21
四　川					
成　都	62.99	66.05	96.33	51.07	6.48
自　贡	—	—	—	—	—
攀枝花	0.43	7.38	—	—	—
泸　州	160.03	71.23	50.91	57.90	5.09
德　阳	59.77	53.55	26.37	117.02	88.40
绵　阳	36.17	21.41	26.89	13.98	0.65
广　元	4.75	0.71	1.96	16.57	14.31
遂　宁	31.97	39.33	17.25	228.91	33.68
内　江	—	8.24	12.64	2.27	—
乐　山	18.59	133.52	54.48	126.88	96.86
南　充	1.72	51.33	16.39	37.84	12.77
眉　山	7.86	71.92	102.05	13.90	8.26
宜　宾	40.00	22.47	42.38	59.27	36.93
广　安	49.23	52.11	52.42	119.93	106.44
达　州	19.99	44.58	52.40	108.24	51.81
雅　安	18.43	53.58	3.20	22.99	14.22
巴　中	0.17	3.23	3.03	2.68	10.97
资　阳	22.32	26.57	98.82	135.04	260.07
贵　州					
贵　阳	362.92	461.63	334.56	386.92	221.56
六盘水	7.98	7.81	72.00	25.87	2.70
遵　义	82.42	419.08	369.63	973.90	660.52
安　顺	27.89	27.41	32.06	109.59	85.03
云　南					
昆　明	1.79	83.86	0.26	—	86.94
曲　靖	59.84	11.78	81.57	46.59	14.66
玉　溪	—	32.48	—	—	—
保　山	0.09	0.54	—	0.76	6.84
昭　通	0.03	4.28	4.84	0.22	2.29

续表

地　区	2010 年	2011 年	2012 年	2013 年	2014 年
丽　江	1.79	3.03	0.28	0.37	10.06
普　洱	5.03	0.61	0.70	7.16	4.33
临　沧	9.13	7.57	20.96	0.41	
西　藏					
拉　萨	80.34	80.34	—	—	—
陕　西					
西　安	—	—	2.93	9.82	
铜　川	5.40	0.63	—	—	—
宝　鸡	—	2.82	15.24	44.18	1.27
咸　阳	194.08	106.13	190.93	302.12	125.01
渭　南	9.30	29.09	24.36	103.62	68.20
延　安	0.60	21.72	17.65	5.30	1.15
汉　中	0.36	0.98	40.06	98.39	29.39
榆　林	3.00	190.20	127.22	146.87	58.81
安　康	13.21	30.14	24.81	28.72	12.40
商　洛	0.21	7.95	16.64	10.67	29.16
甘　肃					
兰　州	75.52	4.39	8.74	10.73	70.14
嘉峪关	19.26	10.00	15.08	—	—
金　昌	4.33	14.53	7.05	19.90	7.69
白　银	9.21	31.76	35.51	42.23	71.18
天　水	27.82	14.95	5.56	1.71	6.43
武　威	8.68	10.35	7.41	10.57	11.28
张　掖	28.67	49.31	2.40	9.43	27.81
平　凉	15.79	35.68	13.25	28.05	46.86
酒　泉	23.28	40.63	47.20	28.29	70.70
庆　阳	1.54	32.70	51.28	46.41	17.81
定　西	21.95	7.69	75.97	28.08	13.71
陇　南	0.96	1.54	4.96	2.35	1.68
青　海					
西　宁	13.77	48.33	13.26	12.89	15.82
宁　夏					
银　川	64.45	38.46	43.24	45.51	137.39
石嘴山	—	39.11	10.81	4.73	—
吴　忠	20.43	20.92	6.69	14.13	10.78
固　原	2.71	23.52	5.42	6.38	—
中　卫	11.56	29.07	5.91	—	10.56
新　疆					
乌鲁木齐	360.95	36.10	215.30	121.75	77.31
克拉玛依	15.99	15.99	1.90	39.03	11.02

数据来源：国土资源部。

表 2 – 118　　2010—2014 年 286 城市保障性住房用地供应面积

单位：万平方米

地　区	2010 年	2011 年	2012 年	2013 年	2014 年
北　京	97.46	96.78	204.57	108.92	137.74
天　津	560.77	697.09	803.96	273.85	392.45
河　北					
石家庄	44.89	83.10	66.82	81.26	21.90
唐　山	80.50	45.44	16.04	20.89	16.85
秦皇岛	24.49	152.99	43.38	383.15	27.87
邯　郸	96.79	104.07	16.67	42.62	219.00
邢　台	16.21	43.03	59.35	95.12	18.35
保　定	5.28	36.53	12.56	16.00	10.35
张家口	40.91	55.01	58.76	56.07	20.26
承　德	16.33	18.48	18.49	14.41	3.12
沧　州	14.22	100.99	31.77	28.12	41.23
廊　坊	12.90	46.55	46.62	5.50	9.20
衡　水	12.46	20.49	14.45	9.60	14.43
山　西					
太　原	66.25	107.57	89.70	34.26	3.58
大　同	274.25	478.58	135.52	113.08	84.82
阳　泉	16.99	49.89	53.96	29.70	1.70
长　治	9.46	3.46	9.11	43.27	7.07
晋　城	22.92	13.67	61.62	22.62	4.83
朔　州	17.43	79.51	67.52	44.05	11.95
晋　中	32.73	51.84	58.31	49.83	11.74
运　城	10.49	62.21	34.53	14.69	39.80
忻　州	19.07	21.98	61.54	77.82	35.92
临　汾	13.15	41.09	17.15	10.42	29.62
吕　梁	70.75	30.11	80.90	50.13	39.07
内蒙古					
呼和浩特	34.07	31.45	4.45	40.29	1.10
包　头	80.09	100.14	97.78	75.93	131.50
乌　海	153.21	25.43	28.88	9.41	21.41
赤　峰	4.23	44.94	43.26	6.41	14.67
通　辽	24.31	35.87	7.07	3.35	8.69
鄂尔多斯	171.00	137.59	223.28	22.55	23.15
呼伦贝尔	117.27	191.45	75.14	97.53	93.29
巴彦淖尔	7.05	17.87	18.48	19.87	26.82
乌兰察布	20.39	109.70	71.25	33.65	91.34
辽　宁					
沈　阳	29.31	21.88	18.50	16.05	16.12

续表

地　区	2010 年	2011 年	2012 年	2013 年	2014 年
大　连	66.07	337.90	59.95	98.40	—
鞍　山	0.56	51.17	47.28	1.16	1.55
抚　顺	45.28	15.71	61.31	19.43	4.50
本　溪	153.89	92.73	26.33	64.82	23.70
丹　东	6.14	56.15	17.13	24.72	9.45
锦　州	37.89	33.15	21.60	40.62	35.61
营　口	308.60	139.61	68.05	9.59	20.49
阜　新	23.60	86.34	30.91	62.02	66.89
辽　阳	18.21	55.23	48.77	21.57	10.59
盘　锦	0.91	—	—	2.02	—
铁　岭	16.05	8.79	5.89	—	—
朝　阳	1.83	93.27	10.96	4.78	20.69
葫芦岛	43.46	137.81	23.54	488.72	221.96
吉　林					
长　春	214.11	150.11	265.72	37.45	102.72
吉　林	57.05	19.41	94.05	32.26	17.70
四　平	1.87	21.27	12.66	6.37	12.75
辽　源	72.95	20.00	35.38	7.30	19.99
通　化	40.40	27.85	28.04	26.74	28.96
白　山	8.09	23.66	30.70	81.17	65.80
松　原	—	8.34	14.49	42.25	3.68
白　城	16.20	12.16	29.32	23.37	36.94
黑龙江					
哈尔滨	223.70	183.17	80.15	25.58	56.75
齐齐哈尔	69.05	53.71	35.02	59.03	47.10
鸡　西	3.98	14.73	12.62	45.29	6.99
鹤　岗	7.22	59.86	16.87	64.79	273.35
双鸭山	13.98	157.23	79.87	40.91	7.03
大　庆	0.91	2.53	13.08	0.15	7.55
伊　春	69.96	42.46	70.28	185.71	121.91
佳木斯	63.14	20.78	24.04	10.37	0.48
七台河	3.45	132.83	14.83	16.69	117.61
牡丹江	25.72	11.95	25.79	33.74	15.43
黑　河	52.77	10.50	13.21	7.35	3.82
绥　化	101.02	47.93	17.01	22.81	18.71
上　海	31.08	252.46	93.44	6.64	53.26
江　苏					
南　京	285.77	963.25	310.34	404.17	353.15
无　锡	586.45	648.91	539.98	259.32	298.15
徐　州	185.01	76.54	685.67	124.02	336.71

续表

地　区	2010 年	2011 年	2012 年	2013 年	2014 年
常　州	108. 66	160. 64	178. 89	281. 14	129. 91
苏　州	345. 17	92. 98	116. 22	132. 73	269. 22
南　通	54. 22	104. 95	23. 13	226. 86	166. 30
连云港	12. 24	35. 57	33. 13	11. 51	42. 41
淮　安	40. 00	54. 44	49. 41	13. 20	7. 47
盐　城	14. 89	27. 48	182. 24	66. 44	49. 16
扬　州	34. 23	176. 00	103. 81	60. 11	34. 62
镇　江	—	18. 06	17. 49	107. 09	76. 78
泰　州	7. 10	27. 97	146. 73	69. 69	34. 32
宿　迁	138. 11	42. 36	48. 64	105. 72	505. 78
浙　江					
杭　州	180. 31	126. 71	557. 83	557. 08	253. 04
宁　波	902. 74	115. 81	999. 91	746. 67	315. 34
温　州	21. 76	56. 87	451. 81	553. 34	618. 78
嘉　兴	78. 55	46. 94	295. 33	252. 24	137. 88
湖　州	11. 54	22. 95	118. 77	71. 07	74. 02
绍　兴	7. 66	22. 94	227. 50	211. 19	67. 29
金　华	64. 46	16. 04	119. 19	300. 39	213. 94
衢　州	21. 51	8. 65	180. 84	74. 47	31. 48
舟　山	13. 17	8. 28	22. 42	9. 79	40. 25
台　州	18. 63	22. 73	228. 10	427. 85	315. 05
丽　水	10. 76	31. 93	483. 41	312. 71	134. 51
安　徽					
合　肥	227. 26	237. 05	298. 55	301. 21	414. 26
芜　湖	538. 66	317. 25	379. 64	499. 60	485. 47
蚌　埠	60. 01	56. 83	60. 15	27. 45	179. 12
淮　南	228. 16	61. 69	131. 46	437. 96	256. 50
马鞍山	8. 85	10. 05	60. 96	95. 98	9. 44
淮　北	55. 21	64. 94	500. 62	92. 50	123. 25
铜　陵	27. 16	31. 74	50. 36	25. 74	—
安　庆	19. 04	148. 60	65. 77	88. 74	118. 44
黄　山	23. 12	139. 51	54. 54	63. 76	29. 35
滁　州	25. 69	291. 86	255. 28	277. 58	199. 41
阜　阳	29. 02	42. 94	136. 59	139. 54	131. 27
宿　州	61. 99	34. 12	155. 17	15. 15	57. 44
六　安	6. 68	97. 55	373. 24	162. 96	316. 82
亳　州	26. 67	70. 81	137. 48	101. 43	337. 15
池　州	11. 97	26. 97	99. 27	71. 84	85. 74
宣　城	—	54. 52	171. 76	105. 39	87. 12

续表

地 区	2010 年	2011 年	2012 年	2013 年	2014 年
福 建					
福 州	29.95	19.23	16.59	0.42	4.08
厦 门	16.89	15.65	0.87	—	2.00
莆 田	14.92	7.50	4.44	1.06	0.54
三 明	11.62	11.46	4.20	11.56	3.88
泉 州	26.06	40.40	24.66	0.80	7.32
漳 州	8.02	8.84	15.66	1.02	1.24
南 平	2.07	2.77	2.76	9.43	0.41
龙 岩	4.83	10.38	25.40	13.99	1.59
宁 德	17.25	15.52	8.63	6.75	1.85
江 西					
南 昌	67.19	61.57	72.94	509.34	58.92
景德镇	34.96	50.84	26.95	35.57	38.97
萍 乡	9.77	68.80	76.36	35.20	0.62
九 江	9.98	70.63	193.22	75.45	193.94
新 余	13.00	9.21	0.99	8.32	17.78
鹰 潭	73.14	63.69	34.33	40.02	7.97
赣 州	144.23	310.85	177.17	700.59	140.85
吉 安	12.28	115.37	64.05	67.73	70.24
宜 春	15.06	61.24	102.16	35.26	46.46
抚 州	22.20	35.34	64.18	133.18	19.14
上 饶	44.25	56.95	52.38	96.43	37.88
山 东					
济 南	186.06	89.91	45.42	101.48	63.63
青 岛	148.13	377.68	239.28	286.75	130.71
淄 博	25.36	48.89	42.11	38.55	12.70
枣 庄	13.51	93.73	11.79	23.20	43.19
东 营	6.47	10.34	37.32	14.94	7.58
烟 台	48.48	29.86	32.65	34.67	6.91
潍 坊	2.77	37.67	13.08	4.95	19.77
济 宁	15.67	70.08	29.01	23.02	35.48
泰 安	95.83	92.98	85.25	345.17	61.77
威 海	—	1.09	43.75	29.49	40.85
日 照	45.48	49.73	89.79	80.68	43.75
莱 芜	18.72	10.32	21.44	19.24	23.89
临 沂	163.00	78.32	75.45	396.66	439.80
德 州	14.23	54.35	40.48	160.69	15.83
聊 城	5.25	33.81	5.86	7.74	8.71
滨 州	16.80	57.58	44.93	39.33	51.18

续表

地 区	2010 年	2011 年	2012 年	2013 年	2014 年
菏 泽	56.08	44.02	20.18	10.58	9.11
河 南					
郑 州	504.44	307.59	71.65	123.98	191.13
开 封	23.19	18.09	50.65	255.43	63.80
洛 阳	51.81	233.02	62.71	47.98	37.40
平顶山	169.28	41.51	173.90	30.19	87.56
安 阳	45.51	53.24	19.20	14.88	4.03
鹤 壁	31.19	34.03	55.30	32.21	80.20
新 乡	5.19	44.27	53.10	30.53	19.77
焦 作	28.94	66.96	94.12	59.37	9.31
濮 阳	50.27	10.72	31.99	50.24	60.28
许 昌	19.64	17.30	53.33	7.52	18.13
漯 河	15.07	14.09	3.33	22.56	9.37
三门峡	22.13	8.55	18.73	54.20	6.64
南 阳	74.84	30.23	30.28	35.32	58.62
商 丘	22.50	41.50	55.19	57.51	17.21
信 阳	15.69	53.59	39.20	9.35	43.53
周 口	20.23	24.68	39.17	25.14	64.23
驻马店	12.88	43.09	65.56	28.02	55.56
湖 北					
武 汉	126.09	266.58	258.14	687.77	216.88
黄 石	8.65	14.67	8.66	7.51	34.16
十 堰	0.41	8.44	10.30	12.42	8.00
宜 昌	56.54	70.48	70.08	141.06	80.32
襄 阳	12.68	22.34	20.84	39.27	225.73
鄂 州	—	—	—	—	—
荆 门	17.92	19.35	44.24	9.04	23.73
孝 感	1.29	5.27	21.18	6.64	104.19
荆 州	30.28	26.86	20.94	9.96	10.05
黄 冈	19.11	29.13	31.41	141.86	175.02
咸 宁	6.27	11.08	33.11	5.46	4.52
随 州	4.57	24.95	8.03	23.98	15.75
湖 南					
长 沙	217.52	182.48	426.25	198.95	280.44
株 洲	16.15	33.26	26.23	5.32	105.48
湘 潭	6.32	39.08	37.75	128.11	30.66
衡 阳	39.55	35.37	92.55	45.27	9.31
邵 阳	7.51	44.00	74.66	30.13	18.21
岳 阳	22.05	59.10	64.74	53.79	68.64

续表

地　区	2010 年	2011 年	2012 年	2013 年	2014 年
常　德	6. 26	139. 87	46. 66	65. 46	66. 89
张家界	6. 55	32. 33	12. 02	25. 14	20. 80
益　阳	25. 94	32. 74	33. 02	1. 52	74. 87
郴　州	20. 30	42. 87	136. 14	52. 60	139. 40
永　州	4. 98	156. 92	35. 94	14. 79	90. 51
怀　化	21. 79	32. 65	60. 20	39. 07	43. 14
娄　底	4. 56	61. 08	35. 76	133. 24	176. 73
广　东					
广　州	122. 41	75. 35	57. 79	117. 10	78. 68
韶　关	0. 13	10. 33	5. 33	1. 98	9. 97
深　圳	18. 83	0. 55	1. 28	—	2. 20
珠　海	1. 33	8. 25	0. 10	—	27. 05
汕　头	—	—	—	0. 40	—
佛　山	0. 36	5. 09	1. 81	—	2. 21
江　门	4. 99	8. 27	5. 66	—	2. 18
湛　江	4. 23	3. 76	0. 15	1. 32	23. 40
茂　名	—	1. 96	2. 06	—	1. 03
肇　庆	0. 10	7. 42	1. 06	4. 66	3. 72
惠　州	3. 69	8. 43	5. 13	2. 75	3. 24
梅　州	2. 74	23. 45	0. 45	0. 60	—
汕　尾	—	—	0. 58	—	0. 91
河　源	3. 15	1. 90	18. 67	5. 85	2. 79
阳　江	1. 70	1. 57	5. 04	0. 50	0. 90
清　远	2. 28	5. 28	0. 83	0. 20	0. 10
东　莞	—	22. 35	9. 48	7. 63	1. 57
中　山	—	—	3. 05	—	—
潮　州	—	7. 34	0. 63	—	4. 78
揭　阳	0. 29	5. 12	0. 30	7. 27	—
云　浮	—	—	2. 66	—	0. 11
广　西					
南　宁	122. 19	99. 71	11. 39	9. 89	26. 30
柳　州	65. 25	49. 55	85. 77	24. 27	18. 62
桂　林	24. 85	40. 98	25. 86	102. 83	5. 30
梧　州	5. 95	7. 22	12. 54	45. 82	6. 01
北　海	—	50. 41	61. 28	—	51. 75
防城港	19. 03	67. 58	15. 08	14. 29	184. 31
钦　州	10. 58	22. 22	8. 88	0. 83	29. 63
贵　港	74. 36	16. 12	9. 53	2. 27	9. 61
玉　林	6. 85	23. 26	13. 36	9. 07	22. 95

续表

地　区	2010 年	2011 年	2012 年	2013 年	2014 年
百　色	15.38	34.96	21.97	8.88	5.94
贺　州	7.17	23.00	11.82	6.94	5.79
河　池	1.41	60.94	53.04	24.19	16.00
来　宾	—	18.50	23.58	9.83	3.81
崇　左	2.49	32.12	14.32	13.22	15.33
海　南					
海　口	18.88	1.91	25.87	0.74	5.52
三　亚	37.33	0.25	6.22	36.10	19.91
重　庆	679.37	1121.25	962.61	540.80	499.09
四　川					
成　都	137.29	707.95	223.65	438.31	507.35
自　贡	6.89	41.22	13.78	39.49	19.66
攀枝花	5.81	16.77	7.16	11.28	5.67
泸　州	13.03	23.14	39.08	98.64	111.37
德　阳	73.01	20.38	240.20	107.93	16.30
绵　阳	13.11	48.72	71.52	16.44	29.33
广　元	6.94	91.65	23.61	0.35	64.12
遂　宁	11.57	47.20	39.33	29.03	25.23
内　江	21.82	10.74	15.80	15.44	28.16
乐　山	2.03	17.17	69.34	13.53	22.24
南　充	2.19	1.57	9.25	11.09	11.00
眉　山	—	24.86	2.73	22.41	27.79
宜　宾	22.38	55.88	141.26	19.64	129.51
广　安	5.59	22.74	17.88	42.33	18.63
达　州	9.01	16.37	14.03	39.54	17.90
雅　安	9.27	19.02	39.01	9.79	4.05
巴　中	—	13.87	33.00	24.30	38.55
资　阳	0.41	166.59	140.58	31.81	17.58
贵　州					
贵　阳	272.81	187.76	136.91	149.99	40.07
六盘水	4.43	19.33	32.18	3.68	25.84
遵　义	70.71	42.95	63.99	97.49	73.96
安　顺	24.21	65.46	44.02	30.41	7.05
云　南					
昆　明	17.85	21.65	173.61	25.85	31.39
曲　靖	13.54	10.07	146.70	6.99	61.92
玉　溪	1.12	14.80	66.39	4.67	9.90
保　山	0.56	5.67	57.26	1.53	74.81
昭　通	3.97	35.06	7.14	10.42	36.44

续表

地 区	2010 年	2011 年	2012 年	2013 年	2014 年
丽 江		7.69	15.53	10.38	3.67
普 洱	0.60	9.14	15.12	12.63	48.68
临 沧	11.55	82.69	89.29	6.90	28.78
西 藏					
拉 萨	4.13	4.13	16.04	—	—
陕 西					
西 安	103.22	122.78	169.88	351.96	218.14
铜 川	88.50	19.95	50.31	1.15	9.93
宝 鸡	11.28	75.95	79.48	18.05	22.64
咸 阳	9.57	43.83	51.88	33.10	247.52
渭 南	53.65	16.05	56.01	111.31	122.98
延 安	37.40	83.30	19.46	31.37	167.54
汉 中	22.63	47.99	45.09	73.03	66.53
榆 林	73.64	40.73	68.60	82.19	38.91
安 康	0.73	6.76	37.33	54.85	85.23
商 洛	6.43	37.69	27.46	25.32	17.26
甘 肃					
兰 州	86.18	74.69	118.05	66.44	51.88
嘉峪关	19.43	20.07	6.80	1.40	1.32
金 昌	22.39	42.14	3.14	6.75	25.75
白 银	27.71	64.22	79.57	49.51	48.79
天 水	18.26	69.09	14.22	32.55	35.02
武 威	28.60	47.47	173.00	16.14	175.59
张 掖	5.49	32.67	24.16	48.67	30.94
平 凉	15.96	6.52	3.46	44.94	19.42
酒 泉	28.76	23.95	69.16	11.57	21.40
庆 阳	11.16	23.24	14.39	13.43	13.63
定 西	42.61	43.88	98.47	74.18	2.78
陇 南	2.33	2.28	13.36	0.53	2.05
青 海					
西 宁	9.63	67.04	65.02	11.37	19.59
宁 夏					
银 川	149.82	248.84	304.51	218.02	292.94
石嘴山	130.52	103.28	59.39	83.60	31.63
吴 忠	13.86	95.46	128.39	37.27	70.53
固 原	33.51	68.61	14.70	78.55	20.78
中 卫	4.00	68.27	68.89	46.65	43.16
新 疆					
乌鲁木齐	102.42	102.42	53.80	13.67	148.61
克拉玛依	22.99	23.02	109.07	41.06	69.61

数据来源：国土资源部。

表 2 – 119　　2010—2014 年 286 城市商业服务用地供应面积

单位：万平方米

地　区	2010 年	2011 年	2012 年	2013 年	2014 年
北　京	400. 08	459. 39	149. 00	353. 59	458. 37
天　津	590. 24	677. 55	499. 07	491. 59	292. 67
河　北					
石家庄	92. 64	107. 65	158. 01	205. 22	125. 36
唐　山	322. 60	267. 09	674. 60	807. 97	539. 53
秦皇岛	137. 10	133. 16	304. 68	154. 79	100. 71
邯　郸	175. 36	119. 42	101. 46	189. 28	131. 07
邢　台	89. 02	109. 63	113. 77	101. 98	106. 17
保　定	123. 98	136. 17	119. 44	321. 20	174. 41
张家口	185. 55	255. 23	110. 87	270. 76	135. 54
承　德	144. 18	144. 85	190. 84	247. 48	113. 98
沧　州	173. 73	147. 29	96. 22	158. 26	150. 72
廊　坊	140. 72	193. 11	302. 85	325. 54	146. 75
衡　水	109. 98	63. 60	160. 58	137. 83	124. 94
山　西					
太　原	60. 47	73. 32	97. 83	167. 83	163. 82
大　同	99. 06	145. 61	213. 12	244. 59	117. 18
阳　泉	45. 10	36. 78	45. 76	25. 97	23. 34
长　治	9. 31	116. 58	91. 28	89. 29	71. 03
晋　城	54. 56	22. 97	77. 07	61. 75	57. 54
朔　州	97. 80	127. 27	75. 27	205. 97	55. 61
晋　中	73. 80	68. 66	83. 18	133. 51	123. 64
运　城	62. 33	49. 82	83. 85	175. 81	124. 30
忻　州	99. 26	161. 37	143. 74	132. 47	120. 43
临　汾	81. 64	69. 05	121. 34	156. 26	52. 74
吕　梁	59. 75	77. 92	65. 46	95. 82	35. 67
内蒙古					
呼和浩特	165. 53	89. 63	359. 82	259. 36	78. 34
包　头	83. 54	138. 28	112. 21	167. 61	117. 78
乌　海	45. 07	72. 38	58. 30	27. 52	20. 54
赤　峰	132. 45	231. 68	195. 83	198. 41	324. 80
通　辽	149. 90	113. 16	92. 27	158. 84	129. 74
鄂尔多斯	1588. 16	1101. 18	766. 34	162. 59	472. 31
呼伦贝尔	147. 07	275. 71	316. 93	323. 01	273. 07
巴彦淖尔	316. 77	196. 46	243. 76	216. 86	113. 93
乌兰察布	144. 78	172. 82	166. 31	385. 04	300. 30
辽　宁					
沈　阳	283. 42	777. 66	473. 71	354. 94	345. 83

续表

地 区	2010 年	2011 年	2012 年	2013 年	2014 年
大 连	441.30	814.16	565.96	302.98	145.78
鞍 山	112.69	161.25	180.14	155.87	154.68
抚 顺	110.42	221.59	128.58	143.29	80.92
本 溪	132.88	56.80	57.56	111.87	126.25
丹 东	79.99	234.80	84.85	84.83	67.30
锦 州	100.41	90.33	146.04	626.16	42.45
营 口	1112.94	296.45	260.00	267.06	74.92
阜 新	74.38	107.34	47.13	105.35	43.06
辽 阳	143.40	184.76	81.44	143.80	53.38
盘 锦	125.06	422.76	455.02	381.66	331.64
铁 岭	285.86	153.95	90.98	156.31	89.88
朝 阳	49.35	108.41	100.68	128.40	63.66
葫芦岛	207.94	239.28	146.52	176.77	77.82
吉 林					
长 春	333.77	504.39	770.96	326.77	272.20
吉 林	99.27	64.22	122.36	190.93	102.30
四 平	72.78	52.79	53.95	74.50	73.55
辽 源	44.57	10.63	82.03	27.80	17.57
通 化	50.87	56.28	42.50	71.18	55.91
白 山	167.54	51.53	34.96	63.33	91.03
松 原	28.95	11.18	19.98	22.36	20.78
白 城	39.67	26.45	23.74	46.55	48.77
黑龙江					
哈尔滨	229.02	494.54	232.30	523.42	273.79
齐齐哈尔	57.27	79.82	160.41	117.28	136.61
鸡 西	18.88	19.14	43.40	54.22	30.18
鹤 岗	9.53	22.57	16.64	12.54	40.60
双鸭山	9.18	35.24	81.67	81.65	79.79
大 庆	123.84	160.56	178.95	167.02	100.56
伊 春	24.39	68.14	64.63	124.38	85.87
佳木斯	58.38	84.25	101.75	97.05	37.67
七台河	3.89	14.82	9.41	9.87	34.26
牡丹江	129.18	126.74	82.15	132.69	68.89
黑 河	63.55	48.32	44.98	63.99	36.56
绥 化	117.59	108.00	126.83	143.58	189.91
上 海	561.45	277.21	155.48	249.12	229.58
江 苏					
南 京	108.37	210.76	148.35	285.60	184.95
无 锡	465.28	399.95	283.06	469.37	334.79
徐 州	370.47	323.98	509.68	631.99	601.04

续表

地　区	2010 年	2011 年	2012 年	2013 年	2014 年
常　州	407.08	458.10	468.08	486.99	577.62
苏　州	436.56	548.73	784.44	907.33	305.51
南　通	482.86	758.66	1175.50	1219.87	685.02
连云港	260.68	350.24	597.21	1739.78	548.87
淮　安	354.59	345.04	405.81	525.01	274.38
盐　城	282.52	514.62	856.98	904.43	640.88
扬　州	347.02	302.26	185.69	343.62	300.77
镇　江	15.91	49.81	96.59	158.10	90.51
泰　州	95.88	120.51	138.90	124.60	175.60
宿　迁	72.30	193.38	203.06	465.75	136.85
浙　江					
杭　州	483.54	442.75	182.64	469.21	259.75
宁　波	373.60	375.85	298.53	559.63	264.30
温　州	66.78	172.59	125.39	269.82	136.07
嘉　兴	243.59	320.40	153.01	291.14	286.95
湖　州	185.04	126.38	55.33	186.87	432.17
绍　兴	75.83	144.52	153.66	241.24	160.10
金　华	139.11	72.82	95.94	195.64	202.58
衢　州	76.15	24.38	31.98	117.78	236.28
舟　山	55.30	67.35	24.47	39.90	48.00
台　州	98.96	71.35	77.95	154.81	70.04
丽　水	32.59	38.97	77.19	145.17	81.25
安　徽					
合　肥	132.17	113.68	489.45	539.50	484.01
芜　湖	120.95	187.26	164.26	542.74	408.77
蚌　埠	66.56	56.39	165.15	202.10	101.96
淮　南	15.76	49.18	61.92	26.40	26.04
马鞍山	31.04	59.86	46.22	184.65	100.24
淮　北	52.37	61.68	72.74	107.34	55.20
铜　陵	113.44	95.92	92.05	119.67	48.60
安　庆	86.51	173.83	169.08	100.10	134.82
黄　山	121.56	263.59	187.66	180.66	166.69
滁　州	224.56	140.45	174.33	367.35	134.78
阜　阳	110.24	51.00	145.44	101.73	117.19
宿　州	80.51	145.38	182.08	212.61	266.35
六　安	102.41	72.19	295.91	201.15	238.19
亳　州	110.13	112.47	183.64	237.82	142.30
池　州	192.19	54.57	74.82	351.10	212.58
宣　城	183.05	196.15	188.77	380.15	224.69

续表

地　区	2010 年	2011 年	2012 年	2013 年	2014 年
福　建					
福　州	175.60	346.88	442.29	480.03	255.05
厦　门	100.23	115.45	139.14	82.79	59.12
莆　田	28.48	57.71	46.82	80.33	27.82
三　明	101.38	164.91	77.46	168.49	73.90
泉　州	112.82	194.68	145.95	183.18	190.97
漳　州	195.48	131.89	118.26	169.40	128.91
南　平	127.43	147.65	133.76	126.46	95.29
龙　岩	63.08	160.08	173.22	138.64	60.67
宁　德	30.50	39.88	47.96	102.98	86.05
江　西					
南　昌	288.85	285.92	152.41	403.82	352.94
景德镇	76.99	14.24	49.25	148.63	66.45
萍　乡	34.09	32.72	30.99	88.53	49.24
九　江	159.83	228.35	264.55	465.31	244.94
新　余	5.40	88.65	24.15	96.39	56.77
鹰　潭	44.08	80.50	60.34	91.68	111.40
赣　州	122.81	201.74	279.26	361.09	182.35
吉　安	117.28	125.35	114.31	141.34	150.29
宜　春	121.83	138.28	170.09	273.15	197.06
抚　州	31.94	37.85	53.24	128.42	102.41
上　饶	81.67	107.46	172.12	290.43	133.02
山　东					
济　南	179.63	147.86	280.73	273.13	246.15
青　岛	457.29	407.37	1092.27	523.56	375.25
淄　博	154.82	135.69	128.92	263.50	296.90
枣　庄	122.83	98.97	176.55	337.42	181.37
东　营	104.53	111.41	187.97	211.39	134.72
烟　台	563.77	554.40	251.84	398.26	216.21
潍　坊	1213.38	788.64	565.21	1086.44	1323.69
济　宁	518.63	327.06	454.56	608.02	604.11
泰　安	128.56	100.57	202.22	263.20	145.01
威　海	346.09	395.68	375.20	413.67	227.10
日　照	35.29	71.17	80.30	146.54	45.48
莱　芜	71.23	28.07	35.39	75.23	29.54
临　沂	500.60	304.40	554.36	965.13	517.13
德　州	103.17	217.75	388.51	443.03	196.80
聊　城	171.43	170.05	108.21	231.35	168.17
滨　州	196.25	145.17	100.51	111.78	76.84

续表

地 区	2010 年	2011 年	2012 年	2013 年	2014 年
菏 泽	202. 13	150. 42	234. 64	315. 89	195. 86
河 南					
郑 州	88. 83	240. 29	260. 44	407. 21	342. 62
开 封	63. 26	81. 50	58. 96	181. 71	82. 74
洛 阳	78. 21	121. 67	134. 30	178. 39	107. 06
平顶山	11. 20	77. 06	103. 48	145. 37	80. 47
安 阳	85. 18	40. 25	140. 49	230. 66	231. 51
鹤 壁	23. 87	37. 20	70. 88	77. 66	71. 18
新 乡	77. 55	124. 30	110. 87	149. 22	168. 03
焦 作	70. 84	135. 42	138. 15	181. 66	104. 34
濮 阳	11. 25	22. 30	62. 52	123. 84	62. 83
许 昌	70. 30	160. 66	95. 60	236. 31	128. 82
漯 河	20. 19	31. 75	42. 87	77. 76	32. 14
三门峡	43. 58	45. 84	113. 56	77. 70	57. 70
南 阳	113. 49	79. 46	127. 51	117. 43	83. 02
商 丘	67. 07	100. 02	100. 21	197. 03	181. 55
信 阳	81. 95	57. 72	87. 91	90. 20	77. 62
周 口	28. 66	40. 55	167. 61	192. 67	124. 57
驻马店	133. 93	133. 81	138. 98	220. 35	102. 29
湖 北					
武 汉	405. 14	300. 88	220. 37	435. 36	155. 67
黄 石	48. 95	87. 17	45. 15	104. 97	51. 11
十 堰	103. 65	209. 20	134. 37	215. 51	181. 36
宜 昌	244. 35	89. 10	159. 70	256. 00	350. 22
襄 阳	97. 04	109. 96	251. 99	264. 07	337. 44
鄂 州	50. 63	12. 02	52. 08	63. 01	18. 81
荆 门	88. 42	189. 26	164. 19	215. 29	156. 72
孝 感	108. 06	122. 26	104. 12	64. 63	110. 11
荆 州	78. 92	72. 69	80. 36	133. 26	102. 27
黄 冈	133. 93	137. 34	262. 74	208. 32	267. 93
咸 宁	130. 45	136. 03	101. 47	204. 23	210. 75
随 州	34. 61	16. 81	28. 93	29. 71	39. 40
湖 南					
长 沙	357. 31	399. 61	291. 23	381. 52	376. 27
株 洲	34. 62	83. 00	75. 36	111. 16	73. 92
湘 潭	42. 88	119. 41	68. 09	98. 73	65. 43
衡 阳	104. 68	235. 67	136. 23	167. 96	206. 22
邵 阳	69. 53	106. 48	115. 85	69. 21	75. 59
岳 阳	82. 96	45. 75	63. 25	102. 68	191. 99

续表

地　区	2010 年	2011 年	2012 年	2013 年	2014 年
常　德	102.16	144.63	110.27	155.67	178.39
张家界	72.86	15.29	30.29	56.29	44.63
益　阳	40.12	45.63	91.70	111.07	144.01
郴　州	51.57	53.09	67.56	187.79	129.01
永　州	33.23	85.11	55.48	70.11	132.15
怀　化	193.04	241.40	241.81	150.15	206.33
娄　底	47.66	15.55	81.77	140.05	141.14
广　东					
广　州	164.29	242.41	178.30	283.12	214.78
韶　关	20.77	70.49	43.62	104.27	78.05
深　圳	10.86	8.24	30.05	99.52	184.96
珠　海	98.37	65.18	59.80	101.14	160.81
汕　头	19.87	79.02	4.40	14.98	13.58
佛　山	212.66	139.12	225.47	305.22	226.05
江　门	30.92	34.04	217.11	73.28	51.55
湛　江	58.81	19.00	32.28	89.72	23.59
茂　名	25.05	51.70	17.36	132.11	83.88
肇　庆	66.22	32.31	67.97	220.41	108.67
惠　州	209.92	141.49	122.99	89.91	111.94
梅　州	34.02	44.92	26.60	115.87	110.95
汕　尾	18.85	6.09	7.31	13.45	19.99
河　源	55.09	56.32	34.29	48.37	58.78
阳　江	115.12	164.36	71.71	34.81	27.50
清　远	114.55	74.32	20.79	76.38	64.11
东　莞	80.15	27.59	49.36	63.59	36.80
中　山	29.76	91.41	214.13	56.85	6.01
潮　州		0.14	3.73	4.00	60.67
揭　阳	5.70	57.52	45.86	57.05	80.98
云　浮	14.05	58.14	58.04	77.08	103.35
广　西					
南　宁	138.20	90.73	77.10	67.39	198.96
柳　州	83.30	63.95	64.86	51.29	65.66
桂　林	198.49	102.28	61.42	139.44	123.64
梧　州	27.11	69.09	119.64	58.38	39.17
北　海	11.24	14.47	32.67	37.48	34.03
防城港	59.15	60.51	177.43	620.65	85.19
钦　州	103.34	41.42	61.43	98.68	15.96
贵　港	9.77	19.52	69.22	41.86	37.09
玉　林	74.03	32.24	50.24	171.40	98.10

续表

地　区	2010 年	2011 年	2012 年	2013 年	2014 年
百　色	30.04	56.73	77.32	116.95	156.81
贺　州	6.57	24.51	23.13	107.95	26.23
河　池	2.55	20.38	70.99	33.15	106.10
来　宾	15.93	32.27	43.71	90.71	89.35
崇　左	9.53	64.04	51.89	59.22	94.08
海　南					
海　口	3.64	32.17	55.54	48.96	18.55
三　亚	58.34	89.35	99.38	80.51	77.35
重　庆	354.89	541.12	766.77	1089.36	1107.10
四　川					
成　都	505.40	392.68	716.64	526.62	488.71
自　贡	39.17	30.41	50.85	113.07	64.24
攀枝花	22.66	35.48	27.40	29.34	36.18
泸　州	155.69	80.42	57.44	91.81	55.73
德　阳	76.60	271.09	164.91	126.78	169.19
绵　阳	68.01	149.57	153.09	256.72	171.55
广　元	41.63	46.34	60.12	109.93	52.01
遂　宁	63.63	79.27	103.54	186.07	117.86
内　江	19.60	10.41	37.00	70.52	54.73
乐　山	124.00	94.57	148.73	165.42	221.46
南　充	77.12	41.21	72.29	291.38	213.59
眉　山	29.26	67.88	125.39	132.16	177.32
宜　宾	42.94	90.82	77.94	120.06	94.97
广　安	21.82	14.14	40.13	325.44	152.01
达　州	22.90	6.94	45.62	90.11	117.61
雅　安	8.23	6.52	11.37	65.59	30.95
巴　中	12.54	6.96	96.18	104.75	110.65
资　阳	2.24	92.21	88.20	176.85	116.52
贵　州					
贵　阳	107.41	112.38	288.16	505.58	296.49
六盘水	19.30	59.36	172.01	63.67	137.62
遵　义	45.78	180.61	228.18	117.20	207.01
安　顺	40.26	58.79	122.70	233.89	128.64
云　南					
昆　明	181.69	900.96	410.38	578.75	570.66
曲　靖	50.87	93.45	116.90	81.18	77.80
玉　溪	144.74	63.05	93.34	70.54	62.39
保　山	223.86	109.39	86.31	160.01	102.89
昭　通	60.16	61.50	62.82	46.10	36.85

续表

地　区	2010 年	2011 年	2012 年	2013 年	2014 年
丽　江	7.21	30.41	81.80	123.26	169.19
普　洱	33.07	51.95	67.81	148.15	93.44
临　沧	40.90	18.38	120.52	146.65	111.83
西　藏					
拉　萨	99.67	99.67	34.26	52.81	178.13
陕　西					
西　安	69.34	38.53	207.21	256.29	284.93
铜　川	10.66	10.17	10.49	20.85	33.14
宝　鸡	35.42	33.56	67.80	266.09	128.30
咸　阳	33.27	40.40	81.07	168.86	182.42
渭　南	34.92	93.19	80.32	91.16	65.83
延　安	26.21	32.52	26.97	31.94	39.67
汉　中	16.23	15.84	82.23	43.54	191.66
榆　林	76.42	99.23	201.60	295.66	51.38
安　康	12.00	69.09	111.52	85.61	74.09
商　洛	38.82	14.48	64.48	81.88	64.09
甘　肃					
兰　州	67.65	44.00	33.84	115.03	293.91
嘉峪关	25.66	77.02	100.53	908.72	265.74
金　昌	8.77	29.27	50.19	115.46	15.09
白　银	10.72	23.57	32.23	99.90	185.87
天　水	27.90	9.41	97.18	78.06	264.52
武　威	8.53	55.57	95.97	352.08	161.22
张　掖	32.17	79.73	67.97	175.65	178.66
平　凉	28.50	1.48	16.53	48.08	99.00
酒　泉	39.84	32.55	1417.37	189.68	115.08
庆　阳	19.09	25.20	33.34	74.13	101.36
定　西	38.31	38.59	61.75	123.04	78.93
陇　南	4.16	2.80	14.84	11.96	3.84
青　海					
西　宁	54.86	113.63	115.90	145.67	133.10
宁　夏					
银　川	445.70	176.52	252.53	585.02	245.04
石嘴山	128.70	80.59	60.61	106.68	62.12
吴　忠	78.79	197.87	118.37	180.72	81.82
固　原	59.54	30.40	27.21	87.63	90.98
中　卫	62.04	30.25	219.44	67.26	146.47
新　疆					
乌鲁木齐	92.14	92.14	53.31	354.39	155.63
克拉玛依	27.17	27.17	88.00	128.75	52.98

数据来源：国土资源部。

表 2－120　2010—2014 年 286 城市工矿仓储用地供应面积

单位：万平方米

地　区	2010 年	2011 年	2012 年	2013 年	2014 年
北　京	844.49	1012.67	530.88	502.86	408.08
天　津	2642.73	4131.77	3702.43	2788.08	2329.43
河　北					
石家庄	645.34	765.08	696.26	624.89	694.44
唐　山	1523.73	1771.77	3230.43	3590.50	1882.81
秦皇岛	315.49	316.63	199.04	293.26	180.90
邯　郸	619.72	477.54	989.50	893.83	804.46
邢　台	539.18	836.64	712.26	1046.97	667.24
保　定	638.25	746.53	843.43	571.03	676.34
张家口	361.36	573.76	325.16	469.00	374.30
承　德	288.07	401.02	436.52	622.26	259.80
沧　州	2644.78	1101.19	1316.33	1188.34	1520.02
廊　坊	669.05	967.91	730.01	786.39	468.64
衡　水	434.33	497.49	464.23	717.42	734.82
山　西					
太　原	246.32	363.47	478.51	315.57	401.69
大　同	52.18	358.19	197.19	172.01	209.16
阳　泉	94.68	71.21	128.63	60.76	158.14
长　治	260.62	536.39	428.14	214.41	257.41
晋　城	177.60	151.64	210.88	228.39	271.26
朔　州	304.12	366.40	653.80	298.66	136.42
晋　中	314.83	458.41	444.53	502.93	326.02
运　城	329.97	334.02	449.38	405.52	371.20
忻　州	61.08	720.77	387.75	279.41	152.36
临　汾	318.24	422.64	548.11	516.45	151.38
吕　梁	300.48	471.38	595.21	509.56	401.65
内蒙古					
呼和浩特	212.64	419.13	170.06	364.91	310.14
包　头	450.01	529.24	436.32	842.08	287.88
乌　海	377.34	402.90	455.52	235.95	330.99
赤　峰	546.67	685.48	1680.37	1146.14	823.55
通　辽	1721.94	849.62	624.16	1063.21	598.21
鄂尔多斯	1237.89	1897.38	1837.25	1569.78	1338.80
呼伦贝尔	848.96	1499.00	1356.26	1015.30	546.14
巴彦淖尔	585.46	702.97	755.62	774.45	346.51
乌兰察布	346.71	903.83	920.08	654.30	424.15
辽　宁					
沈　阳	1677.98	3074.15	1383.92	1280.72	1322.40

续表

地　区	2010 年	2011 年	2012 年	2013 年	2014 年
大　连	2140.55	2688.78	1131.48	2121.50	713.46
鞍　山	942.03	607.76	587.47	639.53	301.00
抚　顺	517.48	562.44	436.65	510.24	90.67
本　溪	312.30	275.69	179.09	324.49	344.34
丹　东	285.58	310.55	257.76	368.33	220.09
锦　州	627.19	391.91	414.18	811.99	385.87
营　口	762.74	1238.10	918.09	487.26	380.70
阜　新	262.14	498.38	465.04	341.91	257.39
辽　阳	393.10	307.95	817.91	258.52	195.74
盘　锦	458.20	1427.33	1131.61	574.76	240.31
铁　岭	966.91	1008.80	173.54	498.55	237.89
朝　阳	470.62	484.66	429.66	594.44	436.89
葫芦岛	457.94	820.01	322.67	424.82	213.93
吉　林					
长　春	1409.71	2145.11	1130.20	1536.01	577.56
吉　林	434.55	770.04	659.46	790.58	704.82
四　平	361.53	565.10	284.11	334.25	245.02
辽　源	127.74	171.45	194.31	174.31	72.88
通　化	216.48	267.17	301.34	251.74	293.62
白　山	77.85	243.37	216.57	174.04	79.00
松　原	73.04	115.49	134.63	455.44	1059.41
白　城	480.74	184.58	150.37	259.19	480.10
黑龙江					
哈尔滨	789.36	1041.02	864.13	897.65	578.32
齐齐哈尔	366.20	362.61	456.25	522.72	626.95
鸡　西	71.84	97.46	191.41	159.89	144.37
鹤　岗	109.42	170.68	124.00	162.05	270.11
双鸭山	127.07	125.61	67.47	96.57	10.81
大　庆	232.06	2293.98	519.21	956.25	298.98
伊　春	56.77	9.72	24.61	109.67	275.43
佳木斯	168.53	162.12	228.27	317.64	207.71
七台河	61.36	110.69	133.76	79.24	81.47
牡丹江	314.14	278.00	127.05	347.58	311.76
黑　河	109.27	255.50	570.52	102.36	89.89
绥　化	460.71	698.78	677.94	1064.25	399.25
上　海	692.58	1357.20	908.96	523.35	711.39
江　苏					
南　京	866.93	796.48	1199.04	657.20	526.11
无　锡	1161.09	1454.54	1151.49	1242.60	764.57
徐　州	1283.87	1167.44	1264.85	942.20	724.89

续表

地 区	2010 年	2011 年	2012 年	2013 年	2014 年
常 州	1318.63	1224.63	1584.11	1040.91	1071.91
苏 州	2486.52	2647.87	2665.39	2113.07	1585.31
南 通	1616.74	1676.36	1925.53	1306.16	1411.31
连云港	1064.00	2031.16	1526.88	2516.96	901.95
淮 安	747.80	786.45	872.60	711.66	736.08
盐 城	2413.82	3007.68	2304.05	2032.56	1370.45
扬 州	1043.06	897.14	916.31	1172.26	641.86
镇 江	360.00	619.06	796.83	883.62	577.24
泰 州	887.95	958.02	1115.22	1188.55	829.66
宿 迁	850.56	870.59	1536.34	867.32	1013.53
浙 江					
杭 州	1567.70	1296.81	1041.30	929.96	910.59
宁 波	1143.13	2233.98	1439.18	1264.02	814.27
温 州	384.71	506.11	385.57	460.23	305.70
嘉 兴	1766.36	930.36	772.82	719.79	770.34
湖 州	757.82	758.67	628.98	923.42	596.14
绍 兴	1063.46	843.62	692.65	812.30	394.59
金 华	1059.20	646.40	587.83	846.27	542.32
衢 州	899.72	662.38	319.88	408.77	352.93
舟 山	476.97	398.94	547.71	389.41	186.44
台 州	937.83	547.34	561.88	938.14	447.26
丽 水	448.78	540.97	545.61	567.10	269.49
安 徽					
合 肥	931.55	763.90	1083.81	792.85	1248.79
芜 湖	1119.45	700.80	946.31	1081.71	585.42
蚌 埠	179.03	520.23	518.48	504.59	404.81
淮 南	212.47	143.52	185.16	399.41	229.84
马鞍山	319.02	372.11	522.50	360.15	163.82
淮 北	494.13	746.71	277.69	164.07	181.36
铜 陵	354.08	206.36	191.78	188.45	167.78
安 庆	430.25	566.80	536.45	586.15	450.31
黄 山	139.33	320.40	201.00	166.22	117.81
滁 州	501.47	674.84	942.00	1056.15	833.96
阜 阳	363.92	294.90	526.95	614.55	375.93
宿 州	443.12	412.51	506.90	370.72	249.73
六 安	308.24	647.79	940.19	793.33	729.52
亳 州	146.20	299.24	280.68	620.21	402.14
池 州	630.17	805.95	604.14	404.16	366.98
宣 城	334.89	824.86	921.63	901.88	721.93

续表

地　区	2010 年	2011 年	2012 年	2013 年	2014 年
福　建					
福　州	728.38	995.29	883.26	1171.31	771.02
厦　门	517.93	482.62	269.54	219.55	235.80
莆　田	288.16	392.94	315.82	324.19	234.72
三　明	530.60	783.63	880.35	591.18	502.29
泉　州	707.27	1018.02	961.44	973.75	851.00
漳　州	1131.82	1686.28	1351.55	1217.92	1143.18
南　平	265.36	705.21	495.35	538.24	506.74
龙　岩	841.58	922.67	625.43	696.92	312.07
宁　德	428.15	263.65	549.73	570.24	641.08
江　西					
南　昌	853.02	760.50	866.73	1498.46	487.74
景德镇	213.96	382.86	137.23	206.23	228.90
萍　乡	116.48	442.29	146.79	339.97	124.19
九　江	602.52	1068.17	1142.24	1429.85	746.23
新　余	120.02	982.18	289.47	542.20	231.55
鹰　潭	126.60	256.07	197.97	413.09	166.34
赣　州	741.85	1038.16	615.04	1157.76	602.88
吉　安	521.88	767.74	588.25	719.29	597.04
宜　春	1205.76	1786.24	1200.64	1280.04	922.80
抚　州	768.80	575.36	794.51	1310.02	501.50
上　饶	424.04	975.73	873.40	978.17	343.55
山　东					
济　南	880.04	1053.28	751.40	829.19	496.26
青　岛	1814.00	2080.17	1882.19	2439.27	1588.58
淄　博	515.22	574.52	577.29	1271.14	323.92
枣　庄	448.33	430.63	281.98	491.22	237.03
东　营	1458.14	2155.88	1343.09	2187.11	1371.57
烟　台	1848.04	1311.97	1109.26	1249.99	734.63
潍　坊	4268.05	4449.78	5462.56	4993.77	1735.02
济　宁	975.15	529.22	681.04	986.67	510.69
泰　安	631.92	497.65	567.31	635.38	456.28
威　海	986.58	765.22	923.47	1025.05	624.15
日　照	603.41	665.99	549.93	559.77	309.32
莱　芜	329.19	170.18	370.30	745.67	229.61
临　沂	1302.25	1278.33	1150.40	2088.29	973.25
德　州	672.70	781.59	1159.32	1220.61	542.68
聊　城	819.25	800.26	941.78	1224.81	749.56
滨　州	1073.24	904.79	1092.94	1095.90	649.14

续表

地 区	2010 年	2011 年	2012 年	2013 年	2014 年
菏 泽	706.73	780.47	1086.82	1054.32	785.46
河 南					
郑 州	687.27	1723.71	1483.79	1074.33	942.65
开 封	329.70	467.07	317.44	515.74	348.17
洛 阳	1073.27	793.75	895.46	705.14	649.18
平顶山	530.52	339.14	447.47	466.47	556.22
安 阳	431.85	561.86	464.86	826.59	558.53
鹤 壁	309.27	316.54	241.10	523.05	257.01
新 乡	374.26	526.30	684.09	900.48	852.28
焦 作	480.19	747.06	1095.61	928.68	794.06
濮 阳	123.76	295.89	276.18	490.53	168.88
许 昌	349.77	304.36	413.52	358.58	236.27
漯 河	211.84	250.45	396.91	268.17	205.59
三门峡	385.43	250.29	290.39	477.41	299.58
南 阳	443.50	562.67	732.19	693.42	807.73
商 丘	311.89	632.84	917.90	682.25	928.96
信 阳	91.63	183.88	211.66	277.12	358.93
周 口	206.80	306.61	530.46	466.43	453.15
驻马店	304.88	483.86	479.54	766.32	544.45
湖 北					
武 汉	1355.85	2208.69	1727.98	1685.53	1828.23
黄 石	372.07	589.22	344.84	1331.07	359.54
十 堰	192.29	267.39	507.34	621.87	373.67
宜 昌	1431.50	986.15	1051.09	1609.31	604.92
襄 阳	819.05	1542.48	1613.18	1193.62	913.31
鄂 州	234.42	146.73	250.76	358.84	138.87
荆 门	482.51	581.60	906.22	499.56	621.27
孝 感	642.95	1001.62	1089.64	495.23	608.90
荆 州	701.45	833.84	1127.31	986.04	687.11
黄 冈	668.47	594.61	985.85	977.82	638.20
咸 宁	161.05	568.29	467.75	778.17	422.94
随 州	146.62	343.81	384.22	405.47	347.12
湖 南					
长 沙	618.82	1044.94	750.02	692.37	1221.14
株 洲	74.05	152.68	156.43	275.29	149.25
湘 潭	248.33	187.55	430.62	299.89	475.17
衡 阳	334.34	545.21	361.90	545.16	362.48
邵 阳	121.96	247.82	203.44	185.19	240.95
岳 阳	358.76	478.91	386.07	365.53	296.82

续表

地 区	2010 年	2011 年	2012 年	2013 年	2014 年
常 德	427.03	428.17	365.54	394.90	505.75
张家界	53.88	10.87	23.49	29.61	10.02
益 阳	288.60	249.30	357.80	379.75	231.73
郴 州	354.12	297.13	271.34	418.47	239.19
永 州	216.89	267.61	248.81	507.62	309.80
怀 化	74.77	119.00	118.02	174.78	148.33
娄 底	140.87	126.48	112.98	213.26	151.10
广 东					
广 州	1253.84	490.27	542.54	688.54	341.34
韶 关	349.29	331.51	376.03	357.21	345.48
深 圳	62.40	76.75	89.23	108.51	95.03
珠 海	547.12	344.68	345.48	178.28	205.93
汕 头	83.77	286.53	104.95	128.65	36.39
佛 山	548.32	552.01	926.75	1008.82	491.90
江 门	823.78	602.20	806.04	503.42	393.65
湛 江	278.33	384.40	853.59	405.64	240.68
茂 名	52.90	58.47	188.10	221.83	156.28
肇 庆	388.31	490.37	538.65	599.37	646.05
惠 州	266.16	632.14	535.06	770.30	397.08
梅 州	157.60	182.35	151.72	159.32	187.22
汕 尾	3.58	50.10	57.55	153.52	26.17
河 源	88.33	60.54	114.30	205.38	252.98
阳 江	343.59	129.69	387.20	232.84	322.94
清 远	264.76	403.45	200.95	465.73	384.39
东 莞	284.51	236.73	215.17	402.64	233.03
中 山	435.14	389.54	259.28	211.74	162.33
潮 州	16.55	49.38	130.05	211.15	111.17
揭 阳	44.13	77.57	288.84	103.89	696.81
云 浮	161.04	252.25	310.09	221.26	180.34
广 西					
南 宁	632.43	613.75	581.32	584.55	596.72
柳 州	319.59	354.41	703.69	563.46	398.83
桂 林	285.08	246.60	286.17	272.35	192.32
梧 州	348.56	385.34	287.36	341.54	176.79
北 海	135.16	278.87	402.70	257.89	235.51
防城港	196.52	365.73	467.02	307.70	205.91
钦 州	216.41	193.03	222.91	227.34	189.54
贵 港	36.59	188.47	342.99	300.63	109.46
玉 林	324.93	409.96	256.78	191.47	235.60

续表

地　区	2010 年	2011 年	2012 年	2013 年	2014 年
百　色	171.83	440.44	666.26	286.77	248.54
贺　州	111.25	129.87	209.23	108.43	168.06
河　池	179.22	116.76	185.01	158.87	82.94
来　宾	21.24	129.77	105.35	433.94	169.02
崇　左	105.15	242.03	132.06	156.64	54.43
海　南					
海　口	47.49	58.00	92.50	6.55	44.04
三　亚	21.34	8.08	40.12	32.12	7.40
重　庆	2891.81	3649.19	2573.25	2844.53	3562.31
四　川					
成　都	1481.91	1951.52	1907.45	1906.61	1198.70
自　贡	120.93	231.43	241.56	358.37	102.34
攀枝花	164.43	253.75	485.53	175.67	175.42
泸　州	611.38	671.54	460.37	331.26	287.34
德　阳	536.07	958.87	624.03	557.22	352.85
绵　阳	276.42	446.59	950.57	469.89	301.36
广　元	144.77	187.49	347.53	511.58	183.77
遂　宁	114.14	213.05	199.94	318.96	327.13
内　江	187.16	295.80	200.61	187.11	173.68
乐　山	300.61	447.73	269.09	242.43	177.84
南　充	240.29	294.99	274.76	320.52	248.05
眉　山	209.50	398.79	608.12	640.38	335.14
宜　宾	272.63	447.46	521.50	389.13	443.63
广　安	233.97	246.99	311.50	259.45	151.00
达　州	115.93	408.82	372.28	278.43	185.13
雅　安	272.44	84.01	221.63	183.96	166.94
巴　中	5.27	40.74	89.94	29.62	223.77
资　阳	114.27	384.70	290.78	199.92	310.99
贵　州					
贵　阳	462.68	691.62	881.05	650.85	484.47
六盘水	309.77	319.24	425.92	223.37	184.23
遵　义	344.00	600.42	925.63	691.72	642.54
安　顺	82.31	159.93	242.23	341.31	297.04
云　南					
昆　明	646.04	449.11	575.40	475.11	388.08
曲　靖	358.84	670.87	327.68	185.48	283.57
玉　溪	208.86	200.03	220.98	242.59	241.79
保　山	86.50	122.03	93.23	182.49	106.63
昭　通	44.20	70.57	91.47	37.69	68.44

续表

地 区	2010 年	2011 年	2012 年	2013 年	2014 年
丽 江	37.60	21.94	12.71	92.54	46.30
普 洱	58.69	187.30	41.74	93.03	73.47
临 沧	78.37	56.39	79.89	70.13	13.25
西 藏					
拉 萨	66.27	66.27	13.21	37.08	67.17
陕 西					
西 安	378.56	71.91	560.81	999.47	590.51
铜 川	99.48	116.97	10.67	73.62	119.55
宝 鸡	258.58	378.30	377.32	355.51	399.26
咸 阳	437.50	300.27	590.61	692.48	455.02
渭 南	266.18	255.97	442.47	280.39	146.66
延 安	76.33	203.95	9.72	2454.08	194.22
汉 中	81.40	281.22	128.92	132.06	532.18
榆 林	868.88	1030.00	1823.50	5774.81	732.54
安 康	6.52	40.55	180.95	138.27	37.64
商 洛	58.82	173.28	53.29	187.55	194.09
甘 肃					
兰 州	105.06	377.10	589.50	689.21	356.62
嘉峪关	82.76	320.55	577.58	157.02	526.68
金 昌	252.69	415.55	191.73	116.84	80.52
白 银	168.95	473.15	412.70	579.04	240.28
天 水	113.32	218.54	154.64	113.56	156.14
武 威	161.38	822.19	964.87	538.59	772.32
张 掖	76.68	290.78	186.50	742.13	753.73
平 凉	22.06	66.75	70.94	180.17	130.37
酒 泉	348.40	1243.73	1262.54	652.83	686.77
庆 阳	32.57	351.80	1623.69	366.92	1262.74
定 西	103.41	210.97	287.89	340.11	59.59
陇 南	22.89	16.30	86.47	111.64	13.74
青 海					
西 宁	173.96	683.17	594.39	311.59	604.07
宁 夏					
银 川	640.26	1817.53	1432.51	1068.14	1141.57
石嘴山	618.91	365.99	727.45	575.07	252.76
吴 忠	259.97	344.61	585.45	775.90	822.28
固 原	64.66	45.30	58.28	263.75	152.52
中 卫	49.11	168.73	964.26	719.98	316.93
新 疆					
乌鲁木齐	431.58	431.58	402.52	750.75	636.43
克拉玛依	96.23	96.23	587.16	472.63	182.31

数据来源：国土资源部。

表 2 - 121 **2010—2014 年 286 城市其他用地供应面积**

单位：万平方米

地　区	2010 年	2011 年	2012 年	2013 年	2014 年
北　京	381.87	487.73	342.55	470.04	586.07
天　津	850.13	11214.31	3154.59	1553.87	2024.63
河　北					
石家庄	293.20	527.06	1118.04	422.38	3275.57
唐　山	324.22	1099.19	760.50	3356.62	1212.29
秦皇岛	52.32	201.47	237.54	2458.15	148.23
邯　郸	229.35	679.86	68.13	192.18	1825.89
邢　台	129.50	140.17	90.32	2292.17	279.52
保　定	277.76	223.95	367.73	1519.94	303.85
张家口	259.16	764.83	941.12	2539.69	175.10
承　德	195.75	136.07	211.82	4563.97	1630.88
沧　州	343.60	229.58	190.18	732.32	1566.75
廊　坊	143.86	630.66	136.21	1511.53	502.37
衡　水	90.60	24.11	26.30	29.68	27.45
山　西					
太　原	370.01	677.57	885.41	696.87	622.78
大　同	358.04	747.41	282.16	984.06	1168.23
阳　泉	26.79	252.01	699.19	399.47	341.93
长　治	104.79	490.78	201.29	361.24	438.62
晋　城	276.99	557.89	878.41	283.80	280.06
朔　州	198.79	266.79	424.70	584.28	17.13
晋　中	93.53	736.49	1200.84	2414.14	294.66
运　城	209.97	8137.24	2317.46	280.37	257.97
忻　州	115.23	160.89	182.38	1509.48	548.88
临　汾	156.25	438.32	1471.51	1351.60	1070.59
吕　梁	184.77	289.83	344.53	781.17	132.55
内蒙古					
呼和浩特	183.41	44.32	425.13	552.89	346.91
包　头	554.43	89.19	452.69	427.83	497.18
乌　海	337.74	118.02	283.67	28.94	18.58
赤　峰	206.41	1479.43	2065.21	1273.45	402.20
通　辽	167.90	1055.90	1160.93	1737.87	1474.26
鄂尔多斯	2556.25	2228.71	1483.99	4226.61	1087.10
呼伦贝尔	616.74	562.51	1948.88	1471.23	3369.79
巴彦淖尔	451.60	243.19	2702.84	1196.54	359.48
乌兰察布	146.31	184.78	734.47	1209.27	1215.74
辽　宁					
沈　阳	900.42	8485.55	2878.63	4447.62	2050.82

续表

地 区	2010 年	2011 年	2012 年	2013 年	2014 年
大 连	525.05	4439.43	3040.32	2884.86	1034.05
鞍 山	129.23	1636.15	251.90	785.67	125.81
抚 顺	278.17	580.43	819.16	570.71	82.32
本 溪	1177.87	543.39	396.49	639.21	76.23
丹 东	759.70	2329.82	315.75	806.99	291.03
锦 州	222.24	6093.72	242.35	751.29	257.89
营 口	814.40	1321.47	2291.68	426.67	86.99
阜 新	381.96	1052.19	57.93	201.88	35.40
辽 阳	339.32	1364.70	537.02	527.32	236.14
盘 锦	82.23	657.84	1437.74	626.62	64.60
铁 岭	482.70	1023.20	135.52	1137.75	52.55
朝 阳	394.07	5186.32	597.50	1061.56	247.84
葫芦岛	141.36	356.98	107.59	953.78	3377.09
吉 林					
长 春	1093.99	3732.71	1752.79	736.39	1031.04
吉 林	136.30	897.13	373.02	101.43	1184.27
四 平	35.57	62.35	132.56	168.00	612.23
辽 源	88.44	232.40	218.10	20.94	322.78
通 化	51.58	141.91	34.89	197.60	557.29
白 山	587.88	97.12	272.39	114.75	707.64
松 原	12.58	57.72	90.05	122.29	2273.26
白 城	87.32	199.68	122.85	71.04	3002.35
黑龙江					
哈尔滨	1174.43	2070.40	847.61	2018.07	544.79
齐齐哈尔	75.76	587.61	334.49	170.01	290.80
鸡 西	46.40	224.56	109.15	1336.69	202.58
鹤 岗	43.09	107.26	51.18	106.02	30.68
双鸭山	93.34	284.72	142.57	121.96	90.73
大 庆	2640.92	767.83	85.55	984.90	89.75
伊 春	58.36	32.18	595.83	2103.71	110.16
佳木斯	302.28	699.12	912.36	730.09	345.86
七台河	18.72	134.81	1012.04	43.18	63.25
牡丹江	132.81	1698.42	694.12	2195.95	216.17
黑 河	273.36	889.48	106.60	114.24	58.57
绥 化	122.51	376.19	1320.74	361.63	251.54
上 海	967.99	1463.55	791.62	967.54	2193.81
江 苏					
南 京	1294.36	1660.47	2321.73	2481.73	1442.00
无 锡	2087.74	1219.15	2221.45	2655.21	906.55
徐 州	295.67	606.92	1612.56	456.69	2337.89

续表

地 区	2010 年	2011 年	2012 年	2013 年	2014 年
常 州	1127.81	329.25	595.79	801.31	346.03
苏 州	568.48	647.45	1665.71	1521.54	862.41
南 通	768.57	421.00	686.25	1006.09	582.45
连云港	93.55	93.72	176.72	499.97	2148.45
淮 安	148.06	313.95	98.95	1327.29	964.01
盐 城	285.38	352.68	1250.53	1547.86	741.97
扬 州	213.94	276.04	442.37	217.26	1436.90
镇 江	6.37	271.47	887.79	947.19	432.74
泰 州	138.44	138.07	659.69	338.69	502.40
宿 迁	170.70	163.90	144.30	456.89	1250.36
浙 江					
杭 州	2690.71	2370.24	3563.61	3076.93	2140.32
宁 波	2005.14	1742.90	2908.38	1660.08	1450.23
温 州	393.69	1775.61	1269.39	1239.67	2974.75
嘉 兴	468.06	351.91	3747.44	555.32	461.54
湖 州	113.89	191.34	422.45	203.69	230.01
绍 兴	280.44	493.56	1112.79	671.04	1643.47
金 华	258.93	725.10	483.17	811.03	2090.25
衢 州	233.11	292.94	565.15	390.23	1420.74
舟 山	598.99	185.87	759.86	472.68	620.65
台 州	701.54	768.77	792.83	1075.01	1139.77
丽 水	385.56	631.49	938.01	784.11	510.20
安 徽					
合 肥	1032.66	845.32	2810.94	1772.69	2980.96
芜 湖	266.44	79.02	515.14	2296.89	889.75
蚌 埠	105.19	171.13	481.60	312.18	991.96
淮 南	265.55	242.84	318.58	507.59	412.86
马鞍山	387.98	556.37	1358.23	267.86	446.85
淮 北	52.10	256.30	615.38	144.46	213.16
铜 陵	39.07	213.55	162.81	446.66	15.65
安 庆	51.05	325.88	1186.45	873.50	895.94
黄 山	239.94	792.84	171.13	1278.49	201.32
滁 州	62.75	252.71	852.12	1410.02	1267.04
阜 阳	47.39	245.75	1407.39	1243.24	876.32
宿 州	135.99	596.41	496.52	524.12	470.85
六 安	197.69	808.80	1858.47	999.74	2278.91
亳 州	379.19	135.86	493.25	361.20	2129.96
池 州	167.00	115.38	688.00	463.17	224.75
宣 城	4.98	357.79	1519.33	1116.30	1723.78

续表

地 区	2010 年	2011 年	2012 年	2013 年	2014 年
福 建					
福 州	602.21	1422.57	742.52	1401.52	1572.92
厦 门	1001.68	971.47	437.42	681.16	499.90
莆 田	60.98	325.87	124.01	135.02	696.12
三 明	740.50	1326.61	852.02	608.55	784.19
泉 州	588.23	1144.44	669.49	2596.93	3340.53
漳 州	110.82	778.69	516.99	1684.60	1164.02
南 平	526.92	615.72	263.85	762.90	955.62
龙 岩	98.26	646.88	441.94	1630.21	446.01
宁 德	175.05	485.95	143.11	832.66	1345.58
江 西					
南 昌	1879.53	910.46	1167.87	2169.97	801.26
景德镇	31.60	698.47	231.54	255.24	123.78
萍 乡	268.40	650.19	189.66	510.30	15.18
九 江	345.87	737.79	834.15	1530.22	597.53
新 余	113.33	617.67	262.26	440.94	100.69
鹰 潭	232.19	434.90	473.03	551.84	163.56
赣 州	1669.16	1988.81	1062.17	4510.15	754.20
吉 安	1540.31	1097.63	1582.99	1742.60	424.15
宜 春	115.59	1075.17	2558.12	1598.13	2096.65
抚 州	970.49	885.74	1812.68	987.30	1071.10
上 饶	1070.88	2802.87	1564.40	1506.28	963.69
山 东					
济 南	723.55	666.67	523.98	1865.68	1707.14
青 岛	1529.77	1472.44	1598.36	2845.56	1893.75
淄 博	1198.30	360.91	574.43	1018.86	170.91
枣 庄	356.45	429.98	298.36	369.50	213.41
东 营	393.71	361.50	328.92	1083.04	321.76
烟 台	916.79	1047.35	749.45	1271.04	676.87
潍 坊	345.14	945.60	883.82	1454.29	1385.51
济 宁	212.93	964.19	495.47	454.35	1154.53
泰 安	163.52	401.94	375.29	552.79	543.28
威 海	233.50	443.28	779.35	639.74	489.04
日 照	364.54	128.19	227.77	254.36	478.35
莱 芜	225.01	26.58	42.63	345.89	6.07
临 沂	307.16	733.74	1048.00	1379.77	739.03
德 州	119.35	306.42	253.67	1096.15	1026.46
聊 城	375.57	222.55	114.27	1372.86	449.40
滨 州	164.56	106.67	88.97	544.03	411.79

续表

地 区	2010 年	2011 年	2012 年	2013 年	2014 年
菏 泽	183. 33	74. 36	418. 36	338. 49	259. 60
河 南					
郑 州	1073. 43	1897. 37	3363. 39	1677. 13	4534. 44
开 封	240. 23	471. 70	476. 82	298. 48	462. 50
洛 阳	362. 61	1310. 52	12568. 13	656. 60	529. 65
平顶山	645. 84	808. 47	507. 54	289. 63	406. 80
安 阳	248. 10	133. 14	403. 94	838. 37	763. 95
鹤 壁	31. 55	19. 28	309. 43	148. 30	142. 79
新 乡	74. 86	281. 40	1400. 05	1949. 80	459. 48
焦 作	147. 01	172. 39	1294. 81	8104. 73	738. 73
濮 阳	76. 51	511. 82	549. 01	1742. 62	155. 24
许 昌	295. 19	70. 55	604. 72	537. 29	130. 91
漯 河	148. 59	45. 17	496. 39	191. 12	371. 77
三门峡	141. 88	113. 30	4348. 47	1157. 98	134. 96
南 阳	870. 83	168. 31	805. 03	281. 44	441. 43
商 丘	157. 63	170. 14	679. 85	1333. 01	222. 24
信 阳	21. 42	110. 54	1098. 39	699. 64	112. 44
周 口	76. 66	99. 31	546. 74	293. 72	297. 44
驻马店	44. 41	265. 31	283. 28	696. 61	710. 31
湖 北					
武 汉	1371. 05	824. 65	1267. 58	5497. 61	3835. 39
黄 石	93. 47	426. 28	454. 63	333. 48	401. 39
十 堰	194. 32	424. 31	584. 28	1165. 29	6376. 36
宜 昌	160. 10	750. 00	451. 33	701. 31	1133. 58
襄 阳	315. 34	462. 33	675. 58	953. 87	808. 02
鄂 州	20. 00	5. 10	360. 33	245. 12	142. 66
荆 门	65. 30	117. 40	936. 37	365. 97	389. 78
孝 感	131. 36	153. 13	307. 69	233. 72	197. 06
荆 州	421. 86	123. 12	1389. 66	230. 02	731. 31
黄 冈	144. 89	367. 45	549. 32	947. 88	787. 15
咸 宁	100. 10	377. 48	439. 31	154. 73	1430. 91
随 州	17. 27	114. 41	61. 70	544. 92	823. 93
湖 南					
长 沙	1574. 06	1701. 89	2519. 14	2735. 43	3855. 95
株 洲	395. 32	1381. 45	958. 19	1038. 54	1626. 01
湘 潭	138. 91	1060. 12	238. 65	565. 14	977. 16
衡 阳	88. 09	1952. 37	646. 87	515. 80	3919. 14
邵 阳	66. 70	332. 14	897. 13	365. 30	1080. 11
岳 阳	106. 12	621. 40	784. 73	737. 88	675. 59

续表

地　区	2010 年	2011 年	2012 年	2013 年	2014 年
常　德	405.98	559.12	269.62	585.61	758.87
张家界	73.62	1417.41	37.09	209.26	626.61
益　阳	688.92	673.20	382.28	374.61	871.97
郴　州	237.56	3300.74	734.42	779.45	619.84
永　州	110.49	1468.05	1286.05	617.79	564.33
怀　化	934.25	3815.12	4952.96	1594.82	528.02
娄　底	40.42	539.04	563.73	803.63	378.20
广　东					
广　州	1279.70	804.60	3128.93	1214.50	2511.52
韶　关	39.52	58.15	3525.31	459.12	295.18
深　圳	276.54	73.52	246.10	280.20	117.79
珠　海	86.40	1279.05	624.70	347.95	397.26
汕　头	117.80	46.74	59.69	85.77	447.02
佛　山	127.65	110.14	1795.17	992.96	1227.25
江　门	224.40	183.09	1256.11	321.77	777.56
湛　江	282.32	305.29	1667.41	1159.39	220.58
茂　名	187.88	138.25	844.38	135.96	1088.69
肇　庆	38.71	67.24	1376.87	494.96	95.99
惠　州	44.44	87.76	929.53	857.60	2233.41
梅　州	13.50	142.58	1536.95	1480.97	45.46
汕　尾	42.09	16.87	3.30	25.57	814.95
河　源	81.32	17.67	220.18	212.19	1285.04
阳　江	258.10	256.57	727.90	63.66	956.65
清　远	136.37	614.44	1541.32	1058.56	215.90
东　莞	207.64	225.55	775.84	1062.19	687.22
中　山	174.97	27.71	16.57	48.50	489.99
潮　州	7.97	22.24	448.31	37.34	105.89
揭　阳	92.25	28.12	373.74	102.50	1249.32
云　浮	19.05	68.05	1016.51	197.09	728.95
广　西					
南　宁	802.36	2165.95	3345.09	2154.29	3504.34
柳　州	858.89	358.20	2556.46	2004.24	791.97
桂　林	517.38	2597.21	1601.25	3020.47	1872.01
梧　州	42.14	77.55	4232.68	259.43	996.38
北　海	71.61	98.13	525.42	210.63	170.37
防城港	112.64	69.89	543.43	511.10	917.82
钦　州	43.36	93.62	1475.04	110.18	698.77
贵　港	75.71	911.39	629.02	1186.92	558.25
玉　林	46.11	283.00	260.19	2451.63	395.89

续表

地　区	2010 年	2011 年	2012 年	2013 年	2014 年
百　色	278. 18	1852. 20	2107. 09	971. 76	1717. 06
贺　州	673. 89	664. 72	474. 47	506. 80	419. 69
河　池	57. 63	1245. 92	1192. 60	695. 30	192. 56
来　宾	13. 18	129. 73	611. 91	653. 96	576. 11
崇　左	77. 28	363. 35	2372. 03	101. 08	799. 79
海　南					
海　口	309. 50	13. 43	670. 35	106. 34	30. 30
三　亚	34. 71	497. 44	112. 63	270. 98	26. 80
重　庆	5034. 92	10272. 14	5745. 18	5744. 58	10107. 09
四　川					
成　都	1596. 43	1541. 15	4319. 79	1624. 87	6612. 98
自　贡	41. 45	380. 72	280. 50	396. 05	457. 59
攀枝花	18. 12	27. 24	273. 52	163. 04	808. 14
泸　州	132. 55	2627. 64	584. 36	167. 01	1524. 11
德　阳	45. 62	379. 27	1409. 05	911. 08	1303. 89
绵　阳	211. 36	269. 26	1985. 38	696. 85	1172. 10
广　元	164. 24	777. 51	1336. 04	299. 87	565. 43
遂　宁	263. 76	124. 22	260. 63	594. 95	420. 04
内　江	27. 80	577. 35	1206. 97	198. 07	1075. 71
乐　山	60. 92	204. 49	411. 49	2354. 22	706. 83
南　充	47. 60	215. 44	1334. 90	537. 90	1485. 78
眉　山	12. 10	733. 63	215. 82	890. 56	984. 87
宜　宾	83. 27	295. 02	555. 51	403. 79	4846. 97
广　安	20. 29	560. 12	947. 25	862. 39	420. 50
达　州	25. 60	292. 76	324. 23	1485. 73	1548. 81
雅　安	41. 51	1287. 99	1005. 60	105. 02	1663. 82
巴　中	15. 82	1190. 93	315. 93	226. 14	510. 08
资　阳	35. 10	1968. 56	544. 16	878. 77	80. 26
贵　州					
贵　阳	1035. 09	876. 06	3400. 18	1812. 75	1469. 16
六盘水	149. 73	363. 53	3592. 25	472. 66	220. 41
遵　义	2001. 26	485. 88	3772. 50	2194. 98	2199. 63
安　顺	144. 99	185. 35	3808. 36	3379. 72	265. 32
云　南					
昆　明	176. 46	2179. 95	842. 25	584. 82	1515. 54
曲　靖	552. 10	261. 97	208. 06	300. 30	789. 37
玉　溪	151. 30	264. 78	96. 34	317. 44	133. 88
保　山	142. 86	422. 97	72. 80	205. 79	1281. 75
昭　通	75. 47	55. 18	34. 22	110. 85	993. 28
丽　江	34. 37	94. 44	2517. 95	2397. 38	714. 12

续表

地　区	2010 年	2011 年	2012 年	2013 年	2014 年
普　洱	54. 75	148. 23	198. 14	532. 69	29950. 05
临　沧	35. 90	114. 47	175. 63	332. 21	4026. 34
西　藏					
拉　萨	69. 35	69. 35	116. 40	198. 20	36. 95
陕　西					
西　安	933. 13	570. 17	1724. 68	2046. 78	1328. 08
铜　川	118. 22	56. 20	176. 37	160. 97	653. 69
宝　鸡	26. 29	39. 69	1445. 54	115. 25	71. 19
咸　阳	196. 52	860. 89	677. 78	1313. 53	763. 20
渭　南	19. 37	82. 51	349. 48	1446. 07	824. 03
延　安	105. 60	91. 99	1337. 32	1193. 94	216. 08
汉　中	11. 50	85. 21	146. 05	499. 06	360. 48
榆　林	1061. 83	1290. 89	1126. 34	567. 97	1075. 83
安　康	570. 14	212. 86	171. 26	1289. 88	479. 83
商　洛	33. 30	140. 08	697. 51	577. 76	335. 57
甘　肃					
兰　州	259. 80	55. 62	177. 61	183. 81	460. 90
嘉峪关	550. 58	152. 11	859. 68	708. 76	576. 65
金　昌	113. 88	52. 69	211. 18	974. 64	362. 40
白　银	105. 23	120. 22	428. 35	1149. 12	640. 20
天　水	19. 67	361. 65	322. 50	93. 71	228. 01
武　威	216. 48	548. 89	687. 61	1572. 35	2203. 48
张　掖	26. 36	182. 67	764. 82	806. 23	674. 51
平　凉	77. 96	53. 63	277. 46	314. 61	310. 76
酒　泉	755. 13	802. 52	3307. 90	3070. 33	2139. 50
庆　阳	217. 69	236. 20	322. 06	1289. 12	219. 20
定　西	413. 54	346. 62	661. 32	366. 37	688. 83
陇　南	8. 80	22. 02	373. 15	296. 82	288. 27
青　海					
西　宁	43. 93	76. 39	173. 42	394. 73	310. 54
宁　夏					
银　川	1169. 61	968. 53	607. 50	1534. 99	1587. 58
石嘴山	301. 46	170. 69	367. 85	260. 02	156. 67
吴　忠	330. 98	405. 46	526. 37	849. 39	831. 30
固　原	401. 15	137. 86	568. 01	543. 47	536. 65
中　卫	233. 97	322. 57	219. 31	562. 96	687. 87
新　疆					
乌鲁木齐	668. 52	668. 52	187. 10	93. 23	842. 07
克拉玛依	99. 18	99. 18	575. 36	345. 33	448. 04

数据来源：国土资源部。

注：其他用地供应是指公共管理和公共服务用地、交通运输用地、水域及水利设施用地，其他用地。

表 2－122

2010—2014 年 286 城市土地划拨宗数及面积

单位：宗，万平方米

地 区	2010 年		2011 年		2012 年		2013 年		2014 年	
	宗数	总面积	宗数	总面积	宗数	总面积	宗数	总面积	宗数	总面积
北 京	92	260.10	154	336.84	184	415.34	150	361.07	249	550.99
天 津	212	1372.41	1273	11733.78	640	3843.69	419	1777.53	1139	2168.32
河 北										
石家庄	130	302.72	152	503.45	129	1140.26	102	483.59	384	3165.01
唐 山	56	380.63	76	630.84	85	295.87	250	3885.89	103	1150.20
秦皇岛	49	62.63	66	344.55	60	261.53	277	2844.93	53	156.07
邯 郸	68	318.06	65	793.29	53	67.42	94	333.94	329	2384.15
邢 台	70	144.91	74	168.62	66	122.39	121	2377.58	49	274.13
保 定	125	271.40	112	268.53	63	363.41	115	1481.86	48	296.32
张家口	70	249.26	122	810.55	166	970.19	153	2612.81	79	171.07
承 德	105	205.56	111	139.82	103	205.46	205	4569.26	62	1641.62
沧 州	60	357.03	78	325.99	86	230.44	119	813.87	275	1613.45
廊 坊	27	54.41	70	645.80	40	98.29	173	1439.44	100	435.98
衡 水	40	61.76	33	45.19	29	40.00	24	40.90	21	25.94
山 西										
太 原	56	422.43	113	775.03	143	934.81	99	703.08	42	614.68
大 同	60	618.34	115	1242.65	57	406.43	94	1092.71	120	1200.15
阳 泉	22	43.77	44	301.91	75	770.13	47	428.30	18	342.60
长 治	49	110.07	88	460.81	70	207.37	88	417.83	70	442.39
晋 城	72	239.90	73	568.26	107	930.67	92	332.60	68	266.47
朔 州	45	153.85	51	288.18	54	757.48	48	609.92	23	33.49
晋 中	69	110.18	86	697.21	91	1236.05	138	2450.03	67	218.91
运 城	38	98.16	67	8196.75	135	2343.47	88	279.93	89	290.06
忻 州	63	124.22	103	147.90	84	240.94	128	1582.18	63	553.03
临 汾	57	168.72	84	456.63	118	1396.04	142	1356.96	121	1097.89
吕 梁	60	248.23	80	306.46	91	419.33	62	828.29	52	162.39
内蒙古										
呼和浩特	26	199.40	24	72.74	172	421.12	218	579.02	42	319.94
包 头	55	627.48	53	189.33	84	501.63	139	498.89	69	641.38
乌 海	38	490.41	27	143.44	25	320.51	22	35.03	9	18.58
赤 峰	69	237.50	156	1547.89	249	2688.95	134	1256.12	158	404.92
通 辽	89	265.79	154	1093.72	100	1163.19	162	1722.25	113	1482.35
鄂尔多斯	222	2664.92	195	2201.49	166	1585.84	264	5043.08	176	1128.15
呼伦贝尔	356	774.29	300	754.22	296	2561.06	312	1527.31	388	3447.43
巴彦淖尔	71	396.22	76	228.70	122	2700.64	103	1228.93	60	334.14

续表

地　区	2010 年		2011 年		2012 年		2013 年		2014 年	
	宗数	总面积	宗数	总面积	宗数	总面积	宗数	总面积	宗数	总面积
乌兰察布	49	165.45	131	235.48	196	895.33	128	1222.61	126	1303.94
辽　宁										
沈　阳	158	823.81	568	8586.67	144	2867.90	275	4704.05	167	2140.62
大　连	113	467.12	563	4617.28	219	2903.96	409	3208.01	127	989.35
鞍　山	12	88.16	166	1597.83	56	253.31	137	738.04	42	119.56
抚　顺	67	345.83	83	660.16	82	913.67	200	593.77	36	88.04
本　溪	148	1319.70	143	634.23	55	416.80	172	700.46	104	182.08
丹　东	173	757.01	125	2362.16	59	312.25	143	497.49	71	190.31
锦　州	39	251.89	75	6103.21	40	262.98	85	784.44	53	277.29
营　口	128	1162.49	179	1455.20	155	2356.48	86	422.27	43	104.66
阜　新	34	401.21	108	1137.92	39	86.02	97	262.55	42	102.29
辽　阳	52	349.29	140	1433.42	64	597.76	111	621.82	32	229.96
盘　锦	9	80.89	59	725.36	46	1440.25	56	672.93	13	51.31
铁　岭	151	487.35	98	1030.75	114	133.17	113	1119.43	33	44.86
朝　阳	120	382.44	215	5316.06	139	596.92	304	1417.06	162	283.26
葫芦岛	47	183.56	144	458.81	44	122.01	242	1435.47	104	3692.37
吉　林										
长　春	376	1384.08	544	4313.72	405	2557.54	290	806.33	193	1207.01
吉　林	128	185.15	178	939.25	241	464.82	167	128.59	170	1207.25
四　平	53	55.91	58	77.03	41	126.32	38	166.00	128	653.68
辽　源	66	136.42	54	263.33	52	251.93	25	27.11	40	337.79
通　化	85	151.00	95	170.91	71	45.24	77	215.48	96	577.57
白　山	131	197.82	109	122.70	150	311.39	141	214.34	99	727.83
松　原	42	12.47	39	66.14	53	100.85	50	415.10	133	3137.61
白　城	104	232.13	107	231.93	55	153.61	374	155.83	115	3299.98
黑龙江										
哈尔滨	428	1418.64	483	2194.81	289	883.28	410	2006.90	215	531.64
齐齐哈尔	75	137.43	94	614.69	93	414.26	157	248.81	65	300.25
鸡　西	40	49.80	62	231.56	63	120.27	190	1379.92	39	209.57
鹤　岗	27	44.75	35	213.39	45	68.05	50	170.81	43	304.45
双鸭山	28	101.93	51	437.87	44	221.04	60	164.82	32	94.33
大　庆	75	2641.83	122	2060.44	66	91.09	141	1534.28	66	246.57
伊　春	59	91.13	59	77.74	96	667.14	148	2293.59	105	238.66
佳木斯	71	439.84	105	746.22	90	995.17	68	759.71	46	350.54
七台河	10	22.32	27	266.84	17	1026.86	17	141.69	24	178.13

续表

地 区	2010 年		2011 年		2012 年		2013 年		2014 年	
	宗数	总面积	宗数	总面积	宗数	总面积	宗数	总面积	宗数	总面积
牡丹江	84	189.73	111	1715.68	108	721.21	110	2230.88	67	370.85
黑 河	150	333.24	109	905.40	69	120.30	109	117.65	100	63.32
绥 化	135	204.12	126	765.89	153	1362.37	191	506.72	96	270.04
上 海	415	992.20	485	1660.64	374	855.97	484	928.10	562	2181.77
江 苏										
南 京	249	1577.68	322	2418.68	372	2442.45	304	2528.70	281	1636.91
无 锡	456	2589.17	380	1778.82	515	2683.97	476	3076.72	338	1189.14
徐 州	140	472.29	146	611.82	261	2087.44	152	551.61	342	2752.51
常 州	305	1264.88	167	459.68	153	703.43	236	1086.95	128	453.04
苏 州	285	674.71	253	613.61	356	2002.93	436	2061.89	355	1221.11
南 通	163	722.65	129	493.48	195	662.82	297	1128.03	187	741.60
连云港	58	92.22	57	96.83	116	233.24	46	507.30	90	2182.45
淮 安	80	205.78	66	310.03	104	114.10	75	1305.81	128	781.41
盐 城	78	239.63	97	347.91	305	1317.53	211	1691.92	126	785.65
扬 州	89	308.90	138	504.78	132	599.46	147	332.69	81	1505.49
镇 江	4	2.10	49	223.12	178	880.34	207	1016.13	107	468.98
泰 州	56	129.23	84	205.25	220	814.26	188	490.74	139	577.94
宿 迁	111	291.11	57	171.71	53	185.19	113	532.05	466	1759.45
浙 江										
杭 州	848	2873.04	885	2481.98	1107	3604.92	872	2928.65	444	2238.23
宁 波	792	3302.73	604	2358.37	1124	3833.11	631	2319.56	470	1609.69
温 州	335	496.92	1058	2211.09	922	1649.21	839	1705.92	1337	3562.30
嘉 兴	259	633.01	224	501.30	377	3884.69	345	716.17	353	504.29
湖 州	53	129.13	94	322.71	161	508.26	122	211.29	164	281.24
绍 兴	171	349.68	223	575.32	487	1296.68	373	864.73	363	1681.46
金 华	191	363.31	296	899.39	286	585.20	534	1056.43	500	2273.84
衢 州	156	362.50	160	391.58	236	708.65	181	454.28	152	1440.58
舟 山	64	71.65	85	180.21	170	511.60	155	475.19	86	239.52
台 州	239	754.11	316	1014.60	331	1004.94	600	1585.57	474	1435.27
丽 水	432	656.15	310	802.93	435	1519.23	412	1149.88	331	629.83
安 徽										
合 肥	209	1267.46	211	1097.74	362	3007.30	313	2062.64	615	3495.75
芜 湖	70	699.25	131	413.86	121	580.53	267	2708.19	286	1373.00
蚌 埠	38	154.56	44	171.03	71	530.09	74	356.22	141	1148.33
淮 南	102	583.54	41	266.30	60	425.37	123	1192.11	76	800.14

续表

地 区	2010 年		2011 年		2012 年		2013 年		2014 年	
	宗数	总面积	宗数	总面积	宗数	总面积	宗数	总面积	宗数	总面积
马鞍山	63	431.78	55	558.50	227	1412.45	158	378.24	126	488.48
淮 北	23	141.91	60	365.17	150	1385.92	108	557.64	56	375.16
铜 陵	16	62.04	34	219.46	20	193.80	11	455.85	3	15.33
安 庆	42	81.59	175	516.37	317	1271.41	433	1138.13	294	1063.54
黄 山	78	273.08	119	911.79	81	214.12	235	1268.41	140	225.36
滁 州	29	85.83	183	612.04	404	1089.71	281	1681.12	175	1445.96
阜 阳	28	68.04	37	288.27	167	1516.38	144	1366.16	116	995.98
宿 州	33	202.98	47	628.78	88	650.41	42	547.36	89	563.76
六 安	38	183.52	112	845.41	432	2176.94	434	1173.78	186	2567.93
亳 州	38	405.87	47	243.21	209	716.12	106	518.07	270	2458.30
池 州	113	178.22	33	136.31	95	767.77	270	541.38	89	282.92
宣 城	2	0.17	92	411.35	257	1694.00	295	1242.80	293	1830.12
福 建										
福 州	147	810.55	177	1234.03	176	683.79	203	1205.23	179	1568.10
厦 门	195	928.58	254	1038.91	142	464.31	166	685.84	116	507.38
莆 田	31	90.10	89	403.89	62	188.00	57	200.83	121	798.97
三 明	158	728.70	218	1452.31	136	911.48	181	686.29	148	841.65
泉 州	99	587.50	204	1224.43	125	714.04	245	2659.32	501	3499.37
漳 州	51	125.41	119	741.12	124	535.24	186	1687.90	168	1141.23
南 平	49	520.49	64	617.32	76	240.26	112	763.33	115	931.41
龙 岩	54	111.42	87	657.40	94	431.95	148	1659.99	123	489.92
宁 德	38	166.51	63	512.42	80	193.42	164	762.45	110	1367.45
江 西										
南 昌	250	1942.99	187	1006.16	132	1209.16	256	2667.01	89	803.08
景德镇	31	63.34	47	784.37	57	257.77	87	286.55	45	166.92
萍 乡	22	276.77	154	720.00	74	329.83	108	548.90	25	15.87
九 江	49	401.71	169	811.90	269	906.64	365	1773.51	190	763.76
新 余	36	126.33	159	671.49	41	258.46	56	438.54	52	95.46
鹰 潭	57	289.71	73	493.62	98	509.17	174	627.04	62	162.58
赣 州	217	1826.00	404	2416.42	321	1322.62	863	5451.58	409	891.08
吉 安	163	1571.94	249	1219.76	321	1638.87	307	1830.91	217	540.71
宜 春	47	176.57	195	1091.85	323	2665.05	308	1748.79	181	2122.38
抚 州	227	1006.56	137	912.21	184	1870.28	347	1140.72	183	1071.06
上 饶	189	1176.41	365	3216.80	368	1649.62	435	1666.49	203	945.82
山 东										

续表

地区	2010年		2011年		2012年		2013年		2014年	
	宗数	总面积	宗数	总面积	宗数	总面积	宗数	总面积	宗数	总面积
济南	132	799.24	290	763.97	82	493.02	592	1869.22	227	1722.57
青岛	343	1877.42	455	1897.25	413	1808.98	800	2813.29	424	1954.51
淄博	65	193.20	91	382.99	246	506.74	283	1055.01	116	179.18
枣庄	55	395.65	81	537.09	45	310.14	220	329.42	139	452.91
东营	392	474.35	153	872.46	107	304.57	530	1805.27	130	505.63
烟台	76	636.09	66	706.85	69	662.10	301	1617.44	92	553.31
潍坊	173	425.94	208	855.68	323	1132.93	560	1992.46	176	1573.63
济宁	80	173.12	221	1099.26	117	462.85	118	408.22	276	1137.29
泰安	100	252.29	103	487.99	106	469.50	249	908.15	114	604.90
威海	93	287.80	122	419.99	208	422.61	269	624.95	82	342.46
日照	68	409.50	45	181.02	61	311.57	62	251.15	72	487.60
莱芜	16	234.69	14	34.21	29	71.74	46	369.04	20	27.31
临沂	162	453.75	233	754.07	184	1118.81	714	1650.53	473	1167.11
德州	34	112.87	331	454.73	76	288.00	168	1290.61	48	1019.63
聊城	33	373.14	56	247.71	46	85.15	108	1506.55	69	515.45
滨州	18	118.43	46	161.45	82	387.70	96	770.03	59	448.82
荷泽	29	207.02	23	69.74	36	420.65	103	405.67	84	201.93
河南										
郑州	105	1468.74	184	2167.40	794	3267.29	617	1645.84	1332	4669.29
开封	37	261.76	57	494.99	96	517.97	125	544.33	41	472.03
洛阳	59	406.16	221	1860.70	260	12702.56	161	913.01	82	469.22
平顶山	56	796.66	57	829.09	117	672.21	86	305.27	271	1051.65
安阳	44	402.34	36	196.58	85	583.99	82	819.90	185	712.13
鹤壁	16	60.54	22	43.23	126	380.13	53	174.02	79	223.37
新乡	39	73.86	52	315.11	290	1599.20	235	1979.33	110	470.33
焦作	38	174.57	56	256.79	376	1364.63	309	8171.01	159	670.28
濮阳	26	111.08	28	504.95	180	589.95	624	2124.76	42	230.61
许昌	25	270.11	16	69.78	163	653.93	95	541.54	39	111.38
漯河	30	162.77	17	56.43	151	501.69	95	214.58	122	363.79
三门峡	44	154.95	34	112.96	230	4363.98	128	1208.64	36	135.20
南阳	60	921.62	69	181.68	144	853.83	124	359.46	315	534.15
商丘	35	145.55	52	169.31	176	889.98	288	1522.79	64	581.13
信阳	23	30.78	47	57.22	313	1135.85	131	715.45	61	183.79
周口	26	67.96	39	92.95	146	586.74	66	282.73	84	320.25
驻马店	17	34.34	68	297.45	149	330.14	245	751.03	191	745.01

续表

地 区	2010 年		2011 年		2012 年		2013 年		2014 年	
	宗数	总面积	宗数	总面积	宗数	总面积	宗数	总面积	宗数	总面积
湖 北										
武 汉	195	1693.19	194	965.65	290	1392.13	876	6782.60	386	4098.79
黄 石	44	96.84	67	485.33	75	457.69	141	286.96	54	457.23
十 堰	43	174.33	36	431.78	37	585.62	64	1155.96	42	6376.62
宜 昌	105	194.21	221	834.52	134	515.32	165	827.80	139	1189.63
襄 阳	131	465.81	192	493.77	155	879.31	244	1116.68	178	1031.99
鄂 州	9	14.31	8	4.03	4	320.88	23	181.35	20	143.45
荆 门	25	80.56	75	124.33	164	973.49	237	428.80	208	405.62
孝 感	11	106.42	25	167.91	63	377.79	38	182.00	61	277.19
荆 州	458	416.92	570	148.57	423	1456.48	346	354.54	219	800.40
黄 冈	69	149.67	73	362.71	232	1291.03	270	1716.69	118	1047.69
咸 宁	32	102.21	48	347.12	97	437.46	74	156.78	82	1424.23
随 州	8	14.80	77	137.84	75	78.24	134	592.96	103	837.04
湖 南										
长 沙	216	1721.98	261	1862.48	351	2878.61	425	2945.89	544	4061.51
株 洲	32	402.06	70	1355.87	91	982.47	102	996.72	200	1718.22
湘 潭	48	143.96	129	1056.17	68	245.97	136	686.19	157	999.09
衡 阳	22	121.24	70	1948.71	51	713.00	58	554.02	74	3900.19
邵 阳	29	62.26	93	367.29	109	961.42	103	378.45	73	1088.44
岳 阳	35	114.40	75	672.41	96	825.65	107	790.94	136	704.20
常 德	58	397.84	98	693.88	94	310.33	146	586.73	173	821.45
张家界	35	72.32	40	1435.59	34	44.57	61	227.76	66	645.10
益 阳	67	684.55	69	696.41	77	402.13	52	380.59	182	943.72
郴 州	133	226.49	231	3268.72	146	857.86	154	805.63	168	675.28
永 州	123	103.82	179	1607.51	204	1317.34	86	623.96	136	652.03
怀 化	134	928.75	196	3887.33	206	4985.64	159	1608.84	119	560.06
娄 底	13	37.32	88	596.43	54	598.17	110	942.35	95	589.29
广 东										
广 州	131	1372.84	179	783.80	219	3239.15	195	1399.65	264	2408.50
韶 关	19	35.21	62	63.77	88	3516.72	62	468.26	29	311.32
深 圳	6	139.39	1	3.03	5	3.29	26	130.17	6	21.16
珠 海	55	288.51	63	1128.59	35	549.97	52	326.54	82	322.64
汕 头	25	99.29	11	39.90	13	52.21	18	105.93	42	435.11
佛 山	100	180.35	67	155.55	153	2024.51	130	1551.06	129	1311.96
江 门	63	205.88	83	190.05	109	1325.53	55	273.35	55	681.99

续表

地区	2010年		2011年		2012年		2013年		2014年	
	宗数	总面积	宗数	总面积	宗数	总面积	宗数	总面积	宗数	总面积
湛江	36	173.89	47	301.95	68	1686.97	91	1119.66	212	198.68
茂名	6	188.24	5	53.33	49	840.41	31	142.69	111	1148.33
肇庆	7	18.65	21	63.06	74	1439.19	94	401.90	74	142.50
惠州	51	67.87	67	109.12	163	998.00	119	827.80	135	2252.28
梅州	16	15.41	27	159.43	65	1542.07	47	1485.37	25	81.02
汕尾	3	42.09	4	4.81	7	3.70	19	40.93	46	837.88
河源	12	81.92	29	51.31	34	261.78	35	224.58	39	1297.17
阳江	21	136.49	27	198.96	45	449.04	29	50.19	100	1070.41
清远	99	115.61	69	621.63	185	1545.99	178	1001.34	302	196.24
东莞	12	93.86	28	129.80	59	703.39	64	953.69	21	559.74
中山	41	96.96	9	23.29	12	18.23	4	5.45	8	489.99
潮州	7	7.83	12	73.84	14	499.17	23	88.20	8	110.51
揭阳	23	74.12	16	58.03	23	351.15	19	93.99	24	1203.83
云浮	26	20.08	18	35.47	39	994.16	34	200.31	16	731.84
广西										
南宁	205	1124.46	285	2274.89	309	3292.94	186	2123.95	172	3518.25
柳州	121	913.51	104	391.61	244	2740.47	242	2040.73	126	803.73
桂林	114	488.45	121	2573.12	226	1601.74	301	3174.44	176	1925.93
梧州	30	46.87	54	51.56	105	4227.50	67	306.96	103	1001.23
北海	25	31.75	28	137.28	45	562.34	23	208.01	39	191.10
防城港	133	117.69	101	129.05	398	513.31	59	416.53	89	1044.81
钦州	69	53.89	181	98.22	150	1396.40	101	81.79	211	558.63
贵港	18	193.06	51	931.13	57	820.50	42	1240.42	18	549.31
玉林	31	39.19	60	308.56	70	214.80	53	2459.93	65	419.18
百色	107	308.20	128	1880.76	290	2147.67	231	937.35	338	1730.03
贺州	36	625.70	50	578.62	79	362.48	97	510.97	116	341.17
河池	34	38.99	104	1309.09	165	1243.40	137	434.23	63	195.44
来宾	6	13.18	58	147.84	52	635.73	37	666.70	27	526.13
崇左	31	79.64	144	406.21	165	2364.10	207	103.43	170	817.09
海南										
海口	28	311.86	9	13.94	67	682.39	31	102.78	12	20.96
三亚	8	52.38	20	431.17	11	45.51	43	277.33	14	54.44
重庆	1097	5746.01	1013	11319.27	912	6305.38	1043	6237.88	1208	10613.27
四川										
成都	189	1697.00	245	2109.28	437	4502.47	254	2004.89	600	6970.07

续表

地区	2010 年		2011 年		2012 年		2013 年		2014 年	
	宗数	总面积	宗数	总面积	宗数	总面积	宗数	总面积	宗数	总面积
自贡	55	51.97	65	424.69	63	293.33	53	435.99	41	476.73
攀枝花	34	22.97	39	33.37	55	406.09	24	151.28	51	819.84
泸州	72	145.58	121	2653.17	101	621.03	85	196.63	119	1582.90
德阳	34	66.42	171	400.99	261	1674.52	246	1003.28	204	1241.17
绵阳	325	181.14	208	267.65	398	2108.73	146	657.28	136	1143.07
广元	267	167.13	214	874.62	212	1386.21	161	304.87	111	690.23
遂宁	21	275.33	41	163.34	78	308.61	61	678.29	45	447.78
内江	68	88.18	61	590.78	57	1238.60	58	236.08	83	1131.64
乐山	42	58.09	64	228.25	123	476.85	81	2348.43	100	700.16
南充	22	47.42	43	198.49	79	1346.85	56	540.89	101	1556.97
眉山	17	11.79	77	1208.76	64	565.54	77	904.13	72	961.95
宜宾	65	89.32	128	276.17	157	689.62	119	391.47	213	5025.52
广安	33	52.00	68	622.84	72	1021.23	90	901.26	79	461.33
达州	34	41.72	57	539.58	63	342.05	74	1623.26	111	1593.99
雅安	33	42.16	89	1321.75	121	1041.80	29	141.79	69	1676.86
巴中	39	17.55	93	1206.80	68	391.67	87	245.20	74	596.42
资阳	24	37.80	125	2143.88	85	681.04	125	895.50	32	186.40
贵州										
贵阳	136	1107.04	136	1011.55	271	3351.34	269	1971.84	155	1472.10
六盘水	27	152.21	33	430.80	88	3679.71	50	466.92	67	237.94
遵义	149	2155.54	142	817.27	371	4187.47	499	2500.95	416	2427.59
安顺	57	174.88	98	250.46	136	3925.61	114	3427.97	78	381.81
云南										
昆明	91	122.57	225	1704.85	152	682.86	133	476.06	257	1456.82
曲靖	96	604.85	88	282.10	108	354.15	85	331.02	79	884.81
玉溪	83	159.65	116	249.88	93	126.73	54	327.69	57	143.03
保山	67	132.92	92	491.64	99	105.70	55	186.67	98	1280.25
昭通	177	78.59	90	89.62	44	30.02	59	116.13	178	1012.68
丽江	29	32.07	94	77.77	67	2528.03	90	2443.98	33	735.34
普洱	14	52.15	106	147.20	127	212.67	142	558.77	214	30048.19
临沧	54	45.54	78	195.56	70	252.05	106	305.32	60	4026.87
西藏										
拉萨	37	65.14	37	65.14	58	135.22	60	218.26	40	43.51
陕西										
西安	117	1016.21	96	617.44	213	1720.76	301	2271.14	343	1568.91

续表

地区	2010年		2011年		2012年		2013年		2014年	
	宗数	总面积	宗数	总面积	宗数	总面积	宗数	总面积	宗数	总面积
铜川	43	208.72	20	74.63	23	214.80	20	157.12	33	661.88
宝鸡	30	35.47	32	86.25	112	1520.50	41	136.52	26	76.45
咸阳	31	254.72	61	902.98	113	667.70	93	1343.18	161	941.58
渭南	20	71.28	20	87.76	48	388.95	129	1562.64	96	932.55
延安	71	168.42	89	192.12	64	1363.78	95	3491.22	85	488.86
汉中	25	30.47	73	133.71	135	206.57	151	567.46	141	420.94
榆林	22	1102.03	91	1058.70	107	1163.28	106	5252.34	97	1150.77
安康	133	572.89	43	225.43	106	215.22	134	1303.94	97	553.13
商洛	20	30.13	61	171.77	52	719.66	99	597.06	62	335.13
甘肃										
兰州	68	290.56	48	168.96	84	378.45	67	246.79	41	470.16
嘉峪关	60	568.39	39	178.63	67	878.34	49	791.70	26	577.96
金昌	54	311.12	16	98.06	25	176.51	46	999.54	22	384.50
白银	41	111.78	77	173.71	86	505.39	99	1200.99	94	636.85
天水	37	36.60	91	409.79	75	467.20	45	176.59	56	651.90
武威	56	265.84	82	623.83	76	1092.96	205	1624.96	174	2375.51
张掖	25	31.76	49	215.11	69	776.70	121	883.89	84	1111.54
平凉	37	90.81	12	90.47	31	311.53	89	364.19	69	294.26
酒泉	203	711.96	263	555.98	139	3409.59	158	2986.95	160	2171.97
庆阳	30	222.11	380	522.26	1905	1901.59	296	1482.76	1504	1439.38
定西	67	470.32	101	344.82	120	796.99	90	524.74	58	681.89
陇南	40	8.76	28	23.61	109	429.15	35	294.43	39	288.95
青海										
西宁	27	54.84	29	143.80	46	214.16	79	404.40	56	325.85
宁夏										
银川	65	1311.95	114	1381.77	154	1166.18	150	1747.26	197	1874.17
石嘴山	76	606.86	66	270.69	129	417.87	69	335.40	53	180.93
吴忠	47	344.37	88	500.75	135	649.08	243	902.49	165	1109.64
固原	45	431.30	58	208.47	63	595.84	128	634.02	78	559.86
中卫	18	237.21	76	461.46	74	293.88	84	635.84	89	781.89
新疆										
乌鲁木齐	220	770.95	220	770.95	127	243.32	128	93.55	145	892.57
克拉玛依	77	122.21	77	122.21	70	1174.86	142	733.15	102	540.40

数据来源：国土资源部。

表 2－123　　2010—2014 年 286 城市土地出让宗数及面积

单位：宗，万平方米

地　区	2010 年		2011 年		2012 年		2013 年		2014 年	
	宗数	总面积	宗数	总面积	宗数	总面积	宗数	总面积	宗数	总面积
北　京	572	2152.53	608	2540.76	432	1220.70	550	1926.42	369	1523.81
天　津	1605	5282.59	1400	6222.97	1333	5092.43	1171	4387.72	950	3507.57
河　北										
石家庄	328	1220.19	493	1464.71	443	1327.44	595	1411.32	598	1381.30
唐　山	590	2438.77	791	3495.30	842	5060.15	1385	5018.22	1037	2891.58
秦皇岛	294	873.06	279	627.41	317	867.51	329	781.59	269	415.29
邯　郸	404	1361.40	303	954.82	462	1367.18	651	1580.26	520	1250.35
邢　台	332	970.32	385	1224.86	406	1183.93	600	1524.31	532	1103.86
保　定	588	1325.14	505	1253.65	540	1364.49	773	1694.78	640	1300.76
张家口	439	1143.29	546	1386.21	336	756.69	554	1207.48	420	859.32
承　德	382	683.62	382	775.13	396	861.64	585	1257.01	301	535.02
沧　州	475	3131.39	942	1797.89	510	1745.42	866	1725.43	679	1990.83
廊　坊	467	1723.92	630	2099.99	594	1715.40	929	2439.88	595	1246.31
衡　水	325	839.62	361	817.52	439	971.19	704	1212.62	787	1129.05
山　西										
太　原	130	554.89	161	722.58	215	727.90	244	755.01	193	751.45
大　同	118	371.39	168	677.09	158	771.63	229	803.88	263	588.05
阳　泉	86	255.78	83	203.49	117	228.79	98	130.57	72	229.56
长　治	146	321.41	292	877.43	221	681.63	284	478.10	262	449.96
晋　城	112	360.64	90	210.83	174	357.31	177	410.62	172	455.61
朔　州	161	552.54	182	762.40	168	636.18	232	794.75	99	289.83
晋　中	300	495.76	233	712.21	321	712.75	435	853.32	420	696.96
运　城	186	657.34	258	570.67	298	727.30	433	828.75	412	781.71
忻　州	189	244.62	222	1018.93	174	621.85	306	547.78	217	360.24
临　汾	237	520.65	272	653.88	411	923.96	487	986.38	225	314.47
吕　梁	154	433.00	176	691.47	247	746.43	288	739.39	199	536.02
内蒙古										
呼和浩特	184	782.22	222	897.96	220	1014.01	209	991.34	124	583.12
包　头	278	822.91	202	929.73	207	794.63	250	1251.07	147	520.52
乌　海	101	523.61	132	578.47	114	528.36	60	301.24	71	375.50
赤　峰	427	894.09	434	1271.14	438	1561.37	539	1672.65	486	1493.61
通　辽	495	2073.10	485	1201.93	450	944.83	396	1422.19	396	905.57
鄂尔多斯	1377	4545.81	1466	4860.45	722	3287.06	375	1143.29	534	1945.84
呼伦贝尔	507	1203.78	720	2157.03	549	1545.80	613	1734.30	485	1129.93
巴彦淖尔	445	1254.72	322	1197.42	297	1244.62	259	1176.11	276	591.23
乌兰察布	181	633.19	408	1471.53	353	1326.56	466	1473.34	288	912.53
辽　宁										
沈　阳	733	3146.99	1310	6569.55	805	3121.82	593	2482.43	522	2242.01

续表

地区	2010年		2011年		2012年		2013年		2014年	
	宗数	总面积	宗数	总面积	宗数	总面积	宗数	总面积	宗数	总面积
大连	940	4848.46	1082	5435.89	547	2134.91	519	2118.63	372	1187.61
鞍山	574	2316.93	569	1792.75	455	1457.52	626	1626.28	324	772.32
抚顺	196	863.42	276	1144.79	221	745.47	306	884.11	133	244.19
本溪	140	489.47	150	618.27	140	338.47	219	644.24	101	427.89
丹东	332	626.19	323	733.27	402	597.59	364	970.25	318	528.48
锦州	327	1067.68	368	792.14	251	718.20	302	1301.90	215	617.37
营口	492	3199.47	713	3281.46	414	1937.65	448	1318.90	338	730.79
阜新	189	485.63	343	952.87	166	619.71	323	661.94	164	437.86
辽阳	206	718.27	268	658.42	180	1007.68	192	524.20	144	339.77
盘锦	232	970.33	323	2430.83	329	2412.77	265	1393.50	131	916.92
铁岭	557	1892.08	469	1650.68	271	550.38	403	1126.28	268	670.67
朝阳	245	648.83	386	879.65	266	864.00	320	965.62	268	699.25
葫芦岛	227	886.65	417	1778.59	180	652.67	258	881.63	170	407.56
吉林										
长春	959	2454.87	997	3515.10	761	2082.56	685	2644.07	572	1171.48
吉林	369	908.42	353	1156.11	453	1165.31	387	1287.76	450	957.36
四平	667	645.48	983	945.79	417	585.14	545	605.58	778	422.96
辽源	155	258.79	115	206.72	172	396.71	149	228.41	103	114.76
通化	160	333.28	303	484.93	255	518.43	244	461.83	344	500.68
白山	442	1177.93	497	396.27	416	310.46	555	376.26	407	280.25
松原	138	183.00	108	157.13	125	263.64	194	326.98	241	305.96
白城	238	456.59	250	277.41	213	251.29	255	334.11	268	406.33
黑龙江										
哈尔滨	746	2095.19	793	3158.21	513	1666.67	613	2153.50	438	1376.75
齐齐哈尔	188	637.96	253	730.16	241	793.55	264	781.76	298	980.97
鸡西	156	184.62	97	175.15	123	348.24	153	369.49	88	202.57
鹤岗	56	129.70	69	164.64	60	81.67	29	124.71	74	131.29
双鸭山	99	277.92	109	269.11	59	242.07	106	274.71	67	140.17
大庆	284	716.44	312	1634.13	337	1134.87	342	768.38	279	492.11
伊春	57	139.62	63	96.46	64	113.33	119	234.35	115	380.89
佳木斯	248	466.09	235	462.61	109	341.06	148	475.45	116	326.29
七台河	34	70.81	56	174.53	48	156.53	24	105.18	27	120.13
牡丹江	287	824.42	209	629.92	193	463.32	237	631.47	158	328.48
黑河	197	352.22	151	353.22	154	663.29	143	203.56	118	170.43
绥化	399	1027.48	294	724.17	344	985.48	437	1336.49	345	844.02
上海	423	1933.94	663	2578.21	451	1487.22	390	1337.49	435	1473.98
江苏										
南京	489	1401.52	530	1706.76	621	1930.03	473	1795.85	514	1352.21
无锡	777	2628.46	839	2527.94	640	1975.71	663	2129.95	499	1478.95
徐州	633	2321.45	792	2393.43	790	2738.37	780	2635.51	640	2181.18

续表

地 区	2010 年		2011 年		2012 年		2013 年		2014 年	
	宗数	总面积	宗数	总面积	宗数	总面积	宗数	总面积	宗数	总面积
常 州	905	2382.12	748	2355.62	1007	2736.11	915	2203.72	881	2210.34
苏 州	1149	4153.05	1126	4565.29	1242	4164.17	1335	4314.65	968	2748.08
南 通	1112	3203.83	1171	3826.98	1296	4442.64	1697	4289.70	1426	3303.76
连云港	354	1886.02	393	2964.20	399	2459.82	1302	4692.99	374	1840.54
淮 安	683	1809.58	719	2195.12	1015	1954.05	1143	1730.95	1318	1707.77
盐 城	1172	4049.97	1143	4832.36	1460	4169.35	1269	4370.07	891	2667.83
扬 州	717	1904.41	740	1662.98	794	1635.02	987	2007.98	691	1546.60
镇 江	126	539.97	306	1142.90	660	1480.96	649	1684.56	480	1076.92
泰 州	591	1467.59	682	1558.08	744	1758.72	880	1987.65	607	1749.91
宿 迁	527	1514.43	502	1747.17	952	2209.34	1035	2327.63	1094	1885.62
浙 江										
杭 州	1544	3011.05	1343	2308.93	883	1592.87	990	2152.45	1011	1604.47
宁 波	1052	2300.97	1154	3587.14	1001	2353.02	1134	2621.98	778	1629.30
温 州	506	615.64	641	937.12	626	772.88	850	1294.96	494	742.95
嘉 兴	1156	2618.47	814	1711.89	571	1359.35	959	1482.29	688	1428.46
湖 州	564	1322.65	491	1207.71	481	921.46	699	1512.09	637	1362.33
绍 兴	912	1727.01	689	1509.21	644	1199.93	739	1699.22	502	1092.99
金 华	1415	1512.22	800	913.77	688	811.27	1080	1418.67	730	963.68
衢 州	585	1125.04	465	776.72	306	442.45	357	616.36	310	654.68
舟 山	266	1387.86	217	673.15	162	916.06	169	516.60	133	678.84
台 州	944	1440.84	626	812.19	574	799.38	685	1362.50	535	633.67
丽 水	414	545.72	429	647.90	377	573.29	640	816.26	448	482.27
安 徽										
合 肥	429	1286.15	346	1268.22	510	1940.33	409	1754.28	749	2248.15
芜 湖	380	1718.39	284	1140.89	489	1620.11	592	2093.41	383	1425.00
蚌 埠	178	535.56	243	817.38	234	971.32	328	1147.98	233	884.74
淮 南	106	262.05	97	390.82	122	410.53	95	388.90	75	240.75
马鞍山	139	496.12	196	654.23	268	773.75	397	851.31	237	357.29
淮 北	200	771.76	297	916.10	109	419.83	101	246.62	74	262.43
铜 陵	96	641.37	119	561.34	112	525.45	128	553.40	75	354.56
安 庆	535	814.89	726	914.58	563	920.95	582	775.02	475	724.08
黄 山	212	402.95	276	688.37	210	486.18	242	498.42	181	392.15
滁 州	436	1092.61	432	1118.08	761	1383.18	842	2603.31	630	1834.62
阜 阳	180	600.25	262	417.68	270	828.86	296	1196.13	227	897.16
宿 州	181	676.48	247	775.60	287	1006.83	378	947.61	317	853.49
六 安	389	620.71	504	1202.16	634	1631.49	604	1347.84	533	1580.90
亳 州	188	346.87	203	561.90	196	636.47	434	1386.71	255	835.67
池 州	532	1000.94	197	979.49	236	795.88	297	982.27	221	678.37
宣 城	157	640.34	623	1196.58	630	1216.75	744	1554.99	578	1105.28

续表

地区	2010 年		2011 年		2012 年		2013 年		2014 年	
	宗数	总面积	宗数	总面积	宗数	总面积	宗数	总面积	宗数	总面积
福　建										
福　州	326	1351.45	398	2318.79	472	1986.96	495	2486.33	284	1363.61
厦　门	191	995.42	135	730.07	143	503.37	96	390.45	82	350.72
莆　田	116	408.07	155	549.01	115	495.59	126	515.42	99	382.21
三　明	342	736.29	384	1117.71	360	1090.98	364	984.83	230	646.73
泉　州	539	1148.86	589	1718.96	619	1497.51	571	1519.36	594	1456.04
漳　州	436	1612.14	547	2126.96	527	1738.28	587	1876.54	483	1681.13
南　平	229	504.11	307	991.57	284	768.01	316	844.83	238	741.10
龙　岩	272	973.27	383	1210.95	327	1013.65	326	1063.55	185	450.36
宁　德	179	549.02	340	383.69	347	631.23	387	942.66	287	814.90
江　西										
南　昌	370	1632.78	350	1530.33	432	1459.71	567	2461.16	443	1534.76
景德镇	126	440.86	122	435.03	97	228.13	125	439.70	115	402.95
萍　乡	93	199.67	167	604.00	97	243.22	227	644.44	132	303.13
九　江	351	1102.69	413	1700.42	525	1964.90	778	2648.47	497	1594.75
新　余	66	228.57	196	1185.90	98	390.62	196	762.56	161	512.75
鹰　潭	93	313.06	192	497.41	147	432.55	182	630.46	133	447.21
赣　州	506	1083.30	708	1354.19	501	1181.46	608	1812.18	457	1072.86
吉　安	428	743.64	469	1046.32	449	885.00	600	1144.09	537	927.33
宜　春	422	1577.53	564	2368.14	494	1707.54	593	1878.18	520	1524.97
抚　州	421	998.77	394	852.14	362	1021.82	451	1632.57	286	733.16
上　饶	374	728.79	413	944.67	492	1305.78	679	1581.92	481	761.74
山　东										
济　南	391	1769.09	428	1812.80	401	1614.40	561	1878.98	419	1448.87
青　岛	1260	3805.04	1308	3767.68	1174	4007.72	1525	4659.73	1028	3268.47
淄　博	608	2073.97	577	1069.20	426	1038.89	706	2109.69	482	935.70
枣　庄	269	771.02	242	790.55	202	671.86	435	1307.42	317	681.44
东　营	263	1790.16	402	2291.52	525	2128.00	542	2234.56	430	1688.43
烟　台	1082	4504.73	1160	3794.17	764	2091.53	1084	3411.31	731	2022.12
潍　坊	1591	7086.99	1601	6835.45	1584	6987.44	2046	7173.74	1244	3976.84
济　宁	686	2238.46	436	1404.87	563	1611.50	849	2380.39	690	1738.43
泰　安	450	1369.84	344	897.64	372	1067.21	410	1281.79	337	1002.20
威　海	762	2658.09	657	2207.01	970	3441.43	982	2934.03	617	1713.34
日　照	277	778.35	275	885.77	302	989.24	565	1097.67	935	566.45
莱　芜	283	519.54	235	321.86	313	465.38	600	919.44	312	331.57
临　沂	915	2652.91	1215	2334.06	840	2147.05	2059	4059.35	882	2434.23
德　州	340	1266.87	384	1469.05	488	1842.41	523	2058.58	358	1151.82
聊　城	365	1389.42	500	1232.01	507	1410.38	746	1780.78	514	1293.38
滨　州	420	1686.75	455	1360.89	407	1188.14	478	1267.69	527	963.35

续表

地区	2010 年		2011 年		2012 年		2013 年		2014 年	
	宗数	总面积	宗数	总面积	宗数	总面积	宗数	总面积	宗数	总面积
菏泽	305	1584.35	256	1397.96	387	1636.62	614	1835.56	413	1420.70
河南										
郑州	408	1441.26	628	2694.20	775	2935.94	953	3138.50	779	2574.76
开封	170	718.79	216	767.35	231	641.46	352	1087.79	251	765.77
洛阳	212	1357.69	441	1559.14	387	1474.35	493	1403.70	375	1249.72
平顶山	213	791.50	190	551.55	304	825.22	363	998.50	266	786.67
安阳	190	674.44	185	900.07	215	738.19	405	1436.18	395	1359.50
鹤壁	387	458.71	132	470.40	130	473.74	171	773.35	141	515.75
新乡	285	843.54	350	1291.29	354	1261.04	439	1550.13	372	1376.71
焦作	173	716.74	242	1086.94	380	1583.65	384	1405.04	243	1154.82
濮阳	161	262.80	182	438.09	200	543.47	180	628.45	157	356.03
许昌	222	790.80	199	683.52	180	668.18	259	935.53	206	621.25
漯河	105	290.17	212	440.22	263	613.30	294	544.47	180	348.06
三门峡	155	555.85	126	369.27	184	516.17	175	626.59	182	451.49
南阳	315	830.85	318	870.65	371	1172.13	359	1039.38	411	1127.74
商丘	259	630.15	423	1134.14	463	1241.71	398	1231.93	292	960.11
信阳	224	443.37	207	536.52	177	457.72	243	592.86	235	617.78
周口	191	390.74	190	501.71	293	1015.16	245	904.29	282	780.38
驻马店	341	795.44	449	1022.59	439	937.30	600	1247.68	405	871.26
湖北										
武汉	504	3014.74	617	3657.38	532	2616.67	561	2667.10	490	2618.92
黄石	305	532.55	424	824.02	384	508.10	502	1765.73	210	517.65
十堰	143	507.02	164	563.05	193	823.44	295	1044.73	272	856.42
宜昌	512	1925.92	475	1198.95	547	1464.30	693	2209.92	628	1166.51
襄阳	1103	952.25	1250	1895.52	1128	2018.14	1450	1926.80	1202	1676.12
鄂州	227	696.35	124	295.84	204	596.39	146	651.30	80	274.39
荆门	336	830.16	542	1040.72	630	1326.46	418	878.60	399	1054.19
孝感	1039	953.56	1181	1366.48	996	1500.67	882	1007.11	622	1165.64
荆州	1750	957.23	1963	1143.06	1353	1341.52	1960	1406.42	1413	1007.86
黄冈	487	880.64	408	888.31	427	1050.55	556	1291.42	404	1238.27
咸宁	677	780.46	989	1157.87	786	1045.97	1258	1464.54	583	1004.67
随州	175	314.88	215	480.21	233	546.27	241	627.12	211	564.24
湖南										
长沙	536	2049.51	735	2521.74	559	1907.50	607	2046.91	695	2168.30
株洲	338	359.69	255	603.01	224	354.43	287	723.92	269	452.09
湘潭	387	465.19	356	619.44	269	720.23	364	540.29	408	622.07
衡阳	491	707.86	805	1341.77	668	888.89	702	1108.61	501	971.99
邵阳	939	441.89	1231	540.20	1312	539.60	1350	471.79	967	494.87
岳阳	639	633.47	444	641.84	370	623.98	501	707.14	430	697.46

续表

地区	2010 年		2011 年		2012 年		2013 年		2014 年	
	宗数	总面积	宗数	总面积	宗数	总面积	宗数	总面积	宗数	总面积
常　德	1228	727.91	925	786.86	945	670.13	1004	934.40	880	908.66
张家界	631	279.35	558	121.67	263	145.12	370	161.25	310	79.84
益　阳	1715	480.99	1920	412.52	1909	581.76	2336	686.76	1779	515.16
郴　州	1008	691.93	931	697.44	885	609.50	1088	924.61	990	655.15
永　州	1136	487.37	743	571.98	858	413.71	960	762.82	1096	647.92
怀　化	843	628.04	879	761.10	1024	676.46	1067	709.48	1092	689.44
娄　底	689	272.63	868	225.61	1120	324.65	1540	610.10	769	434.42
广　东										
广　州	266	1773.39	264	1097.11	253	986.49	302	1409.14	164	987.03
韶　关	514	476.60	594	525.13	520	535.88	633	751.74	455	559.60
深　圳	162	288.72	84	234.52	166	491.59	204	537.21	219	547.77
珠　海	56	742.63	82	651.04	55	559.28	81	449.36	107	542.03
汕　头	56	148.30	89	407.89	56	128.24	60	163.65	47	134.29
佛　山	3268	1250.34	2416	910.71	1885	1282.21	2113	1312.44	2059	1052.89
江　门	417	1093.38	374	832.02	306	1154.09	376	841.64	293	656.52
湛　江	434	559.29	714	512.60	511	1026.17	582	792.61	390	539.06
茂　名	380	140.70	221	412.66	106	241.90	364	578.88	271	438.71
肇　庆	567	641.38	943	694.61	826	714.14	916	1091.35	725	837.71
惠　州	1327	1277.36	1351	1488.78	1095	989.25	1439	1290.33	1122	825.59
梅　州	2357	383.52	1906	332.46	1697	294.62	2519	553.16	1782	481.77
汕　尾	11	23.33	30	114.04	19	97.52	20	184.45	24	118.97
河　源	79	294.55	89	230.35	53	262.34	124	425.15	140	468.55
阳　江	182	866.65	140	586.08	177	957.75	143	425.35	179	499.58
清　远	694	1014.06	520	936.52	483	423.85	655	1184.93	507	837.97
东　莞	219	699.52	166	667.54	142	440.59	197	914.01	151	536.84
中　山	272	877.58	284	778.24	172	616.39	119	410.66	90	213.96
潮　州	137	30.87	106	8.63	145	167.17	154	232.60	160	252.80
揭　阳	72	148.91	118	209.37	147	483.08	217	361.45	160	892.16
云　浮	419	205.99	390	398.72	370	566.14	133	514.04	123	444.46
广　西										
南　宁	1151	965.78	1005	867.69	929	916.67	862	890.55	648	1171.54
柳　州	3301	583.39	2465	615.85	1375	958.50	1097	891.56	717	688.57
桂　林	1307	685.84	1265	712.88	1110	595.91	1266	702.13	1277	476.44
梧　州	379	542.68	370	655.13	333	571.25	333	524.94	233	347.89
北　海	756	292.34	702	405.09	508	509.09	630	404.69	497	333.07
防城港	148	436.48	148	584.03	188	743.57	196	1106.02	121	504.07
钦　州	220	942.51	272	429.78	279	562.60	220	549.54	202	468.07
贵　港	174	139.70	131	328.66	94	340.74	136	503.44	121	432.23
玉　林	321	587.53	276	636.29	186	503.29	239	592.67	162	441.44

续表

地区	2010 年		2011 年		2012 年		2013 年		2014 年	
	宗数	总面积	宗数	总面积	宗数	总面积	宗数	总面积	宗数	总面积
百　色	452	322.80	555	604.49	569	828.68	867	622.85	781	568.69
贺　州	169	260.60	191	299.22	279	431.26	315	318.97	251	341.62
河　池	436	245.31	442	155.14	419	306.76	396	572.82	306	268.01
来　宾	319	99.96	455	271.22	288	366.76	384	662.42	637	394.29
崇　左	164	220.22	205	432.54	243	248.11	268	314.52	254	238.92
海　南										
海　口	67	127.67	65	117.74	56	213.70	65	113.39	38	101.38
三　亚	15	116.97	17	216.69	39	246.92	26	162.89	22	120.99
重　庆	1621	5494.06	1858	6514.31	1843	6399.40	3229	8277.18	1727	7615.57
四　川										
成　都	897	3417.17	790	3054.65	718	3249.35	967	3174.96	774	2181.21
自　贡	120	286.75	79	314.00	79	361.91	120	688.39	60	254.06
攀枝花	321	277.71	271	414.06	241	483.75	238	298.31	180	249.09
泸　州	569	1086.65	531	1252.20	315	735.35	405	701.07	341	540.44
德　阳	455	929.40	725	1437.26	579	954.50	764	976.78	511	832.07
绵　阳	2703	772.60	3590	1014.76	1771	1382.46	2122	1072.40	1781	835.44
广　元	1755	274.16	1726	316.29	1555	492.42	1758	726.07	1497	305.95
遂　宁	273	317.51	264	447.56	273	377.42	404	1100.55	224	563.69
内　江	124	300.69	196	439.60	103	365.91	131	476.27	114	314.72
乐　山	318	712.13	335	704.29	275	539.86	274	594.07	217	612.32
南　充	240	515.30	289	534.31	207	519.30	360	1040.11	219	743.11
眉　山	99	449.15	173	540.99	292	826.52	306	1044.10	262	874.87
宜　宾	368	510.26	390	815.55	330	794.39	358	777.40	270	670.62
广　安	162	354.54	179	313.03	140	395.84	197	760.19	172	535.46
达　州	365	326.95	153	282.28	146	491.30	289	450.90	283	350.41
雅　安	114	334.68	127	151.20	64	243.55	72	248.88	80	214.90
巴　中	413	73.93	712	104.28	811	393.74	1253	388.38	865	455.83
资　阳	55	185.37	114	679.08	150	670.32	180	667.04	148	664.41
贵　州										
贵　阳	212	1300.90	243	1363.04	326	1817.67	345	1647.94	273	1126.39
六盘水	99	343.23	213	341.89	264	667.23	205	446.98	335	510.38
遵　义	381	451.64	510	939.28	585	1314.62	753	1643.19	1025	1462.45
安　顺	63	163.36	273	292.52	214	409.44	340	759.26	184	553.98
云　南										
昆　明	3470	1223.45	4040	3455.13	2329	2013.59	3790	2253.38	1743	1738.97
曲　靖	701	689.02	709	1000.74	393	669.38	410	485.35	303	485.80
玉　溪	333	503.11	326	609.31	339	461.80	150	390.29	162	397.46
保　山	375	481.25	419	396.80	399	451.69	512	595.43	459	432.68
昭　通	738	204.41	646	211.46	874	261.15	890	136.17	846	203.77
丽　江	59	162.44	112	181.36	80	187.94	82	264.24	112	284.49

续表

地区	2010 年		2011 年		2012 年		2013 年		2014 年	
	宗数	总面积	宗数	总面积	宗数	总面积	宗数	总面积	宗数	总面积
普 洱	305	166.66	417	300.83	530	177.95	441	348.01	361	204.95
临 沧	120	152.10	117	90.90	129	261.48	195	312.36	86	172.15
西 藏										
拉 萨	80	254.63	80	254.63	85	139.39	66	132.76	59	282.13
陕 西										
西 安	254	787.19	151	437.02	382	1536.12	415	1902.89	360	1326.37
铜 川	80	157.83	70	175.32	33	61.57	38	135.60	38	158.87
宝 鸡	134	381.77	150	532.79	195	642.64	291	1069.74	221	758.07
咸 阳	171	648.99	172	541.10	253	1016.88	325	1272.65	306	936.00
渭 南	101	399.33	141	475.95	151	705.92	239	611.48	164	417.67
延 安	81	123.91	99	314.11	83	81.31	132	296.50	127	239.33
汉 中	257	211.84	218	452.16	244	367.82	278	561.38	472	995.32
榆 林	195	1113.36	323	1644.61	479	2439.44	362	1847.14	197	858.90
安 康	367	76.64	380	162.39	397	351.60	412	453.87	314	221.43
商 洛	92	156.29	116	253.51	113	185.00	223	348.79	166	351.81
甘 肃										
兰 州	177	503.16	101	478.02	116	660.19	255	1230.55	283	1261.56
嘉峪关	57	143.12	122	407.19	71	694.62	127	987.50	91	835.92
金 昌	36	109.67	93	487.07	56	310.01	76	288.87	52	109.49
白 银	195	251.33	285	575.46	265	496.74	263	760.00	219	565.31
天 水	71	186.01	66	314.22	54	181.71	104	213.42	73	207.92
武 威	176	194.89	172	889.34	132	857.92	215	1116.43	126	1019.42
张 掖	147	256.53	222	525.54	216	372.03	461	1302.78	380	655.52
平 凉	76	96.94	64	90.56	40	71.98	76	274.98	118	372.18
酒 泉	144	521.32	233	1617.90	298	2731.02	247	1093.23	169	906.70
庆 阳	98	118.23	66	178.30	89	184.17	129	344.94	54	186.63
定 西	110	239.57	93	370.46	122	422.11	163	554.36	94	195.35
陇 南	42	33.39	90	42.66	120	72.86	182	143.07	59	24.36
青 海										
西 宁	144	365.22	209	1000.31	178	887.29	214	628.99	187	880.12
宁 夏										
银 川	259	1370.24	415	2088.10	283	1685.40	494	2327.62	376	1741.30
石嘴山	142	854.64	122	665.71	111	822.96	110	742.07	92	355.57
吴 忠	142	544.90	188	844.63	239	892.44	276	1150.28	228	746.02
固 原	100	282.28	64	199.78	66	120.74	104	434.37	85	273.25
中 卫	92	340.43	72	308.12	104	1220.38	220	824.67	118	564.92
新 疆										
乌鲁木齐	954	1073.65	954	1073.65	272	702.17	318	1490.68	232	1109.11
克拉玛依	109	142.81	109	142.81	90	228.60	166	407.54	125	230.39

数据来源：国土资源部。

表 2－124　　2010—2014 年 286 城市土地出让成交价款

单位：万元

地　区	2010 年	2011 年	2012 年	2013 年	2014 年
北　京	13188719	15554533	6564529	17820964	20276042
天　津	8529622	7673548	5290349	8196643	8019999
河　北					
石家庄	1300158	1300379	1758403	2626514	1967508
唐　山	1620642	2172018	2260438	3307638	1687943
秦皇岛	1181570	620274	959117	759992	364465
邯　郸	1215274	1128633	1032756	1439653	946783
邢　台	484403	588012	561230	712712	675801
保　定	924678	658650	852737	1179316	1019010
张家口	558685	533655	350144	954823	564867
承　德	483969	580728	518154	821674	391285
沧　州	739901	1024592	718532	998450	1066825
廊　坊	1936801	1879940	1666566	3351207	1729711
衡　水	317156	409672	661554	669897	599148
山　西					
太　原	634935	773276	658105	1835227	1447877
大　同	624622	646175	773531	1048542	591330
阳　泉	96268	113618	123400	68731	83462
长　治	82470	316214	306515	293314	277619
晋　城	268627	168234	211793	260453	392756
朔　州	218972	417812	377816	731315	163017
晋　中	165189	262938	406969	455010	439380
运　城	156302	230485	267135	386602	372417
忻　州	107886	203266	302402	438085	263580
临　汾	187537	280590	647357	593339	195940
吕　梁	116703	230764	209952	246200	196174
内蒙古					
呼和浩特	598761	646837	937909	1454753	630058
包　头	448874	578174	576995	713785	420916
乌　海	150174	164503	92329	130797	45820
赤　峰	374138	707776	569212	714338	732860
通　辽	213578	202665	208204	348508	269911
鄂尔多斯	2159075	2423592	1417133	413962	551896
呼伦贝尔	243191	429315	447948	482549	326468
巴彦淖尔	182392	233608	536424	294883	100318
乌兰察布	97407	284153	350472	552944	253704
辽　宁					
沈　阳	2929364	8979391	4516680	4853033	4339942

续表

地 区	2010 年	2011 年	2012 年	2013 年	2014 年
大 连	8709639	10432226	4507264	4857405	1699518
鞍 山	2188919	1729078	1463556	1664611	703281
抚 顺	413811	805083	673286	914407	209146
本 溪	134615	698367	248049	395448	296846
丹 东	303103	576182	624789	484462	385166
锦 州	399608	743033	470777	1299816	334816
营 口	1767621	2861486	1810261	1483650	611247
阜 新	258942	723233	298377	393116	204170
辽 阳	484226	489363	488762	562685	397878
盘 锦	473289	1354681	1294581	785991	610127
铁 岭	567323	449011	388916	769693	585638
朝 阳	200396	511108	593692	618714	512517
葫芦岛	336157	946807	380613	627411	322081
吉 林					
长 春	2816267	3718670	2409286	2881403	1836854
吉 林	486124	687449	731813	811249	583984
四 平	132397	294179	289211	254966	172477
辽 源	62521	57558	183476	62216	44497
通 化	146240	277565	302440	287087	310794
白 山	227618	89554	76751	118046	76298
松 原	53055	34955	128760	110393	144345
白 城	63523	71474	88475	129908	179830
黑龙江					
哈尔滨	2146760	3771161	1471305	2785194	1615936
齐齐哈尔	192756	303881	405792	261014	261912
鸡 西	32197	52988	75773	92622	52161
鹤 岗	18553	32473	22023	62484	31874
双鸭山	47407	66580	81549	76553	37142
大 庆	429037	723713	691861	478932	339751
伊 春	20734	20200	27849	46917	80860
佳木斯	56403	76571	62877	136874	51470
七台河	11759	74244	29712	22201	23447
牡丹江	268778	245999	194657	282111	209067
黑 河	62397	60182	83036	37503	30378
绥 化	219559	147971	194551	301937	213497
上 海	8800940	9481261	6016721	10905195	14863603
江 苏					
南 京	5219587	5287346	4159058	9430931	6353748
无 锡	6263223	5166731	2836393	3914675	2600165
徐 州	1893930	2730243	2790912	4215053	3737530

续表

地 区	2010 年	2011 年	2012 年	2013 年	2014 年
常 州	3393493	4665961	4922619	4992645	5972235
苏 州	6798739	8845341	5868867	11354482	5807461
南 通	3808463	3766078	5731053	8068999	5839547
连云港	871218	1460747	1052140	2684981	1355397
淮 安	2098800	2780768	1894446	1936810	2066712
盐 城	2992153	3918803	3160758	4227154	1992430
扬 州	2219783	2291413	2134923	3255056	2742770
镇 江	646345	1878841	1493113	1799836	1380336
泰 州	1172444	1678203	1495199	2462967	3137362
宿 迁	839910	1353578	1351325	2805970	1321422
浙 江					
杭 州	10252057	7294703	5644769	14313683	7489219
宁 波	6928197	4786354	4591484	7311146	3353929
温 州	3056641	4758069	1911807	5130214	2815922
嘉 兴	2987142	2390705	1694185	2487602	2064482
湖 州	1612528	1616304	773848	1440795	1735121
绍 兴	2829560	2625372	2083519	3232326	1729606
金 华	3033567	3356611	991971	2306356	1660966
衢 州	822702	601957	267699	574551	510965
舟 山	1420070	839775	541038	609260	409014
台 州	2792540	1375120	1316885	3035170	1047662
丽 水	665244	697599	478286	810280	512909
安 徽					
合 肥	1876096	2346533	3060629	4836301	4871667
芜 湖	1992835	1335804	1523528	1945515	1451157
蚌 埠	520363	477844	792758	1162733	997939
淮 南	274674	418351	316581	437693	396118
马鞍山	522518	541748	569149	1020571	293541
淮 北	479050	612076	257198	205141	244896
铜 陵	541644	685411	514846	814606	530506
安 庆	625290	790554	640635	524687	754829
黄 山	445871	391405	334548	294919	248191
滁 州	891118	871524	595546	1741748	1111171
阜 阳	417545	328355	616924	1972823	1657088
宿 州	390054	501855	681561	990381	1237273
六 安	435103	913731	777516	1073206	1857993
亳 州	274679	585942	720707	2249800	1105889
池 州	679434	363468	338226	1457947	604666
宣 城	373241	699856	440453	1242926	774773

续表

地 区	2010 年	2011 年	2012 年	2013 年	2014 年
福 建					
福 州	3660341	3810119	3013087	4955525	2863501
厦 门	3290150	1410287	1746325	2304747	2271923
莆 田	528789	712766	562317	1010692	627878
三 明	381412	839736	531767	975919	439961
泉 州	1268417	1970066	1757790	1959698	2078021
漳 州	826555	707490	730885	1543577	1284145
南 平	478959	466335	418802	561673	443632
龙 岩	397483	756431	991835	1477552	276631
宁 德	552137	549600	579326	1006703	566098
江 西					
南 昌	1497565	1968219	1604858	3504488	3015716
景德镇	241386	175949	249719	391603	269458
萍 乡	104207	323822	174337	696879	322941
九 江	894126	1238667	1176516	2211224	1606208
新 余	112866	372108	119986	357872	555497
鹰 潭	212280	262650	322155	377240	299819
赣 州	1016860	860219	1410158	1849750	1282712
吉 安	477232	496856	584269	1001460	536724
宜 春	570165	902862	857680	1248002	957027
抚 州	413534	487191	432724	798300	504953
上 饶	486966	550349	769756	947697	788412
山 东					
济 南	3095655	3123402	3656989	4602923	4119440
青 岛	5350153	5298020	4304545	4588383	4385180
淄 博	868655	789442	901642	1820521	1435619
枣 庄	650467	1039218	1006578	1795330	1079754
东 营	610628	1252098	1059156	1179297	794554
烟 台	2538263	2140731	1209726	2725806	1746748
潍 坊	2756955	3043856	2846769	3778934	3060977
济 宁	2946110	1466398	1576666	2494707	1877606
泰 安	714617	665756	794667	956662	869283
威 海	1762941	2066198	3117216	2602392	1682223
日 照	396718	507362	1150150	1224353	563588
莱 芜	167196	124499	139904	261279	156253
临 沂	1352715	1447262	1289226	2775369	2285559
德 州	564355	1040318	1092387	1524990	1142921
聊 城	578651	520334	617263	914631	753312
滨 州	595389	628633	594040	583336	509110

续表

地 区	2010 年	2011 年	2012 年	2013 年	2014 年
菏 泽	493993	557568	633572	1072891	1106986
河 南					
郑 州	1595075	2564740	3309930	4945120	5533652
开 封	466515	456635	403525	802374	601598
洛 阳	576975	1184569	933338	1119923	962761
平顶山	323830	305430	453990	963766	488475
安 阳	612553	523363	441691	663830	938741
鹤 壁	185449	171734	279554	323073	387042
新 乡	217343	453929	399122	592381	614841
焦 作	270208	373716	520757	611750	504201
濮 阳	121669	286719	525051	440090	335010
许 昌	398871	568764	387195	777483	651717
漯 河	98470	263792	368697	485744	248006
三门峡	225092	219790	243736	242737	235145
南 阳	425375	379481	536672	614545	810338
商 丘	266385	589455	552825	829449	511966
信 阳	331327	381489	312168	441156	440753
周 口	119146	258089	605624	506414	478824
驻马店	279242	521331	560793	673892	482336
湖 北					
武 汉	3632931	5771131	3718373	6749099	5134757
黄 石	222970	410053	279276	1278773	344757
十 堰	340337	289589	383776	475177	594998
宜 昌	712257	501728	897558	1542277	934131
襄 阳	418539	949747	930578	1317874	1273550
鄂 州	274254	166279	381633	313560	178601
荆 门	240083	419314	534168	395840	578736
孝 感	346650	501182	463588	749866	783175
荆 州	375768	555865	427908	887136	614809
黄 冈	201181	332518	417979	698532	711287
咸 宁	324737	445233	444546	582649	529349
随 州	182870	213752	249771	350826	288624
湖 南					
长 沙	1806540	3416556	2867558	4745502	3562730
株 洲	333668	542285	291374	787737	600330
湘 潭	232323	737646	603760	523743	442278
衡 阳	277957	633840	519927	844818	1137404
邵 阳	257101	316984	371848	420746	448311
岳 阳	280460	304586	397063	636119	520308

续表

地区	2010年	2011年	2012年	2013年	2014年
常德	316101	571086	542874	847900	676415
张家界	177340	114834	170650	195689	135543
益阳	222071	225607	359751	433595	406755
郴州	297146	539378	522154	720952	565129
永州	199643	371107	222928	387168	484890
怀化	414836	568974	587345	738107	705809
娄底	137816	186207	262303	450565	448277
广东					
广州	3642805	3323857	2978279	7604046	8334208
韶关	193237	264142	220947	698490	304700
深圳	508453	437766	975458	5484833	6787056
珠海	927846	794775	1211479	3358565	2361576
汕头	123392	308805	150713	490091	931068
佛山	2693465	2366546	3874294	5509876	3979581
江门	383334	606455	542346	735688	769838
湛江	262497	202937	492330	1053006	449422
茂名	60562	284973	115714	516982	631869
肇庆	238644	307640	375371	706273	450924
惠州	1013873	946533	925784	1025750	776205
梅州	176785	278505	214351	416753	501858
汕尾	9871	48114	41831	88858	163847
河源	145894	158916	157572	357859	292479
阳江	384329	342282	349360	217527	333391
清远	418211	657507	249660	703353	846249
东莞	1357811	1349448	1141017	2155592	1058411
中山	676689	652265	513811	573682	275128
潮州	57691	4390	174116	179196	392402
揭阳	160677	233957	220571	301985	396278
云浮	64122	123215	246938	366644	279339
广西					
南宁	1831380	1333020	1157870	1013904	2325383
柳州	351738	588974	1016276	1309522	957964
桂林	287948	636932	329782	651860	626702
梧州	329976	431735	370111	283418	186342
北海	235261	210565	216407	342472	169147
防城港	157702	292076	256685	364723	140343
钦州	272274	256970	297158	434065	231648
贵港	56095	103859	159382	311504	357604
玉林	341740	331318	301521	414136	280475

续表

地　区	2010 年	2011 年	2012 年	2013 年	2014 年
百　色	147744	294963	292752	406487	371598
贺　州	61241	76844	141703	235945	106908
河　池	65198	34346	141894	151071	164010
来　宾	38751	215481	284785	295426	253394
崇　左	69798	136143	80160	128306	141492
海　南					
海　口	170036	169043	303401	395161	248474
三　亚	514893	583121	793512	614907	694272
重　庆	7328838	9604680	11872751	17227485	13313845
四　川					
成　都	5350740	4845349	6166028	7158551	5593445
自　贡	260287	193313	272735	518741	419520
攀枝花	214044	210071	193108	179792	94245
泸　州	495875	769862	359343	783375	507824
德　阳	585757	553321	441649	571653	490538
绵　阳	479672	487011	863044	906441	677366
广　元	178706	197325	232793	349962	313595
遂　宁	413147	445509	163753	1019530	398197
内　江	261450	359818	370540	919266	362577
乐　山	640448	371433	598166	554637	691812
南　充	647369	537079	580584	1682711	1223860
眉　山	210050	260017	627685	1030753	885734
宜　宾	367731	733391	580656	758855	610104
广　安	278896	323573	311177	734465	646345
达　州	314298	239134	297583	707680	528138
雅　安	122383	260979	50599	110507	105425
巴　中	87704	108204	485786	643916	668412
资　阳	123183	283357	833300	1113927	955731
贵　州					
贵　阳	998381	1146535	1817902	1998839	1537208
六盘水	97007	101703	345128	328878	688689
遵　义	190939	681135	693645	1283982	958330
安　顺	95052	172016	218631	834741	241272
云　南					
昆　明	2479966	7226424	4372797	5492601	2126091
曲　靖	282006	424141	518890	385591	284840
玉　溪	245433	286094	261384	221785	176315
保　山	166421	144923	209467	273140	256985
昭　通	151913	169710	145731	112849	157045

续表

地　区	2010 年	2011 年	2012 年	2013 年	2014 年
丽　江	19913	67899	91637	140091	91883
普　洱	92985	118754	157419	217083	159595
临　沧	31816	22877	95299	142410	77824
西　藏					
拉　萨	56808	56808	30637	43456	137983
陕　西					
西　安	1309657	822193	2765103	2535253	2737021
铜　川	67611	65812	32579	60044	56979
宝　鸡	172494	276653	226757	599476	457891
咸　阳	339600	301736	427461	889135	590364
渭　南	162060	209015	274795	313235	266574
延　安	74043	158354	107241	232419	330747
汉　中	97062	213319	243202	408092	488815
榆　林	341871	511454	1110403	1321549	277821
安　康	23317	70070	132231	485061	374193
商　洛	65631	103034	72893	173488	167988
甘　肃					
兰　州	665348	494512	286467	724178	673276
嘉峪关	11209	15628	35373	20115	53169
金　昌	7649	53311	26835	70203	14018
白　银	50296	139042	53374	169937	151225
天　水	135937	182995	160880	196120	145260
武　威	52098	170841	95330	154084	121055
张　掖	80939	110772	68749	170891	119279
平　凉	41304	81827	35959	117293	242559
酒　泉	56683	85075	103726	158212	106763
庆　阳	82015	155203	182650	221820	94121
定　西	92689	109674	101133	177150	87893
陇　南	6330	27476	20186	46255	14796
青　海					
西　宁	417420	467053	299307	558131	566773
宁　夏					
银　川	404925	689194	447848	1147061	546611
石嘴山	178539	169225	86417	115707	55279
吴　忠	125994	234674	186396	272987	90451
固　原	103238	56221	42738	73182	88560
中　卫	86500	132512	174120	143678	196445
新　疆					
乌鲁木齐	427985	427985	406159	862602	434768
克拉玛依	26705	26705	71519	135160	56624

数据来源：国土资源部。

表 2－125 2010—2014 年 286 城市土地出让平均单价

单位：元/平方米

地　区	2010 年	2011 年	2012 年	2013 年	2014 年
北　京	6127	6122	5378	9251	13306
天　津	1615	1233	1039	1868	2286
河　北					
石家庄	1066	888	1325	1861	1424
唐　山	665	621	447	659	584
秦皇岛	1353	989	1106	972	878
邯　郸	893	1182	755	911	757
邢　台	499	480	474	468	612
保　定	698	525	625	696	783
张家口	489	385	463	791	657
承　德	708	749	601	654	731
沧　州	236	570	412	579	536
廊　坊	1123	895	972	1374	1388
衡　水	378	501	681	552	531
山　西					
太　原	1144	1070	904	2431	1927
大　同	1682	954	1002	1304	1006
阳　泉	376	558	539	526	364
长　治	257	360	450	613	617
晋　城	745	798	593	634	862
朔　州	396	548	594	920	562
晋　中	333	369	571	533	630
运　城	238	404	367	466	476
忻　州	441	199	486	800	732
临　汾	360	429	701	602	623
吕　梁	270	334	281	333	366
内蒙古					
呼和浩特	765	720	925	1467	1080
包　头	545	622	726	571	809
乌　海	287	284	175	434	122
赤　峰	418	557	365	427	491
通　辽	103	169	220	245	298
鄂尔多斯	475	499	431	362	284
呼伦贝尔	202	199	290	278	289
巴彦淖尔	145	195	431	251	170
乌兰察布	154	193	264	375	278
辽　宁					
沈　阳	931	1367	1447	1955	1936

续表

地 区	2010 年	2011 年	2012 年	2013 年	2014 年
大 连	1796	1919	2111	2293	1431
鞍 山	945	964	1004	1024	911
抚 顺	479	703	903	1034	856
本 溪	275	1130	733	614	694
丹 东	484	786	1046	499	729
锦 州	374	938	655	998	542
营 口	552	872	934	1125	836
阜 新	533	759	481	594	466
辽 阳	674	743	485	1073	1171
盘 锦	488	557	537	564	665
铁 岭	300	272	707	683	873
朝 阳	309	581	687	641	733
葫芦岛	379	532	583	712	790
吉 林					
长 春	1147	1058	1157	1090	1568
吉 林	535	595	628	630	610
四 平	205	311	494	421	408
辽 源	242	278	462	272	388
通 化	439	572	583	622	621
白 山	193	226	247	314	272
松 原	290	222	488	338	472
白 城	139	258	352	389	443
黑龙江					
哈尔滨	1025	1194	883	1293	1174
齐齐哈尔	302	416	511	334	267
鸡 西	174	303	218	251	257
鹤 岗	143	197	270	501	243
双鸭山	171	247	337	279	265
大 庆	599	443	610	623	690
伊 春	149	209	246	200	212
佳木斯	121	166	184	288	158
七台河	166	425	190	211	195
牡丹江	326	391	420	447	6365
黑 河	177	170	125	184	178
绥 化	214	204	197	226	253
上 海	4551	3677	4046	8153	10084
江 苏					
南 京	3724	3098	2155	5252	4699
无 锡	2383	2044	1436	1838	1758
徐 州	816	1141	1019	1599	1714

续表

地 区	2010 年	2011 年	2012 年	2013 年	2014 年
常 州	1425	1981	1799	2266	2702
苏 州	1637	1938	1409	2632	2113
南 通	1189	984	1290	1881	1768
连云港	462	493	428	572	736
淮 安	1160	1267	969	1119	1210
盐 城	739	811	758	967	747
扬 州	1166	1378	1306	1621	1773
镇 江	1197	1644	1008	1068	1282
泰 州	799	1077	850	1239	1793
宿 迁	555	775	612	1206	701
浙 江					
杭 州	3405	3159	3544	6650	4668
宁 波	3011	1334	1951	2788	2059
温 州	4965	5077	2474	3962	3790
嘉 兴	1141	1397	1246	1678	1445
湖 州	1219	1338	840	953	1274
绍 兴	1638	1740	1736	1902	1582
金 华	2006	3673	1223	1626	1724
金 华	731	775	605	932	780
舟 山	1023	1248	591	1179	603
台 州	1938	1693	1647	2228	1653
丽 水	1219	1077	834	993	1064
安 徽					
合 肥	1459	1850	1577	2757	2167
芜 湖	1160	1171	940	929	1018
蚌 埠	972	585	816	1013	1128
淮 南	1048	1070	771	1125	1645
马鞍山	1053	828	736	1199	822
淮 北	621	668	613	832	933
铜 陵	845	1221	980	1472	1496
安 庆	767	864	696	677	1042
黄 山	1107	569	688	592	633
滁 州	816	779	431	669	606
阜 阳	696	786	744	1649	1847
宿 州	577	647	677	1045	1450
六 安	701	760	477	796	1175
亳 州	792	1043	1132	1622	1323
池 州	679	371	425	1484	891
宣 城	583	585	362	799	701

续表

地　区	2010 年	2011 年	2012 年	2013 年	2014 年
福　建					
福　州	2708	1643	1516	1993	2100
厦　门	3305	1932	3469	5903	6478
莆　田	1296	1298	1135	1961	1643
三　明	518	751	487	991	680
泉　州	1104	1146	1174	1290	1427
漳　州	513	333	420	823	764
南　平	950	470	545	665	599
龙　岩	408	625	978	1389	614
宁　德	1006	1432	918	1068	695
江　西					
南　昌	917	1286	1099	1424	1965
景德镇	548	404	1095	891	669
萍　乡	522	536	717	1081	1065
九　江	811	728	599	835	1007
新　余	494	314	307	469	1083
鹰　潭	678	528	745	598	670
赣　州	939	635	1194	1021	1196
吉　安	642	475	660	875	579
宜　春	361	381	502	664	628
抚　州	414	572	423	489	689
上　饶	668	583	589	599	1035
山　东					
济　南	1750	1723	2265	2450	2843
青　岛	1406	1406	1074	985	1342
淄　博	419	738	868	863	1534
枣　庄	844	1315	1498	1373	1585
东　营	341	546	498	528	471
烟　台	563	564	578	799	864
潍　坊	389	445	407	527	770
济　宁	1316	1044	978	1048	1080
泰　安	522	742	745	746	867
威　海	663	936	906	887	982
日　照	510	573	1163	1115	995
莱　芜	322	387	301	284	471
临　沂	510	620	600	684	939
德　州	445	708	593	741	992
聊　城	416	422	438	514	582
滨　州	353	462	500	460	528

续表

地　区	2010 年	2011 年	2012 年	2013 年	2014 年
菏　泽	312	399	387	585	779
河　南					
郑　州	1107	952	1127	1576	2149
开　封	649	595	629	738	786
洛　阳	425	760	633	798	770
平顶山	409	554	550	965	621
安　阳	908	581	598	462	691
鹤　壁	404	365	590	418	750
新　乡	258	352	317	382	447
焦　作	377	344	329	435	437
濮　阳	463	654	966	700	941
许　昌	504	832	579	831	1049
漯　河	339	599	601	892	713
三门峡	405	595	472	387	521
南　阳	512	436	458	591	719
商　丘	423	520	445	673	533
信　阳	747	711	682	744	713
周　口	305	514	597	560	614
驻马店	351	510	598	540	554
湖　北					
武　汉	1205	1578	1421	2531	1961
黄　石	419	498	550	724	666
十　堰	671	514	466	455	695
宜　昌	370	418	613	698	801
襄　阳	440	501	461	684	760
鄂　州	394	562	640	481	651
荆　门	289	403	403	451	549
孝　感	364	367	309	745	672
荆　州	393	486	319	631	610
黄　冈	228	374	398	541	574
咸　宁	416	385	425	398	527
随　州	581	445	457	559	512
湖　南					
长　沙	881	1355	1503	2318	1643
株　洲	928	899	822	1088	1328
湘　潭	499	1191	838	969	711
衡　阳	393	472	585	762	1170
邵　阳	582	587	689	892	906
岳　阳	443	475	636	900	746

续表

地　区	2010 年	2011 年	2012 年	2013 年	2014 年
常　德	434	726	810	907	744
张家界	635	944	1176	1214	1698
益　阳	462	547	618	631	790
郴　州	429	773	857	780	863
永　州	410	649	539	508	748
怀　化	661	748	868	1040	1024
娄　底	506	825	808	739	1032
广　东					
广　州	2054	3030	3019	5396	8444
韶　关	405	503	412	929	544
深　圳	1761	1867	1984	10210	12390
珠　海	1249	1221	2166	7474	4357
汕　头	832	757	1175	2995	6933
佛　山	2154	2599	3022	4198	3780
江　门	351	729	470	874	1173
湛　江	469	396	480	1329	834
茂　名	430	691	478	893	1440
肇　庆	372	443	526	647	538
惠　州	794	636	936	795	940
梅　州	461	838	728	753	1042
汕　尾	423	422	429	482	1377
河　源	495	690	601	842	624
阳　江	443	584	365	511	667
清　远	412	702	589	594	1010
东　莞	1941	2022	2590	2358	1972
中　山	771	838	834	1397	1286
潮　州	1869	509	1042	770	1552
揭　阳	1079	1117	457	835	444
云　浮	311	309	436	713	628
广　西					
南　宁	1896	1536	1263	1139	1985
柳　州	603	956	1060	1469	1391
桂　林	420	893	553	928	1315
梧　州	608	659	648	540	536
北　海	805	520	425	846	508
防城港	361	500	345	330	278
钦　州	289	598	528	790	495
贵　港	402	316	468	619	827
玉　林	582	521	599	699	635

续表

地　区	2010 年	2011 年	2012 年	2013 年	2014 年
百　色	458	488	353	653	653
贺　州	235	257	329	740	313
河　池	266	221	463	264	612
来　宾	388	794	776	446	643
崇　左	317	315	323	408	592
海　南					
海　口	1332	1436	1420	3485	2451
三　亚	4402	2691	3214	3775	5738
重　庆	1334	1474	1855	2081	1748
四　川					
成　都	1566	1586	1898	2255	2564
自　贡	908	616	754	754	1651
攀枝花	771	507	399	603	378
泸　州	456	615	489	1117	940
德　阳	630	385	463	585	590
绵　阳	621	480	624	845	811
广　元	652	624	473	482	1025
遂　宁	1301	995	434	926	706
内　江	869	819	1013	1930	1152
乐　山	899	527	1108	934	1130
南　充	1256	1005	1118	1618	1647
眉　山	468	481	759	987	1012
宜　宾	721	899	731	976	910
广　安	787	1034	786	966	1207
达　州	961	847	606	1569	1507
雅　安	366	1726	208	444	491
巴　中	1186	1038	1234	1658	1466
资　阳	665	417	1243	1670	1438
贵　州					
贵　阳	767	841	1000	1213	1365
六盘水	283	297	517	736	1349
遵　义	423	725	528	781	655
安　顺	582	588	534	1099	436
云　南					
昆　明	2027	2092	2172	2437	1223
曲　靖	409	424	775	794	586
玉　溪	488	470	566	568	444
保　山	346	365	464	459	594
昭　通	743	803	558	829	771

续表

地 区	2010 年	2011 年	2012 年	2013 年	2014 年
丽 江	123	374	488	530	323
普 洱	558	395	885	624	779
临 沧	209	252	364	456	452
西 藏					
拉 萨	223	223	220	327	489
陕 西					
西 安	1664	1881	1800	1332	2064
铜 川	428	375	529	443	359
宝 鸡	452	519	353	560	604
咸 阳	523	558	420	699	631
渭 南	406	439	389	512	638
延 安	598	504	1319	784	1382
汉 中	458	472	661	727	491
榆 林	307	311	455	715	323
安 康	304	431	376	1069	1690
商 洛	420	406	394	497	477
甘 肃					
兰 州	1322	1035	434	588	534
嘉峪关	78	38	51	20	64
金 昌	70	109	87	243	128
白 银	200	242	107	224	268
天 水	731	582	885	919	699
武 威	267	192	111	138	119
张 掖	316	211	185	131	182
平 凉	426	904	500	427	652
酒 泉	109	53	38	145	118
庆 阳	694	870	992	643	504
定 西	387	296	240	320	450
陇 南	190	644	277	323	607
青 海					
西 宁	1143	467	337	887	644
宁 夏					
银 川	296	330	266	493	314
石嘴山	209	254	105	156	155
吴 忠	231	278	209	237	121
固 原	366	281	354	168	324
中 卫	254	430	143	174	348
新 疆					
乌鲁木齐	399	399	578	579	392
克拉玛依	187	187	313	332	246

数据来源：国土资源部。

表 2－126　　2010—2014 年 286 城市土地协议出让宗数及面积

单位：宗，万平方米

地　区	2010 年		2011 年		2012 年		2013 年		2014 年	
	宗数	总面积	宗数	总面积	宗数	总面积	宗数	总面积	宗数	总面积
北　京	338	569.02	346	943.95	302	587.19	323	655.52	218	510.41
天　津	750	278.68	474	143.16	416	298.30	373	117.25	367	252.52
河　北										
石家庄	67	152.32	40	121.24	50	171.57	30	22.74	31	127.05
唐　山	74	224.59	158	939.91	209	1772.39	376	805.74	239	398.15
秦皇岛	101	192.18	97	88.66	86	93.77	59	69.87	50	28.04
邯　郸	68	65.48	41	35.94	42	43.54	78	93.52	65	46.99
邢　台	46	40.11	26	23.99	42	69.38	29	34.67	41	12.16
保　定	166	191.08	76	121.76	69	114.55	100	200.07	45	46.27
张家口	123	267.53	96	190.50	41	117.16	87	170.92	68	161.26
承　德	142	82.89	79	82.46	94	111.45	106	161.14	50	52.13
沧　州	—	—	113	100.75	32	18.79	196	77.08	92	60.65
廊　坊	44	89.62	41	52.41	26	31.25	63	94.28	39	86.13
衡　水	83	176.57	79	56.29	70	93.38	82	77.45	84	29.47
山　西										
太　原	30	85.00	24	32.81	25	23.31	32	43.95	10	18.26
大　同	35	61.76	33	131.43	19	93.59	26	19.85	25	65.56
阳　泉	8	1.28	10	20.32	20	33.09	7	1.55	1	0.14
长　治	47	45.04	43	83.29	21	102.08	58	46.92	57	18.12
晋　城	36	99.62	15	87.59	20	35.06	11	12.73	42	130.92
朔　州	6	66.93	17	117.56	5	19.49	13	35.14	1	1.41
晋　中	94	109.35	70	145.29	58	145.55	64	65.26	50	59.16
运　城	44	61.56	83	57.84	44	33.91	103	55.06	75	41.60
忻　州	16	9.77	8	10.96	1	13.25	3	4.25	1	6.49
临　汾	89	94.05	75	46.47	126	117.45	65	57.21	33	20.82
吕　梁	10	32.99	10	25.51	6	74.66	1	0.80	20	224.17
内蒙古										
呼和浩特	37	52.44	52	108.68	28	45.01	25	62.02	9	8.85
包　头	64	65.21	56	69.25	49	84.74	50	73.67	12	81.41
乌　海	40	220.47	51	165.47	21	8.29	13	5.96	29	65.95
赤　峰	96	152.78	90	122.30	80	98.51	118	154.24	101	107.39
通　辽	228	1091.61	217	260.78	180	106.27	103	82.83	101	29.92
鄂尔多斯	399	156.10	308	184.69	85	159.85	102	58.57	121	22.99
呼伦贝尔	175	289.64	158	633.66	109	141.75	137	459.10	84	113.51
巴彦淖尔	263	299.13	115	85.53	75	37.75	61	37.49	42	50.66
乌兰察布	16	49.26	51	194.92	47	135.45	17	148.38	17	42.52
辽　宁										
沈　阳	76	104.42	64	87.76	88	75.70	61	47.26	47	22.27

续表

地　区	2010 年		2011 年		2012 年		2013 年		2014 年	
	宗数	总面积	宗数	总面积	宗数	总面积	宗数	总面积	宗数	总面积
大　连	255	232. 46	174	173. 67	139	163. 49	119	202. 38	86	110. 76
鞍　山	63	464. 89	73	70. 14	85	55. 40	119	40. 65	53	78. 53
抚　顺	36	47. 29	33	31. 26	36	29. 08	65	71. 35	77	56. 28
本　溪	46	39. 97	24	24. 61	33	31. 03	55	92. 51	29	29. 64
丹　东	128	94. 47	146	43. 68	233	42. 82	148	463. 91	131	130. 27
锦　州	135	109. 29	117	85. 22	47	43. 40	33	46. 17	27	22. 04
营　口	24	119. 82	36	287. 80	12	8. 19	13	32. 51	11	37. 75
阜　新	25	47. 84	24	35. 47	30	320. 77	35	31. 04	15	19. 85
辽　阳	102	143. 17	132	65. 37	84	94. 16	112	96. 93	79	52. 23
盘　锦	—	—	5	8. 57	3	2. 73	7	20. 88	12	19. 24
铁　岭	212	401. 80	117	247. 61	64	24. 33	44	52. 12	26	13. 20
朝　阳	62	77. 77	24	18. 40	23	24. 63	37	154. 04	53	72. 89
葫芦岛	95	367. 98	80	296. 53	37	75. 02	38	53. 14	34	41. 76
吉　林										
长　春	305	243. 90	294	303. 43	224	228. 61	202	153. 98	216	118. 39
吉　林	18	48. 13	19	42. 53	25	73. 47	28	141. 40	48	167. 36
四　平	492	193. 98	674	130. 91	200	52. 51	293	77. 21	528	48. 54
辽　源	99	88. 82	67	54. 94	69	53. 16	35	21. 15	26	21. 95
通　化	55	97. 70	85	66. 40	64	64. 69	48	62. 89	186	79. 49
白　山	245	45. 66	316	96. 10	260	22. 79	374	43. 84	231	79. 26
松　原	18	18. 66	4	0. 44	14	7. 17	42	15. 34	45	10. 27
白　城	86	97. 74	114	26. 06	97	11. 27	119	42. 56	89	26. 66
黑龙江										
哈尔滨	107	158. 73	64	203. 00	100	103. 97	104	229. 49	64	139. 67
齐齐哈尔	31	108. 19	56	61. 44	60	165. 20	53	127. 56	61	53. 80
鸡　西	77	64. 88	58	87. 64	55	172. 27	70	146. 65	39	43. 04
鹤　岗	24	15. 48	17	15. 87	13	6. 40	11	24. 22	31	46. 92
双鸭山	34	25. 15	40	28. 53	10	7. 38	21	29. 99	12	10. 30
大　庆	87	140. 41	97	32. 61	76	34. 17	128	34. 49	145	46. 44
伊　春	33	53. 43	29	24. 20	34	17. 47	81	72. 06	69	257. 45
佳木斯	25	41. 55	41	20. 32	29	63. 12	20	48. 34	23	70. 46
七台河	7	15. 52	16	3. 78	18	3. 99	4	9. 33	3	25. 81
牡丹江	25	103. 45	43	67. 64	45	69. 68	55	93. 03	29	16. 88
黑　河	39	39. 11	26	23. 81	66	174. 12	49	46. 42	33	23. 48
绥　化	27	36. 24	2	4. 51	12	24. 41	24	65. 48	19	15. 61
上　海	16	46. 52	26	169. 04	24	128. 19	42	102. 51	24	55. 47
江　苏										
南　京	188	187. 15	105	144. 54	47	38. 53	69	154. 61	114	22. 25
无　锡	154	261. 12	51	94. 68	66	126. 55	52	70. 72	26	32. 55
徐　州	93	61. 16	230	54. 50	51	29. 50	28	19. 62	29	12. 11

续表

地区	2010年		2011年		2012年		2013年		2014年	
	宗数	总面积	宗数	总面积	宗数	总面积	宗数	总面积	宗数	总面积
常州	198	158.40	105	249.32	98	98.45	60	42.98	50	32.95
苏州	86	272.74	40	109.62	17	35.02	18	21.39	20	94.77
南通	130	26.43	137	449.90	45	18.69	95	13.10	43	9.46
连云港	31	24.68	15	10.52	64	72.79	806	8.61	—	—
淮安	90	52.96	45	43.80	362	8.08	540	9.75	546	221.45
盐城	96	31.94	78	25.01	64	83.74	43	37.72	23	17.68
扬州	197	72.30	133	75.07	134	76.24	111	39.83	103	17.68
镇江	21	7.93	4	2.69	25	7.98	23	5.01	47	2.90
泰州	61	64.49	36	18.97	39	7.75	57	95.69	23	83.93
宿迁	14	12.46	9	16.57		—	—	—	—	—
浙江										
杭州	76	59.08	76	48.84	65	42.62	39	69.58	31	17.15
宁波	50	55.38	110	153.51	58	54.82	60	30.29	56	146.92
温州	103	88.07	212	139.15	233	287.93	257	279.44	129	163.81
嘉兴	81	85.40	72	84.14	50	106.07	358	104.70	92	113.79
湖州	3	1.44	13	22.15	10	5.27	12	3.87	8	8.39
绍兴	72	81.64	30	19.11	53	37.26	35	60.41	18	21.54
金华	48	40.74	25	61.42	53	11.62	36	24.76	29	23.71
金华	5	1.24	1	0.11	4	16.81	2	1.93	—	—
舟山	23	633.12	21	85.98	12	294.23	22	49.93	51	501.89
台州	154	40.97	145	72.25	113	18.24	126	36.34	79	7.19
丽水	11	5.15	6	11.26	9	10.05	12	28.26	9	18.84
安徽										
合肥	44	45.87	34	25.44	27	22.76	39	15.61	74	4.61
芜湖	47	194.11	49	26.86	146	299.30	172	560.66	65	328.24
蚌埠	10	5.69	76	5.08	17	18.88	42	91.99	16	38.75
淮南	66	87.32	19	35.73	20	92.93	7	49.87	11	17.12
马鞍山	55	74.96	52	12.82	20	19.94	6	8.33	80	33.63
淮北	25	104.82	60	76.43	18	10.76	8	1.60	4	18.80
铜陵	3	123.84	2	43.44	0	0.00	—	—	4	7.84
安庆	72	13.59	135	16.32	124	31.26	66	8.35	67	40.99
黄山	7	5.15	29	0.46	3	1.42	4	19.52	1	3.66
滁州	128	90.61	54	20.85	136	6.08	38	5.95	1	0.84
阜阳	20	54.93	7	4.42	14	57.01	8	98.55	13	29.69
宿州	13	13.65	36	14.75	6	6.28	9	10.83	99	28.10
六安	160	7.44	103	17.86	120	84.89	97	13.31	74	9.33
亳州	36	32.49	50	81.51	34	52.16	65	22.31	7	3.39
池州	199	96.48	—	—	—	—	—	—	—	—
宣城	—	—	242	167.54	83	0.58	104	4.10	36	3.89

续表

地区	2010年		2011年		2012年		2013年		2014年	
	宗数	总面积	宗数	总面积	宗数	总面积	宗数	总面积	宗数	总面积
福　建										
福　州	98	118.02	68	430.97	51	227.66	66	263.33	32	96.54
厦　门	8	18.54	13	42.41	10	17.30	3	48.86	2	1.83
莆　田	8	13.94	7	5.39	6	7.66	15	35.87	18	46.01
三　明	89	40.05	37	46.74	30	54.63	35	26.24	30	15.27
泉　州	17	37.90	38	136.59	27	60.69	54	68.11	40	26.93
漳　州	19	38.31	48	79.28	43	216.96	21	31.16	24	66.09
南　平	7	7.61	6	8.57	11	13.99	6	8.34	8	7.33
龙　岩	17	25.01	34	40.97	32	47.75	33	100.62	8	0.65
宁　德	15	206.96	11	11.89	27	51.26	37	180.98	20	160.96
江　西										
南　昌	36	50.99	50	134.01	92	54.46	99	180.86	136	230.24
景德镇	2	1.61	4	6.03	2	0.72	3	0.66	8	2.60
萍　乡	33	1.57	9	16.05	9	3.17	10	9.13	11	1.80
九　江	14	0.55	15	51.96	28	137.96	32	0.82	26	8.72
新　余	—	—	7	67.18	—	—	—	—	—	—
鹰　潭	11	5.13	22	17.31	8	19.20	8	81.99	20	33.87
赣　州	9	9.32	24	34.85	7	5.43	6	1.65	22	10.90
吉　安	29	22.95	32	26.93	23	14.91	72	11.22	56	13.32
宜　春	9	6.03	—	—	2	2.32	2	0.04	5	10.61
抚　州	42	41.06	42	0.86	27	2.16	14	0.23	32	3.95
上　饶	26	77.38	13	124.54	6	202.89	1	2.59	14	48.73
山　东										
济　南	33	65.32	33	109.00	20	29.74	64	107.06	30	26.66
青　岛	236	360.37	188	220.73	216	114.44	149	706.25	82	119.16
淄　博	288	1163.30	237	219.60	144	379.89	184	478.59	177	166.62
枣　庄	18	12.85	14	14.93	3	22.29	66	49.45	19	4.86
东　营	6	36.28	14	72.15	17	89.03	6	9.78	15	46.80
烟　台	223	546.36	282	466.30	214	266.53	188	254.51	136	342.25
潍　坊	202	1926.61	202	1674.79	121	1584.60	128	2005.58	63	185.22
济　宁	136	322.44	70	247.83	59	184.12	124	211.65	103	90.12
泰　安	127	124.25	52	55.49	32	32.25	52	78.68	43	73.60
威　海	76	23.44	32	29.59	164	453.51	53	57.53	68	208.76
日　照	43	10.99	28	10.35	17	3.61	109	77.65	22	10.78
莱　芜	215	59.39	178	66.20	218	50.95	438	61.78	226	54.03
临　沂	58	186.75	168	86.30	61	25.45	446	279.22	124	47.46
德　州	41	91.92	58	122.82	99	103.82	34	74.30	22	22.75
聊　城	28	20.64	16	26.08	13	15.78	31	21.93	34	15.65
滨　州	22	146.30	7	1.90	1	3.41	14	1.79	32	13.97

续表

地 区	2010 年		2011 年		2012 年		2013 年		2014 年	
	宗数	总面积	宗数	总面积	宗数	总面积	宗数	总面积	宗数	总面积
菏 泽	19	50.43	6	52.51	1	3.14	115	84.59	36	25.51
河 南										
郑 州	128	220.96	153	371.25	110	320.34	133	256.04	75	199.68
开 封	16	56.31	13	14.06	4	8.10	10	3.46	3	0.90
洛 阳	46	571.66	38	110.12	99	413.11	88	124.04	39	86.41
平顶山	88	244.76	72	93.68	137	196.92	152	137.49	84	155.63
安 阳	60	36.32	28	77.78	31	24.24	46	47.50	29	37.37
鹤 壁	307	65.54	23	50.82	22	41.16	54	96.92	11	15.82
新 乡	115	162.72	120	280.30	108	255.23	92	147.83	45	24.00
焦 作	59	141.65	96	181.99	115	343.79	92	149.01	37	116.73
濮 阳	71	43.21	35	64.53	69	95.24	26	42.95	54	33.66
许 昌	35	93.93	12	13.24	14	58.08	14	20.90	13	15.06
漯 河	25	24.23	128	97.13	136	223.72	127	59.47	70	19.82
三门峡	34	91.64	11	73.55	51	135.88	59	77.99	12	13.53
南 阳	82	110.93	122	187.31	101	171.98	73	131.36	44	38.72
商 丘	53	49.59	52	56.55	152	273.35	101	218.13	51	67.00
信 阳	27	38.71	39	47.87	24	32.46	27	48.11	13	1.84
周 口	12	10.99	11	29.64	19	20.19	8	14.96	36	22.79
驻马店	94	73.01	120	111.02	104	50.27	181	62.61	54	27.33
湖 北										
武 汉	44	120.25	43	112.62	92	216.26	40	145.36	53	150.51
黄 石	154	7.08	281	112.19	188	30.80	232	241.27	61	20.55
十 堰	27	11.54	23	7.93	42	281.02	15	18.50	7	48.24
宜 昌	129	109.55	135	16.11	141	46.21	170	62.47	169	18.77
襄 阳	621	75.98	555	91.43	477	45.60	681	43.50	260	68.37
鄂 州	31	6.80	1	28.94	3	46.84	1	1.38		
荆 门	32	0.34	82	18.30	42	39.06	26	15.32	11	17.89
孝 感	767	162.77	825	132.58	447	34.74	531	56.42	149	55.01
荆 州	1288	54.33	1491	104.84	826	28.24	1469	51.59	1031	34.40
黄 冈	259	32.24	177	66.82	151	137.66	108	26.22	16	43.38
咸 宁	445	60.37	680	54.52	498	115.43	818	66.14	291	21.23
随 州	10	16.39	7	17.54	9	2.83	7	2.24	29	5.70
湖 南										
长 沙	264	755.89	209	424.40	164	402.53	130	196.28	138	99.68
株 洲	176	12.59	40	26.11	38	6.65	16	77.35	8	0.14
湘 潭	262	234.34	172	4.53	107	81.97	189	1.92	271	134.41
衡 阳	177	91.90	281	90.26	283	75.82	366	61.38	161	123.27
邵 阳	728	49.01	938	74.81	1060	93.67	1051	51.13	679	24.82
岳 阳	370	30.35	254	54.85	138	23.48	195	34.15	142	56.40

续表

地区	2010年		2011年		2012年		2013年		2014年	
	宗数	总面积	宗数	总面积	宗数	总面积	宗数	总面积	宗数	总面积
常德	900	98.70	646	86.99	658	58.67	622	24.56	546	15.33
张家界	556	51.58	504	23.04	190	6.99	294	13.27	212	9.81
益阳	1334	35.77	1564	20.04	1411	32.90	1867	20.52	1321	13.39
郴州	584	67.87	492	100.55	556	19.96	697	96.93	701	108.93
永州	870	80.90	494	56.51	626	36.65	708	25.87	872	55.25
怀化	548	86.40	636	63.60	751	59.49	804	30.85	768	92.89
娄底	434	31.10	700	17.83	832	22.50	1286	27.35	577	11.23
广东										
广州	58	613.78	79	315.71	93	193.56	81	247.64	36	349.39
韶关	325	45.76	450	121.59	368	52.20	399	50.30	246	61.95
深圳	127	222.38	55	159.86	121	406.40	157	375.24	179	372.34
珠海	1	6.00	—	—	1	2.00	—	—	1	2.46
汕头	6	14.47	12	93.69	6	5.41	7	9.48	16	19.37
佛山	3068	256.95	2202	116.94	1621	138.09	1780	169.57	1854	164.72
江门	142	75.27	141	52.25	106	472.52	171	179.75	140	143.85
湛江	338	39.44	529	218.48	439	130.12	405	97.67	263	49.38
茂名	344	65.22	142	35.98	57	82.30	238	77.22	170	56.02
肇庆	385	13.05	802	134.51	611	59.21	742	108.03	546	126.50
惠州	951	15.99	939	32.96	777	28.83	1083	76.79	794	75.88
梅州	2247	65.81	1823	66.27	1613	69.88	2384	83.04	1641	50.86
汕尾	9	1.46	10	25.11	1	3.03	3	129.55	3	1.68
河源	3	56.70	—	—	1	0.14	4	14.03	1	1.59
阳江	20	40.87	14	29.69	10	358.98	21	68.32	20	40.85
清远	465	259.79	270	43.74	301	28.59	266	128.36	246	116.86
东莞	4	15.85	11	49.88	30	90.04	37	152.99	58	135.37
中山	49	117.41	54	70.30	40	58.01	26	52.09	7	15.75
潮州	127	8.07	103	5.64	119	11.98	118	32.75	97	9.22
揭阳	26	32.60	56	39.92	39	62.20	71	28.76	62	681.70
云浮	366	19.18	338	69.07	225	18.41	13	1.17		
广西										
南宁	882	146.91	662	61.03	659	58.51	609	97.24	350	86.15
柳州	3119	89.63	2287	96.45	1166	72.68	879	98.55	510	50.81
桂林	1012	52.24	1011	41.82	820	41.57	871	108.12	1037	70.71
梧州	280	65.88	238	103.44	191	44.08	204	38.66	118	79.03
北海	718	129.26	630	20.58	465	350.05	546	91.13	438	200.73
防城港	50	11.42	63	37.36	106	274.88	79	615.71	54	247.91
钦州	126	505.83	165	47.67	133	130.50	85	41.09	107	170.95
贵港	112	22.02	47	48.41	14	22.30	16	7.75	9	16.44
玉林	70	52.15	37	34.95	52	16.51	76	38.83	47	16.11

续表

地区	2010 年		2011 年		2012 年		2013 年		2014 年	
	宗数	总面积	宗数	总面积	宗数	总面积	宗数	总面积	宗数	总面积
百　色	273	26. 64	308	24. 96	233	199. 98	437	10. 92	412	13. 64
贺　州	117	78. 23	149	126. 47	182	132. 66	217	9. 44	196	144. 47
河　池	344	26. 94	319	22. 68	307	12. 61	279	295. 88	199	13. 33
来　宾	284	1. 64	376	4. 32	184	32. 04	216	29. 45	533	47. 67
崇　左	95	9. 57	74	4. 09	156	3. 70	151	11. 16	154	2. 94
海　南										
海　口	41	33. 80	26	23. 22	24	14. 08	11	9. 75	19	16. 64
三　亚	—	—	1	2. 66	6	20. 57	1	7. 27	3	2. 47
重　庆	403	70. 76	442	108. 10	475	239. 95	1528	161. 96	222	69. 56
四　川										
成　都	261	271. 54	265	292. 08	129	185. 40	252	138. 80	282	64. 33
自　贡	31	4. 15	5	1. 09	1	0. 33	—	—	—	—
攀枝花	238	12. 39	169	92. 08	128	14. 50	150	35. 91	88	10. 62
泸　州	253	41. 17	172	32. 49	86	28. 05	157	33. 22	165	87. 94
德　阳	176	102. 55	258	138. 18	232	51. 44	361	110. 93	283	44. 29
绵　阳	2448	351. 43	3270	268. 07	1504	328. 77	1795	209. 04	1577	124. 86
广　元	1609	95. 45	1591	75. 48	1400	86. 04	1546	101. 45	1388	35. 59
遂　宁	107	51. 51	116	42. 93	90	31. 36	96	235. 55	53	0. 75
内　江	50	49. 67	116	58. 09	25	14. 61	42	32. 80	45	36. 65
乐　山	133	20. 66	133	124. 81	92	19. 25	60	39. 18	35	46. 84
南　充	5	1. 73	4	2. 37	3	14. 95	52	6. 69	48	1. 73
眉　山	1	16. 51	1	0. 29	—	—	1	0. 12	—	—
宜　宾	157	21. 85	154	107. 04	83	138. 11	100	11. 00	30	107. 93
广　安	17	33. 37	10	3. 81	7	4. 20	14	28. 41	10	19. 16
达　州	257	81. 40	91	155. 78	68	248. 42	152	44. 11	162	20. 02
雅　安	33	16. 84	12	0. 51	—	—	1	54. 40	1	1. 80
巴　中	377	8. 20	662	24. 40	730	15. 30	1144	19. 87	758	79. 92
资　阳	3	2. 26	3	12. 52	22	18. 14	9	9. 96	6	0. 30
贵　州										
贵　阳	43	94. 61	65	158. 13	46	81. 39	51	143. 82	24	25. 97
六盘水	52	71. 79	87	51. 04	86	14. 57	43	17. 92	13	0. 77
遵　义	178	82. 20	160	181. 48	55	76. 98	18	35. 55	14	14. 37
安　顺	16	29. 42	199	22. 23	62	4. 11	91	12. 73	20	0. 45
云　南										
昆　明	3234	190. 15	3334	562. 82	1837	287. 42	3168	187. 18	1322	97. 12
曲　靖	352	60. 78	475	68. 57	133	78. 66	112	51. 26	81	31. 15
玉　溪	48	106. 50	37	67. 23	59	79. 79	38	55. 51	34	41. 49
保　山	123	8. 99	119	90. 01	110	37. 76	128	9. 42	90	86. 83
昭　通	600	6. 53	467	13. 13	622	9. 75	719	15. 90	723	55. 40
丽　江	14	85. 15	36	50. 03	26	36. 67	29	17. 21	42	182. 53

续表

地区	2010年		2011年		2012年		2013年		2014年	
	宗数	总面积	宗数	总面积	宗数	总面积	宗数	总面积	宗数	总面积
普洱	139	11.91	230	79.91	298	17.11	178	113.48	192	56.30
临沧	23	31.76	7	0.99	4	7.88	11	18.68	3	1.18
西藏										
拉萨	46	94.05	46	94.05	69	108.59	48	88.63	31	75.99
陕西										
西安	133	354.41	79	143.11	48	102.76	45	156.86	32	54.74
铜川	53	40.44	41	14.27	6	6.13	2	1.16	1	0.14
宝鸡	32	42.80	21	69.68	27	63.09	9	32.68	1	0.23
咸阳	37	117.54	38	95.39	27	105.93	19	28.95	14	14.37
渭南	14	15.08	37	48.81	38	33.36	59	55.91	25	43.17
延安	17	5.29	22	13.74	19	7.60	19	11.45	22	21.55
汉中	166	63.48	105	196.62	100	74.90	71	72.29	105	22.23
榆林	12	49.00	82	381.12	49	223.71	31	138.50	18	92.40
安康	349	10.44	357	36.50	302	39.17	271	70.13	207	10.55
商洛	24	6.34	20	12.52	23	4.02	26	7.46	7	1.25
甘肃										
兰州	56	103.11	41	228.13	36	363.05	27	280.48	21	66.97
嘉峪关	1	0.12	—	—	1	0.02	27	11.08	14	30.55
金昌	20	66.87	33	199.83	14	42.21	26	28.23	16	14.26
白银	118	64.62	178	202.53	115	30.22	91	120.25	62	50.44
天水	3	13.57	1	0.24	9	69.88	14	4.46	9	9.04
武威	73	43.79	42	69.91	31	28.60	80	281.97	4	6.44
张掖	67	10.52	113	41.94	103	12.88	170	67.38	173	41.57
平凉	31	4.76	22	12.51	18	7.24	19	9.19	10	30.87
酒泉	20	66.49	51	551.11	52	280.79	19	273.69	37	305.98
庆阳	60	10.15	10	6.19	13	1.19	6	49.65	11	0.75
定西	4	12.12	4	24.02	6	21.32	3	3.97	6	5.29
陇南	17	12.34	33	5.05	79	18.97	139	14.24	39	2.66
青海										
西宁	83	131.14	133	601.57	89	622.29	123	254.36	80	579.19
宁夏										
银川	65	136.47	52	91.26	53	228.52	54	168.19	25	102.24
石嘴山	20	84.01	20	8.83	10	21.02	8	2.84	3	5.90
吴忠	19	5.79	9	3.58	19	7.68	15	14.04	5	3.81
固原	15	4.79	10	0.63	5	3.48	5	1.53	1	0.03
中卫	17	41.00	1	4.83	3	0.71	134	17.10	13	57.40
新疆										
乌鲁木齐	778	157.63	778	157.63	128	60.16	123	72.20	71	232.94
克拉玛依	56	65.91	56	65.91	44	53.20	45	49.99	20	19.05

数据来源：国土资源部。

表 2 - 127　　2010—2014 年 286 城市土地协议出让成交价款

单位：万元

地　区	2010 年	2011 年	2012 年	2013 年	2014 年
北　京	488581	867677	451578	891294	513253
天　津	154993	153040	119141	54714	178125
河　北					
石家庄	81284	43069	91692	30936	50710
唐　山	33609	338474	398174	247998	164138
秦皇岛	94709	35590	159345	50021	27364
邯　郸	46469	19608	46889	79586	58187
邢　台	9511	5157	26201	11920	11613
保　定	259527	60468	78603	46360	19871
张家口	69552	38252	17030	39278	31892
承　德	27902	56412	105389	82149	53925
沧　州	—	32178	5256	30659	45143
廊　坊	38877	78099	15128	97644	43316
衡　水	86249	18068	17389	27492	16893
山　西					
太　原	48225	30491	26923	191726	62478
大　同	79118	93554	86189	32673	40752
阳　泉	238	5873	8563	1423	27
长　治	13391	27328	32174	25916	9658
晋　城	37171	22166	14576	8679	35352
朔　州	9541	24615	5949	11783	230
晋　中	25565	36751	72516	36256	18488
运　城	5193	9182	5702	20964	10283
忻　州	3803	1168	1903	1462	487
临　汾	23480	12008	85451	14075	4263
吕　梁	3617	2927	10932	42	34398
内蒙古					
呼和浩特	16517	15195	5366	7892	1479
包　头	19393	16137	14691	15987	6757
乌　海	14847	8429	1445	2540	5851
赤　峰	15511	25988	26637	38599	36997
通　辽	48654	39532	17086	16624	5368
鄂尔多斯	31126	91779	68657	16836	3340
呼伦贝尔	30023	29852	37827	48007	25195
巴彦淖尔	22071	23583	2501	18197	9489
乌兰察布	3136	26240	15947	9978	8826
辽　宁					
沈　阳	26717	29328	34206	26935	23980

续表

地　区	2010 年	2011 年	2012 年	2013 年	2014 年
大　连	85507	114333	102057	91447	60642
鞍　山	146350	8068	20970	14849	22366
抚　顺	6329	12190	3675	15598	14207
本　溪	5820	4930	7964	27383	16585
丹　东	9575	8149	6669	40445	6841
锦　州	12834	17105	4952	16836	3031
营　口	26125	59512	4526	5980	36495
阜　新	3593	3585	56057	10752	5386
辽　阳	30791	21604	19280	28906	19380
盘　锦	—	5156	573	2650	4061
铁　岭	88123	53435	7464	7788	3895
朝　阳	5505	3956	6670	14900	14283
葫芦岛	48441	61441	25081	18815	6317
吉　林					
长　春	31953	49809	67893	40085	56608
吉　林	6685	5363	9867	28329	9434
四　平	21218	22699	5807	10108	8890
辽　源	7667	3799	9357	2868	2791
通　化	12810	13463	14478	16658	15391
白　山	4846	8288	2614	4939	6095
松　原	435	16	1501	3400	1010
白　城	11314	2316	1646	5177	4988
黑龙江					
哈尔滨	65232	192111	93701	80023	76998
齐齐哈尔	12458	8401	38282	17862	10553
鸡　西	6168	13223	15143	19695	7317
鹤　岗	1606	1690	1215	6341	14704
双鸭山	4135	3016	1424	5543	2749
大　庆	18445	8931	6081	6423	8665
伊　春	6844	5883	4449	19407	36647
佳木斯	4876	4796	9197	7961	7752
七台河	2154	955	1216	2161	4553
牡丹江	22987	15177	24949	33874	
黑　河	4240	2801	17545	6936	
绥　化	5406	1261	4827	8729	2407
上　海	282919	222722	383004	182958	117324
江　苏					
南　京	103527	462314	26513	26289	37945
无　锡	175666	71489	176805	89478	69540
徐　州	31056	19517	8192	10078	4002

续表

地 区	2010 年	2011 年	2012 年	2013 年	2014 年
常 州	180072	63424	27599	11048	11507
苏 州	126350	53271	13187	9529	32796
南 通	15928	96432	3871	3117	10176
连云港	8012	2369	94476	7717	3036
淮 安	43140	5713	3256	3604	74637
盐 城	16989	10931	53260	14478	7423
扬 州	25449	23413	75086	9295	26948
镇 江	2039	657	8824	3146	1296
泰 州	15392	5472	133555	23860	28551
宿 迁	2932	2756	—	—	—
浙 江					
杭 州	39460	38896	55635	51336	29513
宁 波	50749	98902	51894	34101	144387
温 州	119125	420101	561310	544576	442662
嘉 兴	50848	60489	51511	87560	156719
湖 州	480	6129	3817	2383	8389
绍 兴	25201	6724	22635	28983	13325
金 华	9877	25373	6458	21010	7876
金 华	252	53	3517	567	
舟 山	481128	36383	59286	27911	34855
台 州	22631	41486	14305	23795	4706
丽 水	4827	1519	7730	6891	6303
安 徽					
合 肥	36988	6642	9641	145701	6312
芜 湖	237477	34405	642902	877122	417521
蚌 埠	3017	2154	3699	64689	61710
淮 南	27274	38368	51216	8210	18230
马鞍山	24308	35758	22112	12335	58448
淮 北	37309	70416	7323	3511	30500
铜 陵	15011	6812	—	—	91
安 庆	1891	5873	8336	4528	41540
黄 山	8097	822	961	5750	1000
滁 州	16634	2325	867	5987	—
阜 阳	44197	3287	13501	322290	82861
宿 州	3635	1970	1201	2808	12035
六 安	2701	3391	44528	13237	10339
亳 州	6263	29924	11776	45782	1142
池 州	122410	—	—	—	—
宣 城	—	178675	296	684	1276

续表

地 区	2010 年	2011 年	2012 年	2013 年	2014 年
福 建					
福 州	116793	739904	380207	571895	110665
厦 门	18164	18536	16159	1537	1123
莆 田	2771	2603	2492	41600	12923
三 明	6234	8486	19166	10203	10194
泉 州	6870	60972	25137	28366	10094
漳 州	16212	22727	34070	11089	38445
南 平	1512	2650	2397	2122	6039
龙 岩	17394	28184	123648	86914	3247
宁 德	18502	2390	7081	46619	34818
江 西					
南 昌	20680	81119	49965	333207	483911
景德镇	120	4657	76	182	898
萍 乡	1250	3015	1942	4461	1674
九 江	98	3914	7276	699	9235
新 余	—	5890	—	—	—
鹰 潭	850	2550	16370	23144	8341
赣 州	408	8628	2749	7989	16989
吉 安	6452	3280	17544	2367	15206
宜 春	1750	—	—	50	1344
抚 州	1591	217	261	181	2823
上 饶	3695	7960	18708	1872	47066
山 东					
济 南	53180	204545	41088	51959	30408
青 岛	248492	388933	151183	269898	134728
淄 博	352555	93564	290965	389214	201297
枣 庄	4071	3916	3888	18790	5989
东 营	25817	43652	70367	11696	68939
烟 台	187639	216992	93844	106626	56379
潍 坊	276752	313008	344421	465192	28777
济 宁	120368	157856	68871	206861	72994
泰 安	41396	18617	13568	26553	14459
威 海	7109	6761	984629	30791	184773
日 照	4389	5685	14134	41142	1260
莱 芜	10606	19142	11448	19155	16802
临 沂	11382	15649	4501	138586	35810
德 州	20253	39430	54213	21029	21091
聊 城	4725	19719	4259	6590	18621
滨 州	28718	297	689	3286	8594

续表

地区	2010 年	2011 年	2012 年	2013 年	2014 年
菏泽	23644	9647	334	65135	8860
河南					
郑州	185302	203085	248995	325129	252910
开封	25093	4487	9676	711	1276
洛阳	91221	29654	138380	93822	78821
平顶山	63584	39210	179745	99383	81341
安阳	15120	40211	11957	19665	18378
鹤壁	13818	13819	12489	14708	2292
新乡	14274	88325	67649	49531	3869
焦作	37363	31303	64273	83243	54393
濮阳	13391	18979	109640	26799	8103
许昌	30861	7746	11567	6004	8120
漯河	5721	25379	78473	15009	3731
三门峡	13008	16131	25203	13729	4621
南阳	39285	52137	71270	56916	43794
商丘	17140	41274	89946	99012	28433
信阳	7535	12031	6293	15317	1946
周口	1671	9117	10718	3898	12929
驻马店	11578	20432	11040	34401	11233
湖北					
武汉	70937	44271	79889	236221	261936
黄石	1771	173818	32071	34280	5829
十堰	7060	4204	100656	8534	20985
宜昌	13118	4054	14716	97710	25978
襄阳	25426	36953	36449	46103	46768
鄂州	2288	6309	12937	532	
荆门	45	2961	23277	4237	10006
孝感	53305	36570	7528	58973	8550
荆州	11657	66016	22473	32219	6588
黄冈	9289	10205	40645	5127	22269
咸宁	8877	10455	13208	21934	6156
随州	7910	15890	2411	2002	2065
湖南					
长沙	309689	202697	207514	175338	147901
株洲	4350	6545	4955	12043	57
湘潭	66918	1962	42021	1073	40881
衡阳	12910	18834	23056	19137	42556
邵阳	16680	14400	35704	31741	14132
岳阳	3264	6099	15331	10514	16747

续表

地 区	2010 年	2011 年	2012 年	2013 年	2014 年
常 德	15518	23009	58501	21252	12047
张家界	16699	11545	2666	10393	4621
益 阳	6282	6191	8155	4821	3422
郴 州	7089	45968	10030	31784	100583
永 州	24744	93128	25801	10474	52481
怀 化	59676	11366	15685	12442	26578
娄 底	19062	7252	10266	22728	3734
广 东					
广 州	273359	289612	361419	396512	278807
韶 关	4792	17976	14234	31740	29191
深 圳	136368	146327	417134	1956277	3188805
珠 海	24000	—	420	—	244
汕 头	5888	15582	2074	9547	17510
佛 山	143282	64103	61573	147086	82016
江 门	51276	10143	100912	115149	305813
湛 江	13891	39681	80832	60725	40487
茂 名	10369	10328	11726	29337	53827
肇 庆	3742	48994	25224	51980	91763
惠 州	8294	14472	17702	79415	62868
梅 州	8794	25634	18473	27456	14043
汕 尾	586	1449	218	26624	3551
河 源	9906	—	21	2448	714
阳 江	10281	8254	79451	14722	16939
清 远	16124	7256	7563	23969	55641
东 莞	5443	21869	46194	79857	120666
中 山	33599	24830	3026	8431	38120
潮 州	2333	3141	3452	10840	3370
揭 阳	2732	4240	14986	8354	112401
云 浮	2143	12854	2869	791	
广 西					
南 宁	188299	112321	36585	148924	177084
柳 州	32220	29943	14225	53110	16057
桂 林	25340	12521	22293	48921	38577
梧 州	86393	72384	31581	14340	37689
北 海	24737	5528	74952	23528	63353
防城港	10043	8647	74795	149165	35035
钦 州	108272	12808	41702	29812	70588
贵 港	4186	22899	9341	5576	4941
玉 林	7317	12447	8152	20102	16133

续表

地　区	2010 年	2011 年	2012 年	2013 年	2014 年
百　色	8536	17631	24780	6013	18116
贺　州	13426	14372	13508	9500	42518
河　池	4477	5394	2807	21613	3510
来　宾	164	1971	11595	11352	14362
崇　左	2613	2264	873	2136	1709
海　南					
海　口	28371	36549	23712	15729	22892
三　亚	—	3087	17413	40330	5499
重　庆	14931	91409	165305	114019	65793
四　川					
成　都	302416	316077	152046	190133	66407
自　贡	938	338	54	—	—
攀枝花	4458	22522	3055	14417	4988
泸　州	7228	4271	7121	6723	92431
德　阳	27599	45952	18236	58397	14771
绵　阳	224333	66095	127701	89420	114033
广　元	28527	45149	66622	31381	45718
遂　宁	9250	13151	9304	8404	267
内　江	15824	28043	13487	31602	36573
乐　山	10696	107120	57695	45916	67080
南　充	448	1941	18315	5428	988
眉　山	1585	6	—	84	—
宜　宾	3478	9573	22608	2205	12244
广　安	6604	7672	1371	21710	4891
达　州	28814	55223	17887	21475	13671
雅　安	2107	171	—	5304	—
巴　中	1235	5645	3671	19730	84889
资　阳	523	475	4998	1929	111
贵　州					
贵　阳	13414	20289	14345	109076	16599
六盘水	7564	5153	4515	9060	650
遵　义	17859	29908	13179	5254	6503
安　顺	6505	13699	2512	6063	595
云　南					
昆　明	36304	640009	286063	242770	68086
曲　靖	14961	11950	37654	5951	18877
玉　溪	23328	41181	33617	11165	20828
保　山	4354	17797	20673	5767	59989
昭　通	1453	2126	1589	4100	27286

续表

地 区	2010 年	2011 年	2012 年	2013 年	2014 年
丽 江	1292	1781	1579	1346	7910
普 洱	1765	17745	5725	65373	30839
临 沧	9829	390	1593	3579	244
西 藏					
拉 萨	18027	18027	15664	14677	9165
陕 西					
西 安	320524	96024	54599	83521	31391
铜 川	2180	987	322	33	43
宝 鸡	14021	15313	14607	17202	752
咸 阳	44674	15144	28330	8533	3114
渭 南	3368	10330	9093	22286	18493
延 安	2219	6511	11017	12867	18505
汉 中	17076	52967	28368	25574	3040
榆 林	8033	40620	32776	71488	53557
安 康	2595	5164	16956	60207	8419
商 洛	3548	4197	1238	3275	2238
甘 肃					
兰 州	13990	75298	18924	76178	75949
嘉峪关	2	—	9	695	5656
金 昌	3709	3650	4180	4851	2843
白 银	7959	45978	10374	18327	21385
天 水	2508	422	16234	5834	5995
武 威	5367	24641	2288	14752	4245
张 掖	1794	3355	3569	15503	8870
平 凉	463	1102	3740	1724	4088
酒 泉	5029	21777	7762	9851	21221
庆 阳	169	2698	75	7038	141
定 西	1194	3404	5308	936	1696
陇 南	208	1186	2356	2192	417
青 海					
西 宁	14761	67078	55143	68273	40136
宁 夏					
银 川	45122	77081	62750	28534	60128
石嘴山	6977	1331	2578	1196	4861
吴 忠	451	152	649	1033	2843
固 原	319	46	812	158	4
中 卫	2211	2940	410	5832	22227
新 疆					
乌鲁木齐	49134	49134	28446	54090	42838
克拉玛依	8622	8622	15484	12431	6313

数据来源：国土资源部。

表 2－128　　2010—2014 年 286 城市土地协议出让平均单价

单位：元/平方米

地　区	2010 年	2011 年	2012 年	2013 年	2014 年
北　京	859	919	769	1360	1006
天　津	556	1069	399	467	705
河　北					
石家庄	534	355	534	1360	399
唐　山	150	360	225	308	412
秦皇岛	493	401	1699	716	976
邯　郸	710	546	1077	851	1238
邢　台	237	215	378	344	955
保　定	1358	497	686	232	429
张家口	260	201	145	230	198
承　德	337	684	946	510	1034
沧　州	—	319	280	398	744
廊　坊	434	1490	484	1036	503
衡　水	488	321	186	355	573
山　西					
太　原	567	929	1155	4362	3422
大　同	1281	712	921	1646	622
阳　泉	186	289	259	918	191
长　治	297	328	315	552	533
晋　城	373	253	416	682	270
朔　州	143	209	305	335	163
晋　中	234	253	498	556	313
运　城	84	159	168	381	247
忻　州	389	107	144	344	75
临　汾	250	258	728	246	205
吕　梁	110	115	146	53	153
内蒙古					
呼和浩特	315	140	119	127	167
包　头	297	233	173	217	83
乌　海	67	51	174	426	89
赤　峰	102	212	270	250	345
通　辽	45	152	161	201	179
鄂尔多斯	199	497	430	287	145
呼伦贝尔	104	47	267	105	222
巴彦淖尔	74	276	66	485	187
乌兰察布	64	135	118	67	208
辽　宁					
沈　阳	256	334	452	570	1077

续表

地　区	2010 年	2011 年	2012 年	2013 年	2014 年
大　连	368	658	624	452	548
鞍　山	315	115	379	365	285
抚　顺	134	390	126	219	252
本　溪	146	200	257	296	560
丹　东	101	187	156	87	53
锦　州	117	201	114	365	138
营　口	218	207	553	184	967
阜　新	75	101	175	346	271
辽　阳	215	330	205	298	371
盘　锦	—	602	210	127	211
铁　岭	219	216	307	149	295
朝　阳	71	215	271	97	196
葫芦岛	132	207	334	354	151
吉　林					
长　春	131	164	297	260	478
吉　林	139	126	134	200	56
四　平	109	173	111	131	183
辽　源	86	69	176	136	127
通　化	131	203	224	265	194
白　山	106	86	115	113	77
松　原	23	36	209	222	98
白　城	116	89	146	122	187
黑龙江					
哈尔滨	411	946	901	349	551
齐齐哈尔	115	137	232	140	196
鸡　西	95	151	88	134	170
鹤　岗	104	107	190	262	313
双鸭山	164	106	193	185	267
大　庆	131	274	178	186	187
伊　春	128	243	255	269	142
佳木斯	117	236	146	165	110
七台河	139	253	305	232	176
牡丹江	222	224	358	364	—
黑　河	108	118	101	149	—
绥　化	149	280	198	133	154
上　海	6082	1318	2988	1785	2115
江　苏					
南　京	553	3199	688	170	1705
无　锡	673	755	1397	1265	2136
徐　州	508	358	278	514	330

续表

地　区	2010 年	2011 年	2012 年	2013 年	2014 年
常　州	1137	254	280	257	349
苏　州	463	486	377	445	346
南　通	603	214	207	238	1076
连云港	325	225	1298	896	—
淮　安	815	130	403	370	337
盐　城	532	437	636	384	420
扬　州	352	312	985	233	1524
镇　江	257	244	1106	628	447
泰　州	239	288	17233	249	340
宿　迁	235	166	—	—	—
浙　江					
杭　州	668	796	1305	738	1721
宁　波	916	644	947	1126	983
温　州	1353	3019	1949	1949	2702
嘉　兴	595	719	486	836	1377
湖　州	333	277	724	616	1000
绍　兴	309	352	607	480	619
金　华	242	413	556	849	332
金　华	203	482	209	294	—
舟　山	760	423	201	559	69
台　州	552	574	784	655	655
丽　水	937	135	769	244	335
安　徽					
合　肥	806	261	424	9334	1369
芜　湖	1223	1281	2148	1564	1272
蚌　埠	530	424	196	703	1593
淮　南	312	1074	551	165	1065
马鞍山	324	2789	1109	1481	1738
淮　北	356	921	681	2195	1622
铜　陵	121	157	—	—	12
安　庆	139	360	267	542	1013
黄　山	1572	1788	677	295	273
滁　州	184	112	143	1006	—
阜　阳	805	744	237	3270	2791
宿　州	266	134	191	259	428
六　安	363	190	525	995	1108
亳　州	193	367	226	2052	337
池　州	1269	—	—	—	—
宣　城	—	1066	511	167	328

续表

地 区	2010 年	2011 年	2012 年	2013 年	2014 年
福 建					
福 州	990	1717	1670	2172	1146
厦 门	980	437	934	31	613
莆 田	199	483	325	1160	281
三 明	156	182	351	389	668
泉 州	181	446	414	416	375
漳 州	423	287	157	356	582
南 平	199	309	171	254	824
龙 岩	695	688	2589	864	4995
宁 德	89	201	138	258	216
江 西					
南 昌	406	605	917	1842	2102
景德镇	75	772	105	276	345
萍 乡	796	188	613	489	930
九 江	178	75	53	852	1059
新 余	—	88	—	—	—
鹰 潭	166	147	853	282	246
赣 州	44	248	506	4842	1559
吉 安	281	122	1177	211	1142
宜 春	290	—	—	1259	127
抚 州	39	252	121	789	715
上 饶	48	64	92	723	966
山 东					
济 南	814	1877	1382	485	1141
青 岛	690	1762	1321	382	1131
淄 博	303	426	766	813	1208
枣 庄	317	262	174	380	1232
东 营	712	605	790	1196	1473
烟 台	343	465	352	419	165
潍 坊	144	187	217	232	155
济 宁	373	637	374	977	810
泰 安	333	336	421	337	196
威 海	303	228	2171	535	885
日 照	399	549	3915	530	117
莱 芜	179	289	225	310	311
临 沂	61	181	177	496	755
德 州	220	321	522	283	927
聊 城	229	756	270	300	1190
滨 州	196	156	202	1836	615

续表

地　区	2010 年	2011 年	2012 年	2013 年	2014 年
菏　泽	469	184	106	770	347
河　南					
郑　州	839	547	777	1270	1267
开　封	446	319	1195	206	1418
洛　阳	160	269	335	756	912
平顶山	260	419	913	723	523
安　阳	416	517	493	414	492
鹤　壁	211	272	303	152	145
新　乡	88	315	265	335	161
焦　作	264	172	187	559	466
濮　阳	310	294	1151	624	241
许　昌	329	585	199	287	539
漯　河	236	261	351	252	188
三门峡	142	219	185	176	342
南　阳	354	278	414	433	1131
商　丘	346	730	329	454	424
信　阳	195	251	194	318	1058
周　口	152	308	531	261	567
驻马店	159	184	220	549	411
湖　北					
武　汉	590	393	369	1625	1740
黄　石	250	1549	1041	142	284
十　堰	612	530	358	461	435
宜　昌	120	252	318	1564	1384
襄　阳	335	404	799	1060	684
鄂　州	336	218	276	385	—
荆　门	132	162	596	277	559
孝　感	327	276	217	1045	155
荆　州	215	630	796	625	192
黄　冈	288	153	295	196	513
咸　宁	147	192	114	332	290
随　州	483	906	852	894	362
湖　南					
长　沙	410	478	516	893	1484
株　洲	346	251	745	156	406
湘　潭	286	433	513	559	304
衡　阳	140	209	304	312	345
邵　阳	340	192	381	621	569
岳　阳	108	111	653	308	297

续表

地 区	2010 年	2011 年	2012 年	2013 年	2014 年
常 德	157	264	997	865	786
张家界	324	501	381	783	471
益 阳	176	309	248	235	256
郴 州	104	457	503	328	923
永 州	306	1648	704	405	950
怀 化	691	179	264	403	286
娄 底	613	407	456	831	332
广 东					
广 州	445	917	1867	1601	798
韶 关	105	148	273	631	471
深 圳	613	915	1026	5213	8564
珠 海	4000	—	210	—	99
汕 头	407	166	383	1007	904
佛 山	558	548	446	867	498
江 门	681	194	214	641	2126
湛 江	352	182	621	622	820
茂 名	159	287	142	380	961
肇 庆	287	364	426	481	725
惠 州	519	439	614	1034	829
梅 州	134	387	264	331	276
汕 尾	402	58	72	206	2113
河 源	175	—	153	174	449
阳 江	252	278	221	215	415
清 远	62	166	265	187	476
东 莞	343	438	513	522	891
中 山	286	353	52	162	2420
潮 州	289	557	288	331	366
揭 阳	84	106	241	290	165
云 浮	112	186	156	676	—
广 西					
南 宁	1282	1840	625	1532	2056
柳 州	359	310	196	539	316
桂 林	485	299	536	452	546
梧 州	1311	700	716	371	477
北 海	191	269	214	258	316
防城港	879	231	272	242	141
钦 州	214	269	320	726	413
贵 港	190	473	419	720	301
玉 林	140	356	494	518	1001

续表

地　区	2010 年	2011 年	2012 年	2013 年	2014 年
百　色	320	706	124	551	1328
贺　州	172	114	102	1006	294
河　池	166	238	223	73	263
来　宾	100	456	362	385	301
崇　左	273	554	236	191	581
海　南					
海　口	839	1574	1684	1613	1376
三　亚	—	1161	847	5547	2226
重　庆	211	846	689	704	946
四　川					
成　都	1114	1082	820	1370	1032
自　贡	226	310	164	—	—
攀枝花	360	245	211	401	470
泸　州	176	131	254	202	1051
德　阳	269	333	355	526	334
绵　阳	638	247	388	428	913
广　元	299	598	774	309	1285
遂　宁	180	306	297	36	357
内　江	319	483	923	963	998
乐　山	518	858	2997	1172	1432
南　充	259	819	1225	811	571
眉　山	96	21	—	697	—
宜　宾	159	89	164	200	113
广　安	198	2014	326	764	255
达　州	354	354	72	487	683
雅　安	125	335	—	97	—
巴　中	151	231	240	993	1062
资　阳	231	38	276	194	371
贵　州					
贵　阳	142	128	176	758	639
六盘水	105	101	310	506	844
遵　义	217	165	171	148	453
安　顺	221	616	611	476	1321
云　南					
昆　明	191	1137	995	1297	701
曲　靖	246	174	479	116	606
玉　溪	219	613	421	201	502
保　山	484	198	547	612	691
昭　通	223	162	163	258	493

续表

地　区	2010 年	2011 年	2012 年	2013 年	2014 年
丽　江	15	36	43	78	43
普　洱	148	222	335	576	548
临　沧	309	394	202	192	206
西　藏					
拉　萨	192	192	144	166	121
陕　西					
西　安	904	671	531	532	573
铜　川	54	69	53	28	305
宝　鸡	328	220	232	526	3271
咸　阳	380	159	267	295	217
渭　南	223	212	273	399	428
延　安	419	474	1450	1124	859
汉　中	269	269	379	354	137
榆　林	164	107	147	516	580
安　康	249	141	433	859	798
商　洛	560	335	308	439	1791
甘　肃					
兰　州	136	330	52	272	1134
嘉峪关	16	—	430	63	185
金　昌	55	18	99	172	199
白　银	123	227	343	152	424
天　水	185	1757	232	1308	663
武　威	123	352	80	52	659
张　掖	171	80	277	230	213
平　凉	97	88	517	188	132
酒　泉	76	40	28	36	69
庆　阳	17	436	63	142	189
定　西	99	142	249	236	321
陇　南	17	235	124	154	157
青　海					
西　宁	113	112	89	268	69
宁　夏					
银　川	331	845	275	170	588
石嘴山	83	151	123	421	824
吴　忠	78	42	85	74	746
固　原	67	73	233	103	122
中　卫	54	609	578	341	387
新　疆					
乌鲁木齐	312	312	473	749	184
克拉玛依	131	131	291	249	331

数据来源：国土资源部。

表 2－129　　2010—2014 年 286 城市土地招拍挂出让宗数及面积

单位：宗，万平方米

地　区	2010 年		2011 年		2012 年		2013 年		2014 年	
	宗数	总面积	宗数	总面积	宗数	总面积	宗数	总面积	宗数	总面积
北　京	234	1583.50	262	1596.81	130	633.51	227	1270.91	151	1013.39
天　津	855	5003.92	926	6079.82	917	4794.13	798	4270.47	583	3255.04
河　北										
石家庄	261	1067.86	453	1343.47	393	1155.87	565	1388.59	567	1254.25
唐　山	516	2214.17	633	2555.39	633	3287.75	1009	4212.48	798	2493.43
秦皇岛	193	680.88	182	538.74	231	773.74	270	711.72	219	387.25
邯　郸	336	1295.92	262	918.87	420	1323.64	573	1486.74	455	1203.36
邢　台	286	930.21	359	1200.87	364	1114.54	571	1489.64	491	1091.70
保　定	422	1134.06	429	1131.88	471	1249.95	673	1494.71	595	1254.49
张家口	316	875.75	450	1195.71	295	639.53	467	1036.57	352	698.06
承　德	240	600.73	303	692.67	302	750.19	479	1095.87	251	482.90
沧　州	357	1310.42	829	1697.14	478	1726.63	670	1648.35	587	1930.18
廊　坊	423	1634.29	589	2047.58	568	1684.14	866	2345.61	556	1160.18
衡　水	242	663.05	282	761.23	369	877.81	622	1135.17	703	1099.59
山　西										
太　原	100	469.89	137	689.77	190	704.59	212	711.06	183	733.19
大　同	83	309.63	135	545.65	139	678.04	203	784.03	238	522.50
阳　泉	78	254.49	73	183.17	97	195.70	91	129.01	71	229.43
长　治	99	276.38	249	794.13	200	579.54	226	431.18	205	431.85
晋　城	76	261.03	75	123.24	154	322.25	166	397.89	130	324.70
朔　州	155	485.61	165	644.84	163	616.70	219	759.62	98	288.42
晋　中	206	386.41	163	566.92	263	567.20	371	788.06	370	637.79
运　城	142	595.78	175	512.83	254	693.39	330	773.69	337	740.11
忻　州	173	234.86	214	1007.98	173	608.61	303	543.53	216	353.75
临　汾	148	426.60	197	607.40	285	806.51	422	929.17	192	293.65
吕　梁	144	400.01	166	665.96	241	671.77	287	738.59	179	311.85
内蒙古										
呼和浩特	147	729.78	170	789.29	192	969.00	184	929.32	115	574.27
包　头	214	757.70	146	860.49	158	709.90	200	1177.40	135	439.11
乌　海	61	303.13	81	413.00	93	520.06	47	295.28	42	309.54
赤　峰	331	741.32	344	1148.84	358	1462.86	421	1518.41	385	1386.23
通　辽	267	981.50	268	941.15	270	838.55	293	1339.36	295	875.66
鄂尔多斯	978	4389.71	1158	4675.76	637	3127.21	273	1084.73	413	1922.84
呼伦贝尔	332	914.14	562	1523.36	440	1404.05	476	1275.20	401	1016.42
巴彦淖尔	182	955.59	207	1111.90	222	1206.87	198	1138.63	234	540.57
乌兰察布	165	583.93	357	1276.63	306	1191.11	449	1324.96	271	870.01
辽　宁										
沈　阳	657	3042.58	1246	6481.78	717	3046.12	532	2435.17	475	2219.74

续表

地　区	2010 年		2011 年		2012 年		2013 年		2014 年	
	宗数	总面积	宗数	总面积	宗数	总面积	宗数	总面积	宗数	总面积
大　连	685	4616. 00	908	5262. 22	408	1971. 42	400	1916. 24	286	1076. 85
鞍　山	511	1852. 05	496	1722. 61	370	1402. 12	507	1585. 63	271	693. 79
抚　顺	160	816. 13	243	1113. 52	185	716. 39	241	812. 76	56	187. 91
本　溪	94	449. 51	126	593. 66	107	307. 44	164	551. 73	72	398. 25
丹　东	204	531. 72	177	689. 59	169	554. 77	216	506. 34	187	398. 22
锦　州	192	958. 39	251	706. 92	204	674. 80	269	1255. 73	188	595. 33
营　口	468	3079. 65	677	2993. 66	402	1929. 46	435	1286. 40	327	693. 04
阜　新	164	437. 79	319	917. 40	136	298. 94	288	630. 91	149	418. 01
辽　阳	104	575. 10	136	593. 05	96	913. 52	80	427. 27	65	287. 54
盘　锦	232	970. 33	318	2422. 26	326	2410. 04	258	1372. 62	119	897. 69
铁　岭	345	1490. 27	352	1403. 07	207	526. 05	359	1074. 16	242	657. 47
朝　阳	183	571. 06	362	861. 24	243	839. 37	283	811. 57	215	626. 36
葫芦岛	132	518. 67	337	1482. 05	143	577. 65	220	828. 50	136	365. 80
吉　林										
长　春	654	2210. 97	703	3211. 67	537	1853. 95	483	2490. 09	356	1053. 09
吉　林	351	860. 29	334	1113. 58	428	1091. 84	359	1146. 36	402	790. 00
四　平	175	451. 50	309	814. 88	217	532. 63	252	528. 37	250	374. 42
辽　源	56	169. 96	48	151. 78	103	343. 55	114	207. 26	77	92. 80
通　化	105	235. 57	218	418. 53	191	453. 74	196	398. 95	158	421. 19
白　山	197	1132. 27	181	300. 26	156	287. 67	181	332. 42	176	200. 99
松　原	120	164. 34	104	156. 69	111	256. 47	152	311. 64	196	295. 69
白　城	152	358. 85	136	251. 36	116	240. 02	136	291. 56	179	379. 67
黑龙江										
哈尔滨	639	1936. 46	729	2955. 21	413	1562. 70	509	1924. 01	374	1237. 08
齐齐哈尔	157	529. 77	197	668. 72	181	628. 35	211	654. 20	237	927. 17
鸡　西	79	119. 74	39	87. 50	68	175. 97	83	222. 84	49	159. 53
鹤　岗	32	114. 23	52	148. 77	47	75. 27	18	100. 48	43	84. 37
双鸭山	65	252. 76	69	240. 58	49	234. 69	85	244. 72	55	129. 87
大　庆	197	576. 02	215	1601. 52	261	1100. 70	214	733. 89	134	445. 67
伊　春	24	86. 19	34	72. 26	30	95. 86	38	162. 28	46	123. 44
佳木斯	223	424. 53	194	442. 29	80	277. 94	128	427. 12	93	255. 83
七台河	27	55. 28	40	170. 75	30	152. 54	20	95. 86	24	94. 32
牡丹江	262	720. 97	166	562. 28	148	393. 64	182	538. 44	129	311. 59
黑　河	158	313. 11	125	329. 41	88	489. 17	94	157. 14	85	146. 96
绥　化	372	991. 23	292	719. 66	332	961. 07	413	1271. 01	326	828. 41
上　海	407	1887. 42	637	2409. 18	427	1359. 03	348	1234. 98	411	1418. 52
江　苏										
南　京	301	1214. 37	425	1562. 22	574	1891. 50	404	1641. 24	400	1329. 96
无　锡	623	2367. 34	788	2433. 25	574	1849. 16	611	2059. 24	473	1446. 40
徐　州	540	2260. 28	562	2338. 93	739	2708. 87	752	2615. 89	611	2169. 07

续表

地　区	2010 年		2011 年		2012 年		2013 年		2014 年	
	宗数	总面积	宗数	总面积	宗数	总面积	宗数	总面积	宗数	总面积
常　州	707	2223. 71	643	2106. 30	909	2637. 66	855	2160. 75	831	2177. 39
苏　州	1063	3880. 31	1086	4455. 67	1225	4129. 15	1317	4293. 26	948	2653. 31
南　通	982	3177. 40	1034	3377. 08	1251	4423. 95	1602	4276. 60	1383	3294. 30
连云港	323	1861. 34	378	2953. 68	335	2387. 03	496	4684. 38	364	1835. 96
淮　安	593	1756. 62	674	2151. 32	653	1945. 97	603	1721. 20	772	1486. 32
盐　城	1076	4018. 02	1065	4807. 35	1396	4085. 61	1226	4332. 35	868	2650. 15
扬　州	520	1832. 11	607	1587. 91	660	1558. 78	876	1968. 15	588	1528. 92
镇　江	105	532. 04	302	1140. 21	635	1472. 98	626	1679. 54	433	1074. 02
泰　州	530	1403. 10	646	1539. 11	705	1750. 97	823	1891. 97	584	1665. 98
宿　迁	513	1501. 97	493	1730. 60	952	2209. 34	1035	2327. 63	1094	1885. 62
浙　江										
杭　州	1468	2951. 97	1267	2260. 09	818	1550. 25	951	2082. 87	980	1587. 32
宁　波	1002	2245. 59	1044	3433. 62	943	2298. 20	1074	2591. 69	722	1482. 39
温　州	403	527. 57	429	797. 97	393	484. 95	593	1015. 53	365	579. 13
嘉　兴	1075	2533. 07	742	1627. 75	521	1253. 28	601	1377. 59	596	1314. 67
湖　州	561	1321. 21	478	1185. 56	471	916. 19	687	1508. 23	629	1353. 94
绍　兴	840	1645. 37	659	1490. 11	591	1162. 67	704	1638. 81	484	1071. 44
金　华	1367	1471. 48	775	852. 36	635	799. 65	1044	1393. 91	701	939. 97
金　华	580	1123. 81	464	776. 60	302	425. 64	355	614. 42	310	654. 68
舟　山	243	754. 74	196	587. 14	150	621. 83	147	466. 67	82	176. 96
台　州	790	1399. 87	481	739. 95	461	781. 14	559	1326. 15	456	626. 48
丽　水	403	540. 57	423	636. 63	368	563. 24	628	788. 01	439	463. 44
安　徽										
合　肥	385	1240. 27	312	1242. 78	483	1917. 57	370	1738. 67	675	2243. 53
芜　湖	333	1524. 28	235	1114. 02	343	1320. 81	420	1532. 75	318	1096. 76
蚌　埠	168	529. 87	167	812. 30	217	952. 44	286	1055. 98	217	845. 99
淮　南	40	174. 73	78	355. 09	102	317. 60	88	339. 03	64	223. 63
马鞍山	84	421. 16	144	641. 41	248	753. 81	391	842. 98	157	323. 66
淮　北	175	666. 94	237	839. 67	91	409. 07	93	245. 02	70	243. 63
铜　陵	93	517. 53	117	517. 89	112	525. 45	128	553. 40	71	346. 72
安　庆	463	801. 30	591	898. 26	439	889. 69	516	766. 66	408	683. 09
黄　山	205	397. 80	247	687. 91	207	484. 76	238	478. 90	180	388. 49
滁　州	308	1002. 00	378	1097. 23	625	1377. 10	804	2597. 36	629	1833. 79
阜　阳	160	545. 31	255	413. 27	256	771. 85	288	1097. 59	214	867. 47
宿　州	168	662. 83	211	760. 84	281	1000. 55	369	936. 78	218	825. 39
六　安	229	613. 27	401	1184. 29	514	1546. 60	507	1334. 53	459	1571. 56
亳　州	152	314. 38	153	480. 39	162	584. 31	369	1364. 40	248	832. 28
池　州	333	904. 45	197	979. 49	236	795. 88	297	982. 27	221	678. 37
宣　城	157	640. 34	381	1029. 04	547	1216. 17	640	1550. 89	542	1101. 39

续表

地区	2010年		2011年		2012年		2013年		2014年	
	宗数	总面积	宗数	总面积	宗数	总面积	宗数	总面积	宗数	总面积
福建										
福州	228	1233.44	330	1887.81	421	1759.30	429	2223.00	252	1267.07
厦门	183	976.88	122	687.65	133	486.07	93	341.59	80	348.90
莆田	108	394.13	148	543.62	109	487.93	111	479.55	81	336.19
三明	253	696.24	347	1070.97	330	1036.35	329	958.60	200	631.46
泉州	522	1110.96	551	1582.38	592	1436.82	517	1451.25	554	1429.11
漳州	417	1573.82	499	2047.67	484	1521.32	566	1845.38	459	1615.04
南平	222	496.50	301	982.99	273	754.02	310	836.49	230	733.77
龙岩	255	948.26	349	1169.97	295	965.90	293	962.93	177	449.70
宁德	164	342.06	329	371.80	320	579.97	350	761.68	267	653.94
江西										
南昌	334	1581.79	300	1396.32	340	1405.25	468	2280.30	307	1304.52
景德镇	124	439.25	118	429.00	95	227.41	122	439.04	107	400.35
萍乡	60	198.11	158	587.95	88	240.05	217	635.31	121	301.32
九江	337	1102.13	398	1648.47	497	1826.94	746	2647.65	471	1586.03
新余	66	228.57	189	1118.73	98	390.62	196	762.56	161	512.75
鹰潭	82	307.93	170	480.10	139	413.35	174	548.47	113	413.34
赣州	497	1073.99	684	1319.34	494	1176.03	602	1810.53	435	1061.96
吉安	399	720.69	437	1019.39	426	870.09	528	1132.87	481	914.00
宜春	413	1571.49	564	2368.14	492	1705.22	591	1878.14	515	1514.36
抚州	379	957.70	352	851.28	335	1019.66	437	1632.34	254	729.20
上饶	348	651.41	400	820.13	486	1102.89	678	1579.33	467	713.01
山东										
济南	358	1703.77	395	1703.80	381	1584.66	497	1771.92	389	1422.21
青岛	1024	3444.67	1120	3546.95	958	3893.28	1376	3953.48	946	3149.31
淄博	320	910.67	340	849.60	282	659.00	522	1631.10	305	769.09
枣庄	251	758.17	228	775.63	199	649.57	369	1257.97	298	676.58
东营	257	1753.88	388	2219.37	508	2038.97	536	2224.78	415	1641.63
烟台	859	3958.38	878	3327.88	550	1825.00	896	3156.80	595	1679.87
潍坊	1389	5160.38	1399	5160.65	1463	5402.84	1918	5168.16	1181	3791.62
济宁	550	1916.02	366	1157.04	504	1427.38	725	2168.74	587	1648.32
泰安	323	1245.59	292	842.15	340	1034.96	358	1203.11	294	928.61
威海	686	2634.65	625	2177.43	806	2987.92	929	2876.50	549	1504.58
日照	234	767.36	247	875.42	285	985.63	456	1020.02	913	555.67
莱芜	68	460.15	57	255.66	95	414.43	162	857.66	86	277.53
临沂	857	2466.17	1047	2247.76	779	2121.60	1613	3780.13	758	2386.77
德州	299	1174.95	326	1346.24	389	1738.59	489	1984.28	336	1129.07
聊城	337	1368.77	484	1205.93	494	1394.60	715	1758.85	480	1277.72
滨州	398	1540.46	448	1358.98	406	1184.73	464	1265.90	495	949.39

续表

地区	2010年		2011年		2012年		2013年		2014年	
	宗数	总面积	宗数	总面积	宗数	总面积	宗数	总面积	宗数	总面积
菏泽	286	1533.92	250	1345.46	386	1633.48	499	1750.97	377	1395.18
河南										
郑州	280	1220.30	475	2322.95	665	2615.60	820	2882.46	704	2375.09
开封	154	662.48	203	753.29	227	633.36	342	1084.33	248	764.88
洛阳	166	786.03	403	1449.03	288	1061.24	405	1279.66	336	1163.31
平顶山	125	546.74	118	457.87	167	628.30	211	861.01	182	631.05
安阳	130	638.12	157	822.29	184	713.95	359	1388.68	366	1322.13
鹤壁	80	393.17	109	419.58	108	432.58	117	676.43	130	499.93
新乡	170	680.82	230	1010.99	246	1005.81	347	1402.30	327	1352.70
焦作	114	575.08	146	904.95	265	1239.86	292	1256.03	206	1038.09
濮阳	90	219.59	147	372.67	131	448.23	154	585.50	103	322.37
许昌	187	696.87	187	670.28	166	610.10	245	914.63	193	606.19
漯河	80	265.94	84	343.09	127	389.58	167	485.00	110	328.24
三门峡	121	464.21	115	295.72	133	380.29	116	548.60	170	437.96
南阳	233	719.92	196	683.34	270	1000.15	286	908.02	367	1089.02
商丘	206	580.55	371	1077.59	311	968.36	297	1013.80	241	893.11
信阳	197	404.66	168	488.65	153	425.26	216	544.75	222	615.94
周口	179	379.75	179	472.07	274	994.97	237	889.33	246	757.59
驻马店	247	722.43	329	911.57	335	887.03	419	1185.07	351	843.93
湖北										
武汉	460	2894.48	574	3544.76	440	2400.41	521	2521.74	437	2468.42
黄石	151	525.46	143	711.83	196	477.30	270	1524.46	149	497.10
十堰	116	495.48	141	555.12	151	542.42	280	1026.23	265	808.18
宜昌	383	1816.37	340	1182.84	406	1418.09	523	2147.45	459	1147.74
襄阳	482	876.27	695	1804.09	651	1972.54	769	1883.30	942	1607.75
鄂州	196	689.55	123	266.90	201	549.55	145	649.92	80	274.39
荆门	304	829.82	460	1022.42	588	1287.40	392	863.28	388	1036.30
孝感	272	790.79	356	1233.90	549	1465.93	351	950.69	473	1110.63
荆州	462	902.91	472	1038.22	527	1313.28	491	1354.83	382	973.46
黄冈	228	848.40	231	821.49	276	912.89	448	1265.20	388	1194.88
咸宁	232	720.09	309	1103.35	288	930.54	440	1398.40	292	983.45
随州	165	298.49	208	462.67	224	543.44	234	624.88	182	558.55
湖南										
长沙	272	1293.62	526	2097.33	395	1504.97	477	1850.63	557	2068.62
株洲	162	347.09	215	576.90	186	347.78	271	646.57	261	451.95
湘潭	125	230.86	184	614.91	162	638.26	175	538.37	137	487.66
衡阳	314	625.96	524	1251.51	385	813.07	336	1047.23	340	848.73
邵阳	211	392.88	293	465.39	252	445.93	299	420.66	288	470.05
岳阳	269	603.12	190	586.98	232	600.50	306	672.99	288	641.06

续表

地区	2010 年		2011 年		2012 年		2013 年		2014 年	
	宗数	总面积	宗数	总面积	宗数	总面积	宗数	总面积	宗数	总面积
常　德	328	629.21	279	699.87	287	611.46	382	909.84	334	893.33
张家界	75	227.77	54	98.63	73	138.13	76	147.98	98	70.03
益　阳	381	445.23	356	392.48	498	548.86	469	666.24	458	501.77
郴　州	424	624.06	439	596.90	329	589.54	391	827.68	289	546.22
永　州	266	406.47	249	515.47	232	377.06	252	736.95	224	592.67
怀　化	295	541.64	243	697.50	273	616.97	263	678.63	324	596.55
娄　底	255	241.53	168	207.78	288	302.15	254	582.75	192	423.19
广　东										
广　州	208	1159.61	185	781.40	160	792.93	221	1161.50	128	637.64
韶　关	189	430.84	144	403.54	152	483.68	234	701.44	209	497.66
深　圳	35	66.34	29	74.66	45	85.19	47	161.97	40	175.43
珠　海	55	736.63	82	651.04	54	557.28	81	449.36	106	539.56
汕　头	50	133.83	77	314.20	50	122.83	53	154.17	31	114.92
佛　山	200	993.39	214	793.77	264	1144.12	333	1142.87	205	888.18
江　门	275	1018.11	233	779.77	200	681.57	205	661.89	153	512.67
湛　江	96	519.85	185	294.12	72	896.05	177	694.94	127	489.69
茂　名	36	75.49	79	376.68	49	159.60	126	501.66	101	382.68
肇　庆	182	628.33	141	560.10	215	654.93	174	983.32	179	711.22
惠　州	376	1261.37	412	1455.83	318	960.42	356	1213.54	328	749.71
梅　州	110	317.71	83	266.20	84	224.74	135	470.12	141	430.92
汕　尾	2	21.87	20	88.93	18	94.49	17	54.90	21	117.30
河　源	76	237.85	89	230.35	52	262.20	120	411.12	139	466.96
阳　江	162	825.78	126	556.39	167	598.77	122	357.03	159	458.74
清　远	229	754.28	250	892.79	182	395.26	389	1056.57	261	721.10
东　莞	215	683.66	155	617.65	112	350.55	160	761.02	93	401.47
中　山	223	760.17	230	707.95	132	558.38	93	358.57	83	198.20
潮　州	10	22.81	3	2.99	26	155.19	36	199.85	63	243.58
揭　阳	46	116.32	62	169.44	108	420.88	146	332.69	98	210.46
云　浮	53	186.81	52	329.65	145	547.73	120	512.87	123	444.46
广　西										
南　宁	269	818.86	343	806.66	270	858.16	253	793.31	298	1085.39
柳　州	182	493.76	178	519.40	209	885.82	218	793.01	207	637.76
桂　林	295	633.60	254	671.06	290	554.34	395	594.01	240	405.72
梧　州	99	476.80	132	551.69	142	527.17	129	486.28	115	268.86
北　海	38	163.08	72	384.51	43	159.04	84	313.56	59	132.34
防城港	98	425.07	85	546.67	82	468.69	117	490.31	67	256.16
钦　州	94	436.68	107	382.12	146	432.10	135	508.45	95	297.11
贵　港	62	117.68	84	280.26	80	318.44	120	495.69	112	415.79
玉　林	251	535.38	239	601.34	134	486.78	163	553.84	115	425.33

续表

地 区	2010 年		2011 年		2012 年		2013 年		2014 年	
	宗数	总面积	宗数	总面积	宗数	总面积	宗数	总面积	宗数	总面积
百 色	179	296.16	247	579.53	336	628.70	430	611.93	369	555.05
贺 州	52	182.37	42	172.75	97	298.60	98	309.53	55	197.15
河 池	92	218.37	123	132.47	112	294.15	117	276.94	107	254.68
来 宾	35	98.31	79	266.91	104	334.72	168	632.97	104	346.62
崇 左	69	210.65	131	428.45	87	244.41	117	303.36	100	235.98
海 南										
海 口	26	93.87	39	94.51	32	199.62	54	103.64	19	84.74
三 亚	15	116.97	16	214.03	33	226.35	25	155.62	19	118.52
重 庆	1218	5423.29	1416	6406.21	1368	6159.45	1701	8115.22	1505	7546.00
四 川										
成 都	636	3145.63	525	2762.57	589	3063.95	715	3036.16	492	2116.88
自 贡	89	282.60	74	312.90	78	361.58	120	688.39	60	254.06
攀枝花	83	265.32	102	321.99	113	469.25	88	262.40	92	238.46
泸 州	316	1045.49	359	1219.71	229	707.30	248	667.85	176	452.51
德 阳	279	826.85	467	1299.08	347	903.06	403	865.85	228	787.79
绵 阳	255	421.17	320	746.69	267	1053.69	327	863.36	204	710.58
广 元	146	178.71	135	240.81	155	406.38	212	624.62	109	270.37
遂 宁	166	266.00	148	404.63	183	346.06	308	865.00	171	562.94
内 江	74	251.03	80	381.51	78	351.30	89	443.47	69	278.07
乐 山	185	691.47	202	579.48	183	520.61	214	554.89	182	565.48
南 充	235	513.58	285	531.94	204	504.35	308	1033.42	171	741.38
眉 山	98	432.65	172	540.70	292	826.52	305	1043.98	262	874.87
宜 宾	211	488.41	236	708.51	247	656.28	258	766.40	240	562.69
广 安	145	321.17	169	309.22	133	391.64	183	731.78	162	516.30
达 州	108	245.55	62	126.50	78	242.88	137	406.79	121	330.39
雅 安	81	317.84	115	150.69	64	243.55	71	194.48	79	213.10
巴 中	36	65.73	50	79.88	81	378.44	109	368.51	107	375.92
资 阳	52	183.11	111	666.55	128	652.18	171	657.08	142	664.11
贵 州										
贵 阳	169	1206.30	178	1204.91	280	1736.28	294	1504.12	249	1100.42
六盘水	47	271.44	126	290.85	178	652.66	162	429.06	322	509.61
遵 义	203	369.44	350	757.81	530	1237.64	735	1607.64	1011	1448.07
安 顺	47	133.95	74	270.29	152	405.33	249	746.53	164	553.53
云 南										
昆 明	236	1033.30	706	2892.32	492	1726.17	622	2066.20	421	1641.86
曲 靖	349	628.23	234	932.16	260	590.72	298	434.09	222	454.64
玉 溪	285	396.61	289	542.08	280	382.01	112	334.78	128	355.97
保 山	252	472.26	300	306.78	289	413.93	384	586.01	369	345.85
昭 通	138	197.88	179	198.33	252	251.40	171	120.27	123	148.36
丽 江	45	77.30	76	131.33	54	151.27	53	247.03	70	101.97

续表

地区	2010 年		2011 年		2012 年		2013 年		2014 年	
	宗数	总面积	宗数	总面积	宗数	总面积	宗数	总面积	宗数	总面积
普洱	166	154.74	187	220.93	232	160.84	263	234.53	169	148.65
临沧	97	120.34	110	89.91	125	253.60	184	293.68	83	170.97
西藏										
拉萨	34	160.57	34	160.57	16	30.80	18	44.13	28	206.14
陕西										
西安	121	432.78	72	293.92	334	1433.36	370	1746.03	328	1271.63
铜川	27	117.39	29	161.05	27	55.44	36	134.44	37	158.73
宝鸡	102	338.97	129	463.10	168	579.55	282	1037.06	220	757.85
咸阳	134	531.44	134	445.71	226	910.95	306	1243.70	292	921.63
渭南	87	384.26	104	427.14	113	672.56	180	555.57	139	374.50
延安	64	118.63	77	300.37	64	73.71	113	285.05	105	217.78
汉中	91	148.35	113	255.54	144	292.92	207	489.09	367	973.09
榆林	183	1064.36	241	1263.50	430	2215.73	331	1708.64	179	766.50
安康	18	66.20	23	125.90	95	312.43	141	383.74	107	210.88
商洛	68	149.94	96	240.99	90	180.98	197	341.33	159	350.57
甘肃										
兰州	121	400.05	60	249.88	80	297.14	228	950.07	262	1194.59
嘉峪关	56	142.99	122	407.19	70	694.60	100	976.42	77	805.37
金昌	16	42.81	60	287.24	42	267.80	50	260.64	36	95.24
白银	77	186.71	107	372.93	150	466.52	172	639.75	157	514.88
天水	68	172.44	65	313.98	45	111.83	90	208.96	64	198.88
武威	103	151.11	130	819.44	101	829.32	135	834.46	122	1012.98
张掖	80	246.01	109	483.60	113	359.15	291	1235.40	207	613.95
平凉	45	92.19	42	78.05	22	64.74	57	265.79	108	341.32
酒泉	124	454.83	182	1066.79	246	2450.23	228	819.54	132	600.72
庆阳	38	108.08	56	172.11	76	182.98	123	295.29	43	185.89
定西	106	227.46	89	346.44	116	400.79	160	550.39	88	190.06
陇南	25	21.05	57	37.61	41	53.89	43	128.83	20	21.70
青海										
西宁	61	234.08	76	398.74	89	265.00	91	374.63	107	300.94
宁夏										
银川	194	1233.76	363	1996.84	230	1456.88	440	2159.43	351	1639.06
石嘴山	122	770.63	102	656.88	101	801.94	102	739.23	89	349.67
吴忠	123	539.11	179	841.05	220	884.76	261	1136.24	223	742.20
固原	85	277.48	54	199.15	61	117.26	99	432.84	84	273.22
中卫	75	299.43	71	303.28	101	1219.67	86	807.57	105	507.52
新疆										
乌鲁木齐	176	916.01	176	916.01	144	642.01	195	1418.48	161	876.17
克拉玛依	53	76.91	53	76.91	46	175.40	121	357.55	105	211.34

数据来源：国土资源部。

表 2－130　　2010—2014 年 286 城市土地招拍挂出让成交价款

单位：万元

地　区	2010 年	2011 年	2012 年	2013 年	2014 年
北　京	12700137	14686856	6112951	16929670	19762789
天　津	8374629	7520508	5171208	8141929	7841874
河　北					
石家庄	1218874	1257310	1666711	2595578	1916798
唐　山	1587033	1833544	1862264	3059640	1523804
秦皇岛	1086861	584684	799771	709971	337101
邯　郸	1168805	1109025	985867	1360067	888596
邢　台	474892	582855	535029	700792	664188
保　定	665150	598182	774134	1132957	999139
张家口	489133	495403	333113	915544	532975
承　德	456067	524316	412765	739526	337360
沧　州	729942	992414	713276	967792	1021682
廊　坊	1897925	1801841	1651437	3253563	1686395
衡　水	230907	391605	644165	642404	582254
山　西					
太　原	586710	742785	631182	1643502	1385398
大　同	545504	552621	687342	1015869	550578
阳　泉	96030	107745	114836	67307	83435
长　治	69079	288886	274341	267398	267961
晋　城	231456	146068	197217	251774	357404
朔　州	209431	393197	371867	719533	162787
晋　中	139624	226187	334453	418754	420893
运　城	151109	221303	261434	365638	362134
忻　州	104083	202097	300499	436624	263093
临　汾	164057	268582	561906	579264	191677
吕　梁	113086	227837	199021	246158	161776
内蒙古					
呼和浩特	582245	631641	932544	1446861	628579
包　头	429481	562037	562304	697798	414159
乌　海	135327	156074	90884	128257	39969
赤　峰	358627	681789	542575	675739	695863
通　辽	164924	163132	191118	331884	264543
鄂尔多斯	2127950	2331813	1348476	397127	548556
呼伦贝尔	213167	399463	410121	434542	301272
巴彦淖尔	160320	210025	533923	276687	90829
乌兰察布	94271	257913	334525	542966	244878
辽　宁					
沈　阳	2902648	8950063	4482474	4826098	4315962

续表

地 区	2010 年	2011 年	2012 年	2013 年	2014 年
大 连	8624131	10317894	4405206	4765958	1638876
鞍 山	2042569	1721009	1442586	1649762	680915
抚 顺	407482	792893	669612	898808	194939
本 溪	128796	693438	240085	368065	280261
丹 东	293528	568033	618120	444017	378325
锦 州	386774	725928	465825	1282980	331785
营 口	1741496	2801974	1805735	1477670	574752
阜 新	255350	719648	242321	382364	198785
辽 阳	453435	467759	469482	533779	378498
盘 锦	473289	1349525	1294008	783341	606066
铁 岭	479200	395576	381452	761905	581743
朝 阳	194891	507152	587021	603814	498234
葫芦岛	287716	885366	355532	608596	315765
吉 林					
长 春	2784314	3668861	2341393	2841318	1780246
吉 林	479439	682087	721946	782920	574550
四 平	111180	271481	283403	244858	163587
辽 源	54854	53759	174119	59348	41706
通 化	133429	264102	287962	270429	295404
白 山	222772	81266	74137	113107	70203
松 原	52620	34939	127259	106993	143335
白 城	52209	69158	86830	124731	174842
黑龙江					
哈尔滨	2081528	3579050	1377604	2705171	1538938
齐齐哈尔	180298	295480	367510	243153	251360
鸡 西	26029	39765	60630	72927	44844
鹤 岗	16947	30783	20808	56143	17170
双鸭山	43272	63564	80124	71010	34393
大 庆	410592	714781	685780	472510	331086
伊 春	13890	14317	23401	27510	44212
佳木斯	51527	71775	53679	128913	43719
七台河	9605	73290	28495	20039	18894
牡丹江	245791	230823	169707	248237	122006
黑 河	58157	57381	65490	30568	26351
绥 化	214153	146710	189724	293208	211090
上 海	8518021	9258540	5633717	10722237	14746279
江 苏					
南 京	5116059	4825032	4132545	9404642	6315803
无 锡	6087557	5095242	2659588	3825197	2530625
徐 州	1862874	2710727	2782720	4204975	3733529

续表

地 区	2010 年	2011 年	2012 年	2013 年	2014 年
常 州	3213421	4602537	4895020	4981598	5960728
苏 州	6672389	8792071	5855679	11344953	5774665
南 通	3792536	3669645	5727182	8065882	5829370
连云港	863206	1458378	957664	2677265	1352361
淮 安	2055660	2775056	1891190	1933206	1992076
盐 城	2975164	3907873	3107498	4212676	1985006
扬 州	2194334	2268000	2059837	3245761	2715822
镇 江	644306	1878184	1484289	1796690	1379040
泰 州	1157052	1672731	1361644	2439107	3108811
宿 迁	836978	1350822	1351325	2805970	1321422
浙 江					
杭 州	10212597	7255807	5589133	14262347	7459706
宁 波	6877449	4687453	4539590	7277045	3209542
温 州	2937516	4337967	1350497	4585639	2373260
嘉 兴	2936294	2330216	1642674	2400042	1907763
湖 州	1612047	1610175	770031	1438412	1726732
绍 兴	2804359	2618648	2060883	3203344	1716281
金 华	3023690	3331238	985513	2285346	1653090
金 华	822451	601904	264182	573984	510965
舟 山	938942	803392	481752	581349	374159
台 州	2769909	1333633	1302580	3011375	1042956
丽 水	660416	696081	470555	803388	506606
安 徽					
合 肥	1839108	2339890	3050988	4690600	4865354
芜 湖	1755358	1301399	880625	1068392	1033636
蚌 埠	517346	475689	789059	1098044	936229
淮 南	247400	379983	265365	429483	377888
马鞍山	498210	505990	547037	1008236	235093
淮 北	441741	541660	249875	201630	214396
铜 陵	526633	678599	514846	814606	530415
安 庆	623399	784681	632299	520159	713289
黄 山	437774	390582	333587	289169	247191
滁 州	874483	869199	594679	1735761	1111171
阜 阳	373348	325068	603423	1650533	1574227
宿 州	386418	499885	680360	987573	1225238
六 安	432402	910340	732988	1059969	1847654
亳 州	268415	556018	708931	2204018	1104747
池 州	557024	363468	338226	1457947	604666
宣 城	373241	521181	440157	1242242	773497

续表

地　区	2010 年	2011 年	2012 年	2013 年	2014 年
福　建					
福　州	3543548	3070214	2632880	4383631	2752836
厦　门	3271986	1391751	1730166	2303210	2270801
莆　田	526019	710162	559825	969091	614956
三　明	375178	831250	512601	965716	429767
泉　州	1261547	1909094	1732653	1931331	2067927
漳　州	810344	684763	696815	1532488	1245699
南　平	477447	463685	416404	559551	437593
龙　岩	380090	728247	868187	1390637	273384
宁　德	533635	547211	572245	960084	531280
江　西					
南　昌	1476885	1887099	1554893	3171281	2531805
景德镇	241265	171291	249644	391421	268560
萍　乡	102958	320807	172395	692417	321267
九　江	894028	1234753	1169239	2210525	1596973
新　余	112866	366219	119986	357872	555497
鹰　潭	211430	260101	305785	354096	291478
赣　州	1016452	851591	1407409	1841761	1265723
吉　安	470780	493576	566726	999093	521518
宜　春	568416	902862	857680	1247951	955684
抚　州	411943	486974	432463	798118	502130
上　饶	483271	542389	751048	945825	741346
山　东					
济　南	3042476	2918857	3615901	4550964	4089032
青　岛	5101661	4909087	4153363	4318484	4250452
淄　博	516100	695878	610677	1431307	1234322
枣　庄	646396	1035301	1002690	1776539	1073765
东　营	584811	1208446	988789	1167601	725615
烟　台	2350624	1923740	1115882	2619180	1690369
潍　坊	2480203	2730848	2502348	3313742	3032200
济　宁	2825742	1308542	1507795	2287847	1804611
泰　安	673221	647139	781100	930109	854824
威　海	1755833	2059437	2132587	2571601	1497450
日　照	392329	501677	1136016	1183211	562328
莱　芜	156590	105357	128456	242124	139451
临　沂	1341333	1431614	1284725	2636783	2249750
德　州	544102	1000888	1038173	1503961	1121830
聊　城	573926	500614	613004	908041	734691
滨　州	566671	628336	593351	580050	500516

续表

地　区	2010 年	2011 年	2012 年	2013 年	2014 年
菏　泽	470348	547920	633238	1007756	1098126
河　南					
郑　州	1409773	2361655	3060935	4619991	5280742
开　封	441422	452148	393850	801663	600322
洛　阳	485754	1154915	794958	1026100	883940
平顶山	260246	266220	274245	864383	407134
安　阳	597433	483152	429735	644165	920363
鹤　壁	171631	157915	267065	308365	384750
新　乡	203069	365604	331473	542850	610972
焦　作	232845	342413	456484	528507	449808
濮　阳	108278	267739	415410	413291	326907
许　昌	368010	561017	375628	771479	643597
漯　河	92749	238413	290224	470735	244275
三门峡	212084	203659	218532	229008	230525
南　阳	386090	327344	465403	557629	766544
商　丘	249244	548181	462879	730438	483533
信　阳	323793	369458	305875	425839	438806
周　口	117475	248972	594907	502516	465894
驻马店	267664	500899	549753	639491	471103
湖　北					
武　汉	3561995	5726861	3638484	6512878	4872821
黄　石	221200	236234	247204	1244493	338928
十　堰	333277	285385	283120	466643	574013
宜　昌	699139	497673	882842	1444567	908152
襄　阳	393114	912794	894128	1271771	1226782
鄂　州	271966	159970	368696	313028	178601
荆　门	240038	416353	510891	391603	568730
孝　感	293345	464612	456059	690893	774624
荆　州	364111	489849	405436	854917	608221
黄　冈	191892	322313	377334	693404	689017
咸　宁	315860	434779	431339	560715	523193
随　州	174960	197862	247360	348824	286559
湖　南					
长　沙	1496851	3213859	2660044	4570164	3414829
株　洲	329318	535741	286418	775695	600273
湘　潭	165406	735684	561739	522669	401397
衡　阳	265047	615006	496871	825681	1094848
邵　阳	240421	302585	336144	389004	434179
岳　阳	277196	298487	381732	625605	503561

续表

地 区	2010 年	2011 年	2012 年	2013 年	2014 年
常 德	300583	548077	484373	826649	664369
张家界	160641	103288	167984	185296	130921
益 阳	215789	219416	351596	428774	403334
郴 州	290057	493411	512124	689167	464546
永 州	174899	277980	197127	376694	432408
怀 化	355160	557608	571660	725665	679231
娄 底	118754	178955	252037	427837	444543
广 东					
广 州	3369446	3034245	2616860	7207534	8055401
韶 关	188445	246166	206712	666750	275509
深 圳	372084	291439	558324	3528556	3598251
珠 海	903846	794775	1211059	3358565	2361332
汕 头	117503	293223	148639	480544	913558
佛 山	2550182	2302443	3812721	5362790	3897564
江 门	332058	596312	441434	620539	464025
湛 江	248607	163256	411498	992280	408934
茂 名	50193	274645	103988	487645	578042
肇 庆	234903	258646	350147	654294	359161
惠 州	1005579	932060	908082	946335	713337
梅 州	167991	252871	195878	389296	487815
汕 尾	9285	46665	41613	62235	160296
河 源	135989	158916	157551	355411	291765
阳 江	374048	334028	269909	202805	316453
清 远	402087	650251	242097	679383	790607
东 莞	1352367	1327579	1094823	2075735	937745
中 山	643089	627434	510785	565251	237008
潮 州	55358	1249	170665	168357	389032
揭 阳	157945	229716	205585	293631	283878
云 浮	61979	110360	244068	365853	279339
广 西					
南 宁	1643081	1220699	1121284	864980	2148298
柳 州	319518	559031	1002050	1256411	941906
桂 林	262608	624412	307489	602939	588125
梧 州	243583	359351	338531	269078	148653
北 海	210523	205037	141455	318944	105794
防城港	147659	283429	181890	215557	105308
钦 州	164002	244162	255456	404253	161060
贵 港	51910	80960	150042	305928	352662
玉 林	334422	318871	293368	394034	264343

续表

地　区	2010 年	2011 年	2012 年	2013 年	2014 年
百　色	139208	277332	267973	400474	353481
贺　州	47815	62472	128195	226445	64390
河　池	60721	28952	139087	129458	160500
来　宾	38587	213510	273190	284074	239031
崇　左	67185	133879	79287	126170	139783
海　南					
海　口	141666	132495	279689	379433	225581
三　亚	514893	580034	776099	574577	688773
重　庆	7313906	9513271	11707446	17113466	13248051
四　川					
成　都	5048323	4529272	6013982	6968421	5527038
自　贡	259349	192975	272681	518741	419520
攀枝花	209587	187549	190053	165375	89257
泸　州	488648	765591	352222	776652	415393
德　阳	558158	507369	423414	513256	475766
绵　阳	255339	420916	735343	817022	563333
广　元	150179	152176	166171	318582	267877
遂　宁	403898	432359	154449	1011126	397930
内　江	245625	331775	357053	887664	326004
乐　山	629752	264313	540470	508721	624732
南　充	646921	535138	562269	1677283	1222873
眉　山	208465	260011	627685	1030669	885734
宜　宾	364253	723818	558049	756650	597859
广　安	272292	315901	309806	712755	641454
达　州	285485	183911	279695	686205	514467
雅　安	120276	260809	50599	105203	105425
巴　中	86469	102559	482115	624186	583522
资　阳	122660	282882	828301	1111998	955619
贵　州					
贵　阳	984967	1126246	1803557	1889763	1520609
六盘水	89443	96550	340613	319818	688039
遵　义	173080	651227	680466	1278729	951827
安　顺	88547	158318	216119	828678	240678
云　南					
昆　明	2443662	6586415	4086734	5249831	2058005
曲　靖	267045	412190	481236	379641	265963
玉　溪	222105	244913	227767	210620	155487
保　山	162067	127126	188794	267373	196996
昭　通	150460	167583	144142	108750	129759

续表

地 区	2010 年	2011 年	2012 年	2013 年	2014 年
丽 江	18621	66118	90058	138744	83973
普 洱	91221	101009	151694	151711	128756
临 沧	21988	22487	93706	138831	77581
西 藏					
拉 萨	38781	38781	14974	28779	128819
陕 西					
西 安	989132	726168	2710504	2451732	2705630
铜 川	65431	64825	32256	60011	56936
宝 鸡	158473	261340	212150	582274	457139
咸 阳	294927	286592	399132	880603	587250
渭 南	158692	198685	265702	290948	248081
延 安	71824	151843	96224	219552	312242
汉 中	79986	160352	214833	382517	485776
榆 林	333838	470834	1077627	1250061	224263
安 康	20722	64906	115275	424854	365774
商 洛	62083	98837	71656	170214	165750
甘 肃					
兰 州	651358	419214	267543	647999	597326
嘉峪关	11207	15628	35365	19420	47513
金 昌	3940	49661	22655	65352	11175
白 银	42337	93064	43000	151610	129839
天 水	133429	182573	144646	190286	139265
武 威	46731	146200	93042	139332	116810
张 掖	79145	107417	65180	155388	110408
平 凉	40841	80725	32219	115569	238471
酒 泉	51653	63298	95964	148361	85542
庆 阳	81846	152506	182574	214781	93979
定 西	91495	106271	95825	176214	86196
陇 南	6122	26291	17830	44063	14379
青 海					
西 宁	402659	399975	244164	489858	526637
宁 夏					
银 川	359803	612112	385098	1118527	486483
石嘴山	171562	167893	83839	114511	50418
吴 忠	125543	234522	185746	271954	87608
固 原	102919	56175	41925	73024	88556
中 卫	84288	129573	173710	137847	174217
新 疆					
乌鲁木齐	378851	378851	377712	808513	391930
克拉玛依	18083	18083	56035	122729	50311

数据来源：国土资源部。

表 2－131　　2010—2014 年 286 城市土地招拍挂出让平均单价

单位：元/平方米

地　区	2010 年	2011 年	2012 年	2013 年	2014 年
北　京	8020	9198	9649	13321	19502
天　津	1674	1237	1079	1907	2409
河　北					
石家庄	1141	936	1442	1869	1528
唐　山	717	718	566	726	611
秦皇岛	1596	1085	1034	998	871
邯　郸	902	1207	745	915	738
邢　台	511	485	480	470	608
保　定	587	528	619	758	796
张家口	559	414	521	883	764
承　德	759	757	550	675	699
沧　州	557	585	413	587	529
廊　坊	1161	880	981	1387	1454
衡　水	348	514	734	566	530
山　西					
太　原	1249	1077	896	2311	1890
大　同	1762	1013	1014	1296	1054
阳　泉	377	588	587	522	364
长　治	250	364	473	620	620
晋　城	887	1185	612	633	1101
朔　州	431	610	603	947	564
晋　中	361	399	590	531	660
运　城	254	432	377	473	489
忻　州	443	200	494	803	744
临　汾	385	442	697	623	653
吕　梁	283	342	296	333	519
内蒙古					
呼和浩特	798	800	962	1557	1095
包　头	567	653	792	593	943
乌　海	446	378	175	434	129
赤　峰	484	593	371	445	502
通　辽	168	173	228	248	302
鄂尔多斯	485	499	431	366	285
呼伦贝尔	233	262	292	341	296
巴彦淖尔	168	189	442	243	168
乌兰察布	161	202	281	410	281
辽　宁					
沈　阳	954	1381	1472	1982	1944

续表

地区	2010 年	2011 年	2012 年	2013 年	2014 年
大连	1868	1961	2235	2487	1522
鞍山	1103	999	1029	1040	981
抚顺	499	712	935	1106	1037
本溪	287	1168	781	667	704
丹东	552	824	1114	877	950
锦州	404	1027	690	1022	557
营口	565	936	936	1149	829
阜新	583	784	811	606	476
辽阳	788	789	514	1249	1316
盘锦	488	557	537	571	675
铁岭	322	282	725	709	885
朝阳	341	589	699	744	795
葫芦岛	555	597	615	735	863
吉林					
长春	1259	1142	1263	1141	1690
吉林	557	613	661	683	727
四平	246	333	532	463	437
辽源	323	354	507	286	449
通化	566	631	635	678	701
白山	197	271	258	340	349
松原	320	223	496	343	485
白城	145	275	362	428	461
黑龙江					
哈尔滨	1075	1211	882	1406	1244
齐齐哈尔	340	442	585	372	271
鸡西	217	454	345	327	281
鹤岗	148	207	276	559	204
双鸭山	171	264	341	290	265
大庆	713	446	623	644	743
伊春	161	198	244	170	358
佳木斯	121	162	193	302	171
七台河	174	429	187	209	200
牡丹江	341	411	431	461	392
黑河	186	174	134	195	179
绥化	216	204	197	231	255
上海	4513	3843	4145	8682	10396
江苏					
南京	4213	3089	2185	5730	4749
无锡	2571	2094	1438	1858	1750
徐州	824	1159	1027	1607	1721

续表

地　区	2010 年	2011 年	2012 年	2013 年	2014 年
常　州	1445	2185	1856	2305	2738
苏　州	1720	1973	1418	2643	2176
南　通	1194	1087	1295	1886	1770
连云港	464	494	401	572	737
淮　安	1170	1290	972	1123	1340
盐　城	740	813	761	972	749
扬　州	1198	1428	1321	1649	1776
镇　江	1211	1647	1008	1070	1284
泰　州	825	1087	778	1289	1866
宿　迁	557	781	612	1206	701
浙　江					
杭　州	3460	3210	3605	6847	4700
宁　波	3063	1365	1975	2808	2165
温　州	5568	5436	2785	4516	4098
嘉　兴	1159	1432	1311	1742	1451
湖　州	1220	1358	840	954	1275
绍　兴	1704	1757	1773	1955	1602
金　华	2055	3908	1232	1640	1759
金　华	732	775	621	934	780
舟　山	1244	1368	775	1246	2114
台　州	1979	1802	1668	2271	1665
丽　水	1222	1093	835	1020	1093
安　徽					
合　肥	1483	1883	1591	2698	2169
芜　湖	1152	1168	667	697	942
蚌　埠	976	586	828	1040	1107
淮　南	1416	1070	836	1267	1690
马鞍山	1183	789	726	1196	726
淮　北	662	645	611	823	880
铜　陵	1018	1310	980	1472	1530
安　庆	778	874	711	678	1044
黄　山	1100	568	688	604	636
滁　州	873	792	432	668	606
阜　阳	685	787	782	1504	1815
宿　州	583	657	680	1054	1484
六　安	705	769	474	794	1176
亳　州	854	1157	1213	1615	1327
池　州	616	371	425	1484	891
宣　城	583	506	362	801	702

续表

地　区	2010 年	2011 年	2012 年	2013 年	2014 年
福　建					
福　州	2873	1626	1497	1972	2173
厦　门	3349	2024	3559	6743	6508
莆　田	1335	1306	1147	2021	1829
三　明	539	776	495	1007	681
泉　州	1136	1206	1206	1331	1447
漳　州	515	334	458	830	771
南　平	962	472	552	669	596
龙　岩	401	622	899	1444	608
宁　德	1560	1472	987	1260	812
江　西					
南　昌	934	1351	1106	1391	1941
景德镇	549	399	1098	892	671
萍　乡	520	546	718	1090	1066
九　江	811	749	640	835	1007
新　余	494	327	307	469	1083
鹰　潭	687	542	740	646	705
赣　州	946	645	1197	1017	1192
吉　安	653	484	651	882	571
宜　春	362	381	503	664	631
抚　州	430	572	424	489	689
上　饶	742	661	681	599	1040
山　东					
济　南	1786	1713	2282	2568	2875
青　岛	1481	1384	1067	1092	1350
淄　博	567	819	927	878	1605
枣　庄	853	1335	1544	1412	1587
东　营	333	544	485	525	442
烟　台	594	578	611	830	1006
潍　坊	481	529	463	641	800
济　宁	1475	1131	1056	1055	1095
泰　安	540	768	755	773	921
威　海	666	946	714	894	995
日　照	511	573	1153	1160	1012
莱　芜	340	412	310	282	502
临　沂	544	637	606	698	943
德　州	463	743	597	758	994
聊　城	419	415	440	516	575
滨　州	368	462	501	458	527

续表

地　区	2010 年	2011 年	2012 年	2013 年	2014 年
菏　泽	307	407	388	576	787
河　南					
郑　州	1155	1017	1170	1603	2223
开　封	666	600	622	739	785
洛　阳	618	797	749	802	760
平顶山	476	581	436	1004	645
安　阳	936	588	602	464	696
鹤　壁	437	376	617	456	770
新　乡	298	362	330	387	452
焦　作	405	378	368	421	433
濮　阳	493	718	927	706	1014
许　昌	528	837	616	843	1062
漯　河	349	695	745	971	744
三门峡	457	689	575	417	526
南　阳	536	479	465	614	704
商　丘	429	509	478	720	541
信　阳	800	756	719	782	712
周　口	309	527	598	565	615
驻马店	371	549	620	540	558
湖　北					
武　汉	1231	1616	1516	2583	1974
黄　石	421	332	518	816	682
十　堰	673	514	522	455	710
宜　昌	385	421	623	673	791
襄　阳	449	506	453	675	763
鄂　州	394	599	671	482	651
荆　门	289	407	397	454	549
孝　感	371	377	311	727	697
荆　州	403	472	309	631	625
黄　冈	226	392	413	548	577
咸　宁	439	394	464	401	532
随　州	586	428	455	558	513
湖　南					
长　沙	1157	1532	1768	2470	1651
株　洲	949	929	824	1200	1328
湘　潭	716	1196	880	971	823
衡　阳	423	491	611	788	1290
邵　阳	612	650	754	925	924
岳　阳	460	509	636	930	786

续表

地　区	2010 年	2011 年	2012 年	2013 年	2014 年
常　德	478	783	792	909	744
张家界	705	1047	1216	1252	1870
益　阳	485	559	641	644	804
郴　州	465	827	869	833	850
永　州	430	539	523	511	730
怀　化	656	799	927	1069	1139
娄　底	492	861	834	734	1050
广　东					
广　州	2906	3883	3300	6205	12633
韶　关	437	610	427	951	554
深　圳	5609	3904	6554	21785	20511
珠　海	1227	1221	2173	7474	4376
汕　头	878	933	1210	3117	7950
佛　山	2567	2901	3332	4692	4388
江　门	326	765	648	938	905
湛　江	478	555	459	1428	835
茂　名	665	729	652	972	1511
肇　庆	374	462	535	665	505
惠　州	797	640	946	780	951
梅　州	529	950	872	828	1132
汕　尾	425	525	440	1134	1367
河　源	572	690	601	864	625
阳　江	453	600	451	568	690
清　远	533	728	613	643	1096
东　莞	1978	2149	3123	2728	2336
中　山	846	886	915	1576	1196
潮　州	2427	418	1100	842	1597
揭　阳	1358	1356	488	883	1349
云　浮	332	335	446	713	628
广　西					
南　宁	2007	1513	1307	1090	1979
柳　州	647	1076	1131	1584	1477
桂　林	414	930	555	1015	1450
梧　州	511	651	642	553	553
北　海	1291	533	889	1017	799
防城港	347	518	388	440	411
钦　州	376	639	591	795	542
贵　港	441	289	471	617	848
玉　林	625	530	603	711	622

续表

地 区	2010 年	2011 年	2012 年	2013 年	2014 年
百 色	470	479	426	654	637
贺 州	262	362	429	732	327
河 池	278	219	473	467	630
来 宾	393	800	816	449	690
崇 左	319	312	324	416	592
海 南					
海 口	1509	1402	1401	3661	2662
三 亚	4402	2710	3429	3692	5811
重 庆	1349	1485	1901	2109	1756
四 川					
成 都	1605	1640	1963	2295	2611
自 贡	918	617	754	754	1651
攀枝花	790	582	405	630	374
泸 州	467	628	498	1163	918
德 阳	675	391	469	593	604
绵 阳	606	564	698	946	793
广 元	840	632	409	510	991
遂 宁	1518	1069	446	1169	707
内 江	978	870	1016	2002	1172
乐 山	911	456	1038	917	1105
南 充	1260	1006	1115	1623	1649
眉 山	482	481	759	987	1012
宜 宾	746	1022	850	987	1063
广 安	848	1022	791	974	1242
达 州	1163	1454	1152	1687	1557
雅 安	378	1731	208	541	495
巴 中	1316	1284	1274	1694	1552
资 阳	670	424	1270	1692	1439
贵 州					
贵 阳	817	935	1039	1256	1382
六盘水	330	332	522	745	1350
遵 义	468	859	550	795	657
安 顺	661	586	533	1110	435
云 南					
昆 明	2365	2277	2368	2541	1253
曲 靖	425	442	815	875	585
玉 溪	560	452	596	629	437
保 山	343	414	456	456	570
昭 通	760	845	573	904	875

续表

地　区	2010 年	2011 年	2012 年	2013 年	2014 年
丽　江	241	503	595	562	824
普　洱	590	457	943	647	866
临　沧	183	250	370	473	454
西　藏					
拉　萨	242	242	486	652	625
陕　西					
西　安	2286	2471	1891	1404	2128
铜　川	557	403	582	446	359
宝　鸡	468	564	366	561	603
咸　阳	555	643	438	708	637
渭　南	413	465	395	524	662
延　安	605	506	1305	770	1434
汉　中	539	628	733	782	499
榆　林	314	373	486	732	293
安　康	313	516	369	1107	1735
商　洛	414	410	396	499	473
甘　肃					
兰　州	1628	1678	900	682	500
嘉峪关	78	38	51	20	59
金　昌	92	173	85	251	117
白　银	227	250	92	237	252
天　水	774	581	1293	911	700
武　威	309	178	112	167	115
张　掖	322	222	181	126	180
平　凉	443	1034	498	435	699
酒　泉	114	59	39	181	142
庆　阳	757	886	998	727	506
定　西	402	307	239	320	454
陇　南	291	699	331	342	663
青　海					
西　宁	1720	1003	921	1308	1750
宁　夏					
银　川	292	307	264	518	297
石嘴山	223	256	105	155	144
吴　忠	233	279	210	239	118
固　原	371	282	358	169	324
中　卫	281	427	142	171	343
新　疆					
乌鲁木齐	414	414	588	570	447
克拉玛依	235	235	319	343	238

数据来源：国土资源部。

十八、城市基础设施

表 2－132　2014 年 286 城市市区完成基础设施投资额及基础设施新增固定资产

单位：亿元

地　区	基础设施投资额	基础设施新增固定资产	地　区	基础设施投资额	基础设施新增固定资产
北　京	1322.91	519.55	大　连	120.65	23.65
天　津	596.65	100.35	鞍　山	10.64	10.28
河　北			抚　顺	19.97	14.03
石家庄	123.53	64.58	本　溪	4.40	3.65
唐　山	31.71	14.30	丹　东	9.21	8.01
秦皇岛	14.36	10.98	锦　州	10.09	4.29
邯　郸	49.20	8.91	营　口	1.50	1.23
邢　台	6.64	5.02	阜　新	3.09	1.66
保　定	26.87	0.58	辽　阳	6.35	6.35
张家口	18.58	18.58	盘　锦	7.41	6.06
承　德	6.36	3.27	铁　岭	5.28	5.28
沧　州	11.94	7.93	朝　阳	7.27	6.86
廊　坊	6.38	4.39	葫芦岛	4.85	2.39
衡　水	2.22	1.21	**吉　林**		
山　西			长　春	120.18	230.53
太　原	183.77	182.77	吉　林	14.80	12.06
大　同	6.80	6.80	四　平	1.64	1.16
阳　泉	12.15	4.22	辽　源	2.31	2.22
长　治	28.39	4.72	通　化	1.50	2.24
晋　城	9.42	9.42	白　山	4.52	1.28
朔　州	6.58	2.52	松　原	2.92	—
晋　中	20.56	4.91	白　城	9.37	19.76
运　城	12.16	10.85	**黑龙江**		
忻　州	10.35	10.35	哈尔滨	100.17	54.09
临　汾	5.90	5.90	齐齐哈尔	10.42	8.97
吕　梁	14.81	14.81	鸡　西	3.46	3.46
内蒙古			鹤　岗	3.42	3.60
呼和浩特	172.87	141.45	双鸭山	3.58	3.58
包　头	120.63	76.22	大　庆	20.86	18.11
乌　海	12.27	9.72	伊　春	7.48	7.48
赤　峰	23.40	16.60	佳木斯	4.99	3.59
通　辽	21.00	17.96	七台河	2.96	2.96
鄂尔多斯	27.49	21.80	牡丹江	12.02	12.02
呼伦贝尔	25.22	19.41	黑　河	0.80	0.52
巴彦淖尔	16.91	13.24	绥　化	5.64	5.64
乌兰察布	9.75	7.90	**上　海**	372.77	205.71
辽　宁			**江　苏**		
沈　阳	153.62	91.58	南　京	652.85	658.88

续表

地　区	基础设施投资额	基础设施新增固定资产
无　锡	92.39	87.85
徐　州	31.27	27.87
常　州	132.82	91.44
苏　州	206.57	294.18
南　通	280.62	239.32
连云港	69.12	60.61
淮　安	12.03	12.03
盐　城	23.61	19.63
扬　州	80.11	42.43
镇　江	160.80	159.69
泰　州	14.95	11.31
宿　迁	17.92	28.20
浙　江		
杭　州	174.37	50.36
宁　波	192.51	299.80
温　州	95.26	22.90
嘉　兴	14.70	15.23
湖　州	23.87	21.19
绍　兴	39.48	45.10
金　华	21.73	17.57
衢　州	9.60	12.44
舟　山	30.25	6.50
台　州	19.19	20.17
丽　水	15.26	6.69
安　徽		
合　肥	148.71	59.65
芜　湖	52.45	17.51
蚌　埠	67.33	37.93
淮　南	28.34	9.05
马鞍山	30.53	12.99
淮　北	26.58	25.98
铜　陵	15.09	15.09
安　庆	32.14	12.80
黄　山	9.70	9.49
滁　州	31.55	—
阜　阳	46.89	—
宿　州	30.03	—
六　安	9.44	8.09
亳　州	9.00	8.92
池　州	11.62	16.84
宣　城	33.84	13.54
福　建		
福　州	130.23	97.62
厦　门	100.89	94.42
莆　田	71.41	5.22
三　明	3.90	3.65
泉　州	36.50	34.90
漳　州	22.26	3.51
南　平	4.48	4.30
龙　岩	14.13	14.13
宁　德	10.23	10.23
江　西		
南　昌	198.36	45.48
景德镇	4.96	4.96
萍　乡	11.23	1.20
九　江	47.67	20.84
新　余	13.31	7.20
鹰　潭	15.72	0.24
赣　州	36.95	15.28
吉　安	7.56	7.29
宜　春	41.00	27.10
抚　州	51.16	50.87
上　饶	6.47	6.36
山　东		
济　南	136.87	106.65
青　岛	158.60	81.48
淄　博	25.05	22.61
枣　庄	22.28	21.13
东　营	33.64	25.66
烟　台	65.99	52.89
潍　坊	29.51	30.21
济　宁	20.59	20.71
泰　安	27.35	13.91
威　海	41.52	30.81
日　照	41.59	21.16
莱　芜	21.21	21.19
临　沂	74.65	56.27
德　州	11.07	11.07
聊　城	47.50	41.93
滨　州	9.96	5.56

续表

地 区	基础设施投资额	基础设施新增固定资产	地 区	基础设施投资额	基础设施新增固定资产
菏 泽	10.56	10.04	张家界	2.00	2.00
河 南			益 阳	9.00	1.51
郑 州	229.46	213.22	郴 州	62.97	92.63
开 封	10.73	10.73	永 州	26.93	6.97
洛 阳	10.13	19.69	怀 化	24.27	24.14
平顶山	6.33	6.33	娄 底	72.17	—
安 阳	4.59	3.67	**广 东**		
鹤 壁	3.72	2.21	广 州	297.06	14.39
新 乡	3.88	8.96	韶 关	2.85	1.64
焦 作	17.06	17.55	深 圳	269.36	60.95
濮 阳	3.38	3.38	珠 海	26.83	4.85
许 昌	1.81	1.81	汕 头	—	—
漯 河	0.95	0.96	佛 山	28.65	8.41
三门峡	3.11	2.48	江 门	14.95	1.52
南 阳	15.56	9.26	湛 江	8.08	10.42
商 丘	6.57	6.67	茂 名	1.16	0.86
信 阳	5.61	5.06	肇 庆	35.93	3.11
周 口	8.35	6.42	惠 州	17.68	12.34
驻马店	3.97	3.87	梅 州	5.38	0.29
湖 北			汕 尾	1.53	1.53
武 汉	822.10	822.10	河 源	7.98	6.40
黄 石	12.47	7.58	阳 江	2.67	—
十 堰	12.73	11.91	清 远	26.64	—
宜 昌	69.26	27.02	东 莞	35.86	0.64
襄 阳	22.83	22.83	中 山	6.32	6.32
鄂 州	11.00	11.00	潮 州	0.93	0.52
荆 门	16.12	7.69	揭 阳	2.86	1.98
孝 感	0.77	0.77	云 浮	0.37	—
荆 州	7.55	8.28	**广 西**		
黄 冈	11.03	10.00	南 宁	240.61	57.98
咸 宁	2.94	1.65	柳 州	41.97	35.94
随 州	3.43	7.63	桂 林	34.07	42.16
湖 南			梧 州	10.93	5.67
长 沙	183.75	—	北 海	9.94	6.24
株 洲	56.28	48.14	防城港	11.42	8.40
湘 潭	78.15	69.48	钦 州	20.91	9.91
衡 阳	54.93	5.47	贵 港	7.61	1.73
邵 阳	20.04	4.82	玉 林	28.42	7.66
岳 阳	23.62	23.11	百 色	5.66	4.86
常 德	13.12	13.34	贺 州	3.16	2.54

续表

地　区	基础设施投资额	基础设施新增固定资产
河　池	1. 18	1. 22
来　宾	3. 02	3. 98
崇　左	8. 71	2. 41
海　南		
海　口	17. 33	19. 13
三　亚	13. 26	10. 83
重　庆	530. 57	401. 90
四　川		
成　都	356. 41	324. 55
自　贡	6. 32	6. 32
攀枝花	16. 10	8. 12
泸　州	47. 50	7. 34
德　阳	9. 83	5. 33
绵　阳	30. 31	27. 90
广　元	14. 88	9. 32
遂　宁	8. 10	3. 71
内　江	15. 44	6. 48
乐　山	4. 40	5. 50
南　充	23. 50	23. 50
眉　山	21. 32	21. 94
宜　宾	12. 53	9. 12
广　安	20. 04	16. 77
达　州	1. 51	1. 81
雅　安	8. 02	1. 21
巴　中	10. 15	3. 50
资　阳	10. 55	10. 55
贵　州		
贵　阳	395. 80	36. 24
六盘水	12. 31	—
遵　义	3. 06	1. 01
安　顺	52. 45	48. 32
云　南		
昆　明	119. 87	33. 26
曲　靖	12. 66	12. 66
玉　溪	0. 44	1. 56
保　山	1. 55	—
昭　通	6. 07	2. 20
丽　江	0. 47	0. 47
普　洱	1. 30	1. 30
临　沧	2. 17	3. 33
西　藏		
拉　萨	—	—
陕　西		
西　安	317. 50	76. 14
铜　川	18. 86	5. 98
宝　鸡	17. 10	11. 59
咸　阳	55. 48	23. 71
渭　南	15. 05	4. 22
延　安	1. 86	3. 21
汉　中	4. 54	4. 82
榆　林	26. 15	49. 47
安　康	25. 81	27. 81
商　洛	3. 49	0. 22
甘　肃		
兰　州	254. 26	164. 04
嘉峪关	3. 13	3. 13
金　昌	2. 21	1. 48
白　银	2. 05	1. 78
天　水	6. 05	3. 26
武　威	4. 27	4. 25
张　掖	4. 82	4. 58
平　凉	6. 74	7. 09
酒　泉	1. 47	1. 47
庆　阳	1. 40	1. 40
定　西	1. 64	2. 01
陇　南	1. 18	1. 18
青　海		
西　宁	40. 97	40. 97
宁　夏		
银　川	14. 80	14. 17
石嘴山	1. 79	0. 80
吴　忠	3. 89	3. 67
固　原	4. 18	3. 97
中　卫	1. 97	1. 12
新　疆		
乌鲁木齐	209. 72	188. 13
克拉玛依	23. 01	22. 35

数据来源：住房和城乡建设部。

表 2－133　　2014 年 286 城市市区绿化覆盖及公共绿地面积

单位：公顷，平方米

地　区	绿化覆盖面积	公共绿地面积	人均公共绿地面积	地　区	绿化覆盖面积	公共绿地面积	人均公共绿地面积
北　京	86945	28798	13.38	大　连	18759	3660	12.03
天　津	27843	7652	9.19	鞍　山	6599	1883	10.80
河　北				抚　顺	6688	1382	9.69
石家庄	12932	4320	10.66	本　溪	87378	980	10.50
唐　山	10251	2978	9.77	丹　东	2515	725	9.24
秦皇岛	5491	2018	22.52	锦　州	4415	1228	13.06
邯　郸	9340	2984	14.71	营　口	4420	1021	11.16
邢　台	6362	1175	13.40	阜　新	3517	970	12.52
保　定	6129	1328	12.02	辽　阳	4373	847	9.67
张家口	3831	1085	11.92	盘　锦	3030	902	14.03
承　德	4876	1371	23.12	铁　岭	2242	539	9.87
沧　州	2527	602	9.60	朝　阳	2819	586	8.75
廊　坊	4634	716	8.49	葫芦岛	3199	750	8.46
衡　水	1973	448	8.25	吉　林			
山　西				长　春	19156	5119	13.99
太　原	13365	3828	12.04	吉　林	8538	1537	8.45
大　同	4845	1107	7.02	四　平	1842	551	9.37
阳　泉	3941	648	9.14	辽　源	1853	451	9.51
长　治	3494	924	12.49	通　化	1803	550	12.42
晋　城	2642	561	2.44	白　山	1300	405	7.07
朔　州	1934	430	6.41	松　原	2129	854	14.33
晋　中	2518	816	13.12	白　城	1376	366	7.35
运　城	1827	452	6.95	黑龙江			
忻　州	1156	480	8.78	哈尔滨	14473	4346	9.17
临　汾	2019	645	7.26	齐齐哈尔	6187	1091	7.89
吕　梁	960	352	10.63	鸡　西	3179	775	9.10
内蒙古				鹤　岗	3096	824	12.39
呼和浩特	11027	3267	25.56	双鸭山	2736	690	14.68
包　头	8392	2400	10.73	大　庆	25483	2153	15.89
乌　海	2641	1036	20.35	伊　春	4667	1572	19.41
赤　峰	4083	1823	13.73	佳木斯	4031	847	10.72
通　辽	2590	907	10.75	七台河	2752	483	8.41
鄂尔多斯	11902	1817	57.87	牡丹江	5298	809	9.10
呼伦贝尔	2084	703	23.67	黑　河	807	194	9.75
巴彦淖尔	1964	712	13.33	绥　化	1167	305	3.51
乌兰察布	6715	1187	37.44	上　海	136427	17789	7.33
辽　宁				江　苏			
沈　阳	29482	7282	13.78	南　京	95554	9115	14.05

续表

地区	绿化覆盖面积	公共绿地面积	人均公共绿地面积
无　锡	19320	3648	14.85
徐　州	15966	2761	12.76
常　州	9659	2036	8.70
苏　州	26876	4461	13.22
南　通	9213	2592	12.18
连云港	20590	1174	10.58
淮　安	8975	1925	6.19
盐　城	5328	1393	8.23
扬　州	8235	1966	8.60
镇　江	8209	1659	16.00
泰　州	8123	869	5.31
宿　迁	10168	913	5.31
浙　江			
杭　州	34513	5977	13.31
宁　波	12393	1983	8.64
温　州	8380	2393	15.69
嘉　兴	5659	1164	12.67
湖　州	5188	1467	13.25
绍　兴	10648	1927	8.85
金　华	2960	722	7.59
衢　州	2894	517	6.15
舟　山	15358	771	10.87
台　州	6040	1235	7.86
丽　水	1562	375	9.38
安　徽			
合　肥	18428	4751	19.37
芜　湖	6440	1620	11.17
蚌　埠	5788	1189	10.58
淮　南	4710	1294	7.09
马鞍山	5915	1087	13.22
淮　北	4129	1235	13.68
铜　陵	5360	642	14.30
安　庆	11480	865	11.63
黄　山	14092	530	10.52
滁　州	4644	537	9.91
阜　阳	4804	932	4.27
宿　州	3901	657	3.47
六　安	3140	844	4.47
亳　州	2066	416	2.49
池　州	1910	518	7.82
宣　城	3866	468	5.42
福　建			
福　州	11581	3054	15.47
厦　门	19699	3351	16.47
莆　田	2572	710	3.20
三　明	1835	308	10.88
泉　州	8516	1749	7.22
漳　州	2655	680	11.62
南　平	1325	288	5.74
龙　岩	2235	398	7.88
宁　德	1169	391	8.87
江　西			
南　昌	11027	3005	13.06
景德镇	4064	738	15.06
萍　乡	2061	474	5.24
九　江	5251	1163	17.65
新　余	3790	835	9.31
鹰　潭	1385	310	13.08
赣　州	5795	1306	8.36
吉　安	3072	729	12.19
宜　春	2958	876	7.89
抚　州	3102	893	7.50
上　饶	2323	632	11.97
山　东			
济　南	15233	3162	8.76
青　岛	31735	4741	12.79
淄　博	18092	2568	9.03
枣　庄	8958	1421	6.13
东　营	7519	1572	18.45
烟　台	12683	3524	19.18
潍　坊	10162	2278	12.25
济　宁	8869	1854	10.25
泰　安	5813	1319	8.19
威　海	10254	2385	18.12
日　照	4385	1503	11.38
莱　芜	6440	1187	9.29
临　沂	12473	3965	14.25
德　州	7214	2169	17.93
聊　城	5970	1088	9.01
滨　州	5751	1381	20.28

续表

地 区	绿化覆盖面积	公共绿地面积	人均公共绿地面积
菏 泽	4491	842	5.41
河 南			
郑 州	18165	4456	8.36
开 封	5020	974	9.42
洛 阳	8179	2077	9.66
平顶山	3155	968	8.80
安 阳	3188	725	6.37
鹤 壁	2539	688	10.89
新 乡	4512	780	6.84
焦 作	4225	854	9.02
濮 阳	2174	697	10.28
许 昌	3375	520	12.56
漯 河	2520	825	6.03
三门峡	1304	482	16.07
南 阳	6290	2666	12.79
商 丘	2654	610	3.93
信 阳	5050	747	4.85
周 口	2891	367	6.72
驻马店	2891	490	5.88
湖 北			
武 汉	21668	7017	8.53
黄 石	2835	934	11.12
十 堰	12591	676	12.34
宜 昌	6699	1253	8.26
襄 阳	6525	1260	10.08
鄂 州	2076	633	5.74
荆 门	2198	527	7.48
孝 感	1723	371	4.17
荆 州	2894	777	6.98
黄 冈	1897	441	11.42
咸 宁	3963	535	8.57
随 州	4788	450	2.61
湖 南			
长 沙	11813	3256	10.19
株 洲	5627	1239	10.14
湘 潭	4957	736	8.38
衡 阳	4239	987	9.08
邵 阳	2750	670	8.78
岳 阳	4602	628	6.58
常 德	3803	1001	6.76
张家界	1576	198	3.69
益 阳	3962	1017	7.47
郴 州	3395	712	9.04
永 州	2630	496	4.25
怀 化	2198	397	10.61
娄 底	2781	457	8.61
广 东			
广 州	143349	22292	32.07
韶 关	4425	697	10.27
深 圳	98805	18152	16.84
珠 海	33048	3359	25.66
汕 头	10528	3632	6.65
佛 山	9571	2617	6.83
江 门	11864	2354	16.83
湛 江	5846	1155	6.68
茂 名	4300	806	2.83
肇 庆	7466	1194	21.40
惠 州	9017	2663	18.79
梅 州	2465	619	6.46
汕 尾	665	308	5.84
河 源	1515	379	10.95
阳 江	1923	458	6.59
清 远	2517	746	5.58
东 莞	95797	10478	54.74
中 山	4366	1280	8.20
潮 州	3603	886	5.79
揭 阳	4241	1798	8.64
云 浮	1510	376	1.15
广 西			
南 宁	42510	3449	12.13
柳 州	8430	2098	17.84
桂 林	2849	949	12.36
梧 州	3180	501	6.43
北 海	2917	447	7.02
防城港	1234	133	2.31
钦 州	3367	243	1.70
贵 港	1677	521	2.66
玉 林	2758	660	6.13
百 色	1723	292	8.25
贺 州	1093	201	1.76

续表

地区	绿化覆盖面积	公共绿地面积	人均公共绿地面积	地区	绿化覆盖面积	公共绿地面积	人均公共绿地面积
河池	657	159	4.70	临沧	732	195	5.89
来宾	1367	297	2.63	**西藏**			
崇左	1183	174	4.74	拉萨	3353	312	13.45
海南				**陕西**			
海口	6487	1714	8.01	西安	20456	4621	6.91
三亚	1711	718	12.19	铜川	1958	464	6.11
重庆	57805	21107	10.81	宝鸡	4619	1006	6.82
四川				咸阳	3087	1431	15.44
成都	22156	6899	11.90	渭南	1856	550	5.53
自贡	4483	1187	7.85	延安	1502	391	8.41
攀枝花	2905	660	9.65	汉中	1453	576	10.07
泸州	5148	1051	6.94	榆林	2779	679	11.32
德阳	2882	574	8.28	安康	1695	427	4.16
绵阳	4582	1145	9.02	商洛	1419	163	2.91
广元	2030	469	4.99	**甘肃**			
遂宁	5926	587	3.83	兰州	7548	2253	11.00
内江	2813	584	4.08	嘉峪关	2700	446	22.08
乐山	3461	504	4.33	金昌	1472	367	17.82
南充	5060	1190	6.04	白银	2130	399	7.78
眉山	2347	531	4.38	天水	1635	491	3.93
宜宾	3902	703	5.53	武威	713	483	4.65
广安	1971	598	5.44	张掖	2640	1393	27.48
达州	2658	950	5.08	平凉	2082	264	4.69
雅安	2118	254	4.04	酒泉	1822	401	9.28
巴中	1456	409	2.87	庆阳	807	133	3.43
资阳	1748	329	2.97	定西	428	212	4.54
贵州				陇南	986	36	0.64
贵阳	23578	4104	17.33	**青海**			
六盘水	1523	550	10.50	西宁	3556	1517	11.36
遵义	2671	994	9.84	**宁夏**			
安顺	3122	136	1.57	银川	8694	2404	22.59
云南				石嘴山	8553	1055	13.79
昆明	17345	3912	9.56	吴忠	2559	444	10.99
曲靖	2248	534	7.71	固原	1098	234	4.92
玉溪	1195	308	5.97	中卫	1436	396	9.75
保山	1043	215	2.26	**新疆**			
昭通	1152	192	2.20	乌鲁木齐	26902	3282	12.60
丽江	988	423	21.92	克拉玛依	4615	419	14.25
普洱	1025	237	7.69				

数据来源：住房和城乡建设部。

表 2 – 134　　2014 年 286 城市市区市区公共汽（电）车及出租汽车车辆数

单位：标台，辆

地 区	公共汽（电）车营运车辆数	每万人拥有公共交通车辆	出租汽车车辆数	地 区	公共汽（电）车营运车辆数	每万人拥有公共交通车辆	出租汽车车辆数
北 京	23667	11.00	67546	大 连	5155	16.94	11193
天 津	11164	13.41	29900	鞍 山	1746	10.02	5375
河 北				抚 顺	1188	8.33	4977
石家庄	4764	11.76	10513	本 溪	831	8.91	3939
唐 山	2452	8.04	6990	丹 东	647	8.24	
秦皇岛	815	9.10	3619	锦 州	539	5.73	3904
邯 郸	2815	13.87	7245	营 口	898	9.81	3091
邢 台	1891	21.56	4449	阜 新	361	4.66	2771
保 定	2340	21.18	6685	辽 阳	661	7.55	3579
张家口	1423	15.64	5604	盘 锦	568	8.83	3231
承 德	659	11.11	2468	铁 岭	405	7.42	2232
沧 州	1522	24.27	7677	朝 阳	267	3.99	1971
廊 坊	655	7.77	8297	葫芦岛	670	7.55	4368
衡 水	446	8.21	1324	吉 林			
山 西				长 春	4750	12.98	16967
太 原	3071	9.66	8719	吉 林	1293	7.11	5259
大 同	838	5.32	4958	四 平	319	5.43	2797
阳 泉	769	10.85	2236	辽 源	395	8.33	1201
长 治	455	6.15	1801	通 化	404	9.12	1502
晋 城	459	2.00	1453	白 山	359	6.27	1402
朔 州	243	3.62	1273	松 原	546	9.16	2177
晋 中	1330	21.38	513	白 城	234	4.70	1815
运 城	909	13.98	1805	黑龙江			
忻 州	112	2.05	713	哈尔滨	6270	13.23	16518
临 汾	287	3.23	1862	齐齐哈尔	981	7.10	3310
吕 梁	116	3.50	450	鸡 西	739	8.67	2914
内蒙古				鹤 岗	473	7.11	2013
呼和浩特	2643	20.68	5568	双鸭山	333	7.09	1100
包 头	1304	5.83	5827	大 庆	1406	10.38	7950
乌 海	401	7.88	953	伊 春	366	4.52	5320
赤 峰	574	4.32	3252	佳木斯	436	5.52	2559
通 辽	477	5.65	2849	七台河	443	7.72	1000
鄂尔多斯	473	15.06	2613	牡丹江	728	8.19	2919
呼伦贝尔	505	17.00	2432	黑 河	107	5.38	1024
巴彦淖尔	114	2.13	1237	绥 化	132	1.52	2553
乌兰察布	297	9.37	2177	上 海	16155	6.66	50738
辽 宁				江 苏			
沈 阳	5573	10.55	17844	南 京	8134	12.54	12178

续表

地　区	公共汽（电）车营运车辆数	每万人拥有公共交通车辆	出租汽车车辆数
无　锡	3017	12.28	4040
徐　州	2182	10.08	4181
常　州	2657	11.36	3042
苏　州	4300	12.74	4803
南　通	1161	5.46	1274
连云港	751	6.77	1611
淮　安	1044	3.36	1373
盐　城	961	5.68	1250
扬　州	1330	5.82	1838
镇　江	1175	11.33	1473
泰　州	635	3.88	830
宿　迁	770	4.48	770
浙　江			
杭　州	8656	19.28	11913
宁　波	4516	19.67	4627
温　州	2230	14.62	3870
嘉　兴	1058	11.51	1073
湖　州	717	6.48	815
绍　兴	1766	8.11	1746
金　华	508	5.34	976
衢　州	375	4.46	521
舟　山	792	11.17	846
台　州	744	4.74	1584
丽　水	309	7.73	409
安　徽			
合　肥	4251	17.33	9402
芜　湖	2160	14.90	3525
蚌　埠	1322	11.76	2595
淮　南	810	4.44	3046
马鞍山	632	7.69	2298
淮　北	541	5.99	1633
铜　陵	523	11.65	1584
安　庆	514	6.91	1782
黄　山	219	4.35	525
滁　州	412	7.60	1357
阜　阳	728	3.33	1788
宿　州	300	1.58	1537
六　安	393	2.08	1850
亳　州	270	1.62	2642
池　州	264	3.99	600
宣　城	337	3.90	999
福　建			
福　州	3686	18.67	6345
厦　门	4345	21.36	5209
莆　田	756	3.41	995
三　明	329	11.63	374
泉　州	1156	4.77	2007
漳　州	444	7.59	1002
南　平	299	5.96	262
龙　岩	329	6.51	599
宁　德	181	4.10	590
江　西			
南　昌	3219	13.99	5453
景德镇	492	10.04	772
萍　乡	397	4.39	770
九　江	464	7.04	1517
新　余	419	4.67	636
鹰　潭	144	6.08	271
赣　州	625	4.00	1092
吉　安	255	4.26	393
宜　春	293	2.64	504
抚　州	300	2.52	409
上　饶	238	4.51	511
山　东			
济　南	5099	14.12	9551
青　岛	6515	17.57	9720
淄　博	2209	7.76	6084
枣　庄	1211	5.22	834
东　营	1025	12.03	3405
烟　台	2296	12.50	2169
潍　坊	1134	6.10	2298
济　宁	1143	6.32	1561
泰　安	1070	6.65	1292
威　海	1379	10.48	1543
日　照	625	4.73	1068
莱　芜	675	5.28	1600
临　沂	1019	3.66	2750
德　州	436	3.60	2405
聊　城	1617	13.39	2920
滨　州	670	9.84	795

续表

地 区	公共汽（电）车营运车辆数	每万人拥有公共交通车辆	出租汽车车辆数
菏 泽	506	3.25	1377
河 南			
郑 州	6297	11.81	10608
开 封	2735	26.45	4039
洛 阳	2004	9.32	4267
平顶山	728	6.62	2080
安 阳	618	5.43	1359
鹤 壁	338	5.35	673
新 乡	840	7.37	1736
焦 作	644	6.80	1398
濮 阳	412	6.08	1745
许 昌	689	16.64	1396
漯 河	933	6.82	1100
三门峡	248	8.27	600
南 阳	507	2.43	1860
商 丘	1096	7.06	2851
信 阳	286	1.86	1904
周 口	251	4.60	928
驻马店	572	6.87	1548
湖 北			
武 汉	7767	9.44	16597
黄 石	836	9.95	1580
十 堰	1200	21.90	800
宜 昌	1166	7.69	1834
襄 阳	258	2.06	260
鄂 州	414	3.76	512
荆 门	502	7.12	800
孝 感	484	5.44	900
荆 州	728	6.54	1988
黄 冈	142	3.68	499
咸 宁	320	5.13	656
随 州	338	1.96	762
湖 南			
长 沙	5517	17.26	7957
株 洲	1256	10.28	2006
湘 潭	973	11.08	1400
衡 阳	1100	10.12	1400
邵 阳	423	5.54	1100
岳 阳	1057	11.07	1786
常 德	775	5.24	1146

地 区	公共汽（电）车营运车辆数	每万人拥有公共交通车辆	出租汽车车辆数
张家界	352	6.55	1072
益 阳	772	5.67	1000
郴 州	1683	21.36	1820
永 州	608	5.21	700
怀 化	438	11.71	800
娄 底	271	5.10	950
广 东			
广 州	13610	19.58	21320
韶 关	480	7.07	908
深 圳	31349	29.08	16275
珠 海	1824	13.93	2565
汕 头	1066	1.95	1384
佛 山	5931	15.48	3581
江 门	957	6.84	630
湛 江	788	4.55	1223
茂 名	366	1.28	406
肇 庆	515	9.23	883
惠 州	2119	14.95	2017
梅 州	426	4.45	391
汕 尾	233	4.42	360
河 源	191	5.52	495
阳 江	194	2.79	694
清 远	576	4.30	520
东 莞	1453	7.59	7691
中 山	2293	14.69	1581
潮 州	316	2.07	862
揭 阳	261	1.25	544
云 浮	172	0.53	125
广 西			
南 宁	2866	10.08	6270
柳 州	1003	8.53	2079
桂 林	766	9.97	1932
梧 州	595	7.64	691
北 海	310	4.87	551
防城港	274	4.76	138
钦 州	366	2.55	585
贵 港	187	0.96	365
玉 林	239	2.22	664
百 色	168	4.75	535
贺 州	122	1.07	454

续表

地 区	公共汽（电）车营运车辆数	每万人拥有公共交通车辆	出租汽车车辆数	地 区	公共汽（电）车营运车辆数	每万人拥有公共交通车辆	出租汽车车辆数
河 池	145	4.29	300	临 沧	60	1.81	400
来 宾	374	3.32	565	**西 藏**			
崇 左	46	1.25	135	拉 萨	338	14.57	1360
海 南				**陕 西**			
海 口	1515	7.08	2947	西 安	7769	11.61	14159
三 亚	734	12.46	1850	铜 川	323	4.25	1041
重 庆	8641	4.43	14691	宝 鸡	914	6.19	3498
四 川				咸 阳	641	6.91	3275
成 都	11447	19.74	18506	渭 南	330	3.32	900
自 贡	873	5.77	1432	延 安	457	9.83	850
攀枝花	681	9.96	1597	汉 中	238	4.16	870
泸 州	1060	7.00	1458	榆 林	280	4.67	1001
德 阳	346	4.99	850	安 康	122	1.19	532
绵 阳	1361	10.72	1747	商 洛	103	1.84	319
广 元	384	4.09	628	**甘 肃**			
遂 宁	340	2.22	775	兰 州	2769	13.51	7591
内 江	597	4.17	700	嘉峪关	135	6.68	743
乐 山	453	3.90	880	金 昌	153	7.43	510
南 充	704	3.57	1207	白 银	303	5.91	2087
眉 山	226	1.86	418	天 水	469	3.76	2134
宜 宾	727	5.72	1212	武 威	328	3.16	1146
广 安	75	0.68	459	张 掖	189	3.73	1225
达 州	222	1.19	1063	平 凉	224	3.98	556
雅 安	111	1.77	306	酒 泉	296	6.85	820
巴 中	256	1.80	421	庆 阳	418	10.77	1079
资 阳	250	2.26	235	定 西	108	2.31	491
贵 州				陇 南	71	1.26	675
贵 阳	2855	12.06	7534	**青 海**			
六盘水	401	7.65	917	西 宁	1915	14.34	5666
遵 义	674	6.67	2155	**宁 夏**			
安 顺	347	3.99	953	银 川	1616	15.19	5364
云 南				石嘴山	265	3.46	2268
昆 明	5462	13.34	8095	吴 忠	431	10.67	1042
曲 靖	579	8.35	1259	固 原	156	3.28	2585
玉 溪	217	4.21	548	中 卫	252	6.21	1211
保 山	215	2.26	450	**新 疆**			
昭 通	194	2.22	608	乌鲁木齐	4567	17.53	12338
丽 江	250	12.95	776	克拉玛依	503	17.11	1524
普 洱	145	4.71	249				

数据来源：住房和城乡建设部。

表 2－135　　2014 年 286 城市市区用水及用电量

地　区	居民生活用水量	人均用水量	用电总量	生活用电量	人均生活用电量
单位	万吨	吨	亿千瓦时	亿千瓦时	千瓦时
北　京	71117	33. 05	913. 90	164. 64	765. 20
天　津	35691	42. 86	794. 36	78. 09	937. 70
河　北					
石家庄	8073	19. 93	222. 86	26. 99	666. 18
唐　山	6060	19. 88	549. 79	10. 14	332. 82
秦皇岛	5980	66. 74	66. 41	8. 22	917. 50
邯　郸	4800	23. 66	152. 21	6. 81	335. 39
邢　台	1937	22. 09	50. 03	4. 63	528. 21
保　定	3369	30. 49	85. 59	7. 21	652. 88
张家口	2227	24. 47	73. 62	5. 31	584. 04
承　德	1653	27. 88	44. 45	3. 32	560. 47
沧　州	1492	23. 80	76. 43	5. 36	854. 90
廊　坊	2249	26. 68	73. 10	7. 48	887. 35
衡　水	1171	21. 57	41. 68	3. 69	678. 67
山　西					
太　原	15223	47. 87	205. 83	27. 60	867. 79
大　同	3281	20. 82	81. 53	9. 81	622. 61
阳　泉	1456	20. 54	65. 56	2. 77	390. 65
长　治	4333	58. 55	36. 65	4. 97	672. 11
晋　城	1229	5. 34	16. 51	1. 66	72. 02
朔　州	897	13. 37	58. 15	1. 06	157. 72
晋　中	1318	21. 19	30. 80	3. 18	511. 25
运　城	792	12. 18	24. 92	6. 99	1074. 89
忻　州	931	17. 02	13. 97	1. 47	268. 74
临　汾	1502	16. 91	29. 77	5. 96	670. 72
吕　梁	496	14. 98	7. 96	—	—
内蒙古					
呼和浩特	3309	25. 89	67. 24	15. 60	1220. 53
包　头	3609	16. 13	251. 10	18. 66	834. 20
乌　海	1802	35. 40	169. 15	2. 83	556. 62
赤　峰	2506	18. 87	58. 14	5. 61	422. 66
通　辽	1640	19. 43	76. 33	5. 15	609. 77
鄂尔多斯	1859	59. 20	19. 08	2. 74	872. 61
呼伦贝尔	1187	39. 97	15. 85	2. 65	891. 82
巴彦淖尔	643	12. 04	12. 05	2. 65	496. 10
乌兰察布	721	22. 74	15. 11	2. 46	776. 03
辽　宁					
沈　阳	20822	39. 41	253. 82	42. 23	799. 29
大　连	11364	37. 34	256. 00	29. 12	957. 04
鞍　山	3664	21. 02	164. 00	8. 59	493. 03
抚　顺	2491	17. 47	105. 05	7. 34	514. 59
本　溪	1768	18. 95	126. 58	5. 04	539. 84
丹　东	1525	19. 43	—	—	—
锦　州	2556	27. 19	49. 60	5. 20	553. 53
营　口	1973	21. 56	107. 33	6. 31	690. 14
阜　新	2995	38. 65	39. 15	5. 03	649. 37
辽　阳	2022	23. 08	61. 31	4. 47	510. 21
盘　锦	1994	31. 01	52. 86	3. 20	497. 11
铁　岭	1242	22. 75	15. 19	3. 03	554. 12
朝　阳	999	14. 91	26. 23	2. 97	443. 85
葫芦岛	1924	21. 69	—	—	—
吉　林					
长　春	9974	27. 26	142. 87	19. 70	538. 35
吉　林	6083	33. 44	125. 47	13. 85	761. 52
四　平	1816	30. 88	24. 64	2. 24	380. 71
辽　源	760	16. 03	20. 08	2. 01	423. 80
通　化	1833	41. 38	20. 37	2. 95	665. 53
白　山	970	16. 93	21. 15	2. 66	464. 17
松　原	2127	35. 69	34. 97	2. 91	487. 63
白　城	800	16. 06	12. 09	2. 45	491. 65
黑龙江					
哈尔滨	13391	28. 26	172. 63	37. 86	799. 15
齐齐哈尔	2472	17. 89	52. 60	6. 38	461. 63
鸡　西	1203	14. 12	37. 01	3. 77	441. 95
鹤　岗	1083	16. 29	32. 89	5. 43	817. 10
双鸭山	1075	22. 87	23. 37	0. 97	207. 34
大　庆	4446	32. 81	194. 87	7. 27	536. 63
伊　春	1571	19. 40	18. 53	3. 20	394. 72
佳木斯	1740	22. 03	18. 29	4. 46	564. 92
七台河	800	13. 94	26. 11	2. 62	455. 66
牡丹江	1685	18. 95	—	—	—
黑　河	257	12. 91	8. 57	0. 84	422. 66
绥　化	552	6. 35	6. 75	4. 94	568. 41
上　海	100165	41. 29	1346. 56	170. 23	701. 79
江　苏					
南京	38216	58. 91	470. 50	60. 74	936. 32

续表

地 区	居民生活用水量	人均用水量	用电总量	生活用电量	人均生活用电量	地 区	居民生活用水量	人均用水量	用电总量	生活用电量	人均生活用电量
单位	万吨	吨	亿千瓦时	亿千瓦时	千瓦时	单位	万吨	吨	亿千瓦时	亿千瓦时	千瓦时
无 锡	14226	57.90	272.02	28.11	1143.99	宣 城	1436	16.64	20.02	3.54	409.99
徐 州	6289	29.06	197.92	19.60	905.85	**福 建**					
常 州	8947	38.25	280.49	24.45	1045.48	福 州	12921	65.46	115.14	—	—
苏 州	22587	66.92	545.46	46.14	1367.13	厦 门	14278	70.20	213.65	45.04	2214.27
南 通	9954	46.78	136.86	16.26	764.18	莆 田	3601	16.24	60.34	17.58	793.01
连云港	3099	27.92	95.45	12.55	1130.86	三 明	1404	49.61	44.48	2.99	1056.40
淮 安	5600	18.01	93.37	13.51	434.56	泉 州	4985	20.59	81.43	17.57	725.82
盐 城	4390	25.93	47.19	9.20	543.50	漳 州	2465	42.14	59.21	11.35	1940.27
扬 州	7752	33.90	112.53	17.22	753.15	南 平	1147	22.85	43.46	4.06	808.49
镇 江	5818	56.10	104.49	8.52	821.73	龙 岩	1443	28.57	41.28	6.90	1366.53
泰 州	3556	21.71	78.44	9.71	592.89	宁 德	1166	26.44	14.77	4.59	1041.34
宿 迁	2459	14.30	71.02	7.00	406.99	**江 西**					
浙 江						南 昌	14475	62.91	113.52	19.99	868.80
杭 州	26894	59.90	552.71	72.56	1616.05	景德镇	2747	56.06	16.43	3.38	688.98
宁 波	18521	80.67	318.16	29.72	1294.46	萍 乡	1604	17.72	41.74	4.61	508.95
温 州	10418	68.31	128.25	25.02	1640.62	九 江	3252	49.35	37.67	4.69	712.38
嘉 兴	2486	27.05	101.37	7.65	832.88	新 余	2350	26.20	76.29	3.82	426.38
湖 州	3852	34.80	78.08	8.73	789.04	鹰 潭	822	34.68	7.03	1.55	654.68
绍 兴	6231	28.61	250.16	17.53	804.84	赣 州	5063	32.39	38.44	9.19	588.05
金 华	3513	36.94	50.40	8.72	917.07	吉 安	1698	28.39	14.41	2.45	410.25
衢 州	1875	22.29	67.98	4.90	582.14	宜 春	2626	23.66	17.38	4.12	370.72
舟 山	1981	27.94	35.22	6.06	854.53	抚 州	2843	23.87	14.57	3.91	327.99
台 州	6544	41.65	95.49	15.32	975.41	上 饶	1433	27.14	8.18	2.82	533.79
丽 水	1606	40.15	18.34	3.31	827.13	**山 东**					
安 徽						济 南	13394	37.10	185.02	34.02	942.32
合 肥	19697	80.30	128.51	23.60	962.23	青 岛	14833	40.00	201.10	33.48	903.01
芜 湖	6038	41.64	93.69	7.73	533.01	淄 博	5937	20.87	246.48	18.83	661.98
蚌 埠	4172	37.12	41.15	5.31	472.43	枣 庄	3367	14.51	67.28	9.16	395.01
淮 南	3843	21.05	54.12	7.85	429.73	东 营	2501	29.35	153.54	3.85	452.38
马鞍山	3983	48.45	122.53	3.73	454.27	烟 台	5274	28.71	129.87	14.48	788.26
淮 北	2576	28.53	33.76	4.56	505.22	潍 坊	3702	19.90	129.83	13.33	716.67
铜 陵	2766	61.60	58.77	2.45	546.44	济 宁	5039	27.86	96.75	9.71	536.68
安 庆	2554	34.33	38.63	4.24	569.35	泰 安	2221	13.80	41.94	8.30	515.71
黄 山	1404	27.86	12.67	2.82	560.42	威 海	2322	17.64	68.29	8.44	641.28
滁 州	1530	28.23	21.59	2.79	514.37	日 照	2382	18.03	127.73	7.52	569.37
阜 阳	1598	7.32	29.57	4.19	191.93	莱 芜	1960	15.34	107.99	4.92	384.73
宿 州	2372	12.52	33.81	6.43	339.64	临 沂	6713	24.12	169.45	19.45	698.99
六 安	1920	10.17	13.75	6.21	328.87	德 州	2671	22.07	70.41	5.29	436.95
亳 州	1443	8.64	15.52	5.95	356.25	聊 城	2449	20.27	49.99	6.48	536.37
池 州	1168	17.64	32.22	2.70	408.08	滨 州	2626	38.56	62.43	5.35	785.74

续表

地　区	居民生活用水量	人均用水量	用电总量	生活用电量	人均生活用电量
单位	万吨	吨	亿千瓦时	亿千瓦时	千瓦时
菏　泽	1854	11.92	64.80	7.28	467.83
河　南					
郑　州	15488	29.05	363.99	42.50	797.07
开　封	2725	26.35	59.72	9.05	875.51
洛　阳	6827	31.75	187.78	12.59	585.36
平顶山	3412	31.02	74.52	6.25	567.84
安　阳	2618	23.01	159.59	9.20	808.84
鹤　壁	1926	30.47	37.31	2.62	415.03
新　乡	3174	27.84	78.04	7.61	667.74
焦　作	2488	26.27	145.40	5.13	542.09
濮　阳	1530	22.57	48.37	4.02	592.32
许　昌	1556	37.58	29.44	4.33	1046.16
漯　河	1665	12.17	31.88	5.64	412.36
三门峡	1238	41.27	16.31	2.26	753.03
南　阳	2726	13.07	101.86	6.22	298.49
商　丘	1791	11.53	88.60	9.46	609.22
信　阳	2301	14.95	39.94	7.22	468.88
周　口	970	17.77	14.91	2.66	487.23
驻马店	1382	16.59	44.02	4.02	482.73
湖　北					
武　汉	50073	60.88	375.88	61.45	747.10
黄　石	4944	58.86	65.28	4.98	592.68
十　堰	4641	84.69	41.06	6.01	1096.08
宜　昌	4222	27.83	73.39	6.24	411.63
襄　阳	6378	51.02	60.74	10.67	853.81
鄂　州	2787	25.29	64.10	5.06	458.85
荆　门	2437	34.57	40.55	3.83	543.45
孝　感	2119	23.81	18.42	5.36	601.98
荆　州	3683	33.09	42.13	11.77	1057.92
黄　冈	2116	54.82	9.19	2.42	627.44
咸　宁	1530	24.52	15.93	2.95	472.45
随　州	1647	9.57	11.73	2.47	143.74
湖　南					
长　沙	33880	106.01	138.20	46.50	1455.08
株　洲	9640	78.89	78.59	9.27	758.26
湘　潭	4040	46.01	76.53	7.77	884.76
衡　阳	4743	43.63	66.47	8.50	781.71
邵　阳	3357	44.00	16.24	4.10	537.86
岳　阳	4938	51.71	67.77	8.13	851.38
常　德	4042	27.31	31.53	7.60	513.32
张家界	1077	20.06	9.67	2.97	552.94
益　阳	2450	17.99	21.61	5.20	382.10
郴　州	3944	50.05	38.72	3.62	459.39
永　州	2176	18.65	22.13	6.35	543.89
怀　化	2445	65.37	17.33	5.16	1378.37
娄　底	2928	55.14	68.24	4.02	757.83
广　东					
广　州	94571	136.07	690.61	144.99	2086.26
韶　关	4733	69.71	64.98	7.25	1068.14
深　圳	95274	88.39	779.93	119.04	1104.35
珠　海	11172	85.35	134.32	19.76	1509.25
汕　头	15246	27.92	171.65	38.76	709.89
佛　山	47936	125.09	564.13	66.97	1747.53
江　门	—	—	111.46	10.13	724.02
湛　江	6267	36.23	—	—	—
茂　名	3795	13.32	65.45	9.85	345.59
肇　庆	3950	70.79	33.18	5.68	1017.17
惠　州	10681	75.38	172.71	23.03	1624.97
梅　州	2304	24.05	26.82	6.95	725.02
汕　尾	1402	26.60	23.56	12.09	2294.42
河　源	2631	76.04	22.03	5.12	1480.72
阳　江	3953	56.88	42.01	4.83	695.04
清　远	3096	23.14	94.92	9.46	706.86
东　莞	43222	225.82	660.99	81.64	4265.33
中　山	3688	23.63	237.64	36.64	2347.18
潮　州	2174	14.21	71.57	9.29	607.38
揭　阳	3248	15.60	—	—	—
云　浮	1241	3.80	12.26	2.11	64.54
广　西					
南　宁	20765	73.01	110.81	30.65	1077.82
柳　州	9047	76.93	86.06	13.05	1109.82
桂　林	5604	72.97	27.85	9.01	1172.60
梧　州	2813	36.11	31.01	3.32	425.55
北　海	2440	38.30	36.76	6.87	1077.74
防城港	1125	19.53	42.21	3.26	566.68
钦　州	2109	14.72	40.34	5.44	379.71
贵　港	2194	11.21	41.17	7.20	368.04
玉　林	3164	29.41	22.90	6.44	598.32
百　色	1548	43.73	37.75	3.40	960.71
贺　州	1300	11.36	44.63	4.61	403.40

续表

地　区	居民生活用水量	人均用水量	用电总量	生活用电量	人均生活用电量	地　区	居民生活用水量	人均用水量	用电总量	生活用电量	人均生活用电量
单位	万吨	吨	亿千瓦时	亿千瓦时	千瓦时	单位	万吨	吨	亿千瓦时	亿千瓦时	千瓦时
河　池	1608	47.57	2.43	0.49	143.67	临　沧	965	29.15	5.07	1.11	333.93
来　宾	1917	16.99	41.12	4.04	357.99	**西　藏**					
崇　左	747	20.35	8.77	1.43	389.56	拉　萨	4113	177.28	—	—	—
海　南						**陕　西**					
海　口	—	—	60.34	10.83	505.96	西　安	26771	40.00	235.65	69.82	1043.28
三　亚	3521	59.78	30.32	8.28	1406.15	铜　川	713	9.38	32.08	2.92	384.18
重　庆	52682	26.99	710.98	105.39	539.86	宝　鸡	3050	20.66	41.90	5.93	402.08
四　川						咸　阳	3496	37.71	14.60	3.27	352.42
成　都	52207	90.03	233.24	57.01	983.13	渭　南	1360	13.67	9.39	3.59	360.37
自　贡	2534	16.75	22.36	5.24	346.47	延　安	1052	22.62	17.49	2.86	615.38
攀枝花	3379	49.40	99.59	4.39	642.43	汉　中	1280	22.38	8.71	2.15	375.09
泸　州	4030	26.60	41.40	7.45	491.48	榆　林	985	16.42	446.08	2.98	496.67
德　阳	2381	34.36	28.00	4.50	649.88	安　康	911	8.88	17.10	4.51	439.71
绵　阳	5232	41.23	48.45	8.99	708.45	商　洛	538	9.61	3.67	1.61	286.77
广　元	2103	22.40	36.78	3.67	390.55	**甘　肃**					
遂　宁	2010	13.11	16.34	4.41	287.97	兰　州	9865	48.15	139.67	13.02	635.40
内　江	2202	15.40	17.26	4.84	338.65	嘉峪关	686	33.96	199.75	1.88	929.06
乐　山	2756	23.70	73.10	8.38	720.40	金　昌	930	45.15	—	—	—
南　充	4130	20.95	25.57	7.90	400.97	白　银	3887	75.77	76.65	3.23	629.34
眉　山	1687	13.92	18.51	4.27	352.57	天　水	1797	14.40	—	—	—
宜　宾	3031	23.85	35.60	8.01	630.24	武　威	980	9.44	14.68	2.31	222.76
广　安	1089	9.91	22.26	1.93	175.95	张　掖	746	14.71	14.68	1.58	310.65
达　州	4301	23.01	42.91	4.65	249.00	平　凉	442	7.85	8.78	1.73	307.00
雅　安	1146	18.25	23.20	3.80	605.05	酒　泉	772	17.87	10.85	1.68	388.06
巴　中	1317	9.24	9.93	4.03	282.81	庆　阳	590	15.21	12.53	1.70	437.19
资　阳	1165	10.53	10.27	3.24	292.68	定　西	240	5.14	2.59	1.23	263.38
贵　州						陇　南	235	4.17	4.20	1.54	272.61
贵　阳	12835	54.20	157.63	42.53	1795.98	**青　海**					
六盘水	1578	30.11	37.38	—	—	西　宁	6458	48.37	76.53	10.58	792.82
遵　义	3833	37.95	35.20	10.57	1046.89	**宁　夏**					
安　顺	1293	14.88	36.10	3.09	356.04	银　川	6316	59.36	—	—	—
云　南						石嘴山	942	12.31	127.50	1.77	231.62
昆　明	13300	32.49	102.72	24.32	594.20	吴　忠	695	17.20	19.10	0.73	180.94
曲　靖	2188	31.57	37.17	4.18	602.50	固　原	384	8.07	8.03	1.26	263.66
玉　溪	1465	28.39	40.33	2.62	507.48	中　卫	339	8.35	108.74	1.19	292.22
保　山	860	9.05	9.97	3.29	346.55	**新　疆**					
昭　通	1020	11.70	16.51	3.30	378.54	乌鲁木齐	13825	53.07	149.84	18.38	705.57
丽　江	592	30.67	7.20	1.21	627.72	克拉玛依	1831	62.28	52.22	2.90	986.84
普　洱	1038	33.70	8.13	1.57	509.38						

数据来源：住房和城乡建设部。

十九、人口和人民生活

表 2－136　　2014 年 286 城市人口情况

单位：万人，人/平方公里

地　区	全市年平均常住人口	全市年末户籍人口	市区年平均常住人口	市区年末户籍人口	城市人口和暂住人口合计	全市常住人口人口密度
北　京	2133.19	1333.40	2053.89	1261.90	1859.0	1299.85
天　津	1494.51	1016.70	1358.05	832.80	786.5	1254.10
河　北						
石家庄	1055.80	1024.90	464.70	408.00	281.8	805.40
唐　山	773.81	753.20	328.34	329.50	197.5	574.38
秦皇岛	303.49	293.10	108.38	89.60	98.9	391.55
邯　郸	934.95	1029.50	174.59	174.10	157.2	774.93
邢　台	723.68	772.90	92.20	87.70	93.8	582.06
保　定	1145.32	1196.60	119.68	110.50	126.2	516.26
张家口	441.71	468.60	110.57	90.70	88.0	119.79
承　德	352.12	380.70	65.29	59.30	55.4	89.17
沧　州	734.23	768.40	62.98	54.40	56.3	523.14
廊　坊	449.51	450.40	—	84.30	53.2	704.35
衡　水	441.60	452.60	57.65	54.30	36.9	500.97
山　西						
太　原	428.83	369.70	350.00	287.60	350.0	613.67
大　同	338.34	339.20	177.53	177.50	125.2	238.67
阳　泉	138.93	133.20	22.18	70.90	59.7	304.01
长　治	339.61	339.20	78.95	74.00	74.8	244.40
晋　城	230.47	218.90	48.68	37.20	47.0	244.53
朔　州	174.91	175.40	32.75	72.50	39.6	163.86
晋　中	331.27	330.50	64.59	61.20	48.9	202.09
运　城	523.85	525.20	68.99	69.50	43.0	369.40
忻　州	312.14	312.50	55.57	55.70	29.1	124.10
临　汾	440.27	429.00	96.30	80.60	58.0	217.15
吕　梁	380.30	390.70	32.77	27.70	27.0	179.06
内蒙古						
呼和浩特	301.59	237.90	211.93	127.80	188.6	175.48
包　头	278.27	223.70	216.63	147.00	184.0	100.21
乌　海	55.36	55.40	55.36	55.40	56.3	315.65
赤　峰	430.50	465.80	138.02	125.80	100.1	47.82
通　辽	312.49	319.40	109.68	85.80	45.2	44.88
鄂尔多斯	202.62	156.00	60.78	27.40	48.5	23.36
呼伦贝尔	253.06	265.90	40.18	36.70	32.0	10.01
巴彦淖尔	167.23	178.60	54.97	53.30	42.6	25.67

续表

地 区	全市年平均常住人口	全市年末户籍人口	市区年平均常住人口	市区年末户籍人口	城市人口和暂住人口合计	全市常住人口人口密度
乌兰察布	212.39	277.00	33.07	31.60	34.1	38.97
辽 宁						
沈 阳	827.20	730.80	647.35	528.40	516.6	643.24
大 连	696.35	594.30	256.38	304.30	327.3	553.80
鞍 山	356.85	348.20	151.28	151.20	161.2	385.57
抚 顺	208.65	217.40	145.52	142.60	132.8	185.10
本 溪	172.55	152.00	113.17	93.30	95.0	205.15
丹 东	241.80	239.50	78.20	78.40	64.7	158.14
锦 州	308.15	305.30	97.69	93.70	96.3	306.71
营 口	244.50	233.30	105.66	92.60	100.3	466.43
阜 新	178.90	191.00	77.93	77.20	78.3	172.77
辽 阳	185.15	179.90	78.64	87.60	80.0	390.94
盘 锦	143.90	129.20	73.47	64.30	70.7	354.00
铁 岭	266.35	302.00	43.83	43.80	45.1	205.12
朝 阳	297.65	340.00	68.31	61.20	63.5	151.11
葫芦岛	257.50	280.70	89.90	99.00	50.3	247.27
吉 林						
长 春	753.61	754.60	345.25	365.90	370.7	365.94
吉 林	428.38	427.70	181.90	181.90	127.6	154.59
四 平	328.00	328.10	5.87	58.70	62.0	232.95
辽 源	122.25	121.80	47.22	47.20	47.9	237.84
通 化	222.24	222.20	44.32	44.30	47.8	142.35
白 山	126.70	126.30	57.47	57.30	39.4	72.38
松 原	280.70	278.50	64.32	56.90	48.7	133.10
白 城	198.40	197.80	50.15	49.80	28.3	76.80
黑龙江						
哈尔滨	991.25	987.30	473.70	473.80	417.3	186.79
齐齐哈尔	523.54	553.20	138.30	138.20	108.9	123.28
鸡 西	185.08	183.60	84.88	84.50	72.4	82.14
鹤 岗	107.42	107.00	53.13	66.00	55.3	73.29
双鸭山	149.39	149.00	49.77	50.10	46.9	66.04
大 庆	278.29	276.00	135.38	135.50	151.6	131.15
伊 春	122.59	122.00	78.45	78.00	76.6	37.37
佳木斯	233.08	241.40	79.05	79.00	60.4	71.27
七台河	85.28	88.20	56.72	53.90	40.8	137.09
牡丹江	295.39	264.00	96.95	88.90	72.0	76.08
黑 河	170.38	170.50	12.32	21.50	14.4	24.97
绥 化	554.45	553.20	54.58	84.30	35.1	158.99
上 海	2420.43	1438.70	2350.47	1370.90	2425.7	3817.71
江 苏						

续表

地　区	全市年平均常住人口	全市年末户籍人口	市区年平均常住人口	市区年末户籍人口	城市人口和暂住人口合计	全市常住人口人口密度
南　京	820.19	648.70	820.19	648.70	608.6	1245.17
无　锡	649.21	477.10	360.90	245.70	246.3	1403.09
徐　州	860.97	1023.50	318.77	331.50	170.3	731.80
常　州	469.42	368.60	337.61	233.90	154.2	1073.71
苏　州	1059.14	661.10	547.57	337.50	293.5	1223.45
南　通	729.78	767.60	233.25	212.80	154.7	691.80
连云港	444.00	526.50	206.08	219.10	83.0	583.06
淮　安	483.95	560.30	268.25	291.50	139.2	482.51
盐　城	722.13	828.50	162.78	169.30	116.3	426.52
扬　州	447.40	461.30	241.63	231.80	109.2	678.80
镇　江	316.84	272.10	122.28	103.40	88.8	825.11
泰　州	463.63	508.50	161.87	163.80	91.7	801.16
宿　迁	483.12	580.70	153.71	172.00	66.1	566.77
浙　江						
杭　州	886.80	715.80	710.22	525.10	385.7	534.35
宁　波	773.70	583.80	356.14	229.60	186.3	788.20
温　州	913.25	813.70	—	152.50	184.3	756.94
嘉　兴	456.40	348.10	121.96	86.40	87.2	1165.77
湖　州	292.30	263.80	130.64	110.70	88.5	502.24
绍　兴	495.25	443.00	—	217.80	145.1	598.20
金　华	543.25	475.10	109.57	95.10	62.9	496.48
金　华	254.94	255.70	83.87	84.10	35.5	288.23
舟　山	114.40	97.50	86.90	70.90	59.3	786.26
台　州	602.65	597.10	—	158.50	102.3	640.37
丽　水	212.65	265.70	46.18	40.00	34.4	122.93
安　徽						
合　肥	765.35	712.80	413.56	245.40	356.8	668.72
芜　湖	360.65	384.50	162.50	145.00	128.6	598.49
蚌　埠	323.90	371.10	111.58	112.40	93.0	544.27
淮　南	236.60	243.40	180.87	182.70	106.3	915.63
马鞍山	221.85	227.20	92.60	82.20	70.6	547.91
淮　北	215.05	215.30	108.08	104.90	82.5	784.56
铜　陵	73.70	73.80	44.75	44.90	43.4	613.65
安　庆	536.07	620.90	73.43	73.50	65.6	348.05
黄　山	135.95	147.70	46.13	44.30	35.4	138.62
滁　州	397.36	449.60	57.90	54.20	40.4	293.99
阜　阳	776.95	1051.40	220.00	224.00	76.0	794.75
宿　州	545.84	642.30	187.00	186.20	53.0	549.19
六　安	570.41	720.50	213.25	189.10	59.3	310.02
亳　州	497.29	634.40	167.03	167.10	36.1	583.60

续表

地 区	全市年平均常住人口	全市年末户籍人口	市区年平均常住人口	市区年末户籍人口	城市人口和暂住人口合计	全市常住人口人口密度
池 州	142.60	160.60	66.66	66.30	30.3	172.39
宣 城	256.85	279.80	86.70	86.60	35.4	208.60
福 建						
福 州	738.50	674.90	300.62	197.40	236.1	565.21
厦 门	377.00	203.40	377.00	203.40	293.0	2396.70
莆 田	284.00	341.20	199.70	228.40	55.8	687.48
三 明	251.00	284.00	37.80	28.30	22.5	109.30
泉 州	840.00	716.20	150.22	106.40	124.9	762.60
漳 州	494.50	497.40	76.84	58.50	47.9	383.93
南 平	262.00	319.20	46.95	50.30	21.1	99.70
龙 岩	258.50	307.10	69.95	50.50	32.6	135.60
宁 德	284.50	352.20	44.00	47.90	25.3	211.49
江 西						
南 昌	521.22	517.70	282.13	230.10	249.6	704.16
景德镇	162.47	167.80	48.80	47.80	49.8	308.81
萍 乡	188.58	198.20	87.58	88.10	44.8	492.24
九 江	479.81	513.10	72.02	66.20	65.9	251.50
新 余	115.82	122.30	86.01	88.70	46.2	364.44
鹰 潭	114.50	126.90	21.79	23.70	23.3	321.63
赣 州	849.27	954.20	146.42	153.70	125.9	215.30
吉 安	487.37	526.70	54.60	57.70	42.9	192.77
宜 春	548.55	595.60	106.06	113.50	56.4	293.84
抚 州	396.94	427.50	110.64	119.90	54.5	211.15
上 饶	667.60	773.10	42.32	42.00	44.3	292.92
山 东						
济 南	703.29	621.60	450.95	361.00	301.0	879.33
青 岛	900.51	780.60	475.64	370.50	325.4	798.18
淄 博	460.38	428.00	277.40	284.50	161.1	771.80
枣 庄	381.60	401.30	214.70	232.00	94.5	836.11
东 营	209.20	189.10	103.68	85.20	66.9	253.79
烟 台	699.58	653.40	182.65	183.70	174.3	505.04
潍 坊	923.47	888.30	215.01	186.00	127.5	572.06
济 宁	822.29	860.10	162.23	116.40	136.2	726.98
泰 安	557.48	562.30	176.28	161.00	66.3	718.21
威 海	280.74	254.80	128.02	131.60	94.3	484.29
日 照	286.05	293.90	139.32	132.10	66.4	533.78
莱 芜	133.90	127.80	133.90	127.80	60.6	596.17
临 沂	1019.01	1113.20	266.77	258.50	200.0	592.76
德 州	568.80	583.20	127.93	121.00	87.0	549.14
聊 城	592.34	612.10	126.25	120.80	72.6	659.33

续表

地区	全市年平均常住人口	全市年末户籍人口	市区年平均常住人口	市区年末户籍人口	城市人口和暂住人口合计	全市常住人口人口密度
滨州	382.27	386.70	105.25	106.20	74.6	395.73
菏泽	840.27	990.60	136.89	155.60	67.7	691.30
河南						
郑州	928.47	937.80	525.15	533.20	638.0	1246.94
开封	459.74	553.80	160.38	87.00	92.7	735.24
洛阳	664.66	696.20	210.85	195.50	243.1	436.25
平顶山	495.90	557.10	107.00	110.00	93.8	629.16
安阳	508.89	611.40	122.73	115.50	71.9	692.18
鹤壁	160.33	166.90	65.64	63.20	46.3	734.78
新乡	569.16	630.50	109.88	114.40	76.1	656.77
焦作	351.83	369.60	99.02	98.50	77.4	864.23
濮阳	359.25	424.50	69.33	69.80	51.3	857.81
许昌	430.61	499.80	50.59	41.40	49.5	864.86
漯河	256.65	266.70	133.26	134.20	55.8	953.38
三门峡	224.41	227.80	32.07	30.10	34.1	213.80
南阳	1003.93	1181.40	182.69	186.90	155.5	378.71
商丘	726.76	949.70	168.23	180.50	96.4	678.96
信阳	639.26	890.40	135.05	151.20	52.8	340.81
周口	879.47	1236.90	71.23	59.70	35.3	735.28
驻马店	691.43	920.60	91.33	83.30	46.7	458.41
湖北						
武汉	1027.50	827.30	701.87	514.90	634.7	1199.09
黄石	244.71	265.10	88.28	84.00	85.6	533.95
十堰	337.27	347.00	136.88	117.90	58.1	142.43
宜昌	410.14	400.40	144.95	128.00	88.0	194.53
襄阳	559.56	595.50	227.48	227.50	94.9	283.65
鄂州	105.88	110.20	105.88	110.20	42.3	664.24
荆门	288.82	300.30	67.23	67.60	50.4	232.84
孝感	485.72	525.70	91.69	96.90	41.0	545.14
荆州	574.41	658.50	122.35	111.30	68.0	407.41
黄冈	630.90	741.40	36.91	35.10	31.3	361.40
咸宁	248.71	296.50	51.80	60.90	41.0	255.06
随州	218.20	257.10	62.67	50.10	49.0	226.44
湖南						
长沙	726.65	671.40	373.46	303.50	319.6	614.97
株洲	394.77	396.10	121.38	122.20	107.0	350.22
湘潭	280.62	291.50	106.17	87.70	81.6	560.34
衡阳	727.68	791.50	117.83	93.80	111.2	475.52
邵阳	721.00	819.00	76.24	69.70	76.3	346.14
岳阳	557.72	563.30	125.57	109.70	68.5	375.36

续表

地 区	全市年平均常住人口	全市年末户籍人口	市区年平均常住人口	市区年末户籍人口	城市人口和暂住人口合计	全市常住人口人口密度
常 德	581.78	608.70	147.25	140.10	70.1	307.66
张家界	151.57	172.10	51.43	53.20	22.4	159.28
益 阳	438.22	483.20	126.03	136.20	62.7	355.70
郴 州	468.16	518.80	84.94	75.50	61.9	242.04
永 州	535.69	630.90	105.90	115.70	52.9	240.65
怀 化	484.75	525.50	59.99	37.40	55.8	174.67
娄 底	384.29	444.90	50.65	48.50	48.0	473.91
广 东						
广 州	1300.37	842.40	1300.37	695.00	1104.1	1749.22
韶 关	290.08	329.10	101.68	92.70	56.4	157.55
深 圳	1070.39	332.20	1070.39	332.20	1077.9	5360.00
珠 海	160.22	110.20	160.22	110.20	179.2	929.38
汕 头	550.15	546.60	543.99	539.10	252.0	2665.44
佛 山	732.32	385.60	732.32	385.60	202.0	1928.17
江 门	450.45	393.40	185.23	139.90	133.8	473.91
湛 江	718.97	819.00	165.93	161.50	89.0	542.17
茂 名	603.07	772.40	249.73	285.00	64.3	527.76
肇 庆	402.90	433.70	40.75	52.70	56.4	270.56
惠 州	471.33	348.50	241.09	141.70	154.2	415.42
梅 州	431.51	528.60	95.38	95.80	39.2	271.99
汕 尾	299.65	359.10	51.90	52.70	24.3	615.92
河 源	305.04	365.30	48.08	30.70	30.3	194.87
阳 江	248.96	289.40	70.48	69.50	41.4	312.92
清 远	380.51	412.30	155.35	135.40	46.1	199.89
东 莞	832.99	191.40	832.99	191.40	606.3	3386.13
中 山	318.33	156.10	318.33	156.10	71.9	1784.36
潮 州	271.62	268.80	181.69	163.50	83.9	863.38
揭 阳	601.50	694.20	194.17	208.20	214.2	1147.90
云 浮	243.65	294.20	242.24	31.60	28.6	312.98
广 西						
南 宁	727.04	729.70	282.06	284.40	272.7	326.85
柳 州	387.12	377.90	158.11	117.60	161.0	208.17
桂 林	489.98	526.50	103.82	77.60	82.3	175.93
梧 州	340.27	340.30	77.85	77.90	58.0	270.32
北 海	159.70	169.30	101.00	63.70	41.2	478.56
防城港	90.35	94.20	54.32	55.90	17.8	144.84
钦 州	316.99	402.00	123.80	147.00	33.1	260.81
贵 港	423.80	543.20	154.22	197.40	43.0	399.74
玉 林	564.14	708.00	109.28	107.60	66.3	439.91
百 色	355.70	412.00	38.75	35.40	25.1	98.25

续表

地区	全市年平均常住人口	全市年末户籍人口	市区年平均常住人口	市区年末户籍人口	城市人口和暂住人口合计	全市常住人口人口密度
贺州	200.66	238.10	102.21	117.10	28.3	170.73
河池	344.16	419.90	33.91	33.80	22.4	102.81
来宾	215.64	266.40	94.21	112.80	28.6	160.79
崇左	203.39	248.20	33.10	37.20	16.8	117.36
海南						
海口	218.59	165.30	218.59	165.30	137.4	957.05
三亚	73.69	58.60	73.69	58.60	37.9	384.03
重庆	2980.69	3375.20	1956.42	1943.90	1243.5	361.85
四川						
成都	1436.27	1210.70	832.18	581.60	501.0	1184.94
自贡	274.21	330.00	132.17	151.30	117.1	625.91
攀枝花	123.27	111.90	80.00	68.40	66.6	166.56
泸州	424.80	508.90	141.27	149.90	116.7	347.17
德阳	351.73	392.50	74.29	69.30	53.5	595.05
绵阳	470.79	548.80	135.31	126.90	118.9	232.51
广元	256.00	310.10	90.02	93.90	40.1	156.95
遂宁	327.87	380.40	131.84	152.30	71.2	615.73
内江	372.86	426.00	127.69	143.00	64.2	692.41
乐山	325.28	355.70	122.90	116.30	60.5	255.66
南充	632.55	759.00	192.32	197.10	108.0	506.97
眉山	298.41	353.00	83.45	87.60	50.2	417.94
宜宾	446.75	554.30	118.76	127.10	83.4	336.64
广安	322.80	471.70	86.55	127.30	29.5	509.06
达州	552.14	688.10	180.78	181.00	68.7	332.86
雅安	153.87	157.20	62.54	62.80	26.3	102.27
巴中	331.97	383.10	113.84	137.70	37.1	270.05
资阳	355.92	507.30	87.62	110.60	33.3	447.13
贵州						
贵阳	453.90	382.90	322.85	230.70	265.4	564.34
六盘水	287.82	328.30	59.93	47.60	33.0	290.32
遵义	614.87	787.00	113.10	89.70	78.3	199.88
安顺	230.43	290.00	76.77	89.20	51.9	248.66
云南						
昆明	660.25	550.50	394.10	276.80	370.2	314.23
曲靖	599.15	646.50	76.25	72.70	59.1	207.28
玉溪	234.55	216.00	50.40	43.70	25.6	153.45
保山	256.04	258.80	95.64	92.60	27.8	130.39
昭通	537.13	594.40	82.16	87.20	29.7	239.36
丽江	126.72	121.20	16.31	15.30	14.6	59.72
普洱	258.90	253.80	30.95	22.70	22.3	57.05

续表

地 区	全市年平均常住人口	全市年末户籍人口	市区年平均常住人口	市区年末户籍人口	城市人口和暂住人口合计	全市常住人口人口密度
临 沧	248.60	237.80	33.09	32.30	17.9	105.25
西 藏						
拉 萨	61.37	52.70	18.31	20.80	45.4	20.79
陕 西						
西 安	861.00	815.30	660.62	587.20	398.4	852.72
铜 川	84.40	84.10	75.23	74.80	40.4	214.37
宝 鸡	374.89	383.80	145.02	142.20	82.0	206.92
咸 阳	494.95	526.70	106.43	92.00	94.0	485.77
渭 南	533.74	561.40	88.85	96.30	45.0	406.38
延 安	221.02	234.30	48.15	46.50	32.6	59.67
汉 中	342.83	384.10	53.83	57.20	39.5	125.65
榆 林	337.71	373.80	64.66	55.50	40.9	77.50
安 康	263.98	306.20	87.34	102.60	32.3	112.16
商 洛	234.85	251.70	53.33	56.40	16.5	121.73
甘 肃						
兰 州	365.33	374.70	265.24	240.50	196.1	279.17
嘉峪关	23.84	24.10	23.84	24.10	23.0	81.23
金 昌	46.94	47.00	23.15	23.20	19.0	52.76
白 银	171.03	177.90	49.39	49.20	41.8	80.83
天 水	329.82	364.50	121.37	130.10	68.4	231.01
武 威	181.19	188.90	100.75	102.30	32.6	54.51
张 掖	121.19	129.70	51.24	50.70	18.6	28.91
平 凉	208.96	233.70	51.79	51.30	32.7	187.07
酒 泉	111.01	111.20	43.61	41.30	36.1	5.72
庆 阳	222.31	265.50	38.20	38.00	19.0	81.98
定 西	277.14	301.40	42.42	45.90	20.0	141.33
陇 南	258.11	283.20	56.29	56.30	15.8	92.72
青 海						
西 宁	227.92	202.60	124.48	94.10	126.1	297.97
宁 夏						
银 川	210.58	196.00	135.87	106.40	134.0	233.33
石嘴山	76.60	76.50	49.16	45.30	50.8	144.25
吴 忠	134.20	143.50	39.74	40.40	20.4	80.08
固 原	123.57	153.30	41.76	46.60	29.4	94.71
中 卫	112.91	122.20	39.89	40.60	19.7	64.71
新 疆						
乌鲁木齐	349.50	266.90	344.05	260.60	307.8	253.48
克拉玛依	55.37	39.00	55.37	39.00	36.5	71.59

数据来源：国家统计局。

注："市区年底户籍人口""城市人口和暂住人口合计"为住建部数据，其他指标为国家统计局数据。

表 2－137

2014 年 286 城市市区城乡居民储蓄情况

单位：亿元，元

地　区	市区城乡居民年末储蓄余额	市区城乡常住居民人均年末储蓄余额	地　区	市区城乡居民年末储蓄余额	市区城乡常住居民人均年末储蓄余额
北　京	23569.83	114756.84	大　连	3577.46	—
天　津	7916.90	58295.95	鞍　山	1064.20	70344.68
河　北			抚　顺	784.11	53882.90
石家庄	2354.37	50664.70	本　溪	508.04	44891.52
唐　山	2252.26	68595.48	丹　东	488.73	62498.83
秦皇岛	895.52	82624.37	锦　州	623.13	63787.13
邯　郸	972.80	55719.61	营　口	633.98	60003.81
邢　台	513.21	55663.31	阜　新	378.82	48611.02
保　定	837.66	69989.65	辽　阳	532.12	67663.79
张家口	426.51	38575.59	盘　锦	658.32	89609.36
承　德	410.79	62917.54	铁　岭	358.54	81810.13
沧　州	477.64	75838.03	朝　阳	394.77	57794.75
廊　坊	610.07	—	葫芦岛	398.56	44335.61
衡　水	386.51	67042.80	**吉　林**		
山　西			长　春	2742.48	79435.23
太　原	3023.77	86393.08	吉　林	963.21	52952.67
大　同	1141.97	64326.21	四　平	263.06	44781.92
阳　泉	424.05	75411.00	辽　源	176.32	37341.79
长　治	564.14	71458.39	通　化	195.01	43998.78
晋　城	483.96	99407.02	白　山	205.16	35699.76
朔　州	419.60	128122.46	松　原	221.17	34387.65
晋　中	392.58	60776.86	白　城	147.47	29406.71
运　城	225.43	32673.72	**黑龙江**		
忻　州	330.72	59518.53	哈尔滨	3051.43	64417.52
临　汾	450.81	46814.30	齐齐哈尔	571.67	41334.13
吕　梁	194.55	59376.79	鸡　西	338.36	39863.05
内蒙古			鹤　岗	259.98	48932.85
呼和浩特	1413.12	66678.56	双鸭山	197.93	39768.13
包　头	1106.53	51077.88	大　庆	1050.69	77609.04
乌　海	322.09	58176.75	伊　春	—	—
赤　峰	490.92	35568.45	佳木斯	369.18	46703.31
通　辽	457.90	41750.23	七台河	188.34	33207.82
鄂尔多斯	586.04	96427.40	牡丹江	424.17	43750.31
呼伦贝尔	219.78	54701.72	黑　河	119.88	97332.79
巴彦淖尔	170.11	30945.18	绥　化	193.33	35424.21
乌兰察布	190.09	57479.12	**上　海**	21995.54	93579.14
辽　宁			**江　苏**		
沈　阳	4736.50	73167.21	南　京	5055.77	61641.35

续表

地 区	市区城乡居民年末储蓄余额	市区城乡常住居民人均年末储蓄余额	地 区	市区城乡居民年末储蓄余额	市区城乡常住居民人均年末储蓄余额
无 锡	2583.16	71576.32	宣 城	200.64	23143.30
徐 州	1297.02	40688.53	**福 建**		
常 州	2221.15	65790.28	福 州	2100.36	69867.72
苏 州	3432.87	62692.94	厦 门	1972.02	52308.05
南 通	1718.21	73664.32	莆 田	652.94	32696.07
连云港	560.13	27180.12	三 明	150.55	39828.30
淮 安	611.27	22787.35	泉 州	688.76	45848.37
盐 城	555.70	34137.56	漳 州	324.66	42251.80
扬 州	1371.30	56751.90	南 平	160.63	34213.81
镇 江	640.11	52348.76	龙 岩	289.23	41348.16
泰 州	846.09	52269.81	宁 德	101.92	23165.20
宿 迁	276.30	17975.18	**江 西**		
浙 江			南 昌	1533.96	54370.75
杭 州	6004.26	84540.41	景德镇	244.61	50130.78
宁 波	2655.48	74563.18	萍 乡	290.27	33143.31
温 州	1788.60	—	九 江	332.46	46165.22
嘉 兴	773.01	63384.88	新 余	294.57	34248.12
湖 州	717.39	54914.05	鹰 潭	119.36	54779.55
绍 兴	1728.59		赣 州	569.44	38889.76
金 华	563.37	51418.33	吉 安	228.54	41857.35
衢 州	319.33	38074.80	宜 春	220.17	20758.49
舟 山	477.59	54961.60	抚 州	295.32	26691.56
台 州	1235.78		上 饶	215.08	50822.30
丽 水	233.56	50570.45	**山 东**		
安 徽			济 南	2935.03	65085.05
合 肥	1665.24	40265.65	青 岛	—	—
芜 湖	548.68	33765.04	淄 博	1684.63	60729.32
蚌 埠	372.28	33363.21	枣 庄	527.08	24549.44
淮 南	566.14	31301.32	东 营	794.37	76617.49
马鞍山	458.61	49526.31	烟 台	1429.47	78261.71
淮 北	338.54	31323.63	潍 坊	960.97	44693.76
铜 陵	245.71	54906.34	济 宁	811.70	50033.84
安 庆	350.72	47761.11	泰 安	653.58	37076.68
黄 山	218.09	47272.50	威 海	882.75	68953.68
滁 州	214.05	36968.63	日 照	512.50	36785.92
阜 阳	498.46	22657.42	莱 芜	458.62	34251.28
宿 州	360.66	19286.85	临 沂	1077.00	40371.62
六 安	385.59	18081.71	德 州	515.74	40313.05
亳 州	255.50	15296.53	聊 城	430.15	34072.84
池 州	199.02	29858.19	滨 州	331.27	31474.73

续表

地　区	市区城乡居民年末储蓄余额	市区城乡常住居民人均年末储蓄余额	地　区	市区城乡居民年末储蓄余额	市区城乡常住居民人均年末储蓄余额
菏　泽	382.97	27976.52	张家界	139.23	27070.74
河　南			益　阳	349.56	27736.18
郑　州	3669.95	69883.96	郴　州	422.01	49682.77
开　封	381.14	23765.10	永　州	277.45	26199.83
洛　阳	1038.55	49255.31	怀　化	251.53	41928.31
平顶山	499.12	46646.24	娄　底	238.60	47106.99
安　阳	416.77	33959.44	**广　东**		
鹤　壁	158.20	24103.61	广　州	12825.64	98630.85
新　乡	426.28	38795.18	韶　关	419.08	41215.47
焦　作	325.60	32881.76	深　圳	9974.01	93180.94
濮　阳	376.79	54350.51	珠　海	1423.01	88813.29
许　昌	272.32	53826.97	汕　头	1817.19	33404.91
漯　河	319.10	23946.25	佛　山	5806.94	79295.29
三门峡	156.29	48730.03	江　门	1099.38	59351.42
南　阳	536.97	29391.75	湛　江	731.26	44070.94
商　丘	386.60	22980.25	茂　名	579.90	23220.83
信　阳	439.09	32512.82	肇　庆	395.47	97055.64
周　口	192.32	27001.29	惠　州	1069.19	44347.27
驻马店	277.92	30431.14	梅　州	385.11	40376.05
湖　北			汕　尾	98.80	19038.43
武　汉	4631.15	65982.62	河　源	160.15	33308.74
黄　石	360.73	40861.81	阳　江	245.46	34827.43
十　堰	488.66	35700.14	清　远	452.65	29136.48
宜　昌	659.75	45516.66	东　莞	4648.27	55802.30
襄　阳	810.62	35634.17	中　山	2039.09	64056.11
鄂　州	267.60	25273.98	潮　州	561.45	30901.29
荆　门	296.87	44157.76	揭　阳	492.57	25367.76
孝　感	311.02	33920.76	云　浮	159.38	6579.18
荆　州	473.64	38710.87	**广　西**		
黄　冈	150.37	40735.98	南　宁	1974.72	70011.75
咸　宁	150.24	29003.64	柳　州	692.78	43814.86
随　州	350.02	55851.23	桂　林	546.55	52643.73
湖　南			梧　州	197.54	25374.09
长　沙	2983.86	79897.81	北　海	280.05	27728.07
株　洲	704.02	58000.79	防城港	155.20	28568.14
湘　潭	491.15	46260.82	钦　州	248.61	20081.10
衡　阳	608.83	51670.98	贵　港	283.83	18404.41
邵　阳	271.72	35640.34	玉　林	315.90	28908.41
岳　阳	437.00	34801.17	百　色	128.46	33151.38
常　德	461.86	31365.54	贺　州	149.19	14596.17

续表

地　区	市区城乡居民年末储蓄余额	市区城乡常住居民人均年末储蓄余额
河　池	111.95	33014.66
来　宾	112.11	11900.01
崇　左	54.97	16608.53
海　南		
海　口	1119.48	51213.73
三　亚	366.33	49709.21
重　庆	8382.52	42846.23
四　川		
成　都	—	—
自　贡	383.61	29023.85
攀枝花	333.56	41695.02
泸　州	533.85	37790.54
德　阳	359.49	48390.59
绵　阳	661.76	48907.13
广　元	275.64	30619.13
遂　宁	291.26	22091.50
内　江	329.36	25793.98
乐　山	480.48	39095.55
南　充	554.76	28845.41
眉　山	297.44	35643.63
宜　宾	359.90	30304.09
广　安	312.21	36074.00
达　州	505.87	27982.16
雅　安	209.02	33422.33
巴　中	229.53	20162.73
资　阳	246.30	28110.82
贵　州		
贵　阳	1795.99	55628.58
六盘水	224.10	37393.79
遵　义	431.91	38187.60
安　顺	174.04	22670.40
云　南		
昆　明	2940.56	74614.04
曲　靖	306.62	40212.29
玉　溪	253.83	50362.87
保　山	144.45	15104.38
昭　通	132.56	16133.27
丽　江	120.05	73626.71
普　洱	98.00	31664.59
临　沧	59.54	17993.91
西　藏		
拉　萨	—	—
陕　西		
西　安	5228.38	79144.06
铜　川	207.93	27638.94
宝　鸡	649.51	44787.63
咸　阳	513.37	48233.91
渭　南	253.82	28566.10
延　安	253.14	52570.92
汉　中	288.29	53550.36
榆　林	353.63	54694.95
安　康	233.53	26739.31
商　洛	152.34	28566.87
甘　肃		
兰　州	1985.24	74847.86
嘉峪关	126.06	52877.28
金　昌	120.70	52138.17
白　银	198.38	40165.19
天　水	352.79	29066.99
武　威	287.49	28535.01
张　掖	161.69	31555.92
平　凉	141.07	27238.37
酒　泉	189.20	43384.46
庆　阳	144.67	37866.41
定　西	93.27	21988.82
陇　南	92.94	16511.95
青　海		
西　宁	956.00	76799.67
宁　夏		
银　川	839.56	61791.32
石嘴山	242.25	49280.36
吴　忠	137.74	34661.82
固　原	77.70	18604.86
中　卫	97.70	24488.89
新　疆		
乌鲁木齐	1957.58	56898.12
克拉玛依	236.45	42701.60

数据来源：国家统计局。

表 2－138　　2014 年 286 城市市区职工年平均工资

单位：元

地区	职工年平均工资	地区	职工年平均工资	地区	职工年平均工资	地区	职工年平均工资
北京	104468	大连	67667	无锡	68814	亳州	45547
天津	86246	鞍山	45672	徐州	55390	池州	46613
河北		抚顺	47758	常州	69085	宣城	54794
石家庄	53250	本溪	42666	苏州	71133	**福建**	
唐山	38318	丹东	31323	南通	70019	福州	60307
秦皇岛	56623	锦州	43899	连云港	56619	厦门	63062
邯郸	46548	营口	44209	淮安	53244	莆田	50405
邢台	47736	阜新	42713	盐城	54858	三明	60409
保定	47143	辽阳	50605	扬州	57641	泉州	51180
张家口	44498	盘锦	63856	镇江	61957	漳州	55717
承德	49720	铁岭	40717	泰州	55830	南平	55621
沧州	50659	朝阳	42825	宿迁	51435	龙岩	49635
廊坊	—	葫芦岛	44840	**浙江**		宁德	54617
衡水	—	**吉林**		杭州	71711	**江西**	
山西		长春	60225	宁波	76270	南昌	53059
太原	58974	吉林	49022	温州	71791	景德镇	42155
大同	60430	四平	43938	嘉兴	64627	萍乡	45796
阳泉	54299	辽源	40224	湖州	56310	九江	51794
长治	41497	通化	40728	绍兴	55113	新余	47712
晋城	62812	白山	39565	金华	63722	鹰潭	45248
朔州	60743	松原	55349	金华	68945	赣州	51087
晋中	47456	白城	34453	舟山	70265	吉安	48571
运城	42811	**黑龙江**		台州	53656	宜春	50620
忻州	36313	哈尔滨	55389	丽水	77105	抚州	47581
临汾	46998	齐齐哈尔	46201	**安徽**		上饶	45737
吕梁	45860	鸡西	42703	合肥	63744	**山东**	
内蒙古		鹤岗	41072	芜湖	57676	济南	66726
呼和浩特	51280	双鸭山	40604	蚌埠	47554	青岛	71168
包头	56018	大庆	72809	淮南	59806	淄博	53109
乌海	54124	伊春	24631	马鞍山	61569	枣庄	47393
赤峰	54615	佳木斯	46708	淮北	54861	东营	66816
通辽	53657	七台河	41001	铜陵	54483	烟台	57682
鄂尔多斯	70214	牡丹江	49894	安庆	45770	潍坊	58800
呼伦贝尔	60800	黑河	47986	黄山	48931	济宁	51825
巴彦淖尔	49983	绥化	38352	滁州	51541	泰安	49600
乌兰察布	47684	**上海**	92803	阜阳	42274	威海	50057
辽宁		**江苏**		宿州	41714	日照	53232
沈阳	57957	南京	77286	六安	46702	莱芜	48711

续表

地区	职工年平均工资	地区	职工年平均工资	地区	职工年平均工资	地区	职工年平均工资
临沂	53898	邵阳	59949	百色	43611	临沧	42793
德州	44230	岳阳	47772	贺州	44958	**西藏**	
聊城	50734	常德	47057	河池	47580	拉萨	—
滨州	50370	张家界	43007	来宾	44309	**陕西**	
菏泽	41498	益阳	44024	崇左	45532	西安	55942
河南		郴州	46590	**海南**		铜川	48519
郑州	54122	永州	42190	海口	50653	宝鸡	46221
开封	39971	怀化	52093	三亚	54640	咸阳	58679
洛阳	50903	娄底	41283	**重庆**	58218	渭南	51102
平顶山	46342	**广东**		**四川**		延安	44791
安阳	43539	广州	75589	成都	—	汉中	46998
鹤壁	38705	韶关	53920	自贡	50812	榆林	58957
新乡	43627	深圳	73492	攀枝花	56255	安康	46832
焦作	42267	珠海	62580	泸州	51441	商洛	39873
濮阳	49700	汕头	45962	德阳	59359	**甘肃**	
许昌	44295	佛山	55678	绵阳	59407	兰州	54349
漯河	39496	江门	53397	广元	48672	嘉峪关	53437
三门峡	49910	湛江	56601	遂宁	50875	金昌	56914
南阳	46248	茂名	49778	内江	46061	白银	49409
商丘	39909	肇庆	52456	乐山	47269	天水	39385
信阳	42075	惠州	55905	南充	48928	武威	39741
周口	47930	梅州	58026	眉山	45164	张掖	38201
驻马店	37390	汕尾	50445	宜宾	53406	平凉	38162
湖北		河源	51154	广安	50323	酒泉	44339
武汉	63488	阳江	47118	达州	46222	庆阳	56723
黄石	39473	清远	55862	雅安	50694	定西	43150
十堰	43465	东莞	47600	巴中	43230	陇南	43440
宜昌	42311	中山	53126	资阳	44362	**青海**	
襄阳	47720	潮州	44818	**贵州**		西宁	55997
鄂州	34042	揭阳	42593	贵阳	59897	**宁夏**	
荆门	46653	云浮	55665	六盘水	53146	银川	60251
孝感	39640	**广西**		遵义	56759	石嘴山	50314
荆州	45069	南宁	57177	安顺	50155	吴忠	52416
黄冈	43916	柳州	53854	**云南**		固原	42429
咸宁	39486	桂林	51259	昆明	54875	中卫	50950
随州	39618	梧州	39550	曲靖	44411	**新疆**	
湖南		北海	44703	玉溪	45655	乌鲁木齐	61622
长沙	64671	防城港	44805	保山	43483	克拉玛依	86358
株洲	57922	钦州	43913	昭通	51204		
湘潭	46381	贵港	46367	丽江	46668		
衡阳	40321	玉林	51045	普洱	38625		

数据来源：国家统计局。

二十、港澳台地区房地产数据[①]

表 2－139　　2011—2015 年香港地区新落成私人楼宇

单位：千平方米

年份	住宅		商住两用			商业		工业	
	楼宇数目	实用楼面面积	楼宇数目	住宅实用楼面面积	非住宅实用楼面面积	楼宇数目	实用楼面面积	楼宇数目	实用楼面面积
2011	212	383.2	20	73.3	34.1	13	181.5	16	129.0
2012	323	280.6	33	225.8	50.2	12	176.1	18	196.6
2013	396	205.1	96	122.0	27.4	16	117.2	10	98.4
2014	181	422.7	51	206.8	32.2	19	132.2	17	172.2
2015	283	275.8	113	293.6	28.5	16	213.3	18	52.7

年份	其他			所有种类			
	楼宇数目	住宅实用楼面面积	非住宅实用楼面面积	楼宇数目	住宅实用楼面面积	非住宅实用楼面面积	统计
2011	136	15.5	174.8	397	471.9	519.5	991.3
2012	215	51.2	414.0	601	557.6	836.9	1394.5
2013	160	21.1	240.2	678	348.2	483.2	831.4
2014	198	15.2	117.9	466	644.8	454.5	1099.3
2015	182	15.6	153.4	612	585.0	447.9	1032.9

数据来源：香港房屋署、香港房屋协会。

表 2－140　　2011—2015 年香港地区获批可动工兴建私人楼宇

单位：千平方米

年份	住宅				商住两用					
	楼宇数目		实用楼面面积		楼宇数目		住宅实用楼面面积		非住宅实用楼面面积	
	初次呈交图则	重大修改	初次呈交图则	重大修改	初次呈交图则	重大修改	初次呈交图则	重大修改	初次呈交图则	重大修改
2011	52	79	141.1	148.1	65	85	179.1	90.5	26.6	16.8
2012	102	86	272.3	149.1	62	2	349.5	5.7	58.3	1.1
2013	329	445	181.2	211.4	54	53	201.0	211.3	28.4	18.1
2014	254	200	240.2	96.3	41	5	220.2	60.5	62.0	27.3
2015	261	65	369.4	13.6	99	66	192.3	284.9	50.9	69.7

① 注：港澳台地区数据货币均为当地货币。

年 份	商 业				工 业			
	楼宇数目		实用楼面面积		楼宇数目		实用楼面面积	
	初次呈交图则	重大修改	初次呈交图则	重大修改	初次呈交图则	重大修改	初次呈交图则	重大修改
2011	14	3	64.2	26.0	13	2	109.1	0.2
2012	19	0	150.9	0.0	8	3	46.2	24.5
2013	21	2	231.4	31.6	9	4	101.3	36.8
2014	16	1	169.0	32.0	6	1	103.8	2.1
2015	20	1	198.1	2.9	21	1	206.3	19.0

年 份	其 他					
	楼宇数目		住宅实用楼面面积		非住宅实用楼面面积	
	初次呈交图则	重大修改	初次呈交图则	重大修改	初次呈交图则	重大修改
2011	84	17	14.3	7.4	184.4	48.3
2012	68	23	8.6	11.2	392.3	36.5
2013	35	18	1.4	9.7	127.3	9.1
2014	45	12	27.7	2.2	142.1	75.1
2015	85	26	28.0	2.4	382.1	173.2

年 份	所有统计							
	楼宇数目		住宅实用楼面面积		非住宅实用楼面面积		统计实用楼面面积	
	初次呈交图则	重大修改	初次呈交图则	重大修改	初次呈交图则	重大修改	初次呈交图则	重大修改
2011	228	186	334.5	246.0	384.3	91.3	718.8	337.4
2012	266	114	630.5	165.9	647.7	62.0	1278.2	228.0
2013	448	522	383.6	432.4	488.4	95.6	872.0	258.0
2014	362	219	488.0	159.0	476.9	136.4	965.0	295.5
2015	486	159	589.7	300.9	837.5	264.8	1427.2	565.8

数据来源：香港房屋署、香港房屋协会。

表 2－141　　2011—2015 年香港地区私人住宅楼宇平均售价

单位：元/平方米

年 份	少于 40 平方米			40～69.9 平方米			70～99.9 平方米		
	香 港	九 龙	新 界	香 港	九 龙	新 界	香 港	九 龙	新 界
2011	93497	67594	58093	101779	81941	56305	135355	123511	68022
2012	108326	79928	67828	112158	92997	65319	142070	128259	75416
2013	123304	94808	83132	126642	103401	75449	159480	138823	85640
2014	128912	104403	91436	129629	108820	81476	153720	138586	89607
2015	146511	118004	107843	148031	121028	94427	171958	148949	101382

<table>
<tr><th rowspan="2">年 份</th><th colspan="3">100～159.9 平方米</th><th colspan="3">160 平方米或以上</th></tr>
<tr><th>香 港</th><th>九 龙</th><th>新 界</th><th>香 港</th><th>九 龙</th><th>新 界</th></tr>
<tr><td>2011</td><td>167939</td><td>154327</td><td>73228</td><td>234951</td><td>214806</td><td>80178</td></tr>
<tr><td>2012</td><td>177673</td><td>158106</td><td>76953</td><td>259380</td><td>185727</td><td>87598</td></tr>
<tr><td>2013</td><td>184830</td><td>157700</td><td>79818</td><td>255215</td><td>194285</td><td>78664</td></tr>
<tr><td>2014</td><td>183962</td><td>160259</td><td>85479</td><td>249984</td><td>235620</td><td>73677</td></tr>
<tr><td>2015</td><td>198331</td><td>166694</td><td>96851</td><td>238790</td><td>204001</td><td>89161</td></tr>
</table>

数据来源：香港房屋署、香港房屋协会。

表 2－142　　2011—2015 年香港地区私人住宅楼宇新订租约平均租金

单位：元/平方米/月

<table>
<tr><th rowspan="2">年 份</th><th colspan="3">少于 40 平方米</th><th colspan="3">40～69.9 平方米</th><th colspan="3">70～99.9 平方米</th></tr>
<tr><th>香 港</th><th>九 龙</th><th>新 界</th><th>香 港</th><th>九 龙</th><th>新 界</th><th>香 港</th><th>九 龙</th><th>新 界</th></tr>
<tr><td>2011</td><td>331</td><td>241</td><td>184</td><td>314</td><td>240</td><td>168</td><td>359</td><td>288</td><td>190</td></tr>
<tr><td>2012</td><td>325</td><td>237</td><td>193</td><td>304</td><td>232</td><td>175</td><td>346</td><td>281</td><td>190</td></tr>
<tr><td>2013</td><td>377</td><td>293</td><td>240</td><td>347</td><td>278</td><td>205</td><td>383</td><td>306</td><td>225</td></tr>
<tr><td>2014</td><td>397</td><td>311</td><td>253</td><td>358</td><td>300</td><td>218</td><td>391</td><td>321</td><td>227</td></tr>
<tr><td>2015</td><td>433</td><td>346</td><td>273</td><td>392</td><td>325</td><td>239</td><td>420</td><td>357</td><td>250</td></tr>
</table>

<table>
<tr><th rowspan="2">年 份</th><th colspan="3">100～159.9 平方米</th><th colspan="3">160 平方米或以上</th></tr>
<tr><th>香 港</th><th>九 龙</th><th>新 界</th><th>香 港</th><th>九 龙</th><th>新 界</th></tr>
<tr><td>2011</td><td>399</td><td>299</td><td>242</td><td>469</td><td>294</td><td>253</td></tr>
<tr><td>2012</td><td>391</td><td>269</td><td>249</td><td>465</td><td>293</td><td>287</td></tr>
<tr><td>2013</td><td>419</td><td>310</td><td>244</td><td>477</td><td>341</td><td>256</td></tr>
<tr><td>2014</td><td>412</td><td>322</td><td>250</td><td>466</td><td>329</td><td>247</td></tr>
<tr><td>2015</td><td>437</td><td>350</td><td>257</td><td>464</td><td>343</td><td>257</td></tr>
</table>

数据来源：香港房屋署、香港房屋协会。

表 2－143　　2011—2015 年香港政府土地拍卖/投标（市区）

单位：平方米，百万元

<table>
<tr><th rowspan="2">年 份</th><th colspan="2">住 宅</th><th colspan="2">商 业</th><th colspan="2">商业住宅</th></tr>
<tr><th>面 积</th><th>已征收的地价</th><th>面 积</th><th>已征收的地价</th><th>面 积</th><th>已征收的地价</th></tr>
<tr><td>2011</td><td>33734</td><td>20071</td><td>43726</td><td>13964</td><td>7887</td><td>6267</td></tr>
<tr><td>2012</td><td>17910</td><td>10400</td><td>2579</td><td>1818</td><td>23400</td><td>6910</td></tr>
<tr><td>2013</td><td>48355</td><td>20197</td><td>15996</td><td>9760</td><td>0</td><td>0</td></tr>
<tr><td>2014</td><td>50763</td><td>17250</td><td>9240</td><td>9459</td><td>0</td><td>0</td></tr>
<tr><td>2015</td><td>31043</td><td>9410</td><td>10638</td><td>8899</td><td>0</td><td>0</td></tr>
</table>

年份	工业/货仓		其他用途		统计	
	面积	已征收的地价	面积	已征收的地价	面积	已征收的地价
2011	0	0	1724	241	87071	40543
2012	0	0	0	0	43889	19128
2013	0	0	27500	1688	91851	31645
2014	0	0	2123	523	62126	27232
2015	0	0	0	0	41681	18309

数据来源：香港房屋署、香港房屋协会。

表 2－144　　2011—2015 年香港政府土地拍卖/投标（新界）

单位：平方米，百万元

年份	住宅		商业		商业住宅	
	面积	已征收的地价	面积	已征收的地价	面积	已征收的地价
2011	134030	16657	34136	2282	2260	55
2012	212817	23841	6500	411	5200	81
2013	243861	27918	15116	2990	0	0
2014	278610	18552	12902	1830	14160	3940
2015	149132	22636	13727	3053	0	0

年份	工业/货仓		其他用途		统计	
	面积	已征收的地价	面积	已征收的地价	面积	已征收的地价
2011	0	0	1487	233	171913	19227
2012	0	0	28215	1609	252732	25942
2013	0	0	33237	2438	292214	33346
2014	0	0	1070	137	306742	24459
2015	1265	449	3426	435	167550	26573

数据来源：香港房屋署、香港房屋协会。

表 2－145　　2011—2015 年香港政府土地批租（私人协约方式批地）

单位：平方米

年份	市区					新界				
	工业/仓库	住宅	公用事业/团体用途	其他用途	统计	工业/仓库	住宅	公用事业/团体用途	其他用途	统计
2011	0	2134	16995	10509	29638	0	0	17970	0	17970
2012	0	6625	4283	0	10908	0	23250	5290	4001	32541
2013	0	0	14351	0	14351	0	10321	15087	0	25408
2014	0	2427	1749	0	4176	0	131735	2084	0	133819
2015	0	11629	19522	0	31151	0	166839	2835	0	169674

数据来源：香港房屋署、香港房屋协会。

表 2－146　　2011—2015 年澳门地区新动工及建成楼宇

年　份	新动工楼宇			建成楼宇		
	楼宇数目	单位数目	建筑面积	楼宇数目	单位数目	建筑面积
	数　目	数　目	平方米	数　目	数　目	平方米
2011	67	2159	367253	54	1387	1162506
2012	53	1592	304376	62	2558	1568470
2013	75	2241	2396055	39	1316	562022
2014	81	1900	2239079	49	3001	439809
2015	95	5405	1984202	98	4364	2577817

数据来源：澳门统计暨普查局。

表 2－147　　2011—2015 年澳门地区楼宇单位买卖数目

	总　数	住宅（总数）	商　业	办公室	工　业	停车位	其他用途
	数　目	数　目	数　目	数　目	数　目	数　目	数　目
2011	27624	17176	2196	932	194	6977	149
2012	25419	16917	2189	783	246	5122	162
2013	19237	12046	1430	542	267	4803	149
2014	13230	7625	1212	296	299	3662	136
2015	9771	5976	658	231	74	2752	80

数据来源：澳门统计暨普查局。

表 2－148　　2011—2015 年澳门地区楼宇单位买卖价值

单位：百万元

年　份	总　数	住宅（总数）	商　业	办公室	工　业	停车位	其他用途
2011	76255	58861	9686	3010	911	2754	1033
2012	100906	74230	16040	2966	1535	3381	2753
2013	96048	68195	14108	3070	2728	5075	2873
2014	83690	49795	16368	2808	4705	5949	4065
2015	51660	33449	9140	1885	1008	4687	1492

数据来源：澳门统计暨普查局。

表 2－149　　2011—2015 年澳门地区楼宇单位买卖平均成交价

单位：元/平方米

年　份	住宅（全澳）	办公室	工　业
2011	41433	35076	12001
2012	57362	46320	20812
2013	81811	74525	33721
2014	99795	121112	54250
2015	86826	113444	50564

数据来源：澳门统计暨普查局。

表 2 – 150　　2011—2015 年台湾地区建筑物所有权登记

单位：栋，千平方公尺

年　别	第一次登记		移转登记			
	栋　数	面　积	栋　数	面　积	买卖登记	
					栋　数	面　积
2011	93632	25814	497739	78759	361704	40928
2012	102385	30273	454908	55960	328874	38150
2013	111093	31817	503628	61435	371892	42554
2014	115865	33530	457911	57899	320598	37386
2015	127222	35559	440689	60475	294250	35639

数据来源：台湾内政部统计通报。

表 2 – 151　　2015 年台湾地区住宅交易指标

月　份	成交天数（中位数）	住宅屋龄（年）	住宅面积（坪①）
1	52. 0	17. 2	36. 8
2	55. 0	17. 2	37. 3
3	58. 0	17. 4	37. 2
4	60. 0	17. 5	37. 3
5	60. 0	17. 6	37. 2
6	59. 0	17. 5	37. 7
7	56. 0	17. 3	37. 8
8	53. 0	17. 5	38. 1
9	51. 0	17. 3	38. 2
10	55. 0	17. 6	38. 6
11	63. 0	17. 5	38. 6
12	70. 0	17. 8	38. 8

数据来源：信义不动产第四季度报告。

表 2 – 152　　2015 年台湾地区各类产品交易占比变化

单位：%

月　份	公　寓	大　楼	店　面	办公室	套　房	别墅 + 透天
1	13. 8	68. 7	4. 4	1. 1	3. 8	6. 0
2	13. 1	68. 8	4. 6	1. 0	3. 7	6. 6
3	13. 3	68. 1	4. 6	1. 3	3. 8	6. 6
4	13. 2	67. 3	4. 7	1. 2	3. 9	7. 3
5	13. 3	68. 1	4. 4	1. 3	3. 7	6. 7
6	13. 2	69. 0	4. 0	1. 2	3. 7	6. 5
7	13. 2	69. 7	4. 1	1. 2	3. 5	6. 2
8	13. 7	69. 5	4. 0	1. 0	3. 4	6. 3

① 注：1 坪 = 3. 3057 8512 3967 平方公尺（平方米）。

续表

月　份	公　寓	大　楼	店　面	办公室	套　房	别墅+透天
9	12.7	70.3	4.1	1.0	3.1	6.7
10	13.0	70.4	3.7	1.0	3.1	6.7
11	12.9	70.4	3.8	0.9	3.2	6.6
12	13.9	69.4	3.6	0.8	3.2	6.9

数据来源：信义不动产第四季度报告。

表 2－153　　**2015 年台湾地区住宅产品总价分布变化**

单位:%

月　份	300 万以下	300～500 万	500～700 万	700～1000 万	1000～1500 万	1500～2000 万	2000～2500 万	2500～3000 万	3000～5000 万	5000 万以上
1	4.3	11.7	16.0	21.4	22.8	10.1	5.4	2.7	4.2	1.4
2	4.9	11.1	16.0	21.6	22.4	10.0	5.7	3.0	4.0	1.4
3	5.1	12.3	15.9	21.7	21.1	10.3	4.8	3.3	3.9	1.5
4	4.8	11.5	16.2	21.9	21.3	10.7	4.9	3.7	3.5	1.4
5	4.4	12.0	15.9	21.8	22.0	10.9	4.7	3.1	3.6	1.4
6	4.0	11.4	15.9	21.6	23.1	11.0	4.8	2.9	3.6	1.6
7	4.1	11.7	15.6	22.2	22.9	10.8	4.4	2.7	3.7	1.8
8	4.4	11.3	15.6	22.4	22.4	10.1	4.6	3.0	4.0	2.1
9	4.5	11.4	15.8	23.1	21.8	10.1	4.7	2.8	3.7	2.0
10	4.0	12.1	15.1	23.3	21.8	9.6	5.3	3.1	4.0	1.7
11	3.8	11.7	14.9	24.6	22.2	9.5	5.0	2.7	4.1	1.4
12	3.7	11.2	15.6	23.8	22.5	9.7	5.2	2.9	4.0	1.3

数据来源：信义不动产第四季度报告。

表 2－154　　**2015 年台湾地区住宅产品面积分布变化**

单位:%

月　份	～15 坪	15～25 坪	25～35 坪	35～45 坪	45～55 坪	55 坪～
1	9.0	17.0	26.5	21.3	13.2	13.0
2	8.7	16.4	25.2	22.5	14.1	13.1
3	8.5	16.8	24.5	22.6	14.6	13.0
4	8.5	16.0	24.9	22.6	15.6	12.4
5	8.6	15.8	25.4	22.8	15.2	12.1
6	8.2	15.1	25.5	23.2	15.4	12.7
7	8.3	15.8	25.0	22.7	15.1	13.1
8	7.7	16.0	24.5	22.8	15.2	13.9
9	7.7	16.0	24.9	21.4	15.7	14.2
10	7.0	16.4	25.4	20.6	15.7	14.9
11	7.5	15.5	25.7	19.8	16.7	14.9
12	7.5	15.7	24.3	21.3	16.0	15.2

数据来源：信义不动产第四季度报告。

表 2-155　　2015 年台北市住宅成交均价表现

月　份	成交天数（中位数）	住宅屋龄（年）	住宅面积（坪）	住宅总价（万元）	公寓单价（万元/坪）	大楼单价（万元/坪）	住宅单价（万元/坪）
1	55.0	22.1	33.0	2253	56.0	71.3	68.5
2	59.0	22.3	33.4	2277	56.6	71.0	68.4
3	69.0	23.0	33.7	2268	54.7	71.0	67.5
4	70.0	23.3	34.5	2269	55.7	69.2	66.1
5	66.0	22.9	34.2	2250	53.9	67.8	64.6
6	61.0	23.5	34.5	2258	54.5	66.7	63.8
7	61.0	23.8	33.9	2242	53.6	67.0	64.0
8	58.0	24.2	35.7	2347	54.7	67.2	64.5
9	57.0	23.8	35.5	2344	53.6	67.4	64.9
10	58.5	24.7	35.1	2283	52.1	66.4	63.3
11	67.0	24.7	34.0	2220	50.7	66.0	62.6
12	72.0	24.2	34.7	2187	50.2	65.6	61.9

数据来源：信义不动产第四季度报告。

Ⅲ.市 场 篇

导 读

本篇重点介绍了全国土地市场、新房市场和二手房市场。本篇内容还包括北京、上海、广东、重庆四省、直辖市的房地产市场运行分析。

一、土地市场

（一）全国土地市场供求情况

1. 全国土地供应及出让面积

2015 年，全国国有建设用地实际供应量为 53.36 万公顷，同比下降 12.5%。其中，工矿仓储用地供应 12.48 万公顷，下降 15.2%；房地产用地供应 11.98 万公顷，下降 20.9%；基础设施等其他用地供应 28.90 万公顷，下降 7.1%（见图 3－1）。

2015 年国家在国有建设用地供应上实施差别化供地政策，工矿仓储用地、房地产用地和基础设施等其他用地分别占土地供应总量的 23.4%、22.4% 和 54.2%，三类用地占比分别较上年下降 0.8 个、2.4 个和提升 3.2 个百分点。

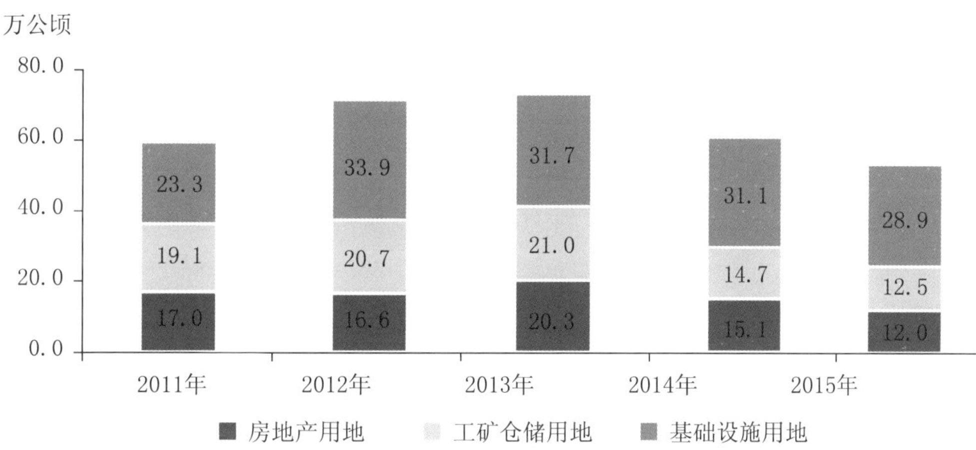

图 3－1　2011—2015 年各类型建设用地供应情况

数据来源：国土资源部。

2015 年，全国土地出让面积 22.14 万公顷，同比下降 18.6%，与上年相比下滑 3.1 个百分点。其中，商服用地和住宅用地分别下降 24.7% 和 19.1%。

2. 全国土地出让收入情况

2015 年，全国缴入国库的土地出让收入 33657.73 亿元，同比下降 21.6%。其中，招拍挂和协议出让价款 29820.20 亿元，下降 22.4%；补缴的土地价款 1455.18 亿元，下降 23.0%；划拨土地收入 1103.57 亿元，增长 17.8%；出租土地等其他收入 1278.78 亿元，下降 24.4%。从土地出让收益中计提的教育资金、农田水利建设资金分别为 436.69 亿元和 423.51 亿元，同比下降 33.4% 和 35.6%。

分区域看，东部地区 18797.99 亿元，下降 23.6%，占 55.8%；中部地区 8672.40 亿元，下降 17.3%，占 25.8%；西部地区 6187.34 亿元，下降 21.2%，占 18.4%。分地区看，除深圳（36.9%）、西藏（1.8%）、厦门（1.2%）、甘肃（0.2%）4 个地区同比增长外，其他 32 个地区均出现不同程度下降。其中，大连（－56.4%）、宁波（－54.1%）、内蒙（－51.8%）3 个地区降幅超过 50%。深圳市土地出让收入增长较快，主要是该市经济增长强劲，房地产市场交易火爆，土地资源相对稀缺，地价持续偏高所致。

3. 全国土地出让支出情况

受土地出让收入下降的影响，2015 年，全国土地出让支出 33727.78 亿元，同比下降 18.5%。全国土地出让支出主要呈现以下特征：

成本性支出占支出总额的比重略有下降。2015 年全国土地出让支出中，用于征地拆迁补偿、补助被征地农民、土地出让前期开发等成本性支出 26844.59 亿元，同比下降 20.7%，占支出总额 79.6%，占比下降 2.2 个百分点；用于城市建设、农业农村、保障性安居工程等非成本性支出 6883.19 亿元，同比下降 8.6%，占支出总额 20.4%，占比提升 2.2 个百分点。

征地拆迁补偿和补助被征地农民支出占比有所提升。在成本性支出中，用于征地拆迁补偿和补助被征地农民支出 17935.82 亿元，占 66.8%，占比提升 1.7 个百分点；用于土地开发支出 6533.90 亿元，占 24.3%，占比下降 3.0 个百分点；用于支付破产或改制企业职工安置费等其他支出 2374.87 亿元，占 8.9%，占比提升 1.3 个百分点。用于征地拆迁补偿和补助被征地农民支出占比提升，主要是当年征用的新增建设用地面积同比增长 28.0%。

土地出让收益注重向农业农村和保障性安居工程倾斜。在非成本性支出中，用于农业农村支出 2528.17 亿元，占 36.7%，占比提升 1.1 个百分点（其中，教育支出 436.69 亿元，增长 16.2%）；用于保障性安居工程支出 823.49 亿元，占 12.0%，占比提升 1.7 个百分点（其中，棚户区改造支出 308.54 亿元，增长 66.5%）；用于城市建设支出 3531.53 亿元，占 51.3%，占比下降 2.8 个百分点。上述支出结构的变化，体现了土地出让收益向农业农村和保障性安居工程倾斜的政策导向。

（二）房地产开发企业土地购置情况

1. 土地购置情况

在 2015 年以去库存为主要任务的市场背景下，房地产企业开发投资热情降低，土地购置需求萎缩，土地市场表现低于预期。全年土地购置面积 22811 万平方米，同比下降 31.7%，自年初以来，同比跌幅始终保持在三成以上；年末全国待开发土地面积 36638 万平方米，较去年减少 13%（见图 3－2）。

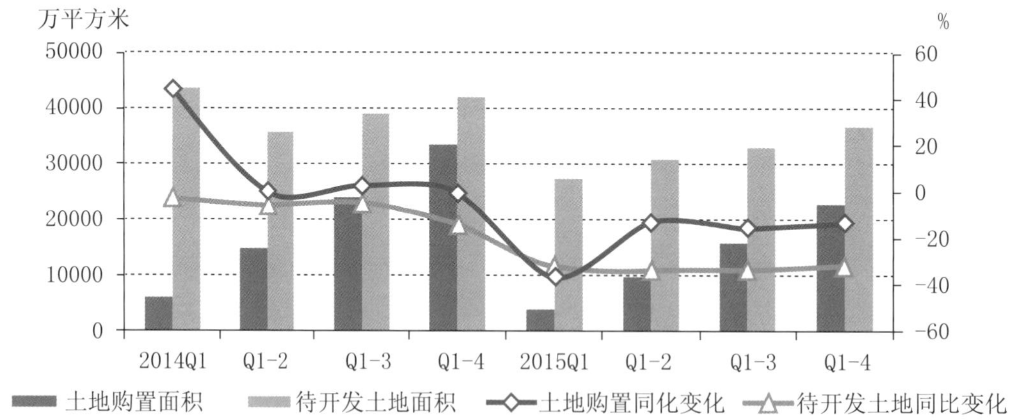

图 3－2　2014—2015 年季度累计全国土地购置面积及待开发土地面积情况

数据来源：国家统计局。

全年土地成交价款累计 7622 亿元，同比减少 23.9%，各季度土地成交价款仍然是逐季上涨，但与去年同期水平相比明显下了一个台阶（见图 3－3）。

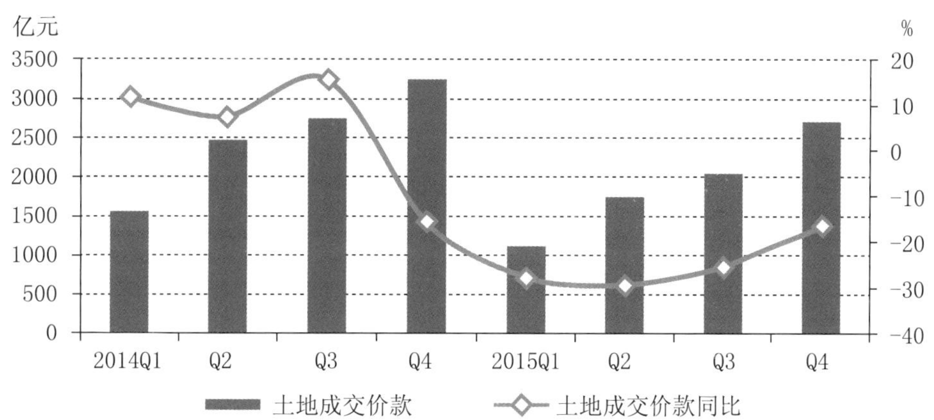

图 3－3　2014—2015 年各季度全国土地成交价款及同比变化情况

数据来源：国家统计局。

2015 年，全国 31 个省、自治区、直辖市中，仅天津土地购置面积高于上年，涨幅为 41.7%，山西与上年持平；其他地区均为下降，其中甘肃、青海、江苏跌幅位居前三，北京、上海跌幅分别为－32.7%、－15.9%。共有 6 个地区的土地成交价款高于上年同期，其中海南、山西、北京位居前三，涨幅分别为 30.4%、29.6%、6.2%。25 个地区同比下降，其中西藏、上海、江苏跌幅位居前三。

表 3－1　　2015 年土地购置面积及土地成交价款同比下降省市 TOP10

单位：万平方米，亿元，%

区　域	购置面积	同比（%）	区　域	成交价款	同比（%）
甘　肃	239.72	－57.8	西　藏	0.95	－86.5
青　海	48.35	－51.6	上　海	179.98	－54.5
江　苏	1693.35	－51.0	江　苏	530.42	－51.5
西　藏	30.82	－47.0	甘　肃	28.71	－50.9
浙　江	1012.58	－46.4	浙　江	574.93	－40.4
辽　宁	957.02	－42.7	辽　宁	246.07	－40.2
湖　北	729.91	－41.4	内蒙古	52.62	－39.6
江　西	542.89	－40.9	天　津	74.20	－38.7
内蒙古	316.27	－40.8	安　徽	479.32	－32.6
安　徽	1805.94	－40.4	广　西	108.45	－32.6

数据来源：国家统计局。

2. 土地成交价格

2015 年，全国土地成交均价 3341 元/平方米，每平米较上年上涨 340 元。土地均价逐季上涨，较上年再上一个台阶，四季度成交均价涨至 3910 元/平方米（见图 3－4）。2015 年土地市场分化加剧，一线城市和部分热点城市地价高过房价现象普遍存在，而三、四线城市整体市场低迷，地价走势平缓。

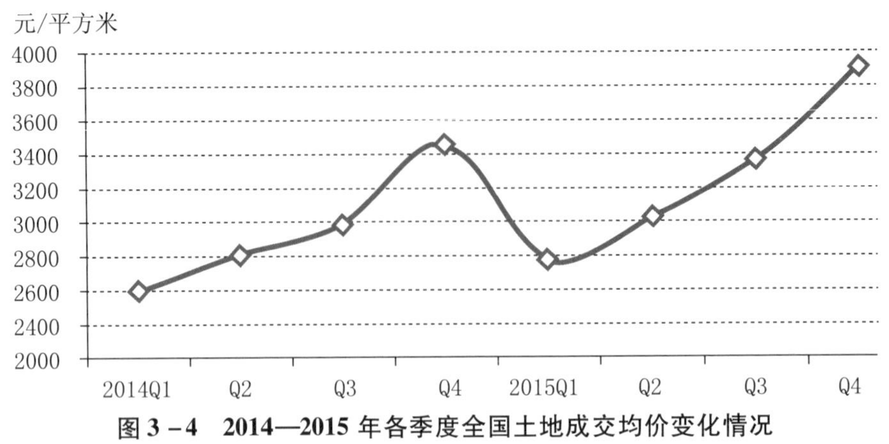

图 3－4　2014—2015 年各季度全国土地成交均价变化情况

3. 土地成交结构

2015 年，东部地区土地购置面积共计 9824 万平方米，同比减少 34%；中部地区共计 6386 万平方米，同比减少 30.6%；西部地区共计 6600 万平方米，同比减少 29.1%。从累计同比变化来看，东部地区持续回升、跌幅有所收窄，中部地区全年走势保持平稳，西部地区跌幅持续扩大的趋势在年底放缓（见图 3－5）。

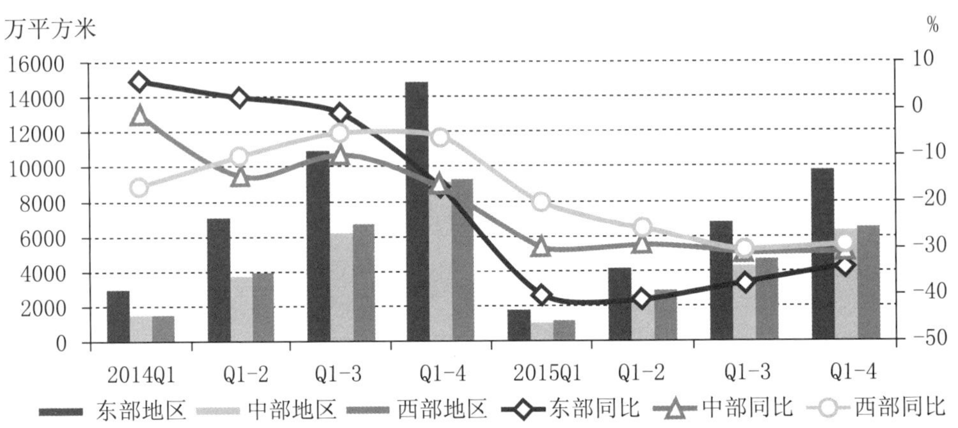

图 3－5　2014—2015 年季度累计三区域土地购置面积情况

数据来源：国家统计局。

全年东部地区土地成交价款共计 4515 亿元，同比减少 23.5%；中部地区共计 1571 亿元，同比减少 22.3%；西部地区共计 1536 亿元，同比减少 26.8%。从季度走势来看，东部和西部地区逐季上涨，第四季度全年最高，东部地区土地市场年末更为活跃，第四季度环比涨势最强，同比跌幅最小；中部地区表现为一季度最低，后三个季度持平。

表 3-2　　2015 年各季度三区域土地成交价款情况

单位：亿元

	Q1			Q2			Q3			Q4		
	金额	环比	同比	金额	环比	同比	金额	环比	同比	金额	环比	同比
#东部地区	683	-64.1	-29.7	942	37.9	-35.5	1153	22.4	-26.3	1738	50.7	-8.7
#中部地区	202	-69.1	-26.9	453	124.8	-5.5	458	1.0	-25.6	459	0.2	-29.7
#西部地区	239	-65.0	-22.9	349	46.0	-34.9	439	26.0	-23.1	509	16.0	-25.4

数据来源：国家统计局。

从土地价格来看，东部和西部地区地价平稳上涨，中部地区保持平稳，年底略有下滑。2015 年，东部地区土地均价 4596 元/平方米，每平米较上年上涨 631 元；中部地区 2460 元/平方米，每平米较上年上涨 260 元；西部地区 2326 元/平方米，每平米较去年同期 73 元（见图 3-6）。

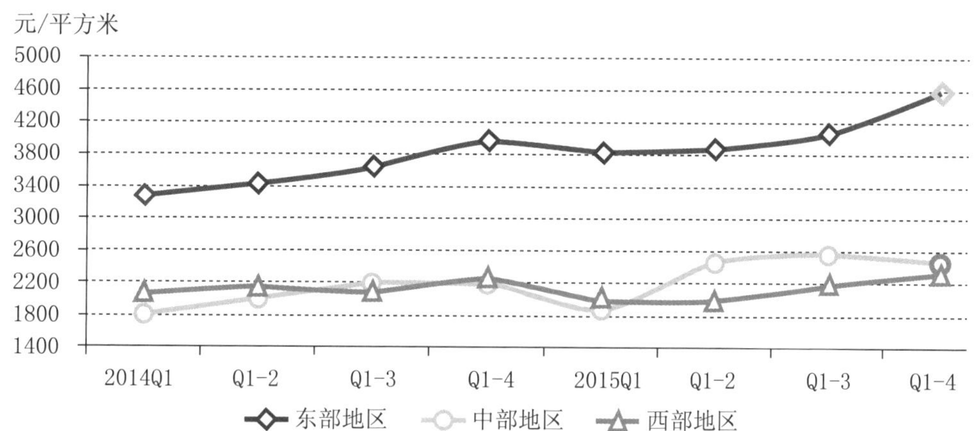

图 3-6　2014—2015 年季度累计三区域土地成交均价情况

数据来源：根据国家统计局数据整理。

（三）五十[①]个监测城市土地市场分析

2015 年全国 50 个监测城市土地供应总量及成交总量同比均大幅回落，土地成交平均楼板价同比上涨近 25%。从土地供应及成交节奏来看，上半年相对平稳，下半年快速升温，尤其是四季度，整体流标率快速下降，单价、总价地王纪录不断被刷新。

1. 土地供应：推地总量大幅回落，住宅用地比例提高

（1）七成城市推地量下滑，仅三城供地量超千万方

2015 年多数地方政府供地量下滑，50 个监测城市土地供应占地面积总量同比下滑 24.53%。仅 12 个城市的供应量出现增长，其中 5 个城市增幅超过 50%。2 个城市供应量与上年保持一致。有 36 个城市的供应量出现

① 50 个监测城市，包括：北京、哈尔滨、长春、沈阳、大连、天津、乌鲁木齐、兰州、西安、成都、重庆、贵阳、昆明、太原、石家庄、济南、青岛、郑州、合肥、南京、徐州、连云港、扬州、常州、江阴、无锡、苏州、南通、上海、武汉、长沙、南昌、九江、杭州、宁波、福州、厦门、泉州、南宁、桂林、北海、海口、三亚、广州、肇庆、佛山、东莞、惠州、中山、深圳。

不同程度下降，其中 13 个城市的降幅超过 50%，降幅最高为 77.6%。

（2）综合用地仍为供应主力，住宅用地占比上升

2015 年 50 个监测城市综合地块供应量在经营性用地供应中占比仍然最高，但较 2013 年有所下滑。住宅用地占比上升，主要是政府更加贴近市场需求推地所致。

表 3－3　　全国 50 个监测城市经营性土地供应用途分布情况

类　别	2015 年	2014 年	占比变动百分点
住宅（%）	34.3	31.3	3.0
商办（%）	25.7	27.3	－1.6
综合用地（%）	40.0	41.4	－1.4

数据来源：CRIC 中国房地产决策咨询系统。

注：住宅用地指住宅属性占 70% 以上的地块，商办用地指商业或办公属性占 70% 以上的地块，综合用地指土地属性包含两种或两种以上不同用途、且各用途占比不超过 70% 的地块。

2. 土地成交：成交面积大幅回落，整体流拍率前高后低

（1）整体市场规模继续收窄，近八成城市成交量下滑

2015 年全国 50 个监测城市土地市场规模收窄，成交面积和金额同比分别下降了 27.77% 和 7.71%。12 个城市成交占地面积上涨，其中 4 个城市增幅超过 50%。38 个城市成交量出现下降，其中 12 个城市降幅超过 50%。2015 年 50 个监测城市中成交面积超过 1000 万平方米的城市数量减少 1 至 2 个。2015 年土地市场成交面积大幅回落，主要原因有两个：一是一线城市和部分重点二线城市土地市场火热，但因为价格过高，房企基于投资总量管控普遍大幅缩减拿地面积；二是大部分二线和三、四线城市仍在去库存之中，政府大幅缩减了供应，市场成交量也大幅减少。

表 3－4　　全国 50 个监测城市经营性土地年度成交情况

城　市	成交面积（万平方米）	同比（%）	成交金额（亿元）	同比（%）
重　庆	1096.38	－17.36	636.11	－18.44
成　都	1041.30	22.35	538.89	8.83
上　海	848.67	－7.77	1569.98	－6.19
青　岛	710.46	－54.79	267.11	－34.12
北　京	693.58	－36.34	1965.08	3.47
九　江	689.46	1264.83	168.22	1121.69
天　津	683.49	－28.15	544.78	－21.67
武　汉	680.22	－21.95	590.47	6.39
济　南	600.06	－13.76	344.34	－6.16
郑　州	590.54	3.18	359.08	5.34
南　通	559.97	－18.94	168.48	－31.12
合　肥	559.18	－19.76	496.05	17.91
南　京	520.86	－45.33	802.92	7.57

续表

城　市	成交面积（万平方米）	同比（%）	成交金额（亿元）	同比（%）
乌鲁木齐	506.50	40.70	79.17	128.08
西　安	496.93	-34.12	194.72	-34.65
宁　波	475.61	-28.44	233.77	-13.58
南　宁	472.57	2.00	197.86	10.73
常　州	435.67	-14.89	240.05	-33.03
广　州	429.73	5.99	940.57	14.39
佛　山	417.88	-13.24	340.15	14.48
苏　州	397.06	-22.33	500.28	29.41
杭　州	390.02	-27.31	630.77	-27.19
兰　州	349.76	-58.51	60.53	25.91
南　昌	247.39	-42.57	148.70	-13.91
大　连	227.11	-40.29	47.24	-63.90
昆　明	219.76	-76.87	94.28	-47.25
沈　阳	204.21	-49.11	90.96	-53.70
贵　阳	191.32	-40.28	48.71	-42.53
长　沙	189.63	-67.44	66.31	-76.38
东　莞	188.89	42.52	146.23	66.28
厦　门	182.46	89.76	298.61	75.06
珠　海	179.98	-22.13	184.57	21.30
哈尔滨	168.86	-60.95	52.60	-54.24
长　春	155.57	-50.71	85.87	-34.65
徐　州	143.29	-49.18	37.97	-64.24
海　口	142.56	-17.09	49.74	-11.81
无　锡	129.94	-44.67	35.08	-54.33
连云港	119.24	161.22	19.59	33.22
昆　山	116.55	37.88	62.74	322.57
太　原	114.99	-44.25	82.64	-17.77
福　州	104.49	2.35	298.94	24.20
惠　州	69.45	-72.02	12.67	-76.52
三　亚	61.17	-29.90	34:68	-36.95
扬　州	49.44	-86.26	15.47	-85.83
泉　州	48.67	62.44	56.71	138.06
深　圳	32.06	-77.43	322.51	-37.76
江　阴	29.37	-88.99	7.00	-89.32
中　山	23.10	-47.37	6.96	-53.11
北　海	7.74	-94.61	0.74	-91.22
肇　庆	6.05	-85.24	2.70	-52.82
合　计	16999.20	-27.77	14179.61	-7.71

数据来源：CRIC 中国房地产决策咨询系统。

（2）住宅成交占比增加，综合用地比例下降

从各属性地块成交占比来看，综合地块占比虽小幅下滑，但仍是成交主力，住宅成交占比继续上升。住宅用地占比上升，商办和综合用地占比双下滑，是因为土地市场活跃的城市大多住宅用地供应偏紧、商办和综合用地供应相对过剩所致。

表 3－5　　全国 50 个监测城市经营性土地成交用途分布情况

类　别	2015 年	2014 年	占比变动百分点
住宅（%）	33.5	30.9	2.6
商办（%）	24.9	26.1	－1.2
综合用地（%）	41.6	43	－1.4

数据来源：CRIC 中国房地产决策咨询系统。

（3）企业拿地随行就市，整体流拍率前高后低

2015 年 50 个监测城市土地流标率月度变化呈“前高后低”态势。年初土地市场延续上一年态势，流标率相对较高。前三季度，一、二线和三、四线土地市场冰火两重天：一线城市和部分重点二线城市持续升温，三、四线保持低迷，50 城的整体流标率处在相对高位。但从 10 月开始，三、四线城市土地市场行情开始快速解冻回暖，整体流标率随之大幅下降，到 12 月份降至 0 水平。

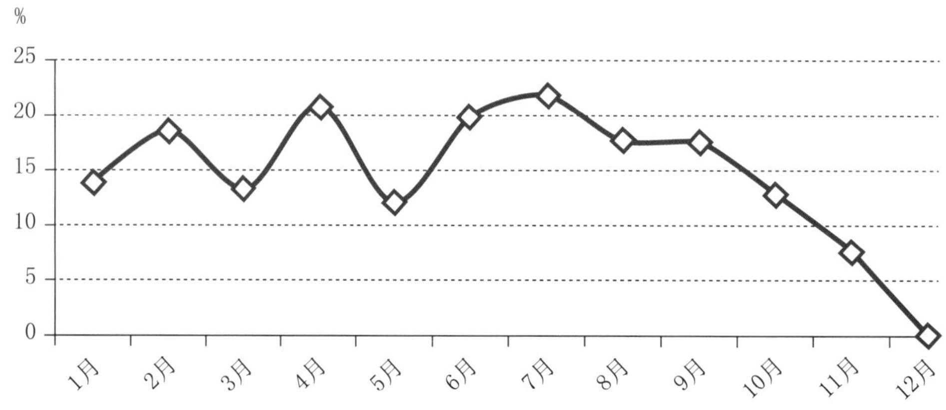

图 3－7　全国 50 个监测城市经营性土地成交流标情况

数据来源：CRIC 中国房地产决策咨询系统。

3. 土地价格：平均楼板价上涨近 25%，地王门槛明显提高

（1）平均楼板价上涨近 25%，超六成城市价格上涨

2015 年 50 个监测城市经营性用地成交平均楼板价为 3402 元/平方米，同比上涨 24.6%。32 个城市土地价格同比上涨，其中仅 11 个城市增幅超过 50%，增幅最高的为肇庆，达 219.7%。18 个城市土地价格同比下降，降幅均不超过 50%。2015 年 50 个监测城市中楼板价超过 5000 元/平方米的城市增加 18 个至 26 个，其中深圳、福州、北京平均楼板价分列前三，均超过 2.8 万元/平方米。

从 50 个监测城市月度价格走势来看，2015 年上半年整体楼板价基本与上年同期一致，6 月份开始上涨，之后波动上升，成交均价均超去年同期。其中，11 月份市场最为活跃，平均楼板价达 4976 元/平方米，为全年峰值。

图 3－8　50 个监测城市经营性土地月度楼板价走势情况

数据来源：CRIC 中国房地产决策咨询系统。

（2）总价单价榜门槛明显上升，上海北京入榜比例最高

2015 年 50 个监测城市 TOP20 土地成交总价排行榜入榜门槛为 50.40 亿元，同比上涨 13.5%。高总价地块大多出现在一线城市，尤其是北京和上海，分别有 8 幅地块和 5 幅地块上榜。深圳只有 1 幅地块上榜，却是全国总价最高地块。

从拿地企业类型看，除金融街、中粮地产、华侨城、招商地产、保利地产、首开股份、阳光城、融侨等少数品牌房企外，高总价地块大多被中小房企斩获。分析其原因：品牌房企主要出于控制成本和风险的考虑减少在一线城市的拿地力度，中小房企基于一线城市风险仍相对可控而加大在一线城市的拿地力度。

表 3－6　50 个监测城市经营性土地 TOP20 总价排行榜

排名	城市	土地名称	土地用途	土地价格（亿元）	受让人
1	深圳	宝安龙华新区 A811－0319 地块	商　业	112.50	深圳市龙光骏景房地产开发有限公司
2	广州	广纸片区地块二 AH050108、AH050114、AH050201、AH050203、AH050204、AH050316、AH050323 地块	住宅；商业	88.98	广州市盈胜投资有限公司、广州越秀仁达六号事业投资合伙公司
3	上海	闸北区上海火车站北广场以北地块	住宅；商业；办公；公建配套和其他	88.15	金融街（上海）投资有限公司
4	上海	闸北区市北高新技术服务业园区 N070501 单元 09－03 地块	住宅；办公	87.95	珠海华炜投资发展有限公司、超智资源有限公司
5	北京	丰台区花乡白盆窑村 1516－0665 等地块	住宅；公建配套和其他	86.25	北京华润曙光房地产开发有限公司、北京首都开发股份有限公司、深圳联新投资管理有限公司
6	北京	丰台区南苑乡槐房村和新宫村 1404－657、659、1401－607 地块	住宅；办公；公建配套和其他	85.95	北京天恒房地产股份有限公司、中粮地产（北京）有限公司、北京中瑞凯华投资管理有限公司

续表

排名	城市	土地名称	土地用途	土地价格（亿元）	受让人
7	北京	丰台区南苑乡槐房村和新宫村 1404－669、670、665、666、668 地块	住宅；公建配套和其他	83.40	深圳华侨城股份有限公司、招商局地产（北京）有限公司、北京华润曙光房地产开发有限公司
8	南京	建邺区 NO.2015G61 地块	住宅；商业	83.00	深圳华侨城房地产有限公司
9	上海	杨浦区新江湾城 N091104 单元 C1－02（D7）地块	住宅	72.99	上海信达银泰置业有限公司、上海坤瓴投资有限公司
10	广州	天河区广州国际金融城起步区 AT090955、AT090956、AT090958、AT090960、AT090962 地块	商业	71.00	广州市城瑞房地产开发有限公司、广州市城祥房地产开发有限公司、广州市城裕房地产开发有限公司、广州市城隆房地产开发有限公司、广州银行股份有限公司、广州越秀金融城发展有限公司
11	上海	闸北区市北高新技术服务业园区 N070501 单元 10－03 地块	住宅；办公	70.52	上海奔汇投资咨询有限公司、珠海华顺置业发展有限公司
12	北京	朝阳区孙河乡北甸西村 2902－18、2902－19、2902－27 地块	住宅；商业；办公	64.83	北京保利营房地产开发有限公司、北京首都开发股份有限公司
13	上海	浦东新区世博会地区 A 片区 A03A－01、A03A－02、A03B－01、A03B－02、A10A－01、A10A－02、A10B－01、A10B－02 地块	商业；办公	59.14	上海浦东发展银行股份有限公司、上海世博发展（集团）有限公司
14	北京	门头沟区永定镇 MC00－0017－6018、6020 地块	住宅；商业；办公	57.00	杭州致全投资有限公司、中交地产有限公司、深圳市平嘉投资管理有限公司
15	北京	海淀北部地区整体开发中关村永丰产业基地 HD－0402－0030 地块	住宅；商业；办公	56.40	北京郎园置业有限公司
16	武汉	东湖新技术开发区珞喻东路以南，关山大道以东地块	住宅；商业	56.05	武汉洺悦房地产有限公司
17	珠海	珠横国土储 2015－15 地块	商业；办公；公建配套和其他	54.88	珠海大横琴口岸实业有限公司
18	福州	仓山区宗地 2015－35 号地块	住宅；商业；办公；公建配套和其他	51.50	融侨集团股份有限公司、福建宏辉房地产开发有限公司
19	北京	丰台区丽泽路 E－01、E－05、E－06 地块	商业；办公	50.40	深圳市平轩投资管理有限公司
20	北京	通州区永顺镇 0504－014 地块	商业；办公	50.40	北京建工集团有限责任公司、北京通州现代化国际新城投资运营有限公司

数据来源：CRIC 中国房地产决策咨询系统。

2015 年 TOP20 土地成交单价排行榜的入榜门槛为 32448 元/平方米，同比上涨 15.2%。上海、北京和深圳分别有 8 幅、5 幅、4 幅地块上榜，占比 85%。从拿地企业类型看，除绿地、保利地产、保利置业、首开股份、华侨城、招商地产等少数品牌房企外，上榜项目大多被中小房企斩获。

表 3-7　　50 个监测城市经营性土地 TOP20 单价排行榜

排名	城市	土地名称	土地属性	楼板价（元/平方米）	受让方
1	深圳	尖岗山 A122-0345 地块	住宅	79907	福建中维房地产开发有限公司
2	深圳	深南香蜜 B302-0115 地块	商业	77759	深圳深中润投资控股有限公司、深圳前海君临融资租赁有限公司
3	深圳	尖岗山 A122-0352 地块	住宅	51331	福建中维房地产开发有限公司
4	上海	杨浦区平凉社区 02C1-12（大桥街道 101 街坊）地块	住宅	49236	上海爵瑟房地产开发有限公司
5	上海	杨浦区新江湾城 N091104 单元 C1-02（D7）地块	住宅	49152	上海信达银泰置业有限公司、上海坤瓴投资有限公司
6	杭州	杭政储出［2015］15 号地块	商业	48025	杭州新龙翔商业发展有限公司
7	北京	朝阳区太阳宫乡 0301-615、0301-616 地块	商业；办公	46337	绿地控股集团有限公司
8	北京	朝阳区孙河乡北甸西村 2902-18、2902-19、2902-27 地块	住宅；商业；办公	45120	北京保利营房地产开发有限公司、北京首都开发股份有限公司
9	上海	闵行区莘庄镇闵行新城 MHP0-0303 单元 01-01-15A 地块	住宅	43790	上海融辉居业房地产有限公司
10	上海	长宁区新华路街道 49 街坊 11/3 丘 B1-06 地块	商业	40879	大连福万房地产开发有限公司
11	杭州	杭政储出［2015］16 号地块	商业	40538	杭州湖滨环球商业发展有限公司
12	上海	闸北区市北高新技术服务业园区 N070501 单元 09-03 地块	住宅；办公	38062	珠海华炜投资发展有限公司、超智资源有限公司
13	深圳	盐田区 J217-0007 地块	商业	37650	深圳市盛迪嘉置业有限公司
14	南宁	良庆区五象新区总部基地 GC2015-151 号地块	商业；公建配套和其他	35625	广西地王房地产开发有限公司
15	上海	杨浦区平凉社区 01E2-01、02 地块	住宅；商业；办公	35579	上海首创正恒置业有限公司、保利置业集团（上海）投资有限公司、山东黄金地产旅游集团有限公司
16	上海	闸北区市北高新技术服务业园区 N070501 单元 10-03 地块	住宅；办公	34871	上海奔汇投资咨询有限公司、珠海华顺置业发展有限公司
17	北京	丰台区南苑乡槐房村和新宫村 1404-669、670、665、666、668 地块	住宅；公建配套和其他	34841	深圳华侨城股份有限公司、招商局地产（北京）有限公司、北京华润曙光房地产开发有限公司

续表

排名	城市	土地名称	土地属性	楼板价（元/平方米）	受让方
18	北京	丰台区南苑乡槐房村和新宫村 1404－657、659、1401－607 地块	住宅；办公；公建配套和其他	33812	北京天恒房地产股份有限公司、中粮地产（北京）有限公司、北京中瑞凯华投资管理有限公司
19	北京	朝阳区孙河乡西甸村 2902－L01、2902－L02 地块	住宅；公建配套和其他	32718	北京懋源房屋开发有限公司、北京懋源宏展投资管理中心（有限合伙）
20	上海	浦东新区花木社区 C000601 编制单元 04－15 地块	商业	32448	上海佳卫资产管理有限公司

数据来源：CRIC 中国房地产决策咨询系统。

（克而瑞信息集团研究中心）

二、新房市场

（一）全年市场分析

1. 房地产开发投资

2015 年全国房地产开发投资 95979 亿元，同比（名义）增长 1.0%。投资额绝对值再创历史新高，但增速较上年回落了 9.5 个百分点，再创新低。其中，住宅投资 64595 亿元，同比增长 0.4%。办公楼投资和商业营业用房投资同比分别增长 10.1% 和 1.8%。

2015 年房地产投资额同比增幅走势整体呈现持续回落态势，增速在第三季度由正转负，第四季度加速下滑（见表 3－8）。一方面是受宏观经济大环境较弱所致；另一方面，三、四线城市库存压力较大，也使得开发企业投资较为谨慎；再者，政策导向为去库存，而非扩大再生产，房企投资动力减弱也属正常。

分类市场看，四季度住宅投资额达到 1.70 万亿元，表现为连续两季度回落，办公楼投资额则呈现逐季上涨态势。住宅投资占总开发投资额的比例为 67.2%，商业营业用房占比为 15.2%，办公楼为 7.0%。住宅和办公楼的投资比重较去年同期略有上升，商业营业用房比重较去年同期持平。

表 3－8　　2015 年各季度房地产开发投资情况

单位：亿元，%

	Q1			Q2			Q3			Q4		
	数额	环比	同比	数额	环比	同比	数额	环比	同比	数额	环比	同比
房地产投资	16651	－36.7	8.5	27304	64.0	2.3	26580	－2.7	－0.6	25444	－4.3	－3.2
住宅	11156	－36.7	5.9	18350	64.5	1.1	17999	－1.9	－0.2	17090	－5.1	－3.0
办公楼	1088	－33.4	20.6	1651	51.7	10.7	1714	3.8	6.2	1757	2.5	7.6
商业营业用房	2532	－36.8	17.2	4173	64.8	4.0	4047	－3.0	－2.9	3855	－4.7	－3.7

数据来源：国家统计局。

从历年数据演变看，2011—2015 年房地产开发投资额绝对额一直在净增长，而同比增幅总体呈现持续大幅下降的态势（见表 3－9）。

表 3－9　　2011—2015 年全国房地产开发投资情况

单位：亿元,%

	2011 年		2012 年		2013 年		2014 年		2015 年	
	数额	同比	数额	同比	数额	同比	数额	同比	数额	同比
房地产投资	61740	27.9	71804	16.2	86013	19.8	95036	10.5	95979	1.0
住宅	44308	30.2	49374	11.4	58951	19.4	64352	9.2	64595	0.4
办公楼	2544	40.7	3367	31.6	4652	38.2	5641	21.3	6210	10.1
商业营业用房	7370	30.5	9312	25.4	11945	28.3	14346	20.1	14607	1.8

数据来源：国家统计局。

表 3－10　　2015 年及第四季度房地产开发投资指标区域对比

单位：亿元,%

	2015 年第四季度				2015 年度			
		北上广深	40 重点城市	全国		北上广深	40 重点城市	全国
开发投资	金额	3408	13785	25444	金额	11115	52316	95979
	环比	12.8	－3.3	－4.3	同比	13.3	3.2	1.0
住宅开发投资	金额	1810	8661	17090	金额	5931	33239	64595
	环比	17.6	－4.8	－5.1	同比	12.0	2.1	0.4

数据来源：根据国家统计局数据整理。

从全年角度看，开发投资以及住宅开发投资全国同比增幅均低于 40 重点城市，北上广深同环比增幅高于 40 个重点城市和全国。40 个重点城市房地产开发投资总额继续增加，但累计同比增速持续下滑，再创新低。目前部分重点城市库存压力仍然存在，开发投资较为谨慎，而北京、上海、深圳等一线城市房企投资动力随其楼市销售的回暖而增强。

第四季度，房地产开发投资各指标仅北上广深较上个季度上涨，40 个重点城市和全国均为下降（见表 3－10）。

2. 商品房建设

2015 年房屋新开工面积 154454 万平方米，同比下降 14.0%。新开工走势从 2015 年年初就一直处在低位徘徊。其中，住宅新开工面积 106651 万平方米，下降 14.6%。房屋竣工面积 100039 万平方米，下降 6.9%。其中，住宅竣工面积 73777 万平方米，下降 8.8%。

2015 年，房地产开发企业房屋施工面积 735693 万平方米，比上年增长 1.3%。其中，住宅施工面积 511570 万平方米，下降 0.7%（见表 3－11）。

表 3－11　　2015 年全国房屋累计施工面积情况

单位：万平方米，%

	Q1		Q1－2		Q1－3		Q1－4	
	面积	同比	面积	同比	面积	同比	面积	同比
房屋施工面积	584018	6.8	637563	4.3	693652	3.0	735693	1.3
#住宅	407714	3.7	444447	1.7	482919	0.8	511570	－0.7
#办公楼	26104	19.2	28363	14.6	31055	13.4	33044	10.4
#商业营业用房	77893	14.3	85952	11.0	94165	8.6	100111	6.1

数据来源：国家统计局数据。

3. 商品房销售

2015 年商品房销售面积 128495 万平方米，同比增长 6.5%，销售面积绝对值仅次于 2013 年。其中，住宅销售面积增长 6.9%，办公楼销售面积增长 16.2%，商业营业用房销售面积增长 1.9%。商品房销售额 87281 亿元，增长 14.4%。其中，住宅销售额增长 16.6%，办公楼销售额增长 26.9%，商业营业用房销售额下降 0.7%。

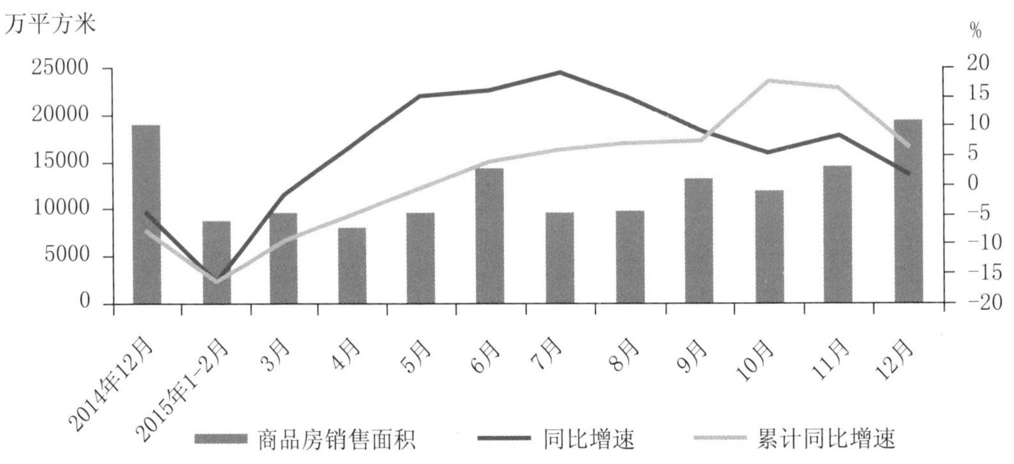

图 3－9　2015 年全国商品房月度销售面积及同比增速

数据来源：国家统计局。

政策在向房地产行业不断倾斜的情况下，尤其是“3·30 新政”之后的二季度，在降息、降准辅助下，一线城市、部分二线城市房地产市场出现好转，全国的商品房销售面积增速也开始转正，实现了 2014 年初以来的首次双双正增长。三季度在出现小幅向下调整后，市场继续走高。四季度在利好政策加码作用下，销售面积增速加速上行。

2015 年商品房销售的增长主要由一线城市和部分二线热点城市带动，大部分二线城市和三、四线城市增长幅度有限，房地产市场出现“投资冷、销售热”的局面。

2015 年在行业宽松的政策环境下，重点城市商品房销售情况向好，40 重点城市商品房销售面积和销售额均高于上年。在全国整体销售面积略低于 2013 年的情况，40 个重点城市销售面积及金额高于 2013 年的 49090 万平方米和 43752 亿元，再创历史新高。

40 个重点城市中，9 城市销售面积同比下滑，沈阳以 -28.9% 跌幅居首；31 个城市同比上涨，深圳以 56.1% 涨幅居首。9 城市销售金额同比下滑，厦门以 -24.3% 跌幅居首；31 城市同比上涨，深圳以 114.3% 涨幅居首。一线城市销售面积全面上涨，除深圳涨幅居首外，北京、广州涨幅不到一成，上海上涨 16.6%；销售金额仅广州出现 0.2% 的下降，另外三个城市销售金额涨幅均大幅超过销售面积涨幅。

表 3-12　　2015 年季度累计 40 个重点城市商品房销售及增长情况

单位：万平方米，亿元，%

	Q1		Q1-2		Q1-3		Q1-4	
	数额	同比	数额	同比	数额	同比	数额	同比
销售面积	7292	-8.8	20072	5.5	32657	9.2	50006	9.1
销售金额	6617	-9.2	19261	14.1	31885	20.8	48841	20.0

数据来源：国家统计局。

表 3-13　　2015 年及第四季度商品房销售数据区域对比

单位：万平方米，亿元，%

	2015 年第四季度				2015 全年			
		北上广深	40 重点城市	全国		北上广深	40 重点城市	全国
商品房交易	面积	2106	17349	45587	面积	6470	50006	128495
	环比	23.5	37.8	39.6	同比	15.3	9.1	6.5
	金额	4585	16956	39217	金额	13849	48841	87281
	环比	17.9	34.3	36.2	同比	38.8	20.0	14.4
商品住宅交易	面积	1605	14581	30536	面积	5229	42790	112406
	环比	15.5	34.6	35.8	同比	14.0	8.9	6.9
	金额	4599	13721	24855	金额	11244	40496	72753
	环比	119.8	29.8	31.1	同比	41.8	22.2	16.6

数据来源：根据国家统计局数据整理。

4. 商品房销售均价

2015 年全国商品房成交均价为 6793 元/平方米（见图 3-10）。在今年财税、货币信贷和楼市政策宽松的市场环境下，住房需求有效释放，商品房成交量稳步增长，2015 年全国商品房成交均价继续上行，全年涨幅达 7.4%。

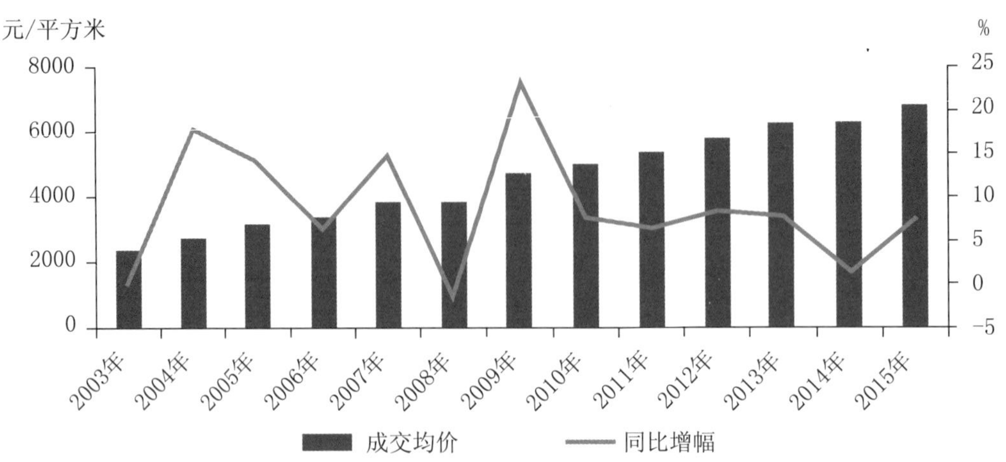

图 3－10　历年全国商品房销售均价及同比增幅走势

数据来源：国家统计局。

5. 房地产贷款

2015 年年底人民币房地产贷款余额 21.01 万亿元，同比增长 21%（见图 3－11），增速比上年底高 2.1 个百分点；全年增加 3.59 万亿元，同比多增 8434 亿元，增量占全年各项贷款增量的 30.6%，比上年占比水平高 2.5 个百分点。

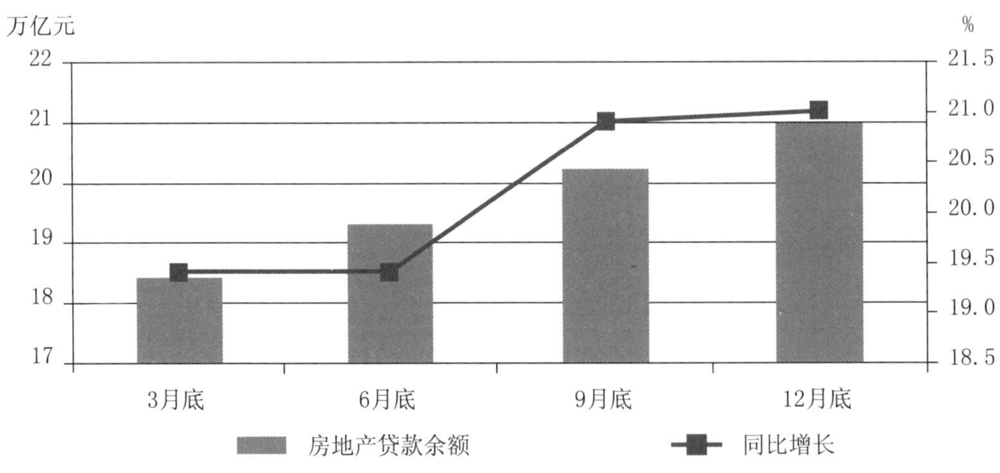

图 3－11　2015 年金融机构房地产贷款余额统计

数据来源：国家统计局。

2015 年年底房产开发贷款余额 5.04 万亿元，同比增长 17.9%（见图 3－12），增速比上年年底低 3.8 个百分点；地产开发贷款余额 1.52 万亿元，同比增长 12.8%，增速比上年末低 12.9 个百分点。个人购房贷款余额 14.18 万亿元，同比增长 23.2%，增速比上年末高 5.7 个百分点，比各项贷款增速高 8.9 个百分点；全年增加 2.66 万亿元，同比多增 9368 亿元。

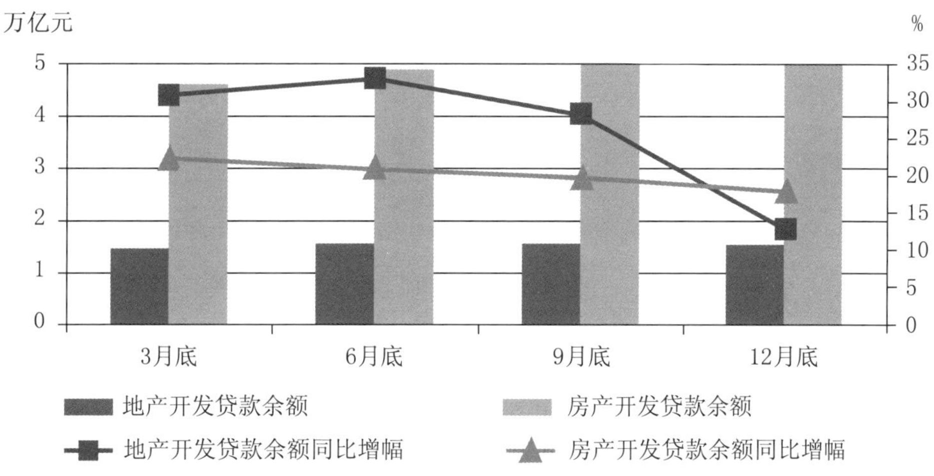

图 3－12　2015 年房地产开发贷款余额统计

数据来源：国家统计局。

2015 年年底房产开发贷款中的保障性住房开发贷款余额 1.82 万亿元，同比增长 59.5%（见图 3－13），增速比上年年底高 2.5 个百分点；全年增加 6761 亿元，同比多增 2643 亿元，增量占同期房产开发贷款的 92.7%，比上年增量占比高 37.7 个百分点。

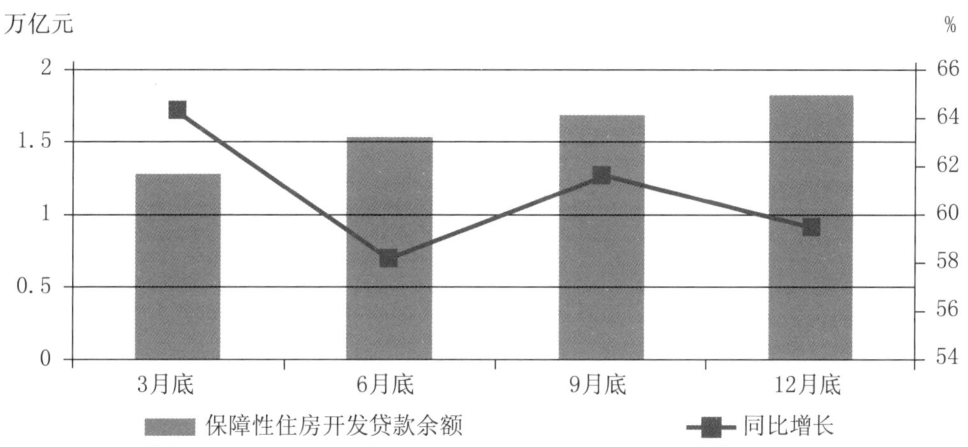

图 3－13　2015 年保障性住房开发贷款余额统计

数据来源：国家统计局。

6. 开发企业到位资金

2015 年全年房地产开发企业到位资金 125203 亿元，同比上升 2.6%。其中，国内贷款同比降幅为 4.8% 利用外资同比跌幅由前三季度的 －46.8% 扩大至 －53.6%；自筹资金同比下降 2.7%；而其他资金同比增幅有小幅度回升（见图 3－14）。

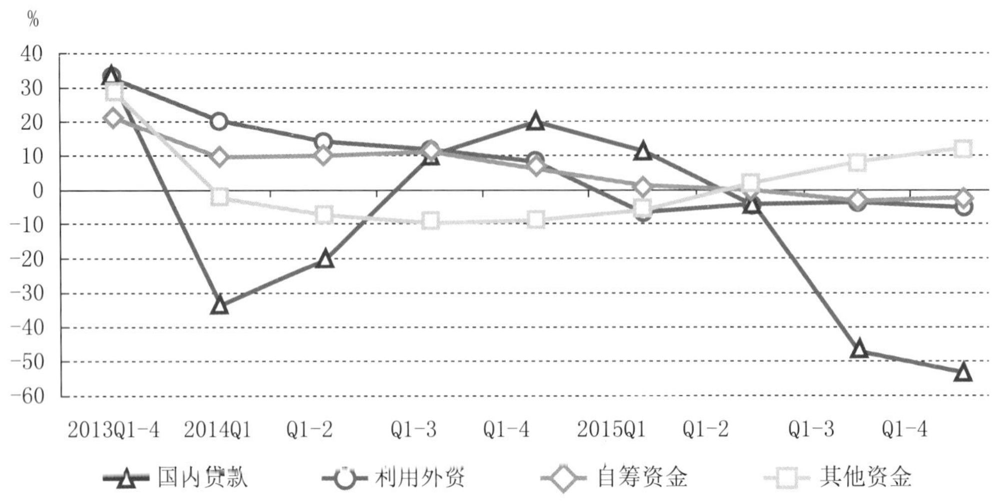

图 3-14　2013—2015 年房地产开发企业资金来源季度累计同比情况

数据来源：国家统计局。

2015 年从各项资金来源结构上看，国内贷款所占比例较前三季度继续下降，占比为 16.1%，下跌 1.2 个百分点；筹资金比例略有下降，占比 39.2%，较前三季度下降 0.8 个百分点；利用外资方面占比为 0.2%，也略有所下降；其他资金占比为 44.5%，较前三季度上升 2.1 个百分点（见表 3-14），成为到位资金的主要来源，其中个人按揭贷款增幅继续扩大。受成交回暖加上央行连续降息降准，房贷利率已至新低影响，个人按揭贷款增速持续上升，定金及预收款也有所增长。

表 3-14　　2015 年房地产开发资金来源季度累计占比情况（%）

	Q1	Q1-2	Q1-3	Q1-4
国内贷款	21.0	18.4	17.3	16.1
利用外资	0.3	0.3	0.3	0.2
自筹资金	40.2	40.4	40.0	39.2
其他资金	38.5	40.9	42.4	44.5

数据来源：国家统计局。

7. 全国房地产景气指数

2015 年 6 月受楼市回暖因素影响出现回升，且回升幅度为 2014 年以来最大。三季度起景气指数继续走高，直至季末有小幅向下调整，第四季度开始保持平稳状态。12 月份国房景气指数为 93.34（见图 3-15）。

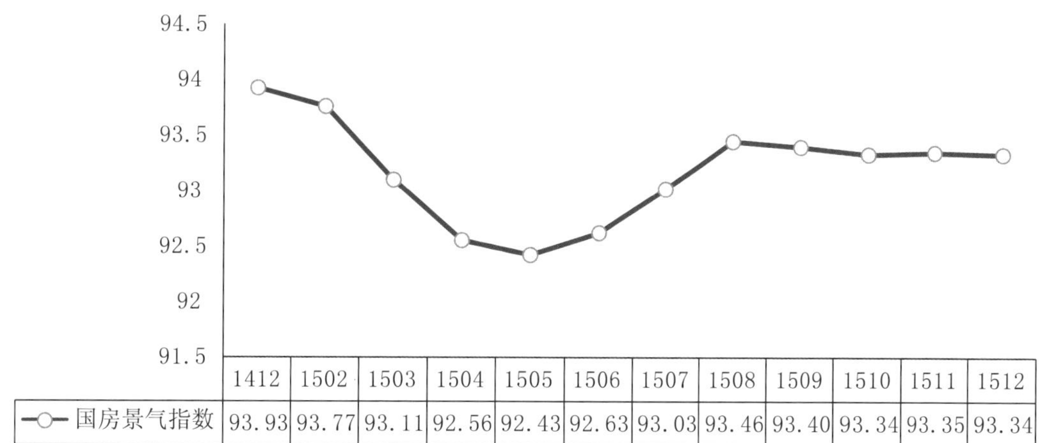

图 3－15　近一年国房景气指数走势图表

数据来源：国家统计局。

（中房研协测评研究中心）

三、二手房市场

2015 年二手房市场整体表现优于新房市场，这主要是得益于政策和市场基本面的叠加影响。“3·30 新政”放松二手房营业税，大幅降低二手房交易成本。同时，房贷政策的松动使得积压已久的改善型需求集中释放，市场上出现了大量卖旧换新的二手房交易。另一方面，二手房市场集中于一线和部分二线发达城市，这些城市大多基本面良好。

（一）政策鼓励，二手成交全面回暖

2014 年“9·30 政策”后，二手房市场即出现有力回升。2015 年初，市场出现回落，一季度成交量仅略高于去年同期的低位水平。随后出台的“3·30 新政”给市场带来强劲的刺激，一方面将二手房交易营业税的免征年限从 5 年降低至 2 年；另一方面，二套房首付降低至 4 成，这对改善型需求是显著利好。大量潜在改善型需求的集中释放，推高了整个二手市场的成交量。

同时，四大一线城市中，北京、上海、深圳的二手房成交量分别占一、二手成交总量的 61.5%、61.3%、57.0%，超过新房；广州二手房成交占比在一线城市中较低，为 39.2%。可见一线城市的二手房交易在住房市场交易中心，都占据较为重要的地位。二手房市场“3·30 新政”后的强劲反弹带动了新房在内的整体市场走高。这也是促成全年一线城市表现跑赢大市的基本原因。

表 3－15　　2015 年各月一线城市二手房成交面积情况

单位：万平方米

	1月	2月	3月	4月	5月	6月	7月	8月	9月	10月	11月	12月
北京	129.67	105.2	124.32	120.54	140.25	152.21	175.7	182.67	176.34	137.03	177	179.27
上海	151.16	83.5	172.83	297.58	304.95	289.7	277.2	271.77	283.76	263.61	291.83	332.42
深圳	42.61	44.06	32.15	45.61	51.26	65.79	69.17	71.22	76.45	52.55	68.5	77.35
广州	73.76	44.65	59.35	88.46	110.76	130.77	134.65	94.83	91.23	54.69	78.39	102.25

数据来源：中指数据。

从四大一线城市表现来看，相较于上年，2015 年的二手房成交量有大幅增加，尤其是“3·30 新政”以后，每个月的成交面积都大大超出 2014 年年底的年度高位。

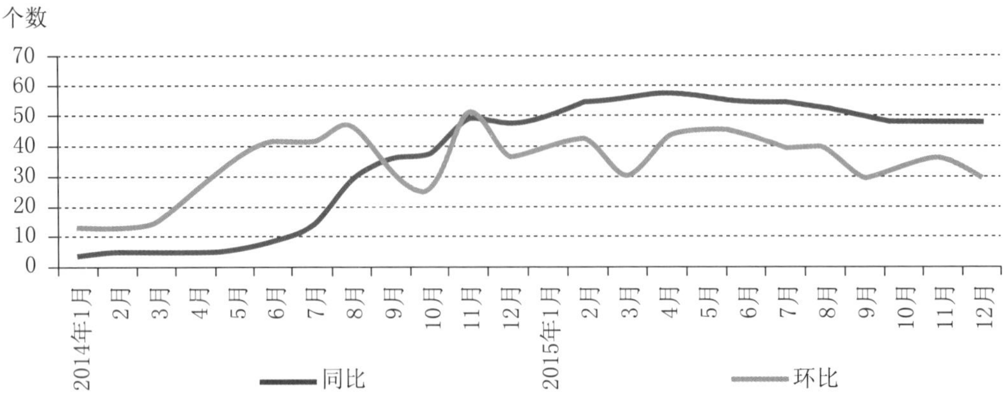

图 3-16　70 大中城市价格同、环比二手房超过新房的城市数量（2014.01—2015.12）

数据来源：中原集团研究中心，根据 70 大中城市房价指数计算

从全国市场看，新房和二手房的价格变化差异明显。梳理 70 大中城市价格指数发现，2014 上半年，仅有不到 10 个城市二手房价格同比超过新房，然而到 2015 年初，这一数字已经超过了 50。尽管到年末趋势有所下滑，但是截至 2015 年 12 月仍然有 48 个城市二手房价格同比超过新房。从一、二手房价格环比差额来看，2015 年以来尽管有波动，但趋势基本稳定。

总体来说，2015 年开年以来，二手房成交量增长显著。由图 3-16 可见，70 大中城市中，多数城市二手房的房价同比涨幅持续超过新房。

（二）一线城市量价表现

从月度走势来看，一线城市房地产市场整体回暖，新房和二手房同比成交面积在大多数月份都是增加的，但二手房市场却有更突出的表现。从图 3-17、表 3-16 中可以清楚地看到，一线重点城市二手房成交面积增长率都要高于新房，二者大都是从“3·30”政策公布后的次月开始拉开差距，广州虽然迟缓了一些，其二手房成变增长率也在 8 月份以劲猛的势头超越了新房。

以京沪广深四地为例，2015 年全年，全市场二手房成交面积分别同比增长 69%、107%、43% 和 118%。作为对比，四地同期新房成交涨幅仅为 20%、39%、29% 和 65%。

表 3-16　　一线城市城市一、二手房价指数同比（2015.12）

单位:%

	70 城新房价格同比	70 城二手房价格同比	中原领先指数
北京	10.4	20.8	5.00
上海	18.2	11.7	21.50
广州	9.2	11.7	6.20
深圳	47.5	42.6	56.50

数据来源：国家统计局，中原集团研究中心；新房价格同比使用 70 城房价指数计算，二手房价格同比使用中原领先指数计算。

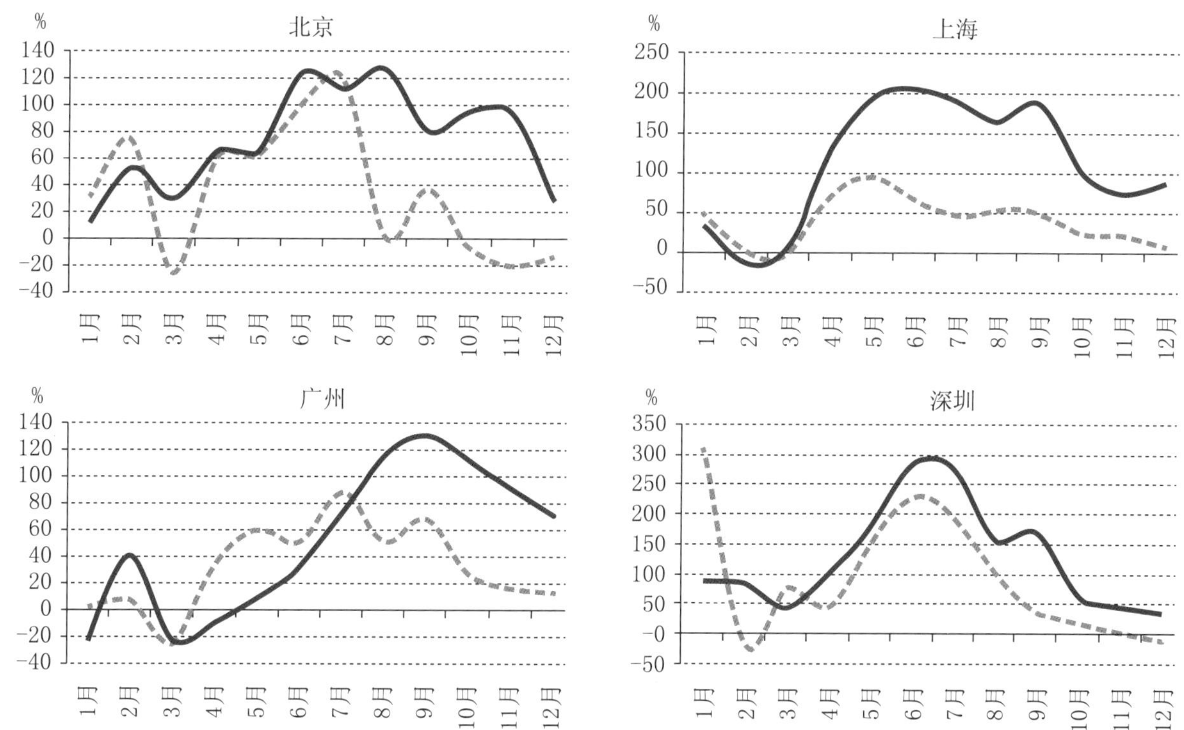

图3-17 各大城市一、二手房屋成交面积同比（2015.01—2015.12）

数据来源：中原集团研究中心，其中实线=二手房，虚线=新房

"量在价先"，城市成交量的激增通常会带来房价的上涨。2015年初以来，各地房地产市场回暖。在新房市场，70城房价指数环比增长的城市持续增长，至2015年12月已有超过一半的城市价格环比持续增长，一线城市房价增长的比例更高。而与新房相比，一些城市二手房的涨幅甚至更大；截至2015年12月，四大一线城市中，已经出现二手房价格同比涨幅超过新房的情况。

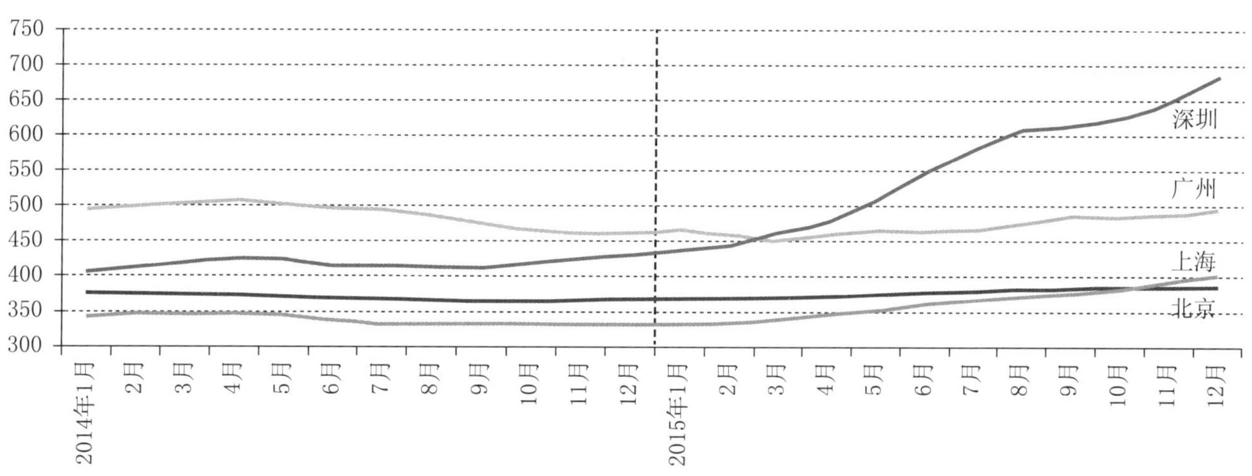

图3-18 CLI中原二手住宅价格指数走势图（2014.01—2015.12）

数据来源：中原集团研究中心，各地以2004年5月房价为基期=100

（三）一线城市住宅流通性强于其他重点城市

一线城市在“3·30 新政”后表现之所以强于其他城市，主要在于市场基础差异，即一线城市二手房成交已超过新房，成为市场主流。而同期很多二线城市二手房占比仍不足 30%（见图 3-19）。

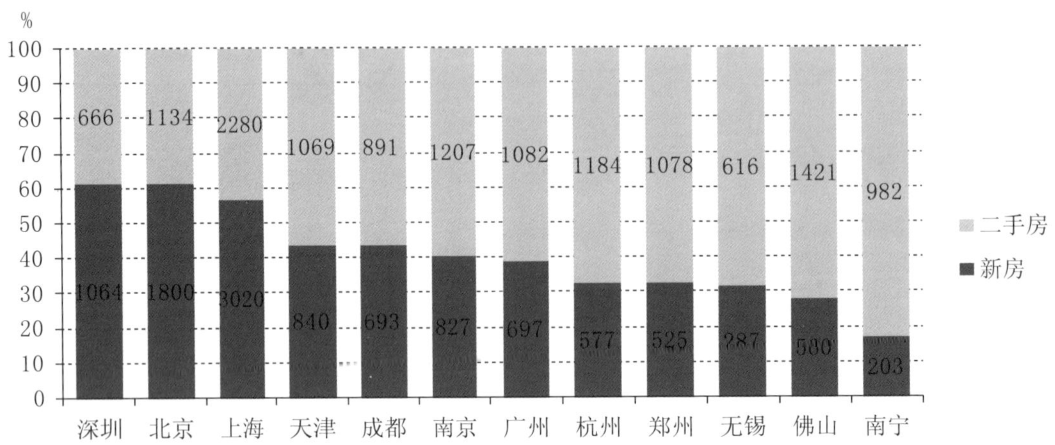

图 3-19 重点城市一、二手房成交面积比重（2015.01—2015.12）

数据来源：中原集团研究中心。

注：图中标注的是各地一、二手房的成交面积，单位万平方米。

拥有成熟活跃的二手房市场，是整体市场得以快速发展的基础。二手房成交可以带动住房资源的流动，优化分配，并与新房市场形成互动，以满足各类不同的住房需求。在此轮楼市回升中，二手房市场成熟的城市表现整体优于其他城市。而从更长的周期来看，二手房市场的发展程度也是一个城市房地产市场成熟的标志。

（四）租金回报率持续下行，未来房价上涨阻力趋显

“3·30 新政”以后，由于改善性需求的释放，二套房购买比例提升，从而增加的租赁市场的房源供给。可以从图表中看到，除北京外，一线城市租金水平基本保持平稳，增长非常缓慢。根据中原领先指数系统数据显示，2015 年全年，一线城市租金指数波动上扬，累计涨幅在 3.05% ~19.69% 之间。其中，北京的累计涨幅最高；深圳次之，累计涨幅为 15.01%；上海和广州的租金指数累计涨幅较小，低于 6%。

与新房市场不同，二手房市场存在两个价格指标——售价和租金。售价既有投资性需求支撑，又有居住性需求支撑；而租金主要由住房的居住性需求，即使用价值支撑。两者之间的对比关系，通常可以反映楼市投资价值与使用价值的的差异。由于背后的驱动原因不同，有时这两个指标的变化是不同步的。

2015 年初以来，除了深圳外，其他城市的租金回报率总体平稳，显示房价的上涨幅度与租金相当，市场需求支撑比较稳定。而深圳的租金回报率却从年初一路下降，截至 2015 年 12 月底，仅为 1.78%，反映出房价上涨过快，未来支撑变小。未来深圳房价的上涨阻力会越来越大。（见表 3-17）

表 3-17　　2015 年各月一线城市租金回报率（%）

	1月	2月	3月	4月	5月	6月	7月	8月	9月	10月	11月	12月
北京	2.08	2.10	2.12	2.12	2.11	2.10	2.10	2.10	2.09	2.09	2.09	2.08
上海	2.14	2.14	2.12	2.11	2.10	2.07	2.10	2.15	2.15	2.14	2.13%	2.10
深圳	2.45	2.44	2.4	2.34	2.24	2.12	2.07	2.01	1.99	1.97	1.88	1.78
广州	2.56	2.65	2.62%	2.62	2.63	2.63	2.62	2.60	2.56	2.58	2.55	2.48

（五）成交结构：改善主导，投资回暖

得益于“9·30 政策”对首套房认定标准的放宽以及降息的双重利好，以及 2015 年“3·30 新政”对改善性需求的刺激，改善性需求加速入市。回顾近三年的户型分布，一线城市中，北上广大套户型成交比例与 2014 年相比有所回升；深圳由于一定规模的投资性需求入市，小户型有着低总价、易流通的优势，成交占比较 2014 年反而有所提升。（见图 3－20）

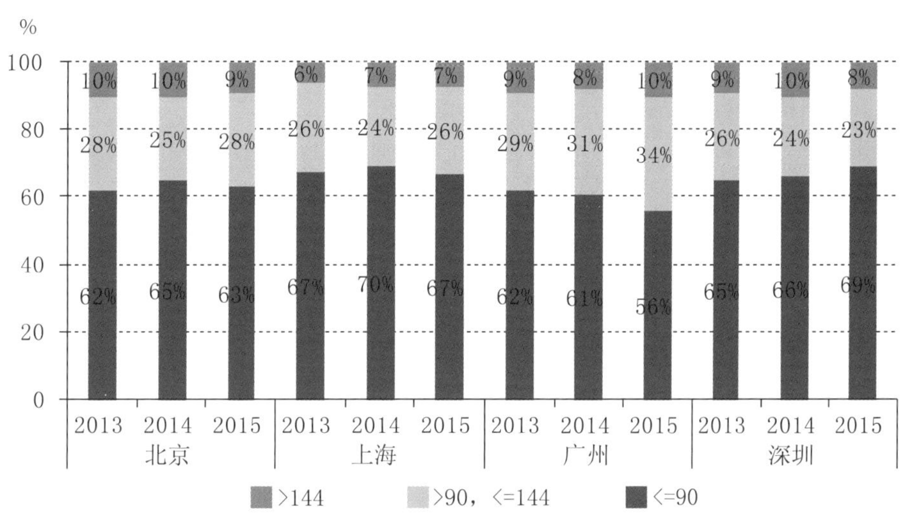

图 3－20　四大一线城市二手住宅成交面积结构变化（2013—2015）

资料来源：中原集团研究中心。

虽然 90 平方米以下小户型依然是目前市场成交主力，但显然无法满足日益增长的改善性需求。随着“二孩”政策的放开，家庭人口数增长，购房者对居住面积的要求也水涨船高。加上对中心城区优质教育资源的旺盛需求，未来二手住宅市场，中等偏大户型将越来越受到购房者的青睐。

（中原集团研究中心）

四、北京市房地产市场

（一）2015 年房地产市场主要指标情况

1. 房地产开发投资和税收继续保持增长

2015 年，全市完成房地产开发投资 4226.3 亿元，同比增长 8.1%，占全社会固定资产投资的比重为 52.9%。全市房地产业税收收入 745.7 亿元，同比增长 1.6%，占全市税收收入的 19.3%。

2. 商品住房开发规模回落、非住房增加

2015 年年底，全市商品房在施面积 1.31 亿平方米，同比减少 4.0%。其中，住宅 6314.6 万平方米，同比减少 9.8%；非住宅 6780.4 万平方米，同比增加 2.1%。2015 年全市商品房新开工面积 2790.2 万平方米，同比增加 11.5%。其中，住宅 1199.2 万平方米，同比减少 8.0%；非住宅 1591 万平方米，同比增加 32.7%。

3. 商品住房供应减少，成交增加

2015 年，新建商品住房上市 7.8 万套，同比减少 28.7%；年底库存为 5.4 万套，比年初减少 18.8%。新建商品住房、二手住房分别成交 8.6 万套、19.6 万套，同比增加 26%、90.7%。从成交结构看，非本市户籍居民占

16.6%，比上年高2.1个百分点；二套购房比重18.3%，比上年高6.0个百分点，改善性购房需求得到有效释放。

4. 商品住房价格同比上涨，在一线城市中涨幅相对较低

2015年，全市新建商品住房均价2.71万元/平方米，同比上涨7.6%；二手住房成交均价3.46万元/平方米，同比上涨4.5%。价格指数方面，12月新建商品住房同比上涨10.4%，远低于深圳47.5%、上海18.2%的涨幅，略高于广州9.2%的涨幅；也明显低于我市二手住房同比上涨20.8%的涨幅。

（二）形势分析及判断

与深圳、上海等其他一线城市相比，2015年北京市市场运行相对平稳，是一系列政策措施综合作用的结果，也与本市住房市场结构特点有关。

1. 始终坚持全国最严格的商品住房限购

本市户籍居民家庭没房的限购2套，其中成年单身人士限购1套，非本市户籍居民家庭没房且连续缴纳社保或个税满5年的限购1套，去年非但没放松，还针对通州区行政副中心建设消息传出后房地产市场出现量价上涨的情况，升级了通州区域限购政策（本市居民家庭和外地居民家庭购房，除了要满足全市限购条件，还须在通州落户或缴纳社保、个税满3年）；二手房交易20%个人所得税；二套房贷首付比例不低于五成（国家规定不低于四成）等政策措施，有效抑制了投机投资性购房需求。

2. “三端”供应结构基本形成，民生保障基础较为扎实

近年，本市按照“低端需求有保障、中端需求有支持，高端市场有调控”的思路，健全分层次的住房供应体系。“十二五”期间100万套保障性住房建设目标圆满完成，并创新推出自住型商品住房，做实中端支持，在增加供应、分流需求、稳定房价方面发挥了重要作用。2015年自住房成交2.8万套，相当于纯商品住房的47.8%；成交均价1.9万元/平方米，比纯商品住房均价每平方米低1.3万元，拉低了价格涨幅。

3. 存量房（二手房）规模大、市场活跃，对新房市场起到了重要缓冲和替代作用

目前我市城镇人均住房面积为31.69平方米，已告别住房短缺。国有土地上存量住房总量达530万套，其中1/4左右用于出租，租赁市场已成为居民解决住房问题的重要渠道。二手住房交易占比不断提高，2015年为纯新建商品住房交易量的3.4倍（分别为19.6万套和5.8万套）。

总的看，2015年，本市在全国货币信贷政策宽松的大背景下，商品住房成交量显著增加，改善性购房比重提升；但在严格限购、差别化信贷及加强民生保障等的综合作用下，市场运行在一线城市中相对平稳。下一步，随着当前经济增长已从高速转向中高速的新常态，京津冀协同发展推动非首都核心功能的产业及人口不断疏解，预计本市房地产市场发展将总体保持平稳。

（北京市住房和城乡建设委员会）

五、上海市房地产市场

（一）2015年上海市房地产市场基本状况

年初中央提出稳定住房消费之后，又出台了一系列刺激楼市的政策，受此影响上海市房地产市场呈现交易活跃、房价上涨的局面。但在宏观经济步入新常态的背景下，房地产开发投资增速出现回落。

1. 房地产开发建设情况

（1）投资稳中趋降

受国内经济下行压力影响，上海市房地产开发投资稳中趋降，2015年房地产开发投资3468.94亿元，比上年增长8.2%，增幅较上年回落5.5个百分点。2015年，上海市房地产开发投资增幅总体呈现回落走势，上半年达到全年最高 15.8% 的增幅（见图 3-21）。2015 年，上海市房地产开发投资占全社会固定资产投资比重继续上升，达 54.6%，比上年提高 1.3 个百分点。

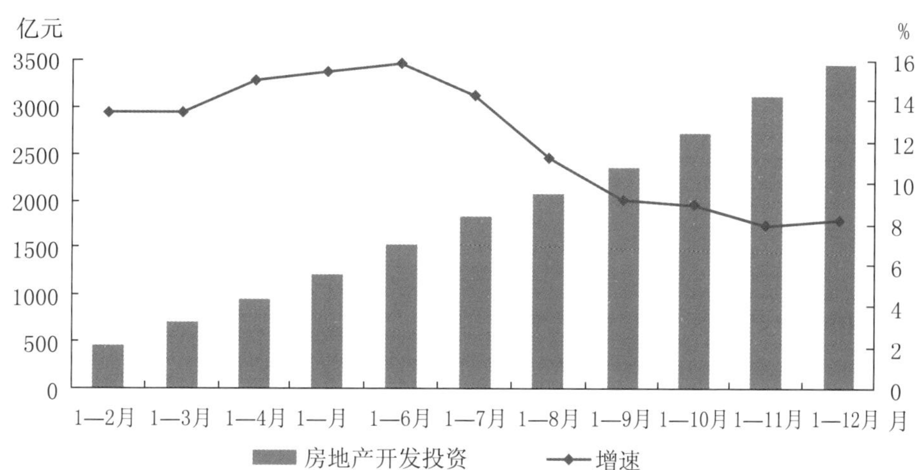

图 3-21 2015 年上海市房地产开发投资情况

从房屋类型看，非住宅投资占比提高。2015 年，上海市住宅投资 1813.32 亿元，比上年增长 5.1%，占房地产开发投资的 52.3%；非住宅投资 1655.62 亿元，增长 11.7%，占 47.7%，比上年提高 1.5 个百分点。

从投资结构看，土地购置费占比接近 3 成。2015 年，上海市房地产开发投资中建安工程投资 2212.04 亿元，比上年增长 6.5%，占全部房地产开发投资的 63.8%；土地购置费 1004.41 亿元，增长 15.0%，占 29.0%，比上年提高 1.8 个百分点。

从投资主体看，国有投资占比上升。2015 年，上海市国有房地产企业投资 255.94 亿元，比上年增长 16.5%，占全部房地产开发投资的比重上升 0.6 个百分点；非国有投资 3213 亿元，增长 7.6%。在非国有房地产企业中，股份制企业投资 1809.65 亿元，增长 20.3%；私营企业投资 715.02 亿元，下降 17.1%；港澳台商企业投资 540.53 亿元，增长 32.5%；外商企业投资 132.89 亿元，下降 33.2%。

从全国范围看，2015 年全国房地产开发投资总额 95978.85 亿元，其中位列前 3 位的依次是广东（8538.47 亿元）、江苏（8153.68 亿元）和浙江（7111.93 亿元）。上海居全国 31 个省市区的第 14 位，与上年持平，投资额占全国及东部地区的比重分别为 3.6% 和 6.5%，比上年分别提高 0.2 个和 0.4 个百分点；上海房地产开发投资增速居全国 31 个省市区的第 9 位，比上年增 8.2%，排名上升 8 位，分别比全国（1.0%）和东部地区（0.5%）高 7.2 个和 7.7 个百分点。

（2）建设规模扩大

上海市房屋建设规模继续扩大，房屋施工面积小幅增长。2015 年，上海市房屋施工面积 15095.33 万平方米，比上年增长 2.8%。其中，住宅 8372.12 万平方米，下降 1.8%。

上海市房地产开发投资增幅回落，且土地购置面积持续下降，受此影响上海市房屋新开工面积呈现下降走势，从全年走势看降幅不断收窄。2015 年，上海市房屋新开工面积 2605.08 万平方米，比上年下降 6.4%，降幅分别比 1—3 月和 1—6 月缩小 33.4 个和 3.2 个百分点。其中，住宅 1560.28 万平方米，增长 0.8%；非住宅 1044.8 万平方米，下降 15.4%。2015 年，上海市房屋竣工面积 2647.18 万平方米，比上年增长 14.4%。其中，住宅 1588.95 万平方米，增长 3.5%（见表 3-18）。

表 3－18　　2015 年上海市房屋建设情况

指　标	新开工面积	增　速	竣工面积	增　速
	万平方米	(%)	万平方米	(%)
全部房屋	2605.08	－6.4	2647.18	14.4
住宅	1560.28	0.8	1588.95	3.5
办公楼	304.87	－16.5	219.23	32.8
商业营业用房	307.57	－20.7	306.45	47.1

2. 房地产项目到位资金趋松

受降准降息降首付、提高公积金贷款额度等多重信贷利好因素影响，上海市房地产开发项目到位资金趋松。2015 年，上海市房地产项目本年到位资金 5531.86 亿元，比上年增长 5.0%（见表 3－19）。

表 3－19　　2015 年上海市房地产项目本年到位资金情况

指　标	金额（亿元）	增速（%）	比重（%）
本年到位资金	5531.86	5.0	100.0
国内贷款	1516.59	－7.5	27.4
利用外资	33.92	－51.3	0.6
自筹投资	1519.99	－2.6	27.5
其他资金	2461.37	23.0	44.5

截至 2015 年年底，上海市中资商业银行本外币房地产贷款余额 13889.77 亿元，比上年增长 12.4%。其中，房地产开发贷款余额 5408.59 亿元，下降 1.5%；个人购房贷款余额 7951.38 亿元，增长 23.7%。截至 2015 年年底，上海市公积金贷款余额 2770.08 亿元，比上年增长 37.7%；当年发放住房公积金 1192.87 亿元，增长 1.5 倍。

3. 楼市交易活跃

2015 年，上海市严格执行住房限购等房地产调控措施，继续贯彻好国家住房政策，同时支持居民合理住房需求，落实好相关税收、二套房贷和公积金政策。

（1）新建住宅销售面积超 2000 万平方米

2015 年，上海市房地产市场持续回暖，交易保持活跃状态，新建房屋销售面积 2431.36 万平方米，比上年增长 16.6%。其中，新建住宅销售面积 2009.17 万平方米，增长 12.8%（见图 3－22）。

从新建住宅销售结构看，市场化新建住宅销售面积大幅增长，占比提高。2015 年，受“330”政策（二套房商业贷款最低首付比例降至 40%；公积金贷款首套房最低首付 20%、二套房最低 30%；二手房营业税免税年限从 5 年缩短到 2 年）影响，市场化新建住宅销售面积 1182 万平方米，比上年增长 43.0%，占全部新建住宅销售面积的 58.8%，比上年提高 12.4 个百分点；而保障性住宅销售面积 827.17 万平方米，下降 13.3%，占 41.2%。

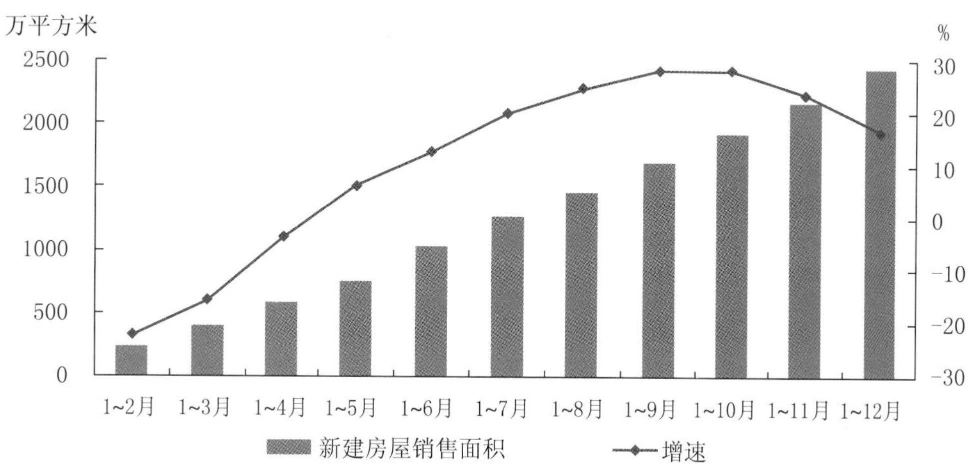

图 3-22　2015 年上海市新建房屋销售面积情况

从全国范围看，2015 年全国新建房屋销售面积 128494.97 万平方米，东部地区 59424.97 万平方米，上海分别占全国及东部地区销售面积的 1.9% 和 4.1%，比上年分别提高 0.2 个和 0.3 个百分点。上海新建房屋销售面积比上年增长 16.6%，分别高出全国和东部地区 10.1 个和 8.1 个百分点，上海增幅居全国 31 个省市区的第 4 位，居前 3 位的依次是浙江（28.0%）、广东（25.4%）和湖南（17.0%）。

（2）存量住宅交易量超 3000 万平方米

同新建房市场相比，存量房市场更为火爆，2015 年上海市存量房交易量 3341.85 万平方米，比上年增长 94.4%。其中，存量住宅 3034.42 万平方米，增长 1.1 倍。

从月度交易量看，3 月月底利好政策出台后，市场持续回暖，月均交易量持续在 300 万平方米上下，全年月均交易量达到 278.49 万平方米，明显高于近几年平均水平（见图 3-23）。

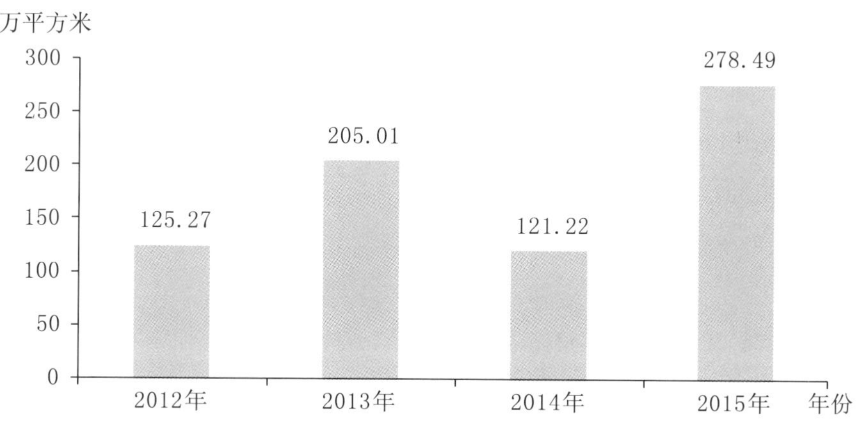

图 3-23　2012—2015 年上海市存量住宅月均交易量

（3）市场化新建住宅网上可售面积下降

2015 年，上海市市场化新建住宅网上可售面积呈现下降趋势，在 2014 年年底达到 1332.05 万平方米的高点后，可售面积不断减少，截至 2015 年年底可售面积降至 1075.35 万平方米，比 2014 年年底减少 256.7 万平方米，按近半年的月均成交量计算，2015 年年底库存消化期为 7.9 个月，比 2014 年年底减少 8.1 个月，去库存压力明显减轻。

2015 年上海市楼市交易活跃，主要受三方面因素影响：一是多项支持住房消费的政策作用逐步显现。五次降准、五次降息、降低二套房首付比例、缩短营业税免征年限、提高住房公积金贷款额度等政策有效降低了购房及开发成本，释放了自住和改善性住房需求，刺激了部分投资需求。二是一些房地产开发企业适时增加推盘规模，加大营销力度，市场需求持续活跃，在新建房销售增长的同时也带动了存量房交易。三是房价上涨预期形成，投资性购房需求有所增加，房屋作为资产配置的需求不断增长。

4. 新建住宅每平方米销售均价达到 21501 元

2015 年，上海市新建住宅平均销售价格 21501 元/平方米。从区域分布看，内环线以内 72066 元/平方米，内外环线之间 33577 元/平方米，外环线以外 16065 元/平方米。

剔除共有产权房和征收安置房等保障性住宅后的市场化新建住宅平均销售价格 30508 元/平方米，内环线以内 73746 元/平方米，内外环线之间 43653 元/平方米，外环线以外 22626 元/平方米。

5. 保障性住房建设和供应情况

（1）保障性住房新开工情况

2015 年，上海市保障性住房新开工建设 19.73 万套，共计 1512 万平方米，为全年目标套数（11.5 万套）的 1.7 倍。其中，公共租赁住房 0.85 万套，共计 40.02 万平方米；共有产权保障住房 0.93 套，共计 64.17 万平方米；征收安置住房 10.12 万套，共计 932.65 平方米；旧住房综合改造 7.72 万套（户），共计 468.93 万平方米；农场危旧房改造 0.11 万套，共计 6.23 万平方米。

（2）保障性住房竣工情况

2015 年，上海市保障性住房基本建成 20.48 万套，共计 1506.34 万平方米，为全年目标套数（10 万套）的 2 倍。其中，公共租赁住房 2.36 万套，共计 139.92 万平方米；共有产权保障住房 2.53 万套，共计 171.23 万平方米；征收安置住房 7.91 万套，共计 727.49 万平方米；旧住房综合改造 7.68 万套（户），共计 467.7 万平方米。

（3）保障性租赁住房供应情况

截至 2015 年年底，上海市公共租赁住房（含单位租赁房）累计供应房源 8.77 万套（其中市筹 1.27 万套、区筹 0.87 万套），已签约出租 7.45 万套（其中市筹 1.14 万套、区筹 0.7 万套），入住 7.06 万套。2015 年净增加签约出租 2.11 万套。2015 年，上海市廉租住房累计新增配租签约家庭 5935 户。

（二）2015 年上海市房地产市场存在的主要问题

2015 年上海市房地产市场交易活跃，房地产开发投资持续增长，但当前上海市房地产市场仍有一些问题值得关注。

1. 房地产投资占比过高

近些年，房地产投资占全社会固定资产投资的比重不断上升。由于前期投资高速增长导致 2015 年上海市房屋在建面积超 1.5 亿平方米，达到当年销售面积 5 倍以上，投资规模偏大将直接影响今后若干年的市场供应和房价波动。同时，房地产业作为上海重要产业之一，对地方经济较快发展做出了巨大的贡献，但是对于一个城市来讲，房地产业是资源消耗量较大的产业，占用了大量钢铁、水泥、砂石等资源，而且土地资源更是具有稀缺性，上海城市能够承载的人口规模也是有限的，长时期高速发展不利于上海房地产业的持续稳定发展。

2. 房屋供需结构不平衡

随着上海市社会经济的不断发展，居民收入水平也不断提高，市民对住房的消费需求和投资性需求不断增加，加之上海市的人口数量多、人口密度大，由此产生的庞大需求量与地域小、供应量有限之间的矛盾越发突出。另一方面，作为中国经济中心的上海吸引着全国乃至全球的人们聚集于此，外来需求规模巨大，使供应的区域性与需求的全国性乃至全球性之间矛盾更加突出。此外，供求结构也不协调，主要反映在：受利润驱使的房地产开发商偏好建造大户型高档房屋，而改善居住条件的中低价位、中小户型住宅供应显得不足。

（三）2016 年上海市房地产市场趋势判断

预计 2016 年投资低速增长，不排除个别月份投资额同比下降的可能性。同时，由于 2015 年房价上涨幅度较大，加之 2015 年的高交易量，综合考虑当前宏观经济、货币信贷、证券市场走势、房地产市场供求关系等多种因素，2016 年上海市楼市交易量稳中略降的概率较大。

1. 房地产开发投资低速增长

支撑后期房地产开发投资继续增长主要有四方面因素：一是在建规模较大，房屋施工面积超 1.5 亿平方米；二是经济要稳定增长需要投资保持一定的力度，2015 年国家出台政策促投资增长，调低了部分房地产项目资本金比例；三是房地产开发商普遍预计今后仅一、二线城市房地产市场还有发展空间，因此各路房产商扎堆进入上海拿地，2015 年上海市土地市场成交依旧活跃，高溢价地块层出不穷；四是随着房屋建设标准提高，装修房比例提升，建安成本不断上涨。

影响今后房地产开发投资增长回落主要有三方面因素：一是投资增幅回落的趋势已经形成，从 2015 年 1—6 月增长 15.8% 的最高点回落至年底个位数 8.2% 的增长；二是建设进度有趋缓的迹象，房屋竣工面积增幅已从 2015 年 1—3 月增长 70.0% 的高点回落到 2015 年全年增长 14.4%，同时新开工面积长期处于下降区间运行；三是投资基数偏高，将会对 2016 年投资增长带来一定的压力。

综合支撑房地产开发投资继续增长的因素和影响投资增长回落的原因，预计 2016 年上海市房地产投资仍将保持一定的规模，但低速增长的概率较大。

2. 楼市交易量稳中略降

2015 年，上海市房地产市场呈现“量价齐升”的走势，且在传统销售淡季呈现“淡季不淡”的局面，交易量明显高于近几年平均水平，通常需求集中释放后交易量回落的概率较大，考虑供应也将出现减少，预计 2016 年上海市楼市交易量稳中略降的可能性较大，现从五个方面进行分析。

宏观面：国内经济继续探底，增幅可能低于预期，稳增长的压力依然较大，国际经济继续弱复苏但信心受挫。经济形势不稳定估计会抑制楼市需求，同时也有倒逼出台刺激政策的可能，因此需求会有减少，但大幅萎缩的可能性不大。

基本面：上下游产业关联度高的房地产业在当前阶段仍需发挥其积极作用，习主席提出要化解房地产库存，促进房地产业持续发展，李总理提出以加快户籍制度改革带动住房等消费，这都将对提振需求有一定的作用。

政策面：“3·30”政策调低了商业银行二套房首付比例，公积金贷款首付比例调低、额度提升，二手房营业税免税年限从 5 年缩短到 2 年都有效刺了激楼市的需求，特别是改善性需求，但政策边际效用降低的状况不容忽视。

资金面：2015 年央行五次降准、降息，向市场提供了流动性，有效降低了房地产企业的融资成本，减轻了购房人的还贷压力，这些都促进了楼市交易，但考虑目前人民币利率水平已降至历史最低，且美元已进入加息周期，后期人民币利率下降的空间将较为有限，因此对拉动需求的作用将有所减弱。

市场面：一方面，供应出现减少。在消化了大量具有一定“性价比”的存量房源后，受房价上涨较快的影响，当前存量房交易中出现了可售房源减少的情况，与此同时市场化新建住宅可售量已降至 1075.35 万平方米，去化周期还不到上年同期的一半，考虑新开工面积下降的现状，2016 年新建房屋供应量将出现一定幅度的下降。另一方面，需求也将减少。2015 年，市场化新建住房销售面积是近几年的峰值，回顾之前楼市走势，在高交易量之后会有一段时期的回落。因此，2016 年上海市楼市供需都将有所减少，交易量萎缩是大概率事件。

（四）上海市房地产市场平稳发展的对策建议

1. 保持投资规模适度

根据上海市经济社会、城市建设、政策环境和房地产市场供需发展的趋势，保持适度的投资规模是上海市房地产市场供求平衡、房地产价格稳定的基本条件。房地产投资的适度增长会拉动区域经济增长，房地产投资过度扩张则会造成供大于求，影响经济的正常发展，房地产投资过分紧缩，又会产生供小于求的局面，同样会影响经济的正常发展。要控制好投资增长的“度”，相关职能部门应根据房地产发展速度、市场价格和房屋可售量等情况来实行宏观调控与微观调节，通过强化土地资源的宏观调控能力，有序调节房地产开发规模与市场供求关系。

2. 做好预案防止房价大幅上涨

密切关注房地产市场走势，防止市场炒作激发的非理性需求，引发房价大幅上涨。上海市要坚决执行住房限购、差别化住房税收、信贷等国家各项房地产调控政策措施，严格执行预售许可和销售方案备案制度，强化价格监管的措施，从严执行二套房贷政策，明确有房无贷购买非普通商品住房首付比例（“3·30 政策”对此未明确），土地部门增加住宅土地供应量，特别是增加中小套型普通住房的土地供应量。

3. 合理引导市场预期

目前，上海市住房需求主要是刚性和改善性需求，以及少部分投资需求，其中以改善性需求为主。改善性需求的特点是其释放会随预期的变化提前或延后。“3·30 政策”之前，由于市场、政策等因素，改善性需求受到了一定程度的抑制；“3·30 政策”之后，改善性需求提前集中释放，由于供应短期内跟不上，造成了市场供求和房价的波动。为此，建议合理引导市场预期，引导市场充分认识当前房地产市场的供求状况，引导房地产企业继续“以价换量”，引导住房需求稳定且有序释放。

4. 尽快建立长效机制

由于在市场经济条件下，房地产的生产、流通、分配和消费都是商品经济关系，主要受价值规律的支配。因此，对房地产业发展中的一些问题，政府要辅以针对性的行政措施来引导、约束或协调，从而解决好房地产经济问题与民生问题不协调的矛盾，同时积极探索促进房地产市场发展的长效机制，通过制订符合市场规律的房地产市场基本运行制度，实现房地产资源配置最优和资产效益最大化，稳定房地产市场价格，理顺市场与保障的关系，使房地产业进入理性发展的轨道，满足广大消费者的基本住房需求。

房地产市场平稳发展，不仅有利于房地产市场本身可持续发展，同时也有利于宏观经济健康发展。目前，对于上海这样的特大型城市，应保持当前各项政策的相对稳定性，同时密切关注市场动向，必要时适当加以微调，调节供需关系，避免因房地产市场波动对宏观经济产生不良影响。

（上海市统计局）

六、广东省房地产市场

（一）市场运行情况分析

1. 销量虽创新高，去化压力未减

2015 年，广东商品房销售面积 1.17 亿平方米，同比大幅增长 25.4%；销售金额 1.14 万亿元，同比增长 35.2%；销售均价 9796 元/平方米，同比增长 7.8%，整体呈现量增价涨的运行态势。与历年相比，2015 年商品房的销售量、价均创下新高，其中销售面积比历史次高水平的 2013 年高出 1844.62 万平方米，增幅达 18.8%（见图 3 - 24）。

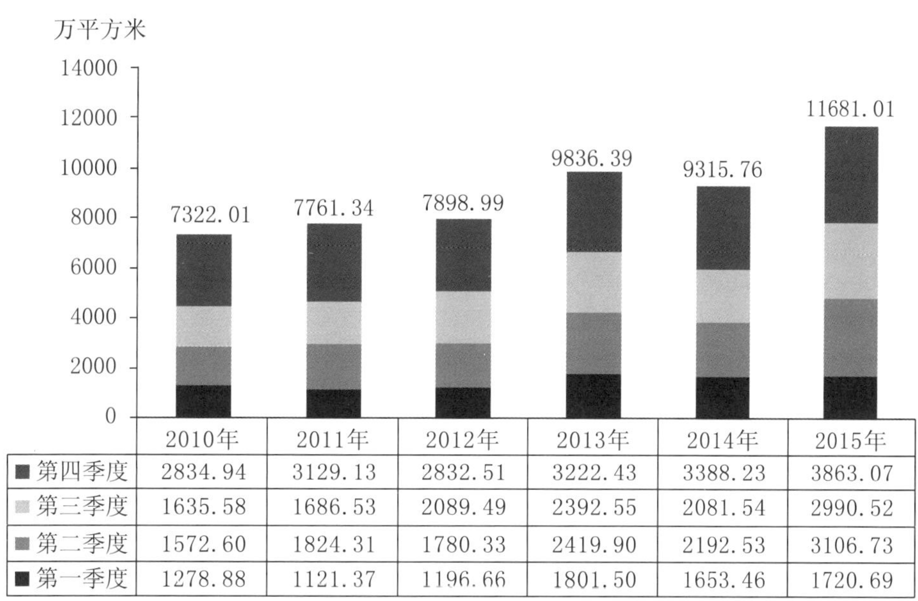

	2010年	2011年	2012年	2013年	2014年	2015年
第四季度	2834.94	3129.13	2832.51	3222.43	3388.23	3863.07
第三季度	1635.58	1686.53	2089.49	2392.55	2081.54	2990.52
第二季度	1572.60	1824.31	1780.33	2419.90	2192.53	3106.73
第一季度	1278.88	1121.37	1196.66	1801.50	1653.46	1720.69

图 3 - 24　2010—2015 年广东商品房销售面积走势

从全年走势看，商品房销售量从年初的负增长持续提速，8 月之后增速缓慢回落。从各月情况看，自 5 月起，全省商品房销售面积均在 1000 万平方米左右，呈现稳定的运行态势。由此反映，2015 年第四季度的增速回落主要是由于 2014 年的“9 · 30 政策”效应，即因基期数据增大所致。总体而言，2015 年广东商品房销售处于高速增长区间，市场运行稳健。(见图 3 - 25)

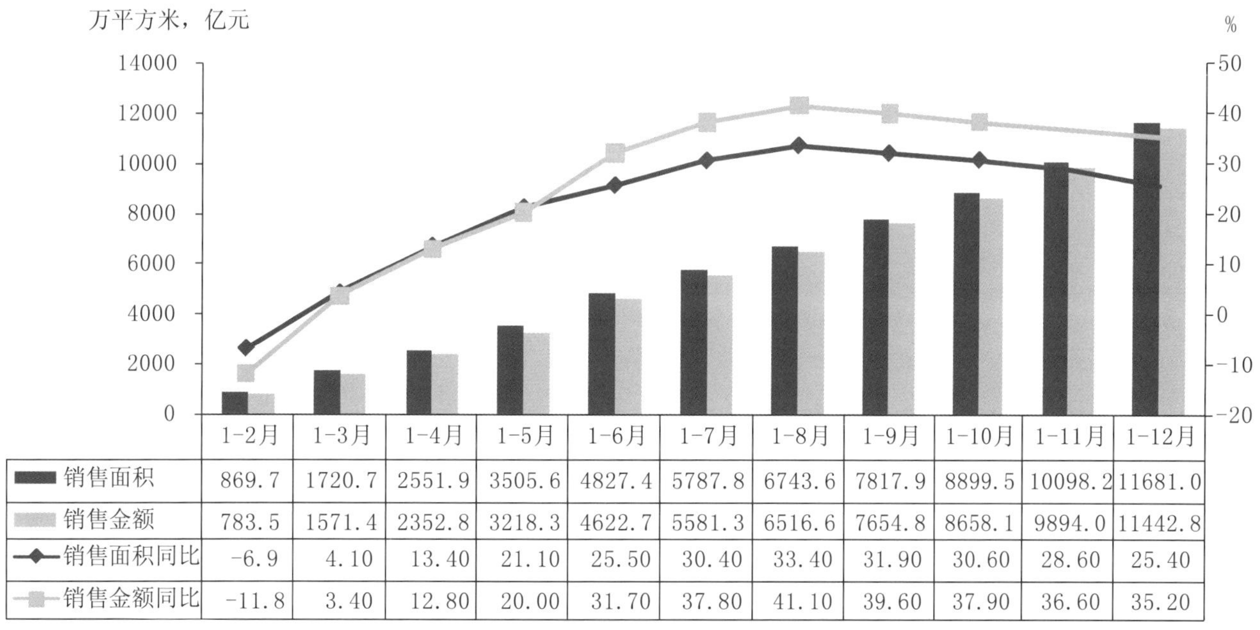

	1-2月	1-3月	1-4月	1-5月	1-6月	1-7月	1-8月	1-9月	1-10月	1-11月	1-12月
销售面积	869.7	1720.7	2551.9	3505.6	4827.4	5787.8	6743.6	7817.9	8899.5	10098.2	11681.0
销售金额	783.5	1571.4	2352.8	3218.3	4622.7	5581.3	6516.6	7654.8	8658.1	9894.0	11442.8
销售面积同比	-6.9	4.10	13.40	21.10	25.50	30.40	33.40	31.90	30.60	28.60	25.40
销售金额同比	-11.8	3.40	12.80	20.00	31.70	37.80	41.10	39.60	37.90	36.60	35.20

图 3 - 25　2015 年广东商品房销售面积、销售金额走势

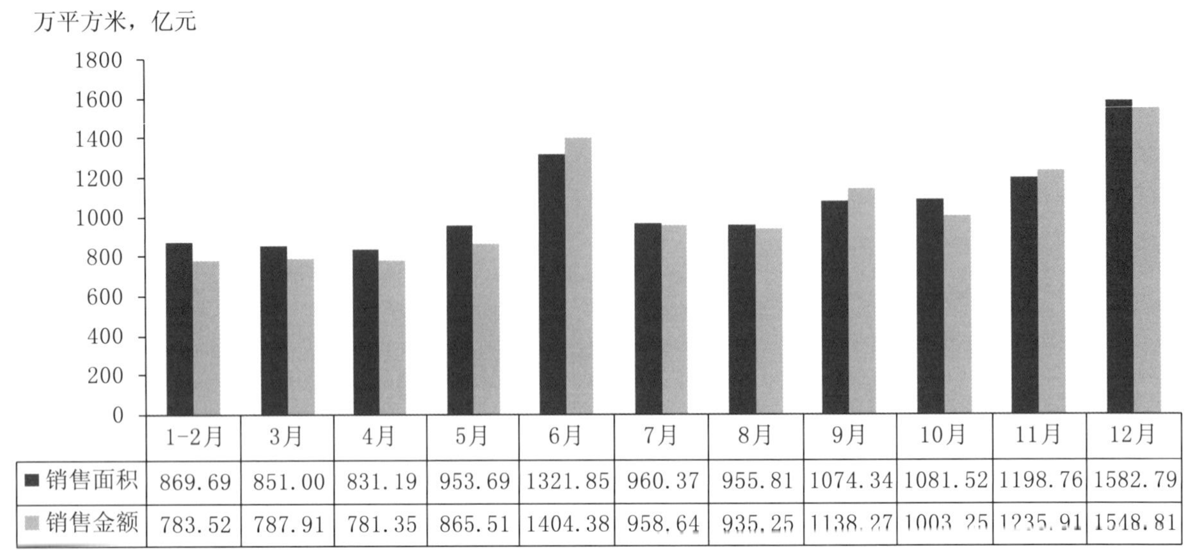

图 3-26　2015 年广东商品房各月销售面积、销售金额走势

截至2015年年底，全省商品房待售面积5637.94万平方米，同比小幅增长3.1%。其中，商品住宅3493.35万平方米，同比下降1.5%；办公楼219.70万平方米，同比增长10.6%；商业营业用房887.91万平方米，同比增长8.5%；其他房屋1036.98万平方米，同比增长14.6%。数据显示，在国家和地方政府积极支持合理住房消费的背景下，全省商品住宅的待售面积有所下降；但办公楼、商业营业用房、其他用房等商业物业待售面积继续增加（见图3-27）。

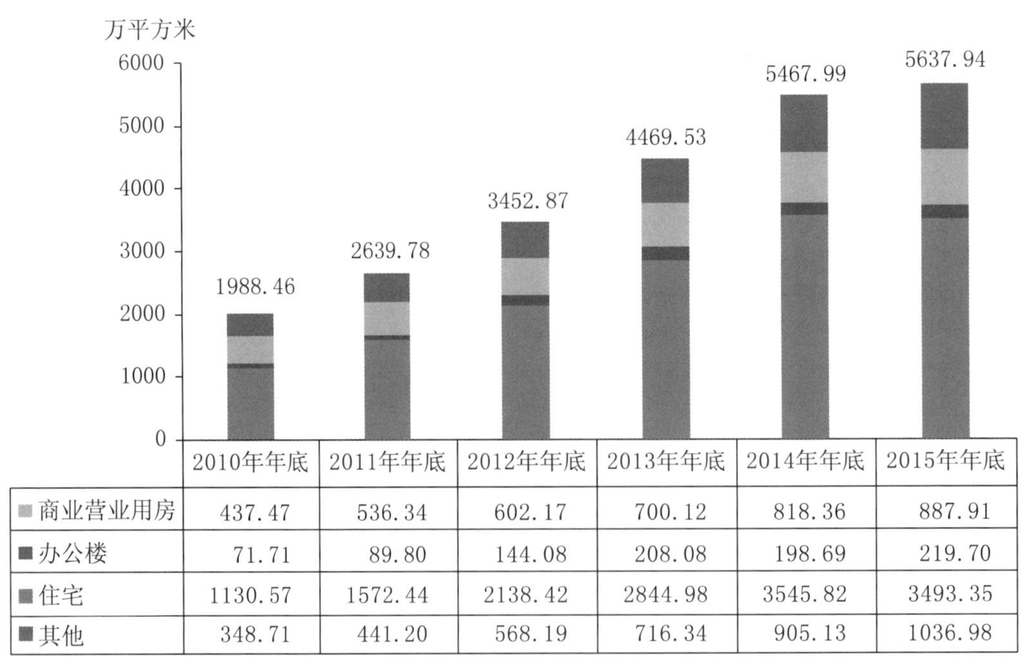

图 3-27　2010—2015 年广东房地产待售面积情况

2. 市场分化加剧，城市群存优势

按用途分，全省商品住宅销售面积和金额分别为1.05亿平方米和9967.32亿元，同比分别大幅增长28.6%和43.2%；销售均价9495元/平方米，同比增长11.4%。办公楼销售面积311.12万平方米，同比大幅增长35.0%；商业营业用房销售479.21万平方米，同比下降2.4%（见图2－28）；其他用房销售393.05万平方米，同比下降8.7%。数据显示，2014年的商品住宅和办公楼销售面积同比分别下降7.6%和10.3%，而商业营业用房和其他用房则分别增长13.2%和36.7%，2015年同比则均与2014年呈现相反走向。由此反映，置业需求持续存在，房地产依然是资产配置的重要去向，但业态结构不断分化。

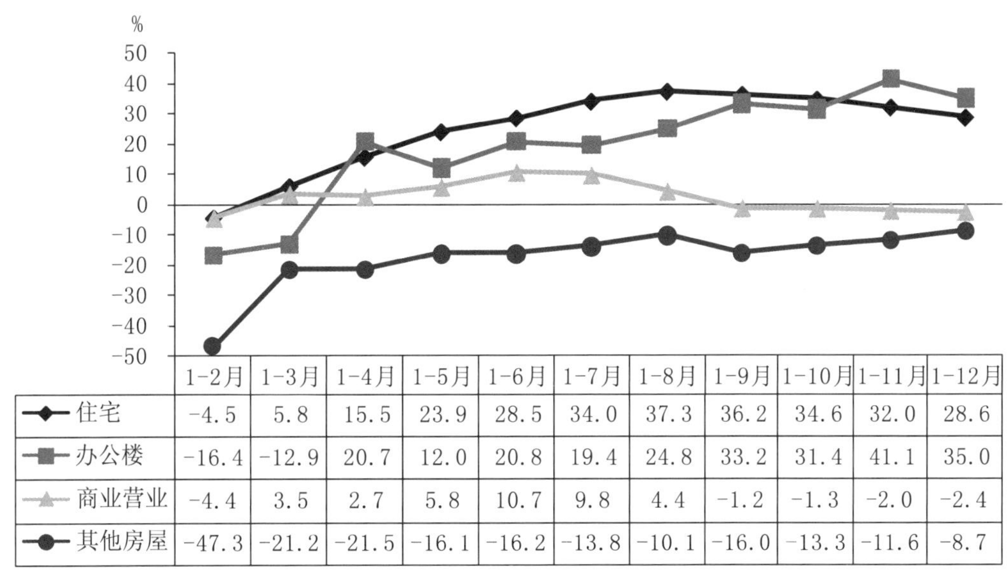

	1-2月	1-3月	1-4月	1-5月	1-6月	1-7月	1-8月	1-9月	1-10月	1-11月	1-12月
住宅	-4.5	5.8	15.5	23.9	28.5	34.0	37.3	36.2	34.6	32.0	28.6
办公楼	-16.4	-12.9	20.7	12.0	20.8	19.4	24.8	33.2	31.4	41.1	35.0
商业营业	-4.4	3.5	2.7	5.8	10.7	9.8	4.4	-1.2	-1.3	-2.0	-2.4
其他房屋	-47.3	-21.2	-21.5	-16.1	-16.2	-13.8	-10.1	-16.0	-13.3	-11.6	-8.7

图3－28　2015年广东各物业销售面积同比增速走势

按地区分，珠三角地区的商品房销售面积8706.88万平方米，同比增长29.4%，占全省的74.5%，比重较2014年提高2.3个百分点；东翼销售516.11万平方米，增长33.4%，占全省的4.4%；西翼销售880.12万平方米，增长5.7%，占全省的7.5%；粤北山区销售1577.91万平方米，增长15.4%，占全省的13.5%（见图3－29、表3－20）。数据显示，珠三角地区的商品房销售面积的全年同比增速走势明显领先于其他地区，反映了房地产市场与社会经济的内在联系关系，在住宅供求关系由总体紧缺过渡到总体平衡阶段之后，房地产区域市场的分化正不断凸显。

表3－20　　　　2010—2015年广东各区商品房销售面积

单位：万平方米

	2010年	2011年	2012年	2013年	2014年	2015年
珠三角	5573.61	5708.86	5757.06	7196.64	6729.17	8706.88
东　翼	430.81	463.86	403.55	377.47	386.92	516.11
西　翼	484.55	656.89	723.59	881.48	832.43	880.12
粤　北	833.04	931.72	1014.79	1380.79	1367.24	1577.91

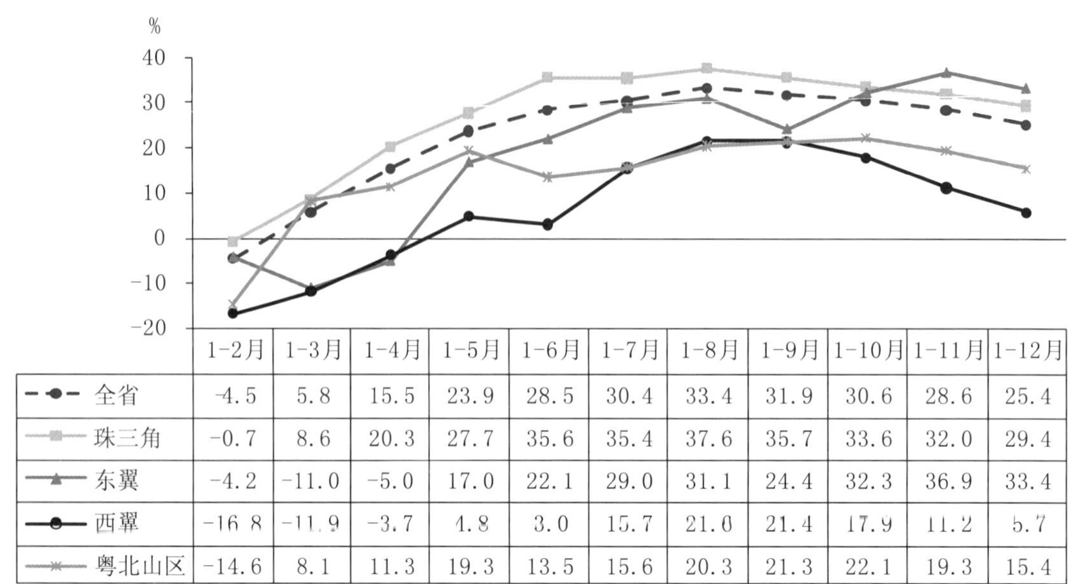

	1-2月	1-3月	1-4月	1-5月	1-6月	1-7月	1-8月	1-9月	1-10月	1-11月	1-12月
全省	-4.5	5.8	15.5	23.9	28.5	30.4	33.4	31.9	30.6	28.6	25.4
珠三角	-0.7	8.6	20.3	27.7	35.6	35.4	37.6	35.7	33.6	32.0	29.4
东翼	-4.2	-11.0	-5.0	17.0	22.1	29.0	31.1	24.4	32.3	36.9	33.4
西翼	-16.8	-11.9	-3.7	4.8	3.0	15.7	21.6	21.4	17.9	11.2	5.7
粤北山区	-14.6	8.1	11.3	19.3	13.5	15.6	20.3	21.3	22.1	19.3	15.4

图 3－29　2015 年广东各地区商品房销售面积同比增速走势

全省 21 个地级市中，商品房销售面积超过 1000 万平方米的有广州、佛山、惠州、中山和东莞 5 个城市（见图 3－30），比 2014 年增加了 3 个；其中，广州、惠州和佛山的商品住宅销售面积均超过 1200 万平方米，分列第一、二、三位。从住房销售均价看，深圳、广州、珠海分别以 33661 元/平方米、14083 元/平方米和 14031 元/平方米位列前三（见图 3－31），其中，深圳、珠海房价同比涨幅包揽前二，广州市场重心主要是在外围区域，拉低了全市均价。由此反映，伴随着区域经济一体化的不断发展，房地产市场以城市群形态发展的趋势也在增强，城市群的中心城市由于需求旺盛使得房价高企，进而辐射带动周边城市、地段市场的活跃。

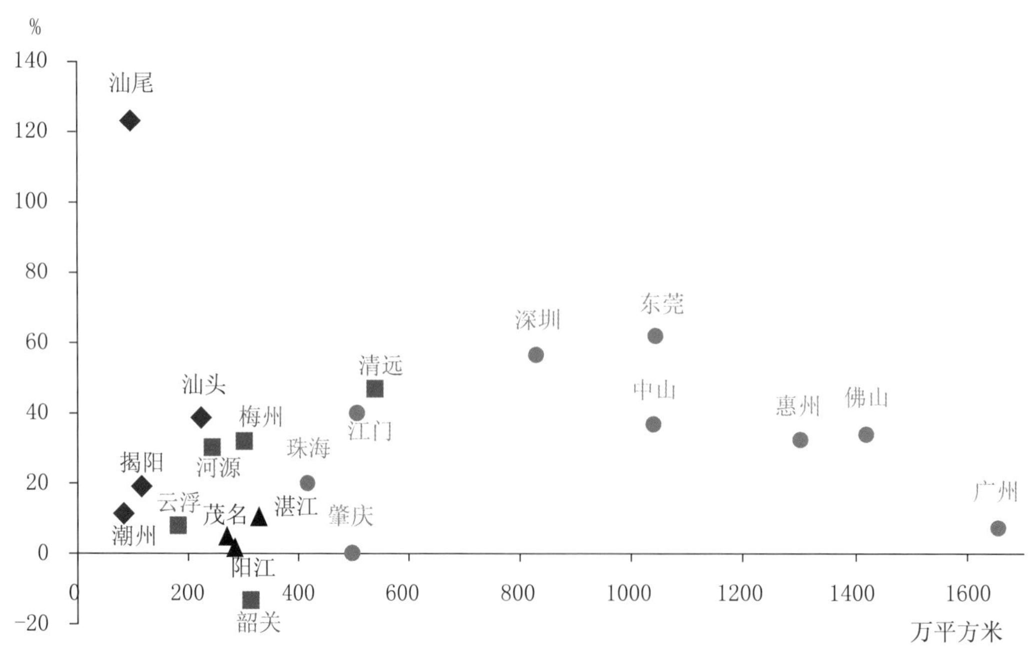

图 3－30　2015 年广东各市商品房销售面积及同比销售增速散点分布

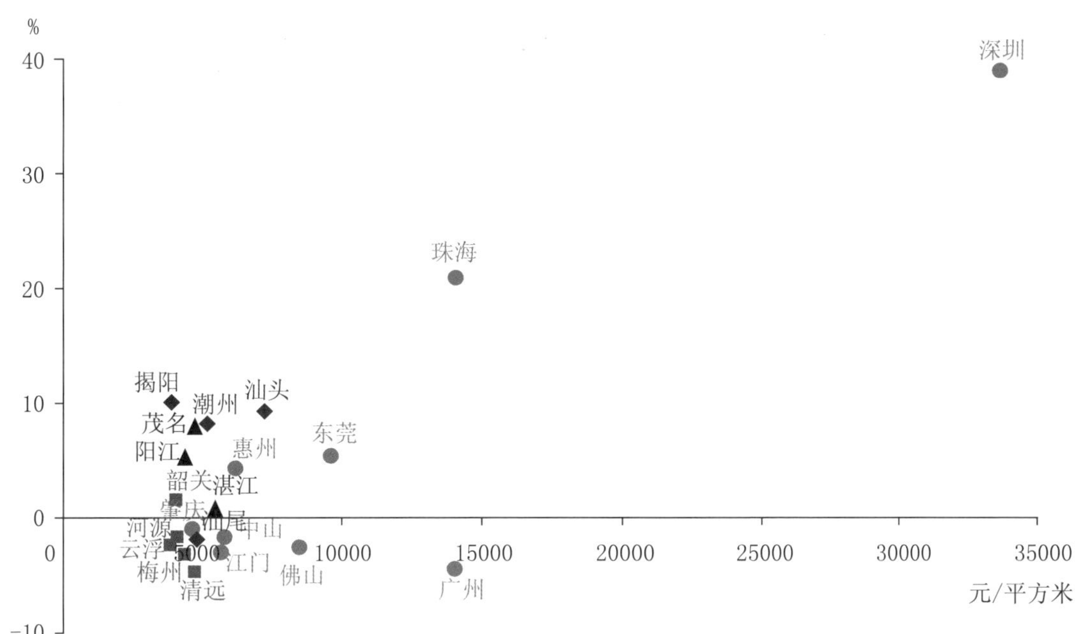

图 3－31　2015 年广东各市商品住宅销售均价及同比增速散点分布

3. 资金回笼加快，结构整体稳健

2015 年，广东房地产企业到位资金 1.42 万亿元，同比增长 25.1%，同比提高 16.9 个百分点。其中，国内贷款 2577.81 亿元，占到位资金的 18.2%；利用外资 26.65 亿元，占 0.2%；自筹资金 3933.40 亿元，占 27.8%；其他资金来源 7626.44 亿元，占 53.8%。自筹资金占比同比下降 4.9 个百分点，以销售回笼资金为主的其他资金占比提高 8.6 个百分点，达到历年最高，资金结构明显改善（见图 3－32）。

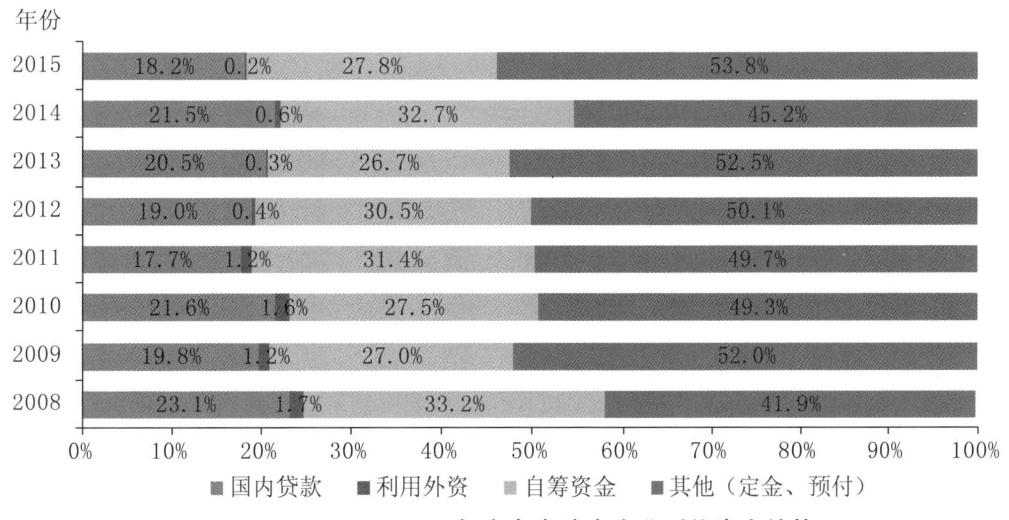

图 3－32　2008—2015 年广东房地产企业到位资金结构

其中，随着政策环境的持续改善和商业银行对个人按揭贷款支持力度的加大，企业来自个人住房按揭贷款的资金快速增长，全年合计 2322.61 亿元，同比大幅增长 51.4%。来自银行开发贷款 2379.53 亿元，同比增长 9.5%；非银行金融机构贷款 198.27 亿元，同比下降 23.8%，意味着企业的资金成本有所下降（见图 3－33）。

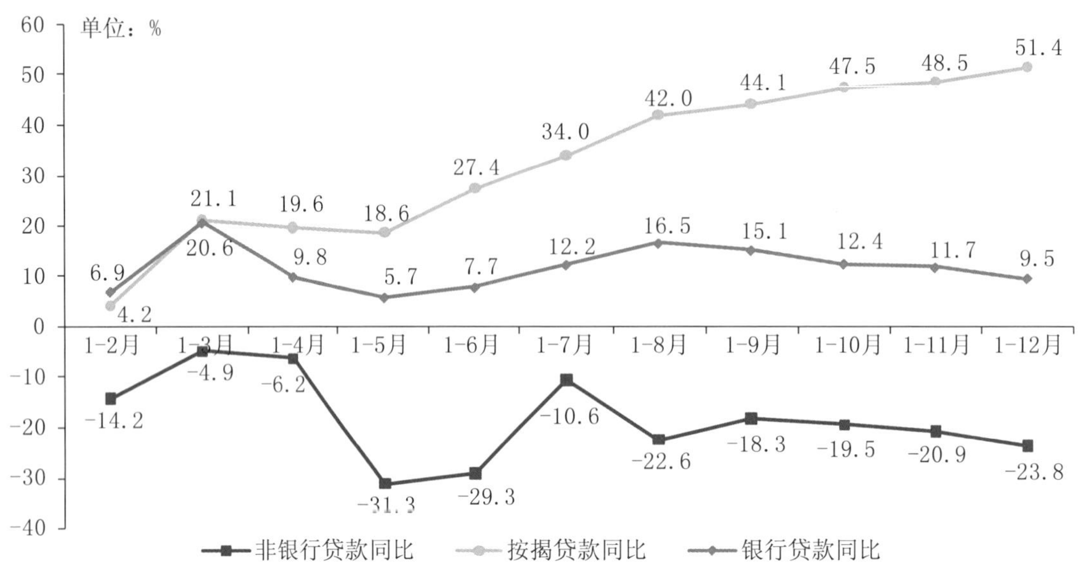

图 3－33　2015 年房地产企业来自金融机构的资金同比走势

4. 投资增速下滑，市场信心不足

2015 年，全省房地产完成投资 8538.47 亿元，同比增长 11.8%，增速同比下降了 5.4 个百分点（见图 3－34）。房地产投资增速下降，一方面是宏观经济下行，企业对市场信心不足；另一方面是去库存成为了行业共识，未来中长期的策略将以去库存、谋转型为主，企业主动放慢投资节奏。

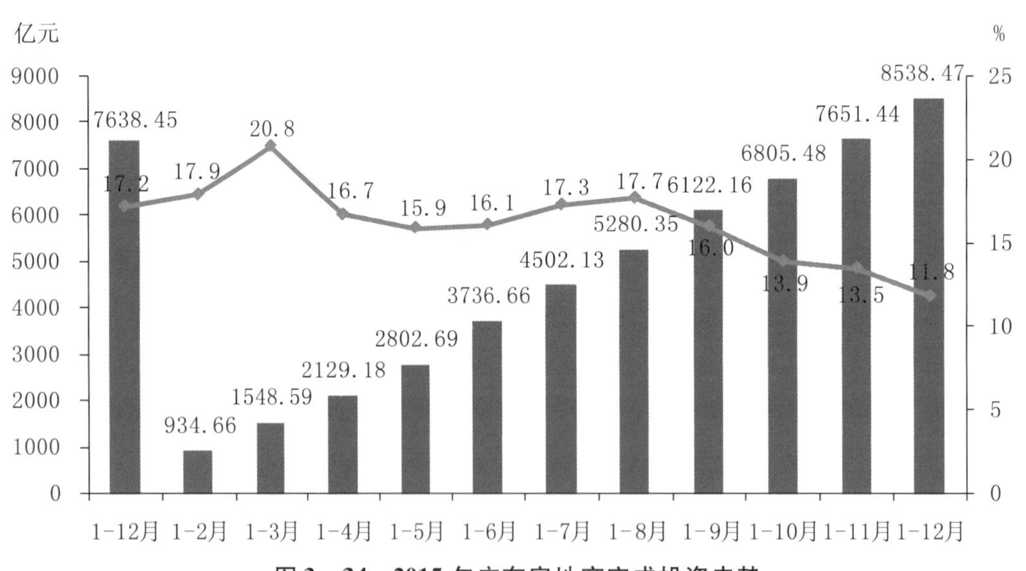

图 3－34　2015 年广东房地产完成投资走势

按投资结构分，建安工程投资 6048.40 亿元，同比增长 11.4%，占房地产投资的 70.8%；设备工器具购置 99.21 亿元，同比增长 27.1%，占 1.2%，两者合计拉动房地产投资增长 8.4 个百分点。土地购置费 1711.53 亿元，同比增长 7.6%，占房地产投资额的 20.0%，拉动房地产投资增长 1.6 个百分点（见表 3－21）。除了土地购置费外的其他费用 679.34 亿元，占房地产投资额的 8.0%，拉动房地产投资增长 1.8 个百分点。数据显示，土地购置费对投资增速的拉动明显下降，同比下降了7.6个百分点，是房地产投资增速放缓的主要原因。

表3-21　　2014年、2015年广东房地产完成投资按构成分

单位：亿元

年份	本年完成投资				
		建安工程	设备工器具购置	其他费用	
					土地购置费
2014年	7638.45	5427.18	78.03	2133.25	1591.35
占比（%）	100	71.1	1.0	27.9	20.8
拉动率（%）	17.2	9.3个百分点	0.2个百分点	7.7个百分点	9.2个百分点
2015年	8538.47	6048.4	99.21	2390.86	1711.53
占比（%）	100	70.8	1.2	28.0	20.0
拉动率（%）	11.8%	8.1百分点	0.3个百分点	3.4个百分点	1.6个百分点

开发建设方面，截至12月月底，全省商品房施工面积5.79亿平方米，同比增长7.3%。其中，2015年新开工面积1.27亿平方米，同比下降5.3%；竣工面积6044.43万平方米，同比下降17.5%（见图3-35）。

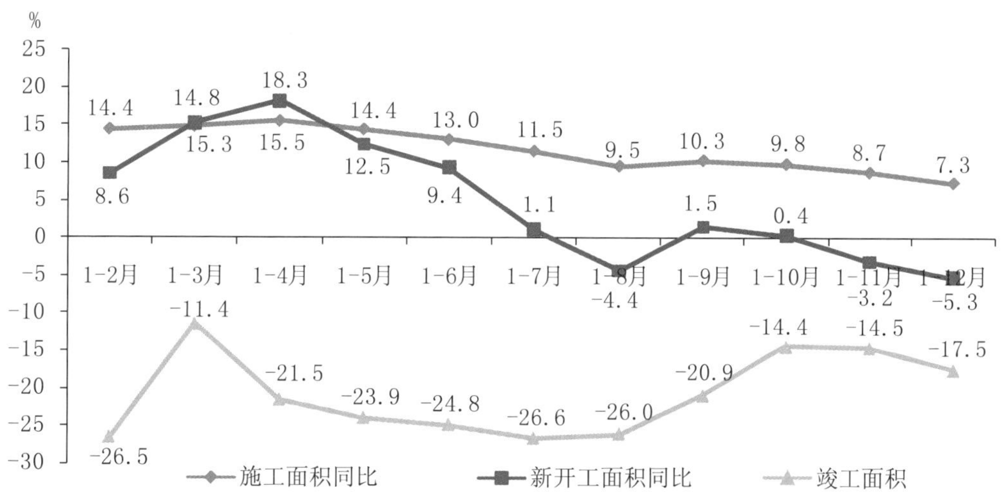

图3-35　2015年广东商品房施工、新开工、竣工面积增速走势

从土地购置情况看，全省土地购置面积1478.80万平方米，同比下降24.4%；土地成交价款890.97亿元，同比增长4.0%；土地成交均价6025元/平方米，同比大幅增长37.6%（见图3-36）。其中，广深两市土地购置面积占全省18.4%，同比下降了3.3个百分点；但成交价款占50.1%，提高了15.1个百分点，广深两市成交价款占比大幅提高是拉动全省土地购置均价增长的主要因素。

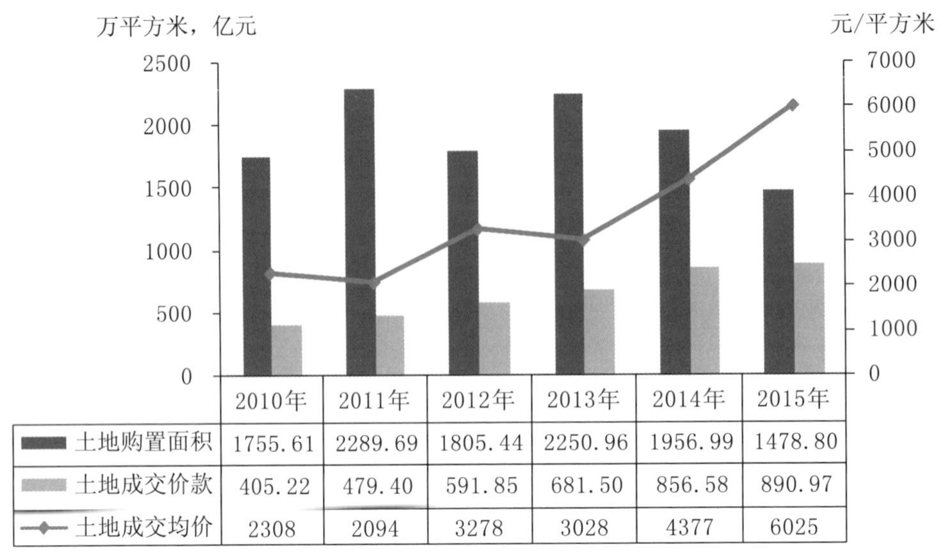

	2010年	2011年	2012年	2013年	2014年	2015年
土地购置面积	1755.61	2289.69	1805.44	2250.96	1956.99	1478.80
土地成交价款	405.22	479.40	591.85	681.50	856.58	890.97
土地成交均价	2308	2094	3278	3028	4377	6025

图 3－36　2010—2015 年广东房地产土地购置情况

（二）后市展望

2015 年，虽然房屋销售市场总体回暖，但开发投资依然低迷。展望 2016 年，国内经济运行依然面临较为严峻的考验，房地产投资筑底回升对经济稳增长意义重大。从宏观政策走向来看，央行将继续实施稳健的货币政策以平衡资本流出压力，引导中长期实际利率下行以降低企业融资成本，促进房地产需求持续释放以进一步化解市场库存，进而改善金融机构的贷款意愿和房地产企业的投资意愿。对于房地产市场而言，预计中央仍将从供需两端发力，稳步推进农村土地制度改革试点；加快户籍制度改革进程，推动新型城镇化建设；取消过时的限制性措施，促进房地产市场持续稳定健康发展。需求端将继续放宽公积金、货币信贷及财政等政策，加大对改善型住房需求的支持力度；供应端将加大安置房货币化分配的力度，加快培育和发展住房租赁市场。

从市场走势看，当下稳定住房消费、鼓励购房需求的政策环境不会改变，目前的首套房首付比例和按揭利率、二套房的首付比例均在低位，且仍有进一步下降空间，短期内住房需求依然会持续释放；中长期而言，提高户籍人口城镇化率、户籍制度改革及全面实施二孩政策等，都将为房地产市场带来持久的需求动力。

与此同时，房地产企业分化与转型仍将持续。一方面，对于一线城市及人口流入较多的部分二线城市，去库存的压力不大，但大多数三、四线城市及部分二线城市则不容乐观；另一方面，房企转型深化的趋势依然会延续，“地产＋金融”模式将成为行业未来的大趋势。分化市场下，开发商纷纷重回大中城市、进一步推高了土地价格，地价涨幅高于房价、利润率下行的态势使得开发商的资金压力增大，引入外部资金、合作开发，对房企而言，既能降低融资成本、又能分摊风险，地产金融化趋势会进一步加强，以房地产为基础的资产运营、资产证券化、金融服务的黄金时代已经开启。

综上所述，市场分化、房企并购整合和优胜劣汰的竞争格局会进一步加剧，房地产行业的内涵会发生深刻的变化，房地产企业只有顺应趋势、积极谋变、坚定转型，方能走得更远。

（广东省房地产业协会）

七、重庆市房地产市场

（一）土地市场基本情况

1. 主城区土地市场基本情况

2015 年都市功能核心区和都市功能拓展区（以下统称主城区）供应土地 367 宗，同比下降 0.55%；供应面积 3022.68 万平方米，同比上涨 0.65%．其中商住类供应 159 宗，1201.02 万平方米；工业类供应 201 宗，1808.5 万平方米；其他供应 7 宗，13.16 万平方米（见表 3－22）。

表 3－22　　2014/2015 年土地供应

土地类型	供应宗数		供应面积（万平方米）		可建面积（万平方米）	
	2014 年	2015 年	2014 年	2015 年	2014 年	2015 年
商住	165	159	1466.30	1201.02	3585.96	2800.77
工业	182	201	1521.21	1808.50	1622.88	1696.47
其他	18	7	15.59	13.16	18.09	22.92
合计	365	367	3003.10	3022.68	5226.94	4520.16

2015 年重庆市主城区土地供应总量较 2014 年变动不大，出现商住类土地供应面积下降，工业类土地供应逆势上涨的现象。其中商住类土地供应宗数同比下降 3.64%，而供应面积下降 18.09%，其供应单宗面积由 2014 年的 8.89 万平方米下降至 7.55 万平方米，土地供应单宗面积明显减少。2015 年工业类用地供应大幅增长，供应面积达到了 1808.5 万平方米，同比增长 18.89%，其中渝北、巴南、沙坪坝以及九龙坡为工业地块供应主力，供应面积占比分别达到 25.65%、21.09%、16.19%、16.13%。

2015 年主城区商住类土地供应分化加剧，沙坪坝区和渝北区遥遥领先，其他各重点区域供应分布相对均匀。

2015 年主城区土地成交 324 宗，与 2014 年持平；成交面积 2715.06 万平方米，同比上涨 7.96%；成交金额 708.7 亿元，同比下降 18.61%；商住类土地折算楼面地价 2324.11 元/平方米，同比下降 10.14%（见表 3－23）。

表 3－23　　2014/2015 年主城区土地成交

土地类型	成交宗数		成交面积（万平方米）		成交金额（亿元）		成交楼面价（元/平方米）	
	2014 年	2015 年	2014 年	2015 年	2014 年	2015 年	2014 年	2015 年
商住	144	142	1320.65	1083.32	788.28	628.04	2586.23	2324.11
工业	155	167	1112.36	1531.03	63.81	70.82	—	—
其他	25	15	81.89	100.71	18.68	9.84	—	—
合计	324	324	2514.90	2715.06	870.77	708.70	—	—

2015 年主城区商住类用地成交 142 宗，同比下降 1.39%，成交面积 1083.32 万平方米，同比下降 17.97%（见表 3－24）；工业类用地成交 167 宗，同比增长 7.74%，成交面积 1531.03 万平方米，同比增长 37.64%．其中商住类土地出让价格为 386.1 万元/亩，同比下降 2.87%；工业用地出让价格为 30.81 万元/亩，同比下降

19.37%，商住类土地成交量跌价稳，工业用地则呈现量涨价跌局面。2015 年全市商品房成交初现回暖，但土地市场并未同步转好。企业资金紧张、行业利润率不断下滑，开发成本上涨等因素使得企业拿地趋于保守，因而 2015 年土地出让多以低价、底价成交，商住类土地价格走势相对平稳。

表 3－24　　2014/2015 年主城区商住类土地区域成交

区　域	2014 年					2015 年				
	宗数	面积（万平方米）	可建面积（万平方米）	金额（亿元）	楼面价格（元/平方米）	宗数	面积（万平方米）	可建面积（万平方米）	金额（亿元）	楼面价格（元/平方米）
渝中区	2	9.71	43.35	24.03	5543.95	2	1.73	23.10	16.84	7292.12
渝北区	35	493.98	969.30	250.74	2586.83	30	318.32	765.69	229.86	3001.96
沙坪坝区	18	115.67	320.53	77.35	2413.02	54	373.44	865.99	135.31	1562.53
九龙坡区	24	150.57	354.58	72.93	2056.75	16	90.63	251.85	64.47	2559.98
南岸区	12	127.66	210.97	67.47	3198.08	8	72.38	213.95	52.60	2458.47
江北区	9	46.86	107.66	42.27	3926.28	7	34.77	156.69	56.51	3606.70
大渡口区	22	162.81	543.09	146.31	2694.00	4	11.71	25.81	3.87	1497.99
北碚区	5	64.12	136.85	27.04	1975.94	7	71.62	118.02	23.29	1973.33
巴南区	17	149.27	361.64	80.14	2215.95	14	108.73	281.18	45.28	1610.48
合　计	144	1320.65	3047.98	788.28	2586.23	142	1083.32	2702.27	628.04	2324.11

从各区域商住类土地成交情况来看，沙坪坝区以 373.44 万平方米名列首位，占比高达 34.47%；渝北区排名第二，其商住类成交面积达到 318.32 万平方米，巴南区商住类成交面积为 108.73 万平方米，其余各个区域均未超过 100 万平方米。2015 年以来联合拿地的案例越来越多，随着房地产行业的调整深化，逐渐盛行企业发挥各自现有优势抱团取暖度过低迷期，强强联合不仅降低了企业拿地筹集资金的压力，也分化了未来开发市场风险。

从各区楼面价来看，渝中区、渝北区以及九龙坡区楼面价分别为 7292.12 元/平方米、3001.96 元/平方米、2559.98 元/平方米，同比分别上涨了 31.53%、16.05%、24.47%，楼面价绝对值以及涨幅均为主城区前三名，企业争夺优质地块主战场转移至核心区域，中心板块土地价值进一步凸显，由于地价与房价的联动作用，将会倒逼中心区域商品房销售价格有一定提升。沙坪坝区土地成交呈现量涨价跌，主要是西永组团地块面积大、单价低所致；另外大渡口与巴南区楼面价在 2000 元/平方米以下，区域价格洼地效应将持续显现。

2. 区县土地市场基本情况

2015 年重庆市区县（不含主城区）商住类土地成交 542 宗，同比下降 15.58%；成交面积 2216.84 万平方米，同比下降 8.03%；出让金额 460.66 亿元，同比下降 7.68%；楼面价 781.26 元/平方米，同比下降 3.61%（见表 3－25）。从各区县来看，城市发展新区 2015 年商住类土地成交面积 1694.65 万平方米，渝东北成交面积 455.52 万平方米，渝东南成交面积 66.67 万平方米，同比分别下降 0.1%、17.18%、59.33%，由于开发重心转向核心区域，区县土地成交明显下滑，虽然区县各政府通过各种渠道加大土地推介，但仍然有不少地价偏高的地块流拍，2015 年渝东北、渝东南多个区县市场都未有土地成交，开发企业对土地购置态度慎重，但对区县市场位置较好的中心地块仍保持拿地热情，在优质地块成交占比加大的带动下，区县土地成交楼面价出现上涨。

表 3－25　　2014/2015 年区县商住类土地成交

区域		2014 年					2015 年				
		宗数	面积（万平方米）	可建面积（万平方米）	金额（亿元）	楼面价（元/平方米）	宗数	面积（万平方米）	可建面积（万平方米）	金额（亿元）	楼面价（元/平方米）
城市发展新区	璧山区	41	200.11	574.45	63.11	1098.68	59	293.36	799.91	94.82	1185.39
	大足区	19	81.86	170.25	12.87	755.87	15	77.37	120.68	7.20	596.41
	涪陵区	52	164.89	381.55	31.86	835.00	23	80.58	141.57	13.15	928.73
	合川区	51	237.09	564.18	53.72	952.13	35	105.54	246.62	19.78	801.89
	江津区	86	347.81	901.99	43.11	477.99	78	270.55	760.61	28.46	374.15
	南川区	11	36.17	110.66	9.56	863.98	18	67.60	200.56	8.66	431.96
	綦江区	48	178.89	320.66	29.06	906.12	14	95.07	171.12	9.63	562.70
	荣昌区	9	12.80	34.04	1.66	487.38	33	110.76	292.01	16.90	578.61
	铜梁区	60	135.79	483.33	45.26	936.40	44	189.48	800.48	75.43	942.29
	潼南区	34	166.65	465.00	38.53	828.68	59	226.28	711.18	65.82	925.55
	永川区	19	50.48	100.35	8.78	875.07	12	39.49	91.71	6.20	675.86
	长寿区	18	83.86	181.16	28.81	1590.30	17	138.59	247.22	18.63	753.79
渝东北	城口县	2	2.15	12.49	0.99	791.48	2	1.38	6.88	0.64	936.08
	垫江县	9	40.83	129.38	8.48	655.39	7	22.46	69.64	3.53	506.89
	丰都县	42	197.15	506.45	36.00	710.92	28	149.28	389.85	20.81	533.86
	奉节县	8	28.97	59.03	4.74	802.16	18	59.22	121.81	8.94	734.00
	开县	22	98.13	267.25	5.32	198.92	10	33.86	105.80	6.54	618.11
	梁平县	13	53.90	134.20	12.31	917.44	8	27.02	66.64	6.51	977.49
	万州区	12	30.68	97.09	14.11	1453.18	11	63.43	152.05	15.44	1015.78
	巫山县	3	7.50	21.75	0.93	426.66	7	46.00	134.46	7.40	550.14
	巫溪县	1	1.45	4.36	0.44	1000.03	2	3.91	10.62	0.67	629.91
	云阳县	23	62.89	125.51	10.50	836.28	6	8.90	21.47	2.20	1023.38
	忠县	15	26.36	86.69	9.17	1057.38	12	40.06	105.16	14.03	1333.74
渝东南	彭水县	10	25.65	102.67	10.30	1002.82	4	16.30	38.59	3.13	811.81
	黔江区	1	0.08	0.33	0.04	1319.21	0	0.00	0.00	0.00	#DIV/0!
	石柱县	15	59.15	131.55	10.92	829.85	11	31.74	63.82	4.62	724.19
	秀山县	5	43.45	138.21	5.52	399.38	0	0.00	0.00	0.00	#DIV/0!
	酉阳县	4	2.83	4.41	0.29	650.66	1	1.64	1.64	0.16	950.00
	武隆县	9	32.74	47.09	2.58	548.81	8	16.99	24.23	1.36	560.73
合计		642	2410.32	6156.09	498.95	810.50	542	2216.84	5896.30	460.66	781.26

（二）房屋建设情况

1. 新开工总量小幅下滑，项目开工积极性降低

2015 年重庆市新开工面积累计 5810.85 万平方米，同比下降 7.09%，在诸多利好政策刺激下，销售市场初现企稳回暖迹象，但销售市场热度并未快速传导至开发端，库存高企使得企业开发信心受阻，再加上资金压力影响，开发节奏有意后延，新开工项目较少，已经开建项目在预计规模上也有缩减现象。

从区域分布来看，主城区新开工面积 2550.31 万平方米、城市发展新区 2091.54 万平方米、渝东北 863.3 万平方米、渝东南 305.7 万平方米，同比增幅分别为 -22.71%、7.74%、17.86%、8.92%，主城区新开工量出现大幅下降，其他区域新开工量则保持稳定增长（见表 3-26）。

表 3-26　　2014—2015 年新开工面积对比

单位：万平方米

区域		2014 年	2015 年	同比增幅（%）
主城区	渝中区	81.64	112.12	37.34
	大渡口	148.70	155.14	4.33
	江北区	370.81	156.13	-57.90
	沙坪坝	231.34	219.21	-5.24
	九龙坡	645.52	467.15	-27.63
	南岸区	324.24	200.69	-38.11
	北碚区	337.49	190.34	-43.60
	渝北区	874.31	734.84	-15.95
	巴南区	285.67	314.70	10.16
城市发展新区	涪陵区	155.38	230.45	48.32
	长寿区	149.55	132.29	-11.54
	江津区	253.33	218.75	-13.65
	合川区	249.38	142.39	-42.90
	永川区	190.91	216.57	13.44
	南川区	71.75	58.45	-18.55
	綦江区	205.74	342.94	66.68
	潼南区	93.88	216.67	130.79
	铜梁区	166.66	204.41	22.65
	大足区	184.80	157.92	-14.55
	荣昌区	95.21	57.16	-39.96
	璧山区	124.61	113.54	-8.89

续表

区域		2014 年	2015 年	同比增幅（%）
渝东北	万州区	147.58	213.01	44.33
	梁平县	48.93	38.26	-21.80
	城口县	13.94	37.12	166.29
	丰都县	26.64	40.31	51.33
	垫江县	42.34	82.12	93.94
	忠县	72.70	58.04	-20.17
	开县	43.30	53.52	23.61
	云阳县	182.59	119.31	-34.66
	奉节县	83.59	126.43	51.25
	巫山县	29.45	30.81	4.62
	巫溪县	41.41	64.37	55.44
渝东南	黔江区	53.94	52.67	-2.35
	石柱县	108.60	73.25	-32.55
	秀山县	37.47	48.38	29.12
	酉阳县	0.60	48.34	7957.05
	彭水县	33.20	45.38	36.69
	武隆县	46.86	37.68	-19.59

大部分区域2015年新开工面积均较2014年同期有所回落。涪陵区、綦江区新开工绝对量较大，分别为230.45万平方米、342.94万平方米。这一数字已超过主城区的多个区域，涪陵、綦江区自身房地产开发规模偏大，施工面积分别为732.3万平方米、815.84万平方米，区内开发项目堆积的现象较突出，但市场消化能力不如主城区，2015年新开工规模压力继续加大，未来成交市场会存在一定的风险。另外渝东北的巫山、巫溪虽然新开工增幅较大，但其绝对量仍较低，房地产开发规模过小以致对市场整体影响有限。

2. 施工面积走势平稳，竣工面积稳定增长

2015年12月底施工面积达到28985.67万平方米。较上年同期上涨1.26%，其中主城区施工面积16032.58万平方米、城市发展新区8602.95万平方米、渝东北3123.14万平方米、渝东南1227.01万平方米，同比增幅分别为-4.69%、9.6%、10.65%、8.48%（见表3-27）施工面积指标走势较平稳，城市发展新区、渝东北及渝东南由于近几年开发项目不断增多，使得施工面积继续上扬。

2015年重庆市竣工面积累计4630.29万平方米，同比上涨24.54%。从区域分布来看，主城区竣工面积2522.31万平方米、城市发展新区1495.76万平方米、渝东北365.14万平方米、渝东南247.07万平方米，同比增幅分别为16.01%、34.96%、25.15%、72.05%。目前大型房企占据开发主力地位，“高周转”已成为其首选的开发模式，虽然资金压力较大，但一旦减缓开发节奏，对已占用的开发资金流动性有很大的影响，故竣工量仍保持较高的增长。

表 3－27　　2014—2015 年竣工、施工面积对比

区域		竣工面积（万平方米）			施工面积（万平方米）		
		2014 年	2015 年	同比增幅（%）	2014 年	2015 年	同比增幅（%）
主城区	渝中区	113.36	115.36	1.76	783.67	791.95	1.06
	大渡口	49.42	40.77	－17.51	683.49	750.72	9.84
	江北区	318.62	276.46	－13.23	2150.50	1839.55	－14.46
	沙坪坝	278.20	145.86	－47.57	1987.79	1813.38	－8.77
	九龙坡	258.10	454.55	76.12	2455.31	2344.02	－4.53
	南岸区	297.80	368.60	23.77	1800.41	1921.31	6.72
	北碚区	241.61	319.36	32.18	1621.41	1474.13	－9.08
	渝北区	535.71	639.60	19.39	3726.74	3657.41	－1.86
	巴南区	81.30	161.75	98.95	1611.95	1440.11	－10.66
城市发展新区	涪陵区	161.41	150.11	－7.00	692.61	732.30	5.73
	长寿区	156.83	331.48	111.36	931.97	787.46	－15.51
	江津区	92.12	117.17	27.19	882.07	936.76	6.20
	合川区	161.19	132.15	－18.01	978.19	1000.13	2.24
	永川区	90.43	140.37	55.22	697.90	864.24	23.83
	南川区	43.97	11.57	－73.67	387.48	359.68	－7.18
	綦江区	43.10	121.42	181.73	522.25	815.84	56.22
	潼南区	47.60	29.93	－37.13	481.07	633.96	31.78
	铜梁区	53.77	207.33	285.61	530.06	638.54	20.47
	大足区	74.05	74.05	0.00	582.66	652.57	12.00
	荣昌区	94.63	82.41	－12.91	510.44	492.20	－3.57
	璧山区	89.18	97.77	9.63	652.47	689.27	5.64
渝东北	万州区	95.64	104.43	9.18	629.96	723.07	14.78
	梁平县	20.21	27.32	35.21	252.43	268.20	6.25
	城口县	2.80	6.56	134.30	74.31	85.10	14.51
	丰都县	30.63	24.97	－18.50	282.11	290.30	2.90
	垫江县	38.00	75.02	97.44	254.14	268.75	5.75
	忠　县	40.46	23.21	－42.63	273.97	261.35	－4.61
	开　县	9.14	16.31	78.47	376.89	340.22	－9.73
	云阳县	32.95	43.21	31.11	361.46	393.84	8.96
	奉节县	13.13	34.15	160.09	193.17	296.27	53.38
	巫山县	6.52	8.77	34.52	66.70	80.35	20.47
	巫溪县	2.27	1.20	－47.19	57.31	115.69	101.87

续表

区域		竣工面积（万平方米）			施工面积（万平方米）		
		2014 年	2015 年	同比增幅（%）	2014 年	2015 年	同比增幅（%）
渝东南	黔江区	19.69	48.74	147.57	219.64	245.16	11.62
	石柱县	70.64	54.97	-22.18	276.61	293.96	6.27
	秀山县	16.12	68.94	327.66	169.43	195.33	15.29
	酉阳县	28.31	24.35	-14.01	202.15	157.30	-22.18
	彭水县	2.50	18.17	626.76	89.24	144.47	61.89
	武隆县	6.35	31.91	402.73	173.98	190.79	9.66

从各区域竣工来看，有 25 个区域出现上涨，其中渝东南和渝东北多个区县竣工量大幅上涨。城市发展新区的长寿区、铜梁区竣工面积分别达到 331.48 万平方米、207.33 万平方米，其竣工规模与主城区相差无几。前几年随着开发下沉，全国性大型房企纷纷入驻开发，开工项目明显增多，开发体量与产品品质均与主城区高度贴近，随着开发进度推进以及行业规范化提高，项目竣工量明显提升。主城区施工面积依旧保持在全市前列，城市发展新区以及渝东南施工面积差距较小，渝东北的城口、巫溪以及巫山县施工面积在 100 万平方米以下。按照竣工面积占施工面积比重来看，主城区较 2014 年同期提高了 2.81 个百分点，城市发展新区、渝东北、渝东南则提高了 3.27 个百分点、1.35 个百分点、7.44 个百分点，反映出 2015 年城市发展新区以及渝东南房地产开发进度较 2014 年同期有所提高，主城区以及渝东北开发进度较平稳。

（三）重庆市主城区商品房成交情况

1. 成交量企稳回升，结构变动致房价波动较大

2015 年主城区商品房成交套数 257372 套，面积 2128.22 万平方米，销售均价 8267.5 元/平方米，同期相比增幅分别为：3.41%、-2.06%、-1.96%（见图 3-37）。

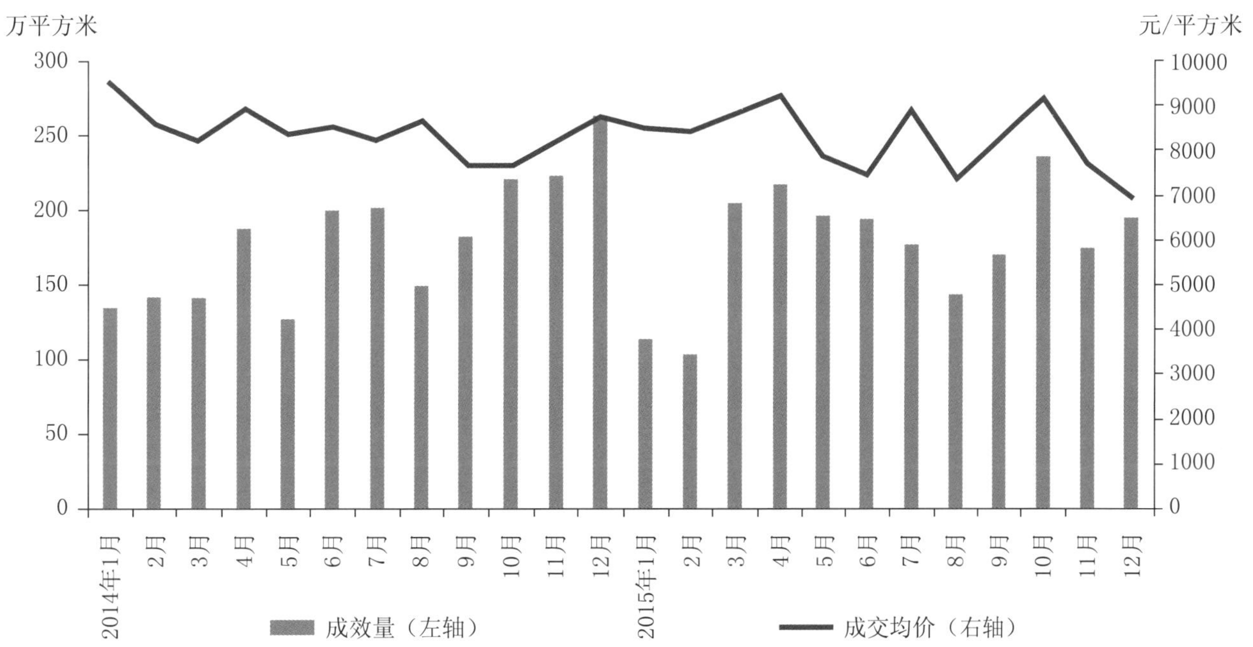

图 3-37　2014 年 1 月—2015 年 12 月成交量价走势

全市价格走势波动较大，主城区年初房价 8505.9 元/平方米，但 6、8 月均价跌至 7300 元/平方米，而 4 月、10 月却达 9200 元/平方米以上，房价差值接近 2000 元/平方米。

2. 高端物业走势平稳，商业、车库占比提高

表 3－28　　2014—2015 年各物业成交量与成交价格对比

时　间		一般住宅	别　墅	洋　房	经济适用房	商　业	写字楼	车　库
成交量（万平方米）	2014 年	1325.64	126.34	162.99	153.23	133.12	110.68	160.97
	2015 年	1276.22	122.47	152.02	247.41	104.24	207.15	18.70
成交均价（元/平方米）	2014 年	7093.15	15016.04	9375.83	18915.09	12378.40	3440.11	3533.66
	2015 年	6354.73	14690.42	8700.42	17878.33	11014.15	3512.92	3424.87

从各物业成交情况来看（见表 3－28），主城区一般住宅、别墅、洋房分别成交 1276.22 万平方米、122.47 万平方米、152.02 万平方米，同比降幅分别为 3.73%、3.06%、6.73%；成交均价分别为 6354.73 元/平方米、14690.42 元/平方米、8700.42 元/平方米，同比降幅分别为 10.41%、2.17% 和 7.2%。商业、车库分别成交 247.41 万平方米、207.15 万平方米，同比增幅达 61.46%、87.16%，写字楼成交 104.24 万平方米，同比下降 21.69%. 成交结构中一般住宅的比重继续下滑，占比由 2014 年的 61.01% 下滑至 59.97%，主要被商业、车库份额挤占，两者成交占比较 2014 年同期分别提高 4.57、4.64 个百分点，洋房、别墅成交占比无明显变化。

2015 年，开发企业在一般住宅销售难度不断增加的情况下，加大了商业、车库物业的销售力度，非住宅物业成交量表现强势，市场份额加速上升，房地产行业的市场结构发生较大转变。在供应放量的背景下，主城区商业逐渐呈现出规模量大、高品质、城市综合体的发展方向，新兴商圈的扩围以及新建对重庆市房地产市场商业销售有积极推动作用，另外长江经济带规划利好、快速发展的城市经济以及人均收入水平的提高也在一定程度上为重庆商业发展提供了强力支撑。随着全市汽车保有量不断提高，对车位需求日益增长，车位放开销售限制，一套房能买两个车位，刺激了车位放量销售，使得其成交量成倍增长，也对价格有一定的拉动作用。

在销售压力不断加重情况下，项目纷纷减少新开盘量，将前期剩余房源进行大力度打折促销，因此使得主城区住宅物业成交量涨价跌。别墅、商业均价走势平稳，其中别墅均价是一般住宅的 2.32 倍，商业均价是一般住宅的 2.81 倍，而在 2014 年同期该数值为别为 2.12、2.67，由此可见商业、别墅与一般住宅的价差逐渐拉开，其价值不断显现。目前由于传统房地产开发业务受到房价低迷、成本高企的影响已经进入“微利”甚至“负利”时代，行业利润率不断下行，而房价较高的别墅、商业能够提供更可观的利润，因而各大房地产企业在高端物业、社区商业方面展开了激烈的角逐，整体供应明显增加，拉动了成交的上涨，也随之带来高端市场与商业市场呈现“僧多粥少”局面，未来上述两类型房源在库存压力加大的情况下，房价将出现一定回落。

3. 渝北区成交表现突出，核心区域价值不断提升

从区域来看（见表 3－29），2015 年“三北”成交仍较活跃，成交量占总量的 44.06%，渝北区成交量以 601.39 万平方米位居主城区首位；南岸区紧随其后，成交量达 294.71 万平方米；九龙坡、沙坪坝、次之。从各区域成交均价来看，2015 年渝中区销售均价主城最高，为 11359.97 元/平方米，同比下降 5.38%，主要是由于区内商业、写字楼等物业占比有所回调，从而使得价格出现结构性下滑。渝北区、江北区销售均价紧随其后，分别为 9084.34 元/平方米、9013.13 元/平方米。

表 3－29　　2014—2015 年各区域成交量对比

单位：万平方米

区　域	2014 年	2015 年
渝中区	80.71	95.64
渝北区	566.11	601.39
沙坪坝区	257.14	266.59
九龙坡区	295.49	286.90
南岸区	293.39	294.71
江北区	278.98	219.56
大渡口区	66.20	55.38
北碚区	165.65	116.72
巴南区	169.29	191.33
合　计	2172.97	2128.22

4. 政策刺激效果显现，大户型房源需求提高

表 3－30　　2014—2015 年一般住宅成交面积区间对比

面积范围（平方米）	套数（套）			成交均价（元/平方米）		
	2014 年	2015 年	增幅（%）	2014 年	2015 年	增幅（%）
40 以下	9031	9279	2.75	7476.30	6307.92	－15.63
40—55	21263	20128	－5.34	6874.92	5828.58	－15.22
55—70	54909	49071	－10.63	6779.61	5963.81	－12.03
70—80	26002	24987	－3.90	6915.44	6130.65	－11.35
80—90	15698	12350	－21.33	6821.46	6316.05	－7.41
90—110	14616	15238	4.26	7090.69	6528.38	－7.93
110—140	6768	7857	16.09	7591.42	7009.26	－7.67
140—200	1607	2648	64.78	9375.20	8359.28	－10.84
200—300	397	550	38.54	14738.53	8750.09	－40.63
300 以上	75	132	76.00	17860.76	11740.38	－34.27
合　计	150366	142240	－5.40	7093.15	6354.73	－10.41%

从主城区主流住宅户型区间来看（见表 3－30），55～70 平方米户型占比较大，达到 34.5%，40～55 平方米和 70～80 平方米户型占比相当，分别为 14.15%、17.57%，刚需以及首改性房源为市场成交主力。与 2014 年同期相比，90 平方米以上户型成交套数同比上涨幅度较大，涨幅达到 12.62%。

各户型区间均有不同程度下滑，其中 200～300 平方米大户型房源价格下滑幅度较大，同比下滑 40.63%，在市场购买力不断减弱的情况下，总价偏高的高层大户型房源“以价换量”动力更大。80 平方米以下的产品同比下滑幅度基本在 10%～15%之间，价格降幅大于 80～140 平方米之间的中大户型。

（重庆市房地产开发协会）

Ⅳ.城市篇

导 读

本篇第一部分是2015年全国四十重点城市的数据汇集，包括国家统计局城市层面的行业数据，中国房地产决策咨询系统（CRIC）四十重点城市土地出让列表数据和预售项目列表数据。第二部分是2015年四十城市房地产市场大事记，对各城市落实“因城施策”调控、重要数据、企业动态、保障房建设等情况进行记录，反映2015年城市层面房地产市场的特点与差异。

一、四十重点城市数据

（一）四十重点城市宏观经济数据

表 4－1　　2015 年四十重点城市宏观经济数据

城 市	GDP（亿元）	同比（%）	进出口总额（亿美元）	同比（%）	固定资产投资（亿元）	同比（%）	社会消费品零售总额（亿元）	同比（%）
北 京	22968.6	6.9	3195.9	－23.1	7990.9	5.7	10338.0	7.3
天 津	16538.2	9.3	1143.5	－14.6	13065.9	12.1	5245.7	10.7
石家庄	5440.6	7.5	121.4	－15.4	5689.9	12.1	2680.9	9.3
太 原	2735.3	8.9	106.8	0.1	2025.6	16.0	1540.8	6.2
呼和浩特	3090.5	8.3	20.7	－5.6	1618.6	15.8	1353.5	7.8
沈 阳	7280.5	3.5	140.8	－10.8	5326.0	－18.9	3883.2	8.2
大 连	7731.6	4.2	550.9	－14.7	4559.3	－32.7	3084.3	8.5
长 春	—	—	—	—	—	—	—	—
哈尔滨	5751.2	7.1	47.8	－29.8	4595.7	10.1	3394.5	10.5
上 海	24965.0	6.9	28060.9*	－2.1	6352.7	5.6	10055.8	8.1
南 京	9720.8	9.3	532.4	－7.0	5484.5	0.4	4590.2	10.2
无 锡	8518.3	7.1	684.7	－7.7	4901.2	7.0	2847.6	9.2
苏 州	14504.1	7.5	3053.5	－1.9	6124.4	1.7	4424.8	9.0
杭 州	10053.6	10.2	665.7	－2.1	5556.3	12.2	4697.2	11.8
宁 波	8011.5	8.0	1936.4	－11.4	4506.6	13.0	3349.6	12.0
温 州	4619.8	8.3	194.8	－6.3	3456.4	13.2	2800.2	7.9
合 肥	5660.3	10.5	203.4	1.3	6153.4	15.4	2183.7	12.0
福 州	5618.1	9.6	2065.5*	－2.8	4853.6	10.6	3488.7	14.0
厦 门	3466.0	7.2	832.8	－0.2	1896.5	20.6	1168.4	8.9
南 昌	4000.0	9.6	508.3*	12.5	4000.1	17.0	1662.9	12.5
济 南	6100.2	8.1	99.1	－5.5	3498.4	14.2	3410.3	10.5
青 岛	9300.1	8.1	4359.8*	－11.1	6555.7	14.2	3713.7	10.5
郑 州	7315.2	10.1	570.3	22.9	6288.0	19.6	3294.7	11.5
武 汉	10905.6	8.8	280.7	6.3	7725.3	10.3	5102.2	11.6
长 沙	8510.1	9.9	129.5	5.7	6363.3	17.1	3690.6	12.1
广 州	18100.4	8.4	1338.7	2.5	5406.0	10.6	7933.0	11.0
深 圳	17503.0	8.9	27516.6*	－8.2	3298.3	21.4	5017.8	2.0
南 宁	3410.1	8.6	364.5*	23.3	3366.9	16.6	1786.7	10.5
北 海	892.1	11.4	37.9	8.3	932.5	16.9	202.9	9.2
海 口	1161.3	7.5	270.5*	29.4	1012.0	23.2	595.5	6.6
三 亚	435.0	8.1	2.4	495.4	706.0	12.1	181.7	8.0
重 庆	15719.7	11.0	744.8	－22.0	15480.3	17.1	6424.0	12.3
成 都	10801.2	7.9	2454.9*	－28.4	7007.0	5.8	4946.2	10.7
贵 阳	2891.2	12.5	91.2	16.3	2804.5	20.1	1060.2	11.5
昆 明	3970.0	8.0	123.6	－30.4	3497.9	11.5	2061.7	8.2
西 安	5810.0	8.2	1761.9*	15.0	5086.9	12.7	3405.4	10.4
兰 州	2096.0	9.1	315.1*	6.0	1803.8	12.0	1152.2	9.0
西 宁	1131.6	10.9	114.1*	16.3	1296.0	10.1	461.9	11.6
银 川	1480.7	8.3	32.7*	－27.4	1540.9	10.6	477.6	7.2
乌鲁木齐	2680.0	10.5	58.4	－29.5	1708.4	11.9	1152.0	7.6

数据来源：各地方统计局。

注：标注“*”的上海、福州、南昌、青岛、深圳、南宁、海口、成都、西安、兰州、西宁、银川进出口总额单位为亿元人民币。

（二）四十重点城市公共财政收入数据

表 4－2　　2011—2015 年四十重点城市公共财政收入情况

单位：亿元

城　市	2011 年	2012 年	2013 年	2014 年	2015 年
北　京	3006.3	3314.9	3661.1	4027.2	4723.9
天　津	1454.9	1760.0	2078.3	2390.0	2667.0
石家庄	221.2	272.3	315.1	343.5	375.0
太　原	174.7	215.7	247.3	258.9	274.2
呼和浩特	151.4	178.0	182.0	211.5	247.4
沈　阳	620.1	715.0	801.0	785.5	606.2
大　连	651.0	750.1	850.0	780.8	579.9
长　春	288.6	340.8	381.8	397.3	—
哈尔滨	300.3	354.7	402.3	423.5	407.7
上　海	3429.8	3743.7	4109.5	4585.6	5519.5
南　京	635.0	733.0	831.3	903.5	1020.0
无　锡	615.0	658.0	710.9	768.0	830.0
苏　州	1100.9	1204.3	1331.0	1443.8	1560.8
杭　州	785.2	860.0	945.2	1027.3	1233.9
宁　波	657.6	725.5	792.8	860.6	1006.4
温　州	270.9	289.6	324.0	352.5	403.1
合　肥	338.5	389.5	438.6	500.3	571.5
福　州	320.0	382.0	454.0	510.9	560.5
厦　门	370.8	422.9	490.6	543.8	606.1
南　昌	187.0	240.0	291.9	342.2	389.2
济　南	325.4	380.8	482.1	543.1	614.3
青　岛	566.0	670.2	788.7	895.2	1006.3
郑　州	502.3	606.7	723.6	833.9	942.9
武　汉	673.3	828.6	978.5	1101.0	1245.6
长　沙	425.8	490.7	536.6	632.8	719.0
广　州	979.5	1102.3	1141.8	1241.5	1349.1
深　圳	1339.6	1482.1	1731.3	2082.4	2727.1
南　宁	186.3	229.7	256.3	274.9	297.1
北　海	37.1	41.1	42.1	47.3	47.6
海　口	60.9	73.2	86.7	100.1	111.5
三　亚	50.0	60.3	67.5	77.8	88.9
重　庆	1488.3	1703.5	1692.9	1921.9	2155.1
成　都	680.7	781.0	898.5	1025.0	1154.4
贵　阳	187.1	241.2	277.2	331.6	374.2
昆　明	317.7	378.4	450.8	478.0	502.2
西　安	318.6	397.0	502.0	583.8	651.0
兰　州	86.5	103.7	124.5	152.3	185.2
西　宁	45.3	54.8	67.1	83.9	97.8
银　川	96.6	113.1	134.6	153.6	171.3
乌鲁木齐	206.2	252.0	301.9	340.6	368.7

数据来源：各地方财政局、统计局。

（三）四十重点城市房地产开发投资数据

表 4－3　　2011—2015 年四十重点城市房地产开发投资额

单位：亿元

城　市	2011 年	2012 年	2013 年	2014 年	2015 年
合　计	33223.47	39055.76	45565.82	50677.26	52315.74
北　京	3036.33	3153.44	3483.40	3715.33	4177.05
天　津	1080.04	1260.00	1480.82	1699.65	1871.55
石家庄	789.86	833.21	928.15	1025.33	965.13
太　原	312.08	359.24	416.23	469.68	597.83
呼和浩特	344.49	447.99	581.68	563.13	509.05
沈　阳	1684.72	1942.96	2184.01	1975.82	1337.66
大　连	1107.46	1396.52	1710.36	1429.34	897.46
长　春	666.42	649.65	611.78	532.57	501.32
哈尔滨	562.00	789.04	857.94	686.66	593.98
上　海	2170.31	2381.36	2819.59	3206.48	3468.94
南　京	871.43	971.96	1037.71	1125.49	1429.02
无　锡	872.99	971.30	1126.40	1249.37	989.75
苏　州	1199.13	1263.36	1414.01	1764.44	1864.95
杭　州	1302.27	1600.37	1853.28	2301.98	2472.60
宁　波	712.87	884.35	1123.14	1328.14	1228.84
温　州	480.55	687.06	734.28	807.98	765.76
合　肥	880.29	913.80	1105.81	1127.35	1259.14
福　州	956.45	972.27	1264.79	1455.07	1381.12
厦　门	436.31	518.88	531.80	704.06	774.07
南　昌	279.66	344.36	406.14	414.07	485.37
济　南	527.16	664.01	721.77	917.54	1014.40
青　岛	782.72	932.10	1048.52	1117.73	1122.35
郑　州	923.64	1095.14	1445.33	1743.51	2000.20
武　汉	1274.17	1574.86	1905.60	2353.63	2581.79
长　沙	887.47	1034.35	1157.63	1313.62	1006.84
广　州	1306.74	1370.45	1572.43	1816.15	2137.59
深　圳	590.21	736.84	876.90	1069.49	1331.03
南　宁	377.16	362.73	416.37	551.82	657.19
北　海	135.40	176.17	170.00	157.49	133.98
海　口	145.14	175.66	256.40	300.47	456.39
三　亚	178.84	238.45	302.72	380.02	466.65
重　庆	2015.09	2508.35	3012.78	3630.23	3751.28
成　都	1595.64	1889.23	2111.25	2215.53	2435.25
贵　阳	467.36	901.03	978.02	1010.38	1001.03
昆　明	625.97	919.07	1291.71	1492.62	1451.31
西　安	1002.67	1269.93	1572.65	1742.28	1820.85
兰　州	159.67	209.74	257.44	317.08	320.56
西　宁	117.29	160.14	195.58	246.86	280.43
银　川	176.19	275.70	330.81	388.90	409.17
乌鲁木齐	189.28	220.69	270.59	329.98	366.87

数据来源：国家统计局。

表 4 －4　　2015 年四十重点城市月度累计房地产开发投资额

单位：亿元

城　市	1 －3 月	1 －4 月	1 －5 月	1 －6 月	1 －7 月	1 －8 月	1 －9 月	1 －10 月	1 －11 月	1 －12 月
合　计	9258.99	13086.87	17790.48	24271.56	28952.41	33494.36	38530.91	43001.19	47899.50	52315.74
北　京	667.73	949.58	1223.49	1688.07	2093.03	2449.31	2847.01	3265.81	3681.27	4177.05
天　津	344.58	540.10	753.12	1039.73	1187.32	1335.99	1508.49	1623.91	1730.55	1871.55
石家庄	125.56	195.03	310.77	420.72	499.61	584.80	673.58	760.97	867.51	965.13
太　原	49.95	79.33	125.05	188.53	247.15	320.13	395.21	458.99	536.23	597.83
呼和浩特	13.85	29.09	60.39	166.05	233.04	314.41	406.38	471.48	508.94	509.05
沈　阳	192.10	337.60	517.31	750.30	944.64	1096.55	1235.86	1321.30	1336.80	1337.66
大　连	147.13	233.24	385.62	574.03	668.69	758.07	820.32	865.79	879.48	897.46
长　春	8.64	28.69	64.00	108.69	211.33	278.28	338.68	392.99	458.93	501.32
哈尔滨	13.15	36.13	96.21	206.35	269.22	328.41	406.36	474.73	549.90	593.98
上　海	713.02	950.41	1220.14	1550.02	1835.45	2085.67	2375.06	2721.04	3126.34	3468.94
南　京	318.04	455.38	596.69	758.40	879.19	1007.57	1140.89	1245.76	1345.38	1429.02
无　锡	254.24	347.98	455.61	596.91	680.28	756.24	839.82	900.21	950.04	989.75
苏　州	363.59	506.83	676.33	920.57	1106.01	1242.80	1425.49	1570.67	1726.28	1864.95
杭　州	455.65	655.94	888.75	1178.79	1404.29	1606.83	1854.49	2054.32	2251.17	2472.60
宁　波	307.86	398.35	508.54	694.44	788.24	875.77	992.45	1075.11	1161.96	1228.84
温　州	121.92	168.94	234.55	322.74	389.71	461.49	539.58	609.83	687.51	765.76
合　肥	265.49	360.04	482.84	602.88	723.63	853.40	987.50	1102.17	1179.63	1259.14
福　州	340.86	431.86	557.57	735.79	829.16	941.71	1058.83	1157.73	1279.09	1381.12
厦　门	183.31	246.08	319.44	420.18	483.97	543.05	612.42	668.77	725.33	774.07
南　昌	88.51	112.24	140.82	190.45	233.98	287.72	335.34	376.72	435.91	485.37
济　南	236.16	316.60	410.48	537.49	631.97	716.24	806.15	877.46	959.45	1014.40
青　岛	172.24	268.53	362.06	474.16	563.41	657.49	772.81	876.48	1002.46	1122.35
郑　州	301.44	450.34	636.86	902.83	1071.86	1226.04	1390.90	1550.28	1756.20	2000.20
武　汉	403.89	574.03	775.95	1193.20	1380.05	1572.54	1837.76	2082.97	2362.01	2581.79
长　沙	230.91	312.85	413.37	536.99	620.06	694.91	779.73	859.31	939.14	1006.84
广　州	395.57	542.60	706.65	902.10	1101.97	1314.96	1550.50	1706.97	1934.84	2137.59
深　圳	207.55	294.93	405.07	546.55	677.56	806.46	934.09	1078.97	1214.58	1331.03
南　宁	112.88	151.61	192.84	283.09	340.64	381.04	426.95	483.35	580.64	657.19
北　海	27.51	35.97	48.38	65.72	74.81	79.05	86.96	97.30	116.31	133.98
海　口	46.79	82.56	126.04	180.89	227.96	272.95	310.67	354.92	423.54	456.39
三　亚	94.92	120.84	159.06	199.47	245.05	287.74	340.13	383.20	423.20	466.65
重　庆	761.92	1006.77	1344.25	1715.82	2012.17	2340.13	2713.24	2989.39	3358.13	3751.28
成　都	510.56	698.47	943.00	1224.88	1416.33	1631.74	1849.45	2046.62	2273.41	2435.25
贵　阳	217.84	274.44	351.70	477.66	553.97	636.43	715.25	799.29	912.33	1001.03
昆　明	262.10	347.01	435.01	649.08	743.08	853.55	973.94	1073.87	1287.25	1451.31
西　安	227.25	372.21	561.98	818.87	979.47	1144.48	1318.55	1492.80	1661.45	1820.85
兰　州	27.14	48.82	84.18	123.02	150.82	181.20	221.80	263.54	293.12	320.56
西　宁	10.23	39.18	70.36	109.56	145.66	177.61	206.23	249.23	280.23	280.43
银　川	27.59	59.99	91.55	129.05	178.62	225.45	265.90	303.70	358.82	409.17
乌鲁木齐	9.32	26.30	54.44	87.46	129.02	166.15	236.18	313.23	344.16	366.87

表 4－5　　2011—2015 年四十重点城市住宅开发投资额

单位：亿元

城　市	2011 年	2012 年	2013 年	2014 年	2015 年
合　计	22676.70	25373.03	29616.37	32542.18	33238.71
北　京	1778.31	1627.99	1724.56	1846.08	1889.54
天　津	678.98	843.05	986.28	1122.26	1251.53
石家庄	548.70	592.27	615.70	685.33	635.89
太　原	246.53	257.02	300.29	341.08	437.34
呼和浩特	257.70	302.19	392.13	410.07	356.35
沈　阳	1262.79	1331.43	1574.58	1416.34	934.97
大　连	869.69	1055.41	1257.97	1064.70	682.18
长　春	502.53	493.22	435.52	359.21	355.03
哈尔滨	421.43	544.79	583.86	493.81	413.31
上　海	1398.75	1451.94	1615.51	1724.65	1813.32
南　京	637.52	660.94	729.13	796.27	1080.97
无　锡	582.95	613.28	733.87	844.13	685.76
苏　州	882.57	851.65	988.62	1303.50	1419.09
杭　州	800.81	1004.22	1169.56	1337.92	1442.21
宁　波	396.06	515.65	642.33	773.25	747.55
温　州	324.25	466.32	522.16	550.63	517.98
合　肥	636.44	578.50	674.35	715.04	778.73
福　州	687.51	628.48	865.41	926.58	856.65
厦　门	254.53	289.49	304.19	384.62	458.70
南　昌	206.10	221.33	241.24	304.67	360.56
济　南	402.33	445.38	514.12	613.86	725.65
青　岛	570.78	595.00	668.12	731.11	756.91
郑　州	627.37	675.65	910.46	1176.93	1338.16
武　汉	737.31	991.41	1250.78	1560.55	1777.93
长　沙	684.73	701.01	769.46	858.26	642.21
广　州	780.81	827.61	950.68	994.90	1331.03
深　圳	393.35	474.60	590.48	730.28	897.13
南　宁	263.37	253.98	302.38	368.23	465.04
北　海	95.08	129.17	119.71	126.32	105.33
海　口	116.70	130.21	205.73	207.90	276.14
三　亚	160.79	183.19	229.19	272.51	311.42
重　庆	1438.45	1706.77	2044.24	2451.37	2390.49
成　都	1039.75	1171.16	1290.45	1349.41	1472.25
贵　阳	306.28	568.49	627.94	627.19	583.02
昆　明	419.58	585.99	868.95	934.93	875.87
西　安	833.37	1003.85	1226.28	1321.91	1304.60
兰　州	89.05	131.72	171.02	212.53	211.21
西　宁	68.09	118.69	124.46	151.67	159.04
银　川	120.72	175.51	195.68	239.01	254.10
乌鲁木齐	154.64	174.47	198.98	213.17	243.52

数据来源：国家统计局。

表 4 -6　　2015 年四十重点城市月度累计住宅开发投资额

单位：亿元

城　市	1 -3 月	1 -4 月	1 -5 月	1 -6 月	1 -7 月	1 -8 月	1 -9 月	1 -10 月	1 -11 月	1 -12 月
合　计	5888.06	8301.65	11294.90	15477.19	18502.64	21353.94	24578.19	27476.79	30520.07	33238.71
北　京	303.07	437.07	603.67	832.92	1033.59	1143.20	1311.47	1529.90	1661.97	1889.54
天　津	226.93	349.64	488.59	660.29	778.64	882.14	1002.28	1082.57	1153.47	1251.53
石家庄	72.64	112.15	184.90	259.08	314.38	373.77	436.64	496.72	570.17	635.89
太　原	32.00	52.52	86.53	131.05	175.41	230.17	286.49	331.70	388.57	437.34
呼和浩特	9.79	19.31	41.08	121.12	172.20	226.77	284.44	331.11	356.25	356.35
沈　阳	135.14	236.19	365.37	538.14	677.06	775.56	863.42	925.67	934.31	934.97
大　连	115.66	183.43	293.35	443.00	515.68	579.99	624.05	661.15	669.91	682.18
长　春	6.85	20.18	44.31	73.50	151.69	199.86	239.66	279.30	323.67	355.03
哈尔滨	8.49	25.95	64.88	147.92	196.31	238.33	294.26	340.56	385.22	413.31
上　海	380.39	523.03	655.43	812.61	931.98	1059.20	1222.43	1433.64	1655.44	1813.32
南　京	255.54	357.20	456.35	581.67	676.50	772.26	874.35	952.45	1023.63	1080.97
无　锡	181.05	244.86	316.64	408.14	464.89	521.93	579.07	626.60	660.58	685.76
苏　州	275.53	374.43	504.60	690.40	831.77	939.67	1084.02	1198.37	1319.76	1419.09
杭　州	268.47	381.66	513.46	703.87	831.99	949.34	1095.91	1205.53	1316.75	1442.21
宁　波	181.54	235.83	299.97	411.77	468.47	522.93	594.60	644.63	703.73	747.55
温　州	84.29	110.78	154.26	215.40	261.94	311.58	364.25	414.48	468.56	517.98
合　肥	155.70	212.51	284.22	351.73	429.00	520.39	618.01	696.72	738.36	778.73
福　州	198.52	245.93	319.22	426.52	484.91	561.18	644.92	702.98	787.47	856.65
厦　门	95.05	131.51	174.18	249.39	289.85	327.40	366.07	399.28	433.77	458.70
南　昌	63.21	80.77	105.29	138.48	169.41	207.55	245.86	277.98	322.94	360.56
济　南	164.12	216.14	282.63	373.63	439.71	505.38	572.47	620.92	680.60	725.65
青　岛	117.74	178.22	244.04	322.92	381.62	445.41	524.87	586.30	675.84	756.91
郑　州	195.35	291.41	408.44	589.70	700.70	804.37	917.17	1025.10	1173.38	1338.16
武　汉	285.44	397.72	524.87	805.03	929.79	1051.49	1232.60	1405.27	1620.40	1777.93
长　沙	148.66	201.51	263.70	336.25	390.85	441.29	496.36	549.05	600.19	642.21
广　州	241.71	332.09	438.10	556.89	675.12	794.97	952.74	1049.80	1205.57	1331.03
深　圳	139.63	202.29	280.08	379.55	468.49	550.25	634.32	729.44	814.65	897.13
南　宁	78.76	107.02	134.48	204.01	251.58	280.16	314.60	354.75	409.41	465.04
北　海	23.49	28.46	37.36	52.16	59.27	62.99	69.91	77.67	92.04	105.33
海　口	32.68	58.99	79.31	107.47	142.94	160.45	184.90	213.52	251.84	276.14
三　亚	70.32	89.12	113.93	141.53	171.98	201.33	234.69	258.80	284.33	311.42
重　庆	486.56	638.53	834.52	1075.83	1280.93	1498.23	1732.93	1911.40	2142.85	2390.49
成　都	325.96	439.73	592.36	763.23	879.97	1013.72	1138.72	1249.71	1376.24	1472.25
贵　阳	135.27	173.03	220.62	298.13	342.82	395.32	431.03	474.90	535.56	583.02
昆　明	172.16	221.15	271.93	394.23	445.54	513.52	579.49	647.33	785.82	875.87
西　安	173.12	281.67	423.03	605.83	720.41	834.89	957.04	1080.34	1195.55	1304.60
兰　州	18.74	32.63	54.08	78.34	96.69	115.87	143.11	171.92	192.90	211.21
西　宁	5.83	24.68	45.20	64.83	83.73	100.31	114.85	143.95	159.01	159.04
银　川	16.20	34.53	53.68	74.50	103.28	132.79	159.34	185.40	220.16	254.10
乌鲁木齐	6.44	17.78	36.24	56.12	81.56	107.94	154.88	209.89	229.18	243.52

数据来源：国家统计局。

表 4-7　　2011—2015 年四十重点城市土地购置费

单位：亿元

城　市	2011 年	2012 年	2013 年	2014 年	2015 年
合　计	7112.75	7546.77	8308.7	11162.86	12341.18
北　京	1301.23	1102.69	1159.47	1378.94	2052.92
天　津	85.15	138.39	107.25	281.37	319.02
石家庄	74.30	73.59	76.93	173.13	118.22
太　原	48.44	35.05	31.47	87.83	89.95
呼和浩特	41.50	56.31	89.16	78.58	43.09
沈　阳	201.74	310.85	238.01	174.82	81.77
大　连	114.40	203.13	153.33	201.27	121.41
长　春	137.74	174.05	131.00	114.69	116.99
哈尔滨	99.25	85.94	83.20	126.92	88.06
上　海	418.10	390.53	588.84	873.61	1004.41
南　京	212.21	205.24	163.98	345.83	489.64
无　锡	238.80	171.75	201.82	269.39	117.43
苏　州	324.10	257.85	304.57	501.74	491.45
杭　州	520.55	684.02	802.07	1097.03	1213.53
宁　波	175.31	258.08	317.04	390.37	421.44
温　州	177.14	342.89	306.96	260.53	187.41
合　肥	178.33	138.16	215.94	285.91	267.17
福　州	389.53	229.70	292.48	335.33	349.20
厦　门	185.58	198.15	132.69	242.17	297.22
南　昌	59.92	33.92	33.38	46.07	67.65
济　南	108.35	162.02	113.41	235.68	254.58
青　岛	196.04	263.65	262.89	245.68	253.64
郑　州	97.25	114.05	150.26	152.50	122.51
武　汉	285.39	247.40	275.98	321.68	490.55
长　沙	160.39	141.91	132.43	184.18	91.82
广　州	204.83	159.10	258.89	461.67	505.00
深　圳	111.03	129.77	95.02	195.67	316.76
南　宁	73.32	55.52	70.06	99.72	171.87
北　海	36.27	44.10	29.57	23.08	14.68
海　口	4.99	5.62	12.66	44.50	70.68
三　亚	20.31	33.88	53.13	58.75	153.17
重　庆	374.76	384.16	519.65	649.64	733.81
成　都	244.41	320.45	405.83	565.18	585.84
贵　阳	28.18	65.24	102.64	54.70	55.48
昆　明	58.94	141.04	230.51	347.98	212.05
西　安	59.02	88.65	71.62	154.39	196.92
兰　州	22.16	23.09	31.91	20.60	29.06
西　宁	17.19	37.03	15.78	22.47	49.66
银　川	14.64	30.74	30.35	29.75	44.42
乌鲁木齐	11.96	9.06	16.52	29.51	50.73

数据来源：国家统计局。

表 4－8　　2015 年四十重点城市月度累计土地购置费

单位：亿元

城　市	1－3 月	1－4 月	1－5 月	1－6 月	1－7 月	1－8 月	1－9 月	1－10 月	1－11 月	1－12 月
合　计	1855.38	2805.87	4008.20	5624.33	6916.16	8059.71	9258.45	10351.21	11576.47	12341.18
北　京	320.95	477.90	610.47	800.72	1032.43	1213.59	1422.14	1643.05	1898.03	2052.92
天　津	33.89	77.94	124.20	174.06	215.42	251.06	280.48	290.93	307.11	319.02
石家庄	14.79	27.36	37.91	55.06	62.00	68.19	74.95	87.32	100.16	118.22
太　原	5.26	11.46	19.65	31.08	41.46	53.22	68.11	76.28	86.49	89.95
呼和浩特	0.70	2.00	4.28	15.55	20.56	27.27	37.31	41.99	43.09	43.09
沈　阳	7.73	17.78	29.02	43.23	56.43	66.12	73.48	78.91	81.77	81.77
大　连	15.12	24.65	43.38	59.29	75.43	92.42	99.64	114.20	117.69	121.41
长　春	0.06	1.40	9.33	13.11	36.05	56.88	75.44	84.04	105.97	116.99
哈尔滨	1.46	6.81	18.63	38.24	48.00	55.62	65.01	75.51	85.68	88.06
上　海	125.91	188.04	288.96	407.29	520.78	612.75	677.59	833.39	968.06	1004.41
南　京	104.25	164.78	219.82	279.91	318.65	357.63	415.67	449.09	470.91	489.64
无　锡	26.29	47.51	61.67	74.83	88.36	103.04	110.22	114.14	115.10	117.43
苏　州	58.95	104.97	155.32	225.89	286.19	322.16	394.52	434.37	474.81	491.45
杭　州	188.00	312.77	456.19	620.50	743.21	862.76	968.67	1062.51	1140.57	1213.53
宁　波	98.72	131.66	169.87	249.73	293.20	330.94	370.76	390.96	410.77	421.44
温　州	38.08	46.82	64.56	84.62	97.08	113.28	134.49	158.16	167.74	187.41
合　肥	57.41	66.61	100.32	136.36	172.71	203.91	239.74	251.34	258.87	267.17
福　州	90.44	111.66	148.86	197.71	231.36	253.84	272.36	294.98	326.50	349.20
厦　门	68.53	93.50	130.75	196.45	225.92	247.69	266.46	283.27	291.52	297.22
南　昌	5.58	7.76	10.59	17.76	22.84	30.50	39.25	46.66	63.19	67.65
济　南	62.50	88.93	120.78	152.21	183.63	206.84	223.29	237.02	257.23	254.58
青　岛	23.44	36.15	57.54	90.34	122.45	152.98	188.61	207.50	242.70	253.64
郑　州	17.01	17.07	26.99	53.49	67.35	73.56	78.97	91.41	105.90	122.51
武　汉	57.44	83.34	127.21	235.56	279.04	305.72	362.54	399.41	459.90	490.55
长　沙	15.05	26.06	41.21	63.49	65.54	70.49	79.66	83.63	88.44	91.82
广　州	77.84	107.03	133.75	167.23	209.61	271.99	329.08	360.40	446.31	505.00
深　圳	23.92	47.07	76.74	117.22	147.74	174.75	215.18	271.27	306.43	316.76
南　宁	25.43	32.07	41.28	71.58	82.84	87.47	91.32	104.72	143.20	171.87
北　海	1.81	2.19	3.63	5.75	6.92	7.95	9.45	9.46	12.90	14.68
海　口	3.06	12.02	16.44	21.35	33.23	38.75	41.38	47.42	68.76	70.68
三　亚	21.17	27.46	40.93	50.25	73.80	90.51	119.48	137.27	146.23	153.17
重　庆	100.11	142.68	219.14	296.61	368.06	455.44	510.42	570.08	644.45	733.81
成　都	100.09	152.20	225.62	309.87	352.71	415.13	477.55	512.36	559.86	585.84
贵　阳	10.28	10.61	17.29	21.35	30.08	34.38	37.67	42.28	49.35	55.48
昆　明	34.05	48.93	65.86	98.57	119.05	131.00	143.13	161.27	190.64	212.05
西　安	12.05	22.56	46.92	85.82	101.41	115.29	137.57	156.56	175.11	196.92
兰　州	1.48	3.93	7.50	13.12	16.11	18.90	22.44	25.10	27.59	29.06
西　宁	0.86	8.26	15.95	23.23	28.26	33.73	37.52	42.18	48.59	49.66
银　川	5.64	13.18	16.29	18.30	23.44	32.40	36.13	37.35	42.09	44.42
乌鲁木齐		0.73	3.33	7.62	16.79	19.54	30.75	43.40	46.76	50.73

数据来源：国家统计局。

（四）四十重点城市房地产开发企业到位资金数据

表4－9　　2011—2015年四十重点城市房地产开发企业到位资金

单位：亿元

城　市	2011年	2012年	2013年	2014年	2015年
合　计	47737.38	55879.97	69231.09	69065.68	73068.40
北　京	5358.09	6084.55	7300.18	6622.01	7282.11
天　津	1997.82	2146.28	2761.47	2823.48	3208.66
石家庄	809.79	997.38	1024.00	1080.41	1069.49
太　原	379.76	383.98	522.14	535.43	614.01
呼和浩特	350.58	465.67	588.41	531.58	511.84
沈　阳	2105.97	2118.30	2517.48	2136.88	1527.28
大　连	1463.13	1666.84	2092.16	1659.37	1190.99
长　春	692.65	749.28	812.45	683.33	737.94
哈尔滨	713.43	919.28	1044.21	758.20	769.22
上　海	3206.93	3968.51	5092.67	5269.90	5531.86
南　京	1296.32	1663.52	2215.43	2150.05	2458.25
无　锡	1070.93	1328.13	1540.63	1477.78	1388.75
苏　州	2059.41	2460.80	2979.51	2975.04	3170.48
杭　州	1921.70	2167.52	2904.45	3112.14	3173.96
宁　波	786.40	860.12	1391.03	1472.25	1288.94
温　州	733.55	777.09	870.83	872.64	873.21
合　肥	1066.83	1152.96	1551.42	1585.99	1666.35
福　州	1246.78	1521.63	2082.26	1843.01	1799.00
厦　门	664.05	942.33	1180.77	1143.91	1247.21
南　昌	411.52	627.47	737.86	664.01	731.04
济　南	687.55	844.53	964.79	1162.07	1467.13
青　岛	1258.32	1228.91	1672.18	1465.53	1703.78
郑　州	1017.44	1316.59	1673.33	1860.41	2121.70
武　汉	1748.03	2198.52	2428.86	2483.81	2924.08
长　沙	1342.44	1404.66	1658.60	1667.15	1584.91
广　州	1681.65	1868.02	2286.92	2434.80	2820.17
深　圳	890.85	1190.97	1686.91	1631.90	2938.53
南　宁	516.53	668.55	687.01	852.53	864.35
北　海	132.29	169.61	184.09	171.10	149.88
海　口	190.07	427.96	494.34	522.86	700.44
三　亚	270.49	345.62	458.37	486.29	559.03
重　庆	3295.69	3869.54	4614.06	5344.98	5024.58
成　都	2479.83	2540.10	3093.59	3378.25	3538.56
贵　阳	710.57	746.69	1053.48	1042.38	964.27
昆　明	865.71	1169.93	1661.58	1575.06	1669.15
西　安	1481.49	1726.35	1872.82	1973.34	2106.22
兰　州	170.87	279.22	428.25	416.63	467.56
西　宁	119.64	198.64	206.73	288.35	298.60
银　川	243.71	352.50	468.91	489.06	476.12
乌鲁木齐	298.58	331.43	426.91	421.75	448.73

数据来源：国家统计局。

表 4－10　　2015 年四十重点城市月度累计房地产开发企业到位资金

单位：亿元

城　市	1－3 月	1－4 月	1－5 月	1－6 月	1－7 月	1－8 月	1－9 月	1－10 月	1－11 月	1－12 月
合　计	15806.56	20769.43	26370.82	33882.29	39959.85	46037.64	52196.09	58722.35	65378.16	73068.40
北　京	1252.10	1702.22	2135.18	3045.69	3561.43	4059.80	4687.69	5520.08	6105.04	7282.11
天　津	639.84	895.74	1120.42	1369.80	1638.02	1856.55	2077.39	2375.91	2777.52	3208.66
石家庄	228.43	295.87	445.12	536.37	613.85	724.56	811.58	885.45	979.62	1069.49
太　原	73.83	106.99	150.76	206.73	261.50	327.47	399.87	508.91	561.01	614.01
呼和浩特	51.38	64.36	114.19	189.79	243.02	319.17	427.18	471.33	507.06	511.84
沈　阳	332.42	488.90	697.16	912.73	1063.38	1224.25	1360.46	1454.82	1485.91	1527.28
大　连	289.69	412.74	547.91	706.60	829.24	927.07	1021.92	1102.64	1135.24	1190.99
长　春	67.26	116.19	183.06	254.98	393.60	463.68	521.82	581.86	675.24	737.94
哈尔滨	71.90	109.73	163.30	290.35	340.76	405.69	508.89	587.64	684.38	769.22
上　海	1324.23	1698.47	2063.19	2570.71	2902.73	3337.17	3824.65	4373.19	4907.29	5531.86
南　京	529.71	703.56	907.54	1110.12	1336.18	1552.55	1726.68	1915.74	2177.03	2458.25
无　锡	423.18	517.77	661.96	750.95	907.10	1011.81	1093.05	1201.17	1294.30	1388.75
苏　州	756.73	985.75	1206.32	1592.26	1894.57	2169.59	2435.29	2690.07	2934.93	3170.48
杭　州	544.51	815.63	1082.46	1362.58	1664.05	1924.14	2243.93	2552.55	2860.93	3173.96
宁　波	331.34	418.62	528.97	673.22	763.58	864.91	995.84	1062.28	1191.49	1288.94
温　州	167.96	212.10	282.15	355.17	416.68	487.30	563.34	658.75	778.23	873.21
合　肥	352.97	488.39	636.64	761.72	939.05	1124.18	1259.36	1397.72	1501.14	1666.35
福　州	449.78	555.24	700.53	911.02	1038.79	1187.42	1318.32	1466.85	1608.51	1799.00
厦　门	285.37	380.66	477.15	625.94	714.65	789.63	905.15	1047.43	1142.32	1247.21
南　昌	173.32	228.13	287.66	368.72	428.71	499.11	542.71	595.82	664.08	731.04
济　南	337.98	477.77	586.06	774.40	879.83	989.84	1156.62	1251.25	1378.61	1467.13
青　岛	392.45	492.73	584.78	756.16	862.33	974.22	1111.67	1272.18	1442.32	1703.78
郑　州	376.90	492.64	692.52	937.59	1112.37	1274.87	1457.00	1620.65	1858.77	2121.70
武　汉	562.44	781.87	946.46	1360.70	1563.53	1876.36	2064.09	2357.24	2644.68	2924.08
长　沙	517.14	561.36	714.42	823.72	934.74	1046.83	1166.72	1270.99	1436.28	1584.91
广　州	554.12	716.88	913.11	1116.99	1424.60	1680.81	1925.30	2146.39	2378.50	2820.17
深　圳	514.19	691.48	912.75	1167.26	1518.88	1898.86	2096.66	2307.56	2589.33	2938.53
南　宁	194.02	247.68	300.86	384.62	490.74	512.65	568.62	629.48	737.30	864.35
北　海	47.60	56.26	68.69	86.75	98.73	103.69	110.78	119.75	132.41	149.88
海　口	182.75	186.68	282.64	358.41	440.08	469.77	369.68	610.13	671.48	700.44
三　亚	196.01	239.09	276.65	332.67	375.61	417.25	466.31	473.47	510.45	559.03
重　庆	1319.70	1707.92	2083.37	2552.62	2904.42	3256.64	3686.21	4053.34	4497.36	5024.58
成　都	988.87	1170.25	1433.80	1798.43	2045.44	2308.60	2611.67	2902.35	3213.63	3538.56
贵　阳	250.21	313.64	340.84	453.21	516.38	606.90	695.89	792.20	883.50	964.27
昆　明	353.17	481.93	568.66	701.95	838.94	971.94	1218.91	1322.21	1540.36	1669.15
西　安	395.19	561.30	748.93	990.21	1149.79	1389.31	1574.31	1761.65	1933.62	2106.22
兰　州	99.68	110.08	160.25	213.07	263.37	303.15	349.30	382.58	426.18	467.56
西　宁	56.01	79.55	104.94	137.83	159.87	195.49	220.34	258.19	288.49	298.60
银　川	74.25	129.50	160.18	200.29	245.39	285.65	329.47	371.02	427.13	476.12
乌鲁木齐	47.94	73.80	99.24	139.94	183.93	218.74	291.42	369.51	416.51	448.73

数据来源：国家统计局。

表 4 – 11　　2011—2015 年四十重点城市房地产开发国内贷款

单位：亿元

城　市	2011 年	2012 年	2013 年	2014 年	2015 年
合　计	8816.98	10317.67	13548.12	14905.15	14326.91
北　京	1167.95	1484.74	1836.95	2158.03	1970.97
天　津	521.53	570.37	765.22	817.16	954.00
石家庄	87.67	72.34	95.82	96.36	128.31
太　原	40.13	24.28	33.07	81.22	71.87
呼和浩特	16.67	25.33	46.64	66.47	43.80
沈　阳	180.32	246.96	149.39	119.52	124.09
大　连	365.32	303.79	436.88	440.73	247.97
长　春	42.92	74.99	81.31	85.26	146.94
哈尔滨	46.47	75.31	82.36	70.17	96.91
上　海	741.18	975.78	1292.36	1638.84	1516.59
南　京	355.10	416.68	536.98	533.01	455.09
无　锡	237.26	274.29	347.22	280.09	252.95
苏　州	450.02	560.75	645.18	594.82	497.17
杭　州	451.73	495.59	637.29	793.96	614.53
宁　波	177.08	219.08	314.88	355.61	269.03
温　州	65.16	51.64	111.12	130.67	59.49
合　肥	162.88	138.49	152.34	217.83	258.02
福　州	121.94	214.92	303.09	265.42	325.63
厦　门	127.28	139.51	189.73	161.75	233.90
南　昌	82.49	101.28	109.58	105.23	102.12
济　南	116.27	119.25	134.01	191.69	248.60
青　岛	323.61	244.32	445.00	363.23	339.96
郑　州	95.67	110.94	141.82	280.09	200.61
武　汉	312.85	366.46	548.03	505.15	511.55
长　沙	218.31	235.51	314.25	346.58	258.92
广　州	352.37	411.85	440.98	501.99	459.76
深　圳	220.02	302.88	441.09	538.02	730.79
南　宁	90.53	97.44	126.58	141.14	116.51
北　海	16.09	15.44	14.09	8.03	5.69
海　口	58.6	87.64	72.36	104.67	89.63
三　亚	44.28	88.77	124.52	167.82	136.71
重　庆	695.08	720.80	1112.29	1190.77	1033.07
成　都	326.98	334.44	514.55	571.86	684.23
贵　阳	104.36	146.78	124.18	121.15	131.91
昆　明	77.07	158.38	304.44	291.32	401.83
西　安	189.17	222.44	250.48	315.59	288.42
兰　州	39.85	68.84	109.21	72.67	93.90
西　宁	16.41	36.36	41.87	45.28	68.12
银　川	32.55	36.60	71.21	90.15	76.53
乌鲁木齐	45.81	46.41	49.75	45.80	80.80

数据来源：国家统计局。

表 4－12　　**2015 年四十重点城市月度累计房地产开发国内贷款**

单位：亿元

城市	1－3 月	1－4 月	1－5 月	1－6 月	1－7 月	1－8 月	1－9 月	1－10 月	1－11 月	1－12 月
合　计	3955.14	5020.28	6022.62	7523.34	8817.51	9844.16	11111.17	12161.12	13240.16	14326.91
北　京	387.03	503.79	616.78	1023.67	1148.55	1251.90	1426.45	1608.31	1748.40	1970.97
天　津	202.37	321.31	385.63	448.53	557.47	604.76	672.49	744.63	862.62	954.00
石家庄	29.43	39.38	47.13	54.33	60.25	88.50	100.84	111.07	117.02	128.31
太　原	5.46	7.33	11.46	15.06	16.44	21.22	35.12	48.95	60.58	71.87
呼和浩特	2.99	3.67	23.36	34.68	36.92	38.70	40.31	41.77	43.80	43.80
沈　阳	34.97	55.33	69.57	94.53	101.47	107.78	113.63	114.91	121.78	124.09
大　连	74.94	92.82	120.64	161.12	198.22	214.17	218.90	231.53	232.22	247.97
长　春	30.53	34.41	40.21	46.26	102.80	111.67	113.58	116.90	128.46	146.94
哈尔滨	18.00	31.66	34.90	44.98	46.44	50.95	68.33	80.67	87.73	96.91
上　海	469.10	561.84	652.25	780.96	856.98	1002.24	1125.64	1242.93	1377.16	1516.59
南　京	143.59	190.76	219.36	241.02	312.10	347.01	369.65	390.95	428.18	455.09
无　锡	87.25	108.09	124.55	136.97	147.96	177.70	185.86	203.65	228.85	252.95
苏　州	199.01	227.09	263.45	330.52	387.94	423.48	459.89	475.79	507.41	497.17
杭　州	120.97	229.37	301.22	344.09	400.61	426.82	510.08	567.84	628.37	614.53
宁　波	105.42	116.78	125.26	148.67	168.36	199.85	222.89	219.63	249.13	269.03
温　州	13.65	16.24	20.70	22.19	22.97	26.48	32.06	47.28	52.99	59.49
合　肥	84.77	91.19	116.87	128.39	189.63	203.28	223.21	250.23	258.06	258.02
福　州	107.80	116.73	149.40	188.52	212.21	230.22	251.08	283.24	290.93	325.63
厦　门	67.76	77.86	99.82	119.57	136.23	139.28	167.29	211.64	220.40	233.90
南　昌	30.59	36.07	48.27	67.09	79.29	81.82	87.14	94.20	97.04	102.12
济　南	61.74	84.53	92.03	118.48	126.25	141.20	208.31	223.85	242.79	248.60
青　岛	110.36	130.47	133.36	147.60	169.48	183.69	218.36	261.03	313.76	339.96
郑　州	46.76	51.42	66.05	86.23	108.38	118.10	137.46	150.26	167.49	200.61
武　汉	161.90	211.21	233.81	311.70	350.17	375.85	414.65	422.70	466.84	511.55
长　沙	153.79	146.86	167.81	175.93	196.88	208.13	228.74	241.18	257.63	258.92
广　州	111.98	122.42	172.26	210.61	280.91	307.88	338.39	370.72	394.21	459.76
深　圳	158.91	214.97	279.24	380.29	478.55	554.42	618.53	655.58	687.32	730.79
南　宁	23.74	31.69	36.37	45.30	55.50	64.64	74.93	82.48	90.11	116.51
北　海	1.99	2.09	4.14	4.30	4.30	4.55	4.72	4.99	5.19	5.69
海　口	27.76	30.82	40.00	44.50	53.75	53.80	64.50	76.11	86.33	89.63
三　亚	56.10	73.40	86.92	93.59	107.44	121.09	125.67	127.99	133.32	136.71
重　庆	317.02	390.77	460.88	541.68	650.73	742.69	808.56	879.01	951.34	1033.07
成　都	242.30	281.91	325.47	390.22	443.82	487.63	552.78	611.70	648.52	684.23
贵　阳	33.83	50.01	54.80	76.30	84.94	105.71	110.93	121.29	129.57	131.91
昆　明	100.11	159.00	169.90	169.45	177.95	221.29	321.98	335.70	356.49	401.83
西　安	67.08	89.31	115.29	149.60	172.59	201.02	225.52	258.07	277.56	288.42
兰　州	28.39	28.00	39.24	55.02	67.46	73.84	71.94	74.36	79.22	93.90
西　宁	15.87	22.56	26.70	28.90	30.45	45.15	51.31	60.13	64.47	68.12
银　川	16.61	29.91	34.75	41.72	45.31	48.70	56.45	59.23	69.02	76.53
乌鲁木齐	3.27	7.23	12.76	20.74	29.81	36.96	53.02	58.63	77.86	80.80

数据来源：国家统计局。

表 4－13　　2011—2015 年四十重点城市房地产开发利用外资

单位：亿元

城　市	2011 年	2012 年	2013 年	2014 年	2015 年
合　计	609. 49	275. 52	361. 25	501. 57	238. 69
北　京	2. 60	4. 22	11. 60	7. 78	5. 75
天　津	12. 48	3. 47	16. 22	7. 19	6. 54
石家庄	—	—	—	—	—
太　原	—	0. 03	—	—	—
呼和浩特	—	—	—	—	—
沈　阳	121. 11	68. 67	45. 41	35. 46	9. 95
大　连	18. 72	9. 16	1. 77	17. 28	16. 21
长　春	4. 77	1. 89	5. 15	—	
哈尔滨	2. 70	0. 02	—	2. 70	1. 32
上　海	43. 55	26. 12	38. 14	69. 61	33. 92
南　京	15. 66	5. 51	1. 27	12. 35	12. 50
无　锡	12. 90	18. 63	28. 25	24. 47	13. 46
苏　州	12. 75	13. 7	4. 36	19. 13	4. 73
杭　州	17. 37	3. 87	10. 79	56. 74	0. 71
宁　波	9. 25	3. 44	26. 99	2. 67	12. 82
温　州	3. 67	—	—	—	—
合　肥	3. 71	1. 39	1. 00	0. 78	—
福　州	10. 33	0. 04	1. 68	0. 55	0. 80
厦　门	0. 84	3. 99	14. 65	21. 43	5. 48
南　昌	3. 29	0. 79	0. 03	—	6. 14
济　南	0. 49	6. 11	15. 93	0. 21	12. 45
青　岛	18. 97	1. 46	4. 19	5. 05	0. 21
郑　州	5. 00	—	4. 43	—	1. 30
武　汉	42. 80	1. 27	—	16. 97	—
长　沙	60. 38	44. 79	33. 21	3. 20	—
广　州	48. 15	6. 73	12. 11	6. 91	10. 57
深　圳	2. 06	—	0. 12	20. 46	3. 21
南　宁	0. 06	—	—	—	1. 55
北　海	0. 07	—	—	—	—
海　口	—	—	—	—	0. 79
三　亚	3. 16	6. 47	—	—	—
重　庆	59. 92	20. 13	44. 18	113. 13	65. 90
成　都	66. 64	16. 93	32. 33	39. 34	0. 97
贵　阳	4. 41	4. 29	—	3. 05	—
昆　明	0. 14	2. 4	—	15. 11	5. 10
西　安	0. 00	—	7. 44	—	6. 32
兰　州	—	—	—	—	—
西　宁	1. 53	—	—	—	—
银　川	—	—	—	—	—
乌鲁木齐	—	—	—	—	—

数据来源：国家统计局。

表 4 - 14　　2015 年四十重点城市月度累计房地产开发利用外资

单位：亿元

城　市	1-3 月	1-4 月	1-5 月	1-6 月	1-7 月	1-8 月	1-9 月	1-10 月	1-11 月	1-12 月
合　计	72.56	87.88	127.52	147.13	149.01	163.92	186.79	195.58	210.80	238.69
北　京	0.82	0.82	0.82	0.82	1.52	1.52	4.07	4.07	5.75	5.75
天　津	4.77	4.07	5.33	5.84	5.90	5.90	6.45	6.49	6.54	6.54
石家庄	—	—	—	—	—	—	—	—	—	—
太　原	—	—	—	—	—	—	—	—	—	—
呼和浩特	—	—	—	—	—	—	—	—	—	—
沈　阳	2.89	5.95	7.95	7.95	7.95	7.95	7.95	7.95	9.95	9.95
大　连	2.00	2.00	2.00	2.00	2.00	2.00	16.01	16.01	16.11	16.21
长　春	—	—	—	—	—	—	—	—	—	—
哈尔滨	—	—	—	—	—	—	—	1.30	1.32	1.32
上　海	1.24	4.88	31.39	31.70	31.86	32.47	32.47	33.21	33.71	33.92
南　京	12.00	12.00	12.00	12.00	12.10	12.10	12.10	12.10	12.10	12.50
无　锡	10.29	12.29	12.37	12.37	12.37	12.45	12.59	12.81	12.81	13.46
苏　州	—	3.02	2.70	2.70	2.70	2.70	2.77	2.77	2.81	4.73
杭　州	0.06	0.24	0.24	0.54	0.59	0.59	0.59	0.59	0.59	0.71
宁　波	7.33	8.89	8.89	8.89	9.58	10.16	11.40	11.61	11.84	12.82
温　州	—	—	—	—	—	—	—	—	—	—
合　肥	—	—	—	—	—	—	—	—	—	—
福　州	0.78	0.78	0.78	0.78	0.78	0.78	0.78	0.80	0.80	0.80
厦　门	—	—	—	—	—	—	—	4.00	5.48	5.48
南　昌	0.10	0.10	6.24	6.34	6.14	6.14	6.14	6.14	6.14	6.14
济　南	0.05	0.09	3.09	9.45	9.45	9.45	9.45	9.45	12.45	12.45
青　岛	0.01	0.01	0.01	0.01	0.01	0.01	0.21	0.21	0.21	0.21
郑　州	—	1.00	1.00	1.00	1.00	1.30	1.30	1.30	1.30	1.30
武　汉	—	—	—	—	—	—	—	—	—	—
长　沙	—	—	—	—	—	—	—	—	—	—
广　州	0.49	0.50	0.70	3.33	3.54	5.07	5.09	5.50	10.53	10.57
深　圳	0.01	0.66	0.66	0.66	0.66	0.66	3.46	3.46	2.81	3.21
南　宁	0.50	0.50	0.50	0.50	0.50	0.50	0.50	1.55	1.55	1.55
北　海	—	—	—	—	—	—	—	—	—	—
海　口	—	—	—	0.70	0.70	0.70	0.70	0.70	0.70	0.79
三　亚	—	—	—	—	—	—	—	—	—	—
重　庆	27.15	28.01	28.76	37.47	37.47	43.06	44.37	45.16	46.91	65.90
成　都	0.97	0.97	0.97	0.97	0.97	0.97	0.97	0.97	0.97	0.97
贵　阳	—	—	—	—	—	—	—	—	—	—
昆　明	1.10	1.10	1.10	1.10	1.10	1.10	1.10	1.10	1.10	5.10
西　安	—	—	—	—	—	6.32	6.32	6.32	6.32	6.32
兰　州	—	—	—	—	—	—	—	—	—	—
西　宁	—	—	—	—	—	—	—	—	—	—
银　川	—	—	—	—	—	—	—	—	—	—
乌鲁木齐	—	—	—	—	—	—	—	—	—	—

数据来源：国家统计局。

表 4－15　　2011—2015 年四十重点城市房地产开发自筹资金

单位：亿元

城　市	2011 年	2012 年	2013 年	2014 年	2015 年
合　计	16906.23	19897.85	23527.15	25241.75	25607.69
北　京	1746.18	1611.91	2138.23	1815.41	2277.20
天　津	645.44	831.71	892.08	875.23	932.39
石家庄	466.64	674.82	680.37	778.87	839.18
太　原	159.21	157.30	227.76	213.70	313.96
呼和浩特	246.98	324.89	411.48	391.10	380.19
沈　阳	1111.49	1121.43	1475.57	1417.31	952.74
大　连	472.51	761.49	967.71	709.25	428.55
长　春	287.86	350.13	285.46	254.43	222.94
哈尔滨	388.72	484.55	525.76	418.29	390.68
上　海	1192.87	1385.96	1569.91	1560.83	1519.99
南　京	313.77	428.14	499.69	580.21	440.09
无　锡	370.20	434.08	516.50	618.59	483.37
苏　州	503.32	578.79	764.70	894.23	774.19
杭　州	395.64	422.69	622.39	885.86	772.65
宁　波	380.90	393.84	546.88	665.69	408.94
温　州	149.72	359.90	350.52	313.38	394.41
合　肥	421.11	342.54	475.69	419.89	386.10
福　州	578.96	598.53	781.07	864.11	662.66
厦　门	268.49	202.22	262.49	380.83	563.48
南　昌	134.90	143.59	154.03	137.51	202.52
济　南	259.46	345.28	297.37	435.65	532.65
青　岛	402.81	429.93	497.60	504.74	693.04
郑　州	514.12	592.56	802.93	837.40	1055.81
武　汉	764.04	857.24	879.28	1074.93	1399.41
长　沙	357.71	365.74	401.44	539.74	395.79
广　州	335.77	477.41	563.54	753.86	843.88
深　圳	342.60	473.24	456.97	545.65	783.13
南　宁	168.95	216.63	179.21	241.83	260.89
北　海	61.93	104.71	111.90	92.37	88.36
海　口	42.24	218.00	181.86	170.05	182.57
三　亚	119.16	125.53	168.16	204.93	309.97
重　庆	853.72	1182.06	1263.70	1824.41	1666.53
成　都	961.19	939.34	1110.66	1332.43	1506.55
贵　阳	280.25	196.89	251.94	241.54	199.59
昆　明	458.87	518.52	915.40	808.56	730.97
西　安	487.21	807.64	811.25	886.75	1028.95
兰　州	64.46	124.53	158.02	164.48	158.40
西　宁	60.11	94.63	81.50	104.05	114.26
银　川	67.95	132.50	145.78	144.23	180.37
乌鲁木齐	68.77	86.96	100.35	139.43	130.34

数据来源：国家统计局。

表 4－16　　2015 年四十重点城市月度累计房地产开发自筹资金

单位：亿元

城　市	1－3 月	1－4 月	1－5 月	1－6 月	1－7 月	1－8 月	1－9 月	1－10 月	1－11 月	1－12 月
合　计	5764.24	7425.36	9528.76	12386.31	14278.83	16327.67	18605.34	20887.60	23154.15	25607.69
北　京	352.71	479.49	626.72	885.82	1041.31	1205.12	1358.73	1711.07	1833.38	2277.20
天　津	245.14	310.58	372.77	456.59	504.81	558.99	582.30	694.22	824.59	932.39
石家庄	160.70	213.26	349.29	422.66	489.13	560.37	628.81	691.74	766.71	839.18
太　原	38.44	47.18	69.76	97.42	133.68	168.48	205.64	261.02	297.20	313.96
呼和浩特	37.38	46.77	70.02	126.41	168.97	235.75	315.92	352.01	379.39	380.19
沈　阳	181.20	281.58	417.50	558.42	664.50	781.29	876.95	942.94	941.24	952.74
大　连	93.86	152.86	217.56	266.69	304.16	352.36	381.15	413.01	418.62	428.55
长　春	12.28	25.15	52.91	70.63	103.60	123.82	152.34	171.18	212.21	222.94
哈尔滨	30.04	38.87	66.39	138.98	171.15	211.20	268.86	298.97	351.54	390.68
上　海	418.73	505.74	607.62	778.60	861.01	905.49	1055.79	1203.72	1351.06	1519.99
南　京	122.66	156.23	222.51	261.62	280.53	308.25	333.94	361.15	415.66	440.09
无　锡	163.04	204.74	283.71	298.47	353.56	381.43	412.45	443.68	463.23	483.37
苏　州	227.08	297.23	349.94	455.15	521.97	579.02	652.81	714.76	735.81	774.19
杭　州	137.83	184.43	257.34	337.39	404.46	475.16	548.44	632.18	698.15	772.65
宁　波	122.35	156.52	199.07	252.34	276.80	297.14	338.46	369.19	394.16	408.94
温　州	71.76	84.47	112.81	141.54	169.69	203.93	236.66	286.44	349.45	394.41
合　肥	72.05	100.94	132.99	170.90	194.84	251.22	287.74	325.66	346.20	386.10
福　州	160.41	195.55	239.22	332.31	373.15	434.52	478.30	524.82	587.02	662.66
厦　门	141.18	196.68	232.23	325.36	358.00	386.18	444.39	493.62	530.72	563.48
南　昌	51.27	66.46	78.38	96.91	109.32	141.55	152.79	166.06	192.32	202.52
济　南	154.89	228.93	275.05	351.58	388.19	424.07	465.86	491.07	525.62	532.65
青　岛	149.58	191.57	222.99	306.45	359.54	396.45	449.39	516.07	577.39	693.04
郑　州	196.19	258.13	351.71	486.98	572.29	649.39	734.28	823.42	938.88	1055.81
武　汉	218.65	327.81	407.03	644.59	733.34	863.30	982.83	1139.39	1274.43	1399.41
长　沙	134.36	123.93	178.08	202.22	227.08	253.44	287.85	310.59	337.59	395.79
广　州	147.43	219.01	273.07	320.13	393.89	494.29	591.71	651.04	727.53	843.88
深　圳	179.64	224.05	291.22	342.70	404.01	504.84	563.08	599.57	694.03	783.13
南　宁	47.86	82.29	94.33	121.03	139.31	143.48	153.06	173.68	218.37	260.89
北　海	32.33	36.85	43.25	52.58	59.76	61.46	64.92	70.00	77.27	88.36
海　口	85.49	59.29	81.96	96.62	109.21	120.46	129.91	154.55	172.39	182.57
三　亚	109.28	124.75	140.94	178.47	199.97	223.04	229.89	253.92	278.82	309.97
重　庆	498.40	622.48	735.06	882.96	956.42	1044.32	1229.79	1331.88	1492.63	1666.53
成　都	455.50	510.08	620.67	796.58	886.23	999.71	1126.13	1224.78	1355.76	1506.55
贵　阳	77.06	82.59	81.54	110.22	126.59	144.23	162.59	175.73	187.05	199.59
昆　明	143.17	171.29	202.80	273.66	355.90	406.77	512.55	552.51	699.42	730.97
西　安	196.12	281.73	385.17	507.80	582.71	685.84	787.97	866.73	954.05	1028.95
兰　州	38.17	37.78	60.43	74.45	88.91	103.12	127.95	139.77	154.74	158.40
西　宁	16.68	24.97	34.27	45.87	57.61	70.45	77.17	99.80	113.47	114.26
银　川	27.86	50.97	62.79	76.00	96.01	110.98	126.92	140.91	161.84	180.37
乌鲁木齐	15.47	22.14	27.62	41.22	57.23	66.75	89.02	114.72	124.18	130.34

数据来源：国家统计局。

表 4 – 17　　2011—2015 年四十重点城市房地产开发其他资金

单位：亿元

城　市	2011 年	2012 年	2013 年	2014 年	2015 年
合　计	21404. 71	25388. 95	31794. 58	28417. 19	32895. 12
北　京	2441. 36	2983. 68	3313. 40	2640. 80	3028. 19
天　津	818. 37	740. 73	1087. 95	1123. 91	1315. 72
石家庄	255. 47	250. 22	247. 81	205. 19	102. 00
太　原	180. 43	202. 38	261. 30	240. 51	228. 18
呼和浩特	86. 93	115. 45	130. 28	74. 01	87. 85
沈　阳	693. 04	681. 24	847. 11	564. 58	440. 50
大　连	606. 58	592. 40	685. 80	492. 11	498. 27
长　春	357. 10	322. 27	440. 53	343. 64	368. 07
哈尔滨	275. 54	359. 40	436. 09	267. 04	280. 31
上　海	1229. 32	1580. 66	2192. 26	2000. 62	2461. 37
南　京	611. 79	813. 20	1177. 50	1024. 48	1550. 57
无　锡	450. 57	601. 12	648. 65	554. 63	638. 98
苏　州	1093. 32	1307. 55	1565. 26	1466. 86	1894. 40
杭　州	1056. 96	1245. 37	1633. 98	1375. 57	1786. 06
宁　波	219. 18	243. 76	502. 28	448. 28	598. 16
温　州	515. 01	365. 55	409. 19	428. 59	419. 31
合　肥	479. 13	670. 55	922. 40	947. 49	1022. 23
福　州	535. 55	708. 13	996. 42	712. 92	809. 91
厦　门	267. 45	596. 60	713. 90	579. 90	444. 36
南　昌	190. 83	381. 82	474. 22	421. 28	420. 26
济　南	311. 33	373. 88	517. 47	534. 52	673. 44
青　岛	512. 94	553. 20	725. 39	592. 51	670. 57
郑　州	402. 65	613. 09	724. 16	742. 92	863. 98
武　汉	628. 34	973. 56	1001. 55	886. 75	1013. 12
长　沙	706. 04	758. 61	909. 71	777. 63	930. 20
广　州	945. 36	972. 02	1270. 28	1172. 05	1505. 95
深　圳	326. 17	414. 84	788. 73	527. 77	1421. 41
南　宁	256. 99	354. 48	381. 22	469. 56	485. 40
北　海	54. 19	49. 46	58. 10	70. 70	55. 82
海　口	89. 23	122. 32	240. 12	248. 14	427. 45
三　亚	103. 90	124. 85	165. 68	113. 54	112. 35
重　庆	1686. 98	1946. 55	2193. 89	2216. 67	2259. 07
成　都	1125. 01	1249. 38	1436. 06	1434. 61	1346. 82
贵　阳	321. 55	398. 73	677. 36	676. 63	632. 77
昆　明	329. 63	493. 04	441. 74	460. 07	531. 25
西　安	805. 11	693. 87	803. 65	771. 00	782. 54
兰　州	66. 57	85. 86	161. 03	179. 48	215. 25
西　宁	41. 60	67. 66	83. 36	139. 02	116. 23
银　川	143. 20	183. 41	251. 93	254. 69	219. 21
乌鲁木齐	183. 99	198. 06	276. 82	236. 52	237. 58

数据来源：国家统计局。

表 4 -18　　2015 年四十重点城市月度累计房地产开发其他资金

单位：亿元

城　市	1 -3 月	1 -4 月	1 -5 月	1 -6 月	1 -7 月	1 -8 月	1 -9 月	1 -10 月	1 -11 月	1 -12 月
合　计	6014. 63	8235. 91	10691. 93	13825. 51	16714. 50	19701. 89	22292. 78	25478. 05	28773. 05	32895. 12
北　京	511. 54	718. 11	890. 87	1135. 38	1370. 05	1601. 26	1898. 44	2196. 63	2517. 51	3028. 19
天　津	187. 56	259. 78	356. 69	458. 84	569. 85	686. 89	816. 15	930. 57	1083. 77	1315. 72
石家庄	38. 29	43. 24	48. 70	59. 38	64. 46	75. 70	81. 93	82. 64	95. 89	102. 00
太　原	29. 92	52. 48	69. 54	94. 26	111. 28	137. 77	159. 11	198. 93	203. 23	228. 18
呼和浩特	11. 01	13. 91	20. 80	28. 70	37. 13	44. 72	70. 94	77. 55	83. 87	87. 85
沈　阳	113. 37	146. 03	202. 14	251. 82	289. 45	327. 23	361. 93	389. 02	412. 93	440. 50
大　连	118. 88	165. 06	207. 70	276. 79	324. 85	358. 53	405. 86	442. 10	468. 29	498. 27
长　春	24. 45	56. 62	89. 94	138. 08	187. 21	228. 19	255. 91	293. 78	334. 56	368. 07
哈尔滨	23. 86	39. 21	62. 02	106. 39	123. 17	143. 53	171. 70	206. 69	243. 78	280. 31
上　海	435. 17	626. 00	771. 92	979. 45	1152. 88	1396. 98	1610. 76	1893. 32	2145. 35	2461. 37
南　京	251. 46	344. 57	453. 66	595. 48	731. 45	885. 19	1010. 99	1151. 54	1321. 08	1550. 57
无　锡	162. 60	192. 65	241. 32	303. 15	393. 21	440. 22	482. 15	541. 03	589. 42	638. 98
苏　州	330. 64	458. 40	590. 23	803. 89	981. 96	1164. 38	1319. 82	1496. 74	1688. 89	1894. 40
杭　州	285. 65	401. 59	523. 66	680. 56	858. 38	1021. 58	1184. 82	1351. 94	1533. 81	1786. 06
宁　波	96. 24	136. 44	195. 75	263. 31	308. 83	357. 77	423. 09	461. 84	536. 35	598. 16
温　州	82. 55	111. 39	148. 64	191. 44	224. 03	256. 90	294. 61	325. 03	375. 78	419. 31
合　肥	196. 15	296. 25	386. 77	462. 42	554. 58	669. 67	748. 41	821. 83	896. 87	1022. 23
福　州	180. 79	242. 17	311. 13	389. 41	452. 64	521. 90	588. 16	657. 99	729. 76	809. 91
厦　门	76. 43	106. 12	145. 10	181. 02	220. 42	264. 17	293. 48	338. 18	385. 73	444. 36
南　昌	91. 36	125. 50	154. 78	198. 37	233. 96	269. 61	296. 64	329. 41	368. 59	420. 26
济　南	121. 30	164. 23	215. 89	294. 89	355. 95	415. 11	473. 00	526. 87	597. 74	673. 44
青　岛	132. 51	170. 68	228. 41	302. 10	333. 31	394. 07	443. 71	494. 87	550. 96	670. 57
郑　州	133. 96	182. 10	273. 76	363. 38	430. 70	506. 07	583. 96	645. 67	751. 10	863. 98
武　汉	181. 89	242. 85	305. 62	404. 41	480. 02	637. 21	666. 61	795. 15	903. 41	1013. 12
长　沙	228. 99	290. 58	368. 52	445. 57	510. 78	585. 27	650. 13	719. 22	841. 06	930. 20
广　州	294. 21	374. 95	467. 07	582. 92	746. 26	873. 56	990. 11	1119. 14	1246. 23	1505. 95
深　圳	175. 63	251. 81	341. 63	443. 60	635. 66	838. 94	911. 60	1048. 95	1205. 17	1421. 41
南　宁	121. 92	133. 20	169. 67	217. 79	295. 43	304. 04	340. 13	371. 78	427. 28	485. 40
北　海	13. 29	17. 32	21. 31	29. 88	34. 68	37. 68	41. 15	44. 77	49. 95	55. 82
海　口	69. 50	96. 56	160. 68	216. 59	276. 42	294. 81	174. 58	378. 77	412. 06	427. 45
三　亚	30. 63	40. 94	48. 79	60. 61	68. 20	73. 12	110. 75	91. 55	98. 31	112. 35
重　庆	477. 13	666. 67	858. 67	1090. 51	1259. 79	1426. 58	1603. 49	1797. 29	2006. 48	2259. 07
成　都	290. 10	377. 29	486. 69	610. 66	714. 42	820. 29	931. 78	1064. 89	1208. 38	1346. 82
贵　阳	139. 32	181. 04	204. 49	266. 69	304. 84	356. 95	422. 37	495. 19	566. 89	632. 77
昆　明	108. 79	150. 54	194. 86	257. 73	303. 99	342. 78	383. 28	432. 90	483. 34	531. 25
西　安	131. 99	190. 26	248. 47	332. 81	394. 49	496. 14	554. 50	630. 54	695. 69	782. 54
兰　州	33. 12	44. 30	60. 58	83. 60	106. 99	126. 20	149. 41	168. 45	192. 23	215. 25
西　宁	23. 46	32. 02	43. 97	63. 06	71. 81	79. 89	91. 86	98. 25	110. 56	116. 23
银　川	29. 78	48. 63	62. 63	82. 57	104. 06	125. 97	146. 10	170. 88	196. 27	219. 21
乌鲁木齐	29. 20	44. 43	58. 85	77. 98	96. 90	115. 03	149. 38	196. 16	214. 47	237. 58

数据来源：国家统计局。

（五）四十重点城市土地购置数据

表 4－19　　2011—2015 年四十重点城市土地购置面积

单位：万平方米

城　市	2011 年	2012 年	2013 年	2014 年	2015 年
合　计	12939. 85	11563. 04	13832. 19	11508. 84	8568. 81
北　京	507. 04	305. 99	906. 17	580. 76	390. 96
天　津	596. 59	299. 75	210. 64	122. 74	173. 98
石家庄	448. 60	274. 23	83. 07	74. 77	56. 43
太　原	143. 85	88. 34	180. 63	66. 04	238. 68
呼和浩特	215. 86	109. 44	76. 69	49. 82	22. 70
沈　阳	755. 89	810. 35	860. 04	305. 24	223. 00
大　连	588. 51	509. 69	336. 26	342. 53	170. 81
长　春	722. 13	749. 73	456. 29	532. 10	487. 19
哈尔滨	678. 45	334. 63	265. 18	128. 20	107. 98
上　海	562. 76	300. 62	421. 74	313. 18	263. 39
南　京	41. 96	120. 60	121. 11	71. 29	116. 84
无　锡	240. 46	248. 30	487. 15	612. 84	180. 31
苏　州	186. 60	352. 43	591. 01	604. 21	331. 21
杭　州	226. 57	112. 39	227. 65	128. 17	138. 75
宁　波	220. 44	57. 33	239. 92	232. 08	103. 25
温　州	123. 46	60. 37	86. 87	146. 91	88. 23
合　肥	449. 69	476. 41	658. 62	631. 87	417. 23
福　州	286. 14	214. 32	390. 44	212. 40	207. 74
厦　门	52. 16	188. 91	125. 10	58. 30	97. 75
南　昌	208. 93	129. 45	257. 13	254. 51	89. 70
济　南	193. 81	272. 72	217. 71	273. 89	274. 45
青　岛	684. 29	240. 06	433. 01	292. 49	235. 01
郑　州	216. 4	349. 86	461. 97	398. 57	222. 45
武　汉	251. 28	456. 95	502. 82	227. 06	161. 67
长　沙	341. 95	311. 15	458. 99	279. 50	106. 68
广　州	338. 85	142. 97	182. 18	318. 69	134. 85
深　圳	39. 3	97. 34	134. 87	105. 73	137. 72
南　宁	161. 52	101. 34	80. 22	245. 72	149. 75
北　海	169. 57	63. 49	55. 54	6. 19	2. 87
海　口	18. 94	34. 90	14. 23	113. 89	65. 06
三　亚	14. 75	80. 63	16. 98	24. 04	70. 80
重　庆	1676. 12	2183. 07	1896. 65	1864. 59	1626. 77
成　都	195. 79	152. 71	271. 93	365. 47	387. 47
贵　阳	331. 54	197. 17	424. 59	110. 35	202. 17
昆　明	350. 65	466. 95	782. 36	324. 16	193. 39
西　安	230. 54	168. 66	335. 16	335. 96	300. 34
兰　州	100. 44	64. 11	169. 53	386. 23	84. 69
西　宁	99. 74	162. 31	31. 85	82. 58	31. 08
银　川	162. 36	179. 55	174. 99	160. 98	106. 50
乌鲁木齐	105. 92	93. 82	204. 90	124. 79	168. 95

数据来源：国家统计局。

表 4－20　　2015 年四十重点城市月度累计土地购置面积

单位：万平方米

城　市	1－3 月	1－4 月	1－5 月	1－6 月	1－7 月	1－8 月	1－9 月	1－10 月	1－11 月	1－12 月
合　计	1469.25	1884.00	2833.26	3496.23	4354.71	5045.32	5590.46	6350.05	7212.75	8568.81
北　京	61.86	75.14	80.06	127.50	169.14	176.83	183.27	196.22	218.20	390.96
天　津	2.74	6.20	2.12	5.66	39.98	50.80	83.03	92.17	120.87	173.98
石家庄	12.92	15.52	15.52	25.27	46.11	46.00	51.02	58.14	58.14	56.43
太　原	7.90	7.90	7.90	12.91	20.24	52.04	58.80	60.77	78.01	238.68
呼和浩特	2.87	2.87	5.93	10.85	12.54	13.95	22.60	22.70	22.70	22.70
沈　阳	108.15	134.03	161.65	166.52	181.18	181.92	222.69	223.00	223.00	223.00
大　连	66.70	86.08	112.19	119.06	147.83	153.45	158.15	158.15	165.53	170.81
长　春	—	—	41.85	46.61	152.90	229.77	272.00	304.53	430.28	487.19
哈尔滨	—	—	4.62	20.72	23.74	33.40	45.45	73.79	93.02	107.98
上　海	31.61	40.13	74.01	88.74	154.69	160.35	143.01	219.53	225.54	263.39
南　京	26.27	24.34	55.50	73.55	73.55	86.03	93.53	91.34	111.46	116.84
无　锡	111.04	131.44	162.68	162.68	167.86	172.80	173.68	154.73	158.23	180.31
苏　州	53.09	81.32	114.46	138.59	213.53	230.85	250.66	262.15	307.10	331.21
杭　州	3.22	4.72	27.58	37.29	44.36	51.86	59.71	85.62	123.87	138.75
宁　波	11.58	17.71	79.67	99.31	102.02	103.24	122.54	138.86	94.03	103.25
温　州	8.04	9.44	12.50	11.86	17.19	25.74	32.75	53.08	71.50	88.23
合　肥	49.05	111.06	248.99	270.03	325.70	339.12	361.15	364.35	370.88	417.23
福　州	45.89	46.18	46.18	53.53	73.39	108.45	101.87	103.02	174.80	207.74
厦　门	17.14	31.20	49.77	55.22	67.99	67.99	76.21	91.36	96.88	97.75
南　昌	20.78	25.12	32.69	32.69	46.01	61.68	79.61	87.42	87.62	89.70
济　南	76.84	83.33	97.24	157.50	166.86	208.19	236.07	237.16	274.45	274.45
青　岛	26.48	26.48	33.64	50.82	121.17	128.33	128.33	185.63	193.38	235.01
郑　州	44.80	76.17	92.46	127.86	151.12	177.51	159.08	163.21	218.66	222.45
武　汉	59.97	55.44	60.99	90.55	93.34	79.49	108.74	128.17	136.99	161.67
长　沙	14.94	20.58	37.90	54.91	55.56	66.37	67.47	74.25	88.17	106.68
广　州	3.13	3.52	8.00	7.61	27.63	78.01	88.61	107.52	122.62	134.85
深　圳	8.69	15.46	35.99	36.65	43.47	44.46	67.38	73.77	105.64	137.72
南　宁	1.70	22.89	24.32	88.43	89.97	94.02	102.88	111.01	124.55	149.75
北　海	—	—	0.37	0.37	0.37	0.37	0.37	2.87	2.87	2.87
海　口	2.32	2.32	3.98	9.21	18.69	32.90	32.90	27.67	53.96	65.06
三　亚	—	9.03	16.20	26.38	42.67	44.76	53.83	53.83	53.93	70.80
重　庆	339.36	471.74	577.59	739.68	790.79	947.36	1042.16	1222.24	1297.37	1626.77
成　都	69.05	52.48	75.03	96.95	109.33	142.96	166.19	201.79	359.84	387.47
贵　阳	49.00	50.53	85.94	90.54	120.07	103.08	108.01	125.53	130.39	202.17
昆　明	69.27	41.25	118.30	102.71	135.41	138.12	169.49	203.17	190.06	193.39
西　安	12.37	40.26	110.90	125.99	141.53	150.40	190.15	234.45	252.21	300.34
兰　州	6.01	7.67	46.83	47.94	49.88	72.26	72.72	74.45	76.26	84.69
西　宁	1.54	1.54	3.86	3.85	5.00	12.71	14.26	29.46	30.60	31.08
银　川	23.25	31.69	41.13	51.08	53.25	83.13	83.13	84.61	100.79	106.50
乌鲁木齐	19.66	21.20	26.71	28.61	58.65	94.63	106.96	168.34	168.34	168.95

数据来源：国家统计局。

表 4-21　　2011—2015 年四十重点城市土地成交价款

单位：亿元

城　市	2011 年	2012 年	2013 年	2014 年	2015 年
合　计	—	3560.79	5462.04	5516.20	4649.42
北　京	—	224.65	784.04	763.67	811.13
天　津	—	56.41	82.16	121.09	74.20
石家庄	—	58.82	34.70	26.05	28.10
太　原	—	18.07	48.30	14.49	57.81
呼和浩特	—	12.78	28.20	16.13	9.55
沈　阳	—	127.10	247.78	95.85	73.08
大　连	—	129.51	121.45	172.86	73.61
长　春	—	190.29	130.16	146.17	149.94
哈尔滨	—	73.57	49.38	41.36	40.50
上　海	—	135.09	279.12	395.63	179.98
南　京	—	52.88	48.03	59.08	95.21
无　锡	—	64.46	186.05	231.04	49.58
苏　州	—	155.97	233.69	308.21	155.01
杭　州	—	102.07	243.01	217.82	149.75
宁　波	—	27.69	199.91	77.18	75.67
温　州	—	80.42	101.58	130.13	100.60
合　肥	—	140.21	264.21	229.97	225.03
福　州	—	88.52	142.46	94.53	78.79
厦　门	—	93.34	110.37	82.47	145.96
南　昌	—	36.89	115.71	70.83	45.25
济　南	—	73.82	93.20	169.99	132.48
青　岛	—	91.04	148.54	78.66	105.79
郑　州	—	77.36	119.62	114.91	75.18
武　汉	—	195.17	195.45	109.71	135.98
长　沙	—	85.69	120.01	84.31	40.60
广　州	—	73.69	152.49	205.37	177.61
深　圳	—	103.10	73.67	95.19	269.19
南　宁	—	34.36	23.83	88.17	57.90
北　海	—	14.59	18.05	1.29	0.24
海　口	—	4.25	6.50	28.67	21.07
三　亚	—	22.41	5.20	12.72	34.48
重　庆	—	550.71	448.79	679.99	539.12
成　都	—	34.56	129.46	181.98	179.29
贵　阳	—	45.88	77.73	22.21	38.28
昆　明	—	148.85	232.32	107.38	52.96
西　安	—	66.12	81.53	136.46	110.27
兰　州	—	17.82	29.94	39.05	11.33
西　宁	—	23.49	5.20	11.87	8.86
银　川	—	17.73	16.85	25.06	15.68
乌鲁木齐	—	11.42	33.36	28.69	24.41

数据来源：国家统计局。

表 4－22　　**2015 年四十重点城市月度累计土地成交价款**

单位：亿元

城　市	1－3 月	1－4 月	1－5 月	1－6 月	1－7 月	1－8 月	1－9 月	1－10 月	1－11 月	1－12 月
合　计	590.13	830.97	1214.94	1552.34	2024.44	2451.89	2788.75	3361.85	3815.11	4649.42
北　京	114.70	168.89	194.61	230.84	291.62	296.04	301.90	480.81	513.52	811.13
天　津	2.07	4.34	0.71	1.01	21.38	26.72	36.70	44.44	51.49	74.20
石家庄	6.76	7.76	7.80	11.27	24.78	24.88	25.41	26.34	27.47	28.10
太　原	1.02	1.02	1.02	3.29	7.43	25.98	30.72	31.36	43.49	57.81
呼和浩特	0.97	1.47	2.25	4.25	4.94	5.09	9.51	9.54	9.55	9.55
沈　阳	41.40	49.18	57.09	59.86	65.50	67.09	72.60	73.08	73.08	73.08
大　连	21.50	37.93	42.57	43.17	55.79	69.54	72.19	72.22	73.35	73.61
长　春	—	—	8.16	8.74	49.67	79.88	94.96	107.76	127.66	149.94
哈尔滨	—	—	0.80	12.56	13.52	14.34	19.06	28.79	37.95	40.50
上　海	11.21	18.90	25.01	35.07	53.12	61.69	83.72	145.46	142.06	179.98
南　京	17.19	10.16	50.69	61.37	61.37	69.97	71.21	70.40	83.52	95.21
无　锡	25.12	32.91	39.69	39.69	42.34	45.14	45.71	40.25	45.53	49.58
苏　州	22.98	28.68	50.24	56.61	104.35	106.52	120.16	132.83	147.88	155.01
杭　州	20.28	21.67	27.39	40.04	41.79	50.09	97.97	116.80	133.22	149.75
宁　波	5.03	7.67	18.58	26.49	28.90	29.44	41.47	64.10	64.22	75.67
温　州	8.15	8.85	9.95	9.12	10.97	16.17	18.35	78.02	88.08	100.60
合　肥	11.45	21.44	73.99	85.46	145.27	183.57	198.63	203.49	204.92	225.03
福　州	12.87	14.32	15.62	18.04	39.66	45.71	50.88	53.20	69.52	78.79
厦　门	16.81	32.20	49.22	91.81	109.91	114.63	120.68	129.66	137.76	145.96
南　昌	6.89	10.15	19.15	20.01	28.31	37.87	42.10	44.07	44.08	45.25
济　南	38.44	41.47	46.38	58.85	67.42	94.56	105.00	109.16	132.27	132.48
青　岛	11.54	11.54	10.06	16.22	51.19	52.51	53.51	71.08	76.63	105.79
郑　州	13.59	23.78	34.86	47.39	53.95	59.94	60.05	62.16	74.75	75.18
武　汉	17.60	17.85	22.64	63.29	43.44	60.00	77.65	94.06	109.88	135.98
长　沙	8.29	12.65	19.81	29.88	30.94	34.56	34.64	37.60	38.36	40.60
广　州	1.81	1.88	4.86	4.85	32.68	59.57	78.81	99.42	143.35	177.61
深　圳	11.13	61.40	101.94	104.88	107.54	143.00	150.79	162.32	226.34	269.19
南　宁	2.41	6.26	7.82	14.92	16.52	21.59	26.78	29.40	37.43	57.90
北　海	—	—	0.04	0.04	0.04	0.04	0.04	0.24	0.24	0.24
海　口	0.41	0.41	1.37	1.92	6.95	11.94	11.94	11.39	17.68	21.07
三　亚	—	6.23	8.67	12.97	14.70	17.57	25.62	25.92	25.95	34.48
重　庆	86.44	103.13	148.98	190.36	209.58	300.99	344.69	390.49	421.19	539.12
成　都	16.86	23.21	34.32	55.13	71.05	87.37	92.13	112.40	157.86	179.29
贵　阳	8.05	8.24	12.12	15.73	20.80	23.84	26.41	29.70	30.89	38.28
昆　明	14.60	9.37	16.10	20.44	28.44	29.27	39.91	43.93	49.58	52.96
西　安	4.99	16.90	36.02	39.51	45.86	51.79	65.48	75.26	97.01	110.27
兰　州	0.91	1.25	4.68	5.08	5.66	6.42	7.06	9.29	9.68	11.33
西　宁	0.64	0.64	0.87	0.86	1.92	4.85	5.37	8.77	8.86	8.86
银　川	4.09	5.06	5.96	7.83	8.02	11.91	12.13	12.75	14.94	15.68
乌鲁木齐	1.92	2.15	2.90	3.48	7.12	9.82	16.78	23.89	23.89	24.41

数据来源：国家统计局。

（六）四十重点城市房地产建设数据

表 4－23　　2011—2015 年四十重点城市房屋施工面积

单位：万平方米

城　市	2011 年	2012 年	2013 年	2014 年	2015 年
合　计	227596.12	251824.36	283447.4	308748.45	311325.95
北　京	12065.38	13122.49	13886.87	13588.08	12993.08
天　津	9075.39	9864.22	10892.17	10652.37	10230.22
石家庄	4967.99	4677.18	5200.29	4967.87	4083.90
太　原	2859.89	3651.05	4184.22	4636.18	4830.54
呼和浩特	3531.92	4442.06	5805.39	5860.47	5574.45
沈　阳	10289.91	11002.63	11568.29	11495.78	8341.31
大　连	6201.04	6213.43	6396.17	6279.66	4911.50
长　春	4087.87	5123.72	5628.42	6058.49	6122.45
哈尔滨	4528.17	5577.06	5947.06	6086.31	5578.78
上　海	12983.32	13249.97	13516.58	14690.18	15095.33
南　京	5644.43	6050.06	6156.48	6540.23	7084.44
无　锡	5162.64	5568.89	6342.78	6812.33	6574.41
苏　州	8218.73	8403.89	9297.49	10908.95	11285.85
杭　州	7739.69	8299.84	9327.52	10506.53	11145.90
宁　波	5295.67	6080.51	6833.96	7422.16	6737.89
温　州	3226.07	3745.92	4219.60	4670.44	4646.93
合　肥	5645.79	6071.64	7015.32	6986.81	7199.30
福　州	4989.92	5704.68	6871.04	7598.91	7800.01
厦　门	3592.70	3579.73	3785.86	4219.86	4333.83
南　昌	2609.87	3123.29	3992.51	4244.74	4458.93
济　南	3520.89	3819.44	4815.08	5265.66	6633.99
青　岛	5690.39	6497.69	7072.55	8170.67	8971.23
郑　州	7425.82	8253.94	9721.23	10574.15	10818.24
武　汉	5961.06	6862.97	8545.13	10238.43	11062.52
长　沙	7685.55	7376.26	8696.54	9688.60	9304.76
广　州	7704.34	7845.62	8159.31	9369.93	9345.57
深　圳	3082.46	3216.69	4003.49	4492.18	4978.41
南　宁	3608.46	3747.04	3812.35	4519.36	5174.93
北　海	1304.32	1397.75	1432.71	1551.12	1577.04
海　口	1189.42	1591.47	1805.89	2252.04	2571.66
三　亚	636.53	899.52	1216.62	1491.69	1475.96
重　庆	20397.24	22009.03	26251.89	28623.93	28985.67
成　都	12664.51	14150.98	15239.30	17202.89	18334.84
贵　阳	4794.03	5664.10	6467.52	6815.79	6847.81
昆　明	4184.81	5885.00	7705.66	8772.72	9200.41
西　安	8215.57	9893.11	10297.63	12332.19	13332.63
兰　州	1686.70	2342.49	2622.13	3284.56	3800.49
西　宁	1276.21	1479.95	1840.40	1808.27	1893.55
银　川	2141.05	2948.53	3522.66	4208.92	4231.36
乌鲁木齐	1710.37	2390.52	3351.29	3859.00	3755.80

数据来源：国家统计局。

表 4 - 24　　2015 年四十重点城市月度累计房屋施工面积

单位：万平方米

城　市	1 - 3 月	1 - 4 月	1 - 5 月	1 - 6 月	1 - 7 月	1 - 8 月	1 - 9 月	1 - 10 月	1 - 11 月	1 - 12 月
合　计	250398.85	256441.69	263103.82	270983.38	277656.77	283328.44	293107.47	298542.47	305557.08	311325.95
北　京	10646.69	10880.18	11097.48	11425.99	11754.98	11818.12	12037.79	12214.14	12589.86	12993.08
天　津	8224.73	8325.14	8580.40	8794.63	8972.11	9197.11	9397.66	9674.08	9839.02	10230.22
石家庄	2933.95	2978.14	3015.04	3130.85	3196.09	3307.43	3415.63	3570.93	3772.51	4083.90
太　原	3668.81	3737.56	3818.07	3955.23	4030.49	4172.35	4428.63	4540.45	4666.59	4830.54
呼和浩特	4763.72	4862.14	4963.06	5257.99	5318.49	5412.49	5527.96	5580.47	5608.11	5574.45
沈　阳	7158.28	7383.74	7493.63	7631.69	7820.05	7908.80	8265.04	8350.59	8392.10	8341.31
大　连	4283.68	4369.44	4457.95	4673.91	4727.26	4816.41	4879.26	4886.63	4910.68	4911.50
长　春	5135.81	5154.52	5213.99	5202.36	5448.91	5587.47	5680.67	5745.56	5948.40	6122.45
哈尔滨	4463.80	4519.68	4675.80	4873.03	4976.27	5069.17	5276.32	5352.96	5506.56	5578.78
上　海	12041.47	12431.24	12720.89	13233.87	13359.42	13730.61	14094.02	14296.24	14738.89	15095.33
南　京	5531.79	5664.67	5901.34	6086.42	6238.11	6391.62	6654.90	6783.78	6904.22	7084.44
无　锡	5781.69	5904.31	6053.69	6115.42	6203.31	6275.92	6400.95	6445.66	6470.62	6574.41
苏　州	9216.30	9627.07	9827.75	10212.64	10428.15	10654.54	10984.07	11104.52	11191.34	11285.85
杭　州	8879.09	9105.83	9327.34	9586.63	9925.90	10104.74	10517.31	10778.88	11002.17	11145.90
宁　波	6030.91	6090.47	6264.21	6350.08	6418.30	6420.24	6619.90	6683.53	6740.56	6737.89
温　州	4113.06	4167.82	4247.58	4283.30	4335.45	4369.01	4434.44	4510.29	4631.59	4646.93
合　肥	5426.02	5508.90	5788.59	5917.56	6091.27	6351.54	6617.94	6825.61	6970.02	7199.30
福　州	6524.41	6635.46	6768.27	6833.54	6941.17	7027.18	7394.72	7517.02	7658.31	7800.01
厦　门	3649.23	3713.12	3837.97	3850.51	3875.74	4027.95	4214.81	4278.33	4286.31	4333.83
南　昌	3678.19	3766.53	3822.00	3961.58	4027.27	4217.98	4339.25	4389.34	4441.51	4458.93
济　南	5268.19	5414.16	5611.68	5806.39	6111.20	6208.27	6305.84	6388.25	6480.58	6633.99
青　岛	7130.55	7231.94	7366.84	7881.92	8105.64	8250.99	8441.62	8595.33	8766.19	8971.23
郑　州	7801.46	8051.27	8454.94	8797.93	9088.63	9339.10	9575.94	9867.51	10355.73	10818.24
武　汉	8322.12	8474.49	8600.41	8945.89	9118.72	9361.59	9974.95	10194.67	10542.20	11062.52
长　沙	8248.13	8368.65	8512.17	8607.73	8741.64	8900.40	9113.02	9286.71	9355.15	9304.76
广　州	7678.91	7872.39	7940.99	8097.92	8280.48	8409.55	8776.56	8962.01	9122.18	9345.57
深　圳	3719.54	3854.86	3958.66	4121.65	4329.46	4390.37	4641.98	4730.32	4909.94	4978.41
南　宁	4117.30	4169.20	4253.14	4345.42	4490.41	4569.15	4870.66	4984.58	5125.98	5174.93
北　海	1296.57	1307.72	1360.08	1382.98	1429.49	1433.49	1499.51	1502.28	1549.53	1577.04
海　口	1954.73	1999.14	2036.78	2074.17	2159.30	2171.41	2353.57	2405.82	2499.16	2571.66
三　亚	1261.62	1295.71	1333.23	1338.22	1371.66	1380.38	1410.26	1437.93	1476.00	1475.96
重　庆	23037.11	23698.37	24413.03	25125.16	25796.63	26332.85	27182.11	27599.48	28388.85	28985.67
成　都	14641.13	15043.54	15510.14	16018.07	16375.27	16932.09	17247.72	17600.64	18192.38	18334.84
贵　阳	5970.19	6016.41	6098.49	6270.67	6366.90	6391.73	6553.61	6703.84	6811.17	6847.81
昆　明	7477.55	7668.13	7812.35	8033.21	8338.67	8418.58	8739.44	8825.98	9011.35	9200.41
西　安	10050.31	10460.81	10807.92	11239.86	11517.89	11747.16	12288.28	12563.00	12992.02	13332.63
兰　州	3001.45	3049.56	3293.86	3330.06	3433.15	3478.47	3649.55	3695.94	3790.38	3800.49
西　宁	1217.78	1391.59	1428.68	1563.21	1608.89	1664.23	1734.92	1815.72	1893.35	1893.55
银　川	3432.36	3580.73	3740.63	3828.49	3961.08	4085.17	4122.06	4196.83	4272.35	4231.36
乌鲁木齐	2620.24	2667.06	2694.78	2797.20	2942.92	3002.79	3444.61	3656.58	3753.23	3755.80

数据来源：国家统计局。

表 4－25　　**2011—2015 年四十重点城市住宅施工面积**

单位：万平方米

城　市	2011 年	2012 年	2013 年	2014 年	2015 年
合　计	165188.80	177615.57	194461.09	204860.46	201506.27
北　京	7168.12	7510.36	7406.88	6977.99	6261.21
天　津	6435.79	6923.52	7562.48	7204.46	6968.75
石家庄	3889.87	3663.60	3999.75	3610.03	2984.68
太　原	2378.23	2854.11	3242.70	3481.25	3510.63
呼和浩特	2540.16	3127.18	4058.64	4054.42	3733.50
沈　阳	7705.61	8039.85	8482.49	8210.81	5868.45
大　连	4924.65	4833.42	4867.89	4640.67	3685.24
长　春	3145.87	3798.82	4054.96	4209.35	4136.75
哈尔滨	3525.34	4172.56	4314.21	4220.25	3702.37
上　海	8386.26	8315.68	8125.74	8525.85	8372.12
南　京	4035.64	4229.09	4131.71	4401.06	4774.96
无　锡	3677.40	3842.91	4406.83	4644.66	4605.92
苏　州	6028.9	6049.39	6729.22	7652.38	7938.57
杭　州	4924.07	5027.28	5509.11	5782.56	5928.77
宁　波	2961.69	3362.08	3627.94	3950.76	3637.52
温　州	2246.28	2555.28	2860.20	3099.65	3037.33
合　肥	4100.74	4235.88	4679.83	4485.64	4326.43
福　州	3853.62	4275.69	4961.57	5108.45	4992.32
厦　门	2154.92	2111.07	2201.66	2274.32	2137.30
南　昌	2100.18	2231.62	2762.71	2996.90	3084.00
济　南	2608.14	2696.72	3253.34	3507.45	4475.31
青　岛	4003.56	4481.82	4689.27	5333.51	5875.02
郑　州	5338.39	5603.64	6348.90	6988.92	7256.23
武　汉	4500.77	5068.97	6225.75	7305.43	7974.42
长　沙	6056.72	5330.98	6111.67	6562.78	6202.81
广　州	4848.07	4917.57	4990.72	5769.59	5759.97
深　圳	2089.87	2107.59	2608.29	2870.00	3156.99
南　宁	2661.53	2734.92	2767.50	3107.84	3502.95
北　海	1124.19	1211.23	1218.99	1263.34	1255.55
海　口	953.99	1279.36	1430.03	1590.83	1765.50
三　亚	548.73	780.74	982.24	1181.04	1090.16
重　庆	15923.84	16997.85	19248.95	20294.49	19390.32
成　都	9390.52	9855.11	10106.90	10697.93	11058.81
贵　阳	3561.52	4031.54	4645.36	4732.79	4532.50
昆　明	2974.30	4228.62	5349.07	5525.42	5844.12
西　安	7074.47	8251.38	8332.44	9661.51	9737.48
兰　州	1320.25	1740.06	1995.31	2425.33	2692.86
西　宁	1027.80	1167.72	1332.66	1157.15	1134.27
银　川	1590.45	2049.47	2255.84	2652.50	2607.82
乌鲁木齐	1408.35	1920.89	2581.34	2701.15	2506.35

数据来源：国家统计局。

表 4－26　　**2015 年四十重点城市月度累计住宅施工面积**

单位：万平方米

城　市	1－3 月	1－4 月	1－5 月	1－6 月	1－7 月	1－8 月	1－9 月	1－10 月	1－11 月	1－12 月
合　计	163102. 39	166953. 22	171181. 75	176145. 82	180429. 81	183905. 43	189984. 50	193413. 91	197744. 70	201506. 27
北　京	5214. 34	5313. 45	5469. 02	5632. 63	5799. 65	5820. 15	5859. 15	5956. 40	6119. 37	6261. 21
天　津	5512. 22	5611. 25	5791. 17	5935. 37	6033. 13	6221. 95	6377. 97	6602. 19	6688. 35	6968. 75
石家庄	2112. 13	2104. 19	2135. 66	2230. 26	2269. 52	2368. 25	2462. 44	2561. 72	2734. 75	2984. 68
太　原	2703. 18	2750. 87	2799. 21	2909. 67	2975. 38	3085. 52	3235. 04	3308. 11	3405. 94	3510. 63
呼和浩特	3168. 97	3242. 58	3319. 19	3571. 65	3610. 09	3652. 68	3709. 18	3746. 58	3764. 30	3733. 50
沈　阳	5024. 30	5127. 31	5215. 20	5335. 69	5493. 52	5549. 81	5836. 75	5891. 41	5906. 43	5868. 45
大　连	3187. 32	3266. 85	3326. 06	3502. 74	3540. 34	3614. 62	3664. 55	3667. 05	3689. 00	3685. 24
长　春	3465. 93	3474. 86	3519. 24	3505. 93	3678. 75	3750. 55	3817. 53	3866. 48	4019. 57	4136. 75
哈尔滨	2976. 36	3018. 35	3112. 65	3187. 80	3256. 05	3344. 64	3476. 28	3536. 39	3647. 94	3702. 37
上　海	6744. 99	6991. 02	7050. 61	7320. 73	7398. 09	7582. 33	7807. 38	7948. 51	8177. 49	8372. 12
南　京	3700. 70	3782. 49	3941. 27	4082. 72	4195. 19	4277. 89	4453. 19	4524. 21	4624. 22	4774. 96
无　锡	4040. 03	4101. 80	4198. 24	4249. 75	4304. 97	4344. 99	4473. 23	4515. 55	4533. 08	4605. 92
苏　州	6420. 19	6717. 01	6897. 24	7163. 72	7330. 97	7480. 57	7712. 97	7799. 44	7861. 87	7938. 57
杭　州	4814. 09	4950. 02	5037. 61	5179. 92	5321. 58	5390. 92	5609. 35	5739. 44	5855. 21	5928. 77
宁　波	3191. 55	3223. 91	3317. 07	3343. 09	3372. 14	3385. 60	3505. 11	3539. 10	3584. 43	3637. 52
温　州	2715. 36	2734. 59	2790. 20	2813. 07	2845. 42	2863. 24	2893. 11	2944. 50	3024. 42	3037. 33
合　肥	3341. 72	3362. 60	3535. 72	3568. 74	3700. 01	3886. 74	4053. 82	4149. 86	4215. 32	4326. 43
福　州	4237. 71	4330. 50	4404. 47	4447. 75	4511. 41	4561. 72	4777. 30	4816. 06	4905. 47	4992. 32
厦　门	1867. 67	1903. 03	1951. 72	1950. 96	1968. 71	2008. 33	2071. 34	2101. 53	2113. 23	2137. 30
南　昌	2510. 44	2576. 56	2618. 44	2728. 79	2760. 40	2907. 30	2985. 36	3021. 68	3049. 65	3084. 00
济　南	3424. 90	3545. 27	3739. 32	3867. 70	4068. 09	4141. 55	4230. 71	4288. 41	4350. 25	4475. 31
青　岛	4613. 87	4690. 81	4761. 33	5132. 01	5247. 68	5358. 01	5518. 06	5618. 73	5754. 37	5875. 02
郑　州	5123. 78	5293. 75	5571. 91	5792. 20	6021. 16	6192. 69	6391. 24	6573. 98	6930. 72	7256. 23
武　汉	5872. 90	5991. 20	6083. 93	6348. 72	6483. 14	6681. 04	7176. 19	7357. 65	7600. 97	7974. 42
长　沙	5606. 68	5678. 02	5749. 05	5797. 77	5900. 05	5974. 44	6109. 56	6198. 87	6245. 26	6202. 81
广　州	4709. 72	4838. 89	4879. 90	4959. 57	5053. 88	5123. 31	5351. 92	5490. 96	5600. 47	5759. 97
深　圳	2359. 09	2444. 36	2515. 22	2612. 63	2773. 42	2789. 71	2945. 13	2993. 04	3117. 40	3156. 99
南　宁	2817. 42	2851. 84	2912. 32	2960. 55	3071. 19	3128. 11	3297. 72	3376. 18	3475. 83	3502. 95
北　海	1056. 76	1066. 30	1104. 69	1117. 57	1150. 78	1154. 07	1194. 90	1195. 46	1230. 57	1255. 55
海　口	1317. 60	1346. 53	1368. 64	1399. 30	1467. 05	1474. 55	1610. 23	1646. 61	1697. 93	1765. 50
三　亚	972. 24	988. 22	1001. 79	1001. 79	1025. 68	1031. 18	1052. 80	1081. 20	1090. 40	1090. 16
重　庆	15900. 44	16241. 03	16699. 70	17116. 40	17528. 62	17886. 40	18275. 63	18553. 91	18987. 11	19390. 32
成　都	9009. 57	9267. 61	9548. 13	9827. 86	10017. 18	10318. 42	10516. 41	10700. 16	10981. 36	11058. 81
贵　阳	4056. 65	4101. 23	4157. 82	4262. 63	4319. 09	4331. 08	4425. 48	4453. 37	4516. 52	4532. 50
昆　明	4809. 57	4953. 70	5040. 10	5151. 87	5333. 38	5405. 47	5608. 51	5633. 45	5754. 94	5844. 12
西　安	7716. 81	7985. 33	8230. 39	8571. 63	8748. 56	8813. 03	9103. 09	9313. 85	9585. 87	9737. 48
兰　州	2239. 11	2264. 58	2416. 83	2439. 76	2518. 70	2547. 50	2597. 42	2634. 57	2684. 78	2692. 86
西　宁	706. 99	845. 41	870. 17	943. 15	971. 32	990. 47	1029. 88	1081. 92	1134. 07	1134. 27
银　川	2100. 74	2204. 29	2310. 99	2335. 93	2421. 93	2477. 26	2489. 37	2549. 37	2586. 29	2607. 82
乌鲁木齐	1738. 37	1771. 62	1789. 55	1845. 78	1943. 60	1989. 35	2279. 18	2436. 02	2499. 57	2506. 35

数据来源：国家统计局。

表 4-27　　**2011—2015 年四十重点城市办公楼施工面积**

单位：万平方米

城　市	2011 年	2012 年	2013 年	2014 年	2015 年
合　计	11448.14	13960.87	17115.50	20787.97	23133.42
北　京	1422.66	1711.86	2114.13	2253.98	2409.63
天　津	687.88	792.40	841.00	864.64	872.41
石家庄	202.93	191.65	253.92	274.74	252.17
太　原	73.12	94.56	160.05	261.03	283.43
呼和浩特	158.14	170.21	224.22	205.69	213.34
沈　阳	321.23	376.55	339.67	393.19	300.61
大　连	120.31	133.21	170.27	194.25	157.84
长　春	123.44	183.33	263.18	316.01	382.16
哈尔滨	77.94	131.42	158.26	195.79	195.77
上　海	1158.34	1284.68	1431.73	1779.04	1978.49
南　京	263.92	313.28	369.79	390.45	479.96
无　锡	248.66	326.71	371.95	404.06	337.88
苏　州	304.82	295.32	352.05	461.36	521.74
杭　州	788.54	831.98	1006.58	1284.85	1410.34
宁　波	473.36	512.54	601.47	599.08	507.00
温　州	96.34	89.88	98.24	113.53	129.95
合　肥	315.99	412.73	446.75	421.27	527.05
福　州	191.15	323.86	393.09	490.87	545.89
厦　门	340.84	349.58	390.38	556.79	757.06
南　昌	99.82	222.43	315.94	337.92	351.37
济　南	200.00	215.71	373.42	440.52	612.74
青　岛	186.13	285.67	381.44	540.76	619.55
郑　州	518.05	649.93	866.41	920.71	916.87
武　汉	254.70	450.74	396.06	550.19	681.52
长　沙	146.88	272.15	409.04	502.57	558.99
广　州	658.65	665.27	769.08	860.34	903.03
深　圳	194.57	156.93	261.51	337.32	467.48
南　宁	91.77	128.28	127.88	241.47	306.86
北　海	3.56	5.72	7.29	6.69	13.53
海　口	33.30	22.18	35.40	107.91	119.19
三　亚	3.78	5.65	6.83	14.49	32.68
重　庆	386.84	499.85	781.98	1072.22	1145.29
成　都	539.05	763.48	791.57	1046.76	1155.63
贵　阳	115.79	219.57	358.20	463.79	546.62
昆　明	251.18	338.56	442.06	613.63	638.44
西　安	205.68	277.85	415.97	567.98	872.93
兰　州	47.14	73.87	73.72	129.62	166.71
西　宁	24.16	24.45	68.35	112.52	146.01
银　川	69.77	93.84	142.00	209.39	272.68
乌鲁木齐	47.71	62.99	104.62	250.55	342.58

数据来源：国家统计局。

表 4－28　　**2015 年四十重点城市月度累计办公楼施工面积**

单位：万平方米

城　市	1－3 月	1－4 月	1－5 月	1－6 月	1－7 月	1－8 月	1－9 月	1－10 月	1－11 月	1－12 月
合　计	18095.80	18438.93	19054.21	19663.26	20246.67	20863.97	21762.01	22209.50	22699.42	23133.42
北　京	1933.67	1970.92	1975.73	2054.02	2097.73	2114.73	2208.81	2266.66	2336.58	2409.63
天　津	727.80	729.84	740.12	751.24	796.72	813.49	819.75	821.21	838.10	872.41
石家庄	167.67	171.96	171.96	176.14	186.19	191.99	194.75	219.73	229.66	252.17
太　原	225.77	243.77	243.98	245.90	244.52	253.77	269.03	281.76	283.39	283.43
呼和浩特	184.01	185.08	196.14	201.11	202.11	202.26	213.04	213.34	213.34	213.34
沈　阳	295.21	295.75	295.75	296.23	298.71	298.83	299.15	302.61	303.54	300.61
大　连	139.39	145.66	149.38	150.12	150.12	153.12	157.01	157.84	157.84	157.84
长　春	309.02	310.65	312.75	315.02	335.93	354.14	355.64	361.23	379.21	382.16
哈尔滨	146.21	149.28	162.63	162.31	175.44	175.44	194.18	194.18	194.69	195.77
上　海	1466.72	1484.84	1594.55	1687.59	1725.66	1795.42	1850.29	1876.54	1936.61	1978.49
南　京	373.18	378.61	404.80	403.28	411.51	443.27	462.71	464.23	477.06	479.96
无　锡	292.92	298.66	312.04	313.02	318.98	337.67	334.27	334.27	335.64	337.88
苏　州	436.72	455.11	433.17	459.45	466.49	489.28	509.31	518.36	523.83	521.74
杭　州	1169.30	1168.84	1200.15	1214.85	1270.49	1318.43	1357.67	1383.22	1403.28	1410.34
宁　波	452.78	459.18	470.90	479.78	493.13	495.22	519.88	522.55	523.29	507.00
温　州	107.90	110.31	110.32	111.50	111.50	113.45	119.90	122.30	128.78	129.95
合　肥	353.64	375.78	394.98	415.58	426.83	434.40	459.42	474.68	503.12	527.05
福　州	440.59	441.09	461.83	464.32	475.77	486.88	513.15	520.84	530.37	545.89
厦　门	569.61	584.87	606.61	606.61	606.61	682.67	751.07	757.22	757.38	757.06
南　昌	302.84	302.84	303.20	314.25	326.71	330.80	335.50	336.80	351.26	351.37
济　南	542.96	542.97	545.26	571.97	576.09	588.50	588.77	592.75	596.19	612.74
青　岛	488.97	493.50	528.96	536.86	554.14	563.03	569.62	580.24	583.35	619.55
郑　州	756.73	778.76	820.08	830.48	845.33	858.06	860.61	870.78	902.83	916.87
武　汉	479.64	486.17	499.05	510.21	530.83	539.44	587.98	596.18	613.92	681.52
长　沙	409.73	414.10	425.65	439.68	448.99	454.80	506.16	535.19	538.29	558.99
广　州	736.02	737.15	777.65	817.58	838.11	861.20	896.27	898.40	908.03	903.03
深　圳	333.97	346.61	356.03	379.34	384.98	403.91	436.83	447.50	455.79	467.48
南　宁	230.40	234.88	242.99	257.71	258.56	259.56	304.19	298.00	303.89	306.86
北　海	6.74	6.74	6.74	6.75	6.75	7.06	9.65	10.27	12.03	13.53
海　口	106.94	106.94	108.88	109.47	112.36	112.36	119.19	119.19	119.19	119.19
三　亚	13.81	16.56	31.83	31.83	31.83	31.83	31.83	31.98	32.68	32.68
重　庆	898.91	960.79	989.56	1041.19	1076.39	1085.26	1127.46	1145.20	1143.56	1145.29
成　都	884.45	887.23	935.97	949.74	969.76	1006.07	1027.11	1080.48	1145.96	1155.63
贵　阳	440.72	441.12	447.03	457.79	453.24	457.98	476.53	539.13	544.03	546.62
昆　明	506.35	506.30	518.90	549.28	551.27	542.31	575.64	600.92	615.30	638.44
西　安	553.08	593.14	623.95	653.23	694.42	790.06	820.87	826.32	837.44	872.93
兰　州	95.81	95.93	116.91	117.01	120.04	120.85	162.71	166.47	166.60	166.71
西　宁	92.46	101.80	105.33	122.35	130.35	140.49	145.44	146.01	146.01	146.01
银　川	207.68	211.43	216.38	234.41	244.65	251.56	251.56	250.85	282.58	272.68
乌鲁木齐	215.47	213.79	216.09	224.06	297.45	304.41	339.04	344.10	344.77	342.58

数据来源：国家统计局。

表 4 – 29　2011—2015 年四十重点城市商业营业用房施工面积

单位：万平方米

城　市	2011 年	2012 年	2013 年	2014 年	2015 年
合　计	23712. 91	27122. 97	32255. 90	37659. 61	39878. 65
北　京	1187. 48	1236. 89	1233. 37	1278. 52	1326. 24
天　津	1031. 65	1045. 23	1158. 61	1217. 15	1163. 11
石家庄	599. 41	533. 88	618. 19	723. 31	607. 08
太　原	202. 17	336. 72	373. 23	430. 86	468. 98
呼和浩特	558. 24	756. 98	1025. 35	1032. 33	1054. 07
沈　阳	1715. 92	1843. 56	1922. 00	1985. 39	1469. 14
大　连	643. 56	707. 40	755. 47	792. 85	600. 06
长　春	501. 05	685. 88	739. 81	852. 47	872. 80
哈尔滨	462. 21	638. 57	842. 01	922. 30	1013. 03
上　海	1365. 89	1449. 91	1500. 72	1751. 99	1944. 02
南　京	568. 18	590. 22	669. 60	719. 69	787. 95
无　锡	899. 58	976. 42	1094. 51	1224. 93	1130. 73
苏　州	1147. 58	1162. 84	1128. 17	1436. 67	1459. 46
杭　州	604. 40	686. 11	846. 90	1107. 99	1316. 62
宁　波	624. 80	738. 74	912. 34	1047. 16	897. 78
温　州	263. 09	345. 93	376. 15	476. 46	515. 74
合　肥	707. 68	817. 04	1022. 90	1141. 76	1377. 27
福　州	353. 31	392. 11	505. 22	807. 08	972. 48
厦　门	250. 87	275. 68	347. 88	375. 78	404. 03
南　昌	245. 31	372. 69	454. 69	447. 62	505. 29
济　南	343. 88	379. 75	517. 74	622. 29	737. 72
青　岛	752. 99	813. 92	915. 11	1018. 84	1090. 20
郑　州	782. 09	877. 45	1079. 14	1096. 08	1119. 62
武　汉	681. 76	608. 49	926. 79	1188. 48	1209. 18
长　沙	529. 83	686. 77	870. 97	1121. 97	1070. 80
广　州	858. 73	881. 92	961. 25	1134. 01	1117. 17
深　圳	325. 14	339. 25	383. 62	481. 78	614. 59
南　宁	331. 11	354. 64	330. 00	402. 96	457. 91
北　海	76. 08	74. 31	86. 15	144. 07	161. 39
海　口	75. 95	99. 79	89. 36	189. 16	230. 29
三　亚	35. 42	60. 93	104. 04	123. 63	119. 75
重　庆	1956. 25	2028. 90	2965. 72	3316. 67	4111. 50
成　都	1008. 18	1474. 53	1775. 55	2210. 79	2453. 13
贵　阳	437. 98	585. 29	631. 76	657. 55	826. 27
昆　明	428. 26	529. 51	828. 59	1195. 87	1188. 46
西　安	542. 12	742. 67	854. 62	1196. 41	1600. 30
兰　州	158. 15	228. 94	247. 00	355. 20	450. 74
西　宁	120. 90	160. 84	221. 26	296. 08	329. 08
银　川	230. 32	454. 39	659. 49	737. 59	667. 51
乌鲁木齐	105. 39	147. 88	280. 62	397. 87	437. 16

数据来源：国家统计局。

表 4－30　　2015 年四十重点城市月度累计商业营业用房施工面积

单位：万平方米

城　市	1－3 月	1－4 月	1－5 月	1－6 月	1－7 月	1－8 月	1－9 月	1－10 月	1－11 月	1－12 月
合　计	31879.60	32780.95	33586.86	34636.12	35439.23	36182.81	37594.76	38267.97	39228.05	39878.65
北　京	1081.77	1117.99	1115.74	1144.88	1195.39	1208.95	1235.17	1235.84	1270.48	1326.24
天　津	972.43	982.59	994.91	1033.81	1041.72	1051.68	1083.01	1101.18	1140.39	1163.11
石家庄	472.93	520.22	525.25	535.21	543.25	548.86	553.34	577.96	580.10	607.08
太　原	365.47	367.68	376.54	384.99	387.33	395.28	424.96	430.68	451.17	468.98
呼和浩特	920.35	932.13	944.20	958.01	977.15	1016.66	1036.12	1044.68	1054.52	1054.07
沈　阳	1274.71	1343.33	1349.00	1360.34	1385.20	1392.51	1432.17	1451.16	1470.62	1469.14
大　连	536.90	539.01	551.88	573.27	585.60	589.89	596.33	597.46	599.40	600.06
长　春	741.98	747.75	751.96	752.45	783.46	801.36	814.08	807.66	827.45	872.80
哈尔滨	784.17	791.64	813.69	926.25	937.01	942.74	974.39	981.23	1001.04	1013.03
上　海	1622.03	1651.08	1718.26	1769.62	1760.70	1803.92	1817.13	1825.03	1888.67	1944.02
南　京	624.05	641.70	671.12	673.93	681.82	711.06	739.76	764.13	772.47	787.95
无　锡	997.26	1045.25	1071.05	1080.20	1098.01	1103.79	1104.87	1108.32	1108.20	1130.73
苏　州	1196.47	1244.36	1273.90	1321.69	1341.98	1363.86	1431.18	1435.92	1451.82	1459.46
杭　州	971.84	996.80	1016.92	1052.65	1120.62	1150.00	1200.79	1241.02	1273.22	1316.62
宁　波	887.34	890.24	909.63	926.35	933.09	917.80	937.86	952.04	951.38	897.78
温　州	431.96	449.91	458.63	462.00	470.09	480.92	498.33	503.07	520.32	515.74
合　肥	974.30	1006.98	1060.26	1108.98	1123.99	1174.55	1214.20	1294.74	1317.50	1377.27
福　州	803.77	810.72	831.78	841.52	849.47	858.30	931.41	949.57	956.79	972.48
厦　门	342.14	348.92	370.22	372.57	374.61	386.80	399.64	405.66	401.22	404.03
南　昌	435.62	444.93	450.50	457.78	469.72	487.59	503.87	517.63	520.98	505.29
济　南	668.99	676.06	684.45	694.82	708.11	717.81	722.36	732.07	743.60	737.72
青　岛	946.38	955.52	970.16	1009.28	1029.57	1036.57	1049.78	1071.99	1080.31	1090.20
郑　州	824.01	853.52	876.29	931.12	957.43	998.47	1019.69	1055.35	1084.92	1119.62
武　汉	976.45	992.44	992.13	1034.04	1045.19	1057.12	1092.62	1107.47	1153.34	1209.18
长　沙	935.31	954.77	976.08	997.04	1005.87	1035.84	1040.89	1077.69	1080.91	1070.80
广　州	875.93	931.50	911.79	926.85	960.45	1004.69	1049.62	1056.71	1090.85	1117.17
深　圳	460.44	479.30	485.54	496.54	510.88	533.20	587.94	592.97	605.65	614.59
南　宁	365.56	368.79	372.86	376.88	389.98	400.23	418.36	438.61	448.10	457.91
北　海	125.51	125.72	126.34	131.81	133.21	133.54	152.09	153.68	160.93	161.39
海　口	175.06	179.08	182.56	188.27	194.51	198.58	207.24	217.22	230.15	230.29
三　亚	101.55	105.33	111.51	111.51	111.51	111.51	116.45	121.04	121.32	119.75
重　庆	2913.35	3053.29	3187.48	3289.26	3380.09	3443.90	3717.25	3773.86	4012.25	4111.50
成　都	1942.28	1994.29	2063.15	2160.00	2224.24	2318.24	2357.72	2372.59	2437.82	2453.13
贵　阳	672.16	680.99	688.11	718.90	742.95	740.41	773.08	805.80	817.30	826.27
昆　明	954.21	962.07	998.62	1055.20	1122.98	1122.72	1133.31	1152.27	1159.14	1188.46
西　安	1030.61	1083.48	1132.79	1162.97	1194.99	1222.53	1379.00	1423.83	1515.03	1600.30
兰　州	316.90	319.74	358.40	364.14	375.11	388.23	423.09	427.79	450.18	450.74
西　宁	231.95	243.90	247.58	266.68	272.00	289.30	310.66	318.53	328.77	329.08
银　川	620.72	634.30	650.50	643.32	666.46	687.24	707.93	722.48	710.06	667.51
乌鲁木齐	304.76	313.63	315.07	341.01	353.48	356.19	407.09	421.05	439.70	437.16

数据来源：国家统计局。

表 4 - 31　　2011—2015 年四十重点城市房屋新开工面积

单位：万平方米

城　市	2011 年	2012 年	2013 年	2014 年	2015 年
合　计	73122. 63	67360. 49	76660. 58	68723. 24	60319. 66
北　京	4246. 05	3224. 21	3577. 52	2449. 39	2706. 91
天　津	3484. 21	2565. 19	2672. 93	2815. 27	2817. 19
石家庄	1821. 97	1138. 86	1030. 26	1388. 01	787. 70
太　原	704. 23	821. 80	681. 06	730. 79	1061. 08
呼和浩特	1837. 73	1345. 10	1753. 62	708. 44	713. 56
沈　阳	2951. 48	3822. 17	3619. 10	2316. 55	1228. 83
大　连	1464. 64	1615. 12	2004. 34	1222. 18	607. 78
长　春	1980. 83	1539. 10	1409. 27	1395. 98	1000. 01
哈尔滨	2466. 68	1827. 90	1553. 96	1069. 43	1159. 41
上　海	3644. 06	2724. 05	2705. 95	2782. 02	2605. 08
南　京	2082. 05	1462. 31	1745. 07	1217. 34	1609. 58
无　锡	1927. 76	1680. 85	1556. 18	1575. 91	873. 98
苏　州	2120. 08	2060. 51	2815. 79	3139. 60	2153. 41
杭　州	2490. 57	1816. 03	2039. 06	2411. 72	2030. 82
宁　波	1886. 78	1470. 51	1837. 20	1468. 21	884. 58
温　州	1021. 05	945. 84	827. 77	808. 29	631. 36
合　肥	1893. 40	1488. 75	2211. 02	2050. 78	1977. 96
福　州	1630. 50	1509. 05	1760. 15	1746. 33	1388. 91
厦　门	1073. 07	817. 57	689. 50	739. 58	592. 47
南　昌	862. 96	1015. 50	1118. 55	636. 93	854. 55
济　南	1220. 82	1243. 38	1386. 65	1294. 94	1690. 34
青　岛	1813. 09	1763. 15	1849. 50	2044. 24	1962. 07
郑　州	1790. 67	2169. 34	2814. 36	2749. 32	2834. 01
武　汉	2097. 84	2123. 27	2791. 80	2318. 66	2320. 02
长　沙	2328. 38	1824. 23	2794. 97	2603. 32	1342. 64
广　州	2143. 32	1554. 34	2144. 76	2407. 67	1741. 28
深　圳	628. 47	905. 24	1366. 40	932. 68	1208. 27
南　宁	857. 62	693. 21	721. 05	1051. 03	1124. 33
北　海	495. 41	441. 06	331. 57	360. 66	271. 00
海　口	433. 77	261. 97	276. 34	359. 14	485. 32
三　亚	206. 96	297. 44	373. 93	233. 37	257. 43
重　庆	6824. 36	5813. 48	7641. 63	6254. 04	5810. 85
成　都	3188. 42	3568. 87	4051. 46	4609. 67	3796. 82
贵　阳	1079. 28	1615. 88	1897. 65	1149. 62	1172. 79
昆　明	1914. 67	2453. 07	2684. 12	2064. 74	1097. 73
西　安	2280. 07	2796. 83	2524. 92	2438. 30	2509. 70
兰　州	385. 21	656. 05	575. 16	624. 36	621. 81
西　宁	347. 44	637. 09	646. 85	461. 21	630. 75
银　川	949. 78	1002. 13	1258. 58	1206. 23	841. 82
乌鲁木齐	546. 95	650. 04	920. 58	887. 29	915. 52

数据来源：国家统计局。

表 4－32　　2015 年四十重点城市月度累计房屋新开工面积

单位：万平方米

城　市	1－3 月	1－4 月	1－5 月	1－6 月	1－7 月	1－8 月	1－9 月	1－10 月	1－11 月	1－12 月
合　计	8638.30	13320.00	18938.24	25116.49	30819.54	35612.65	43198.15	48160.60	53721.38	60319.66
北　京	478.23	657.23	849.81	1105.73	1429.20	1499.08	1739.32	1945.82	2220.68	2706.91
天　津	304.79	459.33	621.71	803.40	949.96	1177.92	1317.80	1541.53	1679.20	2817.19
石家庄	98.44	130.08	170.39	269.99	339.36	423.62	468.92	582.99	667.02	787.70
太　原	71.31	127.98	201.29	286.99	341.69	502.06	656.67	727.17	942.34	1061.08
呼和浩特	75.97	145.65	184.88	381.00	413.34	527.46	631.45	701.15	713.56	713.56
沈　阳	275.02	380.55	500.43	592.21	784.62	862.69	1106.54	1187.07	1225.80	1228.83
大　连	71.11	176.43	247.88	414.54	484.18	546.00	573.25	580.57	597.06	607.78
长　春	0.03	19.53	83.37	107.08	343.15	481.71	574.92	623.13	825.96	1000.01
哈尔滨	48.06	97.15	228.94	480.12	583.36	676.26	892.61	969.26	1092.99	1159.41
上　海	343.17	612.95	792.40	1008.74	1198.63	1496.22	1785.74	1962.03	2306.21	2605.08
南　京	253.86	392.38	590.70	716.28	861.89	971.20	1197.48	1324.68	1430.14	1609.58
无　锡	128.91	219.29	362.33	397.38	505.98	571.41	685.53	743.83	778.97	873.98
苏　州	381.03	712.85	906.09	1185.38	1369.28	1518.65	1843.21	1965.10	2049.98	2153.41
杭　州	210.21	398.94	603.59	793.04	1011.28	1146.55	1450.44	1685.34	1895.05	2030.82
宁　波	188.40	213.34	364.60	458.29	510.70	533.98	691.65	756.58	814.37	884.58
温　州	66.18	115.64	195.42	230.58	310.90	344.45	409.91	485.20	563.51	631.36
合　肥	373.08	431.51	733.99	848.48	1014.15	1245.54	1509.39	1676.92	1784.64	1977.96
福　州	205.86	313.39	440.48	503.80	590.73	648.84	991.50	1110.90	1249.49	1388.91
厦　门	50.94	108.28	203.53	215.24	260.37	342.94	456.78	531.70	550.79	592.47
南　昌	135.64	216.47	283.21	396.17	466.26	611.96	717.04	757.40	792.56	854.55
济　南	354.62	473.89	619.46	800.37	916.30	1013.37	1097.34	1248.48	1339.08	1690.34
青　岛	174.51	288.21	389.50	852.77	1097.00	1215.15	1393.60	1554.40	1719.09	1962.07
郑　州	526.95	652.56	907.87	1244.72	1483.82	1641.64	1878.47	2122.05	2466.22	2834.01
武　汉	317.53	459.96	565.55	778.78	929.85	1117.58	1508.73	1645.27	1954.17	2320.02
长　沙	361.94	470.34	607.30	713.22	817.23	921.80	1045.70	1172.39	1239.23	1342.64
广　州	274.27	429.91	525.34	650.35	808.20	901.48	1224.94	1436.06	1588.02	1741.28
深　圳	199.43	305.73	430.67	581.19	689.70	747.01	948.34	1009.81	1144.65	1208.27
南　宁	227.74	259.73	324.41	404.51	567.03	621.15	763.76	943.21	1068.21	1124.33
北　海	39.99	52.10	91.83	111.58	154.82	158.82	205.00	207.77	246.17	271.00
海　口	64.84	71.27	104.96	120.21	203.27	223.25	299.53	349.35	419.63	485.32
三　亚	56.11	90.20	110.49	115.79	147.59	156.69	178.52	205.95	246.85	257.43
重　庆	737.70	1299.87	1912.37	2557.55	3026.95	3477.21	4235.23	4601.84	5164.88	5810.85
成　都	625.59	884.76	1356.23	1787.73	2117.21	2598.18	2853.97	3193.13	3658.10	3796.82
贵　阳	284.48	335.89	418.01	566.33	675.20	690.53	883.93	1034.16	1132.24	1172.79
昆　明	103.41	221.40	295.68	399.69	568.20	676.28	872.68	916.24	972.96	1097.73
西　安	272.05	574.21	844.83	1074.19	1297.04	1490.32	1842.25	2011.07	2238.92	2509.70
兰　州	97.01	142.11	273.15	306.43	386.13	425.33	489.92	521.38	611.70	621.81
西　宁	53.78	174.23	223.10	332.30	371.29	426.62	492.22	576.56	630.75	630.75
银　川	100.27	182.24	312.38	362.84	495.43	623.59	660.09	724.39	817.91	841.82
乌鲁木齐	5.83	22.41	60.08	161.49	298.25	358.12	623.77	828.72	882.28	915.52

数据来源：国家统计局。

表 4 - 33　　2011—2015 年四十重点城市住宅新开工面积

单位：万平方米

城　市	2011 年	2012 年	2013 年	2014 年	2015 年
合　计	52661.44	45546.40	52042.48	44265.59	38518.73
北　京	2596.45	1627.50	1736.54	1282.28	1158.17
天　津	2374.29	1764.76	1744.85	1986.56	1966.85
石家庄	1394.79	886.91	760.22	1077.67	555.80
太　原	610.14	576.41	557.77	451.87	703.98
呼和浩特	1295.43	904.12	1306.34	510.68	490.75
沈　阳	2293.46	2890.08	2720.60	1665.01	936.52
大　连	1175.16	1190.40	1505.54	939.24	486.05
长　春	1508.65	1050.75	1014.49	886.94	679.73
哈尔滨	1872.34	1284.42	1059.55	708.43	743.51
上　海	2473.60	1563.39	1643.09	1547.29	1560.28
南　京	1530.23	996.97	1287.07	906.42	1164.80
无　锡	1334.50	1092.55	1108.89	1075.53	648.71
苏　州	1617.10	1396.84	2055.71	2210.45	1592.38
杭　州	1451.95	1027.89	1143.75	1225.67	1000.27
宁　波	1058.91	830.32	1003.10	795.74	518.55
温　州	699.80	598.61	571.31	470.49	412.05
合　肥	1383.19	958.01	1478.65	1231.06	1147.47
福　州	1173.18	1097.75	1257.24	1030.24	823.28
厦　门	658.71	437.00	382.73	304.26	280.39
南　昌	662.76	664.31	734.76	503.36	595.46
济　南	829.94	850.52	838.74	918.30	1193.66
青　岛	1316.01	1234.22	1172.71	1333.69	1368.57
郑　州	1300.12	1363.51	1976.52	1954.73	1983.60
武　汉	1583.01	1598.66	2057.15	1678.98	1819.96
长　沙	1777.03	1158.80	1984.49	1651.89	882.53
广　州	1477.10	980.36	1341.51	1466.33	1048.05
深　圳	417.49	561.89	910.13	549.50	777.32
南　宁	614.43	484.82	544.78	669.12	737.46
北　海	414.75	381.58	254.38	267.95	195.30
海　口	355.68	199.06	189.64	208.83	345.38
三　亚	171.93	267.44	311.77	182.77	161.58
重　庆	5214.42	4345.14	5387.60	4275.96	3668.92
成　都	2259.54	2241.19	2551.35	2685.65	2226.86
贵　阳	821.73	1014.57	1439.42	629.73	629.78
昆　明	1203.81	1644.64	1835.64	1233.11	666.61
西　安	2004.25	2271.07	1895.47	1794.35	1458.80
兰　州	292.28	491.14	424.19	470.78	379.20
西　宁	285.50	494.65	448.25	241.69	377.22
银　川	702.89	630.24	780.43	774.66	522.13
乌鲁木齐	454.89	493.91	626.11	468.38	610.77

数据来源：国家统计局。

表 4－34　　2015 年四十重点城市月度累计住宅新开工面积

单位：万平方米

城 市	1－3 月	1－4 月	1－5 月	1－6 月	1－7 月	1－8 月	1－9 月	1－10 月	1－11 月	1－12 月
合 计	5660.83	8665.67	12309.85	16243.40	19914.37	22889.06	27568.23	30704.26	34279.57	38518.73
北 京	190.60	249.96	383.80	495.69	655.76	685.98	738.05	825.97	933.13	1158.17
天 津	203.41	309.70	441.36	573.12	669.84	850.03	958.71	1145.58	1222.08	1966.85
石家庄	79.95	101.79	134.60	212.45	256.34	327.27	361.01	418.45	490.50	555.80
太 原	55.92	91.93	135.42	194.24	237.79	366.21	479.89	522.37	627.67	703.98
呼和浩特	66.20	117.25	141.84	313.40	326.65	386.22	431.45	481.55	490.75	490.75
沈 阳	211.83	277.24	373.17	455.64	617.17	662.79	866.38	918.62	933.50	936.52
大 连	57.50	155.73	204.84	339.01	386.69	441.93	463.35	465.80	480.36	486.05
长 春	—	8.94	57.83	74.12	238.41	310.20	377.19	409.45	562.55	679.73
哈尔滨	36.03	71.24	141.12	253.06	321.30	407.49	539.70	601.28	692.77	743.51
上 海	212.20	382.90	453.20	578.33	701.07	874.44	1048.56	1175.78	1369.61	1560.28
南 京	221.41	303.20	439.40	539.96	651.00	696.72	846.18	921.87	1004.29	1164.80
无 锡	104.64	143.56	240.92	269.25	344.63	386.14	493.58	550.38	579.82	648.71
苏 州	310.60	530.19	663.66	858.31	1000.54	1120.71	1357.98	1443.87	1503.82	1592.38
杭 州	106.37	198.93	286.47	383.99	469.80	525.25	684.61	813.86	946.43	1000.27
宁 波	88.66	101.98	187.42	243.50	263.16	279.56	376.00	417.91	466.86	518.55
温 州	45.14	64.36	119.98	146.62	195.33	213.23	243.45	294.68	355.48	412.05
合 肥	195.02	238.14	423.68	456.49	582.15	748.13	914.24	1006.46	1053.83	1147.47
福 州	105.53	198.32	266.32	307.49	361.86	397.14	603.38	649.51	737.26	823.28
厦 门	34.41	63.87	99.60	106.55	143.68	160.90	211.21	245.21	257.47	280.39
南 昌	75.27	139.14	192.27	280.27	322.54	438.72	504.73	534.83	547.13	595.46
济 南	168.45	285.48	414.13	533.51	623.88	697.33	771.25	892.15	951.35	1193.66
青 岛	155.31	221.89	277.39	611.28	740.89	833.10	983.10	1090.86	1226.76	1368.57
郑 州	386.55	457.31	638.22	849.18	1034.09	1135.61	1334.16	1481.06	1733.83	1983.60
武 汉	251.61	375.34	448.09	604.92	716.77	879.99	1214.01	1327.15	1572.91	1819.96
长 沙	251.65	323.39	404.08	482.20	557.06	631.62	696.66	767.14	808.64	882.53
广 州	176.44	281.54	347.00	408.74	479.80	518.04	698.55	848.06	948.46	1048.05
深 圳	130.64	191.23	277.55	370.75	450.98	469.01	592.05	632.60	743.47	777.32
南 宁	163.34	184.90	227.67	271.85	392.52	430.30	488.27	614.70	703.23	737.46
北 海	35.68	46.16	75.33	87.20	118.08	121.37	146.17	146.73	173.36	195.30
海 口	42.85	47.52	71.11	83.82	148.14	162.86	219.86	253.82	286.23	345.38
三 亚	49.21	65.18	75.17	75.48	99.71	105.60	121.48	143.78	153.68	161.58
重 庆	485.86	813.13	1213.90	1618.55	1962.71	2254.12	2589.00	2832.88	3247.87	3668.92
成 都	416.22	590.57	889.61	1136.48	1309.88	1557.73	1715.06	1902.89	2147.28	2226.86
贵 阳	162.46	202.89	259.53	354.35	410.81	422.80	527.37	555.26	611.26	629.78
昆 明	64.93	144.65	199.32	263.86	331.25	406.73	514.82	527.52	571.07	666.61
西 安	148.83	338.87	518.54	669.83	792.49	836.16	1084.07	1189.60	1312.49	1458.80
兰 州	67.92	92.36	191.06	211.19	272.05	296.33	300.74	325.29	371.38	379.20
西 宁	31.29	123.24	156.16	208.08	231.36	250.51	290.54	341.18	377.22	377.22
银 川	65.59	119.62	209.13	235.46	321.46	380.31	400.82	448.44	499.22	522.13
乌鲁木齐	5.31	12.03	29.96	85.18	174.71	220.46	380.57	539.71	584.58	610.77

数据来源：国家统计局。

表 4－35　　2011—2015 年四十重点城市办公楼新开工面积

单位：万平方米

城　市	2011 年	2012 年	2013 年	2014 年	2015 年
合　计	3562.44	4150.01	4531.67	4945.58	4580.93
北　京	489.40	536.82	671.40	421.37	585.56
天　津	278.26	231.02	173.84	132.38	210.63
石家庄	102.87	36.97	85.99	46.43	79.32
太　原	4.37	28.38	29.63	119.45	55.37
呼和浩特	90.75	57.93	32.26	18.91	17.32
沈　阳	54.63	85.85	69.97	69.14	9.08
大　连	6.56	37.42	66.99	26.96	8.36
长　春	41.67	73.99	74.61	73.63	67.65
哈尔滨	58.71	65.11	17.55	52.76	60.69
上　海	225.72	303.91	264.06	365.25	304.87
南　京	108.63	70.58	54.05	49.33	126.02
无　锡	81.29	105.65	82.96	55.28	38.56
苏　州	85.46	48.48	93.24	156.42	76.47
杭　州	269.55	156.59	246.97	356.08	235.66
宁　波	122.09	90.38	122.68	99.17	57.72
温　州	25.28	14.33	14.91	32.56	21.21
合　肥	80.36	109.85	81.42	89.70	191.07
福　州	92.01	80.51	80.20	150.01	89.28
厦　门	84.56	79.75	63.46	149.62	110.76
南　昌	47.66	104.13	120.14	32.98	47.77
济　南	126.90	62.57	193.30	75.22	153.67
青　岛	57.62	88.07	94.84	159.45	118.90
郑　州	120.32	248.78	208.69	178.08	167.29
武　汉	70.47	138.61	135.58	127.35	142.08
长　沙	59.61	130.74	105.93	157.25	83.25
广　州	163.83	128.79	221.39	214.83	162.85
深　圳	25.89	50.69	114.88	91.30	126.79
南　宁	29.49	55.60	13.25	116.95	78.61
北　海	0.04	1.55	4.12	0.34	7.56
海　口	14.79	8.98	13.20	2.48	5.79
三　亚	3.34	2.30	0.66	4.98	4.45
重　庆	154.44	160.64	241.15	264.17	157.43
成　都	122.14	286.88	178.57	335.34	244.90
贵　阳	9.56	150.95	119.42	128.80	128.34
昆　明	149.92	178.00	119.42	144.78	47.66
西　安	52.54	78.80	151.28	158.42	346.58
兰　州	12.88	10.88	16.78	34.86	49.39
西　宁	4.42	5.43	41.42	49.22	45.84
银　川	25.56	26.25	51.47	72.21	57.09
乌鲁木齐	8.85	17.85	59.99	132.12	59.08

数据来源：国家统计局。

表 4－36　　2015 年四十重点城市月度累计办公楼新开工面积

单位：万平方米

城　市	1－3 月	1－4 月	1－5 月	1－6 月	1－7 月	1－8 月	1－9 月	1－10 月	1－11 月	1－12 月
合　计	634.24	925.12	1372.96	1797.78	2225.33	2688.63	3320.19	3697.40	4079.86	4580.93
北　京	91.57	128.84	143.72	217.65	258.56	283.23	380.10	449.44	508.77	585.56
天　津	9.44	11.48	18.62	29.73	43.35	61.97	64.34	62.64	74.92	210.63
石家庄	2.94	7.23	7.23	11.41	21.46	27.26	30.03	55.00	63.83	79.32
太　原	5.69	23.69	23.90	24.45	24.45	32.32	44.20	52.08	55.34	55.37
呼和浩特	—	—	5.09	6.09	6.09	6.24	17.02	17.32	17.32	17.32
沈　阳	4.56	5.10	5.10	5.54	8.03	8.15	8.15	8.15	9.08	9.08
大　连	0.31	0.61	4.33	4.92	11.00	7.92	7.53	8.36	8.36	8.36
长　春	—	2.33	3.74	6.00	26.92	45.12	46.62	46.72	64.70	67.65
哈尔滨	1.40	4.47	17.83	18.63	31.76	31.76	59.10	59.10	59.61	60.69
上　海	19.62	39.40	76.21	101.30	124.36	166.26	217.03	233.67	279.58	304.87
南　京	3.81	24.38	49.42	50.39	57.12	88.88	108.32	109.84	123.12	126.02
无　锡	3.73	4.81	18.20	19.20	25.13	35.16	37.35	37.35	37.35	38.56
苏　州	2.78	21.64	32.33	52.45	59.49	58.29	66.20	70.56	76.47	76.47
杭　州	18.83	32.01	62.04	76.03	122.17	159.21	185.49	197.75	217.66	235.66
宁　波	6.91	7.79	14.56	22.85	32.96	35.05	52.95	54.58	55.35	57.72
温　州	5.88	8.32	8.32	8.33	9.49	11.44	17.89	20.29	20.29	21.21
合　肥	69.00	69.15	91.03	112.04	120.50	128.11	149.18	153.36	175.44	191.07
福　州	10.59	11.09	31.82	34.31	39.49	46.52	59.84	67.60	73.89	89.28
厦　门	13.10	26.55	39.02	39.02	39.02	72.74	99.43	110.20	110.36	110.76
南　昌	2.09	2.09	2.45	9.64	22.09	24.61	29.32	31.46	45.88	47.77
济　南	118.60	98.48	99.48	126.19	126.52	138.94	139.21	139.21	142.67	153.67
青　岛	4.57	13.99	32.12	40.03	59.91	60.12	65.91	76.53	79.64	118.90
郑　州	16.87	35.60	76.38	87.58	102.43	111.71	114.27	124.32	153.25	167.29
武　汉	12.48	13.84	24.26	34.90	52.36	59.20	63.69	71.42	86.15	142.08
长　沙	18.77	20.43	26.24	26.86	40.97	46.68	61.36	75.82	78.92	83.25
广　州	19.66	33.21	46.67	73.65	94.18	95.95	140.62	146.56	158.25	162.85
深　圳	19.77	32.69	45.69	65.87	68.58	87.21	107.48	113.08	115.10	126.79
南　宁	3.85	8.33	15.94	30.60	30.60	30.60	56.75	69.72	75.61	78.61
北　海	0.78	0.78	0.78	0.79	0.79	1.09	3.69	4.31	6.06	7.56
海　口	0.07	0.07	0.07	0.74	3.64	3.64	5.79	5.79	5.79	5.79
三　亚	—	2.76	4.45	4.45	4.45	4.45	4.45	4.45	4.45	4.45
重　庆	10.45	56.37	75.32	100.99	106.04	114.51	140.82	146.46	149.35	157.43
成　都	19.89	21.26	57.80	72.22	92.24	128.74	151.09	197.52	235.40	244.90
贵　阳	23.97	24.37	30.29	35.06	37.71	35.73	58.25	120.85	125.76	128.34
昆　明	5.98	9.48	11.06	17.04	18.01	18.53	30.95	41.03	47.43	47.66
西　安	64.76	96.17	126.97	156.26	203.66	296.66	301.61	317.11	327.43	346.58
兰　州	3.11	3.23	12.98	13.08	14.89	15.70	49.07	49.14	49.27	49.39
西　宁	3.02	3.14	6.67	22.44	30.17	40.31	43.86	45.84	45.84	45.84
银　川	15.32	18.61	19.51	25.74	35.98	42.89	42.89	43.73	57.09	57.09
乌鲁木齐	0.09	1.33	5.35	13.32	18.76	25.72	58.35	59.08	59.08	59.08

数据来源：国家统计局。

表 4－37　　2011—2015 年四十重点城市商业营业用房新开工面积

单位：万平方米

城　市	2011 年	2012 年	2013 年	2014 年	2015 年
合　计	7555.11	5386.40	9220.50	8915.42	8043.95
北　京	306.43	160.89	351.01	208.17	343.62
天　津	436.57	80.69	370.11	275.08	292.38
石家庄	217.29	98.19	145.27	197.36	111.93
太　原	28.84	71.11	36.26	80.10	137.77
呼和浩特	322.94	186.21	289.98	73.56	116.21
沈　阳	462.44	463.33	552.42	418.45	210.36
大　连	154.66	140.38	205.02	120.31	56.41
长　春	275.90	126.02	163.53	246.23	141.33
哈尔滨	273.75	114.07	332.08	148.57	235.05
上　海	240.00	268.36	274.96	388.03	307.57
南　京	170.82	103.69	168.13	104.60	133.29
无　锡	385.94	281.7	247.71	313.77	144.82
苏　州	233.68	305.06	302.25	399.61	281.64
杭　州	234.21	105.73	224.46	315.18	338.96
宁　波	224.23	93.95	294.35	200.46	92.28
温　州	85.55	95.19	47.15	134.22	81.39
合　肥	241.04	169.49	348.90	442.99	401.83
福　州	155.35	55.59	133.46	232.69	202.27
厦　门	63.58	54.65	116.46	87.37	56.36
南　昌	99.17	113.89	99.94	53.31	112.54
济　南	59.69	98.53	152.30	125.37	128.01
青　岛	215.40	154.70	221.01	216.34	152.57
郑　州	161.62	126.64	267.47	243.20	285.20
武　汉	310.46	126.79	270.91	225.30	159.51
长　沙	199.86	165.93	275.55	361.56	180.34
广　州	141.66	143.10	243.05	290.48	240.16
深　圳	64.46	74.44	120.68	118.00	153.91
南　宁	75.02	22.31	54.25	107.74	89.47
北　海	27.83	23.17	31.59	53.08	36.79
海　口	26.93	16.23	20.41	106.89	46.09
三　亚	6.59	13.71	35.46	12.59	18.87
重　庆	708.12	350.9	1001.32	774.73	1037.72
成　都	281.39	256.35	561.41	641.48	522.59
贵　阳	142.22	130.66	131.45	124.83	217.00
昆　明	221.89	201.42	334.73	314.88	158.01
西　安	114.10	211.31	273.73	292.44	415.89
兰　州	39.54	60.07	68.55	69.41	88.60
西　宁	25.30	32.13	71.74	100.68	97.63
银　川	98.03	63.40	254.53	159.20	109.12
乌鲁木齐	22.61	26.42	126.91	137.16	108.44

数据来源：国家统计局。

表 4－38　　2015 年四十重点城市月度累计商业营业用房新开工面积

单位：万平方米

城　市	1－3 月	1－4 月	1－5 月	1－6 月	1－7 月	1－8 月	1－9 月	1－10 月	1－11 月	1－12 月
合　计	1159.85	1805.98	2515.11	3375.89	4110.79	4770.28	5950.74	6564.08	7246.81	8043.95
北　京	90.65	121.76	125.97	156.10	198.34	210.00	238.51	252.54	288.98	343.62
天　津	50.84	67.48	72.52	98.84	108.09	122.74	145.67	160.20	187.45	292.38
石家庄	11.82	17.02	24.11	34.62	42.92	49.48	56.30	81.72	83.25	111.93
太　原	9.63	11.72	18.25	28.26	32.17	41.73	48.05	52.74	121.99	137.77
呼和浩特	3.13	13.77	19.26	31.73	45.30	84.77	104.33	112.99	116.21	116.21
沈　阳	54.03	88.20	95.81	103.13	127.67	134.98	171.32	190.70	210.36	210.36
大　连	4.61	7.09	17.43	33.78	47.62	50.20	53.35	54.48	56.41	56.41
长　春	0.03	5.89	10.33	11.41	40.48	58.38	71.10	76.19	95.98	141.33
哈尔滨	7.36	14.83	36.97	153.34	164.11	169.84	201.51	207.81	224.82	235.05
上　海	63.96	86.91	128.95	158.23	172.62	202.42	217.66	232.19	272.56	307.57
南　京	11.85	19.54	38.20	41.03	45.33	67.34	95.66	118.67	126.91	133.29
无　锡	14.09	58.91	81.52	86.90	105.29	111.07	115.39	120.35	121.52	144.82
苏　州	45.51	89.08	127.08	159.26	176.33	188.95	249.93	261.05	276.74	281.64
杭　州	43.89	78.90	107.00	144.23	197.97	214.72	257.24	294.44	298.76	338.96
宁　波	31.08	32.64	49.01	60.16	67.90	71.66	86.42	90.20	91.33	92.28
温　州	8.59	26.54	35.25	36.90	49.71	60.53	76.68	81.44	84.49	81.39
合　肥	52.66	63.68	118.89	161.99	176.43	227.10	268.81	327.05	348.34	401.83
福　州	38.27	45.38	66.08	75.70	94.59	98.33	171.52	177.68	188.27	202.27
厦　门	0.45	6.75	29.37	29.62	31.04	42.30	45.17	52.39	53.22	56.36
南　昌	46.72	55.69	61.26	66.26	73.23	83.29	97.25	105.28	108.38	112.54
济　南	48.27	52.13	57.39	66.61	78.61	88.30	92.66	115.77	126.89	128.01
青　岛	7.39	31.61	44.99	69.66	87.70	93.68	107.13	129.34	131.22	152.57
郑　州	33.69	59.05	75.01	128.73	147.47	177.07	198.29	227.93	252.63	285.20
武　汉	33.40	42.60	43.66	69.15	81.04	87.11	105.38	114.53	131.55	159.51
长　沙	33.99	53.99	73.47	88.82	93.62	108.24	138.32	162.96	167.66	180.34
广　州	16.84	43.51	47.77	62.79	93.86	143.06	179.00	186.44	221.25	240.16
深　圳	25.68	42.17	54.10	63.62	67.85	84.17	131.57	133.71	142.69	153.91
南　宁	11.71	13.58	16.04	19.24	29.41	38.31	53.02	71.00	77.19	89.47
北　海	2.29	2.50	2.94	7.75	8.24	8.56	27.11	28.70	35.95	36.79
海　口	0.10	1.65	4.92	6.31	12.82	18.08	22.04	32.02	44.66	46.09
三　亚	1.11	4.89	11.08	11.08	11.08	11.08	11.27	15.76	18.87	18.87
重　庆	119.37	212.40	331.93	427.46	493.11	545.63	802.43	849.61	928.07	1037.72
成　都	83.33	107.28	176.10	250.84	310.37	398.77	429.95	449.04	507.67	522.59
贵　阳	61.52	66.15	73.09	102.22	127.48	128.34	163.45	196.17	207.78	217.00
昆　明	23.92	36.00	42.36	48.64	112.98	113.02	136.40	149.55	146.62	158.01
西　安	35.55	67.66	105.29	134.47	163.42	189.65	258.52	291.13	353.78	415.89
兰　州	12.20	14.07	22.06	27.80	35.75	47.16	62.49	65.58	87.98	88.60
西　宁	14.67	22.43	28.10	44.68	49.00	66.30	83.87	94.72	97.63	97.63
银　川	5.21	13.27	24.62	31.63	54.77	76.09	88.00	100.32	108.15	109.12
乌鲁木齐	0.43	7.26	16.94	42.88	55.10	57.81	87.94	99.71	102.60	108.44

数据来源：国家统计局。

表 4－39　　2011—2015 年四十重点城市商品房竣工面积

单位：万平方米

城　市	2011 年	2012 年	2013 年	2014 年	2015 年
合　计	36567.53	41417.71	39762.88	44252.00	42207.63
北　京	2245.24	2390.86	2666.35	3054.12	2631.45
天　津	2105.32	2542.75	2805.37	2924.82	2903.57
石家庄	1088.11	870.93	865.93	589.57	417.05
太　原	226.37	230.94	248.39	585.79	423.32
呼和浩特	404.98	357.98	400.05	461.87	301.29
沈　阳	2017.68	2066.37	1459.80	1225.87	1036.99
大　连	949.38	750.00	1046.57	726.32	289.32
长　春	748.06	913.87	1008.12	772.58	590.15
哈尔滨	526.75	1095.82	1056.95	1369.83	1360.56
上　海	2240.62	2305.06	2254.44	2313.29	2647.18
南　京	1169.09	1699.73	1039.39	967.40	1449.10
无　锡	813.33	814.05	1139.80	950.83	1171.01
苏　州	1280.55	1827.56	1692.51	1527.19	1653.14
杭　州	1135.00	1055.09	1172.24	1501.64	1665.23
宁　波	881.10	839.91	867.48	1271.09	1007.76
温　州	417.58	348.36	360.89	539.99	597.72
合　肥	654.89	921.02	1435.33	1055.13	1033.90
福　州	588.93	534.33	832.55	833.86	1064.05
厦　门	605.41	422.41	343.79	585.48	446.65
南　昌	440.23	417.92	373.75	510.97	433.82
济　南	594.54	492.25	805.02	516.76	615.99
青　岛	905.86	1211.57	957.34	1135.74	1523.35
郑　州	1485.98	1449.83	1137.47	1889.36	1076.66
武　汉	1064.06	1054.45	679.31	765.42	804.58
长　沙	1452.40	1402.27	1401.84	1412.05	1349.29
广　州	1263.20	1290.79	1141.30	1919.46	1511.49
深　圳	343.36	425.75	353.55	425.31	360.21
南　宁	512.45	664.53	325.58	465.43	574.97
北　海	95.65	251.49	108.03	169.62	147.15
海　口	33.17	307.42	195.01	393.66	218.89
三　亚	86.85	161.73	50.28	318.08	190.29
重　庆	3424.33	3990.63	3804.36	3717.78	4630.29
成　都	1573.20	2107.73	1879.65	2119.26	1435.73
贵　阳	621.72	584.50	711.69	1073.69	1405.66
昆　明	515.46	629.63	602.68	630.54	721.96
西　安	633.97	1063.70	795.35	1514.14	955.62
兰　州	175.97	168.28	158.49	118.52	194.51
西　宁	417.57	361.04	524.40	490.96	289.88
银　川	525.27	744.38	643.23	727.23	704.68
乌鲁木齐	303.90	650.78	418.60	681.35	373.19

数据来源：国家统计局。

表 4 -40　　2015 年四十重点城市月度累计商品房竣工面积

单位：万平方米

城　市	1 -3 月	1 -4 月	1 -5 月	1 -6 月	1 -7 月	1 -8 月	1 -9 月	1 -10 月	1 -11 月	1 -12 月
合　计	6952. 42	8531. 33	10443. 69	12934. 96	14662. 22	16542. 89	19881. 31	24342. 95	28504. 29	42207. 63
北　京	404. 98	462. 58	630. 36	727. 21	771. 86	872. 80	1062. 04	1427. 77	1719. 59	2631. 45
天　津	206. 32	289. 04	373. 86	526. 38	602. 02	676. 34	722. 49	805. 91	890. 90	2903. 57
石家庄	92. 10	92. 10	101. 84	114. 69	172. 46	180. 69	181. 55	189. 37	288. 97	417. 05
太　原	20. 38	37. 60	47. 19	65. 97	64. 67	68. 33	77. 79	122. 64	161. 57	423. 32
呼和浩特	43. 10	43. 10	85. 08	92. 98	92. 98	92. 98	227. 35	241. 81	261. 06	301. 29
沈　阳	88. 51	99. 20	100. 09	193. 14	232. 58	289. 78	502. 83	731. 55	973. 99	1036. 99
大　连	32. 83	73. 72	81. 64	151. 15	172. 79	189. 85	206. 84	223. 24	243. 68	289. 32
长　春	40. 54	97. 76	131. 44	380. 40	406. 66	415. 11	448. 47	488. 64	506. 51	590. 15
哈尔滨	100. 43	102. 02	118. 15	134. 62	169. 70	239. 11	290. 80	604. 62	924. 17	1360. 56
上　海	832. 21	951. 37	1025. 86	1233. 78	1334. 99	1490. 56	1586. 39	1899. 92	2080. 31	2647. 18
南　京	282. 56	347. 55	389. 77	432. 32	510. 42	544. 89	580. 32	738. 63	850. 28	1449. 10
无　锡	339. 75	368. 62	397. 77	469. 77	519. 52	561. 47	616. 76	784. 08	834. 09	1171. 01
苏　州	290. 85	361. 64	467. 92	564. 34	709. 04	719. 50	839. 02	986. 41	1119. 57	1653. 14
杭　州	451. 43	575. 08	615. 96	652. 54	681. 75	718. 43	784. 34	885. 32	990. 33	1665. 23
宁　波	244. 14	264. 81	330. 51	387. 06	439. 40	480. 24	596. 88	678. 14	759. 13	1007. 76
温　州	61. 12	81. 71	86. 71	100. 80	147. 58	163. 61	191. 51	216. 57	271. 91	597. 72
合　肥	227. 45	287. 54	385. 87	406. 22	446. 00	547. 97	592. 28	659. 47	727. 87	1033. 90
福　州	99. 81	149. 74	154. 87	282. 84	327. 95	425. 05	472. 54	661. 39	775. 54	1064. 05
厦　门	93. 53	132. 44	154. 38	173. 35	190. 90	217. 58	235. 02	313. 99	346. 27	446. 65
南　昌	130. 34	146. 61	168. 77	183. 69	197. 26	233. 25	245. 97	314. 82	358. 45	433. 82
济　南	130. 57	144. 55	248. 03	286. 72	295. 52	312. 64	314. 93	352. 00	443. 73	615. 99
青　岛	269. 95	316. 53	385. 75	413. 94	445. 75	526. 49	591. 79	748. 72	866. 94	1523. 35
郑　州	130. 84	171. 37	177. 61	246. 79	268. 15	346. 77	346. 97	428. 53	599. 98	1076. 66
武　汉	141. 26	165. 95	185. 13	213. 09	297. 70	366. 89	490. 71	514. 44	553. 84	804. 58
长　沙	338. 30	441. 41	515. 96	582. 71	654. 04	705. 95	772. 85	857. 20	1075. 81	1349. 29
广　州	208. 27	206. 04	256. 96	286. 92	304. 80	329. 17	414. 15	601. 07	644. 78	1511. 49
深　圳	78. 71	78. 68	96. 07	96. 09	117. 43	154. 42	253. 03	300. 58	328. 91	360. 21
南　宁	96. 73	105. 27	139. 90	164. 70	231. 44	237. 99	244. 86	268. 97	297. 77	574. 97
北　海	14. 40	14. 40	18. 91	21. 83	31. 65	31. 65	53. 18	55. 30	65. 61	147. 15
海　口	96. 82	96. 82	95. 84	97. 89	104. 24	106. 02	126. 12	147. 66	184. 03	218. 89
三　亚	48. 71	48. 71	48. 71	48. 71	48. 71	48. 76	55. 93	82. 55	186. 68	190. 29
重　庆	642. 54	827. 84	1056. 11	1620. 77	1828. 00	2080. 07	2502. 41	2944. 05	3649. 42	4630. 29
成　都	312. 85	456. 75	565. 28	681. 08	760. 47	878. 86	964. 81	1052. 36	1128. 91	1435. 73
贵　阳	64. 87	60. 88	82. 71	101. 09	101. 09	108. 21	759. 39	759. 39	791. 25	1405. 66
昆　明	135. 95	146. 18	169. 12	169. 27	221. 23	322. 61	450. 61	713. 44	760. 79	721. 96
西　安	81. 67	111. 51	187. 50	210. 89	262. 18	274. 56	390. 44	609. 92	640. 63	955. 62
兰　州	20. 20	25. 77	76. 06	78. 50	99. 57	105. 48	129. 52	145. 28	147. 09	194. 51
西　宁	10. 68	16. 24	25. 22	27. 14	35. 54	40. 60	60. 65	84. 55	217. 12	289. 88
银　川	37. 29	115. 57	139. 85	184. 72	199. 16	252. 04	258. 71	400. 22	497. 06	704. 68
乌鲁木齐	9. 44	16. 63	124. 95	128. 87	165. 04	186. 18	239. 07	302. 46	339. 73	373. 19

数据来源：国家统计局。

表 4 - 41　　2011—2015 年四十重点城市住宅竣工面积

单位：万平方米

城　市	2011 年	2012 年	2013 年	2014 年	2015 年
合　计	27904. 33	31522. 75	29028. 81	31275. 87	28954. 95
北　京	1316. 13	1522. 72	1692. 04	1804. 34	1378. 22
天　津	1641. 68	1913. 97	2117. 66	2130. 25	2182. 99
石家庄	882. 51	681. 64	631. 35	442. 38	259. 91
太　原	205. 15	201. 30	211. 17	491. 04	322. 01
呼和浩特	334. 03	290. 80	308. 77	345. 11	235. 10
沈　阳	1637. 41	1644. 76	1230. 34	993. 88	768. 76
大　连	803. 77	588. 14	850. 66	577. 18	233. 48
长　春	622. 90	736. 29	768. 85	634. 43	434. 66
哈尔滨	450. 99	898. 97	845. 72	1007. 90	964. 85
上　海	1549. 66	1609. 13	1417. 41	1535. 55	1588. 95
南　京	864. 15	1362. 23	754. 04	722. 29	1063. 87
无　锡	601. 09	560. 83	851. 02	622. 75	881. 07
苏　州	923. 61	1386. 17	1227. 53	1129. 36	1274. 57
杭　州	770. 09	674. 01	845. 12	928. 01	1070. 27
宁　波	512. 50	530. 61	462. 51	712. 21	613. 39
温　州	297. 92	252. 27	249. 20	393. 85	431. 30
合　肥	479. 47	725. 28	1072. 32	700. 68	709. 50
福　州	505. 87	402. 46	605. 83	600. 12	745. 09
厦　门	370. 92	215. 55	214. 11	349. 68	274. 17
南　昌	381. 43	325. 42	305. 47	426. 81	346. 31
济　南	451. 34	365. 65	613. 53	384. 53	370. 55
青　岛	658. 71	928. 85	674. 86	809. 86	1047. 67
郑　州	1237. 84	1043. 20	760. 56	1122. 87	670. 50
武　汉	921. 98	900. 90	529. 70	645. 98	654. 63
长　沙	1196. 57	1131. 00	1067. 56	1042. 34	949. 47
广　州	831. 68	800. 86	709. 60	1220. 51	981. 30
深　圳	247. 29	289. 40	196. 33	269. 26	202. 37
南　宁	408. 49	521. 10	234. 47	329. 78	423. 16
北　海	82. 22	221. 80	93. 11	139. 28	118. 88
海　口	28. 13	228. 44	147. 61	326. 11	172. 05
三　亚	74. 66	142. 26	34. 81	280. 05	155. 30
重　庆	2826. 78	3386. 35	2867. 45	2771. 55	3185. 90
成　都	1194. 15	1590. 23	1353. 09	1384. 25	858. 64
贵　阳	457. 07	443. 89	536. 47	795. 36	1080. 00
昆　明	416. 28	519. 25	499. 36	387. 78	482. 05
西　安	558. 55	903. 82	663. 20	1288. 67	747. 84
兰　州	143. 06	128. 91	128. 31	89. 88	164. 80
西　宁	355. 10	322. 71	421. 14	391. 04	195. 03
银　川	403. 77	594. 86	491. 52	502. 21	409. 04
乌鲁木齐	259. 38	536. 72	345. 01	546. 74	307. 30

数据来源：国家统计局。

表 4－42　　2015 年四十重点城市月度累计住宅竣工面积

单位：万平方米

城　市	1－3 月	1－4 月	1－5 月	1－6 月	1－7 月	1－8 月	1－9 月	1－10 月	1－11 月	1－12 月
合　计	4608.06	5678.20	7049.33	8827.80	10013.48	11296.06	13696.61	16660.44	19441.29	28954.95
北　京	224.53	254.21	360.79	398.15	416.91	469.75	575.11	759.02	920.35	1378.22
天　津	161.30	235.41	300.62	413.20	474.51	530.81	574.49	649.90	723.05	2182.99
石家庄	76.99	76.99	86.73	97.41	112.78	121.02	121.83	129.36	198.86	259.91
太　原	16.87	29.29	36.54	50.70	50.77	52.03	60.45	97.97	126.53	322.01
呼和浩特	33.91	33.91	55.49	61.98	61.98	61.98	169.56	183.96	197.87	235.10
沈　阳	83.15	93.52	94.40	162.11	193.63	241.01	378.79	532.38	713.76	768.76
大　连	17.35	51.76	57.63	124.00	140.53	156.42	168.05	182.90	196.46	233.48
长　春	37.78	78.51	103.16	279.92	297.90	303.08	329.90	361.74	372.63	434.66
哈尔滨	77.70	83.93	96.51	112.13	119.49	174.30	211.82	463.27	627.17	964.85
上　海	482.10	549.84	593.42	691.98	767.19	860.59	925.50	1131.74	1235.57	1588.95
南　京	187.41	234.25	265.00	281.16	328.76	353.03	382.33	502.23	569.81	1063.87
无　锡	255.09	273.28	295.10	351.96	390.35	412.32	469.95	572.97	603.80	881.07
苏　州	205.40	252.93	346.53	414.26	537.34	542.41	635.44	745.03	850.87	1274.57
杭　州	258.85	351.52	377.15	405.19	422.34	438.05	480.33	565.30	628.05	1070.27
宁　波	146.98	160.90	196.52	222.59	251.38	274.44	358.48	405.28	436.35	613.39
温　州	42.50	57.98	58.77	69.32	93.14	105.15	126.81	148.49	190.26	431.30
合　肥	149.55	167.25	234.71	246.76	259.68	335.10	367.60	418.53	483.89	709.50
福　州	41.74	82.88	87.01	188.75	222.69	303.82	320.34	448.49	532.84	745.09
厦　门	50.75	78.49	89.20	104.33	105.53	123.85	134.90	191.88	213.32	274.17
南　昌	101.48	114.47	132.58	147.17	158.54	189.95	200.62	248.71	285.96	346.31
济　南	85.64	93.44	147.22	182.53	187.48	192.85	193.95	212.96	255.41	370.55
青　岛	180.19	226.20	277.57	298.87	317.42	368.06	420.65	511.87	593.82	1047.67
郑　州	79.97	106.74	112.53	165.90	178.15	226.80	226.93	287.06	378.75	670.50
武　汉	110.84	134.24	152.23	174.19	250.09	317.50	410.10	430.63	463.38	654.63
长　沙	236.10	318.27	367.02	427.53	478.01	513.05	547.52	600.33	741.11	949.47
广　州	125.67	133.53	175.48	192.80	206.82	218.32	284.63	393.87	426.19	981.30
深　圳	34.70	34.65	40.94	40.94	51.54	75.16	140.63	147.79	170.53	202.37
南　宁	69.30	73.91	102.33	110.83	150.69	157.00	162.64	184.58	210.92	423.16
北　海	13.59	13.59	18.02	20.75	28.06	28.06	42.35	44.47	54.35	118.88
海　口	77.04	77.04	76.16	77.95	84.29	86.07	105.26	121.05	148.50	172.05
三　亚	39.12	39.12	39.12	39.12	39.12	39.17	39.21	56.06	153.22	155.30
重　庆	452.80	554.79	740.03	1192.93	1356.58	1537.81	1823.08	2064.06	2576.71	3185.90
成　都	181.02	285.00	345.21	412.12	471.10	554.53	594.68	637.50	683.98	858.64
贵　阳	48.73	44.48	62.68	74.54	74.54	74.54	612.09	612.09	637.48	1080.00
昆　明	106.94	111.91	122.88	123.03	149.92	221.94	299.91	480.01	509.98	482.05
西　安	58.45	81.83	148.45	168.45	213.53	222.95	317.86	479.83	507.81	747.84
兰　州	14.66	19.23	67.07	71.78	89.45	93.78	113.07	124.31	126.13	164.80
西　宁	10.68	14.68	22.52	22.52	29.23	33.65	44.77	55.72	146.92	195.03
银　川	23.87	42.18	62.13	102.14	111.62	125.57	129.18	230.16	268.87	409.04
乌鲁木齐	7.34	12.03	101.89	105.82	140.39	160.16	195.86	246.93	279.88	307.30

数据来源：国家统计局。

表 4 - 43 2011—2015 年四十重点城市办公楼竣工面积

单位：万平方米

城 市	2011 年	2012 年	2013 年	2014 年	2015 年
合 计	1572.72	1688.92	1938.98	2243.34	2451.21
北 京	245.17	226.79	273.05	387.45	385.38
天 津	146.72	166.80	188.59	117.15	171.18
石家庄	23.09	25.13	83.35	17.34	62.77
太 原	1.00	3.02	11.07	9.30	12.08
呼和浩特	9.21	9.21	7.73	18.61	6.77
沈 阳	25.54	55.66	8.54	20.89	11.73
大 连	28.93	18.52	23.44	2.47	0.18
长 春	8.79	12.91	15.23	7.08	31.18
哈尔滨	3.88	7.09	24.06	49.86	19.30
上 海	174.33	206.87	176.01	165.03	219.23
南 京	51.64	37.97	53.66	25.04	73.28
无 锡	34.90	57.07	89.27	88.61	43.29
苏 州	37.01	40.82	63.50	27.81	55.56
杭 州	103.92	95.00	68.31	109.76	116.29
宁 波	80.19	45.22	86.38	121.27	71.93
温 州	14.46	6.74	6.08	10.64	16.70
合 肥	35.99	18.09	60.42	57.08	50.21
福 州	3.60	26.14	20.02	45.65	58.85
厦 门	44.70	73.59	17.43	58.50	45.63
南 昌	3.91	28.42	16.46	20.75	16.73
济 南	45.89	35.91	25.08	10.42	62.03
青 岛	21.31	32.16	25.72	62.17	78.75
郑 州	45.74	58.42	85.08	162.11	115.02
武 汉	24.05	17.07	33.42	16.81	18.45
长 沙	18.12	9.49	35.62	53.25	62.06
广 州	122.21	118.40	147.36	135.59	124.40
深 圳	20.97	12.30	30.84	10.97	47.48
南 宁	3.05	17.94	9.67	22.88	22.36
北 海	—	1.57	0.14	0.65	0.39
海 口	—	3.85	—	1.24	5.01
三 亚	0.13	0.01	0.03	—	6.41
重 庆	44.77	30.37	75.76	115.03	195.72
成 都	48.15	108.41	86.70	124.80	80.23
贵 阳	26.80	9.45	19.00	47.06	56.06
昆 明	24.62	14.52	21.68	30.84	31.87
西 安	11.34	17.71	30.34	17.99	29.64
兰 州	7.08	7.14	0.95	6.41	1.50
西 宁	4.21	1.89	7.94	11.97	21.02
银 川	21.14	9.29	7.96	24.47	24.57
乌鲁木齐	6.16	21.96	3.09	28.39	

数据来源：国家统计局。

表 4－44　　2015 年四十重点城市月度累计办公楼竣工面积

单位：万平方米

城 市	1－3 月	1－4 月	1－5 月	1－6 月	1－7 月	1－8 月	1－9 月	1－10 月	1－11 月	1－12 月
合 计	481.15	550.24	610.46	746.57	862.75	981.63	1134.20	1406.88	1632.80	2451.21
北 京	67.80	77.04	80.12	102.42	115.34	134.10	139.88	210.57	226.70	385.38
天 津	8.90	9.02	9.02	13.15	15.21	15.21	15.21	20.50	20.50	171.18
石家庄	0.03	0.03	0.03	0.03	31.03	31.03	31.03	31.03	43.28	62.77
太 原	1.50	1.50	1.50	2.88	1.50	2.88	2.88	2.88	7.38	12.08
呼和浩特	0.80	0.80	6.77	6.77	6.77	6.77	6.77	6.77	6.77	6.77
沈 阳	—	0.01	0.01	3.47	3.47	3.48	3.48	11.35	11.73	11.73
大 连	—	—	—	—	0.07	0.07	0.07	0.18	0.18	0.18
长 春	—	—	—	27.17	27.17	27.17	27.17	27.17	31.18	31.18
哈尔滨	—	—	0.06	0.06	0.06	0.06	2.05	6.37	8.95	19.30
上 海	79.90	97.66	83.48	120.93	128.42	147.86	163.59	171.15	195.94	219.23
南 京	34.32	34.32	34.32	37.48	40.13	42.07	43.07	52.25	53.55	73.28
无 锡	11.97	13.97	13.97	13.97	17.42	26.08	18.94	28.11	28.61	43.29
苏 州	11.09	13.29	13.29	15.40	16.92	15.24	29.33	29.33	31.31	55.56
杭 州	66.39	66.47	66.86	66.90	66.92	76.00	79.66	80.00	101.58	116.29
宁 波	8.94	10.47	17.97	26.06	34.23	39.34	41.11	43.99	62.95	71.93
温 州	0.64	0.81	1.12	1.12	12.70	12.70	12.70	12.70	12.80	16.70
合 肥	17.85	24.10	24.10	24.10	27.89	29.33	39.83	42.10	42.10	50.21
福 州	23.50	23.50	23.50	25.99	25.99	25.99	37.39	47.66	56.86	58.85
厦 门	19.73	19.73	25.03	25.03	35.12	35.12	35.12	37.73	37.73	45.63
南 昌	7.17	7.17	7.17	7.17	7.17	7.17	7.50	11.74	12.29	16.73
济 南	3.56	3.56	13.11	13.11	13.11	23.11	23.11	29.61	35.47	62.03
青 岛	7.90	7.90	10.74	12.01	17.37	17.37	17.43	33.19	40.74	78.75
郑 州	12.92	12.92	12.92	13.24	14.74	24.52	24.52	30.92	65.86	115.02
武 汉	0.05	0.05	0.36	0.36	1.32	1.32	4.58	4.57	4.57	18.45
长 沙	7.58	7.58	7.64	7.64	14.35	17.21	24.84	28.26	58.59	62.06
广 州	3.23	3.23	4.86	8.04	8.04	17.71	23.44	43.77	43.77	124.40
深 圳	12.12	12.13	22.19	22.19	22.19	22.19	26.65	49.53	49.53	47.48
南 宁	6.83	8.88	8.88	19.07	19.07	19.07	19.07	19.07	19.07	22.36
北 海	—	—	—	—	0.39	0.39	0.39	0.39	0.39	0.39
海 口	5.01	5.01	5.01	5.01	5.01	5.01	5.01	5.01	5.01	5.01
三 亚	0.42	0.42	0.42	0.42	0.42	0.42	0.42	3.69	6.41	6.41
重 庆	20.88	45.88	45.89	53.35	57.02	74.83	95.55	122.68	136.40	195.72
成 都	15.95	15.95	32.95	32.95	36.65	41.28	54.48	54.48	54.48	80.23
贵 阳	2.63	2.74	2.63	2.63	2.63	2.63	36.53	36.53	36.53	56.06
昆 明	11.84	11.84	16.68	16.68	16.68	16.68	19.82	31.87	31.87	31.87
西 安	6.09	6.59	12.21	12.21	12.21	12.21	12.21	13.72	13.74	29.64
兰 州	—	—	—	—	0.08	0.08	0.10	1.50	1.50	1.50
西 宁	—	—	—	1.92	2.18	2.18	3.49	12.29	16.48	21.02
银 川	3.62	5.66	5.66	5.66	5.79	5.79	5.79	12.25	20.01	24.57
乌鲁木齐	—	—	—	—	—	—	—	—	—	—

数据来源：国家统计局。

表 4-45　　2011—2015 年四十重点城市商业营业用房竣工面积

单位：万平方米

城　市	2011 年	2012 年	2013 年	2014 年	2015 年
合　计	3415.06	3875.93	3782.40	4204.83	4729.36
北　京	232.43	240.06	178.36	216.24	259.92
天　津	154.27	301.42	187.80	267.75	247.78
石家庄	115.77	109.74	107.60	93.00	74.58
太　原	12.85	8.20	14.47	38.37	29.22
呼和浩特	44.80	41.05	51.06	47.29	32.10
沈　阳	261.89	246.71	178.60	156.11	190.50
大　连	72.11	62.01	96.45	79.57	26.21
长　春	61.09	121.93	139.11	85.94	60.09
哈尔滨	37.63	83.25	84.45	147.89	256.77
上　海	231.80	177.65	253.45	208.36	306.45
南　京	105.95	111.94	78.92	63.66	131.10
无　锡	118.33	134.80	140.01	159.63	176.13
苏　州	180.34	221.56	205.82	179.85	159.24
杭　州	89.27	72.30	78.67	114.04	122.77
宁　波	82.41	95.64	102.55	138.42	87.52
温　州	40.61	25.38	36.27	28.02	42.49
合　肥	92.16	98.82	128.16	113.81	146.48
福　州	31.28	41.52	50.81	35.26	93.16
厦　门	59.83	45.12	24.20	37.55	23.93
南　昌	41.47	50.26	46.75	34.62	38.52
济　南	41.10	16.64	46.25	38.82	88.75
青　岛	120.01	105.18	117.80	90.44	169.21
郑　州	123.84	168.01	135.01	175.46	144.27
武　汉	69.34	86.25	63.77	53.09	60.59
长　沙	85.93	121.37	114.04	146.02	132.20
广　州	110.86	151.09	82.71	258.50	160.44
深　圳	36.39	39.75	53.35	39.22	31.69
南　宁	51.80	78.29	45.95	50.33	50.99
北　海	8.80	12.26	8.36	13.40	11.39
海　口	1.78	35.67	16.73	15.10	11.12
三　亚	8.64	12.19	6.89	21.30	6.06
重　庆	298.79	282.23	456.08	340.59	606.07
成　都	109.59	145.79	153.40	231.86	201.00
贵　阳	64.59	58.99	66.88	59.60	202.32
昆　明	36.94	43.97	35.48	100.87	61.02
西　安	44.74	85.77	45.01	123.17	72.38
兰　州	17.56	17.08	16.22	13.04	17.62
西　宁	34.11	19.54	41.46	56.55	36.71
银　川	66.59	71.25	69.26	96.27	140.19
乌鲁木齐	17.37	35.25	24.24	35.82	20.43

数据来源：国家统计局。

表 4－46　　2015 年四十重点城市月度累计商业营业用房竣工面积

单位：万平方米

城　市	1－3 月	1－4 月	1－5 月	1－6 月	1－7 月	1－8 月	1－9 月	1－10 月	1－11 月	1－12 月
合　计	819.50	989.63	1132.93	1376.25	1584.75	1789.75	2174.51	2738.70	3306.36	4729.36
北　京	24.84	30.90	33.20	47.72	53.62	55.97	98.74	125.73	175.16	259.92
天　津	3.68	4.47	10.64	25.82	35.82	46.56	48.35	49.83	52.83	247.78
石家庄	14.02	14.02	14.02	14.47	24.97	24.97	24.98	25.27	41.37	74.58
太　原	1.40	3.09	5.44	6.77	6.77	7.80	7.80	12.85	16.92	29.22
呼和浩特	7.43	7.43	11.56	12.98	12.98	12.98	25.69	25.69	29.74	32.10
沈　阳	1.81	2.03	2.03	20.66	23.44	28.17	95.05	141.30	186.21	190.50
大　连	7.76	13.76	14.57	15.49	16.61	17.48	20.01	20.82	22.84	26.21
长　春	1.88	8.24	13.54	28.72	33.21	34.63	37.25	41.64	42.37	60.09
哈尔滨	9.75	5.12	7.59	8.35	32.52	36.49	40.31	62.73	213.21	256.77
上　海	99.86	106.22	138.26	143.86	152.54	165.74	170.06	205.59	225.30	306.45
南　京	24.37	30.85	33.30	45.37	60.55	63.82	62.94	69.99	94.24	131.10
无　锡	52.03	57.90	61.26	75.47	78.37	87.32	90.12	141.22	151.54	176.13
苏　州	52.23	66.75	70.33	81.16	87.87	94.46	98.08	117.31	123.94	159.24
杭　州	45.57	54.84	49.59	51.55	57.15	59.56	68.22	74.62	80.03	122.77
宁　波	25.73	26.28	30.30	39.78	41.25	42.15	47.06	55.72	68.28	87.52
温　州	5.31	5.63	8.80	9.48	14.17	14.53	15.99	16.89	19.94	42.49
合　肥	32.57	61.52	72.55	75.85	98.93	106.16	107.46	116.17	117.78	146.48
福　州	20.87	21.92	22.92	24.47	25.84	27.48	44.44	54.41	60.99	93.16
厦　门	3.02	4.15	5.16	6.09	6.73	8.37	9.55	13.05	14.78	23.93
南　昌	11.91	14.35	18.39	18.56	18.56	20.84	22.55	32.02	34.07	38.52
济　南	11.69	16.06	23.32	25.78	29.63	31.21	32.22	38.63	65.39	88.75
青　岛	35.34	35.51	39.20	40.12	41.99	70.86	80.64	97.92	108.61	169.21
郑　州	10.28	20.84	21.01	35.01	38.83	46.45	46.52	50.14	72.02	144.27
武　汉	16.90	17.25	14.89	18.44	20.70	21.65	31.60	34.25	36.67	60.59
长　沙	41.44	46.16	56.82	60.04	65.25	69.23	87.08	103.46	114.25	132.20
广　州	47.13	34.48	35.70	37.22	37.00	37.55	41.16	46.07	47.63	160.44
深　圳	13.89	13.89	14.84	14.86	16.93	21.89	26.23	30.55	30.86	31.69
南　宁	8.01	8.12	8.82	14.07	25.34	25.53	26.57	26.66	28.66	50.99
北　海	—	—	—	—	0.03	0.03	0.03	0.03	0.24	11.39
海　口	1.11	1.11	1.00	1.00	1.00	1.00	1.57	3.51	4.49	11.12
三　亚	0.30	0.30	0.30	0.30	0.30	0.30	3.29	5.08	5.76	6.06
重　庆	102.92	125.64	143.79	187.05	205.52	234.62	267.72	417.05	480.72	606.07
成　都	48.91	54.49	63.75	94.97	98.08	105.91	116.30	146.67	162.50	201.00
贵　阳	4.25	4.25	6.51	13.03	13.03	20.15	98.91	98.91	99.89	202.32
昆　明	11.94	13.62	11.93	11.93	26.52	32.92	40.49	58.66	60.18	61.02
西　安	6.41	10.16	11.52	14.92	18.67	19.63	28.99	46.05	48.76	72.38
兰　州	4.35	4.85	6.46	4.19	7.09	7.80	11.90	13.90	13.90	17.62
西　宁	—	1.55	1.84	1.84	2.79	3.43	7.68	8.68	29.47	36.71
银　川	7.16	39.96	40.94	42.02	46.50	75.78	77.34	91.30	106.19	140.19
乌鲁木齐	1.45	1.90	6.86	6.86	7.67	8.35	13.62	18.34	18.65	20.43

数据来源：国家统计局。

（七）四十重点城市房地产销售数据

表 4－47　　2011—2015 年四十重点城市商品房销售面积

单位：万平方米

城　市	2011 年	2012 年	2013 年	2014 年	2015 年
合　计	41977.47	42728.49	49089.62	45833.93	50006.05
北　京	1440.04	1943.74	1903.11	1454.19	1554.25
天　津	1643.11	1661.69	1847.11	1612.98	1771.07
石家庄	900.27	768.73	951.21	888.26	757.82
太　原	206.16	324.81	423.31	419.21	448.28
呼和浩特	576.37	478.18	420.45	363.91	381.81
沈　阳	2178.15	2469.65	2262.33	1498.40	1065.06
大　连	910.24	1076.36	1222.13	746.40	637.33
长　春	880.95	908.00	847.06	758.84	799.12
哈尔滨	953.10	1195.28	1370.48	1041.05	895.98
上　海	1771.30	1898.46	2382.20	2084.66	2431.36
南　京	767.70	950.87	1222.01	1207.58	1543.16
无　锡	654.41	923.73	906.38	837.07	985.28
苏　州	1155.92	1466.29	1875.05	1599.16	2133.73
杭　州	829.81	1092.50	1139.13	1122.91	1482.17
宁　波	641.25	590.22	730.09	726.44	1007.21
温　州	135.51	202.86	349.73	418.28	524.85
合　肥	1246.60	1242.48	1628.09	1594.79	1589.21
福　州	622.18	841.50	1256.49	965.60	914.70
厦　门	438.26	615.34	786.71	790.21	570.83
南　昌	498.80	689.86	841.49	824.66	901.02
济　南	594.06	659.56	822.63	865.35	1192.12
青　岛	1027.95	950.92	1160.16	1163.53	1418.58
郑　州	1556.71	1441.87	1621.89	1591.91	1898.67
武　汉	1323.51	1576.11	1995.36	2273.16	2627.19
长　沙	1500.17	1526.93	1861.56	1518.47	1907.91
广　州	1251.48	1333.13	1699.98	1540.02	1653.07
深　圳	512.15	525.83	588.58	532.57	831.46
南　宁	696.48	629.01	702.60	802.57	1000.73
北　海	161.52	133.76	178.44	207.65	195.78
海　口	225.55	266.95	338.19	337.66	373.40
三　亚	163.69	180.03	182.88	100.99	112.08
重　庆	4533.50	4522.40	4817.56	5100.39	5381.37
成　都	2713.45	2844.09	2950.13	2951.30	2997.43
贵　阳	828.29	1023.84	1282.01	935.55	959.55
昆　明	1114.92	1051.35	1211.20	1289.37	1305.03
西　安	1796.03	1532.90	1632.85	1696.39	1762.70
兰　州	184.61	190.35	253.46	480.36	628.12
西　宁	260.12	177.04	277.80	305.71	311.86
银　川	1440.04	450.26	612.11	724.59	529.81
乌鲁木齐	1643.11	371.61	535.67	461.79	524.96

数据来源：国家统计局。

表 4 – 48　　2015 年四十重点城市月度累计商品房销售面积

单位：万平方米

城　市	1–3 月	1–4 月	1–5 月	1–6 月	1–7 月	1–8 月	1–9 月	1–10 月	1–11 月	1–12 月
合　计	7292.32	10686.06	14648.35	20071.95	23904.56	27835.56	32657.25	37301.96	42751.08	50006.05
北　京	203.81	297.35	428.05	574.14	718.92	847.89	972.50	1104.28	1340.66	1554.25
天　津	349.40	443.45	594.75	704.46	792.91	924.46	1117.04	1272.36	1395.93	1771.07
石家庄	63.06	76.18	93.91	161.01	219.60	252.72	343.97	378.88	441.38	757.82
太　原	33.15	50.41	70.25	122.13	147.72	203.75	247.33	295.81	377.05	448.28
呼和浩特	28.30	38.06	57.95	82.53	97.00	122.79	213.74	261.72	332.61	381.81
沈　阳	138.76	220.19	296.57	459.14	537.82	619.47	754.50	889.15	1002.74	1065.06
大　连	86.65	135.80	210.27	323.98	394.05	462.57	513.32	561.77	596.46	637.33
长　春	40.20	88.73	134.46	257.08	372.61	425.99	513.34	600.29	712.68	799.12
哈尔滨	79.63	125.48	187.29	310.36	375.42	447.86	535.65	661.10	755.49	895.98
上　海	394.21	580.35	749.95	1014.74	1257.66	1456.75	1683.55	1905.56	2159.42	2431.36
南　京	152.07	219.89	317.34	468.67	577.42	738.53	861.14	976.03	1162.35	1543.16
无　锡	172.02	255.09	346.76	442.53	521.14	592.06	658.89	762.71	850.58	985.28
苏　州	259.95	411.94	594.02	825.96	996.52	1176.24	1373.37	1609.12	1853.70	2133.73
杭　州	213.33	349.63	500.17	651.24	789.08	898.86	1029.79	1168.38	1297.31	1482.17
宁　波	154.65	219.21	301.24	411.75	484.36	565.26	651.42	716.51	870.69	1007.21
温　州	77.38	108.46	130.91	192.93	224.76	259.00	319.15	351.37	404.02	524.85
合　肥	293.28	408.66	553.15	697.15	841.54	981.41	1142.45	1294.28	1425.07	1589.21
福　州	144.70	209.29	280.49	385.74	456.59	516.74	606.79	679.00	777.19	914.70
厦　门	114.65	141.18	191.91	278.13	325.28	367.22	429.09	480.84	531.14	570.83
南　昌	105.55	162.28	217.88	322.58	382.47	456.93	558.86	627.95	730.54	901.02
济　南	164.66	266.21	394.14	545.25	626.37	715.04	800.23	910.77	1026.61	1192.12
青　岛	149.99	229.79	321.22	426.93	510.54	725.75	901.87	1023.82	1154.60	1418.58
郑　州	246.90	450.78	586.37	782.43	932.45	1072.16	1237.49	1387.90	1542.91	1898.67
武　汉	343.01	478.40	704.66	1070.26	1220.86	1411.81	1646.62	1867.20	2157.02	2627.19
长　沙	314.83	477.35	655.42	863.56	1016.14	1153.64	1339.72	1526.27	1712.47	1907.91
广　州	270.84	379.71	533.28	752.34	866.47	991.75	1168.07	1296.17	1443.20	1653.07
深　圳	106.22	170.41	222.16	317.33	388.89	447.04	539.60	610.59	728.75	831.46
南　宁	148.49	205.62	283.53	378.61	438.38	508.79	599.53	703.78	818.52	1000.73
北　海	25.16	43.15	56.70	85.29	101.04	112.48	130.28	140.24	162.51	195.78
海　口	48.32	67.66	89.23	131.29	156.90	187.62	228.46	250.32	306.09	373.40
三　亚	30.49	37.91	43.80	50.13	58.14	66.14	75.64	87.17	98.16	112.08
重　庆	1019.51	1392.61	1825.57	2326.01	2651.95	3019.22	3487.16	3953.17	4600.85	5381.37
成　都	493.05	714.81	1002.89	1338.80	1560.02	1813.30	2069.74	2357.69	2680.83	2997.43
贵　阳	178.32	236.95	303.73	453.46	516.97	580.58	682.37	772.16	866.12	959.55
昆　明	245.60	333.40	429.08	549.70	625.36	692.87	797.29	891.89	1110.54	1305.03
西　安	185.47	319.55	451.84	670.63	899.93	1049.44	1210.58	1362.80	1546.17	1762.70
兰　州	89.23	127.63	165.73	233.26	304.59	360.59	454.92	520.36	569.13	628.12
西　宁	18.86	38.37	75.41	99.62	123.60	146.99	197.77	259.34	289.33	311.86
银　川	72.63	116.70	155.81	190.72	242.80	292.71	346.31	393.47	448.40	529.81
乌鲁木齐	35.98	57.42	90.47	120.11	150.30	171.17	217.70	389.71	471.83	524.96

数据来源：国家统计局。

表 4－49　　2011—2015 年四十重点城市住宅销售面积

单位：万平方米

城　市	2011 年	2012 年	2013 年	2014 年	2015 年
合　计	34371.07	37393.16	42900.9	39299.59	42790.26
北　京	1034.96	1483.37	1363.67	1136.53	1126.84
天　津	1454.84	1511.40	1720.34	1477.63	1668.18
石家庄	769.38	697.08	782.73	725.68	539.68
太　原	181.19	308.13	401.15	394.09	421.65
呼和浩特	511.14	414.31	339.96	306.92	321.44
沈　阳	1952.14	2201.45	2017.37	1342.38	949.88
大　连	833.42	966.89	1104.02	670.73	596.67
长　春	786.62	775.19	762.50	663.35	701.78
哈尔滨	881.62	1031.61	1227.00	919.81	807.23
上　海	1473.72	1592.63	2015.81	1780.91	2009.17
南　京	680.89	876.25	1143.15	1124.73	1429.18
无　锡	529.07	782.59	778.24	736.44	864.51
苏　州	941.19	1263.11	1633.41	1446.07	1940.92
杭　州	682.43	922.24	968.78	952.51	1292.35
宁　波	444.34	458.74	581.95	595.20	846.92
温　州	113.38	180.58	317.41	381.58	456.23
合　肥	1066.31	1117.33	1451.69	1326.22	1285.90
福　州	536.87	733.96	1105.48	816.65	748.99
厦　门	263.77	480.27	581.52	510.37	345.89
南　昌	435.69	595.33	751.87	751.48	815.99
济　南	536.79	559.92	705.31	723.92	924.43
青　岛	917.54	842.50	1050.61	1022.28	1238.99
郑　州	1300.67	1226.18	1313.48	1293.28	1695.21
武　汉	1169.26	1390.47	1750.43	1978.96	2413.77
长　沙	1385.56	1385.33	1659.53	1331.36	1687.06
广　州	1027.31	1128.51	1398.47	1196.23	1344.86
深　圳	482.85	488.44	527.16	474.81	747.83
南　宁	598.85	575.52	633.14	720.95	878.87
北　海	157.49	131.04	175.69	199.98	188.85
海　口	196.83	251.49	319.04	297.58	330.28
三　亚	162.35	178.02	180.57	99.13	105.15
重　庆	4063.42	4105.11	4359.19	4423.68	4477.71
成　都	2320.29	2424.61	2555.81	2476.25	2447.13
贵　阳	733.72	948.47	1145.71	789.95	789.79
昆　明	928.33	917.73	1041.35	978.23	1008.25
西　安	1687.08	1379.13	1496.34	1514.15	1583.53
兰　州	164.22	176.75	237.35	439.43	578.62
西　宁	250.27	165.85	272.04	264.38	260.65
银　川	318.36	388.33	543.09	614.01	454.46
乌鲁木齐	396.91	337.30	488.54	401.75	465.41

数据来源：国家统计局。

表 4 - 50　　2015 年四十重点城市月度累计住宅销售面积

单位：万平方米

城　市	1-3 月	1-4 月	1-5 月	1-6 月	1-7 月	1-8 月	1-9 月	1-10 月	1-11 月	1-12 月
合　计	6263.24	9214.32	12728.73	17373.68	20707.60	24116.20	28209.60	32209.95	36748.42	42790.26
北　京	172.91	250.10	358.22	481.12	607.72	700.26	781.66	884.60	1004.48	1126.84
天　津	338.28	427.62	568.27	660.33	743.45	861.97	1046.27	1195.51	1302.71	1668.18
石家庄	46.22	41.90	57.10	115.07	136.76	163.53	244.62	274.79	317.88	539.68
太　原	32.17	49.08	68.50	118.12	142.00	194.42	236.61	283.20	356.35	421.65
呼和浩特	19.74	28.59	45.87	62.83	73.12	96.76	177.68	214.66	273.51	321.44
沈　阳	123.02	196.86	265.07	407.43	477.60	554.60	665.26	791.07	892.05	949.88
大　连	82.02	130.54	202.31	306.47	371.95	434.26	483.79	530.30	563.50	596.67
长　春	28.52	70.23	110.09	218.43	326.68	376.67	456.02	531.77	633.07	701.78
哈尔滨	72.72	114.33	170.61	283.71	343.76	411.67	486.83	601.13	682.83	807.23
上　海	351.01	489.15	637.01	843.09	1038.54	1200.45	1401.76	1597.13	1801.39	2009.17
南　京	139.45	208.22	302.18	432.75	536.08	682.81	797.38	900.09	1069.02	1429.18
无　锡	141.27	220.13	305.34	396.06	468.76	532.56	589.18	678.65	754.90	864.51
苏　州	236.45	374.04	546.92	755.97	912.63	1078.44	1256.22	1478.01	1699.13	1940.92
杭　州	177.87	301.35	437.10	573.50	693.98	790.55	906.39	1029.81	1138.38	1292.35
宁　波	112.37	170.40	245.37	338.32	404.33	469.35	544.19	602.35	737.80	846.92
温　州	68.11	94.70	114.87	173.10	202.07	233.71	281.43	305.73	350.01	456.23
合　肥	244.19	334.88	466.65	563.84	691.10	810.24	934.55	1053.79	1163.76	1285.90
福　州	121.45	173.99	232.01	308.25	369.47	419.75	509.81	570.78	643.48	748.99
厦　门	48.20	67.77	103.50	154.21	185.37	210.88	244.36	279.11	317.20	345.89
南　昌	96.80	149.22	200.95	297.26	349.37	418.13	508.74	573.81	669.89	815.99
济　南	121.59	200.09	304.63	418.85	489.52	550.12	609.07	702.08	786.31	924.43
青　岛	132.68	205.78	291.86	384.25	457.32	652.06	794.76	893.64	1003.31	1238.99
郑　州	215.07	394.26	520.77	694.29	832.39	959.92	1110.86	1250.99	1390.34	1695.21
武　汉	309.18	435.91	652.02	979.46	1116.50	1299.13	1518.36	1715.06	1980.89	2413.77
长　沙	287.88	436.36	591.21	774.40	910.56	1024.61	1189.54	1350.12	1509.80	1687.06
广　州	231.56	323.97	453.93	620.59	712.57	817.12	949.01	1055.33	1178.04	1344.86
深　圳	94.68	151.38	197.89	288.87	354.87	405.95	490.87	551.48	650.62	747.83
南　宁	134.67	177.28	248.10	334.63	389.10	452.62	538.58	634.49	729.04	878.87
北　海	24.76	41.70	54.69	81.73	96.77	107.89	125.12	134.76	156.27	188.85
海　口	42.15	58.51	75.97	112.89	135.51	159.68	197.01	217.53	267.33	330.28
三　亚	29.38	36.61	40.78	46.27	53.73	61.54	70.66	81.35	91.48	105.15
重　庆	900.11	1222.55	1590.19	2034.19	2319.66	2625.98	2990.63	3353.72	3861.10	4477.71
成　都	402.74	594.83	838.02	1109.33	1297.43	1509.85	1725.19	1957.60	2213.63	2447.13
贵　阳	138.15	189.00	246.86	379.56	429.92	485.42	567.91	647.38	728.89	789.79
昆　明	189.41	259.86	340.65	436.23	486.61	539.24	612.61	690.62	864.02	1008.25
西　安	162.33	285.30	407.95	613.12	812.81	951.23	1076.58	1214.86	1388.98	1583.53
兰　州	81.83	118.22	153.29	215.13	281.66	335.17	424.72	484.57	527.66	578.62
西　宁	18.32	35.37	65.13	87.20	110.07	132.93	178.48	221.81	246.72	260.65
银　川	63.66	104.68	139.06	169.32	215.85	256.22	296.76	333.63	382.09	454.46
乌鲁木齐	30.35	49.58	77.79	103.49	130.00	148.49	190.14	342.61	420.59	465.41

数据来源：国家统计局。

表 4－51　　2011—2015 年四十重点城市办公楼销售面积

单位：万平方米

城　市	2011 年	2012 年	2013 年	2014 年	2015 年
合　计	1470.64	1682.81	2074.88	1720.41	2130.03
北　京	211.42	253.50	317.93	136.80	243.02
天　津	42.80	28.17	23.49	13.53	15.93
石家庄	12.10	17.46	36.95	30.94	63.76
太　原	7.44	5.02	8.00	14.15	11.24
呼和浩特	14.64	14.05	16.83	7.81	4.08
沈　阳	12.19	21.82	17.45	14.02	17.33
大　连	5.70	24.58	6.38	6.67	5.45
长　春	7.88	12.90	15.84	9.73	15.80
哈尔滨	2.26	10.57	19.57	12.42	14.73
上　海	147.40	111.73	161.22	120.28	197.41
南　京	38.28	32.93	24.53	24.68	31.84
无　锡	29.14	45.55	41.69	27.97	40.21
苏　州	38.42	34.35	52.42	28.25	54.81
杭　州	70.36	86.04	94.63	73.04	81.74
宁　波	66.91	45.53	49.59	50.90	41.44
温　州	5.24	3.97	7.67	2.45	21.12
合　肥	52.49	33.51	58.06	52.73	68.64
福　州	30.23	49.64	65.23	44.86	44.86
厦　门	50.24	36.25	67.14	87.15	64.17
南　昌	16.36	42.42	40.27	27.86	30.56
济　南	16.05	29.36	32.56	45.49	156.84
青　岛	15.82	42.22	46.43	42.57	56.57
郑　州	130.46	110.11	176.74	133.61	96.88
武　汉	25.10	58.95	71.44	57.83	35.21
长　沙	37.93	42.34	64.26	37.60	36.40
广　州	115.76	103.10	160.85	142.76	152.60
深　圳	9.90	5.98	21.31	23.17	56.54
南　宁	10.87	7.21	21.89	14.43	25.67
北　海	0.08	0.09	—	0.63	0.33
海　口	1.81	0.23	0.51	4.47	7.07
三　亚	—	—	1.33	0.21	1.98
重　庆	43.88	62.30	68.67	98.15	115.84
成　都	79.89	148.14	106.03	122.30	94.31
贵　阳	22.70	12.17	87.53	61.18	49.23
昆　明	39.82	72.40	40.74	58.31	53.95
西　安	31.58	56.92	33.36	45.83	50.30
兰　州	7.28	2.18	2.95	11.36	9.14
西　宁	0.38	0.16	0.32	7.87	23.35
银　川	8.81	6.26	5.00	7.15	12.70
乌鲁木齐	11.02	12.70	8.07	19.25	26.99

数据来源：国家统计局。

表 4－52　　2015 年四十重点城市月度累计办公楼销售面积

单位：万平方米

城　市	1－3 月	1－4 月	1－5 月	1－6 月	1－7 月	1－8 月	1－9 月	1－10 月	1－11 月	1－12 月
合　计	273.62	417.37	557.40	794.94	959.74	1140.59	1375.23	1546.45	1793.27	2130.03
北　京	15.23	24.93	36.28	47.69	58.76	83.54	109.80	127.58	182.81	243.02
天　津	2.04	2.71	4.63	8.47	9.40	9.98	11.41	12.20	14.17	15.93
石家庄	1.51	1.76	2.05	2.14	24.16	24.16	29.16	29.16	36.46	63.76
太　原	0.01	0.01	0.12	1.06	1.72	2.58	2.97	3.65	8.91	11.24
呼和浩特	0.82	1.35	1.96	2.20	2.50	3.02	3.19	3.37	3.69	4.08
沈　阳	4.14	5.41	6.29	9.19	10.39	11.25	12.62	15.10	16.77	17.33
大　连	0.51	0.76	0.85	1.27	1.51	3.18	3.21	3.39	3.44	5.45
长　春	3.87	4.40	6.70	11.94	12.17	12.53	12.68	13.97	14.72	15.80
哈尔滨	0.97	1.43	1.75	2.26	2.82	2.89	8.76	9.19	14.41	14.73
上　海	14.85	37.60	44.14	74.70	98.57	119.69	134.02	143.06	164.60	197.41
南　京	2.37	3.44	5.29	15.25	17.96	19.15	20.14	25.10	27.81	31.84
无　锡	9.58	10.89	12.54	14.35	17.04	20.00	27.04	29.33	32.27	40.21
苏　州	3.85	8.89	10.58	18.56	20.88	24.28	31.96	33.53	40.17	54.81
杭　州	16.88	21.89	26.57	31.60	39.85	44.25	53.21	61.00	69.73	81.74
宁　波	6.08	8.03	10.41	16.77	18.70	21.93	24.45	26.70	34.42	41.44
温　州	0.96	2.52	3.55	3.99	4.40	4.93	11.05	13.86	16.60	21.12
合　肥	8.95	16.30	19.33	26.41	28.46	35.08	42.40	50.47	58.58	68.64
福　州	7.41	9.59	15.09	19.32	23.84	27.70	29.79	33.40	39.03	44.86
厦　门	20.35	22.23	26.74	42.40	44.15	45.75	54.17	57.76	61.97	64.17
南　昌	1.61	4.08	5.86	9.70	13.15	14.30	16.33	18.84	21.60	30.56
济　南	28.79	42.51	59.00	81.35	83.94	107.27	126.52	136.06	152.37	156.84
青　岛	6.04	8.48	9.72	14.95	19.56	26.64	30.71	36.20	41.21	56.57
郑　州	17.18	28.33	33.44	46.09	52.67	59.16	65.53	70.73	74.92	96.88
武　汉	3.70	4.39	5.14	13.60	15.66	17.95	21.44	26.77	30.48	35.21
长　沙	5.76	7.30	13.03	16.75	19.57	24.80	27.33	29.06	34.00	36.40
广　州	12.05	20.78	35.48	61.50	73.74	85.50	117.57	128.64	139.23	152.60
深　圳	8.85	14.62	18.36	21.56	25.03	30.45	36.45	42.21	52.89	56.54
南　宁	0.71	11.91	12.64	15.58	16.38	18.97	19.51	19.75	23.66	25.67
北　海	—	—	—	0.33	0.33	0.33	0.33	0.33	0.33	0.33
海　口	1.10	1.10	1.13	1.24	1.46	6.78	6.78	6.81	7.07	7.07
三　亚	0.21	0.21	1.93	1.93	1.93	1.93	1.93	1.98	1.98	1.98
重　庆	18.93	24.39	38.47	42.11	46.20	54.58	76.22	90.59	105.70	115.84
成　都	17.46	22.31	29.55	42.55	49.41	59.31	64.17	73.55	81.86	94.31
贵　阳	12.57	15.12	18.35	20.32	23.04	24.06	27.63	28.72	31.10	49.23
昆　明	9.65	12.83	15.36	20.14	25.14	30.01	40.32	43.34	49.37	53.95
西　安	6.96	11.18	14.56	20.14	34.26	38.15	40.31	43.21	43.90	50.30
兰　州	0.25	0.48	1.11	1.75	4.47	4.59	6.22	7.14	7.32	9.14
西　宁	0.13	1.01	4.55	5.57	5.89	5.89	9.15	19.56	19.70	23.35
银　川	0.38	0.79	1.61	2.72	3.51	5.72	7.20	9.32	10.80	12.70
乌鲁木齐	0.92	1.41	3.28	5.49	7.12	8.31	11.56	21.84	23.25	26.99

数据来源：国家统计局。

表 4 - 53　　2011—2015 年四十重点城市商业营业用房销售面积

单位：万平方米

城　市	2011 年	2012 年	2013 年	2014 年	2015 年
合　计	2605.00	2488.8	2633.29	3078.42	3159.65
北　京	108.69	113.97	102.52	79.50	84.81
天　津	104.50	72.17	51.60	65.56	56.34
石家庄	88.54	36.72	78.12	102.36	117.61
太　原	15.74	8.69	14.13	8.04	11.79
呼和浩特	35.33	44.78	40.61	29.75	28.40
沈　阳	171.50	191.81	201.96	122.98	85.48
大　连	47.74	58.87	88.76	49.48	20.78
长　春	66.87	99.14	43.95	57.26	53.97
哈尔滨	49.02	102.57	83.83	90.57	54.55
上　海	95.57	120.01	116.47	102.86	113.70
南　京	35.02	29.23	43.68	42.35	64.49
无　锡	93.87	91.37	80.11	69.65	78.18
苏　州	158.87	149.90	165.25	100.41	114.95
杭　州	56.39	66.57	52.92	55.78	57.78
宁　波	89.75	55.31	55.71	50.56	79.78
温　州	13.67	14.57	22.45	28.12	38.40
合　肥	113.86	67.19	82.72	187.59	197.23
福　州	20.23	38.55	39.56	57.19	70.93
厦　门	15.67	22.08	21.42	30.33	28.78
南　昌	45.03	46.38	40.61	38.19	48.12
济　南	14.11	22.08	26.40	39.79	42.57
青　岛	67.60	50.56	42.01	72.29	94.40
郑　州	97.40	65.77	88.27	126.73	79.95
武　汉	86.45	73.80	124.00	162.26	103.24
长　沙	51.25	73.50	92.75	120.93	118.06
广　州	67.46	75.20	95.80	133.25	96.80
深　圳	18.79	21.00	19.05	23.59	19.84
南　宁	37.41	26.81	23.72	26.51	29.47
北　海	2.68	2.41	2.17	5.14	4.20
海　口	13.23	9.24	12.50	30.03	24.87
三　亚	0.75	1.43	0.92	0.67	0.41
重　庆	266.32	221.89	244.04	348.49	463.05
成　都	161.50	172.82	174.16	210.21	232.77
贵　阳	54.51	54.72	39.33	69.86	99.15
昆　明	87.33	33.39	70.48	117.07	129.08
西　安	57.69	69.47	61.43	82.61	86.77
兰　州	12.71	11.40	12.82	25.81	34.47
西　宁	9.47	10.95	5.17	29.45	21.60
银　川	53.35	50.36	54.78	59.96	51.23
乌鲁木齐	19.13	12.12	17.11	25.24	21.69

数据来源：国家统计局。

表 4－54　　2015 年四十重点城市月度累计商业营业用房销售面积

单位：万平方米

城　市	1－3 月	1－4 月	1－5 月	1－6 月	1－7 月	1－8 月	1－9 月	1－10 月	1－11 月	1－12 月
合　计	451.56	641.83	836.13	1197.50	1405.90	1617.03	1938.47	2237.01	2642.23	3159.65
北　京	6.62	10.42	15.51	21.30	24.13	29.39	37.31	42.33	73.07	84.81
天　津	4.78	8.20	12.59	20.43	23.15	31.74	35.55	39.62	50.98	56.34
石家庄	4.78	21.90	24.12	32.19	46.62	52.94	57.59	62.26	71.63	117.61
太　原	0.86	1.18	1.48	2.00	2.80	4.58	5.59	6.78	8.96	11.79
呼和浩特	7.03	7.27	9.13	15.95	16.77	16.80	22.23	24.48	28.04	28.40
沈　阳	8.83	14.34	20.48	35.72	42.52	45.95	66.65	71.76	81.78	85.48
大　连	1.89	2.11	4.14	10.27	13.66	17.40	18.19	19.26	20.00	20.78
长　春	5.73	10.63	13.26	18.91	22.99	25.13	30.49	38.12	45.37	53.97
哈尔滨	5.62	8.82	13.51	20.60	24.77	28.06	31.63	37.17	41.36	54.55
上　海	18.55	28.89	32.68	44.86	56.77	62.75	70.09	79.15	98.75	113.70
南　京	8.74	6.28	7.68	14.96	17.36	29.19	35.34	40.22	50.29	64.49
无　锡	20.89	23.74	28.45	31.67	34.82	38.94	42.00	53.48	61.72	78.18
苏　州	16.22	24.58	31.11	44.32	54.05	63.03	70.99	80.67	95.26	114.95
杭　州	11.30	14.72	21.47	27.92	31.70	37.32	41.06	45.77	50.22	57.78
宁　波	30.28	33.38	35.36	40.96	43.70	52.36	57.06	59.52	65.11	79.78
温　州	6.64	9.30	10.14	13.23	15.49	17.52	23.51	27.62	30.84	38.40
合　肥	33.63	47.66	54.46	91.82	105.83	119.12	144.73	165.97	176.47	197.23
福　州	9.93	17.26	22.99	44.03	46.40	49.33	45.06	48.19	57.44	70.93
厦　门	7.07	7.98	10.52	16.37	17.63	19.02	20.78	24.76	26.23	28.78
南　昌	5.96	7.09	8.41	12.67	16.22	20.33	29.30	30.57	33.64	48.12
济　南	6.09	8.70	11.60	19.16	22.24	23.87	27.22	29.69	37.54	42.57
青　岛	9.03	11.80	14.98	21.38	24.62	36.42	59.62	71.49	84.03	94.40
郑　州	12.69	24.80	27.67	35.63	40.06	44.86	51.50	55.36	64.59	79.95
武　汉	13.88	17.75	22.77	40.41	46.25	49.52	55.38	68.08	83.95	103.24
长　沙	10.91	21.47	34.67	50.13	57.71	70.53	83.87	100.19	110.28	118.06
广　州	19.68	24.97	31.63	51.61	59.26	63.54	70.94	76.53	85.12	96.80
深　圳	1.95	3.57	4.89	5.24	6.47	7.36	8.77	11.23	17.98	19.84
南　宁	4.51	5.62	7.14	10.32	12.20	13.76	15.84	18.08	22.97	29.47
北　海	0.34	1.39	1.92	2.79	2.83	2.89	3.05	3.33	3.62	4.20
海　口	4.38	7.16	10.20	14.56	17.06	17.51	19.04	19.93	23.20	24.87
三　亚	0.04	0.04	0.04	0.06	0.06	0.06	0.06	0.40	0.41	0.41
重　庆	46.07	69.78	104.60	131.82	155.84	183.73	230.73	286.05	365.70	463.05
成　都	36.20	49.14	71.98	100.35	111.35	127.48	148.39	171.67	199.14	232.77
贵　阳	26.60	31.28	35.76	46.07	52.80	57.73	67.90	76.46	85.96	99.15
昆　明	17.03	21.53	25.72	40.64	54.95	58.91	67.84	77.88	99.25	129.08
西　安	8.87	12.57	17.19	22.35	32.19	36.13	64.83	72.14	78.13	86.77
兰　州	6.42	8.00	10.15	13.94	15.78	17.92	20.51	24.70	29.02	34.47
西　宁	0.39	1.97	5.22	6.33	7.11	7.64	9.62	16.05	18.86	21.60
银　川	7.82	9.73	13.33	16.12	19.42	25.42	36.40	42.45	46.68	51.23
乌鲁木齐	3.30	4.79	7.18	8.44	10.34	10.87	11.83	17.33	18.61	21.69

数据来源：国家统计局。

表 4-55　2011—2015 年四十重点城市商品房销售额

单位：亿元

城　市	2011 年	2012 年	2013 年	2014 年	2015 年
合　计	30806.25	35168.58	43751.71	40713.97	48841.11
北　京	2425.80	3308.56	3530.82	2738.74	3517.65
天　津	1473.11	1365.53	1615.47	1486.94	1790.01
石家庄	433.09	379.06	523.48	509.59	651.80
太　原	146.51	221.05	303.01	320.75	336.55
呼和浩特	240.2	260.38	220.01	199.19	198.29
沈　阳	1281.93	1561.13	1436.05	931.58	730.70
大　连	732.85	861.47	1009.87	687.87	569.10
长　春	540.16	503.05	510.43	475.11	530.12
哈尔滨	529.31	659.51	848.84	643.55	575.17
上　海	2568.88	2669.49	3911.57	3499.53	5093.55
南　京	714.72	960.98	1404.75	1352.20	1772.89
无　锡	567.92	775.10	713.82	640.63	775.37
苏　州	1049.19	1336.43	1803.86	1547.01	2200.00
杭　州	1083.92	1469.27	1711.20	1560.35	2137.59
宁　波	678.91	663.39	810.40	780.54	1078.55
温　州	229.09	354.52	575.93	587.86	660.59
合　肥	788.75	764.86	1023.01	1141.36	1222.90
福　州	627.81	941.49	1411.79	1035.01	1065.93
厦　门	448.10	755.67	1071.85	1215.19	920.29
南　昌	294.45	442.82	597.50	543.34	642.03
济　南	398.59	450.64	588.38	637.64	916.25
青　岛	771.04	766.07	978.62	970.90	1262.86
郑　州	887.96	901.62	1161.65	1205.17	1430.99
武　汉	955.86	1157.51	1539.90	1807.46	2247.76
长　沙	882.07	931.56	1171.35	928.68	1117.22
广　州	1583.19	1754.75	2606.00	2420.70	2415.52
深　圳	1084.97	1030.10	1436.25	1316.69	2822.17
南　宁	370.63	377.59	488.97	531.87	665.08
北　海	72.91	58.84	80.69	94.18	91.62
海　口	150.08	182.09	251.04	266.87	296.77
三　亚	209.25	209.24	264.70	197.07	203.61
重　庆	2146.09	2297.35	2682.76	2814.99	2952.21
成　都	1811.32	2072.84	2123.12	2075.28	2060.87
贵　阳	417.18	496.17	644.18	524.69	578.55
昆　明	525.84	603.97	701.94	823.16	964.83
西　安	1100.60	1016.97	1096.63	1096.65	1146.01
兰　州	82.37	108.45	148.73	310.31	407.93
西　宁	95.18	83.53	128.57	175.89	179.58
银　川	176.63	205.97	297.24	322.52	262.09
乌鲁木齐	229.79	209.56	327.33	296.91	350.12

数据来源：国家统计局。

表 4 - 56　　2015 年四十重点城市月度累计商品房销售额

单位：亿元

城市	1-3 月	1-4 月	1-5 月	1-6 月	1-7 月	1-8 月	1-9 月	1-10 月	1-11 月	1-12 月
合　计	6616.64	9927.70	13782.69	19260.68	23251.87	27205.09	31885.01	36363.30	41787.03	48841.11
北　京	402.17	624.60	909.13	1228.56	1565.88	1898.36	2217.64	2488.49	2990.09	3517.65
天　津	303.93	381.14	533.59	687.36	799.65	947.80	1111.16	1280.96	1421.55	1790.01
石家庄	36.03	39.35	57.54	97.53	151.27	166.44	226.47	249.90	301.16	651.80
太　原	24.79	36.48	50.98	87.14	110.29	155.06	181.69	217.82	291.01	336.55
呼和浩特	17.07	21.75	31.12	47.15	56.20	70.77	117.62	143.35	176.06	198.29
沈　阳	88.51	143.46	194.56	318.51	374.05	426.03	530.64	606.71	677.84	730.70
大　连	78.08	121.11	193.05	294.64	355.88	413.29	455.06	497.90	525.80	569.10
长　春	25.76	59.15	89.92	176.40	246.47	284.50	339.06	394.61	470.48	530.12
哈尔滨	53.18	84.37	119.47	200.41	241.75	295.18	347.45	429.20	489.93	575.17
上　海	620.53	1047.03	1432.23	2043.42	2562.51	3010.60	3474.75	4016.76	4529.47	5093.55
南　京	193.56	293.29	424.74	617.20	759.94	924.94	1097.34	1265.81	1530.13	1772.89
无　锡	134.19	196.93	268.44	343.81	406.24	458.79	528.44	609.26	676.44	775.37
苏　州	260.37	415.19	594.98	844.80	986.33	1171.04	1370.54	1614.36	1867.98	2200.00
杭　州	298.44	493.64	707.86	939.14	1147.89	1314.06	1493.65	1692.12	1880.32	2137.59
宁　波	140.30	210.24	302.71	420.70	507.75	600.32	691.91	764.34	935.41	1078.55
温　州	103.11	142.21	167.24	252.58	294.38	339.63	407.69	449.99	504.89	660.59
合　肥	206.35	293.15	404.36	518.22	633.73	745.48	862.21	992.66	1103.38	1222.90
福　州	178.51	251.13	334.16	469.63	549.92	617.56	719.17	798.38	900.74	1065.93
厦　门	159.37	204.91	287.43	414.86	492.34	561.45	655.79	750.51	846.59	920.29
南　昌	74.47	116.71	157.30	226.64	270.77	317.60	381.83	430.90	503.67	642.03
济　南	126.27	206.92	307.54	425.21	484.59	552.82	625.59	710.77	803.53	916.25
青　岛	121.22	184.33	264.70	357.80	438.74	623.47	783.02	882.58	1019.33	1262.86
郑　州	189.21	324.58	426.98	587.82	706.96	812.15	942.87	1052.11	1160.86	1430.99
武　汉	288.14	406.58	592.53	883.00	1012.07	1174.50	1358.60	1542.44	1801.71	2247.76
长　沙	177.35	272.84	382.60	500.96	594.18	680.05	777.48	881.80	996.36	1117.22
广　州	410.21	564.71	778.61	1120.72	1288.09	1476.84	1748.12	1916.22	2127.16	2415.52
深　圳	283.66	464.27	636.14	983.24	1258.68	1483.24	1823.04	2058.62	2436.19	2822.17
南　宁	87.11	132.34	183.73	253.50	292.76	338.77	392.86	459.41	545.43	665.08
北　海	11.88	22.00	28.31	42.80	50.35	56.26	63.57	68.10	78.90	91.62
海　口	40.35	56.99	74.25	108.30	131.08	158.26	187.79	207.00	245.96	296.77
三　亚	69.75	85.01	97.78	110.29	122.70	133.91	146.49	162.55	179.80	203.61
重　庆	522.68	742.46	980.43	1259.44	1450.48	1652.33	1910.78	2160.62	2526.96	2952.21
成　都	335.11	486.20	687.61	905.83	1064.60	1236.77	1414.40	1621.19	1844.12	2060.87
贵　阳	115.92	153.25	192.85	277.45	314.31	348.98	408.88	460.97	517.36	578.55
昆　明	190.60	247.39	314.26	397.24	450.70	498.42	578.91	637.18	800.33	964.83
西　安	117.87	198.58	278.78	424.39	574.10	672.57	783.51	880.20	1001.76	1146.01
兰　州	62.65	85.80	109.84	155.70	203.80	234.81	293.39	337.51	367.84	407.93
西　宁	9.71	21.26	43.70	56.95	69.54	80.55	103.83	158.23	168.87	179.58
银　川	35.14	56.31	76.78	94.97	122.34	147.95	176.82	202.70	228.05	262.09
乌鲁木齐	23.07	40.02	64.46	86.36	108.57	123.53	154.92	269.06	313.62	350.12

数据来源：国家统计局。

表 4－57　　**2011—2015 年四十重点城市住宅销售额**

单位：亿元

城　市	2011 年	2012 年	2013 年	2014 年	2015 年
合　计	24820. 11	28982. 95	35953. 57	33120. 91	40495. 80
北　京	1606. 04	2455. 50	2434. 71	2102. 46	2512. 89
天　津	1242. 27	1210. 57	1443. 34	1294. 33	1646. 43
石家庄	338. 55	328. 57	386. 88	403. 65	420. 83
太　原	121. 83	197. 35	267. 48	281. 97	307. 93
呼和浩特	199. 78	198. 79	157. 45	158. 15	158. 97
沈　阳	1095. 96	1318. 55	1225. 29	787. 33	609. 45
大　连	660. 82	733. 29	867. 67	598. 37	519. 75
长　春	469. 50	408. 79	436. 81	387. 84	447. 34
哈尔滨	471. 38	527. 45	721. 97	528. 96	494. 38
上　海	1981. 91	2208. 96	3264. 03	2923. 44	4319. 93
南　京	572. 95	847. 76	1266. 41	1233. 20	1609. 31
无　锡	427. 75	606. 15	579. 88	537. 86	655. 11
苏　州	852. 74	1134. 28	1548. 36	1393. 93	2005. 89
杭　州	860. 74	1225. 97	1422. 03	1336. 87	1905. 95
宁　波	473. 17	522. 29	663. 74	648. 15	933. 46
温　州	191. 61	318. 00	506. 03	528. 82	576. 35
合　肥	600. 42	642. 94	883. 18	917. 39	965. 95
福　州	511. 62	781. 26	1122. 66	825. 25	848. 81
厦　门	341. 22	622. 11	846. 18	907. 32	654. 71
南　昌	230. 08	350. 06	499. 19	467. 76	567. 55
济　南	358. 37	372. 38	494. 65	518. 15	695. 81
青　岛	658. 00	638. 90	839. 09	803. 02	1045. 28
郑　州	610. 16	691. 94	865. 17	850. 87	1224. 37
武　汉	791. 38	958. 78	1266. 95	1464. 16	2028. 43
长　沙	759. 87	776. 13	955. 66	726. 61	935. 26
广　州	1169. 38	1354. 31	1951. 45	1763. 07	1894. 01
深　圳	1007. 28	927. 84	1235. 00	1141. 45	2517. 30
南　宁	307. 38	323. 37	389. 67	440. 03	547. 49
北　海	70. 28	56. 05	78. 47	88. 70	86. 24
海　口	131. 17	163. 77	234. 23	222. 38	252. 20
三　亚	206. 63	203. 49	258. 19	194. 05	189. 24
重　庆	1825. 41	1972. 42	2283. 57	2253. 28	2244. 43
成　都	1464. 24	1619. 26	1714. 32	1618. 47	1611. 21
贵　阳	334. 07	424. 22	514. 17	387. 39	392. 27
昆　明	422. 66	496. 02	584. 73	593. 51	723. 70
西　安	977. 30	858. 37	962. 89	924. 39	985. 04
兰　州	66. 52	95. 81	131. 03	257. 50	352. 32
西　宁	86. 03	71. 39	119. 16	127. 07	119. 96
银　川	127. 98	162. 61	245. 67	252. 44	204. 42
乌鲁木齐	195. 66	177. 25	286. 21	231. 32	285. 84

数据来源：国家统计局。

表 4 -58　　2015 年四十重点城市月度累计住宅销售额

单位：亿元

城　市	1 -3 月	1 -4 月	1 -5 月	1 -6 月	1 -7 月	1 -8 月	1 -9 月	1 -10 月	1 -11 月	1 -12 月
合　计	5502. 16	8301. 24	11664. 47	16202. 71	19612. 11	22939. 15	26774. 91	30563. 67	34882. 38	40495. 80
北　京	343. 64	516. 50	751. 12	1018. 61	1317. 70	1567. 18	1771. 24	1984. 97	2237. 27	2512. 89
天　津	285. 66	358. 16	493. 31	617. 08	722. 40	852. 88	1010. 14	1173. 16	1297. 63	1646. 43
石家庄	24. 39	23. 22	32. 68	64. 84	77. 47	87. 87	138. 13	157. 64	193. 83	420. 83
太　原	22. 78	34. 08	47. 96	80. 42	101. 26	143. 67	169. 04	203. 31	267. 63	307. 93
呼和浩特	11. 69	15. 70	22. 73	32. 28	38. 00	50. 77	91. 68	110. 40	137. 61	158. 97
沈　阳	75. 97	123. 40	167. 49	265. 80	312. 71	360. 53	430. 05	500. 01	560. 80	609. 45
大　连	73. 05	115. 38	183. 60	273. 49	329. 01	379. 35	419. 34	460. 52	487. 20	519. 75
长　春	17. 71	45. 16	71. 43	144. 53	205. 35	240. 21	288. 35	333. 87	400. 22	447. 34
哈尔滨	45. 74	71. 48	102. 52	175. 42	212. 04	261. 07	303. 23	375. 76	422. 88	494. 38
上　海	552. 55	895. 40	1249. 82	1751. 65	2171. 25	2547. 82	2963. 76	3468. 95	3890. 54	4319. 93
南　京	176. 18	275. 50	401. 57	560. 46	694. 43	842. 11	1005. 39	1153. 80	1396. 08	1609. 31
无　锡	105. 23	164. 03	229. 26	299. 79	356. 49	402. 33	449. 17	516. 70	575. 78	655. 11
苏　州	235. 55	374. 45	543. 92	766. 05	900. 37	1071. 28	1251. 18	1484. 05	1718. 02	2005. 89
杭　州	256. 85	435. 90	633. 53	845. 70	1031. 17	1181. 01	1338. 30	1515. 10	1681. 94	1905. 95
宁　波	113. 51	177. 95	264. 47	366. 67	447. 29	519. 09	598. 71	664. 88	818. 87	933. 46
温　州	93. 48	127. 87	150. 68	230. 13	269. 25	311. 47	365. 01	395. 50	442. 85	576. 35
合　肥	167. 33	231. 18	328. 99	405. 93	505. 46	590. 46	678. 29	780. 62	872. 72	965. 95
福　州	137. 68	192. 72	256. 14	342. 53	410. 31	465. 94	579. 48	642. 88	721. 18	848. 81
厦　门	86. 49	124. 15	192. 71	273. 47	335. 82	386. 90	449. 89	518. 69	595. 70	654. 71
南　昌	65. 51	103. 56	140. 15	202. 38	238. 36	280. 77	335. 01	380. 31	447. 69	567. 55
济　南	89. 38	150. 01	229. 40	314. 83	366. 30	411. 50	462. 57	532. 48	597. 68	695. 81
青　岛	101. 94	159. 42	234. 03	303. 34	369. 73	526. 83	652. 52	733. 54	836. 87	1045. 28
郑　州	151. 22	265. 25	358. 12	494. 78	601. 78	693. 89	809. 60	907. 96	1001. 46	1224. 37
武　汉	254. 21	364. 78	539. 92	797. 26	912. 16	1064. 39	1234. 14	1390. 99	1621. 22	2028. 43
长　沙	151. 48	232. 63	325. 74	424. 45	505. 19	569. 49	651. 62	736. 86	830. 68	935. 26
广　州	337. 70	463. 26	636. 34	889. 08	1024. 67	1181. 68	1372. 04	1506. 70	1674. 73	1894. 01
深　圳	240. 24	404. 00	560. 85	893. 94	1150. 61	1348. 61	1651. 35	1847. 56	2154. 34	2517. 30
南　宁	76. 74	104. 18	150. 15	206. 88	242. 26	281. 32	331. 42	390. 85	454. 57	547. 49
北　海	11. 58	20. 72	26. 67	39. 81	46. 83	52. 52	59. 49	63. 75	74. 00	86. 24
海　口	33. 04	47. 06	61. 27	90. 62	110. 99	131. 38	157. 91	175. 39	206. 45	252. 20
三　亚	67. 90	82. 85	93. 10	103. 13	114. 03	124. 66	136. 42	150. 92	166. 10	189. 24
重　庆	429. 18	599. 76	790. 98	1023. 16	1177. 25	1331. 47	1506. 94	1684. 99	1944. 38	2244. 43
成　都	249. 11	377. 56	544. 30	716. 57	849. 82	992. 21	1135. 88	1290. 67	1458. 16	1611. 21
贵　阳	66. 71	93. 70	121. 82	186. 23	211. 10	238. 16	281. 86	321. 23	361. 20	392. 27
昆　明	147. 79	193. 03	248. 67	308. 57	342. 51	379. 18	427. 97	482. 26	605. 11	723. 70
西　安	96. 80	167. 31	238. 75	370. 48	496. 85	584. 76	665. 36	748. 90	859. 82	985. 04
兰　州	52. 03	75. 09	96. 61	137. 37	177. 47	206. 92	260. 21	297. 16	322. 14	352. 32
西　宁	8. 76	17. 31	31. 56	41. 46	52. 76	63. 08	81. 23	106. 78	112. 66	119. 96
银　川	28. 10	46. 84	62. 83	77. 20	100. 05	118. 18	138. 46	156. 13	176. 31	204. 42
乌鲁木齐	17. 27	30. 68	49. 29	66. 30	83. 63	96. 21	122. 57	217. 43	258. 05	285. 84

数据来源：国家统计局。

表 4-59　　**2011—2015 年四十重点城市办公楼销售额**

单位：亿元

城　市	2011 年	2012 年	2013 年	2014 年	2015 年
合　计	2169.37	2411.37	3203.40	2422.06	3250.84
北　京	500.96	560.59	744.78	359.32	702.74
天　津	53.55	37.61	26.88	17.11	24.71
石家庄	11.44	14.64	32.87	20.36	65.68
太　原	7.28	5.26	11.01	21.04	12.68
呼和浩特	7.08	10.21	13.79	8.15	3.69
沈　阳	9.17	24.63	18.62	19.89	19.56
大　连	7.42	38.01	4.14	5.81	6.96
长　春	7.73	11.19	10.82	7.24	11.97
哈尔滨	1.55	8.71	15.45	10.38	11.98
上　海	371.81	234.62	380.85	300.43	488.68
南　京	74.01	54.30	44.00	37.40	52.43
无　锡	25.99	38.97	39.08	25.73	42.14
苏　州	32.47	27.90	46.57	25.83	50.92
杭　州	117.11	148.38	182.93	111.06	116.63
宁　波	72.86	42.97	48.35	45.33	36.90
温　州	13.02	8.09	16.51	3.15	23.03
合　肥	41.52	28.58	47.13	43.10	60.68
福　州	49.65	81.85	129.36	68.62	61.62
厦　门	41.51	49.88	97.96	92.68	99.45
南　昌	15.76	47.40	40.11	26.76	21.45
济　南	13.93	29.62	33.65	40.75	145.80
青　岛	18.65	49.40	68.56	65.12	82.09
郑　州	131.43	104.12	172.26	141.02	94.22
武　汉	24.79	79.02	66.95	65.78	36.72
长　沙	37.47	51.84	78.06	42.48	34.55
广　州	221.14	234.41	368.56	296.92	262.47
深　圳	25.03	24.98	83.41	74.28	219.71
南　宁	9.26	14.04	36.50	18.70	32.90
北　海	0.06	0.11	—	0.38	0.24
海　口	4.47	0.71	0.77	11.59	8.99
三　亚	—	—	3.99	0.58	3.24
重　庆	51.28	71.61	78.08	109.41	118.02
成　都	80.45	136.40	107.04	96.54	72.65
贵　阳	14.77	11.47	66.45	46.97	38.30
昆　明	21.48	61.15	40.94	75.91	64.91
西　安	30.82	48.79	29.90	42.84	49.04
兰　州	5.99	1.79	3.21	10.60	13.00
西　宁	0.07	0.13	0.26	6.55	22.72
银　川	6.65	2.99	4.00	5.40	10.03
乌鲁木齐	9.74	15.00	9.60	20.85	27.36

数据来源：国家统计局。

表 4－60 **2015 年四十重点城市月度累计办公楼销售额**

单位：亿元

城　市	1－3 月	1－4 月	1－5 月	1－6 月	1－7 月	1－8 月	1－9 月	1－10 月	1－11 月	1－12 月
合　计	351.20	577.55	760.26	1124.20	1372.17	1649.01	2039.18	2274.92	2717.33	3250.84
北　京	34.79	72.08	105.52	139.05	166.59	228.88	314.05	353.87	516.25	702.74
天　津	2.23	3.36	6.68	15.19	16.84	17.48	19.55	20.64	22.76	24.71
石家庄	1.28	1.22	1.39	1.46	22.60	22.60	27.60	27.60	33.22	65.68
太　原	0.01	0.01	0.17	3.02	3.93	4.43	4.79	5.62	10.50	12.68
呼和浩特	0.65	1.13	1.94	2.18	2.41	2.92	3.11	3.25	3.39	3.69
沈　阳	5.16	6.84	7.86	11.18	12.85	13.86	15.59	17.86	19.01	19.56
大　连	0.82	1.04	1.14	1.68	1.95	4.15	4.19	4.39	4.43	6.96
长　春	2.23	2.71	3.92	9.09	9.27	9.62	9.72	10.62	11.21	11.97
哈尔滨	0.71	1.05	1.35	1.86	2.35	2.45	6.41	6.82	11.68	11.98
上　海	27.10	78.69	95.59	176.92	246.98	301.58	333.45	344.51	399.76	488.68
南　京	3.54	5.42	8.47	24.31	28.37	29.95	30.88	42.02	46.27	52.43
无　锡	5.73	6.73	7.89	9.29	11.42	14.24	33.83	35.67	37.50	42.14
苏　州	2.82	7.93	9.44	19.79	21.79	24.08	32.16	33.56	39.18	50.92
杭　州	22.41	31.81	37.78	44.31	57.47	64.29	79.02	90.99	100.16	116.63
宁　波	4.73	6.40	8.53	14.16	15.90	18.56	21.12	23.33	30.59	36.90
温　州	0.94	2.42	3.45	3.86	4.17	4.61	11.09	15.08	18.86	23.03
合　肥	7.31	16.02	18.32	24.36	25.77	31.52	38.08	45.26	52.74	60.68
福　州	10.54	13.60	20.51	26.30	32.95	37.47	39.94	44.85	54.11	61.62
厦　门	29.62	31.87	35.24	60.83	62.43	64.71	80.62	87.31	96.86	99.45
南　昌	1.35	3.26	4.73	7.60	10.05	10.93	12.44	14.43	16.37	21.45
济　南	26.91	39.64	55.28	76.43	79.25	98.85	116.44	125.56	141.74	145.80
青　岛	6.23	7.91	9.62	18.91	27.81	42.46	48.06	52.82	62.38	82.09
郑　州	18.45	28.65	33.68	45.06	51.83	58.34	64.37	69.86	73.76	94.22
武　汉	3.96	4.61	5.25	11.35	14.78	18.34	21.53	27.40	30.71	36.72
长　沙	5.51	7.22	11.87	14.78	17.75	23.84	25.81	27.38	31.58	34.55
广　州	24.97	38.55	66.51	112.51	129.89	148.89	208.11	225.86	243.50	262.47
深　圳	34.46	48.64	58.14	69.14	81.18	100.73	133.00	157.37	202.16	219.71
南　宁	0.94	14.79	15.68	20.29	20.79	23.81	24.08	24.49	29.37	32.90
北　海	—	—	—	0.24	0.24	0.24	0.24	0.24	0.24	0.24
海　口	2.22	2.22	2.26	2.44	2.83	8.57	8.57	8.63	8.99	8.99
三　亚	0.58	0.58	3.09	3.09	3.09	3.09	3.09	3.24	3.24	3.24
重　庆	20.92	32.93	40.76	44.70	48.42	55.93	80.10	93.65	108.93	118.02
成　都	14.43	18.62	24.46	33.75	38.85	45.69	50.05	56.61	63.38	72.65
贵　阳	9.10	11.07	13.26	14.78	16.69	17.51	20.84	21.72	23.64	38.30
昆　明	9.57	13.31	16.35	25.76	27.20	31.35	43.92	46.86	59.56	64.91
西　安	7.70	11.87	14.76	21.04	33.55	37.47	39.57	43.27	43.86	49.04
兰　州	0.25	0.57	1.24	2.01	8.00	8.14	10.00	10.99	11.23	13.00
西　宁	0.11	1.07	3.97	4.37	4.58	4.58	6.78	21.31	21.46	22.72
银　川	0.29	0.62	1.25	2.00	2.61	4.85	5.82	7.42	8.59	10.03
乌鲁木齐	0.65	1.08	2.88	5.09	6.76	7.99	11.17	22.55	24.15	27.36

数据来源：国家统计局。

表 4 -61　　2011—2015 年四十重点城市商业营业用房销售额

单位：亿元

城　市	2011 年	2012 年	2013 年	2014 年	2015 年
合　计	3193.66	3200.54	3698.10	4063.18	4025.23
北　京	270.85	233.36	270.71	202.03	231.62
天　津	138.58	93.87	85.40	101.23	73.91
石家庄	71.76	26.58	67.93	72.33	128.52
太　原	15.68	17.45	24.50	14.34	15.04
呼和浩特	27.13	48.77	38.37	24.21	19.89
沈　阳	151.72	186.29	176.00	116.15	96.51
大　连	52.54	74.51	123.53	68.31	25.30
长　春	53.78	72.61	44.23	61.12	56.46
哈尔滨	46.70	97.48	84.04	94.18	56.47
上　海	181.66	194.62	224.71	226.44	227.89
南　京	58.43	52.16	86.10	71.20	96.90
无　锡	111.96	127.45	91.91	74.88	76.38
苏　州	157.67	166.39	199.14	115.57	129.46
杭　州	93.48	83.54	92.67	96.18	87.79
宁　波	111.96	83.84	76.49	65.64	85.61
温　州	22.83	26.46	52.65	52.93	54.34
合　肥	142.39	82.56	83.07	171.19	180.90
福　州	44.47	64.68	122.61	102.17	120.47
厦　门	32.41	45.14	56.95	66.24	68.53
南　昌	47.34	41.90	50.06	42.98	48.15
济　南	16.26	27.70	33.15	52.28	46.18
青　岛	80.05	71.74	58.82	84.68	115.71
郑　州	135.46	89.99	105.86	150.61	87.93
武　汉	114.95	97.08	172.40	233.82	146.53
长　沙	73.72	96.04	118.96	142.49	123.87
广　州	138.85	135.79	225.85	272.43	183.37
深　圳	51.74	52.02	66.06	63.67	65.11
南　宁	37.96	33.52	53.36	51.97	54.62
北　海	2.41	2.56	2.01	4.30	3.89
海　口	9.25	15.72	13.12	30.44	27.95
三　亚	1.77	4.24	2.39	1.44	0.74
重　庆	216.58	212.47	263.08	373.75	483.48
成　都	201.81	281.41	257.43	302.70	301.65
贵　阳	58.83	57.16	58.47	83.38	139.41
昆　明	62.51	35.16	55.87	106.83	125.53
西　安	80.56	94.28	71.75	102.93	90.64
兰　州	9.69	10.83	14.35	39.20	37.98
西　宁	8.80	11.99	9.02	40.63	35.25
银　川	38.71	38.19	43.25	48.94	43.29
乌鲁木齐	20.41	12.99	21.83	37.37	31.99

数据来源：国家统计局。

表 4 -62　　2015 年四十重点城市月度累计商业营业用房销售额

单位：亿元

城 市	1 -3 月	1 -4 月	1 -5 月	1 -6 月	1 -7 月	1 -8 月	1 -9 月	1 -10 月	1 -11 月	1 -12 月
合 计	595.39	825.28	1074.46	1546.39	1808.71	2088.31	2456.67	2824.37	3333.46	4025.23
北 京	18.70	28.88	41.63	56.00	63.31	79.15	101.23	115.84	181.32	231.62
天 津	7.57	10.68	16.37	29.19	32.54	45.93	44.70	48.71	59.84	73.91
石家庄	4.41	8.92	17.47	24.99	44.82	49.59	54.14	58.05	65.65	128.52
太 原	1.90	2.28	2.70	3.47	4.73	6.50	7.40	8.43	12.24	15.04
呼和浩特	4.31	4.43	5.88	11.87	12.99	13.01	15.80	17.77	19.42	19.89
沈 阳	6.43	11.97	17.48	38.74	45.43	48.45	80.76	84.19	93.03	96.51
大 连	2.05	2.37	5.41	13.15	16.80	21.21	22.61	23.64	24.38	25.30
长 春	4.46	9.00	11.66	18.09	25.34	27.77	32.60	40.51	47.29	56.46
哈尔滨	6.42	11.09	14.51	20.33	24.40	28.39	33.09	38.68	44.47	56.47
上 海	36.37	59.18	67.40	91.20	113.89	128.14	142.61	164.59	196.17	227.89
南 京	12.75	11.02	12.90	28.94	33.47	47.98	55.38	63.06	76.39	96.90
无 锡	23.11	26.01	31.09	34.52	38.09	41.96	45.12	56.30	62.38	76.38
苏 州	20.24	30.38	38.62	55.13	59.44	69.97	78.49	86.58	98.95	129.46
杭 州	16.62	22.13	31.17	41.28	46.61	54.59	60.98	69.05	75.97	87.79
宁 波	19.09	22.15	24.86	32.56	36.20	50.25	58.01	60.92	67.85	85.61
温 州	6.80	9.93	10.97	16.31	18.53	21.11	28.90	36.38	39.43	54.34
合 肥	29.74	42.34	52.03	82.07	96.12	116.85	137.89	157.11	167.43	180.90
福 州	25.71	38.15	49.48	89.32	93.21	98.68	82.52	90.12	97.73	120.47
厦 门	15.42	15.80	21.46	32.12	35.56	39.47	43.52	57.11	61.06	68.53
南 昌	6.93	8.79	10.75	14.78	19.23	22.39	30.67	32.28	35.37	48.15
济 南	6.82	11.16	15.23	23.23	26.04	28.13	30.80	34.71	42.29	46.18
青 岛	12.09	15.15	18.78	32.30	36.45	48.71	72.38	83.35	101.62	115.71
郑 州	17.06	26.52	29.65	38.78	42.98	48.46	55.96	60.32	69.94	87.93
武 汉	23.82	29.83	37.62	58.60	66.70	72.21	81.54	100.87	120.82	146.53
长 沙	15.80	27.74	38.25	52.88	60.60	74.42	86.33	101.67	114.06	123.87
广 州	35.28	47.03	57.18	91.45	103.45	110.68	128.21	138.02	158.34	183.37
深 圳	7.72	10.16	15.21	16.71	21.73	26.85	31.12	37.67	59.64	65.11
南 宁	6.80	9.60	12.73	20.14	22.31	25.36	28.21	32.77	40.17	54.62
北 海	0.25	1.23	1.58	2.50	2.56	2.63	2.74	2.99	3.43	3.89
海 口	4.83	7.36	9.94	14.23	16.14	16.79	19.32	20.87	25.92	27.95
三 亚	0.16	0.16	0.16	0.19	0.19	0.19	0.19	0.70	0.74	0.74
重 庆	54.93	84.78	118.66	151.93	181.11	213.14	260.88	309.88	385.12	483.48
成 都	54.67	69.37	94.35	124.18	140.13	158.78	183.94	222.27	258.31	301.65
贵 阳	39.72	47.95	56.71	72.89	81.79	87.71	98.59	110.19	124.49	139.41
昆 明	15.58	19.76	23.91	35.18	51.17	55.81	71.78	71.62	92.00	125.53
西 安	9.58	14.19	19.04	25.19	33.21	38.07	64.15	71.65	80.39	90.64
兰 州	9.46	9.13	10.82	13.24	15.13	16.44	19.60	25.52	30.17	37.98
西 宁	0.83	2.87	7.54	10.50	11.57	12.26	15.20	28.86	33.17	35.25
银 川	6.33	8.19	11.91	14.54	17.96	22.62	29.94	35.82	39.45	43.29
乌鲁木齐	4.64	7.63	11.37	13.65	16.79	17.68	19.40	25.28	27.01	31.99

数据来源：国家统计局。

（八）四十重点城市商品房销售均价

表 4－63　　2011—2015 年四十重点城市商品房销售均价

单位：元/平方米

城　市	2011 年	2012 年	2013 年	2014 年	2015 年
合　计	7339	8231	8913	8883	9767
北　京	16845	17022	18553	18833	22633
天　津	8965	8218	8746	9219	10107
石家庄	4811	4931	5503	5737	8601
太　原	7107	6806	7158	7651	7508
呼和浩特	4167	5445	5233	5474	5193
沈　阳	5885	6321	6348	6217	6861
大　连	8051	8004	8263	9216	8929
长　春	6132	5540	6026	6261	6634
哈尔滨	5554	5518	6194	6182	6419
上　海	14503	14061	16420	16787	20949
南　京	9310	10106	11495	11198	11489
无　锡	8678	8391	7875	7653	7870
苏　州	9077	9114	9620	9674	10311
杭　州	13062	13449	15022	13896	14422
宁　波	10587	11240	11100	10745	10708
温　州	16906	17476	16468	14054	12586
合　肥	6327	6156	6283	7157	7695
福　州	10090	11188	11236	10719	11653
厦　门	10225	12281	13625	15378	16122
南　昌	5903	6419	7101	6589	7126
济　南	6710	6832	7152	7369	7686
青　岛	7501	8056	8435	8344	8902
郑　州	5704	6253	7162	7571	7537
武　汉	7222	7344	7717	7951	8556
长　沙	5880	6101	6292	6116	5856
广　州	12651	13163	15330	15719	14612
深　圳	21185	19590	24402	24723	33942
南　宁	5321	6003	6959	6627	6646
北　海	4514	4399	4522	4536	4680
海　口	6654	6821	7423	7903	7948
三　亚	12783	11623	14474	19513	18166
重　庆	4734	5080	5569	5519	5486
成　都	6675	7288	7197	7032	6875
贵　阳	5037	4846	5025	5608	6029
昆　明	4716	5745	5795	6384	7393
西　安	6128	6634	6716	6465	6501
兰　州	4462	5697	5868	6460	6495
西　宁	3649	4718	4628	5753	5758
银　川	4525	4574	4856	4451	4947
乌鲁木齐	5225	5639	6111	6429	6669

数据来源：根据国家统计局数据整理。

表 4－64　　2015 年四十重点城市月度累计商品房销售均价

单位：元/平方米

城　市	1－3 月	1－4 月	1－5 月	1－6 月	1－7 月	1－8 月	1－9 月	1－10 月	1－11 月	1－12 月
合　计	9073	9290	9409	9596	9727	9774	9764	9748	9774	9767
北　京	19733	21005	21239	21398	21781	22389	22803	22535	22303	22633
天　津	8699	8595	8972	9757	10085	10252	9947	10068	10184	10107
石家庄	5713	5166	6128	6058	6888	6586	6584	6596	6823	8601
太　原	7478	7238	7257	7135	7466	7610	7346	7364	7718	7508
呼和浩特	6030	5714	5371	5713	5794	5764	5503	5477	5293	5193
沈　阳	6379	6515	6560	6937	6955	6877	7033	6823	6760	6861
大　连	9010	8918	9181	9094	9031	8935	8865	8863	8815	8929
长　春	6408	6666	6688	6862	6615	6679	6605	6574	6602	6634
哈尔滨	6678	6724	6378	6457	6440	6591	6486	6492	6485	6419
上　海	15741	18041	19098	20137	20375	20667	20639	21079	20975	20949
南　京	12728	13338	13385	13169	13161	12524	12743	12969	13164	11489
无　锡	7801	7720	7741	7769	7795	7749	8020	7988	7953	7870
苏　州	10016	10079	10016	10228	9898	9956	9979	10033	10077	10311
杭　州	13990	14119	14152	14421	14547	14619	14504	14483	14494	14422
宁　波	9072	9591	10049	10217	10483	10620	10621	10668	10743	10708
温　州	13325	13111	12775	13092	13098	13113	12774	12807	12497	12586
合　肥	7036	7174	7310	7433	7531	7596	7547	7670	7743	7695
福　州	12337	11999	11914	12175	12044	11951	11852	11758	11590	11653
厦　门	13901	14514	14977	14916	15136	15289	15283	15608	15939	16122
南　昌	7055	7192	7220	7026	7079	6951	6832	6862	6894	7126
济　南	7669	7773	7803	7799	7736	7731	7818	7804	7827	7686
青　岛	8082	8022	8240	8381	8594	8591	8682	8620	8828	8902
郑　州	7663	7201	7282	7513	7582	7575	7619	7581	7524	7537
武　汉	8400	8499	8409	8250	8290	8319	8251	8261	8353	8556
长　沙	5633	5716	5838	5801	5847	5895	5803	5778	5818	5856
广　州	15146	14872	14600	14897	14866	14891	14966	14784	14739	14612
深　圳	26705	27243	28634	30985	32366	33179	33785	33715	33429	33942
南　宁	5867	6436	6480	6696	6678	6658	6553	6528	6664	6646
北　海	4723	5098	4993	5019	4983	5002	4880	4856	4855	4680
海　口	8351	8422	8322	8249	8354	8435	8220	8270	8036	7948
三　亚	22880	22426	22324	22002	21106	20247	19366	18648	18317	18166
重　庆	5127	5331	5371	5415	5470	5473	5479	5466	5492	5486
成　都	6797	6802	6856	6766	6824	6821	6834	6876	6879	6875
贵　阳	6500	6467	6349	6118	6080	6011	5992	5970	5973	6029
昆　明	7761	7420	7324	7226	7207	7194	7261	7144	7207	7393
西　安	6355	6215	6170	6328	6379	6409	6472	6459	6479	6501
兰　州	7022	6722	6628	6675	6691	6512	6449	6486	6463	6495
西　宁	5151	5541	5795	5717	5626	5480	5250	6101	5837	5758
银　川	4838	4825	4928	4979	5039	5054	5106	5152	5086	4947
乌鲁木齐	6413	6971	7125	7190	7223	7217	7117	6904	6647	6669

数据来源：根据国家统计局数据整理。

表 4－65　　2011—2015 年四十重点城市住宅销售均价

单位：元/平方米

城　市	2011 年	2012 年	2013 年	2014 年	2015 年
合　计	7221	7751	8381	8428	9464
北　京	15518	16554	17854	18499	22300
天　津	8539	8010	8390	8760	9870
石家庄	4400	4714	4943	5562	7798
太　原	6724	6405	6668	7155	7303
呼和浩特	3909	4798	4631	5153	4946
沈　阳	5614	5989	6074	5865	6416
大　连	7929	7584	7859	8921	8711
长　春	5969	5273	5729	5847	6374
哈尔滨	5347	5113	5884	5751	6124
上　海	13448	13870	16192	16415	21501
南　京	8415	9675	11078	10964	11260
无　锡	8085	7745	7451	7304	7578
苏　州	9060	8980	9479	9639	10335
杭　州	12613	13293	14679	14035	14748
宁　波	10649	11385	11405	10890	11022
温　州	16900	17610	15943	13859	12633
合　肥	5631	5754	6084	6917	7512
福　州	9530	10644	10155	10105	11333
厦　门	12936	12953	14551	17778	18928
南　昌	5281	5880	6639	6225	6955
济　南	6676	6651	7013	7158	7527
青　岛	7171	7583	7987	7855	8437
郑　州	4691	5643	6587	6579	7223
武　汉	6768	6895	7238	7399	8404
长　沙	5484	5602	5759	5458	5544
广　州	11383	12001	13954	14739	14083
深　圳	20861	18996	23427	24040	33661
南　宁	5133	5619	6155	6103	6229
北　海	4463	4277	4467	4435	4566
海　口	6664	6512	7342	7473	7636
三　亚	12727	11431	14299	19576	17997
重　庆	4492	4805	5239	5094	5012
成　都	6311	6678	6708	6536	6584
贵　阳	4553	4473	4488	4904	4967
昆　明	4553	5405	5615	6067	7178
西　安	5793	6224	6435	6105	6221
兰　州	4051	5421	5520	5860	6089
西　宁	3437	4304	4380	4807	4602
银　川	4020	4187	4524	4111	4498
乌鲁木齐	4930	5255	5858	5758	6142

数据来源：根据国家统计局数据整理。

表 4－66　　2015 年四十重点城市月度累计住宅销售均价

单位：元/平方米

城 市	1－3 月	1－4 月	1－5 月	1－6 月	1－7 月	1－8 月	1－9 月	1－10 月	1－11 月	1－12 月
合 计	8785	9009	9164	9326	9471	9512	9491	9489	9492	9464
北 京	19874	20651	20968	21172	21683	22380	22660	22439	22273	22300
天 津	8445	8376	8681	9345	9717	9895	9655	9813	9961	9870
石家庄	5278	5543	5722	5635	5665	5373	5647	5737	6098	7798
太 原	7083	6943	7002	6808	7131	7390	7144	7179	7510	7303
呼和浩特	5923	5492	4954	5139	5197	5247	5160	5143	5031	4946
沈 阳	6175	6268	6319	6524	6548	6501	6464	6321	6287	6416
大 连	8906	8839	9075	8924	8846	8736	8668	8684	8646	8711
长 春	6210	6431	6488	6617	6286	6377	6323	6278	6322	6374
哈尔滨	6290	6252	6009	6183	6168	6342	6229	6251	6193	6124
上 海	15742	18305	19620	20777	20907	21224	21143	21720	21598	21501
南 京	12634	13231	13289	12951	12954	12333	12609	12819	13059	11260
无 锡	7449	7452	7508	7569	7605	7555	7624	7614	7627	7578
苏 州	9962	10011	9945	10133	9866	9934	9960	10041	10111	10335
杭 州	14440	14465	14494	14746	14859	14939	14765	14712	14775	14748
宁 波	10102	10443	10779	10838	11062	11060	11002	11038	11099	11022
温 州	13724	13503	13118	13295	13325	13327	12970	12936	12652	12633
合 肥	6853	6903	7050	7199	7314	7287	7258	7408	7499	7512
福 州	11336	11077	11040	11112	11105	11100	11367	11263	11208	11333
厦 门	17944	18318	18619	17733	18116	18347	18411	18583	18780	18928
南 昌	6767	6940	6974	6808	6823	6715	6585	6628	6683	6955
济 南	7351	7497	7530	7516	7483	7480	7595	7584	7601	7527
青 岛	7683	7747	8019	7894	8085	8079	8210	8208	8341	8437
郑 州	7031	6728	6877	7126	7230	7229	7288	7258	7203	7223
武 汉	8222	8368	8281	8140	8170	8193	8128	8110	8184	8404
长 沙	5262	5331	5510	5481	5548	5558	5478	5458	5502	5544
广 州	14584	14299	14018	14326	14380	14461	14458	14277	14216	14083
深 圳	25374	26688	28341	30946	32424	33221	33641	33502	33112	33661
南 宁	5698	5877	6052	6183	6226	6215	6154	6160	6235	6229
北 海	4678	4969	4876	4871	4839	4868	4754	4731	4735	4566
海 口	7838	8042	8065	8027	8191	8228	8015	8063	7723	7636
三 亚	23108	22630	22829	22288	21223	20257	19307	18552	18157	17997
重 庆	4768	4906	4974	5030	5075	5070	5039	5024	5036	5012
成 都	6185	6347	6495	6459	6550	6572	6584	6593	6587	6584
贵 阳	4829	4957	4935	4907	4910	4906	4963	4962	4956	4967
昆 明	7802	7428	7300	7074	7039	7032	6986	6983	7003	7178
西 安	5963	5864	5852	6042	6113	6147	6180	6165	6190	6221
兰 州	6358	6352	6303	6385	6301	6174	6127	6132	6105	6089
西 宁	4779	4894	4846	4754	4794	4745	4551	4814	4566	4602
银 川	4415	4475	4518	4559	4635	4612	4666	4680	4614	4498
乌鲁木齐	5691	6189	6336	6407	6433	6479	6446	6346	6135	6142

数据来源：根据国家统计局数据整理。

表 4－67　　2011—2015 年四十重点城市办公楼销售均价

单位：元/平方米

城　市	2011 年	2012 年	2013 年	2014 年	2015 年
合　计	14751	14329	15439	14078	15262
北　京	23695	22114	23426	26266	28917
天　津	12512	13351	11441	12650	15514
石家庄	9455	8385	8896	6582	10301
太　原	9785	10478	13758	14866	11285
呼和浩特	4836	7267	8193	10441	9042
沈　阳	7523	11288	10671	14190	11286
大　连	13018	15464	6489	8713	12770
长　春	9810	8674	6831	7441	7573
哈尔滨	6858	8240	7895	8352	8137
上　海	25225	20999	23623	24978	24754
南　京	19334	16490	17939	15156	16468
无　锡	8919	8555	9373	9199	10481
苏　州	8451	8122	8884	9144	9291
杭　州	16644	17245	19331	15206	14268
宁　波	10889	9438	9751	8906	8904
温　州	24847	20378	21526	12869	10904
合　肥	7910	8529	8117	8175	8840
福　州	16424	16489	19832	15296	13735
厦　门	8262	13760	14590	10635	15498
南　昌	9633	11174	9960	9603	7018
济　南	8679	10089	10335	8959	9296
青　岛	11789	11701	14767	15295	14511
郑　州	10074	9456	9747	10554	9726
武　汉	9876	13405	9372	11374	10429
长　沙	9879	12244	12148	11300	9489
广　州	19103	22736	22914	20798	17199
深　圳	25283	41773	39132	32055	38862
南　宁	8519	19473	16677	12960	12818
北　海	7500	12222	—	6000	7407
海　口	24696	30870	15278	25924	12723
三　亚	—	—	30084	27637	16338
重　庆	11686	11494	11370	11147	10188
成　都	10070	9208	10095	7894	7703
贵　阳	6507	9425	7591	7678	7779
昆　明	5394	8446	10049	13017	12031
西　安	9759	8572	8964	9347	9749
兰　州	8228	8211	10896	9333	14225
西　宁	1842	8125	8168	8323	9730
银　川	7548	4776	7992	7547	7900
乌鲁木齐	8838	11811	11891	10835	10139

数据来源：根据国家统计局数据整理。

表 4－68　　2015 年四十重点城市月度累计办公楼销售均价

单位：元/平方米

城　市	1－3 月	1－4 月	1－5 月	1－6 月	1－7 月	1－8 月	1－9 月	1－10 月	1－11 月	1－12 月
合　计	12835	13838	13639	14142	14297	14458	14828	14711	15153	15262
北　京	22842	28915	29090	29157	28353	27399	28603	27738	28239	28917
天　津	10955	12378	14434	17937	17902	17520	17131	16927	16069	15514
石家庄	8442	6933	6774	6819	9352	9352	9463	9463	9110	10301
太　原	8000	8000	13953	28577	22915	17138	16154	15374	11795	11285
呼和浩特	7853	8347	9911	9882	9663	9667	9759	9633	9197	9042
沈　阳	12476	12636	12499	12167	12365	12319	12355	11828	11334	11286
大　连	15942	13799	13411	13224	12916	13064	13067	12948	12896	12770
长　春	5764	6173	5862	7617	7618	7678	7664	7604	7616	7573
哈尔滨	7308	7321	7697	8250	8330	8458	7320	7425	8109	8137
上　海	18250	20928	21653	23684	25057	25197	24881	24082	24287	24754
南　京	14967	15744	16007	15935	15799	15639	15332	16741	16641	16468
无　锡	5982	6184	6297	6473	6704	7121	12513	12160	11620	10481
苏　州	7315	8917	8929	10661	10435	9918	10063	10009	9752	9291
杭　州	13275	14536	14215	14023	14423	14529	14849	14916	14364	14268
宁　波	7775	7970	8198	8443	8503	8463	8637	8739	8888	8904
温　州	9809	9608	9733	9682	9487	9340	10038	10887	11365	10904
合　肥	8170	9831	9478	9226	9055	8984	8982	8968	9004	8840
福　州	14228	14178	13592	13616	13820	13525	13410	13428	13863	13735
厦　门	14559	14339	13181	14347	14141	14144	14881	15115	15630	15498
南　昌	8359	7984	8083	7838	7639	7643	7615	7661	7579	7018
济　南	9346	9325	9369	9395	9441	9215	9204	9228	9303	9296
青　岛	10310	9321	9894	12649	14216	15940	15649	14593	15138	14511
郑　州	10742	10111	10071	9778	9841	9862	9822	9878	9845	9726
武　汉	10707	10518	10232	8348	9438	10220	10040	10237	10075	10429
长　沙	9567	9884	9108	8826	9067	9614	9447	9421	9290	9489
广　州	20720	18553	18745	18296	17613	17415	17701	17557	17489	17199
深　圳	38933	33268	31669	32072	32431	33085	36493	37285	38224	38862
南　宁	13226	12422	12399	13022	12688	12554	12342	12401	12414	12818
北　海	—	—	—	7407	7407	7407	7407	7407	7407	7407
海　口	20166	20166	20090	19621	19337	12632	12632	12673	12723	12723
三　亚	27637	27637	16025	16025	16025	16025	16025	16338	16338	16338
重　庆	11051	13503	10595	10614	10482	10248	10510	10338	10305	10188
成　都	8264	8345	8280	7931	7862	7703	7799	7697	7743	7703
贵　阳	7239	7320	7228	7274	7246	7276	7543	7564	7602	7779
昆　明	9917	10373	10650	12785	10818	10447	10893	10814	12065	12031
西　安	11060	10618	10141	10445	9793	9822	9816	10015	9991	9749
兰　州	9916	11764	11134	11502	17894	17735	16066	15390	15331	14225
西　宁	8544	10599	8735	7843	7770	7770	7407	10892	10895	9730
银　川	7829	7896	7792	7375	7443	8484	8081	7956	7950	7900
乌鲁木齐	7090	7636	8770	9270	9488	9621	9656	10325	10387	10139

数据来源：根据国家统计局数据整理。

表 4－69　　2011—2015 年四十重点城市商业营业用房销售均价

单位：元/平方米

城　市	2011 年	2012 年	2013 年	2014 年	2015 年
合　计	12260	12860	14044	13199	12739
北　京	24919	20476	26405	25414	27312
天　津	13261	13007	16550	15440	13118
石家庄	8105	7239	8695	7067	10928
太　原	9962	20081	17336	17828	12752
呼和浩特	7679	10891	9449	8139	7002
沈　阳	8847	9712	8715	9444	11291
大　连	11005	12657	13917	13805	12176
长　春	8042	7324	10064	10673	10461
哈尔滨	9527	9504	10024	10398	10351
上　海	19008	16217	19294	22014	20043
南　京	16685	17845	19714	16813	15027
无　锡	11927	13949	11473	10750	9770
苏　州	9924	11100	12051	11509	11262
杭　州	16577	12549	17511	17242	15192
宁　波	12475	15158	13732	12982	10731
温　州	16701	18161	23451	18822	14153
合　肥	12506	12288	10043	9125	9172
福　州	21982	16778	30992	17865	16984
厦　门	20683	20444	26589	21841	23808
南　昌	10513	9034	12328	11256	10006
济　南	11524	12545	12557	13139	10848
青　岛	11842	14189	14000	11714	12258
郑　州	13908	13683	11994	11885	10998
武　汉	13297	13154	13903	14410	14193
长　沙	14384	13067	12826	11783	10492
广　州	20583	18057	23575	20445	18944
深　圳	27536	24771	34686	26992	32822
南　宁	10147	12503	22496	19603	18535
北　海	8993	10622	9272	8373	9257
海　口	6992	17013	10496	10137	11239
三　亚	23600	29650	26043	21483	17909
重　庆	8132	9575	10780	10725	10441
成　都	12496	16283	14781	14400	12959
贵　阳	10793	10446	14867	11936	14061
昆　明	7158	10530	7927	9126	9725
西　安	13964	13571	11679	12459	10446
兰　州	7624	9500	11190	15189	11020
西　宁	9293	10950	17451	13798	16321
银　川	7256	7583	7895	8162	8450
乌鲁木齐	10669	10718	12763	14802	14746

数据来源：根据国家统计局数据整理。

表 4 – 70　　2015 年四十重点城市月度累计商业营业用房销售均价

单位：元/平方米

城　市	1 – 3 月	1 – 4 月	1 – 5 月	1 – 6 月	1 – 7 月	1 – 8 月	1 – 9 月	1 – 10 月	1 – 11 月	1 – 12 月
合　计	13185	12858	12850	12913	12865	12914	12673	12626	12616	12739
北　京	28245	27728	26835	26298	26236	26930	27129	27369	24813	27312
天　津	15843	13026	13005	14286	14056	14472	12574	12293	11739	13118
石家庄	9219	4072	7244	7765	9615	9368	9400	9323	9165	10928
太　原	22165	19291	18280	17376	16869	14209	13243	12440	13662	12752
呼和浩特	6138	6087	6444	7444	7743	7739	7107	7257	6926	7002
沈　阳	7286	8349	8531	10847	10686	10544	12116	11733	11376	11291
大　连	10859	11232	13063	12811	12295	12192	12428	12275	12194	12176
长　春	7771	8469	8792	9567	11025	11052	10693	10627	10423	10461
哈尔滨	11418	12567	10743	9871	9850	10118	10462	10406	10750	10351
上　海	19604	20488	20623	20329	20061	20422	20346	20717	19865	20043
南　京	14585	17558	16784	19349	19281	16439	15672	15680	15190	15027
无　锡	11062	10956	10928	10900	10940	10775	10742	10529	10107	9770
苏　州	12479	12356	12413	12437	10998	11102	11057	10733	10387	11262
杭　州	14707	15039	14516	14785	14703	14626	14851	15086	15127	15192
宁　波	6303	6637	7032	7949	8283	9597	10167	10235	10420	10731
温　州	10245	10676	10823	12327	11964	12051	12293	13172	12785	14153
合　肥	8844	8883	9553	8938	9082	9810	9527	9466	9488	9172
福　州	25881	22100	21524	20286	20087	20005	18315	18700	17014	16984
厦　门	21807	19803	20389	19626	20176	20755	20946	23065	23281	23808
南　昌	11641	12396	12770	11658	11858	11011	10468	10562	10513	10006
济　南	11197	12817	13131	12125	11708	11783	11314	11690	11266	10848
青　岛	13387	12838	12538	15108	14804	13374	12140	11659	12094	12258
郑　州	13450	10694	10713	10886	10730	10803	10865	10896	10829	10998
武　汉	17165	16805	16523	14502	14423	14583	14724	14817	14392	14193
长　沙	14478	12918	11033	10549	10501	10552	10294	10148	10343	10492
广　州	17926	18832	18081	17721	17459	17419	18073	18036	18602	18944
深　圳	39564	28465	31080	31894	33581	36503	35492	33552	33163	32822
南　宁	15091	17085	17828	19512	18283	18423	17813	18119	17485	18535
北　海	7416	8834	8220	8964	9063	9089	9012	8983	9470	9257
海　口	11012	10273	9747	9779	9459	9588	10143	10472	11175	11239
三　亚	37805	37805	37805	32915	32915	32915	32915	17542	17909	17909
重　庆	11925	12149	11344	11526	11621	11600	11307	10833	10531	10441
成　都	15101	14116	13107	12375	12585	12455	12396	12948	12971	12959
贵　阳	14931	15327	15861	15820	15489	15193	14519	14411	14483	14061
昆　明	9146	9178	9298	8658	9313	9473	10582	9197	9270	9725
西　安	10794	11294	11076	11270	10315	10537	9895	9933	10289	10446
兰　州	14741	11420	10660	9495	9589	9172	9556	10332	10397	11020
西　宁	21214	14527	14447	16574	16272	16050	15805	17983	17591	16321
银　川	8090	8411	8935	9021	9251	8899	8226	8438	8450	8450
乌鲁木齐	14054	15925	15847	16178	16242	16268	16395	14590	14511	14746

数据来源：根据国家统计局数据整理。

（九）四十城市经营性土地[①]成交列表

表 4－71　　2015 年北京市经营性用地成交总价前二十列表

单位：平方米，万元

序号	公告号/宗地编号	区域	土地属性	占地面积	容积率	出让底价	成交价格	受让方
1	京土整储挂（丰）〔2014〕084 号	丰台区	住宅；公建配套和其他	155676	2.7	707000	862500	北京华润曙光房地产开发有限公司、北京首都开发股份有限公司、深圳联新投资管理有限公司
2	京土整储挂（丰）〔2015〕046 号	丰台区	住宅；办公；公建配套和其他	132433	1.9	573000	859500	北京天恒房地产股份有限公司、中粮地产（北京）有限公司、北京中瑞凯华投资管理有限公司
3	京土整储挂（丰）〔2015〕047 号	丰台区	住宅；公建配套和其他	117633	2.0	556000	834000	深圳华侨城股份有限公司、招商局地产（北京）有限公司、北京华润曙光房地产开发有限公司
4	京土整储挂（朝）〔2015〕029 号	朝阳区	住宅；商服；办公	203529	1.2	432200	648300	北京保利营房地产开发有限公司、北京首都开发股份有限公司
5	京土整储挂（门）〔2015〕056 号	门头沟区	住宅；商服；办公	72402	2.8	380000	570000	杭州致全投资有限公司、中交地产有限公司、深圳市平嘉投资管理有限公司
6	京土整储挂（海）〔2015〕014 号	海淀区	住宅；商服；办公	65219	3.2	378700	564000	北京郎园置业有限公司
7	京土整储挂（丰）〔2015〕015 号	丰台区	商服；办公	60898	9.4	504000	504000	深圳市平轩投资管理有限公司
8	京土整储招（通）〔2014〕092 号	通州区	商服；办公	76378	9.6		503990	北京建工集团有限责任公司、北京通州现代化国际新城投资运营有限公司
9	京土整储挂（丰）〔2015〕028 号	丰台区	住宅；公建配套和其他	118925	2.0	335000	502500	北京丰亦置业有限公司、中铁房地产集团北京丰昊置业有限公司
10	京土整储挂（丰）〔2015〕035 号	丰台区	住宅；公建配套和其他	132241	2.0	330000	495000	中国葛洲坝集团房地产开发有限公司
11	京土整储挂（门）〔2015〕055 号	门头沟区	住宅；商服；办公	65821	3.8	410000	460000	北京万科企业有限公司
12	京土整储招（昌）〔2015〕002 号	昌平区	住宅；商服；办公	255075	1.7		451600	绿地控股集团有限公司

① 本章含 37 个重点城市经营性用地成交总价前二十排行榜，土地已剔除纯工业用地。石家庄、呼和浩特、银川数据缺失。

续表

序号	公告号/宗地编号	区域	土地属性	占地面积	容积率	出让底价	成交价格	受让方
13	京土整储挂（丰）〔2014〕083 号	丰台区	住宅；商服；公建配套和其他	63081	3.0	300000	449000	招商局地产（北京）有限公司、北京华润曙光房地产开发有限公司、深圳联新投资管理有限公司、致昌（北京）企业管理有限公司
14	京土整储挂（兴）〔2015〕072 号	大兴区	住宅；商服；办公	77627	2.1	275000	442000	中铁置业集团北京有限公司
15	京土整储挂（朝）〔2015〕030 号	朝阳区	住　宅	63913	2.5	305000	425000	北京保利营房地产开发有限公司、北京首都开发股份有限公司、北京龙湖中佰置业有限公司
16	京土整储挂（房）〔2015〕065 号	房山区	住宅；公建配套和其他	151582	2.4	280200	420300	北京大恒乐活城置业有限公司、中粮地产（北京）有限公司
17	京土整储挂（昌）〔2015〕060 号	昌平区	商服；办公	78454	6.4	420000	420000	北京世博宏业房地产开发有限公司、北京和筑房地产开发有限公司、北京未来科技城昌远置业有限公司
18	京土整储挂（丰）〔2014〕082 号	丰台区	住宅；商服；公建配套和其他	105853	2.8	281000	420000	北京华润曙光房地产开发有限公司、招商局地产（北京）有限公司、深圳联新投资管理有限公司、致昌（北京）企业管理有限公司
19	京土整储挂（石）〔2015〕061 号	石景山区	商服；办公	35245	3.5	160000	354000	北京市华远置业有限公司、北京上同致远房地产开发有限公司
20	京土整储挂（丰）〔2015〕037 号	丰台区	商服；办公	40136	4.0	142000	342000	宁波方兴投资咨询有限公司、碧桂园（北京）投资有限公司

数据来源：中国房地产决策咨询系统（CRIC）。

表 4－72　　2015 年天津市经营性用地成交总价前二十列表

单位：平方米，万元

序号	公告号/宗地编号	区域	土地属性	占地面积	容积率	出让底价	成交价格	受让方
1	津丽张 2004－049 号	东丽区	住宅；商服	261353	2.0	305000	461000	天津腾耀置业有限公司
2	津南红（挂）2015－111 号	南开区	住宅；商服	146104	1.6	427500	427500	天津天房卓汇置业有限公司
3	津东津（挂）2015－075 号	河东区	住宅；商服	157953	2.9	410000	410000	天津天房津滨新城投资有限公司

续表

序号	公告号/宗地编号	区域	土地属性	占地面积	容积率	出让底价	成交价格	受让方
4	津西青卫（挂）2015－102 号	西青区	住宅；商服	133014	2.3	269000	269000	天津信科置业有限公司
5	津红光（挂）2015－097 号	红桥区	住宅；商服	106920	2.4	237300	237400	深圳联新投资管理有限公司
6	津西珠（挂）2015－057 号	河西区	住宅；商服	84673	1.7	195000	222000	天津天房鼎信建设发展有限公司
7	津北辰淮（挂）2015－027 号	北辰区	住宅；商服	203250	1.9	204200	204200	天津农垦金安投资有限公司
8	津南水（挂）2015－091 号	南开区	住宅；商服	52503	1.5	130000	176000	天津天房卓汇置业有限公司
9	津西青（挂）2015－01 号	西青区	住宅	183622	1.3	139100	169500	天津永辉房地产咨询有限公司
10	津西青（挂）2014－09 号	西青区	住宅；商服	120810	1.7	108800	144000	天津建工集团房地产发展有限公司
11	津北天（挂）2015－050 号	河北区	住宅；商服	52188	2.2	108110	137100	天津市房地产发展（集团）股份有限公司
12	津西青（挂）2014－10 号	西青区	住宅；商服	107482	1.7	96800	130000	天津建工集团房地产发展有限公司
13	津东八（挂）2015－022 号	河东区	住宅；商服	44736	3.0	127490	127490	天津兴渤海建设发展有限公司
14	津西台（挂）2015－060 号	河西区	住宅；商服	63020	1.7	125000	125000	天津天房投资有限公司
15	津北辰顺（挂）2015－118 号	北辰区	住宅；商服；公建配套和其他	107118	1.7	110000	110000	中储发展股份有限公司
16	津北中（挂）2015－006 号	河北区	住宅；商服	22455	5.5	105400	105400	首创（天津）置业管理有限公司
17	津西青卫（挂）2015－090 号	西青区	住宅；商服	37460	2.3	80200	100000	福建融侨置业有限公司
18	津滨中（挂）2015－05 号	塘沽	住宅；商服	44079	2.5	45336	90100	天津滨海新区建设投资集团有限公司
19	津东丽成（挂）2015－117 号	东丽区	住宅	72359	2.0	76000	76000	天津万科民和巷有限公司
20	津西青（挂）2014－04 号	西青区	住宅	122647	1.7	67200	67210	天津旭达房地产信息咨询有限公司、旭良（香港）有限公司

数据来源：中国房地产决策咨询系统（CRIC）。

表 4－73　　2015 年太原市经营性用地成交总价前二十列表

单位：平方米，万元

序号	公告号/宗地编号	区域	土地属性	占地面积	容积率	出让底价	成交价格	受让方
1	并国土公出告字〔2015〕53 号/SG－1553	杏花岭区	住宅；商服；公建配套和其他	171826	3.5	106860	129900	中车置业有限公司
2	并国土公出告字〔2015〕11 号/SG－1508	小店区	住宅；商服；公建配套和其他	187504	3.1	107390	111690	太原万科城房地产开发有限公司
3	并国土公出告字〔2015〕28 号/SP－1528	万柏林区	住宅；商服；公建配套和其他	72496	3.4	88460	91960	中国铁建房地产集团有限公司、中铁十二局集团房地产开发有限公司
4	并国土公出告字〔2015〕34 号/SWG－1535	万柏林区	住宅；商服	117331	3.5	55970	76670	太原化学工业集团房地产开发有限公司
5	并国土公出告字〔2015〕47 号/SP－1541	晋源区	住宅；商服；公建配套和其他	86181	3.7	56770	63070	山西晋泰瑞房地产开发有限公司
6	并国土公出告字〔2015〕10 号/SG－1507	小店区	住宅；商服	88628	3.1	52340	54440	太原万科城房地产开发有限公司
7	并国土公出告字〔2015〕54 号/SG－1554	杏花岭区	住宅；商服	54526	3.5	34540	41230	中车置业有限公司
8	并国土公出告字〔2015〕28 号/SP－1530	小店区	住宅；商服	27698	3.4	30840	39940	山西光信地产有限公司
9	并国土公出告字〔2015〕38 号/SG－1539	晋源区	住宅；商服	45647	3.5	29380	30480	山西万国商业广场开发有限公司
10	并国土公出告字〔2015〕02 号/SP－1503	万柏林区	住宅；商服	42307	3.5	20630	25600	山西保利房地产开发有限公司
11	并国土公出告字〔2015〕02 号/SP－1502	万柏林区	住宅；商服	33213	3.5	16200	20000	太原万科长风房地产开发有限公司
12	并国土公出告字〔2015〕47 号/SP－1529	小店区	住宅；商服	15390	3.4	17660	19860	太原市晋路房地产开发有限公司
13	并国土公出告字〔2015〕28 号/SP－1512	小店区	商　服	16857	3.0	17350	18050	山西龙泰投资集团有限公司
14	并国土公出告字〔2015〕08 号/SG－1510	晋源区	住　宅	23151	3.9	16600	17300	山西昌和房地产开发有限公司
15	并国土公出告字〔2015〕26 号/SG－1526	尖草坪区	住宅；商服	50964	2.0	14910	15910	山西钢兴房地产开发有限公司
16	并国土公出告字〔2015〕02 号/SP－1504	万柏林区	住宅；商服	21823	3.5	10640	13140	太原万科长风房地产开发有限公司
17	并国土公出告字〔2015〕30 号/SG－1532	尖草坪区	住　宅	29648	2.2	8630	9230	山西钢兴房地产开发有限公司
18	并国土公出告字〔2015〕03 号/SG－1505	小店区	住宅；商服；	8093	3.5	8140	8440	太原宜居房地产开发有限公司
19	并国土公出告字〔2015〕04 号/SWG－1506	杏花岭区	住宅；商服；	10086	4.0	6683	6910	山西晋陵房地产开发有限公司
20	并国土公出告字〔2015〕51 号/SG－1551	杏花岭区	住宅；商服；	7895	5.0	5540	5840	太原矿山机器集团有限公司

数据来源：中国房地产决策咨询系统（CRIC）。

表 4－74　　　　2015 年沈阳市经营性用地成交总价前二十列表

单位：平方米，万元

序号	公告号/宗地编号	区域	土地属性	占地面积	容积率	出让底价	成交价格	受让方
1	沈土拍〔2015〕17 号/2015－002	大东区	住宅；商服；	87643	4.0	105067	105172	沈阳万科城市之光房地产开发有限公司
2	沈土拍〔2015〕26 号/JK2015－77	铁西区	住宅；商服；	164662	2.2	80819	81073	华润置地（沈阳）有限公司
3	沈土拍〔2015〕26 号/JK2015－76	铁西区	住宅；商服；	153402	2.2	72222	72458	沈阳龙湖房地产拓展有限公司
4	沈土挂〔2015〕42 号/2015－005	和平区	商　服	16488	2.0	57050	57050	沈阳和平文化旅游产业发展有限公司
5	沈土拍〔2015〕21 号/TX2015－06	铁西区	住宅；商服；	54257	3.1	50459	55421	抚顺万科房地产开发有限公司
6	沈土拍〔2015〕26 号/JK2015－78	铁西区	住宅；商服；	98879	2.4	51781	51947	华润置地（沈阳）有限公司
7	沈土拍〔2015〕2 号/2015－001	和平区	住宅；商服；	14486	6.3	36076	36140	沈阳沈铁房地产开发集团有限责任公司
8	沈军土拍〔2015〕1 号/2015－001	和平区	住宅；商服；	37585	3.0	32587	35857	沈阳世耀房地产开发有限公司
9	沈土拍〔2015〕15 号/TX2015－04	铁西区	住宅；商服；	20040	3.5	26653	29459	沈阳旭强商业管理有限公司
10	沈土挂〔2015〕20 号/YHKF2015－20	于洪区	住宅；商服；	113120	1.8	21095	21095	沈阳冠隆置业发展有限公司
11	沈土拍〔2015〕9 号/2015－01	皇姑区	住宅；商服；	62515	2.3	20015	20115	沈阳皇姑碧桂园房地产开发有限公司
12	沈土拍〔2015〕4 号/SJT2015－02	苏家屯区	住宅；商服；	160398	1.3	19767	19913	沈阳幸福基业房地产开发有限公司
13	沈土拍〔2015〕22 号/2015－004	大东区	住宅；商服；	21528	3.1	19407	19427	沈阳思诚房地产开发有限公司
14	沈土拍〔2015〕22 号/2015－003	沈河区	住宅；商服；	16171	3.0	18556	18571	沈阳惠民房地产开发股份有限公司
15	沈土拍〔2015〕15 号/TX2015－03	铁西区	商　服	8800	1.7	18401	18411	沈阳汇鑫融置业有限公司
16	沈土拍〔2015〕6 号/SJT2015－01	苏家屯区	住宅；商服；	111562	2.0	17203	17359	沈阳幸福基业房地产开发有限公司
17	沈土拍〔2015〕12 号/2015－009	沈北新区	住宅；商服；	71331	2.2	16681	16791	沈阳庞大弘盛置业有限公司
18	沈土拍〔2015〕16 号/YHKF2015－19	于洪区	住宅；商服；	111890	1.4	15947	15978	沈阳雍森房地产开发有限公司
19	沈土拍〔2014〕56 号/2014－019	沈北新区	住宅；商服；	60490	1.8	9886	14264	沈阳庞大置业有限公司
20	沈土拍〔2015〕25 号/TX2015－02	铁西区	住宅；商服；	13666	3.5	13622	13655	沈阳金辉居业房地产有限公司

数据来源：中国房地产决策咨询系统（CRIC）。

表 4－75　　2015 年大连市经营性用地成交总价前二十列表

单位：平方米，万元

序号	公告号/宗地编号	区域	土地属性	占地面积	容积率	出让底价	成交价格	受让方
1	2015 年第 6 号/大城〔2015〕－1 号	甘井子区	住　宅	133100	2.5	89776	89776	大连恒科房地产有限公司
2	2015 年第 6 号/大城〔2015〕－3 号	甘井子区	住　宅	114500	2.4	74142	74142	大连恒创房地产有限公司
3	2014 年第 98 号/大城〔2014〕－28 号	甘井子区	住宅；公建配套和其他	109504	1.8	45350	45350	沈阳金地天邦房地产开发有限公司、深圳联新投资管理有限公司
4	2015 年第 6 号/大城〔2015〕－2 号	甘井子区	住　宅	38500	2.4	24810	24810	大连晟科房地产开发有限公司
5	2014 年第 98 号/大城〔2014〕－29 号	甘井子区	住宅；公建配套和其他	52325	1.8	21762	21762	沈阳金地天邦房地产开发有限公司、深圳联新投资管理有限公司
6	2015 年第 27 号/大城〔2015〕－8 号	中山区	住宅；商服；	15225	2.1	21134	21134	大连万科置业有限公司
7	2014 年第 55 号/大城〔2014〕－12 号	中山区	住宅；公建配套和其他	10279	2.8	20306	20306	大连胜鼎置业有限责任公司
8	2015 年第 57 号/大庄〔2015〕－22 号	庄河市	住　宅	50107	2.0	9019	9019	大连旭阳水利建设开发有限公司
9	2015 年第 42 号/大普〔2015〕－7 号	普兰店市	商　服	52900	1.7	8964	8964	大连万达商业地产股份有限公司
10	2015 年第 57 号/大庄〔2015〕－24 号	庄河市	住　宅	41140	1.2	7405	7405	大连旭阳水利建设开发有限公司
11	2015 年第 34 号/大庄〔2015〕－12 号	庄河市	住　宅	47594	1.4	7139	7139	大连庄河港兴投资有限公司
12	2015 年第 57 号/大庄〔2015〕－23 号	庄河市	住　宅	35338	1.2	6361	6361	大连旭阳水利建设开发有限公司
13	2014 年第 100 号/大普〔2014〕－31 号	普兰店市	住　宅	69444	1.3	5642	5642	大连皮杨中心城镇投资有限公司
14	2015 年第 49 号/大庄〔2015〕－18 号	庄河市	商　服	49483	2.0	5400	5400	大连万达商业地产股份有限公司
15	2014 年第 100 号/大普〔2014〕－33 号	普兰店市	住　宅	67981	1.3	5347	5347	大连皮杨中心城镇投资有限公司
16	2014 年第 100 号/大普〔2014〕－63 号	普兰店市	住　宅	65024	1.3	5283	5283	大连皮杨中心城镇投资有限公司
17	2014 年第 100 号/大普〔2014〕－32 号	普兰店市	住　宅	64770	1.3	5263	5263	大连皮杨中心城镇投资有限公司
18	2014 年第 101 号/大普〔2014〕－46 号	普兰店市	住　宅	61564	1.3	5002	5002	大连皮杨中心城镇投资有限公司
19	2014 年第 101 号/大普〔2014〕－50 号	普兰店市	住　宅	60946	1.3	4952	4952	大连皮杨中心城镇投资有限公司
20	2015 年第 57 号/大庄〔2015〕－20 号	庄河市	商　服	25930	2.0	4667	4667	大连旭阳水利建设开发有限公司

数据来源：中国房地产决策咨询系统（CRIC）。

表 4－76　　2015 年长春市经营性用地成交总价前二十列表

单位：平方米，万元

序号	公告号/宗地编号	区域	土地属性	占地面积	容积率	出让底价	成交价格	受让方
1	长国土公发〔2014〕75 号/220104004025GB00111、112、113 号	朝阳区	住宅；商服；	105671	2.8	132332	132332	大连万达商业地产股份有限公司
2	长国土公发〔2015〕44 号/220103008007GB00114、115、116、117、118 号	宽城区	住宅；商服；	92652	5.0	107986	107986	长春市吉均房地产开发有限责任公司
3	长国土公发〔2015〕29 号/220104004025GB00130、131、132 号	朝阳区	住宅；商服；	52979	4.5	58272	58272	长春融鑫置业有限公司
4	长国土公发〔2015〕29 号/220102016373GB00001 号	净月区	住宅；商服；	148145	1.2	48888	55465	长春亚泰金安房地产开发有限公司
5	长国土公发〔2015〕44 号/220102014356GB00020 号	净月区	住宅；商服；	181283	1.1	55177	55177	长春万科房地产开发有限公司
6	长国土公发〔2015〕19 号/220104009149GB00038 号	高新南区	住宅；商服；	81862	2.0	37657	50918	长春新星宇信瑞房地产开发有限责任公司
7	长国土公发〔2015〕1 号/220103013002GB00068 号	宽城区	住宅；商服；	119948	2.5	46660	46660	吉林省万程房地产开发有限公司
8	长国土公发〔2015〕27 号/220102016404GB00019 号	净月区	商　服	150028	1.8	43659	43659	长春复华房地产开发有限公司
9	长国土公发〔2015〕40 号/220102008002GB00070、71 号	南关区	住宅；商服；	25642	6.0	39325	39325	长春吉大科技园建设发展有限公司
10	长国土公发〔2015〕19 号/220103014001GB00079 号	宽城区	住宅；商服；	122655	2.9	35534	35534	长春市胜赢房地产开发有限公司
11	长国土公发〔2015〕27 号/220102013008GB00131、133 号	南关区	商　服	68357	3.0	35136	35136	长春城投房地产开发有限公司、吉林宇夏房地产开发有限公司
12	长国土公发〔2015〕40 号/220104009149GB00039 号	高新南区	住宅；商服；	44325	1.7	23774	32515	长春中铁房地产开发有限公司
13	长国土公发〔2015〕1 号/220105002556GB00035 号	经开区	住宅；商服；	43052	2.8	26809	27292	吉林省华捷房地产开发有限公司
14	长国土公发〔2015〕2 号/220103013002GB00088 号	宽城区	住宅；商服；	96806	2.0	25499	25499	长春华大房地产开发有限责任公司
15	长国土公发〔2015〕37 号/220103011006GB00076 号	宽城区	住宅；商服；	52691	2.5	24093	24093	吉林省中正房地产开发有限公司
16	长国土公发〔2014〕73 号/220105002561GB00034 号	经开区	住宅；商服；	30903	2.6	17982	18062	吉林省富腾房地产开发有限责任公司
17	长国土公发〔2015〕32 号/22010500256GB00022 号	经开区	住宅；商服；	29376	2.2	15529	15595	吉林省嘉惠房地产开发有限公司
18	长国土公发〔2014〕73 号/220104009165GB00032 号	高新南区	住宅；商服；	23920	3.1	14245	14319	长春贞元房地产开发有限公司

续表

序号	公告号/宗地编号	区域	土地属性	占地面积	容积率	出让底价	成交价格	受让方
19	长国土公发〔2014〕73 号/220105001516GB00040、41 号	经开区	住宅；商服；	18578	3.3	11277	11277	吉林省昌源房地产开发有限公司
20	长国土公发〔2014〕73 号/220105001503GB00025、26 号	经开区	住宅；商服；	17690	2.2	10254	10254	吉林省绿色佳园房地产开发有限责任公司

数据来源：中国房地产决策咨询系统（CRIC）。

表 4－77　　2015 年哈尔滨市经营性用地成交总价前二十列表

单位：平方米，万元

序号	公告号/宗地编号	区域	土地属性	占地面积	容积率	出让底价	成交价格	受让方
1	NO. 2015HT011	道里区	住宅；商服；	104596	2.8	61154	61154	绿地集团哈尔滨房地产开发有限公司
2	NO. 2015HT009	香坊区	住宅；商服；	89305	3.1	42765	42765	哈尔滨龙珅房地产开发有限公司
3	NO. 2015HT005	香坊区	住宅；商服；	18037	9.7	42400	42400	哈尔滨汇雄时代房地产开发有限公司
4	NO. 2015HT010	道里区	商　服	45282	3.7	35123	35123	绿地集团哈尔滨房地产开发有限公司
5	NO. 2015HT004	道外区	商　服	281991	1.8	32460	32460	哈尔滨华南城有限公司
6	NO. 2015HTH001	南岗区	住宅；商服；	47318	2.0	20502	27800	恒大地产集团哈尔滨有限公司
7	NO. 2014HTQ007	道里区	住宅；商服；	80000	2.6	26060	26060	哈尔滨中艺天和置业有限公司
8	NO. 2014HT028	道外区	住宅；商服；	151094	4.0	23215	23215	哈尔滨华南城有限公司
9	NO. 2014HT033	香坊区	商　服	10217	7.0	21600	21600	黑龙江省龙马房地产开发有限公司
10	NO. 2015HT002	道外区	商　服	164327	3.0	19000	19000	哈尔滨乾龙置业有限公司
11	NO. 2015HT016	道外区	住宅；商服；	90351	2.0	15850	15850	哈尔滨柏悦长青房地产开发有限公司
12	NO. 2015HT006	香坊区	住宅；商服；	103778	2.2	15700	15700	香港五洲国际集团有限公司
13	NO. 2015HT019	道外区	住宅；商服；	26150	7.7	14530	14530	哈尔滨鼎祥房地产开发有限公司
14	NO. 2015HT013	道外区	住宅；商服；	108637	1.9	13870	13870	哈尔滨滨江房地产开发有限责任公司
15	NO. 2014HT029	香坊区	住宅；商服；	27574	6.0	11670	11670	黑龙江嘉兴房地产开发有限公司

续表

序号	公告号/宗地编号	区域	土地属性	占地面积	容积率	出让底价	成交价格	受让方
16	NO. 2015HTS004	松北区	商　服	50056	1. 0	11345	11345	哈尔滨市卫健房屋开发有限责任公司
17	NO. 2015HT007	香坊区	商　服	73887	2. 0	9260	9260	香港五洲国际集团有限公司
18	NO. 2015HTL002	呼兰区	住宅；商服；	46234	2. 9	7649	7649	黑龙江省凯东房地产开发有限公司
19	NO. 2015HTS（G）002	平房区	住宅；商服；	55518	1. 4	5710	5710	哈尔滨高新技术产业开发区基础设施开发建设有限公司
20	NO. 2015HT015	香坊区	住宅；商服；	2903	8. 1	4460	4460	黑龙江吉庆房地产开发有限公司

数据来源：中国房地产决策咨询系统（CRIC）。

表 4－78　　2015 年上海市经营性用地成交总价前二十列表

单位：平方米，万元

序号	公告号/宗地编号	区域	土地属性	占地面积	容积率	出让底价	成交价格	受让方
1	2015 年 67 号公告/201506701	闸北区	住宅；商服；办公；公建配套和其他	98774	4. 2	587179	881500	金融街（上海）投资有限公司
2	2015 年 43 号公告/201504301	闸北区	住宅；办公	102596	2. 7	693218	879500	珠海华炜投资发展有限公司、超智资源有限公司
3	2015 年 99 号公告/201509901	杨浦区	住　宅	150175	1. 1	401725	729900	上海信达银泰置业有限公司、上海坤瓴投资有限公司
4	2015 年 20 号公告/201502001	闸北区	住宅；办公	83192	2. 7	606701	705200	上海奔汇投资咨询有限公司、珠海华顺置业发展有限公司
5	2015 年 15 号公告/201501501	浦东区	商服；办公	178211	2. 8	591395	591395	上海浦东发展银行股份有限公司、上海世博发展（集团）有限公司
6	2015 年 129 号公告/201512901	嘉定区	住　宅	95382	1. 8	223195	465000	上海恒逸房地产有限公司
7	2015 年 86 号公告/201508601	宝山区	住宅；商服	65623	2. 8	197860	410000	上海保利建璀房地产有限公司
8	2015 年 124 号公告/201512401	虹口区	住　宅	80507	3. 1	404300	404300	上海中建八局投资发展有限公司
9	2015 年 73 号公告/201507301	徐汇区	商服；办公；公建配套和其他	26861	10. 0		387200	基益有限公司

续表

序号	公告号/宗地编号	区域	土地属性	占地面积	容积率	出让底价	成交价格	受让方
10	2015 年 132 号公告/201513202	奉贤区	住　宅	117715	1.8	118881	380000	中铁房地产集团上海置业有限公司
11	2015 年 93 号公告/201509301	宝山区	住　宅	60250	2.0	180750	346500	杭州滨江房产集团股份有限公司、深圳联新投资管理有限公司
12	2015 年 54 号公告/201505401	杨浦区	住宅；商服；办公	34651	3.0	236373	345400	上海首创正恒置业有限公司、保利置业集团（上海）投资有限公司、山东黄金地产旅游集团有限公司
13	2015 年 122 号公告/201512201	虹口区	商服；办公	23037	5.5	323000	326000	上海虹晟投资发展有限公司
14	2015 年 43 号公告/201504302	宝山区	住　宅	58779	2.2	158700	301000	深圳招平瑞盛投资控股有限公司
15	2015 年 28 号公告/201502801	浦东区	住　宅	61249	1.7	171800	290600	上海名城钰企业发展有限公司、上海凯俊实业有限公司
16	2015 年 129 号公告/201512902	闵行区	住　宅	32142	2.0	115711	281500	上海融辉居业房地产有限公司
17	2015 年 89 号公告/201508901	青浦区	住　宅	124085	1.0	121731	261600	上海建工房产有限公司、上海建工一建集团有限公司、上海友登实业有限公司
18	2015 年 112 号公告/201511201	奉贤区	住　宅	109266	1.6	139861	231500	禹洲文化创意发展有限公司、厦门舜润贸易有限公司
19	2015 年 135 号公告/201513501	奉贤区	住　宅	87916	1.8	142425	231000	上海之方实业有限公司、深圳市平庆投资管理有限公司、上海碧荣投资管理有限公司
20	2015 年 97 号公告/201509702	松江区	住　宅	104904	1.2	135000	231000	上海同久投资管理有限公司、同济大学建筑设计研究院（集团）有限公司

数据来源：中国房地产决策咨询系统（CRIC）。

表 4－79　2015 年南京市经营性用地成交总价前二十列表

单位：平方米，万元

序号	公告号/宗地编号	区域	土地属性	占地面积	容积率	出让底价	成交价格	受让方
1	2015 年第 18 号/NO. 2015G61	建邺区	住宅；商服	508075	2.4	826000	830000	深圳华侨城房地产有限公司
2	2015 年第 10 号/NO. 2015G23	江宁区	住宅；商服；办公	161169	2.5	315000	477000	南京锦昱华置业有限公司
3	2015 年第 08 号/NO. 2015G16	玄武区	住　宅	210840	2.2	299200	394000	满高发展有限公司
4	2015 年第 05 号/NO. 2015G11	鼓楼区	住　宅	136788	2.7	307000	323000	葛洲坝南京房地产开发有限公司、上海融创房地产开发有限公司
5	2015 年第 14 号/NO. 2015G40	雨花台区	住宅；商服	96962	2.5	198100	322000	南京筑浦置业有限公司
6	2015 年第 14 号/NO. 2015G38	鼓楼区	住宅；办公	79052	3.7	170000	266000	中国电建地产集团有限公司、武汉南国置业股份有限公司
7	2015 年第 01 号/NO. 2015G01	建邺区	住　宅	68464	2.8	223800	252000	山东鲁能亘富开发有限公司
8	2015 年第 17 号/NO. 2015G56	雨花台区	住宅；商服；公建配套和其他	95281	2.8	149400	228000	上海丹青投资管理有限公司
9	2015 年第 12 号/NO. 2015G26	栖霞区	住宅；商服	73476	3.2	156000	227000	中航里城有限公司
10	2015 年第 16 号/NO. 2015G55	浦口区	住　宅	66997	2.2	95000	217000	南京中建东孚置业有限公司
11	2015 年第 14 号/NO. 2015G39	建邺区	住　宅	32108	2.8	131600	216000	保利江苏房地产发展有限公司
12	2015 年第 13 号/NO. 2015G34	鼓楼区	住宅；商服	33204	2.8	114600	208000	满高发展有限公司
13	2015 年第 14 号/NO. 2015G41	栖霞区	住宅；商服	89048	1.5	105400	206000	南京新城万嘉房地产有限公司
14	2015 年第 04 号/NO. 2015G08	建邺区	住宅；商服	93285	4.4	202800	202800	金地商置集团有限公司
15	2015 年第 18 号/NO. 2015G62	雨花台区	住宅；商服	62439	3.9	149200	202000	南京绿地国际商务中心有限公司
16	2014 年第 20 号/NO. 2014G97	栖霞区	住宅；公建配套和其他	148819	1.5	100000	180000	银城地产集团股份有限公司
17	2015 年第 10 号/NO. 2015G22	雨花台区	住宅；商服	55757	2.6	108800	155000	南京金域蓝湾置业有限公司
18	2015 年第 05 号/NO. 2015G10	建邺区	住　宅	25266	2.8	102300	150000	北京北辰实业股份有限公司
19	2015 年第 09 号/NO. 2015G17	栖霞区	住　宅	64091	3.0	106800	146000	南京弘洋置业有限公司
20	2015 年第 06 号/NO. 2015G12	雨花台区	住宅；商服	46585	3.3	117700	140000	江苏中南建设集团股份有限公司

数据来源：中国房地产决策咨询系统（CRIC）。

表 4－80　　2015 年无锡市经营性用地成交总价前十五列表

单位：平方米，万元

序号	公告号/宗地编号	区域	土地属性	占地面积	容积率	出让底价	成交价格	受让方
1	锡国土（经）2015－4	滨湖区	住　宅	147666	3.2	73656	73656	大连万达商业地产股份有限公司
2	锡国土（经）2015－5	滨湖区	住　宅	168613	2.0	56199	56199	大连万达商业地产股份有限公司
3	锡国土（经）2015－1	滨湖区	商　服	399603	0.8	55065	55065	大连万达商业地产股份有限公司
4	锡国土（经）2015－11	滨湖区	住宅；商服	155467	3.0	39214	39214	无锡鼎安房地产有限公司
5	锡国土（经）2015－3	滨湖区	商　服	240766	0.3	30577	30577	大连万达商业地产股份有限公司
6	锡国土（经）2015－2	滨湖区	商　服	44393	6.9	19311	19311	大连万达商业地产股份有限公司
7	锡国土（经）2015－15	崇安区	商　服	24028	2.5	15138	15138	无锡开泰投资发展有限公司
8	锡国土（经）2015－16	崇安区	商　服	18526	3.5	14274	14274	无锡开拓投资发展有限公司
9	锡国土（经）2015－13	北塘区	商服；办公	22954	3.5	12538	12538	无锡市北盛投资发展有限公司
10	锡国土（经）2015－12	北塘区	住宅；商服	26903	3.0	11550	11550	无锡市北联投资发展有限公司
11	锡国土（经）2015－19	南长区	商　服	10227	1.2	8056	8056	无锡市清名桥古运河文化旅游发展有限公司
12	锡国土（经）2015－7	滨湖区	住　宅	4858	5.5	6500	6500	无锡市滨湖城市投资发展有限责任公司
13	锡国土（经）2015－6	锡山区	商　服	23000	1.5	3606	4506	夏志康
14	锡国土（经）2015－18	惠山区	住　宅	7065	2.2	2471	2671	江苏华广置业有限公司
15	锡国土（经）2015－9	崇安区	商　服	5295	1.5	1513	1513	无锡卓诚投资集团有限公司

数据来源：中国房地产决策咨询系统（CRIC）。

表 4 – 81　　2015 年苏州市经营性用地成交总价前二十列表

单位：平方米，万元

序号	公告号/宗地编号	区域	土地属性	占地面积	容积率	出让底价	成交价格	受让方
1	苏地 2015 – WG – 19 号	沧浪区	住宅；商服	123313	2.4	244925	404000	深圳联新投资管理有限公司
2	苏地 2015 – WG – 20 号	沧浪区	住　宅	107980	2.4	213476	392000	一科科技发展有限公司
3	苏地 2015 – WG – 27 号	吴中区	住宅；商服	224624	1.5	170714	372714	苏州兆坤房地产开发有限公司
4	苏园土挂〔2015〕03 号	园区	住　宅	131043	1.6	167735	310000	旭辉旭利投资咨询有限公司、深圳联新投资管理有限公司
5	苏园土挂〔2015〕02 号	园区	住　宅	106303	1.8	143510	306000	诸暨圣哲投资有限公司
6	苏地 2015 – WG – 14 号	新区	住　宅	109981	1.6	156723	267723	苏州龙吟投资有限公司
7	苏地 2015 – G – 5 号	吴中区	住宅；商服	122976	2.2	106989	192000	苏南万科置业有限公司、才捷有限公司
8	苏地 2015 – G – 15 号	吴中区	住　宅	163511	1.1	100559	167000	中航赛瑞置业有限公司
9	苏地 2015 – WG – 5 号	相城区	住　宅	95274	2.4	80300	156300	中粮地产（集团）股份有限公司
10	苏地 2015 – G – 4 号	吴中区	住宅；商服	102343	1.9	81874	154000	华润置地（苏州）有限公司
11	苏地 2015 – WG – 48 号	新区	住宅；商服	167185	1.4	63530	151530	苏州高新地产集团有限公司
12	苏地 2015 – WG – 36 号	吴中区	住宅；商服	70947	2.0	85137	138837	四川蓝光和骏实业有限公司
13	苏地 2015 – WG – 29 号	吴中区	住　宅	41011	1.9	65617	123617	苏州首开永泰置业有限公司
14	苏地 2015 – WG – 47 号	新区	住　宅	69325	2.2	51994	107994	苏州弘阳房地产开发有限公司
15	苏地 2015 – G – 14 号	吴中区	住　宅	109404	1.1	64001	106000	中航里城（香港）有限公司
16	苏地 2015 – WG – 26 号	吴中区	住　宅	71180	1.5	58367	100367	上海爵瑟房地产开发有限公司
17	苏地 2015 – G – 22 号	新区	住　宅	33732	2.3	61899	99000	天津市房地产发展（集团）股份有限公司
18	苏地 2015 – G – 24 号	新区	住宅；商服	178687	1.0	67258	96000	旭昭（香港）有限公司、北京北辰实业股份有限公司
19	苏地 2015 – WG – 43 号	相城区	住　宅	57036	2.0	37644	93644	苏州金辉居业有限公司
20	苏地 2015 – G – 21 号	新区	住　宅	64717	2.3	72807	83000	大连威新投资咨询有限公司、上海鑫磐投资有限公司

数据来源：中国房地产决策咨询系统（CRIC）。

表 4－82　　2015 年杭州市经营性用地成交总价前二十列表

单位：平方米，万元

序号	公告号/宗地编号	区域	土地属性	占地面积	容积率	出让底价	成交价格	受让方
1	杭政储出〔2015〕36 号	滨江区	住宅；公建配套和其他	72219	2. 5	233900	388400	添友有限公司
2	杭政储出〔2015〕40 号	拱墅区	住宅；公建配套和其他	49923	2. 7	185744	275100	杭州市城建开发集团有限公司
3	萧政储出〔2015〕27 号	萧山区	住宅；商服	61871	2. 7	163252	261000	杭州盈资投资有限公司
4	杭政储出〔2015〕4 号	江干区	住宅；公建配套和其他	47905	3. 3	250678	260000	杭州安丰置业有限公司
5	杭政储出〔2014〕39 号	上城区	住宅；公建配套和其他	32220	2. 5	157001	202800	杭州望江府置业有限公司
6	萧政储出〔2015〕12 号	萧山区	住宅；商服	90600	2. 8	190945	191045	中铁房地产集团、浙江京城投资有限公司
7	余政储出〔2015〕55 号	余杭区	住　宅	142133	1. 5	149240	186700	广州市弘睿物业服务有限公司
8	杭政储出〔2015〕34 号	滨江区	住　宅	38605	2. 0	95177	162500	浙江绿九置业有限公司
9	杭政储出〔2015〕27 号	下城区	住　宅	41055	2. 2	112793	154100	杭州朗辉投资管理有限公司
10	杭政储出〔2015〕35 号	西湖区	住宅；商服	60777	2. 9	117244	150000	中铁房地产集团浙江京城投资有限公司
11	萧政储出〔2015〕29 号	萧山区	住　宅	45968	2. 7	93086	142300	绍兴龙嘉房地产开发有限公司
12	杭政储出〔2015〕37 号	拱墅区	住　宅	27630	2. 8	98330	130300	绍兴道威投资管理有限公司
13	杭政储出〔2015〕3 号	江干区	住宅；公建配套和其他	48780	2. 6	128122	128222	杭州滨江房产集团股份有限公司
14	杭政储出〔2015〕17 号	江干区	住宅；公建配套和其他	79425	2. 3	109662	124000	绍兴龙嘉房地产开发有限公司
15	杭政储出〔2015〕30 号	拱墅区	住宅；公建配套和其他	32558	2. 5	81216	123000	杭州臻博房地产开发有限公司
16	余政储出〔2014〕50 号	余杭区	住宅；商服	99814	2. 5	120975	120975	浙江万科南都房地产有限公司
17	杭政储出〔2015〕29 号	江干区	住宅；公建配套和其他	59413	1. 6	95385	120000	浙江万科南都房地产有限公司
18	萧政储出〔2015〕10 号	萧山区	住　宅	66622	1. 7	94737	114400	温岭碧桂园房地产开发有限公司
19	杭政储出〔2015〕28 号	江干区	住宅；公建配套和其他	46221	2. 4	100049	112880	招商局地产（杭州）有限公司
20	杭政储出〔2015〕23 号	下城区	住　宅	24477	2. 5	81515	110600	浙江万科南都房地产有限公司

数据来源：中国房地产决策咨询系统（CRIC）。

表 4－83　　2015 年宁波市经营性用地成交总价前二十列表

单位：平方米，万元

序号	公告号/宗地编号	区域	土地属性	占地面积	容积率	出让底价	成交价格	受让方
1	甬土资告〔2015〕06 号	江东区	住　宅	93646	2.5	176054	207426	光汉有限公司
2	甬土资告〔2015〕07 号	江东区	住　宅	87061	1.7	138897	184017	宁波雅戈尔新城置业有限公司
3	甬鄞土告字〔2015〕31 号	鄞州区	住　宅	68092	1.8	91924	109083	宁波金翔房地产发展有限公司
4	甬鄞土告字〔2015〕42 号	鄞州区	住　宅	61496	1.8	91875	99070	广东美的置业有限公司
5	甬鄞土告字〔2015〕20 号	鄞州区	住　宅	121361	1.5	94662	94662	雅戈尔置业控股有限公司
6	甬鄞土告字（2015）22 号	鄞州区	住　宅	112843	1.5	88018	88018	雅戈尔置业控股有限公司
7	甬鄞土告字〔2015〕47 号	鄞州区	住宅；商服	190151	1.8	83577	83577	宁波华侨城投资发展有限公司
8	甬土资告〔2015〕13 号	江北区	住　宅	65159	1.8	78605	78816	绿地控股集团宁波江北置业有限公司
9	甬土资告〔2015〕14 号	江东区	住　宅	33671	2.8	76366	76366	宁波雅戈尔新城置业有限公司
10	余国土告字〔2015〕13 号	余姚区	住宅；商服	65465	2.3	68345	73649	上海通泰置业有限公司
11	甬鄞土告字〔2015〕42 号	鄞州区	住　宅	52123	1.6	69219	69303	深圳威新软件科技有限公司
12	甬鄞土告字〔2014〕37 号	鄞州区	住　宅	39977	2.5	65962	66262	深圳威新软件科技园有限公司
13	甬鄞土告字〔2015〕47 号	鄞州区	住　宅	67527	2.7	63317	63500	宁波华侨城投资发展有限公司
14	甬鄞土告字〔2014〕37 号	鄞州区	住　宅	38907	2.5	62251	62446	宁波万港房地产开发有限公司
15	甬土资告〔2015〕第 05002 号	江北区	住　宅	98150	1.8	61799	61799	宁波新中房置业股份有限公司
16	甬鄞土告字〔2015〕31 号	鄞州区	住　宅	36355	1.8	47443	59157	宁波江山万里置业有限公司
17	甬土资告〔2015〕11 号	科技园区	住　宅	50264	2.0	52275	52275	上海招商置业有限公司
18	余国土告字〔2015〕13 号	余姚市	住宅；商服	76849	1.5	40346	40346	余姚市交通投资有限公司
19	甬鄞土告字〔2015〕44 号	鄞州区	住宅；商服	21787	2.2	35949	38537	宁波万科房地产开发有限公司
20	甬鄞土告字（2015）36 号	鄞州区	住宅；商服	30804	2.4	35117	35117	宁波万科房地产开发有限公司

数据来源：中国房地产决策咨询系统（CRIC）。

表 4－84　　2015 年温州市经营性用地成交总价前二十列表

单位：平方米，万元

序号	公告号/宗地编号	区域	土地属性	占地面积	容积率	出让底价	成交价格	受让方
1	洪殿片区 B－35 地块	鹿城区	住　宅	24017	4.0	84600	139100	温州万福置业有限公司
2	汇昌河葡萄居住区 3－2 地块	瓯海区	住　宅	71088	2.5	124355	135000	温州市嘉信置业有限公司
3	绿园街坊控规 A－02 地块	鹿城区	住　宅	36240	2.2	101040	133900	温州万昱置业有限公司
4	安阳 C 区 B－1 地块（2015XG011 号）	瑞安市	住　宅	45143	3.3	118641	125324	温州市华鸿房地产开发有限公司
5	安阳 C 区 A－2 地块（2015XG011 号）	瑞安市	住　宅	40947	3.3	107614	113676	温州市华鸿房地产开发有限公司
6	温州市城市中央绿轴 F－02b 地块（上田村三产安置地）	鹿城区	住　宅	19899	3.3	73780	103600	温州融地置业有限公司
7	瑞祥新区 E－28 地块（2015XG010 号）	瑞安市	住　宅	35767	2.6	55385	55385	上海中梁毅置业有限公司
8	滨海新区万松富民商住地块（莘塍片 A－4－3－3，A－4－4）	瑞安市	住　宅	33663	2.5	41970	50200	温州时代集团大地房地产开发有限公司
9	瓯海中心单元 D－06a－1 地块	瓯海区	住　宅	29452	2.8	48211	48311	温州德信广景置业有限公司
10	塘下中心区 B－1－4、B－1－5 地块（2015XG005 号）	瑞安市	住　宅	29346	2.3	27000	43800	温州市华鸿房地产开发有限公司
11	大峃镇兴福堂片区（cx－01 北、南）	文成县	住　宅	65372	2.1	34600	34700	上海维罗纳置业发展有限公司
12	龙港镇人民路 D 地块	苍南县	住　宅	18072	3.5	27100	33100	温州新雅曙光房地产开发有限公司
13	洪殿片区 B－30 地块	鹿城区	住　宅	5819	3.1	22000	33100	温州时代集团大地房地产开发有限公司
14	旧城 A－22b3 地块	鹿城区	住　宅	13311	2.4	32000	32300	温州新都置业有限公司
15	乐清市中心区 B－b1、B－b2 出让地块	乐清市	商　服	48720	1.1	29480	29580	乐清市中梁昊置业有限公司
16	中央绿轴区域 E－26c 地块	鹿城区	商　服	7095	4.5	23624	23724	浙江和丰置业有限公司
17	中央绿轴区域 E－26a 地块、E－23 地下空间地块	鹿城区	住　宅	6796	6.1	23224	23324	温州东海股份有限公司
18	龙港镇中心区 D 地块	苍南县	住　宅	28940	2.5	18200	21400	苍南县中梁港置业有限公司
19	柳市镇东仁宕村出让地块	乐清市	住　宅	16622	3.7	17590	19780	乐清市韦达置业有限公司
20	苍南县县城新区 39－1－1 地块	苍南县	住　宅	20205	2.0	16200	16400	上海中梁御置业有限公司

数据来源：中国房地产决策咨询系统（CRIC）。

表 4 - 85　　2015 年合肥市经营性用地成交总价前二十列表

单位：平方米，万元

序号	公告号/宗地编号	区域	土地属性	占地面积	容积率	出让底价	成交价格	受让方
1	合国土资公告〔2015〕37 号/W1502	蜀山区	住宅；商服	244701	4.0	183525	455142	北京金隅嘉业房地产开发有限公司
2	合国土资公告〔2015〕54 号/BH2015 - 05 - A	滨湖区	住　宅	120154	2.5	101830	338832	安徽瑞泰置业有限公司
3	合国土资公告〔2015〕31 号/BH2014 - 05	滨湖区	住　宅	209361	2.2	175862	336023	安徽信达房地产开发公司
4	合国土资公告〔2015〕49 号/KP2 - 1、2	高新区	住　宅	175201	2.3	101178	296964	祥源房地产集团有限公司
5	合国土资公告〔2015〕54 号/ZWQTA - 025	政务区	住宅；商服	56747	2.5	45114	242592	杭州盈资投资有限公司
6	合国土资公告〔2015〕50 号/N1508	庐阳区	住宅；商服；公建配套和其他	141701	3.0	97773	225303	旭辉集团合肥置业有限公司、北京北辰实业股份有限公司
7	合国土资公告〔2015〕54 号/BH2014 - 06	滨湖区	住宅；商服	93840	2.5	67565	201287	安徽省高速地产集团有限公司
8	合国土资公告〔2015〕10 号/KF5	高新区	住　宅	153141	2.3	87290	195254	四川蓝光和骏实业有限公司
9	合国土资公告〔2015〕20 号/BH2015 - 04	滨湖区	住宅；商服	292488	2.5	149168	149168	合肥星泓金融城发展有限公司
10	合国土资公告〔2015〕50 号/S1507	包河区	住　宅	46974	2.8	31707	132465	绿地集团合肥紫峰置业有限公司
11	合国土资公告〔2015〕54 号/BH2015 - 07	滨湖区	住宅；商服	85254	2.5	66498	122765	合肥万科置业有限公司
12	合国土资公告〔2015〕31 号/N1506	庐阳区	住　宅	111134	2.3	53344	112356	安徽皖投置业有限责任公司
13	合国土资公告〔2014〕57 号/S1417	包河区	住宅；商服	181801	4.0	109080	109080	合肥滨湖投资控股集团有限公司、上海铁路房地产开发经营有限公司
14	合国土资公告〔2015〕34 号/XZQTD188	新站区	住宅；商服；公建配套和其他	133621	3.0	63135	100415	安徽瑞泰置业有限公司
15	合国土资公告〔2015〕54 号/E1506	瑶海区	住宅；商服	48380	2.7	33382	94704	安徽保利房地产开发有限公司
16	合国土资公告〔2015〕37 号/W1503	蜀山区	住宅；商服	24867	4.0	41030	93437	合肥市求实置业有限公司
17	合国土资公告〔2015〕54 号/XZQTD180	新站区	住宅；商服	151781	2.5	75131	91068	绿地集团合肥紫峰置业有限公司
18	合国土资公告〔2015〕14 号/2015 - 002	经济区	住　宅	58740	2.5	33482	80180	合肥华邦集团有限公司
19	合国土资公告〔2015〕15 号/E1501	瑶海区	住　宅	67574	2.5	35476	77236	安徽保利房地产开发有限公司
20	合国土资公告〔2015〕47 号/XZQTD190	新站区	住　宅	228808	2.7	74052	74052	明德投资有限公司火箭智业投资（北京）有限公司

数据来源：中国房地产决策咨询系统（CRIC）。

表 4 - 86 **2015 年福州市经营性用地成交总价前二十列表**

单位：平方米，万元

序号	公告号/宗地编号	区域	土地属性	占地面积	容积率	出让底价	成交价格	受让方
1	榕土让〔2015〕13 号/宗地 2015 - 35 号	仓山区	住宅；商服；办公；公建配套和其他	213814	1.9	383700	515000	融侨集团股份有限公司、福建宏辉房地产开发有限公司
2	榕土让〔2015〕15 号/宗地 2015 - 37 号	晋安区	住宅；商服	72228	3.7	293000	441000	上海翊荃投资管理有限公司
3	榕土让〔2015〕11 号/宗地 2015 - 29 号	鼓楼区	住宅；商服；办公；公建配套和其他	52167	4.1	229900	334000	福州中鼎投资有限公司
4	榕土让〔2015〕14 号/宗地 2015 - 36 号	晋安区	住宅；商服	63648	3.4	137800	323000	鲁能集团有限公司
5	榕土让〔2015〕09 号/宗地 2015 - 25 号	晋安区	住宅；商服；公建配套和其他	41615	3.0	62600	236000	融侨（福建）房地产有限公司
6	榕土让〔2015〕15 号/宗地 2015 - 38 号	晋安区	住宅；商服；公建配套和其他	66872	2.5	108700	191000	正荣（福州）置业发展有限公司
7	榕土让〔2015〕11 号/宗地 2015 - 30 号	仓山区	商服；公建配套和其他	83099	1.3	158200	158200	福州市万榕房地产开发有限公司
8	榕土让〔2015〕07 号/宗地 2015 - 17 号	晋安区	住宅；商服	33711	3.4	68700	114700	福建宏辉房地产开发有限公司
9	榕土让〔2015〕08 号/宗地 2015 - 20 号	晋安区	住宅；公建配套和其他	28355	4.2	38200	86000	福州金辉房地产开发有限公司
10	榕土让〔2015〕12 号/宗地 2015 - 31 号	晋安区	商服；办公	55014	3.0	77100	77100	国网福建省电力有限公司
11	榕土让〔2015〕10 号/宗地 2015 - 28 号	晋安区	住宅；商服	16482	4.2	43000	64000	福州首开榕泰置业有限公司
12	榕土让〔2015〕10 号/宗地 2015 - 27 号	晋安区	住宅；商服；公建配套和其他	24622	1.5	25700	58100	福州首开榕泰置业有限公司
13	榕土让〔2015〕02 号/宗地 2015 - 05 号	仓山区	住宅；商服	51058	1.5	51400	51400	融侨（福建）房地产有限公司
14	榕土让〔2015〕06 号/宗地 2015 - 06 号	台江区	商　服	41761	2.5	50500	50500	福州市万榕房地产开发有限公司
15	榕土让〔2015〕12 号/宗地 2015 - 32 号	仓山区	商服；办公	47365	2.8	48500	48500	福建省高速公路融通投资有限公司
16	榕土让〔2015〕07 号/宗地 2015 - 18 号	晋安区	住宅；商服	17049	3.2	41500	47300	三明市碧桂园房地产开发有限公司
17	榕土让〔2015〕05 号/宗地 2015 - 07 号	晋安区	住宅；商服；公建配套和其他	24301	2.2	31900	31900	福州市城乡建设发展有限公司
18	榕土让〔2015〕12 号/宗地 2015 - 33 号	鼓楼区	住宅；商服；办公	8634	3.8	30000	30000	福建巨成实业发展有限公司
19	榕土让〔2015〕08 号/宗地 2015 - 22 号	晋安区	住宅；商服；公建配套和其他	10552	2.0	16500	28000	北京城市开发集团
20	榕土让〔2015〕01 号/宗地 2015 - 04 号	仓山区	商服；办公	31044	3.2	23100	23100	福州华威建设发展有限公司

数据来源：中国房地产决策咨询系统（CRIC）。

表 4 -87　　2015 年厦门市经营性用地成交总价前二十列表

单位：平方米，万元

序号	公告号/宗地编号	区域	土地属性	占地面积	容积率	出让底价	成交价格	受让方
1	2015 第 080 号/H2015P05	海沧区	住宅；商服	122960	2.3	269800	450000	厦门恒琸投资管理有限公司
2	2015 第 072 号/2015G15	湖里区	商服；办公；公建配套和其他	163277	4.9	437000	437000	深圳招商远航投资有限公司、厦门国际邮轮母港集团有限公司
3	2015 第 078 号/2014JP04	集美区	住宅；商服；办公	113875	3.3	222600	392200	上海乾慑投资管理有限公司
4	2015 第 034 号/2015JP01	集美区	住宅；商服	70825	2.9	176900	309400	恒大地产集团福州有限公司
5	2014 第 146 号/J2014P03	集美区	住宅；商服；办公	70109	4.4	200000	274000	禹洲地产（泉州）有限公司
6	2015 第 062 号/2014XP04	翔安区	住宅；商服；公建配套和其他	132707	2.1	138500	138500	厦门欣翼置业有限公司
7	2014 第 149 号/2014G09	湖里区	商服；办公	37287	8.7	125200	125200	厦门市英蓝海星投资有限公司、厦门市英蓝海跃投资管理有限公司、厦门市英蓝兴年资产管理有限公司
8	2015 第 099 号/2015TG02	同安区	住宅；商服	333014	3.2	118900	118900	厦门市城市建设发展投资有限公司
9	2015 第 021 号/2015XZ01	翔安区	商服；办公	192607	2.7	106900	106900	厦门首泰投资管理有限公司
10	2015 第 008 号/2015P01	湖里区	住宅；商服	23328	2.2	52500	52500	厦门科海联合房地产有限公司
11	2014 第 142 号/T2014P01	同安区	住宅；商服	29196	2.5	40900	52000	中海地产集团有限公司
12	2015 第 031 号/H2015G02	海沧区	商服；办公	35117	3.6	45400	45400	厦门云街置业有限公司
13	2015 第 074 号/H2015P03	海沧区	商服；办公	14977	5.8	44200	44200	厦门海沧投资集团有限公司
14	2015 第 052 号/2015G13	思明区	商服；办公	7129	12.3	42600	42600	厦门金圆投资集团有限公司
15	2015 第 075 号/H2015P04	海沧区	住宅；商服	9403	2.8	24600	37500	厦门海投房地产有限公司
16	2015 第 085 号/2015G12	湖里区	办　公	17497	3.6	37200	37200	厦门象屿集团有限公司
17	2015 第 088 号/2015G14	思明区	商服；办公	26965	3.0	36000	36000	厦门航空有限公司
18	2014 第 138 号/2014G08	思明区	商服；办公	8205	8.4	35100	35100	瑞达期货股份有限公司
19	2015 第 033 号/X2015P01	翔安区	住宅；商服	8793	2.9	20300	32000	厦门古龙房地产有限公司
20	2015 第 009 号/2015XP01	翔安区	住宅；商服	27396	2.6	28400	28400	厦门科海联合房地产有限公司

数据来源：中国房地产决策咨询系统（CRIC）。

表 4 -88　　2015 年南昌市经营性用地成交总价前二十列表

单位：平方米，万元

序号	公告号/宗地编号	区域	土地属性	占地面积	容积率	出让底价	成交价格	受让方
1	赣国土资网交地〔2015〕AA051 号/DABJ2015034	西湖区	住宅；商服	110189	4.5	152060	152060	尚毅控股有限公司
2	赣国土资网交地〔2015〕AA043 号/DAEJ2015028	红谷滩区	商服；公建配套和其他	543600	0.4	99479	99479	南昌市政公用投资控股有限责任公司
3	赣国土资网交地〔2015〕AA054 号/DAGJ2015035	经济技术开发区	住宅；商服；公建配套和其他	126074	2.2	57868	89449	南昌绿地申飞置业有限公司
4	赣国土资网交地〔2015〕AA057 号/DADJ2015040	青云谱区	住宅；商服	57083	2.7	42041	84939	江西航都投资发展有限公司
5	赣国土资网交地〔2015〕AA056 号/DADJ2015044	青云谱区	住宅；商服	49098	2.7	37044	83956	江西航都投资发展有限公司
6	赣国土资网交地〔2015〕AA056 号/DADJ2015043	青云谱区	住宅；商服	48670	2.7	37670	82860	江西航都投资发展有限公司
7	赣国土资网交地〔2015〕AA013 号/DAGJ2015003	经济技术开发区	住　宅	129140	2.5	46490	75547	江西万科益达置业投资有限公司
8	赣国土资网交地〔2015〕AA044 号/DABJ2015027	西湖区	商　服	64036	2.8	61699	63011	福建中骏置业有限公司
9	赣国土资网交地〔2015〕AA050 号/DABJ2015032	西湖区	住宅；商服	40768	2.0	30759	62803	四川蓝光和骏实业有限公司
10	赣国土资网交地〔2015〕AA057 号/DADJ2015039	青云谱区	住宅；商服	41467	2.7	30602	56229	江西航都投资发展有限公司
11	赣国土资网交地〔2015〕AA002 号/DAAJ2014086	东湖区	住宅；商服	24947	6.8	52277	52277	江西中金黄金珠宝置业有限公司
12	赣国土资网交地〔2015〕AA056 号/DADJ2015041	青云谱区	住宅；商服	27169	2.7	21355	46295	江西航都投资发展有限公司
13	赣国土资网交地〔2015〕AA055 号/DAAJ2015036	东湖区	住宅；商服	47152	3.2	45548	45548	南昌国资产业经营集团房地产开发有限公司
14	赣国土资网交地〔2015〕AA057 号/DADJ2015038	青云谱区	住宅；商服	25847	25.0	19153	42415	江西航都投资发展有限公司
15	赣国土资网交地〔2014〕AA069 号/DAEJ2014084	红谷滩区	住　宅	58099	2.2	40262	40437	华润置地（福州）有限公司
16	赣国土资网交地〔2014〕AA064 号/DAIJ2014071	湾里区	住　宅	155481	1.8	37315	37315	江西瑞林房地产有限公司
17	赣国土资网交地〔2015〕AA034 号/DACJ2015021	青山湖区	住　宅	20569	2.7	17957	36192	中海地产集团有限公司
18	赣国土资网交地〔2015〕AA044 号/DABJ2015029	西湖区	商　服	55922	2.0	32714	32714	大连万达商业地产股份有限公司
19	赣国土资网交地〔2015〕AA008 号/DACJ2015001	青山湖区	住　宅	31711	2.0	19122	31584	南昌国贸地产有限公司
20	赣国土资网交地〔2015〕AA011 号/号 DAEJ2015002	红谷滩区	商　服	9237	6.5	24343	24343	江西中航地产有限责任公司

数据来源：中国房地产决策咨询系统（CRIC）。

表 4 -89　　2015 年济南市经营性用地成交总价前二十列表

单位：平方米，万元

序号	公告号/宗地编号	区域	土地属性	占地面积	容积率	出让底价	成交价格	受让方
1	2015 - G069	历城区	住　宅	182132	3.4	73765	151765	山东高速置业发展有限公司
2	2014 - G111	天桥区	住　宅	98305	5.0	—	126106	山东海智房地产开发有限公司
3	2014 - G117	历城区	住　宅	156871	4.3	—	107064	中海地产集团有限公司
4	2014 - G094	市中区	住　宅	197763	1.2	—	106792	华润置地（山东）发展有限公司
5	2014 - G118	历城区	住　宅	143362	4.3	—	97845	中海地产集团有限公司
6	2015 - G068	历城区	住　宅	84280	3.9	35400	92300	山东高速置业发展有限公司
7	2015 - G014	历下区	住　宅	57175	4.9	—	90544	山东中建弘孚房地产开发有限公司
8	2015 - G017	市中区	住　宅	68830	4.1	—	88491	济南绿地泉景地产股份有限公司
9	2015 - G023	历城区	商　服	59134	5.5	—	85540	山东宏海置业有限公司
10	2015 - G047	历下区	住　宅	63554	4.1	—	76855	济南银盛泰房地产有限公司
11	2014 - G115	历城区	商　服	130825	2.8	—	75551	顺海国际有限公司
12	2014 - G109	天桥区	住　宅	61074	4.5	—	68582	山东海智房地产开发有限公司
13	2014 - G100	天桥区	住　宅	95294	4.4	—	65753	济南源浩置业有限公司
14	2015 - G071	市中区	住　宅	122832	2.6	65040	65040	济南市中控股有限公司
15	2015 - G021	历下区	住　宅	84628	3.4	—	63471	山东中投建邦置业有限公司
16	2014 - G090	历下区	住　宅	103870	4.4	—	62320	济南万科房地产开发有限公司
17	2015 - G034	槐荫区	住　宅	87158	3.2	—	56741	山东建邦集团有限公司
18	2014 - G106	槐荫区	商　服	67899	5.3	—	53470	山东西进股权投资基金管理有限公司
19	2014 - G130	历下区	住　宅	129022	1.9	—	53254	济南东创置业有限公司
20	2015 - G033	历城区	住宅；商服	154747	2.3	—	51347	济南智慧城置业发展有限公司

数据来源：中国房地产决策咨询系统（CRIC）。

表 4 -90　　2015 年青岛市经营性用地成交总价前二十列表

单位：平方米，万元

序号	公告号/宗地编号	区域	土地属性	占地面积	容积率	出让底价	成交价格	受让方
1	青土资房告字〔2014〕19 号/333 -336 -370205 -007 -006 -1054	四方区	住宅；商服；公建配套和其他	110634	3.3	153449	227294	青岛海尔地产集团有限公司
2	青土资房告字〔2015〕10 号/343 -327 -370203 -031 -502 -GB00005	四方区	住宅；商服	133614	3.2	175087	227277	青岛万科企业有限公司
3	青土资房告字〔2015〕10 号/342 -328 -370203 -031 -502 -GB00007	四方区	住宅；商服	51189	3.8	90452	114572	青岛万科企业有限公司
4	青土资房告字〔2014〕17 号/326 -351 -1200100141038000	崂山区	住宅；商服	80579	2.3	102674	102674	青岛崂山区东盛置业有限公司
5	青土资房告字〔2014〕20 号/332 -323 -370205 -003 -002 -1011	四方区	住宅；商服；公建配套和其他	69909	3.1	81557	96075	山东百俊房地产开发有限公司
6	青土资房告字〔2014〕18 号/336 -335 -370205 -007 -001 -1008	四方区	住宅；商服；公建配套和其他	89529	2.7	86398	86398	香港天然居控股有限公司、西藏招融投资有限公司
7	青土资房告字〔2015〕02 号/327 -317 -370205 -004 -005 -1019	四方区	住宅；商服；公建配套和其他	70756	2.8	73526	74050	中盛（香港）有限公司
8	青土资房告字〔2015〕102 号/1 -C0129（A）	崂山区	住宅；公建配套和其他	43545	2.0	28636	65736	青岛立鹏置业有限公司
9	青黄土告字〔2015〕3007 号/HD2015 -3007	胶南市	商　服	571428	1.4	62960	62960	青岛中纺亿联开发有限公司
10	青土资房告字〔2015〕05 号/331 -332 -370205 -007 -007 -1010	四方区	住宅；商服；公建配套和其他	39807	3.0	37770	58508	青岛海旭房地产开发有限公司
11	青土资房告字〔2015〕10 号/342 -326 -370203 -031 -502 -GB00004	四方区	住宅；商服	32856	3.1	45019	57648	青岛万科企业有限公司
12	青土资房告字〔2015〕08 号/320 -334 -370203 -015 -009 -1068	市北区	商　服	27341	2.6	38316	41941	青岛海信瀚海置业有限公司
13	青黄土告字〔2015〕3179 号/HD2015 -3179	胶南市	住　宅	92918	2.8	37751	37751	青岛孚星置业有限公司
14	青黄土告字〔2015〕3149 号/HD2015 -3150	黄岛区	商　服	48994	2.4	36545	36545	城发投资集团有限公司
15	青土资房告字〔2015〕09 号/346 -333 -370203 -031 -503 -GB -00001	四方区	住宅；商服	25834	4.3	34658	34658	青岛协信远海置业有限公司

续表

序号	公告号/宗地编号	区域	土地属性	占地面积	容积率	出让底价	成交价格	受让方
16	青土资房告字〔2015〕101 号/1 - C0129（B）	崂山区	住宅；商服；公建配套和其他	31029	2.0	8879	32061	青岛海尔地产集团有限公司
17	青黄土告字〔2014〕3253 号/HD2014 - 3256	黄岛区	住宅；商服	100705	2.5	31823	31823	青岛西海岸天业建设发展有限公司
18	青土资房告字〔2014〕22 号/334 - 320 - 370205 - 004 - 003 - 1023	四方区	住宅；商服；公建配套和其他	33960	3.0	31585	31585	青岛齐都置业有限公司
19	青土资房告字〔2014〕22 号/330 - 337 - 370205 - 007 - 009 - 1022	市北区	住宅；商服；公建配套和其他	17863	4.0	30031	30031	青岛国誉鸿安投资有限公司
20	青黄土告字〔2015〕3119 号/HD2015 - 3121	胶南市	住宅；商服	130862	1.9	29886	29886	青岛中铁西海岸投资发展有限公司

数据来源：中国房地产决策咨询系统（CRIC）。

表 4 - 91　　2015 年郑州市经营性用地成交总价前二十列表

单位：平方米，万元

序号	公告号/宗地编号	区域	土地属性	占地面积	容积率	出让底价	成交价格	受让方
1	郑政东出〔2015〕7 号	郑东新区	住　宅	64531	1.7	119400	165400	河南正弘置业有限公司
2	郑政东出〔2015〕11 号	郑东新区	住　宅	51880	2.0	96420	126420	郑州茉莉公馆置业有限公司
3	郑政东出〔2015〕10 号	郑东新区	住　宅	47601	1.7	89200	125200	郑州永隆置业有限公司
4	郑政出〔2014〕154 号	高新技术开发区	住　宅	88000	3.5	52933	96133	恒大地产集团郑州有限公司
5	郑政出〔2015〕9 号	金水区	住　宅	59158	3.5	48743	95143	郑州新和润置业有限公司
6	郑政出〔2014〕166 号	中原区	住　宅	117460	3.0	75762	75762	河南天地新居置业有限公司
7	郑政出〔2015〕92 号	管城回族自治区	住　宅	43109	3.5	32293	68293	河南协广置业有限公司
8	郑政出〔2015〕82 号	二七区	商　服	307416	0.3	61468	61468	河南老街坊置业有限公司
9	郑政经开出〔2014〕026 号	经济技术开发区	住　宅	53545	3.5	25039	60639	郑州福鸿元商贸有限公司
10	郑政经开出〔2015〕041 号	经济技术开发区	住　宅	50844	2.5	27500	59700	海马投资集团有限公司
11	郑政经开出（2015）036 号	经济技术开发区	住　宅	51624	2.5	27900	55300	河南绿地陆港置业有限公司
12	郑政出〔2015〕53 号	金水区	商　服	50506	3.5	51208	51208	河南新瀚海东风置业有限公司

续表

序号	公告号/宗地编号	区域	土地属性	占地面积	容积率	出让底价	成交价格	受让方
13	郑政出〔2015〕10 号	惠济区	住　宅	60427	1.6	22246	50046	河南中创置业有限公司
14	郑政出〔2015〕68 号	金水区	住　宅	83928	1.3	41418	47818	河南鸿宝置业有限公司
15	郑政出〔2014〕159 号	金水区	住　宅	32952	3.5	23506	44906	北京中金联盛投资有限公司
16	郑政出〔2015〕40 号	中原区	住　宅	38250	5.0	42327	42327	河南德宇实业有限公司
17	郑政出〔2015〕54 号	惠济区	住　宅	72740	2.4	41950	41950	郑州天伦万科房地产开发有限公司
18	郑政出〔2014〕162 号	金水区	住　宅	25193	3.5	18613	41413	北京中金联盛投资有限公司
19	郑政出〔2015〕49 号	金水区	住宅；商服	59305	2.8	39433	39433	河南美商置业有限公司
20	郑政出〔2015〕21 号	惠济区	商　服	56199	5.0	39301	39301	郑州碧源万达广场投资有限公司

数据来源：中国房地产决策咨询系统（CRIC）。

表 4－92　　2015 年武汉市经营性用地成交总价前二十列表

单位：平方米，万元

序号	公告号/宗地编号	区域	土地属性	占地面积	容积率	出让底价	成交价格	受让方
1	武告字〔2015〕12 号/P〔2015〕075 号	东湖高新区	住宅；商服	151560	4.5	381432	560500	武汉洺悦房地产有限公司
2	武告字〔2015〕12 号/P〔2015〕076 号	东湖高新区	住宅；商服	114948	5.0	320448	472000	华润置地（武汉）发展有限公司
3	武告字〔2015〕9 号/P〔2015〕050 号	江岸区	住　宅	63650	4.7	195000	400500	珠海华浩置业发展有限公司
4	武告字〔2015〕17 号/P〔2015〕148 号	青山区	住宅；商服	168787	4.7	323000	371500	武汉和纵盛地产有限公司
5	武告字〔2015〕14 号/P〔2015〕103 号	武昌区	住宅；商服；公建配套和其他	80807	6.3	346960	346960	武汉联投置业有限公司
6	武告字〔2015〕18 号/P〔2015〕162 号	经济技术开发区	住　宅	160682	2.4	151042	264000	深圳平嘉投资管理有限公司
7	武告字〔2015〕9 号/P〔2015〕049 号	江岸区	住宅；商服	77180	1.9	156500	158000	珠海华浩置业发展有限公司
8	武告字〔2015〕12 号/P〔2015〕070 号	硚口区	住宅；商服	44208	4.4	119000	157500	武汉南国融汇商业有限公司
9	武告字〔2015〕13 号/P〔2015〕091 号	洪山区	住宅；公建配套和其他	165590	4.3	139470	139470	保利（武汉）房地产开发有限公司
10	武告字〔2015〕9 号/P〔2015〕053 号	江岸区	住宅；商服；公建配套和其他	88728	3.5	94800	135300	首都机场地产集团有限公司

续表

序号	公告号/宗地编号	区域	土地属性	占地面积	容积率	出让底价	成交价格	受让方
11	武告字〔2015〕13号/P〔2015〕089号	洪山区	住宅；公建配套和其他	126409	4.0	131250	131250	保利（武汉）房地产开发有限公司
12	武告字〔2015〕13号/P〔2015〕090号	洪山区	住宅；公建配套和其他	145420	4.1	125320	125320	上海西科投资管理有限公司
13	武告字〔2015〕2号/P〔2015〕012号	硚口区	住宅；商服	74630	3.9	124800	124800	武汉海智房地产开发有限公司
14	武告字〔2015〕4号/P〔2015〕024号	江汉区	住宅；商服；公建配套和其他	88127	4.2	123170	123170	武汉恒江置业有限公司
15	武告字〔2015〕14号/P〔2015〕111号	东湖高新区	商　服	61876	3.1	64051	117051	武汉南国商业发展有限公司
16	武告字〔2015〕4号/P〔2015〕026号	汉阳区	住宅；商服	130696	3.7	113160	113160	武汉城市建设开发有限公司
17	武告字〔2015〕1号/P〔2015〕002号	青山区	住　宅	75300	3.3	84600	105800	恒大地产集团武汉有限公司
18	武告字〔2015〕1号/P〔2015〕008号	东西湖区	住宅；商服	81118	3.1	39845	94845	武汉兴达联置业有限公司
19	武告字〔2015〕9号/P〔2015〕055号	东湖高新区	住　宅	84668	4.0	91336	91336	华润置地（武汉）有限公司
20	武告字〔2015〕3号/P〔2015〕016号	洪山区	住　宅	57498	3.6	87240	87240	湖北保利普提金置业有限公司

数据来源：中国房地产决策咨询系统（CRIC）。

表4-93　　2015年长沙市经营性用地成交总价前二十列表

单位：平方米，万元

序号	公告号/宗地编号	区域	土地属性	占地面积	容积率	出让底价	成交价格	受让方
1	〔2015〕长土网018号	雨花区	商　服	51598	5.5	62434	62434	湖南永清投资集团有限责任公司、永清环保股份有限公司
2	〔2015〕长土网020号	天心区	商　服	20000	6.0	61452	61452	华融湘江银行股份有限公司
3	〔2015〕长土网028号	雨花区	住宅；商服	41430	5.1	31349	36619	上海复旸投资有限公司
4	网挂〔2014〕58号	望城区	商　服	109852	2.5	32965	32965	湖南永通集团有限公司
5	网挂〔2014〕66号	望城区	住　宅	93274	3.2	27990	27990	望城经济开发区铜官窑循环经济工业基地投资开发建设有限公司
6	〔2014〕长土网102号	岳麓区	住宅；商服	39406	3.0	27782	27782	梅溪湖投资（长沙）有限公司
7	〔2015〕长土网023号	岳麓区	住宅；商服	43246	3.7	23859	23859	中铁城建集团房地产开发有限公司
8	〔2015〕长土网030号	雨花区	住　宅	25642	3.9	22287	23827	厦门益悦置业有限公司

续表

序号	公告号/宗地编号	区域	土地属性	占地面积	容积率	出让底价	成交价格	受让方
9	〔2015〕长土网015号	岳麓区	住宅；商服	75397	1.0	22619	22619	长沙致地置业发展公司
10	〔2015〕长土网043号	天心区	住宅；商服	23637	4.3	22361	22361	中煤建工集团有限公司
11	〔2014〕长土网101号	岳麓区	商服	8697	7.0	19000	19000	湖南图鸿置业发展有限公司
12	网挂〔2015〕14号	望城区	住宅；商服	82479	3.5	18932	18932	杭州澳海控股有限公司、杭州二建建设有限公司、杭州大泽投资有限公司
13	网挂〔2015〕18号	望城区	商服	107159	2.0	18085	18085	长沙港湾置业有限公司
14	〔2015〕长土网035号	雨花区	住宅	26819	3.8	17550	17550	湖南平日上房地产开发有限公司
15	网挂〔2015〕03号	望城区	住宅；商服	68292	3.5	16703	16703	湖南三润地产有限公司
16	网挂〔2015〕19号	望城区	商服	134247	0.7	15106	15106	长沙新华联铜官窑国际文化旅游开发有限公司
17	〔2015〕长土网024号	开福区	商服	4644	9.0	14780	14780	长沙银行股份有限公司
18	网挂〔2015〕20号	望城区	商服	131335	0.6	14779	14779	长沙新华联铜官窑国际文化旅游开发有限公司
19	〔2015〕长土网037号	芙蓉区	住宅；商服	14567	5.0	14611	14611	湖南省三湘南湖大市场实业总公司
20	网挂〔2014〕40号	望城区	商服	54881	5.0	14414	14414	望城经开区建设开发公司

数据来源：中国房地产决策咨询系统（CRIC）。

表 4-94　　2015 年广州市经营性用地成交总价前二十列表

单位：平方米，万元

序号	公告号/宗地编号	区域	土地属性	占地面积	容积率	出让底价	成交价格	受让方
1	穗国房挂出告字〔2015〕17号	海珠区	住宅；商服	257692	2.2	889772	889772	广州市盈胜投资有限公司、广州越秀仁达六号事业投资
2	穗国房挂出告字〔2015〕53号	天河区	商服	42590	9.2	709962	709962	广州市城瑞房地产开发有限公司、广州市城祥房地产开发有限公司、广州市城裕房地产开发有限公司、广州市城隆房地产开发有限公司、广州银行股份有限公司、广州越秀金融城发展有限公司
3	穗国房挂出告字〔2015〕9号	天河区	住宅；商服；公建配套和其他	92255	3.5	381786	442000	上海立瓴投资管理有限公司、广州信达置业投资有限公司

续表

序号	公告号/宗地编号	区域	土地属性	占地面积	容积率	出让底价	成交价格	受让方
4	穗国房拍出告字〔2015〕1号	黄埔区	住宅；商服；公建配套和其他	272944	2.6	221374	379001	广州市万卓置业有限公司
5	穗国房挂出告字〔2015〕50号	荔湾区	住宅；商服	38778	4.6	268876	343000	广州市埔域房地产开发有限公司
6	穗国房挂出告字〔2014〕55号	天河区	住宅；商服；公建配套和其他	61938	3.8	279168	279168	新泽创富有限公司、北京远东新地置业有限公司
7	穗开国土出告字〔2015〕4号	黄埔区	住宅；公建配套和其他	199810	2.0	223434	277000	广州市万科穗东房地产有限公司
8	穗国房招出告字〔2015〕1号	花都区	住宅；商服；公建配套和其他	403041	2.4	268822	268900	大连万达商业地产股份有限公司
9	穗国房挂出告字〔2015〕49号	荔湾区	住 宅	35272	3.9	206341	267000	广东葛洲坝房地产开发有限公司
10	穗国房挂出告字〔2015〕16号	海珠区	住宅；商服	47111	7.4	263393	263393	晖邦置业有限公司
11	穗国房挂出告字〔2015〕45号	番禺区	住 宅	45537	3.4	170309	246949	广州市时代胜誉投资有限公司
12	穗国房挂出告字〔2015〕34号	海珠区	住 宅	56209	5.5	156987	227632	金融街广州置业有限公司
13	穗国房挂出告字〔2015〕48号	荔湾区	住 宅	31921	4.5	201103	201103	广东保利房地产开发有限公司
14	穗国房挂出告字〔2015〕38号	花都区	住 宅	98284	3.0	133863	194101	深圳市路劲隽御投资发展有限公司
15	穗国房挂出告字〔2015〕20号	海珠区	商 服	10075	10.3	187179	187179	复星南方投资管理有限公司
16	穗国房挂出告字〔2015〕26号	海珠区	商 服	9958	10.4	185948	185948	广州华多网络科技有限公司
17	穗国房挂出告字〔2015〕13号	天河区	商 服	8826	13.3	164295	164295	广东省产权交易集团有限公司、广东恒建投资控股有限公司
18	穗国房挂出告字〔2015〕33号	海珠区	住 宅	16102	5.5	101426	147068	广州番禺雅居乐房地产开发有限公司
19	穗国房挂出告字〔2015〕18号	海珠区	商 服	6569	12.3	145572	145572	腾讯数码（深圳）有限公司
20	穗国房挂出告字〔2015〕19号	海珠区	商 服	6617	12.2	145426	145426	传富（广州）信息科技有限公司

数据来源：中国房地产决策咨询系统（CRIC）。

表 4 - 95　　2015 年深圳市经营性用地成交总价前十八列表

单位：平方米，万元

序号	公告号/宗地编号	区域	土地属性	占地面积	容积率	出让底价	成交价格	受让方
1	深土交告〔2015〕14 号/A811 - 0319	龙华新区	商　服	87045	6.6	1125000	1125000	深圳市龙光骏景房地产开发有限公司
2	深土交告〔2014〕27 号/T102 - 0255	南山区	商　服	32485	8.8	315000	386000	嘉里置业（中国）有限公司
3	深土交告〔2015〕26 号/G11337 - 0101	坪山新区	住　宅	36912	4.5		303000	深圳信达置业有限公司、深圳坤润投资有限公司
4	深土交告〔2015〕29 号/A122 - 0352	宝安区	住　宅	27460	2.1		296000	福建中维房地产开发有限公司
5	深土交告〔2015〕28 号/A122 - 0345	宝安区	住　宅	21433	1.6		274000	福建中维房地产开发有限公司
6	深土交告〔2015〕5 号/T107 - 0080	南山区	商　服	3610	17.0	129600	129600	阳光保险集团股份有限公司
7	深土交告〔2015〕23 号/A002 - 0043	宝安区	办　公	4603	12.0	119400	119400	深圳市怡亚通供应链股份有限公司
8	深土交告〔2015〕29 号/J217 - 0007	盐田区	商　服	5914	4.5	59000	100200	深圳市盛迪嘉置业有限公司
9	深土交告〔2015〕16 号/T102 - 0257	南山区	办　公	8013	8.7	98101	98101	深圳市前海恒昌科技开发有限公司
10	深土交告〔2014〕29 号/H010 - 0030	罗湖区	住　宅	47166	5.2	88800	88800	中海地产集团有限公司
11	深土交告〔2015〕15 号/A002 - 0047	宝安区	商服；办公	6026	6.0	80900	80900	深圳市易尚数字技术发展有限公司
12	深土交告〔2015〕26 号/G11336 - 0063	坪山新区	商　服	10101	5.3		69000	深圳市龙光房地产有限公司
13	深土交告〔2015〕2 号/B302 - 0115	福田区	商　服	6941	0.1	20700	45800	深圳深中润投资控股有限公司、深圳前海君临融资租赁有限公司
14	深土交告〔2015〕23 号/A002 - 0054	宝安区	办　公	4067	6.0	43700	43700	深圳市中意富华有限公司
15	深土交告〔2015〕26 号/G11336 - 0064	坪山新区	商　服	5702	6.3		26200	深圳市龙光房地产有限公司
16	深土交告〔2015〕21 号/A603 - 0388	光明新区	商　服	4623	3.0	12000	16500	深圳市盛迪嘉置地有限公司
17	深土交告〔2015〕26 号/G11336 - 0065	坪山新区	商　服	4370	3.5		13000	深圳市龙光房地产有限公司
18	深土交告〔2014〕28 号/A603 - 0387	光明新区	商　服	4109	2.9		9900	明发集团（深圳）房地产开发有限公司

数据来源：中国房地产决策咨询系统（CRIC）。

表 4 -96　　2015 年南宁市经营性用地成交总价前二十列表

单位：平方米，万元

序号	公告号/宗地编号	区域	土地属性	占地面积	容积率	出让底价	成交价格	受让方
1	GC2015 -066 号	江南区	住宅；商服	137934	4.6	138623	138623	大连万达商业地产股份有限公司
2	GC2015 -159 号	兴宁区	住宅；商服	136213	2.5	74573	109720	恒大地产集团南宁有限公司
3	GC2015 -103 号	邕宁区	住宅；商服	157832	4.0	78363	78364	厦门大唐房地产集团有限公司
4	GC2015 -044 号	江南区	住宅；商服	87862	4.0	58911	75122	恒大地产集团有限公司
5	GC2015 -094 号	良庆区	住宅；商服；工业和物流仓储	715236	1.5	70808	70808	广西盛隆冶金有限公司
6	GC2014 -147 号	良庆区	住宅；商服；办公	194219	3.1	70501	70502	南宁天誉巨荣置业有限公司
7	GC2015 -158 号	江南区	住宅；商服	76912	4.0	52490	68875	恒大地产集团南宁有限公司
8	GC2015 -096 号	良庆区	住宅；商服	79415	3.0	39786	61824	南宁市龙光房地产开发有限公司
9	GC2015 -098 号	良庆区	住宅；商服	71600	3.0	35979	49619	南宁市万科房地产有限公司
10	GC2015 -097 号	良庆区	住宅；商服	62827	3.0	31476	47120	南宁市龙光房地产开发有限公司
11	GC2015 -134 号	良庆区	商　服	262812	0.7	45729	45729	南宁威宁资产经营有限责任公司
12	GC2015 -095 号	良庆区	住宅；商服	66825	3.0	33379	45608	南宁市碧桂园房地产开发有限公司
13	GC2014 -138 号	西乡塘区	住宅；商服	39394	5.2	45087	45087	广西瀚鼎房地产开发有限公司
14	GC2015 -154 号	良庆区	住宅；商服	85542	4.0	41829	41830	广西大都恒城房地产开发有限公司
15	GC2015 -032 号	邕宁区	住宅；商服	94862	2.5	40126	40127	中铁交通投资集团有限公司
16	GC2015 -189 号	良庆区	住宅；商服	76430	4.0	38521	38521	农工商房地产（集团）广西明通置业有限公司
17	GC2015 -127 号	良庆区	住宅；商服	78525	4.0	38516	38517	广西大都恒城房地产开发有限公司
18	GC2015 -155 号	良庆区	住　宅	77008	4.0	37656	37657	广西大都恒城房地产开发有限公司
19	GC2015 -001 号	西乡塘区	商服；办公；工业和物流仓储	113502	1.8	37115	37115	广西粤商房地产开发有限公司
20	GC2015 -169 号	邕宁区	住宅；商服	70275	4.0	35311	35313	南宁君华置业有限公司

数据来源：中国房地产决策咨询系统（CRIC）。

表 4－97　　　　2015 年北海市经营性用地成交总价前五列表

单位：平方米，万元

序号	公告号/宗地编号	区域	土地属性	占地面积	容积率	出让底价	成交价格	受让方
1	北告字〔2015〕G10 号	海城区	住　宅	39473	3.0	4300	4300	北海竹林盐场
2	合国土资拍告字〔2015〕5 号	合浦县	住　宅	33457	2.0	2510	2510	合浦裕宏房地产有限公司
3	合国土资拍告字〔2015〕6 号	合浦县	住　宅	2797	2.0	335	335	合浦泰源大酒店有限公司
4	合国土资拍告字〔2015〕6 号	合浦县	住　宅	1629	2.5	170	210	罗光建
5	合国土资挂告字〔2015〕7 号	合浦县	住　宅	5	5.0	1.51	1.51	庞华美

数据来源：中国房地产决策咨询系统（CRIC）。

表 4－98　　　　2015 年海口市经营性用地成交总价前二十列表

单位：平方米，万元

序号	公告号/宗地编号	区域	土地属性	占地面积	容积率	出让底价	成交价格	受让方
1	6〔2015〕6 号	秀英区	商　服	109157	1.0	65145	65195	海南英大房地产开发有限公司
2	22〔2015〕22 号	龙华区	住　宅	92900	2.5	28441	62800	广州瑾熙房地产投资咨询有限公司
3	〔2015〕第 09 号	秀英区	住宅；商服	144888	2.8	53985	53985	大连万达商业地产股份有限公司
4	14〔2015〕14 号/B－01 号	秀英区	商　服	76820	1.2	40852	40860	海南海岛（良湾）投资有限公司
5	〔2015〕第 08 号/S2 号	美兰区	商　服	82605	1.0	21279	21333	海南嘉华汽车交易市场有限公司
6	5〔2015〕5 号/B3021 号	秀英区	住　宅	43166	2.0	21255	21305	海南英大房地产开发有限公司
7	20〔2015〕20 号	美兰区	住　宅	65479	2.5	20272	20292	海口绿地鸿翔置业有限公司
8	4〔2015〕4 号	秀英区	住　宅	28528	3.5	19230	19247	海南荣丰华景实业有限公司、海南荣丰华文投资有限公司
9	29〔2015〕29 号/E0602－Z－29 号	秀英区	住　宅	63245	2.7	16399	16406	长影金源（海南）实业有限公司、长影（海南）置业有限公司、长影（海南）文化旅游有限公司、长影滨海（海南）房地产开发有限公司、长影通达（海南）房地产开发有限公司、长影金岛（海南）房地产开发有限公司等

续表

序号	公告号/宗地编号	区域	土地属性	占地面积	容积率	出让底价	成交价格	受让方
10	4〔2015〕4号	琼山区	住　宅	136343	1.5	14739	14759	海南荣丰华瑞实业有限公司
11	〔2015〕第08号/S3号	美兰区	商　服	56131	1.0	14448	14485	海南嘉华汽车交易市场有限公司
12	21〔2015〕21号	美兰区	商　服	47259	2.5	14461	14481	海口绿地鸿翔置业有限公司
13	〔2015〕第13号/E0602－Z－10号	秀英区	住　宅	51174	2.8	13479	13499	长影南海（海南）房地产开发有限公司
14	〔2015〕第13号/E0602－Z－08号	秀英区	住　宅	50478	2.8	13301	13321	长影长流（海南）房地产开发有限公司
15	14〔2015〕第14号/B－04号	秀英区	商　服	22194	1.5	11814	11816	海南海岛（禧湾）投资有限公司
16	19〔2015〕19号	美兰区	住　宅	11702	4.7	10949	10960	海南新原兴房地产发展有限公司
17	〔2015〕第13号/E0602－S－06号	秀英区	商　服	64020	1.8	10723	10743	长影长滨（海南）房地产开发有限公司
18	〔2015〕第13号/E0602－S－04号	秀英区	商　服	56879	1.2	10250	10270	长影通达（海南）房地产开发有限公司
19	01〔2015〕01号	秀英区	商　服	13767	3.2	10061	10062	海南英大房地产开发有限公司
20	26〔2015〕26号/ZD－03号	龙华区	住　宅	63532	2.6	9663	9682	海南骏豪旅游发展有限公司、海南观澜湖华谊冯小刚文化旅游实业有限公司、海南胜丽实业有限公司、海南胜虹实业有限公司、海南观澜湖房地产开发有限公司等五单位联合体

数据来源：中国房地产决策咨询系统（CRIC）。

表4－99　　2015年三亚市经营性用地成交总价前二十列表

单位：平方米，万元

序号	公告号/宗地编号	区域	土地属性	占地面积	容积率	出让底价	成交价格	受让方
1	三土环资告字〔2015〕2号/SY2015－02	海棠湾镇	商　服	137454	1.5	76542	76896	海南中海三邦友房地产开发有限责任公司
2	三土环资告字〔2015〕7号/SY2015－07	海棠湾镇	商　服	166138	0.6	75127	75700	三亚新天房投资发展有限公司
3	三土环资告字〔2015〕4号/SY2015－04	海棠湾镇	商　服	122702	1.0	67253	67800	齐瓦颂（三亚）养生社区开发有限公司
4	三土环资告字〔2015〕11号/SY2015－11	海棠湾镇	商　服	119086	0.6	34732	58188	国寿（三亚）健康投资有限公司

续表

序号	公告号/宗地编号	区域	土地属性	占地面积	容积率	出让底价	成交价格	受让方
5	三土环资告字〔2015〕8 号/SY2015－08	海棠湾镇	住　宅	45866	1.2	14320	45000	海南联投投资有限责任公司
6	三土环资告字〔2014〕18 号/G2－1	田独镇	住　宅	47845	2.0	33123	34193	绿地控股集团有限公司、绿地集团三亚置业有限公司
7	三土环资告字〔2015〕1 号/SY2015－01	海棠湾镇	商　服	45715	0.7	—	20961	国旅（三亚）海棠湾投资发展有限公司
8	三土环资告字〔2015〕12 号/SY2015－12	海棠湾镇	住　宅	66435	2.0	10478	17608	中电天堃（三亚）投资管理有限责任公司
9	三土环资告字〔2014〕18 号/H1－10	田独镇	商　服	11629	1.2	7441	7681	绿地控股集团有限公司、绿地集团三亚置业有限公司
10	三土环资告字〔2014〕18 号/H1－7	田独镇	商　服	9303	1.2	5786	5973	绿地控股集团有限公司、绿地集团三亚置业有限公司
11	三土环资告字〔2014〕18 号/H1－6	田独镇	商　服	8380	1.2	5530	5709	绿地控股集团有限公司、绿地集团三亚置业有限公司
12	三土环资告字〔2014〕18 号/H3－4	田独镇	商　服	7691	1.2	4831	4988	绿地控股集团有限公司、绿地集团三亚置业有限公司
13	三土环资告字〔2014〕21 号/SY2014－21	海棠湾镇	住　宅	2354	1.5	—	1532	三亚天恒房地产开发有限公司
14	三土环资告字〔2015〕5 号/SY2015－05	凤凰镇	住　宅	6587	2.5	360	386	三亚京海成房地产开发有限公司
15	三土环资告字〔2015〕2 号/SY2015－02	海棠湾镇	商　服	137454	1.5	76542	76896	海南中海三邦友房地产开发有限责任公司
16	三土环资告字〔2015〕7 号/SY2015－07	海棠湾镇	商　服	166138	0.6	75127	75700	三亚新天房投资发展有限公司
17	三土环资告字〔2015〕4 号/SY2015－04	海棠湾镇	商　服	122702	1.0	67253	67800	齐瓦颂（三亚）养生社区开发有限公司
18	三土环资告字〔2015〕11 号/SY2015－11	海棠湾镇	商　服	119086	0.6	34732	58188	国寿（三亚）健康投资有限公司
19	三土环资告字〔2015〕8 号/SY2015－08	海棠湾镇	住　宅	45866	1.2	14320	45000	海南联投投资有限责任公司
20	三土环资告字〔2014〕18 号/G2－1	田独镇	住　宅	47845	2.0	33123	34193	绿地控股集团有限公司、绿地集团三亚置业有限公司

数据来源：中国房地产决策咨询系统（CRIC）。

表 4－100　　2015 年重庆市经营性用地成交总价前二十列表

单位：平方米，万元

序号	公告号/宗地编号	区域	土地属性	占地面积	容积率	出让底价	成交价格	受让方
1	渝国土房管告字〔2014〕61 号/14175	江北区	住宅；商服；办公	132502	7.8	413436	413436	恒大地产
2	渝国土房管告字〔2015〕27 号/15063	南岸区	住宅；商服	380962	3.8	370152	370152	北京金隅大成开发有限公司
3	渝国土房管告字〔2014〕63 号/14181	九龙坡区	商服；办公	42187	11.0	232028	232028	重庆中迪禾邦实业有限公司
4	渝国土房管告字〔2015〕61 号/15157	渝北区	住宅；商服	172848	3.9	202600	202600	重庆中交置业有限公司
5	渝国土房管告字〔2015〕60 号/15147	渝北区	住宅；商服	209654	2.9	183880	183880	重庆鲁能开发（集团）有限公司
6	渝国土房管告字〔2015〕37 号/15082	渝北区	住宅；商服；公建配套和其他	120137	3.8	160592	160592	重庆鲁能开发（集团）有限公司
7	渝国土房管告字〔2015〕60 号/15148	渝北区	住宅；商服	174406	2.9	149583	149583	重庆鲁能开发（集团）有限公司
8	渝国土房管告字〔2015〕26 号/15056	渝北区	住宅；商服	192045	2.1	121100	148000	旭瑩（香港）有限公司、旭尚（香港）有限公司、重庆东原房地产开发有限公司
9	渝国土房管告字〔2015〕61 号/15156	渝北区	住宅；商服	208370	2.0	143609	143609	重庆中交置业有限公司
10	渝国土房管告字〔2015〕30 号/15064	渝北区	住宅；商服	155277	2.5	134201	134201	重庆市金科实业集团、弘景房地产开发有限公司
11	渝国土房管告字〔2015〕23 号/15045	沙坪坝区	住宅；商服	95974	3.9	109092	132500	重庆融创基业房地产开发有限公司、重庆华美地产发展有限公司
12	渝国土房管告字〔2015〕41 号/15096	渝中区	商　服	7768	19.8	127350	127350	重庆新华书店集团公司、重庆新华传媒有限公司、重庆北青实业有限公司
13	渝国土房管告字〔2015〕30 号/15067	渝北区	住　宅	159190	2.2	112389	126000	嘉遜發展香港（控股）有限公司、嘉遜置地有限公司
14	渝国土房管告字〔2015〕30 号/15066	渝北区	住　宅	189180	1.5	103419	118000	嘉遜發展香港（控股）有限公司、嘉遜置地有限公司
15	渝国土房管告字〔2015〕30 号/15065	渝北区	住　宅	120953	3.0	108979	108979	重庆市金科实业集团、弘景房地产开发有限公司
16	渝国土房管告字〔2015〕51 号/15112	渝北区	住宅；商服	163573	2.4	108214	108214	重庆两江商务中心置业有限公司

续表

序号	公告号/宗地编号	区域	土地属性	占地面积	容积率	出让底价	成交价格	受让方
17	渝国土房管告字〔2015〕61 号/15158	渝北区	住宅；商服	137234	2.3	106747	106747	重庆中交置业有限公司
18	渝国土房管告字〔2015〕2 号/15004	江北区	商服；办公	15277	7.5	101968	101968	重庆新协文实业有限公司
19	渝国土房管告字〔2015〕51 号/15114	渝北区	住宅；商服	165512	1.6	99326	99326	重庆两江商务中心置业有限公司
20	渝国土房管告字〔2015〕6 号/15011	巴南区	住宅；商服	128832	3.7	90867	90867	重庆市汉基伊达置业有限公司

数据来源：中国房地产决策咨询系统（CRIC）。

表 4－101　　2015 年成都市经营性用地成交总价前二十列表

单位：平方米，万元

序号	公告号/宗地编号	区域	土地属性	占地面积	容积率	出让底价	成交价格	受让方
1	成公资土拍告〔2014〕44 号/CH36（252/21/23）：2014－117	城东区	住宅；商服	62101	5.8	172306	204247	林芝恒大旅游发展有限公司
2	成公资土拍告〔2015〕52 号/WH12（252）：2015－087	城西区	住宅；商服	110231	2.7	107472	188991	中铁房地产集团四川有限公司
3	成公资土拍告〔2015〕9 号/CH06（252/21）：2015－014	城东区	住宅；商服	50836	4.5	141831	177746	成都首创锦汇置业有限公司
4	成公资土拍告〔2015〕52 号/WH10（252）：2015－085	城西区	住宅；商服	103181	2.7	100598	172725	中铁房地产集团四川有限公司
5	成公资土拍告〔2015〕37 号/WH06（252）：2015－056	城西区	住宅；商服	85484	2.6	77791	131800	广京发展有限公司
6	成公资土拍告〔2015〕50 号/XD2015－23（252/21）	新都区	住宅；商服	189024	3.7	95267	124755	保利（成都）实业有限公司
7	成公资土拍告〔2015〕36 号/QY11（252/211）：2015－054	城西区	住宅；商服	80613	4.6	117032	117032	成都太行瑞宏房地产开发有限公司
8	成公资土拍告〔2015〕12 号/JN05（21/252）：2015－019	城西区	住宅；商服	108707	3.8	116602	116602	北京城建成都地产有限公司
9	成公资土拍告〔2015〕55 号/TF（21/252）：2015－25	双流区	住宅；商服	333340	1.2	108002	108002	大连万达商业地产股份有限公司
10	成公资土挂告〔2015〕9 号/WH01（211）：2015－010	城南区	商　服	11378	6.0	38638	106493	达州昊华实业有限公司
11	成公资土拍告〔2015〕30 号/GX2015－33（252）	双流区	住宅；商服	68045	3.5	78592	104790	成都锦南企业管理咨询有限公司
12	成公资土拍告〔2014〕43 号/JJ13（252）：2014－125	城东区	住宅；商服	95663	2.0	80357	103699	重庆首汇置业有限公司
13	成公资土拍告〔2015〕49 号/CH23（252）：2015－071	城东区	住宅；商服	90653	3.7	102608	102608	中铁房地产集团四川有限公司
14	成公资土拍告〔2015〕21 号/WH04（211/214）：2015－037	城西区	商　服	91377	3.7	75395	100076	重庆畅辉实业有限公司

续表

序号	公告号/宗地编号	区域	土地属性	占地面积	容积率	出让底价	成交价格	受让方
15	成公资土拍告〔2015〕42 号/GX2015－41（252）	城南区	住　宅	56732	2.8	77610	98953	成都朗基地产有限公司
16	成公资土挂告〔2015〕11 号/JJ01（21）：2015－013	城中区	商　服	9016	6.0	92302	92355	达州昊华实业有限公司
17	成公资土拍告〔2015〕32 号/TF（252）：2015－14	双流	住宅；商服	192154	4.0	92234	92234	成都信勤置业有限公司
18	成公资土拍告〔2014〕44 号/TF33（251/21）：2014－02	双流	住宅；商服	186319	3.9	89433	89433	成都信川投资有限公司
19	成公资土拍告〔2015〕32 号/TF（252）：2015－15	双流	住宅；商服	181567	3.0	87151	87151	成都信新置业有限公司
20	成公资土拍告〔2015〕4 号/QY04（21）：2015－004	城西区	商　服	73777	3.8	81891	81891	大连万达商业地产股份有限公司

数据来源：中国房地产决策咨询系统（CRIC）。

表 4－102　　2015 年贵阳市经营性用地成交总价前二十列表

单位：平方米，万元

序号	公告号/宗地编号	区域	土地属性	占地面积	容积率	出让底价	成交价格	受让方
1	筑公资告〔2015〕地字第 038 号/G（15）033	花溪区	住　宅	140357	1.5	210000	210536	贵阳碧桂园房地产开发有限公司
2	筑公资告〔2015〕地字第 012 号/G（15）011	乌当区	住　宅	147266	1.5	33135	33599	贵州宏德置业有限公司
3	筑公资告〔2015〕地字第 006 号/G（15）004	金阳新区	商　服	45682	4.0	29602	30040	通号贵州置业有限公司
4	筑公资告〔2015〕地字第 024 号/G（15）022	白云区	商　服	40730	3.1	18687	19015	贵州高新中关村贵阳科技园投资开发有限公司
5	黔贵安公资告字〔2015〕1 号/G（15）02－04－25	贵安新区	住　宅	122024	3.0	4780	15930	贵州省群升置业有限公司
6	黔贵安公资告字〔2015〕1 号/G（15）02－04－07	贵安新区	住　宅	155005	3.0	4731	15764	贵州省群升置业有限公司
7	黔贵安公资告字〔2015〕1 号/G（15）02－04－20	贵安新区	住　宅	102562	3.0	3974	13246	贵州省群升置业有限公司
8	筑公资告〔2015〕地字第 038 号/G（15）034	花溪区	住　宅	74082	1.5	11700	11701	贵阳碧桂园房地产开发有限公司
9	黔贵安公资告字〔2015〕3 号/G（15）ZE－05－04	贵安新区	住　宅	104058	1.5	10660	10661	贵州贵安新区碧桂园物业发展有限公司
10	黔贵安公资告字〔2015〕1 号/G（15）02－04－06	贵安新区	住　宅	98364	3.0	3081	10269	贵州省群升置业有限公司
11	黔贵安公资告字〔2015〕1 号/G（15）02－04－29	贵安新区	商　服	80532	2.2	2887	9620	贵州省群升置业有限公司
12	黔贵安公资告字〔2015〕3 号/G（15）ZE－07－03－3	贵安新区	商　服	64870	2.5	8000	8044	贵州贵安新区碧桂园物业发展有限公司

续表

序号	公告号/宗地编号	区域	土地属性	占地面积	容积率	出让底价	成交价格	受让方
13	黔贵安公资告字〔2015〕1号/G（15）02-04-27	贵安新区	商　服	69723	2.0	2372	7907	贵州省群升置业有限公司
14	黔贵安公资告字〔2015〕1号/G（15）02-04-24	贵安新区	商　服	66926	2.5	2069	6893	贵州省群升置业有限公司
15	黔贵安公资告字〔2015〕3号/G（15）ZE-06-01	贵安新区	商　服	52714	2.5	6400	6457	贵州贵安新区碧桂园物业发展有限公司
16	筑公资告〔2015〕地字第024号/G（15）019	白云区	商　服	39449	1.3	5898	6062	贵州高新中关村贵阳科技园投资开发有限公司
17	筑公资告〔2015〕地字第036号/G（15）031	乌当区	住宅；商服	23182	2.0	5000	5485	贵阳神奇健康产业开发有限公司
18	筑公资告〔2015〕地字第024号/G（15）024	白云区	商　服	32975	1.4	5309	5461	贵州高新中关村贵阳科技园投资开发有限公司
19	筑公资告〔2015〕地字第024号/G（15）017	白云区	住　宅	34969	1.5	4773	4915	贵州高新中关村贵阳科技园投资开发有限公司
20	黔贵安公资告字〔2015〕1号/G（15）02-04-10	贵安新区	商　服	30068	3.0	1375	4582	贵州省群升置业有限公司

数据来源：中国房地产决策咨询系统（CRIC）。

表4-103　　2015年昆明市经营性用地成交总价前二十列表

单位：平方米，万元

序号	公告号/宗地编号	区域	土地属性	占地面积	容积率	出让底价	成交价格	受让方
1	J2014-005-A、B、C、D、E、F、G、H、J	西山区	住宅；商服；办公；公建配套和其他	225516	4.3	201831	201831	云南报业传媒（集团）有限责任公司、云南日报报业集团房地产开发有限公司、云南恒云置业有限公司
2	J2010-065-F1、G、H	西山区	住宅；商服；公建配套和其他	79698	4.1	54174	54174	云南杰鑫宁房地产开发有限公司
3	J2014-012-A1、A2、A3	五华区	住宅；商服	113779	4.5	50874	50874	昆明恒畅置业有限公司
4	KCPL2013-1-A5	盘龙区	住　宅	30894	4.1	38091	45480	昆明产业开发投资有限责任公司
5	KCPL2013-1-A3	盘龙区	住　宅	31765	3.9	37167	44376	昆明产业开发投资有限责任公司
6	KC2011-76	盘龙区	商　服	233248	1.1	41984	41984	云南双龙假日置业有限公司
7	KCGD2013-3-A1	官渡区	住　宅	54432	4.4	39927	39927	昆明交投房地产开发有限公司
8	J2014-009-A1、A2	西山区	商服；办公	40226	7.4	38511	38511	云南天景房地产有限公司

续表

序号	公告号/宗地编号	区域	土地属性	占地面积	容积率	出让底价	成交价格	受让方
9	KCC2014-33	呈贡区	商服	85507	1.0	38478	38478	云南城投天堂岛置业有限公司
10	KCC2014-32	呈贡区	商服	81450	1.0	36651	36651	云南城投天堂岛置业有限公司
11	KCC2014-31	呈贡区	商服	67332	1.0	30300	30300	云南城投天堂岛置业有限公司
12	KCD2014-7	西山区	住宅	97205	2.2	29162	29162	昆明滇池度假区国有资产管理有限公司
13	KCC2014-35	呈贡区	商服	62677	1.0	28206	28206	云南城投天堂岛置业有限公司
14	KCC2014-25-A1	呈贡区	住宅	69939	3.4	25703	25703	昆明邦元置业有限公司
15	KCXS2012-33-A3-1	西山区	住宅；商服	48721	4.6	25066	25066	昆明方源博泰置业有限公司
16	KCC2014-36	呈贡区	商服	47661	1.0	21447	21447	云南城投天堂岛置业有限公司
17	KCC2012-56	呈贡区	商服	55237	4.0	20301	20301	昆明邦元置业有限公司
18	KCC2014-37	呈贡区	商服	39308	1.5	17688	17688	云南城投天堂岛置业有限公司
19	KCWH2012-23	五华区	住宅	43155	3.7	12946	12946	昆明正城房地产开发有限公司
20	KCPL2013-15-A1、A2	盘龙区	住宅；商服	41175	1.3	12043	12043	云南农投置业有限公司

数据来源：中国房地产决策咨询系统（CRIC）。

表4-104　　2015年西安市经营性用地成交总价前二十列表

单位：平方米，万元

序号	公告号/宗地编号	区域	土地属性	占地面积	容积率	出让底价	成交价格	受让方
1	西土出告字〔2014〕158号/CA6-6-13	长安区	住宅；商服	100918	3.0	50000	74500	西安明瑞进达合能置业有限公司
2	西土出告字〔2015〕127号/JK3-31-18	城北区	住宅；商服	74770	6.2	63112	63112	西安海荣房地产集团有限公司
3	西土出告字〔2015〕104号/JK3-18-62	城北区	住宅；商服	67671	5.5	53935	53935	西安海荣房地产集团有限公司
4	西土出告字〔2014〕159号/QJ8-5-56	城南区	住宅	82374	3.0	—	52640	西安天地源曲江房地产开发有限公司
5	西土出告字〔2015〕127号/JK3-26-18	城北区	住宅；商服	60018	6.6	51050	51050	西安海荣房地产集团有限公司

续表

序号	公告号/宗地编号	区域	土地属性	占地面积	容积率	出让底价	成交价格	受让方
6	西土出告字〔2015〕104 号/JK3－14－19	城北区	住宅；商服	53301	6.5	47192	47192	西安海荣房地产集团有限公司
7	西土出告字〔2015〕58 号/JK3－1－15－4	城北区	住宅；商服	57096	5.3	43541	43541	陕西华云实业有限公司
8	西土出告字〔2014〕162 号/CB6－2－2215	城东区	住宅；商服	119279	1.5	43150	43150	西安永源置业有限公司
9	西土出告字〔2015〕155 号/FD4－10－1	西咸新区	住宅；商服	97181	1.5	—	36900	西安市沣东新城沣景置业有限公司
10	西土出告字〔2015〕148 号/HT01－26－6	城南区	住宅；商服	97898	2.1	36300	36300	西安龙湖航瑞置业有限公司
11	西土出告字〔2015〕11 号/HT01－4－37－6	城南区	住宅；商服	80000	3.5	34600	34600	陕西锦绣华天置业有限公司
12	西土出告字〔2015〕155 号/FD4－10－2	西咸新区	住宅；商服	92969	1.5	—	34400	西安沣东城建开发有限公司
13	西土出告字〔2015〕1 号/CB3－2－122	城东区	商　服	105110	2.0	31300	31300	西安砂之船商业管理有限公司
14	西土出告字〔2015〕41 号/JK3－38－12	城北区	住宅；商服	43697	4.4	30763	30763	陕西秦皇房地产开发有限公司
15	西土出告字〔2015〕156 号/FD4－8－18、FD4－8－12	西咸新区	住宅；商服	71862	1.7	—	29900	西安沣东新城沣谷发展有限公司
16	西土出告字〔2015〕84 号/QJ15－1－37	临潼区	住　宅	86358	1.6	28500	28500	西安曲江大明宫置业有限公司
17	西土出告字〔2015〕21 号/YT2－25－8	城南区	住宅；商服	95774	3.4	27741	27741	陕西金地家宜置业有限公司
18	西土出告字〔2015〕139 号/CB2－1－559	城东区	住宅；商服	77276	1.8	27350	27350	西安恒盈置业有限公司
19	西土出告字〔2015〕124 号/YT1－17－1	城西区	住宅；商服	59793	2.8	27000	27000	西安紫峪置业有限公司
20	西土出告字〔2015〕156 号/FD4－8－10	西咸新区	住宅；商服	63573	2.0	—	25900	西安市沣东新城兴业置业有限公司

数据来源：中国房地产决策咨询系统（CRIC）。

表 4－105　　2015 年兰州市经营性用地成交总价前二十列表

单位：平方米，万元

序号	公告号/宗地编号	区域	土地属性	占地面积	容积率	出让底价	成交价格	受让方
1	G1401 号	城关区	商　服	163777	5.0	167990	168290	兰州金融谷投资有限公司
2	G1345 号	安宁区	住宅；商服	164266	3.0	77733	77733	甘肃奥克利房地产开发有限公司
3	G1408 号	安宁区	住宅；商服	105767	3.5	77090	77190	兰州中海宏洋房地产开发有限公司

续表

序号	公告号/宗地编号	区域	土地属性	占地面积	容积率	出让底价	成交价格	受让方
4	G1328 号	安宁区	住宅；商服	192520	1.8	61764	61764	甘肃大成伟业房地产开发有限公司
5	G1329 号	西固区	住　宅	65785	3.5	30070	30270	兰州海亮房地产开发有限公司
6	G1415 号	安宁区	住　宅	29592	3.8	26880	26980	甘肃机场房地产开发有限责任公司
7	G1223 号	城关区	商　服	76761	5.0	25425	25425	甘肃升泰房地产开发
8	G1331 号	城关区	住宅；商服；办公	6369	8.0	18301	18301	甘肃逸丰房地产开发有限公司
9	GG1306 号	七里河区	住　宅	44609	4.0	17769	17769	甘肃温商房地产开发有限公司
10	G1336 号	安宁区	住　宅	29866	2.8	13307	13307	甘肃大成伟业房地产开发有限公司
11	LXQ2015002C 号	兰州新区	商　服	135477	1.5	12398	12429	兰州新区投资控股有限公司
12	G1501 号	安宁区	住　宅	14234	4.5	10030	10130	甘肃嘉盛房地产开发有限责任公司
13	G1508 号	城关区	住　宅	64388	3.5	4304	4334	甘肃永坤置业有限公司
14	G1512 号	城关区	住宅；商服	63127	1.5	3653	3683	甘肃永坤置业有限公司
15	G1506 号	城关区	商　服	25588	4.0	2827	2857	甘肃永坤置业有限公司
16	LXQ2015001C 号	兰州新区	住　宅	23282	2.0	2356	2367	兰州新区投资控股有限公司
17	G1509 号	城关区	住　宅	21272	1.5	1166	1196	甘肃永坤置业有限公司
18	G1507 号	城关区	住　宅	10565	1.2	488	518	甘肃永坤置业有限公司
19	G1510 号	城关区	商　服	1910	1.8	166	196	甘肃永坤置业有限公司
20	LHG2015－1 号	红古区	商　服	6163	2.3	—	185	甘肃众泰房地产开发有限公司

数据来源：中国房地产决策咨询系统（CRIC）。

表 4－106　　2015 年西宁市经营性用地成交总价前二十列表

单位：平方米，万元

序号	公告号/宗地编号	区域	土地属性	占地面积	容积率	出让底价	成交价格	受让方
1	青国土资西经南告〔2015〕6 号/42.60－61.40	湟中县	住　宅	207885	1.0	22362	22362	西宁经济技术开发区投资控股集团有限公司
2	2015 挂牌公告第［1］号/2015BC－3	城东区	住　宅	35563	2.8	18669	18669	西宁地安君泰房地产开发有限公司

续表

序号	公告号/宗地编号	区域	土地属性	占地面积	容积率	出让底价	成交价格	受让方
3	挂牌公告〔2015〕2号/56-66-2-4-1	海湖新区	商服	29878	4.5	14360	14360	西宁教育资产经营管理有限公司
4	2015 挂牌公告第〔2〕号/2015BC-4	城北区	住宅；商服	22811	3.2	13213	13213	青海铭方智远投资有限公司
5	青国土资西经南告〔2015〕6号/41.80-60.60	湟中县	住宅	114666	1.0	12340	12340	西宁经济技术开发区投资控股集团有限公司
6	出让公告〔2015〕1号/2015C-2	城中区	住宅	38601	5.0	11490	11490	青海世纪置业投资有限公司
7	2015 挂牌公告第〔2〕号/2015BC-5	城北区	住宅	18530	3.2	9300	9300	青海铭方智远投资有限公司
8	青经开国土资东告字〔2015〕03号/630102102006GB00294	城东区	商服	13206	6.4	5309	5309	西宁经济技术开发区发展集团有限公司
9	湟国土公告〔2015〕17号/2015-DG06	湟中县	商服	29494	1.2	3235	3235	青海益禾农商投资发展有限公司
10	源招拍挂〔2015〕03号/2015-03-06	湟源县	住宅；商服	130641	1.4	2745	2745	湟源县福茵大华青藏高原原产地特色产业集聚园工业项目
11	大国土〔2015〕4号/2015-GP-14	大通县	住宅	19293	5.7	2722	2722	青海泰盛房地产开发有限公司
12	湟国土公告〔2015〕08号/2014-G23	湟中县	住宅	26802	2.0	2683	2683	青海开河置业投资有限公司
13	湟国土公告〔2015〕08号/2014-G24	湟中县	住宅	22834	2.0	2286	2286	青海开河置业投资有限公司
14	源招拍挂〔2015〕03号/2015-03-05	湟源县	住宅；商服	34692	4.6	2165	2165	湟源县福茵大华青藏高原原产地特色产业集聚园商住项目
15	湟国土公告〔2015〕12号/2014-G18	湟中县	住宅	9436	5.0	2090	2090	青海合盛房地产开发有限公司湟中分公司
16	湟国土公告〔2015〕09号/2014-G18	湟中县	住宅	9436	5.0	2090	2090	青海合盛房地产开发有限公司湟中分公司
17	青国土资西经南告〔2015〕2号/45.30-63.80	城东区	住宅	18611	4.5	1404	1404	青海昊泽投资有限公司
18	大国土〔2015〕2号大通县2014-15	大通县	住宅	30238	4.3	1354	1354	西宁宁港房地产开发有限公司
19	湟国土公告〔2015〕08号/2014Ⅱ-G-06-01	湟中县	住宅	11477	2.5	1150	1150	青海甘河工业园开发建设有限公司
20	湟国土公告〔2015〕08号/2014Ⅱ-G-03-01	湟中县	住宅	11272	2.5	1129	1129	青海甘河工业园开发建设有限公司

数据来源：中国房地产决策咨询系统（CRIC）。

表 4－107　　2015 年乌鲁木齐市经营性用地成交总价前二十列表

单位：平方米，万元

序号	公告号/宗地编号	区域	土地属性	占地面积	容积率	出让底价	成交价格	受让方
1	市国土挂告字〔2015〕23 号/2013－C－106	头屯河区	住宅；商服	70618	2.8	29160	29200	乌鲁木齐经济技术开发区建设投资开发有限公司
2	市国土挂告字〔2015〕27 号/2015－C－121－B	新市区	住宅；商服	129323	2.5	27895	27935	乌鲁木齐高新技术产业开发建设总公司
3	市国土挂告字〔2015〕25 号/2012－C－99	水磨沟区	商　服	44403	1.6	25975	26015	乌鲁木齐城市建设投资（集团）有限公司
4	市国土挂告字〔2015〕27 号/2015－C－121－C	新市区	住宅；商服	116320	2.5	25090	25130	乌鲁木齐高新技术产业开发建设总公司
5	市国土挂告字〔2015〕4 号/2013－C－278－C	天山区	住宅；商服	147071	2.5	23435	23475	新疆健康产业投资股份有限公司
6	市国土挂告字〔2015〕4 号/2013－C－278－B	天山区	住宅；商服	170522	2.5	23175	23215	新疆健康产业投资股份有限公司
7	市国土挂告字〔2015〕25 号/2012－C－057	水磨沟区	住宅；商服	41942	3.0	22625	22665	乌鲁木齐国有资产经营（集团）有限公司
8	市国土挂告字〔2015〕15 号/2015－C－061	头屯河区	商　服	34248	4.0	20410	20450	乌鲁木齐居然百悦房地产开发有限公司
9	市国土挂告字〔2015〕25 号/2012－C－097	水磨沟区	商　服	34093	1.9	19945	19985	乌鲁木齐城市建设投资（集团）有限公司
10	市国土挂告字〔2015〕15 号/2014－C－154	新市区	商　服	35600	3.5	18210	18250	乌鲁木齐高新技术产业开发建设总公司
11	市国土挂告字〔2015〕23 号/2015－C－032	头屯河区	商　服	95067	3.0	16925	16965	新疆建福鼎业房地产开发有限公司
12	市国土挂告字〔2015〕27 号/2015－C－121－A	新市区	住宅；商服	78027	2.5	16830	16870	乌鲁木齐高新技术产业开发建设总公司
13	市国土挂告字〔2015〕21 号/2014－C－061	头屯河区	住宅；商服	36863	2.5	15815	15855	新疆鸿晟伟业房地产开发有限公司
14	市国土挂告字〔2015〕23 号/12012－C－215	头屯河区	商　服	34552	2.5	15345	15385	乌鲁木齐经济技术开发区建设投资开发有限公司
15	市国土挂告字〔2015〕4 号/2013－C－278－A1	天山区	住宅；商服	130250	2.5	15040	15080	新疆健康产业投资股份有限公司
16	市国土挂告字〔2015〕18 号/2014－C－026	新市区	商　服	96876	2.0	14990	15030	新疆和福缘汽车产业物流园有限公司
17	市国土挂告字〔2015〕25 号/2012－C－098	水磨沟区	商　服	23699	6.9	13865	13905	乌鲁木齐国有资产经营（集团）有限公司
18	市国土挂告字〔2015〕18 号/2014－C－066	头屯河区	商　服	20933	4.5	12775	12815	乌鲁木齐高铁枢纽综合开发建设投资有限公司
19	市国土挂告字〔2015〕23 号/2013－C－105	头屯河区	住宅；商服	30718	2.8	12620	12660	乌鲁木齐经济技术开发区建设投资开发有限公司
20	市国土挂告字〔2015〕23 号/2013－C－138	头屯河区	商　服	18246	4.0	12485	12525	乌鲁木齐高铁新区房地产开发有限公司

数据来源：中国房地产决策咨询系统（CRIC）。

（十）四十城市①商品房预售证列表

表 4－108　　2015 年北京市商品房预售许可证供应面积前二十列表

单位：套，平方米

序号	预售证号	项目名称	区域	用途	时间	套数	面积
1	京房售证字（2015）97 号	东洲家园	朝阳区	普通住宅	07/19	2386	207764
2	京房售证字（2015）7 号	兴融中心	大兴区	酒店式公寓	01/29	2811	172594
3	京房售证字（2015）137 号	金丰能源中心	丰台区	办　公	09/16	298	158287
4	京房售证字（2015）60 号	京西嘉苑	门头沟区	普通住宅	06/07	1548	140198
5	京房售证字（2015）225 号	首创金融中心	丰台区	办　公	12/20	463	126794
6	京房售证字（2015）49 号	冠华苑小区	昌平区	普通住宅	05/30	1464	125540
7	京房售证字（2015）120 号	点石中心	石景山区	办　公	08/28	1084	124534
8	京房售证字（2015）135 号	通瑞嘉苑	通州区	普通住宅	09/12	1497	123183
9	京房售证字（2015）87 号	紫峰九院嘉园	通州区	普通住宅	07/05	1159	121053
10	京房售证字（2015）226 号	广安金融街中心	西城区	办　公	12/20	202	112094
11	京房售证字（2015）209 号	花香东苑	丰台区	普通住宅	11/28	1324	110540
12	京房售证字（2015）80 号	恒大水岸嘉园	朝阳区	普通住宅	06/28	1250	110220
13	京房售证字（2015）198 号	创融中心	石景山区	办　公	11/15	648	106063
14	京房售证字（2015）6 号	金科嘉苑	大兴区	普通住宅	01/22	1124	100928
15	京房售证字（2015）50 号	丽湾西园	门头沟区	普通住宅	05/30	809	97758
16	京房售证字（2015）85 号	文创商业中心	房山区	办　公	07/02	1485	93144
17	京房售证字（2015）145 号	誉皇殿	顺义区	别　墅	09/20	217	90610
18	京房售证字（2015）8 号	兴融中心	大兴区	酒店式公寓	01/29	1621	90434
19	京房售证字（2015）153 号	鹭廷中心	顺义区	办　公	10/02	1230	85174
20	京房售证字（2015）210 号	上悦嘉园	门头沟区	普通住宅	11/28	1006	82270

数据来源：中国房地产决策咨询系统（CRIC）。

表 4－109　　2015 年天津市商品房预售许可证供应面积前二十列表

单位：套，平方米

序号	预售证号	项目名称	区域	用途	时间	套数	面积
1	2015－0359	天穆东苑	北辰区	动迁安置房	06/19	3086	237313
2	2015－0683	天锦园	宝坻区	动迁安置房	09/29	2495	224273
3	2015－0523	金芳园	津南区	动迁安置房	09/06	1580	149461
4	2015－0801	金友花园	西青区	限价房	10/16	1758	139353
5	2015－0615	金浩园	津南区	动迁安置房	09/06	1542	139060
6	2015－0379	熙汇广场	南开区	商　业	06/16	125	99599

① 备注：石家庄、呼和浩特、哈尔滨、银川数据缺失。

续表

序号	预售证号	项目名称	区域	用途	时间	套数	面积
7	2015－0177	南仓新苑	北辰区	动迁安置房	04/24	1244	94503
8	2015－0315	创新北里	大港区	动迁安置房	06/29	932	92489
9	2015－0075	新盈庄园	津南区	普通住宅	09/08	816	88162
10	2015－0150	瑞晨家园	北辰区	动迁安置房	04/24	980	84131
11	2015－0237	云锦郦景园	西青区	普通住宅	04/24	700	83119
12	2015－0770	州河湾西园	蓟县区	动迁安置房	11/04	824	77691
13	2013－1218	和顺家园一区	东丽区	动迁安置房	11/13	1578	75779
14	2015－0816	绿荫名邸	南开区	普通住宅	10/10	392	74598
15	2015－0172	宜景园	北辰区	动迁安置房	04/24	1016	71238
16	2015－0509	蓝海科技园	西青区	办　公	08/18	45	67274
17	2015－0398	荣溪园	北辰区	限价房	06/18	870	67070
18	2015－0140	瑞鑫家园	北辰区	动迁安置房	04/24	780	64631
19	2015－0219	亲和美园	西青区	限价房	04/27	828	63981
20	2015－0138	雅安里	汉沽区	经济适用房	04/13	1001	63028

数据来源：中国房地产决策咨询系统（CRIC）。

表 4－110　　2015 年太原市商品房预售许可证供应面积前二十列表

单位：套，平方米

序号	预售证号	项目名称	区域	用途	时间	套数	面积
1	（2015）并商房预售字第 0023 号	中泽．纯境	小店区	普通住宅	02/12	1555	217470
2	（2015）并商房销售第 0004 号	丽景苑	万柏林区	普通住宅	09/24	1261	210486
3	（2015）并商房预售字第 0156 号	恒大雅苑	万柏林区	普通住宅	12/29	1556	192577
4	（2015）并商房预售字第 0169 号	中正锦城	小店区	普通住宅	11/21	1594	191307
5	（2015）并商房预售字第 0096 号	中海寰宇天下	万柏林区	普通住宅	09/09	1555	173729
6	（2015）并商房预售字第 0068 号	恒大滨河左岸	万柏林区	普通住宅	06/30	1266	165543
7	（2015）并商房预售字第 0061 号	华润悦府	万柏林区	普通住宅	07/16	1326	162073
8	（2015）并商房预售字第 0158 号	万科城	小店区	普通住宅	12/12	1533	158548
9	（2015）并商房预售字第 0006 号	恒大御景湾	尖草坪区	普通住宅	01/22	1354	137789
10	（2015）并商房预售字第 0123 号	汇通苑	小店区	普通住宅	09/29	1098	133877
11	（2015）并商房预售字第 0074 号	阳光揽胜国际	小店区	普通住宅	07/21	1444	127110
12	（2015）并商房预售字第 0189 号	晋阳峰璟	晋源区	普通住宅	12/12	979	125481
13	（2015）并商房预售字第 0055 号	中海寰宇天下	万柏林区	普通住宅	07/20	906	97818
14	（2015）并商房预售字第 0031 号	怡然家园	迎泽区	普通住宅	06/09	1032	97749
15	（2015）并商房预售字第 0115 号	巅峰国际	万柏林区	普通住宅	09/22	1280	93294
16	（2015）并商房预售字第 0019 号	绿景未来城	杏花岭区	普通住宅	05/21	768	92045
17	（2015）并商房预售字第 0018 号	绿景未来城	杏花岭区	普通住宅	05/21	584	87624
18	（2015）并商房预售字第 0203 号	香悦澜溪	万柏林区	普通住宅	12/27	810	85739
19	（2015）并商房预售字第 0013 号	平阳景苑	小店区	普通住宅	02/05	692	84287
20	（2015）并商房预售字第 0073 号	润景．园著	万柏林区	普通住宅	09/26	743	83999

数据来源：中国房地产决策咨询系统（CRIC）。

表 4－111　　**2015 年沈阳市商品房预售许可证供应面积前二十列表**

单位：套，平方米

序号	预售证号	项目名称	区域	用途	时间	套数	面积
1	15381	浑南置业上深沟项目	浑南区	普通住宅	09/16	2807	221267
2	15344	沈铁达观	苏家屯区	普通住宅	08/26	2130	192943
3	15380	浑南置业上深沟项目	浑南区	普通住宅	09/16	2364	185034
4	15197	大东区西堡巷政府补贴房	大东区	普通住宅	06/23	2640	161965
5	15005	沈阳五洲城	苏家屯区	商　业	01/14	872	160347
6	15589	东大迎湖园	和平区	普通住宅	12/28	1381	138730
7	15483	华邑世纪城三期	于洪区	普通住宅	11/05	1668	127370
8	15562	玉祥明居	于洪区	普通住宅	12/14	1876	126605
9	15173	文欣苑	浑南区	普通住宅	06/12	1496	114571
10	15137	深国际沈阳现代综合物流园	于洪区	商　业	05/21	1035	112524
11	15260	深国际沈阳现代综合物流园	于洪区	商　业	07/22	693	107737
12	15496	锦城邻里	沈河区	普通住宅	11/10	1671	104963
13	15367	天洁华尔街	浑南区	普通住宅	09/01	1332	104199
14	15176	益格清水湾 69 号	于洪区	普通住宅	06/16	1278	103880
15	15547	碧桂园银河城	于洪区	普通住宅	12/04	1128	102582
16	15290	沈铁滑翔家园	铁西区	经济适用房	08/05	1192	100306
17	15076	红豆杉温泉花园	沈北新区	普通住宅	04/15	1419	99182
18	15234	宏发英里二期	于洪区	普通住宅	07/13	1357	98285
19	15375	绿城沈阳全运村	浑南区	普通住宅	09/14	948	97906
20	15517	万科明天广场	浑南区	普通住宅	11/20	1000	94377

数据来源：中国房地产决策咨询系统（CRIC）。

表 4－112　　**2015 年大连市商品房预售许可证供应面积前二十列表**

单位：套，平方米

序号	预售证号	项目名称	区域	用途	时间	套数	面积
1	大房预许字第 20150124 号	云集二期	中山区	动迁安置房	11/17	3420	299660
2	大房预许字第 20140071 号	维多利亚公馆	中山区	酒店式公寓	01/22	416	160459
3	大房预许字第 20140107 号	紫御东方一期	中山区	普通住宅	05/06	696	133749
4	大房预许字第 20150032 号	维多利亚广场	中山区	酒店式公寓	05/16	1405	116394
5	大房预许字第 20150032 号	维多利亚广场	中山区	酒店式公寓	07/16	791	109182
6	2015014	红星滨海社区 26 地块	开发区	普通住宅	07/07	1296	99048
7	2015010	龙谷街	开发区	普通住宅	05/22	1195	92129
8	2015025	聚美东湾 A1－A13	开发区	普通住宅	07/21	1136	86768
9	大房预许字第 20150087 号	雁栖渡三期	甘井子区	普通住宅	10/15	1060	83796
10	大房预许字第 20150134 号	恒大港湾一期	甘井子区	普通住宅	12/13	839	81178

续表

序号	预售证号	项目名称	区域	用途	时间	套数	面积
11	大高房预许字第 20150003 号	大湖山语	高新区	普通住宅	05/07	632	68126
12	大高房预许字第 20150014 号	原冶金疗养院改造	高新区	普通住宅	11/25	456	66800
13	2015019	海岸东方 A 区	金州区	普通住宅	05/15	714	64669
14	大房预许字第 20150005 号	磐海	中山区	办　公	03/02	98	58453
15	2015024	圣地秋实	开发区	普通住宅	06/19	848	58413
16	大房预许字第 20150119 号	首开铂郡	中山区	普通住宅	12/11	392	58199
17	2015016	乾豪新界	开发区	普通住宅	05/15	708	55217
18	2015008	华润海中国六期	开发区	普通住宅	05/29	540	51118
19	大房预许字第 20150060 号	东港区 I03 地块项目三期	中山区	普通住宅	07/25	317	49693
20	大房预许字第 20150022 号	福佳新城 C3. C4 区一期	甘井子区	普通住宅	07/27	655	49140

数据来源：中国房地产决策咨询系统（CRIC）。

表 4－113　　2015 年长春市商品房预售许可证供应面积前二十列表

单位：套，平方米

序号	预售证号	项目名称	区域	用途	时间	套数	面积
1	长房售证（2015）第 225 号	潭泽东南明珠	净月区	普通住宅	10/16	1560	167941
2	长房售证（2015）第 278 号	北湖科技园	高新北区	办　公	11/30	192	146814
3	长房售证（2015）第 079 号	恒大帝景	经开区	普通住宅	05/27	1186	131868
4	长房售证（2015）第 205 号	冠城国际	南关区	普通住宅	09/25	1068	125417
5	长房售证（2015）第 237 号	恒大江湾	宽城区	普通住宅	10/23	1009	116781
6	长房售证（2015）第 209 号	长春吾悦广场	绿园区	办　公	09/25	1509	108329
7	长房售证（2015）第 179 号	中海寰宇天下	经开北区	普通住宅	08/21	1094	106007
8	长房售证（2015）第 269 号	新星宇和润	南关区	普通住宅	11/20	1118	104891
9	长房售证（2015）第 144 号	信达东湾半岛 A 区	南关区	普通住宅	07/24	1012	99895
10	长房售证（2015）第 112 号	御翠湾	高新南区	别　墅	06/23	353	97113
11	长房售证（2015）第 109 号	中海寰宇天下二期	经开北区	普通住宅	06/19	995	93670
12	长房售证（2015）第 044 号	长电朗天国际	净月区	普通住宅	04/23	888	93523
13	长房售证（2015）第 156 号	恒兴国际城	南关区	办　公	08/07	552	92211
14	长房售证（2015）第 111 号	长春吾悦广场	绿园区	普通住宅	06/19	880	90685
15	长房售证（2015）第 285 号	城建世纪佳园	二道区	普通住宅	12/09	1160	88232
16	长房售证（2015）第 048 号	东安瑞凯国际	南关区	普通住宅	04/24	923	85057
17	长房售证（2015）第 034 号	垠禄新界	经开区	办　公	04/17	1134	84657
18	长房售证（2015）第 003 号	长春红星美凯龙全球家居生活广场	二道区	办　公	01/13	1195	81989
19	长房售证（2015）第 128 号	长春吾悦广场	绿园区	普通住宅	07/13	767	81120
20	长房售证（2015）第 061 号	蓝色港湾	二道区	普通住宅	05/07	1128	79380

数据来源：中国房地产决策咨询系统（CRIC）。

表 4－114　　2015 年上海市商品房预售许可证供应面积前二十列表

单位：套，平方米

序号	预售证号	项目名称	区域	用途	时间	套数	面积
1	浦东新区房管（2015）预字 0000520 号	尚悦中心	浦东区	办　公	09/23	99	258742
2	嘉定房管（2015）预字 0000091 号	江桥星火二期	嘉定区	动迁安置房	12/13	3536	257661
3	沪房地闵字 2015 第 043667 号	爱博五村	闵行区	动迁安置房	12/08	2818	236128
4	沪房地闵字 2015 第 010514 号	浦江宝邸 D 块	闵行区	动迁安置房	06/25	1856	201743
5	松江房管（2015）预字 0000670 号	翔昆苑	松江区	动迁安置房	12/15	1804	168905
6	沪房地青字 2015 第 016994 号	华腾苑	青浦区	动迁安置房	09/28	1580	162572
7	普陀房管（2015）预字 0000453 号	长征家苑（配套商品房项目）	普陀区	动迁安置房	09/30	2002	161406
8	闵行房管（2014）预字 0000729 号	永康城香樟苑	闵行区	动迁安置房	01/16	2302	160444
9	沪房地闵字 2015 第 004149 号	金榜新苑	闵行区	动迁安置房	05/26	1632	158428
10	浦东新区房管（2015）预字 0000569 号	浦发馨汇苑	浦东区	动迁安置房	10/18	1860	155977
11	黄浦房管（2015）预字 0000382 号	外滩国际金融服务中心	黄浦区	办　公	08/11	74	155682
12	沪房地杨字 2014 第 021565 号	新江湾城科技广场	杨浦区	办　公	01/16	279	154695
13	宝山房管（2014）预字 0000402 号	美罗家园佳境苑	宝山区	动迁安置房	03/18	2217	152595
14	徐汇房管（2015）预字 0000400 号	华悦家园（二期）	徐汇区	动迁安置房	08/05	1544	141198
15	松江房管（2014）预字 0000795 号	塘和家园登云苑	松江区	动迁安置房	01/30	2080	137909
16	松江房管（2015）预字 0000215 号	文晋苑	松江区	动迁安置房	05/20	1562	136151
17	崇明房地（2015）预字 0000073 号	陈家镇裕安社区配套商品房八期	崇明区	动迁安置房	03/04	1311	134114
18	沪房地闵字 2015 第 008890 号	虹桥绿谷广场	闵行区	办　公	04/01	181	133552
19	浦东新区房管（2015）预字 0000641 号	江晖苑	浦东区	动迁安置房	11/30	1532	132706
20	青浦房管（2015）预字 0000598 号	五浦汇新塘苑	青浦区	动迁安置房	11/08	1458	131296

数据来源：中国房地产决策咨询系统（CRIC）。

表 4－115　　2015 年南京市商品房预售许可证供应面积前二十列表

单位：套，平方米

序号	预售证号	项目名称	区域	用途	时间	套数	面积
1	2014100194	金融城	建邺区	办　公	01/01	5	142639
2	2015100150	板桥润泰市场建设项目（一期）	雨花台区	商　业	10/01	1509	120203
3	2015400049	鹭岛南苑	六合区	普通住宅	11/21	1139	115980
4	2015400021	龙湖半岛花园	六合区	普通住宅	07/24	1267	110005
5	2015100176	绿地之窗商务广场	雨花台区	办　公	10/31	1431	95013
6	2015200074	南溪谷花园	江宁区	普通住宅	08/04	1008	89756
7	2015100063	春江紫宸广场	鼓楼区	普通住宅	06/06	992	88082
8	2015100014	涟城	建邺区	普通住宅	03/22	562	87872
9	2015100099	仁恒江湾城四期	建邺区	普通住宅	08/01	297	78956

续表

序号	预售证号	项目名称	区域	用途	时间	套数	面积
10	2015300026	明发新城中心	浦口区	办　公	04/23	1024	72844
11	2015500034	丽湖湾	溧水区	普通住宅	12/25	714	72679
12	2015400005	碧景山庄	六合区	普通住宅	02/11	636	64015
13	2015300071	明发新城中心	浦口区	办　公	08/12	208	63444
14	2015300031	浦润花园	浦口区	普通住宅	04/25	650	63180
15	2014200146	启迪城	江宁区	办　公	01/01	44	62612
16	2015100232	世茂外滩新城二期	鼓楼区	普通住宅	12/26	465	62002
17	2015600003	红太阳财智广场	高淳区	普通住宅	01/30	432	59455
18	2015100202W	汇金中心	建邺区	酒店式公寓	11/27	652	57153
19	2015100170	万达茂商业中心	栖霞区	普通住宅	10/31	508	56162
20	2015100173	涟城	建邺区	别　墅	11/07	145	55886

数据来源：中国房地产决策咨询系统（CRIC）。

表 4-116　　2015 年无锡市商品房预售许可证供应面积前二十列表

单位：套，平方米

序号	预售证号	项目名称	区域	用途	时间	套数	面积
1	(2014) 预销准字第 152 号	万达文化旅游城	滨湖区	商　业	01/29	3198	173179
2	(2015) 预销准字第 019 号	誉品华府	滨湖区	普通住宅	03/17	1348	136868
3	(2013) 预销准字第 009 号	龙和商业广场	崇安区	商　业	09/21	1738	95874
4	(2014) 惠预销准字第 21 号	嘉利华府庄园	惠山区	普通住宅	01/22	1000	95182
5	(2014) 预销准字第 148 号	小天鹅南苑	北塘区	普通住宅	03/16	812	85937
6	(2015) 惠预销准字第 10 号	阳光 100 国际新城	惠山区	普通住宅	07/08	825	82241
7	(2015) 惠预销准字第 4 号	阳光 100 国际新城	惠山区	普通住宅	04/30	774	74912
8	(2014) 锡山预销准字第 57 号	世纪锦园	锡山区	普通住宅	03/16	814	74435
9	(2014) 预销准字第 095 号	瑞湖华庭	滨湖区	普通住宅	07/08	384	74184
10	(2014) 预销准字第 107 号	蠡湖香樟园	滨湖区	普通住宅	09/21	288	65617
11	(2015) 预销准字第 002 号	时代上城 C 区	南长区	普通住宅	01/19	542	61342
12	(2015) 锡山预销准字第 28 号	五彩华庭	锡山区	普通住宅	08/25	622	58455
13	(2015) 预销准字第 009 号	尚锦城	滨湖区	普通住宅	02/11	520	57871
14	(2015) 预销准字第 016 号	中天大厦	滨湖区	办　公	02/10	950	57276
15	(2015) 锡山预销准字第 25 号	长泰国际社区	锡山区	普通住宅	08/07	664	54735
16	(2014) 预销准字第 141 号	小天鹅南苑	北塘区	普通住宅	03/16	538	53701
17	(2015) 预销准字第 015 号	时代雅居	滨湖区	普通住宅	05/05	256	53268
18	(2015) 锡山预销准字第 13 号	绿景雅苑	锡山区	普通住宅	05/15	516	52915
19	(2015) 惠预销准字第 22 号	阳光 100 国际新城	惠山区	普通住宅	11/25	662	52550
20	(2015) 预销准字第 081 号	天悦华府	新区	普通住宅	09/24	435	51026

数据来源：中国房地产决策咨询系统（CRIC）。

表 4－117　　　　2015 年苏州市商品房预售许可证供应面积前二十列表

单位：套，平方米

序号	预售证号	项目名称	区域	用途	时间	套数	面积
1	苏房预园区 2015350 号	苏州国际财富广场	园区	办　公	12/04	280	130998
2	苏房预相城 2015387 号	天虹品上中心	相城区	酒店式公寓	12/31	2020	128989
3	苏房预姑苏 2015185 号	苏州城市生活广场	平江区	酒店式公寓	08/12	1380	83624
4	苏房预新 2015100 号	新港天之运花园	新区	普通住宅	05/20	678	81571
5	苏房预园 2015148 号	白塘壹号	园区	普通住宅	06/23	706	78937
6	苏房预相 2015050 号	永金商业广场商业	相城区	商　业	03/27	3	77327
7	苏房预姑苏 2015185 号	苏州城市生活广场	平江区	办　公	08/12	496	76513
8	苏房预吴中 2015193 号	尼盛滨江城	吴中区	普通住宅	08/20	844	75832
9	苏房预吴 2015043 号	天鸿尹山湖韵	吴中区	普通住宅	03/26	716	73771
10	苏房预园区 2015253 号	苏州中心广场	园区	普通住宅	09/25	573	70843
11	苏房预吴中 2015215 号	华丽家族太湖汇景	吴中区	普通住宅	09/09	688	69357
12	苏房预新 2015163 号	荷澜庭	新区	普通住宅	07/07	544	65520
13	苏房预吴中 2015311 号	永新大成珺	吴中区	普通住宅	11/04	488	64123
14	苏房预园 2015090 号	长河湾	园区	普通住宅	05/04	579	62444
15	苏房预吴中 2015337 号	中海双湾锦园	吴中区	普通住宅	11/27	634	61580
16	苏房预吴 2015033 号	华丽家族太湖汇景	吴中区	普通住宅	03/17	576	58994
17	苏房预吴中 2015225 号	旭辉香格里	吴中区	普通住宅	09/14	547	58127
18	苏房预园 2015038 号	融盛商务中心办公	园区	办　公	03/19	266	57092
19	苏房预吴中 2015369 号	华丽家族太湖汇景	吴中区	普通住宅	12/23	568	56479
20	苏房预吴中 2015199 号	新城郡未来	吴中区	普通住宅	08/25	526	56052

数据来源：中国房地产决策咨询系统（CRIC）。

表 4－118　　　　2015 年杭州市商品房预售许可证供应面积前二十列表

单位：套，平方米

序号	预售证号	项目名称	区域	用途	时间	套数	面积
1	2015008001	东裕华庭	萧山区	普通住宅	05/29	1746	168952
2	2015000095	远洋杭州大运河商务区	拱墅区	办　公	07/30	651	166513
3	2015000139	新天地中心	下城区	办　公	11/02	1544	153811
4	2015000070	中企·御品湾	江干区	普通住宅	06/09	718	119219
5	2015000098	杭州港龙城	江干区	商　业	08/03	1449	114012
6	2015000177	地铁绿城·杨柳郡	江干区	普通住宅	12/18	1025	113154
7	2015004026	中海·寰宇天下	滨江区	办　公	11/19	307	102833
8	2015005014	绿城·之江 1 号	之江开发区	普通住宅	11/05	676	95980
9	2015000139	新天地中心	下城区	商　业	11/02	14	90806

续表

序号	预售证号	项目名称	区域	用途	时间	套数	面积
10	201500209	余之城	余杭区	普通住宅	11/23	898	87272
11	2015043	博地世纪中心	萧山区	商　业	07/17	103	87065
12	2015014	绿都御景蓝湾	萧山区	普通住宅	04/09	952	87024
13	2015000006	地铁东城广场	江干区	商　业	01/22	5	86221
14	2015000179	金色西溪商务中心	西湖区	办　公	12/31	197	82208
15	2015003010	美达晓城天地	下沙区	商　业	07/13	97	81800
16	201500159	奥克斯·杭州未来中心	余杭区	普通住宅	09/27	704	77087
17	2015002	诺德财富中心	萧山区	办　公	01/19	127	74902
18	201400317	西溪海小海	余杭区	普通住宅	01/01	706	74796
19	2015022	农房尚海湾	萧山区	普通住宅	04/29	664	70828
20	2015000008	德信大家·钱江府	江干区	普通住宅	01/25	717	69793

数据来源：中国房地产决策咨询系统（CRIC）。

表 4－119　　2015 年宁波市商品房预售许可证供应面积前二十列表

单位：套，平方米

序号	预售证号	项目名称	区域	用途	时间	套数	面积
1	仑房预许字（2014）第 11 号	隆顺家园	北仑区	动迁安置房	12/03	2079	209480
2	镇房预许字（2015）第 011 号	公元世家三期	镇海区	普通住宅	09/19	1619	185021
3	仑房预许字（2015）第 05 号	环球·东方港城花园（三期）	北仑区	普通住宅	09/19	1084	147094
4	仑房预许字（2014）第 09 号	浃江小区 A	北仑区	动迁安置房	03/19	1276	127204
5	鄞房预许字（2015）第 002 号	悦峰园	鄞州区	普通住宅	02/28	607	118149
6	鄞房预许字（2015）第 041 号	郡西花苑	鄞州区	普通住宅	11/12	1220	112637
7	北房预许字（2015）第 1 号	万象华府	江北区	普通住宅	11/17	858	111955
8	甬房预许字（2015）第 8 号	悦兴花苑	江东区	普通住宅	06/20	927	110147
9	江北北区 2015003	铂悦府	江北区	普通住宅	05/13	881	96757
10	鄞房预许字（2015）第 044 号	观江园	鄞州区	普通住宅	12/03	522	92346
11	鄞房预许字（2015）第 043 号	风花树小区	鄞州区	普通住宅	11/20	723	91816
12	2015004	宁波智慧城市软件研发推广产业基地 GX03－01－21－01 地块	科技园区	办　公	09/10	178	88811
13	鄞房预许字（2015）第 038 号	海创家园 AB 地块－1	鄞州区	普通住宅	10/01	757	80974
14	鄞房预许字（2015）第 010 号	锦源里－2	鄞州区	普通住宅	06/02	689	74961
15	甬东旅房预许字（2015）第 001 号	阳光玫瑰苑	鄞州区	普通住宅	04/30	599	70965
16	仑房预许字（2015）第 10 号	领御小区二期	北仑区	普通住宅	12/22	516	65828
17	甬房预许字（2015）第 18 号	城市之光广场三期	江东区	办　公	10/29	1034	65232
18	鄞房预许字（2015）第 033 号	南城名苑	鄞州区	普通住宅	09/15	543	57924
19	鄞房预许字（2015）第 054 号	汇悦湾花苑	鄞州区	普通住宅	12/30	360	57630
20	鄞房预许字（2015）第 008 号	水岸枫情（二期）	鄞州区	普通住宅	04/08	548	56647

数据来源：中国房地产决策咨询系统（CRIC）。

表 4－120　　2015 年温州市商品房预售许可证供应面积前二十列表

单位：套，平方米

序号	预售证号	项目名称	区域	用途	时间	套数	面积
1	乐清 201528	五洲电工电器城二期	乐清市	商　业	12/05	1883	130926
2	乐清 201527	五洲电工电器城	乐清市	商　业	11/14	1883	130926
3	2015016	龙府锦园（一期）	龙湾区	普通住宅	12/09	984	124107
4	乐清 201516	海岸明珠花园	乐清市	普通住宅	08/05	744	123897
5	永嘉 2010001	国际华城	永嘉县	普通住宅	03/03	750	101318
6	永嘉 2015004	维多利商务广场	永嘉县	商　业	04/03	303	96963
7	售许字（平敖）第 2013－007 号	万达商业广场	龙湾区	商　业	03/27	127	95112
8	瑞房售许字（2015）第 019 号	瑞安四季青服装商贸中心	瑞安市	商　业	11/12	2721	85119
9	瑞房售许字（2015）第 005 号	五洲商贸城（二期）	瑞安市	商　业	04/13	296	83710
10	南塘一组团现房销售	南塘住宅区一组团	瓯海区	普通住宅	07/16	596	81397
11	乐清 201512	滨湖锦园（乐清）	乐清市	普通住宅	05/26	515	75698
12	2015010	锦昌府邸	鹿城区	普通住宅	09/16	764	74374
13	苍南 2015018	金茂花园（二期）	苍南县	普通住宅	09/15	548	73735
14	瑞房售许字（2015）第 010 号	悦祥景园	瑞安市	普通住宅	08/01	478	67950
15	瑞房售许字（2015）第 017 号	新湖广场一号地块	瑞安市	普通住宅	11/12	488	62506
16	2015009	大悦观邸（一期）	龙湾区	普通住宅	09/02	404	62213
17	瑞房售许字（2015）第 003 号	瑞仕豪庭	瑞安市	普通住宅	04/13	429	57939
18	瑞房售许字（2015）第 022 号	华鸿锦园	瓯海区	普通住宅	11/26	417	57061
19	2015017	七都片西单元 05－C－01 地块 C 区（一期住宅）	鹿城区	普通住宅	12/12	364	56145
20	文房售许字（2015）第 05 号	苔湖新区住宅区一期旧城改造项目（商住楼）	文成县	普通住宅	06/04	500	55991

数据来源：中国房地产决策咨询系统（CRIC）。

表 4－121　　2015 年合肥市商品房预售许可证供应面积前二十列表

单位：套，平方米

序号	预售证号	项目名称	区域	用途	时间	套数	面积
1	20157167	宝湾国际广场	北部组团	商　业	10/31	1884	204950
2	20150823	京商商贸城	新站区	办　公	09/07	1680	89401
3	20151227	城市公馆	庐阳区	办　公	12/25	640	83547
4	20150823	京商商贸城	新站区	商　业	09/07	1371	79329
5	20150660	蔚蓝商务港城市广场	政务区	办　公	07/15	451	75378
6	20150797	鼎汇商务中心	包河区	商　业	08/27	1042	73568
7	20151128	金保中心	包河区	办　公	12/03	441	72680
8	20150478	天珑广场	政务区	办　公	06/03	885	70798

续表

序号	预售证号	项目名称	区域	用途	时间	套数	面积
9	20150478	天珑广场	政务区	商　业	06/03	372	60140
10	20150148	天徽商业广场	政务区	商　业	04/30	319	59487
11	20150835	京商商贸城	新站区	办　公	09/16	874	58773
12	20150023	金中环广场	包河区	办　公	01/14	590	57955
13	20151162	银河幸福广场	滨湖区	办　公	12/23	798	57789
14	20150321	金域华府	蜀山区	办　公	04/24	351	53974
15	20151081	京商商贸城	新站区	办　公	11/11	846	53937
16	20150688	凯旋门小区	政务区	普通住宅	07/25	408	53459
17	20150280	置地广场	政务区	普通住宅	04/16	238	52474
18	20150262	坝上街环球中心	瑶海区	普通住宅	04/23	456	52269
19	20150204	滨湖新地城市广场	滨湖区	办　公	03/20	778	48442
20	20150257	砂之船艺术商业广场	高新区	商　业	04/03	546	44838

数据来源：中国房地产决策咨询系统（CRIC）。

表 4 - 122　　2015 年福州市商品房预售许可证供应面积前二十列表

单位：套，平方米

序号	预售证号	项目名称	区域	用途	时间	套数	面积
1	2015081	天泽奥莱时代	闽侯县	普通住宅	11/19	1363	127715
2	FZ 许 20150276	中发印象外滩	仓山区	普通住宅	02/04	680	102133
3	2015051	旗山领秀	闽侯县	普通住宅	08/20	914	94225
4	2015022	海峡传媒港	闽侯县	普通住宅	05/09	892	85627
5	FZ 许 20150368	香海世界	马尾区	普通住宅	09/02	784	78623
6	2015009	东南国际建材城	闽侯县	商　业	02/16	245	71051
7	FZ 许 20150356	中发印象外滩	仓山区	普通住宅	08/15	525	65594
8	FZ 许 20150401	金城湾	仓山区	普通住宅	11/19	527	58651
9	FZ 许 20150378	闽江世纪城	仓山区	普通住宅	10/09	484	56622
10	FZ 许 20150384	阳光城奥体 SOHO	仓山区	商　业	10/09	108	55285
11	FZ 许 20150388	融侨中心	台江区	办　公	10/20	106	55012
12	FZ 许 20150426	厦航林浦住宅项目	仓山区	限价房	12/18	424	53957
13	2015033	群升江山城	闽侯县	普通住宅	07/01	516	52895
14	2015023	信通中心	闽侯县	办　公	04/10	748	50891
15	FZ 许 20150435	万科金融港	台江区	办　公	12/26	760	50806
16	FZ 许 20150376	融信后海	晋安区	限价房	10/13	501	49522
17	2015011	海峡传媒港	闽侯县	普通住宅	01/30	492	49281
18	FZ 许 20150277	建发领第	晋安区	普通住宅	02/06	172	48209
19	FZ 许 20150299	利嘉海峡国际商贸城	仓山区	商　业	04/17	557	46112
20	FZ 许 20150418	江山首府	马尾区	普通住宅	12/10	463	45813

数据来源：中国房地产决策咨询系统（CRIC）。

表 4－123　　2015 年厦门市商品房预售许可证供应面积前二十列表

单位：套，平方米

序号	预售证号	项目名称	区域	用途	时间	套数	面积
1	20150040	东南国际航运中心总部大厦	海沧区	办　公	09/30	589	99332
2	20150017	海峡明珠广场	思明区	办　公	05/08	317	95790
3	20150012	西雅图	海沧区	普通住宅	11/13	575	88460
4	20150064	凤凰花城	集美区	普通住宅	12/09	791	84466
5	20150020	水晶湖郡	集美区	普通住宅	05/15	637	83162
6	20150051	龙湖春江郦城	集美区	普通住宅	10/23	736	79437
7	20150049	建发央玺	湖里区	普通住宅	10/22	501	76149
8	20150054	禹洲香溪里	同安区	普通住宅	12/15	634	66109
9	20150025	软件园三期	集美区	办　公	06/19	121	62820
10	20150039	海投尚书房	海沧区	普通住宅	09/30	718	61166
11	20150070	恒大帝景	集美区	普通住宅	12/26	467	60055
12	20150027	凤凰花城	集美区	普通住宅	08/13	656	59303
13	20150042	禹洲卢卡小镇	翔安区	普通住宅	12/15	540	58974
14	20150033	保利叁仟栋	同安区	普通住宅	08/28	589	55910
15	20110094	源昌君悦山	思明区	普通住宅	04/10	324	55750
16	20140071	建发中央天成	湖里区	普通住宅	04/08	390	55025
17	20150021	建发中央天悦	同安区	普通住宅	07/23	441	52377
18	20150031	国贸建设银领中心	思明区	办　公	08/06	83	50953
19	20150068	金都海尚国际	同安区	普通住宅	12/18	508	50753
20	20150020	水晶湖郡	集美区	普通住宅	08/20	375	49822

数据来源：中国房地产决策咨询系统（CRIC）。

表 4－124　　2015 年南昌市商品房预售许可证供应面积前二十列表

单位：套，平方米

序号	预售证号	项目名称	区域	用途	时间	套数	面积
1	［2015］25759	新力大厦	西湖区	办　公	06/05	117	88919
2	［2015］26311	南昌铜锣湾广场	红谷滩区	商　业	10/15	31	86022
3	［2015］25893	莱蒙都会小区	红谷滩区	办　公	07/03	394	77022
4	［2015］25800	恒大名都	高新技术产业开发区	办　公	06/12	456	59131
5	［2015］25652	达观国际广场	青山湖区	商　业	05/15	23	58584
6	［2015］25322	华鹏东岸小区三期	高新技术产业开发区	办　公	01/23	802	54219
7	［2015］25816	卓成大厦	高新技术产业开发区	办　公	06/19	774	47898
8	［2015］25877	绿地国际博览城	红谷滩区	办　公	06/26	331	44739
9	［2015］25322	华鹏东岸小区三期	高新技术产业开发区	商　业	01/23	1	44081
10	［2015］25821	锐拓融和大厦	红谷滩区	办　公	06/19	166	42845

续表

序号	预售证号	项目名称	区域	用途	时间	套数	面积
11	〔2015〕25597	联泰时代广场	红谷滩区	办　公	04/24	800	41661
12	〔2015〕26231	聚仁总部经济园	高新技术产业开发区	办　公	09/25	303	38290
13	〔2015〕26857	新城吾悦广场	高新技术产业开发区	办　公	12/24	324	35472
14	〔2015〕25675	珑珺府	西湖区	普通住宅	05/22	104	34141
15	〔2015〕25738	新城吾悦广场	高新技术产业开发区	普通住宅	05/29	302	33736
16	〔2015〕25871	新城吾悦广场	高新技术产业开发区	普通住宅	06/26	300	33713
17	〔2015〕25395	湖韵天成小区	青云谱区	办　公	02/13	557	32761
18	〔2015〕25874	绿地国际博览城	红谷滩区	办　公	06/26	257	32505
19	〔2015〕25878	绿地国际博览城	红谷滩区	办　公	06/26	251	32383
20	〔2015〕25876	绿地国际博览城	红谷滩区	办　公	06/26	254	31901

数据来源：中国房地产决策咨询系统（CRIC）。

表 4 －125　　2015 年济南市商品房预售许可证供应面积前二十列表

单位：套，平方米

序号	预售证号	项目名称	区域	用途	时间	套数	面积
1	济建开预许字第（2007）200 号	济南汇展国际城项目（二期）	高新区	酒店式公寓	11/16	1747	115717
2	济建预许 2015720 号	凤凰国际房地产开发项目地块 B－3	高新区	普通住宅	12/14	678	87931
3	济建预许 2015706 号	鲁能领秀城 N1 －2 地块	市中区	普通住宅	11/21	768	87509
4	济建预许 2015666 号	奥东新都	历下区	普通住宅	11/12	464	51589
5	济建预许 2015774 号	时代国际建设项目（二期）	历城区	商　业	12/23	1888	51240
6	济建预许 2015761 号	鲁信蟠龙山项目地块 A	历城区	别　墅	12/23	152	50445
7	济建预许 2015721 号	凤凰国际房地产开发项目地块 B－3	高新区	普通住宅	12/14	296	49552
8	济建预许 2015116 号	化纤厂 B－1 地块住宅及其配套公建	历下区	普通住宅	04/09	408	47637
9	济建预许 2015791 号	华润万象城项目南地块	历下区	办　公	12/28	1079	46662
10	济建预许 2015167 号	融汇城项目	市中区	普通住宅	04/27	446	44076
11	济建预许 2015169 号	名辉豪庭二、三期工程	历城区	普通住宅	05/18	396	43538
12	济建预许 2015771 号	恒大时代财富中心西区 B－1 地块	槐荫区	办　公	12/21	227	43118
13	济建预许 2015604 号	鲁能领秀城 N1 －2 地块	市中区	普通住宅	10/24	288	42571
14	济建预许 2015406 号	恒大城二地块	历城区	酒店式公寓	09/26	658	42174
15	济建预许 2015622 号	兴隆片区 B－2 地块建设项目一期	市中区	普通住宅	11/28	276	41919
16	济建预许 2015545 号	时代国际项目（一期）	历城区	办　公	10/13	559	41437
17	济建预许 2015098 号	保利中心 A5 地块	槐荫区	普通住宅	03/24	351	40850
18	济建预许 2013123 号	恒大城二期（地块四）	历城区	普通住宅	12/23	278	40653
19	济建预许 2015317 号	高新万达广场项目 4－1 地块	高新区	办　公	06/26	281	39524
20	济建预许 2015170 号	银丰财富广场	历下区	办　公	04/28	90	38513

数据来源：中国房地产决策咨询系统（CRIC）。

表 4－126　　2015 年青岛市商品房预售许可证供应面积前二十列表

单位：套，平方米

序号	预售证号	项目名称	区域	用途	时间	套数	面积
1	青房注字胶南（2015）第 038 号	碧海云天一期	胶南市	普通住宅	09/23	3014	289696
2	青房注字青开（2015）第 064 号	国际航运中心 A 地块	黄岛区	办　公	12/25	1241	130186
3	青限房注字（2015）第 001 号	白沙上苑限价房	城阳区	限价房	05/27	1518	126688
4	鲁（2015）青岛市不动产权第 0004489 号	海岸馨园	四方区	普通住宅	05/17	1140	117020
5	青房注字（城 15）第 34 号	青岛星河湾 1 号园	城阳区	普通住宅	06/27	386	116565
6	即房（2015）注字 021 号	山东大学青岛校区教职工生活区 A2 区一期	即墨市	配套商品房	05/04	620	108457
7	青房注字（2015）第 017 号	晓港名城六期一标段	市北区	普通住宅	05/16	645	105789
8	即房（2015）注字 013 号	鲁信和璧花园一期	即墨市	普通住宅	03/24	769	100426
9	青房注字（崂）2012 第 004 号	永新国际	崂山区	办　公	06/17	4	99419
10	青房注字青开（2015）第 070 号	江山丽城	黄岛区	普通住宅	11/20	889	95922
11	青房注字青开（2015）第 049 号	盛世福邸	黄岛区	普通住宅	10/15	992	82923
12	即房（2015）注字 010 号	中交（青岛）顺河片区城镇化建设项目 M 地块	即墨市	普通住宅	02/05	777	79646
13	青房地权备字（2014）第 355 号	海岸馨园	四方区	普通住宅	05/17	923	79640
14	青经房注字（2014）第 20 号	金水·龙泽苑（东 B 区）	李沧区	经济适用房	01/06	1166	77207
15	青房注字（崂）2015 第 010 号	辽阳东路购物中心项目	崂山区	办　公	10/07	297	76987
16	青房地权市字第 201572003 号	中宇颐城（石湾新苑）	崂山区	普通住宅	10/07	858	76758
17	青房注字（2015）第 090 号	于家下河、王家下河社区城中村改造 C5 地块	李沧区	普通住宅	10/11	861	76708
18	青房注字青开（2015）第 057 号	青岛游艇产业园区 C－1－5 地块	黄岛区	普通住宅	09/28	790	76246
19	即房（2015）注字 022 号	山东大学青岛校区教职工生活区 A2 区一期	即墨市	配套商品房	05/04	482	76208
20	青房注字青开（2015）第 003 号	御园 5 号	黄岛区	普通住宅	02/12	569	75781

数据来源：中国房地产决策咨询系统（CRIC）。

表 4－127　　2015 年郑州市商品房预售许可证供应面积前二十列表

单位：套，平方米

序号	预售证号	项目名称	区域	用途	时间	套数	面积
1	〔2015〕郑房预售字（3659）号	汇泉西悦城	中原区	普通住宅	12/04	1780	166530
2	〔2015〕郑房预售字（3465）号	锦绣山河玉畅园	二七区	普通住宅	01/13	1586	146132
3	〔2014〕郑房预售字（GX2015003）号	新芒果春天	高新技术开发区	普通住宅	01/15	1420	127001
4	〔2015〕郑房预售字（3596）号	康桥月棠小区	二七区	普通住宅	09/06	1106	126682
5	〔2015〕郑房预售字（3581）号	正商金域世家	中原区	普通住宅	08/13	1224	116288

续表

序号	预售证号	项目名称	区域	用途	时间	套数	面积
6	〔2015〕郑房预售字（3533）号	和昌湾景国际二期	中原区	普通住宅	05/20	1310	111401
7	〔2015〕郑房预售字（3575）号	汇泉西悦城	中原区	普通住宅	08/06	1106	107618
8	〔2015〕郑房预售字（3618）号	上品新天地	中原区	普通住宅	10/08	1168	106532
9	〔2015〕郑房预售字（GX2015023）号	恒大翡翠华庭	高新技术开发区	普通住宅	07/03	1037	103341
10	〔2015〕郑房预售字（3520）号	绿地滨湖国际城八区	二七区	普通住宅	04/30	876	93925
11	〔2015〕郑房预售字（GX2015009）号	保利永威西溪花园	高新技术开发区	普通住宅	04/01	932	93253
12	〔2015〕郑房预售字（3638）号	百荣世纪城2区	二七区	普通住宅	11/06	944	90544
13	〔2015〕郑房预售字（3560）号	国泰一品庄园二期	金水区	普通住宅	06/30	916	86796
14	〔2015〕郑房预售字（3537）号	正商金域世家	中原区	普通住宅	05/26	880	85220
15	〔2015〕郑房预售字（3577）号	锦绣山河五期	二七区	普通住宅	08/07	851	85039
16	〔2015〕郑房预售字（3611）号	绿都澜湾	管城回族自治区	普通住宅	09/24	763	84681
17	〔2015〕郑房预售字（3639）号	翰林华庭	金水区	普通住宅	11/10	779	84502
18	〔2015〕郑房预售字（D0555）号	东方鼎城御府	郑东新区	普通住宅	04/30	748	83831
19	〔2015〕郑房预售字（GX2015010）号	祝福红城三号院	高新技术开发区	普通住宅	04/10	952	79908
20	〔2015〕郑房预售字（GX2015035）号	新合鑫观悦	高新技术开发区	普通住宅	08/14	816	77578

数据来源：中国房地产决策咨询系统（CRIC）。

表4－128　　2015年武汉市商品房预售许可证供应面积前二十列表

单位：套，平方米

序号	预售证号	项目名称	区域	用途	时间	套数	面积
1	武房开预售〔2015〕726号	复地悦城	洪山区	普通住宅	12/31	1364	116252
2	武房开预售〔2015〕745号	复地东湖国际	武昌区	普通住宅	12/31	674	99030
3	武房开预售〔2015〕507号	广电兰亭荣荟	硚口区	普通住宅	09/30	1012	98532
4	武房开预售〔2015〕151号	招商江湾国际	硚口区	普通住宅	04/30	818	98099
5	武房开预售〔2015〕744号	恒大御府	青山区	普通住宅	12/31	859	90677
6	武房开预售〔2015〕740号	水墨江郡	江夏区	普通住宅	12/31	795	88482
7	武房开预售〔2015〕372号	世纪江尚	江汉区	普通住宅	08/31	497	87551
8	武房开预售〔2015〕178号	城开温馨里	江岸区	普通住宅	05/31	885	86301
9	武房开预售〔2015〕148号	和黄都会轩	江汉区	普通住宅	04/30	612	82064
10	武房开预售〔2015〕392号	百瑞景六期	武昌区	普通住宅	10/31	807	80656
11	武房开预售〔2015〕171号	天汇龙城	黄陂区	普通住宅	05/31	784	77592
12	武房开预售〔2015〕034号	世茂锦绣长江五期	汉阳区	普通住宅	01/31	514	74100
13	武房开预售〔2015〕353号	金地天悦	东湖高新区	普通住宅	07/31	640	73024
14	武房开预售〔2015〕155号	福星惠誉东湖城	洪山区	普通住宅	04/30	672	72576
15	武房开预售〔2015〕645号	招商·公园1872	汉阳区	普通住宅	11/30	428	72000

续表

序号	预售证号	项目名称	区域	用途	时间	套数	面积
16	武房开预售〔2015〕417 号	福星惠誉东湖城	洪山区	普通住宅	08/31	696	71160
17	武房开预售〔2015〕536 号	百瑞景六期	武昌区	普通住宅	10/31	588	69338
18	武房开预售〔2015〕396 号	万科汉口传奇	江汉区	普通住宅	08/31	644	69064
19	武房开预售〔2015〕062 号	福星惠誉红桥城	江岸区	普通住宅	02/28	739	67859
20	武房开预售〔2015〕479 号	融科天域	东湖高新区	普通住宅	09/30	632	67306

数据来源：中国房地产决策咨询系统（CRIC）。

表 4－129　　2015 年长沙市商品房预售许可证供应面积前二十列表

单位：套，平方米

序号	预售证号	项目名称	区域	用途	时间	套数	面积
1	2014－0451	北辰三角洲	开福区	普通住宅	01/07	1160	145560
2	2015－0036	高岭国际商贸城	开福区	商　业	02/05	1275	109434
3	2014－0636	德思勤城市广场	雨花区	商　业	02/14	201	88639
4	2015－0121	金桥国际市场集群	望城区	商　业	06/30	1325	81756
5	2014－0373	金桥国际市场集群	望城区	商　业	01/13	1145	70480
6	2014－0372	金桥国际市场集群	望城区	商　业	01/13	1145	70475
7	2013－0376	天祺·佰潮汇商业中心	宁乡县	商　业	06/27	1300	68856
8	XX15－0417	湘江时代	岳麓区	办　公	12/03	412	65719
9	2015－0695	泰贞国际金融中心	芙蓉区	办　公	12/07	406	65061
10	2014－0636	德思勤城市广场	雨花区	普通住宅	02/14	844	64811
11	2015－0111	润和紫郡	望城区	酒店式公寓	06/19	1310	62555
12	2015－0651	泰禹国际	雨花区	办　公	11/11	328	61786
13	XX15－0206	恒晟商厦	岳麓区	商　业	07/09	212	60442
14	2015－0418	和庄	天心区	普通住宅	08/26	416	58221
15	2015－0064	楚天世纪城	长沙县	普通住宅	07/15	522	55718
16	2015－0006	丽发新城	天心区	办　公	01/21	140	55354
17	2015－0069	新长海广场	长沙县	普通住宅	05/30	607	54283
18	2015－0069	新长海广场	长沙县	普通住宅	06/12	607	54283
19	XX15－0277	奥克斯城市之光	岳麓区	普通住宅	08/25	120	53824
20	XX15－0278	奥克斯城市之光	岳麓区	普通住宅	08/25	120	53824

数据来源：中国房地产决策咨询系统（CRIC）。

表 4－130　　2015 年广州市商品房预售许可证供应面积前二十列表

单位：套，平方米

序号	预售证号	项目名称	区域	用途	时间	套数	面积
1	20151052	雪域澜庭自编 A3 区	花都区	普通住宅	12/15	1786	182415
2	20151053	雪域澜庭自编 A1 区	花都区	普通住宅	12/15	2268	167064
3	20150118	自由人花园二期	花都区	普通住宅	02/11	1299	141667
4	20130323	天盈广场	天河区	办　公	03/31	522	115949
5	20151074	万科智慧商业广场	天河区	酒店式公寓	12/22	5502	112955
6	20150957	雅居乐北苑自编 12－2 地块	番禺区	普通住宅	11/09	376	110982
7	20150307	华翠园（自编时代城）	花都区	普通住宅	04/23	1010	110898
8	20150170	广州万达文化旅游城	花都区	酒店式公寓	07/14	2088	96860
9	20150170	广州万达文化旅游城	花都区	酒店式公寓	06/11	1925	90130
10	20150917	邦华环球贸易中心商务办公楼办公	海珠区	办　公	10/29	261	89731
11	20150706	逸彩庭园	荔湾区	普通住宅	09/08	722	84830
12	20150141	正太广场商业	番禺区	商　业	06/18	487	84213
13	20150025	山清水秀花园自编 6 区	花都区	普通住宅	05/29	823	83770
14	20150143	佳创紫峰花园一期	南沙区	普通住宅	02/16	756	77986
15	20150487	金时花园南区	增城区	普通住宅	06/23	657	68606
16	20150307	华翠园（自编时代城）	花都区	普通住宅	07/10	704	68538
17	20150120	锦东花园	花都区	普通住宅	10/30	340	67477
18	20150234	富力天海湾	南沙区	普通住宅	04/07	597	66499
19	20150629	珠光御景山水花园	从化区	普通住宅	08/14	630	66213
20	20150336	富豪山庄	番禺区	普通住宅	04/28	639	66098

数据来源：中国房地产决策咨询系统（CRIC）。

表 4－131　　2015 年深圳市商品房预售许可证供应面积前二十列表

单位：套，平方米

序号	预售证号	项目名称	区域	用途	时间	套数	面积
1	深房许字（2015）龙华 022 号	鸿荣源壹城中心	龙华新区	普通住宅	11/06	2006	194126
2	深房许字（2015）宝安 004 号	壹方中心玖誉	宝安区	普通住宅	06/04	764	190515
3	深房许字（2015）福田 004 号	深业上城	福田区	办　公	08/31	315	147502
4	深房许字（2015）龙岗 019 号	颐安·都会中央 2 期	龙岗区	普通住宅	05/29	1480	137946
5	深房许字（2015）宝安 010 号	联投东方华府	宝安区	普通住宅	09/07	1423	137674
6	深房许字（2015）宝安 013 号	华联城市全景花园	宝安区	普通住宅	09/30	1312	132314
7	深房许字（2015）罗湖 005 号	华润银湖蓝山	罗湖区	普通住宅	10/15	833	131238
8	深房许字（2015）大鹏 001 号	金众云山栖	大鹏新区	普通住宅	06/04	1472	127250
9	深房许字（2015）南山 022 号	恒裕滨城二期	南山区	普通住宅	10/16	833	124583
10	深房许字（2015）龙岗 048 号	恒地悦山湖花园	龙岗区	普通住宅	11/26	1231	124321

续表

序号	预售证号	项目名称	区域	用途	时间	套数	面积
11	深房许字（2015）南山 003 号	海上世界双玺花园	南山区	普通住宅	04/21	434	123997
12	深房许字（2015）前海 001 号	卓越前海壹号	南山区	办　公	03/31	474	118640
13	深房许字（2015）宝安 017 号	领航城领秀	宝安区	普通住宅	12/03	1331	117289
14	深房许字（2015）坪山 006 号	京基御景印象	坪山新区	普通住宅	04/22	1349	116956
15	深房许字（2015）宝安 016 号	中粮凤凰里花苑	宝安区	普通住宅	12/03	1215	115517
16	深房许字（2015）南山 006 号	博林天瑞二期	南山区	普通住宅	05/19	630	114041
17	深房许字（2015）龙华 017 号	中海锦城	龙华新区	经济适用房	08/14	1412	98007
18	深房许字（2015）前海 003 号	前海时代	南山区	普通住宅	12/11	550	97525
19	深房许字（2015）福田 005 号	宝能公馆	福田区	普通住宅	09/23	647	97435
20	深房许字（2015）龙岗 004 号	信义金御半山	龙岗区	普通住宅	01/29	831	93120

数据来源：中国房地产决策咨询系统（CRIC）。

表 4－132　　2015 年南宁市商品房预售许可证供应面积前二十列表

单位：套，平方米

序号	预售证号	项目名称	区域	用途	时间	套数	面积
1	南房预字（2015）第 326 号	南宁航洋信和广场	良庆区	办　公	12/25	1855	165510
2	南经房预字（2015）30 号	南宁恒大城	江南区	普通住宅	10/30	1044	116493
3	南经房预字（2015）43 号	隆源华府	江南区	普通住宅	12/31	860	97042
4	南房预字（2015）第 226 号	嘉和城白鹭郡	兴宁区	普通住宅	10/14	824	94436
5	南房预字（2015）第 122 号	广西九洲国际	青秀区	办　公	06/30	270	93356
6	南房预字（2015）第 269 号	嘉和城	兴宁区	普通住宅	11/20	884	92687
7	南经房预字（2015）37 号	南宁恒大帝景	江南区	普通住宅	11/27	850	91893
8	南房预字（2015）第 313 号	南宁万达茂	邕宁区	普通住宅	12/19	749	89138
9	南经房预字〔2015〕第 03 号	凤江绿缘拆迁安置房项目	江南区	动迁安置房	05/15	702	86615
10	南房预字（2015）第 266 号	荣和大地·公园大道	青秀区	普通住宅	11/20	728	86055
11	南房预字（2015）第 235 号	盛邦珑湖	良庆区	普通住宅	10/21	785	82603
12	南房预字（2015）第 176 号	嘉和城塞纳右岸	兴宁区	普通住宅	08/28	589	77002
13	南房预字（2015）第 142 号	嘉和城塞纳右岸	兴宁区	普通住宅	07/23	540	72852
14	南房预字（2015）第 140 号	霖峰壹號	青秀区	普通住宅	07/21	656	71537
15	南房预字（2015）第 216 号	恒大国际中心	良庆区	商　业	09/24	377	70445
16	南房预字（2015）第 168 号	万科城南区	青秀区	普通住宅	08/26	684	69927
17	南房预字（2015）第 191 号	荣和·千千树	青秀区	普通住宅	09/07	665	69466
18	南房预字（2015）第 214 号	万科城南区	青秀区	普通住宅	09/23	672	69194
19	南房预字（2015）第 559 号	汇东凯旋城	江南区	普通住宅	01/26	792	68978
20	南经房预字〔2015〕第 01 号	汇东凯旋城	江南区	普通住宅	01/26	792	68978

数据来源：中国房地产决策咨询系统（CRIC）。

表 4－133　　2015 年北海市商品房预售许可证供应面积前二十列表

单位：套，平方米

序号	预售证号	项目名称	区域	用途	时间	套数	面积
1	北建房预字第 2015043 号	盛荟天地广场	海城区	商　业	07/14	2113	128886
2	北建房预字第 2015008 号	智弘银城绿洲	银海区	普通住宅	02/04	869	115122
3	北建房预字第 2015020 号	银投乾坤国际城	银海区	普通住宅	04/16	792	84890
4	北建房预字第 2015021 号	世纪城	海城区	普通住宅	04/23	701	66605
5	北建房预字第 2015038 号	嘉和冠山海东区爱丁堡	银海区	普通住宅	06/17	768	54190
6	北建房预字第 2015005 号	中南明珠花园	海城区	普通住宅	01/22	566	43131
7	北建房预字第 2015012 号	百丰花园	海城区	普通住宅	03/12	384	42839
8	北建房预字第 2015016 号	大都金沙湾	银海区	普通住宅	03/30	372	42421
9	北建房预字第 2015042 号	海天瑶小区	海城区	普通住宅	07/14	432	40215
10	北建房预字第 2015032 号	蓝海银湾	海城区	普通住宅	06/01	349	32265
11	北建房预字第 2015003 号	恒华新城	海城区	普通住宅	01/16	392	32012
12	北建房预字第 2015028 号	永高未来城	海城区	普通住宅	05/15	242	31037
13	北建房预字第 2015009 号	银滩万泉城	银海区	普通住宅	02/11	340	30590
14	北建房预字第 2015007 号	创基大厦	海城区	普通住宅	01/30	480	26472
15	北建房预字第 2015004 号	鸿潮宝来华府	海城区	普通住宅	01/20	260	25001
16	北建房预字第 2015031 号	弘业海景广场	银海区	普通住宅	05/29	251	24463
17	北建房预字第 2015001 号	碧海新城	海城区	普通住宅	01/14	260	24332
18	北建房预字第 2015034 号	凯源大厦	海城区	普通住宅	06/03	242	23754
19	北建房预字第 2015036 号	时代第五街坊	海城区	普通住宅	06/03	430	22757
20	北建房预字第 2015033 号	蓝海银湾	海城区	普通住宅	06/01	238	21768

数据来源：中国房地产决策咨询系统（CRIC）。

表 4－134　　2015 年海口市商品房预售许可证供应面积前二十列表

单位：套，平方米

序号	预售证号	项目名称	区域	用途	时间	套数	面积
1	20150050	五源河公寓二期	秀英区	经济适用房	06/24	1720	227856
2	20150041	滨江新苑 A 区	美兰区	动迁安置房	05/27	2125	208162
3	20150026	永和花园	秀英区	经济适用房	04/24	1995	149916
4	20150079	滨海·幸福里	秀英区	普通住宅	09/10	1058	148907
5	20150055	罗曼帝克	秀英区	普通住宅	07/09	1260	109658
6	20150059	滨江景苑	美兰区	普通住宅	07/24	900	100266
7	20150020	海秀花园（一期）	秀英区	普通住宅	03/15	824	96972
8	20150088	蓝城一号南区	秀英区	普通住宅	09/24	794	90310
9	20150075	新城吾悦广场 A 区	龙华区	普通住宅	09/08	832	89789
10	20150085	滨江帝景 S2 地块莱茵河畔	琼山区	普通住宅	09/21	652	86460

续表

序号	预售证号	项目名称	区域	用途	时间	套数	面积
11	20150077	海南紫园 D 区	秀英区	普通住宅	09/09	672	77076
12	20150091	四季华庭三期－阳光华府	龙华区	普通住宅	10/01	632	76642
13	20150095	天地·凤凰城一期	秀英区	普通住宅	10/17	843	74704
14	20150108	华府蓝湾	秀英区	普通住宅	11/07	908	74055
15	20150094	天地·凤凰城二期	秀英区	普通住宅	10/17	812	70909
16	20150135	蓝海瑞园（一期）	秀英区	普通住宅	12/11	843	69663
17	hk470405	绿色佳园·江畔人家二期	琼山区	普通住宅	09/24	587	68558
18	20150072	阳光康城（二期）	秀英区	普通住宅	08/24	708	68182
19	20150076	恒大·海口文化旅游城四期	龙华区	酒店式公寓	09/08	1706	65751
20	20150013	海云天	秀英区	普通住宅	09/08	822	64682

数据来源：中国房地产决策咨询系统（CRIC）。

表 4－135　2015 年三亚市商品房预售许可证供应面积前二十列表

单位：套，平方米

序号	预售证号	项目名称	区域	用途	时间	套数	面积
1	三房预许字〔2014〕66 号	俄罗斯旅游度假城	河西区	普通住宅	01/21	1805	136263
2	三房预许字〔2015〕11 号	同心家园九期	田独镇	经济适用房	02/14	710	63900
3	三房预许字〔2015〕13 号	红沙棕榈滩绿地	田独镇	普通住宅	04/14	647	53210
4	三房预许字〔2015〕15 号	三亚残疾儿童康复中心及凤凰华庭	河东区	普通住宅	05/06	761	48307
5	三房预许字〔2012〕014 号	度假村酒店独立客房	田独镇	别墅	01/05	65	47514
6	三房预许字〔2015〕16 号	南枫禅墅	田独镇	普通住宅	05/06	482	43348
7	三房预许字〔2015〕12 号	鹿回头半岛 B13－1 地块	河东区	普通住宅	05/06	360	42120
8	三房预许字〔2014〕64 号	华庭·时光里	河东区	普通住宅	01/14	552	39450
9	三房预许字〔2015〕2 号	迎宾路壹号	河东区	普通住宅	01/15	451	38724
10	三房预许字〔2015〕4 号	崖州湾壹号	崖城镇	普通住宅	02/14	475	34370
11	三房预许字〔2015〕07 号	凤凰水城 E－06 地块	河西区	普通住宅	11/04	604	33348
12	三房预许字〔2015〕26 号	海棠中央	海棠湾镇	普通住宅	08/31	354	31479
13	三房预许字〔2015〕29 号	万科湖心岛二期	田独镇	普通住宅	09/25	480	30240
14	三房预许字〔2015〕022 号	和泓·假日阳光	田独镇	普通住宅	08/10	757	30084
15	三房预许字〔2015〕6 号	三亚海天花园二期	河西区	普通住宅	01/28	414	27478
16	三房预许字〔2015〕27 号	三亚颐和湖光山舍	田独镇	普通住宅	09/14	386	27319
17	三房预许字〔2015〕14 号	三亚红塘湾旅游度假区 E－09 地块	天涯镇	普通住宅	05/06	317	27019
18	三房预许字〔2015〕023 号	唯美品格	河东区	普通住宅	09/10	350	25897
19	三房预许字〔2015〕1 号	和泓·假日阳光五期	田独镇	普通住宅	01/17	330	25860
20	三房预许字〔2014〕68 号	中交绿城－高福小镇	天涯镇	普通住宅	01/14	244	25387

数据来源：中国房地产决策咨询系统（CRIC）。

表 4－136　2015 年重庆市商品房预售许可证供应面积前二十列表

单位：套，平方米

序号	预售证号	项目名称	区域	用途	时间	套数	面积
1	渝国土房管（2015）预字第（337）号	重庆朝天门国际商贸城	南岸区	商　业	05/29	9017	391699
2	渝国土房管（2015）预字第（960）号	长安锦尚城	渝北区	普通住宅	12/08	2204	179669
3	渝国土房管（2015）预字第（369）号	普瑞花园	南岸区	普通住宅	07/12	1144	122536
4	渝国土房管（2015）预字第（411）号	紫御江山	江北区	普通住宅	06/26	1014	112822
5	渝国土房管（2015）预字第（669）号	万象城市广场	巴南区	商　业	09/14	1968	109295
6	渝国土房管（2015）预字第（526）号	东方国际广场	江北区	商　业	07/15	1063	107657
7	渝国土房管（2015）预字第（881）号	御龙天峰	江北区	普通住宅	11/23	910	106678
8	渝国土房管（2015）预字第（440）号	奥园盘龙壹号	九龙坡区	普通住宅	06/24	1111	97140
9	渝国土房管（2015）预字第（548）号	恒大中渝广场	渝北区	商　业	09/10	632	87430
10	渝国土房管（2015）预字第（491）号	新鸥鹏教育城	江北区	普通住宅	07/15	881	86868
11	渝国土房管（2015）预字第（828）号	奥园盘龙壹号	九龙坡区	普通住宅	10/20	973	79020
12	渝国土房管（2015）预字第（820）号	东原长江畔 1891	南岸区	商　业	11/05	227	70980
13	渝国土房管（2015）预字第（319）号	锦嘉国际大厦	江北区	办　公	06/08	159	66530
14	渝国土房管（2015）预字第（654）号	东原长江畔 1891	南岸区	普通住宅	10/09	194	66419
15	渝国土房管（2015）预字第（352）号	渝开发上城时代	巴南区	普通住宅	05/29	712	64562
16	渝国土房管（2015）预字第（806）号	富力城	沙坪坝区	普通住宅	11/12	604	64442
17	渝国土房管（2015）预字第（373）号	鼎好世纪星城	渝中区	普通住宅	06/05	518	64238
18	渝国土房管（2015）预字第（936）号	阳光 100 国际新城	南岸区	普通住宅	12/20	273	63126
19	渝国土房管（2015）预字第（459）号	典雅花溪半岛	巴南区	普通住宅	07/07	834	61946
20	渝国土房管（2015）预字第（698）号	国际社区	南岸区	普通住宅	12/20	615	58043

数据来源：中国房地产决策咨询系统（CRIC）。

表 4－137　　2015 年成都市商品房预售许可证供应面积前二十列表

单位：套，平方米

序号	预售证号	项目名称	区域	用途	时间	套数	面积
1	10800	中国华商金融中心	城南区	办　公	04/30	601	119687
2	10968	恒大华置广场	城中区	普通住宅	08/14	1041	118563
3	10880	创新时代广场	城南区	办　公	06/24	438	117479
4	23343	成都中丝园	双流	普通住宅	06/18	1084	116473
5	13386	东立国际花城	双流	普通住宅	01/08	1352	115626
6	13515	万锦城	双流	普通住宅	12/18	1408	114380
7	1411	成都万达城	都江堰	普通住宅	09/30	1129	107650
8	10684	阿玛尼艺术公寓	城东区	普通住宅	01/30	1379	104971
9	1325	中铁天宏康郡	郫县区	普通住宅	08/03	1130	101819
10	10817	泰达时代中心	城南区	办　公	05/20	390	98855
11	10675	南城都汇	城南区	普通住宅	01/26	1080	96510
12	1404	成都万达城	都江堰	普通住宅	09/22	1003	94282
13	10905	北斗七星城	城北区	普通住宅	07/06	764	91023
14	1912	富力桃园	新都区	普通住宅	04/08	948	89819
15	10998	仁和春天国际花园	城南区	办　公	08/31	540	85912
16	10808	龙湖时代天街	城西区	普通住宅	05/08	972	85657
17	13439	国栋南园贰号	双流	普通住宅	05/29	915	85489
18	1343	蜀都万达广场	郫县	办　公	10/30	1757	85410
19	945	林溪康城	龙泉	普通住宅	08/14	981	82443
20	10901	江宇天府城	双流	普通住宅	07/03	888	81271

数据来源：中国房地产决策咨询系统（CRIC）。

表 4－138　　2015 年贵阳市商品房预售许可证供应面积前二十列表

单位：套，平方米

序号	预售证号	项目名称	区域	用途	时间	套数	面积
1	2015007	花果园项目 S3 区	南明区	普通住宅	02/10	2940	383231
2	2015111	白脚岩公租房	云岩区	普通住宅	11/02	5800	336635
3	2014160	回迁安置居住区 E 组团	云岩区	普通住宅	04/23	4153	244979
4	2015076	贵大南苑住宅小区	花溪区	普通住宅	08/14	2089	241673
5	2015062	金融中心二期	金阳新区	普通住宅	10/09	1000	134647
6	2015054	远大生态风景	金阳新区	普通住宅	07/22	984	109946
7	2015060	亨特萃山国际	云岩区	普通住宅	07/15	1109	103367
8	2014148	未来方舟 E4 组团	云岩区	普通住宅	02/06	852	102009
9	2015074	中国铁建・国际城	南明区	普通住宅	08/25	989	101659

续表

序号	预售证号	项目名称	区域	用途	时间	套数	面积
10	2015078	贵阳国际金融中心二期商务区	金阳新区	办　公	08/28	2312	101597
11	2015105	中建华府	云岩区	普通住宅	10/20	1149	99527
12	2015094	红星利尔广场	云岩区	办　公	09/29	692	99324
13	2015063	林居二期	小河区	普通住宅	07/27	708	95664
14	2015013	九州十里锦城 E 区	云岩区	普通住宅	02/10	916	95621
15	2015085	美的·林城时代	金阳新区	普通住宅	09/16	852	93963
16	2014154	金融中心二期住宅项目 A3 组团	金阳新区	普通住宅	07/30	608	92625
17	2015006	五里冲项目 E1 区	南明区	普通住宅	02/11	676	91884
18	2015107	国喜中心建设项目一期	金阳新区	办　公	10/19	678	89605
19	2015109	保利·凤凰湾	南明区	普通住宅	11/02	824	88025
20	2015032	大川白金城	白云区	普通住宅	05/06	840	82296

数据来源：中国房地产决策咨询系统（CRIC）。

表 4－139　　2015 年昆明市商品房预售许可证供应面积前二十列表

单位：套，平方米

序号	预售证号	项目名称	区域	用途	时间	套数	面积
1	预许呈房字 2015016 号	花香满径小区Ⅰ	呈贡区	普通住宅	08/06	3425	445146
2	预许昆字 2015055 号	兴景逸园	官渡区	普通住宅	05/12	1700	198444
3	预许呈房字 2015014 号	滇池明珠广场一期Ⅰ	呈贡区	普通住宅	08/03	1451	190306
4	预许昆字 2015008 号	云南艺术家园区 A3 地块	官渡区	普通住宅	01/23	870	136353
5	预许昆字 2015151 号	润城小区（第三大道 A3－5）一期	西山区	普通住宅	11/20	1244	131057
6	预许昆字 2015155 号	滇池国际会展中心（9 号地块）Ⅰ	官渡区	普通住宅	11/25	1040	127524
7	预许昆字 2015113 号	山水润城·雅园	盘龙区	普通住宅	08/31	879	121098
8	预许昆字 2015171 号	云南艺术家园区 A2 地块	官渡区	普通住宅	12/25	880	117459
9	预许昆字变 2015119 号	螺蛳湾中心（A1－4 地块）	西山区	办　公	09/11	1532	117215
10	预许昆字 2015081 号	水岸晴沙小区（A1 地块）Ⅰ	呈贡区	普通住宅	06/24	704	115194
11	预许昆字 2015130 号	滇池湖岸花园（二期）2－8 地块Ⅰ	西山区	别　墅	10/09	150	114708
12	预许昆字 2015169 号	城投湖畔四季城－澜园（上坝 7 号地块）Ⅰ	盘龙区	普通住宅	12/15	770	114473
13	预许昆字 2015075 号	金马兴隆小区·兴隆嘉园	官渡区	普通住宅	06/18	1072	112793
14	预许昆字 2015165 号	城投湖畔四季城－臻园（中坝 12 号地块）Ⅱ	盘龙区	普通住宅	12/09	704	107742
15	预许昆字 2015168 号	云南艺术家园区 A1 地块	官渡区	普通住宅	12/11	753	105971
16	预许昆字 2015023 号	金坤尚城（A 地块）	西山区	普通住宅	02/10	723	100852
17	预许昆字 2015056 号	鹤唐福景小区	西山区	普通住宅	05/19	808	94600
18	预许昆字 2015063 号	云帆苑	五华区	普通住宅	05/26	1003	90018
19	预许昆字 2015059 号	园城创元小区（A1 地块）Ⅳ	五华区	普通住宅	05/22	575	82503
20	预许昆字 2015066 号	昆明大商汇商贸中心·希望花园Ⅳ	西山区	普通住宅	06/18	884	82263

数据来源：中国房地产决策咨询系统（CRIC）。

表 4－140　　2015 年西安市商品房预售许可证供应面积前二十列表

单位：套，平方米

序号	预售证号	项目名称	区域	用途	时间	套数	面积
1	2015118	雅逸新城	城西区	普通住宅	05/05	2698	209245
2	2015293	西沣公元	城南区	普通住宅	08/26	1920	195482
3	2014422	禾盛京广中心	高新区	办　公	01/12	687	189252
4	2015006	金水湾	城南区	普通住宅	01/19	1048	187625
5	2015042	半坡国际广场	城东区	普通住宅	02/17	1939	187568
6	2015010	高速紫禁长安	城南区	普通住宅	01/21	1062	154449
7	2015066	中海·凯旋门	城南区	普通住宅	03/18	1461	150148
8	2015068	国会山	城北区	普通住宅	03/20	1502	147085
9	2014452	国宾中央区	高新区	普通住宅	02/06	1571	146459
10	2015307	盛龙广场	城北区	商　业	09/07	1937	136974
11	2015188	景寓学府	城西区	普通住宅	06/26	1348	136829
12	2015140	香缤国际城·紫荆苑一期	城北区	普通住宅	05/20	1302	136076
13	2015307	盛龙广场	城北区	普通住宅	09/07	1392	129791
14	2015297	和平·春天	西咸新区	普通住宅	08/28	1232	129573
15	2015043	浐河东岸住宅项目 2－R2 地块	城东区	普通住宅	02/17	1482	128914
16	2015237	东方米兰国际城一期	城西区	普通住宅	07/23	1095	128245
17	2015255	中铁十二局一公司总部大楼及住宅楼一期项目	城东区	普通住宅	07/31	1004	127359
18	2015074	振业浐灞住宅项目二期	城东区	普通住宅	03/27	1002	127232
19	2015294	西沣公元	城南区	普通住宅	08/26	1353	116858
20	2015202	香缤国际城·紫荆苑二期	城北区	普通住宅	07/03	930	113023

数据来源：中国房地产决策咨询系统（CRIC）。

表 4－141　　2015 年兰州市商品房预售许可证供应面积前二十列表

单位：套，平方米

序号	预售证号	项目名称	区域	用途	时间	套数	面积
1	永房商预字（2014）第 10 号	恒利嘉豪国际商住小区	永登县	普通住宅	01/21	1219	158385
2	皋房商预字（2015）第 004 号	保利·领秀山	安宁区	普通住宅	05/11	1408	156314
3	兰房商预字（2015）第 037 号	中海·河山郡	安宁区	普通住宅	06/24	1603	136839
4	兰房商预字（2015）第 006 号	兰州高科·红叶城	城关区	普通住宅	02/12	1013	134191
5	兰房商预字（2015）第 021－2 号	欣欣嘉园	城关区	普通住宅	05/22	1083	131666
6	兰房商预字（2015）第 056 号	鹏博·金城珑园	城关区	普通住宅	11/02	1454	129631
7	兰房商预字（2015）第 026 号	欣欣嘉园	城关区	普通住宅	06/05	1061	122900
8	兰房商预字（2015）第 021－1 号	欣欣嘉园	城关区	普通住宅	05/22	1101	119814
9	兰房商预字（2015）第 035 号	仁恒·美林郡	七里河区	普通住宅	09/07	1246	115000
10	兰房商预字（2015）第 045 号	天水路综合小区	城关区	普通住宅	10/19	568	102708

续表

序号	预售证号	项目名称	区域	用途	时间	套数	面积
11	兰房商预字（2015）第014号	天庆·国际新城	七里河区	普通住宅	04/10	877	100058
12	兰房商预字（2015）第020－1号	碧桂园	城关区	普通住宅	04/26	1108	96882
13	榆房商预字（2015）第06号	新元绿洲	城关区	普通住宅	07/17	926	94391
14	兰房商预字（2015）第057号	恒大绿洲	城关区	普通住宅	11/02	864	91021
15	兰房经预字（2015）第02号	天泰世纪嘉园	七里河区	普通住宅	07/03	992	86306
16	榆房商预字（2015）第11号	恒大山水城	城关区	普通住宅	09/11	848	85128
17	兰房商预字（2011）第022号	天成·金色堤岸	城关区	普通住宅	05/19	825	78475
18	兰房商预字（2015）第019号	碧桂园	城关区	普通住宅	04/26	616	77398
19	兰房商预字（2014）第067号	安澜祥园	安宁区	普通住宅	01/23	648	76826
20	兰房商预字（2015）第027号	天昱·凤凰城	城关区	普通住宅	06/05	752	75583

数据来源：中国房地产决策咨询系统（CRIC）。

表4－142　　2015年西宁市商品房预售许可证供应面积前二十列表

单位：套，平方米

序号	预售证号	项目名称	区域	用途	时间	套数	面积
1	2015宁房拆备房预售证第5号	青唐小镇	城北区	普通住宅	06/16	1192	92162
2	2015宁房拆备房预售证第4号	麒麟花园	城西区	普通住宅	06/08	942	89860
3	2015房预售证第144号	安泰华庭	海湖新区	商　业	09/24	1295	82697
4	2015房预售证第145号	安泰大厦	城西区	办　公	09/24	200	63102
5	2015房预售证第146号	安泰中心	城西区	办　公	09/24	200	63096
6	2015房预售证第070号	城西总部经济大厦	城西区	办　公	04/14	1	57768
7	2015房预售证第150号	紫御蘭庭	城北区	普通住宅	09/03	527	55861
8	2015房预售证第075号	朝阳民惠城	城北区	普通住宅	04/30	580	46983
9	2015房预售证第229号	西宁夏都民族旅游商贸城	城东区	商　业	12/02	6	46168
10	2015宁房拆备字房预售证第6号	东方华府	城东区	普通住宅	07/19	403	39951
11	2015房预售证第133号	五矿柴达木广场	海湖新区	办　公	08/14	68	37710
12	2015房预售证第110号	金座雅园二期	城北区	普通住宅	06/24	439	35624
13	2015房预售证第138号	农牧提香苑	城北区	普通住宅	08/14	310	34307
14	2015房预售证第184号	宁瑞水乡综合楼工程	城北区	商　业	09/24	2	33680
15	2015房预售证第180号	金吉华庭	城中区	普通住宅	09/30	330	33272
16	2015房预售证第118号	华祥大厦	城西区	办　公	07/14	201	33159
17	2015房预售证第008号	新千国际广场二期	城东区	普通住宅	02/11	240	32493
18	2015房预售证第125号	新千国际广场虫草城	城东区	商　业	07/29	445	31947
19	2015宁房拆备字房预售证第001号	城西总部经济大厦	城西区	普通住宅	04/02	308	31007
20	2015房预售证第111号	金座雅园二期	城北区	普通住宅	06/24	378	31005

数据来源：中国房地产决策咨询系统（CRIC）。

表 4 - 143　　2015 年乌鲁木齐市商品房预售许可证供应面积前二十列表

单位：套，平方米

序号	预售证号	项目名称	区域	用途	时间	套数	面积
1	乌房预许字 2015080142 号	新疆财富中心	水磨沟区	办　公	08/26	63	93212
2	新建房许字 2015000099 号	新疆海鸿国际食品冷链配送中心建设项目商业广场	新市区	商　业	02/28	4	85616
3	乌房预许字 2015080123 号	上海大厦	新市区	办　公	08/27	756	75580
4	新建房许字 2015000132 号	乌鲁木齐经开万达广场	头屯河区	办　公	03/16	727	69668
5	乌房预许字 2015090172 号	大成尔雅	水磨沟区	办　公	09/06	343	65452
6	新建房许字 2015000144 号	乌鲁木齐高新区科研总部经济基地	新市区	办　公	03/25	48	63179
7	新建房许字 2015000145 号	乌鲁木齐高新区科研总部经济基地	新市区	办　公	03/25	33	50505
8	乌房预许字 2015050012 号	北新大厦	头屯河区	办　公	05/14	213	47621
9	乌售许字第 2015050039 号	华凌国际公寓	水磨沟区	普通住宅	05/11	388	44567
10	乌售许字第 2015070082 号	宝能城	头屯河区	普通住宅	08/12	290	39891
11	乌房预许字 2015110371 号	中泰雅居住宅小区	沙依巴克区	普通住宅	11/30	350	36987
12	乌房预许字 2015090218 号	乌鲁木齐经开万达广场	头屯河区	普通住宅	09/18	367	36372
13	乌房预许字 2015110318 号	馨和园小区	米东区	普通住宅	11/11	364	35086
14	乌房预许字 2015090233 号	珠江聚隆港	沙依巴克区	普通住宅	09/23	309	33499
15	乌房预许字 2015080142 号	新疆财富中心	水磨沟区	商　业	08/26	3	31199
16	乌房预许字 2015080145 号	世界公元	水磨沟区	商　业	08/21	7	30013
17	乌房预许字 2015050002 号	万科中央公园	水磨沟区	商　业	05/11	120	29658
18	乌售许字第 2015050040 号	华凌国际公寓	水磨沟区	普通住宅	05/11	220	28952
19	乌售许字第 2015070084 号	宝能城	头屯河区	普通住宅	08/12	232	28791
20	新建房许字 2015000250 号	市属行政事业单位集中统一建设职工住房观园路片区	水磨沟区	普通住宅	03/30	224	28288

数据来源：中国房地产决策咨询系统（CRIC）。

二、四十城市房地产市场大事记

（一）北京市

1. 通州调整住房限购政策

8 月 14 日，北京市住建委与通州区政府联合发布限购政策，北京市户籍居民无房户，以及近 3 年在通州区连续缴纳社保或者个税的非本市户籍居民，能在通州购买 1 套商品住房。北京市户籍居民已有 1 套住房的，如要在通州再买房，应在通州落户 3 年以上，或者在通州区连续 3 年缴纳社保或者个税。

2. 城六区不再新建酒店、写字楼

8 月 24 日，《北京市新增产业的禁止和限制目录（2015 年版）》公布。目录提出东、西城，朝海丰石四区东、西、北五环和南四环以内，禁止新建酒店、写字楼等大型公建项目。

3. 高总价、高单价地块频出

9月2日，备受关注的朝阳区孙河地块，被保利首开联合体以总价64.83亿元、异地配建2.75万平方米保障房竞得。该宗地平均楼面价5.2万/平方米，考虑配建因素，住宅部分楼面价实际达5.5万/平方米，刷新区域楼面价纪录。

全年丰台区共出让经营性土地13块，获得土地收益394.7亿元。其中北京总价前三甲86.25亿元、85.95亿元、83.4亿元和北京单价冠军7.5万元/平方米均在其中。

4. 20余高端豪宅项目入市

全年有包括万柳书院、北京壹号院、泛海国际、保利天誉等在内的20余个豪宅项目入市。售价更是一路飙升，单价6万元、10万元频出，霄云路8号更是标出了50万元/平方米的天价。

5. 土地出让金首次突破2000亿

全年北京土地交易市场成交106块宗地，土地出让金收入2017.26亿元，总价、楼面价和溢价率均创历史纪录。

（二）天津市

1. 天房13.71亿夺白庙地块

5月28日，天房集团经过135轮的竞拍，以13.71亿的成交价，高溢价夺得河北区白庙地块，折合楼面价12048元/平方米。该地块是地铁4号线规划天泰路站上盖宗地，规划建筑面积超11万平方米，其中住宅配比高达97%。

2. 物业管理费调整须过半数业主同意

7月4日，天津市国土房管局印发《天津市普通住宅小区物业管理服务收费管理办法》。规定今后物业公司若对物业费调价必须经过半数以上业主同意，开发建设单位或者业主大会与物业服务企业在协商确定物业管理服务费时，可在中准价格基础上进行浮动，但上下浮动幅度不得超过20%。

3. 天房集团拿下天津最高单价地块

9月3日，天津天房卓汇置业有限公司17.60亿元拿下位于南开区奥体板块，楼板价22392元/平方米，溢价率35%，成为年度天津最高成交单价地块。

4. 一、二手房交易量双双突破10万套大关

全年天津房地产市场成交量再创新高，其中新建商品住宅成交约12万套，仅次于2009年的126566套；二手私产住宅共成交约11.7万套，超过2009年的104816套，达到近十年以来交易量的峰值。中心城区新房市场的关注度随着多宗地块的拍出而逐渐升高，加之在售项目和产品的增多，使得中心城区新房市场表现活跃。中心城区一、二手房成交比例为1：2.5。

5. 房地产“双体系”平稳运行

2015全年房地产业增加值605.42亿元，增长6.1%。存量房交易升温，全年交易面积1289.6万平方米，增长61.7%；交易额1290.4亿元，增长78.6%。全年提升改造散片旧楼区846个，30万居民直接受益；开工建设保障性住房3万套，建成7.5万套，新增发放租房补贴1万户；示范小城镇开工农民安置住宅503万平方米，竣工502万平方米；加快养老机构建设，新增养老床位8369张。

（三）石家庄市

1. 公布年度土地供应计划

4月9日，石家庄市公布国有建设用地2015年度供应总量控制在799.93公顷以内，计划供应194宗地块。

市区（长安区、新华区、桥西区、裕华区、高新区）居住用地和商服用地共计92宗，总面积369.52公顷，其中通过出让方式供应82宗，总面积324.49公顷；通过划拨方式供应45.03公顷。

2. 碧桂园创单盘日销纪录

碧桂园3月21日城市展厅开放，推广强拓40天。4月26日项目认筹，5月1日开盘销售创12亿元，刷新石家庄市场单盘日销纪录。

3. 市政府整顿中心四区楼市

4月30日，市政府发布《关于加快推进房地产开发建设违法行为专项整治工作的意见》：对恶意批少建多、批低建高和擅自提高容积率的行为，坚决予以拆除或依法没收非法所得。对已经入住或预售数量较多，拆除没收后难以处置的项目，在项目单位按要求整改到位后，由相关部门依法办理各种手续。整治范围主要适于长安区、桥西区、新华区、裕华区。

4. 华润万象城投资高品质综合体

7月3日，华润万象城60亿元投资石家庄项目，打造河北地区规模大、品质好、业态全、体验强的一站式购物中心，强势升级新百商圈。

5. 公积金可支付房租

11月18日，出台《关于住房公积金提取政策的补充规定》，职工连续足额缴存住房公积金满3个月，本人及配偶在本市无自有住房，且无购买、无建造、翻修、大修、还贷提取等记录的，租住商品房时，可提取双方住房公积金支付房租。

（四）太原市

1. 公积金贷款缴存省内异地互认

5月1日起，太原市推行个人贷款缴存期限省内异地互认。对曾经在省内异地缴存住房公积金、在太原缴存不满6个月的，缴存时间可根据原缴存地住房公积金管理中心出具的缴存证明合并计算，合并计算缴存时间申请贷款的，须到中心个人贷款处办理。

2. 大型房地产交易展示会举行

8月28日，时隔五年太原市第13届大型房地产交易展示会开启，到访三万人次，意向成交500组。

3. 首个就地回迁房分配顺利实施

11月8日，下元社区为村民分配了792套就地回迁房，这是太原城中村改造进程中，首个进行就地回迁房分配的社区。

4. 城中村改造提速

从2015年到2020年，太原市计划完成全部170个城中村改造，2015年37个城中村基本完成整村拆除。

5. 中车置业17.11亿拍得原机车厂两地块

12月30日，位于太原市解放北路的原太原机车厂的两个地块被中车置业以17.11亿元拍得，土地总计面积22.64万平方米，楼面地价约2400元/平方米。其中杏花岭区SG－1553地块出让总价12.99亿，溢价率21%，为全年太原市成交总价最高地块。

（五）呼和浩特市

1. 解决房产办证遗留问题

3月31日，住房保障和房屋管理局本着“先易后难，先行解决密切关系群众利益的住宅项目”的原则，全力解决房产办证项目的遗留问题，已具备申领房产证的遗留商品房项目共14个，涉及15646户居民。

2. 恒大城开盘当日热销

5 月 31 日恒大城开盘销售，共推出 1048 套房源，最终现场成交 458 套房源，合计成交金额达到 4. 1 亿元。

3. 房展会期间购房实行“双费免征”

8 月 12 日，住房保障和房屋管理局发布《关于 2015 呼和浩特第 17 届房展会期间实施优惠购房政策的通知》，决定在 2015 首府房展会期间成交的房屋，免收房屋登记费和手续费。

4. 公共租赁住房公开摇号配租

11 月 28 日，呼和浩特市 2015 年公共租赁住房公开摇号配租正式开始。公租房项目是：新城区“惠新苑”项目，摇号分配 2110 套，申请人共计 14382 人；玉泉区“祥和苑”项目，摇号分配 4200 套，申请人共计 17055 人；赛罕区“阳光美居”项目，公开摇号 4660 套，申请人共计 12479 人。

5. 公积金政策惠及缴存职工

市政府先后推出多项住房公积金贷款利好政策：借款人夫妻双方建立住房公积金的，贷款最高额度由 50 万元提高至 80 万元；单方建立住房公积金的，贷款最高额度由 35 万元提高至 50 万元；贷款期限可延至借款人法定退休年龄后 5 年；借款人偿还贷款能力的评定标准由月还款额不超过家庭月工资收入的 50% 调整为不超过家庭工资收入的 60%；所购住房装修费用、与所购房同一小区的车库或地下车位购置费用可纳入贷款额度核定范围。

（六）沈阳市

1. 有条件实行住房公积金零首付贷款

8 月 13 日，沈阳市政府办公厅下发《进一步促进房地产市场平稳健康发展有关要求的通知》，其中，加大公积金对职工购房的支持力度。取消普通商品房公积金贷款限制。缴存职工直系亲属可以以共同借款人身份申请贷款共同还款，有条件实行住房公积金零首付贷款。各区拆迁和棚改的货币化安置率不低于 80%。

2. 万科竞得黎明新城地块

9 月 10 日，万科以总价 10. 5 亿元获得黎明新城 10 万平方米地块，是全年沈阳成交总价最高的一块土地。

3. 调整普通商品房标准

“十一”前夕，市政府印发《关于做好商品房促销工作的通知》，调整普通商品住房标准：价格由单套总价 200 万元以下放宽至 300 万元以下，面积由 144 平方米以下调整为 168 平方米以下。

4. 行政中心南迁拉动区域发展

11 月 1 日，沈阳市委市政府南迁浑南区，新址正式面向市民开放办公。这是沈阳城市总体空间结构和功能布局调整的重大举措，未来浑南新城将承担市级行政中心、文化中心、科技中心的重任。

5. 中海寰宇天下夺得年度销冠

中海寰宇天下全年成交金额 18. 5 亿元，成交 2392 套，是沈阳市全年成交金额最高的项目。

（七）大连市

1. 胜鼎置业拿下全年楼板价最高地块

1 月 29 日，胜鼎置业以总价 2. 03 亿元，底价拿下大连中心区 CBD 板块的一宗宅地，成交楼板价 6973. 21 元/平方米，是全年单价最高的地块。

2. 房地产新政出台

4 月 30 日，市府《关于促进房地产市场平稳健康发展的若干意见》发布：各地区原则上不再建安置用房，鼓励和引导居民购买存量商品房作为安置用房。《意见》还明确，从现在起至 2015 年底，房交会期间个人购买参展企业商品房并进行房屋合同备案的，在取得房屋所有权证时，政府给予购房奖励。90 平方米以下的（含 90 平方米）：每平方米奖励 30 元；90～144 平方米（含 144 平方米）：每平方米奖励 50 元；144 平方米以上的：每平方米奖励 150 元。最高奖励不超过 3 万元。

3. 远洋荣域成为销冠

位于华南广场的远洋荣域以 20.3 万平方米的年销售面积成为大连本年度的销售冠军。

4. 土地市场供应和成交双减

全年主城五区（中山区、西岗区、沙河口区、甘井子区、高新园区）共推 13 宗土地，推地面积共 61.15 万平方米，仅为 2014 年供地量的 23%；实际成交 10 宗，其中 2 宗为工业用地、2 宗为商业停车场用地，成交金额达 29 亿元；3 宗流拍土地致使土地成交面积以及成交额锐减。

5. 商品房成交均价明显下降

新峰数据显示，大连市内七区商品房成交均价 2014 年 12 月为 11978 元/平方米，2015 年 11 月底为 10289 元/平方米。一年来大连房价处于下降态势。

（八）长春市

1. 万达竞得年度总价单价最高地块

1 月 16 日，万达以 13.23 亿元底价拿下地块面积为 10.57 万平方米的红旗街地块，成交楼板价为 4472 元/平方米。

2. 蓝色港湾降价换热销

3 月份蓝色港湾从原来 6400 元/平方米，直降千元，打出“7 成房源 5310 元/平以下”的广告，开盘当日成交 200 套。

3. “新 11 条”取消住房限购

6 月 4 日，市政府出台包括“取消住房限购政策”在内的 11 条措施：允许父母与子女组合申请住房公积金贷款；首次申请住房公积金贷款购买新建商品住房，最低首付比例为 20%；个人将购买两年以上的普通住房对外销售的，免征营业税等。

4. 万科物业签约服务五家楼盘

从 7 月到 11 月份，万科物业以“睿服务”输出和全委模式分别与融创上城、高新和園、北海丽景、中铁城、晟鑫康诗丹郡签约合作。

5. 秋季房交会成果累累

9 月长春市秋季房交会期间，房屋成交 2568 套，成交面积 24.1 万平方米，成交金额 15.3 亿元。其中，住宅 2291 套，成交面积 21.5 万平方米，成交金额 12.9 亿元；非住宅 277 套，成交面积 2.6 万平方米，成交金额 2.4 亿元。

（九）哈尔滨市

1. 六方面调整公积金贷款政策

1 月 1 日起，对现行公积金贷款政策进行六方面调整，提高住房公积金个人住房贷款发放率，支持缴存职工购买首套和改善型自住住房：在哈市缴存不满 6 个月，可与异地连续缴存公积金时间合并；部分条件下再购房可享首套政策；调整后购买新建住房贷款最高限额为 70 万元；延长个人住房公积金贷款年龄；哈市户籍职工异地缴存可在哈市申请贷款；降低贷款中间费用。

2. 二手房交易资金统一监管

7 月 1 日起，实施《哈尔滨市存量房交易资金监督管理办法》，确定由哈尔滨房产行政主管部门对全市房产交易资金进行统一监管，市民在购买二手房时可以先把购房款存入政府指定的银行里，交易完成后资金有效划转，“杜绝中介经手”，市民在房屋交易时受到损失和欺诈有效得到遏制。

3. 年度土地最高楼板单价远低于去年水平

8月4日，哈尔滨本土开发商滨江房地产底价获得本年度单价最高地块，成交总价为9740万元，成交楼板价为4630元/平方米，远低于上年的最高成交楼板价。

4. 改善居民居住条件有新进展

全市开工建设各类保障房14210套、竣工16523套，改造农村泥草房5万户，新增物业管理面积606万平方米，维修老旧住宅734万平方米，创建市级以上物业管理示范小区106个。全年主城六区建成回迁房1.1万套，使长期在外临时居住的7020户棚改居民顺利回迁。

5. 新房持续降价　二手房探底回升

2014年10月以来，同比价格已连续15个月下降，全年新建商品住宅价格呈现逐月收窄态势。二手住宅价格4月份降幅最大，下降6.1%，降幅为近年来最低，12月份涨幅最高，上涨1.0%。全年新建商品住宅平均价格指数为96.0，低于15个副省级城市平均水平2.3个百分点；二手住宅价格平均指数为96.4，低于15个副省级城市平均水平2.8个百分点。

（十）上海市

1. 北京链家并购上海德佑

3月1日，北京最大二手房中介公司链家地产与上海二手中介企业排名第二的德佑地产正式宣布合并，共同打造新链家平台。两家合并以后，迅速大量在上海布局门店，占领市场份额。到年底上海链家共有1200家门店，2万名经纪人。

2. 上调公积金贷款额，最高可贷120万

4月9日，市公积金管理中心宣布：购买首套住房，个人最高贷款额度由30万元调整至50万元，家庭最高贷款额度由60万元调整至100万元；缴交补充公积金的，个人最高贷款额度在50万元基础上增加10万元保持不变，家庭最高贷款额度在100万元基础上增加20万元保持不变。

3. 大宁金茂府开盘热销带动区域均价攀升

4月到9月份，大宁金茂府连续三次开盘，共推出674套，约8.7万平方米房源，以7万到11万的备案价格，实现635套，约8.1万平方米的实际销售业绩。

4. 土地出让区域纪录频频被刷新

9月，平安集团联合杭州滨江集团以总价34.65亿元竞得祁连社区B3－03地块，溢价率91.7%，楼板价28755元；金地以20.1亿元竞得嘉定新城住宅用地，溢价率96.63%，楼板价18680元。11月，信达72.99亿元竞得新江湾城住宅用地，溢价率81.69%，楼板价49152元。12月，金辉以28.15亿元摘得莘庄闵行新城01－01－15A地块，溢价率143.28%，楼板价43790元。上述地块楼板价均为区域历史最高记录。

5. 撤房管局成立住建委

10月9日，上海市宣布组建住房和城乡建设管理委员会，撤销上海市城乡建设和管理委员会、上海市住房保障和房屋管理局，其职责整合划入上海市住房和城乡建设管理委员会。

（十一）南京市

1. 取消“90/50政策”

9月11日，市规划局发布《关于调整商品住房套型比例有关规划要求的通知》，指出今后南京新出让的住宅地块，规划条件不再限定90平方米以下中小户型面积必须占项目总建筑面积50%以上。存在了18个月的南京特色的“90/50政策”退出规划审批。

2. 土地出让面积降，金额升

全年南京累计挂牌出让土地67幅，其中2幅中止拍卖、3幅流拍，出让成交62幅土地，出让总面积362.79万平方米，出让总金额达到772.25亿元。而2014年南京市共成交110幅地块，出让总面积611.02万平方米，出让总金额为675.15亿元。

3. 大校场机场搬迁为主城新增拓展空间

南京大校场机场修建于民国时期。由于军用机场存在，和机场净空要求严格，导致该机场地区基本没有规划开发，成为主城内一片尚未开垦的“孤岛”。机场搬走后，将为南京主城腾出近10平方公里的可开发用地。

4. 八大板块中七个板块土地成交楼面价被刷新

全年南京各板块土地楼板价纪录屡被刷新。河西最高楼面价24026元/平方米、城北最高楼面价22373元/平方米、仙林最高楼面价21032元/平方米、城东最高楼面价19529元/平方米、城南最高楼面价18201元/平方米、江宁最高楼面价16289元/平方米、江北最高楼面价14722元/平方米。

5. 房价指数环比连涨10个月

在国家统计局发布的2015年12月份70大中城市房价指数中，南京新建商品住宅同比以107.9位列第五，排在京沪广深之后。南京房价自2014年6月份开始连续9个月“停涨”，自2015年3月份以来，房价则实现连续10个月环比上涨。

（十二）无锡市

1. 预售资金监管新政实施

1月1日，无锡商品房预售资金监管新政正式实施。开发企业在申领预（销）售许可证之前，都要先签订预售资金监管协议。

2. 商贷转组合贷款门槛降低

5月27日，无锡公积金贷款再出新政，商贷转组合贷款门槛再次降低。在商业贷款转换公积金贷款业务基础上，开展商业贷款转换住房组合贷款业务，解决购房人当初公积金贷款额度不足或因其他原因在购房时不能使用公积金贷款等问题。

3. 住房公积金缴存基数上调

7月1日起，市住房公积金管理中心最新下发《关于调整住房公积金及新职工住房补贴缴存基数的通知》：从市区2015年度职工住房公积金及新职工住房补贴的缴存基数最高限额调整为16700元，较上一年度增长1600元。按照单位和个人最高各12%的缴存比例计算，调整后职工的公积金账户每月缴存金额最高可达4008元，比上一年度每月多了384元。

4. 严格商品房预售许可制度

11月无锡出台《关于进一步加强商品房销售管理的通知》：房地产开发企业对未取得预售许可的商品房项目，不得进行预售，不得以认购、预订、排号、发放VIP卡等方式向买受人收取或变相收取定金、预订款等费用。商品住房预售许可的最低规模不得小于栋（单栋建筑面积小于1000平方米的住宅，单次申请预售规模原则上不少于5000平方米）。申请预售的商品房形象工程进度应当符合有关规定，多层商品房的形象工程进度达到总层数的50%以上，高层商品房的形象进度达总层数的30%以上。

5. 南长区拍出无锡最高单价地块

11月30日，清名桥古运河文化旅游发展有限公司在南长街拿下一幅商业地块，楼面价达6564元/平方米，创今年楼面价的最高纪录。

（十三）苏州市

1. 出台不动产统一登记实施方案

9 月 22 日，《苏州市不动产统一登记实施方案》下发：由市编办牵头，市委农办、财政局、人社局、国土局、住建局等部门配合，成立市级不动产登记及经办机构，并督促指导各县（市、区）同步完成不动产登记及经办机构设立。

2. 住房公积金放款需轮候 6 个月

10 月 16 日，《苏州住房公积金贷款全面实行轮候放款》通知：市住房公积金管理中心所属各分支行机构受理的住房公积金贷款，按照贷款审批通过日期排序，全面实行轮候放款。购买新建住房申请贷款的，自贷款审批通过日起轮候 6 个月放款。

3. 房企强强联合拿地频现

在全年土地拍卖会上，万科与才捷联合竞得苏州独墅湖地块；旭辉与北辰联手斩获高新区枫桥地块；旭辉携手平安以 31 亿拿下月亮湾地块；平安不动产并与仁恒合作以 40. 4 亿元拿下劳动路地块。

4. 企业纷纷高价拿地

全年苏州共有六场土拍，每场都有楼面价纪录被刷新。6 月 3 日，天房集团以 12760 元/平方米刷新狮山路楼面价纪录；7 月 3 日，海亮地产以 15992 元/平方米刷新湖东楼面价纪录；8 月 21 日，中锐 12285 元/平方米刷新相城楼面价纪录；同日，龙湖以 15214 元/平方米再次刷新狮山路楼面价纪录；9 月 29 日，天房集团以 31005 元/平方米拍出苏州至今最高楼面价；11 月 24 日，首开地产以 15865 元/平方米刷新吴中区楼面价纪录。

5. 商品住宅库存从高点迅速回落

到 2 月份，商品住宅库存达到今年最高点。随着利好政策不断出台，苏州楼市库存整体呈下降趋势。到年底商品住宅库存量仅余约 3 万套。

（十四）杭州市

1. 加快萧山余杭与主城一体化

1 月 5 日，《关于进一步加快萧山区余杭区与主城区一体化发展的若干意见》公布，将户籍、就业和社保、社会救助、教育、公共卫生、市民卡服务、公积金制度、公交、产业政策等 9 个方面的公共服务一体化作为重点内容，三年内与主城区实现全面一体化。

2. 鼓励拆迁户买商品房

5 月 7 日，市政府出台《关于大力推进住房保障货币化的指导意见》，在国有土地征迁安置中，被征收人选择货币补偿的，再按评估价格的 20% 给予货币补贴。被征收人按期搬迁且在领取货币补偿款之日起 12 个月内购买住宅房屋的，由征收部门再按被征收房屋评估价格的 22% 给予奖励（新购房屋价格低于被征收房屋评估价格的，按新购房屋价格的 22% 给予奖励）。

3. 中交成为绿城第一大股东

5 月 18 日，绿城中国（03900. HK）发布公告称，中交集团透过全资附属公司中交房地产有限公司以每股 11. 46 港元收购绿城中国 1 亿股的普通股股份。收购完成后，中交集团占绿城 28. 912% 股份。

4. 土地市场最高成交单价纪录被刷新

7 月 30 日，主城区湖滨单元的原西湖电影院地块由杭州新龙翔以总价 6. 47 亿元拿下，成交楼板价高达 48025. 32 元/平方米，刷新杭州的楼板价记录。

5. 浙江广厦逐步退出房地产行业

8 月 17 日，浙江广厦发公告宣布公司决定在未来三年内逐步退出房地产行业，进入有发展潜力和增长空间的新领域，实施产业转型。对于现有存量项目，拟定三种退出方式：加快项目去化，尾盘项目清盘后注销项目公司；对于尚未去化项目、在建及待建项目，采取包括但不限于按市场价转让、资产置换等方式出售给控股股东及其关联方或非关联第三方；其他符合上市公司法律法规规定的方式。

（十五）宁波市

1. 公积金贷款额度上调

4 月 28 日，《关于调整宁波市住房公积金个人住房贷款政策的通知》下发，规定连续缴存住房公积金满 2 年的职工购买家庭首套自住住房，其住房公积金个人住房贷款最高贷款额度由现行 80 万元/户提高到 90 万元/户。

2. 展开“公转商”贴息贷款业务

7 月，为了缓解因公积金可贷额度紧张而导致的公积金贷款排队的现象，宁波出台政策规定，住房公积金中心存贷比率在 85% 以上，90% 以下的，可启动公转商贴息贷款业务；存贷比率在 90% 以上时，应适时开展公转商贴息贷款业务；存贷款比率低于 85% 时，停止办理公转商贴息贷款。

3. 人才购房补贴新政

宁波市人力资源和社会保障局发布人才新政，规定自 2015 年 8 月 12 日至 2018 年 8 月 11 日，毕业十年内、取得全日制普通高校毕业证书，且申报时在甬就业创业的创客人才、基础人才，在甬以家庭为单位购买家庭唯一住房的，按规定享受购房总额 2% 的购房补贴，补贴总额最高不超过 8 万元。

4. 雅戈尔拿下年度住宅最高单价

雅戈尔置业以 32% 的溢价率拿下了东部新城核心区 E－23 号/24 号/28 号/29 号地块，成交总价 18 亿元，成交楼面价达到 12276 元/平方米，为宁波年度最高楼面价。

5. 居民住房条件逐步改善

全年以成片危旧住宅区为重点的棚户区改造有序开展，提供保障性安居工程 3.2 万套。城乡居民人均住房面积分别达到 40.3 平方米和 49.3 平方米。

（十六）温州市

1. 购房给补贴

4 月 2 日，温州出台“八条房地产新政”，从发布之日起到年底，对首次购买新建普通商品住房的购房者，在取得房屋所有权证时，政府给予房价的 0.6% 购房补贴。

2. 土地单价总价新纪录诞生

7 月 8 日，七家房企争抢鹿城核心区中央绿轴 235 亩优质地块。新希望最终以 53.01 亿元胜出，楼面价达 12956 元/平方米，溢价率达 37.4%。在此之前，温州总价在 37 亿元的纪录上停留了五年之久。12 月 17 日，时代地产以总价 3.31 亿元获得鹿城区滨江街道瓯江路的洪殿片区 B－30 地块，楼面价 18351 元/平方米创单价新高。

3. 房展会销售超预期

12 月 29 日，温州房地产展销会在温州国际会展中心圆满落幕。展会历时 3 天，超 20000 人次前来观展，参展商共计收获市民意向登记约 6000 组。

4. 新建商品住宅和二手住宅价格指数走出负增长

据国家统计局数据显示，2015 年 12 月，新建商品住宅价格指数环比为 100.5（上月 100），同比为 101.8

（上年同月为100）。二手住宅价格指数环比为100.2（上月100），同比为101.6（上年同月100）。

5. 楼市成交再创新高

温州全年新房总成交43462套，成交面积约524.7万平方米。成交总套数比2014年（39697套）增长了10%。住宅成交36407套，比2014年（32337套）增长约12.6%。12月温州全市共成交新房6528套，成交面积约83.7万方，创下年度最高月成交量纪录。

（十七）合肥市

1. 存量房交易合同必须网签

9月《合肥市经纪机构存量房交易网签管理暂行规定》颁布，在至年底的过渡期内，可凭纸质手工签约合同或者网上签约合同办理二手房登记交易。过渡期后，只受理网上签约合同，不再受理纸质手工签约合同。

2. 待售商品房增长较快

2015年末，全市商品房待售面积259.93万平方米，增长25.6%，其中住宅待售面积94.48万平方米，增长13.%；全年平均每平方米住宅的单价是7512元；城镇居民人均住房面积35平方米。

3. 最大城中村改造项目启动

9月15日，合肥市最大城中村改造项目庐阳区五里片区城中村改造项目启动。总占地面积1433亩，征迁总面积超过100万平方米，涉及8个居民组的7515户居民。

4. 金隅嘉业夺得年度总价最高地块

9月24日，北京的金隅嘉业以1240万元/亩的单价成功拿下W1502号地块（面积367.05亩），耗资45.5亿元。

5. 公租房合同不超3年

11月23日，为进一步加强公租房依法管理，合肥市出台市本级财政投资建设公共租赁住房管理暂行办法，新建成套公租房建筑面积在60平方米以内，承租人签订的公共租赁住房租赁合同期限最高不超过3年。

（十八）福州市

1. 统购商品房充实保障房

3月6日，《关于统购商品房和安置房、回购安置协议指导意见（试行）》下发，要求统购市民商品房、安置房，用于安置拆迁群众。各区政府指定一家国有企业作为统购商品房和安置房的购买主体。统购价格原则上低于市场评估价格15%以上。

2. 实施“闵七条”中的5条新政

3月19日，福建省推出“闵七条”，福州市4月18日实施其中五条措施：放宽首套房首改房认定标准；加大使用住房公积金购房支持力度；加强住房金融服务；推进房屋征收货币化安置补偿款购买存量商品房；试行推出共有产权住房。

3. 鲁能在福州高价拿地

12月，福州原天宇开关厂地块经过激烈的80余轮竞价，最终被鲁能集团以32.3亿元的价格收入囊中，楼面地价高达14926元/平方米。

4. 保障房建设顺利推进

全年福州保障性安居工程目标任务是：开工建设保障性住房、棚户区改造住房共13767套（户）。至年底，福州已开工建设保障性住房、棚户区改造住房共20077套（户），完成目标的146%，基本建成25010套。

5. 阳光城连续四年销售金额排名第一

全年阳光城在福州市销售总额达到68.01亿元、销售面积达到52.25万平方米，销售额、销售面积连续四年在福州房地产企业中排名第一。

（十九）厦门市

1. 提高公积金贷款额度

4 月 8 日，住房公积金最高贷款额度由“单职工 40 万元、双职工 80 万元”，调整为“单职工 50 万元、双职工 100 万元”。

2. 土地总价再创新高

9 月 25 日，位于马銮湾西部片区的商住地块公开出让，经过 281 轮争夺，最终被龙湖以 45 亿元斩获，楼面价高达 15679 元/平方米，溢价率 66.79%，创厦门总价历史新高。

3. 启动“公转商”贷款

12 月 15 日，厦门公积金贷款使用率超过 97%。根据《关于印发厦门市住房公积金管理中心 2015 年流动性风险预警应急措施的通告》，自 12 月 17 日起启动“公转商”贷款。符合个人住房公积金贷款和商业性住房按揭贷款条件的贷款职工，可前往指定银行申请“公转商贷款”，住房公积金管理中心将按月贴息。

4. 年末楼市再度爆发

12 月，厦门购房落户时限逼近，岛内外楼盘为冲量集中加推，商品住宅供应和成交量爆发，全市成交均价大涨。供应面积环比上涨 79.7%，成交面积环比上涨 37.1%，成交均价环比上涨 14.2%。

5. 超额完成年度保障性安居工程建设任务

全年保障性安居工程已开工 5107 套，完成年度建设任务（5000 套）的 102.14%；基本建成 7290 套，完成年度基本建成任务（7000 套）的 104.1%；完成投资额 26.38 亿元，完成年度投资额（13.77 亿元）的 191.57%。

（二十）南昌市

1. 房地产开发项目调整为备案制管理

4 月 9 日，《关于南昌市房地产开发项目实行备案制管理的通知》发布，决定对房地产开发项目不再实行核准制，调整为备案制管理。但项目单位仍需要向备案机关提交项目备案申请报告、项目建议书等六个方面的材料。

2. 住房保障有新进展

中心城区规划建设了 16 个棚户区改造安置房建设项目，已开工 1.6 万套；基本建成 9561 套保障性住房，发放廉租住房租赁补贴 10215 户，5900 套公租房实施配租。

3. 不动产登记局正式挂牌成立

8 月 6 日，南昌市不动产登记局正式挂牌成立，设立不动产登记窗口，办理不动产登记及发放不动产权证书。已办理的相关产权证书继续有效，新办理的则只有不动产权证。

4. 绿地在朝阳洲摘得年度总价最高地块

11 月 18 日，绿地摘得朝阳新城地块，地块面积 165 亩，总地价 15.2 亿元。

5. 网签交易全年突破 6 万套

全年南昌新建商品房累计网签近 62625 套，同比上涨 9.7%，创近 5 年来新房成交新高。其中，新房住宅网签 51566 套，同比上涨 5.55%；新房非住宅网签 11059 套，同比上涨 34.34%。

（二十一）济南市

1. 最高总价和单价地块均由本地开发商获取

年度全市土地市场最高成交总价地块位于济南历城区，由山东高速置业发展有限公司斥资 15.18 亿元拿下，溢价率高达106%。最高成交楼板价地块位于槐荫区，由济南福泰置业有限公司耗资3.12亿元底价拿下，成交楼板价为7995元/平方米。

2. 市场集中度逐步提高

商品房销售金额TOP10分为三梯次：中海、恒大、万科、鲁能位列50亿以上量级；华润、绿地（山东）、海尔地产构成30亿以上量级的第二梯队；中建、世茂、保利、祥泰构成25亿以上量级的第三梯队。20亿以上量级房企增加至15家；进榜企业商品房销售金额均超过10亿。商品房成交TOP10企业共成交485.4亿，占全市成交比例44.6%；TOP20企业共成交659.5亿，占全市成交比例60.6%；TOP30企业共成交780.8亿，占全市成交比例71.8%。

3. 年度土地成交量大于供应量

2015年济南市经营性用地实际供应85幅，供应面积为419.03万平方米，环比大幅减少42%；本年共有89宗土地出让，其中2幅土地为年内流拍二次供应，2幅土地终止出让后二次供应。供应的85幅中有11幅转入2016年交易。2015年济南市经营性用地实际成交114幅土地，成交面积为607.44万平方米，环比减少14%。其中40幅土地为2014年供应转入本年成交，74幅土地为本年度供应土地。

4. 中海称雄济南市场

中海地产凭借商品房销售91.5亿元、120.5万平方米、13504套；商品住宅销售84亿元、110.4万平方米、9415套的骄人成绩成为“六冠王”，成为济南房地产市场第一个突破了90亿元、100万平方米、10000套的开发企业。

5. 楼市销量火爆

全年济南共网签新建商品住宅90318套，较2014年的60910套多了近3万套，同比大涨48.2%。12月，济南新建商品房共网签16706套，创出历史新高，住宅网签也首次冲破1万大关，达到了10186套。

（二十二）青岛市

1. 土拍网上交易时代到来

1月1日起，全市国有土地招拍挂信息、受理报名申请、自动审核竞买人资格、缴纳保证金、网上竞价等功能，实现网络操作。公告应当至少在网上交易开始日前20日发布；采取网上挂牌方式出让的，挂牌时间不得少于10日；在网上挂牌未转入网上限时竞价的，如果在挂牌期限内无报价的，或者竞买人的报价均低于底价的，挂牌不成交；如果在挂牌截止前5分钟内，没有新的报价，且已有最高报价不低于底价，挂牌成交，最高报价者即为竞得人。

2. “70/90政策”退出

3月27日，施行九年的房地产“70/90政策”退出。

3. 西海岸新区出台“11条”房产新政

4月，青岛西海岸新区发布房地产新政：放宽购房落户条件；团购商品住房给予财政补贴；扶持人才安家创业；创新村居改造安置补偿模式；实行公积金异地缴存本地贷款；新建商品住房保证供暖；房地产企业代缴相关费用；落实国家房地产市场调控新政；允许产业地产分割转让产权；优化住房及用地供应结构；房屋产权登记实行高效便民服务。

4. 6月起开展公积金异地贷款业务

6月1日起，青岛在全市范围内开展住房公积金异地贷款新业务，夫妻两人符合条件可合并可贷额度。四种情况贷款申请不予受理：贷款或贷记卡（信用卡）当前逾期的；单笔贷款近2年内存在连续逾期3期以上

（含3期）或累计逾期6期以上（含6期）的；贷记卡近2年内存在连续逾期3期以上（含3期）的；存在因信用不良被起诉记录的。

5. 多渠道、多方式消化库存商品房

8月5日，青岛市城乡建设委联合其它七部门发布《关于优化市场环境促进房地产市场平稳健康发展的意见》：要加快完善偏远住宅小区的交通、教育、医疗、商业等配套设施，增强对于购房居民的吸引力；各区、市政府可采用贴息、补助等方式，鼓励房地产开发企业将符合条件的商品房改造为电商用房（办公仓储加工物流一体化）、都市型工业（轻加工研发型）地产、商务居住复合式地产（SOHO、LOFT）、养老地产（“老少居”“老人房”养老公寓、养老服务设施）、旅游地产（分时度假酒店、家居式宾舍）等，实现消化商品房库存与促进新兴产业发展的双赢；各区、市政府可运用创业投资基金，鼓励房地产开发企业将库存的工业、商务地产改造为“创客空间”（会议室+实验室+茶社或咖啡屋+办公间），为小微企业、自由职业者、创业者提供条件便利、质优价廉的工作生活场所，对有前景的创业团队可将房价、房租折算为股权投资，允许创意、设计、软件等领域的小微企业和自由职业者将住宅、公寓登记注册成营业场所，积极支持大众创业、万众创新，推动青岛打造成为“创新之城、创业之都、创客之岛”。

（二十三）郑州市

1. 购小户型住房给补贴

5月27日，“郑十五条”出台：经适房家庭放弃资格转购普通商住房的，对其购房面积90平方米以内部分由市财政给予每平方米800元补贴，即购即补；支持房地产开发企业建设各类满足市场需求的商品房，不再控制商品住房项目的套型结构比例。

2. 河南最大城中村改造项目签约

4月21日，河南最大的城中村改造项目、郑州北大门核心地段——老鸦陈正式签约，涉及10多万人口，600万平方米，投资300亿元。

3. 正弘置业创地价历史新高

6月9日，正弘置业竞得郑州7号地块，总价16.54亿元，合每亩1708.7万元，楼面价约为15077元/平方米，溢价率达38.53%，创造了郑州市总价及单价历史新高。

4. 深圳华强与郑州新芒果组建新集团

11月，原来的郑州新芒果房地有限公司更名为郑州华强新芒果房地产有限公司，新公司注册资本为1.5715亿元，成为2015年度郑州房地产历史上最大的一起并购事件。

5. 住房公积金贷款新规出台

11月26日，郑州住房公积金管理中心发出通知：住房公积金个人住房贷款的月还款额占借款人家庭月收入的比例最高不得超过60%；借款人夫妻双方均缴存住房公积金的，且账户状态正常的，按夫妻双方住房公积金最新月缴存基数之和认定家庭月收入。

（二十四）武汉市

1. 珠海华发夺得武汉最高单价地块

6月30日，珠海华发集团以40.5亿元拍得二七沿江商务区住宅项目（C地块），楼面价达13388元/平米，溢价率108%，成为武汉单价最高的地块。

2. 普通住宅认定标准出新规

武汉市从7月27日执行新的普遍商品住房标准应同时满足以下条件：住宅小区建筑容积率在1.0以上；单

套建筑面积在144平方米（含）以下。

3. 住房保障政策和建设有进展

继与长沙、南昌、宜昌、孝感等地互通公积金后，武汉公积金异地贷款全面放开：只要是武汉户籍职工，在外地工作并缴纳公积金，即可回武汉申请公积金贷款。

保障性住房全年新开工8.5万套、基本建成4.9万套、分配入住3.6万套。公租房、廉租房实现并轨管理。

4. 房地产投诉指南出台

11月3日，房管局出台专门针对房地产相关领域投诉指南，帮助购房者有针对性解决问题。房地产违规销售、房地产经纪服务存在虚假信息等8大类39个具体问题，可直接向房管部门投诉。

5. 复地创造最高开盘销售纪录

12月，复地东湖国际在武汉琴台大剧院开盘，在2小时内完成了674套房源的全部销售，销售额达到20亿元，打破武汉楼市多年以来的最高开盘销售纪录。

（二十五）长沙市

1. 买新房给补贴，二手房交易降税

5月19日长沙《关于促进房地产市场平稳健康发展的通知》公布，对购买绿色建筑、产业化住宅、全装修新建普通商品住宅的消费者实行60元/平方米的财政补贴。二手住房交易个人所得税核定征收税率依法由1.88%暂调至1%。

2. 明确公共租赁房面积标准

7月3日，长沙市人民政府下发《关于购买商品住房用于公共租赁住房及棚改安置房的实施意见》，明确公共租赁住房单套建筑面积不超过60平方米；棚改安置房住房建筑面积根据被征收房屋实际情况确定，其中使用棚户区改造安置补贴购买的住房建筑面积不高于（含）120平方米。

3. 买房或租房能落户长沙

12月31日，《长沙市人民政府关于进一步推进户籍制度改革的实施意见》发布：只需要在当地有合法稳定住所，稳定工作并参加社保，户口就可以迁入长沙，父母、夫妻、未婚子女可以随迁；取消农业户口和非农业户口的性质区分，统一登记为居民户口；购买商铺、商住两用房或办公用房的，购房合同在房产管理部门登记备案即可在当地派出所落公共集体户；凡在望城区、长沙县、浏阳市和宁乡县城镇地区有合法稳定住所（含租赁）的，可以在当地落户；外来务工人员参加城镇社会保险满一年的，可在当地城镇地区落户；投资兴办企业的，企业法人代表和工商部门确认的企业合伙人、出资人、股东等，均可以在当地城镇地区落户。

4. 个人购买普通住房享税收优惠

10月12日，长沙市发布《关于个人购买普通住房的税收优惠政策的通知》：对个人购买普通住房（建筑面积144平方米及以下），且该住房属于家庭唯一住房的（不论新房还是二手房），减半征收契税（按2%征收）；对个人购买90平方米及以下普通住房，且该住房属于家庭唯一住房的，减按1%税率征收契税。

5. 全年棚户区改造接近前五年总量

全年，长沙全市棚户区改造31206户，其中内5区16525户，改造面积263.35万平方米，接近过去五年的总和。

（二十六）广州市

1. 冼村首期回迁房正式复建

3月12日，启动五年之久、数度停工的冼村旧改迎来突破进展，首期回迁房终于复建，可提供576套房屋。冼村旧改涉及住户超过5000名。

2. 广东自贸区南沙片区挂牌带动楼市

4月21日，广东自贸试验区南沙新区片区揭牌。挂牌后首周，香江国际金融中心于4月25日开盘，当天共计销售320套。

3. 提供公积金贴息贷款

10月26日，市公积金管理中心实施《广州市住房公积金贴息贷款实施办法》。规定当公积金吃紧时，符合公积金贷款条件的职工，可自愿选择公积金贷款轮候或申请公积金贴息贷款。

4. 金融街竞得全年楼板价最高地块

9月23日，金融街以22.76亿元竞得海珠区AH051025地块，土地用途为二类居住用地，宗地面积56209平方米，可建设用地19550平方米，建筑面积（含地下）不超过10.75万平方米，需配建拆迁安置房2.07万平方米。折合楼板价2.1万元/平方米，为广州全年楼板价最高地块。

5. 全年分配公租房1.2万套

全年公租房分配数量达到1.2万套，创下历史新高。其中，向住房保障群体供应的6080套房源，3678户家庭最终取得公共租赁住房预配租资格。

（二十七）深圳市

1. 佳兆业事件引发深圳“锁房潮”

“锁盘风”因佳兆业深圳房源被锁而起，继而席卷了中海、中粮、招商等国字号房企。1月26日，深圳被锁房企超过30家，涉及房源2万多套。

2. 万科争夺战

从1月起，宝能系旗下前海人寿及其一致行动人钜盛华开始买入万科A。从7月10日到12月4日，宝能系先后四次举牌，持股比例增至20.008%。12月7日，安邦系耗资百亿举牌万科，买入公司股份5.53亿股，占公司总股本的5%。12月10日，宝能系购入万科A约1.91亿股，耗资约37亿元。12月11日，宝能系在香港市场继续买入约7864.2万股万科H股股票，耗资约15.5亿元。共持有万科约22.45%的股份，占据第一大股东宝座。12月18日，万科A股H股同时停牌。

3. 上调普通住宅标准

深圳市规土委于10月1日第四次上调普通住宅标准。其中，南山普通住宅标准最高，为490万元。同两年前相比，此次平均上调幅度为28%。

4. 泰禾集团创全国最高楼板价

12月25日，闽企泰禾集团最终以总价27.4亿元竞得A122－0345宗地，楼面价高达79907元/平方米，刷新全国单价纪录。

5. 房价领涨全国

12月月底，深圳新建商品住宅价格同比指数为147.5，在全国各城市中排名高居第一。

（二十八）南宁市

1. 缴满3年社保可落户

3月，根据广西《关于进一步推进全区户籍制度改革的指导意见》，在南宁就业居住并参加社保3年即可落户。12月，《关于进一步推进户籍制度改革的实施意见》颁布，以具有合法稳定住所、合法稳定就业为户口迁移的基本条件，将租赁住房列入合法稳定住所范围，暂无产权房产也可落户。

2. 万达竞得江南区综合体地块

5月20日，大连万达商业地产股份有限公司以底价竞得位于江南区星光大道东侧的GC2015－066地块，成交总价13.86亿元，出让土地总面积13.79万平方米。万达将在此项目上打造江南区首个万达广场，项目定名江南万达广场。

3. 品牌房企争夺五象湖地块

7月24日，五象新区4宗地挂牌，合计421亩。绿地、合景、万科、龙光、碧桂园等房企参与到了此次拍地。竞拍结果，碧桂园获得1宗、龙光2宗、万科1宗，总出让价20.4亿元。

4. 嘉和城再夺销冠

嘉和城再度蝉联南宁年度销冠，累计销售面积66.95万平方米，销售金额41.62亿元，成交套数5916套。销售面积、销售金额、成交套数均领先于南宁市其它楼盘。按成交套数计，嘉和城成交量超过南宁市全部成交量的7%。

5. 保障性住房建设工作圆满完成

全年南宁实际开工建设各类保障性住房30120套，完成计划开工量的103.7%；实际竣工各类保障性住房22736套，完成计划竣工量的108.3%；实际分配入住27421套，完成计划入住量的166%。

（二十九）北海市

1. “房六条”颁布

11月23日，《关于促进房地产市场平稳发展的若干意见》提出“去库存、稳增长”六项举措：以购代建改造棚户区，增加公共租赁住房供给；鼓励发展旅游房地产和养老产业，允许已建房地产项目改变用途；购房补贴总额1%；住房公积金新政，提高公积金贷款额度，推行“公转商”贷款；放宽购房入户；发挥网络营销作用等。

2. 公积金个人住房贷款大涨

全年，北海公积金共提取5.44亿元，提取占当年缴存额的比率64.61%，比上年同期增加14.74个百分点；发放个人住房贷款1578笔、3.85亿元，同比增长分别为56.39%、70.36%。回收个人住房贷款1.58亿元。

3. 土地市场量价齐跌

全年累计推出38宗招拍挂地块，同比减少10宗，推出土地总面积约180.51万平方米，同比减少约48.38%。土地成交26宗，相比去年增加11宗；土地成交面积约111.98万平方米，同比下降约95.41%；土地成交总额约7.91亿元，同比下降约11.62%。

4. 嘉和冠山海销售金额排名第一

全年，嘉和冠山海共销售1004套，累计成交金额达到6.29亿，市场占有率全市第一。

5. 保障性住房和棚户区任务完成

全年，新开工建设保障性住房和棚户区改造5570套（户），基本建成5909套，分配入住3038套，新增发放租赁补贴332户，完成农村危房改造6400户，解决了一批群众的住房困难。

（三十）海口市

1. 放宽购房入户条件

4月23日，海口出台《关于进一步规范购房入户条件的实施意见》。购买西海岸片区和江东片区一手房60（含）至90（不含）平方米的，允许入户不超过3人；90（含）至120（不含）平方米的，入户不超过4人；

120 平方米（含）以上的，入户不超过 6 人。有效期一年。

2. 加大金融和公积金对购房支持力度

5 月 7 日，海南提出加大金融对购房的支持力度：除度假别墅外，首套房、首套改善住房贷款利率不高于基准利率；开展房地产信托投资基金试点；创新棚户区改造融资体制，以政府购买服务等方式利用好国家开发银行贷款；鼓励保险业资金投资发展养老服务产业和养生、医疗等健康服务产业。

3. 引进人才购房有补贴

6 月 14 日，出台优惠政策：对于高端人才，给予不超过 50 平方米 3 年全额租房补贴；工作满 3 年，分期给予不超过 100 平方米的 50% 购房补贴，最高补贴 50 万元。本人及配偶、子女户口可选择海口或企业所在市县落户。

4. 万达斥资 5.39 亿元拿地

6 月 30 日，万达以 5.39 亿元拿下秀英白水塘以南 14.88 万平米地块，用于建造万达广场。由大型商业购物中心、精品商业步行街、娱乐休闲体验中心、商务公寓以及高档住宅等配套设施几个部分组成。

5. 鼓励琼侨回乡置业

11 月 12 日，海口出台《关于促进我市房地产业稳增长的实施意见》，其中鼓励琼籍华人华侨回乡置业定居、规范购房入户条件加大房地产优惠力度，成为两大亮点。

（三十一）三亚市

1. 出台棚户区改造房屋征收补偿安置政策

6 月，《三亚市棚户区改造房屋征收补偿安置暂行办法》颁布，明确了集体土地棚改项目中的原籍村民、转户村民、上门女婿和入嫁媳妇、外嫁女及未成年子女等 4 类人为安置对象，对被征收人选择产权调换的和选择货币补偿的，分别对应具体办法。

2. 海南房地产开发企业 20 强三亚占一半

由中国房地产业协会、中国房地产评测中心共同主办的 2015 中国房地产开发企业海南 20 强测评成果发布，以三亚为基地的房企共有 9 家企业上榜，占据了榜单的半壁江山。

3. 组织房企到省外推介旅游地产

市政府组织部分房企到成都、哈尔滨、大庆、郑州、天津和北京等城市推介三亚旅游地产，受到各地“候鸟”们的追捧。

4. 年度最高总价楼板价出自海棠湾

7 月，海南中海三邦友以总价 7.69 亿元底价拿下三亚海棠湾的一宗商办地块，成交楼板价为 3729 元/平方米。11 月，海南联投以总价 4.5 亿元，成交楼板价 8176 元/平方米拿下海棠湾的一宗纯宅地，溢价率高达 214%。

5. 回购一批商品房当安置房

12 月下旬，市住房和城乡建设局发布《关于购买商品房的通知》：为加快棚户区改革和帮助企业消化库存，拟购买 2000 套商品房作为棚户区改造、城市基础设施建设拆迁安置房源和公租房房源。

（三十二）重庆市

1. 恒大摘得年度总价最高商住地块

1 月 5 日，在重庆本年首场土地拍卖上，主城江北区观音桥（溉澜溪南部片区）组团地块被恒大集团以底价 41.34 亿元摘得。该地块为二类居住用地、商业商务用地，成交面积为 198.74 亩，可建面积为 102.89 万平方米，容积率高达 7.8，楼面价为 4018 元/平方米。

2. 房地产春季交易会举行

4 月 19 日，为期四天的 2015 重庆房地产春季交易会正式闭幕，共成交各类房屋 11275 套，与去年春交会相比增加 284.9%；建筑面积 91.09 万平米，同比增加 255.5%；成交金额 58.65 亿元，同比增加 223.3%。

3. 万达文旅城落户重庆

5 月 21 日，就文旅城相关事宜，万达集团与重庆市正式举行战略合作签约仪式。

4. 促进房地产市场平稳发展

10 月 15 日《重庆市人民政府办公厅关于进一步促进房地产市场平稳发展的通知》发布：对非企业原因闲置的房地产用地，可适当调整开工和竣工时间；个人房屋被政府征收后，取得货币补偿款重新购置房屋的，可在购房款扣除货币补偿款后计征契税；房地产企业缴清土地价款后，对规划部门批准的建设工程规划方案中独立组团对应的土地，可分宗办理房地产权证，支持企业融资；项目未预售前，房地产开发企业可申请调整商住比例，经批准适当调减商业规模；在不改变用地性质和容积率等规划条件前提下，房地产企业可调整未预售的在建商品住房项目户型结构；对房地产企业经批准建设且建成后无偿移交政府部门的学校用地，暂不征收城镇土地使用税；对属于房地产企业的待售开发房产，未纳入自有固定资产管理且未使用、未出租的，不征收房产税；经民政部门认定的非营利性养老服务机构，其养老设施服务用地可采取划拨方式供应。

5. 碧桂园首次投资重庆主城

12 月 25 日，渝北区人和组团 L 分区 L－19/03 号宗地共有金科、东原、协信、旭辉等 10 家房企参与竞拍。经过 45 轮竞拍，碧桂园以 3.45 亿元竞得该地块，折合楼面价 4858 元/平方米，溢价率 81%，为年度重庆溢价率最高土地。

（三十三）成都市

1. 恒大获得成华区川棉厂地块

1 月 8 日，成华区川棉厂地块再度出让，最终地块由恒大集团以楼面单价 5640 元/平方米、总价 20.76 亿元竞得，溢价率 18%。该地块是年度出让总价最高地块。

2. 蓝润地产三度加大商业地产布局

3 月，蓝润经过 208 次竞价获得人民南路纯商业地块，最终成交总价 10 亿元，折合楼面价 15600 元/平方米。时隔一周，蓝润以楼面地价 17073 元/平方米竞得一医院地块，为年度单价出让单价最高地块。5 月，蓝润地产再度以 7900 元/平方米的地价入驻攀成钢。

3. 集体经营性建设用地入市

9 月 9 日，成都郫县唐昌镇战旗村一宗面积为 13.447 亩的集体经营性建设用地，以每亩 52.5 万元的价格由四川迈高旅游资源开发有限公司竞得。这是四川首宗集体经营性建设用地使用权成功出让。

4. 保障房建设目标任务完成

12 月 15 日，全市共新开工各类保障性住房 5614 套、基本建成 22826 套、竣工 19524 套，分别占年度目标任务 100.25%、149.7% 和 126.24%。全市发放租赁补贴 4697 户，完成目标任务的 303.6%，其中新增 1123 户，完成目标任务的 517.5%。

5. 甲级办公楼库存持续攀升

全年，成都甲级办公楼市场共有 5 个项目建成入市，为市场带来约 43 万平方米的新增供应，推动全市甲级办公楼市场总存量攀升至约 260 万平方米。受全国经济增速放缓及部分金融类租户退租影响，甲级办公楼市场的净吸纳量较 2014 年出现明显回落，仅达约 20 万平方米。

（三十四）贵阳市

1. 住房公积金可支付房租

《贵阳市提取住房公积金支付房租费用实施细则》实施，5 月 1 日起，职工只要连续足额缴存住房公积金满 3 个月，可以凭无房证明领取公积金支付房租。

2. 不再集中建设公共租赁住房

8 月，贵阳市出台《新常态下促进房地产市场平稳健康发展的若干措施（试行）》明确，打通保障性住房和商品住房通道。

3. 房交会成功举行

9 月 24—27 日，贵阳房交会成功举行，共有 40 家开发企业、56 个楼盘参展，参展楼盘预售及展示面积超过 2000 万平方米，累计接待省内外观展市民 79300 人次，现场成交房源共计 631 套，成交面积 48443 平方米，累计成交金额 2.12 亿元。

4. 中天城投销售额位居全市首位

中天城投连续两年跻身贵阳市房企销售额排行首位。旗下中天未来方舟、贵州金融城总计销售额 100.27 亿元，占贵阳市场成交总额 17.2%，

5. 公租房建设任务圆满完成

全年共建设公共租赁住房 1134 套，总建筑面积 66330 平方米，计划完成率达到 100%。11 月 17 日举行了贵阳市公共租赁住房配租摇号，共分配 11301 套房屋，房型为两室一厅、一室一厅、一室一厨，面积均在 60 平米以内。

（三十五）昆明市

1. 年度成交总价最高地块出自西山区

5 月 28 日，西山区 J2014－005－A、B、C、D、E、F、G、H、J 地块被云南报业传媒集团有限公司、云南日报报业集团房地产开发有限公司以及云南恒云置业有限公司三家企业以 20.18 亿元的底价联合摘得。该地块占地面积 22.55 万平方米，折合楼板价 2087 元/平方米，是昆明市全年成交总价最高的一幅地块。

2. 放宽商品房预售条件

9 月 1 日起，根据《关于暂行调整商品房预售形象进度要求的通知》，经规划审批为七层（含七层）以下的商品房预售项目，从“完成结构工程并封顶”调整为“完成地面一层结构工程”；经规划审批为七层以上的商品房预售项目，从“完成地面七层以上结构工程”调整为“完成地面三层以上结构工程”。

3. 力促房地产市场发展

12 月 2 日，《关于促进房地产市场平稳健康发展的若干意见》出台，全文共计 24 条，分别从金融支持、公积金政策支持、土地、规划等方面提出具体支持房地产市场平稳健康发展的意见，规定双职工公积金最高可贷 80 万元。

4. 国土局加强闲置土地处理工作

市政府制定《昆明市闲置土地清理和处置工作方案》，具体明确了对闲置土地的调查、认定、处置程序、处置方法和处理权限等。至 2015 年 10 月，昆明共已清理闲置土地 180 宗、1.77 万亩；已处置完毕的 30 宗、3977.69 亩；正在处置 150 宗、4615.05 亩。

5. 土地成交面积同比大幅下滑

全年昆明（主城及呈贡新区）土地成交约 3473.42 亩，同比下跌 50.14%；成交金额约 78.47 亿，同比下

跌48.13%。挂拍地块多以底价成交，多轮竞价全年仅在1月和6月出现了两次。

（三十六）西安市

1. 进达合能竞得长安区大学城宅地

1月16日下午，长安区CA6－6－13号地块经过49轮举牌后，最终被西安进达合能置业有限公司竞得，竞得条件为最高限价7.45亿加32232平方米保障房。该地块占地面积10.09万平方米，折合楼面地价2854元/平，溢价率高达49%。是西安市全年成交总价最高的一幅地块。

2. 经开区同日挂牌七幅地块全部流拍

6月12日，西安经开区挂牌的7幅土地均遭遇流拍。其中两幅商住地块，五幅商服地块，7幅地块合计土地面积275亩。按每块土地的起始价计算，7宗地挂牌总价达到8.66亿元。

3. 融创与天朗建立战略合作关系

8月，天朗控股集团与融创仅就西安区域的地产开发建立战略合作关系，双方将共同出资组建西安平台公司，其中由融创出资80%，天朗出资20%。未来新开发项目以融创56%、天朗44%的持股比例进行合作开发。

4. 待售面积近三百万平方米

年底，商品房待售面积创历史新高，达到296.50万平方米，是2010年的8.6倍。

5. 完成2015年棚户区改造计划

全年，西安市集体土地上棚户区改造完成2.24万人的回迁安置，占全年目标任务1.9万人的118%；已启动17个村的整村拆除工作，占全年目标任务12个村的142%；共完成投资60亿元，占全年目标任务的51亿元的118%；国有土地上棚户区改造完成启动9个项目的房屋征收工作，占全年目标任务8个项目的113%；完成投资12.78亿元，占全年目标任务10亿元的128%，全面超额完成年度目标任务。

（三十七）兰州市

1. 碧桂园项目销售火爆

5月2日，兰州碧桂园开盘，首推房源为40—180平方米果岭精装洋房，折后均价为6800元/平方米。项目开盘后销售火爆，当日销售金额达到9.6亿元。

2. 促进房地产持续稳定健康发展

8月7日，兰州市政府出台《关于促进房地产业持续稳定健康发展的实施意见》。取消对于商品房套型和面积限制；取消居民在兰购房套数限制；购买大面积二套房契税税额给予50%到60%的补贴；放宽住房公积金提取条件和贷款买房首付的比例。

3. 奥克利大举拿地

12月2日，北京奥克利在安宁仁寿山拿地567.78亩，全年累计拿地800余亩，用于建设仁寿山文化商业生态居住区项目。

4. 安宁区安置房项目交房

12月6日，沙井驿街道拆迁项目交房，涉及征拆的8个项目的4000多名村民终于住进了安置房。最早的一批被拆迁群众，已在外过渡了近10个春秋。

5. 库存商品房面积攀升

年底，兰州市库存商品房面积为1251.33万平方米，其中住宅面积为741.79万平方米。市房产局通过政府回购商品房用于保障房、鼓励发展以住房租赁为主营业务的专业化企业等方式，消化商品房库存。

（三十八）西宁市

1. 7 宗挂牌土地流拍 5 宗

9 月 15 日，西宁城市发展投资洽谈会举行土地推介及土地挂牌出让活动，共挂牌出让 7 宗商业及住宅储备地。青海铭方智远投资有限公司分别以 13213.23 万元及 9299.82 万元挂牌底价取得两幅地块，其余 5 宗地块流拍。

2. 住房公积金可缴购房税费和物业费

11 月 12 日起，西宁执行公积金新政，缴存职工本人名下住房公积金可用于支付本人、配偶、父母或子女购买住房时，发生的住宅维修基金，各类契税、交易手续费、测绘费、登记费和工本费等购房配套支出费用；还可用于偿还直系亲属个人住房商业贷款；没有公积金贷款的职工，每年可提取 3000 元住房公积金，用于支付自住住房当年度物业费。

3. 严查违法违规用地

7 月开始，市国土局组织四区三县开展了为期三个月的违法违规用地专项清查工作，清查发现违法违规用地 143 宗，涉及土地面积 878.13 亩，其中耕地面积 518.37 亩。

4. 棚改货币化安置促进去库存

西宁市城镇棚户区改造货币化安置工作启动，通过公开招标的方式，共采购了商品住宅 2440 套。年末，西宁商品住宅库存较同期回落 5.92 个百分点。

5. 保障房配建取得新进展

全年开工建设保障房 43028 套，其中公租房 4719 套、城市棚户区改造 37849 套。入住 11882 套。1865 户住房困难户通过公开摇号分配获得了公租房。“十二五”期间全市建设保障房 172627 套，670 万平方米。

（三十九）银川市

1. 滨河新区三项目上马

3 月 18 日，滨河新区与中国休闲产业投资集团签订战略合作框架协议，投资建设中国休闲产业西北示范基地和银川中日韩健康产业城。4 月 19 日，滨河新区与碧桂园集团项目签约，在滨河新区投资建设商住房产项目。

2. 中海城开盘热销

4 月 11 日，中海城开盘启动，共有上千组客户认筹。5 月 10 日开盘当日到场购房者共计 1500 人，成交超过 600 套。

3. 房·车博览会顺利闭幕

5 月 5 日，第七届中国西部（银川）房·车博览会闭幕。本届博览会 7 天吸引 33 万人次观展，累计销售汽车 3447 辆，总销售额 4.8 亿元；累计现场购房意向登记 4339 人次，销售住房 96 套，合计金额 6138.8 万元。

4. 棚户区改造有序推进

全年，银川市共对 21 处、10040 户、315.65 万平方米棚户区进行了改造，其中，由政府主导实施的城中村棚户区改造 13 处、8042 户、270.35 万平方米；由开发企业实施棚户区改造 8 处、1998 户、45.30 万平方米。

5. 全年房价小幅回升

全年房价一直处于小涨小跌中，均价在 5000 元/平方米上下浮动。高点是 10 月份的 5230 元/平方米，低点是 4 月份的 4754 元/平方米。12 月份为 5095 元/平方米。

（四十）乌鲁木齐市

1. 夏季房交会成功举办

7 月 6 日，2015 年新疆（乌鲁木齐）夏季房地产交易博览会共吸引参观人数近 4 万人次，累计成交新建商品房总额达 39.66 亿元，建筑面积 46.89 万平方米，总套数 3943 套。

2. 调高保障房申请收入标准

11 月 9 日，乌鲁木齐市公布 2015 年度保障性住房申请收入新标准，由 2014 年的人均月收入 1730 元上调至 1980 元，上调 250 元。人均收入在 380 元至 1980 元之内的家庭，均在保障范围内。

3. 启动公积金轮候制

11 月 16 日起，乌鲁木齐市符合个人住房公积金贷款条件的职工需按照流程预约办理贷款业务。原因是年内乌鲁木齐市连续下调公积金贷款利率，个人贷款需求剧增，为了保证公积金的正常使用，公积金管理中心临时启动了贷款轮候制。

4. 年度总价最高地块成功出让

12 月 1 日，头屯河区 2013 – C – 106 地块挂牌出让，最终由乌鲁木齐经济技术开发区建设投资开发有限公司以 2.92 亿元的价格竞得，成交价格比出让底价高出 40 万元，为年度乌鲁木齐市成交总价最高地块。

5. 居民住房保障工作持续推进

全年乌鲁木齐市对保障性住房项目投资 45 亿元、实施棚户区改造项目 19 个、建设房屋 7180 套，超标完成 1180 套；其中新建保障性住房 1.2 万套，超标完成 500 套，为 3923 户家庭圆了“安居梦”。

V.企业篇

导 读

本篇第一部分是由中国房地产业协会和中国房地产测评中心联合发布的2015—2016年中国房地产开发企业三个重要的测评榜单，分别是2016年开发企业500强综合实力榜单、2015年房地产上市公司综合实力百强榜单和2015年房地产企业品牌价值测评榜单。

第二部分是中国部分优秀房地产开发企业的发展历程、经营情况和重点项目等情况展示。

一、2015—2016 年度中国房地产开发企业测评榜单

(一) 2016 年中国房地产开发企业 500 强测评

发布机构：中国房地产业协会　中国房地产测评中心　　　　发布时间：2016 年 3 月 22 日

表 5－1　　　　2016 中国房地产开发企业 500 强榜单

排　名	企业名称	排　名	企业名称
1	万科企业股份有限公司	29	中国奥园地产集团股份有限公司
2	恒大地产集团	30	路劲地产集团有限公司
3	绿地控股集团有限公司	31	融信中国控股有限公司
4	保利房地产（集团）股份有限公司	32	海亮地产控股集团有限公司
5	中国海外发展有限公司	33	龙光地产控股有限公司
6	碧桂园控股有限公司	34	宝龙地产控股有限公司
7	融创中国控股有限公司	35	建发房地产集团有限公司
8	龙湖地产有限公司	36	禹洲集团
9	华夏幸福基业股份有限公司	37	上海升龙投资集团有限公司
10	广州富力地产股份有限公司	38	上海中建东孚投资发展有限公司
11	华润置地有限公司	39	上海实业城市开发集团有限公司
12	世茂房地产控股有限公司	40	浙江佳源房地产集团有限公司
13	金地（集团）股份有限公司	41	金融街控股股份有限公司
14	招商局蛇口工业区控股股份有限公司	42	金辉地产
15	绿城房地产集团有限公司	43	广州时代地产集团有限公司
16	远洋地产控股有限公司	44	中骏置业控股有限公司
17	雅居乐地产控股有限公司	45	光明房地产集团股份有限公司
18	复地（集团）股份有限公司	46	景瑞地产（集团）有限公司
19	阳光城集团股份有限公司	47	协信集团
20	金科地产集团股份有限公司	48	国购投资有限公司
21	新城控股集团股份有限公司	49	隆基泰和实业有限公司
22	融侨集团股份有限公司	50	浙江祥生房地产开发有限公司
23	旭辉控股（集团）有限公司	51	联发集团有限公司
24	江苏中南建设集团股份有限公司	52	朗诗绿色地产有限公司
25	泰禾集团股份有限公司	53	卓越置业集团有限公司
26	四川蓝光发展股份有限公司	54	中粮地产（集团）股份有限公司
27	正荣集团有限公司	55	重庆华宇集团有限公司
28	建业住宅集团（中国）有限公司	56	首创置业股份有限公司

续表

排　名	企业名称	排　名	企业名称
57	三盛地产集团	94	颐和地产集团
58	新鸥鹏集团	95	四川蓝润实业集团有限公司
59	雨润地产集团	96	广州广电房地产开发集团股份有限公司
60	福晟集团	97	郭氏投资集团有限公司
61	上海证大房地产有限公司	98	日照安泰房地产开发有限公司
62	中国金茂控股集团有限公司	99	中迪禾邦集团有限公司
63	苏宁置业集团有限公司	100	广西云星集团有限公司
64	上海爱家集团	101	鲁能置业集团有限公司
65	上海城建置业发展有限公司	102	中天城投集团股份有限公司
66	K2 地产	103	中国电建地产集团有限公司
67	上海建工房产有限公司	104	杭州滨江房产集团股份有限公司
68	重庆隆鑫地产（集团）有限公司	105	长春新星宇房地产开发有限责任公司
69	天朗控股集团	106	合景泰富地产控股有限公司
70	鸿坤集团	107	广州市敏捷投资有限公司
71	南京栖霞建设股份有限公司	108	滕州市房地产综合开发有限公司
72	当代置业	109	广泽地产集团股份有限公司
73	西安紫薇地产开发有限公司	110	世纪金源集团有限公司
74	龙记地产集团股份有限公司	111	河南正商置业有限公司
75	上海城投置地（集团）有限公司	112	鑫苑（中国）置业有限公司
76	北京科技园建设（集团）股份有限公司	113	北京城建投资发展股份有限公司
77	保集控股集团有限公司	114	美的地产发展集团
78	东胜房地产开发集团有限公司	115	北京融科智地房地产开发有限公司
79	山水文园投资集团	116	北京金隅股份有限公司
80	天山房地产开发集团有限公司	117	深圳市鹏瑞地产开发有限公司
81	天同宏基集团股份有限公司	118	河北燕阳集团
82	北京江南投资集团有限公司	119	山东东海房地产开发有限公司
83	方圆地产控股有限公司	120	花样年控股集团有限公司
84	信达地产股份有限公司	121	海尔地产集团有限公司
85	中锐地产集团	122	郑州绿都地产集团有限公司
86	和昌集团	123	贵州宏立城集团
87	国贸地产集团有限公司	124	深圳市星河房地产开发有限公司
88	重庆泽京房地产开发有限公司	125	珠海华发实业股份有限公司
89	象屿地产集团有限公司	126	上海陆家嘴金融贸易区开发股份有限公司
90	荣和集团	127	俊发地产有限责任公司
91	福建中联房地产开发集团有限公司	128	上海绿洲投资控股集团有限公司
92	黑龙江宝宇房地产开发（集团）公司	129	鸿荣源房地产开发有限公司
93	厦门海投房地产有限公司	130	重庆融汇地产（集团）有限公司

续表

排　名	企业名称	排　名	企业名称
131	合生创展集团有限公司	168	雅戈尔集团股份有限公司
132	新湖中宝股份有限公司	169	天津泰达建设集团有限公司
133	山西恒实房地产开发有限责任公司	170	深圳市中洲投资控股股份有限公司
134	北大资源集团	171	中航地产股份有限公司
135	上海中星（集团）有限公司	172	莱蒙国际集团有限公司
136	苏州伟业集团	173	中渝置地控股有限公司
137	大华（集团）有限公司	174	北京北辰实业股份有限公司
138	泛海建设集团股份有限公司	175	美林基业集团有限公司
139	佳兆业集团控股有限公司	176	江苏弘阳集团有限公司
140	京投银泰股份有限公司	177	上置集团有限公司
141	广东海伦堡地产集团有限公司	178	江苏吴中地产集团有限公司
142	星河湾地产控股有限公司	179	中邦置业集团有限公司
143	宁波银亿房地产开发有限公司	180	东渡国际（集团）有限公司
144	上海宝华企业集团有限公司	181	众安房产有限公司
145	阳光 100 集团有限公司	182	厦门住宅建设集团有限公司
146	苏宁环球股份有限公司	183	恒盛地产控股有限公司
147	嘉凯城集团股份有限公司	184	豫森地产集团有限公司
148	庭瑞集团	185	苏州圆融发展集团有限公司
149	福星惠誉房地产有限公司	186	红星美凯龙房地产开发有限公司
150	深圳华强新城市发展有限公司	187	宁波奥克斯置业有限公司
151	德信控股集团有限公司	188	上海大名城企业股份有限公司
152	亿达集团有限公司	189	上海鹏欣房地产（集团）有限公司
153	五矿建设有限公司	190	美好置业集团股份有限公司
154	重庆斌鑫集团有限公司	191	杭州开元房地产集团有限公司
155	天津市房地产发展（集团）股份有限公司	192	苏州工业园区建屋发展集团有限公司
156	海航地产控股（集团）有限公司	193	新疆华源实业（集团）有限公司
157	安徽省文一投资控股集团	194	中昂地产（集团）有限公司
158	五洲国际控股有限公司	195	厦门经济特区房地产开发集团有限公司
159	明发集团有限公司	196	坤和建设集团有限公司
160	浙江中天房地产集团有限公司	197	宁波维科置业有限公司
161	福建正祥投资集团有限公司	198	上海万业企业股份有限公司
162	百步亭集团有限公司	199	上海三盛宏业投资集团
163	大发房地产集团有限公司	200	郑州市永威置业有限公司
164	冠城大通股份有限公司	201	浙江省赞成集团有限公司
165	四川邦泰集团	202	中国武夷实业股份有限公司
166	浙江昆仑置业集团有限公司	203	中新苏州工业园区置地有限公司
167	华南城控股有限公司	204	浙江金龙房地产投资集团有限公司

续表

排　名	企业名称	排　名	企业名称
205	中山市大信控股有限公司	242	广州珠江实业开发股份有限公司
206	SOHO 中国有限公司	243	青岛银盛泰房地产有限公司
207	温州置信房地产开发有限公司	244	上海外高桥保税区开发股份有限公司
208	卓尔发展集团有限公司	245	福建中庚实业集团有限公司
209	上海张江高科技园区开发股份有限公司	246	三湘股份有限公司
210	湖北省联合发展投资集团有限公司	247	安徽高速地产集团有限公司
211	福建永鸿投资发展集团	248	上海中环投资开发（集团）有限公司
212	中华企业股份有限公司	249	无锡红豆置业有限公司
213	鲁商置业股份有限公司	250	祥源控股集团
214	广东珠江投资股份有限公司	251	安徽安粮控股股份有限公司
215	海信房地产股份有限公司	252	江苏阳光置业发展有限公司
216	华邦集团有限公司	253	湖北奥山置业有限公司
217	南益地产集团有限公司	254	泉舜集团有限公司
218	甘肃天庆房地产集团有限公司	255	元一集团
219	新疆广汇实业股份有限公司	256	上海悦达房地产发展有限公司
220	苏州新区高新技术产业股份有限公司	257	镇江城市建设产业集团有限公司
221	杭州宋都房地产集团有限公司	258	江苏德惠建设集团有限公司
222	云南城投置业股份有限公司	259	天地源股份有限公司
223	中国·经纬置地有限公司	260	北京万通地产股份有限公司
224	广西嘉和置业集团有限公司	261	南京高科股份有限公司
225	华远地产股份有限公司	262	天誉置业（控股）有限公司
226	深圳市信义房地产开发有限公司	263	云南实力集团有限公司
227	合肥城建发展股份有限公司	264	北京一方控股集团有限公司
228	北京住总集团有限公司	265	厦门市杏林建设开发有限公司
229	顺发恒业股份公司	266	毅德国际控股有限公司
230	金大元集团（上海）有限公司	267	北京华业地产股份有限公司
231	浙江中大集团股份有限公司	268	武汉美联地产有限公司
232	银城地产股份有限公司	269	淮矿地产有限责任公司
233	荣安地产股份有限公司	270	祥泰实业有限公司
234	河南正弘置业有限公司	271	北京国锐投资有限公司
235	河南亚星置业集团	272	浙江广厦股份有限公司
236	深圳市振业（集团）股份有限公司	273	深圳市联投置地有限公司
237	北京建工集团有限责任公司	274	新华联不动产股份有限公司
238	云南子元（集团）股份有限公司	275	亿城集团股份有限公司
239	武汉地产开发投资集团有限公司	276	保亿集团股份有限公司
240	深圳市博林房地产开发有限公司	277	金都房产集团有限公司
241	广宇集团股份有限公司	278	郑州康桥房地产开发有限责任公司

续表

排　名	企业名称	排　名	企业名称
279	安徽国耀地产发展有限公司	316	天洋置地有限公司
280	山东众成地产集团有限公司	317	江西中江地产股份有限公司
281	宁波联合建设开发有限公司	318	上海金桥出口加工区开发股份有限公司
282	绿景控股股份有限公司	319	山东东方佳园房地产开发有限公司
283	辰兴房地产发展股份有限公司	320	江苏美好置地有限公司
284	济南银丰房地产开发有限公司	321	洛阳祝福房地产开发有限公司
285	天阳置业有限公司	322	卧龙地产集团股份有限公司
286	绿都控股集团有限公司	323	上海汇成（集团）有限公司
287	成都森宇实业集团有限公司	324	厦门源昌房地产开发有限公司
288	深圳市城市建设开发（集团）公司	325	安徽置地投资有限公司
289	中体产业集团股份有限公司	326	杭州兴耀房地产开发集团有限公司
290	安徽新华房地产集团	327	天津广宇发展股份有限公司
291	广东世荣兆业股份有限公司	328	深圳香江控股股份有限公司
292	江苏新能源置业集团有限公司	329	云南官房企业集团有限公司
293	福州深深房地产开发有限公司	330	嘉裕房地产集团
294	江苏凤凰置业投资股份有限公司	331	大连友谊（集团）股份有限公司
295	恒通建设集团有限公司	332	西安海荣房地产集团有限公司
296	福州新榕城市建设发展有限公司	333	东莞市新世纪房地产开发有限公司
297	上亿企业集团有限公司	334	乐富强房地产开发有限公司
298	湖北人信房地产开发有限公司	335	美都控股股份有限公司
299	名门地产（河南）有限公司	336	昆明佳达利房地产开发经营有限公司
300	江苏中洋置业有限公司	337	国兴融达地产股份有限公司
301	福信集团有限公司	338	青特置业有限公司
302	浙江华都控股集团股份有限公司	339	宁波房地产股份有限公司
303	杭州市城建开发集团有限公司	340	天津住宅建设发展集团有限公司
304	葛洲坝海集房地产开发有限公司	341	成都万华投资有限责任公司
305	东建集团	342	京能置业股份有限公司
306	格力地产股份有限公司	343	长春市万龙房地产开发有限责任公司
307	厦门新景地集团有限公司	344	上海中梁地产集团有限公司
308	四川中德世纪置业有限公司	345	永恒控股集团有限公司
309	云南中原实业集团有限公司	346	湖南鑫远集团有限公司
310	力旺集团有限公司	347	广州东华实业股份有限公司
311	吉林省伟峰实业有限公司	348	山东建大教育置业有限公司
312	天津天保基建股份有限公司	349	上海新黄浦置业股份有限公司
313	宝业集团股份有限公司	350	广西金源置业集团有限公司
314	上海嘉宝实业（集团）股份有限公司	351	济南东拓置业有限公司
315	吉林亚泰房地产开发有限公司	352	浙江钱江房地产集团有限公司

续表

排　名	企业名称
353	奥宸地产（集团）有限公司
354	武汉南国置业股份有限公司
355	深圳市天健房地产开发实业有限公司
356	湖北清能地产集团有限公司
357	北京国瑞兴业地产有限公司
358	烟台新潮实业股份有限公司
359	河南天伦地产集团有限公司
360	中国宝安集团股份有限公司
361	青岛伟东置业集团
362	万泽实业股份有限公司
363	江苏九洲投资集团有限公司
364	侨鑫集团有限公司
365	鑫塔房地产开发有限责任公司
366	河南鸿宝置业有限公司
367	中能华启投资集团有限公司
368	山东鸿嘉置业有限公司
369	云南堃驰房地产有限公司
370	江苏常发地产集团有限公司
371	云南神州天宇地产集团
372	安徽华冶置业有限责任公司
373	江苏高成房地产开发有限公司
374	西安经发地产有限公司
375	山东黄金地产旅游集团有限公司
376	杭州华元房地产集团有限公司
377	安徽腾辉投资集团有限公司
378	上海同济科技实业股份有限公司
379	长沙高鑫房地产开发有限公司
380	昆明银海房地产开发有限公司
381	青建集团股份公司
382	广西瀚林地产开发有限公司
383	浙江得力房地产开发有限公司
384	中弘控股股份有限公司
385	天津津滨发展股份有限公司
386	西安协和置业有限责任公司
387	山西大唐双喜置业有限公司
388	河南和谐置业有限公司
389	江苏运杰置业有限公司
390	天津松江股份有限公司
391	北京天润置地集团有限公司
392	长春豪邦房地产开发集团有限公司
393	西宁金座房地产开发有限公司
394	北京兴创投资有限公司
395	东业地产（长沙）有限公司
396	洛阳天基地产有限公司
397	安徽皖投置业有限责任公司
398	东莞市光大房地产开发有限公司
399	浙江金昌房地产集团有限公司
400	河南盛润置业集团有限公司
401	青岛城市建设集团股份有限公司
402	沈阳格林豪森房地产开发有限公司
403	合肥拓基房地产开发有限责任公司
404	江苏华利地产集团有限公司
405	深圳市物业发展（集团）股份有限公司
406	柏庄控股集团有限公司
407	大连海昌集团有限公司
408	人居置业有限公司
409	西藏城市发展投资股份有限公司
410	陕西泰华置业发展有限公司
411	信地置业（合肥）有限公司
412	河南新合鑫置业有限公司
413	中房置业股份有限公司
414	北京电子城投资开发股份有限公司
415	安徽省恒泰房地产开发有限责任公司
416	四川省国嘉地产有限公司
417	吉林省新发房屋开发有限责任公司
418	成都志达房地产开发有限公司
419	天津贻成集团有限公司
420	无锡市民生房地产开发有限公司
421	阳光新业地产股份有限公司
422	中茵股份有限公司
423	江阴市长江房地产开发公司
424	广西盛天集团
425	广州市番禺祈福新邨房地产有限公司
426	东莞宏远工业区股份有限公司

续表

排　名	企业名称	排　名	企业名称
427	河南英地置业有限公司	464	福建华辰房地产有限公司
428	广东元邦房地产开发有限公司	465	厦门滕王阁房地产开发有限公司
429	江苏大港股份有限公司	466	北京市大龙伟业房地产开发股份有限公司
430	青海三榆房地产集团有限公司	467	汉飞投资控股集团
431	武汉城投房地产开发有限公司	468	湖南运达房地产开发有限公司
432	昌建地产	469	上海天歌控股（集团）有限公司
433	深圳经济特区房地产（集团）股份有限公司	470	沈阳富禹房屋开发有限公司
434	君华集团有限公司	471	安徽大富房地产开发有限公司
435	新疆百商投资集团有限公司	472	河南楷林置业有限公司
436	四川省景茂置业集团有限公司	473	河南朗润集团
437	江西恒茂房地产开发有限公司	474	明园集团有限公司
438	合肥滨湖投资控股集团有限公司	475	新中宇集团有限公司
439	福建百宏房地产开发有限公司	476	湖南巨星投资集团有限公司
440	海南佳元房地产开发有限公司	477	恒力商业地产集团
441	无锡市华夏房地产开发有限公司	478	美达房产集团
442	辽宁渥尔夫房地产开发有限公司	479	太湖世家集团
443	沈阳宏发房屋开发有限公司	480	江苏益兴集团有限公司
444	安徽省金大地房屋开发有限公司	481	泉州东海开发有限公司
445	恒亿集团	482	远太集团（福建）有限公司
446	成都旭和房地产开发有限公司	483	大洲控股集团有限公司
447	山东外海置业投资有限公司	484	上海立天唐人投资集团有限公司
448	山东丁豪房地产开发有限公司	485	上海中优房地产集团有限公司
449	成都高投置业有限公司	486	上海华江建设发展有限公司
450	宁波国骅集团有限公司	487	中节能实业发展有限公司
451	湖南省湘诚房地产开发有限公司	488	江苏金洋房地产开发有限公司
452	昆明城建房地产开发股份有限公司	489	金鹰国际房产集团有限公司
453	山东天业恒基股份有限公司	490	厦门中澳城房地产开发有限公司
454	金轮天地控股有限公司	491	武汉银湖科技发展有限公司
455	武汉裕亚置业集团有限公司	492	北京众美房地产开发有限公司
456	中惠熙元房地产集团有限公司	493	厦门恒兴置业有限公司
457	长春宝雍阁房地产开发有限责任公司	494	昆明佳湖房地产开发有限公司
458	三正房地产开发有限公司	495	上海金臣房地产开发有限公司
459	成都阳明房地产有限责任公司	496	广东利海集团有限公司
460	北京中关村科技发展（控股）股份有限公司	497	正源房地产开发有限公司
461	长春经开（集团）股份有限公司	498	广东鼎峰地产集团有限公司
462	郑州亚新房地产开发有限公司	499	厦门海晟房地产开发有限公司
463	山东省三名投资有限公司	500	中房地产股份有限公司

备注：因涉及上市公司信息披露，万达不参加此次测评。

（二）2015 中国房地产上市公司综合实力百强测评

发布机构：中国房地产业协会　中国房地产测评中心　　　　发布时间：2015 年 5 月 28 日

表 5－2　　2015 年中国房地产上市公司综合实力百强测评榜单

排　名	企业简称	企业代码	排　名	企业简称	企业代码
1	万科	000002. SZ	31	首开股份	600376. SH
2	保利地产	600048. SH	32	上实城市开发	00563. HK
3	万达商业	03699. HK	33	新世界中国	00917. HK
4	恒大地产	03333. HK	34	合生创展集团	00754. HK
5	中国海外发展	00688. HK	35	宝龙地产	01238. HK
6	华润置地	01109. HK	36	阳光城	000671. SZ
7	碧桂园	02007. HK	37	禹洲地产	01628. HK
8	富力地产	02777. HK	38	龙光地产	03380. HK
9	世茂房地产	00813. HK	39	新湖中宝	600208. SH
10	远洋地产	03377. HK	40	SOHO 中国	00410. HK
11	华夏幸福	600340. SH	41	泰禾集团	000732. SZ
12	龙湖地产	00960. HK	42	北京城建	600266. SH
13	融创中国	01918. HK	43	景瑞控股	01862. HK
14	招商地产	000024. SZ	44	沿海家园	01124. HK
15	金地集团	600383. SH	45	中骏置业	01966. HK
16	金隅股份	601992. SH	46	泛海控股	000046. SZ
17	绿城中国	03900. HK	47	中天城投	000540. SZ
18	金科股份	000656. SZ	48	中国奥园	03883. HK
19	新城发展控股	01030. HK	49	亿达中国	03639. HK
20	方兴地产	00817. HK	50	雅戈尔	600177. SH
21	金融街	000402. SZ	51	深圳控股	00604. HK
22	旭辉控股集团	00884. HK	52	合景泰富	01813. HK
23	雅居乐地产	03383. HK	53	保利置业集团	00119. HK
24	中南建设	000961. SZ	54	仁恒置地	Z25. SI
25	路劲基建	01098. HK	55	瑞安房地产	00272. HK
26	建业地产	00832. HK	56	华南城	01668. HK
27	华侨城	000069. SZ	57	首创置业	02868. HK
28	建发股份	600153. SH	58	城投控股	600649. SH
29	越秀地产	00123. HK	59	鑫苑置业	XIN. US
30	荣盛发展	002146. SZ	60	中粮地产	000031. SZ

续表

排　名	企业简称	企业代码	排　名	企业简称	企业代码
61	陆家嘴	600663. SH	81	阳光 100 中国	02608. HK
62	滨江集团	002244. SZ	82	华远地产	600743. SH
63	北辰实业	601588. SH	83	冠城大通	600067. SH
64	华发股份	600325. SH	84	新华联	000620. SZ
65	时代地产	01233. HK	85	福星股份	000926. SZ
66	中渝置地	01224. HK	86	鲁商置业	600223. SH
67	嘉华国际	00173. HK	87	嘉凯城	000918. SZ
68	花样年控股	01777. HK	88	当代置业	01107. HK
69	明发集团	00846. HK	89	卓尔发展	02098. HK
70	信达地产	600657. SH	90	南京高科	600064. SH
71	迪马股份	600565. SH	91	中弘股份	000979. SZ
72	苏宁环球	000718. SZ	92	中锐地产	ACW. SI
73	大名城	600094. SH	93	华业地产	600240. SH
74	银亿股份	000981. SZ	94	云南城投	600239. SH
75	张江高科	600895. SH	95	格力地产	600185. SH
76	国瑞置业	02329. HK	96	五矿建设	00230. HK
77	中华企业	600675. SH	97	京投银泰	600683. SH
78	莱蒙国际	03688. HK	98	恒盛地产	00845. HK
79	栖霞建设	600533. SH	99	宁波富达	600724. SH
80	浦东金桥	600639. SH	100	五洲国际	01369. HK

（三）2015 年中国房地产开发企业品牌价值测评

发布机构：中国房地产业协会　中国房地产测评中心　　　发布时间：2015 年 9 月 8 日

表 5－3　　2015 年中国房地产开发企业品牌价值 50 强榜单

排　名	企业名称	品牌价值（亿元）	排　名	企业名称	品牌价值（亿元）
1	中国海外发展有限公司（中海地产）	362.16	9	世茂房地产控股有限公司	175.95
2	恒大地产集团	320.67	10	华夏幸福基业股份有限公司	167.05
3	万科企业股份有限公司	307.15	11	融创中国控股有限公司	157.82
4	保利房地产（集团）股份有限公司	250.54	12	远洋地产控股有限公司	155.01
5	大连万达商业地产股份有限公司	225.00	13	碧桂园控股有限公司	151.36
6	绿地控股集团有限公司	211.92	14	华润置地有限公司	150.58
7	龙湖地产有限公司	187.86	15	招商局地产控股股份有限公司	147.60
8	广州富力地产股份有限公司	178.03	16	金融街控股股份有限公司	131.61

续表

排　名	企业名称	品牌价值（亿元）	排　名	企业名称	品牌价值（亿元）
17	金地（集团）股份有限公司	130.88	34	上海升龙投资集团有限公司	61.36
18	绿城房地产集团有限公司	111.66	35	旭辉控股（集团）有限公司	61.31
19	融侨集团股份有限公司	105.18	36	龙光地产控股有限公司	58.25
20	阳光城集团股份有限公司	98.90	37	禹洲地产股份有限公司	57.31
21	荣盛房地产发展股份有限公司	95.48	38	上海实业城市开发集团有限公司	56.11
22	金科地产集团股份有限公司	92.56	39	金辉地产	55.44
23	四川蓝光发展股份有限公司	92.11	40	雨润地产集团	53.93
24	路劲地产集团有限公司	91.98	41	天朗控股集团	53.06
25	越秀地产股份有限公司	82.54	42	卓越置业集团有限公司	51.85
26	江苏中南建设集团股份有限公司	76.87	43	浙江佳源房地产集团有限公司	50.35
27	亿达中国控股有限公司	75.72	44	首创置业股份有限公司	50.13
28	泰禾集团股份有限公司	70.75	45	中骏置业控股有限公司	49.95
29	建业住宅集团（中国）有限公司	69.22	46	SOHO 中国有限公司	49.28
30	正荣集团有限公司	68.84	47	中国奥园地产集团股份有限公司	45.26
31	融信（福建）投资集团有限公司	64.57	48	联发集团有限公司	44.69
32	上海中建东孚投资发展有限公司	64.02	49	宝能控股（中国）有限公司	42.42
33	宝龙地产控股有限公司	62.93	50	浙江祥生房地产开发有限公司	40.56

二、中国部分优秀房地产企业介绍

（一）万科企业股份有限公司

1. 企业简介

万科于1988年进入房地产行业，经过三十余年的发展，成为国内领先的房地产公司。主营业务包括房地产开发和物业服务。截至2015年年底，公司进入中国大陆66个城市，分布在以广深为核心的珠三角区域、以上海为核心的长三角区域、以北京为核心的环渤海区域，以及以成都为核心的西南区域。公司自2013年起开始尝试海外投资，截至2015年年底，已进入中国香港和旧金山、新加坡、纽约、伦敦等4个海外城市。

2015年，公司持续强化产品竞争力，销售业绩稳步增长。按2015年全国商品房销售金额人民币87281亿元计算，公司在全国的市场占有率上升至3.00%（2014年：2.82%）。

2. 财务数据（见表5－4～表5－7）

表5－4　　**2015年销售业绩及同比**

	2015年	同比（%）
销售金额（亿元）	2614.70	21.51
销售面积（万平方米）	2067.10	14.45
销售均价（元/平方米）	12649.00	6.20

数据来源：企业官网，CRIC.

表 5－5　　2014—2015 年财务指标

单位：%

财务指标	2015 年	2014 年
净负债率	13.43	6.13
三费费用率	4.79	6.19
总资产周转率	0.37	0.30
长短期债务比	2.85	2.65
现金短债比	1.23	1.42
净利润增长率	34.54	5.41
销售毛利率	16.94	17.06
销售净利率	13.27	13.18

数据来源：企业年报。
注：总资产周转率单位为“次”；长短期债务比和现金短债比无单位。下同。

表 5－6　　2015 年重点新增土地储备

城　市	宗地名称	属　性	成交时间	建筑面积（万平方米）	成交总价（亿元）	楼板价（元/平方米）
南　京	金域蓝湾西侧项目	住　宅	2015/01	26.49	27.00	10191
广　州	萝岗长岭居板块	住　宅	2015/05	37.60	27.70	7179
深　圳	正顺广场项目	商　办	2015/06	13.00	32.00	24615
南　京	2015 年第 14 号雨花台区 NO. 2015G40	商　住	2015/10	17.69	32.20	18201
佛　山	南海区里水镇沙涌村地块	商　住	2015/11	33.11	20.27	6121
广　州	文冲旧改二期项目	住　宅	2015/11	31.70	29.20	9211
广　州	黄埔区亨元岗地块	住　宅	2015/12	36.90	37.90	10272
北　京	昌平北七家海鹊落项目	住　宅	2015/12	43.10	48.50	11253
上　海	尚浦项目	住　宅	2015/12	18.00	31.41	17448

数据来源：CRIC.

表 5－7　　2015 年重点新开盘项目

项目名称	城　市	项目名称	城　市
万科麓城二、三期	深　圳	万科广场	福　州
万科东荟城	广　州	万科・梅溪郡	长　沙
万科金色梦想	广　州	万科公园里二期	宁　波
万科欧泊	广　州	万科美景魅力之城	郑　州

数据来源：CRIC.

（二）恒大地产集团有限公司

1. 企业简介

恒大地产成立于 1997 年，是集民生住宅、文化旅游、快消、健康及体育为一体的企业集团，总资产 7570.4 亿。截至 2015 年年底，恒大已进入全国 162 个城市，项目总数达 375 个，其中一、二线城市项目有 205 个，占比 55%，一、二线城市土地投资额占比 72%。

2015 年，在继续实施“规模 + 品牌”战略的同时，恒大正式提出多元发展，进一步夯实房地产主业基础，确立了“三高一轻”的经营理念和经营战略，并在文化旅游、农牧、健康、体育等领域取得成绩。

2. 财务数据（见表 5 – 8 ~ 表 5 – 11）

表 5 – 8　　2015 年销售业绩及同比

	2015 年	同比（%）
销售金额（亿元）	2013.40	53.09
销售面积（万平方米）	2551.20	40.19
销售均价（元/平方米）	7893.00	9.20

数据来源：企业官网，CRIC.

表 5 – 9　　2014—2015 年财务指标

单位:%

财务指标	2015 年	2014 年
净负债率	93.40	85.90
三费费用率	11.15	13.00
总资产周转率	0.43	1.28
长短期债务比	0.87	0.49
现金短债比	1.03	0.75
净利润增长率	–3.75	31.40
销售毛利率	28.10	28.53
销售净利率	13.00	16.17

数据来源：企业年报。

表 5 – 10　　2015 年重点新增土地储备

城　市	宗地名称	属　性	成交时间	建筑面积（万平方米）	成交总价（亿元）	楼板价（元/平方米）
重　庆	江北区观音桥组团 G 标准分区 G18/04、G20 – 1/04、G26 – 1/05 号宗地	商　住	2015/01	102.89	41.34	4018
成　都	成华区川棉厂生活区 A、B 地块	商　住	2015/01	48.36	20.42	5640
郑　州	郑政出〔2014〕154 号（网）高新区地块	住　宅	2015/01	41.65	9.61	3121
武　汉	武告字（2015 年）1 号青山区地块	住　宅	2015/02	24.85	10.58	4258
厦　门	集美区 2015JP01	商　住	2015/05	26.69	30.94	14858
太　原	HGZ – 1516	商　住	2015/07	3.25	0.47	1446
合　肥	肥东县 FD14 – 12 地块	商　住	2015/08	22.56	2.70	1196

数据来源：CRIC.

表 5－11　　2015 年重点新开盘项目

项目名称	城　市	项目名称	城　市
恒大海花岛	儋　州	恒大国香山	深　圳
恒大御景湾	上　海	恒大水晶国际广场	杭　州
恒大中央广场	合　肥	恒大绿洲	东　莞
恒大御景湾	佛　山	恒大滨河左岸	太　原
恒大帝景	济　南	恒大曹家巷广场	成　都

数据来源：CRIC.

（三）中国海外发展有限公司

1. 企业简介

中国海外集团有限公司于 1979 年 6 月在香港成立，是中国建筑工程总公司（世界 500 强排名第 37 位）在香港的控股子公司。集团在经营上坚持战略导向，在管理上追求精益求精、严格苛求，在组织与文化建设上以人为本，建立兼顾发展空间、工作氛围和激励机制三位一体的人力资源管理体系，不断进步和发展。截至 2015 年年底，集团资产总额 4270 亿元人民币，下辖五家上市公司。公司核心业务为房地产开发和销售，业务区域分布于中国内地 49 个主要城市以及港澳地区。此外，公司还涉及与地产有关的物业投资、物业管理、以及规划及建筑设计业务等。2015 年 7 月完成了向控股股东中建股份收购其持有的中国房地产业务及英国伦敦三个投资物业，中建系地产整合结束。2015 年 10 月中海物业股份成功分拆上市。

2. 财务数据（见表 5－12～表 5－15）

表 5－12　　2015 年销售业绩及同比

	2015 年	同比（%）
销售金额（亿港元）	1806. 32	28. 28
销售面积（万平方米）	1260. 22	34. 10
销售均价（港元/平方米）	14333. 00	－4. 34

数据来源：企业官网，CRIC.

表 5－13　　2014—2015 年财务指标

单位：%

财务指标	2015 年	2014 年
净负债率	6. 62	31. 66
三费费用率	3. 23	3. 26
总资产周转率	0. 35	0. 37
长短期债务比	14. 88	3. 19
现金短债比	14. 09	2. 27
净利润增长率	23. 70	21. 69
销售毛利率	28. 57	32. 70
销售净利率	22. 50	23. 07

数据来源：企业年报。

表 5－14　　2015 年重点新增土地储备

城　市	宗地名称	属　性	成交时间	建筑面积（万平方米）	成交总价（亿元）	楼板价（元/平方米）
厦　门	T2014P01、T2014P02	商　住	2015/01	14.97	7.51	5017
济　南	2014－G117 至 2014－G118 地块	住　宅	2015/01	147.54	28.05	1901
南　京	城北 G16 迈皋桥地块	住　宅	2015/06	34.36	39.40	11468
南　昌	青山湖区玉带河 DACJ2015021 地块	住　宅	2015/08	6.36	3.62	5687
南　京	城北 G34 地块	商　住	2015/09	11.18	20.80	22373
成　都	武侯区机投桥街道果堰村 4、10 组地块	住　宅	2015/09	8.44	3.76	4453
海口 *	龙华区项目	商　住	2015/11	30.61	6.28	2051
苏　州	苏地 2015－WG－42 号	住　宅	2015/11	34.71	7.00	2017
成　都	武侯区机投桥街道果堰村 11 组地块	商　住	2015/11	7.61	3.28	4310
北　京	石景山区项目	商　住	2015/12	141.39	185.26	13103

数据来源：CRIC.

表 5－15　　2015 年重点新开盘项目

项目名称	城　市	项目名称	城　市
中海金玺公馆	北　京	中海双湾锦园	苏　州
中海锦珑湾	常　州	中海复兴九里	天　津
中海湖滨公馆	合　肥	中海寰宇天下	天　津
中海锦城	深　圳	中海悦墅	西　安
中海和平之门	沈　阳	中海寰宇天下五期	沈　阳

数据来源：CRIC.

（四）大连万达商业地产股份有限公司

1. 企业简介

万达商业（03699. HK）是大连万达集团旗下商业地产投资及运营的唯一业务平台。公司成立于 2002 年 9 月，2009 年 12 月整体变更为股份有限公司，注册资本 38.75 亿元人民币，2014 年 12 月 23 日在香港联交所上市。

公司核心产品为以“万达广场”命名的万达城市综合体。业务包括三个主要板块：一是开发、租赁和管理持有作为长期投资的商业物业，主要为购物中心；二是开发及销售物业，包括商铺、写字楼、SOHO、住宅楼等；三是开发及经营豪华酒店。截至 2015 年 12 月 31 日，公司已开业 133 个万达广场，已开业 72 家酒店。

2. 财务数据（见表 5－16～表 5－19）

表 5－16　　2015 年销售业绩及同比

	2015 年	同比（%）
销售金额（亿元）	1640.80	2.50
销售面积（万平方米）	1672.00	13.10
销售均价（元/平方米）	9813.00	－9.43

数据来源：企业官网，CRIC.

表 5－17　2014—2015 年财务指标

单位:%

财务指标	2015 年	2014 年
净负债率	43.49	56.68
三费费用率	16.55	18.65
总资产周转率	0.25	0.23
长短期债务比	2.67	3.92
现金短债比	1.74	2.52
净利润增长率	19.95	0.88
销售毛利率	40.55	42.57
销售净利率	24.24	23.27

数据来源：企业年报。

表 5－18　2015 年重点新增土地储备

城　市	宗地名称	属　性	成交时间	建筑面积（万平方米）	成交总价（亿元）	楼板价（元/平方米）
常　德	白马湖商业商务中心区 615 地块	商　住	2015/01	41.87	2.96	707
三门峡	三土挂告字〔2015〕02 号 83－10－12 号地块	商　业	2015/03	14.18	1.62	1143
六　安	六出 2015－9 号地块	商　住	2015/06	34.91	3.74	1071
海　口	秀英白水塘以南地块	商　住	2015/06	40.57	5.40	1331
抚　州	抚国土 DFA2015002 号地块	商　业	2015/07	12.63	1.00	792
朝　阳	2015－9 号地块	商　业	2015/07	12.78	1.00	780
辽　阳	2015AX001 号地块	商　业	2015/07	10.60	1.01	955
清　远	清公易地挂出〔2015〕032 号地块	商　业	2015/08	9.32	1.26	1348
都江堰	都江堰市玉堂镇石牛社区 1、2、3、5 组	商　住	2015/08	14.44	0.63	437
枣　庄	薛 2015－12 老二十九地块	商　业	2015/09	10.67	0.84	787

数据来源：CRIC.

表 5－19　2015 年重点新开盘项目

项目名称	城　市	项目名称	城　市
万达文化旅游城	南　昌	虎门万达广场	东　莞
南沙万达广场	广　州	通州万达广场	北　京
万达茂	南　宁	江南万达华府	南　宁
万达文化旅游城	合　肥	万达广场	宜　兴
万达城	广　州	万达广场	昆　山

数据来源：CRIC.

（五）碧桂园控股有限公司

1. 企业简介

碧桂园控股有限公司采用集中及标准化的运营模式，业务包含物业发展、建安、装修、物业管理、物业投资、酒店开发和管理等。碧桂园提供多元化的产品以切合不同市场的需求。作为拥有超 7 万名员工的企业，碧桂园大多数带装修产品平均售价仅为每平方米 6600 多元，是十强房企中最低的。

截至2015年年底，除广东省外，碧桂园在25个省级行政区拥有物业项目。自2011年12月，公司也成功进军海外市场，在马来西亚及澳大利亚拥有物业开发项目。策略性的拓展不仅进一步巩固了碧桂园在广东省的市场领先地位，而且发展了集团于其他区域的业务，加强了品牌影响力，并充分体现了碧桂园卓越的项目执行能力及集团物业开发模式的可复制性。

2. 财务数据（见表5－20～表5－23）

表5－20　　2015年销售业绩及同比

	2015年	同比（%）
销售金额（亿元）	1401.60	8.83
销售面积（万平方米）	2153.00	11.67
销售均价（元/平方米）	6510.00	－0.03

数据来源：企业官网，CRIC.

表5－21　　2014—2015年财务指标

单位:%

财务指标	2015年	2014年
净负债率	46.86	50.15
三费费用率	8.13	9.12
总资产周转率	0.41	0.36
长短期债务比	2.94	3.72
现金短债比	2.10	2.20
净利润增长率	－8.48	19.94
销售毛利率	20.19	26.09
销售净利率	8.58	12.55

数据来源：企业年报。

表5－22　　2015年重点新增土地储备

城　市	宗地名称	属　性	成交时间	建筑面积（万平方米）	成交总价（亿元）	楼板价（元/平方米）
滁　州	南谯9号地块	住　宅	2015/03	9.89	0.75	754
上海*	嘉定区徐行镇02－05地块	住　宅	2015/04	7.49	6.08	8108
广　州	增城区83101230A15011地块	住　宅	2015/05	24.35	7.90	3245
成都*	金牛区天回镇街道办事处万圣社区1－3组，石门社区8组	住宅、商业	2015/06	18.02	3.85	2137
佛　山	龙江镇中心地块	商　住	2015/07	27.24	5.45	2000
深圳*	坂田中心片区坂雪岗大道地块 & 中兴路交汇处地块	住宅、商业	2015/07	9.75	11.03	11313
珠海*	珠国土储2015－07号地块	住　宅	2015/08	3.46	6.08	17600
柳　州	东环路延长线P（2015）30地块	住　宅	2015/08	19.07	4.51	2365
佛　山	顺德勒流街道城南商住区3号地	商　住	2015/08	11.02	2.03	1841
苏　州	千灯黄浦江路西、淞南路北地块	商　住	2015/12	38.39	4.60	1200

数据来源：CRIC.

注：上海、成都、深圳和珠海为碧桂园2015年新进入的城市。

表 5－23　　2015 年重点新开盘项目

项目名称	城　市	项目名称	城　市
碧桂园·翠湖湾	惠　州	碧桂园·桂澜山	佛　山
横沥碧桂园	东　莞	南京碧桂园	南　京
碧桂园·凤凰城	镇　江	碧桂园·太阳城	韶　关
三明碧桂园	三　明	碧桂园·森林城市	马来西亚

数据来源：CRIC.

（六）华润置地有限公司

1. 企业简介

华润置地有限公司（1109. HK）是华润集团旗下的地产业务旗舰，中国内地最具实力的综合型地产发展商之一。2010 年 3 月 8 日香港恒生指数有限公司把华润置地纳入恒生指数成份股，成为香港蓝筹股之一。

华润置地坚持“住宅开发＋投资物业＋增值服务”的生意模式，住宅开发已形成八大产品线。投资物业发展了城市综合体万象城、区域商业中心万象汇/五彩城和体验式时尚潮人生活馆 1234SPACE 三种模式。2015 年，公司继续拓展住宅开发、投资物业及物业管理增值服务范畴。

2. 财务数据（见表 5－24～表 5－27）

表 5－24　　2015 年销售业绩及同比

	2015 年	同比（%）
销售金额（亿元）	851. 50	23. 00
销售面积（万平方米）	675. 87	2. 40
销售均价（元/平方米）	12599. 00	20. 20

数据来源：企业官网，CRIC.

表 5－25　　2014—2015 年财务指标

单位：%

财务指标	2015 年	2014 年
净负债率	57. 77	75. 90
三费费用率	7. 00	6. 86
总资产周转率	0. 26	0. 25
长短期债务比	4. 38	3. 19
现金短债比	3. 24	2. 11
净利润增长率	17. 59	5. 62
销售毛利率	31. 24	30. 49
销售净利率	18. 74	18. 37

数据来源：企业年报。

表 5－26　　2015 年重点新增土地储备

城　市	宗地名称	属　性	成交时间	建筑面积（万平方米）	成交总价（亿元）	楼板价（元/平方米）
北　京	丰台区亚林西居住区一期（0501－626、627 地块）	商　住	2015/01	15.96	44.90	28140
北　京	丰台区亚林西居住区一期（0501－613、614、660 地块）	住　宅	2015/01	17.86	42.00	23514
济　南	兴隆项目	住　宅	2015/01	58.25	19.66	3375
北　京	丰台区白盆窑村旧村改造一期二期项目	住　宅	2015/01	41.87	86.25	20600
桂林*	琴潭区 P091 地块	住　宅	2015/01	50.08	7.93	1586
上　海	闸北区市北高新技术服务业园区 N070501 单元 10－03 地块	住宅、办公	2015/03	20.22	70.52	34871
上　海	闸北区市北高新技术服务业园区 N070501 单元 09－03 地块	商　住	2015/06	23.11	87.95	38062
武　汉	武告字 P（2015）12 号东湖新技术开发区地块	商　住	2015/08	57.13	47.20	8262
北　京	京土整储挂（昌）［2015］062 号	商住办	2015/11	34.32	33.00	9616
北　京	京土整储挂（昌）［2015］063 号	商住办	2015/11	12.44	17.20	13832

数据来源：CRIC.

注：桂林为华润置地 2015 年新进入的城市。

表 5－27　　2015 年重点新开盘项目

项目名称	城　市	项目名称	城　市
华润凯旋门	长　春	华润五彩城	长　沙
华润橡树湾二期	福　州	华润置地广场	长　沙
华润·橡树湾	淄　博	昆玉九里	昆　山
华润·橡树湾	徐　州	华润小径湾一期	惠　州
华润中心	日　照	华润国际社区	泰　州

数据来源：CRIC.

（七）绿城中国控股有限公司

1. 企业简介

绿城中国控股有限公司于2006 年7 月13 日在香港上市，以浙江省为主要基地，项目遍布浙江省内经济发达的城市，并拓展了长三角其他重要城市（包括上海、南京、苏州、无锡及南通）、环渤海经济圈重要城市（包括北京、天津、青岛、济南及大连）以及其他省会城市（合肥、郑州、长沙及乌鲁木齐等）。绿城住宅产品类型不断丰富和完善，已形成别墅、平层官邸、多层公寓、高层公寓、城市综合体、大型社区、商用物业等产品系列。

2015 年 3 月，中交集团与宋卫平及其他关联股东完成股份买卖交易，并于 2015 年 6 月再购买公司 1 亿股股份。中交集团成为绿城中国单一最大股东，持有股份比例为 28.899%。股权结构变化之后，绿城明确了北京、上海、广州、深圳、杭州、天津、南京、武汉、合肥、济南、郑州、厦门、福州、成都、重庆 15 个城市作为战略发展的重点核心城市，产品结构将实行“橄榄型格局”，即 60% 定位为高性价比产品，高端产品仅占 20%，保障安置房占 20%。

2. 财务数据（见表 5－28～表 5－31）

表 5－28　　2015 年销售业绩及同比

	2015 年	同比（%）
销售金额（亿元）	719.00	－9.39
销售面积（万平方米）	390.00	－0.31
销售均价（元/平方米）	18436.00	－9.20

数据来源：企业官网，CRIC.

表 5－29　　2014—2015 年财务指标

单位：%

财务指标	2015 年	2014 年
净负债率	72.94	76.71
三费费用率	18.00	10.94
总资产周转率	0.19	0.26
长短期债务比	1.99	1.94
现金短债比	1.21	0.75
净利润增长率	－60.76	－46.42
销售毛利率	20.81	25.38
销售净利率	4.84	10.02

数据来源：企业年报。

表 5－30　　2015 年重点新增土地储备

城　市	宗地名称	属　性	成交时间	建筑面积（万平方米）	成交总价（亿元）	楼板价（元/平方米）
临安 *	金基青云山居项目	住　宅	2015/04	31.00	1.42	897
嵊　州	城南新区 R/B2015－03、04 号	商　住	2015/07	28.95	6.95	2400
杭　州	余政储出（2015）46 商住地块	商　住	2015/09	4.05	0.83	2050
杭　州	滨江区中兴单元 R21－6、7 住宅地块	住　宅	2015/10	7.72	16.25	21049
北　京	门头沟永定镇 MC00－0017－6018、6020 地块	住　宅	2015/11	20.27	57.00	28117

数据来源：CRIC.
注：临安为绿城 2015 年新进入城市。

表 5－31　　2015 年重点新开盘项目

项目名称	城　市	项目名称	城　市
绿城江南里	杭　州	绿城·翡翠湖玫瑰园	合　肥
全运村	天　津	杨柳郡	杭　州
桃李春风	临　安	绿城理想之城郁金香岸	青　岛
绿城留香园	杭　州		

数据来源：CRIC.

（八）世茂房地产控股有限公司

1. 企业简介

世茂房地产控股有限公司2006年7月5日于香港联合交易所有限公司主板上市。业务重点是在中国大陆经济发达或极具发展潜力的城市发展大型及高素质的综合房地产项目，包括住宅、酒店、零售及商用物业。截至2015年年底，集团拥有项目112个，分布于全国41个城市，共3299万平方米（应占权益）的土地储备。

2015年世茂调整供货节奏，在三、四线城市实行控制开工以销定产，供货重心转向一、二线城市；调整投资导向，将90%以上新增投资放在一、二线城市；创新商业模式，推出mini mall和mini hotel产品；加强金融创新，陆续推出国内首个物业费资产证券化和购房尾款资产证券化。

2. 财务数据（见表5－32～表5－35）

表5－32　　2015年销售业绩及同比

	2015年	同比（%）
销售金额（亿元）	670.37	－4.51
销售面积（万平方米）	554.10	－4.29
销售均价（元/平方米）	12100.00	－0.30

数据来源：企业官网，CRIC.

表5－33　　2014—2015年财务指标

单位:%

财务指标	2015年	2014年
净负债率	58.08	58.57
三费费用率	11.51	8.41
总资产周转率	0.25	0.28
长短期债务比	3.12	2.31
现金短债比	1.56	1.28
净利润增长率	－14.01	15.35
销售毛利率	28.49	32.50
销售净利率	10.59	14.45

数据来源：企业年报。

表5－34　　2015年重点新增土地储备

城　市	宗地名称	属　性	成交时间	建筑面积（万平方米）	成交总价（亿元）	楼板价（元/平方米）
北　京	通州项目地块（北地块）	商　业	2015/02	8.66	12.82	14800
南　京	江宁大学城G05地块	住　宅	2015/04	5.33	3.40	6373
上　海	南京路地块	商　住	2015/06	6.61	31.13	47102
厦　门	集美区2014JP04地块	综　合	2015/09	37.85	39.22	10362

续表

城　市	宗地名称	属　性	成交时间	建筑面积（万平方米）	成交总价（亿元）	楼板价（元/平方米）
武　汉	洪山区卓刀泉村、白沙洲地区（B包）	综　合	2015/09	53.00	12.53	2364
香　港	九龙内地段第6542号地皮	住　宅	2015/09	5.87	57.68	98241
北　京	北京涞水项目地块	住　宅	2015/12	35.54	7.78	2188
南　京	雨花台区软件谷地块	综　合	2015/12	19.07	22.80	11956
福　州	连潘棚户区改造A－14地块	商　住	2015/12	26.89	44.10	16400
绍　兴	高新区人民东路2号地块	住　宅	2015/12	20.15	11.20	5558

数据来源：CRIC.

表5－35　　2015年重点新开盘项目

项目名称	城　市	项目名称	城　市
世茂御海墅	厦　门	世茂招商语山	南　京
世茂城	成　都	明发世茂荣里	南　京
世茂翡翠首府	合　肥	世界侨商中心	北　京
世茂君望墅	南　京	世茂梦享家	南　京

数据来源：CRIC.

（九）融创中国控股有限公司

1. 企业简介

融创中国控股有限公司是一家于香港联交所上市的专业从事住宅及商业地产综合开发的企业，持续聚焦于北京、天津、上海、重庆、杭州、武汉和广深七大区域，开发销售高端物业，拥有众多处于不同发展阶段的项目，产品涵盖高端住宅、别墅、商业、写字楼等多种物业类型。

2015年融创完善区域布局，进入济南、南京、成都、西安和武汉等城市，未来企业将继续坚持区域聚焦发展战略，巩固已经形成的布局，同时关注公开市场和并购市场的机会，灵活获取土地储备。

2. 财务数据（见表5－36～表5－39）

表5－36　　2015年销售业绩及同比

	2015年	同比（%）
销售金额（亿元）	682.10	3.61
销售面积（万平方米）	323.61	-0.80
销售均价（元/平方米）	21080.00	4.40

数据来源：企业官网，CRIC.

表 5－37　　2014—2015 年财务指标

单位：%

财务指标	2015 年	2014 年
净负债率	75.90	44.52
三费费用率	17.19	10.55
总资产周转率	0.20	0.24
长短期债务比	1.87	1.48
现金短债比	1.86	1.81
净利润增长率	11.62	－7.48
销售毛利率	12.42	17.32
销售净利率	15.68	12.89

数据来源：企业年报。

表 5－38　　2015 年重点新增土地储备

城　市	宗地名称	属　性	成交时间	建筑面积（万平方米）	成交总价（亿元）	楼板价（元/平方米）
杭　州	杭政储出（2014）39 号地块	住　宅	2015/01	12.00	20.28	16900
上　海	浦东东郊地块	商　住	2015/02	111.60	67.86	6080
济　南	财富中心项目	商　住	2015/04	52.57	25.00	4755
重　庆	特钢厂地块	商　住	2015/06	37.62	13.25	3522
南　京	佛手湖项目	住　宅	2015/06	14.00	14.00	10000
西　安	天朗五瓏	住　宅	2015/09	26.12	2.24	856
杭　州	奥体博览城 FG16－14 宅地	住　宅	2015/12	16.71	26.10	15624

数据来源：CRIC.
注：济南、西安、南京为融创 2015 年新进入城市。

表 5－39　　2015 年重点新开盘项目

项目名称	城　市	项目名称	城　市
北京壹号院	北　京	使馆壹号院	北　京
大宁北玉兰公馆	上　海	侯潮府	杭　州
融创外滩 188	上　海	融创玫瑰园	重　庆
融创兰园	天　津	苏州桃花源	苏　州

数据来源：CRIC.

（十）招商局蛇口工业区控股股份有限公司

1. 企业简介

2015 年，招商蛇口吸收合并招商地产，实现综合开发运营板块的整体上市。公司聚合原招商地产、蛇口工业区两大旗舰企业，打造智慧城市、智慧商圈、智慧园区、智慧社区，以“产、网、融、城一体化”推动城市升级发展。2015 年全年实现营业收入总额 492.22 亿元，同比增长 8.21%，实现归属于上市公司股东的净利润 48.50 亿元，同比增长 51.36%，基本每股收益为 0.88 元，同比增长 51.72%。

公司以成为中国领先的城市及园区综合开发和运营服务商为战略定位，以社区运营、园区运营、邮轮运营三大业务聚焦居民客户、企业客户和政府客户需求。在强化项目开发能力外，不断培养运营服务能力和资产管理能力，并通过“区域聚焦、城市深耕、转型发展”三个基础策略落地各项业务。公司将通过“产、网、融、城”一体化运作，通过业务、商业模式，机制和管理创新多管齐下，推动公司各项战略措施的有效落地。

2. 财务数据（见表5－40～表5－43）

表5－40　2015年销售业绩及同比

	2015年	同比（%）
销售金额（亿元）	575.80	12.79
销售面积（万平方米）	347.45	－4.62
销售均价（元/平方米）	16572.00	18.26

数据来源：企业官网，CRIC.

表5－41　2014—2015年财务指标

单位:%

财务指标	2015年	2014年
净负债率	12.72	16.30
三费费用率	7.92	6.37
总资产周转率	0.23	0.27
长短期债务比	15.48	6.36
现金短债比	16.09	5.76
净利润增长率	22.18	19.57
销售毛利率	27.10	27.01
销售净利率	16.35	14.48

数据来源：企业年报。

表5－42　2015年重点新增土地储备

城　市	宗地名称	属　性	成交时间	建筑面积（万平方米）	成交总价（亿元）	楼板价（元/平方米）
佛　山	禅城区亚艺湖文华公园项目	商　住	2015/03	9.94	6.27	6307
上　海	大场镇W121301单元38－02	住　宅	2015/05	12.93	30.10	23277
成　都	大魔方项目	商　住	2015/05	75.96	8.97	1181
广　州	天河牛奶厂项目	住　宅	2015/08	16.87	24.10	14285
厦　门	湖里区2015G15地块	商　办	2015/09	79.40	43.70	5504
杭　州	杭政储出〔2015〕28号地块	住　宅	2015/09	11.09	11.29	10176
东　莞	黄江镇林场G013项目	商　住	2015/09	21.50	6.52	3033
南　京	鼓楼区线路器材厂项目	商　住	2015/09	38.44	32.30	8403
南　京	枣林村项目	住　宅	2015/09	15.62	14.60	9347
太　仓	浏河镇长江口旅游度假区项目	商　住	2015/09	19.91	3.62	1817

数据来源：CRIC.

表 5－43　　2015 年重点新开盘项目

项目名称	城　市	项目名称	城　市
招商北固湾	镇　江	马尔贝拉	烟　台
招商莱顿小镇	日　照	招商假日 365	漳　州
依云公馆	佛　山	依云雍景湾	佛　山

数据来源：CRIC.

（十一）龙湖地产有限公司

1. 企业简介

龙湖地产 1993 年创建于重庆，发展于全国，业务涉及地产开发、商业运营和物业服务三大领域。2009 年，龙湖地产有限公司于香港联交所主板上市。

截至 2015 年年底，集团业务遍布中国西部、环渤海、长三角、华南和华中 24 个城市，累计已开发项目超过 100 个，建筑面积超过 2000 万平方米，待开发土地储备约 3486 万平方米。2015 年，龙湖地产商业战略布局依然以西部、华北以及华东三大板块为重点，目前已累计开业商场面积近 150 万平方米。

2. 财务数据（见表 5－44～表 5－47）

表 5－44　　2015 年销售业绩及同比

	2015 年	同比（%）
销售金额（亿元）	545. 40	11. 20
销售面积（万平方米）	425. 30	－6. 34
销售均价（元/平方米）	12825. 00	18. 73

数据来源：企业官网，CRIC.

表 5－45　　2014—2015 年财务指标

单位：%

财务指标	2015 年	2014 年
净负债率	61. 87	60. 10
三费费用率	5. 26	4. 68
总资产周转率	0. 27	0. 33
长短期债务比	7. 46	4. 99
现金短债比	2. 94	2. 39
净利润增长率	7. 01	1. 33
销售毛利率	27. 44	26. 51
销售净利率	18. 95	16. 38

数据来源：企业年报。

表 5 -46　　2015 年重点新增土地储备

城　市	宗地名称	属　性	成交时间	建筑面积（万平方米）	成交总价（亿元）	楼板价（元/平方米）
北　京	门头沟区门头沟新城地块	商　住	2015/02	11.36	12.29	10818
北　京	大兴区瀛海镇区 DX08 -0002 -0301 地块	住　宅	2015/07	15.26	25.95	17008
重　庆	北部新区大竹林组团 O 标准分区地块	住　宅	2015/07	35.77	12.60	3522
杭　州	丁桥单元 R21 -14 地块	住　宅	2015/07	18.27	12.40	6788
南　京	江宁区 NO. 2015G23 地块	综　合	2015/08	37.62	47.70	12678
苏　州	苏地 2015 -WG -14 号地块	住　宅	2015/08	17.60	26.77	15214
北　京	朝阳区南区 1106 -657 地块	住　宅	2015/09	15.90	42.50	26730
厦　门	马銮湾西部片区地块	商　住	2015/09	28.70	45.00	15679
上　海	嘉定区江桥镇北社区地块	住　宅	2015/12	17.17	46.50	27084
杭　州	萧政储出（2015）29 号地块	住　宅	2015/12	12.41	14.23	11465

数据来源：CRIC.

表 5 -47　　2015 年重点新开盘项目

项目名称	城　市	项目名称	城　市
龙湖西宸原著	北　京	龙湖唐宁 ONE	杭　州
首开龙湖学府苑	北　京	龙湖旭辉·春江悦茗	杭　州
滟澜新宸	北　京	龙湖春江紫宸	南　京
龙湖源著	成　都	龙湖永宸轩	上　海
龙湖首开·天宸原著	广　州	龙湖春江郦城	厦　门

数据来源：CRIC.

（十二）广州富力地产股份有限公司

1. 企业简介

广州富力地产股份有限公司成立于 1994 年，注册资金 8.06 亿人民币，集房地产设计、开发、工程监理、销售、物业管理、房地产中介等业务为一体，拥有国家建设部颁发的一级开发资质、甲级设计资质、甲级工程监理资质、一级物业管理资质及一级房地产中介资质。

公司于 2005 年 7 月 14 日在香港联交所主板上市，为首家被纳入恒生中国企业指数的内地房地产企业。2008 年荣获国家税务局计划统计司权威发布的中国纳税百强排行榜房地产行业第一名，2012 年富力成为广州市首批认定总部企业。展望未来，商用物业的投资、开发与管理将会为富力注入一股更值得期待的鲜活的生命力。商业地产的拓展，不仅能满足了企业长期投资收益的需要，更提高了国内现代化商业地产的顶级标准。

2. 财务数据（见表 5－48～表 5－51）

表 5－48　　2015 年销售业绩及同比

	2015 年	同比（%）
销售金额（亿元）	544.00	0.00
销售面积（万平方米）	411.04	0.64
销售均价（元/平方米）	13235.00	－0.64

数据来源：企业官网，CRIC.

表 5－49　　2014—2015 年财务指标

单位：%

财务指标	2015 年	2014 年
净负债率	124.25	91.72
三费费用率	12.33	12.48
总资产周转率	0.32	0.22
长短期债务比	1.52	2.06
现金短债比	0.65	0.90
净利润增长率	3.16	－14.77
销售毛利率	32.08	35.48
销售净利率	15.15	18.75

数据来源：企业年报。

表 5－50　　2015 年重点新增土地储备

城　市	宗地名称	属　性	成交时间	建筑面积（万平方米）	成交总价（亿元）	楼板价（元/平方米）
广　州	萝岗 NP－B4－2 地块（笔村地块）	住　宅	2015/01	3.92	7.42	5175
湖州 *	八里店分区 BLD37－C 地块	住　宅	2015/01	2.20	2.33	909
湖州 *	八里店分区 BLD38－B 地块	住　宅	2015/01	2.20	0.94	892
郑　州	郑政出【2015】8 号地块	住　宅	2015/02	4.76	3.62	1365
石家庄	岗南镇西河沟村、闫常峪村平国土储（2014）001－1 号地	住　宅	2015/02	1.15	0.08	101
惠　州	龙门 LM2015－05 号地块	商　业	2015/07	1.00	0.67	986
福　州	PS 拍－2015－12 号地块	综　合	2015/07	3.29	9.32	2148
杭　州	余政储出〔2015〕19 号余杭海创园 23 号地块	商　住	2015/07	3.01	3.26	4074
滁　州	滁土公告字〔2015〕15 号	商　住	2015/09	2.00	1.33	450
广　州	2015 挂－1022［黄埔区 YH－K2－2（穗开国土出告字〔2015〕31 号）］	住　宅	2015/11	2.80	6.71	3300

数据来源：CRIC.

注：湖州为富力地产 2015 年新进入的城市。

表 5 -51　　2015 年重点新开盘项目

项目名称	城　市	项目名称	城　市
富力惠兰美居	北　京	合景泰富富力嘉誉湾	上　海
龙熙旭辉 6 号院	北　京	富力虹桥十号	上　海
富力东山新天地	广　州	富力津门湖五期	天　津
通州富力中心	北　京	亚运城天誉	广　州
富力尚悦居	天　津	富力城一期	重　庆

数据来源：CRIC.

（十三）雅居乐地产控股有限公司

1. 企业简介

雅居乐地产控股有限公司主要从事大型综合性物业发展，同时亦广泛涉足酒店营运、物业投资及物业管理等多个领域，品牌享誉全国。雅居乐股份自 2005 年于香港联交所主板上市，现为摩根士丹利资本国际中国指数成分股、恒生综合指数成分股、恒生综合市值指数成分股。

2015 年，鉴于市场对刚需及改善型产品的需求庞大，集团于年内持续优化产品结构，以开发相关产品为主，辅以迎合市场需求的高端产品。同时，市场对以养生、退休及旅游度假为目的的优质旅游地产保持一定的需求，因此集团持续开发了相关产品。

2. 财务数据（见表 5 -52 ~ 表 5 -55）

表 5 -52　　2015 年销售业绩及同比

	2015 年	同比（%）
销售金额（亿元）	442.30	0.16
销售面积（万平方米）	507.00	10.51
销售均价（元/平方米）	8725.00	-9.35

数据来源：企业官网，CRIC.

表 5 -53　　2014—2015 年财务指标

单位：%

财务指标	2015 年	2014 年
净负债率	64.04	75.2
三费费用率	10.59	9.17
总资产周转率	0.36	0.32
长短期债务比	1.43	1.57
现金短债比	0.80	0.69
净利润增长率	-54.79	-13.16
销售毛利率	25.14	32.44
销售净利率	5.35	13.29

数据来源：企业年报。

表 5－54　　2015 年重点新增土地储备

城　市	宗地名称	属　性	成交时间	建筑面积（万平方米）	成交总价（亿元）	楼板价（元/平方米）
长　沙	宁土（2014）网挂 113 号	住　宅	2015/01	5.06	0.23	447
长　沙	宁土（2014）网挂 114 号	住　宅	2015/01	5.19	0.23	452
长　沙	宁土（2014）网挂 115 号	住　宅	2015/01	4.56	0.20	447
广　州	2015 挂－0821	住　宅	2015/09	7.51	14.70	19575

数据来源：CRIC.

表 5－55　　2015 年重点新开盘项目

项目名称	城　市	项目名称	城　市
雅居乐·国际花园	杭　州	雅居乐御滨名门	中　山
雅居乐花园	昆　山	雅居乐花园	长　沙
雅居乐·万象郡	中　山	雅居乐山海郡	中　山
雅居乐·湖居笔记	西　安	雅居乐汇通广场	广　州
雅居乐花园	惠　州	雅居乐御景豪庭	佛　山

数据来源：CRIC.

（十四）远洋地产控股有限公司

1. 企业简介

远洋地产创立于 1993 年，并于 2007 年 9 月 28 日在香港联合交易所主板上市（股票代码 03377. HK）。2008 年 3 月，被纳入香港恒生综合指数及恒生香港中资企业指数成分股。公司业务范围涉及中至高端住宅、高级写字楼、零售物业、酒店式公寓开发、房地产销售及相关业务、工程及园林建设、物业管理、酒店及会所经营等。公司以北京为基地，拥有多区域、多元化的开发项目及投资物业组合。

2. 财务数据（见表 5－56～表 5－59）

表 5－56　　2015 年销售业绩及同比

	2015 年	同比（%）
销售金额（亿元）	405.37	0.98
销售面积（万平方米）	319.66	9.36
销售均价（元/平方米）	12700.00	－7.30

数据来源：企业官网，CRIC.

表 5－57　　2014—2015 年财务指标

单位:%

财务指标	2015 年	2014 年
净负债率	58.52	65.94
三费费用率	6.82	5.98
总资产周转率	0.22	0.29
长短期债务比	5.06	3.08
现金短债比	2.77	1.46
净利润增长率	-51.12	-1.18
销售毛利率	20.61	21.00
销售净利率	7.30	11.84

数据来源：企业年报。

表 5－58　　2015 年重点新增土地储备

城　市	宗地名称	属　性	成交时间	建筑面积（万平方米）	成交总价（亿元）	楼板价（元/平方米）
广　州	河区元岗路粤隆客车厂地块（旧改）	商　住	2015/01	31.00	29.03	9365
香　港	香港将军澳区日出康城六期	住　宅	2015/03	13.70	26.70	19489
南　京	南京江宁区高新园 G98 项目	商　住	2015/03	7.10	3.50	4930
天　津	天津滨海新区港滨路项目	商　住	2015/06	18.30	5.99	3273
南　京	南京中城国际广场	商　住	2015/07	14.68	8.86	6035
重　庆	重庆远洋香派（高庙二期）	商　住	2015/08	28.50	6.87	2411
北　京	北京顺义南法信项目	商　业	2015/11	14.38	27.73	5186

数据来源：CRIC.
注：广州、香港、南京为远洋地产 2015 年新进入的城市。

表 5－59　　2015 年重点新开盘项目

项目名称	城　市	项目名称	城　市
远洋天著	北　京	远洋一方	北　京
远洋风景	天　津	远洋国际中心	天　津
远洋 7 号	上　海	远洋壹中心	大　连
远洋・万和公馆	北　京	远洋・钻石湾	大　连
远洋公馆	杭　州	远洋城	中　山

数据来源：CRIC.

（十五）首创置业股份有限公司

1. 企业简介

首创置业股份有限公司于 2002 年 7 月由北京首都创业集团有限公司、北京阳光房地产综合开发公司、北京首创阳光房地产有限责任公司、北京首创科技投资有限公司、北京首创航宇经济发展有限公司、中国物业有限公司、意华国际企业有限公司七家公司作为发起人发起设立。2002 年 12 月 5 日，公司于北京市注册成立，母公司和最终控股公司均为首创集团，其为一家于北京市设立的国有企业。公司及子公司主要从事房地产开发及投资、商业地产运营、酒店管理以及房地产策划咨询服务及投资控股。

2015 年，集团力推核心城市刚需产品及改善型产品，坚持量价平衡策略，集团继续深耕五大核心城市，聚焦刚需产品的同时，积极储备核心城市核心地段的稀缺性资源。集团新增土地投资总建筑面积 343 万平方米，总金额为人民币 224 亿元，同比增长 16%，其中京沪占比 70%。一线城市销售量价齐升，公司新投资土地价值提升，为未来业绩增长提供强力支撑。

2. 财务数据（见表 5 - 60 ~ 表 5 - 63）

表 5 - 60　　2015 年销售业绩及同比

	2015 年	同比（%）
销售金额（亿元）	325.10	30.80
销售面积（万平方米）	278.70	11.70
销售均价（元/平方米）	11665.00	17.10

数据来源：企业官网，CRIC.

表 5 - 61　　2014—2015 年财务指标

单位:%

财务指标	2015 年	2014 年
净负债率	121.01	87.01
三费费用率	6.54	6.81
总资产周转率	0.29	0.23
长短期债务比	3.75	1.81
现金短债比	1.82	1.20
净利润增长率	27.45	18.29
销售毛利率	11.88	24.06
销售净利率	18.22	22.51

数据来源：企业年报。

表 5 - 62　　2015 年重点新增土地储备

城　市	宗地名称	属　性	成交时间	建筑面积（万平方米）	成交总价（亿元）	楼板价（元/平方米）
北　京	京土整储挂（顺）〔2014〕095 号	商　住	2015/02	12.76	5.98	4687
北　京	京土整储挂（顺）〔2015〕006 号	商　办	2015/02	3.46	2.20	6358
上　海	杨浦区平凉社区 01E2 - 01、02 地块（12、13 街坊）	商　住	2015/06	9.71	34.54	35572
上　海	青浦区盈浦街道淀山湖大道北侧 53 - 04 地块	住　宅	2015/09	6.34	10.98	17319
南　昌	南昌首创奥特莱斯（南昌市新建县）	商　业	2015/07	16.10	3.80	2360
杭　州	杭州首创奥特莱斯（杭州市富阳区）	商　业	2015/09	15.50	3.10	2000
武　汉	武汉首创奥特莱斯（武汉市东湖新技术开发区）	商　业	2015/10	10.80	1.60	1481

数据来源：CRIC.

注：南昌、杭州、武汉为首创置业 2015 年新进入的城市。

表 5 - 63　　2015 年重点新开盘项目

项目名称	城　市	项目名称	城　市
阳光首院	烟　台	岛尚溪园	昆　山
首创悦府	镇　江	瑞府园	江　阴
首创·湖畔思香小镇	海　南	芭蕾雨·逸景	海　南

数据来源：CRIC.

（十六）新城控股集团有限公司

1. 企业简介

新城控股集团创立于 1996 年，集团总部设于上海，为长三角领先的物业开发商之一，主要致力于开发优质住宅物业和多用途综合楼项目。集团旗下住宅地产和商业地产主要分布在长三角东部沿海、沪宁经济走廊，未来将向价值潜力不断升级的中西部城市拓展延伸，营造更宜居的城市生活空间，缔造更具活力的城市商业综合体。公司结合多年的住宅产品开发经验，在着眼未来品牌体系建设基础上通过产品线研究，形成了住宅地产以“幸福启航”“幸福乐居”“幸福圆梦”和“幸福尊享”为组合的四大产品系列，商业地产以“吾悦国际广场”“吾悦城市广场”“吾悦生活广场”三大产品系列。

2015 年 12 月，新城控股吸收合并新城地产实现 B 转 A 股后，新城控股（601155. SH）以住宅地产开发、商业地产开发及商业管理为主营业务。而新城发展（01030. HK）则是依托于地产的轻资产业务版块，其中涵盖物业、智能快递柜、互联网社区、儿童乐园等创新业务。

2. 财务数据（见表 5 - 64 ~ 表 5 - 67）

表 5 - 64　　2015 年销售业绩及同比

	2015 年	同比（%）
销售金额（亿元）	319. 29	30. 27
销售面积（万平方米）	345. 98	24. 95
销售均价（元/平方米）	9229. 00	4. 26

数据来源：企业官网，CRIC.

表 5 - 65　　2014—2015 年财务指标

单位：%

财务指标	2015 年	2014 年
净负债率	83. 32	52. 59
三费费用率	7. 87	7. 57
总资产周转率	0. 38	0. 41
长短期债务比	3. 77	3. 13
现金短债比	1. 95	1. 43
净利润增长率	10. 54	- 2. 20
销售毛利率	20. 37	18. 70
销售净利率	7. 79	8. 11

数据来源：企业年报。

表 5－66　　2015 年重点新增土地储备

城　市	宗地名称	属　性	成交时间	建筑面积（万平方米）	成交总价（亿元）	楼板价（元/平方米）
常　熟	2015A—006 地块	住　宅	2015/05	25.54	7.55	3813
常　熟	2015A—007 地块	住　宅	2015/05	23.25	8.39	4805
杭　州	萧政储出〔2015〕6 号地块	商　住	2015/05	16.12	7.51	6090
上　海	松江区洞泾镇 06－01、07－01、08－06&08－08、33－02 地块	商　住	2015/08	28.71	13.39	4665
上　海	松江区洞泾镇 06－08、07－05、08－01、27－02 地块	商　住	2015/08	22.53	18.61	8260
杭　州	萧政储出〔2015〕18 号地块	商　住	2015/09	20.27	10.77	7507
义　乌	江东路 A 地块	商　住	2015/09	43.61	10.09	2314
南　京	栖霞区编号为 2015G41 地块	商　住	2015/10	14.26	20.60	14446
南　京	栖霞区仙林街道地块 NO. 2015G50	商　住	2015/11	8.96	11.70	13058
杭　州	萧政储出（2015）30 号	商　住	2015/12	26.58	8.89	4687

数据来源：CRIC.

表 5－67　　2015 年重点新开盘项目

项目名称	城　市	项目名称	城　市
新城春天里	常　州	新城西溪逸境	常　州
新城帝景	上　海	新城郡未来	常　州
新城香溢俊园	南　京	新城公馆荣域	常　州
新城玖珑湖	上　海	新城金镶玉	南　京
新城西溪逸境	南　京	新城玖珑湖	杭　州

数据来源：CRIC.

（十七）保利置业集团有限公司

1. 企业简介

保利置业集团有限公司是国资委监管的大型中央企业，香港联交所股份代号：00119。保利置业集团有限公司业务遍及北京、香港、上海、苏州、宁波、余姚、德清、广州、佛山、深圳、惠州、贵阳、遵义、南宁、柳州、昆明、重庆、武汉、哈尔滨、济南、烟台、威海、万宁等城市。

2015 年保利置业以“去库存、控投资、降本增效、创新发展”为企业战略，大力去化库存。

2. 财务数据（见表 5－68 ~ 表 5－71）

表 5－68　　2015 年销售业绩及同比

	2015 年	同比（%）
销售金额（亿元）	300.00	24.48
销售面积（万平方米）	255.80	8.67
销售均价（元/平方米）	11719.00	14.46

数据来源：企业官网，CRIC.

表 5－69　　2014—2015 年财务指标

单位：%

财务指标	2015 年	2014 年
净负债率	125.31	108.23
三费费用率	14.10	11.31
总资产周转率	0.19	0.24
长短期债务比	1.99	1.65
现金短债比	1.01	0.88
净利润增长率	－315.98	－60.40
销售毛利率	11.51	19.81
销售净利率	－11.30	3.26

数据来源：企业年报。

表 5－70　　2015 年重点新增土地储备

城　市	宗地名称	属　性	成交时间	建筑面积（万平方米）	成交总价（亿元）	楼板价（元/平方米）
武　汉	P（2015）016 号洪山铁机村地块	住　宅	2015/03	24.31	8.72	3589
威　海	威土经挂字〔2015〕2－2 号	住　宅	2015/05	13.10	12.52	9560
香　港	青山湾段的屯门市地段第 542 号	住　宅	2015/09	2.10	14.21	15095

数据来源：CRIC.

表 5－71　　2015 年重点新开盘项目

项目名称	城　市	项目名称	城　市
保利心语	南　宁	保利溪湖	贵　阳
保利凤凰湾	贵　阳	保利中心华府	济　南
保利堂悦	南　京	保利罗兰香谷	杭　州
保利中央公园	青　岛	保利海上罗兰	青　岛
保利西江月	南　京	保利城	武　汉

数据来源：CRIC.

（十八）旭辉集团股份有限公司

1. 企业简介

旭辉集团成立于2000 年，总部设在上海，是一家以内地住宅开发为主营业务的香港上市房地产开发企业。集房地产开发、建筑施工、商业管理、物业服务于一体，具有“中国房地产开发企业一级资质”，“中国物业服务企业一级资质”。

“以战略为引导”，旭辉立足上海布局全国，扎根“长三角”区域、“环渤海湾”区域及“中西部”区域的同时，将主营业务向一、二线城市拓展，开发项目覆盖上海、北京、苏州、南京、长沙、重庆、合肥、天津、杭州、武汉、沈阳、南京、福州等多个城市，涵盖住宅、商务办公、商业综合体等多种业态。

2. 财务数据（见表5－72～表5－75）

表5－72　**2015年销售业绩及同比**

	2015年	同比（%）
销售金额（亿元）	302.09	42.50
销售面积（万平方米）	205.62	18.60
销售均价（元/平方米）	14692.00	20.10

数据来源：企业官网，CRIC.

表5－73　**2014—2015年财务指标**

单位:%

财务指标	2015年	2014年
净负债率	59.20	63.20
三费费用率	6.48	7.63
总资产周转率	0.27	0.37
长短期债务比	7.57	3.57
现金短债比	5.30	2.11
净利润增长率	0.10	－2.04
销售毛利率	24.10	18.70
销售净利率	13.55	12.36

数据来源：企业年报。

表5－74　**2015年重点新增土地储备**

城　市	宗地名称	属　性	成交时间	建筑面积（万平方米）	成交总价（亿元）	楼板价（元/平方米）
北　京	顺义区南法信项目	商　办	2015/02	20.67	13.80	6676
天　津	西青区精武镇大南河北项目	住　宅	2015/03	20.85	6.72	3223
上　海	嘉定工业区项目	住　宅	2015/03	24.62	13.32	5411
杭　州	萧山区中汇项目	住　宅	2015/04	9.83	10.84	11026
苏　州	苏地2015－G－24号地块	商　住	2015/06	18.05	9.60	5319
沈　阳	TX2015－04地块	住　宅	2015/08	7.01	2.95	4200
南　京	NO.2015G29地块	住　宅	2015/08	8.04	11.50	14295
武　汉	汉阳区汉桥村地块	商　住	2015/09	28.90	9.09	3146
合　肥	庐阳区N1508号地块	商　住	2015/12	23.90	22.53	5300
广　州	荔湾区百花香料厂地块	住　宅	2015/12	14.36	20.11	14000

数据来源：CRIC.

表 5－75　　2015 年重点新开盘项目

项目名称	城　市	项目名称	城　市
当代旭辉墅	北　京	首创旭辉城	上　海
旭辉御锦	北　京	旭辉铂悦西郊	上　海
龙湖旭辉春江悦茗	杭　州	上坤旭辉墅	上　海
顺发旭辉国悦府	杭　州	铂悦滨江	上　海
旭辉燕南园	天　津	恒基旭辉城	苏　州

数据来源：CRIC.

（十九）中国金茂控股集团有限公司

1. 企业简介

中国金茂控股集团有限公司是世界五百强企业之一中国中化集团公司旗下房地产和酒店板块的平台企业，于 2007 年 8 月 17 日在香港联合交易所主板上市（股票代码：HK. 00817），是香港恒生综合指数成份股之一。中国中化集团公司是获得国资委批准的以地产开发和酒店经营为主营业务的中央国有企业之一。

秉承中化集团“创造价值、追求卓越”的核心理念，中国金茂在以品质领先为核心的双轮驱动基础上，坚持高端定位和精品路线，全力达成核心业务的跨越发展，加快推进服务与金融创新，实现由“双轮驱动”到“双轮两翼”的战略升级，致力于成为中国领先的城市综合开发商与运营商。

2. 财务数据（见表 5－76～表 5－79）

表 5－76　　2015 年销售业绩及同比

	2015 年	同比（%）
销售金额（亿元）	278. 07	49. 94
销售面积（万平方米）	110. 30	24. 64
销售均价（元/平方米）	20956. 00	－16. 87

数据来源：企业官网，CRIC.

表 5－77　　2014—2015 年财务指标

单位：%

财务指标	2015 年	2014 年
净负债率	59. 95	63. 18
三费费用率	13. 95	12. 91
总资产周转率	0. 17	0. 13
长短期债务比	4. 71	10. 48
现金短债比	1. 91	3. 45
净利润增长率	－23. 33	32. 21
销售毛利率	38. 67	39. 12
销售净利率	23. 08	22. 52

数据来源：企业年报。

表 5 -78　　2015 年重点新增土地储备

城　市	宗地名称	属　性	成交时间	建筑面积（万平方米）	成交总价（亿元）	楼板价（元/平方米）
青　岛	青土资房告字〔2014〕427 号 G -2014 -032 地块	住　宅	2015/01	3.22	0.67	2072
青　岛	青土资房告字〔2014〕427 号 G -2014 -031 地块	商　住	2015/01	4.70	0.71	1501
北　京	丰台区南苑乡石榴庄村 0517 -659 等地块	住　宅	2015/08	16.64	50.25	30201
宁　波	甬土资告〔2015〕06 号宁波宁丰 2 -1#地块	住　宅	2015/09	23.41	20.74	8860
北　京	京土整储挂（丰）〔2015〕038 号 1516 -28 - B 地块	商　办	2015/10	5.92	17.60	29753
北　京	京土整储挂（丰）〔2015〕037 号 1516 -28 - A 地块	商　办	2015/10	11.80	34.20	28983
南　京	2015G43 号地块	住　宅	2015/10	9.08	9.10	10022
佛山 *	TD2015（CC）WG008 号地块	商　住	2015/10	49.00	16.67	3403
杭　州	杭政储出【2015】36 号	住　宅	2015/10	18.05	38.84	21512
青　岛	［青岛］青土资房告字〔2014〕427 号	住　宅	2015/12	4.70	0.71	1501

数据来源：CRIC.

注：佛山为中国金茂 2015 年新进入的城市。

表 5 -79　　2015 年重点新开盘项目

项目名称	城　市	项目名称	城　市
大宁金茂府	上　海	姑苏金茂府	苏　州
金茂府四期	北　京	亦庄金茂悦	北　京
竹怡居	广　州	每一间花园	珠　海
金茂雪山语	丽　江		

数据来源：CRIC.

（二十）仁恒置地集团

1. 企业简介

仁恒置地于 1993 年进入中国内地，起步于上海，定位选择在中国境内的高增长、战略性重点城市开发高端精装修住宅、商业及综合物业项目。2006 年 6 月 22 日在新加坡证交所主上市。

仁恒的住宅产品多为大规模、分期开发项目，目前已在中国五大主要经济区内 10 个重点高增长城市扎根，分别是：一是长三角的上海、南京和苏州；二是珠三角的珠海及深圳；三是中国西部的成都及贵阳；四是环渤海的天津与唐山；五是海南省三亚。

2. 财务数据（见表 5 -80 ~ 表 5 -83）

表 5 -80　　2015 年销售业绩及同比

	2015 年	同比（%）
销售金额（亿元）	291.00	132.99
销售面积（万平方米）	101.30	103.82
销售均价（元/平方米）	28727.00	14.35

数据来源：企业官网，CRIC.

表 5-81　　2014—2015 年财务指标

单位：%

财务指标	2015 年	2014 年
净负债率	2.40	45.60
三费费用率	7.78	8.72
总资产周转率	0.14	0.12
长短期债务比	2.13	8.52
现金短债比	3.01	3.16
净利润增长率	7.94	1.31
销售毛利率	27.47	29.57
销售净利率	14.30	18.29

数据来源：企业年报。

表 5-82　　2015 年重点新增土地储备

城　市	宗地名称	属　性	成交时间	建筑面积（万平方米）	成交总价（亿元）	楼板价（元/平方米）
天　津	津红光（挂）2015-097 号	商　住	2015/09	26.09	23.74	9101

数据来源：CRIC.

表 5-83　　2015 年重点新开盘项目

项目名称	城　市	项目名称	城　市
仁恒·棠悦湾	苏　州	仁恒东郊花园	上　海
仁恒绿洲新岛	南　京	仁恒西郊花园	上　海
仁恒江湾天成	南　京	仁恒森兰雅苑	上　海
仁恒江湾城	南　京	仁恒公园世纪	上　海

数据来源：CRIC.

（二十一）九龙仓集团有限公司

1. 企业简介

九龙仓集团有限公司始创于 1886 年，以发展中、港两地地产及基建业务为策略重点。集团为会德丰有限公司的附属公司。九龙仓以地产发展为策略重点，并在收购土地、融资、项目发展、设计、建筑及市场推广各方面确立核心竞争力。

优质投资物业是九龙仓业务模式的骨干，并坚持两条腿走路的策略，一是依靠在香港海港城与时代广场积累的丰富经验，发展自持的“投资物业”；二是凭借九龙仓在发展高端及位置优越的住宅方面的品牌与信誉，继续积极发展住宅等“发展物业”。

2. 财务数据（见表 5 - 84 ~ 表 5 - 87）

表 5 - 84　　2015 年销售业绩及同比

	2015 年	同比（%）
销售金额（亿元）	260.00	20.93
销售面积（万平方米）	140.00	-6.67
销售均价（元/平方米）	18571.00	29.57

数据来源：企业官网，CRIC.

表 5 - 85　　2014—2015 年财务指标

单位:%

财务指标	2015 年	2014 年
净负债率	15.00	18.90
三费费用率	12.41	12.56
总资产周转率	0.09	0.09
长短期债务比	7.35	8.01
现金短债比	2.78	2.16
净利润增长率	5.00	20.88
销售毛利率	47.93	48.94
销售净利率	41.11	95.51

数据来源：企业年报。

表 5 - 86　　2015 年重点新增土地储备

城　市	宗地名称	属　性	成交时间	建筑面积（万平方米）	成交总价（亿元）	楼板价（元/平方米）
北　京	丰台区亚林西居住区一期（0501 - 613、614、660 地块 &0501 - 626、627 地块）	商　住	2015/01	33.82	86.90	25695
杭　州	杭政储出〔2015〕12 号、杭政储出〔2015〕13 号	住　宅	2015/06	9.67	14.37	14860
杭　州	杭政储出〔2015〕34 号滨江区 R21 - 6、7 地块	住　宅	2015/10	7.72	16.25	21046

数据来源：CRIC.

表 5 - 87　　2015 年重点新开盘项目

项目名称	城　市	项目名称	城　市
九龙仓风华里	苏　州	九龙仓时代上城	无　锡
九龙仓月玺	武　汉	九龙仓擎天半岛	常　州
九龙仓·荣华里	常　州	九龙仓雍景山	杭　州

数据来源：CRIC.

（二十二）越秀地产股份有限公司

1. 企业简介

越秀地产1985年在香港成立，是全国性的综合房地产开发商，历年来开发了60余个住宅项目和以华南第一高楼广州国际金融中心为代表的20多个商业地产项目，商业地产价值雄踞上市公司类房企前列；随着近年全国扩张步伐的启动，越秀地产已经在珠三角、长三角和环渤海及中部地区共12个城市实现重点布局。

2015年，越秀以“管理升级增内力，变革创新添活力”为工作主题，以“三个确保、三个突破、三个提升”为工作主线，力争在体制机制改革、资源整合以及业务模式优化等方面取得新的突破，推动集团发展再上新台阶。

2. 财务数据（见表5－88～表5－91）

表5－88　　2015年销售业绩及同比

	2015年	同比（%）
销售金额（亿元）	248.53	12.90
销售面积（万平方米）	227.21	20.47
销售均价（元/平方米）	10938.00	－6.28

数据来源：企业官网，CRIC.

表5－89　　2014—2015年财务指标

单位：%

财务指标	2015年	2014年
净负债率	73.10	63.10
三费费用率	11.03	12.70
总资产周转率	0.43	0.12
长短期债务比	5.92	1.54
现金短债比	2.75	1.51
净利润增长率	－11.44	－3.78
销售毛利率	21.10	26.40
销售净利率	5.22	16.66

数据来源：企业年报。

表5－90　　2015年重点新增土地储备

城市	宗地名称	属性	成交时间	建筑面积（万平方米）	成交总价（亿元）	楼板价（元/平方米）
昆山	花桥开发区地块	住宅	2015/01	14.70	4.43	3012
广州	海珠区广纸片区地块二 AH050108、AH050114、AH050201、AH050203	商住	2015/06	55.66	88.98	15985
广州	白云区棠槎路穗花水泥厂 AB2805033	住宅	2015/10	6.54	8.40	12844
广州	白云区棠槎路穗花水泥厂 AB2805024	住宅	2015/10	9.85	12.50	12686

数据来源：CRIC.

表 5－91　　2015 年重点新开盘项目

项目名称	城　市	项目名称	城　市
绿地越秀海玥	广　州	越秀诚品广场	佛　山
星汇名庭	江　门	星汇金沙	广　州
可逸兰亭	昆　山	南沙滨海花园	广　州
岭南林语	广　州	星汇品峰	中　山

数据来源：CRIC

（二十三）中信房地产股份有限公司

1. 企业简介

中信房地产股份有限公司是中国中信集团公司一级控股子公司，具备一级房地产开发资质，中信地产拥有二十多年房地产开发经验。1979 年，中信集团成立房地产部；1986 年，中信房地产公司成立，是中国首批具有一级房地产开发资质的企业；2007 年，中信集团整合旗下房地产业务，重组成立了中信房地产股份有限公司。企业依托中信集团跨行业经营背景，横跨金融、地产、旅游、文化等多个产业，融合全国各地多家酒店、高尔夫球会等丰厚资源。

2015 年，一方面中信地产加强商业地产方面的举措，2015 年 9 月，中信地产旗下中信商管与万达院线宣布正式达成战略合作关系，同年年底，中信商管还首次发全新的品牌及战略布局；另一方面，中信屡售成熟物业，包括上海中信君庭项目、惠州中信新城项目。中信集团欲加强整合地产系各业务板块。

2. 财务数据（见表 5－92～表 5－94）

表 5－92　　2015 年销售业绩及同比

	2015 年	同比（%）
销售金额（亿元）	231.30	7.48
销售面积（万平方米）	216.20	7.56
销售均价（元/平方米）	10698.00	-0.08

数据来源：企业官网，CRIC.

表 5－93　　2015 年重点新增土地储备

城　市	宗地名称	属　性	成交时间	建筑面积（万平方米）	成交总价（亿元）	楼板价（元/平方米）
成　都	成公资土拍告（2014）44 号地块	商　住	2015/01	72.60	8.94	1232
东　莞	2015WG013 号地块	商　住	2015/04	21.50	6.52	3033
成　都	地块编号：TF（252）：2015－15	商　住	2015/09	54.46	8.72	1601
成　都	地块编号：TF（252）：2015－16	商　住	2015/09	76.86	9.22	1200

数据来源：CRIC.

表 5－94　　2015 年重点新开盘项目

项目名称	城　市	项目名称	城　市
中信云邸	长　春	中信新城	惠　州
中信城市广场	天　津	中信凯旋城	惠　州

数据来源：CRIC.

（二十四）复地（集团）股份有限公司

1. 企业简介

复地自 1992 年开始房地产开发和管理业务，开发领域遍及住宅、商办综合体、产业地产等多元化业态。业务覆盖上海、北京等超大型国际都市；杭州、南京、无锡、宁波、天津、武汉、重庆、成都、西安、长春、太原、长沙、三亚、大同等区域中心城市。

2015 年，复地进一步整合了复星集团旗下金融、健康、文化、旅游等资源，以城市综合开发和运营能力为核心竞争力，“蜂巢城市”项目先后落子北京通州、武汉汉口与成都高新区等三处地块。此外，复地积极落实“大健康”与“互联网”战略，瞄准社区市场，以全年龄健康管理与康复照护为主要业务的“复地蜂邻健康服务中心”在上海试运营。

2. 财务数据（见表 5－95 ~ 表 5－97）

表 5－95　　2015 年销售业绩及同比

	2015 年	同比（%）
销售金额（亿元）	260.35	32.36
销售面积（万平方米）	180.32	25.14
销售均价（元/平方米）	14438.00	5.77

数据来源：企业官网，CRIC.

表 5－96　　2015 年重点新增土地储备

城　市	宗地名称	属　性	成交时间	建筑面积（万平方米）	成交总价（亿元）	楼板价（元/平方米）
南　京	浦口区 NO. 2015G36	住　宅	2015/07	16.25	12.90	7176
长　沙	雨花区湘府路以北地块	商　业	2015/08	7.67	3.70	1733

数据来源：CRIC.

表 5－97　　2015 年重点新开盘项目

项目名称	城　市	项目名称	城　市
复地香栀花园	上　海	复地公园城	无　锡
复地新都国际	南　京	复地东湖国际	武　汉
复地复城国际	杭　州	复地复城国际	成　都
复地·雍湖湾	成　都	复地上城	重　庆
复地湖滨广场	天　津	复地朗香别墅	南　京

数据来源：CRIC.

（二十五）合景泰富地产控股有限公司

1. 企业简介

合景泰富地产控股有限公司于1995年成立，2007年7月在香港联合交易所主板上市，是广州领先的大型房地产开发公司之一。自创立以来，合景泰富地产一直关注于高质素物业的开发、销售、经营和管理。

经过20年的发展，集团已具有完整的物业开发体系和均衡的产品组合，产品涵盖中高端住宅、服务式公寓、别墅、写字楼、酒店、购物中心等各种类别。集团业务亦由传统物业开发及销售，扩展至资产经营及物业管理等发展领域，并形成以天津为中心的环渤海区域、郑州为中心的华中区域之发展战略布局。现时集团于上述区域已成功推出多个不同类别的项目，广受市场欢迎。

2. 财务数据（见表5－98～表5－101）

表5－98　　2015年销售业绩及同比

	2015年	同比（%）
销售金额（亿元）	201.70	－1.72
销售面积（万平方米）	151.60	1.84
销售均价（元/平方米）	13305.00	－3.50

数据来源：企业官网，CRIC

表5－99　　2014—2015年财务指标

单位:%

财务指标	2015年	2014年
净负债率	69.02	66.75
三费费用率	12.73	10.50
总资产周转率	0.11	0.16
长短期债务比	6.03	6.07
现金短债比	3.16	3.14
净利润增长率	4.44	18.87
销售毛利率	36.09	35.52
销售净利率	40.93	31.23

数据来源：企业年报。

表5－100　　2015年重点新增土地储备

城　市	宗地名称	属　性	成交时间	建筑面积（万平方米）	成交总价（亿元）	楼板价（元/平方米）
杭　州	余政储出〔2015〕13号	住　宅	2015/07	7.05	8.82	12504
杭　州	余政储出〔2015〕55号	住　宅	2015/12	21.32	18.67	8757

数据来源：CRIC.
注：佛山为合景泰富2015年新进入的城市。

表 5－101　　2015 年重点新开盘项目

项目名称	城　市	项目名称	城　市
南沙叠翠峰	广　州	御华园 I	天　津
尚都荟	南　京	合景天峻	杭　州
御华园 II	天　津	合景·瑜翠园	苏　州
合景·万景峰	上　海	科技城 IV	杭　州

数据来源：CRIC.

（二十六）中国铁建房地产集团有限公司

1. 企业简介

中国铁建房地产集团有限公司隶属于世界500强企业——中国铁建股份有限公司，组建于2007年4月，原名中铁房地产集团有限公司，同年12月获得房地产开发壹级资质。于2012年1月正式更名为中国铁建房地产集团有限公司，注册资金70亿元。截至2015年年底，集团公司总资产898.19亿元。

集团公司按照“立足北京、面向全国、走向海外”的战略布局，围绕“一个核心、两翼展开、沿海开拓、西南连线、沿江布点”不断筛选进入新城市，实现重要经济区域的快速覆盖。截至2015年底，集团公司下辖56家全资或控股子公司，1个筹备处（海南筹备处），5家事业部（轨道交通开发事业部、棚户区改造开发事业部、一级开发事业部、北京事业部、海外开发事业部）和1个筹备组（基金公司筹备组）。在北京、上海、广州、天津、成都、杭州、合肥、南宁、武汉、长沙、贵阳、南京、长春、大连、宁波、徐州、佛山、太原和重庆19个城市布局76个项目，规划建筑面积达2300万平方米。主打产品中国铁建·国际城、中国铁建·山语城已成为国内房地产业的知名品牌。

2. 财务数据（见表5－102～表5－104）

表 5－102　　2015 年销售业绩及同比

	2015 年	同比（%）
销售金额（亿元）	192.30	59.20
销售面积（万平方米）	149.50	39.60
销售均价（元/平方米）	12860.00	14.00

数据来源：企业官网，CRIC.

表 5－103　　2015 年重点新增土地储备

城　市	宗地名称	属　性	成交时间	建筑面积（万平方米）	成交总价（亿元）	楼板价（元/平方米）
南　京	2015年第07号江宁区 NO. 2015G14	住　宅	2015/05	12.21	2.39	1957
北　京	京土整储挂（丰）〔2015〕028号	住　宅	2015/07	16.64	50.25	30201
长　春	长国土公发〔2015〕40号高新开发区 220104009149GB00039号	商　住	2015/11	7.54	3.25	4315
成　都	TF（252）2015－27天府新区三根松村三、五组地块	商　住	2015/11	38.78	3.49	900
成　都	TF（21/251）：2015－26天府新区秦皇寺村五组、凉风顶村六组，罗家店村二组地块	商　住	2015/11	19.00	1.43	753

数据来源：CRIC.

表 5－104　　2015 年重点新开盘项目

项目名称	城　市	项目名称	城　市
中国铁建国际公馆	佛　山	中国铁建·梧桐苑	兰　州
中铁金山	成　都	怡陶园	定　安

数据来源：CRIC.

（二十七）四川蓝光发展股份有限公司

1. 企业简介

四川蓝光发展股份有限公司成立于 1990 年，2015 年 4 月 16 日在上海证券交易所正式挂牌上市。确立了以“人居蓝光” ＋ “生命蓝光” 为顶层设计的“双轮驱动” 立体战略格局；其中，以“房地产业＋现代服务业” 为传统核心产业构筑起“人居蓝光” 的战略分支，以“3D 生物打印＋生物医药” 为创新支柱产业构筑起“生命蓝光” 战略分支。

公司将“地产＋金融＋互联网” 结合，拥有金融战略合作伙伴和互联网战略合作伙伴，组建了自身的互联网营销团队和金融创新团队。2015 年 6 月，公司“蓝百万” 全民经纪人平台上线，互联网营销成为公司重要的营销渠道；8 月，“生活家” 服务体系及相应的软件系统全面上线运营，实现由传统物业服务企业向“现代服务业＋互联网” 模式的转型。

2. 财务数据（见表 5－105～表 5－108）

表 5－105　　2015 年销售业绩及同比

	2015 年	同比（%）
销售金额（亿元）	183.70	－12.57
销售面积（万平方米）	227.20	－12.48
销售均价（元/平方米）	8085.00	－0.10

数据来源：企业官网，CRIC.

表 5－106　　2014—2015 年财务指标

单位：%

财务指标	2015 年	2014 年
净负债率	102.58	183.21
三费费用率	9.60	9.86
总资产周转率	0.31	0.31
长短期债务比	1.16	0.56
现金短债比	0.70	0.45
净利润增长率	7.04	－44.00
销售毛利率	29.65	30.59
销售净利率	5.42	5.82

数据来源：企业年报。

表 5－107　　2015 年重点新增土地储备

城　市	宗地名称	属　性	成交时间	建筑面积（万平方米）	成交总价（亿元）	楼板价（元/平方米）
合　肥	高新区 KF5 号地块	住　宅	2015/04	35.22	19.53	5,543
成　都	XD2015－09（252）	商　住	2015/04	15.75	3.88	2,462
成　都	CH12（252）	商　住	2015/06	6.58	4.38	6,650
成　都	JN03（252）	商　住	2015/08	6.17	2.43	3,940
成　都	JJ11（252）	商　住	2015/08	5.81	2.53	4,350
成　都	DJY2015－10（211/214）	商　业	2015/08	5.37	1.35	2,512
成　都	DJY2015－11（214）	商　业	2015/08	1.60	0.32	2,010
武　汉	P（2014）018 号	商　住	2015/10	32.62	1.40	4,300
南　昌	DABJ2015032 号地块	商　住	2015/11	8.15	6.28	1,027
苏　州	2015－WG－36 号地块	商　住	2015/11	12.90	13.88	9,785

数据来源：CRIC.

表 5－108　　2015 年重点新开盘项目

项目名称	城　市	项目名称	城　市
蓝光圣菲悦城	成　都	蓝光天娇城	昆　明
蓝光五彩城	无　锡	蓝光乐彩城	成　都
蓝光金悦天娇	成　都	蓝光雍锦半岛	合　肥

数据来源：CRIC.

（二十八）深圳控股有限公司

1. 企业简介

深圳控股有限公司自 1997 起在香港联合交易所有限公司主板上市。此外，公司控股股东是中国深圳市政府。深圳控股在中国深圳以及主要在华南地区不同城市专注房地产开发、投资与管理。目前，在中国不同城市保持建筑面积近约 963 万平方米的土地储备及在深圳拥有约建筑面积 60 万平方米的投资物业。

2015 年深圳控股抓住了深圳房地产市场机会，加大推货力度，实现合同销售额较大程度的增长。2011—2015 年期间，企业实现 37% 的复合增长率。这主要是受益于母公司深业集团的资产注入。2015 年 12 月深圳控股再次收购母公司的深业东岭项目，并将于 2016 年进入销售阶段。

2. 财务数据（见表 5－109 ~ 表 5－112）

表 5－109　　2015 年销售业绩及同比

	2015 年	同比（%）
销售金额（亿元）	160.00	116.22
销售面积（万平方米）	94.90	49.45
销售均价（元/平方米）	16857.00	44.56

数据来源：企业官网，CRIC.

表 5 - 110　　2014—2015 年财务指标

单位:%

财务指标	2015 年	2014 年
净负债率	36.50	19.90
三费费用率	11.17	15.59
总资产周转率	0.40	0.29
长短期债务比	1.87	1.24
现金短债比	2.62	0.80
净利润增长率	-0.11	13.00
销售毛利率	34.60	29.46
销售净利率	16.75	25.34

数据来源：企业年报。

表 5 - 111　　2015 年重点新增土地储备

城　市	宗地名称	属　性	成交时间	建筑面积（万平方米）	成交总价（亿元）	楼板价（元/平方米）
深　圳	深业东岭项目（收购母公司项目）	商　住	2015/12	40.08	19.14	4776

数据来源：CRIC.

表 5 - 112　　2015 年重点新开盘项目

项目名称	城　市	项目名称	城　市
深业东岭	深　圳	深业 U 中心	深　圳
塘朗城	深　圳	深业上城产业研发大厦	深　圳
深业观澜玫瑰苑	深　圳		

数据来源：CRIC.

（二十九）朗诗绿色地产有限公司

1. 企业简介

朗诗绿色地产有限公司是朗诗集团绿色住宅发展业务的唯一上市平台。朗诗集团创立于 2001 年，目前是中国地产百强企业，是中国领先的绿色科技地产开发和运营企业。集团长期实施绿色科技差异化发展战略，目前主营业务为住宅地产开发，同时正积极开展绿色养老、绿色金融服务等新业务。

朗诗集团的地产业务目前遍及南京、上海、杭州、苏州、武汉、成都、无锡、常州、绍兴、合肥、张家港等多个主要城市，并正在开发 50 多个楼盘，开发总面积约 850 多万平方米，朗诗集团还将视市场情况等拓展业务进入中国北方、南方和部分海外市场发展住宅项目，扩大经营范围。朗诗集团在整合国际先进技术和经验的基础上，已逐步形成独有的组织能力和产品特色，朗诗集团住宅是健康、环保、舒适、节能的绿色住宅，深得客户喜爱和认可。截至 2015 年年底，朗诗集团共有 19 个住宅项目获得国家住建部绿色建筑设计最高级别认证——绿色三星标识。

2. 财务数据（见表 5－113 ~ 表 5－116）

表 5－113 　　2015 年销售业绩及同比

	2015 年	同比（%）
销售金额（亿元）	140.77	32.58
销售面积（万平方米）	112.94	34.40
销售均价（元/平方米）	12471.00	－1.36

数据来源：企业官网，CRIC.

表 5－114 　　2014—2015 年财务指标

单位：%

财务指标	2015 年	2014 年
净负债率	209.11	294.70
三费费用率	10.13	13.00
总资产周转率	0.15	0.12
长短期债务比	5.88	1.47
现金短债比	1.47	0.82
净利润增长率	58.33	1513.97
销售毛利率	44.11	67.34
销售净利率	29.45	42.65

数据来源：企业年报。

表 5－115 　　2015 年重点新增土地储备

城　市	宗地名称	属　性	成交时间	建筑面积（万平方米）	成交总价（亿元）	楼板价（元/平方米）
南　京	河西 CBD 区域 2014G52 地块	住　宅	2015/01	22.43	31.00	13821
成　都	高新区大源组团西片区桂溪街道办事处 GX2015－18	住宅、商业	2015/05	10.10	6.08	6020
成　都	高新区大源组团西片区桂溪街道办事处 GX2015－17	住宅、商业	2015/05	5.76	3.26	5650
上　海	长宁区青溪路旧楼改造项目	住　宅	2015/07	1.58	5.40	34205
杭　州	下城区文晖单元 F－R21－05	住　宅	2015/09	9.03	15.41	17061

数据来源：CRIC.

表 5－116 　　2015 年重点新开盘项目

项目名称	城　市	项目名称	城　市
朗诗熙华府	南　京	朗诗天萃	无　锡
朗诗绿洲	苏　州	良渚万科未来城	杭　州

数据来源：CRIC.

（三十）上海世茂股份有限公司

1. 企业简介

上海世茂股份有限公司是世茂集团布局生态住宅、商业地产及旅游地产的三大业务板块之一，致力于商业地产的销售和经营。公司聚焦长三角、环渤海及海西地区的一、二线经济发达城市。截至 2015 年年底，公司在包括上海、北京、济南、南京、厦门、青岛、苏州、徐州、绍兴、宁波等在内的 20 多个城市，运营多处大型商业地产及若干住宅地产项目。

2015 年上海世茂股份有限公司下属世茂影院向万达院线转让其所持有的重庆世茂影院管理有限公司等 15 家公司 100% 股权，优化主营业务结构。

2. 财务数据（见表 5 - 117 ~ 表 5 - 119）

表 5 - 117　2015 年销售业绩及同比

	2015 年	同比（%）
销售金额（亿元）	177. 11	10. 41
销售面积（万平方米）	140. 00	13. 40
销售均价（元/平方米）	12650. 00	-2. 50

数据来源：企业官网，CRIC.

表 5 - 118　2014—2015 年财务指标

单位:%

财务指标	2015 年	2014 年
净负债率	15. 47	33. 50
三费费用率	8. 74	9. 88
总资产周转率	0. 24	0. 29
长短期债务比	9. 62	1. 06
现金短债比	6. 74	0. 90
净利润增长率	11. 93	39. 35
销售毛利率	36. 32	41. 40
销售净利率	13. 61	14. 90

数据来源：企业年报。

表 5 - 119　2015 年重点新开盘项目

项目名称	城　市	项目名称	城　市
世茂·诺沙湾	青　岛	世茂天城	济　南

数据来源：CRIC.

（三十一）北京城建投资发展股份有限公司

1. 企业简介

北京城建集团是以工程承包、地产开发、城轨建设、园林绿化、物业经营、投资融资为六大支柱产业的大型综合性建筑企业集团，从前期投资规划至后期服务经营，拥有上下游联动的完整产业链。“中国企业500强”之一，“ENR250全球及国际工程大承包商”之一，荣获“中国最具影响力企业”“北京最具影响力十大企业”、“全国优秀施工企业”“全国思想政治工作先进单位”“全国建设系统企业文化建设先进企业”等荣誉称号。

2015年，公司以适应新常态、开拓新思路、谋求新发展为主线，凝心聚力、励精图治、开拓创新，市场融资、土地购置和投资、销售额和销售回款、开复工和新开面积等多项指标均取得了历史性突破。

2. 财务数据（见表5－120～表5－122）

表5－120　2015年销售业绩及同比

	2015年	同比（%）
销售金额（亿元）	158.10	90.48
销售面积（万平方米）	71.31	31.81
销售均价（元/平方米）	22171.00	44.57

数据来源：企业官网，CRIC.

表5－121　2014—2015年财务指标

单位：%

财务指标	2015年	2014年
净负债率	63.59	57.55
三费费用率	7.98	9.04
总资产周转率	0.16	0.22
长短期债务比	1.36	3.15
现金短债比	0.83	1.69
净利润增长率	－1.06	2.98
销售毛利率	38.41	34.66
销售净利率	16.16	14.98

数据来源：企业年报。

表5－122　2015年重点新增土地储备

城市	宗地名称	属性	成交时间	建筑面积（万平方米）	成交总价（亿元）	楼板价（元/平方米）
成都	JN05（21/252）	商住	2015/04	40.77	11.66	2860
北京	京土整储挂（兴）［2015］023号	商住	2015/07	13.77	22.80	16554
北京	京土整储挂（顺）［2015］053号	商住	2015/11	20.88	26.48	12678
北京	京土整储挂（顺）［2015］054号	商住	2015/11	20.44	23.42	11458

数据来源：CRIC.

（三十二）新世界中国地产有限公司

1. 企业简介

新世界中国地产有限公司为新世界发展有限公司的内地物业旗舰，资产总值约 1344 亿港元。公司自 20 世纪 80 年代初期进入中国房地产市场，并于 1999 年 7 月在香港联交所上市，现为摩根士丹利资本国际（MSCI）中国指数成份股之一。其物业组合包括 30 个主要发展项目分布于 24 地区。

2015 年，新世界中国地产在战略上，优化物业发展及投资组合，把资源集中在一线及其他高增长城市，降低部分发展周期较长项目的投资。2015 年 12 月 2 日，新世界与恒大地产正式签订协议，以总价人民币 135 亿元出售武汉常青花园、海口新世界美丽沙及惠阳棕榈岛三个项目权益。

2. 财务数据（见表 5－123～表 5－126）

表 5－123　　2015 年销售业绩及同比

	2015 年	同比（%）
销售金额（亿元）	154.26	20.58
销售面积（万平方米）	109.09	25.15
销售均价（元/平方米）	14141.00	－3.65

数据来源：企业官网，CRIC.

表 5－124　　2014—2015 年财务指标

单位:%

财务指标	2015 年	2014 年
净负债率	36.22	35.29
三费费用率	14.33	10.52
总资产周转率	0.13	0.18
长短期债务比	3.19	1.78
现金短债比	1.46	1.22
净利润增长率	－27.60	34.00
销售毛利率	41.60	42.75
销售净利率	19.88	21.96

数据来源：企业年报。

表 5－125　　2015 年重点新增土地储备

城　市	宗地名称	属　性	成交时间	建筑面积（万平方米）	成交总价（亿元）	楼板价（元/平方米）
杭　州	二七滨江地块 P（2015）063 号	商　住	2015/07	43.82	14.75	3366

数据来源：CRIC.

表 5－126　　2015 年重点新开盘项目

项目名称	城　市	项目名称	城　市
唐山新世界中心	唐　山	沈阳新世界花园	沈　阳
廊坊新世界中心	廊　坊	鞍山新世界花园	鞍　山
廊坊新世界花园	廊　坊	武汉新世界中心	武　汉
益阳新世界	益　阳	成都河畔新世界	成　都
深圳新世界倚山花园	深　圳		

数据来源：CRIC.

（三十三）中骏置业控股有限公司

1. 企业简介

中骏置业控股有限公司成立于 1996 年，2010 年 2 月在香港联合交易所有限公司主板上市（股份代号：1966）。中骏置业主要业务包括投资控股、房地产开发、物业投资及物业管理等。中骏置业以厦门总部为基地，实施“立足海西、拓展环渤海及关注珠三角”的全国化发展战略。

目前已经拓展至北京、上海、深圳等 13 个城市，截至 2015 年年底，中骏置业拥有土地储备约 903 万平方米。

2. 财务数据（见表 5－127～表 5－130）

表 5－127　　2015 年销售业绩及同比

	2015 年	同比（%）
销售金额（亿元）	145.11	21.91
销售面积（万平方米）	124.76	－4.40
销售均价（元/平方米）	11632.00	27.41

数据来源：企业官网，CRIC.

表 5－128　　2014—2015 年财务指标

单位：%

财务指标	2015 年	2014 年
净负债率	70.74	68.05
三费费用率	9.06	10.92
总资产周转率	0.29	0.20
长短期债务比	2.76	2.30
现金短债比	1.63	1.28
净利润增长率	0.10	33.45
销售毛利率	28.16	14.67
销售净利率	34.88	22.75

数据来源：企业年报。

表 5－129　　2015 年重点新增土地储备

城　市	宗地名称	属　性	成交时间	建筑面积（万平方米）	成交总价（亿元）	楼板价（元/平方米）
天　津	津西青（挂）2014－08 号宗地	住　宅	2015/07	11. 75	6. 02	5123
上　海	普陀区真如镇街道 W060802－B3－01a 东北块	住　办	2015/09	8. 07	16. 67	20654
南　昌	西湖区朝阳新城 DABJ2015027 号地块	商住办	2015/09	17. 93	6. 30	3514
北　京	京土整储挂（昌）［2015］068 号	商住办	2015/12	8. 39	5. 05	6010

数据来源：CRIC.

表 5－130　　2015 年重点新开盘项目

项目名称	城　市	项目名称	城　市
中骏广场一期	上　海	蓝湾悦庭	泉　州
天　誉	上　海	四季阳光三期	漳　州
柏景湾	上　海	中骏国际小区四期	临　汾
四季花都二期	廊　坊		

数据来源：CRIC.

（三十四）中粮地产（集团）股份有限公司

1. 企业简介

中粮地产（集团）股份有限公司是一家全国性、综合性的房地产开发上市企业，总部位于深圳市。控股股东中粮集团有限公司是国务院核定的 16 家以房地产为主业的央企之一。中粮地产主要业务范围包括了住宅地产、工业地产和部分自持物业的经营，项目布局北京、上海、深圳、成都、沈阳等十个一、二线城市。目前，中粮地产已成熟的产品系列主要有鼎级景观住宅系列、都市精品住宅系列、祥云国际生活区系列等几大系列。中粮地产公司资产总额超过 450 亿元，在深圳市宝安区拥有可出租物业约 120 万平方米。

2. 财务数据（见表 5－131 ~ 表 5－134）

表 5－131　　2015 年销售业绩及同比

	2015 年	同比（%）
销售金额（亿元）	151. 41	39. 55
销售面积（万平方米）	91. 48	31. 02
销售均价（元/平方米）	16551. 00	6. 51

数据来源：企业官网，CRIC.

表 5－132　　2014—2015 年财务指标

单位：%

财务指标	2015 年	2014 年
净负债率	145.54	126.84
三费费用率	9.88	13.43
总资产周转率	0.27	0.21
长短期债务比	1.90	1.26
现金短债比	1.06	0.79
净利润增长率	10.90	1.78
销售毛利率	26.45	37.68
销售净利率	5.35	6.62

数据来源：企业年报。

表 5－133　　2015 年重点新增土地储备

城　市	宗地名称	属　性	成交时间	建筑面积（万平方米）	成交总价（亿元）	楼板价（元/平方米）
南　京	2015 年第 09 号江宁区 NO. 2015G19	商　住	2015/07	18.43	12.10	6564
苏　州	苏地 2015－WG－5 号	住　宅	2015/08	22.49	15.63	6951
北　京	丰台区南苑乡槐房村和新宫村 1404－657、659、1401－607 地块	住　宅	2015/10	25.42	85.95	33812
北　京	房山区阎村镇 04 街区 04－0005 等地块	商　住	2015/11	19.21	26.60	13850
北　京	房山区长阳镇 02 街区 02－2－02、02－2－06 地块	商住办	2015/11	16.38	42.03	25653

数据来源：CRIC.

表 5－134　　2015 年重点新开盘项目

项目名称	城　市	项目名称	城　市
中粮锦云	成　都	新梅太古城中粮天悦澜庭	上　海
中粮大道	天　津	中粮鸿云	南　京

数据来源：CRIC.

（三十五）宝龙地产控股有限公司

1. 企业简介

宝龙地产（1238. HK）是中国首家在港上市的商业地产企业，专注于开发及经营高质量、大规模、多业态的综合性商业地产项目，2009 年 10 月 14 日在香港联交所主板成功上市。于 2015 年 12 月 31 日，宝龙已经拥有 52 个物业发展项目，主打产品"宝龙广场"是集大型购物、品牌商店、美食、娱乐、文化、休闲、住宅和酒店于一体的城市综合体，分为三大系列，即面向一线城市的社区级邻里购物中心、面向二线城市的区域级购物中心以及面向三四线城市的城市商业中心。

2015 年宝龙坚持“以上海为中心，深耕长三角”的发展战略。截至 2015 年 12 月 31 日，宝龙的土地储备建筑面积约 1210 万平方米（包括已运营投资性物业面积约 210 万平方米），其中位于一、二线城市的土地储备占比约达 63%。商业运营方面，2015 年内宝龙地产保障了七个宝龙广场开业，截至 2015 年经营及管理的商业广场已达 25 家。2015 年宝龙地产推进多元化战略，旗下宝龙酒店集团于 2015 年 7 月正式成立，于 2015 年，宝龙酒店集团开业五家酒店，并推出艺术酒店模式。

2. 财务数据（见表 5－135 ~ 表 5－138）

表 5－135 **2015 年销售业绩及同比**

	2015 年	同比（%）
销售金额（亿元）	143.11	34.31
销售面积（万平方米）	153.20	26.82
销售均价（元/平方米）	9341.00	6.01

数据来源：企业官网，CRIC.

表 5－136 **2014—2015 年财务指标**

单位：%

财务指标	2015 年	2014 年
净负债率	69.96	66.16
三费费用率	13.31	11.41
总资产周转率	0.19	0.18
长短期债务比	2.77	3.33
现金短债比	1.12	1.15
净利润增长率	54.89	7.67
销售毛利率	32.94	28.80
销售净利率	17.39	14.19

数据来源：企业年报。

表 5－137 **2015 年重点新增土地储备**

城　市	宗地名称	属　性	成交时间	建筑面积（万平方米）	成交总价（亿元）	楼板价（元/平方米）
上　海	吴泾镇 210－6 地块	商　业	2015/02	9.20	4.44	4828
上　海	松江区九亭地块	商　业	2015/10	30.20	12.36	4093
上　海	宝山区新城友谊社区地块	商　业	2015/11	26.80	12.22	4560

数据来源：企业年报。

表 5－138　　2015 年重点新开盘项目

项目名称	城　市	项目名称	城　市
宝龙城市广场	阜　阳	宝龙城	天　津
宝龙城市广场	杭　州	宝龙一城	厦　门

数据来源：CRIC.

(三十六) 凯德置地（中国）投资有限公司

1. 企业简介

凯德置地（中国）投资有限公司是新加坡嘉德置地集团在华的全资子公司，成立于 1994 年。以上海为起点，凯德中国目前已经成长为全国性的地产企业，核心业务涵盖住宅、商务房产、来福士综合体、房地产金融。

凯德中国核心业务总开发规模约 2200 万平方米，管理的总资产超过 2,000 亿元人民币，拥有 8 座“来福士”综合体。注资中国业务的房地产投资信托有 2 支，资产总值约 297 亿元人民币；私募基金有 11 支，总规模约 68.95 亿美元。

2. 财务数据（见表 5－139 ~ 表 5－140）

表 5－139　　2015 年销售业绩及同比

	2015 年	同比（%）
销售金额（亿元）	121.80	59.42
销售面积（万平方米）	65.60	42.92
销售均价（元/平方米）	18567.00	11.55

数据来源：企业官网，CRIC.

表 5－140　　2015 年重点新开盘项目

项目名称	城　市	项目名称	城　市
凯德湖墅	杭　州	凯德新玥	广　州
凯德汇豪时代	宁　波	凯德·麓语	北　京

数据来源：CRIC.

(三十七) 大华（集团）有限公司

1. 企业简介

大华集团始创于 1988 年，总部位于上海，以房地产开发为主，兼及投资置业、物业管理、建筑施工及装潢、商业贸易、市政工程、酒店餐饮、工业仓储等产业的多元化经营的大型企业集团。具有国家一级房地产开发资质。目前已逐步形成了以大华（集团）有限公司为主体，40 余家控股、参股子公司、分公司为骨干，20

余家关联企业密切协作的房地产规模化经营的专业体系。

大华集团从 2002 年正式全国化布局，" 扎根上海，拓展全国"，相继进入武汉、南京、马鞍山、沈阳、大连、西安、烟台、海口、贵阳等城市，稳步发展全国化、品牌化运作。集团一直致力于市场细分研究，注重产品结构深化。开发了包括住宅、商铺、写字楼为基线的多条产品线，以专业化和多元化，充分满足不同层次客户的需求。2015 年，大华集团实现销售金额 116. 10 亿元，销售面积 60. 3 万平方米。

2. 财务数据（见表 5 – 141 ~ 表 5 – 143）

表 5 – 141　　2015 年销售业绩及同比

	2015 年	同比（%）
销售金额（亿元）	116. 10	10. 57
销售面积（万平方米）	60. 30	– 3. 98
销售均价（元/平方米）	19245. 00	15. 10

数据来源：企业官网，CRIC.

表 5 – 142　　2015 年重点新增土地储备

城　市	宗地名称	属　性	成交时间	建筑面积（万平方米）	成交总价（亿元）	楼板价（元/平方米）
南　京	2015 年第 13 号浦口区 NO. 2015G36	住　宅	2015/09	17. 98	12. 9	7176

数据来源：CRIC.

表 5 – 143　　2015 年重点新开盘项目

项目名称	城　市
滨河华城一期	上　海

数据来源：CRIC.

（三十八）花样年控股集团有限公司

1. 企业简介

花样年集团起步于 1998 年，2009 年 11 月在香港联交所主板上市。花样年已全面完成基于未来移动互联网、客户大数据时代的业务战略布局，成为中国领先的以金融为驱动、社区服务为平台、开发为工具的金融控股集团，涵盖社区金融服务、彩生活住宅社区服务、地产开发、国际商务物业服务、社区文化旅游、社区商业管理、社区养老、社区教育产业等八大增值服务领域。

目前花样年正在推进国际化业务发展，已经在香港、台北、新加坡、东京设立分公司，并在新加坡、美国、台湾投资了项目。

2. 财务数据（见表 5－144～表 5－146）

表 5－144　**2015 年销售业绩及同比**

	2015 年	同比（%）
销售金额（亿元）	112.72	10.39
销售面积（万平方米）	128.94	－6.60
销售均价（元/平方米）	8742.00	18.28

数据来源：企业官网，CRIC.

表 5－145　**2014—2015 年财务指标**

单位:%

财务指标	2015 年	2014 年
净负债率	75.65	86.66
三费费用率	16.68	15.69
总资产周转率	0.19	0.20
长短期债务比	4.59	1.99
现金短债比	1.75	0.96
净利润增长率	2.22	11.55
销售毛利率	30.85	38.42
销售净利率	17.29	18.78

数据来源：企业年报。

表 5－146　**2015 年重点新开盘项目**

项目名称	城　市	项目名称	城　市
花样年麓湖国际社区	桂　林	花样年君山	成　都
花样年花郡	宁　波	花样年喜年广场	苏　州
花样年别样城	苏　州	花样年太湖天城	苏　州

数据来源：CRIC.

（三十九）融侨集团股份有限公司

1. 企业简介

融侨集团是一家拥有国家一级资质以房地产开发为核心的外商投资企业，涉及酒店、物业、温泉、商业、港口等业务。多年来，融侨布局全国，业务拓展至福州、福清、武汉、合肥、天津、无锡、淮安、连云港、南京、郑州、厦门等城市。

2015 年，融侨斥资 150 亿在福州、上海、南京、天津等一、二线城市拿地，未来企业将采取以上海，福州为双核心区域，立足一、二线城市重点城市、核心区域的战略布局。

2. 财务数据（见表 5－147～表 5－149）

表 5－147　　**2015 年销售业绩及同比**

	2015 年	同比（%）
销售金额（亿元）	206.00	48.95
销售面积（万平方米）	180.60	62.05
销售均价（元/平方米）	12816.00	－8.08

数据来源：企业官网，CRIC.

表 5－148　　**2015 年重点新增土地储备**

城　市	宗地名称	属　性	成交时间	建筑面积（万平方米）	成交总价（亿元）	楼板价（元/平方米）
福　州	榕土让〔2015〕02 号仓山区宗地 2015－05 号地块	商　住	2015/02	7.66	5.14	6711
龙岩＊	2015 拍－3 曹溪 1 号地块	商　住	2015/06	20.96	5.43	2591
龙岩＊	2015 拍－4 曹溪 2 号地块	商　住	2015/06	9.54	1.98	2078
福　州	2015－22 号地块	商　住	2015/07	2.11	2.80	13268
南　京	2015 年第 12 号江宁区 NO.2015G32	住　宅	2015/08	12.86	13.85	10774
福　州	榕土让〔2015〕09 号晋安区宗地 2015－25 号地块	商　住	2015/09	12.28	23.60	19224
天　津	津西青卫（挂）2015－090 号	商　住	2015/09	8.62	10.00	11607
福　清	宏路石门村冠捷 F1 厂区地块	商　住	2015/10	23.70	14.27	6022
福　州	榕土让〔2015〕13 号仓山区宗地 2015－35 号地块	商住办	2015/11	40.00	51.50	12874
福　清	2015 拍－20 号	商　住	2015/12	15.00	5.21	3472

数据来源：CRIC.
注：龙岩为融侨集团 2015 年新进入的城市。

表 5－149　　**2015 年重点新开盘项目**

项目名称	城　市	项目名称	城　市
融侨悦城	合　肥	融侨观邸	南　京

数据来源：CRIC.

（四十）北京金隅嘉业房地产开发有限公司

1. 企业简介

北京金隅嘉业房地产开发有限公司成立于 1987 年，是北京金隅旗下的全资子公司，注册资本 34 亿元，年开复工规模 400 多万平方米，是质量信誉 AAA 级、信用等级 AAA 级企业，是中国房地产五十强、北京地产十强企业。

金隅嘉业立足北京，业务遍及天津、河北、内蒙古、山东、江苏、浙江、安徽等地区，开发房地产项目近百个，总建筑规模 1600 余万平米，形成了相互支撑的多元化的房地产产品开发格局。

2. 财务数据（见表 5-150～表 5-153）

表 5-150　　**2015 年销售业绩及同比**

	2015 年	同比（%）
销售金额（亿元）	101.5	-43.8
销售面积（万平方米）	66.2	-41.1
销售均价（元/平方米）	15318.2	-4.6

数据来源：企业提供。

表 5-151　　**2014—2015 年财务指标**

单位:%

财务指标	2015 年	2014 年
净负债率	92.37	148.89
三费费用率	6.14	6.22
总资产周转率	22.41	28.40
长短期债务比	0.72	148.71
现金短债比	160.42	873.5
净利润增长率	-10.18	17.01
销售毛利率	34.34	29.17
销售净利率	9.39	10.28

数据来源：企业提供。

表 5-152　　**2015 年重点新增土地储备**

城　市	宗地名称	属　性	成交时间	建筑面积（万平方米）	成交总价（亿元）	楼板价（元/平方米）
合　肥	蜀山区 W1502 号叉车厂地块	综　合	2015/09	63.9	45.51	7122

数据来源：企业提供。

表 5-153　　**2015 年重点新开盘项目**

项目名称	城　市	项目名称	城　市
金隅紫京府	南　京	金隅金玉府	北　京
金隅上和园	北　京	金隅糖 +	北　京
金隅学府	杭　州		

数据来源：企业提供。

（四十一）上海实业控股有限公司

1. 企业简介

上实控股是一家以基建设施、房地产和消费品三大核心业务为主的红筹公司。其中，房地产业务涵盖物业开发和物业投资，兼具住宅及商用物业的特色。在上海、东部沿海、长江沿岸、长三角、环渤海等地区，以及中西部二、三线城市拥有优质的土地资源。凭着较低的土地成本和优秀管理和运营团队的优势，上实控股的房地产业务显示出优厚的增值和盈利潜力。

2015 年，上实控股的房地产业务抓住市场机遇，参与国资国企改革，成功通过资本市场的融资渠道实现扩股增资，进一步优化资本架构，提升了资产整体价值；并配合市场变化和趋势，顺利切入与主业结合的智慧建筑节能解决方案领域，布局多元化发展，发挥资源整合优势。全年，录得 8.88 亿港元的盈利，同比下跌 28.1%，占集团业务净利润的 29.4%。

2. 财务数据（见表 5 - 154 ~ 表 5 - 157）

表 5 - 154　　2015 年销售业绩及同比

	2015 年	同比（%）
销售金额（亿元）	97.88	13.80
销售面积（万平方米）	56.23	8.30
销售均价（元/平方米）	17407	5.00

数据来源：企业官网，CRIC.

表 5 - 155　　2014—2015 年财务指标

单位:%

财务指标	2015 年	2014 年
净负债率	85.62	82.53
三费费用率	21.83	19.31
总资产周转率	0.14	0.15
长短期债务比	3.09	1.48
现金短债比	2.58	1.54
净利润增长率	-16.57	24.61
销售毛利率	36.87	36.77
销售净利率	18.46	20.42

数据来源：企业年报。

表 5－156　　2015 年重点新增土地储备

城　市	宗地名称	属　性	成交时间	建筑面积（万平方米）	成交总价（亿元）	楼板价（元/平方米）
重　庆	北碚区北碚组团 A 标准分区 A72－4/03 号宗地	住　宅	2015/06	5.62	0.87	1550
上　海	崇明县东滩启动区 CMS15－0501 单元 D07－01、D08－01 地块	商　办	2015/09	15.57	2.22	1426

数据来源：CRIC.

表 5－157　　2015 年重点新开盘项目

项目名称	城　市	项目名称	城　市
晶杰苑	上　海	晶欣坊	上　海

数据来源：CRIC.

（四十二）景瑞地产（集团）有限公司

1. 企业简介

景瑞地产（集团）有限公司始创于 1993 年 9 月。历经多年探索和实践，景瑞地产现已发展成为一家业务涵盖房地产开发、建筑装饰装修、商业运营及物业管理的全国化品牌地产开发集团，具备房地产开发企业国家一级资质，并多次获得“中国房地产开发企业百强”50 强、“中国房地产百强运营效率 TOP10”等荣誉。景瑞地产，立足上海。随着企业的不断发展与壮大，景瑞地产切实贯彻“深耕长三角，产品价值领先”这一发展战略，从 2005 年始，全面布局长三角区域。

2015 年，集团实施有效的销售回款管理，年内物业销售回款达到 78.59 亿元，占年内合约销售额约 90.4%。集团坚持快速周转的销售经营策略，实现高额投资回报、改善现金流并降低流动资金风险，还为集团带来可持续发展的动力。

2. 财务数据（见表 5－158～表 5－161）

表 5－158　　2015 年销售业绩及同比

	2015 年	同比（%）
销售金额（亿元）	86.95	－4.45
销售面积（万平方米）	81.08	－17.99
销售均价（元/平方米）	10724	16.50

数据来源：企业官网，CRIC.

表 5－159　　2014—2015 年财务指标

单位:%

财务指标	2015 年	2014 年
净负债率	137.82	121.64
三费费用率	9.67	8.99
总资产周转率	0.21	0.23
长短期债务比	0.78	0.90
现金短债比	0.63	0.87
净利润增长率	－203.50	－59.48
销售毛利率	3.01	18.29
销售净利率	－5.02	5.30

数据来源：企业年报。

表 5－160　　2015 年重点新增土地储备

城　市	宗地名称	属　性	成交时间	建筑面积（万平方米）	成交总价（亿元）	楼板价（元/平方米）
宁　波	鄞州区姜山镇核心 6 号居住地块	商　住	2015/01	9.05	3.44	3800
上　海	宝山区高境镇高境社区 N120301 单元 M1－17 地块	商　办	2015/03	0.61	0.99	16211
上　海	虹口区江湾镇 A06－02 号地块	住　宅	2015/06	2.05	6.52	31793
南　通	经济技术开发区 R15026 地块	住　宅	2015/07	26.20	3.39	1295

数据来源：CRIC.

表 5－161　　2015 年重点新开盘项目

项目名称	城　市
景瑞御蓝湾	杭　州

数据来源：CRIC.

（四十三）明发集团有限公司

1. 企业简介

明发集团有限公司创始于 1994 年，是一家以城市运营为核心，以商业地产、住宅地产、酒店经营为支柱产业，并涉及工业、商贸、投资等多项领域的大型现代集团企业。

在城市规划与建设的进程中，明发始终扮演着城市生活开发的拓荒者与运营者的角色，是全国房地产开发百强企业。集团先后在厦门、南京等地投资开发了明发国际新城、明发海景苑、明丽山庄、明发滨江新城、明发珍珠泉度假村、明发国际工业原料城等著名楼盘，在城市化进程中发挥了重要的作用。

2. 财务数据（见表5-162~表5-165）

表5-162　　2015年销售业绩及同比

	2015年	同比（%）
销售金额（亿元）	52.33	176.85
销售面积（万平方米）	63.04	116.64
销售均价（元/平方米）	8300	27.79

数据来源：企业官网，CRIC.

表5-163　　2014—2015年财务指标

单位:%

财务指标	2015年	2014年
净负债率	89.02	81.26
三费费用率	26.26	13.87
总资产周转率	0.04	0.10
长短期债务比	0.57	0.48
现金短债比	0.54	0.39
净利润增长率	-99.37	-23.26
销售毛利率	12.30	26.00
销售净利率	0.29	27.85

数据来源：企业年报。

表5-164　　2015年重点新增土地储备

城市	宗地名称	属性	成交时间	建筑面积（万平方米）	成交总价（亿元）	楼板价（元/平方米）
深圳	光明新区田寮玉律片区	商业	2015/01	1.23	0.99	8036
泰州	〔2015〕6-3号地块	商住	2015/03	7.21	0.71	985
泰州	〔2015〕6-2号地块	商住	2015/03	11.25	1.65	1466

数据来源：CRIC.

表5-165　　2015年重点新开盘项目

项目名称	城市	项目名称	城市
明发香山郡	南京	明发世茂荣里	南京
明发国际新城	无锡	明发国际广场	泰州
明发云庭	南京	明发锦绣华城	沈阳
明发商业广场	长沙		

数据来源：CRIC.

（四十四）上海实业城市开发集团有限公司

1. 企业简介

上实城开前身为中新地产，由上实控股于2010年6月收购其45.02%股份，并完成公司更名及整合。目前，公司的开发项目广泛分布于上海、北京、天津、重庆、西安、长沙等一、二、三线城市，涵盖有高端居住社区、高档写字楼，购物中心、星级酒店、产权式公寓多种业态。同时，以全球化视野构建战略格局，通过产业经营与资本运作并举提速企业发展，2011年成功收购上海城开（集团）有限公司59%股权。

上实城开已制定三年发展规划，未来在区域布局上将呈现以上海为中心，形成集沿海、沿江两线，长三角、环渤海、中西部二、三线城市的“一心、两线、三圈”的“弓形”布局。凭借高效的项目运作和一流的经营管理模式，上实城开必然将跻身于地产红筹股前列，成为中国最具影响力和投资价值的城市地产运营商。

2. 财务数据（见表5-154～表5-156）

表5-154　　2015年销售业绩及同比

	2015年	同比（%）
销售金额（亿元）	58.32	23.64
销售面积（万平方米）	30.00	13.20
销售均价（元/平方米）	19440.00	9.22

数据来源：企业官网，CRIC.

表5-155　　2014—2015年财务指标

单位：%

财务指标	2015年	2014年
净负债率	55.12	68.12
三费费用率	0.37	0.18
总资产周转率	0.06	0.14
长短期债务比	3.46	1.57
现金短债比	2.30	0.88
净利润增长率	-6.89	89.71
销售毛利率	32.34	37.95
销售净利率	13.95	7.46

数据来源：企业年报。

表5-156　　2015年重点新开盘项目

项目名称	城　市	项目名称	城　市
万源城	上海	城开龙庭	上海
老城厢	天津	自然界	西安

数据来源：CRIC.

（四十五）北京住总房地产开发有限责任公司

1. 企业简介

北京住总房地产开发有限责任公司是北京住总集团控股的具有国家一级房地产开发资质的大型国有房地产开发企业，注册资本 8. 94 亿元，总资产超过 200 亿元，年开发规模超过 200 万平方米，年经营收入超过 60 亿。

公司成立于 1988 年，深耕北京地产二十八载，秉承" 为生民安其居，为建筑立伟业" 的住总使命，以民生工程带动规模，商品房开发提升效益，先后开发建设了恩济里小区、安翔小区、法华寺小区、慧忠里小区、朝内危改、千鹤家园、晨光家园、翠成馨园、山水倾城等住宅项目，为首都城市建设和改善市民居住条件做出了巨大贡献。2007 年以来，致力于保障性住房建设，先后开发建设了旗胜家园、住欣家园、兴康家园、宏仁家园等经济适用房和两限房等民生工程，保障性住房建设规模超过 400 万平方米，为 4 万余户中低收入家庭解决了住房问题。近年来，与万科、首开、融创等房企携手强强联合，重点打造丽景长安、金域华府、金域缇香、万科橙、西长安壹号等项目，在北京市场取得了优异的销售业绩。

2. 销售业绩

表 5－168　　2015 年销售业绩及同比

	2015 年	2014 年	同比（%）
销售金额（亿元）	34. 2	39. 1	－12. 53
销售面积（万平方米）	17. 9	21. 4	－16. 36
销售均价（元/平方米）	19106. 00	18271. 00	4. 57

数据来源：企业提供。

3. 土地储备

表 5－169　　2015 年新增土地储备

城市	宗地名称	属性	成交时间	建筑面积（万平方米）	成交总价（亿元）
北京	黑庄户保障房项目	居住教育配套公建	2015/09	49. 6	42. 10
北京	门头沟新城 MC00－0017－6002 地块	商业　金融	2015/11	12. 46	9. 67

数据来源：企业提供。

（四十六）杭州滨江房产集团股份有限公司

1. 企业简介

杭州滨江房产集团股份有限公司成立于 1992 年，具有建设部一级开发资质，已成为集房地产开发销售、商业地产置业、酒店旅业三大产业板块的大型集团公司。

2015 年公司销售额第一次突破 200 亿大关，2015 年公司开发项目第一次落地上海。未来，公司区域发展战略为：在上海市场采取“进攻”战略；在杭州市场采取“相持”战略，保持在杭州前三地位；对金华、衢州、绍兴、上虞等城市的现有项目快速去化。公司在未来的业务标准和业务控制上，将坚持“4－4－2”战略，即自有业务占40%、合作业务占40%、商业代建业务控制在20%以内。

2. 财务数据（见表5－170～表5－172）

表5－170　　2015年销售业绩及同比

	2015年	同比（%）
销售金额（亿港元）	233.00	48.41
销售面积（万平方米）	96.72	54.01
销售均价（港元/平方米）	24092.00	－3.63

数据来源：企业官网，CRIC.

表5－171　　2015年财务指标

单位：%

财务指标	2015年	2014年
净负债率	31.99	63.25
三费费用率	4.33	4.69
总资产周转率	0.31	0.30
长短期债务比	29.87	1.90
现金短债比	20.14	0.79
净利润增长率	86.58	－44.65
销售毛利率	32.27	22.50
销售净利率	11.92	6.85

数据来源：企业年报。

表5－172　　2015年重点新增土地储备

城　市	宗地名称	属　性	成交时间	建筑面积（万平方米）	成交总价（亿元）	楼板价（元/平方米）
杭　州	杭政储出［2015］3号（彭埠单元R21－08地块）	住宅	2015/02	12.68	12.82	10110
上　海*	宝山区大场镇祁连社区121601单元B3－03地块	住宅	2015/09	12.05	34.65	28755
杭　州	萧政储出［2015］12号	商住	2015/10	25.37	19.10	7531

数据来源：CRIC.

注：上海为滨江房产2015年新进入的城市。

（四十七）保利房地产（集团）股份有限公司

1. 企业简介

保利房地产（集团）股份有限公司是中国保利集团控股的大型国有房地产上市公司，国家一级房地产开发资质企业。保利地产成立于1992年，2002年成功完成股份制改造，开始实施全国化战略。目前，公司已完成以广州、北京、上海为中心，覆盖57个城市的全国化战略布局，拥有292家控股子公司，业务拓展到房地产开发、建筑设计、工程施工、物业管理、销售代理以及商业会展、酒店经营等相关行业。

2015年保利地产发布企业5P战略，其中“5P”是指象征Peiban（陪伴）的养老地产、代表Promise（承诺）的全生命周期绿色建筑、成为业主好Partner（拍档）的社区O2O、让便捷生活瞬达的PloyAPP、在国际舞台上充满Power（力量）的海外地产。养老地产方面，保利地产2015年新增上海西塘和熹会试点项目，同步推进在广州、成都等地养老机构的筹备工作；推进居家、社区养老服务，在保利社区内正式启动健康生活馆。2016年保利地产在5p战略的基础上，推出全生命周期居住系统。

2. 财务数据（见表5－173～表5－176）

表5－173　　2015年销售业绩及同比

	2015年	同比（%）
销售金额（亿元）	1541.04	12.75
销售面积（万平方米）	1218.30	14.22
销售均价（元/平方米）	12649.00	－1.29

数据来源：企业官网，CRIC.

表5－174　　2014—2015年财务指标

单位:%

财务指标	2015年	2014年
净负债率	85.05	106.53
三费费用率	5.61	4.95
总资产周转率	0.32	0.32
长短期债务比	2.40	3.40
现金短债比	1.06	1.40
净利润增长率	18.24	19.95
销售毛利率	27.93	26.85
销售净利率	10.00	11.19

数据来源：企业年报。

表5－175　　2015年重点新增土地储备

城　市	宗地名称	属　性	成交时间	建筑面积（万平方米）	成交总价（亿元）	楼板价（元/平方米）
墨尔本*	南雅拉区克莱蒙地块	商　住	2015/04	3.63	0.40	1115
悉尼*	埃平区埃平A+B地块	商　住	2015/08	3.74	5.02	13424
武　汉	洪山区卓刀泉村的P（2015）089、091号地块	商　住	2015/09	103.79	29.40	2833
上　海	宝山区大场镇W121301单元08－02地块	商　住	2015/09	18.37	41.00	22314
北　京	朝阳区东坝南区1106－657地块	住　宅	2015/09	15.98	42.50	26599
北　京	朝阳区孙河乡北甸西村2902－18、2902－19、2902－27地块	住　宅	2015/09	14.37	67.58	47033

续表

城　市	宗地名称	属　性	成交时间	建筑面积（万平方米）	成交总价（亿元）	楼板价（元/平方米）
南　京	G39 地块	商　住	2015/10	8.99	21.60	24026
福　州	榕土让〔2015〕11 号鼓楼区宗地 2015－29 号地块	商　住	2015/10	21.39	33.40	15616
北　京	朝阳区常营乡 1201－602、603 地块	商　住	2015/11	11.75	33.00	28086
合　肥	瑶海 E1506 号地块	商　住	2015/12	13.06	9.47	7250

数据来源：CRIC.

注：墨尔本、悉尼为保利地产 2015 年新进入的城市。

表 5－176　　2015 年重点新开盘项目

项目名称	城　市	项目名称	城　市
保利天悦	广　州	保利公园九里	武　汉
保利西雅图	佛　山	保利生态城	东　莞
保利海上五月花	合　肥	保利堂悦	南　京
保利紫山花园	佛　山	保利东湾	佛　山
保利公馆	佛　山	保利时代	武　汉

数据来源：CRIC.

（四十八）恒盛地产控股有限公司

1. 企业简介

恒盛地产控股有限公司是中国经济高增长地区领先的房地产发展商，专注于在上海地区、长三角地区、环渤海地区和东北地区主要经济城市之黄金地段发展大型优质房地产项目。目前，集团在北京、天津、上海、无锡、苏州、南京、南通、合肥、嘉兴、哈尔滨、长春、沈阳及大连 13 个城市，共有 31 个发展项目。

2015 年，集团竣工的住宅总建筑面积约为 62 万平方米，新增开工面积约 11 万平方米。年内，集团全面推进标准化体系建设，进一步加强了计划管理、工程管理、现金流管理和资金管理。管理的效率和对项目的管控能力进一步提高。通过加强成本管理中心和工程管理中心的管理职能，健全工程质量管理的机制，集团致力于达成提升工程质量和追求工程进度之间的持续平衡。

2. 财务数据（见表 5－177～表 5－179）

表 5－177　　2015 年销售业绩及同比

	2015 年	同比（%）
销售金额（亿元）	72.22	78.70
销售面积（万平方米）	34.59	28.60
销售均价（元/平方米）	20879	38.91

数据来源：企业官网，CRIC.

表 5 - 178　　2014—2015 年财务指标

单位:%

财务指标	2015 年	2014 年
净负债率	168.53	126.22
三费费用率	83.33	36.95
总资产周转率	0.04	0.08
长短期债务比	0.03	0.42
现金短债比	0.13	0.09
净利润增长率	-25.48	-11.97
销售毛利率	-84.64	-22.42
销售净利率	-169.79	-74.27

数据来源：企业年报。

表 5 - 179　　2015 年重点新开盘项目

项目名称	城　市
恒盛金陵湾	南　京

数据来源：CRIC.

（四十九）中国建筑股份有限公司

1. 企业简介

中国建筑股份有限公司是由国务院国有资产监督管理委员会为实际控制人的大盘蓝筹股，由中国建筑工程总公司、中国石油天然气集团公司、宝钢集团有限公司、中国中化集团公司等 4 家世界 500 强企业共同发起，于 2007 年 12 月 10 日正式创立，并于 2009 年 7 月 29 日在上海证券交易所成功上市。中国建筑传承了中国建筑工程总公司的全部资产和企业文化。主营业务包括房屋建筑工程、国际工程承包、房地产开发与投资、基础设施建设与投资以及设计勘察五大领域。

2015 年，公司着力提质增效、强化转型升级，主要经营指标保持了平稳发展态势，全年目标圆满完成。公司积极践行“互联网思维”，重点推进“智慧工地”建设，将移动互联网、物联网新技术应用于项目现场管理，达到数据“实时监控、智能预警”，公司项目管控水平和运营效率明显提高。此外，公司实行传统融资和创新融资并举，不断加大资源支持和储备。首期 5 亿美元 5 年期债券成功定价发行，创造了票息和收益率最低等多项中国企业的历史记录。完成首期 150 亿元优先股发行，成为中央企业发行优先股的第一单；探索推进基金、信托等结构化融资业务，助推公司转型升级。

2. 财务数据（见表 5 - 180 ~ 表 5 - 183）

表 5 - 180　　2015 年销售业绩及同比

	2015 年	同比（%）
销售金额（亿元）	1546.00	21.73
销售面积（万平方米）	1326.00	23.93
销售均价（元/平方米）	11659	-1.77

数据来源：企业官网，CRIC.

表 5－181　　2014—2015 年财务指标

单位：%

财务指标	2015 年	2014 年
净负债率	26.06	43.16
三费费用率	3.18	3.14
总资产周转率	0.88	0.94
长短期债务比	2.52	1.88
现金短债比	2.73	1.86
净利润增长率	8.34	13.10
销售毛利率	12.44	12.58
销售净利率	4.08	4.15

数据来源：企业年报。

表 5－182　　2015 年重点新增土地储备

城　市	宗地名称	属　性	成交时间	建筑面积（万平方米）	成交总价（亿元）	楼板价（元/平方米）
济　南	历下区 2015－G014 地块	住　宅	2015/02	28.02	9.05	3232
天　津	津滨塘（挂）2014－2 号	商　住	2015/03	7.89	1.91	2416
天　津	津滨塘（挂）2014－4 号	商　住	2015/03	7.41	1.79	2416
天　津	津滨塘（挂）2014－3 号	商　住	2015/03	8.34	2.02	2416
天　津	津东八（挂）2015－022 号	商　住	2015/03	13.42	12.75	9500
济　南	历城区 2015－G025 地块	住　宅	2015/05	23.47	2.63	1121
上　海	虹口区江湾镇街道 A01－03 号地块	住　宅	2015/11	24.96	40.43	16200
天　津	津滨塘（挂）2014－1 号	商　住	2015/12	19.53	4.16	2130

数据来源：CRIC.

表 5－183　　2015 年重点新开盘项目

项目名称	城　市	项目名称	城　市
中海悦府	上　海	中建信和城	长　沙

数据来源：CRIC.

（五十）厦门国贸集团股份有限公司

1. 企业简介

厦门国贸集团股份有限公司是一家适度多元化的综合型企业，以供应链管理、房地产经营及金融服务三大业务为核心主业。

公司供应链管理业务主要涉及大宗贸易、物流服务、汽车经销及商业零售业务。公司房地产经营业务定位于以重点城市为主的高品质住宅开发和商业地产开发，业务覆盖区域涉足厦门及福建省其他地区、上海、合肥、南昌、芜湖等地，主要产品线有国贸天悦、国贸天琴湾、国贸春天、国贸阳光等精品住宅及国贸商城、国贸金融中心等综合地产项目。金融服务业务涵盖期货及衍生品、以中小微企业为主的金融服务平台和投资等金融业务。金融服务业务可有效对接公司其他两大主业，提升公司业务间的协同效应。

2. 财务数据（见表5－184～表5－187）

表5－184　**2015年销售业绩及同比**

	2015年	同比（%）
销售金额（亿元）	63.05	27.99
销售面积（万平方米）	50.01	58.76
销售均价（元/平方米）	12607.00	－19.38

数据来源：企业官网，CRIC.

表5－185　**2014－2015年财务指标**

单位：%

财务指标	2015年	2014年
净负债率	51.50	56.22
三费费用率	3.52	3.51
总资产周转率	1.75	1.75
长短期债务比	0.12	0.18
现金短债比	0.48	0.42
净利润增长率	10.61	－19.93
销售毛利率	5.81	5.91
销售净利率	1.50	1.57

数据来源：企业年报。

表5－186　**2015年重点新增土地储备**

城市	宗地名称	属性	成交时间	建筑面积（万平方米）	成交总价（亿元）	楼板价（元/平方米）
南昌	青山湖区DACJ2015001地块	商住	2015/03	5.59	3.16	5653

数据来源：中国房地产决策咨询系统（CRIC）。

表5－187　**2015年重点新开盘项目**

项目名称	城市	项目名称	城市
国贸天悦	厦门	国贸金沙湾	厦门
国贸天琴湾	芜湖	国贸春天	南昌

数据来源：CRIC.

Ⅵ.保障篇

导 读

2015 年，全国城镇保障性安居工程实际开工 783 万套，基本建成 772 万套，超额完成了全年目标任务，完成投资超过 1.54 万亿元。其中，各类棚户区改造实际开工 601 万套，再创历史新高。

一些地方在保障性安居工程建设和分配方面做出了积极探索，一些创新融资机制逐步得到应用。本篇收录了北京、上海和重庆保障性安居工程建设配管经验。

一、2015 年我国住房保障建设情况

2015 年是“十二五”规划的收官之年，也是棚改三年计划（2015—2017 年）的启动之年，住房保障领域面临的任务十分艰巨。这一年，各地区、各部门坚决贯彻习近平总书记系列重要讲话精神，按照中央协调推进“四个全面”战略布局，贯彻落实党中央、国务院关于加大城镇棚户区和城乡危房改造力度的决策部署，齐心协力，迎难而上，切实完善政策、加强协调、创新机制，圆满完成了住房保障各项任务。

（一）保障性安居工程建设任务全面完成

棚改寄托着千万住房困难家庭改善居住条件的希望，是推进以人为核心的新型城镇化的重要内容和抓手。2015 年《政府工作报告》明确要求，保障性安居工程新安排 740 万套，其中棚户区改造 580 万套，增加 110 万套，把城市危房改造纳入棚改政策范围。6 月份，在国务院常务会议上，专门讨论了棚改工作，提出棚改三年攻坚任务。会后，国务院印发了《关于进一步做好城镇棚户区和城乡危房改造及配套基础设施建设有关工作的意见》（国发〔2015〕37 号），明确了 2015—2017 年要改造包括城市危房、城中村在内的各类棚户区住房 1800 万套，其中，2015 年 580 万套，2016 年 600 万套，2017 年 620 万套；同时，对加大配套基础设施建设力度、积极推进棚改货币化安置、创新融资体制机制等做了全面部署。国发〔2015〕37 号文件的印发，标志着棚改工作进入新阶段。

2 月初，住房城乡建设部代表保障性安居工程协调小组与各省（区、市）签订了目标责任书，各省也与市、县逐级落实了年度任务。年中，国务院办公厅、住房城乡建设部等采取多种方式，督促地方抓开工、促进度，确保完成全年目标任务。到年底，全国城镇保障性安居工程实际开工 783 万套，基本建成 772 万套，超额完成了全年目标任务，完成投资超过 1.54 万亿元。其中，各类棚户区改造实际开工 601 万套，再创历史新高。分地区看，各省（区、市）均顺利完成了年度任务。其中，山东、湖北、河南、贵州、安徽、湖南、四川 7 省仅棚改任务就超过 30 万套，而且整个开工进度也不错。以棚户区改造为重点的保障性安居工程的顺利推进，让一大批翘首以盼的住房困难群众住上了新房，为稳增长、调结构、惠民生做出了重要贡献。

（二）对保障性安居工程支持力度继续加码

落实资金是推进棚改的关键。2015 年，国家层面多方面加大了支持力度，棚改进入了政策“黄金期”。

一是，中央继续加大对棚改等保障性安居工程的支持力度。中央财政预算、中央预算内投资共安排城镇保障性安居工程补助资金 2180 亿元，包括国务院第 95 次常务会决定追加的用于棚改配套基础设施建设的 100 亿元，补助规模较上年增加 200 多亿元。

二是，中央安排专项建设基金近 1000 亿元，加大对棚改及配套基础设施建设的支持力度，帮助地方解决部分项目资本金不足的问题。国家发改委继续加大企业债券支持棚改力度。财政部印发《关于做好城市棚户区改造相关工作的通知》（财综〔2015〕57 号），督促各地落实城市棚户区改造涉及的税费优惠政策。

三是，人民银行、银监会部署银行业金融机构加大对棚改为重点的保障性安居工程的信贷支持。国家开发银行、农业发展银行等银行业金融机构落实要求，持续加大信贷资金投放。国家开发银行全年共发放保障性安居工程贷款 7655 亿元，其中棚改 7509 亿元。农业发展银行全年棚改及配套基础设施建设贷款授信超过 1000 亿元，实际发放超过 300 亿元。

四是，国务院明确将抵押补充贷款（PSL）政策扩大到农发行，农发行将和国开行一样，可以对棚改提供

低利率的长期贷款。

为确保完成棚改年度目标任务，发展改革委、国资委、农业部、国家林业局督促国有工矿、垦区、林区棚改加快进度。审计署加强棚改专项审计。国办组织专项督查、加强协调。各地方及时进行了任务分解和项目准备，加大督导、推进力度。河南省紧盯开工率、基本建成率和分配入住率 3 个指标开展督查，对工作不力的市、县及时督促。云南省采取“每月一次报告、每月一次督查、每月一次协调、每月一次约谈”的“四个一”办法。湖南省建立了督查反馈机制，对督查的项目逐一登记备案，督查发现问题的，对照回访。

（三）棚改货币化安置持续有力推进

按照《国有土地上房屋征收与补偿条例》及《国务院关于进一步做好城镇棚户区和城乡危房改造及配套基础设施建设有关工作的意见》（国发〔2015〕37 号）等文件的规定，棚改实行实物安置和货币补偿相结合，由棚户区居民自愿选择。在当前房地产市场形势下，棚改实行货币化安置，相对于实物安置可以一举多得：消化商品房库存，稳定房地产市场；缩短安置周期，提高棚改工作效率；满足群众多样化需求，降低综合改造成本；改善城市环境，提高了综合承载能力；避免低收入群体聚集居住，促进社会和谐。

住房城乡建设部、国家开发银行联合印发《关于进一步推进棚改货币化安置的通知》（建保〔2015〕125 号），部署各省（区、市）按照原则上不低于50%的比例确定本地区的棚改货币化安置目标，国家开发银行对实行货币化安置的棚改项目加大贷款支持力度。各省（区、市）要因地制宜，认真摸底调查存量商品住房底数，制定推进棚改货币化安置的指导意见和具体安置目标，完善相关政策措施，督促市、县抓紧实施棚改货币化安置取得积极成效。2015 年，全国棚改货币化安置了约 180 万套，货币化安置比例达到近 30%，较上年增长 20 多个百分点。

分地区看，辽宁、重庆、内蒙古、新疆、陕西、海南、甘肃等省、自治区、直辖市，货币化安置比例超过 35%。四川成都、四川内江、山东青岛、黑龙江齐齐哈尔、安徽蚌埠、安徽淮北、福建三明、陕西宝鸡等一批城市，通过推行货币化安置，在棚改和利用存量商品房之间搭建了桥梁，既提高了棚改工作效率，又消化了商品房库存。这些地方推行货币化安置的方式有三种：第一种是直接发补偿款，老百姓“拿钱走人”；第二种是政府搭建平台，组织商品房源，让老百姓到平台自主选购商品住房安置；第三种是政府购买存量商品房作为安置房源。

房屋征收补偿是影响棚改及货币化安置进度的关键环节。山东、江西、上海、北京、吉林、黑龙江等地，督促市县与法院建立良好协作机制，通过司法介入、公开透明操作等办法，破解拆迁难，取得一定成效。

（四）政府购买棚改服务工作积极推进

随着《预算法》的实施，创新棚改融资机制已经是大势所趋。国发〔2015〕37 号文件明确了具体思路，就是要推动政府购买棚改服务。所谓政府购买棚改服务，是指地方政府授权的主管部门，按照《政府采购法》等相关规定，履行合规的政府采购程序，向市场化主体购买棚改服务。其中，棚改服务，可以是包括房屋征收拆迁、居民安置（货币化安置、新建住房安置）的棚改全过程，也可以是只包括房屋征收拆迁部分，或者只包括居民安置部分（房屋征收由政府直接实施）。国发〔2015〕37 文件规定，开发银行可依据政府购买棚改服务协议，对提供棚改服务的实施主体给予贷款。

7 月、9 月，住房城乡建设部与国家开发银行一起，专门召开工作会议，部署各地落实国发〔2015〕37 文件精神，积极推进政府购买棚改服务工作，缓解棚改所面临的融资难题。经过近半年的努力，吉林、广东、河南等省在全省范围内推行了政府购买棚改服务工作，山东、海南、江苏、浙江、贵州、广西、新疆等省、自治区、直辖市，都有一些棚改项目，以政府购买棚改服务方式用上了开行贷款。天津、江苏、山东、河北、吉林、安徽、江西、河南、湖南、贵州、青海等11省、直辖市，已出台省级实施政府购买棚改服务的管理办法。

（五）公共租赁住房保障机制更加完善

这几年，各省（区、市）认真贯彻落实党中央、国务院决策部署，通过加大公租房建设力度，加快解决城镇中等偏下收入住房困难家庭、新就业无房职工和在城镇稳定就业的外来务工人员的住房困难，取得了积极成效，各地公租房房源供不应求的局面已经大大缓解，有些地方甚至出现建成的公租房空置的问题。主要原因：一是道路、水电气等市政基础设施，规划、建设滞后，无法分配入住；二是一些为产业园区建设的公租房，园区发展不景气，分配不出去；三是部分地方重建设、轻分配，不及时启动分配工作，公租房准入门槛过高，未按要求将符合条件的群体完全纳入保障范围。

2015年《政府工作报告》明确，住房保障逐步实行实物保障与货币补贴并举，把一些存量房转为公租房和安置房。落实国务院的要求，住房城乡建设部部署各地及时调整公租房工作重点：一是明确公租房建设不再下指标，地方有多少需求就建设多少，鼓励各地通过发放租赁补贴方式实施公租房保障。二是着力打好公租房分配入住攻坚战。2015年初印发了《关于加快公租房分配入住的通知》，并对各省（区、市）公租房分配入住实施目标管理。7月、12月份，住房城乡建设部两次组织召开公租房分配入住现场会，督促各地抓紧指导市、县加快完善公租房配套基础设施，切实放宽户籍家庭的准入条件，将新就业大学生、稳定就业的外来务工人员纳入公租房保障范围，加快公租房分配入住工作。分地区看，江苏、浙江、湖北、青海、内蒙古、天津、黑龙江等地方公租房分配入住率高。

各省（区、市）学习借鉴陕西、上海等先行地区的经验做法，通过整合政府和社会资源，向公租房小区倾斜，实施精细化管理，狠抓公租房小区的社区管理，努力把公租房小区打造成配套齐全、功能完善、环境优美、管理有序的城市新社区、幸福新家园。

（住房和城乡建设部住房保障司）

二、全国各省、直辖市、自治区保障性安居工程建设情况

1. 北京市

2015年计划建设任务：2015年北京计划建设筹集各类保障房10.5万套，各区县力争完成15万套开工任务、竣工8万套，开工建设公租房不低于2万套。计划完成棚改安置房建设任务4.3万套（户）。

（资料来源：北京日报）

2015年实际完成情况：截至11月月底，北京市保障性住房共实现新开工10.8万套，完成全年10.5万套建设筹集任务的103.2%；基本建成8.1万套，完成年度竣工8万套任务的101.9%。在加快推进棚户区改造方面，2015年北京已完成棚改安置房建设任务45.2万套（户），完成年度任务的120.9%。

（资料来源：京华时报）

2. 天津市

2015年计划建设任务：2015年天津市计划开工建设保障房3万套，基本建成保障房7.5万套，新增发放“三种补贴”1万户。

（资料来源：天津网）

2015 年实际完成情况：截至 10 月月底，天津市保障房建设已开工 302 万套、建成 7.15 万套，新增租房补贴 8400 户，分别完成年度目标的 100%、95%、84%。

（资料来源：新华网）

3. 河北省

2015 年计划建设任务：2015 年，河北省保障性安居工程计划建设开工 20 万套（含追加的 1 万套棚户区改造住房），基本建成 17 万套。其中，新开工棚户区改造住房 15.7 万套，占总开工任务近 8 成。

（资料来源：河北日报）

2015 年实际完成情况：截至 10 月底，河北省保障性安居工程已开工 20 万套（其中棚户区改造 15.4 万套），基本建成 17 万套，开工、基本建成率均达到 100%，已提前完成国家下达的年度目标任务。

（资料来源：新华网）

4. 山西省

2015 年计划建设任务：2015 年，国家下达山西省城镇保障性住房建设任务为新开工 25 万套，基本建成 18 万套（含续建工程）。

（资料来源：山西住房城乡建设工作会议）

2015 年实际完成情况：2015 年，山西省新开工城镇保障房 26.19 万套，其中棚改 23.76 万套；基本建成 20.23 万套，完成投资 640.5 亿元；农村危房改造完成 8.5 万户，完成农房抗震改造试点 1 万户。

（资料来源：山西住房城乡建设工作会议）

5. 内蒙古自治区

2015 年计划建设任务：2015 年内蒙古保障性安居工程建设任务为新开工 24.2 万套，基本建成 16 万套。全年棚户区改造任务是 19.9 万户。

（资料来源：内蒙古住房城乡建设工作会议）

2015 年实际完成情况：2015 年，内蒙古自治区保障性安居工程开工 28.5 万套，开工率 100.1%，完成投资 576.2 亿元。其中，公共租赁住房开工 4.3 万套，开工率 100.3%，完成投资 48.6 亿元；各类棚户区改造开工 24.2 万户，开工率 100.1%，完成投资 527.6 亿元。

（资料来源：内蒙古政府报告）

6. 辽宁省

2015 年计划建设任务：国家下达辽宁省保障性安居工程任务 21.1 万套；基本建成任务 10 万套。

（资料来源：辽宁省住建厅）

2015 年实际完成情况：截至 11 月底，辽宁省已完成保障性安居工程 23.9 万套；基本建成 21.7 万套。国家下达的两项指标完成比例分别为 113% 和 217%。

（资料来源：辽宁省住建厅）

7. 吉林省

2015 年计划建设任务：2015 年吉林省保障性安居工程计划开工建设 16.66 万套，其中改造城市棚户区 12 万套、林业棚户区 1.46 万套、工矿棚户区 1.7 万套、国有垦区危房 0.67 万套，建设公租房 0.83 万套，新增公共租赁住房补贴 1.5 万户。

（资料来源：中央人民政府网）

2015 年实际完成情况：2015 年吉林省保障性安居工程开工 17.51 万套，开工率 100.28%，货币化安置占 40.9%。

（资料来源：吉林省住房和城乡建设厅）

8. 黑龙江省

2015 年计划建设任务：全省计划开工建设保障性安居工程 21.47 万套（公共租赁住房 1.54 万套、城市棚改 12.60 万套、国有工矿棚改 3.03 万套、林业棚改 4.31 万套），基本建成 11.15 万套，计划完成投资 336 亿元。

（资料来源：黑龙江日报）

2015 年实际完成情况：截至 10 月底，全省保障性安居工程开工 21.50 万套，其中各类棚户区改造开工 20.09 万套、公租房开工 1.14 万套，开工率达到 100.2%。

（资料来源：黑龙江省政府工作报告）

9. 上海市

2015 年计划建设任务：根据国家下达的开工 6 万套、基本建成 10 万套的目标任务，确定全年新建筹措各类保障性住房和实施旧住房综合改造 11.5 万套，基本建成 10 万套。

（资料来源：上海市住房保障和房屋管理局）

2015 年实际完成情况：2015 年，上海市保障性住房新开工建设 19.73 万套，共计 1512 万平方米，为全年目标套数（11.5 万套）的 1.7 倍。其中，公共租赁住房 0.85 万套，共计 40.02 万平方米；保障性住房基本建成 20.48 万套，共计 1506.34 万平方米，为全年目标套数（10 万套）的 2 倍。其中，公共租赁住房 2.36 万套，共计 139.92 万平方米。

（资料来源：上海市住房保障和房屋管理局）

10. 江苏省

2015 年计划建设任务：基本建成 28 万套；讲划建设 26.6 万套，其中，各类棚户区（危旧房）改造 22.34 万套（户），公共租赁住房 2.29 万套，经济适用住房 0.9 万套，限价商品住房 0.7 万套；新增发放住房租赁补贴 0.37 万户。

（资料来源：江苏省人民政府办公厅）

2015 年实际完成情况：2015 年江苏的保障房基本建成 31.8 万套，新开工 29.2 万套，已超额完成“十二五”期间国家下达的目标任务。

（资料来源：江苏省住建厅）

11. 浙江省

2015 年计划建设任务：2015 年浙江省确保保障房开工 15.2 万套（其中棚户区改造 13 万套），基本建成 12 万套。

（资料来源：浙江省住房和城乡建设厅）

2015 年实际完成情况：2015 年，浙江省共新开工各类保障性安居工程住房 27.5 万套（户），其中棚户区改造 22.6 万套（户）；基本建成 27.5 万套，新增低收入租赁补贴 8329 户，分别完成年度目标任务的 127.6%、120.5%、159.9%、225.1%。

（资料来源：浙江省住房和城乡建设厅）

12. 安徽省

2015 年计划建设任务：安徽省将继续推进保障性安居工程建设，计划新增保障性安居工程 40 万套，基本建成 24 万套，分配入住 16.8 万套。

（资料来源：人民网）

2015 年实际完成情况：截至 11 月月底，安徽省新开工保障性安居工程 40.29 万套，开工率 101.33%；基本建成 35.77 万套，占目标任务的 147.34%。

（资料来源：安徽商报）

13. 福建省

2015 年计划建设任务：2015 年国家下达福建省保障性安居工程目标任务为开工 12.5 万套，基本建成 7.5 万套。

（资料来源：福建省住建厅）

2015 年实际完成情况：截至 11 月月底，全省新开工保障性安居工程 14.17 万套（其中第四季度提前开工 2016 年项目开工 12809 套），占全省目标任务的 113.74%，其中：保障性住房已开工 1.59 万套，各类棚户区改造 12.59 万套。城市棚户区改造货币化安置 2.91 万套，占城市棚户区改造开工数 23.52%。

（资料来源：福建省住建厅）

14. 江西省

2015 年计划建设任务：2015 年度，全省保障性安居工程目标任务为 23.26 万套（户）。国家下达江西省保障性安居工程基本建成任务为 16 万套（户）。

（资料来源：江西省住房和城乡建设厅）

2015 年实际完成情况：截至 9 月底，全省已基本建成 25.66 万套（户），超额完成国家任务。截至 10 月 31 日，全省已开工 22.04 万套（户），开工率为 94.77%。

（资料来源：江西省住房和城乡建设厅）

15. 山东省

2015 年计划建设任务：2015 年保障性安居工程计划开工 54.5 万套，基本建成 23.5 万套；其中棚改开工 46.6 万户，数量全国最多。

（资料来源：大众日报）

2015 年实际完成情况：2015 年山东省开工保障性安居工程 54.7 万套，基本建成 33.7 万套，分别完成年度任务的 102%、144%，连续六年提前超额完成国家下达任务；棚改货币化安置率达到 29.2%，消化 13 万套存量商品房。

（资料来源：中国山东网）

16. 河南省

2015 年计划建设任务：2015 年，全省计划开工保障性安居工程 49 万套，基本建成 30 万套。计划新建公共租赁住房 5.89 万套，发放补贴 1.17 万户；各类棚户区改造计划 41.94 万套（户），含货币安置补偿 0.56 万户和安置房建设 41.38 万套，棚户区改造比例占全年任务的 85.59%。

（资料来源：大河网）

2015 年实际完成情况：2015 年全省保障性住房开工 48.5 万套，基本建成 34.8 万套。

（资料来源：河南省政府报告）

17. 湖北省

2015 年计划建设任务：2015 湖北省将新开工建设保障性住房和棚户区改造住房 45 万套、基本建成 24 万套、分配入住 16 万户，新增发放廉租住房租赁补贴 1.45 万户，完成农村危房改造 5 万户以上；推动以棚户区改造为重点的保障性安居工程建设，开工改造各类棚户区 37.8 万户。

（资料来源：湖北省人民政府网站）

2015 年实际完成情况：截至 11 月月底，全省城镇保障性住房、棚户区改造住房新开工 49.5 万套、基本建成 35.37 万套、分配入住 19.32 万套，分别占年度目标任务的 102.18%、144.38%、119.36%。其中，棚户区改造目标任务为 42 万套，货币化安置 16.8 万套，占目标任务的 102.52%，完成棚改货币化安排 13.03 万套，占年度计划的 77.59%。

（资料来源：湖北省住房保障信息网）

18. 湖南省

2015 年计划建设任务：2015 年湖南计划开工建设各类保障性住房和棚户区改造 51.83 万套，较去年增长 21.75%。

（资料来源：湖南省人民政府）

2015 年实际完成情况：全年共完成保障房和各类棚户区改造建设任务 51.83 万套，排全国第二位。

（资料来源：湖南日报）

19. 广东省

2015 年计划建设任务：2015 年广东省将确保完成保障性住房任务 10.7 万套，棚户区改造 8.39 万套，并推进农村危房改造完成不低于 10.15 万户的改造任务。

（资料来源：广东省住房和城乡建设厅）

20. 广西壮族自治区

2015 年计划建设任务：2015 年广西开工目标任务为 21.72 万套。

（资料来源：广西住房城乡建设厅网）

2015 年实际完成情况：截至 11 月月底，广西全区保障性安居工程新开工建设 23.66 万套、2330.26 万平方米，完成年度开工 21.72 万套目标任务的 108.95%。其中，棚户区改造货币化安置率达到 42.9%，完成了国家下达的目标任务。

（资料来源：广西住房城乡建设厅网）

21. 海南省

2015 年计划建设任务：2015 年海南省拟计划开工建设城镇保障性住房 3.63 户，其中棚户区改造 3.29 万户，计划基本建成各类城镇保障性住房 1.64 万套，计划完成 1.3 万户农村危房改造。

（资料来源：海南省住房和城乡建设厅）

2015 年实际完成情况：2015 年海南城镇保障性安居工程新开工 4.02 万套，基本建成 3.43 万套；新开工建设面积 266.77 万平方米，建成面积 296.65 万平方米。

（资料来源：海南省住房和城乡建设厅）

22. 重庆市

2015 年计划建设任务：国家下达重庆市保障性安居工程开工任务 4 万套、基本建成任务 8.3 万套。

（资料来源：重庆市城乡建设委员会）

2015 年实际完成情况：全市城市棚户区完成改造 346.5 万平方米、2.97 万户。其中，主城区完成改造 171.7 万平方米、1.6 万户。全市完成农村危房改造 10.24 万户。主城区基本建成公租房 340.9 万平方米、5.24 万套。

（资料来源：重庆市城乡建设委员会）

23. 四川省

2015 年计划建设任务：国家下达四川省城镇保障性安居工程建设开工任务 21.1 万套，基本建成 21 万套，竣工 16 万套。

（资料来源：四川省住房和城乡建设厅）

24. 贵州省

2015 年计划建设任务：国家下达贵州省城镇保障性安居工程开工建设任务 50.22 万套（户）（较 2014 年同比增长 25.52%），其中棚户区改造任务 34.9 万户；基本建成任务 17.02 万套。

（资料来源：贵州省住房和城乡建设厅）

2015 年实际完成情况：截至 6 月月底，贵州省城镇保障性安居工程建设已开工 35.26 万套（户），开工率 70.21%，其中棚户区改造 20.3 万户；基本建成 12.31 万套，完成率 72.35%

（资料来源：贵州省住房和城乡建设厅）

25. 云南省

2015 年计划建设任务：国家下达云南省城镇保障性安居工程目标任务 21.55 万套（户），其中新增租赁补贴 5000 户、公共租赁住房 35728 套、限价商品房 508 套、城市棚户区改造 168299 户、国有工矿棚户区改造 4572 户、国有林区（场）棚户区（危旧房）改造 155 户、国有垦区危房改造 1212 户。

（资料来源：云南省人民政府办公厅）

2015 年实际完成情况：保障性安居工程建设已开工 21.40 万套，完成农村危房改造和抗震安居工程 50 万户。

（资料来源：云南省住房和城乡建设厅）

26. 西藏自治区

2015 年计划建设任务：2015 年西藏自治区城镇保障性安居工程计划为 3.38 万套（户），新增租赁住房补贴家庭 679 户，计划投资 22.67 亿元。其中：计划新建、改建公共租赁住房 1.9 万套；改造城镇棚户区 1.2 万户；改造林区（场）棚户区（危旧房）2529 户；改造国有垦区危房 256 户。

（资料来源：西藏自治区住房和城乡建设厅）

2015 年实际完成情况：截至 12 月月底，2015 年保障房已开工 226 个、3.38 万套（户），开工率 100%，累计完成投资 7.43 亿元；2014 年续建项目开工 238 个、2.65 万套（户），累计完成投资 15.04 亿元，大部分项目基本建成。

（资料来源：西藏自治区住房和城乡建设厅）

27. 陕西省

2015 年计划建设任务：全年实施各类保障性安居工程 45.51 万套（户），其中保障性住房 21.86 万套，棚户区改造 21.15 万户，基本建成 31 万套，新增发放租赁补贴 2.5 万户。

（资料来源：陕西省政府报告）

2015 年实际完成情况：2015 年全省新增保障性安居工程 48.5 万套，基本建成 53.4 万套，新增发放租赁补贴 2.1 万户，完成投资 876.7 亿元

（资料来源：陕西省住房和城乡建设厅）

28. 甘肃省

2015 年计划建设任务：2015 年全省计划新建保障性住房和实施棚户区改造 15.89 万套（户），基本建成历

年结转保障性住房和棚户区改造安置住房 6.09 万套（户）。

（资料来源：甘肃日报）

2015 年实际完成情况：截至 11 月底，全省当年开工的棚户区改造和保障性住房 15.78 万套（户）、开工率为 100%，基本建成棚改安置住房和保障性住房 8.88 万套、基本建成任务完成率为 145.6%

（资料来源：甘肃省住房和城乡建设厅）

29. 青海省

2015 年计划建设任务：2015 年青海省计划新建城镇保障性住房、棚户区改造共 8.5 万套（户），其中新增公共租赁住房 2.05 万户套，城市棚户区改造 6.31 万套（户），国有工矿（含煤矿）棚户区改造 0.14 万套（户）；基本建成 4.02 万套（户）；新增廉租住房租赁补贴 0.5 万户。

（资料来源：青海省人民政府网站）

2015 年实际完成情况：2015 年，全省新建城镇保障性住房和棚户区改造任务 8.5 万套（户），基本建成 4.02 万套，入住 3.15 万户。实际完成开工 8.52 万套（户），基本建成 4.75 万套，入住 3.83 万户，分别完成年度目标任务的 100.3%、118% 和 122%。

（资料来源：青海省住房和城乡建设厅）

30. 宁夏回族自治区

2015 年计划建设任务：2015 年宁夏回族自治区计划新建城镇保障性住房、棚户区改造共 8.11 万套（户），其中新增公共租赁住房 9687 户套，城市棚户区改造 69785 套（户），实施林业棚户区改造 93 户，实施垦区棚户区改造 1500 户；基本建成保障性住房、棚户区改造共 75000 套（户）。

（资料来源：宁夏回族自治区住房和城乡建设厅）

2015 年实际完成情况：建设保障性住房 9.48 万套，改造危窑危房 8.02 万户。

（资料来源：新华社）

31. 新疆维吾尔自治区

2015 年计划投入 200.04 亿元，开工建设 27.11 万套保障房。五年累计建成安居富民、定居兴牧、城镇保障性住房 300 多万套，全疆 1000 多万人口告别了危旧土坯房和棚户区，搬进宽敞明亮的新居。

（资料来源：新疆维吾尔自治区住房和城乡建设厅）

三、2015 年保障性安居工程建设地方经验

（一）上海市住房保障工作的主要做法和经验总结

2015 年是全面深化改革的关键之年，是全面完成“十二五”规划目标、为“十三五”发展打好基础之年，也是上海市进一步深化完善“四位一体”、租售并举住房保障体系的重要一年。根据市委、市政府决策部署，在继续推进保障性安居工程建设和大型居住社区配套设施完善，稳妥开展住房保障申请供应工作的同时，上海市以加强保障性住房长效管理为重点，优化完善各项政策制度，着力提高住房保障法制化水平和管理规范化水平。

1. 提升制度效力，推进共有产权保障住房政府规章制订

2009 年，上海市颁布实施《上海市经济适用住房管理试行办法》（以下简称《试行办法》），紧紧围绕上海市特大型城市的实际，建立健全了以“共有产权”为特征的经济适用住房制度，在规范本市共有产权保障住房工作，切实改善本市城镇户籍中低收入家庭的住房困难等方面起到了重要作用。为适应本市共有产权保障住房

工作发展的实际需要，进一步维护共有产权保障住房分配供应、供后管理等工作秩序，上海市在原规范性文件《试行办法》基础上进一步修改完善，起草制订《上海市共有产权保障住房管理办法（草案）》（以下简称《办法》），将其上升为政府规章，从制度层面加以完善和升级。《办法》系统总结上海2009年以来开展共有产权保障住房申请供应工作取得的经验，进一步优化完善管理机制、建设机制和供应机制，并着重对供后管理工作做制度性安排。2015年，经过3年多的重点政策问题研究、专家学者论证、各地经验学习借鉴等，《办法》草案基本成熟，并完成公开征求社会公众意见工作，经进一步修改完善，并报市政府审议后，适时公布实施。

2. 结合共有产权住房试点工作，完善供后管理机制

2014年，住房和城乡建设部确定上海市等六个试点城市，推进全国共有产权住房试点工作，力求摸清共有产权住房运作的规律，为国家出台指导意见提供可借鉴、可复制的经验。上海市自2009年起实施共有产权保障住房制度，2010年在全市面上推开申请供应，截至2015年年底，历年已累计受理申请家庭约11.9万户，经审核符合准入标准的约10.5万户，完成购房签约的约6.6万户，在共有产权保障住房的制度设计、申请审核、分配供应等方面已形成了较为成熟的工作机制，但在上市转让收益分配和供后房屋使用管理等方面还缺乏实践经验，这也是全国其他省市可能需要应对的问题。因此，根据住房和城乡建设部的统一部署，上海市重点聚焦共有产权保障住房供后房屋使用行为管理和交易处置管理，结合《上海市共有产权保障住房管理办法》的政策定位，开展试点工作，形成配套文件《上海市共有产权保障住房供后管理实施细则》。针对共有产权保障住房回购及上市转让管理，房屋转让税费和收益资金管理、供后房屋使用行为管理工作机制、违规行为发现和处罚机制等重点内容，经过国内外经验借鉴、专项问题研究、共有产权保障住房小区现场调研、市民和基层管理机构座谈讨论、专家学者论证咨询，目前《实施细则》已基本成稿，将进一步征求各方意见，待《上海市共有产权保障住房管理办法》颁布后，适时跟进出台。

3. 开展制度创新，推进代理经租（长期租赁）社会闲置存量住房用作公共租赁住房

为有效缓解本市青年职工、引进人才和来沪务工人员阶段性居住困难，2010年上海市颁布《本市发展公共租赁住房的实施意见》，建立公共租赁住房制度。为了发挥市场机制作用，调动各方积极性，降低公共租赁住房建设成本，增加房源供应，上海市积极开展制度创新。2012年以来，为推动外来人口聚集区域的群租整治、规范租赁市场，以及促进社会存量房源的有效利用、扩大公共租赁住房筹措规模，部分区县开始探索由公租房运营机构长期包租动迁安置房小区闲置的居民存量住房等作为公共租赁住房使用，统称为“代理经租”。在试点工作经验基础上，2015年，上海市正式颁布《关于鼓励社会各类机构代理经租社会闲置存量住房的试行意见》，针对符合条件的客厅分割、简化装修审批程序、明确财政补贴等方面细化政策口径，推动公租房运营机构到新交付动迁安置房小区等居民闲置存量住房比较集中的区域开展代理经租工作，并实现规模化经营。

4. 结合地方实际，贯彻落实廉租住房、公共租赁住房并轨政策实施

按照中央关于廉租住房、公共租赁住房并轨运行的部署要求，上海市结合地方实际，积极贯彻落实。上海市廉租住房和公共租赁住房的功能定位具有显著差异，两者并轨运行，主要是房源建设筹措和运营管理机制上的并轨，而不是简单地将制度合并。实施并轨的房源主要是市筹调拨给区和区县筹措的可用于并轨使用的租赁型保障房源。并轨后相关房源由各区县公租房运营机构统一运营管理，市和区县财政用于房源筹措的补助资金统一注入公租房运营机构。区县住房保障机构已筹措的存量廉租房源应委托公租房运营机构实施租赁管理，并将房屋产权作为政府实物出资逐步注入公租房运营机构；商品住宅中配建的公共租赁住房也作为政府实物出资注入区县公租房运营机构。并轨后，住房保障机构主要承担廉租住房和公共租赁住房保障对象申请受理、资格审核、违规行为查处等政府行政管理职能，与公租房运营机构的职责分工更加清晰准确。

2014 年、2015 年，上海市全面实施廉租住房和公共租赁住房并轨运行工作，取得一定工作成效：各区县公租房运营机构全面承担起新增廉租住房筹措任务、市区两级资金全部到位；各区县陆续启动存量廉租住房资产注入公租房运营机构及委托管理有关工作，解决了房源资产注入过程中产权过户、税收减免等一系列操作口径问题；加强公、廉并轨以后对区县公租房运营机构的监管和考核，制订具体细化的考核评分标准，明确工作重点和努力方向，推动运营机构管理水平的整体提升；出台《关于加强公共租赁住房违规转借、转租行为查处工作的通知》，加强租后居住使用行为的监督管理，抓好并轨后房源入住和供后管理，使有限的公租房资源得到有效、规范使用。

（上海市住房和城乡建设管理委员会）

（二）北京市住房保障工作的主要做法和经验总结

1. 住房保障计划任务提前超额完成

2015 年 1—11 月，我市保障性住房共开工 10.8 万套、竣工 8.2 万套、实现投资 713.1 亿元，分别完成年度新开工、竣工、投资计划任务的 103.3%、102.0%、111.4%。累计出让自住房用地 60 宗，规划建筑面积 570 万平方米、可建设约 6 万套自住房；启动 52 个项目网上申购，剔除重复申购，37.4 万户家庭申请了自住房；已上市 50 个项目，提供 4.9 万套住房；50 个项目进入签约环节，已签约 4.5 万套。

截至 2015 年年底，历史性地完成了建设筹集 100 万套保障性住房的艰巨任务，基本解决了备案家庭住房困难，兑现了政府的庄严承诺。2013 年以来，我市启动改造项目 210 余个，改善了 8.6 万户家庭的住房条件，超额完成 2013—2015 年 8 万户棚改任务。

2. 坚持绿色发展，提高建设品质

2014 年 10 月起，全市保障性住房实施绿色建筑行动、产业化 100% 全覆盖，已纳入实施产业化计划项目规模超过 1800 万平方米，提前超额完成 1500 万平方米的计划目标。2015 年 10 月起，全面实施保障性住房全装修成品交房，促进节能减排，避免资源浪费和环境污染。严格执行专家审查制度，累计审查项目 54 个，房源 6.62 万套，全面提高保障房设计水平和建设品质。

3. 推进四房合一，提高分配效率

2013 年 4 月起，全市停止经适房、限价房申请，廉租房公租房并轨运行，统一按照公租房标准申请，推进以租为主；针对本市中低收入家庭、新就业职工以及符合条件的外省市来京工作人员，实施不同房源分配政策，做到供需匹配；采取大摇号、预分配、先到先得、集体租赁等方式，提高分配效率，促进职住平衡。

4. 规范后期管理，提升服务水平

构建使用监督、物业管理和社区管理“三位一体”的后期服务管理模式。明确使用监督主体与职责，建立行政监管、多方参与的保障家庭动态监督管理工作机制，对已入住家庭的住房情况进行复核，对获得保障后又通过继承、购买等方式取得其他住房的依规分类处理。完善保障房物业服务管理，建立承接保障房项目物业服务企业名录。加强社区服务管理，将承租家庭纳入属地网格化社会管理服务体系，并开展公租房调换及调整试点，大力提升服务管理水平。

（北京市住房和城乡建设委员会）

（三）重庆市住房保障工作的主要做法和经验总结

重庆市推行以公租房为主的“5+1”保障性住房体系，即以公租房为主，与廉租房、经济适用房、危旧房和棚户区改造安置房、城中村改造安置房以及农民工公寓五种保障方式并举，力争实现城市低收入群众住房保障“全覆盖”。

1. 推行“5+1”供给体系，以公租房为建设重点

重庆市市公共租赁住房建设从2010年启动建设以来，按照“三年开工，五年建成，七年配套”的工作部署，开工建设4000万平方米公租房。重庆市建立以公租房为主体的住房保障制度，累计建成投用公租房1488万平方米、配租21.4万套，惠及58万人。

重庆市的公租房在建设上实行高标准、高品质的准则，完全参照商业楼盘的标准，配套学校、医院、商店等设施和场地。在主城区的公租房均布局在内外环线之间的21个人口聚居区之中，完全与商品房住户有机融合在一起，避免社会阶层隔离和形成“贫民窟”。项目选址主要选择轻轨沿线（比如民心佳园）或交通条件较好的地区。据统计，在内外环之间约95%的企业距离公租房小区在5公里以内，3公里以内的占80%、2公里以内的占55%、1公里以内的占30%，保证了工作和居住的有效衔接。另外，重庆市公租房的户型大多数都是60平以下，且简单装修，可以为中低收入阶层提供中档商品房的居住标准。

重庆市公租房建设的基本做法：

第一，按照市政府要求，对在建公租房项目分年度下达完成目标任务，紧紧围绕年度目标，明确责任主体，加强工程质量和施工安全监管，稳步推进公租房工程建设。积极与相关单位协调，加大检查指导力度，持续、稳妥推进公租房建设任务的完成。

第二，突出落实工作责任和时限要求，全力协调推进公租房外部配套基础设施建设。按照“保基本、保必须”的原则，全面梳理各项目配套基础设施建设中存在的问题，加大协调力度，按照轻重缓急逐项抓好落实，与市政府督查室一道督促检查配套基础设施建设推进情况，为公租房项目建成后顺利投用创造条件。

第三，协调解决公租房建设工作中的遗留问题。加强与市级相关部门、辖区政府的工作协调，解决部分项目遗留的征地拆迁等方面问题，确保公租房项目建设顺利推进。

第四，建立和完善公租房移交工作机制，落实有关各方工作责任。积极与市公租房管理局、项目业主单位商议，根据市政府《关于进一步加强公租房管理的意见》〔2012〕120号，落实公租房项目竣工即移交各环节衔接问题，加快推进公租房项目建成后的移交管理。

第五，完善质保期维修工作机制，抓好质保期内维修工作。突出重点、难点、质量问题防治和质量通病的整治，确保质保维修工作及时、高效，提高入住群众满意度。

2. 推进主城区城市棚户区改造

重庆市是典型的老工业城市、沿江山地城市。在重庆市都市功能核心区和都市功能拓展区还有大量的城市棚户区，它们大多位于地质条件较差的区域，生活设施不配套、人均面积较少、居住密度较大。为改善这些地方居民的居住条件，市委、市政府将主城城市棚户区改造列为重点民生实事之一加以推进。

重庆市的城市棚户区改造，根据房屋危险等级及配套情况不同，采取不同方式推进——质量较差、无配套且集中成片的，采取成片拆除后重新打造的方式予以改造；对于群众改造意愿强烈，房屋质量存在一定隐患，但分布较为零星的，如能通过修缮解决隐患并满足居住要求的实行修缮加固，若不能则采取原地改扩建的方式实施改造。

与此同时，各区县政府依据改造项目实际情况采取多种方式推进，“自治式征收”“协议收购”等方式的灵活应用，既解决了棚户区居民的具体问题，又提高了改造效率，加快了工作进度。数据显示，2013—2015年，重庆市累计完成城市棚户区改造753.17万平方米、6.55万户；其中，2015年改造346.47万平方米、2.97万户。

棚户区改造是党中央、国务院作出的重大决策部署，既是惠及千家万户、造福子孙后代的民生工程，也是推进新型城镇化建设、拉动投资消费的发展工程。重庆市为进一步推进主城区城市棚户区改造工作提出如下意见：

拆除类城市棚户区改造：安置补偿实行实物安置与货币补偿相结合，由居民自愿选择。

同时，配套以下支持政策：

第一，改造项目涉及的土地出让金、城市建设配套费全部安排给项目所在区人民政府用于城市棚户区改造。因条件限制不能配套建设防空地下室的，应缴纳的防空地下室易地建设费全部安排给项目所在区人民政府用于城市棚户区改造。

第二，改造项目实行原地实物安置的，安置面积按“拆 1 还 1.2”的标准予以保障；改造项目可适当增加容积率，涉及规划调整按规定程序报批。

第三，加大供地支持力度，将城市棚户区改造安置住房用地纳入当地土地供应计划优先安排。鼓励和引导民间资本通过投资参股、委托代建等形式参与城市棚户区改造，但要引入竞争机制，择优选择，确保“公开、公正、公平”。

第四，企业用于主城各区人民政府统一组织的城市棚户区改造的资金，准予在缴纳所得税前扣除，并全额免收改造项目安置和销售过程中的营业税和契税。

第五，金融机构要加大对棚户区改造的信贷支持，但必须严格控制城市棚户区改造成本，严控使用 BT、信托等利息较高的资金；符合规定的企业可发行专项用于城市棚户区改造项目的企业债券或中期票据。

修缮加固及改扩建类城市棚户区改造：

第一，主城各区人民政府对局部存在安全隐患的危旧房屋，通过修缮加固的方式排除安全隐患，确保住用安全；对配套功能不完善的房屋，按照有关技术规范要求，通过就地改扩建的方式，配套厨房和卫生间。

第二，规划部门要会同城乡建设、消防等部门，依法做好城市棚户区就地改扩建的技术审查、监督等相关工作，核发有关许可手续；房屋改造完成后，国土房管部门负责完善产权产籍手续，

并免收办理产权产籍的相关税费。

第三，市、区财政按 4：1 的比例从财政性资金中拨付专款，以户为单位，按定额对修缮加固及改扩建类城市棚户区改造房屋进行补贴。超出定额部分的改造资金，社会房屋由主城各区人民政府和房屋产权人按一定比例共同承担；国有企业房屋由房屋产权单位和主城各区人民政府按 1：1 的比例共同承担。

3. 采用“1 + 3”投融资模式筹集建设资金

对于资金难题，重庆主要采用了“1 + 3”的投融资模式来保障公租房建设的需要。通过这一模式实现公租房建设的自我造血功能，从而减轻地方政府在公租房建设上的财政包袱。

“1”即财政投入 300 亿元，这 300 亿元主要包括中央补助的 100 亿元、从土地出让收益金中提取的 5%、地方政府债券的 50 亿元以及地方政府预算安排的 50 亿元；除去财政投入的 300 亿元，其余 800 亿元的缺口主要通过银行贷款、保险公司融资、社保基金融资等渠道来进行筹集，融资的成本则主要通过三种方式来解决：一是每年收取住房租金可平衡贷款利息；二是承租 5 年后，出售约 1/3 公租房的有限产权，可回收约 400 亿元的资金；三是 4000 万平方米的公租房按照 10% 的比例配建 400 万平方米的商业配套，预计可回笼资金约 400 亿元。通过以上的方法，在归还完本息之后，重庆政府还将拥有大部分的房子来进行出租。

（重庆市政府、重庆市国土资源和房屋管理局官方网站）

Ⅶ.发展篇

导读

房地产企业转型是永远的主题。中国房地产企业就是从住宅地产的开发逐步迈入新的空间、新的物业，将发展空间开拓的更为广阔，将发展类型延伸的更为多样。

本篇包含房地产金融、旅游地产、物流地产、养老地产、物业管理、海外投资等细分市场的2015年发展现状和未来展望等内容，反映出这些分类地产在房地产整体产业中的地位日益上升。

一、房地产金融

（一）金融市场运行情况

1. 银行信贷

2015 年市场资金成本呈现一路向下的特点。五次降准和五次降息使得银行间市场利率持续向下，优质房企的融资成本不断降低（见表 7－1）。

表 7－1　　2015 年房地产相关贷款情况

类　别	余额（万亿）	同比增速（%）
全部人民币贷款	93.95	14.30
人民币房地产贷款	21.01	21
——房产开发贷款	5.04	17.90
其中：保障房贷款	1.82	59.50
——地产开发贷款	1.52	12.80
——个人按揭贷款	14.18	23.20

资料来源：中国人民银行

2. 证券市场

据 Wind 数据统计，2015 年共计 40 家 A 股房企通过增发募集 1534.71 亿元，占全部 A 股公司增发金额的 13470.72 亿元的 11.39%，较 2014 年的 424.97 亿元则增加了 2.61 倍。综合近五年的定增情况，随着市场行情的转好、行政管控的放开，房企定增也在快速增加。

2015 年在国内通过公开发行上市的房地产公司尚未见到。而红星美凯龙、辰兴发展、新民中国等公司通过香港 IPO 进行首发募资（见表 7－2）。

表 7－2　　2015 年房企在香港市场募资情况

代码	名称	上市日期	发行价格（港元）	实际发行总数（百万股）	首发募资总额（百万港元）
1528.HK	红星美凯龙	2015－6－26	13.28	543.5880	7218.8486
2286.HK	辰兴发展	2015－7－3	3.00	100.0000	300.0000
2699.HK	新明中国	2015－7－6	1.43	470.0000	672.1000

资料来源：Wind，工行投行研究中心

在资本市场上，表现最为醒目的是物业资产估值的兴起。2014 年花样年剥离旗下“彩生活”物业资产登陆香港 IPO，随即获得了高估值与高认购。2015 年中海物业和中奥到家等物业公司也开始登陆香港 IPO；同时，境内新三板公司也出现了专注存量房的线上中介公司，服务化、存量化的概念房企业务线进入人们的视野。

3. 保险市场

随着保险业的投资渠道扩大，行业规模也稳步提升，截至 2015 年年底，全行业资产规模达到 12.36 万亿，同比增长 21.66%，继续保持了较快的增长速度。此外，保险行业投资股票以及私募股权的比例也较之前大有提升。

保险资金投资不动产已经成为保险公司资产配置的重要一环，从 2010 年的《保险资金投资不动产暂行办法》开始，不动产的投资比例已经从最初的 5% 提升至 30% 。

（二）房地产融资情况

1. 银行信贷

信贷在整个房地产融资中占有相当重要的比重，尽管房地产融资渠道随着市场的变化而呈现多元化的态势，但银行渠道融资在其中占据主体的地位一直没有改变。

房地产开发资金来源中，除了企业自有资金、定金及预付款等项，还有银行贷款、其他金融机构贷款、个人按揭贷款、委托贷款、小额贷款公司贷款、资本市场首发、增发、配股；债券市场短券、中票、企业债、公司债、以及房地产私募基金、海外融资等（见图 7－1）。最大部分仍然是银行贷款（包括开发贷和个人按揭贷款），占到了 80% 左右。

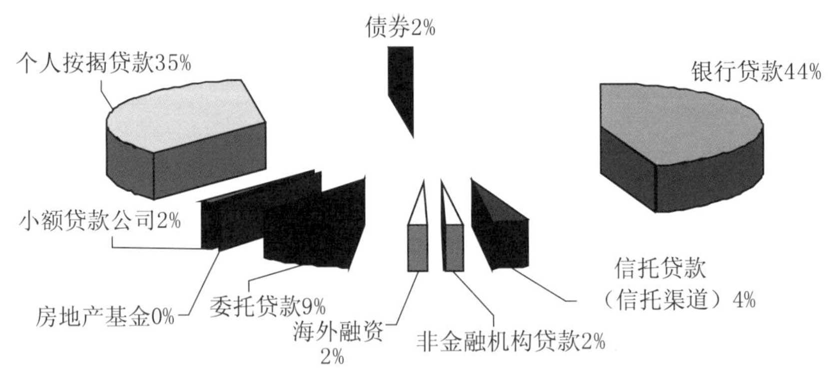

图 7－1　房地产外部融资结构

资料来源：Wind，工行投行研究中心。

目前对房地产客户融资的渠道主要有两种：一种是信贷（包括开发贷、个人按揭贷款以及其他）；另一种是理财资金对外投资（属于表外业务，多半通过信托、资管等渠道，但也承担隐形的声誉成本）。2015 年贷款余额与银行理财存续规模相比大致为 4. 5∶1（人民币贷款余额 93. 95 万亿，理财存续为 20 万亿左右）。

2015 年银行机构在房地产贷款方面也出现了较大的不平衡性，主要是房产、地产开发贷款同比增速低于平均增速，而个人按揭贷款则高于平均增速，但总体都高于贷款平均增速。这也反映了银行对房地产的整体融资支持状况（见图 7－2）。

值得注意的是，当前金融机构从债权端向股权端的介入，反映了投贷联动经营模式的转变。2015 年以来金融企业“房地产化”趋势较为明显，尤其是平安集团近年来成立了“平安不动产”，专门与业内大型房企联合拿地，背依平安集团较为雄厚的资金实力，通过合作来赚取一线以及强二线的收益，其土地投入已达到 600 亿元以上。

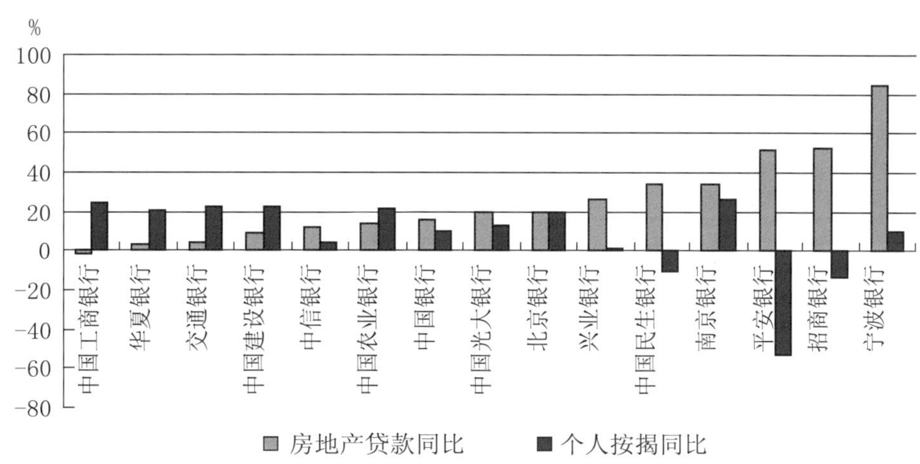

图7-2 部分银行房地产行业按揭贷款增速

资料来源：Wind，工行投行研究中心（来自各家上市公司年报，房地产贷款包括开发贷、土地储备、保障房等等）

2. 房地产信托

2015年年底，全国68家信托公司管理的信托资产规模为16.30万亿元，较2014年年底13.98万亿元，同比增长16.60%，较2014年28.14%的增速有所下降。年底房地产领域信托存量规模为12877亿元。

2015年房地产信托遇到了"寒冬"，越来越多的房地产信托风险开始暴露，与此同时，信托公司也加紧了对房地产项目的业务标准审核。信托公司由原先三、四线城市也可操作，转变为基本上只操作一、二线城市、省会城市的项目；百强、上市公司或者国企开发商才是可以交易的对手；信托项目主要以住宅为主。

房地产信托在2015年的困境，主要是以房地产企业债为代表的直接融资呈现出爆发式增长，低利率、高额度、审批快成为众多房企开发商融资的首选。

2015年度新增投向房地产信托项目呈现下降态势，其主要原因是市场上房地产投资下滑、优秀开发企业可以低成本融资以及信托公司对房地产信托投资的风险偏好下降。

信托公司的作业区域主要集中在一、二线及省会城市，三、四线城市的项目占比逐渐减少。房地产信托项目期间大多数都在24个月以内。

3. 房地产基金

2015年中国股权投资市场共有2970支股权投资基金（含外币基金）募集完成，其中披露募资金额约7849亿元人民币，募集到位的基金数量达到历史高位，募集金额也刷新了历史纪录（见图7-3）。

2015年中国股权投资市场共发生投资案例8365例（含外币），涉及投资金额5255亿元人民币，投资规模保持了高位稳定增长（见图7-4）。

退出市场上，虽然年中境内IPO暂停一定程度上影响了PE机构的退出渠道，但由于多层次资本市场的不断完善，新三板退出给了PE机构新的选择。2015年中国股权投资市场共计实现退出3774笔，其中新三板退出案例数达到1926笔，占退出总量51%；且退出方式逐渐多元化。

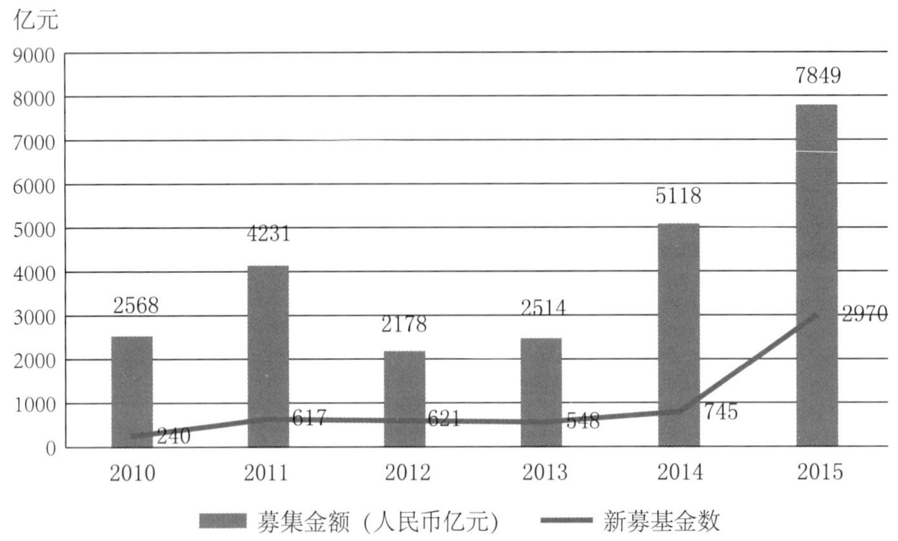

图 7－3　2010—2015 年股权投资基金募资情况

数据来源：清科研究中心

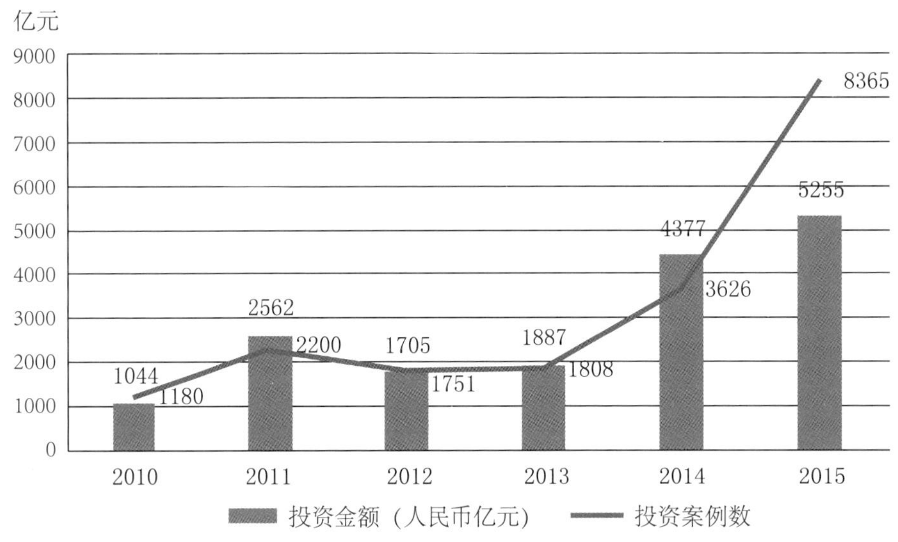

图 7－4　2010—2015 年股权投资基金投资情况

数据来源：清科研究中心

2015 年私募股权投资机构新募基金数量达到 2249 支，是 2014 年全年募资案例数的 5 倍，新募基金数量创历史新高。从募集总规模来看，2015 年共募集 5650 亿元人民币，达到 2014 年全年募资额的 1．4 倍，但募资增长率相对有所下降（见图 7－5）。另外，2015 年以来产业基金、新三板基金和专项基金募集数量均有所增长；其中，受行业利好政策的影响，专注于互联网、医疗健康、环保、文化、旅游及高端制造业等行业的私募股权基金数量均有明显上升趋势。

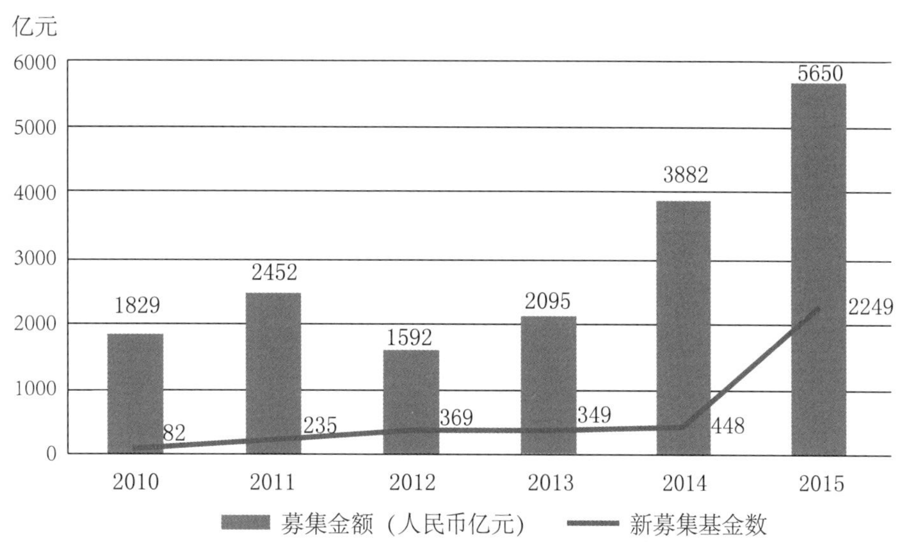

图7－5　2010—2015年PE募资情况

数据来源：清科研究中心

从新募基金类型分析，2015年新募集的2249支基金主要分布于五大类基金类型中。其中，成长基金在基金数量和总募集金额方面均占有绝对优势，占市场比重分别为52．4%和68．7%；并购基金2015年共完成募集245支，共募集金额744．62亿元；房地产基金2015年共募集到位182支，披露募资金额631．35亿元，募集金额同比有小幅下降。

就投资行业来看，2015年PE投资倾向于金融、互联网、房地产、电信及增值业、生物技术/医疗/健康，分别占总投资额的14%、13%、12%、9%、6%，占PE投资总额的50%以上。房地产行业的投资案例总数为126起，较2014年同期有小幅增长，房地产行业的投资总额为467．35亿元，较2015年同期有所下降。

4. 债券市场

2015年我国债券市场发展迅猛。债券市场增量和存量规模快速扩大，地方政府债务置换有序开展，信用类债券融资规模大幅增加。央行采取降准、降息的货币政策，引导金融市场利率不断下降，各券种收益率持续下行，社会融资成本逐渐降低。在社会融资规模中，债券融资比重有所上升，直接融资占比相应提高。债券市场发行与交易制度建设、投资者结构完善及债券品种创新等方面出现亮点，市场发展的广度和深度不断延伸。人民币国际化也迈出新步伐，IMF将中央结算公司编制的三个月期国债收益率纳入SDR利率篮子，国债收益率曲线日益成为人民币资产的重要定价基准。

货币市场利率持续下行后趋稳。2015年央行加快了利率市场化改革的步伐，取消存款利率上限，增强了对价格型工具的运用，同时五次降息，并且适时在货币市场采取逆回购操作，多次降低逆回购利率，引导货币市场资金利率下行。一年期定期存款基准利率降至1.5%，一至三年期贷款基准利率降到4.75%。2015年央行在公开市场共开展77次逆回购操作，全年央行通过逆回购向市场投放资金供给32380亿元。但考虑回购到期、央票到期、国库现金定存因素，央行在公开市场共净回收资金1500亿元。央行十次下调七日逆回购利率，由年初的3.85%下降了185个基点，降至2.25%。

债券指数持续上涨，收益率曲线下行。2015年末，中债新综合指数（净价）为102.8321，较2014年12月末的99.4821点上涨3.37%；中债新综合指数（财富）为169.9023点，较2014年12月末的157.0586点上涨了 8.18%。

中债固定利率国债、政策性金融债、企业债（AAA 级）和中短期票据（AAA 级）平均收益率分别较上年末下行 84、129、159 和 181 个基点。

债券市场发行总量增长迅猛。2015 年债券市场共发行各类债券 16.82 万亿元，同比增长 53.13%，增速提高 16.7 个百分点。其中在中央结算公司发行债券 10.12 万亿元，占债券市场发行总量的 60.16%；在上海清算所发行债券 5.62 万亿元，占债券市场发行总量的 33.44%。交易所新发债券 1.08 万亿元，占债券市场发行总量的 6.41%。

银行间债券市场发行方面，中央结算公司发行的债券有 1.8 万亿元，同比增长 25.43%；地方政府债发行 3.84 万亿元，几乎是 2014 年发行量的 10 倍；政策性银行债发行 2.58 万亿元，同比增长 12.37%；商业银行债发行 0.2 万亿元，同比增长 140.89%。

上清所发行中期票据 1.27 万亿元，同比增长 30.08%；短期融资券（含超短期融资券）发行 3.27 万亿元，同比增长 50.55%；非公开定向债务融资工具发行 0.88 万亿元，同比减少 14.18%。

房地产公司发债。对于地产行业而言，其目前正处于一个新的发展阶段，也就是增速换挡期。2015 年债券市场的松绑，6000 亿地产债投放债券市场，同比大增 300%，创下历史新高。2015 年房地产行业发债只数是 617 只，位列所有行业第六位，只数是 2014 年的 2.7 倍。

2014 年各行业总计发债金额 10 万亿元。2015 年各行业一级发债金额总计是近 17 万亿。2014 年房地产行业发债金额是 2238 亿，位列所有行业第九位，2015 年房地产行业发债金额总计是 6799 亿元，位列所有行业第八位。从 2238 亿元到 6799 亿元，2015 年房地产发债金额是 2014 年的三倍。

房地产公司发债流程。双方确定合作——前期尽调阶段（时间一周之内；包括：进场收集材料、展开尽调、签订承销协议）——申报材料制作阶段（时间三周左右：包括：项目立项、项目风险评估、项目内核）——材料申报阶段（一周之内；包括：对外报送、文件用印）——监管审核阶段（私募三周左右、公募四周左右；包括：交易所形式审查、受理、形成反馈意见、券商反馈回复、通知封卷、领取批文）——发行阶段——挂牌上述阶段。私募债从进场到领取批文整个过程最快一个半月左右；公募债需要证监会过会，需要的时间稍长，整个过程最快两个月左右。

9 月 18 日世茂地产发行 60 亿元公司债，利率为 3.9%，创出房企公司债发行利率新低。9 月 25 日万科 5 年期 50 亿元的小公募公司债利率为 3.5%，接近同期限的国家开发银行金融债收益率。11 月 19 日中海地产发行六年期规模 60 亿元的公司债，利率为 3.40%。三家企业成功发债融资表明目前市场上流动性非常充裕和投资者对于优质房企的追捧。但另一方面，一般房企特别是无法从银行、信托等渠道获得资金的三四线中小房企，获得资金的成本仍然保持在高位。以温州民间借贷综合利率为代表，其年末的年化贷款利率仍然保持在 18.65% 的高位。“融资难，融资贵”依旧存在。

5. 房地产资产证券化（REITs）

2015 年 2 月，“中信华夏苏宁云创”资产支持专项计划在深交所挂牌转让，成为国内首个将成熟商贸物业纳入证券化标的私募场内 REITs 产品。基于对苏宁 11 家门店的所有权获取收益，独特之处在于，专项计划并非直接持有不动产，而是由中信金石设立私募基金收购苏宁云商持有的这 11 个项目公司 100% 股权，再将私募资金的份额作为资产支持专项计划的基础资产。

2015 年 6 月 8 日，鹏华前海万科 REITs 封闭式混合型发起式证券投资基金获批，并于 6 月 26 日公开发行，成为国内首只获批的公募 REITs 基金。

该产品发行规模为30亿，鹏华前海万科将以不高于基金总资产50%的比例投资于万科前海企业公馆股权，以获取商业物业稳定的租金收益；以不低于50%的基金资产，投资于依法发行或上市的股票、债券和货币市场工具等，以获取固定收益类资产和低风险的二级市场权益类资产的投资收益机会。投资者预期收益率达8%。而在退出机制设置上，将在投资期届满，由万科深圳分公司或其关联方回购项目公司股权。鹏华前海万科REITs提高了房地产资产的流动性，同时降低了投资者进入门槛。

（中国房地产业协会金融专业委员会）

二、旅游地产

（一）年度旅游和旅游地产政策

2015年中国共接待国内外旅游人数超过41亿人次，旅游总收入突破4万亿元，同比2014年分别增长10%和12%，其中全年国内旅游接待总量达到40亿人次，国内旅游总收入3.43万亿元，分别较上年增长10.0%和13.2%。暑期修学游、亲子游、周末周边游、小长假短程游、国庆长假中远程旅游等成为市场的热点，休闲度假和观光旅游并重的局面初步显现。庞大的旅游消费市场与新兴旅游消费热点，为中国旅游地产发展奠定了良好的市场基础。

从产业景气来看，自2014年第四季度以来，旅游产业景气指数一直处于“较为景气”区间，其中2015年第1季度指数为130.8，达到近三年以来最高水平，旅游创业创新活跃，旅游投资进入“黄金时代”。

大企业集团不断推出抢占制高点的重大计划，如中青旅发布“遨游网+”战略，阿里巴巴发布“未来酒店”战略，携程入股同程网等。成长型企业致力于新的突破，如旅游社交网站蚂蜂窝宣布实施大数据反向C2B创新战略，途牛网在美国上市等。基于互联网和分享经济模式的业态创新发展迅速，在线旅游更是成为资本竞相追逐的热点领域，2015年以来发生了携程和去哪儿合并、滴滴和快的合并、美团和大众点评合并等多起对中国旅游产业影响深远的重大企业并购事件。

在旅游产业得到全面发展的同时，国家政策也在持续发力，其中对旅游地产发展具有重要影响的政策有以下几项：

1.“一带一路”战略深入实施，国际旅游合作全面深化

“一带一路”是未来二十年第一位的中国国际合作框架，旅游业作为开放性、综合性产业，在“一带一路”国家战略中具有先联先通的独特优势，并在其中扮演极为重要的角色。借此良机，国家旅游局全面实施“一带一路”战略，并将2015年确定为“美丽中国——2015丝绸之路旅游年”（见表7－3）。在这一战略的统领下，相关地区的旅游部门纷纷加大丝绸之路旅游产品开发力度，积极开展宣传推广，丝绸之路旅游品牌影响力不断提升，丝绸之路旅游国际合作取得阶段性成果。

表7－3　　2015年以“一带一路”为主题的旅游重大活动

时　间	内　容	参与主体/主要成果
6月16日	第五届敦煌行·丝绸之路国际旅游节	丝路沿线12个省区市和新疆建设兵团，共同发起成立了“丝绸之路旅游推广联盟”
6月19日	丝绸之路旅游部长会议暨第七届联合国世界旅游组织丝绸之路旅游国际大会	发布《丝绸之路国家旅游部长会议西安倡议（草案）》

续表

时　间	内　容	参与主体/主要成果
9 月 24 日	2015 欧亚经济论坛旅游合作分会	23 个国家的业界代表，国内 20 个城市旅游专家参与，围绕“一带一路”旅游、文化、交通、环境保护等多个相关行业的发展展开交流
10 月 26 日	确定 2016 年继续以“丝绸之路旅游年”为年度旅游宣传主题	国家旅游局
11 月 15 日	首届“海上丝绸之路”国际旅游节召开	海丝沿线九市宣布，将联手打造“海丝旅游”，共建世界级旅游精品线路
12 月 21 日	21 世纪海上丝绸之路国际研讨会召开	国内外 150 位嘉宾出席会议

2. 2 月 1 日中共中央国务院印发《关于加大改革创新力度加快农业现代化建设的若干意见》

《意见》核心目标是围绕促进农民增收，加大惠农政策。为增加农民收入，《意见》明确提出：“积极开发农业多种功能，挖掘乡村生态休闲、旅游观光、文化教育价值。扶持建设一批具有历史、地域、民族特点的特色景观旅游村镇，打造形式多样、特色鲜明的乡村旅游休闲产品。加大对乡村旅游休闲基础设施建设的投入，增强线上线下营销能力，提高管理水平和服务质量。研究制定促进乡村旅游休闲发展的用地、财政、金融等扶持政策，落实税收优惠政策。”根据《意见》要求，2 月 4 日农业部在《关于扎实做好 2015 年农业农村经济工作的意见》中明确指出促进农村改革和休闲农业发展为 2015 年工作重点。

3. 3 月 29 日国务院常务会议通过《关于进一步促进展览业改革发展的若干意见》

《意见》首次从国家层面对展览业的改革发展进行了战略部署，对于展览业的发展具有重大意义。展览业作为旅游产业的一个重要组成部分，也是旅游地产的重要引擎业态，展览业的发展与壮大也为旅游地产的开发与发展提供了更多的想象空间。未来 3~5 年以展览为核心驱动力的旅游地产发展前景值得期待。

4. 7 月 1 日国家统计局发布《国家旅游及相关产业统计分类（2015）》

《统计分类》的出台在我国国民经济统计体系中增加了旅游产业的专项统计，也为旅游产业出台了第一个统计规范与标准，为较为准确地理解并测算旅游产业的经济规模及其对国民经济发展的贡献提供了一个统一的核算体系。《统计分类》将旅游及相关产业划分为三层，第一层为大类，表示旅游业和旅游相关产业，其中“旅游业”分为旅游出行、旅游住宿、旅游餐饮、旅游游览、旅游购物、旅游娱乐和旅游综合服务；“旅游相关产业”分为“旅游辅助服务、政府旅游管理服务”，共 11 个大类。第二层为中类，共 27 个中类，是对第一层大类中各项的细分。第三层为小类，是对第二层中类各项的细分，共 67 个小类，并与《国民经济行业分类》的行业代码一一相对应。根据该统计分类，旅游地产包含了旅游住宿和旅游餐饮以及涉及到土地利用和开发的旅游购物、旅游娱乐、旅游综合服务项目。

5. 7 月 28 日国务院常务会议通过《关于进一步促进旅游投资和消费的若干意见》

《意见》沿承 2009 年以来中央发展旅游业核心政策的同时又有重要的突破。主要内容有：一是针对中国旅游供需矛盾突出的问题，首次在文件中明确将旅游投资和消费作为双热点培育，将旅游投资和消费并重，并且将投资前置。二是针对当前带薪休假制度落实缓慢、旅游供需时空错配等问题，首次直接在文件中谈及优化调整休假安排的要求，提出进一步落实带薪休假制度、鼓励错峰休假和弹性作息。三是针对旅游基础设施薄弱问题，首次在文件中提出非常明确的旅游基础设施提升计划。四是根据当前旅游需求消费的新特点，首次明确提出详细的旅游新业态投资促进计划，包括加快自驾车、房车营地、邮轮码头、游艇码头、特色旅游城镇、旅游小飞机场地、大型游乐设计等特色业态的鼓励政策，在促进旅游投融资改革方面也有了新的突破。意见首次明确鼓励积极发展旅游投资项目资产证券化产品，推进旅游项目产权与经营权交易平台建设，鼓励旅游装备出口，加大对大型旅游装备出口信贷支持，并且提出推动设立中国旅游产业促进基金，鼓励有条件的地方政府设立旅游产业促进基金。

6. 9月22日国家旅游局发布《关于实施“旅游+互联网”行动计划的通知》

《通知》指出应充分发挥我国互联网的规模优势和应用优势，推动旅游与互联网融合发展的广度和深度，提高旅游创新能力和创新优势，挖掘旅游发展潜力和活力，培育新业态，发展新模式，构筑新动能，加速提升我国旅游业发展水平。对于“旅游+互联网”，有很多旅游地产开发企业很早前就已经开始实施了，但一些中小旅游地产开发企业还不够重视，国家旅游局下发该通知以后，旅游地产市场掀起了一股“旅游+互联网”的发展热潮。

7. 11月22日国务院办公厅印发《关于加快发展生活性服务业促进消费结构升级的指导意见》

《指导意见》将客栈民宿、短租公寓、长租公寓等细分业态定性为生活性服务业，为其合法化发展提供了依据，同时提出简化相关手续，降低行业准入标准等，便于民众参与共享经济市场活动。资金方面，贷款标准的调整也为短租企业的发展提供了有力的资金支持。

8. 11月25日国土资源部、住房和城乡建设部、国家旅游局联合颁布《关于支持旅游业发展用地政策的意见》

根据《意见》要求，国家将支持使用未利用地、废弃地、边远海岛等土地建设旅游项目。在符合生态环境保护要求和相关规划前提下，对使用荒山、荒地、荒滩及石漠化、边远海岛土地建设的旅游项目，优先安排新增建设用地计划指标。而且《意见》还提出有效落实旅游重点项目新增建设用地、依法实行用地分类管理制度、多方式供应建设用地、加大旅游厕所用地保障力度等措施积极保障旅游业发展用地供应。此外，《意见》还特别明确了乡村旅游、自驾车与房车营地、邮轮与游艇码头、文化与研学项目等旅游业态获得到明确的用地政策。该《意见》的落地实施将为旅游地产开发提供相应的土地保障。

（二）年度发展调查

1. 需求特征

2015年，休闲度假依然是中国最热门的消费话题。2015年10—11月CRIC旅游地产在长三角、珠三角、海南、闽东南、京津冀、东三省、云贵、川渝八大区域的22个城市随机抽取问卷对象，共发放了1736份问卷，合计回收1577份有效问卷。其中长三角地区305份、珠三角地区211份、海南159份、闽东南地区195份、东三省地区201份、京津冀地区312份、云贵地区152份、川渝地区201份。在此问卷调查数据的基础上，对中国居民的度假消费偏好和旅游地产置业偏好进行了年度统计和分析。

出行目的。调查结果发现休闲度假需求更是超过观光游览需求，成为中国居民的首要旅游目的。而与商务活动和企业奖励结合的旅游活动占比则逐年下降。（见表7-4）

旅行方式。家庭游已经成为中国居民最主要的旅游方式，45%的受访者外出旅行时是与家人同行的（见表7-5）。另外，选择单独旅行的受访者比例在逐年增加，进一步调研发现偏好单独旅行的受访者认为这种方式更自由，也能更深入地了解和体现旅游目的地的文化与风情。

表 7－4　　2015 年中国居民出行目的调研统计分析

我国居民出行目的	占比（%）
休闲度假	44
观光旅游	37
商务活动	8
会议或者奖励旅游	5
其　他	6

表 7－5　　2015 年中国居民的主要旅行方式

我国居民的主要旅行方式	占比（%）
家　人	45
朋　友	33
独自旅行	14
同　事	7
其　他	1

旅游目的地偏好。西南反超海南成为 2015 年中国居民最偏好的旅游目的地。另外，随着“一带一路”战略的实施和推进，以甘肃、新疆等地为代表的西北地区逐步成为旅游热点，约有 32% 的受访者表示西北是最偏好的三大旅游目的地之一（见图 7－10）。

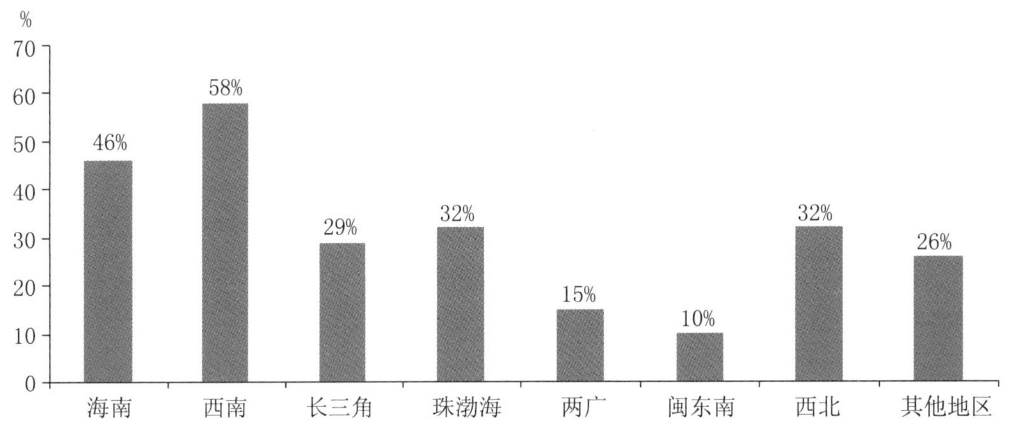

图 7－10　2015 年中国居民旅游目的地偏好情况

单次旅游度假时间。2015 年中国居民单次旅游时间相对较长，“不过夜”游客仅占 4%，单次出游时间超过 9 天 8 夜的中长期旅游度假占比则高达 12%；单次停留时间为 3 天 2 夜占比最高为 19%（见图 7－11）。这表明我国居民的旅游度假消费已经向深度体验方向转变，一地停留时间将越来越长。

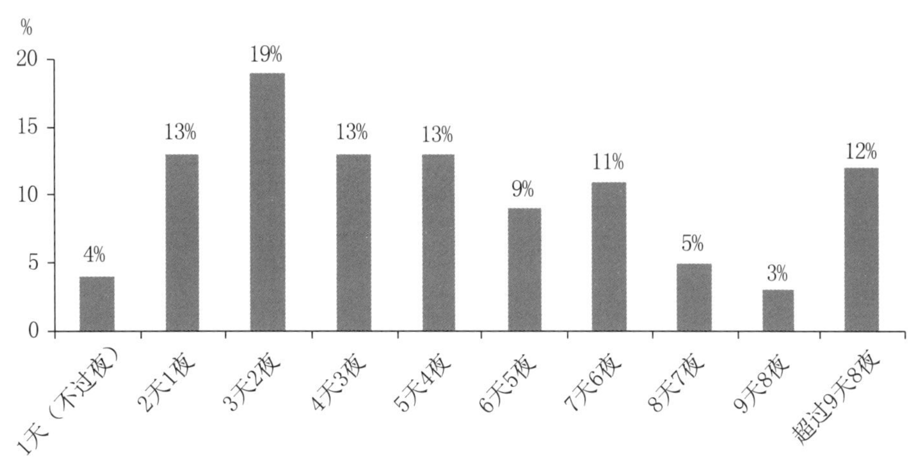

图 7 – 11　2015 年中国居民单次旅游度假时间情况

旅游消费支出情况。调研发现，中国居民在 2015 年的人均旅游消费支出也相当乐观，有 11% 的受访者表示 2015 年其人均旅游消费支出在 1 万元以上，人均旅游消费支出在 5000 元以上的受访者占到三成以上（见图 7 – 12）。

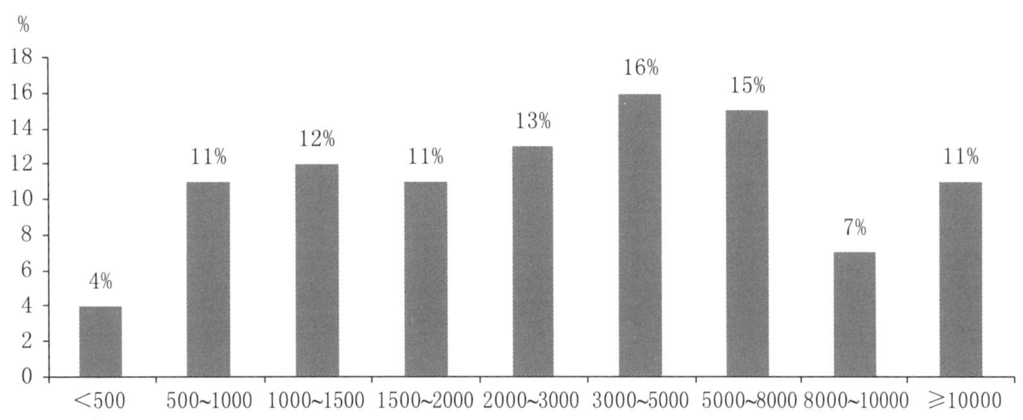

图 7 – 12　2015 年中国居民旅游消费支出情况

旅游地产置业倾向。尽管 2015 年中国旅游地产物业的销售表现并不尽如人意，但本次调研发现中国居民的旅游地产置业意愿依然走强，拥有旅游地产置业意愿的受访者占比同比 2014 年上涨了 12 个百分点。表明中国旅游地产供应并不是简单的供过于求的问题，更主要的是供需结构失衡问题。（见表 7 – 6）

表 7 – 6　　2015 年中国居民旅游地产置业倾向

我国居民旅游地产置业倾向	占比（%）
1 年内可能购买	9
2 年内可能购买	17
2 年后可能购买	52
无购买意向	22

旅游地产置业目的。中国居民的旅游地产置业目的经历了一个从资产投资到度假自用的转变过程，2015 年三成以上有旅游地产置业意向的受访者表示其旅游地产置业目的为度假（见表 7－7），分别比 2013 年和 2014 年调查结果上升了 10 和 14 个百分点。

表 7－7　　**2015 年中国居民旅游地产置业目的**

我国居民旅游地产置业目的	占比（%）
度　假	43
投　资	26
养　老	20
其　他	11

旅游地产置业区域偏好。2015 年最受欢迎的区域是海南、西南和长三角，分别有 46%、40% 和 33% 的受访者偏好在这三区域购买旅游地产物业，并且相比前两年调查这三大区域的偏好度均有大幅增长。另外，在"一带一路"战略带动下，原来不太吸引市场的西北地区成为中国旅游地产的一大热点区域，有 14% 受访的意向置业者表示想在西北地区购买旅游地产物业（见图 7－13）。

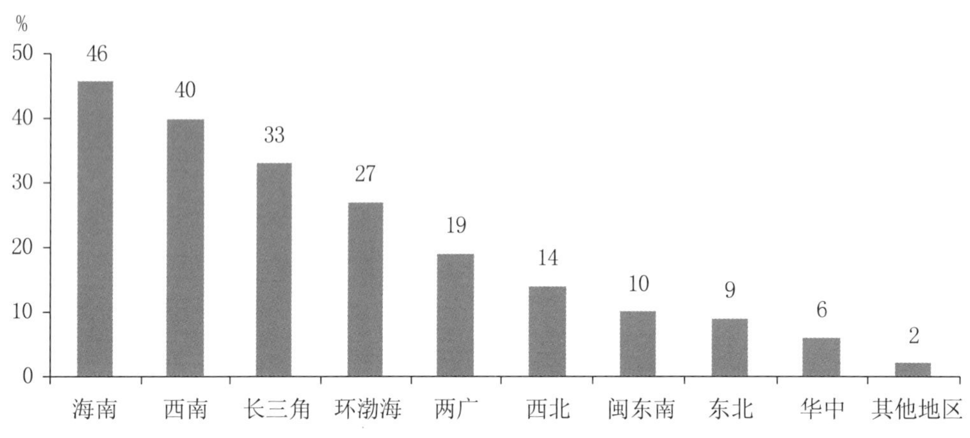

图 7－13　2015 年我国居民旅游地产置业区域偏好

核心资源偏好。海景、湖景和温泉是 2015 年意向旅游地产置业受访者最偏爱的旅游地产资源，分别有 62%、43% 和 39% 的受访者选择。与过去两年相比，古镇和主题公园类资源的偏好度均有所下降，而温泉资源的偏好度则大幅上升（见图 7－14）。

配套设施敏感性。旅游地产的餐饮、购物和医疗配套始终是旅游地产意向置业者最关注的三大配套设施。另外，随着各大旅游地产项目的硬性配套设施不断完善的背景下，中国旅游地产意向置业者开始越来越关注物业服务和度假服务等软性配套，2015 年分别有 21% 和 32% 的受访者表示在购买旅游地产物业时物业服务和度假服务是其最为关注的三大因素之一（见图 7－15）。

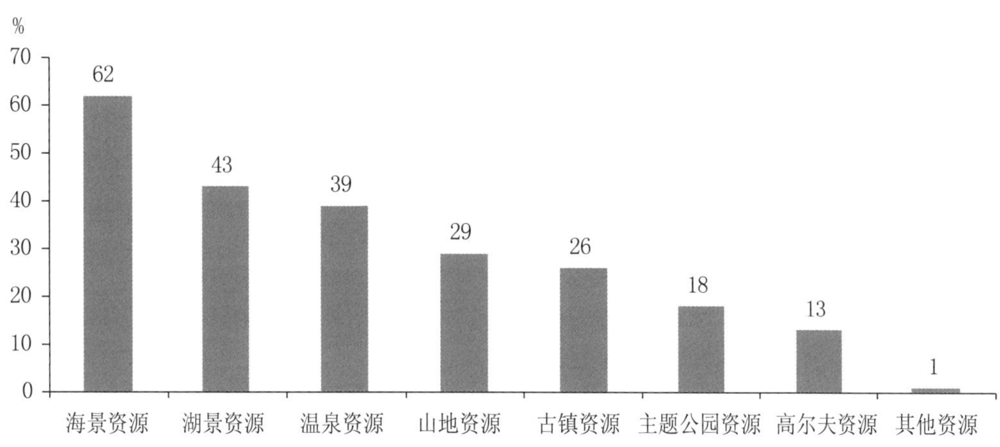

图 7－14　2015 年我国居民旅游地产置业景观资源偏好

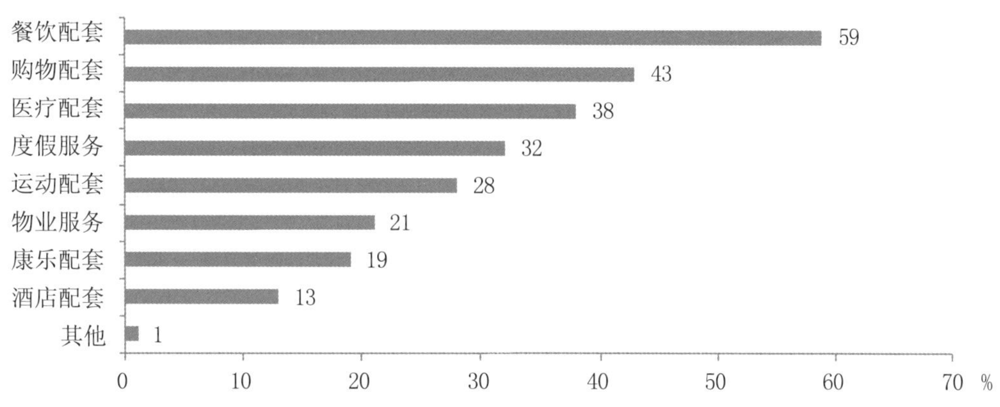

图 7－15　2015 年我国居民旅游地产置业配套设施敏感度

物业类型偏好。在旅游地产物业选择上，2015 年意向旅游地产置业最偏好的是度假感强的别墅和度假服务完善的产权式公寓，分别有 53% 和 16% 的受访者选择这两类物业（见表 7－8）。另外，对比 2013 年和 2014 年，别墅物业的偏好度在逐年提升，而普通公寓的偏好度则呈现出逐年下降的趋势。

表 7－8　　2015 年中国居民旅游地产置业物业类型偏好

我国居民旅游地产置业物业类型偏好	占比（%）
别　墅	53
普通公寓	8
洋　房	13
产权式公寓	16
其　他	10

面积段偏好。旅游地产物业面积段方面，中国居民一直以来比较偏好 90 平方米以下的中小户型，而且近几年来偏好中小户型的客群占比还呈现逐年增加的趋势，2015 年选择 90 平方米以下的受访者占比为 58%（见图 7－16），而 2014 年和 2013 年分别为 45% 和 37%。尤其是对于面积在 50 平方米以下的极小户型，2015 年受

访者的偏好度比 2014 年上升 9 个百分点，达到 16%。

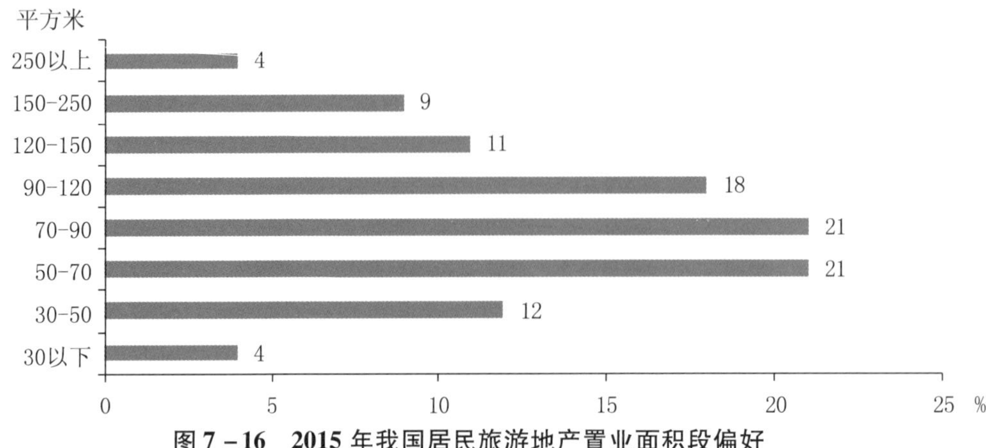

图 7－16　2015 年我国居民旅游地产置业面积段偏好

价格承受能力表现。随着中国居民收入水平的提升以其旅游度假消费需求的释放，其对旅游地产物业总价的接受能力也在不断提高。2013 年 71% 的受访者总价接受范围在 100 万元以内，只有 3% 的受访者愿意接受总价超过 500 万元的旅游地产物业。到了 2015 年，总价接受范围在 100 万元以内的受访者占比降到了 56%（见图 7－17），比 2013 年下降了 15 个百分点；同时愿意接受总价超过 500 万元的受访者占比也上升了 3 个百分点，为 6%。

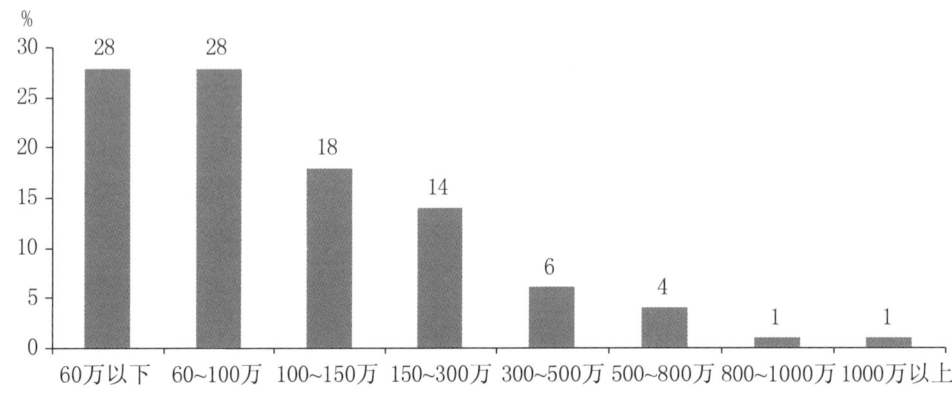

图 7－17　2015 年中国居民旅游地产置业价格承受能力

中国居民旅游地产信息获取渠道。在互联网经济大潮之下，中国居民获取旅游地产信息的主要渠道也是互联网，分别有 45% 和 44% 的受访者表示主要通过电脑网页和移动互联网来获得旅游地产项目信息。另外，报纸杂志和广播电视等传统媒体在旅游地产项目信息的传播中仍然会起到重要的作用，有 36% 受访者表示会从这两个渠道来了解旅游地产项目（见图 7－18）。

旅游地产物业交付标准偏好。旅游地产物业通常远离购买者常住地，由业主个人装修的难度和成本均较高，因此 86% 的受访者表示偏好装修好的旅游地产物业，其中偏好拎包入住物业的受访者占比更是高达 58%（见表 7－9）。

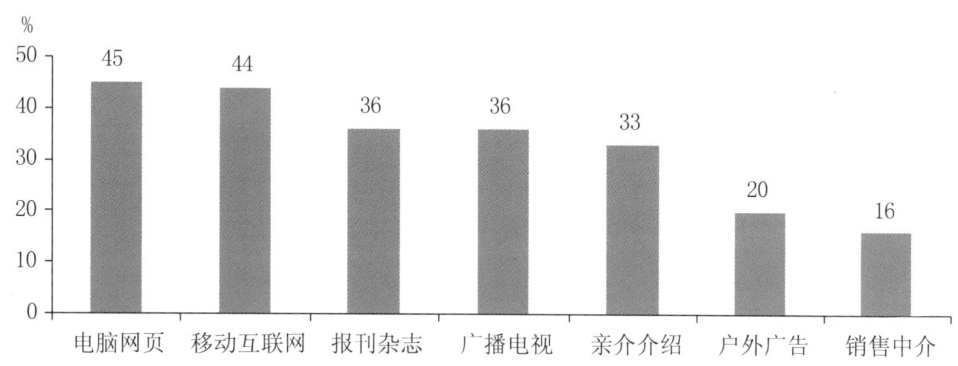

图 7－18　2015 年中国居民旅游地产信息获取渠道

表 7－9　2015 年中国居民对旅游地产度假物业交付标准的偏好

中国居民对旅游地产物业交付标准的偏好	占比（%）
毛　坯	14
带硬装	28
精装，可拎包入住	58

2. 规模数量

2015 年，中国旅游地产项目数量与开发体量的增速均大幅回落，全年新增旅游地产项目数量仅为 736 个，增长 9.2%，比 2014 年增速下降了 41 个百分点；新增旅游地产建筑面积 33060.1 万平方米，增长 13.8%，比 2014 年增速下降了 68 个百分点。截至 2015 年年底，中国旅游地产项目总数为 8701 个，旅游地产总建筑面积为 263128.8 万平方米（见图 7－19、图 7－20）。

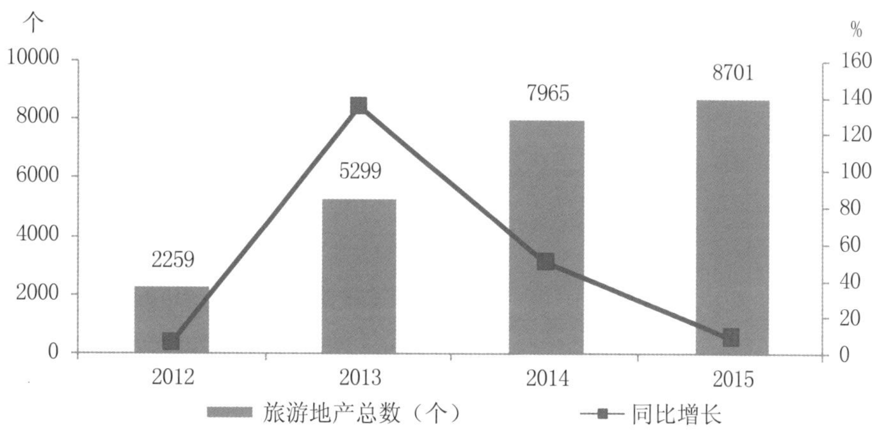

图 7－19　中国旅游地产项目数量增长趋势

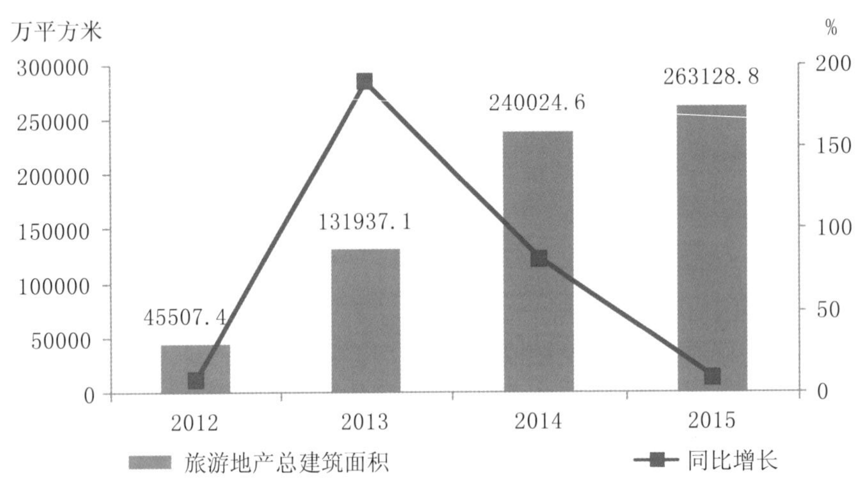

图 7－20　中国旅游地产总建筑面积变化趋势

2015 年中国旅游地产开发投资风头依然强劲，但相比前几年的狂热却已冷却不少。部分企业在经过前期尝试之后开始选择退出，坚持深耕旅游地产的企业也放缓步子稳步推进。2015 年新增的 736 个旅游地产项目分别由 601 家企业投资开发，截至 2015 年年底开发和运营有旅游地产项目的企业共有 5297 家，同比 2014 年减少 27 家，中国旅游地产开发主体的洗牌调整逐步拉开序幕（见图 7－21）。

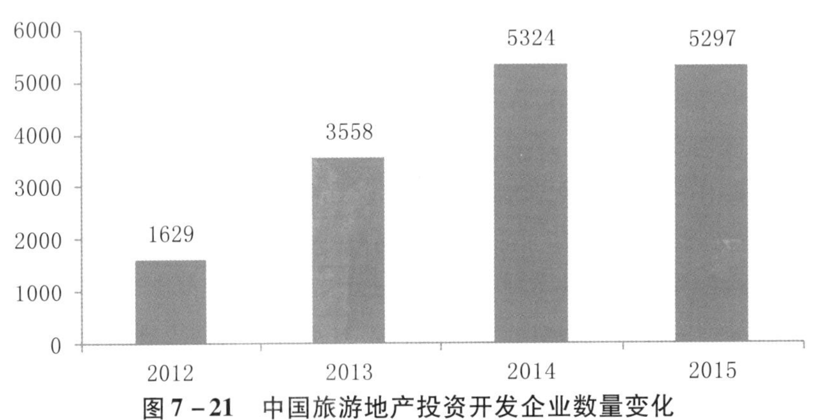

图 7－21　中国旅游地产投资开发企业数量变化

表 7－10　**2015 年中国旅游地产开发项目占地规模排名前 10 的企业**

排　名	开发商	已竣工或规划旅游地产用地规模（万平方米）
1	恒大集团	7284
2	碧桂园控股	5920
3	中铁地产	3161
4	万达集团	2980
5	金融街控股	2428

续表

排　名	开发商	已竣工或规划旅游地产用地规模（万平方米）
6	中信地产	2258
7	观澜湖集团	2221
8	万科集团	2001
9	新华联集团	1670
10	国信置业	1638

2015 年，尽管新增旅游地产项目数量有显著减少，但是旅游地产项目单体规模却明显增加。2015 年新增旅游地产项目中，占地面积小于 5 万平方米的项目数量占比为 25.4%，比 2014 年下降了 2.5 个百分点；而占地面积在 50 万平方米以上的项目数量占比高达 17%，比 2014 年提高了 7 个百分点（见表 7－11）。从累计项目结构来看，截至 2015 年年底，占地面积小于 5 万平方米的项目数量占比为 28.8%，同比上年下降了 1.2 个百分点；占地面积大于 50 万平方米的项目数量占比为 10.3%，同比上年提高了 1.3 个百分点。

表 7－11　　2015 年中国旅游地产项目占地规模情况

旅游地产项目占地规模	占比（%）
5 万平方米以下	25.4
5～10 万平方米	21.2
10～20 万平方米	21.1
20～50 万平方米	15.4
50 万平方米以上	17

3. 主要分布

从区域发展格局来看，一方面 2015 年中国旅游地产仍然延续 2014 年向大城市周边聚集的趋势，北京、上海、广州等一线城市或成都等省会城市周边区域成为 2015 年的热点开发区；另一方面海南、西南、环渤海、长三角、两广、闽东南等六大传统旅游地产板块项目占比开始提升，2015 年这六大区域的新增旅游地产项目占全年新增项目的 91%。

4. 依托资源

从项目所依托的资源来看，山地、湖泊和海景仍然是中国旅游地产项目最常用的资源，2015 年新增旅游地产项目中约有 96% 的项目享有这三大类资源的，但是同比 2014 年同类新增项目约下降了 13 个百分点。其中，山地资源更是在 2015 年新增旅游地产项目广泛使用的资源。此外，随着健康消费的提升，温泉资源也进一步得到了旅游地产开发企业的欢迎，约有 5.3% 的项目享有温泉资源。

表 7-12　　2015 年中国依托不同资源的旅游地产项目占比情况

依托不同资源的旅游地产项目	占比（%）
湖　泊	39.3
山　地	32.6
高尔夫等大型旅游项目	32.4
滨　海	18.1
古镇等历史文化资源	6.2
温　泉	5.3

（三）发展前景

1. 政策总体利好，具体项目审批管理将趋严

2016 的旅游地产相关政策整体依然向好，但政策方向将从以往的单纯支持开始向支持与规范并重转变。在旅游市场需求持续增长、旅游产业转型继续深化的大背景下，功能多元、产业复合能力强的旅游地产项目依然将受到中央及地方政策的欢迎，能够继续在土地、开发和运营过程中享受到特殊的优惠政策。与此同时，政府对旅游地产项目的审批将趋于严格，对于项目产品开发也将提出更多要求。在这种背景下，以旅游地产为幌子的房地产项目将被过滤淘汰。

2. 旅游市场继续快速增长，新兴业态助推旅游地产转型

2015 年中国旅游市场一片火热。一方面，政府出台了前所未有的严厉举措规范整顿市场秩序；另一方面，旅游消费高速增长，各路资本争相进入，使中国旅游业充满活力。预计 2016 年在旅游市场活力不减的情况下，还将迎来一个品质提升的热潮，行业将更加规范，服务也更有保障，品牌和口碑将更受重视。反映到旅游地产层面，项目运营与服务的重要性将继续被强化。

2016 年“互联网 + 旅游”的创业热潮将逐渐趋于平静，投资者将回归理性，但旅游创新将会继续呈现，如文化 + 旅游、农业 + 旅游等。

3. 市场投资开发热度持续下降，项目供应增长趋缓

近两年的旅游地产开发投资依然风头强劲，但相比前几年的狂热已经明显冷却，部分企业在经过前期的尝试之后选择退出，坚持深耕的企业也开始放缓步子稳步推进。

2016 年旅游地产的投资开发热度还将进一步下降，新增项目数或将少于 2015 年。由于投资和开发水平高低不一，旅游地产的投资效益和风险已经出现极大的分化，一批盲目跟风、定位不清、设计水平不高、经营管理不力的旅游地产项目还逐渐被淘汰，市场的投资热情也将会受到影响。在当下宏观经济增长放缓和房地产市场下行的困难叠加期，开发商均面临着严峻的资金流动性问题，即便是项目销售与运营都比较好的旅游地产开发商也开始放慢投资步伐。

4. 并购转型成市场常态，企业集中度进一步提高

并购转型已经成为 2015 年中国旅游地产市场的核心特点，而 2016 年并购转型的热度将会继续上升，优质旅游资源、优秀旅游项目将逐步被大型实力企业纳入，大鱼吃小鱼的现象将更加普通。目前中国虽然有 5200 多家企业涉足旅游地产领域，但环比 2014 年已有小幅下降。而且从 2015 年的市场表现来看，实力企业旗下的旅游地产项目总体销售较好，市场美誉度也较高。在旅游地产项目对运营能力要求进一步提高的趋势下，2016 年旅游地产开发企业市场竞争能力分化还将进一步加剧，大规模综合性企业的主导地位将进一步强化，旅游地产项目集中度将进一步提高。

5. 项目开发理念将进一步成熟，开发模式逐步清晰

在过去的近20年发展历程之中，有明晰旅游地产开发理念的项目少之又少，大多数企业习惯于“拿来主义”，直接照搬和照抄国外的成功案例。但对于旅游地产本身的内涵及发展规律了解不多或者根本就不了解。在房地产市场井喷发展的时代里，这些项目也大多以房地产产品形式出售，企业并未意识到问题所在。直到2014年中国房地产市场进入下行通道之后，不少旅游地产项目也开始遭遇种种问题，产品滞销、运营乏力是典型的表现，开发企业才开始认真思考旅游地产开发规律等本质问题，并且逐步意识到文旅地产的魅力在于“独特”，也开始明白别人的开发模式无法照搬照用。于是，对于发展理念、模式等深层次问题的思考渐渐深入，如万科、雅居乐、云南城投、阳光100等企业都分别明确了适合自己企业的旅游地产开发路径。预计在2016年，将会有更多的旅游地产开发企业重新去梳理产品、重建科学合理的开发模式。

6. 项目销售依赖度进一步下降，运营管理成为项目发展新重心

在经过前期的快速发展之后，这两年以物业销售为核心的旅游地产项目正逐渐陷入困局，如威海等一些城市的旅游地产项目成交已经多年持续萎缩。传统销售型旅游地产产品使用价值低是导致销售困难的一个关键原因，使用困难是另一大障碍。

在当前这个互联网思维盛行的时代，旅游地产也必将发生很大的变革，“拼服务”“拼运营”“拼平台”将成为行业的主要竞争内容。一些优秀的旅游地产开发商开始更多地关注消费者综合价值的实现，结合生活方式变革，以全度假产业链条、全生活服务产业链条为目标导向进行跨界融合、链条延伸，打造多产业融合发展的有持续生命力的优秀旅游地产项目。预计2016年以运营为核心的项目将会有更多呈现。

7. 项目功能向深度复合方向发展，产品资产溢价能力将上升

随着旅游地产项目功能的复合化，旅游地产项目经营能力和附加值的不断提升，其核心竞争力也逐步显现，即使存在投资规模大，回报周期长的固有特点，伴随行业的不断发展，其对资本的吸引力必然将不断增强。而这便为资产的溢价能力奠定了坚实的基础。另外，从金融环境和投资氛围来看，旅游地产业无疑搭上了历史的快车。在国家经济结构转型的历史时刻，全国的金融投资环境有了较大的改善，越来越多的资本开始寻找优质的和有潜力的项目和领域。而旅游产业以及旅游地产行业逐步进入到投资人的视野范围内。就目前而言，中国在旅游领域的资金投入已达万亿，并且中国的旅游及旅游地产行业也进入了空前的并购合资活跃期。这就意味着未来旅游地产产品的溢价必将体现，投资热潮和并购活跃度将不断促使这一领域的溢价能力持续增强。

8. 项目资本化进程将进一步加快，轻资产发展模式或将浮出水面

随着房地产下半场的到来和中国金融改革的推进，通过“资产化”来完成固定资产退出的开发模式已经成为旅游地产发展的必然选择。近几年，我们可以看到“资本化”发展趋势在中国旅游地产市场上已逐渐明确，旅游地产金融化步子已经迈出，如北京绿维创景旅游投资管理有限公司推出的分权宝产品，就专注于度假投资与度假生活服务领域，以分权度假、分时度假为基础，从事分权分时度假服务，旅游项目众筹服务，度假资产投资服务、旅行生活全程服务。除了旅游企业开始加码旅游地产项目投以外，其他行业资本也在不断涌入。预计在2016年，中国市场上将会出现一大批与旅游地产相关的基金，也会有更多的投资公司加入旅游地产资产收购与兼并的队伍之中。在各方主体的推动之下，符合中国市场特色的旅游地产轻资产发展模式或将浮出水面。

（克而瑞信息集团旅游地产事业部）

三、养老地产

随着我国人口老龄化形势日趋严峻，养老服务业发展的机遇和挑战前所未有。2015 年，国务院有关部门继续出台了一些支持养老服务业发展的配套政策。一些房地产企业和相关企业在老年住区的开发建设、运营管理与服务方面继续进行着积极的探索。协会的老年住区委员会作为政府与企业之间的桥梁，在向企业宣传政府的有关政策、引导企业细分市场、探索开发建设与老年人需求及支付能力相适应、与居家养老为基础、社区为依托、机构为补充相匹配的老年宜居体系、及组织经验交流等方面也做了一些力所能及的工作。

（一）与养老地产配套的政策日趋完善

为应对人口老龄化，加快发展养老服务业，国务院于 2013 年 9 月印发了《关于加快发展养老服务业的若干意见》。2014 年、2015 年，有关部委抓紧出台配套文件，其中与养老地产关系密切的有：根据国务院《关于加快发展养老服务业的若干意见》，落实好国家现行支持养老服务业的税收优惠政策，对养老机构提供的养护服务免征营业税，对非营利性养老机构自用房产、土地免征房产税、城镇土地使用税，对符合条件的非营利性养老机构按规定免征企业所得税。2014 年 1 月住建部、国土资源部、民政部、全国老龄办《关于加快养老服务设施规划建设工作的通知》；2014 年 5 月民政部、国土资源部、财政部、住建部《关于推进城镇养老服务设施建设工作的通知》；这两个文件都要求强化养老服务设施规划审查和建设监管，按照人均用地不少于 0.1 平方米的标准，分区分级规划设置养老服务设施，并要求新建居住（小）区要将居家和社区养老服务设施与住宅同步规划、同步建设、同步验收、同步交付使用。2014 年 4 月，国土资源部发布《养老服务设施用地指导意见》，规定对于盈利性养老服务设施用地，应当以出让、租赁等有偿方式供应，原则上以租赁为主，出让或租赁建设用地使用权可以设定抵押权。2014 年 6 月保监会《关于开展老年人住房反向抵押养老保险试点的指导意见》，从 2014 年 7 月 1 日起在北京、上海、广州、武汉先行试点。2014 年 7 月住建部、民政部、财政部关于加强老年人家庭及居住区公共设施无障碍改造工作的通知。2015 年 3 月国土资源、住建部《关于优化 2015 年住房及用地供应结构促进房地产市场平稳健康发展的通知》，引导未开发的房地产用地可转型利用为养老产业用地等。2015 年 10 月，住建部、财政部印发了《关于进一步发挥住宅专项维修资金在老旧小区和电梯更新改造中支持作用的通知》，明确要用好住宅专项维修资金，支持老旧小区和电梯更新改造。

（二）企业积极探索老年住区的开发建设运营管理与服务模式

尽管养老服务业的市场潜力巨大，但由于对社会力量进入养老服务业的支持政策尚不健全，与养老地产有关的标准、规范也在不断的制定完善中，加上养老地产的盈利和运营模式还不十分清晰，有关的人才缺口也比较大，所以，与老年住区有关的开发建设、运营管理与服务模式总体上还在探索阶段。

2015 年，保利、绿城、万科、恒大等房地产企业总体上仍在探索以居家养老、社区养老为主，机构养老为补充的“三位一体式养老”模式。以保利为例，保利提出“全生命周期绿色建筑”和“全年龄段关怀”理念，要求将适老化、无障碍设计嵌入普通住宅全装修交付标准中；要求在小区中提供老年人活动室、健康体检室和老年人日间照料中心；并在北京、上海、广州、成都、三亚建立为失能、失智老人提供专业养老护理的机构。万科在新建小区中配建一定比例的适老化住宅；将既有小区中的有些服务设施改为照料老年人的设施。绿城的“学院式养老”也在不断完善。上海亲和源、北京太阳城的“养老住区”的模式也在一些地方不断推广。

泰康人寿、太平人寿、平安人寿在近两年也陆续进入了养老地产领域。泰康人寿在北京昌平的北京燕园，是集养生养老、高端医疗、理财、临终关怀为一体的高端养老社区，第一批居民已于 2015 年 6 月入住。泰康人寿还准备在经济发达的其他一些重点城市逐步布点，依托互联网平台，打造连锁式的养老品牌。保利也与太平人寿签订了战略合作协议，首期规模为100亿。

（三）2015年中国房地产业协会老年住区委员会抓的几项主要工作

1. 在指导思想上，反复宣传国家确定的以居家养老为基础、社区为依托、机构为补充的多层次的养老服务体系是符合我国实际的

引导企业重点关注在新建小区中按规定配建养老服务设施，和对既有住区的适老化改造。坚持按标准抓好老年宜居住区试点项目的建设与运营服务，防止一些项目因规模过大、档次过高或设施不配套而造成的客源不足和资源浪费。

2. 10月份在北京人民大会堂举办了“中国老年住区百城（企业）联动计划暨养老e智库”启动仪式

为盘活在气候环境宜居地方的库存房地产，为健康老人养生养老旅游提供更多的旅居产品，协会于10月17日在北京人民大会堂举办了“中国老年住区百城（企业）联动计划暨养老e智库”启动仪式活动。会上蓝城集团、北京太阳城、上海旅居财富网等企业负责人和专家分别就我国养老地产项目的开发建设、运营管理及连锁旅居养老度假产品等做了专题介绍。中房协刘志峰会长、第十届全国人大常委会副委员长顾秀莲对盘活存量房地产为旅游和养老服务的宗旨给予了充分肯定，希望大家能利用互联网的平台，并通过各方面的通力协作，把这项活动搞好。

3. 11月启动了《养老住区室内全装修设计标准研究》

为了推动老年宜居住区建设，为老年人提供安全、便利、舒适和健康的环境，老年住区委员会会同远洋装饰工程股份有限公司、设计研究院、上海亲和源股份有限公司等单位，向住建部科技司申报了《养老住区室内全装修设计标准研究》，并获部批准。之后，根据申报书所列研究内容，于11月18日组织相关专家在浙江乌镇雅园召开了课题研究分工落实会议，确保按进度完成并通过评审验收。

4. 12月份在张家港举办了第四届老年住区项目交流大会

在江苏省住建厅、民政厅、老龄办和张家港市政府的支持下，中房协与江苏省房协、澳洋集团等机构合作，于12月4—6日在张家港市优居100养老公寓项目现场举办了“第四届中国老年住区项目开发运营经验交流大会”。国内外19位专家就老年住区的项目开发建设、运营服务、智能化系统运用、盈利模式等专题进行了经验交流。会议期间还实地参观考察了优居100养老公寓项目。

（中国房地产业协会老年住区委员会）

四、物业管理

2015年我国经济正在向形态更高级、分工更复杂、结构更合理的阶段演化。经济发展进入新常态，增长速度从高速增长转为中高速增长；经济结构不断优化升级，第三产业消费需求逐步成为主体；增长动力从要素驱动、投资驱动转向创新驱动。坚持以提高经济发展质量和效益为中心，把转方式调结构放到更加重要位置，促进经济持续健康发展和社会和谐稳定，是新时期经济工作的总基调。经济发展仍处于重要的战略机遇期，发展高附加值的现代服务业成为经济发展新的增长点。

作为现代服务业的组成部分，物业管理行业在经济新常态下呈现出新的发展趋势，得到各方面关注。中国物业管理协会大力推广万科物业、绿城物业、长城物业、彩生活物业、上房物业、龙湖物业、蓝光嘉宝、民召物业等一批品牌物业服务企业在商业模式、服务方式、管理方法上创新与转型的经验，从而带动更多的企业认识到行业向现代服务业转型升级的紧迫性，并积极参与到行业持续发展的创新探索与实践中，取得了可喜的社会效益和经济效益。

然而不能回避的是，客观上行业总体还处于低水平运行状态。物业服务企业盈利空间相对狭窄，服务内容和质量与广大业主的需求相比还存在一定差距。引入新技术、新业态和新方式，开创新的商业模式，提高物业管理的技术含量和产品附加值，实现从传统服务业向集约型现代服务业的转变，是物业管理科学发展的必然选择。

（一）行业环境新变化

近两年来，我国物业管理行业无论是政策环境，还是市场环境，都发生了深刻变化。

政策环境：

2014 年 12 月，国家发展和改革委员会印发《关于放开部分服务价格意见的通知》，要求放开非保障性住房物业服务和住宅小区停车服务价格，表明行业在全面深化改革道路上更进一步，对行业逐步建立并完善市场引导机制、运作机制和监督机制具有重要意义。2015 年，李克强总理在政府工作报告中指出，要深化服务业改革开放，促进服务业加快发展，促进服务业和战略性新兴产业比重提高、水平提升，优化经济发展空间格局，加快培育新的增长点和增长极，实现在发展中升级、在升级中发展。国务院《关于积极推进“互联网 +”行动的指导意见》提出，充分发挥“互联网 +”对稳增长、促改革、调结构、惠民生、防风险的重要作用；推动跨区域、跨领域的技术成果转移和协同创新；发展便民服务新业态，发展社区经济，在餐饮、娱乐、家政等领域培育线上线下结合的社区服务新模式。上述政策所产生的叠加效应，为物业管理实行“互联网 +”提供了有力的政策依据和发展空间。物业管理行业开始了“互联网 +”时代的创新旅程。

市场环境：

一是行业发展前景广阔。一方面，我国房地产市场持续发展，国家新型城镇化规划推进实施，为新型城市群建设注入活力。2013—2015 年连续三年全国商品房交易量共有 38 亿平方米左右；部分地区政府推行物业管理全覆盖，大量住宅区逐步引入物业管理。增量房、存量房以及老旧住宅区为物业管理行业提供了巨大的市场空间。另一方面，物业服务用户趋于成熟。用户对物业服务尤其是优质物业服务的购买意愿显著增强，部分物业服务企业基于用户多元化、个性化需求产生的非主营业务收入已超过物业服务主营业务收入。国家统计局发布的《2015 年国民经济和社会发展统计公报》显示，全年全员劳动生产率比上年提高 6.5%，人均 GDP 增速提高；全年全国居民人均可支配收入比上年增长 8.9%，同期居民价格消费指数增势放缓，扣除价格因素，人均可支配收入实际增长 7.4%，居民购买力持续增强。

二是“互联网 + 物业”成为发挥资本、互联网、物业管理各自优势，整合线上线下资源的产业融合新业态。互联网特别是移动互联网的出现，促成了“网上支付消费”和“社区 O2O 消费”两个巨大的服务消费市场。物业服务企业处在社会和社区的节点上，贴近社区的资源和用户，与社区基层组织、周边商业圈关联度高，在最后一公里乃至最后一百米内，成为社区资源的隐形掌握者。

三是资本市场改革和完善持续推进，尤其是新三板的扩容、地方股权交易中心的建立，促进物业管理行业形成了快速发展的新格局。彩生活物业在港交所主板上市，北京东光、浙江开元、珠海丹田、青岛华仁、河南索克、克拉玛依城投鹏基等物业服务企业先后在新三板上市。物业服务企业通过融资，在行业内开展收购、兼并、重组，有力助推了企业规模的扩张和资源的整合。投资型企业与物业服务企业的业务融合，在社区金融领域展开合作，满足住户金融需求，实现了企业业务种类和盈利点的增加。资本已经成为促进行业提速换挡、创新发展的重要驱动力。

（二）行业发展新进步

行业积极应对管理成本攀升，从业队伍人才匮乏，经营理念滞后，管理方式粗放，地域发展不平衡，市场机制不完善等行业发展过程中存在的阶段性问题，在以下方面取得了新进步：

1. 基础服务取得新提升

基础物业服务是物业服务企业生存的核心要素，行业处于任何发展阶段都不能忽视。近两年，在全行业的共同努力下，基础服务水平有较大提升。一是服务理念端正，行业普遍认识到基础服务的重要性，各地行业主管部门、协会和物业服务企业纷纷开展“物业服务质量提升年”活动，宣传并实践“固本”“守正”的经营理念，认真做好物业管理本职工作。二是服务技能提升，企业越来越意识到行业设施设备管理的核心价值，注重技术能力的培训提升和先进设备体系的引入；广东、辽宁、合肥等地纷纷开展行业技能大比武、引导提高基础服务技能。三是服务品质提高，关注物业服务用户体验，增强与用户的交流互动，精细管理的同时简化服务流程。据调查显示，2015 年物业服务企业业主满意度有较大提高。扎实的基本功带来了经济效益和社会效益的外溢，物业管理行业在协助维护社会稳定、处理社会突发事件和抗击自然灾害中所发挥的重要作用，得到了社会的高度评价。

2. 管理规模取得新增长

2015 年年底，全国 31 个省市自治区物业管理面积超过 180 亿平方米，在管规模持续扩大。广东、河南、江苏三省物业管理面积位居前三。

经济较发达的东部地区在物业管理规模方面依然走在全国前列，约占全国管理面积的 45%；中部物业管理规模快速增长，约占全国的 23%，地区间差距呈现收缩态势；东北部和西部地区占比与过去持平。

3. 企业数量取得新增长

截至 2014 年年底，全国物业服务企业约 10.5 万家，与我国第三次经济普查数据基本持平，较 2012 年调查的企业数量 7.1 万家增长了约 48%。广东、江苏、山东位居前三。

东部地区物业服务企业数量仍远高于其他地区。四大区域里，东部地区物业服务企业约 4.8 万家，约占全国物业服务企业的 44%；中部地区约 2.5 万家，约占全国的 22.8%；西部地区约 2.8 万家，约占全国的 25.4%；东北部地区约 0.9 万家，约占全国的 7.8%。中西部区域物业服务企业数量增长较快，与东部地区的差距进一步缩小。

4. 经营收入取得新增长

全国物业服务企业 2014 年经营总收入约为 3500 亿元，较 2012 年全国 3000 亿左右有较大增幅，增长了 16.7%。一方面物业在管面积持续增加，主营业务收入稳步增长；另一方面物业服务企业在互联时代拓展多元营收渠道，行业经营总收入实现了较大程度的上涨。2015 年经营总收入持续增长。

5. 从业人员数量取得新增长

截至 2014 年年底，物业管理行业从业人员约为 711.2 万人，较 2012 年的 612.3 万增长了约 16.2%，人员数量增长速度较快。

物业管理行业发展地域差异仍较为突出。东部地区物业管理行业从业人员约 353.2 万人，约占全国从业人员的 49.7%；中部地区约 136.8 万，约占全国的 19.2%；西部地区约 179.6 万人，约占全国的 25.2%；东北部地区约 41.6 万，约占全国的 5.9%。值得注意的是，从业人员数量反映出中西部加快增长的态势，尤其以河南、陕西等省市增速尤为明显，区域间差距有所缩小。

6. 商业模式创新取得新进展

物业服务企业一直积极创新商业模式，并成功取得新进展。最具代表性的是，彩生活以 3.3 亿元收购深圳开元国际 100% 股权，此次并购增强了彩生活在中高端社区物业管理方面的实力，彩生活社区 O2O 增加 30 多万户家庭、100多万用户，涉及超过130个物业管理项目。万科物业向行业输出“睿服务”解决方案，先后与金隅集团、北京首创置业等企业签约合作，全面进入市场化发展轨道。截至2015年6月底，长城一应云联盟伙伴已达到75家企业，覆盖全国1500多个物业管理项目，服务面积超过3.3亿平方米，一应云平台聚合了约320万户家庭，超过1000万人口。通过并购、联盟，扩大管理规模，增加服务客户数量，有利于发挥集约和规模效应，增加经营性收入，推动行业快速发展。

（三）行业发展新趋势

从总体看，物业管理行业的发展将围绕着以下六个方面展开：

（1）经营理念上，从为物业售后的整个使用过程提供对房屋及其设备、基础设施与周围环境的专业化管理，到依靠高新技术和现代管理方法、模式及组织形式，向不同消费主体提供更高质量的基础物业服务及个性化、专业化的定制式衍生产品和服务。

（2）管理手段上，从技术含量较低，生产服务形式单一，产品同质化现象严重，缺乏核心竞争能力，到广泛应用包括现代信息化技术手段在内的高新技术和管理工具，实现管理升级，提升服务品质，降低生产成本，行业逐步进入大数据时代。

（3）服务创新上，从产品边界狭窄，服务功能创新局限，行业平均利润率较低，到通过资产管理、资本经营和产业链上的延伸服务，拓展产业边界，实现服务价值创新。

（4）人力资源上，从服务生产者以传统作业人员为主，不强调专业分工，组织结构单一，管理水平普遍较低，到主要服务生产者由传统操作型向专业复合型转变，各专业能级不断细分，组织结构设计合理完整，人员配置充分有效。

（5）管控模式上，从运作模式以劳动密集型和简单劳动提供为主、投入产出比较低，到通过服务功能换代和服务模式创新，向知识密集型企业转变，实现高增值服务，产出附加值高。

（6）产业链上，从服务产业链发育不够成熟、专业化能力较低，到服务产业链发展呈集群式特点，产业融合特征明显，服务具有差异化。

具体而言，物业管理行业将主要呈现以下三个发展趋势：

1. 互联网与物业管理行业深度融合

第三次工业革命开创了信息时代，云端应用、电子商务、物联网成为支撑大数据、智慧城市的重要技术应用。互联网与传统物业的跨界融合，催生了物业管理行业全新的服务模式，赋予物业服务新的内涵，促进了行业的高附加值化，为行业发展带来新的经济增长点。物业服务企业顺应社会经济的发展和居民生活消费需求结构的升级，一方面，积极借助“互联网+物业”的模式，应用移动互联网、云平台等新技术，整合社区周边餐饮、房屋经纪、物流等商业资源，渗透到衣食住行等与生活息息相关的领域；另一方面，探索“物业+互联网”模式，通过手机APP、微信公众号等打造一站式综合服务平台，提供便捷、周到的高品质物业服务。

2. 物业管理行业集中度稳步提升

受到政策环境、市场竞争和技术水平等因素的影响，物业管理行业集中度有较大程度的提高。政策因素方面，新型城镇化、西部开发和东北振兴规划实施，国内城乡和区域发展趋于平衡。行业市场竞争日趋激烈，大批品牌企业凭借其优质物业服务输出能力，在开拓物业市场、提高市场份额等方面的优势日益显现。产业结构优化和产业融合加剧，企业间兼并重组等经济行为持续进行，优胜劣汰竞争机制作用凸显。规模企业投入资金研发互联网技术平台，聚合企业成立发展联盟，规模效益显著增加，也将进一步促进行业集中度的提升。

3. 物业管理行业价值逐步兑现

伴随居民不断增长的多层次、高品质生活需求，物业管理行业的价值日趋凸显。一方面，技术变革和产业融合引发行业主动谋求变革，改造管控体系和运行流程，创新商业和服务模式，现代服务业转型升级趋势明显。“互联网＋”、轻资产等优势吸引资产市场的关注，使得物业服务企业的经济价值升高。另一方面，优质的物业管理成为提升楼盘居住价值和投资价值的重要砝码，如具前瞻性的房产开发商已经逐渐意识到物业服务在房产竞争中的重要性；在万科的所有客户中，60%以上的客户是因万科的品牌和物业而来。物业管理的行业价值在市场化过程中逐步得到有效兑现。

（四）行业未来新主张

1. 顺应消费升级趋势，科学管理用户需求

物业服务企业应当在做好保洁、绿化、秩序维护和维修养护等传统物业服务的基础上，科学定位用户需求层级，关爱用户身心健康、文化娱乐等内在需求；整合社区商业和电商等服务资源，满足用户便捷、高效和有品质保障的外在生活需求；引导用户参与共建

共享高品质服务和品牌价值，增强用户的归属感、幸福感和荣誉感。运用大数据技术并结合 CRM 客户服务系统，实现业主生活习惯和消费行为的数字化处理，追踪业主服务需求变化，从而促进物业服务产品的改进和提升。

2. 充分整合社区资源，构建社区生态圈

促进物业管理行业与互联网的深度结合，运用互联网思维影响企业管理体制，倡导去中心化和去中介化的平台化管理体制。通过有效整合相关产业资源、引导用户深度参与交互、鼓励员工参与平台建设等方式，把物业管理行业相关的“物”聚合在平台，把用户、员工和资源所有者等利益相关者凝聚为收益与风险共担的利益共同体，构筑新型物业服务生态圈，实现全价值链的共享价值。同时，在基于互联网技术的网络平台上，突破传统电商平台聚合局限，构建场景式消费模型，满足用户个性化商品和服务的消费理念。

3. 培育专业人才梯队，完善人力资源结构

物业管理行业人力资源结构将趋于专业化、综合型、高端化，应通过完善职业资格认定制度，建立专业化职业经理人队伍；鼓励人才跨行业流动，注重 IT 人才在企业管理和信息化平台方面作用的发挥；培育物业设施设备技术领域专业人才；储备管理智慧社区的综合型人才。鼓励大专院校和职业学校开设物业管理专业教育，开展“校企合作”和“联合办学”，如万科与北京吉利大学成立的“万科物业学院”，粤华物业与深圳房地产和物业管理进修学院共同创办内部学习机构“粤华管理学院”等，为物业服务企业乃至物业管理行业培养多层次的优秀人才助力。

4. 鼓励行业协同竞合，推动市场健康发展

鼓励物业服务企业尊重政府和市场两只手在经济发展中的协调作用，处理好经济主体之间的关系，公平公正公开地参与市场竞争，并在竞争与合作过程中实现共赢，避免在价格、市场份额、人才等方面的恶意竞争行为。倡导加强行业标准化工作，提升行业标准整体水平，规范企业市场行为，形成政府引导、市场驱动、社会参与、协同推进的标准化工作格局。

5. 创新管理和服务理念，加速行业转型升级

物业管理行业将通过与互联网络和高端设备管理技术的融合，探索和创新服务和管理模式，改造和提升企业组织管理架构，积极发现新兴服务领域和业态，通过跨领域资源整合，坚定地向智慧型的现代服务业转型升

级。鼓励国内物业服务企业在集成自身优势的基础上，以具有国际标准的服务模式，结合海外物业管理需求，加速海外市场拓展，为行业转型升级探索国际空间。

（中国物业管理协会）

五、物流地产

近十几年来，我国物流地产总体发展势头迅猛，增加值与投资额持续增长，各领域物流仓储设施的投资建设和运营管理均已取得长足进步。同时，一些深层次的问题和矛盾也已开始暴露，引起了全行业和全社会的广泛关注。如何抓住契机，迎接挑战，避免城市功能紊乱，缓解城市交通压力，减轻不良环境影响，保持产业凝聚力，实现产业持续健康发展，有力拉动国民经济增长，是关系到我国物流地产行业未来发展的核心问题。

（一）物流地产行业发展

全国社会物流总额逐年增长，由2004年的38.4万亿元增长到2015年的220万亿元，年均增长18.7%。

全国物流业增加值逐年增长，由2006年的1.4万亿元增长到2015年的3.9万亿元，年均增长12.1%。

物流业增加值在服务业增加值中的比重总体呈上升态势，由2006年的17.1%上升到2015年的23.8%。物流业增加值在国内生产总值中的比重总体也呈上升态势，由2006年的6.4%上升到2015年的11.8%。

全国社会物流总费用逐年增长，由2004年的2.9万亿元增长到2015年的11万亿元，年均增长13.8%。其中，与物流仓储设施紧密相关的保管费用也逐年增长，由2004年的8467亿元增长到2015年的3.6万亿元，年均增长15.9%。保管费用占全国社会物流总费用的比例由2004年的29.1%提高到2015年的35.5%。我国物流业转型升级和运行效率提升加快，全国社会物流总费用与GDP的比率总体呈现下降趋势，由2004年的21.3%减少到2015年的16.2%，物流业运行效率年均提升2.4%。但是，相较于美国和欧洲，我国社会物流总费用占GDP的比重仍然相当高，包括物流地产在内的整个供应链效率的进一步提升有利于进一步激发我国的经济活力。

经过十几年的快速发展，我国物流地产行业经营水平得以大幅提升，服务功能实现了有效拓展，机械化、信息化、智能化水平有了较大提高。叉车和托盘拥有量大幅增加，机械化作业比例和货架存储比例逐年提升，信息化水平有所提高，88.5%的企业已经基本实现了信息化管理。2015年继续保持了较为快速的增长势头，固定投资额可以超过6000亿元。从横向比较看，仓储业固定资产投资额的增幅高于物流行业的整体增幅，也高于全社会的投资增幅，这反映了物流仓储设施的历史欠账与现实市场需求。《物流业发展中长期规划》明确了我国到2020年基本建立现代物流服务体系，主要从降低物流成本、推动物流企业规模化、改善物流设施与网络三个方面进行，物流地产行业的发展对于推动整个物流业中长期战略目标的实现意义重大。

迄今为止，我国营业性通用（常温）仓库面积达9.1亿平方米。其中，立体仓库约占25%，冷库总容量为9562万立方米（静态存储能力约2425万吨）。由于我国物流地产行业起步较晚，尚未发展成熟，且本身具有复杂性、交叉性等特征，因此往往被沦为物流业、房地产业、交通运输、仓储和邮政业的附属产业，正是这种依附性使得我国物流地产行业尚未获得独立性。正因如此，我国物流地产行业一无明确的政府主管部门，二无完善的标准体系和独立的统计科目，三无明确的战略性、纲领性的产业政策。物流地产作为一个跨部门、跨行业、跨地区的复杂性、交叉性行业，其发展迫切需要各部门、各行业、各地区通力协作。而目前“三无”行业的处境使得这种协调机制远未成型，例如，诸如航空、铁路等一些处于物流链条核心地位的垄断性企业从部门上、行业上，或者地区上彼此割裂，缺乏沟通，造成物流地产行业各自为政。各自为政的局面若不打破，则无法做到统一和合理的规划，影响物流地产的良性发展。因此，争取物流地产行业作为基础性和战略性行业的独立地位，研究制定物流地产行业法规，优先保障物流仓储用地，调整物流仓储税收政策，加强物流地产行业统计，推动物流地产标准化建设，是全行业应该努力推动的方向。

（二）物流地产政策环境

近年来，随着国家加大对物流业的扶持力度，一系列相关政策法规相继出台，为物流地产的发展营造了积极的政策环境。从2004年起，我国相继出台了《关于促进我国现代物流业发展的意见》（2004年）、《物流业调整和振兴规划》（2009年）、《关于促进物流业健康发展政策措施的意见》（2011年）、《关于深化流通体制改革加快流通产业发展的意见》（2012年）、《关于物流企业大宗商品仓储设施用地城镇土地使用税政策的通知》（2012年）、《关于推进现代物流技术应用和共同配送工作的指导意见》（2012年）、《"十二五"综合交通运输体系规划》（2012年）、《关于深化流通体制改革加快流通产业发展的意见》（2012年）、《关于促进仓储业转型升级的指导意见》（2013年）、《全国物流园区发展规划（2013—2020年）》（2013年）、《物流业发展中长期规划（2014—2020年）》（2014年）、《物流园区服务规范及评估指标》（2014年）等一系列政策法规。此外，"十一五"规划纲要（2006年）提出了"大力发展现代物流业"；"十二五"规划纲要（2011年）提出了"扩大物流业对外开放"；"十三五"规划纲要（2016年）提出了"推进产业组织、商业模式、供应链、物流链创新，支持基于互联网的各类创新"。除了国家层面出台的扶持物流业发展的政策法规之外，各地方政府在国家政策法规的指导下，结合当地实际情况，纷纷出台了一系列地方性的物流业政策法规文件。

但是，目前出台的一系列相关政策法规存在两个方面的局限性，制约着物流地产行业的健康发展。现有政策法规往往是点到为止，缺乏能够落地和能够操作的指导意见；而国家层面和地方层面迄今尚未站在整个物流地产行业的高度，制定物流地产行业的发展规划，出台明确物流地产行业发展目标、发展重点的指导性政策法规，缺乏能够跨部门、跨行业和跨地区指导和统筹物流地产行业整体发展的综合性和系统性的产业政策。近年来一些地方政府往往忽视自身实际情况，未做充分调研论证就盲目地大规模开展物流地产项目的开发建设，无序开发往往导致低水平的重复建设，结果必然是适销不对路，供需不匹配，市场不均衡，有些城市物流仓储设施甚至达到了50%以上的空置率。

（三）物流地产市场供求

由于经济全球化的不断深入，我国社会经济的持续增长，电子商务的迅猛崛起，物流业的加速发展，使得我国物流地产市场需求旺盛，尤其是对优质物流仓储设施的市场需求更加强劲。目前全部营业性通用（常温）仓库的建筑面积已达9.1亿平方米，而美国仓储设施的建筑面积在2003年就已达13亿平方米，目前已经超过了20亿平方米的规模。就我国人均仓储面积而言，目前我国人均仓储面积0.7平方米，而美国人均仓储面积已经超过了7平方米。通过中美对比分析表明，无论是物流仓储设施总规模还是人均物流仓储面积水平，我国均存在较大的缺口。近年来，伴随更多投资者进入该领域，物流仓储设施总量得以15%～20%的速度逐年递增，尽管诸如天津、成都等个别地区出现了暂时的物流仓储设施供过于求的现象，但是就全局而言，相对于我国经济整体规模，物流仓储设施总量仍然处于供应不足的状态。

目前我国高品质的国际标准化仓库存量规模较小，且大多集中位于上海、北京、广州、深圳等四个一线城市。而伴随物流仓储设施需求者对物流仓储服务质量要求的日渐提升，具有强烈的需要从低端的物流仓储设施升级至设备更新、功能更全、效率较高的物流仓储设施。同时，一些陈旧的物流仓储设施被转作其他用途后，原有的租户也会随之需要寻求新的现代化仓储设施。因此，我国高品质的国际标准化仓库市场缺口尤其巨大。以物流地产投资建设和运营管理为主业的专业物流地产商是我国高品质的国际标准化仓库的主要供给者。近十几年来，诸如普洛斯、嘉民、安博等国外物流地产商和诸如宇培、易商、宝湾等本土物流地产商就已相继进入优质物流仓储设施的投资建设和运营管理领域，但直到目前，我国高品质物流仓储设施总量仍然处于非常匮乏的状态。

由于存在强劲的市场需求和较大的市场缺口，，北京物流仓储设施的租金水平已持续 21 个季度上涨，上海和广州物流仓储设施的租金水平已持续 22 个季度上涨。上海、北京、广州的优质非保税仓库的租金水平已经达到 1. 08 ~1. 26 元/天/平方米的高位。长三角、珠三角、环渤海地区中心城市的物流仓储设施空置率近年来一直处于较低水平，虽然一些位置较为偏远的新增项目的落成有时会致使一些城市总体空置率短期内上下波动，但总体保持在 5% 左右的较低水平。

同时，需要格外关注的是，那些低水平的简易仓库在我国很多城市大量存在，而且仍然在被大量地重复建设。许多城市，物流仓储设施的空置率高达 50% 以上。经验观察表明，物流仓储设施在 5% 左右的空置率下才能保证 10% 左右的回报。因此，一旦物流仓储设施的空置率达到 15% 左右，经营利润就注定会被较高的空置率挤压殆尽，遑论空置率达到 50% 以上。因此，物流地产商在涉足物流地产投资建设和运营管理时，应该避免盲目开发，必须认清物流地产市场的供求格局，科学合理地确定自身要进入的细分产品市场和细分区域市场。

（四）物流地产区域布局

无论是在国内，还是在国外，实体零售市场的扩张和大型制造业基地的建设仍然是物流仓储设施需求的主要驱动力，而电子商务的崛起已成为拉动物流仓储设施需求增长的新引擎。因此，在物流地产行业的快速发展过程中，并不是所有地区都能够从中获利，只有那些经济发达、工业化程度较高、居民消费增长强劲、地理区位优越的地区才能够从中获得较大利益。显而易见，经济发展的不平衡最终必定导致物流地产在区域布局上的不平衡。物流地产的区域布局在一定程度上都是区域经济发展状况的某种“映射”。

我国物流地产的区域布局与区域经济的发展水平密切相关。长三角、珠三角和环渤海地区拥有的优质物流仓储设施占全国优质物流仓储设施总量的比例分别为 32% 、22% 和 16% 。上海拥有的优质物流仓储设施总量雄踞全国城市之首，但是日渐高企的租金水平开始不断挤压物流地产活动从上海向邻近的昆山、常熟等卫星城市转移。苏州、南京、杭州、宁波、无锡已经成为长三角地区重要的区域性物流中心，昆山和常熟已经成为长三角地区重要的专业物流中心。北京拥有的优质物流仓储设施总量显著低于上海、广州、深圳等其他一线城市。天津近年来始终积极推动物流业发展，大量供应物流仓储用地，新增物流仓储设施集中上市，导致目前出现了供应过剩的市场格局。廊坊和保定等北京和天津的卫星城市由于土地价格相对便宜，物流仓储设施租金水平较为低廉，承接了大量从北京和天津转移出来的物流活动。青岛和大连也是环渤海地区重要的区域性物流中心。广州和深圳是占据着区域物流业和物流地产行业的主导地位，大多数非保税仓库已经完全满租，租赁需求逐渐向周边东莞、佛山和惠州等城市流出。

近年来，伴随制造业向中西部的转移，以及全国交通网络的建设完善，物流地产的区域布局呈现出从沿海地区向中西部等其他地区逐步拓展的趋势。到了 2015 年，情况发生了很大的改变，前者的占比跌破 70% ，物流地产区域布局的版图正在悄悄改变。成都、重庆、沈阳、武汉已经成为中西部等其他地区的区域物流中心，西安、郑州、长沙、合肥正逐步发展成为这些区域的次级物流中心。

（五）物流地产企业竞争

近年来，伴随全国住宅市场供求关系的转变，销售速度的放缓，房地产开发企业纷纷谋求转型，追求持续发展，物流地产成为众多房地产开发企业关注的对象，此外，由于普遍看好物流地产的发展前景，金融机构、物流企业、电子商务企业也纷纷跨界进入物流地产领域。万科、平安不动产、中粮集团、中储集团、和记黄埔、宝供物流、阿里巴巴、京东、腾讯、国药控股、复星集团、中银投资、中国人寿、卓越网、当当网等企业纷纷加大了物流地产投资，物流地产领域呈现出百舸争流的局面。由于物流地产投资规模大、专业要求高、地域性强、回报周期长、市场竞争激烈，因此，企业在进入物流地产领域时，必须做好长期规划和整体考虑，扬长避短，发挥核心竞争优势，才能实现自身持续健康发展。

以国际物流地产巨头普洛斯为例来说，其始终致力于在全球范围内投资建设和运营管理优质物流仓储设施，并形成一个全球化的物流配送网络。这个能够提供强大物流配送服务的网络系统涵盖了物流仓储设施投资建设和运营管理的整个流程，包括投资定位、规划设计、开发管理、工程管理、经营管理等全过程，帮助客户实现货物在全球范围内的自由流转。普洛斯已经在中国35个主要城市投资、建设、管理着193个物业地产项目，在优质物流仓储设施市场上形成了半垄断竞争格局，普洛斯的市场占有率几乎达到嘉民、宝湾、安博、丰树、宇培等五家公司市场占有率总和的两倍，这对于市场的新进入者来说是个巨大的挑战。

国内物流地产商与国外物流地产商相比存在明显的差距，普遍既缺少强大的客户资源网络支持，又缺乏充沛的资金储备，且管理水平不高，导致绝大多数国内物流地产商发展不足，个体规模小，总体抗风险能力偏差。大部分物流仓储设施是由我国的制造企业、流通企业和第三方物流企业自建、自营、自用，服务于自己的物流业务。这种物流地产发展模式有利于实现纵向业务一体化，可能还会成为其业务多元化发展的一个努力方向。但是，对于绝大多数企业而言，这种模式已经不适应生产社会化、分工精细化的发展方向，且对其主营业务的发展来说蕴含着巨大的风险和隐患。

近年来，物流地产领域涌现出了诸如宇培、易商、宝湾、平安不动产等大量以物流地产投资建设和运营管理为主营业务的新进入者，这些致力于成为专业物流地产商的新进入者将会成为我国物流地产商队伍中另一支重要力量。

我国本土物流地产商在与国外专业物流地产商的竞争过程中，必须重视物流仓储设施规模扩张和客户资源网络建设。就规模而言，我国本土物流地产商整体实力仍然较弱，规模过小、专业化程度不高，尚未形成规模效应和协同效应，普遍难与外国专业物流地产商抗衡。物流地产商的持续发展依赖物流地产的规模效应和协同效应，只有当物流地产达到一定的规模并加强协同管理时才能明显降低成本，提高效率。就网络建设而言，我国本土物流地产商存在后发劣势，在客户积累上较为薄弱，在物流地产项目前期招商过程中无疑会遇到一定的障碍。因此，我国本土物流地产商必须引进先进的管理模式，开拓新的商业模式，以自身已有的某方面优势或未来可以获取的优势为纽带进行延伸，打造自身特色，为客户提供更加有效的增值服务，这样才能提高自身竞争力，避免陷入同质化的激烈竞争。

（六）物流地产产品服务

物流地产行业的发展和物流地产商之间的竞争最终都必然会落实到物流地产的产品和服务层面。产品和服务的提升是企业竞争的砝码，是行业发展的根本动力，物流地产也不例外。有形的物流仓储设施（产品）主要包括堆场、简易仓库、普通平房库、普通楼房库、高层货架仓库、立体仓库等。在我国现存物流仓储设施总量中，简易仓库和普通平房库占据绝对主导地位。现在更多的物流地产商开始加入到优质物流仓储设施的开发建设之中，近年来优质物流仓储设施的总量以超过17%的增速逐年递增。由于物流仓储用地价格上扬，土地供应相对紧缺，物流地产商开始加大普通楼房库、高层货架仓库和立体仓库的开发建设，目的在于提高土地利用效率，增加有效仓储面积。

根据中国仓储协会调研数据，我国营业性通用（常温）仓库面积达9.1亿平方米，其中，立体仓库面积达2.28万平方米，约占营业性通用（常温）仓库总面积的25%。同时，近年来我国物流仓储设施的机械化、信息化、智能化水平有了较大提高，88.5%的物流地产商已经基本实现了对于物流仓储设施的信息化管理。从全国整体来看，物流仓储设施的机械化作业率已经达到40%左右，发达地区的物流仓储设施能够实现80%的机械化作业。不仅如此，低温物流仓储设施、危险品物流仓储设施、医药物流仓储设施等专业物流仓储设施近年来都得到了快速发展，例如，我国冷库总容量已达9562万立方米，静态存储能力约2425万吨。此外，定制化物流仓储设施越来越受到物流地产商和大型制造企业、流通企业和第三方物流企业的青睐，作为标准化物流仓储设施的有益补充，近年来也得到了大量实践机会。

委托管理模式的出现标志着物流仓储设施经营管理（服务）可以脱离物流仓储设施投资建设，甚至物流仓储设施的产权或物流地产商的股权而作为一个独立的商品存在，并进行经营运作，获取经营利润。无形的物流仓储设施经营管理（服务）起码包含三个方面的细分服务价值。其一是物流仓储设施经营管理公司或物流仓储设施经营管理服务的品牌。物流仓储设施经营管理公司可以通过品牌输出的方式，从品牌输入方那里获取品牌使用费。其二是物流仓储设施的经营管理技术，即由物流仓储设施经营管理公司开发、完善成型、用于物流仓储设施经营管理的具有统一性的、独立的经营管理方法、手段和工具。物流仓储设施经营管理公司可以通过管理输出的方式，从管理输入方那里获取基本管理费和奖励性管理费。其三是工程技术和经营管理咨询，物流仓储设施经营管理公司凭借其在物流仓储设施投资建设和运营管理方面积累的丰富经验和成熟模式，可以为客户提供物流仓储设施投资决策、产品定位、规划设计、开发管理、工程管理、经营管理、资产管理等方面的咨询顾问服务，并获得咨询顾问费用。

（七）物流地产土地市场

物流地产作为房地产尤其是工业地产的一个重要组成部分，与土地市场的发展密切相关。土地供应的数量和价格决定着新增物流地产的供应数量，影响着物流地产商的开发建设成本。一般而言，可以用来开发建设物流地产项目的城市建设用地性质主要包括物流仓储用地、工业用地和商业服务业设施用地。其中，物流仓储用地和工业用地占据主体地位，在许多城市，并没有把物流仓储用地从工业用地中单独分离出来，而是统统归入工业用地的用地性质中予以出让，也统统归入工业用地的科目下予以统计。近年来，我国工业用地价格整体呈现上涨趋势，即使是在2014年我国土地市场价格总体出现下降的情况下，一、二线城市工业用地价格仍然明显上涨，显示出未来工业用地成本上升的发展趋势。

目前，我国主要城市工业用地的成交价格接近750元/平方米，折合约50万元/亩。长三角、珠三角和环渤海地区每平方米工业用地的成交价格分别为928元、1060元和721元，折合每亩工业用地的成交价格分别为62万元、71万元和48万元。就我国一、二、三、四线城市而言，北京、上海、广州和深圳4个一线城市每年成交的工业用地总面积大致在2万亩到3万亩，平均地面成交价格已经超过了1000元/平方米，平均楼面成交价格已经超过了650元/平方米，工业用地的成交价格已经接近70万元/亩，平均溢价率约为3%左右。天津、沈阳、大连等17个二线城市每年成交的工业用地总面积大致在25万亩到30万亩，平均地面成交价格已经超过了400元/平方米，平均楼面成交价格已经超过了300元/平方米，工业用地的成交价格已经超过了25万元/亩，平均溢价率约为1%左右。哈尔滨、石家庄、太原等21个三、四线城市每年成交的工业用地总面积大致在10万亩到20万亩，平均地面成交价格超过了400元/平方米，平均楼面成交价格超过了300元/平方米，工业用地的成交价格已经超过了20万元/亩，平均溢价率约为1%左右。

近年来，国家和地方政府逐渐收紧工业用地开发利用政策，工业用地价格提高的政策态度明朗，加强工业用地节约集约利用的文件纷纷出台。可以预见，工业用地价格的上涨是必然趋势。以北京为例，2012年到2015年工业用地的成交数量分别为1.6万亩、1.4万亩、0.7万亩、0.18万亩。工业用地成交数量逐年减少，在国有建设用地总成交面积中的占比由19%下降到5.2%，供应减少的同时，价格不断上涨。在这种情况下，物流地产商普遍感到用地压力有所加大，用地难、用地贵。根据中国物流与采购联合会新近发布的一份典型抽样调查报告，对于物流仓储用地情况，45%的企业认为变化不大，35%的企业认为较为困难，11%的企业认为非常困难，8%的企业认为有所好转，显示物流用地压力依然较大。企业普遍反映，一些地方将工业仓储用地土地使用年限缩短到20年，加速物业折旧，经营成本大增，投资回收压力加大，导致企业投资趋于谨慎，影响建筑的可靠性和耐久性，不利于可持续发展。毋庸置疑，在我国所有高增长潜力城市，伴随物流仓储设施需求的增长，物流仓储用地必定会越来越稀缺，土地价格和租金自然会水涨船高，这一方面会增加物流地产商的成本压力，另一方面也会倒逼整个物流地产行业由过去的粗放发展向集约发展演进。

（八）物流地产金融创新

近年来，我国房地产金融已经进入了多通道竞争的新时代，除了银行贷款、房地产私募投资基金之外，各类资产管理平台也相继登上了房地产金融的舞台。无论对于个人、家庭等私人主体，还是对于专业投资机构和基金等公共机构，房地产都已成为私人和机构财富管理的重要资产类别。各类型房地产的投资属性和投资价值已被广泛认识，并形成了统一的市场环境。房地产已经成为了我国公、私投资人资产构成中比重最高的类别之一。然而，物流地产与住宅、商业物业、写字楼、酒店等物业类型存在较大的区别，物流地产具有投资金额大、专业要求高、地域性强、变现能力差、回收周期长等一系列特征。物流地产项目只能通过物流仓储设施的经营来获取租金等经营性收入，资金的回收期非常漫长，一般需要10年以上。这样一个缓慢的资金回笼速度和模式与银行贷款、房地私募投资基金、信托等融资渠道的还款期限要求难以匹配。因此，对于物流地产这样一类特殊的不动产类型来说，如果没有一种长期的且成本较低的金融产品作为银行贷款、房地产私募投资基金、信托等金融产品成熟的退出渠道的话，就不可能真正激活物流地产金融市场，各种融资渠道、各式金融产品和各类资产管理平台就不可能强有力地支撑起物流地产快速发展过程中所需要的资金支持。

在国外发达国家，工业地产的投资规模占据了整个房地产投资总规模的半壁江山。在国外房地产信托投资基金（REITs）的产品总规模之中，几乎一半的规模投向了工业地产，尤其是投向了物流地产。诸如普洛斯、嘉民、腾飞、丰树、安博等全球知名物流地产商无不依赖房地产信托投资基金（REITs）的支持，实现了自身业务的快速扩张。就本质而言，物流地产最核心的部分就是收租性物业，因此是发行房地产信托投资基金（REITs）最合适的基础资产之一。而房地产信托投资基金（REITs）不仅为物流地产的发展提供了长期资金的支持，同时也为银行贷款、房地产私募投资基金、信托等其他资金提供了成熟的退出渠道。因此，房地产信托投资基金（REITs）在整个物流地产金融市场中发挥着至关重要的作用。可以说，如果没有房地产信托投资基金（REITs），就不可能有“双基金模式与资产循环实现轻资产运营模式”，也就不可能有普洛斯、嘉民、安博等全球知名物流地产商在物流地产领域的大规模实践。

我国房地产金融市场发展相对滞后，房地产信托投资基金（REITs）仅仅开始在写字楼等商业物业领域有所探索和试水，至今在物流地产领域尚无任何实践。中国物流与采购联合会抽样调查发现，物流地产商70%的融资通过银行贷款，30%融资通过民间借贷、企业债券、上市融资、基金和风险投资等方面。由于物流地产具有资金需求量大、流动性差、回报周期长等特征，因此在融资方面，信托、房地产私募投资基金、银行贷款等融资渠道因为成本过高、期限过短等不利因素，很难支撑物流地产商的融资需求。物流地产的发展离不开金融市场的支持，物流地产金融市场的发展需要一系列金融创新来推动。其中，房地产信托投资基金（REITs）的开闸放行就会是激活整个物流地产金融市场的关键力量。目前，物流仓储设施的平均投资回报率高达6.7%，远远高于商业地产4.5%的平均投资回报率水平和高档住宅3.0%的平均投资回报率水平，是发行房地产信托投资基金（REITs）最合适的基础资产之一。在我国金融变革的大背景下，作为房地产的一个重要分支，物流地产在这样一个金融变革的新时代必然会受到金融变革的全方位影响，物流地产业的金融化进程及相关金融创新必然会迎来一轮新的蓬勃发展。

（罗卡角中国物流地产研究院）

六、海外投资

（一）中国海外投资的起步与腾飞

相对发达国家对外投资和中国吸收外商投资而言，中国对外投资起步要晚，但随着中国经济的发展和企业国际竞争力的增强，相继“走出去”的中资企业数量和对外投资规模迅速增加，而对外投资也逐渐成为中国经济发展新的支撑力量。在2002年以前，中国对外直接投资规模发展缓慢，自2002年起则进入高速增长阶段。在2002年，中国对外直接投资流量为27亿美元，2014年增加至1231.2亿美元，年均增长速度高达37.5%。在中国对外直接投资流量快速增长时期，中国对外直接投资存量规模不断扩大，2014年末，中国对外直接投资存量8826.4亿美元，而在2003年末“中国对外直接投资存量”这一数值仅为332亿美元。若以联合国贸发会议（UNCTAD）每年度发布的世界投资报告显示的数字为基准来计算，2014年中国对外直接投资流量连续三年位列按全球国家（地区）排名的第3位，占2014年全球对外直接投资流量的9.1%，较上年提升1.5个百分点，较2003年大幅提升8.65个百分点；存量占全球比重则由2003年的0.48%提升至3.4%，位居第8位，排名较上年前行3位，首次步入全球前10行列（见图7-22）。

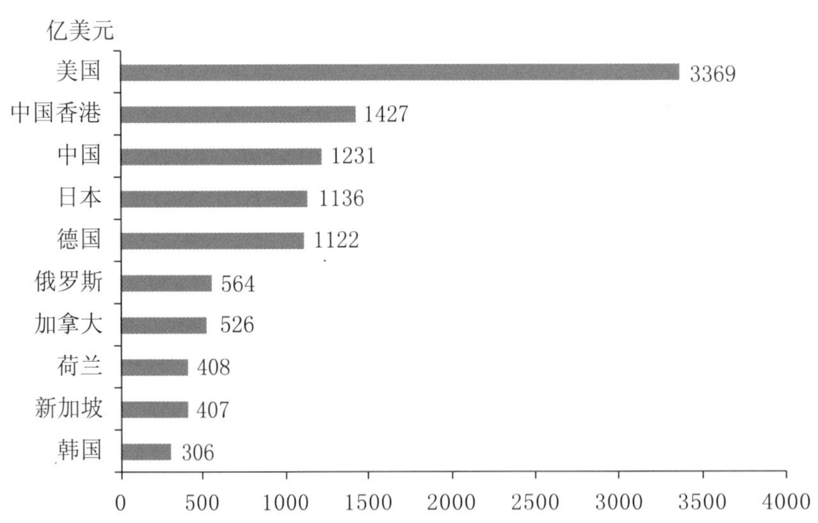

图7-22　2014年中国与全球主要国家（地区）流量对比

在上述发展时期，中国对外直接投资的步伐要显著快于中国吸引外资的增长速度：在2002年，中国实际使用外资数量达550.11亿美元，接近当年中国对外直接投资流量的20.4倍，但在2014年，中国对外直接投资流量仅比中国当年实际使用的外资数量少53.8亿美元，双向投资首次接近平衡。

2014年中国全年对外直接投资金额为1231.2亿美元，同比增长14.2%，其中，金融类159.2亿美元。

2014 年中国全年实际使用外资金额为 1285.0 亿美元，同比增长 3.7%（见图 7－23），其中，金融类 89.4 亿美元（见图 7－24）。从 2016 年 1 月中国商务部公布的数据快讯看，2015 年中国非金融类实际使用外资金额为 1262.7 亿美元，同比增长 5.5%，非金融类对外直接投资金额为 1180.2 亿美元，同比增长 14.7%（见图 7－25）。考虑到二者的增速差异、金融类双向投资的数量差异以及非金融类对外直接投资金额的向上修正，2015 年中国对外直接投资总额（现有统计口径）有望会首次超过吸引外商投资的数量，意味着中国已经成为资本净输出国，是中国从经贸大国迈向经贸强国的重要标志。

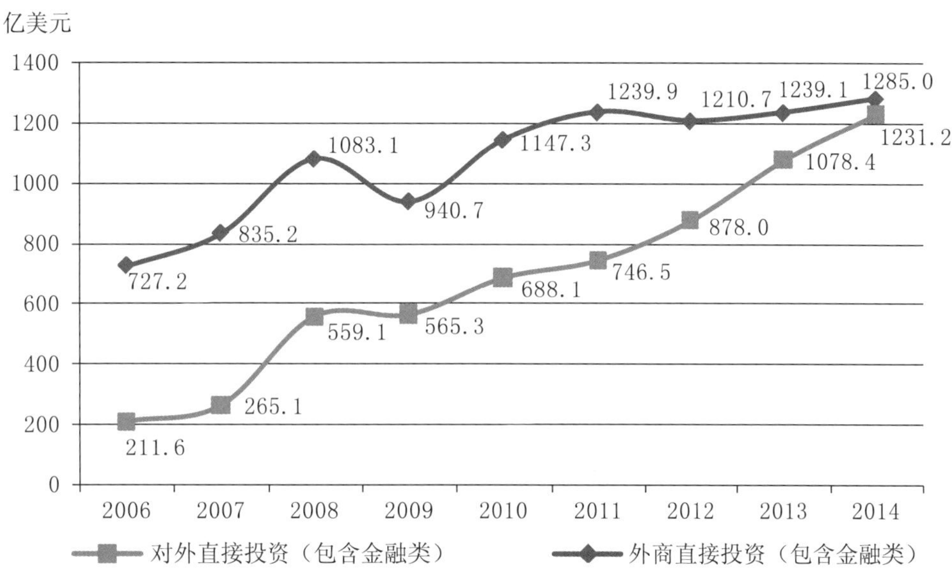

图 7－23　2006—2014 年对外直接投资与外商直接投资情况

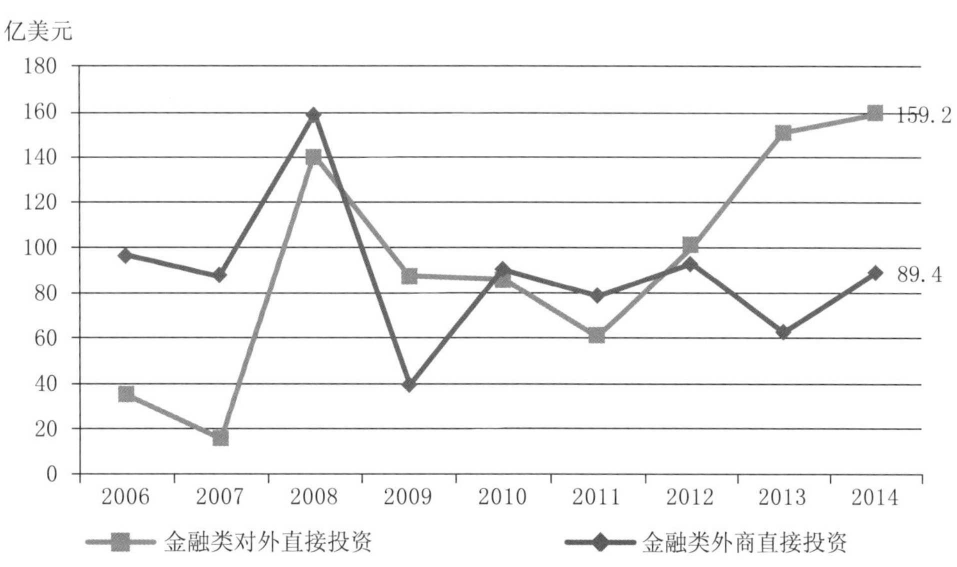

图 7－24　2006—2014 年金融类对外直接投资与外商直接投资情况

图 7－25　2006—2015 年非金融类对外直接投资与外商直接投资情况

注：外商直接投资（包含金融类）数据来自 CEIC，金融类数据通过计算获得，其他数据来自中国商务部数据中心。

在中国对外直接投资高速增长的同时，中国对外直接投资的行业分布也发生了一定的变化，其中第三产业越来越受到青睐。2014 年，中国对外直接投资流向第一产业 15.9 亿美元，同比增长 26.2%，占当年流量的 1.3%；第二产业 311.1 亿美元，同比下降 14.4%，占 25.3%，其中流向采矿业（不包括开采辅助活动）的投资 165.5 亿美元，同比下降 33.3%，流向建筑业的投资 34 亿美元，同比下降 22%；第三产业（即服务业）904.2 亿美元，同比增长 28.7%，占 73.4%。具体从第三产业的行业构成情况看：流向租赁和商务服务业（以投资控股为主要目的）368.3 亿美元，占当年流量总额 29.9%，同比增长 36.1%；批发和零售业 182.9 亿美元，占 14.9%，同比增长 24.8%；金融业 159.2 亿美元，占 12.9%，同比增长 5.4%；房地产业 66 亿美元，占 5.4%，同比增长 67.1%；交通运输、仓储和邮政业 41.8 亿美元，占 3.4%，同比增长 26.3%；信息传输、软件和信息技术服务业 31.7 亿美元，占 2.6%，同比增长 126.4%（见图 7－26）。

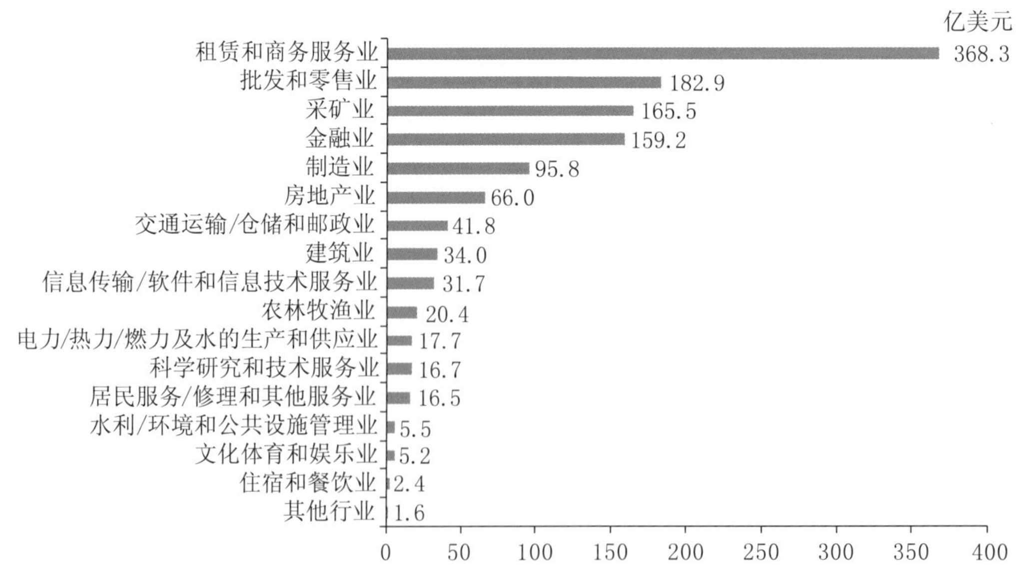

图 7－26　2014 年中国对外直接投资流量行业分布

数据来源：2014 年度中国对外直接投资统计公报

（二）中国海外房地产投资的现状与概况

1. 中国海外房地产投资数量与规模

在中国对外投资的行业分布中，中国房地产业对外投资增长速度十分迅速，相关的投资案例也受到市场特别关注，诸如绿地集团投资开发纽约太平洋公园项目、安邦保险收购华尔道夫酒店之类的案例引发市场聚焦，可以说中国企业近年对外投资急剧增长的一部分原因来自海外房地产的投资。中国对外直接投资统计公报显示，中国房地产业对外直接投资流量（或净额）在2013年和2014年分别为3952.51百万美元和6604.5百万美元，年同比增长分别达到95.9%和67.1%（见图7-27）。而从Heritage和AEI提供的China Global Investment Tracker汇总案例看，中国海外房地产投资规模在1亿美元以上的案例数目由2012年的8个激增至2013年的27个，且2014年和2015年继续在高位保持增长（见图7-28）。随着中国海外房地产投资数量激增，中国在全球房地产跨境市场中的地位逐渐重要起来，中国在全球房地产跨境资本来源国家或地区中的排名在2014年超过新加坡，上升到第五位，位列美国、加拿大、德国和中东之后。

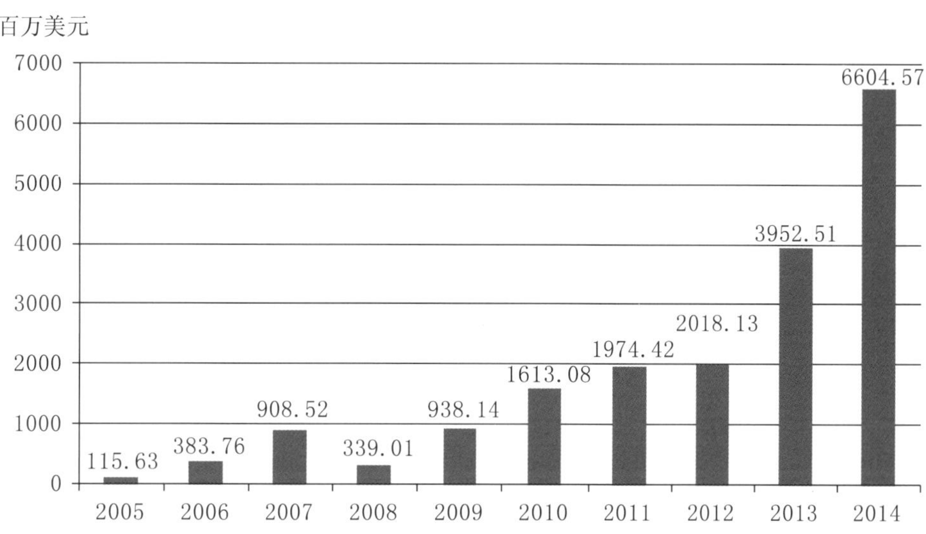

图7-27 中国房地产业对外直接投资净额

数据来源：中国国家统计局、中国商务部。

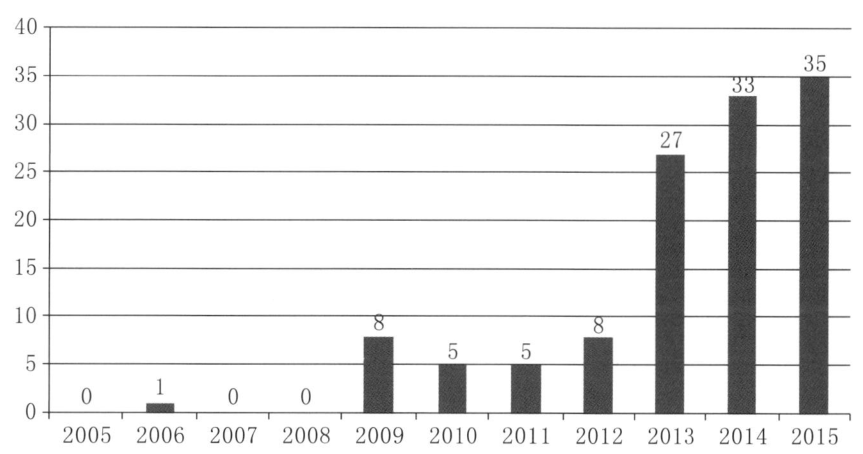

图7-28 中国海外房地产业投资规模在1亿美元以上的投资案例数

数据来源：China Global Investment Tracker.

从地域分布上看，除开中国香港地区，中国内地房地产业对美国、欧盟和澳大利亚的直接投资净额的比重在近期比较高（见表7－13），三者比重在2014年依次为24.94%、15.10%和5.36%。其中，美国占比在2013年和2014年大幅上升，在2012年，美国占比仅1%左右，而在2013年大幅上升至22.81%，在2014年继续上升至24.94%；欧盟占比则在2014年大幅上升至15.10%。总体而言，香港房地产市场对中国内地投资者吸引力在下降，而美国和欧盟房地产市场对中国内地投资者吸引力在近两年迅速攀升，澳大利亚的吸引力则依旧维持在原有较高水平。如果从投资案例看，在China Global Investment Tracker汇总的2015年中国海外房地产投资的35起案例中，投资美国的有11起，投资欧盟的有9起，（英国4起、法国3起、比利时1起、意大利1起），投资澳大利亚的有6起，投资亚洲的有6起（马来西亚2起、韩国2起、日本2起），投资加拿大2起，投资拉美国家1起，结论同样是美国、欧盟、澳大利亚这些国家或地区的吸引力最大。具体到城市而言，往往又是这些国家或地区的核心城市，如纽约、旧金山、伦敦、悉尼、东京、多伦多等（见表7－14）。

归纳而言，我国对外房地产投资之所以快速增长的原因有国内因素和国外因素。从国内因素看，我国经济增速放缓，投资机会和投资回报率下降，尤其是房地产行业出现阶段性调整，高速增长的时代业已结束。而且，我国政府积极推动企业“走出去”的相关政策（如商务部取消了针对对外投资的审批程序，中国保险监督管理委员会允许国内保险公司15%的保险资金投资海外市场）也推动了我国企业积极布局海外房地产市场。从国外因素来看，危机过后若干年，海外一些房地产市场正处于稳步复苏的阶段，这些海外房地产市场（如美国、英国）发展相对成熟，历史投资回报率稳定，加上现阶段海外融资成本相对较低，因而吸引着中国企业前往投资。此外，自2005年以来，人民币兑美元和欧元等货币的汇率大幅升值，极大提高了中国投资者的购买力。同时，2014年美国经济回暖，美元表现出较强的升值态势，美元资产需求上升，大量资本回流美国。

表7－13　中国房地产业对外直接投资净额的国别或地区占比（%）

	中国香港	美国	欧盟	澳大利亚	东南亚	俄罗斯
2010	81.48	2.27	0.82	5.77	2.92	0.07
2011	79.12	1.21	1.11	9.76	1.35	3.86
2012	78.43	0.92	6.42	4.78	2.21	0.09
2013	57.98	22.81	1.51	9.35	1.30	0.09
2014	44.70	24.94	15.10	5.36	3.66	0.16

数据来源：CEIC、中国商务部

表7－14　2015年中国海外房地产投资规模在1亿美元以上的投资案例

投资方	物业类型	投资金额（亿美元）	投资地
泛海控股	开发项目（拟建公寓、办公楼、酒店、商铺等）	3亿美	旧金山
复星集团	成熟物业—度假村	11.3	法国
绿地集团	开发项目（拟建公寓、办公楼、商铺、酒店等）	6.6	马来西亚
绿地集团	开发项目（拟建酒店、公寓、住宅、办公、商业、会议中心等）	32.2	首尔
泰康人寿	成熟物业—办公楼	3.0	伦敦

续表

投资方	物业类型	投资金额（亿美元）	投资地
万达	开发项目（拟重建为住宅、公寓、酒店、零售等）	7.9	悉尼等
中国平安	成熟物业—办公楼	4.8	伦　敦
安邦集团	成熟物业—办公楼	4	纽　约
阳光保险	成熟物业—酒店	2.3	纽　约
中国投资有限责任公司	成熟物业—综合体（零售、写字楼、酒店）	11.9	东　京
中国信达	开发项目（拟建豪华公寓）	1.4	纽　约
复星集团	开发项目（拟建公寓等）	4.9	悉　尼
万　科	成熟物业—办公楼	1.3	纽　约
中国人寿 中国平安	开发项目（拟建办公楼、公寓）	3.3	波士顿
绿地集团	开发项目（拟建公寓）	3.2	多伦多
山东 Bright Ruby	成熟物业—酒店	3.4	悉　尼
上海升龙	开发项目（拟建豪华公寓等）	1.4	悉　尼
锦江国际	成熟物业—酒店	4.3	法　国
绿地集团	开发项目（拟建公寓、零售、公园等）	1.3	悉　尼
中国建筑	开发项目（拟建住宅）	1.8	美　国
Hong Han	开发项目（拟建度假村）	1.1	济州岛
复星集团	成熟物业—办公楼	3.8	米　兰
中国太平	开发项目—公寓	2.3	纽　约
中国投资有限责任公司	成熟物业—办公楼	17.9	悉尼等
中国投资有限责任公司	成熟物业—商业零售	2.9	比利时
中国投资有限责任公司	成熟物业—商业零售	11.5	法　国
泛海控股	开发项目（拟建住宅或商务楼）	3.9	纽　约
中国建筑	开发项目（拟建旅游度假村）	2.5	巴哈马
中信集团	开发项目（拟建办公楼）	6.7	伦　敦
上海豫园旅游商城	成熟物业—度假村	1.5	日　本
中国人寿	成熟物业—物流地产	10.1	美国杨克斯
中信集团	开发项目（拟建混合用途社区，包括住宅、娱乐设施及创业园）	7.5	加拿大
泛海控股	开发项目（拟建公寓、酒店）	1.9	夏威夷
王健林	成熟物业—别墅	1.2	伦　敦
中国中铁	开发项目（拟建住宅、商铺）	7	吉隆坡

数据来源：根据 China Global Investment Tracker（CGIT）和相关公开信息整理

2. 中国海外房地产投资的物业类型

海外房地产投资的物业类型大致可分为两大类：一类是买地开发（包括重建），开发项目涉及住宅（公寓）、办公楼、酒店、度假村、城市综合体等的建造；另一类是购买成熟物业，这些成熟物业包括办公楼、酒店、商业零售、物流地产、养老地产等形态。在 China Global Investment Tracker 汇总的 2015 年中国海外房地产投资金额在 1 亿美元以上的 35 起案例中，有 19 起是买地开发，16 起是购买成熟物业，涉及的直接投资金额分别为 99.9 亿美元和 95.2 亿美元，买地开发和购买成熟物业基本各占一半（见图 7－29）。

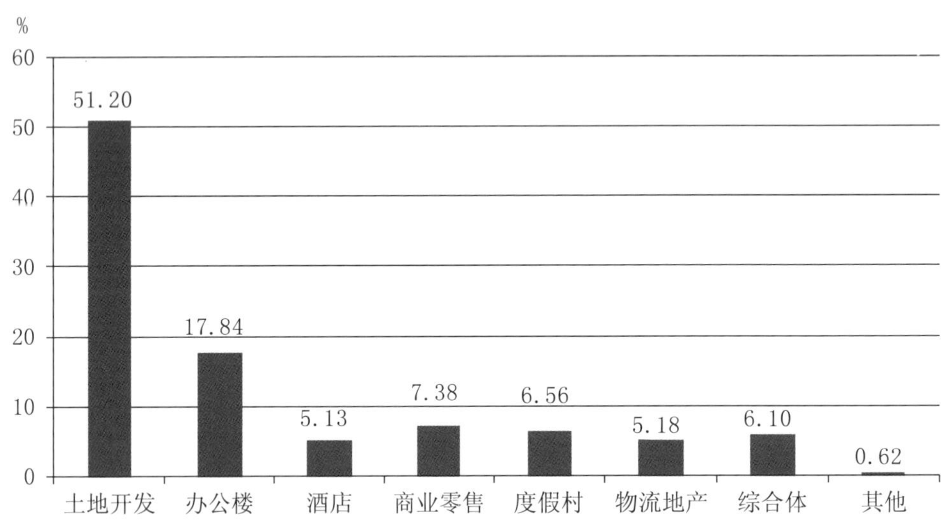

图 7－29　2015 年各种物业形态占总投资额的比度

数据来源：根据 China Global Investment Tracker（CGIT）和相关公开信息整理。

具体而言，在购买成熟物业中，购买办公楼的案例数和投资额比重最高，涉及的直接投资金额为 34.8 亿美元，占成熟物业投资总额的 36.6%。酒店、度假村、商业零售、物流地产、综合体（该综合体由办公楼、酒店和商业零售组成）各自占成熟物业投资总额的比重依次为 10.5%、15.1%、13.5%、10.6%、12.5%。如果将酒店和度假村放在一起，成熟物业中涉及到旅游的物业投资额占比为 25.6%，仅次于办公楼。在开发项目中，拟建多用途的地产项目占据多数，而在单一功能的地产项目中，又以住宅或公寓开发项目居多。总的来说，中国企业海外房地产投资物业类型以全球各主要城市的办公楼和多用途地产项目居多，并逐渐在旅游目的地投资酒店和相关旅游设施上发展。

3. 中国海外房地产投资的参与企业类型

目前在海外房地产市场上比较活跃的中资企业从企业性质上可大致划分为房地产开发商、保险公司、投资公司三大类型，比如房地产交易中介咨询公司 Knight Frank 最新统计数据显示，在西方购置一线房地产项目最大的 20 个中国买家中，14 家是房地产开发商，6 家为保险机构和主权财富基金。从投资物业类型看，房地产开发商以买地开发为主，而保险公司和投资公司则以选择购买成熟物业居多。从地域上看，国内房地产开发商在海外的足迹集中在北美、澳洲、欧洲和亚洲四大洲的热门城市，其中开发项目在具体的投资地区选择上，尤其是在进入新的市场时，国内房企倾向于优先选择中国投资者、移民群体、中国游客、留学生等华侨聚集的地区。

（1）房地产开发商

目前已经参与海外地产投资的国内房地产开发商有绿地、万达、万科、碧桂园、雅居乐地产等多家企业，同时也还有一部分开发商表示出对海外投资的兴趣。大致来讲，国内房地产开发商纷纷将目光投向海外，其主要动机有难得的高投资回报机会和企业国际化发展的需要。其一，海外欧美等国房地产市场企稳复苏，国内房地产市场进入调整阶段，加之国内部分人群尤其是高净值人群因环境、教育等因素对境外房产的购置需求增加，以及欧美等国房地产市场发展成熟，政策风险相对较低，结果是海外地产尤其是欧美市场具有良好的投资价值，此阶段进入海外市场预期可获得满意的回报。其二，从战略布局的角度看，国内部分房企尤其是大型房企的全国化布局基本完成，为了获得企业的进一步发展，会考虑企业业务的国际化，逐步实现海外与国内业务的衔接。基于上述动机，越来越多的房企加入海外投资的队伍，除了绿地、万达、万科等大型龙头房企持续活跃于海外地产市场外，一些中小型房企（如金地、拓宏、新华联等）也开始“试水”海外地产项目的开发。

在投资方式上，中国房企首次进入海外房地产市场时通常会采取与当地开发商合作的方式（表7-15），这样既能更好地适应当地环境，方便项目的展开，又能在获得良好投资回报的同时通过合作的方式向国外先进开发商学习开发、管理等方面的经验。此外，部分企业，如保利地产首次涉足海外的项目金额偏小，显示出这些房地产企业在初入海外市场时持有谨慎态度。随着经验的累计，并考虑到企业规模以及投资动机侧重方面的差异，进入海外市场的国内房企的投资行为表现出一定的差异。抱有“试水”目的、或更加注重投资回报、或规模较小的房企往往采取参股开发项目、与当地开发商合作的方式进入海外市场，在合作中也并不一定要求对投资标的拥有绝对控股权。而强调全球化战略、企业规模大、海外经验丰富的房企会更加关注海外业务的扩展以及品牌形象的树立，在投资行为上倾向于采取独立竞购和独立开发的行为，在投资项目的选择上倾向于开发超高层、大规模的地标性建筑和在全球多处同时布局。

（2）保险公司

相比房地产企业，保险公司在海外房地产投资方面通常更加注重追求高回报和全球范围内更优的资产配置，目前以购买成熟物业居多。2012年10月，中国保监会发布《保险资金境外投资管理暂行办法实施细则》，其中规定保险资金境外投资可选择部分国家或者地区的金融市场，其中直接投资的不动产，限于包括澳大利亚、英国、美国等在内的发达市场主要城市的核心地段，且具有稳定收益的成熟商业和办公不动产。在监管层对险资投资渠道的拓宽的背景下，中国险资开始大胆“试水”海外房地产市场。2013年7月，中国平安以2.6亿英镑收购伦敦劳合社大楼，开启中国保险业直接投资海外不动产的首例。随后，国内多家保险公司也开始涉足海外房地产市场：2014年6月，中国人寿联合一家主权财富基金的子公司卡塔尔控股，共斥资7.95亿英镑收购了伦敦金丝雀码头10Upper Bank Street大楼90%的股权，其中中国人寿占70%；2014年10月，安邦保险以19.5亿美元收购纽约华尔道夫酒店大楼；2014年11月，阳光保险集团宣布以4.63亿澳元收购澳大利亚悉尼喜来登公园酒店，并与酒店管理方美国喜达屋酒店及度假酒店国际集团结成长期战略合作关系；等等。过去两年，中国保险公司大手笔积极进入海外房地产市场，推动了中国海外房地产投资总量的激增，成为了海外房地产市场上一支不可忽视的投资力量，并逐渐影响甚至主导海外部分市场的定价。

从物业类型看，保险机构由直接购买办公楼和酒店向养老地产、物流地产以及开发项目拓展。核心地段的办公楼和酒店这类商业地产具有收入流稳定的特点，投资风险小，通常可以作为一种“试探性”投资，可以用来了解当地的税收体系、法律政策以及当地市场环境，因而宜作为保险公司前期投资海外地产的主要物业类型。随着进入海外房地产市场经验的累计以及资产配置进一步优化的需要，保险公司开始逐渐投资其他地产形式：2015年6月合众人寿与房地产信托资金 Summit Health REIR 在美国成立合资公司，收购美国南科罗拉多州、俄勒冈州和弗吉尼亚州的六大养老社区，为中国保险业进入海外养老产业第一例；2015年10月和11月，中国平安和中国人寿相继进入美国物流地产市场，充分利用物流地产与宏观经济的生产、消费、贸易等各方面联系紧密、且具有显著抵御通胀的投资价值的特点，积极谋求更多海外房地产投资机会。除了购买成熟物业，国内险资也开始涉足海外地产开发项目：中国人寿和中国平安于2015 年4 月携手铁狮门共同投资波士顿4 号码头地产开发项目，中国太平则于同年6 月联合当地开发商投资纽约翠贝卡 111 项目地产开发项目。

从投资模式看，中国险资进入海外房地产市场的模式也开始多元化，从直接购买逐渐向设立投资基金、成立合资公司等方式拓展。在进入海外地产的前期，中国险资采取的是直接购买投资的方式，如中国平安、安邦保险、泰康人寿等机构出资直接购买海外办公楼或酒店物业。随后，设立投资基金、成立合资公司的方式相继被采用。中国太平投资的翠贝卡 111 项目，是联合国内私募基金等机构设立海外股权投资基金，以基金形式与当地房地产开发机构开展本土化合作，以投资控股项目公司、全程参与项目开发的方式，结合当地机构的项目贷款，进行保险资金的全球资产配置，这种方式可以有效避免险资在项目开发上的短板，通过资本运作方式追逐项目开发的收益以及分散海外地产配置的风险。在进入美国物流地产市场的过程中，中国人寿同样是采取设立投资基金的方式。中国人寿联合多家国际知名的主权基金及养老金，与全球领先物流地产商普洛斯（GLP）设立一只名为 GLP US Income Partners II 的基金，共同投资收购美国优质核心型物流资产包 IIT，并由普洛斯将作为资产管理人。合众人寿进入美国养老产业则是通过与注于养老地产的美国房地产信托资金 Summit Health REIR 在美国成立合资公司的方式进行养老社区的收购，收购资产交由当地机构运营管理，这有利于实现国内寿险资金与养老产业相匹配的同时学习国外养老产业的先进管理经验。与合众人寿类似，中国平安进入美国物流地产市场也是采用合资企业的方式。中国平安与美国 Blumberg Investment Partners 成立地产合资平台，投资于包括物流地产在内的美国长期、优质租赁资产，而其中 SunCap 地产集团为该地产合资平台的合作开发商。

表 7－15　　2015 年中国保险公司海外房地产投资重要事件汇总

时　间	投资方	联合投资方	投资标的	投资地	投资金额
2015 年 1 月	中国平安		Tower Place 大厦	伦　敦	4.19 亿欧元
2015 年 1 月	泰康人寿	基汇资本	Milton Gate 办公楼	伦　敦	1.98 亿英镑
2015 年 2 月	安邦保险		第五大道 717 号办公楼	纽　约	4.14 亿美元
2015 年 2 月	阳光保险		曼哈顿 Baccarat Hotel	纽　约	2.3 亿美元
2015 年 4 月	中国人寿 中国平安	铁狮门	各自拥有波士顿 4 号码头地产项目三分之一权益	波士顿	3.3 亿美元
2015 年 6 月	合众人寿	Summit Healthcare REIT	成立合资公司收购美国南科罗拉多州、俄勒冈州和弗吉尼亚州的六大养老社区	美　国	4211.20 万美元
2015 年 6 月	中国太平	开元城市发展基金、厚朴资本等	设立海外投资基金联合当地开发商投资翠贝卡 111 项目地产项目	纽　约	2.3 亿美元
2015 年 7 月	安邦保险		伦敦 Heron 大厦	伦　敦	11.7 亿美元
2015 年 10 月	中国平安	BIP	设立地产平台投资物流地产	美　国	逾 6 亿美元
2015 年 11 月	中国人寿	GLP 及其他	物流地产包 IIT 部分股权	美　国	10.1 亿美元

数据来源：根据 CGIT、晨哨网、CCG 以及相关网站的公开信息而整理。

（3）投资公司

在投资公司类型里，重要的一类为主权财富基金，即中国投资有限责任公司和中国外汇管理局旗下投资公司（如银杏树投资公司）。中国投资有限责任公司在 2009 年采用投资海外房地产基金的方式进入海外房地产市场的案例较多，之后则是直接购买物业的案例居多，其中大部分是成熟物业，开发项目较少，这和保险公司现有的投资行为相似。外汇管理局进入海外房地产市场的时间要晚，在过去也是通过旗下投资机构购买成熟物业的案例居多。除去2009年投资海外房地产基金的案例，中国两大主权基金主要集中在欧洲和澳大利亚，其中欧洲以英国居多，这可能与英国、澳大利亚等国对主权财富基金持相对开放的态度有关。

表7－16　　2015年中国投资有限责任公司海外房地产1亿美元以上投资案例

时　间	投资标的	投资金额（亿美元）	投资地
2015年2月	东京都目黑区的雅叙园商业综合体	11.9	日　本
2015年7月	悉尼等9栋办公楼部分股份	17.9	澳大利亚
2015年7月	2座购物中心	2.9	比利时
2015年7月	8座购物中心	11.5亿美元	法　国

作为国内经济体系中重要的金融机构，中国大型商业银行也开始加入海外房地产投资的大军中，如中国建设银行在2014年6月斥资1.1亿英镑收购伦敦金融城111 Old Broad Street写字楼；中国银行则于同年12月以6亿美元购买纽约曼哈顿Bryant Park一座办公大楼。目前，中国商业银行海外购楼的主要目的之一是自用，作为海外基地方便扩展自己的海外业务。中国建设银行在购买伦敦写字楼之前刚被选为伦敦人民币业务清算行，是建行首次获任海外人民币指定清算行，购楼之举是为了更好地支持自己在欧洲展开相关业务。持有自用目的的同时，商业银行海外购楼同样会持有投资目的。比如，中国建设银行在韩国收购东阳生命大楼正值韩国房地产市场低迷期，在看中大楼优越的地理位置的同时，抓住原业者因流动性紧张急于变现的时机，以较低价格购得，期待自用的同时获得良好的投资前景。总体来看，商业银行在海外购置房地产的活动明显少于保险机构、主权基金以及其他机构投资者，但随着中国商业银行海外业务的扩张，他们海外购楼的需求可能会因此增强。

在投资海外房地产的投资公司类别里，投资型企业、金融资产管理公司、基金这些机构投资者也比较活跃。复星集团作为投资型企业的典型代表，其海外收购业务囊括保险、银行、资产管理、房地产、时尚娱乐等多种业务，在“保险＋地产”的战略下，海外房地产投资活跃。复星集团进入海外房地产市场比较早，在前期也主要是购买成熟物业，获取稳定的租金收入和资产增值机会，直到2015年3月才开始投资土地开发项目。除此之外，复星集团还积极收购海外资产管理平台以及与海外地产基金管理公司设立合资平台，方便海外物业的收购和管理。中国信达资产管理公司作为我国四大金融资产管理公司之一，也已经通过旗下私募股权投资机构进入海外房地产市场，旗下信泰资产管理公司先是在2014年3月联合美国泽勒地产集团收购芝加哥一座写字楼，后在2015年3月联合开发商共同投资纽约一个公寓项目，分享地产开发项目收益。基金作为海外房地产投资的一种形式，在上面已经提到，除了保险公司等企业在海外房地产投资时设立的海外投资基金，市场上还存在着一些专门投资房地产的基金（如盛世神州）除了深耕于国内，其目光也已经转移到投资海外房市场。总体而言，现阶段，除了商业银行更多是为了自用外，如同保险公司一样，投资型企业、金融资产管理公司、基金这些广义的投资公司进入海外房地产市场同样也持着分散风险和追求高投资回报的目的，在早期也是倾向于购买办公楼、酒店这类租金收入稳定的物业，之后逐渐向其他形态的物业和地产开发项目扩展，使投资物业多样化。

4. 中国海外房地产投资的个人行为

中国对外房地产投资的投资主体，不仅有企业，还存在数量众多的个人投资者，这些个人投资者一般是具有比较强的经济实力的高净值人士。与保险机构和投资公司类似，这些高净值人群也注重个人资产的优化配置，在全球范围内配置个人资产，其中在海外资产配置中，房地产的配置比例一般较高。胡润研究院与汇加移民 2015 年 8 月至 10 月对中国近 300 位平均财富 3000 万元的已移民、正申请移民和考虑移民的高净值人群进行专项调研，调研显示：36% 的受访者表示目前已经把 5%—20% 的资产投入海外，对比去年增长了 11%；22% 的人表示仅在海外投入 5% 以下的资产，比去年减少 30%；同样也有 22% 的受访者已将 20%—50% 的总资产用于配置海外资产，比去年增加了 7%；另有 5% 的人在海外投入了 50% 以上的资产，对比去年减少了 3%——平均下来，受访的高净值人士的海外资产占其总资产的比例为 16%。

在上述高净值人士投资的海外资产类型中，海外购房的比例最高。36% 的受访人表示已经在海外购房，并且未来三年内打算投资海外房地产市场的人数比例将进一步上升至 42%。具体到海外置业金额和目的上，调研结果显示受访人平均愿意投入 507 万人民币用于海外置业，其中 58% 的人表示购置的物业主要用于自住，27% 的人是为了投资，另有 5% 的人表示买房是为了度假时使用，度假型置业的目的与当前度假型地产渐受欢迎的趋势一致。

在未来三年内愿意投资的物业类型上，与购买成熟物业的企业不同，个人投资者更愿意购买的物业类型为住宅，持有投资住宅意愿的受访人数占到总人数的 66%，商铺、办公楼和酒店的投资热度远不如住宅，对基础设施、农业、仓库/工业等的投资需求则更多是企业关注的方向，个人在这方面的投资需求较弱，这种投资需求意愿与开发商在海外地产中较多建造住宅或公寓（包括多用途地产项目中的公寓、住宅）的现状一致。在置业目的地上，中国高净值人士比较喜欢选择具备出色教育、良好环境等条件的华人较多的大城市，例如洛杉矶、旧金山、温哥华、墨尔本等大型城市，除此之外，高净值人士依然热衷于在诸如纽约、新加坡、伦敦、东京这样房价高企的全球金融中心，而在投资移民时可以投资当地地产的国家或地区也在考虑之内。进一步考虑在具体一个城市内的物业分布情况，靠近学校的学区最受受访者欢迎，其次是市中心和华人区，而较为安静的郊区吸引力较低，仅占受访人数的 7%。

5. 中国海外房地产投资的基金渠道

投资人的资金以购买基金的形式进入海外地产投资项目是一个资产全球配置的绝佳选择。由于海外一些国家的经济逐步复苏，地产市场进入稳定上行周期，例如美国 1 线及 1.5 线城市核心区具有良好的商业氛围，优越的教育环境，发达的传统和新兴工业，蕴含着巨大的投资潜力。基金可以创造性地提供不同基金产品，符合不同风险偏好投资人的需求，灵活进行资产配置。现在主要有盛世神州、诺亚财富——歌斐资产、兆瑞资本海外基金、东方藏山等几家较为活跃的海外房地产基金。

6. 中国海外房地产投资的融资渠道

低成本的融资结构是投资成功的重要因素之一。常见的融资模式有银行贷款、海外发债、房地产基金、房地产信托。除了常见的融资模式还有一些创新的融资方式，例如 EB－5 融资。

银行贷款是最传统的融资方式。对于海外房产投资投资来说，现在考虑的比较多的有内保外贷的方式。国家外汇管理局开放跨境担保，将审批变为备案，这可能进一步刺激房地产的海外融资。同时随着美国、日本量化宽松政策的退出，海外市场迎来超低利率环境，甚至现在开始出现负利率。中国企业开始采取发行海外债作为海外房地产投资的融资方式。同时国内银行融资难度不断上升，海外债将在以后愈发的受到企业的青睐。海外房地产基金既是一个有效的投资渠道，同时也是一个有效的融资渠道。房地产信托则是由房地产基金演化出来的分支，在很多国家享受税收上的优惠，同时还可以在公开市场上交易，但是这种形式对于海外地产投资而言，才刚刚起步。

但是对于大多数初次登陆美国市场的中国房地产商而言，其在国外的信用记录基本是空白，因此中国房企往往无法再当地顺利获得银行贷款，这导致其海外融资成本较高。而近几年移民的热潮给融资者打开了一扇新的大门，EB－5 融资。EB－5 是美国移民局（USCIS）的投资移民项目，于 1990 年获得议会通过，旨在通过外国投资者的投资和就业职位的创造刺激美国经济的发展。对于 EB－5 的投资者而言，这是实现移民梦的一条便捷通道，EB－5 的审核时间较短，资格条件限制也很少，同时一些热点项目的高投资和高回报率也吸引着投资者。而对于 EB－5 融资的融资者而言，因为投资者的主要目的是为了获得移民资格，其次才是投资收益，因此可以大幅度降低夹层贷款成本，融资总额在一定程度上也很可观，因此极具吸引力。但是和银行贷款而言，EB－5 融资需要融资机构和各个客户进行接洽，需要花费精力和时间相对而言也较多，因此该模式并没有受到所有投资机构的追捧。现在采取 EB－5 融资的主要投资机构有亨瑞集团，侨外集团、外联出国等。

附录：

2015 年中国境外房地产主要投资事件汇总

投资地区	城市	投资方	投资标的	物业类型	投资金额
美　国	纽　约	安邦保险	曼哈顿第五大道 717 号办公楼	办公楼	4.14 亿美元
美　国	纽　约	安邦保险	华尔道夫酒店	酒店	19.5 亿美元
美　国	纽　约	滨江房产集团	参与美国纽约 86 号东街与列克星敦大道街角建筑项目	开放项目—零售、公寓式酒店	1040 万美元
美　国	纽　约	泛海控股集团有限公司	14718 平方尺的土地开发权	开发项目—住宅或商务楼	3.9 亿美元
美　国	纽　约	复星地产	麦迪逊大道项目土地	开发项目—豪华住宅楼	纽约
美　国	纽　约	跨富地产	上东区 60 街相关物业	开发项目	3.00 亿美元
美　国	纽　约	跨富地产	上东区 86 街及莱克星顿大街交界口的商住两用项目	开发项目—商铺、住宅	3.40 亿美元
美　国	纽　约	跨富地产	西 42 街 460 号 MiMA 大厦顶部共 13 层 151 套豪华公寓	公　寓	2.60 亿美元
美　国	纽　约	上海城投	520 号第五大道	开发项目—商铺、住宅	10 亿美元
美　国	纽　约	万　科	Bush Tower 的 51% 股权		1.3 亿美元
美　国	纽　约	阳光保险	曼哈顿六星级酒店 Baccarat Hotel	酒　店	2.3 亿美元
美　国	纽　约	中国太平	慕瑞街 111 号的 Tribeca 住宅楼的部分股权	开发项目—公寓	2.29 亿美元
美　国	纽　约	中国信达资产管理公司	SOHO100 纽约豪华公寓项目	开发项目—公寓	1.4 亿美元
美　国	纽　约	中国银行	曼哈顿布赖恩特公园 7 号写字楼长期租赁使用权	办公楼	6 亿美元
美　国	洛杉矶	富力地产	洛杉矶林孔高地 Fremont Street 325 号的一块开发用地	开发项目—住宅	2850 万美元
美　国	洛杉矶	国锐地产	洛杉矶圣莫尼卡市 Chelsea Green Tract 第 4 区地段土地	项目—公寓、零售、餐厅等	2525 万美元
美　国	洛杉矶	万国置地集团	成立酒店式租赁公司 Lux rental		

续表

投资地区	城市	投资方	投资标的	物业类型	投资金额
美　国	旧金山	泛海控股集团有限公司	First & Mission 项目	开发项目—公寓、办公楼、酒店、商铺等	2.96 亿美元
美　国	旧金山	深圳正中置业	旧金山伯林盖姆的一块 7.1 万平方米的地皮	开发项目—商业园区	4800 万美元
美　国	芝加哥	东方资产管理(国际)控股有限公司	芝加哥市中心 Aon Center 项目	办公楼	7.12 亿美元
美　国	芝加哥	顺发恒业股份有限公司	芝加哥 150 N. Riverside 办公大楼项目 60% 股权	开发项目—办公楼	2305.54 万美元
美　国	西雅图	滨江房产集团	参与位于西雅图的 3 处物业的开发	开发项目—公寓、酒店	6000 万美元
美　国	西雅图	拓宏集团	Bellevue Square（1019 103rd Avenur Northest）	开发项目—住宅用地	0.65 亿美元
美　国	波士顿	中国人寿和中国平安	分别拥有价值 5 亿美元的地产项目的三分之一股权	开发项目—办公楼、公寓	3.3 亿美元
美　国	夏威夷	泛海控股集团有限公司	美国夏威夷州檀香山之若干幅地块及其附属权利	开发项目—公寓、酒店	1.92 亿美元
美　国	杨克斯市	中国建筑	哈德逊公园项目	开发项目—住宅	1.8 亿美元
美　国		合众人寿	美国不同州共 6 处养老社区	其他—养老产业	4000 万美元
美　国		阳光 100 中国	塞班岛物业	旅游度假区	595 万美元
美　国		中国动向集团有限公司	美国华盛顿州游艇码头及土地 90% 权益	其　他	2610 万美元
美　国		中国人寿	美国物流地产包 IIT 的 30% 股权	物流地产	10.1 亿美元
澳大利亚	悉　尼	复星地产	办公楼“米勒街 73 号”	办公楼	
澳大利亚	悉　尼	复星地产	Five Dock，Auburn 和 Fortitude Valley 三个地块 75% 的权益	开发项目—公寓等	
澳大利亚	悉　尼	绿地集团	悉尼北区麦考瑞公园 Lachlan’s Lin 近 1.5 公顷土地	开发项目—公寓、零售等	1.3 亿美元
澳大利亚	悉　尼	绿地集团	PottsPoint 和 Parramatta 项目地块	开发项目—公寓、零售、公园等	2.95 亿美元
澳大利亚	悉　尼	山东明亮宝石资源公司	悉尼希尔顿酒店	酒　店	3.4 亿美元
澳大利亚	悉　尼	上海升龙投资集团	悉尼皮尔蒙特一处海滨地皮及相邻的 7 号台总部地段	开发项目—豪华公寓等	1.8 亿澳元
澳大利亚	悉　尼	万　达	Gold Fields House 写字楼	开发项目—住宅（重建）	4.15 亿澳元
澳大利亚	悉　尼	新华联国际置地有限公司	麦考瑞大街 1207 平方米的地块及地上附属建筑物（80% 股份）	开发项目—办公楼、公寓	1585 万澳元
澳大利亚	悉　尼	中国奥园地产集团	收购澳洲悉尼市中心一宗地块 70% 股权	开发项目—高端住宅公寓	1.21 亿澳元
澳大利亚	悉尼等	中国投资有限责任公司	9 栋办公楼部分股份	办公楼	17.9 亿美元

续表

投资地区	城市	投资方	投资标的	物业类型	投资金额
澳大利亚	墨尔本	保利地产	澳洲墨尔本市南雅拉区克莱蒙地块51%权益	开发项目—商住用地	1984.4 万澳元
澳大利亚	墨尔本	华裔地产开发商	Wonga Park 豪宅	住　宅	610 万澳元
澳大利亚	墨尔本	宇业集团	面积约 1.6 万平方米的土地	开发项目—住宅	3348 万澳元
澳大利亚	墨尔本	中国财团	开发价值数几十亿元的墨尔本教育城	开发项目	
澳大利亚	墨尔本	中国商人	墨尔本一套在建的豪华顶层公寓	公　寓	2500 万澳元
澳大利亚	墨尔本	中国投资者	墨尔本 CBD 老楼	商　铺	1580 万澳元
澳大利亚	黄金海岸市	复华控股	黄金海岸商业综合体项目	开发项目—公寓、酒店、零售等	12 亿澳元
澳大利亚	肖尔黑文市	少林寺	结清澳大利亚新州 Comberton Grange 地块款项	开发项目—少林寺分寺、酒店等	416.2 万澳元
澳大利亚	新南威尔士	海亮国际控股有限公司	澳大利亚新南威尔士一块土地	开发项目—商住混用项目	
澳大利亚	新南威尔士	万　达	1Alfred 地块和 19－31Pitt Street 地块	开发项目—公寓、酒店、零售等（重建）	4.88 亿澳元
澳大利亚		东风股份	麦当劳农场约 270 万平方米的土地不动产产权及附属资产	农业用地	600 万澳元
澳大利亚		万达酒店发展有限公司	成立一家项目合营企业		
澳大利亚		中国交通建设集团有限公司	收购澳大利亚约翰．霍兰德公司全部股权		8.8 亿美元
英　国	伦　敦	安邦保险	伦敦 Heron 大厦	办公楼	11.7 亿美元
英　国	伦　敦	保利地产	伦敦中心区办公楼 5 Fleet Place	办公楼	1.4 亿英镑
英　国	伦　敦	海航投资控股有限公司	英国路透社总部大楼	办公楼	
英　国	伦　敦	绿地集团	伦敦西南旺茨沃斯的兰姆公馆一期工程	开发项目	9.12 亿美元
英　国	伦　敦	泰康人寿	伦敦金融城 Milton Gate 办公楼	办公楼	1.98 亿英镑
英　国	伦　敦	王健林	肯辛顿宫花园大街 15A 号某别墅 125 年的产权	公　寓	1.2 亿美元
英　国	伦　敦	万　科	英国伦敦科技城中心的 The Stage 项目 20% 股份	开发项目—公寓	3000 万英镑
英　国	伦　敦	中国平安	大型写字楼 Tower Place	办公楼	4.8 亿美元
英　国	伦　敦	中国人寿	伦敦金融城核心区域甲级写字楼 99 Bishopsgate 的 40% 股权	办公楼	约 1.36 亿英镑
英　国	伦　敦	中信集团（中信建设）	承包总投资额 17 亿英镑的伦敦皇家阿尔伯特码头项目工程	开发项目—办公楼	6.7 亿美元
英　国		港中旅集团	英国大型酒店集团 Kew Green Hotels	酒　店	4 亿英镑
法　国		锦江股份	卢浮酒店集团 100% 股权	酒　店	15.87 亿美元

续表

投资地区	城市	投资方	投资标的	物业类型	投资金额
法　国		众信旅游	法国巴黎宇丽雅酒店	酒　店	
法　国		复星国际	法国度假村运营商 Club Mediterranee 的 98.29% 股份	其他—度假村	9.4 亿欧元
法　国		中国投资有限责任公司	8 个购物中心	商业零售	11.5 亿美元
意大利	米　兰	复星集团	意大利裕信银行原米兰总部布罗吉大厦	开发项目—办公楼、商铺（重建）	3.45 亿欧元
荷　兰		锦江都城	以品牌联盟方式签署合作意向书	酒店	
比利时		中国投资有限责任公司	2 个购物中心	商业零售	2.9 亿美元
中国香港		恒大地产集团	香港地标性顶级写字楼美国万通大厦	办公楼	16 亿美元
中国香港		世茂地产	新九内地段第 6542 号地块土地使用期限为 50 年	开发项目	9.06 亿美元
中国香港		中国人寿	会德丰香港红磡 One HarbourGate 西座及商铺	办公楼	7.55 亿美元
中国香港		中洲控股	沙田项目	开发项目	
日　本	东　京	复星地产	晴海 Triton 广场 W 栋写字楼区分持有所有权（88.54%）	办公楼	
日　本	东　京	中国投资有限责任公司	东京都目黑区的雅叙园商业综合	零售、写字楼、酒店	12 亿美元
日　本	千叶市	绿地集团	千叶海港广场综合体项目	开发项目—办公楼、商铺、酒店等	100 亿日元以上
日　本		上海豫园旅游商城股份有限公司	日本星野 Resort Tomamu 公司（旗下滑雪度假村）	度假村	1.5 亿美元
韩　国	仁　川	阿里巴巴	建设规模达 100 万㎡的韩国“阿里巴巴城”	开发项目—酒店、购物中心、物流中心等	1 万亿韩元
韩　国	济州岛	蓝鼎国际发展有限公司	建造韩国济州岛建度假村及赌场	开发项目—度假村及赌场	11 亿美元
韩　国	首　尔	绿地集团	首尔最高双塔建筑	开发项目—酒店、公寓、住宅、办公、商业、会议中心等	32.2 亿美元
韩　国		中国民生投资股份有限公司	韩国度假村企业 Emerson Pacific	其他—度假村	1806 亿韩元
俄罗斯	莫斯科	绿地集团	莫斯科大型城市综合体	开发项目—办公楼、住宅、商务地标	
俄罗斯		中国金谷	滨海边疆区乌苏里斯克市“彩虹”综合住宅小区建设项目	开发项目—住宅	
马来西亚	吉隆坡	中国中铁集团	Bandar Malaysia 地块 60% 的股份	开发项目—住宅、商铺	7 亿美元
马来西亚	避兰东	绿地集团	地不佬湾滨海度假宜居新城	开发项目—公寓、办公楼、商铺、酒店等	6.6 亿美元

续表

投资地区	城市	投资方	投资标的	物业类型	投资金额
马来西亚	新山市	碧桂园	“森林城市”填海项目60%股权	开发项目	超过2500亿美元
马来西亚	新山市	万　科	柔佛州新山市一块面积为60公顷的濒海土地	开发项目	74.64亿元
印度尼西亚		中国民生投资股份有限公司	中民新型工业城镇和升级版产业园	开发项目—产业园区	50亿美元
加拿大	温哥华	中国商人	温哥华西部一栋豪宅别墅	公寓	5180万美元
加拿大	多伦多	安邦保险	多伦多金融区17层楼的70 York St.	办公楼	7500万美元
加拿大	惠斯勒	中国中亚集团河北加中公司	小镇Bradian	开发项目	99.5万加元
加拿大		中信集团（信conspicuous地产基金）	尼亚加拉瀑布市“世外桃源”地产开发项目	开发项目—混合用途社区（住宅、娱乐设施及创业园）	7.5亿美元
新西兰		新西兰彩虹投资有限公司	Pararekau Island 和 Kopuahingahinga Island 两座海岛	开发项目—度假村	
巴哈马		中国建筑	接管巴哈·玛旅游度假村	开发项目	2.5亿美元
阿联酋		伟俊矿业集团	阿联酋富吉拉的地产项目100%权益、迪拜国际金融中心附近的发展中地产项目51%权益		7.1亿美元

说明：表中包含在2015年已宣布投资意向，但还没有正式签约的投资事件。
数据来源：根据CGIT、晨哨网、CCG以及相关网站的公开信息而整理

（亨瑞集团）

Ⅷ.大 事 记

2015 年中国房地产大事记

1. 我国农村土地制度改革进入试点阶段

1 月 12 日中共中央办公厅和国务院办公厅联合印发了《关于农村土地征收、集体经营性建设用地入市、宅基地制度改革试点工作的意见》，标志着我国农村土地制度改革进入试点阶段。开展农村土地征收、集体经营性建设用地入市、宅基地制度改革等将在新型城镇化综合试点和农村改革试验区中选择，要求封闭运行，确保风险可控，并将在 2017 年底完成。

2 月 27 日全国人大常委会授权国务院在全国 33 个试点县（市、区）行政区域暂时调整实施国家《土地管理法》《城市房地产管理法》，停止之前土地管理法等关于集体建设用地使用权不得出让的规定，允许农村集体经营性建设用地入市，并将提高被征地农民分享土地增值收益的比例。

2. 李克强总理达沃斯论坛称中国房地产市场刚性需求是长期的

1 月 21 日李克强在 2015 冬季达沃斯论坛发表演讲，指出中国房地产市场的刚性需求是长期的，并将带动国内相关行业和产品供给，房地产市场在一段时期内出现调整也是正常的。中国的城镇化正在稳步推进，潜力巨大。中国政府将加大城市棚户区和城市危房改造力度，保障困难群众的基本住房需求，最终实现全体人民住有所居。

3. 购房补贴各地八仙过海

继 2014 年山东潍坊、江苏盐城、安徽铜陵对当地购房予以财政补贴之后，2015 年又有浙江乐清、江山、富阳，四川眉山、内江，安徽铜陵、泗县，河南南阳、济源、安阳、漯河、许昌、洛阳、濮阳等城市采取有限时间内的、特定对象的、额度差异的、购买普通商品住宅的给予地方财政住房补贴。

4. 多地明确放弃“90/70 政策”

2006 年建设部等九部委联合制定了《关于调整住房供应结构稳定住房价格的意见》。规定自当年 6 月 1 日起，凡新审批、新开工的商品住房建设，套型建筑面积 90 平方米以下住房（含经济适用住房）面积所占比重，必须达到开发建设总面积的 70% 以上。这一简称“90/70 政策”饱受争议，在实践中推进受阻。继 2014 年天津率先用文件形式放弃“90/70 政策”后，2015 年又有四川、江西、河南、福建、杭州、南京、青岛等一批省市以文件形式明确取消住房供应套型指标限制。

5. 住房公积金使用条件逐渐放宽

2015 年住房公积金相关政策经历了多次调整，政策口径逐步宽松。

1 月 28 日住建部、财政部、央行三部委联合发布通知：今后无房（在缴存城市无自有住房且租房的）职工，只要连续缴存公积金满 3 个月，无须租金发票、税票也可以提取住房公积金支付房租。

3 月 30 日住建部等多部门联合发布通知，其中规定使用公积金购买首套房，首付比例为 20%。

8 月 31 日住建部、财政部与央行发布通知，调整住房公积金个人住房贷款购房最低首付款比例，拥有 1 套住房并已结清购房贷款的，购买第 2 套住房时公积金最低首付款比例降至 20%。北京、上海、广州、深圳可在国家统一政策基础上，结合本地实际，自主决定申请住房公积金委托贷款购买第二套住房的最低首付款比例。

9 月 15 日住建部制定《关于住房公积金异地个人住房贷款有关操作问题的通知》，明确了公积金异地贷款的职责分工及办理流程。在异地工作且有公积金贷款需求者，可向该地咨询所需材料，到原公积金缴存地公积金中心申请，审核通过后，持本地公积金中心证明在异地办理贷款。

9 月 29 日住房城乡建设部财政部中国人民银行《关于切实提高住房公积金使用效率的通知》，文件要求：提高实际贷款额度；设区城市统筹使用资金；拓宽贷款资金筹集渠道；全面推行异地贷款业务；简化业务审批要件；提高管理效率和服务水平；加快改造升级信息系统；建立考核问责制度。

6. 中国人民银行五次降低金融机构人民币存款准备金率

2 月 5 日央行下调金融机构人民币存款准备金率 0.5 个百分点，对城市商业银行非县城农村商业银行额外降低人民币存款准备金率 0.5 个百分点，对农业发展银行额外降低人民币存款准备金率 4 个百分点；4 月 20 日，下调各类存款类金融机构一年期存款准备金率 1 个百分点，对农村金融机构额外降低存款准备金率 1 个百分点，统一下调农村合作银行存款准备金率至农信社水平，对中国农业发展银行额外降低存款准备金率 2 个百分点；6 月 28 日定向降准 0.5 个百分点；9 月 6 日起，下调金融机构人民币存款准备金率 0.5 个百分点；10 月 24 日定向降准 0.5 个百分点，调整后大型金融机构存款准备金率为 17%，中小型金融机构存款准备金率为 13.5%。

7. 互联网 + 催生链家地产并购潮

2—3 月间四川伊诚、深圳中联、上海德祐、北京易家先后或被链家地产兼并，或与链家合作、股权互换。链家地产走出北京，在全国房地产中介行业中崭露头角，很快成为全国二手房交易市场的领先者，同时以客户资源为基础，进入新房市场、租房市场和房屋金融领域。

8. 中国人民银行五次降低金融机构人民币存贷款基准利率

3 月 1 日央行下调一年期贷款基准利率 0.25 个百分点至 5.35%，一年期存款基准利率下调 0.25 个百分点至 2.5%，同时将金融机构存款利率浮动区间的上限由存款基准利率的 1.2 倍调整为 1.3 倍；5 月 11 日，央行下调一年期贷款基准利率 0.25 个百分点至 5.1%，一年期存款基准利率下调 0.25 个百分点至 2.25%，同时将金融机构存款利率浮动区间的上限由存款基准利率的 1.3 倍调整为 1.5 倍；6 月 28 日，下调一年期贷款基准利率下调 0.25 个百分点至 4.85%，一年期存款基准利率下调 0.25 个百分点至 2%；8 月 26 日，下调一年期贷款基准利率 0.25 个百分点至 4.6%；一年期存款基准利率下调 0.25 个百分点至 1.75%；10 月 24 日，下调金融机构一年期贷款基准利率下调 0.25 个百分点至 4.35%；一年期存款基准利率下调 0.25 个百分点至 1.5%。

9. 全年公积金存贷款基准利率四次下调

3 月 1 日公积金贷款利率下调了 0.25 个百分点，5 年期以下的贷款利率调整为 3.5%，5 年期以上为 4.0%；5 月 11 日 5 年以下公积金贷款利率为 3.25%，5 年以上公积金贷款利率调整为 3.75%；6 月 28 日 5 年以下公积金贷款利率为 3.0%，5 年以上公积金贷款利率调整为 3.5%；8 月 26 日 5 年以下公积金贷款利率为 2.75%，5 年以上公积金贷款利率调整为 3.25%。

10. 稳步推进不动产登记制度

3 月 1 日《不动产登记暂行条例》正式实施，统一的不动产登记簿证样本对外公布。新证启用后，以前的簿证继续有效，逐步更换为新的不动产登记簿证。各地不能要求当事人强制更换新证。4 月 19 日，国土资源部、中央编办公布《关于地方不动产登记职责整合的指导意见》，要求各地确保年内完成各级不动产登记职责和机构整合等工作。8 月 6 日，国土部下发通知要求，各地在今年下半年要实现信息平台上线试运行，2017 年要基本建成覆盖全国的不动产登记信息平台。

11. 房地产企业间战略合作、股权并购风生水起

3 月 2 日 58 同城并购安居客；3 月 31 日中交建集团入股绿城股份，绿城地产董事会和管理层调整；5 月 14 日万达和万科宣布建立战略合作关系；5 月融创、绿城就融绿平台旗下项目分拆签署框架协议，分手账算清；5 月融创终止收购佳兆业；9 月戴德梁行与高纬环球完成合并；12 月佳兆业推进境外债务重组方案；年末深圳宝能和安邦保险不断举牌增持万科 A 股股份，引发“万宝”之争：宝能系总计持有万科 26.8 万亿股，占总股本 24.26%；万科一致行动人持有 23.4 亿股，占总股本 21.19%；安邦持有 6.83 亿股，占总股本 6.18%。业界希望万宝之争走向多赢共赢。

12. 房地产职业经理人掀辞职创业波澜

3 月毛大庆辞万科高级副总裁创建优客工场；5 月蔡雪梅辞世茂集团副总裁后推出 Elab 新房定制平台；李战洪辞金科集团副总裁后与业界多名高管加盟至新鸥鹏集团；林战辞任 SOHO 中国执行董事；曲咏海辞中海地产集团副总裁后成立创投公司；10 月范逸汀辞中海地产助理总裁后任旭辉集团副总裁。除此之外，比较著名的还有刘爱民、肖莉、莫军、陈凯、王胜江等。中国职业经理人自我觉醒，正成为地产创新、创业的一股新生力量。

13. 李克强人大会议强调房地产要强化地方调控责任，因地制宜，分城施策

3 月 15 日十二届全国人大三次会议闭幕后的记者招待会上，李克强总理表示：“房地产市场有其自身的规律，中国国土面积辽阔，有特大城市和中小城市、小城镇，情况各异，所以我们要求强化地方政府合理调控房地产市场的责任，因地制宜，分城施策。中国城镇化进程还在加快，中国房地产市场的需求是刚性的，我们鼓励居民自住性住房和改善性住房需求，保持房地产长期平稳健康发展。”

14. “闽七条”率先全国出台稳定市场消费新政

3 月 20 日福建省出台关于稳定住房消费支持刚性住房需求的七条意见。对于两会政府工作报告中要求“支持刚性和改善性住房需求，落实地方政府主体责任”，福建省率先落地。文件规定首改房无论面积大小，房屋新旧都可以享受首套房的有关优惠政策。公积金贷款不再查房；省内银行要支持首套房贷；原则上不再新开工公租房建设，打通商品房与保障房的转换通道；福建自贸区配合产业人才的共有产权房等政策措施。

15. 2015 中国房地产 500 强测评成果发布

3 月 24 日“2015 中国房地产 500 强测评成果发布会暨 500 强峰会”在北京举行。综合实力排序前十位分别是万科集团、恒大地产、绿地集团、保利房地产、中国海外、碧桂园、世茂房地产、融创中国、龙湖地产和富力地产。2014 年 500 强房地产开发企业总资产均值为 257.85 亿元，同比增长 5.99%；净资产均值为 65.13 亿元，同比增长 7.59%。

16. 3. 30 新政：稳定住房消费

3 月 27—30 日国土部、央行、住建部、银监会、财政部、国税总局等六部委连发三个文件，分别从土地、信贷、公积金、税收等角度出台措施“稳定住房消费”。调整个人住房转让营业税收取办法，其中个人转卖已购普通住房，免征营业税的期限由目前的购房超过 5 年（含 5 年）下调为超过 2 年（含 2 年）；对拥有 1 套住房且相应购房贷款未结清的居民家庭，为改善居住条件再次申请商业性个人住房贷款购买普通自住房，最低首付款比例调整为40%；公积金贷款首套房首付比例调整为20%；拥有一套住房并已结清贷款的家庭，再次申请住房公积金购房，最低首付30%。

17. 保险资金纷纷举牌上市房企

4月中国平安收购碧桂园22亿元新股份，成为碧桂园第二大股东。A股133家上市房企中，保险资金位列前10大股东的有21家。其中，中国人保入股5家房企，安邦保险入股4家，中国人寿入股3家，生命人寿入股2家。

18. 中央政治局会议要求完善市场环境，盘活存量资产

4月30日中央政治局会议分析研究当前经济形势和经济工作，涉及降税清费、重大基础设施项目等投资、货币政策、扩大消费、房地产健康发展、创新驱动、国企改革、京津冀协调发展等八个方面。房地产方面，会议提出“要完善市场环境，盘活存量资产，建立房地产健康发展的长效机制”。

19. “地产 + 互联网 + 金融”跨界战略合作成潮流

4月绿地集团联手蚂蚁金服和平安陆金所两个金融服务平台发布国内首款互联网房地产金融产品；5月20日奇虎360与华远地产达成战略合作，共同推进安全智能家居在社区的广泛应用，着力打造安全智慧社区与家庭安全体系；10月21日SOHO 3Q与腾讯众创空间正式在重庆发布战略合作。双方将在全国主要城市拓展、建设和运营一批众创空间项目，重点孵化和培育互联网 + 、物联网、智能科技、消费与服务、文化创意、健康环保、科技金融等领域的创业企业，打造创新与创业、线上与线下、孵化与投资相结合的创业综合服务平台。

20. “京津冀协同发展规划纲要”提出并推进

中共中央政治局4月30日审议通过《京津冀协同发展规划纲要》。7月24日国务院召开京津冀协同发展工作推动会议，就贯彻落实《纲要》提出明确要求、做出安排部署。推动京津冀协同发展是重大国家战略，核心是有序疏解北京非首都功能，要在京津冀交通一体化、生态环境保护、产业升级转移等重点领域率先取得突破。

21. 房地产业“营改增”年内未落地

随着制造业大体完成营业税改增值税后，原本计划今年房地产行业也要完成“营改增”，成为2015年财税改革的重头戏，也成为“十二五”期间财税立法立规改革的收官作。5月18日国务院批转国家发改委《关于2015年深化经济体制改革重点工作的意见》，力争全面完成“营改增”，明确将剩余的建筑业、房地产业、金融业和生活性服务业四大领域纳入“营改增”版图。但是由于房地产业所属的现代服务业远较制造业复杂，而房地产业产出商品房的生产周期又特别长，“营改增”落地的难度和细致度超出决策者的预期，房地产业营业税改增值税的工作因难产而推迟。

22. 上市公司百强测评成果发布，万科八年蝉联榜首

5月28日由中国房地产业协会、中国房地产测评中心联合推出的《2015中国房地产上市公司测评研究报告》及“2015中国房地产上市公司100强排行榜”在香港发布。综合实力排序前十位分别是万科集团、保利地产、万达商业、恒大地产、中国海外发展、华润置地、碧桂园、富力地产、世茂房地产和远洋地产。

23. 安徽鼓励农民退出宅基地进城购房

6月2日安徽省住建厅发布《我省出台促进房地产平稳健康发展的意见》，对自愿退出宅基地并还耕还林的农民，进城购买商品住房（含二手房）的，当地政府可按其退出合法宅基地的面积，给予一次性购房奖励，补贴标准由各地根据具体情况自行确定。

24. 国务院实施三年行动计划，包括城市危房、城中村、各类棚户区、农村危房改造

6月17日国务院常务会议决定实施三年行动计划（2015—2017），部署加大重点领域有效投资，发挥稳增长调结构惠民生的多重作用；改造包括城市危房、城中村在内的各类棚户区1800万套，农村危房1060万户，同步规划和建设公共交通等配套设施；确定实施“三证合一”登记制度改革，方便创业创新；部署运用大数据优化政府服务和监管，提高行政效能。6月30日《国务院关于进一步做好城镇棚户区和城乡危房改造及配套基础设施有关工作的意见》下达。

25. 建设和民生银行获准发行“个人住房抵押贷款资产支持证券”

6月央行同意建设银行由建信信托发行“建元个人住房抵押贷款资产支持证券”，金额500亿元；同意民生银行由中海信托发行“企富个人住房抵押贷款资产支持证券”，金额100亿元。

26. 房地产税法列入立法规划

8月5日最新调整过的十二届全国人大常委会“立法规划”向社会公布，包括房地产税法在内的34项立法任务亮相其中。全国人大从接手房产税单一税种立法，到宣布房地产税体系税种立法，表明我国房地产税立法从程序到实体内容正迈入规范化的新阶段。

27. 北京通州出台严格住房限购政策

8月14日北京市相关委、区联合发布《关于加强通州区商品住房销售管理的通知》称，通州区商品住房销售在执行北京市的调控基础上，规定四种（没有住房的本市户籍居民家庭；已拥有1套住房、户籍属于通州区且落户3年（含）以上的本市户籍居民家庭；已拥有1套住房、近3年在通州区连续缴纳社会保险或个人所得税的本市户籍居民家庭；在本市没有住房且近3年在通州区连续缴纳社会保险或个人所得税的非本市户籍居民家庭。）符合条件的家庭限购1套通州区商品住房。

28. “限外令”松绑

8月19日住建部、商务部、发改委等六部委联合发布《关于调整房地产市场外资准入和管理有关政策的通知》，取消外商投资房企办理境内贷款、境外贷款、外汇借款结汇必须全部缴付注册资本金的要求；境外机构在境内设立的分支、代表机构（经批准从事经营房地产的企业除外）和在境内工作、学习的境外个人可以购买符合实际需要的自用、自住商品房。对于实施住房限购政策的城市，境外个人购房应当符合当地政策规定。除上述政策调整以外，《关于规范房地产市场外资准入和管理的意见》（建住房〔2006〕171号）继续有效。

29. 农村承包土地经营权、农民住房财产权抵押贷款试点

8月24日国务院发文明确，开展农村承包土地经营权和农民住房财产权抵押贷款试点坚持依法有序、自主自愿、稳妥推进、风险可控的原则，按照所有权、承包权、经营权三权分置和经营权流转有关要求，以落实农村土地的用益物权、赋予农民更多财产权利为出发点，深化农村金融改革创新，稳妥有序开展“两权”抵押贷款业务，有效盘活农村资源、资金、资产，增加农业生产中长期和规模化经营的资金投入，为稳步推进农村土地制度改革提供经验和模式，促进农民增收致富和农业现代化加快发展。

30. 2015中国房地产企业品牌价值测评成果发布

9月8日2015中国房地产企业品牌价值测评成果发布会暨房地产品牌发展高峰论坛在重庆召开。会上发布的《2015中国房地产企业品牌价值测评研究报告》中，中海、恒大、万科分别以362.16亿元、320.67亿元和307.15亿元的品牌价值，列本次房地产开发企业品牌价值排行榜前三位。

31. 李嘉诚真假撤资

欧洲债务危机前后直至今年，李嘉诚旗下企业不断重组，屡见转让国内房地产资产，相继投资以欧洲为主的海外项目，一篇《别让李嘉诚跑了》的文章更是把“批李”推向了高潮。李嘉诚以公开信的方式抒发心中感受，对指责予以辩驳，声称“对有利于中华民族的事业，过去、现在、未来，宗旨不渝”“我身本无乡，心安似归处”。

32. 房地产项目资金本金比例调整

9 月 14 日国务院下发《关于调整和完善固定资产投资项目资本金制度的通知》，《通知》表示，为了进一步解决当前重大民生和公共领域投资项目融资难、融资成本高的问题，国务院决定对固定资产投资项目资本金制度进行调整和完善。其中，房地产开发项目中的保障性住房和普通商品住房最低资本金比例维持 20% 不变，其他项目由 30% 调整为 25% 。

33. “两会”合并为“中国房地产业协会”

9 月 20 日中国房地产研究会六届二次会员代表大会、中国房地产业协会七届二次会员代表大会召开，通过“两会”合并为“中国房地产业协会”的决定。随后，中国房地产业协会七届三次会员代表大会召开。

34. 国务院督战棚改，确保按期完成既定任务

10 月 10 日国务院总理李克强在全国棚户区改造工作电视电话会议上作出重要批示，把棚改放在民生工作的突出位置，进一步围绕重点难点、抓住“硬骨头”矢力攻坚，进一步加大财税金融支持力度、创新机制吸引社会资本参与，进一步严格资金和项目监管，确保工程质量，不折不扣地按期完成既定任务。让更多的住房困难群众受益，带动扩大有效投资，不断提升新型城镇化水平，为保障和改善民生、促进经济社会发展作出更大贡献。全年全国城镇保障性安居工程基本建成住房 772 万套，新开工 783 万套，其中棚户区改造开工 601 万套。

35. 央行扩大信贷资产质押再贷款试点

10 月 10 日央行决定，为贯彻落实国务院关于加大改革创新和支持实体经济力度的精神，按照 2015 年人民银行工作会议要求，人民银行在前期山东、广东开展信贷资产质押再贷款试点形成可复制经验的基础上，决定在上海、天津、辽宁、江苏、湖北、四川、陕西、北京、重庆等 9 省（市）推广试点。

36. 十八届五中全会通过中共中央对“十三五”规划的建议

10 月 26—29 日十八届五中全会在北京召开，会议审议通过了《中共中央关于制定国民经济和社会发展第十三个五年规划的建议》。习近平就《建议（讨论稿）》向全会作了说明。全会提出了全面建成小康社会新的目标要求：经济保持中高速增长，在提高发展平衡性、包容性、可持续性的基础上，到 2020 年国内生产总值和城乡居民人均收入比 2010 年翻一番；我国现行标准下农村贫困人口实现脱贫，贫困县全部摘帽，解决区域性整体贫困；促进人口均衡发展，坚持计划生育的基本国策，完善人口发展战略，全面实施一对夫妇可生育两个孩子政策；积极开展应对人口老龄化行动。

37. 年末系列高层会议提房地产“去库存”和“农民工市民化”

11 月 10 日中央财经领导小组十一次会议、11 月 11 日国务院常务会议、12 月 14 日中央政治局、12 月 18—21 日中央经济工作会议、12 月 20—21 日中央城市工作会议相继召开。这些会议要求：促进过剩产能有效化解，促进产业优化重组；降低成本，帮助企业保持竞争优势；化解房地产库存，鼓励房地产开发企业适当降低房价，促进房地产业持续发展；推进农民工市民化，加快提高户籍人口城镇化率；以加快户籍制度改革带动住房、家电等消费；增强城市宜居性，引导调控城市规模，优化城市空间布局，加强市政基础设施建设，保护历史文化遗产；改革完善城市规划，改革规划管理体制；改革城市管理体制，理顺各部门职责分工，提高城市管理水平，落实责任主体。2016 年经济工作的重点是去产能、去库存、去杠杆、降成本、补短板。纵观 2015 年国家层面房地产业调控政策，主要表现为短期刺激与长期制度构建并举。

38. 北京松绑商品房预售资金监管

12 月 16 日北京市住建委发布《关于加强本市商品房预售资金使用管理的通知》，规定商品房预售项目网上签约面积不足该预售许可证许可面积的1/2时，房地产开发企业可自行支取专用账户内的资金用于工程建设。同时房地产开发企业可凭非监管银行出具的现金保函，免除同等额度的监管资金。

39. 2015年典型房企融资规模增两倍

克而瑞信息集团监测的108家典型房企2015年融资总规模达13600亿元人民币，融资规模是2014年同期的两倍。房企票据、债券类融资成为房企融资的主流方式，金额达7376亿元，占比54%，较2014年增长6%；而传统的银行贷款模式的比例大幅下降，仅占9%；增发配股的比例达20%。108家监测房企境内融资比例达87%，较2014年大幅增长39%。仅10月12日一天就有万达商业、旭辉股份、金地集团、华夏幸福、金隅股份、北京城建等六家房企发布融资规模超200亿元的发债公告。

40. 中国社科院社会蓝皮书认为我国近二成城镇居民家庭拥有2套以上住房

12月24日中国社科院“2016年社会蓝皮书”发布出版。书中根据样本调查统计认为2015年19.7%的城镇居民家庭拥有2套以上住房；城乡居民家庭住房自有率为95.4%，城镇居民家庭住房自有率为91.2%；居民家庭人均住房建筑面积为50平方米；第一套房产自我估值平均每户31.4万元，其中城镇居民房产自我估值46.7万元，农村居民房产自我估值为20.7万元。

41. 恒大海花岛销售火爆

伴随着全国楼市回暖，海南楼市也逐步走出冷清局面，成交逐步回稳，成交均价也依旧保持在万元上下，冬季销售走旺。12月28日，位于海南儋州的恒大海花岛正式开盘。经过10日的解筹之后，开盘首日录得销售金额122.05亿元、销售面积136万平方米、认筹到访人数10万人。

42. 房地产海外投资渐成趋势

中国房地产海外投资分个人和企业两类。个人主要是海外现房购买和投资海外地产基金，经常与移民、上学、就业等行为相结合；企业主要是海外现成物业购买、土地开发建房和投资海外地产基金。2015年中国海外投资热情持续升温，海外资产配置渐成趋势。按投资国家和区域划分，北美、欧洲和澳大利亚是投资主要目的地；按投资物业类型划分，开发项目和商业地产（办公楼、酒店、零售商铺）占据主要位置。按投资者类型划分，房企、保险公司和投资公司占比较高。绿地集团海外投资开发项目已有15个，累计开发面积576万平方米，累计海外投资1240亿元人民币。2015年12月末，万达海外投资总额已超过150亿美元。其中在美国就投资了100亿美元。

43. 万达集团转型发展取得明显成效

2015年万达集团资产达到6340亿元，同比增长20.9%；收入2901.6亿元，同比增长19.1%；地产业务收入1640.8亿元，同比增长2.5%；广场租赁收入144亿元，同比增长30.7%；酒店收入52.4亿元，同比增长22.5%；文化集团收入512.8亿元；同比增长45.7%；金融集团收入208.9亿元。物业新增持有面积476万平方米，累计持有面积2632万平方米。未来万达将加快发展文化旅游、金融产业、电子商务三个产业，到2020年形成商业、文旅、金融、电商基本相当的四大板块。

44. 深圳房价大涨

国家统计局发布的70个大中城市住宅销售价格变动情况，2015年深圳新建商品住宅价格同比上涨47.5%，二手住宅价格同比上涨42.6%，位居全国第一。外来人口比例高，年轻人多，流入人口购买力强，金融和互联网业发展快，改善性需求旺盛，货币信贷政策宽松，共同构成深圳房价上涨的环境基础。全年深圳共成交新建商品住宅66450套，成交面积665.89万平方米，同比分别上涨58.69%和65.21%。12月深圳新建商品住宅成交均价为42476元/平方米，同比上升64.9%。

45. 上海房地产开发投资占全社会固定资产投资 55%

2015 年本市房地产开发投资 3468.94 亿元，比上年增长 8.2%，占全社会固定资产投资的 54.6%；房屋销售面积 2431.36 万平方米，增长 16.6%。其中，住宅销售面积 2009.17 万平方米，增长 12.8%。全年土地市场成交总金额 1682.15 亿元，同比下滑 4.8%。

46. 北京土地转让创历史新高

北京全年土地市场成交 110 宗地块，其中楼面价超过 3 万元的有 26 宗。土地出让金额累计超过 2000 亿元，连续四年大幅上涨，创历史新高。北京市统计局公布，2015 年北京完成开发投资 4226.3 亿元，增长 8.1%。其中住宅投资 1962.7 亿元；商品房销售面积 1554.7 万平方米，同比增长 6.6%，其中商品住宅销售点击 1127.3 万平方米，同比下降 1.2%。年末全市常住人口 2170.5 万人，比上年增加 18.9 万人，增长 0.9%，增量和增速呈现双下降态势。

47. 房企“落后生”预警

未达标：合景泰富全年销售 202 亿元，完成全年销售目标的 89.78%；世茂全年累计实现销售 670.4 亿元，完成全年销售目标的 93%。基本持平：富力地产全年销售 544 亿元，销售面积 411 万平方米。面积增均价降：建业全年销售 157.44 亿元，同比增加 1.2%；销售面积 273 万平方米，同比增加 25.2%；销售均价 5764 元/平方米，同比减少 19.2%。深陷泥潭：万通地产全年经营业绩出现亏损，重组失败，行业地位下降。触底反弹：合生创展全年销售 106 亿元，同比增长 98%，一改连续四年未完成销售目标的局面。

48. 房地产投资向下，成交向上

全年房地产开发投资 95979 亿元，从年初同比 10.4% 的增速，一路下滑至年末的 1.0%。销售金额连续 14 个月负增长后在 5 月份转为正增长，销售面积连续 15 个月负增长后在 6 月份转为正增长。全年商品房销售面积 128495 万平方米，仅次于 2013 年，同比增长 6.5%；销售金额 87281 亿元，创历史新高，同比增长 14.4%。

49. 商品房高库存引高度关注

2015 年年底，全国商品房待售面积（竣工验收而未实现销售）攀升至 7.19 亿平方米。其中住宅 4.52 亿平方米，同比增长 11.2%；办公楼 3276 万平方米，同比增长 24.7；商业用房 1.47 亿平方米，同比增长 24.6%。按照本年商品房实现销售面积总额计算，商品房待售面积去化周期约为 7 个月左右。2015 年末，全国房地产开发企业房屋施工面积 73.57 亿平方米，同比增长 1.3%，其中住宅施工面积 51.16 亿平方米，下降 0.7%。现存全国施工面积需分摊在今后若干年内建成渐次上市。

50. 房地产市场分化加剧

全国同涨、喜大普奔的局面已经不再。全国各地去库存与日光盘同在，降价萧条与涨价火爆同在，土地流拍和抢购同在，刚需户和投资客同在，全国 40 个重点城市商品房销售金额占据全国的 56%，商品房销售面积占据全国的 39%。

51. 7 家房企成为千亿军团，3 家房企销售突破 2000 亿元

万科、绿地、恒大、万达、保利、中海和碧桂园，2015 年商品房销售额突破千亿元，其中万科、绿地、恒大已经突破 2000 亿元的销售额。这些企业通过自身发展和并购重组，进一步确立了行业领先地位，拉大了与中小房企的开发经营距离。

52. 保障房建设力度不减，创新办法和机制加快推进

2015 年保障房安居工程建设完成计划要求的 740 万套，同比增加 40 万套；其中棚户区改造 580 万套，占比近八成，同比增加 110 万套。运用 PPT 模式推进公共租赁住房投资建设和营运管理，努力提高棚改货币化安置比例，探索保障房区位补偿机制和价格补偿机制。公租房共有产权登记试点，加大公租房补贴力度等一批措施进入应用程序。在取得成绩的同时，部分地方保障房存在空置和使用不到位的情况。

53. 房地产企业加快转型，呈现多元化发展

中国房地产企业在2015年重点围绕物业管理和社区服务、地产金融服务，以及包括文化、教育、健康、物流等城市配套服务，拓展房地产业全产业链，取得明显成效。

企业形象展示

媒体支持：

协办单位：北京住总房地产开发有限责任公司
北京金泰房地产开发有限责任公司
北京金隅嘉业房地产开发有限公司

克而瑞2016大数据新产品

开创中国房地产大数据营销的新时代

CRIC数据营销系统之精准营销+案场到访客户分析

房产营销痛点

精准度差 效费比低

再次 到访难

市场 变化快

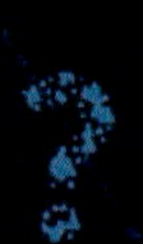

口碑 难营销

克而瑞如何帮开发商找到新的出路?

精准度差 效费比低?

CRIC数据营销系统—精准营销

客户分析、渠道匹配、推广优化、
高频持续触达客户,
全面实现房地产项目精准推送!

再次到访难?

CRIC数据营销系统—到访客户分析

获取到访客户动向分析行为、客户画像、
网络行为分析、购房意向,
从而促进有效成交转化。

市场变化太快,数据来源不及时?

CRIC2016

市场数据、项目动态、
竞品监控等
知己知彼,方能运筹帷幄!

口碑难营销?

房价测评报告&第三方楼书

权威剖析项目,第三方视角
为购房者提供置业指导,
更具说服力!

克而瑞大数据平台 进阶应用价值最大化

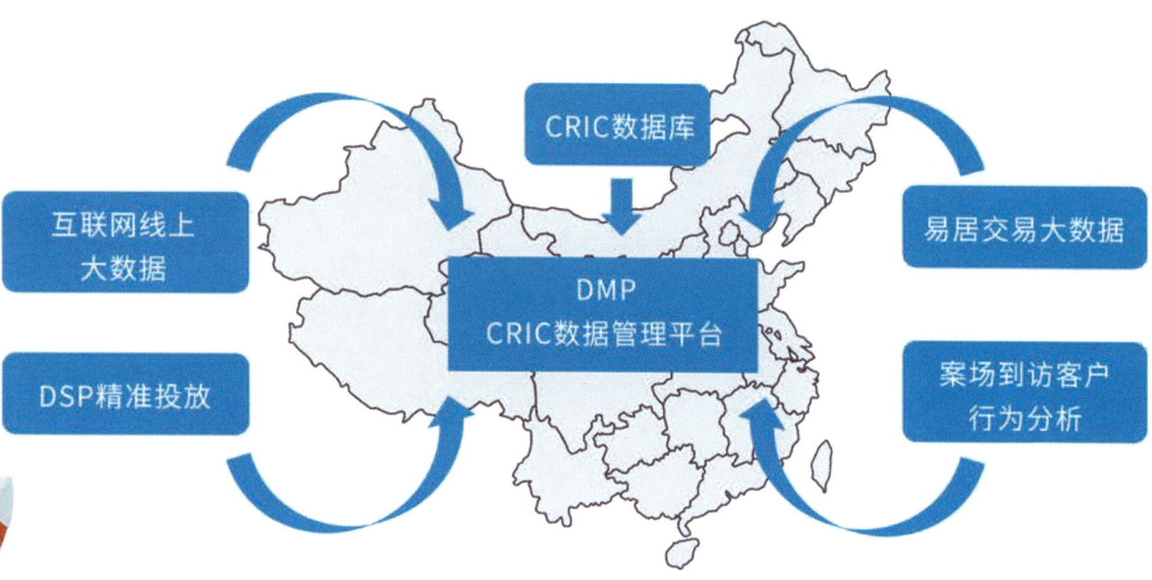

CRIC数据营销系统 得客户者得天下

目标客群定位

基于项目前期定位或成交数据，梳理目标客群定位及群体特征，锁定线上投放客户标签

投放渠道匹配

基于客群定位及终端选择，追踪目标客群实际浏览路径，匹配最优质的投放渠道，进行项目信息推送

推送终端选择

综合评估项目所在城市及项目目标客群特征，效果导向的匹配终端渠道（PC端/移动端/综合）

投放优化

投放过程中实时监测投放效果，持续优化投放渠道及内容

北京住总房地产开发有限责任公司

- 1988年成立“北京住宅建设总公司综合开发部”
- 2002年改制为“北京住总房地产开发有限责任公司
- 独立法人企业
- 北京住总集团有限责任公司全资子公司
- 注册资本金89390.41万元
- 房地产开发企业资质证书壹级
- 总资产超过220亿元
- 年综合经营额超过65亿元
- 年开发面积超过120万平方米
- 中国房地产协会AAA级信用企业
- 北京市国资委监管重点子企业

丽景长安项目

成立之初，致力于改善首都居住条件

开发建设恩济里、安翔小区、法华寺、慧忠里、千鹤家园、晨光家园、山水倾城、朝内危改

积极响应政府号召，致力于保障房建设，保障房产品类型全覆盖

翠成馨园、旗胜家园、住欣家园、兴康家园、宏仁家园；以400万平方米建设规模成为首都保障房建设第一大户

强强联合，打造精品商品住宅

丽景长安、金域华府、金域缇香、住总万科橙、西长安壹号、洛阳鼎城

企业荣誉：

2011年度和2014年度市总工会“首都劳动奖状”

2009-2011年度北京房地产开发“开发综合实力50强企业”称号

项目荣誉：

恩济里小区获“北京市优质居住小区称号”

晨光家园小区被评为市级优质工程和结构“长城杯”工程

兴康家园获“2012年中国土木工程詹天佑奖优秀住宅小区金奖”

白俄明斯克北京饭店项目获“2014—2015年度中国建设工程鲁班奖”（国家优质工程）

Commercial Office Complex
商办综合体
Health Endowment
健康养老
Industrial Estate
产业地产
The Residence
住宅
上海
长春
北京
天津
大同
南京
重庆
无锡
宁波
太原
成都
西安
武汉
杭州
布里斯班
悉尼
长沙
海南
复地集团官方微信

YanGo 陽光城

深交所上市代码000671

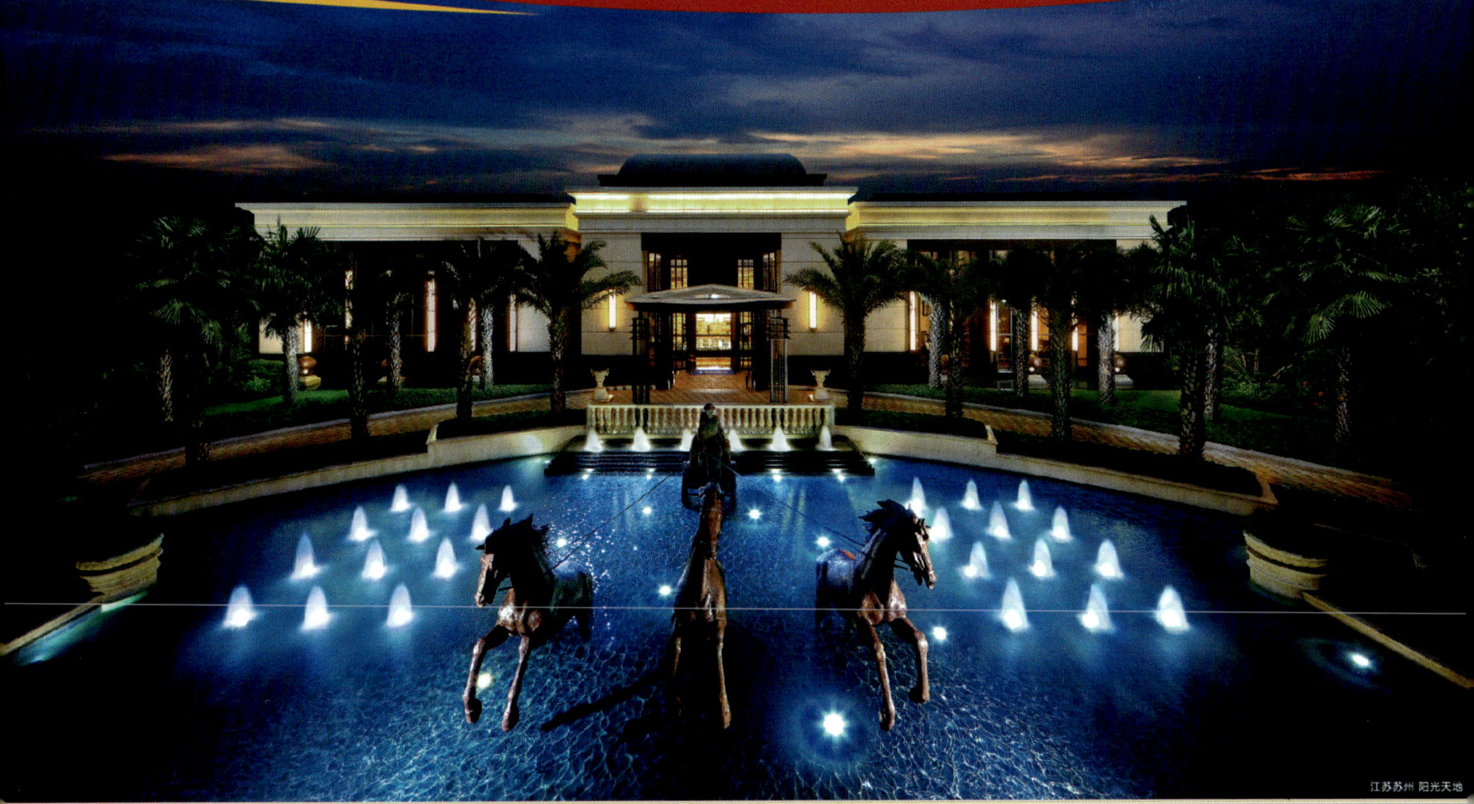
江苏苏州 阳光天地

最具成长性上市房企

阳光城集团股份有限公司（简称“阳光城集团”），是阳光城控股投资的以房地产开发为主营业务的上市企业（上市代码：000671），1995年始创于福州，2012年管理总部迁至上海。

作为一家业务涵盖房地产开发、物业管理、商业运营的全国化品牌地产开发企业，阳光城集团坚持“精准投资、高效运营、适销产品”的核心竞争策略，全面推进“守正出新，房地产+”的创新驱动战略，着力打造和提升企业的投资、营运及产品能力，精准把控市场节点，实现资金的快速周转和产品的高溢价。

截至2016年1月，阳光城集团已进入北京、上海、深圳、福建、江苏、浙江、陕西、甘肃、山西、广西等省市发展，土地总储备超700万方，全国储备货值逾1000亿。同时，凭借快速提升的企业综合实力及品牌价值，获得2016中国房地产开发企业500强第19及运营效率10强第1、中国房地产百强企业第21及成长性TOP10第一等荣誉 。

经过多年产品专业打造及提炼，阳光城集团逐步形成包括住宅（城市豪宅、浪漫城邦、时尚公寓、生态别墅）和商业（商务办公、商业综合体）两大类产品体系，涵盖全方位生活所需，力争让每一个不同的梦想，尽享阳光的品质。

有阳光、有生活。阳光城集团自创建以来，便以高成长性精品地产运营商之姿，用爱心为信念，以专心为素养，诚心为城市和消费者缔造品质生活，为投资者提供卓越价值。

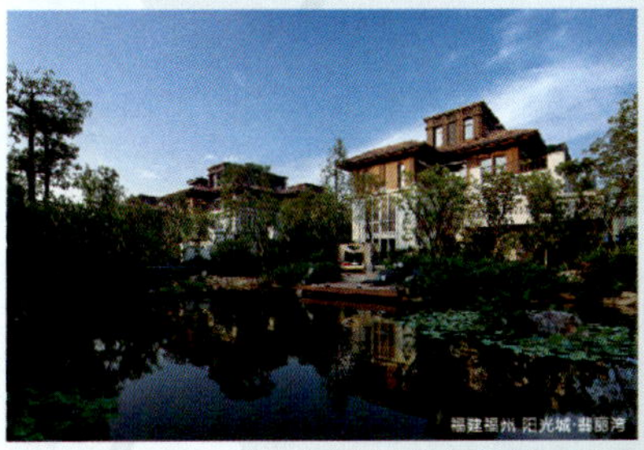
福建福州 阳光城·翡丽湾

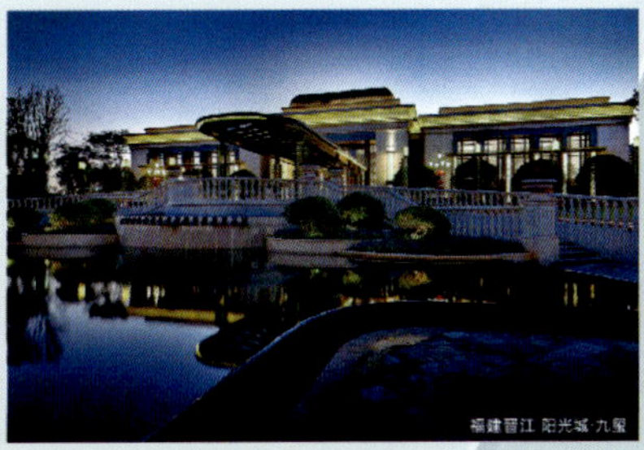
福建晋江 阳光城·九里

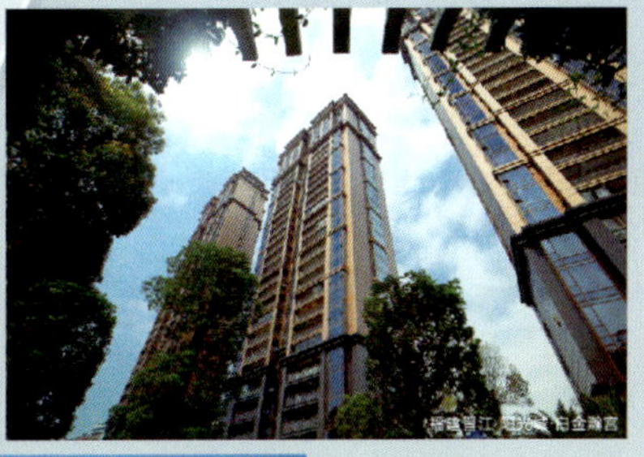
福建晋江 阳光城·白金瀚宫

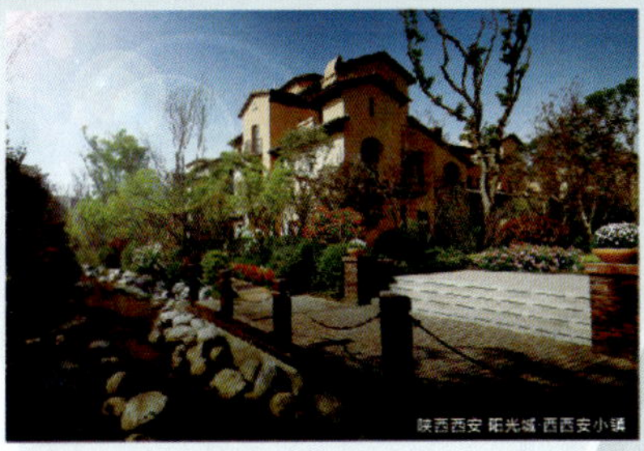
陕西西安 阳光城·西西安小镇

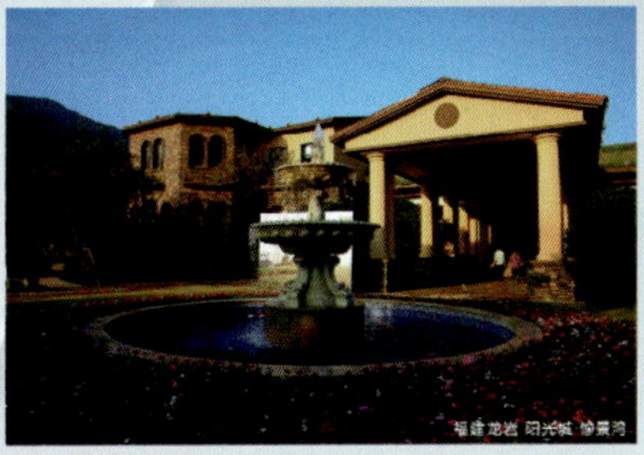
福建龙岩 阳光城·愉景湾

跨越

跨越300亿，跻身房企销售20强

高端品牌“铂悦系”惊艳绽放

聚焦核心城市，完善全国布局

低成本融资，开辟融资通渠

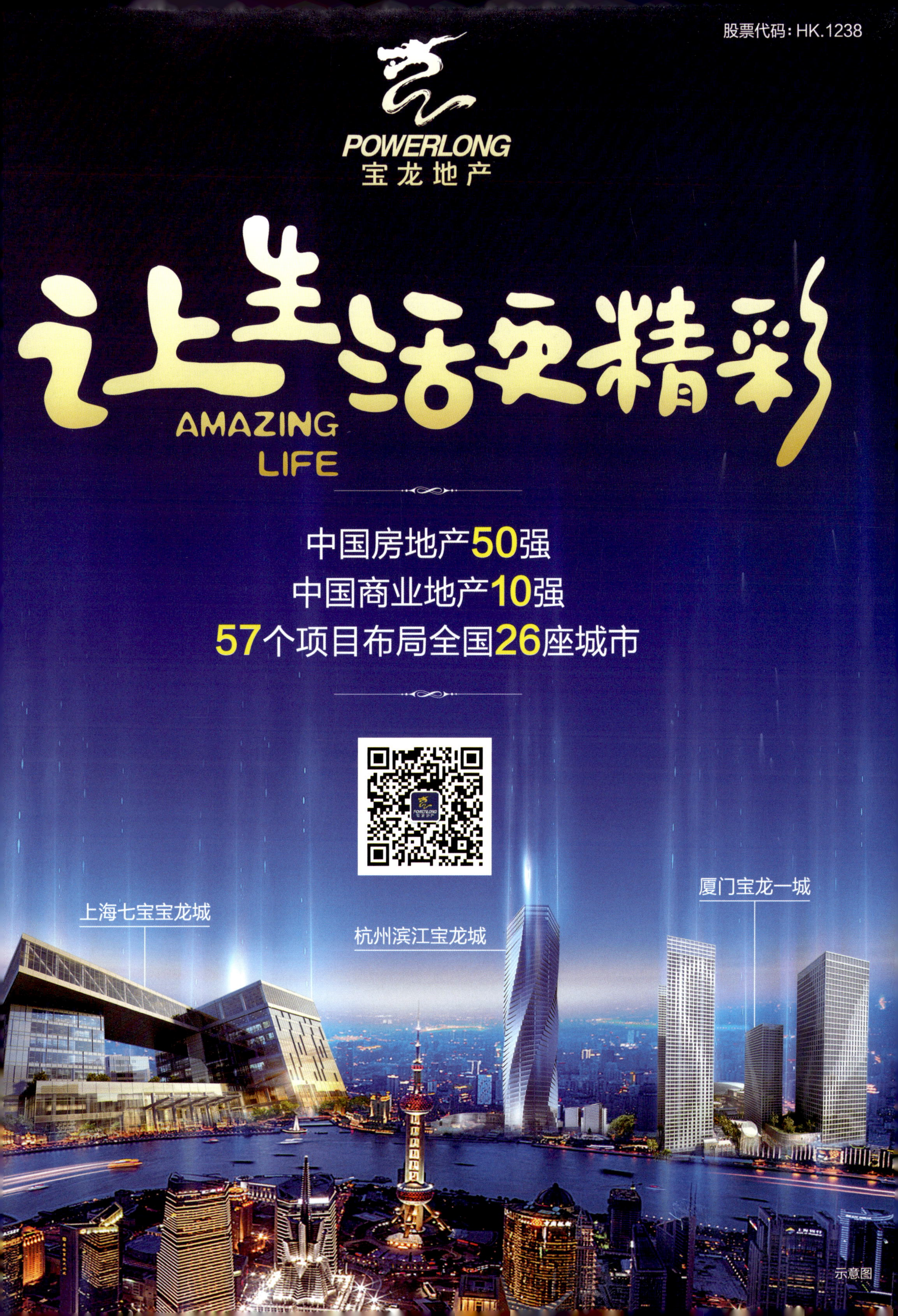
股票代码：HK.1238
POWERLONG
宝龙地产
让生活更精彩
AMAZING LIFE
中国房地产50强
中国商业地产10强
57个项目布局全国26座城市
上海七宝宝龙城
杭州滨江宝龙城
厦门宝龙一城
示意图

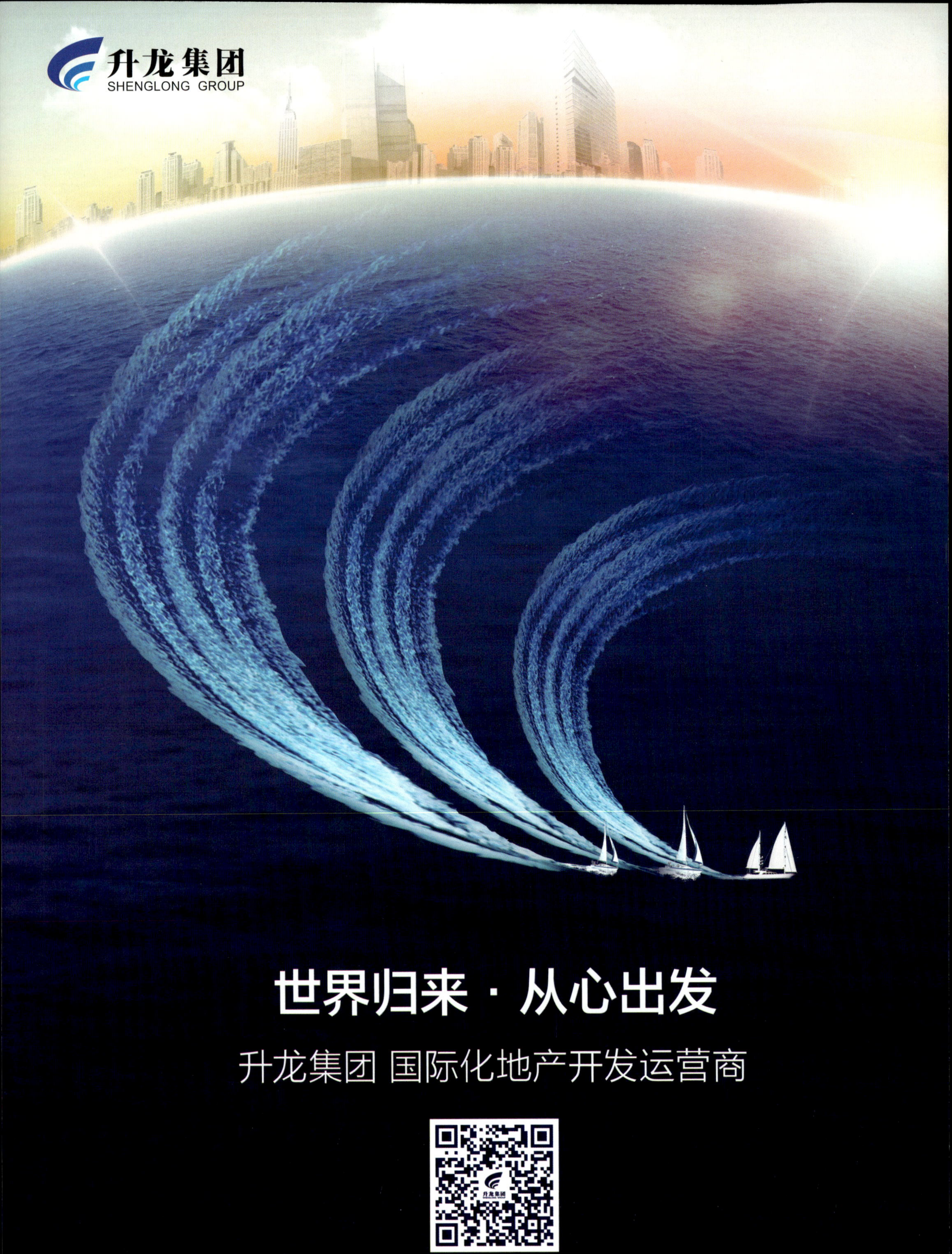
升龙集团
SHENGLONG GROUP
世界归来 · 从心出发
升龙集团 国际化地产开发运营商
升龙集团

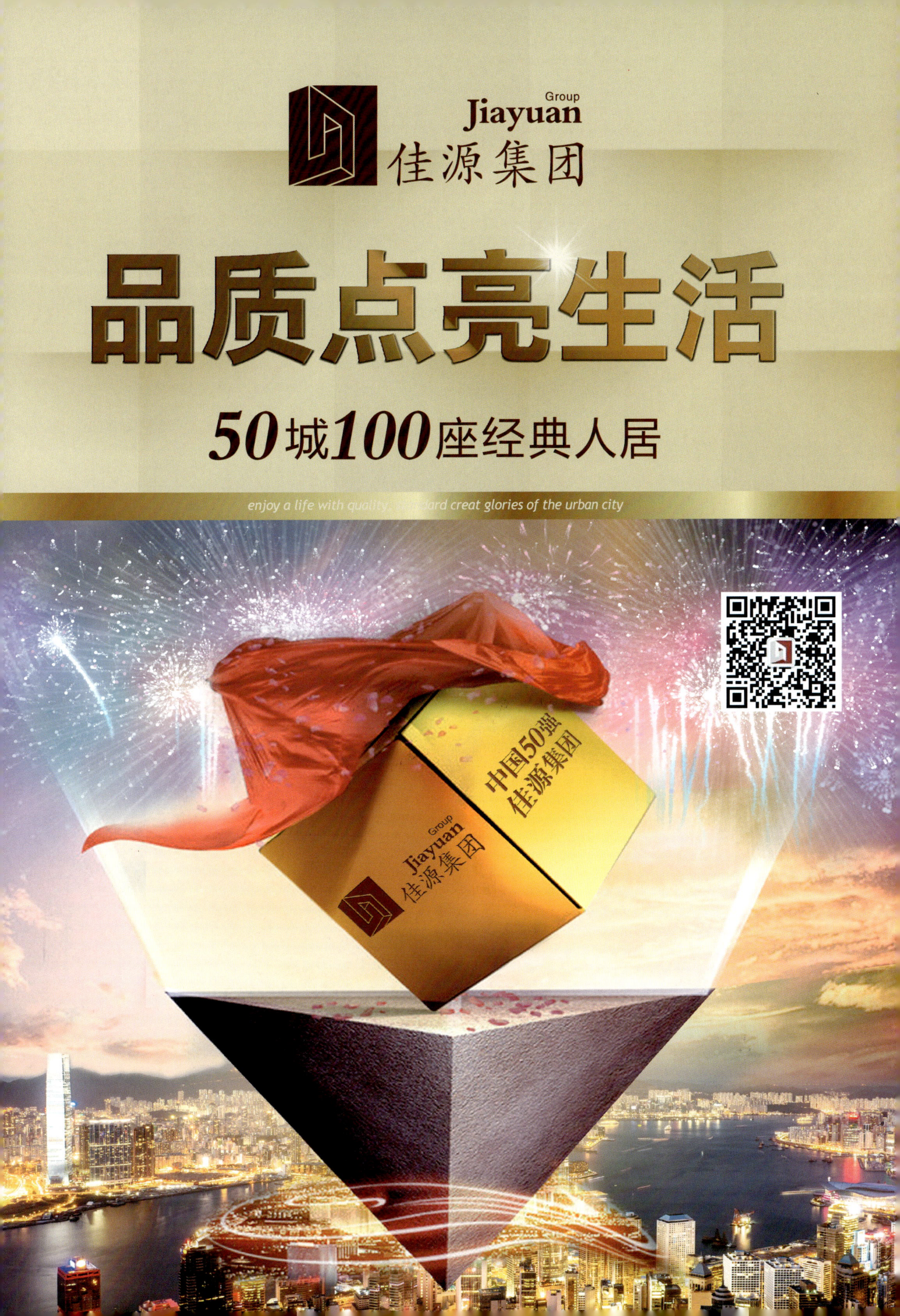

Jiayuan Group
佳源集团
品质点亮生活
50城100座经典人居
enjoy a life with quality, standard creat glories of the urban city
中国50强
佳源集团

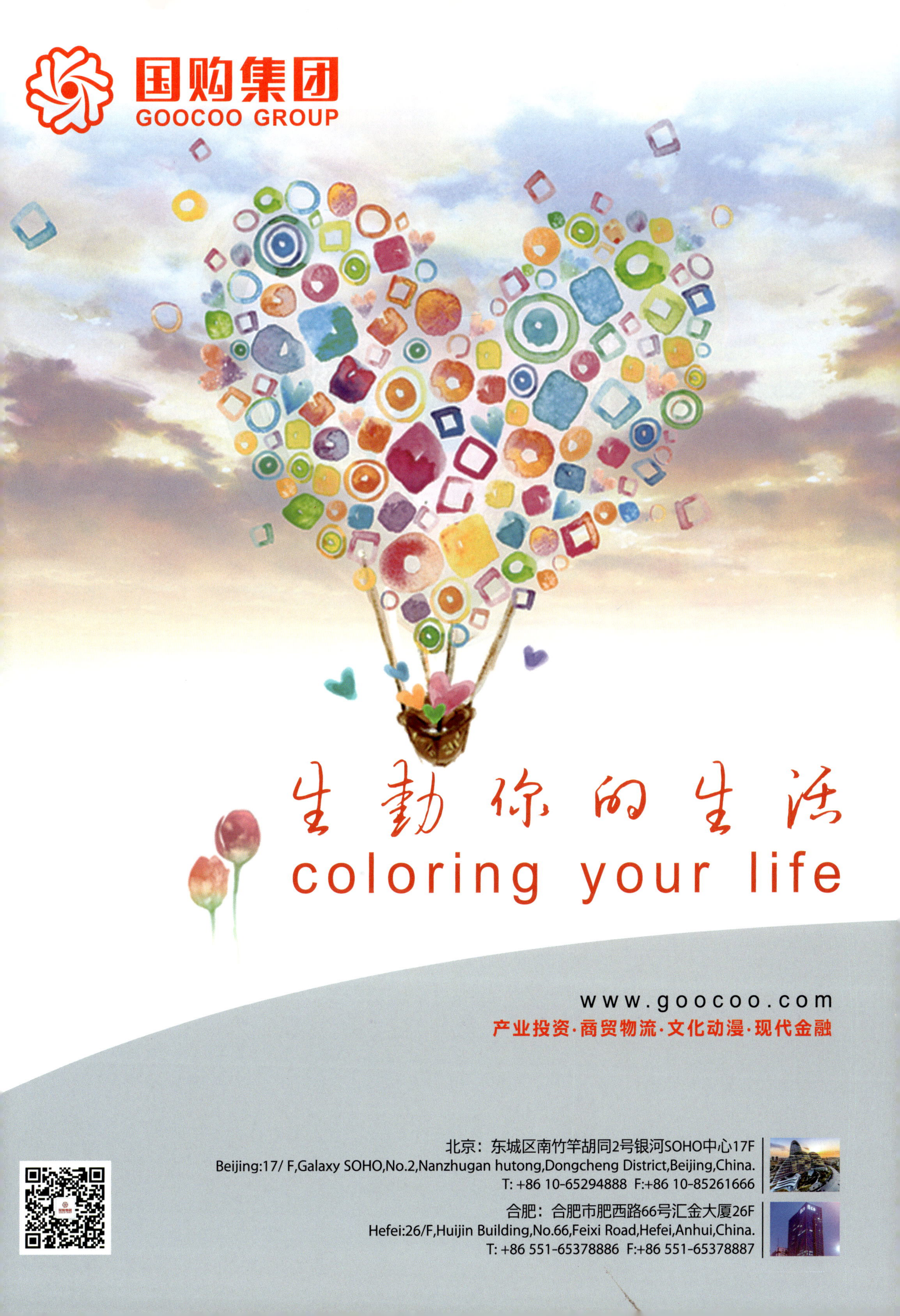
国购集团
GOOCOO GROUP
生動你的生活
coloring your life
www.goocoo.com
产业投资·商贸物流·文化动漫·现代金融
北京：东城区南竹竿胡同2号银河SOHO中心17F
Beijing:17/ F,Galaxy SOHO,No.2,Nanzhugan hutong,Dongcheng District,Beijing,China.
T: +86 10-65294888 F:+86 10-85261666
合肥：合肥市肥西路66号汇金大厦26F
Hefei:26/F,Huijin Building,No.66,Feixi Road,Hefei,Anhui,China.
T: +86 551-65378886 F:+86 551-65378887

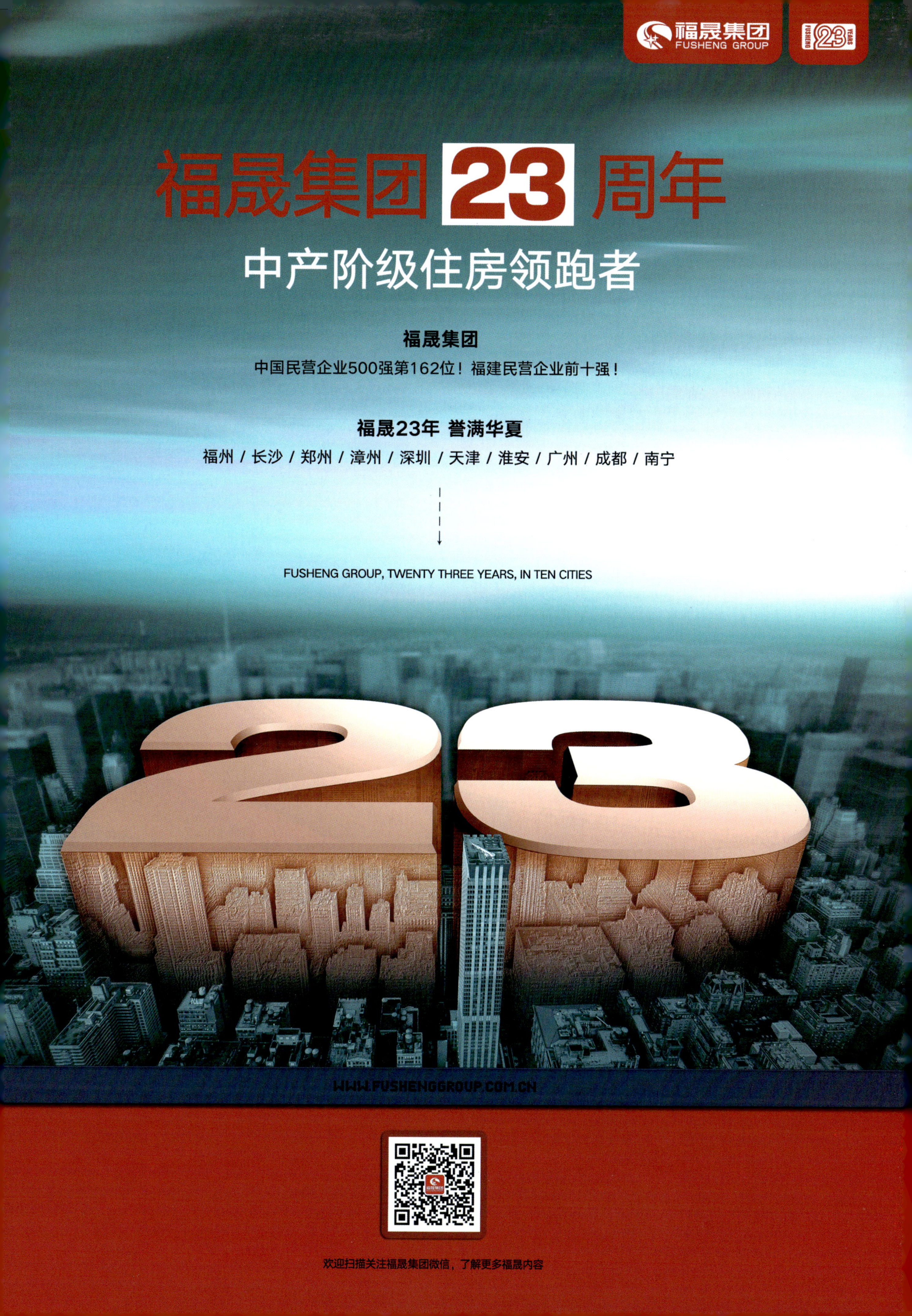

上海建工房产

上海建工房产有限公司是上海建工集团股份有限公司的核心成员企业，成立于1999年，具有国内最高的一级房地产开发资质，注册资金9亿元，现有职工294人，年开发量超过300万平方米。

公司坚持贯彻“全面、协调、可持续”的房地产发展战略；坚持以行业政策和市场需求为导向，坚持以提高房地产盈利能力为中心，坚持以建设创新型房地产开发企业为方向；着力推进房地产开发经营结构转型升级和发展方式转变，着力提升房地产规模能级和效益能级，着力提高房地产核心竞争力，努力建设诚信卓越、更具活力和竞争力的一流房地产开发企业。

公司是上海房地产行业中最早通过ISO9001质量管理体系认证的企业之一，2011年起，进入上海市房地产开发企业前六强，曾获上海市五一劳动奖状、全国住房城乡建设系统先进集体和全国保障性安居工程建设先进单位等荣誉称号，连续第十二年被评为上海市重点工程立功竞赛优秀公司，一大批楼盘获上海市高质量奖项“白玉兰”奖、国家高质量奖项“鲁班奖”以及房地产综合类高奖项—上海市优秀住宅综合金奖。

联系方式

地址：上海市东大名路666号　电话：021-55886262　传真：021-35312030

邮编：200080　邮箱：sjgfc@sjgfc.com　公司主页：http://www.sjgfc.com

中锐集团
Chiway Group
匠心筑善二十年
以“成为中国房地产行业的主流力量”为发展目标
以“品质地产，品位生活”为运营理念
致力提供有深厚文化内涵与国际多元风格的优质产品
持续探索中国房地产科学发展的道路
项目遍布上海、南京、苏州、无锡、徐州、宣城、张家港、合肥等地
涉及住宅、写字楼、综合商业设施、园区一级开发等领域
开发总量逾 450 万平方米
/ Add. 上海市长宁区金钟路767-2号
/ Tel. 021-2219 2888
苏州中锐和润家园
南京中锐星悦府
苏州中锐山水映象
苏州中锐相府
苏州中锐和美家园
苏州中锐星公元名邸
苏州中锐和泰家园
苏州中锐星汇生活广场
无锡中锐海尚映象
无锡中锐瑞城国际
苏州中锐湖畔翠庭
苏州中锐汇金新地
徐州中锐星尚城
苏州中锐学府花园
宣城中锐第一城
苏州中锐尚城花园
苏州中锐星江湾名邸
无锡中锐佳诚国际大厦
苏州中锐湖畔佳苑
上海中锐龙湾一号
无锡中锐隽苑
张家港中锐尚城国际

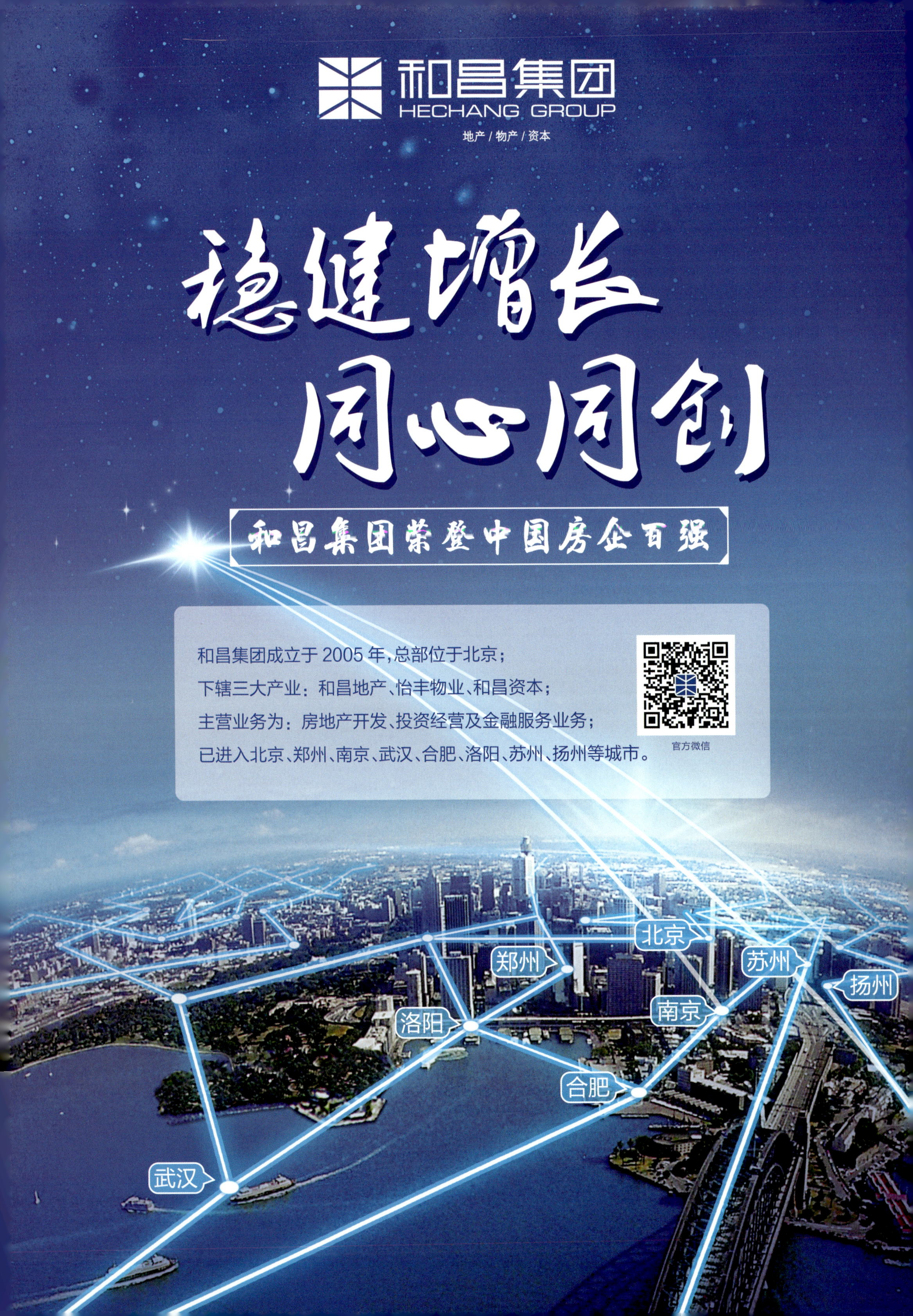
和昌集团
HECHANG GROUP
地产 / 物产 / 资本
稳健增长
同心同创
和昌集团荣登中国房企百强
和昌集团成立于 2005 年,总部位于北京;
下辖三大产业:和昌地产、怡丰物业、和昌资本;
主营业务为:房地产开发、投资经营及金融服务业务;
已进入北京、郑州、南京、武汉、合肥、洛阳、苏州、扬州等城市。
官方微信
北京
郑州
苏州
扬州
南京
洛阳
合肥
武汉

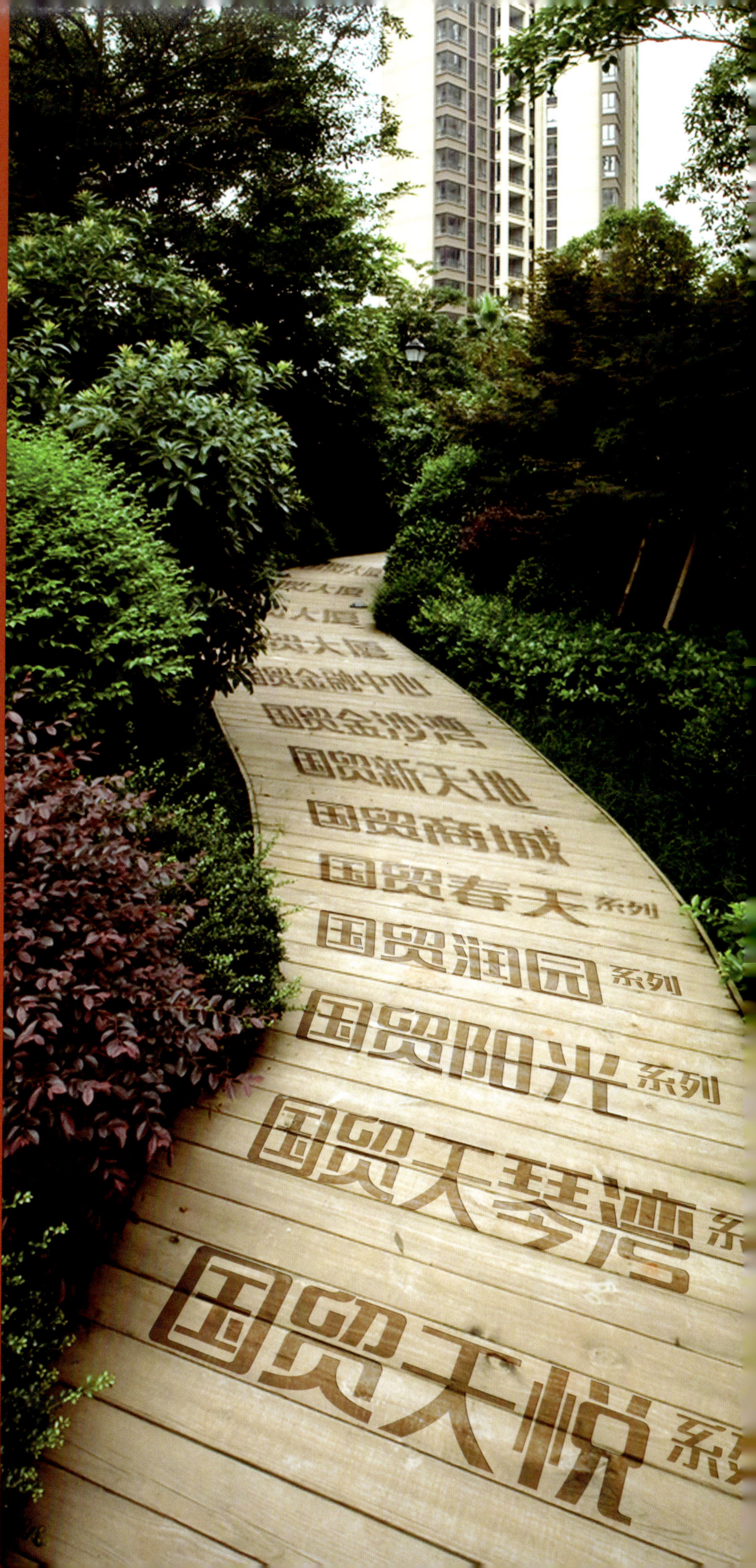
国贸大厦
国贸金融中心
国贸金沙湾
国贸新天地
国贸商城
国贸春天 系列
国贸润园 系列
国贸阳光 系列
国贸天琴湾
国贸天悦

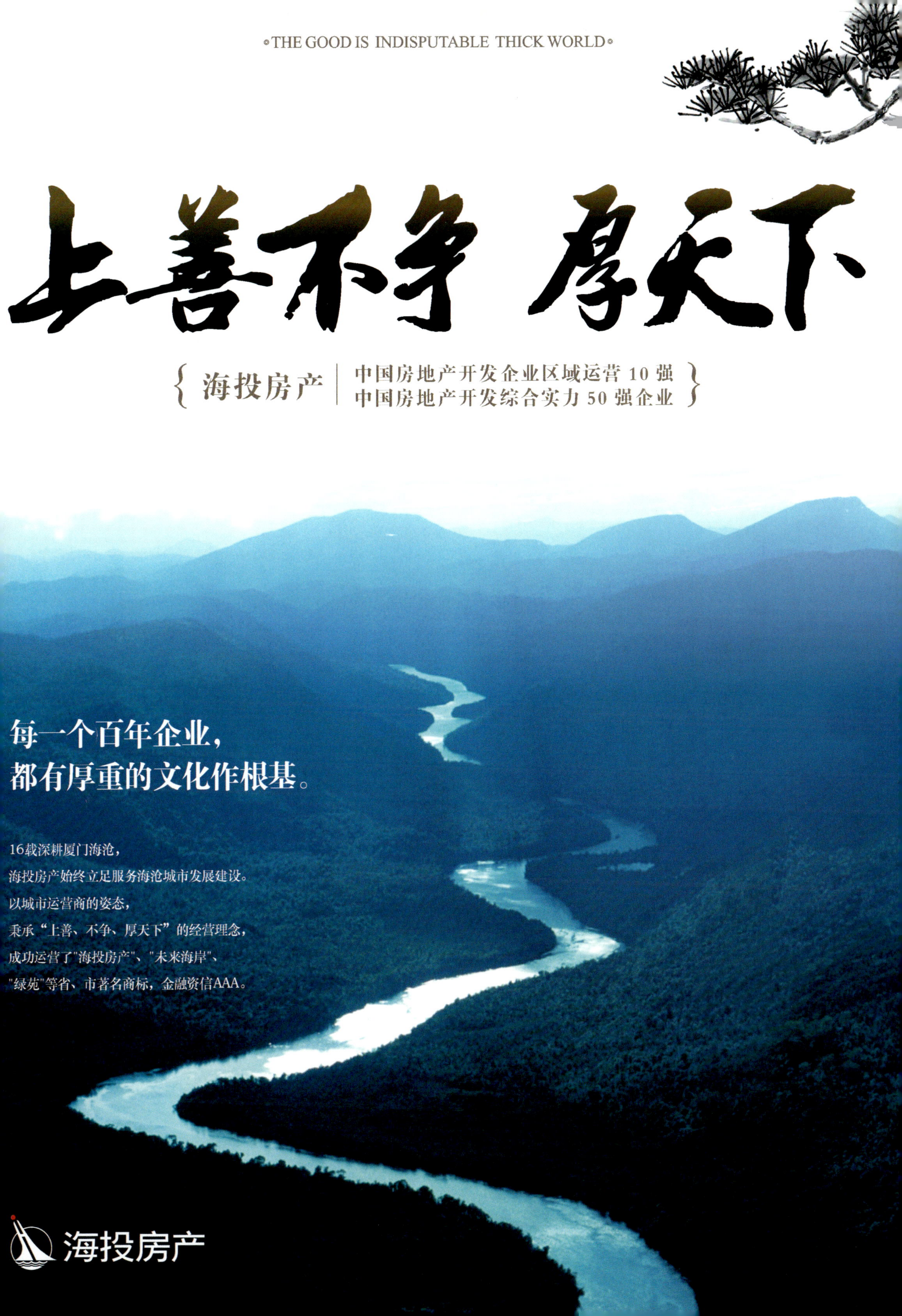

THE GOOD IS INDISPUTABLE THICK WORLD
上善不争 厚天下
海投房产
中国房地产开发企业区域运营10强
中国房地产开发综合实力50强企业
每一个百年企业，
都有厚重的文化作根基。
16载深耕厦门海沧，
海投房产始终立足服务海沧城市发展建设。
以城市运营商的姿态，
秉承“上善、不争、厚天下”的经营理念，
成功运营了"海投房产"、"未来海岸"、
"绿苑"等省、市著名商标，金融资信AAA。
海投房产

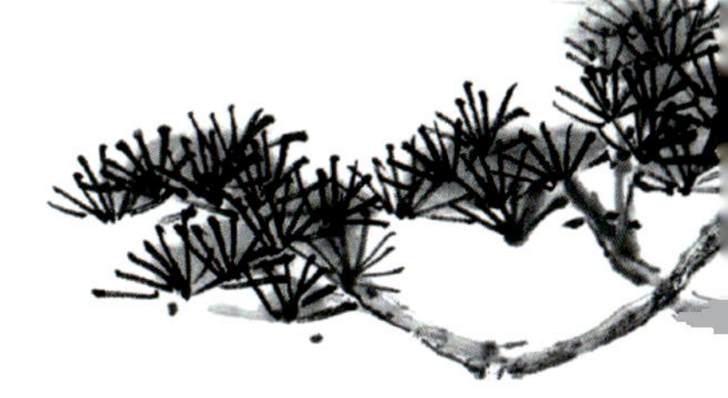

中联集团
心 建 筑 优 生 活

郭氏集团跻身“2016中国房地产百强”

闽商，作为中国房地产近年最为闪耀的一个主力军军团，在这个波澜壮阔的地产战场上，各家都在努力诠释着闽籍地产企业的精神，而郭氏集团三迪地产也是这个闽商大潮中的重要力量！

2016年，我们再次迎来新年首高峰！在激烈的市场竞争中，郭氏集团三迪地产脱颖而出，顺利跻身于"2016中国房地产开发企业百强"。这对郭氏集团三迪地产是一份荣耀与肯定，更是一份永不可推卸的责任！

郭氏集团创建于1989年，坚持"团结奋斗、创新进取、奉献社会"的企业精神，时至今日已然成为集房地产开发、酒店、商场建设与管理、物业、工程建设、国际贸易于一体的综合性集团。郭氏集团三迪地产先后在福州、莆田、上海、西安、宝鸡、吉林等地打造23座标杆项目，而位于福州闽江北CBD核心区位的福州三迪希尔顿酒店，则堪称是郭氏集团的又一代表力作，集希尔顿酒店、行政金融中心、行政江景公馆、精品商业于一体的垂直综合体，将成为福州乃至海西商务封面。

数万居者选择了郭氏，一步一个脚印的稳健步伐也成就了郭氏；而作为最坚实的后盾，郭氏这艘航空母舰必定会在前进的浪潮里旗帜飘扬、乘风破浪、披荆斩棘，只因闽商这源自海洋的血液与基因决定了郭氏的走势，未来必将更加辉煌！

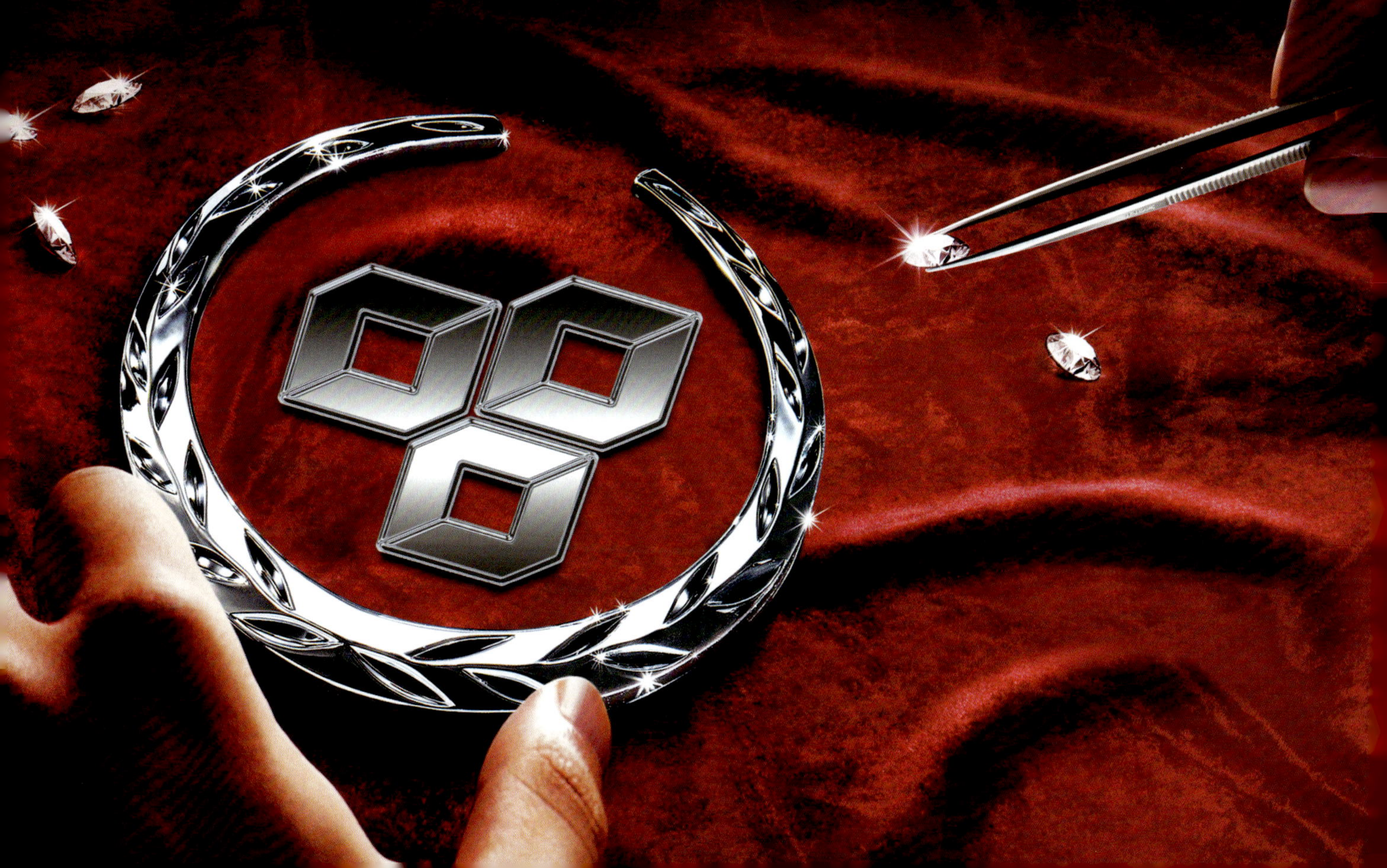

云星集团
YUNXING GROUP

JUPAI HOLDINGS LIMITED
钜派投资集团

蓝光BRC
人居蓝光
生命蓝光

BDG藍潤
藍天下
TOP 500
LANRUN
潤万家
越洞悉生命的真谛，越善待每一寸土地
越追逐梦想的实现，越在乎践行的力量
越远见未来的世界，越看重责任的远大
2016，扬帆蓝之梦，用心润万家
www.bdglr.cn
中國企業500强 ▶ 能源化工 / 地産 / 金控 / 物流
T. 400 077 7188

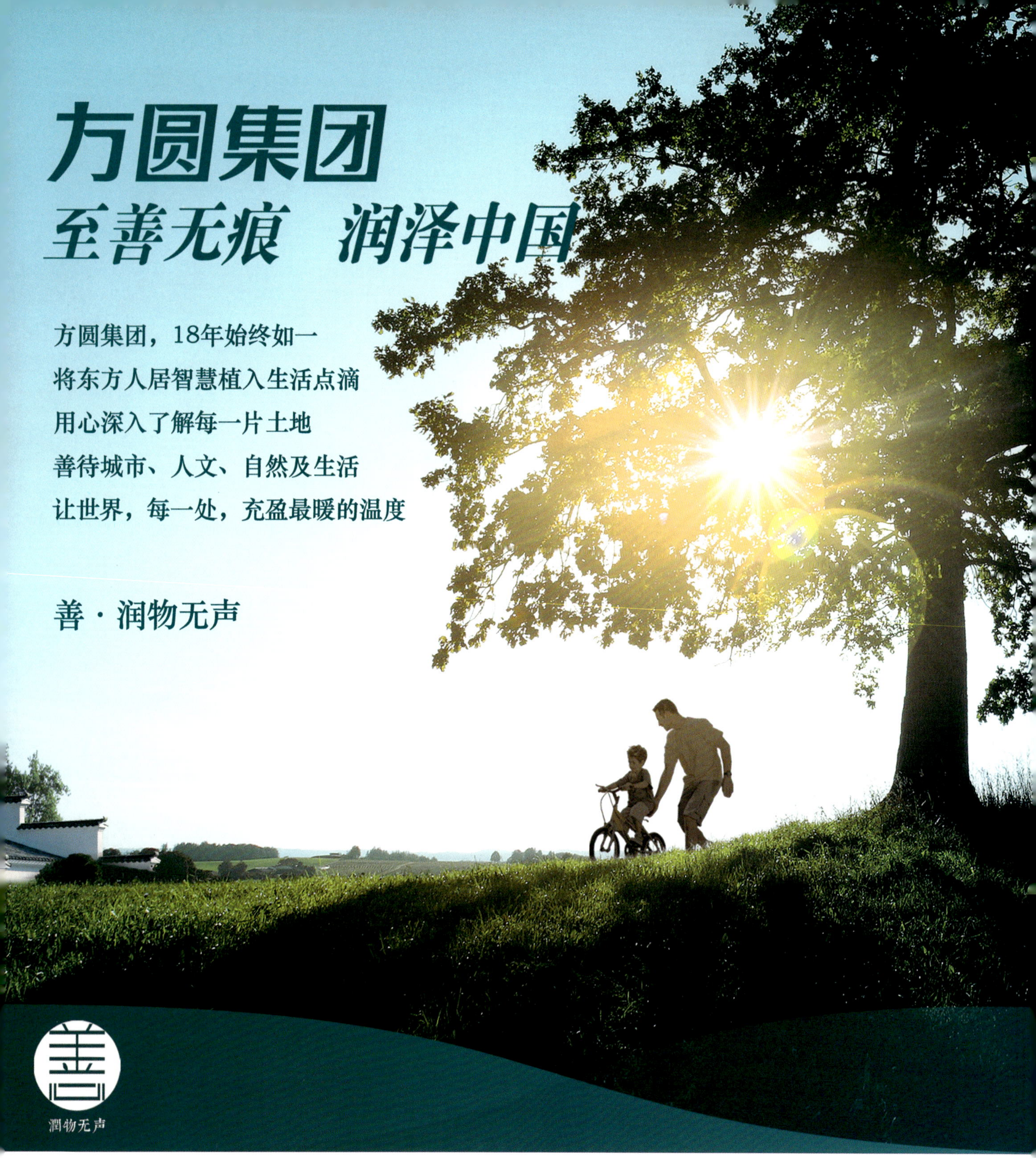
方圆集团
至善无痕　润泽中国
方圆集团，18年始终如一
将东方人居智慧植入生活点滴
用心深入了解每一片土地
善待城市、人文、自然及生活
让世界，每一处，充盈最暖的温度
善·润物无声
善
润物无声

新鸥鹏：从教育家到“教育+”

教育企业连动房地产，再引领房地产企业转型，新鸥鹏“教育+”正成为中国经济产业转型的领先样本。

“新鸥鹏的使命是做好‘三者’。”新鸥鹏集团首席战略官、董事副总裁李战洪强调，新鸥鹏怀揣教育梦想，潜心办学十几年旨在做先进教育理念的倡导者，科学教育方法的施行者，优秀教育成果的示范者。而地产一直是发展教育的载体。

图为巴川中学2015年“小升初”入学考试场面

“教育+”引领转型趋势

近两年，专业教育机构新鸥鹏集团在地产领域风生水起，其开发的3代品牌产品“新鸥鹏教育城”，在房地产形势下行背景逆势增长，销售持续不衰多次名列区域销冠。

以专业的教育为核心竞争力，通过“教育+”、“1+X”地产、产业的结合，让新鸥鹏成了“教育地产”新模式的代表者，引发行业的聚焦。仅2015年，来自海内外房地产界、教育界、金融界的数百批次的参观考察，让新鸥鹏模式成为行业的焦点。

李战洪认为，中国经济发展历经常态、非常态之后，正在进入一种“新常态”，“新常态”需要中国教育的“新繁荣”。

以发展教育为使命的新鸥鹏，“恰巧”暗合了此一轮经济发展趋势，极具前瞻性地构建了超越行业同质、同构的核心竞争力，并由此实现了跨越式发展。

构建0-100岁全成长周期教育

新鸥鹏教育是中国最大的民营教育集团之一。16年时间，新鸥鹏做了6件事：

建2.7平方公里“最大中国教育产业园”之一；创办2所学历教育的大学；创办5所中学，巴川中学15年蝉联重庆中考第一；创办巴川国际高中：由有“哈佛附中”之称的美国弥尔顿中学校长杰瑞·佩担任校长，2015年学生100%进入世界50强大学；标准化模式打造“都市型智慧系列教育体和教育营地”；建万亩青少年实验基地。

新鸥鹏集团在教育方面的核心竞争力，是其构建从幼儿园到大学的完整的教育体系——K12+4：即3年幼儿园+6年小学+3年初中+3年高中。“4”是指4年大学教育。此外还包括巴川小班实验中学、巴川国际学校等特色学校。

新鸥鹏教育城：产业模式3.0

房地产行业领军的企业都有自己的战略产品。万科有产业化住宅，万达有万达广场，华侨城有主题公园。新鸥鹏的战略产品，就是依托于教育产业的教育产业园和教育综合体产品“新鸥鹏教育城”。

新鸥鹏的战略版图中，教育放在与地产开发同等重要位置——站在产业高度，深度整合两个产业的资源。在此基础上，新鸥鹏形成了3代“新鸥鹏教育城”产品，从1.0版本的“教育社区+名校”的传统模式，到2.0版本的“教育社区+名校+教育综合体”的模式，再到3.0版本“教育社区+名校+教育综合体+教育产业”的产城融合模式。

“别人做商业综合体，我们做的是教育综合体，这是与他们最大的不同。他们主力店是百货和超市，我们的主力店是教育。”李战洪认为，新鸥鹏的地产模式的核心就是教育为主体的居住和产业综合体。

“新鸥鹏教育城”是一种标准化的教育大社区产品，是集聚教育住区、线上线下培训、云端教育、教育产业，以“教育社区+名校+教育综合体+教育产业”的综合体产品。“新鸥鹏教育城”共有3个版本，可以根据区域、体量、产业等的不同需求，落地不同的版本。

巴川中学江北嘴校区效果图

【链接】

新鸥鹏推行331战略

在“教育+”的核心战略之下，新鸥鹏确定了“331”的战略布局。第一个“3”是指新鸥鹏区域布局聚焦于3大直辖市，即上海、北京、重庆。第二个“3”指布局海外市场，包括欧洲、澳大利亚和北美；“1”则指新鸥鹏的核心产品“新鸥鹏教育城”。

在331战略指导下，新鸥鹏教育开始以1+X拓展巴川体系。1+X，即以1(巴川新高中+巴川小班)为模式，3年内多区域办学的一模多样创新发展，正是新鸥鹏教育集团定下的基础教育战略。

目前，在拥有“重庆陆家嘴”之称的江北嘴金融区、中国最大云教育产业园等重点区域，新鸥鹏教育已布局优质基础教育资源。

“新鸥鹏多板块之间互联互通，关联发展，构成我们的核心竞争力，这是最能抗风险的。”李战洪表示。

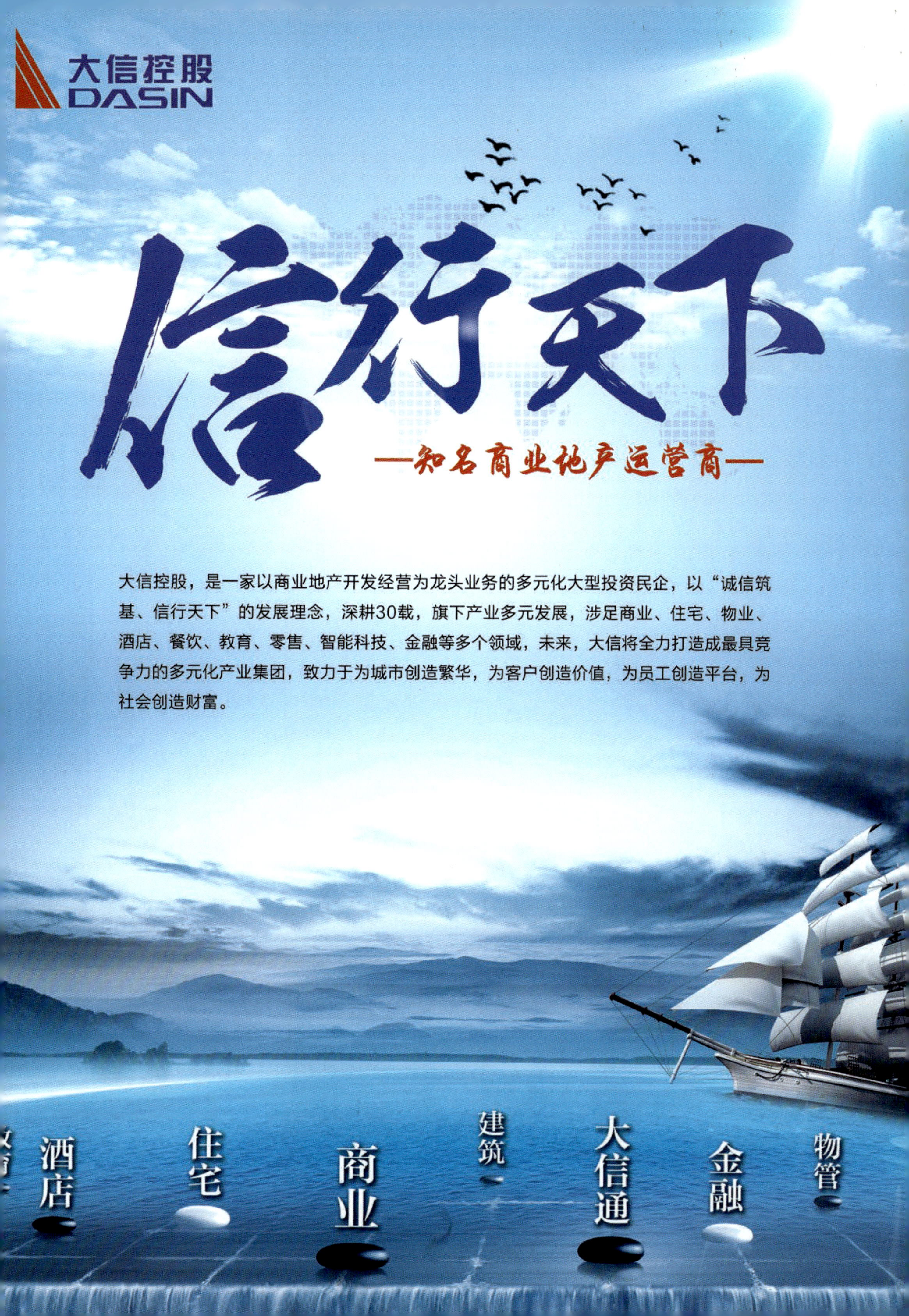
大信控股
DASIN
信行天下
—知名商业地产运营商—
大信控股，是一家以商业地产开发经营为龙头业务的多元化大型投资民企，以“诚信筑基、信行天下”的发展理念，深耕30载，旗下产业多元发展，涉足商业、住宅、物业、酒店、餐饮、教育、零售、智能科技、金融等多个领域，未来，大信将全力打造成最具竞争力的多元化产业集团，致力于为城市创造繁华，为客户创造价值，为员工创造平台，为社会创造财富。
酒店
住宅
商业
建筑
大信通
金融
物管

星空墅
改善中的臻品
天朗·大兴郡 8636 6666
于峰处 揽一城万千
二环内 120-147m² 星空墅 额外约134m²全赠送
CHINA RESIDENTIAL
AESTHETICS
天朗匠筑 | 汉城湖景 | 万平蔚蓝商业
明城墙畔 | 一站式教育 | 实景汉风园林
大汉会馆地址// 西二环白家口转盘向东200米路北
TITAN 天朗
预售证号：2013337 本广告仅作宣传使用，文中所示面积均为建筑面积，赠送面积为户型最高赠送。

官方微信

官方微博

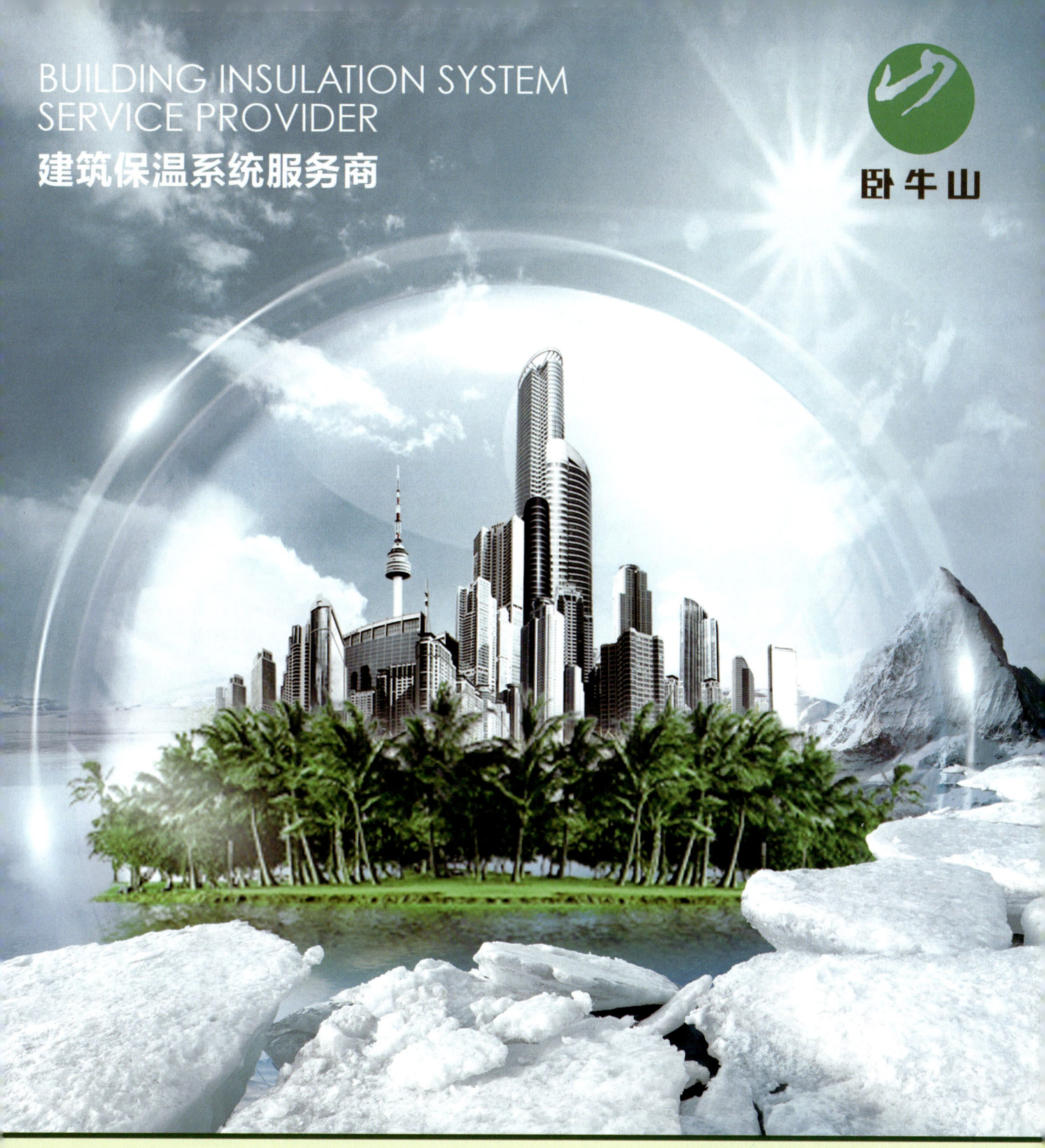

trendzône DECORATION
全筑股份
2016年战略创新业务
全筑定制精装
为开发商量身定制
智慧精装楼盘解决方案
零投入 无风险
更多精彩内容
请关注此微信号

浙江建业幕墙装饰有限公司

ZHEJIANG JIANYE CURTAINWALL DECORATION CO., LTD

浙江建业是一家集研发、设计、产品制造、施工管理为一体的综合性门窗幕墙系统服务商。

公司位于浙江省绍兴市，占地106亩，其中标准化生产制造基地20000平米。

· 公司具备装饰装修壹级、建筑幕墙壹级、金属门窗制造与安装壹级、建筑幕墙专项设计甲级。

· 公司承接多项工程获得国家优质工程奖、钱江杯、白玉兰杯等多项殊荣，并连续四年荣获浙江省门窗行业十强排名第一。

· 公司拥有国际先进的德国叶鲁、意大利意美吉门窗幕墙生产线10条，年产能达100万方。

· 公司被授予国家高新技术企业，浙江省省级专利示范企业，拥有100余项发明专利和实用新型专利。

工程案例

中国上海•赵巷农贸市场（上海市白玉兰杯）
江苏南京•雅居乐 滨江花园
江苏常州•北辰 阳光龙庭
黑龙江•齐齐哈尔万达广场
辽宁抚顺•万达广场
四川青川•地震博物馆
河南郑州•烟草大楼
湖南长沙•嘉里 湘江雅颂居
河北秦皇岛•嘉里 香格里拉大酒店
河北唐山•嘉里 凤凰新城
福建武夷山•碧桂园
湖北武昌•中大 长江紫都

浙江杭州•远洋 心里
浙江杭州•嘉里中心
浙江杭州•嘉里 桦枫居
浙江杭州•贝达药业
浙江杭州•喜来登大酒店
浙江杭州•西溪壹号
浙江桐庐•青年大厦
浙江桐庐•创意大厦
浙江舟山•绿城 岱山蔚蓝海岸
浙江舟山•绿城 玉兰花园
浙江台州•绿城电商 太阳城
浙江温州•中瓯 金色嘉园
浙江金华•绿城 海棠
浙江金华•御江帝景
浙江长兴•自行车馆
浙江嵊州•金昌 白鹭香溪
浙江嵊州•玉兰花园
浙江新昌•博大 山水花园

浙江绍兴•滨海科创中心（浙江省钱江杯）
浙江绍兴•天马君澜大酒店（浙江省钱江杯）
浙江绍兴•体育馆游泳健身中心（浙江省钱江杯）
浙江绍兴•绍兴日报社（浙江省钱江杯）
浙江绍兴•电信114大楼（浙江省钱江杯）
浙江绍兴•绿城 百合花园（绍兴市兰花杯）
浙江绍兴•国土资源信息技术综合大楼
浙江绍兴•中国轻纺城坯布市场
浙江绍兴•巨星集团大厦
浙江绍兴•欣业大厦
浙江绍兴•华鑫大厦AB座
浙江绍兴•联合大厦
浙江绍兴•商业银行
浙江绍兴•蓝天影视城
浙江绍兴•家天下家居广场
浙江绍兴•蓝天玫瑰园
浙江绍兴•金帝 海曼城（银泰城）
浙江绍兴•元垄 浪琴湾
浙江绍兴•江南半岛
浙江绍兴•万昌 迎恩府
浙江绍兴•财税大楼

房企500强首选品牌

战略合作伙伴

生产展示中心（公司总部）
地址：中国浙江绍兴市柯桥区夏履镇工业园区
电话：86-0575-84066636
传真：86-0575-84060037
邮编：312026
电子信箱：zjjymq@163.com
网址： www.jymq.com www.zjsbmc.com

绍兴分公司
地址：中国浙江绍兴市越西路800号
金德隆创意园区西区15幢108
电话：0575-89190675
传真：0575-89190676

杭州分公司
地址：中国浙江杭州市滨江区双
城国际2幢3单元12楼
电话：0571-89900155
传真：0571-89900177

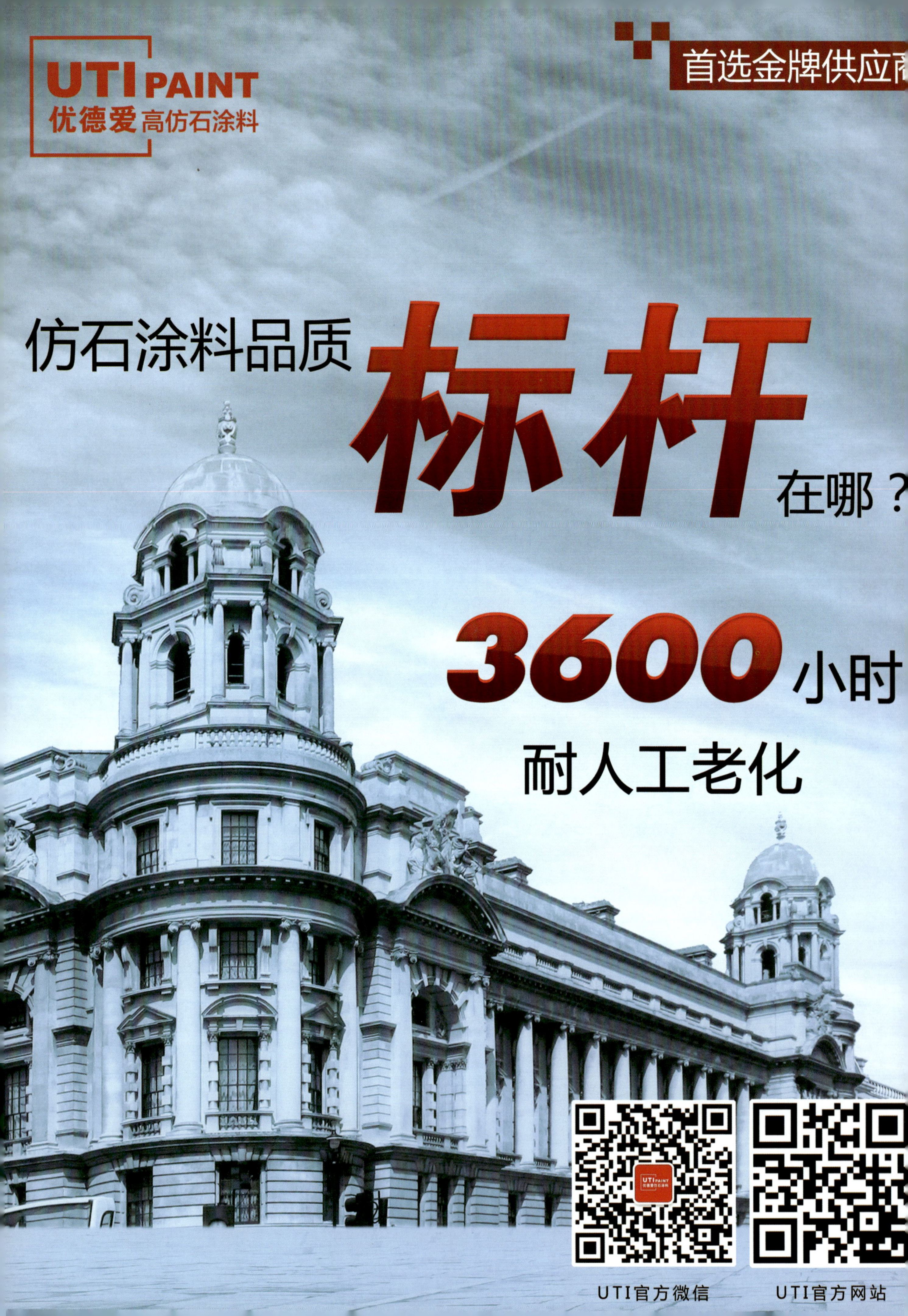
UTI PAINT
优德爱高仿石涂料
首选金牌供应商
仿石涂料品质标杆在哪？
3600小时
耐人工老化
UTI官方微信
UTI官方网站